Modèle de Convention fiscale concernant le revenu et la fortune

VERSION ABRÉGÉE

21 NOVEMBRE 2017

OCDE
DES POLITIQUES MEILLEURES
POUR UNE VIE MEILLEURE

Ce document et toute carte qu'il peut comprendre sont sans préjudice du statut de tout territoire, de la souveraineté s'exerçant sur ce dernier, du tracé des frontières et limites internationales, et du nom de tout territoire, ville ou région.

Merci de citer cet ouvrage comme suit :
OCDE (2018), *Modèle de Convention fiscale concernant le revenu et la fortune : Version abrégée 2017*, Éditions OCDE.
http://dx.doi.org/10.1787/mtc_cond-2017-fr

ISBN 978-92-64-30567-0 (imprimé)
ISBN 978-92-64-30568-7 (PDF)

Annuel : Modèle de Convention fiscale concernant le revenu et la fortune : Version abrégée
ISSN 2074-3254 (imprimé)
ISSN 2074-5427 (en ligne)

Les corrigenda des publications de l'OCDE sont disponibles sur : *www.oecd.org/about/publishing/corrigenda.htm.*

AVANT-PROPOS

Cette publication est la dixième édition de la version abrégée du *Modèle de Convention fiscale concernant le revenu et la fortune*, d'abord publié en 1992 et mis à jour périodiquement depuis.

Cette version abrégée contient le texte du Modèle de Convention fiscale tel qu'il se lisait le 21 novembre 2017 après l'adoption, par le Conseil de l'OCDE, de la dixième mise-à-jour. Les notes historiques incluses dans le volume I de la version complète ainsi que les rapports antérieurs qui sont inclus dans le volume II de cette autre publication ne sont pas reproduits dans cette version abrégée.

REMERCIEMENT

Le Centre de politique et d'administration fiscales tient particulièrement à remercier Jacques Sasseville pour ses contributions inestimables pendant plus de 20 ans au développement et à la publication de cette édition et des éditions précédentes du Modèle de Convention fiscale de l'OCDE.

TABLE DES MATIÈRES

INTRODUCTION

1. La double imposition juridique internationale peut être définie d'une manière générale comme l'application d'impôts comparables dans deux (ou plusieurs) États au même contribuable, pour le même fait générateur et pour des périodes identiques. Ses effets néfastes sur l'échange de biens et services et sur les mouvements de capitaux, de technologie et de personnes sont si bien connus qu'il est superflu de souligner l'importance d'une suppression des obstacles que constitue la double imposition pour le développement des relations économiques entre les pays.

2. Les pays membres de l'Organisation de Coopération et de Développement Économiques ont pris conscience depuis longtemps de la nécessité de clarifier, unifier et garantir la situation fiscale des contribuables qui exercent des activités commerciales, industrielles, financières ou autres dans d'autres pays grâce à l'application par tous les pays de solutions communes aux cas de double imposition identiques. Ces pays reconnaissent également depuis longtemps la nécessité d'améliorer la coopération administrative en matière fiscale, notamment par l'échange de renseignements et l'assistance en matière de recouvrement des impôts, en vue de prévenir l'évasion et la fraude fiscales.

3. Tels sont les principaux objets du Modèle de l'OCDE de convention fiscale concernant le revenu et la fortune, qui permet de régler uniformément les problèmes qui se posent le plus couramment dans le domaine de la double imposition juridique internationale. Comme l'a recommandé le Conseil de l'OCDE[1], les pays membres, lorsqu'ils concluent ou révisent des conventions bilatérales, devraient se conformer à ce Modèle de Convention à la lumière de l'interprétation qui en est donnée dans les Commentaires et compte tenu des réserves qui y figurent et leurs administrations fiscales devraient suivre ces Commentaires, tels que modifiés de temps à autre et sous réserve des observations qu'elles ont formulées sur ceux-ci, lorsqu'elles sont appelées à appliquer et interpréter les dispositions de leurs conventions fiscales bilatérales qui sont basées sur le Modèle de Convention.

A. Remarques historiques

4. Des progrès avaient déjà été réalisés en vue de la suppression de la double imposition au moyen de conventions bilatérales ou de mesures unilatérales lorsque le Conseil de l'Organisation Européenne de Coopération Économique (OECE) a adopté sa première Recommandation concernant la double imposition le 25 février 1955. À cette époque, 70 conventions générales bilatérales avaient été signées entre les pays qui sont actuellement membres de l'OCDE. Cela était dû dans une large mesure aux travaux entrepris en 1921 par la Société des Nations. Ces travaux ont abouti à l'établissement en 1928 des premiers modèles de convention bilatérale et finalement des modèles de convention de Mexico (1943) et de Londres (1946) dont les principes ont été suivis avec

1 Voir l'annexe.

certaines variantes dans un grand nombre de conventions bilatérales conclues ou révisées au cours de la décennie suivante. Toutefois, aucun de ces modèles de convention n'a été admis en totalité ou d'une manière unanime. De plus, ces modèles présentaient sur plusieurs points essentiels des différences considérables et certaines lacunes.

5. L'interdépendance et la coopération économique croissante des pays membres de l'OECE au cours de la période d'après-guerre ont fait ressortir de plus en plus clairement la nécessité de mesures destinées à empêcher la double imposition internationale. Il est apparu nécessaire d'étendre le réseau des conventions fiscales bilatérales à tous les pays membres de l'OECE, et par la suite de l'OCDE, dont un certain nombre n'avaient jusqu'alors conclu que très peu de conventions tandis que d'autres n'en avaient conclu aucune. En outre, il est devenu de plus en plus souhaitable d'harmoniser ces conventions en conformité avec des principes, des définitions, des règles et des méthodes uniformes et de parvenir à un accord sur une interprétation commune dans ce domaine.

6. C'est dans ce nouveau contexte que le Comité fiscal a entrepris ses travaux en 1956 en vue d'élaborer un projet de convention qui permette effectivement de résoudre les problèmes de double imposition entre pays membres de l'OCDE et qui soit acceptable par l'ensemble de ses pays membres. De 1958 à 1961, le Comité fiscal a établi quatre rapports intérimaires avant de présenter en 1963 son rapport final intitulé *Projet de convention de double imposition concernant le revenu et la fortune*[1]. Le Conseil de l'OCDE a adopté le 30 juillet 1963 une Recommandation visant à éviter la double imposition et il a demandé aux gouvernements des pays membres de se conformer à ce Projet de Convention lors de la conclusion ou de la révision de leurs conventions bilatérales.

7. Le Comité fiscal de l'OCDE avait envisagé, lorsqu'il a présenté son rapport de 1963, que le Projet de Convention puisse être révisé à un stade ultérieur à la suite d'études supplémentaires. Une telle révision s'est avérée également nécessaire pour tenir compte de l'expérience acquise dans les pays membres lors de la négociation ou de l'application pratique de conventions bilatérales ainsi que des modifications intervenues dans les systèmes fiscaux de ces pays, du renforcement des relations fiscales internationales, du développement de nouveaux secteurs d'activités et de l'émergence de nouvelles formes complexes d'organisation des entreprises au niveau international. Pour toutes ces raisons, le Comité fiscal et, après 1971, son successeur, le Comité des affaires fiscales, ont entrepris la révision du Projet de convention de 1963 et des Commentaires qui s'y rapportent. Ces travaux ont abouti à la publication en 1977 d'un nouveau Modèle de Convention et de nouveaux Commentaires[2].

8. Les facteurs qui avaient entraîné la révision du Projet de Convention de 1963 ont continué à exercer leurs effets et, à plusieurs égards, les pressions en faveur d'une

1 *Projet de convention de double imposition concernant le revenu et la fortune*, OCDE, Paris, 1963.

2 *Modèle de convention de double imposition concernant le revenu et la fortune*, OCDE, Paris, 1977.

révision du Modèle de Convention et de son adaptation aux nouvelles conditions économiques se sont progressivement accrues. De nouvelles technologies sont apparues et, au même moment, il y a eu des changements fondamentaux dans la façon de mener des transactions transfrontalières. Les stratagèmes d'évasion et de fraude fiscales se sont perfectionnés. Le processus de globalisation et de libéralisation des économies des pays membres de l'OCDE s'est également accéléré durant la décennie 1980-1990. Dans le cadre de son programme de travail normal, le Comité des affaires fiscales, et en particulier son Groupe de Travail no. 1, a donc continué, après 1977, à examiner les différents aspects liés directement ou indirectement au Modèle de Convention de 1977. Ces travaux ont abouti à un certain nombre de rapports, dont certains recommandaient des modifications du Modèle de Convention et de ses Commentaires[1].

9. En 1991, constatant que la révision du Modèle de Convention et des Commentaires était devenue un processus continu, le Comité des affaires fiscales a décidé d'adopter le concept d'un Modèle de Convention actualisé périodiquement qui offrirait des mises à jour périodiques et plus rapides sans l'obligation d'attendre une révision complète. Il a donc été décidé de publier une version révisée du Modèle de Convention qui tienne compte des travaux effectués depuis 1977 en y intégrant certaines des recommandations formulées dans les rapports mentionnés ci-dessus.

10. Compte tenu du fait que l'influence du Modèle de Convention s'est exercée bien au-delà des pays membres de l'OCDE, le Comité a en outre décidé que le processus de révision devrait être ouvert afin de bénéficier de l'apport des pays non membres, des autres organisations internationales et des autres intéressés. Il a semblé que ces contributions extérieures aideraient le Comité des affaires fiscales dans ses activités de mise à jour du Modèle de Convention en fonction de l'évolution des réglementations et principes fiscaux internationaux.

11. C'est pourquoi a été publié en 1992 le Modèle de Convention sous forme de classeurs. Contrairement au Projet de convention de 1963 et au Modèle de Convention de 1977, le Modèle révisé ne représentait pas l'aboutissement d'une révision complète mais plutôt la première étape d'un processus de révision continue devant se concrétiser par des mises à jour périodiques de façon que le Modèle de Convention reflète à tout moment avec exactitude les positions des pays membres.

11.1 Les positions d'un certain nombre de pays non membres sur le Modèle de Convention ont été ajoutées dans un deuxième volume dans le cadre d'une de ces mises à jour, effectuée en 1997. Cet ajout reflète l'influence croissante du Modèle de Convention au-delà de la zone de l'OCDE (voir ci-dessous). Un certain nombre de rapports antérieurs qui ont été à l'origine de changements au Modèle de Convention ont été ajoutés au même moment.

11.2 Depuis la publication de la première version ambulatoire en 1992, la Convention modèle a été mise à jour à 10 reprises (en 1994, 1995, 1997, 2000, 2002, 2005, 2008, 2010,

1 Un certain nombre de ces rapports ont été publiés et sont reproduits dans le volume II de la version complète du Modèle de Convention fiscale.

2014 et 2017). La dernière mise à jour, adoptée en 2017, comportait un grand nombre de changements résultant du projet sur l'érosion de la base d'imposition et transfert de bénéfices (BEPS) qui a été réalisé sous l'égide de l'OCDE et du G20 et, en particulier, des rapports finaux sur les Actions 2, 6, 7 et 14[1] produits dans le cadre de ce projet.

B. Influence du Modèle de Convention de l'OCDE

12. Depuis 1963, le Modèle de Convention de l'OCDE a eu des répercussions considérables sur la négociation, l'application et l'interprétation des conventions fiscales.

13. En premier lieu, les pays membres de l'OCDE se sont conformés dans une large mesure au Modèle de Convention lors de la conclusion ou de la révision de conventions bilatérales. Les progrès réalisés dans la suppression de la double imposition entre pays membres apparaissent dans la progression rapide du nombre de conventions conclues ou révisées depuis 1957 conformément aux recommandations du Conseil de l'OCDE. Cependant, pour évaluer l'importance du Modèle de Convention, il faut prendre en compte non seulement le nombre de conventions conclues entre pays membres mais aussi le fait que, conformément aux recommandations du Conseil de l'OCDE, ces conventions suivent la même structure et comportent dans la plupart des cas les principales dispositions du Modèle de Convention. L'existence du Modèle de Convention a facilité les négociations bilatérales entre pays membres de l'OCDE et a permis de parvenir à l'harmonisation souhaitable entre leurs conventions bilatérales dans l'intérêt aussi bien des contribuables que des administrations nationales.

14. En second lieu, l'influence du Modèle de Convention s'est exercée bien au-delà de la zone de l'OCDE. Il a été utilisé comme document de référence essentiel dans les négociations entre pays membres et pays non membres, et même dans les négociations entre pays non membres, ainsi que dans les travaux menés par d'autres organisations internationales mondiales ou régionales dans le domaine de la double imposition et des problèmes qui y sont liés. En particulier, il a été utilisé pour servir de base à la rédaction initiale et à la révision subséquente du Modèle de Convention des Nations Unies concernant les doubles impositions entre pays développés et pays en développement[2], qui reprend pour une bonne part les dispositions et les Commentaires du Modèle de Convention de l'OCDE. Cette influence croissante du

1 OCDE (2017), *Neutraliser les effets des dispositifs hybrides, Action 2 - Rapport final 2015*, Éditions OCDE, Paris. http://dx.doi.org/10.1787/9789264255104-fr; OCDE (2017), *Empêcher l'octroi inapproprié des avantages des conventions fiscales, Action 6 - Rapport final 2015*, Éditions OCDE, Paris. http://dx.doi.org/10.1787/9789264278035-fr; OCDE (2016), *Empêcher les mesures visant à éviter artificiellement le statut d'établissement stable, Action 7 - Rapport final 2015*, Éditions OCDE, Paris. http://dx.doi.org/10.1787/9789264255227-fr; OCDE (2016), *Accroître l'efficacité des mécanismes de règlement des différends, Action 14 - Rapport final 2015*, Éditions OCDE, Paris. http://dx.doi.org/10.1787/9789264252370-fr.

2 *Modèle de Convention des Nations Unies concernant les doubles impositions entre pays développés et pays en développement*, Publications des Nations Unies, New York, première édition 1980, troisième édition 2011.

Modèle de Convention dans les pays non membres a été à l'origine de la décision, prise en 1997, d'ajouter au Modèle de Convention les positions d'un certain nombre de ces pays sur les articles du Modèle et les Commentaires qui s'y rapportent.

15. En troisième lieu, le fait que les dispositions du Modèle de Convention soient admises dans le monde entier et leur insertion dans la plupart des conventions bilatérales ont contribué à faire des Commentaires portant sur les dispositions du Modèle de Convention un guide largement reconnu pour l'interprétation et l'application des dispositions des conventions bilatérales existantes. Cela a facilité l'interprétation et l'application de ces conventions bilatérales selon des principes communs. À mesure que le réseau de conventions fiscales se développe, un tel guide ne peut que prendre de plus en plus d'importance.

C. Considérations de politique fiscale pertinentes aux fins de la décision de conclure une convention fiscale ou de modifier une convention existante

15.1 En 1997, le Conseil de l'OCDE a adopté, à l'adresse des gouvernements des pays membres, une recommandation les incitant à poursuivre leurs efforts en vue de conclure des conventions fiscales bilatérales avec ceux des pays membres, et des pays non membres lorsque cela est approprié, avec lesquels ils ne sont pas encore liés par de telles conventions. Si conclure ou non une convention fiscale avec un autre pays est une décision qu'il appartient à chaque État de prendre en fonction de différents facteurs, qui comprennent à la fois des considérations fiscales et non fiscales, les considérations de politique fiscale joueront généralement un rôle clé dans cette décision. Les paragraphes qui suivent décrivent certaines de ces considérations de politique fiscale, qui sont pertinentes non seulement pour la question de la conclusion ou non d'une convention avec un État mais aussi pour la question de savoir si un État doit ou non chercher à modifier ou à remplacer une convention existante voire, en dernier ressort, à la dénoncer (en tenant compte du fait que la dénonciation d'une convention a souvent des répercussions négatives pour un grand nombre de contribuables qui ne sont pas concernés par les situations à l'origine de la dénonciation de la convention).

15.2 Étant donné qu'un des principaux objets des conventions fiscales est d'éviter la double imposition en vue de réduire les obstacles aux services, au commerce et à l'investissement transfrontaliers, l'existence de risques de double imposition résultant de l'interaction des systèmes fiscaux des deux États sera la première préoccupation en termes de politique fiscale. Ces risques de double imposition seront généralement plus importants lorsqu'il existe un niveau significatif, existant ou prévu, de flux transfrontaliers d'échanges commerciaux et d'investissement entre les deux États. La plupart des dispositions des conventions fiscales visent à alléger la double imposition en répartissant les droits d'imposition entre les deux États et l'on part du principe que, lorsqu'un État accepte des dispositions conventionnelles qui restreignent son droit d'imposer des éléments de revenu, il le fait généralement en considérant que ces éléments de revenu sont imposables dans l'autre État. Lorsque, dans un État, l'impôt sur le revenu est faible ou inexistant, les autres États devraient examiner s'il existe des risques de double imposition qui, en eux-mêmes, justifieraient une convention fiscale. Les États devraient aussi examiner s'il existe des éléments du système fiscal d'un autre État qui pourraient accroître le risque de non-imposition, ce qui peut inclure des avantages fiscaux qui sont cantonnés de façon à ne pas affecter l'économie de cet État.

15.3 En conséquence, deux États qui envisagent de conclure une convention fiscale devraient évaluer dans quelle mesure il existe effectivement un risque de double imposition dans des situations transfrontalières qui impliquent leurs résidents. Un grand nombre de cas de double imposition juridique dus à l'imposition combinée par l'État de source et l'État de résidence peuvent être éliminés par des dispositions internes pour l'allégement de la double imposition (habituellement, sous la forme d'un mécanisme d'exemption ou de crédit d'impôt) qui ne relèvent pas de conventions fiscales. Bien que ces dispositions internes traiteront probablement la plupart des formes de double imposition juridique du type résidence-source, elles ne couvriront pas tous les cas de double imposition, en particulier s'il existe d'importantes différences dans les règles de détermination de la source des deux États ou si le droit interne de ces États ne permet pas un allégement unilatéral de la double imposition économique (par exemple, dans le cas d'un ajustement des prix de transfert opéré dans un autre État).

15.4 Une autre considération de politique fiscale pertinente par rapport à la conclusion d'une convention fiscale est le risque d'imposition excessive qui peut résulter de retenues fiscales élevées dans l'État de la source. Bien que les mécanismes d'allégement de la double imposition assurent normalement que ces retenues fiscales élevées n'entraînent pas de double imposition, si ces impôts perçus dans l'État de la source sont supérieurs au montant normalement prélevé sur les bénéfices dans l'État de résidence, ils peuvent avoir un effet préjudiciable sur les échanges et l'investissement transfrontaliers.

15.5 D'autres considérations fiscales qui devraient être prises en compte lorsqu'il est envisagé de conclure une convention concernent notamment les diverses caractéristiques des conventions fiscales qui encouragent et favorisent les liens économiques entre les pays, comme la protection contre le traitement fiscal discriminatoire de l'investissement étranger qu'offrent les règles sur la non-discrimination de l'article 24, la certitude accrue du traitement fiscal pour les contribuables qui ont droit aux avantages de la convention, et le fait que les conventions fiscales, par la procédure amiable et la possibilité pour les États contractants de recourir à l'arbitrage, prévoient un mécanisme pour la résolution des différends fiscaux internationaux.

15.6 Un objectif important des conventions fiscales étant la prévention de l'évasion et de la fraude fiscales, les États devraient aussi examiner si les signataires potentiels d'une convention ont la volonté et la capacité d'appliquer effectivement les dispositions des conventions fiscales relatives à l'assistance administrative, comme la capacité d'échanger des renseignements à des fins fiscales, ce qui est un aspect essentiel devant être pris en considération lors de la décision de conclure une convention fiscale. La capacité et la volonté d'un État de prêter assistance pour le recouvrement des impôts seraient également un facteur pertinent à prendre en compte. Il faut toutefois noter qu'en l'absence de tout risque effectif de double imposition, ces dispositions administratives ne suffiraient pas à elles seules à justifier en termes de politique fiscale l'existence d'une convention fiscale, cette assistance administrative pouvant être assurée par d'autres accords plus ciblés, comme la conclusion d'un accord sur l'échange de renseignements à des fins fiscales ou la participation à la Convention multilatérale concernant l'assistance administrative mutuelle en matière fiscale[1].

D. Présentation du Modèle de Convention

Titre du Modèle de Convention

16. Dans le Projet de Convention de 1963 et le Modèle de Convention de 1977, l'élimination des doubles impositions était mentionnée dans le titre du Modèle de Convention. Il a été décidé, en 1992, d'utiliser un titre plus court et de supprimer cette mention parce que le Modèle de Convention porte non seulement sur l'élimination de la double imposition mais aussi sur d'autres questions telles que la prévention de l'évasion et de la fraude fiscales et la non-discrimination. Cette modification a été apportée à la page de couverture de cette publication ainsi qu'au Modèle de Convention comme tel. Toutefois, il était bien entendu que plusieurs pays membres continuaient de suivre la pratique consistant à mentionner dans le titre soit l'élimination des doubles impositions, soit l'élimination des doubles impositions ainsi que la prévention de la fraude fiscale puisque ces deux approches mettaient l'accent sur ces objets importants de la Convention.

16.1 En 2014, suite aux travaux conduits dans le cadre du projet sur l'érosion de la base d'imposition et transfert de bénéfices (BEPS) qui a été réalisé sous l'égide de l'OCDE et du G20, le Comité a décidé de modifier le titre de la Convention et d'inclure un préambule. Les modifications apportées reconnaissent expressément que les objets de la Convention ne se limitent pas à l'élimination de la double imposition et que les États contractants ne souhaitent pas que les dispositions de la Convention créent des possibilités de non-imposition ou d'imposition réduite par le jeu de l'évasion et de la fraude fiscales[2]. Compte tenu des préoccupations particulières en matière d'érosion de la base d'imposition et de transfert de bénéfices résultant de mécanismes de chalandage fiscal, il a également été décidé de mentionner ces mécanismes en tant qu'exemple d'évasion fiscale qui ne devrait pas être une conséquence des conventions fiscales, étant entendu qu'il s'agit uniquement d'un exemple parmi d'autres de ce que les États contractants entendent empêcher.

1 Disponible à http://www.oecd.org/fr/ctp/echange-de-renseignements-fiscaux/FR_Consolidated_Tex_MAC(2).pdf.

2 Certaines juridictions traduisent le terme anglais « tax avoidance » par « évitement fiscal ».

16.2 Puisque le titre et le préambule font partie du contexte de la Convention[1] et constituent une déclaration générale de l'objet et du but de celle-ci, ils devraient jouer un rôle important dans l'interprétation des dispositions de la Convention. Selon la règle générale d'interprétation des traités contenue dans l'article 31(1) de la *Convention de Vienne sur le droit des traités*, « [u]n traité doit être interprété de bonne foi suivant le sens ordinaire à attribuer aux termes du traité dans leur contexte et à la lumière de son objet et de son but. »

Grandes lignes du Modèle de Convention

17. Le Modèle de Convention commence par indiquer son champ d'application (Chapitre I) et par définir certains termes (Chapitre II). La partie la plus importante est constituée des Chapitres III à V qui définissent les compétences de chacun des deux États contractants en matière d'imposition du revenu et de la fortune et les modalités de suppression de la double imposition juridique internationale. Ils sont suivis de dispositions spéciales (Chapitre VI) et des dispositions finales (entrée en vigueur et dénonciation, Chapitre VII).

Champ d'application et définitions

18. La Convention s'applique à toutes les personnes qui sont des résidents d'un État contractant ou des deux États contractants (article 1). Elle s'applique aux impôts sur le revenu et sur la fortune, qui sont décrits d'une manière générale à l'article 2. Certains termes utilisés dans plus d'un article de la Convention sont définis au Chapitre II. D'autres termes tels « dividendes », « intérêts », « redevances » et « biens immobiliers » sont définis dans les articles qui traitent de ces questions.

Imposition des revenus et du capital

19. Afin de supprimer la double imposition, la Convention établit deux catégories de règles. En premier lieu, les articles 6 à 21 déterminent pour les différentes catégories de revenu, les compétences fiscales respectives de l'État de la source ou du situs et de l'État de résidence, et l'article 22 procède de la même manière en ce qui concerne la fortune. Dans le cas d'un certain nombre d'éléments de revenu et de fortune, une compétence fiscale exclusive est attribuée à l'un des États contractants. Ainsi, l'autre État contractant ne peut prélever aucun impôt et la double imposition se trouve totalement évitée. En règle générale, cette compétence fiscale exclusive est conférée à l'État de résidence. Pour d'autres éléments de revenu et de capital, la compétence fiscale n'est pas exclusive. En ce qui concerne deux catégories de revenu (dividendes et intérêts), les deux États partagent la compétence fiscale mais le montant d'impôt que peut percevoir l'État de la source est limité. En second lieu, dans la mesure où ces dispositions confèrent à l'État de la source ou du situs une compétence fiscale intégrale ou limitée, l'État de résidence doit accorder un allégement de manière à éviter la double imposition. Tel est l'objet des articles 23 A et 23 B. La Convention laisse aux

1 Voir l'article 31(2) de la *Convention de Vienne sur le droit des traités*.

États contractants le choix entre deux méthodes d'allégement, à savoir la méthode de l'exemption et la méthode de l'imputation.

20. Les revenus et la fortune peuvent être classés en trois catégories selon le régime applicable à chacune de ces catégories dans l'État de la source ou du situs :

— les revenus et la fortune qui peuvent être imposés sans limitation dans l'État de la source ou du situs ;

— les revenus qui peuvent être soumis à une imposition limitée dans l'État de la source ou du situs ;

— les revenus et la fortune qui ne peuvent être imposés dans l'État de la source ou du situs.

21. Les catégories suivantes de revenu et de fortune peuvent être imposées sans aucune limitation dans l'État de la source ou du situs :

— les revenus de biens immobiliers situés dans cet État (y compris les revenus des exploitations agricoles ou forestières), les gains tirés de l'aliénation de ces biens et de la fortune constituée par ces biens (article 6 et paragraphe 1 des articles 13 et 22) ainsi que les gains tirés de l'aliénation d'actions qui tirent plus de 50 pour cent de leur valeur de ces biens (paragraphe 4 de l'article 13) ;

— les bénéfices d'un établissement stable situé dans cet État, les gains réalisés à la suite de l'aliénation de cet établissement stable, et la fortune constituée par des biens mobiliers faisant partie de l'actif de cet établissement stable (article 7 et paragraphe 2 des articles 13 et 22) ; exception : si l'établissement stable est utilisé pour des activités de transport maritime international et de transport aérien international (voir le paragraphe 23 ci-dessous) ;

— les revenus des activités d'artistes et sportifs exercées dans cet État, indépendamment de la question de savoir si les revenus sont attribués à l'artiste ou au sportif lui-même ou à une autre personne (article 17) ;

— les tantièmes versés par une société qui est un résident de cet État (article 16) ;

— les rémunérations au titre d'un emploi salarié du secteur privé exercé dans cet État, à moins que le salarié n'y séjourne pendant une période n'excédant pas au total 183 jours au cours de toute période de douze mois commençant ou se terminant durant l'année fiscale considérée et que certaines conditions ne soient remplies ;

— sous réserve de certaines conditions, les rémunérations et pensions versées aux membres de la fonction publique (article 19).

22. Les catégories de revenus qui peuvent être soumis à une imposition limitée dans l'État de la source sont les suivantes :

— dividendes : à condition que la participation génératrice de dividendes ne se rattache pas effectivement à un établissement stable situé dans l'État de la source, cet État doit limiter l'impôt qu'il prélève à 5 pour cent du montant brut des dividendes si le bénéficiaire effectif est une société qui détient directement, pendant une période de 365 jours, au moins 25 pour cent du capital de la société qui paye les dividendes et 15 pour cent de leur montant brut dans les autres cas (article 10) ;

— intérêts : sous réserve de la même limitation que dans le cas des dividendes, l'État de la source doit limiter le montant de l'impôt qu'il prélève à 10 pour cent du montant brut des intérêts, pour autant que ceux-ci n'excèdent pas un montant normal (article 11).

23. D'autres éléments de revenu ou de fortune ne peuvent être imposés dans l'État de la source ou du situs ; en général, ils ne sont imposables que dans l'État de résidence du contribuable. Cela vaut par exemple pour les redevances (article 12), pour les gains provenant de l'aliénation de valeurs mobilières (paragraphe 5 de l'article 13, sous réserve de l'exception visée au paragraphe 4 de l'article 13), pour les rémunérations reçues au titre d'un emploi salarié exercé à bord d'un navire ou d'un aéronef exploité en trafic international (paragraphe 3 de l'article 15), pour les pensions du secteur privé (article 18), pour les sommes reçues par un étudiant pour ses études ou sa formation (article 20), pour la fortune constituée par des valeurs mobilières (paragraphe 4 de l'article 22). De même, les bénéfices provenant de l'exploitation de navires ou aéronefs en trafic international, les gains provenant de l'aliénation de ces navires ou aéronefs et la fortune constituée par ces biens ne sont imposables que dans l'État de résidence (article 8 et paragraphe 3 des articles 13 et 22). Les bénéfices des entreprises qui ne sont pas attribuables à un établissement stable situé dans l'État de la source ne sont aussi imposables que dans l'État de résidence (paragraphe 1 de l'article 7).

24. Lorsqu'un contribuable qui est un résident d'un État contractant perçoit des revenus de sources situées dans l'autre État contractant ou y possède des éléments de fortune qui, d'après la Convention, ne sont imposables que dans l'État de résidence, il ne se pose pas de problème de double imposition puisque l'État de la source ou du situs doit éviter d'imposer ces éléments de revenu ou de fortune.

25. Lorsqu'au contraire, les revenus ou la fortune peuvent, conformément à la Convention, être imposés dans certaines limites ou sans aucune limite dans l'État de la source ou du situs, l'État de résidence a l'obligation d'éliminer la double imposition, ce qui peut se faire par l'une ou l'autre des méthodes suivantes :

— la méthode de l'exemption : le revenu ou la fortune qui est imposable dans l'État de la source ou du situs est exonéré dans l'État de résidence mais peut être pris en compte dans la détermination du taux d'imposition applicable au revenu ou à la fortune résiduelle du contribuable ;

— la méthode de l'imputation : le revenu ou la fortune imposable dans l'État de la source ou du situs est imposé dans l'État de résidence, mais l'impôt perçu dans l'État de la source ou du situs est imputé sur l'impôt prélevé par l'État de résidence sur ces revenus ou cette fortune.

25.1 Il résulte des explications précédentes que, dans toute la Convention, l'expression « sont imposables dans » un État contractant signifie que cet État a le droit d'imposer le revenu auquel la disposition pertinente s'applique et que cette expression est sans effet sur le droit d'imposition de l'autre État contractant, sauf par le biais de l'application de l'article 23 A ou 23 B lorsque cet autre État est l'État de résidence.

Dispositions spéciales

26. La Convention comporte un certain nombre de dispositions spéciales. Ces dispositions concernent les points suivants :

- l'élimination de la discrimination fiscale dans diverses circonstances (article 24) ;
- l'application d'une procédure amiable en vue d'éliminer la double imposition et de résoudre les désaccords concernant l'interprétation de la Convention (article 25) ;
- l'échange de renseignements fiscaux entre les autorités fiscales des États contractants (article 26) ;
- l'assistance au recouvrement par chacun des États contractants au profit de l'autre État (article 27) ;
- le traitement fiscal des membres des missions diplomatiques et postes consulaires en conformité avec le droit international (article 28) ;
- le droit aux avantages de la Convention (article 29) ;
- l'extension territoriale de la Convention (article 30).

Observations générales sur le Modèle de Convention

27. Dans la mesure du possible, le Modèle de Convention prévoit dans chaque cas une règle unique. Toutefois, sur certains points, il a semblé nécessaire de laisser à la Convention une certaine souplesse qui soit compatible avec une application efficace du Modèle de Convention. Par conséquent, les pays membres disposent d'une certaine latitude, par exemple dans la fixation du taux de l'impôt retenu à la source sur les dividendes et intérêts et dans le choix de la méthode utilisée pour éliminer la double imposition. De plus, dans certains cas, des dispositions alternatives ou additionnelles sont mentionnées dans les Commentaires.

Commentaires sur les articles

28. Pour chacun des articles de la Convention, il existe des commentaires détaillés qui sont destinés à en illustrer ou interpréter les dispositions.

29. Comme les Commentaires ont été rédigés et acceptés par les experts représentant, au sein du Comité des affaires fiscales, les gouvernements des pays membres, ils sont d'une importance particulière dans le développement du droit fiscal international. Bien que les Commentaires ne soient pas destinés à être annexés d'une manière ou d'une autre aux conventions qui seront signées par les pays membres, qui seules constituent des instruments juridiques internationaux ayant force obligatoire, ils peuvent néanmoins être très utiles dans l'application et l'interprétation des conventions et en particulier dans le règlement des différends éventuels.

29.1 Les administrations fiscales des pays membres consultent régulièrement les Commentaires pour interpréter les conventions fiscales bilatérales. Les Commentaires sont utiles à la fois pour régler au jour le jour des points de détail et pour résoudre des questions plus larges concernant l'objet des diverses dispositions. Les administrations fiscales attachent un grand poids aux directives contenues dans les Commentaires.

29.2 De même, les contribuables utilisent très largement les Commentaires pour l'exercice de leurs activités et la planification de leurs opérations et de leurs investissements. Les Commentaires jouent un rôle particulièrement important dans les pays où il n'existe pas de procédure permettant d'obtenir de l'administration fiscale une décision préalable sur un point de fiscalité, car ils constituent parfois dans ce cas la seule source d'interprétation utilisable.

29.3 Les tribunaux ont de plus en plus à connaître des conventions fiscales bilatérales et ils utilisent de plus en plus les Commentaires pour rendre leurs jugements. D'après les informations rassemblées par le Comité des affaires fiscales, il est fait référence aux Commentaires dans les décisions publiées des tribunaux d'une grande majorité des pays membres. Dans bien des cas, ils sont abondamment cités et analysés, et ont souvent joué un rôle clé dans les délibérations du juge. Le Comité estime que cette tendance se poursuivra à mesure que le réseau mondial de conventions fiscales deviendra de plus en plus dense et que les Commentaires seront de plus en plus largement acceptés comme source importante d'interprétation.

30. Des observations sur les Commentaires ont parfois été insérées à la demande de certains pays membres qui n'étaient pas en mesure d'adhérer à l'interprétation donnée dans les Commentaires sur l'article concerné. Ces observations ne traduisent donc pas un désaccord avec le texte de la Convention mais fournissent une indication utile sur la manière dont ces pays appliqueront les dispositions de l'article en question. Dans la mesure où les observations sont relatives à l'interprétation des articles donnée par les Commentaires, aucune observation n'est nécessaire afin d'indiquer qu'un pays désire modifier la rédaction d'une clause alternative ou additionnelle dont l'inclusion dans les conventions bilatérales est autorisée par les Commentaires.

Réserves de certains pays membres sur des dispositions de la Convention

31. Malgré le fait que tous les pays sont d'accord avec les objectifs et les principales dispositions du Modèle de Convention, presque tous ont formulé sur certaines dispositions des réserves qui sont reproduites dans les Commentaires sur les articles concernés. Les pays n'ont pas eu besoin de formuler des réserves afin d'indiquer leur intention d'utiliser les dispositions supplémentaires ou différentes qui peuvent, selon les Commentaires, être incluses dans des conventions bilatérales ou de modifier la rédaction d'une disposition du Modèle afin de confirmer ou d'y incorporer une interprétation proposée dans les Commentaires. Il est entendu que dans la mesure où des réserves ont été formulées par un pays membre, les autres pays membres, lors de négociations avec ce pays en vue de la conclusion de conventions bilatérales, gardent leur liberté d'action conformément au principe de réciprocité.

32. Le Comité des affaires fiscales estime que ces réserves devraient être jugées par rapport aux nombreuses questions sur lesquels un consensus a pu être obtenu lors de l'élaboration de la Convention.

Relations avec les versions précédentes

33. Lors de l'élaboration du Modèle de Convention de 1977, le Comité des affaires fiscales avait examiné les problèmes qui auraient pu être posés par des conflits d'interprétation dus à des modifications apportées au texte des articles ou des Commentaires du Projet de Convention de 1963. À ce moment là, le Comité avait estimé que les conventions qui étaient alors en vigueur devaient, dans la mesure du possible, être interprétées dans l'esprit des Commentaires révisés, même si ces conventions ne comportaient pas encore les précisions apportées par le Modèle de Convention de 1977. Il avait par ailleurs été indiqué que les pays membres souhaitant clarifier leur position à cet égard pouvaient le faire par un échange de lettres entre les autorités compétentes conformément à la procédure amiable et que, même en l'absence d'un tel échange de lettres, ces autorités pouvaient aussi suivre cette interprétation dans les procédures amiables concernant des cas particuliers.

34. Cette position est toujours celle du Comité et elle est donc applicable aux modifications qui ont été apportées depuis 1977 aux articles du Modèle de Convention ou aux Commentaires.

35. Il est évident que les modifications des articles du Modèle et les modifications apportées aux Commentaires qui en sont la conséquence directe ne doivent pas être prises en compte dans l'interprétation ou l'application de conventions précédemment conclues lorsque les dispositions de ces conventions diffèrent, quant au fond, des articles modifiés (voir, par exemple, le paragraphe 4 des Commentaires sur l'article 5). Toutefois, toute autre modification ou addition apportée aux Commentaires devrait normalement être applicable en ce qui concerne l'interprétation et l'application des conventions conclues avant leur adoption puisqu'elle correspond à un consensus entre les pays membres de l'OCDE quant à l'interprétation qu'il y a lieu de donner des dispositions existantes ou quant à leur application à des situations spécifiques.

36. Quoique le Comité estime que les modifications apportées aux Commentaires doivent être prises en compte aux fins de l'interprétation et de l'application des conventions conclues avant l'adoption de ces modifications, il considère erronée toute forme d'interprétation *a contrario* qui consisterait à inférer d'une modification d'un article du Modèle de Convention ou des Commentaires que la version précédente de cet article ou de ces Commentaires entraînait des conséquences différentes de celles résultant de la nouvelle version de cet article ou de ces Commentaires. Puisque plusieurs modifications ont pour objet de simplement clarifier, et non de changer, la portée des articles ou des Commentaires, une telle interprétation *a contrario* s'avérerait erronée dans plusieurs cas.

36.1 Les administrations fiscales des pays membres suivent les principes généraux énoncés dans les quatre paragraphes qui précèdent. Le Comité des affaires fiscales estime que les contribuables peuvent aussi juger utile de consulter des versions ultérieures des Commentaires pour interpréter des conventions antérieures.

Convention multilatérale

37. Lors de l'élaboration du Projet de Convention de 1963 et du Modèle de Convention de 1977, le Comité des affaires fiscales avait examiné la possibilité de conclure une convention fiscale multilatérale et il était parvenu à la conclusion que cela soulèverait de grandes difficultés. Il avait toutefois reconnu qu'il devrait être possible à certains groupes de pays membres d'examiner la possibilité de conclure une telle convention entre eux, sur la base du Modèle de Convention et sous réserve de certaines adaptations que pourraient rendre nécessaires les objectifs particuliers poursuivis par ces pays.

38. La Convention nordique concernant l'imposition du revenu et de la fortune entre le Danemark, la Finlande, l'Islande, la Norvège et la Suède, qui a été conclue en 1983 et modifiée en 1987, 1989 et 1996[1], constitue un exemple pratique d'une telle convention multilatérale entre un groupe de pays membres et respecte dans une large mesure les dispositions du Modèle de Convention.

39. Il y a lieu de mentionner aussi la Convention concernant l'assistance administrative mutuelle en matière fiscale qui a été élaborée dans le cadre du Conseil de l'Europe sur la base d'un premier projet établi par le Comité des affaires fiscales et qui est entrée en vigueur le 1er avril 1995. Une autre convention multilatérale qui doit être mentionnée est la Convention multilatérale pour la mise en œuvre des mesures relatives aux conventions fiscales pour prévenir l'érosion de la base d'imposition et le transfert de bénéfices, qui a été élaborée afin de faciliter la mise en œuvre des mesures relatives aux conventions résultant du projet sur l'érosion de la base d'imposition et transfert de bénéfices (BEPS) réalisé sous l'égide de l'OCDE et du G20 et qui a été ouverte à la signature le 31 décembre 2016.

40. Malgré l'existence de ces conventions multilatérales, rien ne permet de croire que la conclusion d'une convention fiscale multilatérale applicable à un grand nombre de pays qui puisse remplacer le réseau de conventions fiscales bilatérales en vigueur soit maintenant une solution réalisable. Le Comité estime donc que les conventions bilatérales constituent encore un meilleur moyen d'éviter la double imposition au niveau international.

Évasion et fraude fiscales ; usage incorrect des conventions

41. Les questions liées à l'usage incorrect des conventions fiscales et à la fraude et l'évasion fiscales internationales ont été une préoccupation constante du Comité des affaires fiscales depuis la publication du Projet de Convention de 1963. Au cours des années, un certain nombre de dispositions (tel l'article 29, ajouté en 2017) ont été ajoutées au Modèle de Convention, ou ont été modifiées, afin d'empêcher diverses

1 Les îles Féroé sont également signataires des Conventions de 1989 et 1996.

formes de fraude et d'évasion fiscales. Le Comité des affaires fiscales continuera de surveiller l'application des conventions fiscales afin de s'assurer que, comme il est indiqué dans le préambule de la Convention, les dispositions de la Convention ne sont pas utilisées aux fins de fraude ou d'évasion fiscales.

MODÈLE DE CONVENTION FISCALE CONCERNANT LE REVENU ET LA FORTUNE

SOMMAIRE DE LA CONVENTION

Titre et Préambule

Chapitre I

CHAMP D'APPLICATION DE LA CONVENTION

Chapitre II

DÉFINITIONS

Chapitre III

IMPOSITION DES REVENUS

Chapitre IV

IMPOSITION DE LA FORTUNE

Chapitre V

MÉTHODES POUR ÉLIMINER LES DOUBLES IMPOSITIONS

Chapitre VI

DISPOSITIONS SPÉCIALES

Chapitre VII

DISPOSITIONS FINALES

TITRE DE LA CONVENTION

Convention entre (l'État A) et (l'État B)

pour l'élimination de la double imposition en matière d'impôts sur le revenu et sur la fortune et pour la prévention de l'évasion et de la fraude fiscales

PRÉAMBULE DE LA CONVENTION

(L'État A) et (l'État B),

Soucieux de promouvoir leurs relations économiques et d'améliorer leur coopération en matière fiscale,

Entendant conclure une Convention pour l'élimination de la double imposition en matière d'impôts sur le revenu et sur la fortune sans créer de possibilités de non-imposition ou d'imposition réduite par l'évasion ou la fraude fiscale (y compris par des mécanismes de chalandage fiscal destinés à obtenir les allégements prévus dans la présente Convention au bénéfice indirect de résidents d'États tiers),

Sont convenus de ce qui suit :

Chapitre I

CHAMP D'APPLICATION DE LA CONVENTION

ARTICLE 1

PERSONNES VISÉES

1. La présente Convention s'applique aux personnes qui sont des résidents d'un État contractant ou des deux États contractants.

2. Aux fins de la présente Convention, le revenu perçu par ou via une entité ou un dispositif considéré comme totalement ou partiellement transparent sur le plan fiscal selon la législation fiscale de l'un des États contractants est considéré comme étant le revenu d'un résident d'un État contractant, mais uniquement dans la mesure où ce revenu est traité, aux fins de l'imposition par cet État, comme le revenu d'un résident de cet État.

3. Cette Convention n'affecte pas l'imposition par un État contractant de ses résidents, sauf en ce qui concerne les avantages accordés en vertu du paragraphe 3 de l'article 7, du paragraphe 2 de l'article 9 et des articles 19, 20, 23 [A] [B], 24, 25 et 28.

ARTICLE 2

IMPÔTS VISÉS

1. La présente Convention s'applique aux impôts sur le revenu et sur la fortune perçus pour le compte d'un État contractant, de ses subdivisions politiques ou de ses collectivités locales, quel que soit le système de perception.

2. Sont considérés comme impôts sur le revenu et sur la fortune les impôts perçus sur le revenu total, sur la fortune totale, ou sur des éléments du revenu ou de la fortune, y compris les impôts sur les gains provenant de l'aliénation de biens mobiliers ou immobiliers, les impôts sur le montant global des salaires payés par les entreprises, ainsi que les impôts sur les plus-values.

3. Les impôts actuels auxquels s'applique la Convention sont notamment :

a) (dans l'État A) : ....

b) (dans l'État B) : ....

4. La Convention s'applique aussi aux impôts de nature identique ou analogue qui seraient établis après la date de signature de la Convention et qui s'ajouteraient aux impôts actuels ou qui les remplaceraient. Les autorités compétentes des États contractants se communiquent les modifications significatives apportées à leurs législations fiscales.

Chapitre II
DÉFINITIONS

ARTICLE 3
DÉFINITIONS GÉNÉRALES

1. Au sens de la présente Convention, à moins que le contexte n'exige une interprétation différente :

a) le terme « personne » comprend les personnes physiques, les sociétés et tous autres groupements de personnes ;

b) le terme « société » désigne toute personne morale ou toute entité qui est considérée comme une personne morale aux fins d'imposition ;

c) le terme « entreprise » s'applique à l'exercice de toute activité ou affaire ;

d) les expressions « entreprise d'un État contractant » et « entreprise de l'autre État contractant » désignent respectivement une entreprise exploitée par un résident d'un État contractant et une entreprise exploitée par un résident de l'autre État contractant ;

e) l'expression « trafic international » désigne tout transport effectué par un navire ou un aéronef, sauf lorsque le navire ou l'aéronef n'est exploité qu'entre des points situés dans un État contractant et que l'entreprise qui exploite le navire ou l'aéronef n'est pas une entreprise de cet État ;

f) l'expression « autorité compétente » désigne :

   (i) (dans l'État A) : ....

   (ii) (dans l'État B) : .... ;

g) le terme « national », en ce qui concerne un État contractant, désigne :

   (i) toute personne physique qui possède la nationalité ou la citoyenneté de cet État contractant ; et

   (ii) toute personne morale, société de personnes ou association constituée conformément à la législation en vigueur dans cet État contractant ;

h) les termes « activité », par rapport à une entreprise, et « affaires » comprennent l'exercice de professions libérales ainsi que l'exercice d'autres activités de caractère indépendant ;

i) l'expression « fonds de pension reconnu » d'un État désigne une entité ou un dispositif établi dans cet État qui est considéré comme une personne distincte au regard de la législation fiscale de cet État et :

   (i) qui est établi et géré exclusivement ou presque exclusivement dans le but d'administrer ou de verser des prestations de retraite et des prestations annexes ou accessoires à des personnes physiques et qui est réglementé en

tant que tel par cet État ou une de ses subdivisions politiques ou collectivités locales ; ou

(*ii*) qui est établi et géré exclusivement ou presque exclusivement dans le but de placer des fonds pour le compte d'entités ou de dispositifs désignés au sous-alinéa (*i*).

2. Pour l'application de la Convention à un moment donné par un État contractant, tout terme ou expression qui n'y est pas défini a, sauf si le contexte exige une interprétation différente ou que les autorités compétentes conviennent d'un sens différent conformément aux dispositions de l'article 25, le sens que lui attribue, à ce moment, le droit de cet État concernant les impôts auxquels s'applique la Convention, le sens attribué à ce terme ou expression par le droit fiscal de cet État prévalant sur le sens que lui attribuent les autres branches du droit de cet État.

ARTICLE 4

RÉSIDENT

1. Au sens de la présente Convention, l'expression « résident d'un État contractant » désigne toute personne qui, en vertu de la législation de cet État, est assujettie à l'impôt dans cet État en raison de son domicile, de sa résidence, de son siège de direction ou de tout autre critère de nature analogue et s'applique aussi à cet État et à toute subdivision politique ou collectivité locale de celui-ci ainsi qu'à un fonds de pension reconnu de cet État. Toutefois, cette expression ne comprend pas les personnes qui ne sont assujetties à l'impôt dans cet État que pour les revenus de sources situées dans cet État ou pour la fortune qui y est située.

2. Lorsque, selon les dispositions du paragraphe 1, une personne physique est un résident des deux États contractants, sa situation est réglée de la manière suivante :

a) cette personne est considérée comme un résident seulement de l'État où elle dispose d'un foyer d'habitation permanent ; si elle dispose d'un foyer d'habitation permanent dans les deux États, elle est considérée comme un résident seulement de l'État avec lequel ses liens personnels et économiques sont les plus étroits (centre des intérêts vitaux) ;

b) si l'État où cette personne a le centre de ses intérêts vitaux ne peut pas être déterminé, ou si elle ne dispose d'un foyer d'habitation permanent dans aucun des États, elle est considérée comme un résident seulement de l'État où elle séjourne de façon habituelle ;

c) si cette personne séjourne de façon habituelle dans les deux États ou si elle ne séjourne de façon habituelle dans aucun d'eux, elle est considérée comme un résident seulement de l'État dont elle possède la nationalité ;

d) si cette personne possède la nationalité des deux États ou si elle ne possède la nationalité d'aucun d'eux, les autorités compétentes des États contractants tranchent la question d'un commun accord.

3. Lorsque, selon les dispositions du paragraphe 1 une personne autre qu'une personne physique est un résident des deux États contractants, les autorités compétentes des États contractants s'efforcent de déterminer d'un commun accord l'État contractant duquel cette personne est réputée être un résident aux fins de la Convention, eu égard au lieu où se situe son siège de direction effective, au lieu où elle a été constituée en société ou en toute autre forme juridique et à tout autre facteur pertinent. En l'absence d'un tel accord entre les États contractants, la personne ne pourra prétendre à aucun des allègements ou exonérations prévus par la Convention sauf dans la mesure et selon les conditions convenues par les autorités compétentes des États contractants.

ARTICLE 5
ÉTABLISSEMENT STABLE

1. Au sens de la présente Convention, l'expression « établissement stable » désigne une installation fixe d'affaires par l'intermédiaire de laquelle une entreprise exerce tout ou partie de son activité.

2. L'expression « établissement stable » comprend notamment :

a) un siège de direction,

b) une succursale,

c) un bureau,

d) une usine,

e) un atelier et

f) une mine, un puits de pétrole ou de gaz, une carrière ou tout autre lieu d'extraction de ressources naturelles.

3. Un chantier de construction ou de montage ne constitue un établissement stable que si sa durée dépasse douze mois.

4. Nonobstant les dispositions précédentes du présent article, on considère qu'il n'y a pas « établissement stable » si :

a) il est fait usage d'installations aux seules fins de stockage, d'exposition ou de livraison de marchandises appartenant à l'entreprise ;

b) des marchandises appartenant à l'entreprise sont entreposées aux seules fins de stockage, d'exposition ou de livraison ;

c) des marchandises appartenant à l'entreprise sont entreposées aux seules fins de transformation par une autre entreprise ;

d) une installation fixe d'affaires est utilisée aux seules fins d'acheter des marchandises ou de réunir des informations, pour l'entreprise ;

e) une installation fixe d'affaires est utilisée aux seules fins d'exercer, pour l'entreprise, toute autre activité ;

f) une installation fixe d'affaires est utilisée aux seules fins de l'exercice cumulé d'activités mentionnées aux alinéas *a)* à *e)*.

à condition que cette activité ou, dans le cas visé à l'alinéa *f)*, l'activité d'ensemble de l'installation fixe d'affaires, revête un caractère préparatoire ou auxiliaire.

4.1 Le paragraphe 4 ne s'applique pas à une installation fixe d'affaires utilisée ou détenue par une entreprise si la même entreprise ou une entreprise étroitement liée exerce des activités d'entreprise dans la même installation ou dans une autre installation dans le même État contractant et

a) cette installation ou cette autre installation constitue un établissement stable pour l'entreprise ou pour l'entreprise étroitement liée en vertu des dispositions du présent article, ou

b) l'activité d'ensemble résultant du cumul des activités exercées par les deux entreprises dans la même installation, ou par la même entreprise ou des entreprises étroitement liées dans les deux installations, ne revêt pas un caractère préparatoire ou auxiliaire,

si les activités d'entreprise exercées par les deux entreprises dans la même installation, ou par la même entreprise ou des entreprises étroitement liées dans les deux installations, constituent des fonctions complémentaires qui s'inscrivent dans un ensemble cohérent d'activités d'entreprise.

5. Nonobstant les dispositions des paragraphes 1 et 2, mais sous réserve des dispositions du paragraphe 6, lorsqu'une personne agit dans un État contractant pour le compte d'une entreprise, et, ce faisant, conclut habituellement des contrats ou joue habituellement le rôle principal menant à la conclusion de contrats qui, de façon routinière, sont conclus sans modification importante par l'entreprise, et que ces contrats sont

a) au nom de l'entreprise, ou

b) pour le transfert de la propriété de biens, ou pour la concession du droit d'utiliser des biens, appartenant à cette entreprise ou que l'entreprise a le droit d'utiliser, ou

c) pour la prestation de services par cette entreprise,

cette entreprise est considérée comme ayant un établissement stable dans cet État pour toutes les activités que cette personne exerce pour l'entreprise, à moins que les activités de cette personne ne soient limitées à celles qui sont mentionnées au paragraphe 4 et qui, si elles étaient exercées par l'intermédiaire d'une installation fixe d'affaires (autre qu'une installation fixe d'affaires à laquelle le paragraphe 4.1 s'appliquerait), ne permettraient pas de considérer cette installation comme un établissement stable selon les dispositions de ce paragraphe.

6. Le paragraphe 5 ne s'applique pas lorsque la personne qui agit dans un État contractant pour le compte d'une entreprise de l'autre État contractant exerce dans le premier État une activité d'entreprise comme agent indépendant et agit pour l'entreprise dans le cadre ordinaire de cette activité. Toutefois, lorsqu'une personne

agit exclusivement ou presque exclusivement pour le compte d'une ou de plusieurs entreprises auxquelles elle est étroitement liée, cette personne n'est pas considérée comme un agent indépendant au sens du présent paragraphe en ce qui concerne chacune de ces entreprises.

7. Le fait qu'une société qui est un résident d'un État contractant contrôle ou est contrôlée par une société qui est un résident de l'autre État contractant ou qui y exerce son activité (que ce soit par l'intermédiaire d'un établissement stable ou non) ne suffit pas, en lui-même, à faire de l'une quelconque de ces sociétés un établissement stable de l'autre.

8. Aux fins du présent article, une personne ou une entreprise est étroitement liée à une entreprise si, compte tenu de l'ensemble des faits et circonstances pertinents, l'une contrôle l'autre ou toutes deux sont sous le contrôle des mêmes personnes ou entreprises. Dans tous les cas, une personne ou une entreprise sera considérée comme étroitement liée à une entreprise si l'une détient directement ou indirectement plus de 50 pour cent des droits ou participations effectifs dans l'autre (ou, dans le cas d'une société, plus de 50 pour cent du total des droits de vote et de la valeur des actions de la société ou des droits ou participations effectifs dans les capitaux propres de la société), ou si une autre personne ou entreprise détient directement ou indirectement plus de 50 pour cent des droits ou participations effectifs (ou, dans le cas d'une société, plus de 50 pour cent du total des droits de vote et de la valeur des actions de la société ou des droits ou participations effectifs dans les capitaux propres de la société) dans la personne et l'entreprise ou dans les deux entreprises.

Chapitre III

IMPOSITION DES REVENUS

ARTICLE 6

REVENUS IMMOBILIERS

1. Les revenus qu'un résident d'un État contractant tire de biens immobiliers (y compris les revenus des exploitations agricoles ou forestières) situés dans l'autre État contractant, sont imposables dans cet autre État.

2. L'expression « biens immobiliers » a le sens que lui attribue le droit de l'État contractant où les biens considérés sont situés. L'expression comprend en tous cas les accessoires, le cheptel mort ou vif des exploitations agricoles et forestières, les droits auxquels s'appliquent les dispositions du droit privé concernant la propriété foncière, l'usufruit des biens immobiliers et les droits à des paiements variables ou fixes pour l'exploitation ou la concession de l'exploitation de gisements minéraux, sources et autres ressources naturelles ; les navires et aéronefs ne sont pas considérés comme des biens immobiliers.

3. Les dispositions du paragraphe 1 s'appliquent aux revenus provenant de l'exploitation directe, de la location ou de l'affermage, ainsi que de toute autre forme d'exploitation des biens immobiliers.

4. Les dispositions des paragraphes 1 et 3 s'appliquent également aux revenus provenant des biens immobiliers d'une entreprise.

ARTICLE 7

BÉNÉFICES DES ENTREPRISES

1. Les bénéfices d'une entreprise d'un État contractant ne sont imposables que dans cet État, à moins que l'entreprise n'exerce son activité dans l'autre État contractant par l'intermédiaire d'un établissement stable qui y est situé. Si l'entreprise exerce son activité d'une telle façon, les bénéfices qui sont attribuables à l'établissement stable conformément aux dispositions du paragraphe 2 sont imposables dans l'autre État.

2. Aux fins de cet article et de l'article [23 A] [23 B], les bénéfices qui sont attribuables dans chaque État contractant à l'établissement stable mentionné au paragraphe 1 sont ceux qu'il aurait pu réaliser, en particulier dans ses opérations internes avec d'autres parties de l'entreprise, s'il avait constitué une entreprise distincte et indépendante exerçant des activités identiques ou analogues dans des conditions identiques ou analogues, compte tenu des fonctions exercées, des actifs

utilisés et des risques assumés par l'entreprise par l'intermédiaire de l'établissement stable et des autres parties de l'entreprise.

3. Lorsque, conformément au paragraphe 2, un État contractant ajuste les bénéfices qui sont attribuables à un établissement stable d'une entreprise d'un des États contractants et impose en conséquence des bénéfices de l'entreprise qui ont été imposés dans l'autre État, cet autre État procède à un ajustement approprié du montant de l'impôt qui a été perçu sur ces bénéfices dans la mesure nécessaire pour éliminer la double imposition de ces bénéfices. Pour déterminer cet ajustement, les autorités compétentes des États contractants se consultent si nécessaire.

4. Lorsque les bénéfices comprennent des éléments de revenu traités séparément dans d'autres articles de la présente Convention, les dispositions de ces articles ne sont pas affectées par les dispositions du présent article.

ARTICLE 8

NAVIGATION MARITIME ET AÉRIENNE INTERNATIONALE

1. Les bénéfices d'une entreprise d'un État contractant provenant de l'exploitation, en trafic international, de navires ou d'aéronefs ne sont imposables que dans cet État.

2. Les dispositions du paragraphe 1 s'appliquent aussi aux bénéfices provenant de la participation à un pool, une exploitation en commun ou un organisme international d'exploitation.

ARTICLE 9

ENTREPRISES ASSOCIÉES

1. Lorsque

a) une entreprise d'un État contractant participe directement ou indirectement à la direction, au contrôle ou au capital d'une entreprise de l'autre État contractant, ou que

b) les mêmes personnes participent directement ou indirectement à la direction, au contrôle ou au capital d'une entreprise d'un État contractant et d'une entreprise de l'autre État contractant,

et que, dans l'un et l'autre cas, les deux entreprises sont, dans leurs relations commerciales ou financières, liées par des conditions convenues ou imposées, qui diffèrent de celles qui seraient convenues entre des entreprises indépendantes, les bénéfices qui, sans ces conditions, auraient été réalisés par l'une des entreprises mais n'ont pu l'être en fait à cause de ces conditions, peuvent être inclus dans les bénéfices de cette entreprise et imposés en conséquence.

2. Lorsqu'un État contractant inclut dans les bénéfices d'une entreprise de cet État — et impose en conséquence — des bénéfices sur lesquels une entreprise de l'autre État contractant a été imposée dans cet autre État, et que les bénéfices ainsi inclus sont des bénéfices qui auraient été réalisés par l'entreprise du premier État si les conditions convenues entre les deux entreprises avaient été celles qui auraient été convenues entre des entreprises indépendantes, l'autre État procède à un ajustement approprié du montant de l'impôt qui y a été perçu sur ces bénéfices. Pour déterminer cet ajustement, il est tenu compte des autres dispositions de la présente Convention et, si c'est nécessaire, les autorités compétentes des États contractants se consultent.

ARTICLE 10

DIVIDENDES

1. Les dividendes payés par une société qui est un résident d'un État contractant à un résident de l'autre État contractant sont imposables dans cet autre État.

2. Toutefois, les dividendes payés par une société qui est un résident d'un État contractant sont aussi imposables dans cet État selon la législation de cet État, mais si le bénéficiaire effectif des dividendes est un résident de l'autre État contractant, l'impôt ainsi établi ne peut excéder :

a) 5 pour cent du montant brut des dividendes si le bénéficiaire effectif est une société qui détient directement au moins 25 pour cent du capital de la société qui paie les dividendes tout au long d'une période de 365 jours incluant le jour du paiement des dividendes (il n'est pas tenu compte, aux fins du calcul de cette période, des changements de détention qui résulteraient directement d'une réorganisation, telle qu'une fusion ou une scission de société, de la société qui détient les actions ou qui paie les dividendes) ;

b) 15 pour cent du montant brut des dividendes, dans tous les autres cas.

Les autorités compétentes des États contractants règlent d'un commun accord les modalités d'application de ces limitations. Le présent paragraphe n'affecte pas l'imposition de la société au titre des bénéfices qui servent au paiement des dividendes.

3. Le terme « dividendes » employé dans le présent article désigne les revenus provenant d'actions, actions ou bons de jouissance, parts de mine, parts de fondateur ou autres parts bénéficiaires à l'exception des créances, ainsi que les revenus d'autres parts sociales soumis au même régime fiscal que les revenus d'actions par la législation de l'État dont la société distributrice est un résident.

4. Les dispositions des paragraphes 1 et 2 ne s'appliquent pas lorsque le bénéficiaire effectif des dividendes, résident d'un État contractant, exerce dans l'autre État contractant dont la société qui paie les dividendes est un résident, une activité d'entreprise par l'intermédiaire d'un établissement stable qui y est situé, et que la

participation génératrice des dividendes s'y rattache effectivement. Dans ce cas, les dispositions de l'article 7 sont applicables.

5. Lorsqu'une société qui est un résident d'un État contractant tire des bénéfices ou des revenus de l'autre État contractant, cet autre État ne peut percevoir aucun impôt sur les dividendes payés par la société, sauf dans la mesure où ces dividendes sont payés à un résident de cet autre État ou dans la mesure où la participation génératrice des dividendes se rattache effectivement à un établissement stable situé dans cet autre État, ni prélever aucun impôt, au titre de l'imposition des bénéfices non distribués, sur les bénéfices non distribués de la société, même si les dividendes payés ou les bénéfices non distribués consistent en tout ou en partie en bénéfices ou revenus provenant de cet autre État.

ARTICLE 11
INTÉRÊTS

1. Les intérêts provenant d'un État contractant et payés à un résident de l'autre État contractant sont imposables dans cet autre État.

2. Toutefois, les intérêts provenant d'un État contractant sont aussi imposables dans cet État selon la législation de cet État, mais si le bénéficiaire effectif des intérêts est un résident de l'autre État contractant, l'impôt ainsi établi ne peut excéder 10 pour cent du montant brut des intérêts. Les autorités compétentes des États contractants règlent d'un commun accord les modalités d'application de cette limitation.

3. Le terme « intérêts » employé dans le présent article désigne les revenus des créances de toute nature, assorties ou non de garanties hypothécaires ou d'une clause de participation aux bénéfices du débiteur, et notamment les revenus des fonds publics et des obligations d'emprunts, y compris les primes et lots attachés à ces titres. Les pénalisations pour paiement tardif ne sont pas considérées comme des intérêts au sens du présent article.

4. Les dispositions des paragraphes 1 et 2 ne s'appliquent pas lorsque le bénéficiaire effectif des intérêts, résident d'un État contractant, exerce dans l'autre État contractant d'où proviennent les intérêts, une activité d'entreprise par l'intermédiaire d'un établissement stable qui y est situé, et que la créance génératrice des intérêts s'y rattache effectivement. Dans ce cas, les dispositions de l'article 7 sont applicables.

5. Les intérêts sont considérés comme provenant d'un État contractant lorsque le débiteur est un résident de cet État. Toutefois, lorsque le débiteur des intérêts, qu'il soit ou non un résident d'un État contractant, a dans un État contractant un établissement stable pour lequel la dette donnant lieu au paiement des intérêts a été contractée et qui supporte la charge de ces intérêts, ceux-ci sont considérés comme provenant de l'État où l'établissement stable est situé.

6. Lorsque, en raison de relations spéciales existant entre le débiteur et le bénéficiaire effectif ou que l'un et l'autre entretiennent avec de tierces personnes, le montant des intérêts, compte tenu de la créance pour laquelle ils sont payés, excède celui dont seraient convenus le débiteur et le bénéficiaire effectif en l'absence de pareilles relations, les dispositions du présent article ne s'appliquent qu'à ce dernier montant. Dans ce cas, la partie excédentaire des paiements reste imposable selon la législation de chaque État contractant et compte tenu des autres dispositions de la présente Convention.

ARTICLE 12
REDEVANCES

1. Les redevances provenant d'un État contractant et dont le bénéficiaire effectif est un résident de l'autre État contractant ne sont imposables que dans cet autre État.

2. Le terme « redevances » employé dans le présent article désigne les rémunérations de toute nature payées pour l'usage ou la concession de l'usage d'un droit d'auteur sur une œuvre littéraire, artistique ou scientifique, y compris les films cinématographiques, d'un brevet, d'une marque de fabrique ou de commerce, d'un dessin ou d'un modèle, d'un plan, d'une formule ou d'un procédé secrets et pour des informations ayant trait à une expérience acquise dans le domaine industriel, commercial ou scientifique.

3. Les dispositions du paragraphe 1 ne s'appliquent pas lorsque le bénéficiaire effectif des redevances, résident d'un État contractant, exerce dans l'autre État contractant d'où proviennent les redevances une activité d'entreprise par l'intermédiaire d'un établissement stable qui y est situé et que le droit ou le bien générateur des redevances s'y rattache effectivement. Dans ce cas, les dispositions de l'article 7 sont applicables.

4. Lorsque, en raison de relations spéciales existant entre le débiteur et le bénéficiaire effectif ou que l'un et l'autre entretiennent avec de tierces personnes, le montant des redevances, compte tenu de la prestation pour laquelle elles sont payées, excède celui dont seraient convenus le débiteur et le bénéficiaire effectif en l'absence de pareilles relations, les dispositions du présent article ne s'appliquent qu'à ce dernier montant. Dans ce cas, la partie excédentaire des paiements reste imposable selon la législation de chaque État contractant et compte tenu des autres dispositions de la présente Convention.

ARTICLE 13
GAINS EN CAPITAL

1. Les gains qu'un résident d'un État contractant tire de l'aliénation de biens immobiliers visés à l'article 6, et situés dans l'autre État contractant, sont imposables dans cet autre État.

2. Les gains provenant de l'aliénation de biens mobiliers qui font partie de l'actif d'un établissement stable qu'une entreprise d'un État contractant a dans l'autre État contractant, y compris de tels gains provenant de l'aliénation de cet établissement stable (seul ou avec l'ensemble de l'entreprise), sont imposables dans cet autre État.

3. Les gains qu'une entreprise d'un État contractant qui exploite des navires ou aéronefs en trafic international tire de l'aliénation de ces navires ou aéronefs, ou de biens mobiliers affectés à l'exploitation de ces navires ou aéronefs, ne sont imposables que dans cet État.

4. Les gains qu'un résident d'un État contractant tire de l'aliénation d'actions ou de droits ou participations similaires, tels que des droits ou participations dans une société de personnes ou une fiducie (ou un trust), sont imposables dans l'autre État contractant si, à tout moment au cours des 365 jours qui précèdent l'aliénation, ces actions, droits ou participations similaires tirent directement ou indirectement plus de 50 pour cent de leur valeur de biens immobiliers, tels que définis à l'article 6, situés dans cet autre État.

5. Les gains provenant de l'aliénation de tous biens autres que ceux visés aux paragraphes 1, 2, 3 et 4 ne sont imposables que dans l'État contractant dont le cédant est un résident.

[ARTICLE 14 - PROFESSIONS INDÉPENDANTES]

[SUPPRIMÉ]

ARTICLE 15
REVENUS D'EMPLOI

1. Sous réserve des dispositions des articles 16, 18 et 19, les salaires, traitements et autres rémunérations similaires qu'un résident d'un État contractant reçoit au titre d'un emploi salarié ne sont imposables que dans cet État, à moins que l'emploi ne soit exercé dans l'autre État contractant. Si l'emploi y est exercé, les rémunérations reçues à ce titre sont imposables dans cet autre État.

2. Nonobstant les dispositions du paragraphe 1, les rémunérations qu'un résident d'un État contractant reçoit au titre d'un emploi salarié exercé dans l'autre État contractant ne sont imposables que dans le premier État si :

a) le bénéficiaire séjourne dans l'autre État pendant une période ou des périodes n'excédant pas au total 183 jours durant toute période de douze mois commençant ou se terminant durant l'année fiscale considérée, et

b) les rémunérations sont payées par un employeur, ou pour le compte d'un employeur, qui n'est pas un résident de l'autre État, et

c) la charge des rémunérations n'est pas supportée par un établissement stable que l'employeur a dans l'autre État.

3. Nonobstant les dispositions précédentes du présent article, les rémunérations reçues par un résident d'un État contractant au titre d'un emploi salarié, en tant que membre de l'équipage régulier d'un navire ou aéronef, exercé à bord d'un navire ou d'un aéronef exploité en trafic international, à l'exception d'un emploi exercé à bord d'un navire ou d'un aéronef exploité uniquement dans l'autre État contractant, ne sont imposables que dans le premier État.

ARTICLE 16

TANTIÈMES

Les tantièmes, jetons de présence et autres rétributions similaires qu'un résident d'un État contractant reçoit en sa qualité de membre du conseil d'administration ou de surveillance d'une société qui est un résident de l'autre État contractant sont imposables dans cet autre État.

ARTICLE 17

ARTISTES ET SPORTIFS

1. Nonobstant les dispositions de l'article 15, les revenus qu'un résident d'un État contractant tire de ses activités personnelles exercées dans l'autre État contractant en tant qu'artiste du spectacle, tel qu'un artiste de théâtre, de cinéma, de la radio ou de la télévision, ou qu'un musicien, ou en tant que sportif, sont imposables dans cet autre État.

2. Lorsque les revenus d'activités qu'un artiste du spectacle ou un sportif exerce personnellement et en cette qualité sont attribués non pas à l'artiste ou au sportif mais à une autre personne, ces revenus sont imposables, nonobstant les dispositions de l'article 15, dans l'État contractant où les activités de l'artiste ou du sportif sont exercées.

ARTICLE 18
PENSIONS

Sous réserve des dispositions du paragraphe 2 de l'article 19, les pensions et autres rémunérations similaires, payées à un résident d'un État contractant au titre d'un emploi antérieur, ne sont imposables que dans cet État.

ARTICLE 19
FONCTIONS PUBLIQUES

1. *a)* Les salaires, traitements et autres rémunérations similaires payés par un État contractant ou l'une de ses subdivisions politiques ou collectivités locales à une personne physique au titre de services rendus à cet État ou à cette subdivision ou collectivité ne sont imposables que dans cet État.

   b) Toutefois, ces salaires, traitements et autres rémunérations similaires ne sont imposables que dans l'autre État contractant si les services sont rendus dans cet État et si la personne physique est un résident de cet État qui :

   (i) possède la nationalité de cet État ; ou

   (ii) n'est pas devenu un résident de cet État à seule fin de rendre les services.

2. *a)* Nonobstant les dispositions du paragraphe 1, les pensions et autres rémunérations similaires payées par un État contractant, ou l'une de ses subdivisions politiques ou collectivités locales, soit directement soit par prélèvement sur des fonds qu'ils ont constitués, à une personne physique au titre de services rendus à cet État ou à cette subdivision ou collectivité, ne sont imposables que dans cet État.

   b) Toutefois, ces pensions et autres rémunérations similaires ne sont imposables que dans l'autre État contractant si la personne physique est un résident de cet État et en possède la nationalité.

3. Les dispositions des articles 15, 16, 17 et 18 s'appliquent aux salaires, traitements, pensions, et autres rémunérations similaires payés au titre de services rendus dans le cadre d'une activité d'entreprise exercée par un État contractant ou l'une de ses subdivisions politiques ou collectivités locales.

ARTICLE 20
ÉTUDIANTS

Les sommes qu'un étudiant ou un stagiaire qui est, ou qui était immédiatement avant de se rendre dans un État contractant, un résident de l'autre État contractant et qui séjourne dans le premier État à seule fin d'y poursuivre ses études ou sa formation, reçoit pour couvrir ses frais d'entretien, d'études ou de formation ne sont pas imposables dans cet État, à condition qu'elles proviennent de sources situées en dehors de cet État.

ARTICLE 21

AUTRES REVENUS

1. Les éléments du revenu d'un résident d'un État contractant, d'où qu'ils proviennent, qui ne sont pas traités dans les articles précédents de la présente Convention ne sont imposables que dans cet État.

2. Les dispositions du paragraphe 1 ne s'appliquent pas aux revenus autres que les revenus provenant de biens immobiliers tels qu'ils sont définis au paragraphe 2 de l'article 6, lorsque le bénéficiaire de tels revenus, résident d'un État contractant, exerce dans l'autre État contractant une activité d'entreprise par l'intermédiaire d'un établissement stable qui y est situé et que le droit ou le bien générateur des revenus s'y rattache effectivement. Dans ce cas, les dispositions de l'article 7 sont applicables.

Chapitre IV

IMPOSITION DE LA FORTUNE

ARTICLE 22

FORTUNE

1. La fortune constituée par des biens immobiliers visés à l'article 6, que possède un résident d'un État contractant et qui sont situés dans l'autre État contractant, est imposable dans cet autre État.

2. La fortune constituée par des biens mobiliers qui font partie de l'actif d'un établissement stable qu'une entreprise d'un État contractant a dans l'autre État contractant est imposable dans cet autre État.

3. La fortune d'une entreprise d'un État contractant qui exploite des navires ou aéronefs en trafic international constituée par ces navires ou aéronefs ainsi que par des biens mobiliers affectés à l'exploitation de ces navires ou aéronefs, n'est imposable que dans cet État.

4. Tous les autres éléments de la fortune d'un résident d'un État contractant ne sont imposables que dans cet État.

Chapitre V

MÉTHODES POUR ÉLIMINER LES DOUBLES IMPOSITIONS

ARTICLE 23 A

MÉTHODE D'EXEMPTION

1. Lorsqu'un résident d'un État contractant reçoit des revenus ou possède de la fortune qui sont imposables dans l'autre État contractant conformément aux dispositions de la présente Convention (sauf dans la mesure où ces dispositions autorisent l'imposition par cet autre État uniquement parce que le revenu est également un revenu reçu par un résident de cet autre État ou parce que la fortune est également une fortune possédée par un résident de cet autre État), le premier État exempte de l'impôt ces revenus ou cette fortune, sous réserve des dispositions des paragraphes 2 et 3.

2. Lorsqu'un résident d'un État contractant reçoit des éléments de revenu qui sont imposables dans l'autre État contractant conformément aux dispositions des articles 10 et 11 (sauf dans la mesure où ces dispositions autorisent l'imposition par cet autre État uniquement parce que le revenu est également un revenu reçu par un résident de cet autre État), le premier État accorde, sur l'impôt qu'il perçoit sur les revenus de ce résident, une déduction d'un montant égal à l'impôt payé dans cet autre État. Cette déduction ne peut toutefois excéder la fraction de l'impôt, calculé avant déduction, correspondant à ces éléments de revenus reçus de cet autre État.

3. Lorsque, conformément à une disposition quelconque de la Convention, les revenus qu'un résident d'un État contractant reçoit ou la fortune qu'il possède sont exempts d'impôt dans cet État, celui-ci peut néanmoins, pour calculer le montant de l'impôt sur le reste des revenus ou de la fortune de ce résident, tenir compte des revenus ou de la fortune exemptés.

4. Les dispositions du paragraphe 1 ne s'appliquent pas au revenu reçu ou à la fortune possédée par un résident d'un État contractant lorsque l'autre État Contractant applique les dispositions de la Convention pour exempter d'impôt ce revenu ou cette fortune ou applique les dispositions du paragraphe 2 de l'article 10 ou 11 à ce revenu.

ARTICLE 23 B

MÉTHODE D'IMPUTATION

1. Lorsqu'un résident d'un État contractant reçoit des revenus ou possède de la fortune qui sont imposables dans l'autre État contractant conformément aux dispositions de la présente Convention (sauf dans la mesure où ces dispositions autorisent l'imposition par cet autre État uniquement parce que le revenu est également un revenu reçu par un résident de cet autre État ou parce que la fortune est

également une fortune possédée par un résident de cet autre État), le premier État accorde :

a) sur l'impôt qu'il perçoit sur les revenus de ce résident, une déduction d'un montant égal à l'impôt sur le revenu payé dans cet autre État ;

b) sur l'impôt qu'il perçoit sur la fortune de ce résident, une déduction d'un montant égal à l'impôt sur la fortune payé dans cet autre État.

Dans l'un ou l'autre cas, cette déduction ne peut toutefois excéder la fraction de l'impôt sur le revenu ou de l'impôt sur la fortune, calculé avant déduction, correspondant selon le cas aux revenus ou à la fortune imposables dans cet autre État.

2. Lorsque, conformément à une disposition quelconque de la Convention, les revenus qu'un résident d'un État contractant reçoit ou la fortune qu'il possède sont exempts d'impôt dans cet État, celui-ci peut néanmoins, pour calculer le montant de l'impôt sur le reste des revenus ou de la fortune de ce résident, tenir compte des revenus ou de la fortune exemptés.

Chapitre VI
DISPOSITIONS SPÉCIALES

ARTICLE 24
NON-DISCRIMINATION

1. Les nationaux d'un État contractant ne sont soumis dans l'autre État contractant à aucune imposition ou obligation y relative, qui est autre ou plus lourde que celles auxquelles sont ou pourront être assujettis les nationaux de cet autre État qui se trouvent dans la même situation, notamment au regard de la résidence. La présente disposition s'applique aussi, nonobstant les dispositions de l'article 1, aux personnes qui ne sont pas des résidents d'un État contractant ou des deux États contractants.

2. Les apatrides qui sont des résidents d'un État contractant ne sont soumis dans l'un ou l'autre État contractant à aucune imposition ou obligation y relative, qui est autre ou plus lourde que celles auxquelles sont ou pourront être assujettis les nationaux de l'État concerné qui se trouvent dans la même situation, notamment au regard de la résidence.

3. L'imposition d'un établissement stable qu'une entreprise d'un État contractant a dans l'autre État contractant n'est pas établie dans cet autre État d'une façon moins favorable que l'imposition des entreprises de cet autre État qui exercent la même activité. La présente disposition ne peut être interprétée comme obligeant un État contractant à accorder aux résidents de l'autre État contractant les déductions personnelles, abattements et réductions d'impôt en fonction de la situation ou des charges de famille qu'il accorde à ses propres résidents.

4. À moins que les dispositions du paragraphe 1 de l'article 9, du paragraphe 6 de l'article 11 ou du paragraphe 4 de l'article 12 ne soient applicables, les intérêts, redevances et autres dépenses payés par une entreprise d'un État contractant à un résident de l'autre État contractant sont déductibles, pour la détermination des bénéfices imposables de cette entreprise, dans les mêmes conditions que s'ils avaient été payés à un résident du premier État. De même, les dettes d'une entreprise d'un État contractant envers un résident de l'autre État contractant sont déductibles, pour la détermination de la fortune imposable de cette entreprise, dans les mêmes conditions que si elles avaient été contractées envers un résident du premier État.

5. Les entreprises d'un État contractant, dont le capital est en totalité ou en partie, directement ou indirectement, détenu ou contrôlé par un ou plusieurs résidents de l'autre État contractant, ne sont soumises dans le premier État à aucune imposition ou obligation y relative, qui est autre ou plus lourde que celles auxquelles sont ou pourront être assujetties les autres entreprises similaires du premier État.

6. Les dispositions du présent article s'appliquent, nonobstant les dispositions de l'article 2, aux impôts de toute nature ou dénomination.

ARTICLE 25

PROCÉDURE AMIABLE

1. Lorsqu'une personne estime que les mesures prises par un État contractant ou par les deux États contractants entraînent ou entraîneront pour elle une imposition non conforme aux dispositions de la présente Convention, elle peut, indépendamment des recours prévus par le droit interne de ces États, soumettre son cas à l'autorité compétente de l'un ou l'autre État contractant. Le cas doit être soumis dans les trois ans qui suivent la première notification de la mesure qui entraîne une imposition non conforme aux dispositions de la Convention.

2. L'autorité compétente s'efforce, si la réclamation lui paraît fondée et si elle n'est pas elle-même en mesure d'y apporter une solution satisfaisante, de résoudre le cas par voie d'accord amiable avec l'autorité compétente de l'autre État contractant, en vue d'éviter une imposition non conforme à la Convention. L'accord est appliqué quels que soient les délais prévus par le droit interne des États contractants.

3. Les autorités compétentes des États contractants s'efforcent, par voie d'accord amiable, de résoudre les difficultés ou de dissiper les doutes auxquels peuvent donner lieu l'interprétation ou l'application de la Convention. Elles peuvent aussi se concerter en vue d'éliminer la double imposition dans les cas non prévus par la Convention.

4. Les autorités compétentes des États contractants peuvent communiquer directement entre elles, y compris au sein d'une commission mixte composée de ces autorités ou de leurs représentants, en vue de parvenir à un accord comme il est indiqué aux paragraphes précédents.

5. Lorsque,

a) en vertu du paragraphe 1, une personne a soumis un cas à l'autorité compétente d'un État contractant en se fondant sur le fait que les mesures prises par un État contractant ou par les deux États contractants ont entraîné pour cette personne une imposition non conforme aux dispositions de cette Convention, et que

b) les autorités compétentes ne parviennent pas à un accord permettant de résoudre ce cas en vertu du paragraphe 2 dans un délai de deux ans à compter de la date à laquelle toutes les informations demandées par les autorités compétentes pour pouvoir traiter le cas ont été communiquées aux deux autorités compétentes,

les questions non résolues soulevées par ce cas doivent être soumises à arbitrage si la personne en fait la demande par écrit. Ces questions non résolues ne doivent toutefois pas être soumises à arbitrage si une décision sur ces questions a déjà été rendue par un tribunal judiciaire ou administratif de l'un des États. À moins qu'une personne directement concernée par le cas n'accepte pas l'accord amiable par lequel la décision d'arbitrage est appliquée, cette décision lie les deux États contractants et doit être appliquée quels que soient les délais prévus par le droit interne de ces États. Les autorités compétentes des États contractants règlent par accord amiable les modalités d'application de ce paragraphe.

ARTICLE 26

ÉCHANGE DE RENSEIGNEMENTS

1. Les autorités compétentes des États contractants échangent les renseignements vraisemblablement pertinents pour appliquer les dispositions de la présente Convention ou pour l'administration ou l'application de la législation interne relative aux impôts de toute nature ou dénomination perçus pour le compte des États contractants, de leurs subdivisions politiques ou de leurs collectivités locales dans la mesure où l'imposition qu'elle prévoit n'est pas contraire à la Convention. L'échange de renseignements n'est pas restreint par les articles 1 et 2.

2. Les renseignements reçus en vertu du paragraphe 1 par un État contractant sont tenus secrets de la même manière que les renseignements obtenus en application de la législation interne de cet État et ne sont communiqués qu'aux personnes ou autorités (y compris les tribunaux et organes administratifs) concernées par l'établissement ou le recouvrement des impôts mentionnés au paragraphe 1, par les procédures ou poursuites concernant ces impôts, par les décisions sur les recours relatifs à ces impôts, ou par le contrôle de ce qui précède. Ces personnes ou autorités n'utilisent ces renseignements qu'à ces fins. Elles peuvent révéler ces renseignements au cours d'audiences publiques de tribunaux ou dans des jugements. Nonobstant ce qui précède, les renseignements reçus par un État contractant peuvent être utilisés à

d'autres fins si la législation des deux États l'autorise et si l'autorité compétente de l'État qui fournit ces renseignements autorise cette utilisation.

3. Les dispositions des paragraphes 1 et 2 ne peuvent en aucun cas être interprétées comme imposant à un État contractant l'obligation :

a) de prendre des mesures administratives dérogeant à sa législation et à sa pratique administrative ou à celles de l'autre État contractant ;

b) de fournir des renseignements qui ne pourraient être obtenus sur la base de sa législation ou dans le cadre de sa pratique administrative normale ou de celles de l'autre État contractant ;

c) de fournir des renseignements qui révéleraient un secret commercial, industriel, professionnel ou un procédé commercial ou des renseignements dont la communication serait contraire à l'ordre public.

4. Si des renseignements sont demandés par un État contractant conformément à cet article, l'autre État contractant utilise les pouvoirs dont il dispose pour obtenir les renseignements demandés, même s'il n'en a pas besoin à ses propres fins fiscales. L'obligation qui figure dans la phrase précédente est soumise aux limitations prévues au paragraphe 3 sauf si ces limitations sont susceptibles d'empêcher un État contractant de communiquer des renseignements uniquement parce que ceux-ci ne présentent pas d'intérêt pour lui dans le cadre national.

5. En aucun cas les dispositions du paragraphe 3 ne peuvent être interprétées comme permettant à un État contractant de refuser de communiquer des renseignements uniquement parce que ceux-ci sont détenus par une banque, un autre établissement financier, un mandataire ou une personne agissant en tant qu'agent ou fiduciaire ou parce que ces renseignements se rattachent aux droits de propriété d'une personne.

ARTICLE 27
ASSISTANCE EN MATIÈRE DE RECOUVREMENT DES IMPÔTS[1]

1. Les États contractants se prêtent mutuellement assistance pour le recouvrement de leurs créances fiscales. Cette assistance n'est pas limitée par les articles 1 et 2. Les autorités compétentes des États peuvent régler d'un commun accord les modalités d'application du présent Article.

2. Le terme « créance fiscale » tel qu'il est utilisé dans cet article désigne une somme due au titre d'impôts de toute nature ou dénomination perçus pour le compte des États contractants, de leurs subdivisions politiques ou collectivités locales, dans la mesure où l'imposition correspondante n'est pas contraire à cette Convention ou à tout autre instrument auquel ces États contractants sont parties, ainsi que les intérêts, pénalités administratives et coûts de recouvrement ou de conservation afférents à ces impôts.

3. Lorsqu'une créance fiscale d'un État contractant est recouvrable en vertu des lois de cet État et est due par une personne qui, à cette date, ne peut, en vertu de ces lois, empêcher son recouvrement, cette créance fiscale est, à la demande des autorités compétentes de cet État, acceptée en vue de son recouvrement par les autorités compétentes de l'autre État contractant. Cette créance fiscale est recouvrée par cet autre État conformément aux dispositions de sa législation applicable en matière de recouvrement de ses propres impôts comme si la créance en question était une créance fiscale de cet autre État.

4. Lorsqu'une créance fiscale d'un État contractant est une créance à l'égard de laquelle cet État peut, en vertu de sa législation, prendre des mesures conservatoires pour assurer son recouvrement, cette créance doit, à la demande des autorités compétentes de cet État, être acceptée aux fins de l'adoption de mesures conservatoires par les autorités compétentes de l'autre État contractant. Cet autre État doit prendre des mesures conservatoires à l'égard de cette créance fiscale conformément aux dispositions de sa législation comme s'il s'agissait d'une créance fiscale de cet autre État même si, au moment où ces mesures sont appliquées, la créance fiscale n'est pas recouvrable dans le premier État ou est due par une personne qui a le droit d'empêcher son recouvrement.

1 Dans certains pays, la législation nationale ou des considérations de politique ou d'administration fiscales peuvent ne pas permettre ou ne pas justifier le type d'assistance envisagé dans le cadre de cet article ou peuvent rendre nécessaire une limitation de ce type d'assistance, par exemple aux pays qui ont des systèmes fiscaux ou des administrations fiscales similaires ou à certains types d'impôts seulement. Pour cette raison, cet article ne devrait être inclus dans la Convention que lorsque chaque État contractant considère que, compte tenu des facteurs indiqués au paragraphe 1 des Commentaires sur cet article, il peut accepter d'apporter son assistance dans le recouvrement des impôts prélevés par l'autre État.

5. Nonobstant les dispositions des paragraphes 3 et 4, les délais de prescription et la priorité applicables, en vertu de la législation d'un État contractant, à une créance fiscale en raison de sa nature en tant que telle ne s'appliquent pas à une créance fiscale acceptée par cet État aux fins du paragraphe 3 ou 4. En outre, une créance fiscale acceptée par un État contractant aux fins du paragraphe 3 ou 4 ne peut se voir appliquer aucune priorité dans cet État en vertu de la législation de l'autre État contractant.

6. Les procédures concernant l'existence, la validité ou le montant d'une créance fiscale d'un État contractant ne sont pas soumises aux tribunaux ou organes administratifs de l'autre État contractant.

7. Lorsqu'à tout moment après qu'une demande a été formulée par un État contractant en vertu du paragraphe 3 ou 4 et avant que l'autre État ait recouvré et transmis le montant de la créance fiscale en question au premier État, cette créance fiscale cesse d'être :

a) dans le cas d'une demande présentée en vertu du paragraphe 3, une créance fiscale du premier État qui est recouvrable en vertu des lois de cet État et est due par une personne qui, à ce moment, ne peut, en vertu des lois de cet État, empêcher son recouvrement, ou

b) dans le cas d'une demande présentée en vertu du paragraphe 4, une créance fiscale du premier État à l'égard de laquelle cet État peut, en vertu de sa législation, prendre des mesures conservatoires pour assurer son recouvrement

les autorités compétentes du premier État notifient promptement ce fait aux autorités compétentes de l'autre État et le premier État, au choix de l'autre État, suspend ou retire sa demande.

8. Les dispositions du présent article ne peuvent en aucun cas être interprétées comme imposant à un État contractant l'obligation :

a) de prendre des mesures administratives dérogeant à sa législation et à sa pratique administrative ou à celles de l'autre État contractant ;

b) de prendre des mesures qui seraient contraires à l'ordre public ;

c) de prêter assistance si l'autre État contractant n'a pas pris toutes les mesures raisonnables de recouvrement ou de conservation, selon le cas, qui sont disponibles en vertu de sa législation ou de sa pratique administrative ;

d) de prêter assistance dans les cas où la charge administrative qui en résulte pour cet État est nettement disproportionnée par rapport aux avantages qui peuvent en être tirés par l'autre État contractant.

ARTICLE 28

MEMBRES DES MISSIONS DIPLOMATIQUES ET POSTES CONSULAIRES

Les dispositions de la présente Convention ne portent pas atteinte aux privilèges fiscaux dont bénéficient les membres des missions diplomatiques ou postes consulaires en vertu soit des règles générales du droit international, soit des dispositions d'accords particuliers.

ARTICLE 29

DROIT AUX AVANTAGES[1]

1. [Disposition qui, sous réserve des paragraphes 3 à 5, limite l'octroi des avantages prévus par la Convention à un résident d'un État contractant qui est une « personne admissible » telle que définie au paragraphe 2].

2. [Définition des situations dans lesquelles un résident est une personne admissible, concept qui couvre

— une personne physique ;

— un État contractant, ses subdivisions politiques et leurs organismes publics et agences ;

— certaines sociétés et entités cotées en bourse ;

— certaines filiales de sociétés et entités cotées en bourse ;

— certains organismes à but non lucratif et fonds de pension ;

— certaines autres entités qui répondent à certains critères de propriété et de non-érosion de la base d'imposition ;

— certains organismes de placement collectif].

3. [Disposition qui octroie les avantages prévus par la Convention au titre d'un élément de revenu tiré par une personne qui n'est pas une personne admissible si elle

1 La formulation de cet article dépendra de la manière dont les États contractants décident de donner effet à leur intention commune, énoncée dans le préambule de la Convention et inscrite dans le standard minimum défini au titre du projet sur l'érosion de la base d'imposition et transfert de bénéfices (BEPS) qui a été réalisé sous l'égide de l'OCDE et du G20, d'éliminer la double imposition sans créer de possibilités de non-imposition ou d'imposition réduite par l'évasion ou la fraude fiscale, y compris par des mécanismes de chalandage fiscal. Cela pourrait se faire soit par l'adoption du paragraphe 9 uniquement, par l'adoption de la version détaillée des paragraphes 1 à 7 décrite dans les commentaires sur l'article 29 conjuguée à l'adoption d'un mécanisme anti montage-relais tel que décrit au paragraphe 187 de ces Commentaires, soit par l'adoption du paragraphe 9 associé à une variante des paragraphes 1 à 7 décrits dans les Commentaires sur l'article 29.

est engagée dans l'exercice actif d'une activité d'entreprise dans son État de résidence et si le revenu obtenu émane de, ou est accessoire à, cette activité d'entreprise].

4. [Disposition qui octroie les avantages prévus par la Convention à une personne qui n'est pas une personne admissible si un pourcentage supérieur à une fraction convenue de cette entité est détenu par certaines personnes éligibles à des avantages équivalents].

5. [Disposition qui octroie les avantages prévus par la Convention à une personne ayant la qualité de « société de siège »].

6. [Disposition qui autorise l'autorité compétente d'un État contractant à octroyer certains avantages conventionnels à une personne lorsque ces avantages seraient normalement refusés en vertu du paragraphe 1].

7. [Définitions applicables aux fins des paragraphes 1 à 7].

8. *a)* Lorsque

(i) une entreprise d'un État contractant tire un revenu de l'autre État contractant et que le premier État considère ce revenu comme attribuable à un établissement stable de cette entreprise situé dans une juridiction tierce, et

(ii) les bénéfices attribuables à cet établissement stable sont exemptés d'impôt dans le premier État

les avantages de la présente Convention ne s'appliquent pas à tout élément de ce revenu au titre duquel l'impôt dans la juridiction tierce est inférieur au plus faible des deux éléments suivants : [taux à déterminer de manière bilatérale] du montant de cet élément de revenu et 60 pour cent de l'impôt qui serait dû dans le premier État à l'égard de cet élément de revenu si cet établissement stable était situé dans cet État. Dans ce cas, tout revenu auquel s'appliquent les dispositions du présent paragraphe reste imposable selon la législation de l'autre État, nonobstant toute autre disposition de la Convention.

b) Les dispositions précédentes de ce paragraphe ne s'appliquent pas si les revenus tirés de l'autre État émanent de, ou sont accessoires à, l'exercice actif d'une activité d'entreprise exercée par l'intermédiaire de l'établissement stable (autre que l'activité consistant à réaliser, gérer ou simplement détenir des placements pour le propre compte de l'entreprise, à moins qu'il ne s'agisse d'activités bancaires, d'assurance ou d'activités portant sur des valeurs mobilières exercées respectivement par une banque, une compagnie d'assurance ou un opérateur sur titres agréé).

c) Si les avantages prévus par cette Convention sont refusés, en vertu des dispositions précédentes de ce paragraphe, à l'égard d'un élément de revenu tiré par un résident d'un État contractant, l'autorité compétente de l'autre État contractant peut néanmoins accorder ces avantages à l'égard de cet élément de revenu si, en réponse à une demande de ce résident, cette autorité compétente considère que l'octroi de ces avantages est justifié au regard des motifs pour lesquels ce résident n'a pas satisfait les conditions de ce paragraphe (telle l'existence de pertes). L'autorité compétente de l'État contractant à laquelle une demande a été faite en vertu de la phrase précédente consulte l'autorité compétente de l'autre État contractant avant d'accepter ou de rejeter la demande.

9. Nonobstant les autres dispositions de la présente Convention, un avantage au titre de celle-ci ne sera pas accordé au titre d'un élément de revenu ou de fortune s'il est raisonnable de conclure, compte tenu de l'ensemble des faits et circonstances propres à la situation, que l'octroi de cet avantage était l'un des objets principaux d'un montage ou d'une transaction ayant permis, directement ou indirectement, de l'obtenir, à moins qu'il soit établi que l'octroi de cet avantage dans ces circonstances serait conforme à l'objet et au but des dispositions pertinentes de la présente Convention.

ARTICLE 30

EXTENSION TERRITORIALE[1]

1. La présente Convention peut être étendue, telle quelle ou avec les modifications nécessaires [à toute partie du territoire de (l'État A) ou de (l'État B) qui est spécifiquement exclue du champ d'application de la Convention ou] à tout État ou territoire dont (l'État A) ou (l'État B) assume les relations internationales, qui perçoit des impôts de nature analogue à ceux auxquels s'applique la Convention. Une telle extension prend effet à partir de la date, avec les modifications et dans les conditions, y compris les conditions relatives à la cessation d'application, qui sont fixées d'un commun accord entre les États contractants par échange de notes diplomatiques ou selon toute autre procédure conforme à leurs dispositions constitutionnelles.

2. À moins que les deux États contractants n'en soient convenus autrement, la dénonciation de la Convention par l'un d'eux en vertu de l'article 32 mettra aussi fin, dans les conditions prévues à cet article, à l'application de la Convention [à toute partie du territoire de (l'État A) ou de (l'État B) ou] à tout État ou territoire auquel elle a été étendue conformément au présent article.

1 Les mots entre crochets visent le cas où, en vertu d'une disposition spéciale, la Convention ne s'applique pas à une partie du territoire d'un État contractant.

Chapitre VII
DISPOSITIONS FINALES

ARTICLE 31
ENTRÉE EN VIGUEUR

1. La présente Convention sera ratifiée et les instruments de ratification seront échangés à .... aussitôt que possible.

2. La Convention entrera en vigueur dès l'échange des instruments de ratification et ses dispositions seront applicables :

a) (dans l'État A) : ....

b) (dans l'État B) : ....

ARTICLE 32
DÉNONCIATION

La présente Convention demeurera en vigueur tant qu'elle n'aura pas été dénoncée par un État contractant. Chaque État contractant peut dénoncer la Convention par voie diplomatique avec un préavis minimum de six mois avant la fin de chaque année civile postérieure à l'année .... Dans ce cas, la Convention cessera d'être applicable :

a) (dans l'État A) : ....

b) (dans l'État B) : ....

CLAUSE TERMINALE[1]

1 La clause terminale concernant la signature sera rédigée conformément aux procédures constitutionnelles des deux États contractants.

COMMENTAIRES SUR LES ARTICLES DU MODÈLE DE CONVENTION FISCALE

COMMENTAIRES SUR L'ARTICLE 1 CONCERNANT LES PERSONNES VISÉES PAR LA CONVENTION

Paragraphe 1

1. Alors que plusieurs conventions fiscales conclues au début du 20ième siècle étaient applicables aux « ressortissants » des États contractants, les conventions conclues subséquemment s'appliquent presque toujours aux « résidents » de l'un ou des deux États contractants, sans distinction de nationalité. Cette approche se retrouve dans le paragraphe 1. Le sens du terme « résident » est défini à l'article 4. Le fait qu'une personne soit un résident d'un État contractant ne signifie pas, cependant, que la personne a automatiquement droit aux avantages de la Convention, car certains ou tous ces avantages peuvent être refusées en vertu de diverses dispositions de la Convention, y compris celles de l'article 29.

Paragraphe 2

2. Ce paragraphe examine la situation du revenu d'entités ou de dispositifs qu'un des États contractants ou les deux traitent comme étant totalement ou partiellement transparent à des fins fiscales. Les dispositions de ce paragraphe garantissent que le revenu de ces entités ou dispositifs est traité, aux fins de la Convention, conformément aux principes exposés dans le rapport de 1999 du Comité des affaires fiscales intitulé « L'Application du Modèle de Convention fiscale de l'OCDE aux sociétés de personnes »[1]. Ce rapport donne des orientations et des exemples sur la façon dont il convient d'interpréter et d'appliquer cette disposition dans diverses situations.

3. Toutefois, ce rapport portait exclusivement sur les sociétés de personnes ; même si le Comité reconnaissait que nombre des principes qui y figurent pouvaient aussi s'appliquer à d'autres entités non constituées en société, il a exprimé l'intention d'examiner ultérieurement l'application du Modèle de Convention fiscale à ces autres entités. Comme l'indique le paragraphe 37 du rapport, le Comité s'est surtout intéressé aux « cas dans lesquels le droit fiscal interne crée des situations intermédiaires où une société de personnes est en partie considérée comme une entité imposable et en partie considérée comme transparente du point de vue fiscal ». Selon le rapport :

> Bien que cette situation soit susceptible de créer des difficultés pratiques pour un nombre limité de sociétés de personnes, elle représente un problème plus important pour d'autres entités telles que les fiducies [*trusts*]. C'est pourquoi le Comité a décidé de traiter cette question dans le cadre des travaux qui seront entrepris à titre de suivi du présent rapport.

4. Le paragraphe 2 analyse cette situation particulière en faisant référence aux entités qui sont « totalement ou partiellement » traitées comme transparentes du point de vue fiscal. Aussi, ce paragraphe permet non seulement de confirmer les

1 Ce rapport est reproduit à la page R(15)-1 du volume II de la version complète du Modèle de Convention fiscale.

conclusions du rapport sur les sociétés de personnes, mais étend également le champ d'application de ces conclusions à des situations qui n'étaient pas directement couvertes par le rapport (sous réserve de l'application de dispositions spécifiques relatives aux organismes de placement collectif, voir les paragraphes 22 à 48 ci-dessous).

5. Ce paragraphe garantit non seulement que les bénéfices procurés par la Convention sont accordés dans les cas qui s'y prêtent, mais aussi qu'ils ne sont pas accordés lorsqu'aucun des États contractants ne traite, selon sa législation nationale, le revenu d'une entité ou d'un dispositif comme étant le revenu de l'un de ses résidents. C'est pourquoi ce paragraphe confirme les conclusions du rapport en pareil cas (voir notamment l'exemple 3 du rapport). De même, comme le rapport le reconnaît, les États ne devraient pas accorder les bénéfices d'une convention fiscale bilatérale dans les cas où ils ne peuvent pas vérifier si une personne est véritablement habilitée à s'en prévaloir. Aussi, si une entité est établie dans une juridiction auprès de qui un État contractant ne parvient pas à se procurer des renseignements fiscaux, cet État devrait disposer de toutes les informations nécessaires pour pouvoir accorder les bénéfices de la convention. En pareil cas, l'État contractant pourrait bien décider d'utiliser le mécanisme de remboursement afin d'appliquer les avantages prévus par la Convention, même si, en temps normal, elle applique ces avantages au moment du paiement du revenu concerné. Néanmoins, le plus souvent, il sera possible d'obtenir les informations nécessaires et d'accorder le bénéfice de la Convention au moment où le revenu est imposé (voir par exemple les paragraphes 43 à 45 ci-dessous qui examinent une question similaire dans le contexte des organismes de placement collectif).

6. L'exemple suivant illustre l'application de ce paragraphe :

> Exemple : Les États A et B ont conclu une convention identique au Modèle de Convention fiscale. L'État A considère qu'une entité établie dans l'État B est une société de capitaux et impose cette entité sur les intérêts qu'elle perçoit d'un débiteur résident de l'État A. Néanmoins, selon le droit interne de l'État B, l'entité est considérée comme une société de personnes et les deux membres de cette entité, qui se partagent l'ensemble de ses revenus à part égale, sont chacun imposés sur la moitié des intérêts. L'un des membres est résident de l'État B et l'autre est résident d'un pays avec lequel les États A et B n'ont pas signé de convention. Le paragraphe prévoit que dans ce cas, la moitié des intérêts doit être considérée, aux fins de l'article 11, comme le revenu d'un résident de l'État B.

7. La référence au « revenu perçu par ou via une entité ou un dispositif » a une signification large et couvre tout revenu perçu par une entité ou un dispositif ou par son intermédiaire, indépendamment de la position adoptée par chacun des États contractants concernant l'identité du bénéficiaire de ce revenu à des fins fiscales nationales et indépendamment du fait que cette entité ou ce dispositif ait une personnalité juridique ou constitue une personne telle que définie à l'alinéa *a*) du paragraphe 1 de l'article 3. Elle couvrirait, par exemple, le revenu de toute société de personnes ou fiducie que l'un des États contractants, ou les deux, traitent comme étant

totalement ou partiellement transparent du point de vue fiscal. De même, comme l'illustre l'exemple 2 du rapport, peu importe où l'entité ou le dispositif est établi : le paragraphe s'applique à une entité établie dans un État tiers dans la mesure où, selon le droit fiscal interne de l'un des États contractants, l'entité est traitée comme totalement ou partiellement transparente du point de vue fiscal et le revenu de cette entité est attribué à un résident de cet État.

8. Le terme « revenu » doit être compris dans le sens large que lui attribue la Convention et désigne donc les différents éléments de revenu couverts par le Chapitre III de la Convention (Imposition des revenus), notamment, par exemple, les bénéfices d'une entreprise et les gains en capital.

9. Le concept de « transparence sur le plan fiscal » utilisé dans le paragraphe désigne les situations dans lesquelles, selon le droit interne d'un État contractant, le revenu (ou une partie du revenu) de l'entité ou du dispositif n'est pas imposé au niveau de l'entité ou du dispositif, mais au niveau des personnes qui détiennent un intérêt dans cette entité ou dans ce dispositif. Cela sera habituellement le cas lorsque le montant de l'impôt dû sur une fraction du revenu d'une entité ou d'un dispositif est déterminé séparément en lien avec les caractéristiques individuelles de la personne qui a le droit de percevoir cette fraction du revenu, de sorte que l'impôt dépendra de la question de savoir si cette personne est imposable ou non, des autres revenus dont elle dispose, des abattements auxquels elle a droit et du taux d'imposition qui lui est applicable ; de même, la nature et la source, ainsi que la date de réalisation, du revenu à des fins fiscales ne seront pas modifiées par le fait qu'il a été perçu par l'intermédiaire de l'entité ou du dispositif. Le fait que le revenu est calculé au niveau de l'entité ou du dispositif avant d'être affecté à la personne n'aura pas d'effet sur ce résultat[1]. Les États qui souhaitent préciser la définition « transparent sur le plan fiscal » dans leurs conventions bilatérales sont libres d'inclure une définition de ce terme basée sur les explications ci-dessus.

10. Dans le cas d'une entité ou d'un dispositif traité comme partiellement transparent sur le plan fiscal selon le droit interne de l'un des États contractants, seule une partie du revenu de l'entité ou du dispositif pourrait être imposée au niveau des personnes qui détiennent un intérêt dans cette entité ou dans ce dispositif, comme mentionné dans le paragraphe précédent, tandis que le reste resterait imposable au niveau de l'entité ou du dispositif. C'est ainsi que sont traitées, par exemple, certaines fiducies et sociétés en commandite simple dans certains pays (la partie du revenu provenant d'une fiducie qui est distribuée aux bénéficiaires est imposée à la charge de ces bénéficiaires, tandis que la partie du revenu qui est mise en réserve est imposée à la charge de la fiducie ou des fiduciaires ; de même, dans certains pays, le revenu généré par une société en commandite simple est imposé à la charge de l'associé commandité pour ce qui est de la part du revenu qui lui revient, mais est considéré

1 Voir les paragraphes 37 à 40 du rapport « L'application du Modèle de Convention fiscale de l'OCDE aux sociétés de personnes », reproduit à la page R(15)-1 du volume II de la version complète du Modèle de Convention fiscale.

comme étant le revenu de la société en commandite simple pour ce qui est de la part du revenu qui revient aux commanditaires). Dans la mesure où l'entité ou le dispositif remplit les conditions pour être résident d'un État contractant, le paragraphe garantit que les bénéfices de la convention s'appliquent aussi à la partie du revenu qui est attribuée à l'entité ou au dispositif selon le droit interne de cet État (sous réserve d'une éventuelle disposition anti-abus telle qu'une règle de limitation des avantages).

11. À l'instar d'autres dispositions de la Convention, cette disposition s'applique séparément à chaque élément du revenu de l'entité ou du dispositif. Supposons par exemple que l'acte constitutif d'une fiducie dispose que tous les dividendes perçus par la fiducie doivent être distribués à un bénéficiaire pendant la durée de vie de ce bénéficiaire, mais doivent être mis en réserve par la suite. Si l'un des États contractants considère qu'en pareil cas le bénéficiaire est imposable sur les dividendes qui lui ont été distribués, mais que les fiduciaires sont imposables sur les dividendes qui seront mis en réserve, le paragraphe s'appliquera différemment à ces deux catégories de dividendes, même si les deux types de dividendes sont perçus au cours du même mois.

12. En disposant que le revenu auquel il s'applique sera considéré comme étant le revenu d'un résident d'un État contractant aux fins de la Convention, le paragraphe garantit que le revenu pertinent est attribué à ce résident aux fins de l'application des différentes règles d'attribution de la Convention. En fonction de la nature du revenu, cela permettra donc de considérer le revenu, par exemple, comme étant un « revenu tiré par » aux fins des articles 6, 13 et 17, des « bénéfices d'une entreprise » aux fins des articles 7, 8 et 9 (voir également le paragraphe 4 des Commentaires sur l'article 3) ou des dividendes ou des intérêts « payés à » aux fins des articles 10 et 11. Le fait que le revenu soit considéré comme perçu par un résident d'un État contractant aux fins de la Convention signifie également que lorsque ce revenu constitue une fraction du revenu d'une entreprise dans laquelle le résident détient une participation, il sera considéré comme étant le revenu d'une entreprise exploitée par ce résident (aux fins de la définition d'une entreprise d'un État contractant figurant à l'article 3 et au paragraphe 2 de l'article 21).

13. Bien que le paragraphe garantisse que les différentes règles d'attribution prévues par la Convention sont appliquées dans la mesure où le revenu d'entités transparentes sur le plan fiscal est traité, selon le droit interne, comme étant le revenu d'un résident d'un État contractant, il ne préjuge pas de la question de savoir si la personne qui perçoit ce revenu en est le bénéficiaire effectif. Lorsque, par exemple, une société de personnes transparente sur le plan fiscal reçoit des dividendes en qualité d'agent ou de mandataire pour une personne qui n'est pas un associé, le fait que ces dividendes puissent être considérés comme constitutifs d'un revenu d'un résident d'un État contractant selon le droit interne de cet État n'empêchera pas l'État de la source de considérer que ni la société de personnes, ni les associés, ne sont les bénéficiaires effectifs de ces dividendes.

14. Le paragraphe s'applique uniquement aux fins de la Convention et, par conséquent, n'oblige pas un État contractant à changer la manière dont il attribue un revenu ou qualifie des entités aux fins de son droit interne. Dans l'exemple présenté au

paragraphe 6 ci-dessus, bien que le paragraphe 2 dispose que la moitié des intérêts doivent être considérés, aux fins de l'article 11, comme un revenu d'un résident de l'État B, cela concernera uniquement l'impôt maximum que l'État A pourra prélever sur les intérêts et ne changera rien au fait que l'impôt exigible par l'État A sera à la charge de l'entité. Si l'on suppose que le droit interne de l'État A prévoit une retenue d'impôt de 30 pour cent sur les intérêts, le paragraphe 2 aura simplement pour effet de réduire le montant de l'impôt que l'État A prélèvera sur les intérêts (de sorte que la moitié des intérêts seraient imposés au taux de 30 pour cent et l'autre moitié au taux de 10 pour cent aux termes de la convention entre les États A et B) et ne changera rien au fait que l'entité est le contribuable pertinent aux fins du droit interne de l'État A. De même, la disposition ne traite pas de façon exhaustive toutes les questions conventionnelles qui peuvent résulter de la nature juridique de certaines entités et de certains dispositifs, et peut donc devoir être complétée par d'autres dispositions visant à résoudre ces questions (comme une disposition confirmant qu'une fiducie peut prétendre au statut de résident d'un État contractant malgré le fait que, selon le droit des fiducies de nombreux pays, une fiducie ne constitue pas une « personne »).

15. Ainsi que le confirme le paragraphe 3 de l'article, le paragraphe 2 ne limite d'aucune façon le droit d'un État d'imposer ses propres résidents. Cette conclusion est cohérente avec l'interprétation des conventions fiscales au regard des sociétés de personnes (voir le paragraphe 6.1 de ces Commentaires tel qu'il se lisait après 2000 et avant l'inclusion du paragraphe 3 en 2017).

16. Néanmoins, les paragraphes 2 et 3 ne restreignent pas l'obligation impartie aux États contractants d'accorder l'allégement de la double imposition en vertu des articles 23 A et 23 B lorsque le revenu d'un résident de cet État peut être imposé par l'autre État conformément à la Convention. Dans certains cas, toutefois, le même revenu est imposé par chacun des États contractants en tant que revenu de l'un de ses résidents, et l'allégement de la double imposition doit être accordé au titre de l'impôt payé par une personne différente. Lorsque, par exemple, l'un des États contractants impose le revenu mondial d'une entité qui est un résident de cet État, alors que l'autre État considère que cette entité est transparente sur le plan fiscal et impose les membres de cette entité qui sont résidents de cet autre État sur leur fraction respective du revenu, l'allégement de la double imposition devra tenir compte de l'impôt qui est payé par différents contribuables dans les deux États. En pareil cas, cependant, il sera important de déterminer, conformément aux articles 23 A et 23 B, dans quelle mesure les revenus d'un résident d'un État contractant « sont imposables dans l'autre État contractant conformément aux dispositions de la présente Convention (sauf dans la mesure où ces dispositions autorisent l'imposition par cet autre État uniquement parce que les revenus sont également reçus par un résident de cet État [...]) ». En général, cette exigence aura pour conséquence qu'un État devra accorder l'allégement de la double imposition uniquement dans la mesure où les dispositions de la Convention autorisent l'autre État à imposer le revenu concerné en tant qu'État de la source ou qu'État où se trouve un établissement stable auquel ce revenu est attribuable (voir les paragraphes 11.1 et 11.2 des Commentaires sur les articles 23 A et 23 B).

Paragraph 3

17. Bien que certaines dispositions de la Convention (par exemple, les articles 23 A et 23 B) concernent à l'évidence la manière dont un État contractant impose ses propres résidents, la majorité des dispositions de la Convention ont pour objet de restreindre le droit d'un État contractant d'imposer les résidents de l'autre État contractant. Dans un certain nombre de cas, il a toutefois été suggéré que certaines dispositions pourraient être interprétées comme limitant le droit d'un État contractant d'imposer ses propres résidents, alors que cela n'était pas l'effet recherché (voir notamment le paragraphe 81 ci-dessous, qui traite du cas des dispositions relatives aux sociétés étrangères contrôlées).

18. Le paragraphe 3 confirme le principe général selon lequel la Convention ne restreint pas le droit d'un État contractant d'imposer ses propres résidents sauf lorsque telle en est l'intention et énumère les dispositions pour lesquelles ce principe ne s'applique pas.

19. Les exceptions ainsi énumérées sont destinées à couvrir tous les cas où il est envisagé dans la Convention qu'un État contractant puisse devoir accorder les avantages de la Convention à ses propres résidents (que ces avantages ou des avantages similaires soient ou non prévus dans le droit interne de cet État). Il s'agit des dispositions suivantes :

— Le paragraphe 3 de l'article 7, qui exige qu'un État contractant accorde à une entreprise de cet État un ajustement corrélatif après un ajustement initial apporté par l'autre État contractant, conformément au paragraphe 2 de l'article 7, au montant de l'impôt perçu sur les bénéfices d'un établissement stable de l'entreprise.

— Le paragraphe 2 de l'article 9, qui exige qu'un État contractant accorde à une entreprise de cet État un ajustement corrélatif après un ajustement initial apporté par l'autre État contractant, conformément au paragraphe 1 de l'article 9, au montant de l'impôt perçu sur les bénéfices d'une entreprise associée.

— L'article 19, qui peut affecter la manière dont un État contractant impose une personne physique qui est un résident de cet État si cette personne tire un revenu de services rendus à l'autre État contractant ou à une de ses subdivisions politiques ou collectivités locales.

— L'article 20, qui peut affecter la manière dont un État contractant impose une personne physique qui est un résident de cet État si cette personne est également un étudiant qui remplit les conditions de cet article.

— Les articles 23 A et 23 B, qui exigent qu'un État contractant accorde l'allégement de la double imposition dont ses résidents sont sujets à l'égard du revenu que l'autre État peut imposer conformément à la Convention (y compris les bénéfices attribuables à un établissement stable situé dans l'autre État contractant conformément au paragraphe 2 de l'article 7).

— L'article 24, qui protège les résidents d'un État contractant contre certaines pratiques de discrimination fiscale appliquées par cet État (comme les règles qui établissent une discrimination entre deux personnes au motif de leur nationalité).

— L'article 25, qui permet aux résidents d'un État contractant de demander que l'autorité compétente de cet État examine les cas d'imposition non conformes à la Convention.

— L'article 28, qui peut avoir des effets sur la manière dont un État contractant impose une personne physique qui est un résident de cet État lorsque cette personne est un membre de la mission diplomatique ou du poste consulaire de l'autre État contractant.

20. La liste des exceptions figurant au paragraphe 3 devrait comprendre toute autre disposition que les États contractants peuvent convenir d'inclure dans leur convention bilatérale lorsque l'intention est que cette disposition ait des effets sur l'imposition par un État contractant de ses propres résidents. Par exemple, si les États contractants conviennent, conformément au paragraphe 27 des Commentaires sur l'article 18, d'inclure dans leur convention bilatérale une disposition selon laquelle les pensions et autres paiements effectués au titre de la législation relative à la sécurité sociale d'un État contractant sont imposables dans ce seul État, ils devraient inclure un renvoi à cette disposition dans la liste des exceptions figurant au paragraphe 3. Les dispositions optionnelles incluses aux paragraphes 23, 30, 37, 38 et 68 des Commentaires sur l'article 18 constituent d'autres exemples dans la mesure où ces dispositions prévoient des avantages qui doivent typiquement être accordés à une personne physique qui participait à un régime de retraite étranger avant de devenir résident d'un État contractant.

21. Le terme « résident », tel qu'il est utilisé au paragraphe 3 et dans l'ensemble de la Convention, est défini à l'article 4. Lorsque, en vertu du paragraphe 1 de l'article 4, une personne est considérée être un résident des deux États contractants conformément à la législation interne de ces États, les paragraphes 2 et 3 de cet article permettent généralement de fixer une résidence unique aux fins de la Convention. Par conséquent, le paragraphe 3 ne s'applique pas à une personne physique ou morale qui est un résident de l'un des États contractants en vertu de la législation de cet État mais qui, aux fins de la Convention, est réputée être uniquement un résident de l'autre État contractant.

Problèmes transnationaux concernant les organismes de placement collectif

22. La plupart des pays ont traité les problèmes fiscaux internes résultant du fait que des groupes de petits investisseurs mettent en commun leurs fonds dans le cadre d'organismes de placement collectif (OPC). En général, le but de ces systèmes est d'assurer la neutralité entre les investissements directs et ceux qui sont effectués par l'intermédiaire d'un OPC. Si ces systèmes sont généralement efficaces lorsque les

investisseurs, l'OPC et l'investissement sont situés dans le même pays, des complications se produisent lorsqu'une ou plusieurs parties ou les investissements sont situés dans des pays différents. Ces complications sont examinées dans le rapport du Comité des affaires fiscales intitulé « Octroi des bénéfices des conventions fiscales aux revenus des organismes de placement collectif »[1] dont les principales conclusions ont été insérées ci-dessous. Aux fins du rapport et en vue de cette discussion, le terme « OPC » est limité aux fonds dont le capital est largement diffusé, qui détiennent un portefeuille diversifié de titres et qui sont soumis aux règles de protection des investisseurs du pays où ils sont établis.

Application de la Convention aux OPC

23. La principale question qui se pose dans le contexte transnational est de savoir si un OPC doit avoir droit aux bénéfices de la Convention en son nom propre. Afin d'y parvenir dans le cadre de conventions bilatérales qui, comme cette Convention, ne comportent pas de dispositions spécifiques traitant des OPC, un tel organisme devrait être qualifié de « personne » qui est « résidente » d'un État contractant et qui, en ce qui concerne l'application des articles 10 et 11, est « le bénéficiaire effectif » des revenus qu'elle perçoit.

24. Pour déterminer si un OPC doit être traité comme une « personne », il faut commencer par examiner la forme juridique de cet OPC, qui varie sensiblement selon les pays et selon les catégories d'organismes. Dans de nombreux pays, la plupart des OPC prennent la forme de sociétés par actions. Dans d'autres, ce sont normalement des fiducies (trusts). Dans d'autres encore, nombre d'OPC sont de simples accords contractuels ou une forme de propriété conjointe. Dans la plupart des cas, l'OPC est traité comme un contribuable ou comme une « personne » aux fins de la loi fiscale de l'État dans lequel il est établi ; par exemple, dans certains pays où les OPC sont couramment établis sous forme de fiducies, c'est soit la fiducie elle-même, soit les fiduciaires agissant collectivement comme tels, qui sont traités comme un contribuable ou une personne au regard de la loi fiscale nationale. Au vu du sens large qu'il convient de donner au terme « personne », le fait que la loi fiscale du pays où cet OPC est établi le traite comme un contribuable est une indication que l'OPC est une « personne » aux fins d'une convention fiscale. Les États contractants souhaitant préciser expressément que, dans ces circonstances, de tels OPC sont des personnes aux fins de leurs conventions peuvent convenir bilatéralement de modifier la définition du terme « personne » afin d'y inclure ces organismes.

25. La question de savoir si un OPC est un « résident d'un État contractant » ne dépend pas de son statut juridique (dès lors qu'il est considéré comme une personne) mais de son régime fiscal dans l'État où il est établi. Bien que l'objectif constant des régimes nationaux applicables aux OPC soit de faire en sorte qu'il n'y ait qu'un seul niveau d'imposition, soit celui de l'OPC, soit celui de l'investisseur, les pays atteignent

1 Ce rapport est reproduit à la page R(24)-1 du volume II de la version complète du Modèle de Convention fiscale.

cet objectif de différentes manières. Dans certains États, les détenteurs de parts dans l'OPC sont redevables de l'impôt sur les revenus reçus de l'OPC au lieu que l'OPC soit redevable de l'impôt sur ces revenus. Un tel OPC fiscalement transparent ne serait pas traité comme un résident de l'État contractant dans lequel il est établi parce qu'il n'est pas assujetti à l'impôt dans ledit État.

26. Au contraire, dans d'autres États, un OPC est en principe soumis à l'impôt mais ses revenus peuvent être totalement exemptés, par exemple s'il remplit certains critères quant à son objet, ses activités ou son fonctionnement, qui peuvent comporter des conditions quant au montant minimum des revenus distribués, quant aux sources de revenus et parfois quant aux secteurs d'activités. Plus fréquemment, les OPC sont soumis à l'impôt mais la base d'imposition est réduite de diverses manières par référence aux revenus distribués aux investisseurs. Le résultat habituel des déductions au titre des revenus distribués est qu'aucun impôt n'est effectivement payé. D'autres États imposent les OPC mais à un taux spécifique réduit. Enfin, certains États imposent totalement les OPC mais pratiquent une intégration au niveau de l'investisseur pour éviter la double imposition des revenus de ces organismes. Pour les pays qui estiment, conformément au paragraphe 8.11 des Commentaires sur l'article 4, qu'une personne peut être assujettie à l'impôt même si l'État dans lequel elle est établie n'impose pas d'impôt, l'OPC doit être traité comme un résident de l'État dans lequel il est établi parce qu'il est soumis à un assujettissement complet à l'impôt dans cet État. Même dans le cas où les revenus de l'OPC sont imposés à un taux nul, ou sont exemptés d'impôts, les conditions requises pour être considéré comme un résident peuvent être remplies si celles qui sont requises pour avoir droit à ce taux réduit ou à une exemption sont suffisamment strictes.

27. Les pays qui adoptent l'autre point de vue, reflété dans le paragraphe 8.12 des Commentaires sur l'article 4, selon lequel une entité exonérée de l'impôt n'est de ce fait pas assujettie à l'impôt peuvent ne pas considérer tous les OPC décrits dans le paragraphe précédent comme des résidents des États dans lesquels ils sont établis. Les États adoptant ce dernier point de vue et ceux qui négocient avec de tels États sont invités à régler la question dans le cadre de leurs négociations bilatérales.

28. Certains pays ont soulevé la question de savoir si un OPC, même s'il s'agit d'une « personne » et d'un « résident », peut être considéré comme le bénéficiaire effectif des revenus qu'il perçoit. Étant donné qu'un « OPC » au sens du paragraphe 22 ci-dessus doit avoir un capital largement diffusé, détenir un portefeuille diversifié de titres et être soumis aux règles de protection des investisseurs du pays dans lequel il est établi, cet OPC ou ses gestionnaires assument souvent des fonctions importantes concernant l'investissement et la gestion des actifs de l'OPC. De plus, la position d'un investisseur dans un OPC diffère sensiblement, du point de vue juridique et économique, de celle d'un investisseur qui possède les actifs sous-jacents, de sorte qu'il ne serait pas approprié de traiter l'investisseur dans un tel OPC comme le bénéficiaire effectif des revenus perçus par l'OPC. En conséquence, un organisme qui satisfait à la définition d'un OPC dont le capital est largement diffusé sera aussi traité comme le bénéficiaire effectif des dividendes et intérêts qu'il perçoit dès lors que les gestionnaires de

l'organisme disposent de pouvoirs discrétionnaires pour gérer les actifs générant de tels revenus (sauf si une personne physique qui est résidente de cet État et qui aurait perçu ces revenus dans les mêmes circonstances n'aurait pas été considérée comme le bénéficiaire effectif desdits revenus).

29. Comme ces principes sont nécessairement généraux, leur application à un type particulier d'OPC peut n'être pas claire pour cet organisme, pour les investisseurs ou pour les intermédiaires. Toute incertitude concernant le droit aux bénéfices d'une convention est particulièrement problématique pour un OPC qui doit tenir compte des sommes qu'il s'attend à percevoir, y compris les avantages fiscaux au titre des retenues à la source prévus par les conventions fiscales, lorsqu'il calcule sa valeur liquidative. La valeur liquidative, qui est calculée en général tous les jours, est la base des prix pratiqués pour les souscriptions et les rachats. Si les avantages au titre des retenues à la source qui sont finalement obtenus par l'OPC ne correspondent pas à ses hypothèses initiales quant au montant et à la date de ces avantages, il y aura un décalage entre la valeur réelle de l'actif et la valeur liquidative utilisée par les investisseurs qui auront entre-temps acheté, vendu sur le marché ou revendu à l'OPC leurs parts de ce dernier.

30. Afin d'assurer une plus grande certitude dans le cadre des conventions existantes, les autorités fiscales pourraient souhaiter aboutir à un accord amiable clarifiant le régime applicable à certaines catégories d'OPC dans leurs États respectifs. En ce qui concerne certaines catégories d'OPC, un tel accord pourrait simplement confirmer que cet organisme satisfait aux conditions techniques examinées ci-dessus et a droit par conséquent aux bénéfices de la convention en son nom propre. Dans d'autres cas, l'accord amiable pourrait prévoir un mécanisme administratif permettant à l'OPC de présenter des demandes pour le compte des investisseurs ayant droit aux bénéfices de la convention (voir les paragraphes 36 à 40 du rapport intitulé « Octroi des bénéfices des conventions fiscales aux revenus des organismes de placement collectif » pour un examen de cette question). Bien entendu, un accord amiable ne pourrait aboutir à une réduction des avantages dont l'OPC pourrait normalement bénéficier en vertu d'une convention.

Questions de politique fiscale posées par le traitement actuel des organismes de placement collectif

31. Pour les mêmes raisons, il serait souhaitable que les négociateurs de conventions abordent expressément la question du régime applicable aux OPC. Par conséquent, même s'il apparaît que les OPC de chacun des États contractants auraient droit aux bénéfices d'une convention, il pourrait être souhaitable de confirmer publiquement cette position (par exemple, au moyen d'un échange de notes) afin d'assurer une plus grande certitude. Il pourrait également être approprié d'indiquer expressément le droit des OPC aux bénéfices d'une convention en incluant par exemple une clause rédigée de la manière suivante :

> Nonobstant les autres dispositions de la présente Convention, un organisme de placement collectif qui est établi dans un État contractant et qui reçoit un revenu

provenant de l'autre État contractant est traité, aux fins de l'application de la Convention à ce revenu, de la même manière qu'une personne physique qui est un résident de l'État contractant dans lequel cet organisme est établi et comme le bénéficiaire effectif du revenu qu'il reçoit (à condition qu'une personne physique qui est un résident du premier État qui aurait reçu ce revenu dans les mêmes circonstances aurait été considérée comme le bénéficiaire effectif de ce revenu). Aux fins du présent paragraphe, le terme « organisme de placement collectif » désigne dans le cas de [État A], un [ ] et, dans le cas de [État B], un [ ], ainsi que tout autre fonds d'investissement, accord contractuel ou entité établi dans l'un des États contractants que les autorités compétentes des États contractants conviennent de considérer comme un organisme de placement collectif aux fins du présent paragraphe.

32. Toutefois, lors de la négociation de nouvelles conventions ou d'amendements aux conventions existantes, les États contractants peuvent ne pas se borner à clarifier les résultats de l'application d'autres dispositions de la convention aux OPC mais peuvent faire varier ces résultats dans la mesure nécessaire pour atteindre des objectifs de politique fiscale. Par exemple, dans le contexte d'une convention fiscale bilatérale particulière, l'analyse technique pourrait avoir pour résultat qu'un OPC situé dans l'un des États contractants pourrait prétendre aux bénéfices de la convention alors que celui qui est établi dans l'autre État contractant ne le pourrait pas. De ce fait, la convention pourrait paraître déséquilibrée, quoique la question de savoir si elle l'est réellement dépendra des circonstances spécifiques. Si c'est le cas, les États contractants doivent s'efforcer d'aboutir à une solution équitable. Si le résultat pratique dans chacun des États contractants est que la plupart des OPC ne paient en fait aucun impôt, ces États contractants doivent s'efforcer de surmonter les différences de statut juridique dont les conséquences pourraient être que les organismes établis dans l'un des États auraient droit aux bénéfices de la convention alors que ceux de l'autre État se les verraient refuser. Par ailleurs, les différences de forme juridique et de régime fiscal dans les deux États contractants pourraient signifier qu'il y a lieu d'appliquer un régime différent aux OPC des deux États. Si l'on compare l'imposition des OPC dans les deux États, il faut prendre en compte l'imposition dans l'État de la source et au niveau de l'investisseur et non pas seulement l'imposition au niveau de l'OPC lui-même. L'objectif est de parvenir à la neutralité entre un investissement direct et un investissement par le biais d'un OPC dans le contexte international, de même que l'objectif de la plupart des dispositions nationales relatives au traitement des OPC est de parvenir à la neutralité dans un contexte purement national.

33. Un État contractant peut également souhaiter rechercher si les dispositions existantes d'une convention sont suffisantes pour empêcher l'OPC d'être utilisé d'une manière potentiellement abusive. Il est possible qu'un OPC puisse satisfaire toutes les conditions requises pour demander les bénéfices d'une convention en son nom propre, même si, en pratique, ces revenus sont soumis à un impôt faible ou nul. Dans ce cas, l'OPC offrirait aux résidents de pays tiers des bénéfices d'une convention dont ils n'auraient pu bénéficier s'ils avaient investi directement. En conséquence, il pourrait

être souhaitable de limiter les bénéfices qui pourraient normalement être accordés à de tels OPC, soit par des règles anti-abus ou anti-chalandage fiscal d'application générale (telles qu'elles sont examinées sous la rubrique « Usage incorrect de la Convention » ci-dessous) ou par une disposition spécifique traitant des OPC.

34. Lorsqu'ils auront à décider si une telle disposition est nécessaire, les États contractants s'efforceront de prendre en compte les caractéristiques économiques, y compris les possibilités de chalandage fiscal, que présentent les divers types d'OPC utilisés dans chacun des États contractants. Par exemple, un OPC qui n'est soumis à aucune imposition dans l'État dans lequel il est établi peut présenter plus de risques de chalandage fiscal que si l'OPC lui-même est soumis à un impôt au niveau de l'entité ou si les revenus distribués à des investisseurs non-résidents sont soumis à la retenue à la source.

Exemples de dispositions modifiant le traitement des OPC

35. Lorsque les États contractants ont convenu qu'une disposition spécifique traitant des OPC est nécessaire pour répondre aux préoccupations indiquées aux paragraphes 32 à 34, ils peuvent inclure dans la convention bilatérale la disposition suivante :

a) Nonobstant les autres dispositions de la présente Convention, un organisme de placement collectif qui est établi dans un État contractant et qui reçoit un revenu provenant de l'autre État contractant est traité, aux fins de l'application de la Convention à ce revenu, de la même manière qu'une personne physique qui est un résident de l'État contractant dans lequel cet organisme est établi et comme le bénéficiaire effectif du revenu qu'il reçoit (à condition qu'une personne physique qui est un résident du premier État qui aurait reçu ce revenu dans les mêmes circonstances aurait été considérée comme le bénéficiaire effectif de ce revenu), mais seulement dans la mesure où les bénéfice effectif des participations dans cet organisme de placement collectif appartient à des bénéficiaires équivalents.

b) Aux fins du présent paragraphe :

(i) aux fins de ce paragraphe, le terme « organisme de placement collectif » désigne, dans le cas de [État A], un [ ] et, dans le cas de [État B], un [ ], ainsi que tout autre fonds d'investissement, accord contractuel ou entité établi dans l'un des États contractants que les autorités compétentes des États contractants conviennent de considérer comme un organisme de placement collectif aux fins du présent paragraphe ; et

(ii) le terme « bénéficiaire équivalent » désigne un résident de l'État contractant dans lequel l'OPC est établi ainsi qu'un résident de tout autre État avec lequel l'État contractant d'où le revenu provient a conclu une convention fiscale concernant le revenu prévoyant un échange effectif et complet de renseignements qui, s'il recevait le revenu pour lequel les bénéfices de cette Convention sont demandés, aurait droit en vertu de cette autre convention, ou en vertu du droit interne de l'État contractant d'où provient le revenu, à un taux d'imposition applicable à ce revenu qui ne soit pas plus élevé que le taux demandé en vertu de cette Convention par l'OPC en ce qui concerne ce revenu.

36. Il est prévu que les États contractants introduiront, au sous-alinéa *b*)(i), des renvois spécifiques aux dispositions pertinentes de la législation fiscale ou de la législation sur les valeurs mobilières concernant les OPC en question. Dans la décision concernant le traitement à appliquer à certains OPC particuliers, les États contractants devraient tenir compte des considérations de politique fiscale mentionnées ci-dessus. Les négociateurs pourraient convenir que les différences économiques dans le régime applicable aux OPC dans les deux États contractants, ou même dans le cadre du même État contractant, justifient une différence de traitement dans la convention fiscale. Dans ce cas, une combinaison des dispositions de cette section pourrait être insérée dans la convention.

37. L'effet de l'octroi des bénéfices d'une convention fiscale à l'OPC dans la mesure où il appartient à des « bénéficiaires équivalents », selon la définition du sous-alinéa *b*)(ii), est de faire en sorte que les investisseurs qui auraient eu droit à des bénéfices concernant un revenu provenant de l'État de la source s'ils avaient reçu ce revenu directement, ne se trouvent pas placés dans une situation plus défavorable en investissant par l'intermédiaire d'un OPC établi dans un pays tiers. Cette approche répond donc aux objectifs de neutralité entre les investissements directs et les investissements par l'intermédiaire d'un OPC. Elle réduit par ailleurs le risque de double imposition entre l'État de la source et l'État de résidence de l'investisseur, dans la mesure où il existe une convention fiscale entre eux. Elle est bénéfique pour les investisseurs, notamment ceux des petits pays, qui bénéficieront de ce fait d'un choix plus large d'instruments d'investissement. Elle accroît par ailleurs les économies d'échelle, qui constituent l'un des avantages économiques principaux de l'investissement par l'intermédiaire d'OPC. Enfin, l'adoption de cette approche simplifie considérablement les procédures administratives. Dans de nombreux cas, presque tous les investisseurs d'un OPC seront des « bénéficiaires équivalents » étant donné le nombre de pays couverts par des conventions bilatérales et le fait que les taux prévus dans ces conventions à l'égard des dividendes de portefeuille soient presque toujours compris entre 10 et 15 pour cent.

38. Par ailleurs, la disposition en question empêche l'utilisation d'un OPC par des investisseurs pour obtenir un régime fiscal plus favorable que celui qu'ils auraient obtenu en investissant directement. Ce résultat est obtenu par la comparaison de taux dans le cadre de la définition du « bénéficiaire équivalent ». En conséquence, la comparaison appropriée est effectuée entre le taux demandé par l'OPC et le taux que l'investisseur aurait pu demander s'il avait reçu le revenu directement. Par exemple, supposons qu'un OPC établi dans l'État B reçoive des dividendes d'une société qui réside dans l'État A. Soixante-cinq pour cent des investisseurs de l'OPC sont des résidents individuels de l'État B ; 10 pour cent sont des fonds de pension établis dans l'État C et 25 pour cent sont des particuliers résidant dans l'État C. En vertu de la

convention fiscale entre l'État A et l'État B, les dividendes de portefeuille sont soumis à un taux maximum d'imposition à la source de 10 pour cent. En vertu de la convention fiscale entre l'État A et l'État C, les fonds de pension sont exonérés d'impôts dans le pays de la source et les autres dividendes de portefeuille sont soumis à l'impôt à un taux maximum de 15 pour cent. Les conventions entre A et B et entre A et C comportent des dispositions prévoyant des échanges effectifs et complets de renseignements. Dans ces conditions, 75 pour cent des investisseurs dans l'OPC — les résidents individuels de l'État B et les fonds de pension établis dans l'État C — sont des bénéficiaires équivalents.

39. Un État de la source peut aussi craindre le report potentiel d'imposition lorsqu'un OPC est soumis à un impôt faible ou nul et peut capitaliser ses revenus au lieu de les distribuer de façon courante. Ces États peuvent être tentés de limiter les bénéfices de la convention à la proportion des investisseurs de l'OPC qui sont imposables de façon courante sur leur part des revenus de l'OPC. Toutefois, cette approche s'est révélée difficile à appliquer concrètement à des OPC dont le capital est largement diffusé. Les pays préoccupés par la possibilité d'un tel report d'imposition peuvent vouloir négocier des clauses qui n'accordent les bénéfices d'une convention qu'aux seuls OPC qui sont tenus de distribuer leurs bénéfices de façon courante. D'autres pays peuvent en revanche être moins préoccupés par ce risque de report. Ils peuvent considérer que, même si l'investisseur n'est pas imposé de façon courante sur les revenus reçus par l'OPC, il sera en fin de compte imposé soit sur les sommes distribuées, soit sur les éventuelles plus-values dans le cas où il céderait ses parts de l'OPC avant que ce dernier ne distribue les revenus. Ces pays peuvent souhaiter négocier des dispositions qui accordent les bénéfices aux OPC même s'ils ne sont pas tenus de distribuer leurs revenus sur une base courante. De plus, dans de nombreux pays, le taux d'imposition applicable aux revenus d'investissement n'est pas sensiblement plus élevé que la retenue à la source sur les dividendes prévue par les conventions, de sorte qu'il n'y aurait qu'une possibilité minime, voire nulle, de parvenir à un report de l'impôt du pays de résidence en obtenant ces revenus par le biais d'un fonds de placement plutôt qu'en procédant à un investissement direct. En outre, de nombreux pays ont pris des mesures pour assurer l'imposition courante des revenus d'investissements que leurs résidents obtiennent par le biais de fonds de placement, indépendamment de la question de savoir si ces fonds capitalisent ces revenus, ce qui réduit encore les possibilités de tels reports. En ce qui concerne le traitement des OPC qui ne sont pas tenus de distribuer leurs revenus sur une base courante, les pays peuvent vouloir examiner si ces facteurs, ou d'autres facteurs, répondent aux préoccupations décrites ci-dessus de telle sorte que le type de limites exposées dans ce paragraphe ne soit pas nécessaire dans les faits.

40. Certains États estiment que tenir compte de tous les investisseurs admis aux bénéfices de conventions, y compris ceux d'États tiers, modifierait le caractère bilatéral de ces conventions. Ces États pourraient préférer n'accorder les bénéfices d'une convention fiscale à un OPC que dans la mesure où les investisseurs dans cet

organisme sont des résidents de l'État contractant dans lequel il est établi. Dans ce cas, la disposition serait rédigée de la manière suivante :

a) Nonobstant les autres dispositions de la présente Convention, un organisme de placement collectif qui est établi dans un État contractant et qui reçoit un revenu provenant de l'autre État contractant est traité, aux fins de l'application de la Convention à ce revenu, de la même manière qu'une personne physique qui est un résident de l'État contractant dans lequel cet organisme est établi et comme le bénéficiaire effectif du revenu qu'il reçoit (à condition qu'une personne physique qui est un résident du premier État qui aurait reçu ce revenu dans les mêmes circonstances aurait été considérée comme le bénéficiaire effectif de ce revenu), mais seulement dans la mesure où les bénéfice effectif des participations dans cet organisme de placement collectif appartient à des résidents de l'État contractant dans lequel l'organisme est établi.

b) Aux fins du présent paragraphe, le terme « organisme de placement collectif » désigne dans le cas de [État A], un [ ] et, dans le cas de [État B], un [ ], ainsi que tout autre fonds d'investissement, accord contractuel ou entité établi dans l'un des États contractants que les autorités compétentes des États contractants conviennent de considérer comme un organisme de placement collectif aux fins du présent paragraphe.

41. Bien que l'approche purement proportionnelle exposée aux paragraphes 35 et 40 comporte une protection contre le chalandage fiscal, elle risque aussi d'imposer des charges administratives considérables, dans la mesure où un OPC devra s'efforcer de déterminer le droit aux bénéfices d'une convention de chaque investisseur individuel. Un État contractant peut décider que le fait qu'une part importante des investisseurs d'un OPC ait droit aux bénéfices d'une convention constitue une protection appropriée contre le chalandage fiscal et qu'il est donc justifié de définir un seuil de participation au capital au-delà duquel les bénéfices de la convention seront accordés à tous les revenus reçus par l'OPC. L'insertion d'un tel seuil permettrait également d'alléger le fardeau administratif qui existerait par ailleurs. Si les États le souhaitent, la phrase suivante pourrait donc être ajoutée à la fin de l'alinéa *a)* :

Cependant, si le bénéfice effectif d'au moins [ ] pour cent des participations dans cet organisme de placement collectif appartient à des [bénéficiaires équivalents] [résidents de l'État contractant dans lequel l'organisme de placement collectif est établi], l'organisme de placement collectif est traité de la même manière qu'une personne physique qui est un résident de l'État contractant dans lequel cet organisme est établi et comme le bénéficiaire effectif de tous les revenus qu'il reçoit (à condition qu'une personne physique qui est un résident de cet État qui aurait reçu ces revenus dans les mêmes circonstances aurait été considérée comme le bénéficiaire effectif de ces revenus).

42. Dans certains cas, les États contractants pourront vouloir retenir une approche différente de celles des paragraphes 31, 35 et 40 à l'égard de certains types d'OPC et considérer que l'OPC demande les bénéfices d'une convention pour le compte des

investisseurs plutôt qu'en son nom propre. Cela peut être le cas, par exemple, si un pourcentage élevé de détenteurs de parts de l'OPC pris dans leur ensemble, ou d'une catégorie de parts de l'OPC, sont des fonds de pension qui sont exonérés d'impôt dans le pays de la source selon les dispositions de la convention pertinente équivalentes à celles décrites dans le paragraphe 69 des Commentaires sur l'article 18. Afin que les investisseurs ne perdent pas le bénéfice des taux préférentiels auxquels ils auraient pu prétendre s'ils avaient procédé à un investissement direct, les États contractants peuvent convenir vis-à-vis de tels OPC, d'une clause formulée de la façon suivante (même s'ils adoptent l'une des approches du paragraphe 31, 35 ou 40 en ce qui concerne les autres types d'OPC) :

a) Un organisme de placement collectif visé à l'alinéa *c)* qui est établi dans un État contractant et qui reçoit des revenus provenant de l'autre État contractant n'est pas traité comme un résident de l'État contractant dans lequel il est établi, mais peut demander, pour le compte des détenteurs effectifs des participations dans cet organisme de placement collectif, les réductions d'impôts, exonérations ou autres bénéfices auxquels ces détenteurs auraient eu droit en vertu de cette Convention s'ils avaient reçu ces revenus directement.

b) Un organisme de placement collectif ne peut présenter de demande de bénéfices en vertu de l'alinéa *a)* pour le compte de tout détenteur effectif de parts de cet organisme si le détenteur de parts a lui-même présenté une demande individuelle au titre de revenus reçus par l'organisme de placement collectif.

c) Ce paragraphe s'applique, dans le cas de [État A], à un [ ] et, dans le cas de [État B], à un [ ], ainsi qu'à tout autre fonds d'investissement, accord contractuel ou entité établi dans l'un des États contractants auquel les autorités compétentes des États contractants conviennent d'appliquer le présent paragraphe.

En vertu de cette disposition, l'OPC ne pourra cependant formuler des demandes qu'au nom des résidents de l'État contractant où il est établi. Si, pour les raisons indiquées au paragraphe 37, les États contractants jugeaient souhaitable d'autoriser l'OPC à présenter des demandes au nom des résidents d'États tiers pouvant être admis aux bénéfices d'une convention, ce résultat pourrait être obtenu en remplaçant les mots « cette Convention » par « toute convention à laquelle l'autre État contractant est partie » à l'alinéa *a)*. Si, comme on peut l'attendre, les États contractants conviennent que le traitement prévu dans ce paragraphe doit uniquement s'appliquer à des types spécifiques d'OPC, il sera nécessaire de vérifier que les types d'OPC énumérés dans l'alinéa *c)* ne comprennent aucun des types d'OPC énumérés dans une clause plus générale comme celles du paragraphe 31, 35 ou 40 de telle sorte que le traitement d'un type spécifique d'OPC soit fixé et non pas optionnel. Les pays souhaitant permettre aux différents OPC de choisir leur traitement, soit en ce qui concerne l'OPC dans son ensemble, soit en ce qui concerne une ou plusieurs catégories d'intérêts dans l'OPC, sont libres de modifier le paragraphe à cet effet.

43. Selon l'approche adoptée aux paragraphes 35 et 40 ou au paragraphe 42, il sera nécessaire pour l'OPC de déterminer la proportion de ses détenteurs de parts qui auraient eu droit aux bénéfices de la convention s'ils avaient investi directement. Comme la répartition des parts d'un OPC change fréquemment et que ces parts sont souvent détenues à travers des intermédiaires, l'OPC et ses gestionnaires ne connaissent souvent pas eux-mêmes les noms et le statut au regard de la convention des bénéficiaires effectifs de parts. Il serait difficile en pratique pour l'OPC de collecter de tels renseignements auprès des intermédiaires en question sur une base journalière. En conséquence, il faudrait que les États contractants acceptent des approches commodes et fiables qui ne nécessitent pas un tel suivi journalier.

44. Par exemple, dans de nombreux pays, le secteur des OPC est dans une large mesure national, la grande majorité des investisseurs résidant dans le pays où l'OPC est établi. Dans certains cas, les règles fiscales dissuadent les investissements étrangers dans ces OPC en appliquant une retenue à la source sur les revenus distribués, ou bien les législations relatives aux valeurs mobilières peuvent sérieusement limiter l'offre de placements aux non-résidents. Les gouvernements devraient examiner si ces dispositions ou d'autres fournissent une protection suffisante contre les investissements de résidents de pays tiers n'ayant pas droit aux bénéfices d'une convention. Il pourrait être approprié, par exemple, de considérer qu'un OPC appartient à des résidents de l'État dans lequel il est établi si l'OPC a limité la distribution de ses actions ou de ses parts à l'État dans lequel il est établi ou à d'autres États qui accordent des avantages similaires dans leurs conventions avec l'État de la source.

45. Dans d'autres cas, les parts dans l'OPC sont offertes à des investisseurs dans de nombreux pays. Bien que l'identité des investisseurs individuels change tous les jours, la part des investisseurs de l'OPC qui ont droit aux bénéfices d'une convention est susceptible de se modifier relativement lentement. En conséquence, une approche raisonnable consisterait à obliger l'OPC à collecter auprès d'autres intermédiaires, aux dates indiquées, des informations permettant à l'OPC de déterminer la proportion des investisseurs ayant droit aux bénéfices de conventions fiscales. Ces informations pourraient être demandées à la fin de l'année civile ou fiscale ou, si la situation du marché suggère que la rotation des investisseurs est élevée, plus fréquemment, mais pas plus souvent qu'à la fin de chaque trimestre de l'année civile. L'OPC pourrait ensuite présenter une demande sur la base d'une moyenne des sommes en question au cours d'une période définie d'un commun accord. Dans l'adoption de telles procédures, il faudrait veiller à choisir des dates d'évaluation permettant à l'OPC de disposer d'un temps suffisant pour actualiser les informations qu'il communique aux autres payeurs afin d'assurer l'exactitude des prélèvements à la source au début de chaque période.

46. Une autre approche consisterait à ce qu'un OPC coté dans l'État contractant dans lequel il est établi soit admis aux bénéfices d'une convention quel que soit le pays de résidence de ses investisseurs. Cette clause a été justifiée par le fait qu'un OPC coté ne peut pas servir efficacement à des fins de chalandage fiscal parce que les actionnaires

ou détenteurs de parts d'un tel OPC ne peuvent pas exercer individuellement de contrôle sur lui. Une telle clause pourrait être formulée de la façon suivante :

a) Nonobstant les autres dispositions de la présente Convention, un organisme de placement collectif qui est établi dans un État contractant et qui reçoit un revenu provenant de l'autre État contractant est traité, aux fins de l'application de la Convention à ce revenu, de la même manière qu'une personne physique qui est un résident de l'État contractant dans lequel cet organisme est établi et comme le bénéficiaire effectif du revenu qu'il reçoit (à condition qu'une personne physique qui est un résident de cet État qui aurait reçu ce revenu dans les mêmes circonstances aurait été considérée comme le bénéficiaire effectif de ce revenu), si la principale catégorie d'actions ou de parts de l'organisme de placement collectif est cotée et régulièrement négociée sur une bourse de valeurs réglementée dans cet État.

b) Aux fins du présent paragraphe, le terme « organisme de placement collectif » désigne dans le cas de [État A], un [ ] et, dans le cas de [État B], un [ ], ainsi que tout autre fonds d'investissement, accord contractuel ou entité établi dans l'un des États contractants que les autorités compétentes des États contractants conviennent de considérer comme un organisme de placement collectif aux fins du présent paragraphe.

47. Chacune des dispositions des paragraphes 31, 35, 40 et 46 traite l'OPC comme un résident et le bénéficiaire effectif du revenu qu'il reçoit aux fins de l'application de la Convention à ce revenu, ce qui offre la simplicité de pouvoir prévoir un taux réduit de retenue à la source pour chaque type de revenu. Comme le confirme le paragraphe 3 de l'article, cependant, ces dispositions ne restreignent d'aucune façon le droit de l'État de la source d'imposer ses propres résidents qui sont investisseurs dans l'OPC. De toute évidence, ces clauses sont destinées à traiter l'imposition dans l'État de la source des revenus de l'OPC et non l'imposition dans l'État de résidence de ses investisseurs.

48. De même, chacune de ces dispositions n'est destinée qu'à faire en sorte que les caractéristiques spécifiques de l'OPC ne l'amèneront pas à être traité autrement que comme le bénéficiaire effectif des revenus qu'il perçoit. En conséquence, un OPC sera traité comme le bénéficiaire effectif de tous les revenus qu'il reçoit. Ces dispositions ne sont cependant pas destinées à placer l'OPC dans une position différente ou plus avantageuse que d'autres investisseurs au regard d'aspects du critère du bénéficiaire effectif qui sont sans rapport avec la nature même d'un OPC. En conséquence, lorsqu'une personne physique qui reçoit un revenu dans certaines circonstances n'est pas considérée comme le bénéficiaire effectif de ce revenu, un OPC recevant ce revenu dans les mêmes circonstances ne devrait pas être réputé être le bénéficiaire effectif de ce revenu. Ce résultat est confirmé par la restriction placée entre parenthèses qui limite l'application de la disposition à des situations dans lesquelles une personne physique se trouvant dans les mêmes circonstances aurait été traitée comme le bénéficiaire effectif du revenu.

Application de la Convention aux États, leurs subdivisions politiques et organismes qu'ils détiennent à titre exclusif

49. Les États contractants ainsi que leurs subdivisions politiques et collectivités locales sont inclus dans la définition de « résident d'un État contractant » au paragraphe 1 de l'article 4 et ont donc droit aux bénéfices de la Convention (il est expliqué au paragraphe 8.4 des Commentaires sur l'article 4 que l'inclusion de ces mots en 1995 visait à confirmer l'interprétation acceptée antérieurement par la majorité des États membres).

50. Des questions peuvent cependant se poser dans le cas d'organismes établis et détenus exclusivement par un État ou l'une de ses subdivisions politiques ou collectivités locales. Certains de ces organismes peuvent tirer des revenus importants d'autres pays et il peut donc être important de déterminer si les dispositions des conventions fiscales leur sont applicables (il s'agit notamment du cas des fonds souverains: voir le paragraphe 8.5 des Commentaires sur l'article 4). Dans plusieurs cas, ces organismes sont entièrement exonérés d'impôt et la question peut se poser de savoir s'ils ont droit aux bénéfices des conventions fiscales conclues par les États dans lesquels ils ont été établis. Afin de clarifier la situation, certains États modifient la définition de « résident d'un État contractant » au paragraphe 1 de l'article 4 et incluent dans cette définition un « organisme public », une « agence » ou une « personne morale de droit public » d'un État, une subdivision politique ou collectivité locale, ce qui vise donc les organismes détenus exclusivement qui ne sont pas considérés comme faisant partie de l'État ou de ses subdivisions politiques ou collectivités locales.

51. De plus, plusieurs États incluent des dispositions spécifiques dans leurs conventions bilatérales visant à exonérer certaines catégories de revenus, tels les intérêts, tirés par d'autres États et certains organismes publics comme les banques centrales (voir le paragraphe 13.2 des Commentaires sur l'article 10 et le paragraphe 7.4 des Commentaires sur l'article 11). Les dispositions de conventions fiscales visant à exonérer les revenus des fonds de pension (voir le paragraphe 69 des Commentaires sur l'article 18) peuvent également s'appliquer à des fonds de pension détenus exclusivement par un État, sous réserve de la façon dont ces dispositions sont rédigées et de la nature des fonds en question.

52. L'application de la Convention à chaque État, ses subdivisions politiques et collectivités locales (ainsi qu'à leurs organismes publics et agences dans le cas des conventions bilatérales dont les dispositions sont applicables à ces organismes) ne saurait toutefois être interprétée comme ayant un quelconque effet sur l'application possible par chaque État du principe d'immunité des États reconnu par le droit international coutumier. Selon ce principe, un État souverain (y compris ses agents, ses biens et ses activités) est, en règle générale, soustrait à la compétence des tribunaux d'un autre État souverain. Il n'existe toutefois pas de consensus international sur les limites exactes du principe d'immunité des États. Ainsi, la majorité des États ne reconnaissent pas l'application de ce principe aux activités d'entreprise et plusieurs États considèrent que ce principe n'est pas applicable aux questions touchant la

fiscalité. Il existe donc des différences importantes entre les États quant à l'application et à la portée éventuelle de ce principe en matière fiscale. Même les États qui reconnaissent l'application possible de ce principe en matière fiscale divergent quant à la portée qu'ils lui donnent : certains ne l'appliquent que dans la mesure où il a été incorporé dans leur droit interne et d'autres l'appliquent comme principe de droit international coutumier mais sous réserve d'importantes restrictions. La Convention n'a aucune incidence sur la question de savoir si, et dans quelle mesure, le principe d'immunité des États s'applique aux personnes visées à l'article 1 et aux impôts visés à l'article 2 et chaque État contractant garde donc l'entière liberté d'appliquer sa propre interprétation de ce principe, dans la mesure où l'imposition éventuelle qui résulte de cette interprétation est conforme aux dispositions des conventions fiscales bilatérales qu'il a conclues.

53. Les États tiennent souvent compte de différents facteurs afin de déterminer dans quelle mesure des exonérations fiscales devraient être accordées, soit par des dispositions spécifiques incluses dans une convention ou dans le droit interne ou soit par l'application du principe d'immunité des États, aux revenus tirés par d'autres États, leurs subdivisions politiques, leurs collectivités locales ou leurs organismes publics ou agences. Ces facteurs incluent, par exemple, la question de savoir si cette catégorie de revenus est exonérée de façon réciproque par l'autre État, si ces revenus proviennent d'activités de nature gouvernementale par opposition à des activités à caractère commercial, si les actifs et les revenus de l'organisme récipiendaire sont utilisés à des fins publiques, s'il existe une possibilité quelconque que ces revenus puissent être divertis de façon à bénéficier à une personne qui n'est pas un organisme gouvernemental et si ces revenus sont tirés d'un investissement de portefeuille ou d'une participation directe.

Usage incorrect de la Convention

54. Le principal objectif des conventions de double imposition est de promouvoir les échanges de biens et services et les mouvements des capitaux et des personnes en éliminant la double imposition internationale. Ainsi que le confirme le préambule de la Convention, empêcher l'évasion et la fraude fiscales fait également partie des objectifs des conventions fiscales.

55. L'extension du réseau de conventions fiscales accroît le risque d'abus en facilitant le recours à des dispositifs visant à bénéficier à la fois des avantages fiscaux accordés par certaines législations internes et des allégements d'impôt prévus dans ces conventions.

56. Tel serait le cas, par exemple, d'une personne (résident ou non d'un État contractant) qui agirait par l'entremise d'une entité juridique créée dans un État essentiellement pour obtenir les allégements d'impôts prévus dans les conventions conclues par cet État et auxquels cette personne n'aurait pas droit directement. Un autre cas serait celui d'une personne physique ayant dans un État contractant son foyer d'habitation permanent ainsi que tous ses intérêts économiques, notamment

une participation importante dans une société de cet État, et qui, essentiellement en vue de vendre cette participation et d'échapper dans cet État à l'imposition de gains en capital provenant de cette aliénation (en vertu du paragraphe 5 de l'article 13), transférerait son foyer d'habitation permanent dans l'autre État contractant, où de tels gains sont peu imposés ou ne le sont pas du tout.

Lutter contre l'évasion fiscale au moyen des conventions fiscales

57. Le paragraphe 9 de l'article 29 et les règles spécifiques visant à lutter contre les utilisations abusives d'une convention figurant dans les conventions fiscales visent ces transactions et ces montages, ainsi que d'autres, utilisés dans le but d'obtenir indûment les avantages de la Convention. Lorsque, toutefois, une convention fiscale ne contient pas de telles règles, la question se pose de savoir si les avantages de la convention fiscale doivent être accordés lorsqu'ont été conclues des transactions qui constituent un abus des dispositions de cette convention.

58. De nombreux États répondent à cette question en tenant compte du fait que les impôts sont appliqués en vertu des dispositions de la législation nationale, sous réserve des dispositions restrictives (et, dans certains cas exceptionnels, des dispositions qui élargissent leur application) prévues par les conventions fiscales. En conséquence, toute utilisation abusive des dispositions d'une convention fiscale peut aussi être considérée comme une utilisation abusive des dispositions de la législation nationale dans le cadre duquel l'impôt est appliqué. Pour ces États, la question consiste dès lors à savoir si les dispositions des conventions fiscales peuvent empêcher l'application des dispositions anti-évasion de la législation nationale, ce qui renvoie à la question traitée aux paragraphes 66 à 80 ci-dessous. Comme ces paragraphes l'expliquent, en règle générale, il n'y aura pas de conflit entre ces dispositions et celles des conventions fiscales.

59. D'autres États préfèrent considérer certains abus comme des abus des conventions elles-mêmes, par opposition aux abus de la législation nationale. Toutefois, ces États considèrent dès lors qu'une interprétation correcte des conventions fiscales les autorise à ne pas tenir compte des transactions abusives, telles que celles conclues en vue de tirer des avantages non prévus en vertu des dispositions de ces conventions. Cette interprétation découle de l'objet et du but des conventions fiscales ainsi que de l'obligation de les interpréter de bonne foi (voir l'article 31 de la *Convention de Vienne sur le droit des traités*).

60. Selon ces deux approches, il est donc convenu que les États n'ont pas à octroyer les avantages d'une convention sur les doubles impositions lorsque des montages qui représentent un recours abusif aux dispositions de la Convention ont été utilisés.

61. Toutefois, il est important de noter qu'on ne doit pas présumer à la légère qu'un contribuable recourt au type de transaction abusive évoqué précédemment. Un principe directeur est que les avantages d'une convention de double imposition ne doivent pas être accordés lorsqu'un des objets principaux de certaines transactions ou montages est d'obtenir une position fiscale plus avantageuse et lorsque l'octroi de cet

avantage dans de telles circonstances serait contraire à l'objet et au but des dispositions pertinentes. Ce principe s'applique indépendamment des dispositions du paragraphe 9 de l'article 29, qui ne font que le confirmer.

62. L'application potentielle de ces principes ou du paragraphe 9 de l'article 29 n'exclut pas la nécessité d'inclure dans les conventions fiscales des dispositions spécifiques destinées à éviter des formes particulières d'évasion fiscale. Lorsque des stratagèmes particuliers d'évasion ont été détectés ou que le recours à de tels stratagèmes pose des problèmes particuliers, il est souvent utile d'ajouter à la Convention des dispositions visant directement la stratégie d'évasion en cause. Cela sera de même nécessaire lorsqu'un État qui adopte le point de vue décrit au paragraphe 58 ci-dessus estime que sa législation nationale ne contient pas les règles ou principes anti-évasion nécessaires pour répondre comme il convient à une telle stratégie.

63. Ainsi, certaines formes d'évasion fiscale ont déjà été expressément traitées dans la Convention, par exemple au moyen de l'introduction du concept de « bénéficiaire effectif » (aux articles 10, 11 et 12) et de dispositions particulières comme celles du paragraphe 2 de l'article 17 concernant les sociétés d'artistes. De tels problèmes sont aussi abordés dans les Commentaires sur l'article 10 (paragraphes 17 et 22), sur l'article 11 (paragraphe 12) et sur l'article 12 (paragraphe 7).

64. Par ailleurs, dans certains cas, les demandes formulées par des sociétés filiales, en particulier lorsqu'elles sont établies dans des paradis fiscaux ou bénéficient de régimes préférentiels dommageables, en vue de bénéficier des conventions fiscales, peuvent être refusées lorsqu'un examen attentif des faits et circonstances montre que le siège de direction effective d'une filiale ne se trouve pas dans l'État de résidence qu'elle indique mais plutôt dans l'État de résidence de la société-mère de telle sorte qu'elle constitue un résident de ce dernier État aux fins de la législation interne et des conventions (ce sera le cas lorsque la législation interne d'un État utilise le siège de direction d'une personne morale, ou un critère similaire, pour déterminer sa résidence).

65. Un examen attentif des faits et circonstances d'une affaire peut également montrer qu'une filiale a été dirigée dans l'État de résidence de sa société-mère dans des conditions telles qu'elle disposait dans cet État d'un établissement stable (par exemple, sous la forme d'un siège de direction) auquel la totalité ou une part importante de ses bénéfices pouvait être à juste titre attribuée.

Lutter contre l'évasion fiscale au moyen de règles législatives et jurisprudentielles anti-abus

66. Les règles législatives et jurisprudentielles anti-abus de droit interne peuvent également être utilisées pour traiter les transactions et les montages visant à obtenir indûment les avantages des conventions. Ces règles peuvent aussi viser les situations dans lesquelles des transactions ou des montages sont utilisés dans le but d'abuser à la fois des lois internes et des conventions fiscales.

67. Pour ces raisons, les règles législatives et jurisprudentielles anti-abus de droit interne jouent un rôle important afin d'empêcher l'octroi inapproprié des avantages

des conventions. Toutefois, l'application de ces règles législatives et jurisprudentielles anti-abus de droit interne pose la question de conflits possibles avec les dispositions des conventions, notamment lorsque ces dernières sont utilisées pour abuser des règles du droit interne (en alléguant que les dispositions conventionnelles protègent le contribuable de l'application de certaines règles internes anti-abus). Ce problème est examiné ci-après par rapport aux règles législatives spécifiques anti-abus, aux règles législatives générales anti-abus et aux règles jurisprudentielles.

Règles législatives spécifiques anti-abus

68. Les autorités fiscales qui cherchent une réponse à l'utilisation inappropriée d'une convention fiscale peuvent examiner tout d'abord l'application des règles anti-abus spécifiques contenues dans leur législation fiscale interne.

69. Nombre de règles anti-abus présentes dans la législation des pays s'appliquent principalement aux situations transfrontalières et peuvent jouer un rôle lors de l'application des conventions fiscales. Par exemple, les règles relatives à la sous-capitalisation peuvent limiter la déduction de paiements d'intérêts induisant une érosion de la base d'imposition au profit de résidents de pays avec lesquels une convention a été conclue ; les règles relatives aux prix de transfert (même si elles n'ont pas été conçues principalement comme des règles anti-abus) peuvent empêcher le transfert artificiel de revenus d'une entreprise résidente vers une entreprise qui est un résident d'un État contractant ; les règles sur les taxes de sortie ou de départ peuvent permettre de lutter contre l'évasion fiscale sur les gains en capital liée à un changement de résidence avant la réalisation d'un gain de capital exonéré d'impôt en vertu de la Convention ; les règles sur le dépouillement de dividendes peuvent empêcher des contribuables d'échapper aux retenues internes à la source sur les dividendes au moyen de transactions destinées à transformer les dividendes en gains en capital exonéré d'impôt en vertu de la Convention ; et les règles anti montage-relais peuvent empêcher certaines transactions destinées à éviter l'imposition au moyen de montages utilisant des sociétés-relais.

70. En règle générale, lorsque l'application des dispositions du droit interne et celle des dispositions des conventions fiscales produisent des résultats contradictoires, il est prévu que les dispositions des conventions fiscales l'emportent. C'est là une conséquence logique du principe « *pacta sunt servanda* », qui est incorporé dans l'article 26 de la *Convention de Vienne sur le droit des traités*. Ainsi, si l'application des règles anti-abus spécifiques du droit interne devait produire un résultat en termes de traitement fiscal non conforme aux dispositions d'une convention fiscale, cette application serait en contradiction avec les dispositions de la convention concernée et ces dernières devraient l'emporter en droit international public.[1]

1 Aux termes de l'article 60 de la *Convention de Vienne sur le droit des traités*, « [u]ne violation substantielle d'un traité bilatéral par l'une des parties autorise l'autre partie à invoquer la violation comme motif pour mettre fin au traité ou suspendre son application en totalité ou en partie. »

71. Toutefois, comme expliqué ci-dessous, ces conflits seront souvent évités et chaque cas doit être analysé en fonction de ses circonstances propres.

72. Premièrement, une convention peut autoriser de manière spécifique l'application de certains types de règles internes anti-abus. Par exemple, l'article 9 autorise spécifiquement l'application des règles internes dans les circonstances définies par cet article. Par ailleurs, beaucoup de conventions contiennent des dispositions spécifiques qui précisent qu'il n'y a pas de conflit ou, si un conflit existe, permettent l'application des règles internes. Ce serait le cas, par exemple, d'une règle conventionnelle autorisant explicitement l'application d'une règle relative à la sous-capitalisation contenue dans le droit interne d'un des États contractants ou des deux.

73. Deuxièmement, nombre de dispositions de la Convention dépendent de l'application du droit interne. C'est le cas, par exemple, de la détermination de la résidence d'une personne (voir le paragraphe 1 de l'article 4), de la détermination de ce qu'est un bien immobilier (voir le paragraphe 2 de l'article 6) et de la détermination des circonstances dans lesquelles un revenu provenant de parts sociales peut être traité comme un dividende (voir le paragraphe 3 de l'article 10). Plus généralement, le paragraphe 2 de l'article 3 rend les règles internes pertinentes aux fins de la détermination de la signification des termes et des expressions qui ne sont pas définis dans la Convention. Dans bien des cas, dès lors, l'application des règles anti-abus spécifiques du droit interne ne produira pas de résultats contradictoires, mais aura une incidence sur la manière dont les dispositions de la Convention sont appliquées. Ce serait le cas, par exemple, si une disposition du droit interne traitait les bénéfices réalisés par un actionnaire lorsqu'une société rachète certaines de ses actions comme des dividendes : bien qu'un tel rachat puisse être considéré comme une aliénation aux fins du paragraphe 5 de l'article 13, le paragraphe 28 des Commentaires sur l'article 10 reconnaît que ces bénéfices constitueront des dividendes aux fins de l'article 10 s'ils sont traités comme tels en droit interne.

74. Troisièmement, l'application des dispositions d'une convention fiscale dans un cas qui concerne une utilisation abusive de ces dispositions peut être refusée en vertu du paragraphe 9 de l'article 29 ou, dans le cas d'une convention qui ne contient pas ce paragraphe, en vertu des principes prévus aux paragraphes 60 et 61 ci-dessus. Dans un tel cas, il n'y aura pas de conflit avec les dispositions de la convention si les avantages de celle-ci sont refusés à la fois en vertu du paragraphe 9 de l'article 29 (ou des principes prévus aux paragraphes 60 et 61 ci-dessus) et en vertu de règles spécifiques anti-abus internes. Ces dernières règles sont toutefois souvent formulées en se référant à des faits objectifs, comme l'existence d'un certain niveau de détention d'actions ou un certain ratio endettement/fonds propres. Bien que cela facilite leur application et assure une plus grande certitude, cela peut parfois entraîner l'application d'une telle règle dans un cas où celle-ci entre en conflit avec une disposition de la Convention et où le paragraphe 9 de l'article 29 ne s'applique pas pour refuser les avantages de cette disposition (et où les principes visés aux paragraphes 60 et 61 ci-dessus ne s'appliquent pas non plus). Dans ce cas, la Convention ne permettra

pas l'application de la règle interne dans la mesure où un tel conflit existe. Un exemple d'un tel cas serait celui où une règle du droit interne que l'État A a adoptée pour empêcher les changements temporaires de résidence à des fins fiscales prévoirait l'imposition d'une personne physique qui est un résident de l'État B pour les gains résultant de l'aliénation d'un bien situé dans un troisième État si cette personne physique était un résident de l'État A au moment où le bien a été acquis et était un résident de l'État A pendant au moins sept des dix années qui ont précédé l'aliénation. Dans ce cas, dans la mesure où le paragraphe 5 de l'article 13 empêcherait l'imposition de cette personne physique par l'État A au moment de l'aliénation du bien, la Convention empêcherait l'application de cette règle interne, sauf si les avantages du paragraphe 5 de l'article 13 pourraient, dans un cas précis, être refusés en vertu du paragraphe 9 de l'article 29 ou des principes énoncés aux paragraphes 60 et 61 ci-dessus.

75. Quatrièmement, l'application des dispositions des conventions fiscales peut être refusée en vertu de règles ou principes jurisprudentiels applicables à l'interprétation de la Convention (voir le paragraphe 78 ci-après). Dans ce cas, il n'y aura pas de conflit avec les dispositions de la Convention si les avantages de celle-ci sont refusés en vertu à la fois d'une interprétation appropriée de la Convention et suite à l'application de règles spécifiques anti-abus internes. Admettons, à titre d'exemple, que le droit interne de l'État A prévoie l'imposition des gains tirés de l'aliénation d'actions d'une société de cet État dans laquelle le cédant détient plus de 25 pour cent du capital s'il a été un résident de l'État A pendant au moins sept des dix années qui ont précédé l'aliénation. Au cours de l'année 2, une personne physique qui était un résident de l'État A pendant les dix années précédentes devient un résident de l'État B. Peu après, cette personne vend la totalité des actions d'une petite société qu'elle avait précédemment mise sur pied dans l'État A. Les faits révèlent toutefois que tous les éléments de la vente ont été finalisés au cours de l'année 1, qu'un « prêt » sans intérêts correspondant au prix de vente a été accordé par l'acheteur au vendeur à ce moment-là, que l'acheteur a annulé le prêt lorsque les actions lui ont été vendues au cours de l'année 2 et qu'il a exercé le contrôle de fait sur la société à partir de l'année 1. Bien que le gain résultant de la vente des actions puisse, dans un contexte différent, entrer dans le champ du paragraphe 5 de l'article 13 de la convention conclue entre l'État A et l'État B, les circonstances du transfert des actions sont telles que l'aliénation au cours de l'année 2 est une transaction fictive, au sens donné à ce terme par les tribunaux de l'État A. Dans ce cas, dans la mesure où la doctrine de la transaction fictive élaborée par les tribunaux de l'État A n'entre pas en conflit avec les règles d'interprétation des traités, il sera possible d'appliquer cette doctrine lors de l'interprétation du paragraphe 5 de l'article 13 de la convention conclue entre l'État A et l'État B, ce qui permettra à l'État A d'imposer le gain en question au titre de sa règle du droit interne.

Règles législatives générales anti-abus

76. De nombreux pays ont inclus dans leur droit interne une règle législative anti-abus d'application générale destinée à empêcher les opérations abusives auxquelles les règles spécifiques anti-abus et règles jurisprudentielles de ces pays ne font pas obstacle.

77. L'application de ces règles générales anti-abus soulève également la question d'un conflit possible avec les dispositions d'une convention fiscale. Toutefois, dans la grande majorité des cas, un tel conflit ne se produira pas. En premier lieu, ces conflits seront évités pour des raisons analogues à celles évoquées aux paragraphes 72 et 73 ci-dessus. En outre, lorsque les principaux aspects de ces règles internes respectent le principe énoncé au paragraphe 61 ci-dessus et sont donc similaires aux principaux aspects du paragraphe 9 de l'article 29, qui incorpore ce principe directeur, il est évident qu'aucun conflit ne sera possible, puisque la règle générale interne en question s'appliquera dans les mêmes circonstances que celles qui conduiraient à refuser les avantages de la Convention en vertu du paragraphe 9 de l'article 29 ou, dans le cas d'une convention qui ne contient pas ce paragraphe, en vertu du principe directeur prévu au paragraphe 61 ci-dessus.

Règles jurisprudentielles qui font partie du droit interne

78. Lorsqu'ils ont été appelés à interpréter la législation fiscale dans les affaires d'évasion fiscale, les tribunaux de nombreux pays ont élaboré un certain nombre de doctrines ou de principes d'interprétation. Ceci inclut des doctrines jurisprudentielles comme celles de la primauté du fond sur la forme, de la substance économique, de la transaction fictive, du critère de l'objet de l'activité d'entreprise, de la transaction par étapes, de l'abus de droit et de la fraude à la loi. Ces doctrines et principes d'interprétation, qui varient d'un pays à l'autre et évoluent au fil du temps en fonction des améliorations ou modifications issues de nouvelles décisions judiciaires, sont essentiellement des avis exprimés par des tribunaux sur la manière d'interpréter la législation fiscale. Bien que l'interprétation des conventions fiscales soit régie par des règles générales qui ont été codifiées dans les articles 31 à 33 de la *Convention de Vienne sur le droit des traités*, ces règles générales n'empêchent pas l'application de doctrines et de principes similaires dans le cadre de l'interprétation des dispositions de conventions fiscales. Si, par exemple, les tribunaux d'un pays ont adopté une règle d'interprétation selon laquelle les dispositions fiscales internes doivent s'appliquer sur la base de la substance économique de certaines transactions, rien n'empêche l'adoption d'une approche similaire en ce qui concerne l'application des dispositions d'une convention fiscale à des transactions similaires. C'est ce qu'illustre l'exemple au paragraphe 75 ci-dessus.

79. En règle générale et compte tenu du paragraphe 61, l'analyse précédente conduit donc à la conclusion qu'il n'y aura pas de conflit entre les conventions fiscales et les règles jurisprudentielles anti-abus ou les règles générales anti-abus du droit interne. Par exemple, dans la mesure où l'application d'une règle générale anti-abus du droit

interne ou d'une règle jurisprudentielle comme celles de la primauté du fond sur la forme ou de la substance économique se traduit par une nouvelle caractérisation du revenu ou une redéfinition du contribuable qui est censé tirer ce revenu, les dispositions de la Convention s'appliqueront en tenant compte de ces changements.

80. Bien que ces règles n'entrent pas en conflit avec les conventions fiscales, il est admis que les pays membres doivent observer scrupuleusement les obligations spécifiques inscrites dans les conventions fiscales visant à alléger la double imposition tant qu'il n'existe pas de preuve manifeste d'un usage abusif de ces conventions.

Dispositions relatives aux sociétés étrangères contrôlées

81. De nombreux pays ont adopté des dispositions relatives aux sociétés étrangères contrôlées afin de traiter les problèmes liés au recours à des sociétés implantées à l'étranger. Même si la conception de ce type de législation varie considérablement selon les pays, un trait commun de ces règles, que l'on considère désormais à l'échelle internationale comme un instrument légitime pour protéger l'assiette fiscale nationale, est qu'elles permettent à un État contractant d'imposer ses propres résidents sur des revenus attribuables à leurs participations dans certaines entités étrangères. Toutefois, on a parfois affirmé, en s'appuyant sur une certaine interprétation des dispositions de la Convention comme le paragraphe 1 de l'article 7 ou le paragraphe 5 de l'article 10, que ce trait commun des législations sur les sociétés étrangères contrôlées était contraire à ces dispositions. Étant donné que cette législation a pour effet qu'un État impose ses propres résidents, le paragraphe 3 de l'article 1 confirme qu'elle n'entre pas en conflit avec les conventions fiscales. La même conclusion doit être tirée dans le cas de conventions ne contenant pas une disposition similaire au paragraphe 3 de l'article 1 ; comme on l'explique dans les paragraphes 14 des Commentaires sur l'article 7 et 37 des Commentaires sur l'article 10, l'interprétation selon laquelle ces articles empêcheraient l'application des dispositions relatives aux sociétés étrangères contrôlées n'est pas conforme au texte du paragraphe 1 de l'article 7 et du paragraphe 5 de l'article 10. De plus, elle ne résiste pas à la lecture de ces dispositions dans leur contexte. En conséquence, même si certains pays ont jugé utile de préciser expressément dans leurs conventions que leur législation relative aux sociétés étrangères contrôlées n'était pas contraire à la Convention, une telle précision n'est pas nécessaire. Il est admis que la législation relative aux sociétés étrangères contrôlées qui suit cette approche n'est pas contraire aux dispositions de la Convention.

Limitation des avantages accordés par les conventions à l'égard du revenu bénéficiant de certaines caractéristiques du système fiscal d'un autre État

82. Ainsi que l'indique le paragraphe 15.2 de l'Introduction

> ... l'on part du principe que, lorsqu'un État accepte des dispositions conventionnelles qui restreignent son droit d'imposer des éléments de revenu, il le

fait généralement en considérant que ces éléments de revenu sont imposables dans l'autre État. Lorsque, dans un État, l'impôt sur le revenu est faible ou inexistant, les autres États devraient examiner s'il existe des risques de double imposition qui, en eux-mêmes, justifieraient une convention fiscale. Les États devraient aussi examiner s'il existe des éléments du système fiscal d'un autre État qui pourraient accroître le risque de non-imposition, ce qui peut inclure des avantages fiscaux qui sont cantonnés de façon à ne pas affecter l'économie de cet État.

83. Un État peut considérer que certaines caractéristiques du système fiscal d'un autre État ne sont pas suffisantes pour empêcher la conclusion d'une convention fiscale, mais peut souhaiter empêcher l'application de cette convention à un revenu qui est soumis à un impôt faible ou inexistant en raison de ces caractéristiques. Lorsque les caractéristiques pertinentes du système fiscal de l'autre État sont connues au moment où la convention est négociée, il est possible de rédiger des dispositions qui empêchent explicitement l'octroi des avantages de la Convention au revenu bénéficiant de ces caractéristiques (voir, par exemple, le paragraphe 108 ci-dessous).

84. Il se peut néanmoins que de telles caractéristiques soient introduites dans le système fiscal d'un partenaire conventionnel après la conclusion d'une convention fiscale, ou soient connues une fois que cette convention est entrée en vigueur. Aussi, lorsqu'il conclut une convention fiscale, un État contractant peut s'inquiéter du risque que le système fiscal d'un partenaire conventionnel comporte des caractéristiques dont il n'a alors pas connaissance ou que de telles caractéristiques soient par la suite intégrées dans le système fiscal de ce partenaire. Les dispositions relatives aux sociétés étrangères contrôlées (voir le paragraphe 81 ci-dessus) et d'autres approches évoquées dans la section ci-dessus sur l'« Usage incorrect de la Convention » peuvent aider à gérer certaines de ces caractéristiques ; comme néanmoins les difficultés générées par ces caractéristiques résultent de la conception de la législation fiscale de partenaires conventionnels et non de stratégies d'évasion fiscale élaborées par des contribuables ou par leurs conseillers, les États contractants peuvent souhaiter résoudre ces difficultés au moyen de dispositions conventionnelles spécifiques. La section suivante contient des exemples de dispositions qui pourraient être adoptées à cette fin.

Dispositions relatives aux régimes fiscaux spéciaux

85. Des dispositions pourraient être incluses dans une convention fiscale en vue de refuser l'application de dispositions spécifiques d'une convention à un revenu qui bénéficie de régimes remplissant les critères de la définition générale de « régimes fiscaux spéciaux ». Par exemple, les avantages prévus par les dispositions des articles 11 et 12 pourraient être refusés s'agissant d'intérêts et de redevances provenant d'une personne liée si ces intérêts et redevances ont bénéficié, dans l'État de résidence de leur bénéficiaire effectif, d'un tel régime fiscal spécial ; cela pourrait se faire par l'ajout aux articles 11 et 12 d'une disposition analogue à celle ci-dessous (qui pourrait être adaptée aux circonstances propres aux États contractants ou de façon à être intégrée dans d'autres articles de la Convention) :

> Nonobstant les dispositions [(dans le cas de l'article 11 :) des paragraphes 1 et 2 mais sous réserve des dispositions du paragraphe 4] [(dans le cas de l'article 12 :) du paragraphe 1 mais sous réserve des dispositions du paragraphe 3] du présent article, les [intérêts] [redevances] provenant d'un État contractant et dont le bénéficiaire effectif est un résident de l'autre État contractant qui est lié au payeur sont imposables dans le premier État contractant conformément à son droit interne si ce résident bénéficie d'un régime fiscal spécial couvrant les [intérêts] [redevances] dans l'État dont il est résident

Aux fins de la disposition ci-dessus, la référence à un résident qui est « lié » au payeur doit être interprétée conformément à la définition de « personne liée » qui se trouve dans les Commentaires sur le paragraphe 7 de l'article 29. Comme indiqué au paragraphe 127 de ces Commentaires, si la disposition ci-dessus est incluse dans la Convention, il serait logique d'inclure cette définition au paragraphe 1 de l'article 3, qui comprend les définitions qui s'appliquent à l'ensemble de la Convention. Toutefois, certains États peuvent préférer remplacer la référence à un résident qui est « lié » au payeur par une référence à un résident « étroitement lié » au payeur, la principale différence étant que, contrairement à la définition de «personne liée », la définition de personne « étroitement liée » que l'on trouve au paragraphe 8 de l'article 5 ne s'applique pas lorsqu'une personne possède directement ou indirectement exactement 50 pour cent du total des droits de vote et de la valeur des participations dans une autre personne (si la définition de « étroitement liée » est utilisée aux fins de la disposition ci-dessus, il serait logique d'inclure cette définition dans le paragraphe 1 de l'article 3).

86. La disposition ci-dessus devrait être complétée par une définition de ce qui constitue un « régime fiscal spécial » et cette définition pourrait être rédigée comme suit et ajoutée à la liste des définitions générales figurant au paragraphe 1 de l'article 3 :

> l'expression « régime fiscal spécial » désigne toute loi, tout règlement ou toute pratique administrative d'un État contractant qui a trait à un impôt décrit à l'article 2 et qui remplit l'ensemble des conditions ci-dessous :
>
> *(i)* ce régime aboutit à un ou plusieurs des résultats suivants :
>
> *A)* un taux préférentiel d'imposition des intérêts, des redevances ou d'une combinaison des deux par rapport au revenu tiré de ventes de biens ou de services ;
>
> *B)* une réduction permanente de la base d'imposition au titre des intérêts, des redevances ou d'une combinaison des deux, sans réduction comparable au titre du revenu tiré de ventes de biens ou de services, en autorisant :
>
> *1)* une exclusion des recettes brutes ;
>
> *2)* une déduction sans un paiement ou une obligation de paiement correspondant ;
>
> *3)* une déduction au titre de dividendes payés ou dus ; ou

4) une imposition non conforme aux principes de l'article 7 ou de l'article 9 ; ou

C) un taux préférentiel d'imposition ou une réduction permanente de la base d'imposition décrite aux sous-divisions 1), 2), 3) ou 4) de la clause B) de cet alinéa portant sur la quasi-totalité du revenu d'une société ou sur la quasi-totalité de son revenu de source étrangère, s'agissant de sociétés qui n'exercent pas activement une activité d'entreprise dans cet État contractant ;

(ii) dans le cas d'un taux préférentiel d'imposition ou d'une réduction permanente de la base d'imposition de redevances, ce régime ne conditionne pas ces avantages

A) à l'importance des activités de recherche et de développement qui sont exercées sur le territoire de l'État contractant ; ou

B) aux dépenses (excluant toute dépense relative aux activités sous-traitées à une personne liée ou à des coûts d'acquisition) que la personne qui bénéficie des avantages engage pour les fins d'activités réelles de recherche et de développement ;

(iii) il est généralement prévu que ce régime produise un taux d'imposition inférieur au moins élevé des deux taux suivants :

A) [taux à déterminer bilatéralement] ; ou

B) 60 pour cent du taux général d'imposition des sociétés en vigueur dans l'autre État contractant ;

(iv) ce régime ne s'applique pas principalement aux :

A) fonds de pension reconnus ;

B) organisations qui sont établies ou maintenues exclusivement à des fins religieuses, scientifiques, artistiques, culturelles, éducatives ou de bienfaisance ;

C) personnes dont l'imposition se traduit par un niveau d'imposition unique à la charge de la personne ou de ses actionnaires (reportable d'un an au maximum), qui détiennent un portefeuille diversifié de titres, qui sont soumises aux règles de protection des investisseurs dans l'État contractant et dont les participations sont principalement commercialisées auprès de petits porteurs ; ou

D) personnes dont l'imposition se traduit par un niveau d'imposition unique à la charge de la personne ou de ses actionnaires (reportable d'un an au maximum) et qui détiennent principalement des biens immobiliers ; et

(v) après consultation du premier État contractant, l'autre État contractant a informé cet État par voie diplomatique que ce régime remplit les conditions exposées aux sous-alinéas *(i)* à *(iv)* de cet alinéa.

Aucune loi, aucun règlement ou aucune pratique administrative ne doit être considéré comme un régime fiscal spécial avant l'expiration d'un délai de 30 jours après la date à laquelle l'autre État contractant émet un avis public écrit indiquant que ce régime remplit les conditions exposées aux sous-alinéas (i) à (iv) de cet alinéa.

87. La définition ci-dessus de l'expression « régime fiscal spécial » s'applique à toute législation, à tout règlement ou à toute pratique administrative (y compris une décision préalable) qui existe avant la signature de la convention ou qui prend effet après la signature de la convention, et qui satisfait à l'ensemble des cinq conditions suivantes.

88. En vertu de la première condition, décrite au sous-alinéa (i) de la définition, le régime doit aboutir à un ou plusieurs des résultats suivants :

A. un taux préférentiel d'imposition des intérêts, des redevances ou d'une combinaison des deux par rapport au revenu tiré de ventes de biens ou de services ;

B. certaines réductions permanentes de la base d'imposition au titre des intérêts, des redevances ou d'une combinaison des deux, sans réduction comparable au titre du revenu tiré de ventes de biens ou de services ; ou

C. un taux préférentiel d'imposition ou une réduction permanente de la base d'imposition applicable à la quasi-totalité du revenu ou à la quasi-totalité du revenu de source étrangère de sociétés qui n'exercent pas activement une activité d'entreprise dans cet État contractant. Cette partie de la définition vise à identifier les régimes qui, de manière générale, imposent le revenu mobile à des conditions plus favorables que le revenu non mobile.

89. Comme la clause A) le prévoit, la condition du sous-alinéa (i) est remplie si un régime accorde un taux préférentiel d'imposition des intérêts, des redevances ou d'une combinaison des deux par rapport au revenu tiré de ventes de biens ou de services. Par exemple, un régime qui applique un taux préférentiel d'imposition aux redevances perçues par des sociétés résidentes, mais qui n'accorde pas ce taux préférentiel au revenu tiré de ventes de biens ou de services, remplirait cette condition. En outre, un régime qui accorde un taux préférentiel d'imposition à toutes les catégories de revenu, alors que dans les faits ce taux est principalement appliqué aux intérêts, aux redevances ou à une combinaison des deux satisferait au critère du sous-alinéa (i) malgré le fait que le traitement préférentiel n'est pas explicitement limité à ces catégories de revenu. Par exemple, la pratique administrative d'une autorité fiscale consistant à émettre de façon régulière des décisions préalables qui accordent un taux préférentiel d'imposition aux sociétés qui déclarent percevoir principalement des revenus sous la forme d'intérêts (comme une société de financement de groupe) satisferait au critère du sous-alinéa (i) même si, d'un point de vue technique, ces décisions appliquent ce taux préférentiel à toutes les formes de revenu.

90. De même, comme la clause B) le stipule, la condition du sous-alinéa (i) est remplie si un régime accorde une réduction permanente de la base d'imposition au

titre des intérêts, des redevances ou d'une combinaison des deux, et ne l'accorde pas au titre du revenu tiré de ventes de biens ou de services, par un ou plusieurs des moyens suivants : une exclusion des recettes brutes (telle qu'une réduction forfaitaire automatique du montant des redevances intégré dans le revenu, alors que cette réduction n'est pas applicable au revenu tiré de la vente de biens ou de services) ; une déduction sans paiement ou sans obligation de paiement correspondant ; une déduction au titre de dividendes payés ou dus ; ou une imposition non conforme aux principes de l'article 7 ou 9 de la Convention. Un exemple de régime fiscal qui aboutit à une imposition non conforme aux principes de l'article 9 serait un régime en vertu duquel aucun revenu d'intérêt ne serait imputé au titre d'un billet de trésorerie ne portant pas d'intérêt qui est détenu par une société résidente d'un État contractant et qui est émis par une entreprise associée qui est résidente de l'autre État contractant.

91. Des différences temporelles ne peuvent pas entraîner à elles seules une réduction permanente de la base d'imposition d'un État. Par exemple, le fait qu'un pays donné ne taxe les intérêts qu'au moment où ils sont effectivement payés, plutôt qu'au moment où ils sont économiquement dus, n'est pas considéré être un régime qui octroie une réduction permanente de la base d'imposition, parce que cette règle équivaut à une différence temporelle ordinaire. Toutefois, un régime qui aboutit à un report excessif sur une période de plusieurs années peut être considéré comme réduisant de façon permanente la base d'imposition, parce qu'une telle règle constitue, sur le fond, une différence permanente affectant l'assiette du pays d'imposition.

92. Par ailleurs, comme la clause C) l'indique, la condition du sous-alinéa (i) est remplie si un régime accorde un taux préférentiel d'imposition ou une réduction permanente de la base d'imposition (telle que décrite ci-dessus) portant sur la quasi-totalité du revenu ou sur la quasi-totalité du revenu de source étrangère de sociétés qui n'exercent pas activement une activité d'entreprise dans l'État contractant. Par exemple, les régimes qui accordent des taux préférentiels d'imposition au seul revenu de sociétés de financement de groupe ou de sociétés holdings rempliraient généralement le critère visé au sous-alinéa (i).

93. Un régime qui prévoit un traitement fiscal préférentiel généralement applicable à toutes les formes de revenu (et notamment au revenu tiré de la vente de biens et de services) dans tous les secteurs d'activité ne satisferait pas au critère du sous-alinéa (i). Des exemples de dispositions généralement applicables qui ne satisferaient pas au critère visé au sous-alinéa (i) incluent les régimes qui autorisent les déductions forfaitaires, l'amortissement accéléré, la consolidation fiscale au titre de l'impôt des sociétés, la déduction des dividendes perçus, le report de pertes et les crédits d'impôts étrangers.

94. La deuxième condition, décrite au sous-alinéa (*ii*) de la définition, s'applique uniquement aux redevances et est remplie si un régime ne conditionne pas les avantages à l'importance des activités de recherche et de développement qui sont exercées sur le territoire de l'État contractant ou aux dépenses (excluant toute dépense relative aux activités sous-traitées à une personne liée ou à des coûts d'acquisition) que la personne qui bénéficie des avantages engage pour les fins d'activités réelles de

recherche et de développement. Le sous-alinéa (*ii*) vise à garantir que des redevances couvertes par un régime applicable aux brevets ou aux innovations peuvent prétendre aux avantages prévus par une convention uniquement si ce régime remplit l'une ou l'autre de ces conditions. Certains États peuvent toutefois préférer que les exceptions du sous-alinéa (*ii*) soit limitées aux seuls cas où un régime ne conditionne pas les avantages à l'importance des activités de recherche et de développement qui sont exercées sur le territoire de l'État contractant. Les États qui partagent cette approche peuvent préférer rédiger le sous-alinéa (*ii*) comme suit :

(*ii*) dans le cas d'un taux préférentiel d'imposition ou d'une réduction permanente de la base d'imposition de redevances, ce régime ne conditionne pas ces avantages à l'importance des activités de recherche et de développement qui sont exercées sur le territoire de l'État contractant ;

Selon les deux versions du sous-alinéa (*ii*), les régimes de redevances qui ont été examinés par le Forum de l'OCDE sur les pratiques fiscales dommageables et qui n'ont pas été jugés comme étant « effectivement dommageables » ne satisferaient généralement pas au critère du sous-alinéa (*ii*) et, dans ce cas, ne seraient donc pas considérés comme des régimes fiscaux spéciaux.

95. Selon la troisième condition, décrite au sous-alinéa (*iii*) de la définition, il est généralement prévu que le régime produise un taux d'imposition inférieur au moins élevé des deux taux suivants : un taux qui serait convenu bilatéralement entre les États contractants et 60 pour cent du taux général d'imposition des sociétés en vigueur dans l'État contractant qui considère que le régime de l'autre État est potentiellement un « régime fiscal spécial ».

96. Les États peuvent juger utile de préciser la référence au « taux d'imposition » pour les fins du sous-alinéa (*iii*) en incluant ce qui suit dans un instrument qui reflète l'interprétation convenue de la convention :

Sauf disposition contraire ci-dessous, le taux d'imposition doit être déterminé en suivant les principes de calcul de l'impôt sur les bénéfices des sociétés de l'État contractant qui a mis en œuvre le régime en question. Aussi, dans le cas d'un régime qui prévoit uniquement un taux préférentiel d'imposition, le taux d'imposition généralement prévu sera ce taux préférentiel. Dans le cas d'un régime qui prévoit uniquement une réduction permanente de l'assiette, le taux d'imposition correspondra au taux nominal de l'impôt sur les sociétés généralement applicable dans l'État contractant aux sociétés soumises au régime en question diminué du produit de ce taux et du pourcentage de réduction de l'assiette (l'assiette de référence étant déterminée selon les principes de l'État contractant, mais sans tenir compte d'éventuelles réductions permanentes de l'assiette décrites à la clause *B*) du sous-alinéa (*i*)) que le régime est censé offrir. Par exemple, un régime qui accorde généralement une réduction permanente de 20 pour cent de l'assiette de l'impôt sur les sociétés aurait un taux d'imposition égal au taux nominal de l'impôt sur les sociétés en vigueur, minoré de 20 pour cent de ce taux nominal. Dans le cas d'un régime qui accorde à la fois un taux d'imposition préférentiel et une réduction permanente de l'assiette, le taux d'imposition serait basé sur le taux préférentiel minoré du produit de ce taux et du pourcentage de réduction de l'assiette.

97. Le paragraphe précédent permet de préciser que le taux d'imposition doit être déterminé en suivant les principes de calcul de l'impôt sur les sociétés de l'État contractant qui a mis en œuvre le régime en question. Aussi, dans le cas d'un régime qui prévoit uniquement un taux d'imposition préférentiel, le taux d'imposition généralement escompté en vertu du régime sera ce taux préférentiel. S'agissant d'un régime qui prévoit uniquement une réduction permanente de l'assiette, le taux d'imposition correspondra au taux nominal de l'impôt sur les bénéfices des sociétés généralement applicable dans l'État contractant aux sociétés soumises au régime en question diminué du produit de ce taux et du pourcentage de réduction de l'assiette (l'assiette de référence étant déterminée selon les principes de l'État contractant, mais sans tenir compte d'éventuelles réductions permanentes de l'assiette décrites à la clause *B*) du sous-alinéa (*i*) de la définition) que le régime est censé offrir. Par exemple, un régime qui accorde généralement une réduction permanente de 20 pour cent de l'assiette de l'impôt sur les sociétés aurait un taux d'imposition égal au taux nominal de l'impôt sur les sociétés en vigueur, minoré de 20 pour cent de ce taux nominal. Par conséquent, si le taux nominal de l'impôt sur les sociétés en vigueur dans un État contractant est de 25 pour cent, le taux d'imposition qui résulterait de ce régime serait de 20 pour cent (25 – (25 x 0.20)). S'agissant d'un régime qui accorde à la fois un taux d'imposition préférentiel et une réduction permanente de l'assiette, le taux d'imposition serait basé sur le taux préférentiel minoré du produit de ce taux et du pourcentage de réduction de l'assiette.

98. La quatrième condition, décrite au sous-alinéa (*iv*) de la définition, dispose qu'un régime ne doit pas être considéré comme un régime fiscal spécial s'il s'applique principalement aux fonds de pension reconnus ou à des organisations qui sont établies ou maintenues exclusivement à des fins religieuses, scientifiques, artistiques, culturelles, éducatives ou de bienfaisance. En vertu du sous-alinéa (*iv*), un régime ne doit pas non plus être considéré comme un régime fiscal spécial s'il s'applique principalement aux personnes dont l'imposition se traduit par un niveau d'imposition unique à la charge de la personne ou de ses actionnaires (reportable d'un an au maximum), qui détiennent un portefeuille diversifié de titres, qui sont soumises aux règles de protection des investisseurs dans l'État de résidence et dont les intérêts sont principalement commercialisés auprès de petits porteurs. Cette catégorie correspondrait généralement aux organismes de placement collectif auxquels le paragraphe 22 ci-dessus fait référence. Une autre exception prévue au sous-alinéa (*iv*) s'applique aux personnes dont l'imposition se traduit par un niveau d'imposition unique à la charge de la personne ou de ses actionnaires (reportable d'un an au maximum) et qui détiennent principalement des biens immobiliers.

99. La cinquième condition, décrite au sous-alinéa (*v*) de la définition, dispose que l'État contractant qui souhaite traiter un régime de l'autre État comme un « régime fiscal spécial » doit au préalable consulter l'autre État contractant et l'informer, par la

voie diplomatique, de sa décision de considérer que ce régime remplit les autres conditions de la définition.

100. La dernière partie de la définition dispose que l'État contractant qui souhaite traiter un régime de l'autre État comme un « régime fiscal spécial » doit émettre un avis public écrit indiquant que ce régime remplit les critères de la définition. Aux fins de la Convention, un régime fiscal spécial doit être traité comme tel 30 jours après la date de cet avis public écrit.

Disposition relative aux modifications ultérieures du droit interne

101. Si la disposition proposée ci-dessus concernant les régimes fiscaux spéciaux permet de traiter la question des régimes fiscaux ciblés, elle ne couvre pas les modifications de nature plus générale qui pourraient être apportées au droit interne d'un partenaire conventionnel après la conclusion d'une convention fiscale et qui auraient pu empêcher la conclusion de cette convention si elles avaient existé à cette date. Par exemple, certains États contractants peuvent s'inquiéter si le taux global d'imposition des bénéfices des sociétés appliqué par un autre État devient inférieur au niveau qu'ils jugent acceptable aux fins de la conclusion d'une convention fiscale. Certains États peuvent également s'inquiéter si un État qui imposait la plupart des catégories de revenu étranger au moment de la conclusion d'une convention décide par la suite d'exempter ce revenu lorsqu'il est perçu par une société résidente. Voici un exemple de disposition qui permettrait de répondre à ces préoccupations, étant entendu que les éléments de cette disposition devraient être limités ou étendus de manière à couvrir de façon adéquate les domaines de préoccupation propres à chaque État :

1. Si, à tout moment après la signature de cette Convention, un État contractant.

   a) réduit le taux général d'imposition des sociétés applicable à la quasi-totalité du revenu de sociétés résidentes avec pour conséquence que ce taux devient inférieur au plus faible des deux taux suivants :

      (i) [taux à déterminer bilatéralement] ; ou

      (ii) 60 pour cent du taux général d'imposition des sociétés en vigueur dans l'autre État contractant ; ou

   b) le premier État contractant accorde aux sociétés résidentes une exemption de l'impôt sur la quasi-totalité de leur revenu de source étrangère (y compris les intérêts et redevances),

   les États contractants se consultent en vue de modifier cette Convention de manière à rétablir une répartition adéquate des droits d'imposition entre eux. Si ces consultations n'aboutissent pas, l'autre État peut informer le premier État, par la voie diplomatique, qu'il cessera d'appliquer les dispositions des articles 10, 11, 12 et 21. En pareil cas, les dispositions de ces articles cesseront d'être applicables dans les deux États contractants pour ce qui est des paiements effectués à des sociétés résidentes six mois après la date à laquelle l'autre État contractant émet un avis public écrit indiquant qu'il cessera d'appliquer les dispositions de ces articles.

2. Aux fins de déterminer le taux général d'imposition des sociétés :

a) l'existence de déductions généralement disponibles basées sur un pourcentage de ce que serait autrement le bénéfice imposable, et d'autres mécanismes analogues permettant d'obtenir une réduction du taux global d'imposition, doit être prise en compte ; et

b) les éléments suivants ne doivent pas être pris en compte :

(i) un impôt qui s'applique à une société uniquement en cas de distribution par cette société, ou qui s'applique aux actionnaires ; et

(ii) le montant d'un impôt qui est remboursable au moment de la distribution d'un dividende par une société.

102. Selon cette disposition, si à tout moment après la signature de la Convention, l'un ou l'autre des États contractants adopte certaines modifications de son droit interne, les dispositions des articles 10, 11, 12 et 21 peuvent cesser de s'appliquer en ce qui concerne les paiements à des sociétés si, après consultation, les États contractants ne parviennent pas à s'entendre sur des modifications de la Convention permettant de rétablir une répartition appropriée des droits d'imposition entre eux.

103. Le paragraphe 1 de la disposition proposée couvre deux catégories de modifications ultérieures qu'un État pourrait apporter, après la signature d'une convention fiscale, aux règles fiscales applicables aux sociétés résidentes dans cet État. La première catégorie correspond au cas de figure dans lequel cet État réduit le taux général d'imposition des sociétés applicable à la quasi-totalité du revenu de ses sociétés résidentes, avec pour conséquence que ce taux devient inférieur au plus faible des deux taux suivants : un taux minimum déterminé par accord bilatéral, ou 60 pour cent du taux général d'imposition des sociétés en vigueur dans l'autre État.

104. Aux fins du paragraphe 1, le « taux général d'imposition des sociétés » désigne le taux général de l'impôt sur les bénéfices des sociétés prévu dans la législation ; si les taux de l'impôt sur les sociétés sont progressifs, il désigne le taux marginal le plus élevé, à condition que ce taux s'applique à une fraction importante des sociétés assujetties et qu'il n'ait pas été établi dans le seul but de contourner l'application de cet article. Un taux général d'imposition des sociétés qui s'applique aux bénéfices d'entreprise ou au revenu dit « commercial » (qui englobe au sens large le revenu tiré d'activités manufacturières, de services ou de transactions portant sur des biens ou des matières premières) doit être considéré comme s'appliquant à la quasi-totalité du revenu de sociétés résidentes, même si des catégories étroites de revenu (y compris le revenu d'investissements de portefeuille ou d'autres activités passives) sont exclues. Un taux réduit d'imposition qui s'applique uniquement aux gains en capital n'entrerait pas dans le champ de cet article ; la distinction entre bénéfices d'entreprise et gains en capital doit être opérée conformément au droit interne de l'État de résidence. Le paragraphe 2 couvre les questions spécifiques susceptibles de se poser lorsqu'on cherche à définir le taux général d'imposition des sociétés d'un État. L'alinéa *a)* du

paragraphe 2 dispose que le paragraphe 1 s'applique de la même manière aux réductions du taux général d'imposition des sociétés qu'à d'autres modifications du droit interne qui auraient le même effet en employant un mécanisme différent. Si par exemple le taux général d'imposition des sociétés dans un État contractant était de 20 pour cent, mais qu'après la signature de la Convention, les sociétés résidentes de cet État sont autorisées à réclamer des déductions représentant 50 pour cent de ce que serait autrement leur bénéfice imposable, le taux général d'imposition des sociétés serait de 10 pour cent (20 – (20 x 0.50)). De même, si le taux général d'imposition des sociétés dans un État contractant était de 20 pour cent, mais qu'après la signature de la Convention, les sociétés résidentes de cet État sont autorisées à déduire un montant égal à un pourcentage de leurs fonds propres pouvant atteindre 50 pour cent de ce que serait autrement leur bénéfice imposable, et qu'en général, la plupart des sociétés peuvent utiliser la déduction maximale disponible, le taux général d'imposition des sociétés serait de 10 pour cent. L'alinéa *b*) du paragraphe 2 expose les impôts qui ne doivent pas être pris en compte pour déterminer le taux général d'imposition des sociétés. Premièrement, ainsi que le sous-alinéa (*i*) de l'alinéa *b*) l'indique, les impôts prélevés au niveau de la société ou au niveau des actionnaires lorsque la société distribue des bénéfices ne doivent pas être pris en compte pour déterminer le taux général d'imposition des sociétés (par exemple, si les sociétés résidentes ne sont soumises à aucun impôt jusqu'à ce qu'elles distribuent des bénéfices, l'impôt prélevé au moment de cette distribution ne serait pas considéré comme entrant dans le calcul du taux général d'imposition des sociétés). Deuxièmement, comme le sous-alinéa (*ii*) de l'alinéa *b*) le précise, la fraction de l'impôt sur les sociétés qui, selon le droit interne du pays, serait remboursable au moment où une société distribue un dividende ne doit pas être prise en compte pour déterminer le taux général d'imposition des sociétés.

105. La deuxième catégorie de modifications ultérieures du droit interne couvertes par le paragraphe 1 correspond au cas de figure dans lequel un État accorde aux sociétés résidentes une exemption de l'impôt sur la quasi-totalité du revenu de source étrangère (y compris les intérêts et redevances) perçu par ces sociétés. La référence à une exemption de l'impôt sur la quasi-totalité du revenu de source étrangère perçu par une société résidente entend désigner un système d'imposition dans lequel le revenu (y compris sous la forme d'intérêts et de redevances) provenant de sources situées en dehors d'un État est exonéré d'impôt du seul fait qu'il provient de l'extérieur de cet État (systèmes dits « territoriaux »). Cette référence n'englobe pas les systèmes d'imposition dans lesquels seuls les dividendes de source étrangère ou les bénéfices d'entreprise provenant d'établissements stables étrangers sont exonérés d'impôt par l'État de la résidence (systèmes dits « d'exemption des dividendes »).

106. Lorsque l'une ou l'autre des catégories de modifications ultérieures du droit interne se produit, les deux États contractants doivent au préalable se consulter en vue de s'accorder sur des modifications de la Convention propres à rétablir une répartition appropriée des droits d'imposition entre eux. S'ils parviennent à s'entendre sur ces amendements, ou s'ils conviennent, après consultation, que la répartition des droits d'imposition dans la Convention n'est pas perturbée par la modification apportée au

droit interne de l'un des États, le paragraphe 1 cesse de s'appliquer. Toutefois, si après une période de temps raisonnable, ces consultations ne progressent pas, l'autre État peut informer l'État dont le droit interne a été modifié, par la voie diplomatique, qu'il cessera d'appliquer les dispositions des articles 10, 11, 12 et 21. Une fois cette notification diplomatique effectuée, pour que le paragraphe 1 puisse s'appliquer, l'État de la source doit annoncer, par avis public écrit, son intention de cesser d'appliquer les dispositions de ces articles. Six mois après la date de cet avis public écrit, les dispositions de ces articles cessent d'être applicables dans les deux États contractants dans le cas des paiements aux sociétés qui sont résidentes de l'un ou l'autre de ces États.

Disposition relative aux déductions notionnelles au titre des fonds propres

107. Un exemple de régime fiscal pour lequel les avantages prévus par la Convention peuvent être spécifiquement restreints concerne les dispositions du droit interne qui prévoient une déduction notionnelle au titre des fonds propres. Les États contractants qui conviennent d'empêcher l'application des dispositions de l'article 11 aux intérêts payés à des personnes liées qui bénéficient de ces déductions notionnelles peuvent le faire en ajoutant la disposition suivante à l'article 11 :

> 2. Nonobstant les dispositions du paragraphe 1 de cet article, les intérêts provenant d'un État contractant dont le bénéficiaire effectif est un résident de l'autre État contractant qui est lié au payeur (au sens du paragraphe 8 de l'article 5) sont imposables dans le premier État selon la législation interne si ce résident bénéficie, à tout moment au cours de l'exercice fiscal durant lequel les intérêts sont payés, de déductions notionnelles au titre de montants que l'État contractant dont le bénéficiaire effectif est résident assimile à des fonds propres.

Les explications données au paragraphe 85 ci-dessus concernant la référence à un résident qui est « lié » au payeur s'appliquent également aux fins de cette disposition.

Disposition concernant l'imposition sur la base de remise de fonds

108. Un autre exemple d'un régime fiscal à l'égard duquel les avantages de la Convention pourraient être spécifiquement restreints est celui des régimes d'imposition sur la base de remise de fonds. Selon la législation interne de certains États, les personnes qui ont droit au statut de résident mais qui n'ont pas ce que l'on peut considérer comme un lien permanent avec l'État (parfois désigné sous le nom de domicile) ne sont imposées sur les revenus tirés de sources extérieures à l'État que dans la mesure où ces revenus y sont effectivement rapatriés ou remis. Ces personnes ne sont donc pas soumises à une double imposition potentielle dans la mesure où les revenus étrangers ne sont pas remis à leur État de résidence et il peut apparaître injustifié de les faire bénéficier des dispositions de la Convention sur ces revenus. Les États contractants qui acceptent de limiter l'application des dispositions de la

Convention aux revenus qui sont effectivement imposés au niveau de ces personnes peuvent le faire en ajoutant la disposition suivante à la Convention :

> Lorsqu'en vertu d'une disposition de cette Convention, le revenu tiré d'un État contractant bénéficie d'un allégement total ou partiel d'impôt dans cet État et qu'en vertu de la législation en vigueur dans l'autre État contractant, une personne est soumise à l'impôt sur ce revenu sur la base du montant de ce revenu qui est remis ou reçu dans cet autre État et non sur la base de la totalité de ce revenu, tout allégement prévu par les dispositions de cette Convention ne s'applique qu'à la part du revenu qui est imposée dans l'autre État contractant.

Dans certains États, l'application de cette disposition pourrait donner lieu à des difficultés administratives si un délai important s'est écoulé entre le moment où le revenu provient d'un État contractant et celui où il est imposé par l'autre État contractant dans les mains d'un résident de cet autre État. Les États qui sont préoccupés par ces difficultés pourraient prévoir que la règle énoncée dans la dernière partie de la disposition ci-dessus, à savoir que le revenu en question ne donnera droit aux avantages applicables dans le premier État que lorsqu'il sera imposé dans l'autre État, ne s'appliquera qu'à condition que les revenus soient imposés de cette manière dans cet autre État dans un délai déterminé à partir du moment où le revenu est tiré du premier État.

Limitations de l'imposition à la source : aspects procéduraux

109. Un certain nombre d'articles de la Convention limitent le droit pour un État d'imposer les revenus provenant de son territoire. Comme le note le paragraphe 19 des Commentaires sur l'article 10 en ce qui concerne l'imposition des dividendes, la Convention ne règle pas les questions de procédure et chaque État est libre d'utiliser la procédure prévue dans sa législation interne afin d'appliquer les limitations prévues par la Convention. Un État peut donc limiter automatiquement l'impôt qu'il prélève conformément aux dispositions correspondantes de la Convention, sous réserve d'une vérification préalable éventuelle du droit aux avantages prévus par la Convention, ou il peut percevoir l'impôt prévu par sa législation nationale et rembourser par la suite la part de cet impôt excédant le montant qu'il peut prélever en vertu des dispositions de la Convention. En règle générale, afin d'assurer l'application effective des avantages de la Convention aux contribuables, la première approche est de loin la plus appropriée. Si un système de remboursement est nécessaire, il doit être fondé sur les difficultés observables d'identification du droit aux avantages de la Convention. Par ailleurs, lorsque la seconde approche est adoptée, il est extrêmement important que le remboursement soit effectué rapidement, surtout si aucun intérêt n'est versé sur le montant de ce remboursement, dans la mesure où tout retard injustifié dans ce remboursement représente un coût direct pour le contribuable.

Observation sur les Commentaires

110. En ce qui concerne le paragraphe 81, la *Suisse* considère que les législations sur les sociétés étrangères contrôlées peuvent, dépendamment du concept qu'elles font prévaloir, être contraires à l'esprit de l'article 7.

Réserves sur l'article

111. Les *États-Unis* se réservent le droit, avec certaines exceptions, d'imposer leurs ressortissants et leurs résidents, y compris certains anciens citoyens et résidents de longue durée, abstraction faite des dispositions de la Convention.

112. Le *Canada* se réserve le droit de limiter les entités ou dispositifs visés au paragraphe 2 à ceux qui sont établis dans l'un des États contractants.

113. La *France* se réserve le droit, dans ses conventions, d'omettre ou d'amender le paragraphe 2 afin de préciser les cas dans lesquels elle reconnaît la transparence fiscale d'entités situées dans l'autre État contractant ou dans un État tiers.

114. L'*Allemagne* se réserve le droit de ne pas inclure le paragraphe 2 dans ses conventions.

115. Le *Portugal* se réserve le droit de ne pas inclure le paragraphe 2 dans ses conventions compte tenu des difficultés administratives qui pourraient résulter de certaines des solutions proposées dans le rapport relatif à « L'application du Modèle du Convention fiscale de l'OCDE aux sociétés de personnes » (qui sont d'ailleurs dans certains cas mentionnées dans le rapport lui-même).

116. L'*Irlande* se réserve le droit de ne pas inclure le paragraphe 3 dans ses conventions et de modifier le paragraphe 2 de manière à préciser que le paragraphe ne peut pas être interprété comme limitant le droit d'un État contractant d'imposer ses propres résidents.

117. L'*Allemagne*, la *France*, la *Hongrie*, l'*Irlande*, le *Luxembourg* et la *Suisse* se réservent le droit de ne pas inclure le paragraphe 3 dans leurs conventions.

COMMENTAIRES SUR L'ARTICLE 2 CONCERNANT LES IMPÔTS VISÉS PAR LA CONVENTION

1. Cet article s'inspire du désir de rendre plus acceptables et précises la terminologie et la nomenclature des impôts faisant l'objet de la Convention, de donner la possibilité d'identifier les impôts des États contractants qui sont visés par la Convention, d'étendre le plus possible le champ d'application de la Convention en y incluant, autant que possible, en harmonie avec les règles de la législation interne des États contractants, les impôts perçus par les subdivisions politiques ou les collectivités locales, d'éviter la nécessité de conclure une nouvelle convention à chaque modification de la législation interne des États contractants et de faire en sorte que chaque État contractant ait notification des modifications importantes de la législation fiscale de l'autre État.

Paragraphe 1

2. Le paragraphe définit le champ d'application de la Convention, à savoir les impôts sur le revenu et sur la fortune ; on a donc écarté l'expression « impôts directs » beaucoup trop imprécise. Peu importe l'autorité pour le compte de laquelle ces impôts sont perçus ; il peut s'agir aussi bien de l'État lui-même que de ses subdivisions politiques ou de ses collectivités locales (États fédérés, régions, provinces, cantons, districts, départements, arrondissements, *Kreise*, communes ou groupements de communes, etc.). Peu importe aussi le système de perception : les impôts peuvent être prélevés par voie d'imposition directe ou par voie de retenue à la source, sous forme de surtaxes, de centimes additionnels, etc.

Paragraphe 2

3. Le paragraphe définit ce qu'il faut entendre par impôts sur le revenu et sur la fortune. Ces impôts comprennent les impôts sur le revenu total et sur des éléments du revenu, sur la fortune totale et sur des éléments de la fortune. Ils englobent aussi les impôts sur les bénéfices et gains provenant de la vente ou de l'échange de biens mobiliers ou immobiliers, ainsi que les impôts sur les plus-values. Ils s'étendent enfin aux impôts perçus sur le montant total des salaires payés par les entreprises (« *payroll taxes* », « *Lohnsummensteuer* » en Allemagne et « taxe sur les salaires » en France). Les contributions à la sécurité sociale, ou charges similaires, ne sont pas considérées comme des « impôts sur le montant total des salaires » parce qu'il y a un lien direct entre la contribution et les avantages individuels reçus en contrepartie.

4. Il est évident que l'État qui a le droit d'imposer un élément de revenu ou de fortune en vertu de la Convention peut percevoir les impôts prévus par sa législation avec leurs accessoires éventuels : majorations, frais, intérêts, pénalités, etc. Il n'a pas été jugé nécessaire de le préciser dans l'article, étant donné qu'il va de soi qu'un État contractant qui a le droit de percevoir un montant d'impôt peut aussi percevoir les accessoires à ce montant principal. Cependant, la plupart des États ne considèrent pas que les intérêts et les pénalités accessoires aux impôts visés à l'article 2 sont eux-

mêmes inclus dans le champ d'application de l'article 2 et, en conséquence, ne traiteraient généralement pas ces intérêts et pénalités comme des paiements auxquels s'appliquent toutes les dispositions concernant les droits d'imposition de l'État de la source (ou du situs) ou de l'État de résidence, y compris les dispositions imposant des limites à l'imposition par l'État de la source et l'obligation pour l'État de résidence d'éliminer la double imposition. Néanmoins, lorsque l'impôt est annulé ou réduit conformément à un accord amiable en vertu de l'article 25, les intérêts et les pénalités administratives qui sont accessoires à cet impôt devraient être annulés ou réduits dans la mesure où ils sont directement liés à l'imposition (c'est-à-dire la dette fiscale) qui est allégée suite à cet accord amiable. Ce serait le cas, par exemple, lorsque le prélèvement additionnel est calculé en fonction du montant de l'impôt auquel il se rapporte et que les autorités compétentes conviennent que tout ou partie de ce montant d'impôt n'est pas conforme aux dispositions de la Convention. Ce serait également le cas, par exemple, lorsque des pénalités administratives sont imposées en raison d'un ajustement au titre des prix de transfert et que cet ajustement est annulé parce qu'il est considéré comme non conforme au paragraphe 1 de l'article 9.

5. Il n'est fait mention dans l'article ni des « impôts ordinaires », ni des « impôts extraordinaires ». En principe, on pouvait considérer qu'il était justifié d'inclure les impôts extraordinaires dans un modèle de convention, mais l'expérience a montré que de tels impôts sont institués en général dans des circonstances très spéciales. De plus, il se serait révélé difficile d'en donner une définition. Ces impôts peuvent être extraordinaires par leur introduction, par leur système de perception, par leur taux, par le but auquel ils tendent et pour d'autres raisons encore. Dans ces conditions, il semble préférable de ne pas faire figurer les impôts extraordinaires dans l'article. Mais comme l'intention n'est pas d'exclure les impôts extraordinaires de toute convention, les impôts ordinaires n'ont pas été mentionnés non plus. Liberté est ainsi laissée aux États contractants, soit de restreindre le champ d'application de la Convention aux impôts ordinaires, soit au contraire de l'étendre aux impôts extraordinaires, soit encore de convenir de dispositions particulières.

Paragraphe 3

6. Le paragraphe énumère les impôts en vigueur au moment de la signature de la Convention. Cette liste n'a pas une valeur limitative. Elle sert d'illustration aux paragraphes précédents de l'article. Mais il s'agira en principe de la liste complète des impôts levés dans chaque État lors de la signature et couverts par la Convention.

6.1 Certains pays membres ne reprennent pas les paragraphes 1 et 2 dans leurs conventions bilatérales. Ces pays préfèrent simplement énumérer de manière exhaustive les impôts de chaque pays auxquels s'applique la Convention, en précisant que la Convention s'appliquera également aux impôts ultérieurs similaires à ceux énumérés. Les pays qui optent pour cette méthode peuvent adopter les paragraphes 1 et 2 sous la forme suivante :

> 1. Les impôts auxquels s'applique la Convention sont :
>
> *a)* (dans l'État A) : ....
>
> *b)* (dans l'État B) : ....
>
> 2. La Convention s'appliquera aussi aux impôts de nature identique ou analogue qui seront établis après la date de signature de la Convention et qui s'ajouteront aux impôts énumérés au paragraphe 1 ou les remplaceront. Les autorités compétentes des États contractants se communiquent les modifications significatives apportées à leurs législations fiscales.

Conformément au paragraphe 3 ci-dessus, les prélèvements de sécurité sociale seront exclus de la liste des impôts pris en compte.

Paragraphe 4

7. Ce paragraphe prévoit, puisque la liste des impôts figurant au paragraphe 3 est purement déclarative, que la Convention s'appliquera également aux impôts de nature identique ou analogue qui sont établis dans un État contractant après la date de signature de la Convention et qui s'ajoutent aux impôts actuels de cet État ou les remplacent.

8. Chaque État s'engage à communiquer à l'autre les modifications significatives apportées à sa législation fiscale, en lui faisant parvenir, par exemple, des renseignements concernant des impôts nouveaux ou de remplacement. Les pays membres sont encouragés à communiquer d'autres éléments importants, comme les nouveaux règlements ou les décisions des tribunaux ; de nombreux pays observent déjà cette pratique. Les États contractants sont également libres d'étendre l'obligation de notification à toute modification importante d'autres lois ayant une incidence sur leurs obligations en vertu de la Convention ; les États souhaitant le faire pourront remplacer la dernière phrase du paragraphe par la suivante :

> Les autorités compétentes des États contractants se communiquent les modifications significatives apportées à leurs législations fiscales ou à d'autres lois ayant une incidence sur leurs obligations en vertu de la Convention.

Observation sur les Commentaires

9. Le *Portugal* n'adhère pas à l'interprétation donnée aux trois dernières phrases du paragraphe 4 des Commentaires sur l'article 2. Le Portugal considère que les intérêts et les pénalités ne sont pas des impôts visés par la Convention et ne pourraient donc pas être traités par la procédure amiable.

Réserves sur l'article

10. Le *Canada*, le *Chili* et les *États-Unis* font une réserve concernant la partie du paragraphe 1 qui vise les impôts sur le revenu et sur la fortune perçus pour le compte des subdivisions politiques et des collectivités locales.

11. L'*Australie*, la *Corée* et le *Japon* font une réserve concernant la partie du paragraphe 1 qui indique que la Convention s'applique aux impôts sur la fortune.

12. La *Grèce* et la *Lettonie* sont d'avis que « les impôts perçus sur le montant total des salaires payés par les entreprises » ne doivent pas être considérés comme des impôts sur le revenu et ne sont donc pas couverts par la Convention.

COMMENTAIRES SUR L'ARTICLE 3 CONCERNANT LES DÉFINITIONS GÉNÉRALES

1. On a réuni dans le présent article un certain nombre de dispositions générales nécessaires à l'interprétation des termes utilisés dans la Convention. Le sens de plusieurs termes importants est indiqué dans d'autres articles de la Convention. Ainsi, les termes « résident » et « établissement stable » sont définis respectivement dans les articles 4 et 5, alors que l'interprétation à donner à certains termes figurant dans les articles concernant les catégories spéciales de revenus (« revenus de biens immobiliers », « dividendes », etc.) ressort des dispositions de ces articles. En plus des définitions contenues dans l'article, les États contractants sont libres de convenir, bilatéralement, d'une définition des expressions « un État contractant » et « l'autre État contractant ». En outre, les États contractants sont libres de convenir, bilatéralement, d'inclure une référence au plateau continental dans la définition des « États contractants ».

Paragraphe 1

Le terme « personne »

2. La définition du terme « personne » contenue dans l'alinéa *a*) n'est nullement limitative et doit être interprétée dans un sens très large (voir en particulier les articles 1 et 4). Elle mentionne expressément les personnes physiques, les sociétés et autres groupements de personnes. Il ressort du sens donné au terme « société » par la définition contenue à l'alinéa *b*) que le terme « personne » vise en outre toute entité qui bien que n'étant pas elle-même un groupement de personnes, est considérée comme une personne morale aux fins d'imposition. C'est ainsi qu'une fondation (*Stiftung*) par exemple, peut être couverte par la définition du terme « personne ». Les sociétés de personnes sont aussi considérées comme des « personnes » soit parce qu'elles entrent dans la définition de « société » soit, à défaut, parce qu'elles constituent d'autres groupements de personnes.

Le terme « société »

3. Le terme « société » désigne d'abord toute personne morale. Il couvre en outre toute autre unité d'imposition qui est considérée comme une personne morale aux fins de la législation fiscale de l'État contractant dont elle est un résident. Cette définition a été rédigée en tenant compte notamment de l'article concernant les dividendes. Le terme « société » n'affecte que ce dernier article, les paragraphes 7 et 8 de l'article 5 et les articles 16 et 29.

Le terme « entreprise »

4. Le point de savoir si une activité est exercée dans le cadre d'une entreprise ou si elle est censée en elle-même constituer une entreprise a toujours été tranché conformément aux dispositions de la législation interne des États contractants. On n'a

donc pas cherché dans le présent article à définir exhaustivement le terme « entreprise ». Cependant, il y est prévu que le terme « entreprise » s'applique à l'exercice de toute activité ou affaire. Puisque que les termes « activité » et « affaires » sont explicitement définis comme comprenant l'exercice de professions libérales ou d'autres activités de caractère indépendant, la définition du terme « entreprise » vise à préciser que l'exercice de professions libérales ou d'autres activités de caractère indépendant doit être considéré comme constituant une entreprise quel que soit le sens donné à ce dernier terme dans le droit interne d'un État. Les États qui considèrent qu'une telle clarification est inutile sont libres d'omettre la définition du terme « entreprise » dans leurs conventions bilatérales.

L'expression « trafic international »

5. La définition de l'expression « trafic international » est fondée sur le principe exposé au paragraphe 1 de l'article 8 suivant lequel le droit d'imposer les bénéfices d'une entreprise d'un État contractant provenant de l'exploitation, en trafic international, de navires ou d'aéronefs appartient seulement à cet État compte tenu du caractère spécial des opérations ainsi visées. Néanmoins, ainsi qu'il est indiqué dans les Commentaires sur le paragraphe 1 de l'article 8, les États contractants ont la faculté d'adopter bilatéralement une version différente de l'alinéa *e*) qui mentionnerait l'État où le siège de direction effective de l'entreprise est situé. Dans ce cas, il conviendrait de remplacer la définition par ce qui suit : « l'expression « trafic international » désigne tout transport effectué par un navire ou un aéronef sauf lorsque le navire ou l'aéronef n'est exploité qu'entre des points situés dans un État contractant dans lequel n'est pas situé le siège de direction effective de l'entreprise qui exploite ce navire ou aéronef ».

6. La définition de l'expression « trafic international » est plus large que l'acception normale de cette expression. Cela a été voulu afin de préserver le droit de l'État de l'entreprise d'imposer aussi bien le trafic purement intérieur que le trafic entre États tiers, et de permettre à l'autre État contractant d'imposer le trafic effectué exclusivement à l'intérieur de ses frontières. On peut illustrer cette intention de la manière suivante. Une entreprise d'un État contractant vend, par l'intermédiaire d'un agent dans l'autre État contractant, des billets pour un voyage effectué exclusivement entre des points situés dans le premier État, ou entre des points situés dans un État tiers. L'article ne permet pas à l'autre État d'imposer les bénéfices provenant de ces voyages. Il n'est permis à l'autre État d'imposer une telle entreprise du premier État que lorsque l'exploitation est limitée à des points situés dans cet autre État.

6.1 La définition a été modifiée en 2017 pour s'assurer qu'elle s'applique également à un transport par un navire ou un aéronef exploité par une entreprise d'un État tiers. Bien que cette modification n'affecte pas l'application de l'article 8, qui ne porte que sur les bénéfices d'une entreprise d'un État contractant, elle permet l'application du paragraphe 3 de l'article 15 à un résident d'un État contractant qui tire une rémunération d'un emploi exercé à bord d'un navire ou aéronef exploité par une entreprise d'un État tiers.

6.2 Un navire ou aéronef n'est exploité entre des points situés dans un État pour un voyage donné que si le point de départ et le point d'arrivée du navire ou de l'aéronef se trouvent tous deux dans cet État. Toutefois, cette définition s'applique lorsque le voyage d'un navire ou d'un aéronef entre des points situés dans un État fait partie d'un déplacement plus long de ce navire ou aéronef dans le cadre duquel un point de départ ou un point d'arrivée est situé hors de cet État. Par exemple, lorsque, dans le cadre du même déplacement, un aéronef vole d'abord entre un lieu situé dans un État contractant et un lieu situé dans l'autre État contractant puis continue en direction d'une autre destination située elle aussi dans cet autre État contractant, le premier et le second tronçons de ce trajet font tous deux partie d'un voyage considéré comme répondant à la définition du « trafic international ».

6.3 Certains États sont d'avis que la définition du « trafic international » doit se référer plutôt à un transport considéré comme étant le voyage d'un passager ou d'une cargaison, de sorte que tout voyage d'un passager ou d'une cargaison uniquement entre deux points situés dans le même État contractant ne doit pas être considéré comme couvert par cette définition même s'il est effectué à bord d'un navire ou d'un avion qui est utilisé pour un voyage en trafic international. Les États contractants qui adoptent ce point de vue peuvent convenir au plan bilatéral de supprimer la référence au « navire ou aéronef » dans la première partie de l'exception prévue dans la définition, et utiliser la définition suivante :

> *e*) l'expression « trafic international » désigne tout transport par un navire ou un aéronef, sauf lorsque ce transport ne s'effectue qu'entre des points situés dans un État contractant et que l'entreprise qui opère le navire ou l'aéronef n'est pas une entreprise de cet État ;

6.4 La définition de « trafic international » ne s'applique pas lorsque le navire ou l'aéronef est exploité entre deux points situés dans un État contractant et que l'entreprise qui opère le navire ou l'aéronef n'est pas une entreprise de cet État même si une partie du transport a lieu en dehors de cet État. Ainsi, une croisière qui commence et se termine dans cet État sans arrêt dans un port étranger ne constitue pas un transport de passagers en trafic international. Les États contractants qui désirent traiter expressément de cette question dans leurs conventions peuvent convenir bilatéralement de modifier la définition en ce sens.

L'expression « autorité compétente »

7. Pour définir l'expression « autorité compétente », on a tenu compte du fait que dans certains pays membres de l'OCDE l'application des conventions de double imposition n'est pas exclusivement du ressort des autorités fiscales supérieures, mais que certaines questions sont réservées à d'autres autorités ou peuvent leur être confiées par une délégation de pouvoirs. La présente définition permet à chaque État contractant de désigner l'autorité ou les autorités compétentes.

Le terme « national »

8. La définition de l'expression « national » se borne à préciser qu'en ce qui concerne un État contractant, cette expression s'applique à toute personne physique qui possède la nationalité ou la citoyenneté de cet État contractant. Même si la notion de nationalité englobe celle de citoyenneté, cette dernière expression a également été incluse en 2002 parce qu'elle est plus souvent utilisée dans certains États. Il n'a pas été jugé utile d'introduire, dans le texte de la Convention, une définition plus précise des expressions nationalité et citoyenneté, pas plus qu'il ne semble indispensable de commenter spécialement le sens et la portée de ces mots. C'est évidemment à l'acception dans laquelle ce terme est généralement employé et aux règles particulières à chaque État relatives à l'acquisition ou à la perte de la nationalité ou de la citoyenneté qu'il faut se référer pour déterminer, s'agissant d'une personne physique, ce qu'il faut entendre par « national ».

9. En revanche, l'alinéa *g)* se montre plus précis en ce qui concerne les personnes morales, les sociétés de personnes et les associations. En énonçant qu'est considérée comme un « national » toute personne morale, société de personnes ou association constituée conformément à la législation en vigueur dans un État contractant, cette disposition tranche une difficulté que survient fréquemment. Certains États s'attachent, pour définir cette nationalité, moins à la loi qui régit la société qu'à l'origine des capitaux avec lesquels elle a été constituée ou à la nationalité des personnes physiques ou morales qui la contrôlent.

10. C'est d'ailleurs en raison du rapport juridique qui s'établit entre la société et l'État sous la loi duquel elle a été formée et qui, à plusieurs égards, s'apparente étroitement à la nationalité des personnes physiques, qu'il a semblé approprié de ne pas traiter des personnes morales, sociétés de personnes et associations dans une disposition spéciale et de les confondre sous un même vocable avec les personnes physiques.

10.1 Le fait que les sociétés de personnes font l'objet d'une mention distincte à l'alinéa *g)* n'est pas incompatible avec la qualité de personne qui leur est conférée par l'alinéa *a)*. En vertu du droit interne de certains États, une entité peut constituer une « personne » tout en n'étant pas considérée comme une « personne morale » du point de vue fiscal. Il est nécessaire de le préciser pour éviter toute confusion.

Les termes « activité » et « affaires »

10.2 Les termes « activité » et « affaires » ne sont pas définis de façon exhaustive dans la Convention et, aux termes du paragraphe 2, ils devraient avoir la même signification que dans le cadre de la législation interne de l'État qui applique la Convention. L'alinéa *h)* stipule cependant expressément que le terme « activité », lorsqu'utilisé par rapport à une entreprise, et le terme « affaires » comprennent l'exercice de professions libérales ainsi que l'exercice d'autres activités de caractère indépendant. Cette disposition a été ajoutée en 2000 au moment de la suppression de l'article 14 de la Convention, qui traitait des professions indépendantes. Cet ajout, qui vise à clarifier que ces termes comprennent l'exercice des activités qui étaient précédemment couvertes par l'article 14, était destiné à éviter toute interprétation restrictive de ces termes qui aurait exclu l'exercice de professions libérales ou d'autres activités de caractère indépendant et qui aurait pu prévaloir dans les États où, selon la législation interne, une personne qui exerce ce type d'activités n'est pas considérée comme faisant des affaires ou comme exerçant une activité d'entreprise. Les États contractants pour lesquels cette difficulté ne se présente pas peuvent convenir bilatéralement de ne pas inclure cette définition.

L'expression « fonds de pension reconnu »

10.3 La définition de l'expression « fonds de pension reconnu » qui figure à l'alinéa *i*) a été incluse en 2017 lorsque cette expression a été ajoutée au paragraphe 1 de l'article 4 afin de faire en sorte qu'un fonds de pension répondant à cette définition soit considéré comme un résident de l'État contractant dans lequel il est établi.

10.4 L'effet de la définition d'un « fonds de pension reconnu » et de la référence à cette expression au paragraphe 1 de l'article 4 dépendra dans une large mesure de la législation interne et des caractéristiques juridiques des fonds de pension établis dans chaque État contractant, ainsi que des autres dispositions de la Convention pour lesquelles cette définition pourrait être pertinente.

10.5 Dans certains États, un fonds peut être établi au sein d'une entité juridique (comme une société engagée dans des activités commerciales, une compagnie d'assurance ou l'État proprement dit, ou une subdivision politique ou une collectivité locale de cet État) dans le but principal de verser des prestations de retraite à des personnes physiques, comme des salariés de cette entité ou d'autres employeurs, ou de placer des fonds au bénéfice d'autres fonds de pension reconnus. Cependant, un tel fonds pourrait ne pas constituer une « personne » distincte (tel que ce terme est défini à l'alinéa *a*)) selon la législation fiscale de l'État où il est établi et, si tel est le cas, il ne répondrait pas à la définition d'un fonds de pension reconnu. Toutefois, dans la mesure où le revenu généré par les actifs de placement de ce fonds est attribué, selon la législation interne de l'État où il est établi, à l'entité juridique (société engagée dans des activités commerciales, compagnie d'assurance ou État, par exemple) dont ce fonds fait partie, les dispositions de la Convention s'appliqueront à ce revenu dans la mesure où l'entité juridique est un résident d'un État contractant aux termes du paragraphe 1 de l'article 4. Comme l'expliquent les paragraphes 8.7 à 8.10 des Commentaires sur l'article 4, l'inclusion de l'expression « fonds de pension reconnu » au paragraphe 1 de l'article 4 n'est pas pertinente pour un tel fonds.

10.6 Il existe également des États dans lesquels un fonds établi dans le but principal de verser des prestations de retraite à des personnes physiques ne constitue pas formellement une personne distincte en vertu de la législation fiscale de l'État où il est établi, mais dont les actifs de placement, aux termes de cette législation fiscale, constituent un patrimoine distinct et séparé dont le revenu n'est attribué à aucune personne aux fins fiscales. Ces États peuvent vouloir faire en sorte que leur législation interne et la définition d'une « personne » figurant à l'alinéa *a*) soient suffisamment larges pour inclure un tel fonds afin que la Convention, qui s'applique aux personnes qui sont des résidents des États contractants, soit applicable au revenu généré par ces fonds.

10.7 Ainsi que l'indique le paragraphe 69 des Commentaires sur l'article 18, lorsque deux États contractants suivent la même approche consistant en une exonération générale d'impôt pour les revenus d'investissement des fonds de pension établis sur leur territoire, ces États peuvent inclure dans leur convention une disposition qui étend cette exonération aux revenus d'investissements qu'un fonds de pension établi dans un État tire de l'autre État. La définition d'un « fonds de pension reconnu » peut alors être utilisée à cette fin. Si tel est le cas, il convient néanmoins de s'assurer qu'un fonds décrit au paragraphe 10.5 ci-dessus peut constituer en soi un « fonds de pension reconnu », nonobstant le fait qu'il ne constitue pas une « personne » distincte selon la législation fiscale de l'État où il est établi. Pour ce faire, il faudrait néanmoins, aux fins de la Convention, que les actifs et les revenus d'un tel fonds soient considérés comme les actifs et les revenus d'une personne distincte de sorte que, par exemple :

— ce fonds peut constituer une personne aux fins de l'article 1 et de toutes les dispositions pertinentes de la Convention ;

— les actifs et les revenus du fonds sont considérés comme ceux d'une personne distincte et non pas comme ceux de la personne au sein de laquelle le fonds est établi, de sorte que, par exemple, aux fins de l'alinéa *a*) du paragraphe 2 de l'article 10, toute fraction du capital d'une société qui verse des dividendes au fonds qui est détenue par l'intermédiaire du fonds ne serait pas regroupée avec le capital de la même société qui est détenu par la personne au sein de laquelle le fonds est établi mais qui n'est pas détenu par l'intermédiaire du fonds ;

— aux fins des articles 6 à 21, le revenu du fonds serait considéré comme obtenu, reçu et détenu en qualité de bénéficiaire effectif par le fonds proprement dit et non par la personne au sein de laquelle le fonds est établi ;

— le droit du fonds à bénéficier des avantages de la Convention aux termes des dispositions sur la limitation des avantages de l'article 29 est déterminé sans tenir compte du droit aux avantages de la Convention de la personne au sein de laquelle le fonds est établi.

10.8 Voici un exemple de disposition qui pourrait être ajoutée à la définition d'un « fonds de pension reconnu » à cette fin :

> Lorsqu'un dispositif établi dans un État contractant constituerait un fonds de pension reconnu aux termes du sous-alinéa (*i*) ou (*ii*) s'il était considéré comme une personne distincte par la législation fiscale de cet État, il doit être considéré, aux fins de la présente Convention, comme une personne distincte traitée comme telle par la législation fiscale de cet État, et tous les actifs et revenus auxquels ce dispositif s'applique doivent être considérés comme des actifs détenus et des revenus obtenus par cette personne distincte et non par une autre personne.

10.9 La première partie de la définition d'un « fonds de pension reconnu » fait référence à « une entité ou un dispositif établi dans cet État ». Compte tenu de la grande diversité des caractéristiques juridiques et organisationnelles des fonds de pension dans le monde, il est nécessaire d'adopter une formulation large. La référence à un « dispositif » vise à couvrir, entre autres, les cas où des prestations de retraite sont versées via des structures telles qu'une fiducie (ou trust) qui, en vertu de la législation applicable, ne constitueraient pas une entité : la définition s'applique dès lors que la fiducie (trust) ou l'ensemble des fiduciaires (trustees) est considéré, aux fins fiscales, comme une entité distincte reconnue en tant que personne distincte. Il est néanmoins nécessaire que l'entité ou le dispositif soit considéré comme une personne distincte par la législation fiscale de l'État où il est établi : à défaut, il est superflu de traiter la question de la résidence du fonds de pension proprement dit, car le revenu de ce fonds est considéré comme le revenu d'une autre personne aux fins fiscales (voir le paragraphe 10.5 ci-dessus).

10.10 Le sous-alinéa (i) dispose que pour avoir le statut de « fonds de pension reconnu », une entité ou un dispositif doit être établi et géré exclusivement ou presque exclusivement dans le but d'administrer ou de verser des prestations de retraite et des prestations annexes ou accessoires à des personnes physiques. Peu importe le nombre de personnes physiques pouvant prétendre à ces pensions : un fonds de pension reconnu peut être créé, par exemple, pour un large groupe de salariés ou pour un seul travailleur indépendant. Les États sont libres de remplacer la phrase « des prestations de retraite et des prestations annexes ou accessoires » par une formule différente, telle que « des prestations de retraite et des prestations similaires », pourvu que cette formule soit interprétée au sens large de manière à inclure des prestations telles que des prestations de décès.

10.11 L'expression « exclusivement ou presque exclusivement » précise que toutes les activités ou la majeure partie des activités d'un fonds de pension reconnu doivent être liées à l'administration ou au versement de prestations de retraite et de prestations annexes ou accessoires à des personnes physiques. L'expression « presque exclusivement » reconnaît qu'une très petite partie des activités d'un fonds de pension peut concerner des activités qui ne sont pas directement associées à l'administration ou au versement de telles prestations (la commercialisation des services du fonds, par exemple). Certains États ont toutefois une conception plus large du terme « fonds de pension reconnu » et peuvent vouloir couvrir par exemple des entités ou des dispositifs établis dans cet État et gérés exclusivement ou presque exclusivement dans le but de verser des pensions et des prestations, notamment des pensions d'invalidité, qui ne sont pas liées à la retraite. Ces États sont libres de modifier la définition afin de l'adapter aux circonstances qui leur sont propres. Pour ce faire, il conviendrait néanmoins qu'ils tiennent compte du fait que, comme indiqué au paragraphe 10.7 précédent, la définition d'un fonds de pension reconnu peut être utilisée aux fins des dispositions exonérant d'impôt dans l'État de la source les revenus d'investissements qu'un fonds de pension établi dans un État tire de l'autre État ; il sera donc important que ces États veillent à ce que la portée de l'exonération ne soit pas involontairement étendue par les modifications apportées à la définition d'un « fonds de pension reconnu ».

10.12 L'entité ou le dispositif doit être constitué et géré exclusivement ou presque exclusivement dans le but d'administrer ou de verser des prestations de retraite et des prestations annexes ou auxiliaires à des personnes physiques. Une pension versée à la cessation d'un emploi actif ou lorsqu'un salarié atteint l'âge de la retraite est l'exemple type d'une « prestation de retraite », mais cette expression est suffisamment large pour couvrir un ou plusieurs paiements effectués au moment du départ en retraite ou après, ou lorsque l'âge de la retraite est atteint, en faveur d'un salarié, d'un travailleur indépendant ou d'un administrateur ou d'un dirigeant d'une société, même si ces paiements ne prennent pas la forme de pensions classiques.

10.13 Dans de nombreux États, les fonds de pension versent un certain nombre de prestations qui ne sont pas strictement liées à la retraite, et l'expression « prestations annexes ou accessoires » entend couvrir ces prestations. Les termes « annexes ou accessoires » précisent que ces prestations sont versées en plus des prestations de retraite : un fonds qui serait établi essentiellement dans le but de verser des prestations qui ne sont pas des prestations de retraite ne correspondrait donc pas à la définition. Il est certes impossible de dresser une liste exhaustive de toutes les prestations qui seraient des « prestations annexes ou accessoires », mais voici des exemples caractéristiques de telles prestations :

- indemnités versées à la suite du décès ou de l'invalidité d'une personne physique ;
- pension ou autres types de versements effectués en faveur de membres survivants de la famille d'une personne décédée qui était fondée à percevoir des prestations de retraite ;
- indemnités versées à une personne souffrant d'une maladie en phase terminale ;
- revenu de remplacement versé en cas de longue maladie ou de chômage de longue durée ;
- aides au logement, telles qu'un prêt à taux préférentiel octroyé à un cotisant à partir de cotisations de retraite cumulées pour financer l'acquisition d'une résidence principale ;
- prestations d'éducation, telles que le retrait de cotisations de retraite cumulées qu'un cotisant serait autorisé à effectuer en vue de financer son éducation ou celle de ses enfants ;
- fourniture de conseils financiers à des cotisants.

10.14 Le sous-alinéa (i) exige également que l'entité ou le dispositif constitué et géré exclusivement ou presque exclusivement dans le but d'administrer ou de verser des prestations de retraite et des prestations annexes ou accessoires à des personnes physiques soit « réglementé en tant que tel ». Cette obligation vise à restreindre la définition aux entités ou aux dispositifs qui sont soumis à des conditions imposées par l'État où ils sont établis (ou par l'une de ses subdivisions politiques ou collectivités locales) afin de garantir que l'entité ou le dispositif soit utilisé comme support d'investissement en vue de fournir des prestations de retraite et des prestations accessoires ou annexes à des personnes physiques. Par conséquent, cette partie de la définition exclurait une entité, telle qu'une société privée, qui pourrait être constituée et utilisée par une personne en vue d'investir des fonds destinés à verser des prestations de retraite à des personnes liées à cette personne ou employées par cette personne, mais qui ne seraient pas soumises à un traitement spécial ou à des règles particulières imposés par l'État, une subdivision politique ou une collectivité locale, concernant l'utilisation de cette entité en tant que support pour verser des prestations de retraite. Peu importe que le cadre réglementaire auquel l'entité ou le dispositif est soumis soit défini par la législation fiscale ou par d'autres instruments juridiques (par la législation établissant un organisme public qui gère un fonds de pension public, par exemple) ; l'important est que l'entité ou le dispositif soit reconnu par la loi en tant que structure mise en place pour financer des prestations de retraite en faveur de personnes physiques et qu'il soit soumis aux conditions imposées pour faire en sorte qu'il soit employé à cette fin.

10.15 Un exemple d'entité ou de dispositif couvert par la définition d'un « fonds de pension reconnu » serait un établissement ou un organisme d'un État constitué exclusivement ou presque exclusivement dans le but d'administrer ou de verser des prestations de retraite et des prestations annexes ou accessoires à des personnes physiques en vertu de la législation sur la sécurité sociale de cet État. Un autre exemple serait celui d'une société ou d'une autre entité établie dans un État dans le but d'administrer ou de verser des prestations de retraite et des prestations annexes ou accessoires à des personnes physiques et dont les seuls actifs sont constitués de fonds couverts par un régime de retraite réglementé par la législation fiscale de cet État qui prévoit que le revenu généré par ce régime est exonéré d'impôt. La définition d'un fonds de pension reconnu s'appliquerait à cette société ou entité, qu'elle soit ou non un résident d'un État contractant parce qu'elle y « est assujettie à l'impôt » en raison des critères mentionnés dans la première phrase du paragraphe 1 de l'article 4, par exemple parce qu'elle doit payer l'impôt sur tous les revenus qui ne proviennent pas du régime (voir les paragraphes 8.8 à 8.10 des Commentaires sur l'article 4).

10.16 Le sous-alinéa (i) de la définition s'applique indépendamment du fait que les prestations auxquelles il fait référence sont versées à des personnes physiques qui sont résidentes de l'État dans lequel l'entité ou le dispositif est établi ou qui sont résidentes d'autres États. Si la règle générale anti-abus figurant au paragraphe 9 de l'article 29 vise à atténuer les risques de chalandage fiscal que peut soulever cet aspect de la règle, les États qui n'intègrent pas cette règle générale anti-abus dans leurs conventions, ou pour lesquels ces risques sont particulièrement préoccupants, sont libres d'inclure dans la définition d'un « fonds de pension reconnu » des conditions similaires à celles que l'on trouve dans le sous-alinéa (ii) de l'alinéa *e*) du paragraphe 2 de la version détaillée de la règle sur la limitation des avantages énoncée dans les Commentaires sur l'article 29.

10.17 Le sous-alinéa (ii) de la définition vise les entités ou les dispositifs que les fonds de pension couverts par le sous-alinéa (i) utilisent pour investir indirectement. Les fonds de pension s'allient souvent à d'autres fonds de pension pour investir, en regroupant leurs actifs dans certaines entités ou certains dispositifs ; ils peuvent, pour diverses raisons commerciales, juridiques ou réglementaires, investir via des entités ou des dispositifs détenus intégralement qui sont résidents du même État. Étant donné que ces dispositifs et entités agissent uniquement en qualité d'intermédiaires pour investir des fonds utilisés pour verser des prestations de retraite à des personnes physiques, il est approprié de les traiter de la même façon que les fonds de pension qui investissent par leur biais.

10.18 L'expression « exclusivement ou presque exclusivement » qui figure au sous-alinéa (*ii*) précise que toutes les activités ou la majeure partie des activités de cette entité ou de ce dispositif intermédiaire doivent être liées au placement de fonds en faveur d'entités ou de dispositifs ayant le statut de fonds de pension reconnus en application du sous-alinéa (*i*). L'expression « presque exclusivement » reconnaît qu'une très petite partie des activités de ces entités ou dispositifs peut concerner d'autres activités, telles que le placement de fonds pour des fonds de pension qui sont établis dans d'autres États et qui, pour cette raison, ne sont pas couverts par le sous-alinéa (*i*). Les États dans lesquels il est d'usage que des entités ou des dispositifs intermédiaires investissent des fonds obtenus de fonds de pension établis dans d'autres États sont libres d'élargir la portée du sous-alinéa (*ii*) de manière à inclure le cas où une grande partie des fonds investis par l'entité ou le dispositif intermédiaire est investie en faveur de fonds de pension établis dans d'autres États ; ces États pourraient atténuer les risques de chalandage fiscal susceptibles de se produire en recourant aux dispositions de l'article 29.

Paragraphe 2

11. Ce paragraphe énonce une règle générale d'interprétation des termes utilisés dans la Convention sans y être définis. On peut néanmoins se demander à quelle législation il faut se référer pour déterminer le sens de termes non définis dans la Convention, le choix étant entre la législation en vigueur au moment de la signature de la Convention et celle qui est en vigueur au moment de l'application de la Convention, c'est-à-dire de l'établissement de l'impôt. C'est cette dernière interprétation qui a été retenue par le Comité des affaires fiscales et en 1995 le Modèle a été modifié pour préciser ce point explicitement.

12. Toutefois, aux termes mêmes du paragraphe 2, cette disposition ne vaut que si le contexte n'exige pas une interprétation différente et que les autorités compétentes n'ont pas convenu d'un sens différent conformément aux dispositions de l'article 25. Le contexte est constitué notamment par l'intention des États contractants lors de la signature de la Convention ainsi que par le sens que la législation de l'autre État contractant attribue au terme mis en question (ceci faisant implicitement référence au principe de la réciprocité qui est à la base de la Convention). Le libellé de l'article laisse donc aux autorités compétentes une certaine marge de manœuvre.

13. En conséquence, le libellé du paragraphe 2 permet d'établir un équilibre satisfaisant entre d'une part la nécessité d'assurer la permanence des engagements souscrits par un État lors de la signature d'une convention (car il ne faudrait pas qu'un État puisse rendre partiellement inopérantes les dispositions conventionnelles en

modifiant après coup dans sa législation interne la portée des termes non définis dans la Convention) et d'autre part, les exigences d'une application commode et pratique de la Convention au fil des années (il convient en effet d'éviter de devoir se référer à des notions périmées).

13.1 Le paragraphe 2 a été modifié en 1995 afin de rendre son texte davantage conforme à l'interprétation générale et constante des États membres. Au sens du paragraphe 2, la signification de tout terme ou expression non défini dans la Convention pourra être déterminée par référence à toute disposition applicable du droit interne d'un État contractant, qu'il s'agisse ou non de droit fiscal. Toutefois, lorsque différentes lois d'un État contractant donnent des définitions différentes d'un terme ou expression, la signification donnée à ce terme ou expression par les lois régissant les impôts auxquels la Convention s'applique doit prévaloir sur toutes les autres, y compris celles qui figurent dans les autres lois fiscales.

13.2 Les Commentaires ont également été modifiés en 1995 afin de prévoir que les États qui sont en mesure de conclure des accords amiables (en vertu des dispositions de l'article 25 et en particulier de son paragraphe 3) qui déterminent le sens à donner aux termes et expressions non définis dans la Convention devraient tenir compte de ces accords dans l'interprétation de ces termes et expressions. En 2017, le libellé du paragraphe 2 a été modifié pour supprimer tout doute sur le fait que, dans le cas où un accord amiable conclu en vertu de l'article 25 révèle que les autorités compétentes ont convenu d'un sens commun d'un terme ou expression non défini, le sens attribué à ce terme ou expression par le droit national ne s'applique pas, comme c'est le cas lorsqu'un terme ou expression est défini dans la Convention ou lorsque le contexte exige un sens qui est différent du sens du droit national. Toutefois, certains États estiment que cette exception ne devrait être applicable que dans le cas des accords conclus en vertu du paragraphe 3 de l'article 25 ; ces États sont libres de remplacer par « conformément aux dispositions du paragraphe 3 de l'article 25 » l'expression « conformément aux dispositions de l'article 25 ». D'autres États estiment que, en vertu de leur législation, les autorités compétentes ne peuvent pas avoir le pouvoir de s'entendre sur le sens à donner à un terme ou expression qui empêcherait le recours au droit interne de ce terme ou expression ; ces États sont libres d'omettre l'expression « ou que les autorités compétentes conviennent d'un sens différent conformément aux dispositions de l'article 25 ».

Réserves sur l'article

14. L'*Italie* et le *Portugal* se réservent le droit de ne pas inclure les définitions des alinéas 1 *c*) et *h*) (« entreprise », « activité » et « affaires ») parce qu'elles se réservent le droit d'inclure un article visant l'imposition des professions indépendantes.

15. La *Turquie* se réserve le droit d'utiliser la définition suivante de l'expression « trafic international » : « l'expression « trafic international » désigne tout transport effectué par un navire ou un aéronef exploité par une entreprise d'un État contractant, sauf lorsque le navire ou l'aéronef n'est exploité qu'entre des points situés dans l'autre État contractant ».

16. *Israël* se réserve le droit d'inclure une fiducie dans la définition de « personne ».

17. Le *Chili* et le *Mexique* se réservent le droit de ne pas inclure la définition d'un « fonds de pension reconnu » à l'alinéa i) du paragraphe 1 parce que la décision d'inclure un fonds de pension en tant que résident dans une convention fiscale doit être prise à l'issue de discussions bilatérales entre États contractants en raison de la diversité des régimes juridiques relatifs aux prestations de retraite.

18. *Israël* se réserve le droit de ne pas limiter la définition d'un « fonds de pension reconnu » à une personne distincte au regard de la législation fiscale.

19. Le *Portugal* se réserve le droit de ne pas inclure la définition figurant à l'alinéa i) du paragraphe 1 (« fonds de pension reconnu ») dans ses conventions parce qu'il se réserve le droit de ne pas inclure expressément un « fonds de pension reconnu » au paragraphe 1 de l'article 4 et de traiter les fonds de pension conformément à la définition générale d'un « résident » ou au moyen de dispositions spéciales négociées bilatéralement.

COMMENTAIRES SUR L'ARTICLE 4 CONCERNANT LA DÉFINITION DU RÉSIDENT

I. Remarques préliminaires

1. La notion de « résident d'un État contractant » a diverses fonctions et revêt de l'importance dans trois cas :

a) lorsqu'il s'agit de déterminer le champ d'application d'une convention quant aux personnes ;

b) pour résoudre les cas où la double imposition résulte du fait qu'il y a double résidence ;

c) pour résoudre les cas où la double imposition provient d'un conflit de l'imposition dans l'État de la résidence et dans l'État de la source ou du situs.

2. L'article est destiné à définir l'expression « résident d'un État contractant » et à résoudre les cas de double résidence. Pour fournir quelques éclaircissements sur l'article, quelques considérations générales sur les deux cas-types de conflit, c'est-à-dire entre deux résidences et entre la résidence et la source ou le situs, sont exposées ci-après. Dans les deux cas, le conflit résulte du fait qu'en vertu de leur législation interne, un État contractant ou les deux allèguent que l'intéressé réside dans leur territoire.

3. En général, les législations internes des divers États prévoient un assujettissement complet à l'impôt — « assujettissement intégral » — en raison du lien personnel existant entre le contribuable et l'État considéré (« État de résidence »). Cet assujettissement à l'impôt ne vise pas seulement les personnes qui sont « domiciliées » dans un État, au sens que l'on donne habituellement au terme « domicile » (droit privé). Par extension, l'assujettissement intégral à l'impôt vise également les personnes qui séjournent en permanence, ou parfois seulement pendant un certain temps, sur le territoire de l'État. Quelques législations assujettissent intégralement à l'impôt les particuliers qui exercent une activité à bord de navires dont le port d'attache est situé dans l'État considéré.

4. Les conventions de double imposition ne se préoccupent pas en général des législations internes des États contractants ayant pour objet de définir les conditions dans lesquelles une personne est reconnue, au point de vue fiscal, comme « résident » d'un État et est par conséquent assujettie intégralement à l'impôt dans cet État. Ces conventions ne précisent pas les critères auxquels doivent répondre les dispositions des législations internes sur la « résidence » pour que les États contractants reconnaissent à l'un d'entre eux le droit d'assujettissement intégral. À cet égard, les États arrêtent leur position en se fondant uniquement sur leur législation interne.

5. On peut facilement s'en rendre compte lorsqu'il y a conflit non pas entre deux résidences, mais entre la résidence et la source ou le situs. Toutefois, les mêmes considérations s'appliquent en cas de conflit entre deux résidences. Dans ce dernier

cas, il faut cependant noter que l'on ne peut parvenir à une solution du conflit en se référant à la notion de résidence adoptée par la législation interne des États considérés. Des clauses spéciales doivent être insérées dans la Convention pour déterminer à laquelle des deux notions de résidence il convient d'accorder la préférence.

6. Un exemple permettra de mieux comprendre la situation. L'intéressé possède un foyer d'habitation permanent dans l'État A où vivent sa femme et ses enfants. Il a séjourné plus de six mois dans l'État B où, en vertu du droit interne dudit État, il est, en raison de la durée de son séjour, imposable, car considéré comme étant un résident de cet État. Deux États revendiquent alors le droit de l'assujettir intégralement à l'impôt. Ce conflit doit être tranché par la Convention.

7. Dans ce cas particulier, l'article (en vertu des dispositions du paragraphe 2) donne la préférence à l'État A. Il ne faut toutefois pas en déduire que l'article pose des règles spéciales sur la « résidence » et qu'on ne tient pas compte de la législation interne de l'État B du fait qu'elle est incompatible avec ces règles. En réalité, dans un conflit de ce genre, il importe évidemment de faire droit à l'une des deux revendications, et c'est à ce sujet que l'article propose des règles spéciales.

II. Commentaires des dispositions de l'article

Paragraphe 1

8. Le paragraphe 1 définit l'expression « résident d'un État contractant » au sens de la Convention. Cette définition se réfère à la notion de résidence adoptée par la législation interne (voir remarques préliminaires). Elle mentionne comme critères d'assujettissement à l'impôt du résident : le domicile, la résidence, le siège de direction ou tout autre critère analogue. Pour les personnes physiques, la définition tend à couvrir les diverses formes de liens personnels envers un État qui, dans les législations fiscales internes, déterminent un assujettissement complet à l'impôt (assujettissement intégral). Elle s'étend aussi aux cas où une personne est réputée par la législation fiscale d'un État être un résident dudit État et s'y trouve de ce fait entièrement assujettie à l'impôt (par exemple, les diplomates et autres personnes au service de l'État).

8.1 Conformément aux dispositions de la seconde phrase du paragraphe 1, n'est cependant pas considérée comme « résident d'un État contractant », au sens de la Convention, la personne qui, bien que non domiciliée dans cet État, est regardée comme résident par la législation interne et n'est soumise qu'à une imposition limitée aux revenus dont la source est située dans cet État ou à la fortune qui y est située. Cette situation se rencontre dans certains États à l'égard de personnes physiques, notamment les agents diplomatiques et les fonctionnaires consulaires étrangers en service sur leur territoire.

8.2 Dans ses termes et dans son esprit, la deuxième phrase exclut également de la définition de résident d'un État contractant les entreprises sous contrôle étranger exonérées d'impôt sur leurs revenus étrangers en vertu de régimes de faveur conçus pour attirer les sociétés relais. Elle exclut également les sociétés et autres personnes qui ne sont pas soumises à un assujettissement complet à l'impôt dans l'État contractant parce que ces personnes, même si elles sont des résidents de cet État en vertu du droit fiscal interne de cet État, sont considérées être des résidents d'un autre État selon les dispositions d'une convention entre ces deux États. L'exclusion de certaines sociétés et autres personnes de la définition n'empêcherait évidemment pas les États contractants d'échanger des renseignements au sujet de leurs activités (voir le paragraphe 2 des Commentaires sur l'article 26). En fait, les États pourraient considérer qu'il serait approprié de procéder à des échanges spontanés de renseignements au sujet des personnes qui tentent d'obtenir des conventions fiscales des avantages indus.

8.3 L'application de cette deuxième phrase suscite toutefois des difficultés et comporte des limitations. Elle doit être interprétée à la lumière de son objet et de son but, qui est d'exclure les personnes qui ne sont pas soumises à un assujettissement complet à l'impôt (assujettissement intégral) dans un État car sinon elle risquerait d'exclure du champ d'application de la Convention tous les résidents de pays qui appliquent un principe de territorialité en matière fiscale alors que de toute évidence, ce n'est évidemment pas le résultat recherché.

8.4 Selon l'interprétation générale de la plupart des États membres, le gouvernement de chaque État ainsi que ses subdivisions politiques ou collectivités locales sont des résidents de cet État au sens de la Convention. Avant 1995, le Modèle ne l'indiquait pas expressément ; en 1995, l'article 4 a été modifié pour mettre en conformité le texte du Modèle avec cette interprétation.

8.5 Ceci soulève la question de l'application du paragraphe 1 aux fonds souverains, qui sont des fonds ou mécanismes d'investissement à but déterminé créés par une administration publique à des fins de gestion macroéconomique. Ces fonds détiennent, gèrent ou administrent des actifs pour atteindre des objectifs financiers et ont recours à une série de stratégies d'investissement qui comprend des placements sur actifs financiers étrangers. Les fonds souverains sont généralement créés à partir des excédents de balance des paiements, des opérations sur devises, du produit de privatisations, d'excédents budgétaires ou de recettes tirées des exportations de produits de base[1]. La question de savoir si un fond souverain constitue un « résident d'un État contractant » doit être résolue en fonction des faits et des circonstances propres à chaque cas. Ainsi, lorsqu'un fond souverain fait partie intégrale de l'État, il est vraisemblablement couvert par les

1 Cette définition est tirée de : Groupe de travail international sur les fonds souverains, *Le Groupe de travail international sur les fonds souverains présente les « Principes de Santiago » au Comité monétaire et financier international*, communiqué daté du 11 octobre 2008, Annexe 1.

mots « cet État ainsi qu'à toutes ses subdivisions politiques ou à ses collectivités locales » que l'on retrouve à l'article 4. Les paragraphes 8.11 et 8.12 ci-dessous seront pertinents dans d'autres cas. Les États peuvent vouloir régler la question dans le cadre de leurs négociations bilatérales, en particulier afin de déterminer si un fond souverain constitue une « personne » et est « assujetti à l'impôt » au sens de la convention fiscale pertinente (voir aussi les paragraphes 50 à 53 des Commentaires sur l'article 1).

8.6 Le paragraphe 1 fait expressément référence à un « fonds de pension reconnu ». La plupart des pays membres considèrent depuis longtemps qu'un fonds de pension établi dans un État contractant est un résident de cet État, indépendamment du fait qu'il puisse bénéficier d'une exonération complète ou partielle de l'impôt dans cet État. Jusqu'en 2017, cette interprétation était reflétée dans la version précédente du paragraphe 8.11, qui mentionnait « les organismes de retraite, les organismes caritatifs et d'autres organismes » comme des entités que la plupart des États considéraient comme étant des résidents. Le paragraphe 1 de l'article a été modifié en 2017 afin de dissiper toute ambiguïté sur le fait qu'un fonds de pension qui répond à la définition d'un « fonds de pension reconnu » figurant au paragraphe 1 de l'article 3 constitue un résident de l'État contractant dans lequel il est établi.

8.7 Comme l'indique le paragraphe 10.4 des Commentaires sur l'article 3, l'effet de la définition d'un « fonds de pension reconnu » et de la référence à cette expression au paragraphe 1 de l'article dépendra dans une large mesure de la législation interne et des caractéristiques juridiques des fonds de pension établis dans chaque État contractant. Le type de fonds établi au sein d'une entité juridique qui est décrit au paragraphe 10.5 des Commentaires sur l'article 3 ne serait pas couvert par la définition d'un « fonds de pension reconnu » qui s'applique à une entité ou à un dispositif qui constitue une personne distincte ; néanmoins, le revenu de ce fonds étant attribué à l'entité juridique dont il fait partie, les dispositions de la Convention s'appliqueront à ce revenu dans la mesure où l'entité juridique elle-même a le statut de résident d'un État contractant en vertu du paragraphe 1 de l'article.

8.8 Lorsque, toutefois, un fonds constitue une « personne » qui est distincte de toute autre personne par laquelle ou au profit de laquelle il a été établi et il est géré, la définition d'un « fonds de pension reconnu » sera pertinente et, dans la mesure où les conditions de cette définition sont satisfaites, ce fonds constituera lui-même un « résident d'un État contractant ». Ce sera le cas dans de nombreux pays parce qu'il y est « assujetti à l'impôt » en raison des critères mentionnés à la première phrase du paragraphe 1, telle que cette phrase est interprétée par les États contractants ou, si ce n'est pas le cas, en raison de l'inclusion spécifique de l'expression « fonds de pension reconnu » dans le paragraphe 1.

8.9 Les États contractants sont bien évidemment libres d'omettre la référence aux « fonds de pension reconnus » au paragraphe 1 s'ils estiment que le revenu des dispositifs de pension établis dans les deux États est obtenu par des personnes qui ont par ailleurs le statut de résidents des États contractants, bien qu'ils puissent préférer conserver cette référence dans le paragraphe afin de lever toute ambiguïté.

8.10 Compte tenu de la diversité des dispositifs par le biais desquels des pensions de retraite sont versées, il sera donc souvent utile que les États contractants passent en revue les principaux types de dispositifs de pension utilisés dans chaque État et déterminent si la définition d'un « fonds de pension reconnu » s'applique à chaque type de dispositif et, plus généralement, comment les dispositions de la convention fiscale conclue entre ces États s'appliquent à ces dispositifs. Ils pourraient le faire au moment de la négociation de cette convention ou ultérieurement par le biais de la procédure amiable.

8.11 Le paragraphe 1 vise les personnes qui sont « assujetties à l'impôt » dans un État contractant en vertu de sa législation interne, en application de divers critères. Dans de nombreux États, une personne est considérée comme étant assujettie à l'obligation fiscale illimitée même si l'État contractant ne lui applique pas en fait d'impôt. Par exemple, les organismes caritatifs et d'autres organismes peuvent être exonérés d'impôt, à condition qu'ils remplissent toutes les conditions prévues dans la législation fiscale pour cette exonération. Ils sont donc soumis à la législation fiscale d'un État contractant. De plus, s'ils ne remplissent pas les conditions fixées, ils sont tenus d'acquitter l'impôt. La plupart des États considèrent ces organismes comme des résidents aux fins de la Convention (voir, par exemple, le paragraphe 1 de l'article 10 et le paragraphe 5 de l'article 11).

8.12 Mais dans certains États ces organismes ne sont pas considérés comme assujettis à l'impôt s'ils sont exonérés d'impôt en vertu de la législation fiscale nationale. Ces États peuvent ne pas considérer ces organismes comme des résidents aux fins de leurs conventions à moins que ces organismes ne soient expressément couverts par celles-ci. Les États contractants qui adoptent cette position peuvent régler cette question dans leurs négociations bilatérales.

8.13 Lorsqu'un État ne tient pas compte de l'existence d'une société de personnes pour fins fiscales et lui applique le régime de la transparence fiscale, imposant plutôt les associés sur leur part du revenu de la société de personnes, cette dernière n'est pas assujettie à l'impôt et ne peut donc pas être considérée comme un résident de cet État. Dans ce cas, cependant, le paragraphe 2 de l'article 1 clarifie que la Convention s'appliquera au revenu de la société de personnes dans la mesure où le revenu est traité, aux fins de l'imposition par cet État, comme le revenu d'un associé résident de cet État. Le même traitement s'appliquera aux revenus d'autres entités ou arrangements qui sont traités comme transparents sur le plan fiscal en vertu de la législation fiscale d'un État contractant (voir les paragraphes 2 à 16 des Commentaires sur l'article 1).

Paragraphe 2

9. Le paragraphe vise le cas où, en vertu des dispositions du paragraphe 1, une personne physique est un résident des deux États contractants.

10. Pour résoudre ce conflit, il faut établir des règles spéciales qui donnent la prépondérance aux liens rattachant le contribuable à un État plutôt qu'à l'autre. Dans la mesure du possible, le critère de référence doit être tel qu'il ne fasse pas de doute

que l'intéressé ne remplit les conditions requises que dans un État seulement ; en même temps, le critère devra être tel que le lien retenu fasse paraître normale l'attribution à l'État considéré du droit de lever l'impôt. Les faits auxquels s'appliqueront les règles spéciales sont ceux qui prévalent au cours de la période pendant laquelle la résidence du contribuable a une incidence sur son assujettissement à l'impôt, période qui peut être d'une durée moindre que celle d'une période d'imposition entière. Par exemple, au cours d'une année civile, un particulier réside dans un État A, selon la législation fiscale de cet État, du 1er janvier au 31 mars, puis il se rend dans l'État B. Comme il réside dans l'État B plus de 183 jours, il est considéré par la législation fiscale de l'État B comme résident de cet État pendant l'année entière. Si l'on applique les règles spéciales pour la période du 1er janvier au 31 mars, le particulier était résident de l'État A. Par conséquent, l'État A comme l'État B devraient traiter ce particulier comme un résident de l'État A pour cette période, et comme un résident de l'État B du 1er avril au 31 décembre.

11. L'article accorde la préférence à l'État contractant où l'intéressé dispose d'un foyer d'habitation permanent. Ce critère suffira souvent pour résoudre le conflit résultant du fait qu'une personne qui a un foyer permanent dans un État contractant a seulement effectué un séjour d'une certaine durée dans l'autre État contractant.

12. L'alinéa *a*) veut donc dire que, pour l'application de la Convention (donc lorsqu'il y a conflit entre les législations des deux États), on considère que la résidence de la personne physique se trouve là où celle-ci a la possession ou la jouissance d'un foyer d'habitation, à condition que ce dernier soit permanent, c'est-à-dire que la personne l'ait aménagé et réservé à son usage d'une manière durable, par opposition au fait du séjour à un certain endroit dans des conditions telles que ce séjour apparaisse comme devant être limité à une courte durée.

13. Au sujet de la notion de foyer d'habitation, il faut observer que toute forme d'habitation peut être prise en considération (maison ou appartement qui est la propriété de l'intéressé ou pris en location, chambre meublée louée). Mais la permanence de l'habitation est essentielle, ce qui signifie que l'intéressé fait le nécessaire pour avoir le logement à sa disposition en tout temps, d'une manière continue et pas occasionnellement pour effectuer un séjour qui, compte tenu des raisons qui le motivaient, est nécessairement lié à une courte durée (voyage d'agrément, voyage d'affaires, voyage d'études, stage dans une école, etc.). Par exemple, une maison appartenant à une personne physique ne peut pas être considérée comme étant à la disposition de cette personne pendant une période où la maison a été louée et effectivement remise à une partie non liée de sorte que l'individu n'a plus la possession de la maison et la possibilité d'y habiter.

14. Si la personne physique possède un foyer d'habitation permanent dans les deux États contractants, le paragraphe 2 donne la préférence à l'État avec lequel ses liens personnels et économiques sont les plus étroits, c'est-à-dire à l'État dans lequel se trouve le centre des intérêts vitaux de l'intéressé. Lorsqu'il est impossible de déterminer la résidence en se référant aux dispositions mentionnées ci-dessus, le paragraphe 2 prévoit des critères secondaires qui sont d'abord le séjour habituel,

ensuite la nationalité. Si une personne physique possède la nationalité des deux États ou n'a la nationalité d'aucun d'eux, la question devra être tranchée d'un commun accord entre les administrations intéressées, conformément aux dispositions de l'article 25.

15. Lorsque la personne physique a un foyer d'habitation permanent dans les deux États contractants, il y a lieu de rechercher dans les faits celui des deux États avec lequel les liens personnels et économiques sont les plus étroits. Seront ainsi pris en considération les relations familiales et sociales de l'intéressé, ses occupations, ses activités politiques, culturelles ou autres, le siège de ses affaires, le lieu d'où il administre ses biens, etc. Les circonstances doivent être examinées dans leur ensemble mais il est évident cependant que les considérations tirées du comportement personnel de l'intéressé doivent spécialement retenir l'attention. Si une personne qui a une habitation dans un État établit une deuxième habitation dans un autre État, tout en conservant la première, le fait que l'intéressé conserve cette première habitation dans le milieu où il a toujours vécu, où il a travaillé et où il garde sa famille et ses biens peut, avec d'autres éléments, contribuer à démontrer qu'il a conservé le centre de ses intérêts vitaux dans le premier État.

16. L'alinéa *b)* établit un critère secondaire pour deux situations bien distinctes et différentes, à savoir :

a) le cas où la personne physique dispose d'un foyer d'habitation permanent dans chacun des États contractants et où on ne peut déterminer celui de ces États où elle a le centre de ses intérêts vitaux ;

b) le cas où la personne physique ne dispose d'un foyer d'habitation permanent dans aucun des États contractants.

Préférence est donnée à l'État contractant où la personne physique séjourne de façon habituelle.

17. Dans la première situation visée, à savoir le cas où la personne physique dispose d'un foyer d'habitation permanent dans chacun des États, le fait du séjour habituel dans un État mais non dans l'autre apparaît donc comme la circonstance qui, en cas de doute quant à l'endroit où l'intéressé a le centre de ses intérêts vitaux, fait pencher la balance du côté de l'État où il séjourne le plus souvent. Doivent être pris en considération, à cet égard, les séjours faits par l'intéressé non seulement au foyer d'habitation permanent de l'État considéré mais aussi à tout autre endroit du même État.

18. La deuxième situation envisagée est le cas d'une personne physique qui ne dispose d'un foyer d'habitation permanent dans aucun des États contractants, comme par exemple une personne passant d'un hôtel à l'autre. Dans ce cas, également, tous les séjours faits dans un État doivent être pris en considération, sans qu'il faille en rechercher la raison.

19. L'application du critère prévu à l'alinéa *b)* nécessite de déterminer si la personne vit de manière habituelle, au sens où elle y est présente de façon courante ou régulière, dans l'un des deux États mais pas dans l'autre au cours d'une période donnée ; le

critère ne sera pas rempli en se contentant de déterminer dans lequel des deux États contractants la personne a passé le plus de jours au cours de cette période. L'expression « séjourne de façon habituelle », à l'alinéa *b*), désigne la fréquence, la durée et la régularité de séjours qui font partie du rythme de vie normal d'une personne et qui ont donc un caractère plus que transitoire. Comme le reconnaît l'alinéa *c*), une personne peut séjourner de façon habituelle dans les deux États, par exemple si cette personne a été présente de façon courante ou régulière dans chacun de ces États au cours de la période considérée, indépendamment du fait qu'elle ait pu passer plus de jours dans un État plutôt que dans l'autre. Supposons par exemple que sur une période de cinq ans, une personne physique possède une maison à la fois dans les États A et B mais que les faits ne permettent pas de déterminer l'État où se situe le centre de ses intérêts vitaux. Cette personne travaille dans l'État A où elle vit habituellement, mais retourne dans l'État B deux jours par mois et une fois par an pour trois semaines de vacances. Dans ce cas, cette personne séjournera de façon habituelle dans l'État A mais pas dans l'État B. Supposons cependant que sur la même période de cinq ans, cette personne travaille de brèves périodes de temps dans l'État A, où elle revient 15 fois par an pour des séjours de deux semaines chaque fois, mais est présente dans l'État B le reste du temps (supposons également que les faits propres à ce cas ne permettent pas de déterminer l'État dans lequel se situe le centre des intérêts vitaux de la personne). Dans ce cas, la personne séjournera de façon habituelle à la fois dans l'État A et dans l'État B.

19.1 L'alinéa *b*) ne précise pas sur quelle période doit avoir lieu l'examen du point de savoir si une personne séjourne de façon habituelle dans un État ou dans les deux États. L'examen doit porter sur une période suffisamment longue pour permettre d'évaluer la fréquence, la durée et la régularité de séjours qui font partie du rythme de vie normal de la personne. Il faut néanmoins veiller à examiner une période pendant laquelle il ne s'est pas produit de modifications radicales de la situation personnelle qui auraient des conséquences évidentes sur l'examen (comme une séparation ou un divorce). La période à prendre en compte pour déterminer si une personne séjourne de façon habituelle dans un des États ou dans les deux ne correspondra pas toujours à la période de double résidence, surtout si la période de double résidence est très brève. L'exemple suivant en fournit l'illustration. Supposons qu'une personne résidente de l'État C déménage dans l'État D pour travailler à divers endroits pendant une période de 190 jours. Au cours de cette période, elle est considérée comme résidente à la fois des États C et D en vertu de leurs législations fiscales respectives. Cette personne a vécu dans l'État C pendant de nombreuses années avant de déménager dans l'État D, reste dans l'État D pendant toute sa période d'emploi et retourne dans l'État C pour y vivre de façon permanente à la fin de la période de 190 jours. Au cours de sa période d'emploi dans l'État D, la personne ne dispose d'un logement permanent ni dans l'État C ni dans l'État D. Dans cet exemple, déterminer si la personne séjourne de façon habituelle dans l'un des deux États ou dans les deux implique de prendre en considération une période de temps plus longue que la période de 190 jours de double résidence afin de pouvoir évaluer la fréquence, la durée et la régularité des séjours qui faisaient partie du rythme de vie normal de la personne.

20. Lorsque, dans les deux situations visées à l'alinéa *b*), la personne physique séjourne de façon habituelle dans chacun des États contractants, ou lorsque l'intéressé ne séjourne de façon habituelle dans aucun d'eux, préférence est donnée à l'État dont la personne physique possède la nationalité. Si, toujours dans ces cas, l'intéressé possède la nationalité de chacun des États contractants, ou s'il ne possède la nationalité d'aucun d'eux, l'alinéa *d*) confie aux autorités compétentes le soin de trancher la difficulté d'un commun accord, selon la procédure amiable prévue à l'article 25.

Paragraphe 3

21. Le paragraphe concerne les sociétés et tous autres groupements de personnes sans qu'il y ait lieu de tenir compte du fait qu'ils ont ou qu'ils n'ont pas la personnalité juridique. Dans la pratique, il sera assez rare qu'une société, etc., soit assujettie à l'impôt, en raison de sa résidence, dans plus d'un État, mais le cas pourra évidemment se présenter si un État se base sur le lieu d'enregistrement et l'autre sur le lieu où se trouve la direction effective. En conséquence, il faut également établir pour les sociétés, etc., des règles concernant la préférence.

22. Lors de la rédaction initiale du paragraphe 3, il a été estimé que ce ne serait pas une solution adéquate que d'attacher de l'importance à un critère de pure forme comme l'enregistrement et la préférence a été donnée à une règle basée sur l'endroit où était situé le siège de direction effective, l'intention étant que celui-ci soit basé sur le lieu où la société, etc. était effectivement dirigée.

23. En 2017, toutefois, le Comité des affaires fiscales a reconnu que, bien que les situations de double résidence d'entités autres que des personnes physiques soient relativement rares, des sociétés ayant la double résidence étaient impliquées dans un certain nombre de cas d'évasion fiscale. La conclusion s'est alors imposée qu'il serait préférable de régler au cas par cas le problème de la double résidence des entités autres que les personnes physiques.

24. Eu égard à ces considérations, la version actuelle du paragraphe 3 prévoit que les autorités compétentes des États contractants s'efforcent de résoudre d'un commun accord les cas de double résidence d'une personne autre qu'une personne physique.

24.1 Les autorités compétentes chargées d'appliquer le paragraphe 3 prendront en considération divers facteurs tels que le lieu où les réunions du conseil d'administration de la personne ou de tout autre organe équivalent se tiennent généralement, le lieu où le directeur général et les autres dirigeants exercent généralement leur activité, le lieu où s'exerce la gestion supérieure des affaires courantes de la personne, le lieu où se situe le siège de la personne morale, l'État dont la législation régit le statut juridique de la personne morale, le lieu où sa comptabilité est tenue, la réponse à la question de savoir si le fait que l'on détermine que la personne morale est un résident de l'un des États contractants, mais pas de l'autre aux fins de la Convention, fait naître un risque d'application indue des dispositions de la Convention, etc. Les pays qui considèrent que les autorités compétentes ne devraient pas se voir investies du pouvoir de se prononcer sur de tels cas de double résidence sans disposer d'indications sur les facteurs à prendre en compte pour statuer souhaiteront peut-être compléter cette disposition afin de faire référence aux facteurs susmentionnés ou à d'autres jugés pertinents.

24.2 Une décision au titre du paragraphe 3 sera normalement revendiquée par l'entité intéressée en vertu du mécanisme prévu au paragraphe 1 de l'article 25. Cette demande peut être formulée dès qu'il est probable que la personne sera considérée comme résidente de chacun des États contractants au titre du paragraphe 1. En raison de l'obligation de notification prévue par le paragraphe 1 de l'article 25, elle doit être adressée en tout état de cause dans les trois ans suivant la première notification à cette personne de mesures d'imposition prises par un État ou les deux, indiquant que les allégements ou exemptions ont été refusés à cette personne en raison de son statut de double résidence, sans que les autorités compétentes aient pris la peine au préalable de déterminer un État de résidence unique selon le paragraphe 3. Les autorités compétentes auxquelles est adressée une demande de détermination de résidence en vertu du paragraphe 3 doivent la traiter rapidement et transmettre leur réponse au contribuable le plus tôt possible.

24.3 Parce que les éléments sur lesquels la décision sera fondée peuvent évoluer avec le temps, les autorités compétentes statuant en vertu des dispositions de cet article devraient préciser à quelle période se rapporte leur décision.

24.4 La dernière phrase du paragraphe 3 dispose qu'en l'absence d'un accord entre les autorités compétentes, la personne ayant une double résidence ne pourra prétendre à aucun des allégements ou exonérations prévus par la Convention sauf dans la mesure et selon les conditions convenues par les autorités compétentes. Toutefois, cela n'empêchera pas que le contribuable soit considéré comme résident de chacun des États contractants à des fins autres que l'octroi des allégements ou exonérations prévus par la Convention à cette personne. Cela signifie, par exemple, que la condition prévue à l'alinéa *b*) du paragraphe 2 de l'article 15 ne sera pas satisfaite s'agissant d'un salarié de cette personne qui est résident de l'un des États contractants et qui exerce un emploi dans l'autre État. De même, si une personne est une société, elle sera considérée comme résidente de chacun des États aux fins de l'application de l'article 10 aux dividendes qu'elle versera.

24.5 Certains États estiment cependant qu'il est préférable de traiter les cas de double résidence des personnes autres que les personnes physiques en appliquant la règle fondée sur le « siège de direction effective » qui était incluse dans la Convention avant 2017. Ces États considèrent en outre que cette règle peut être interprétée d'une manière permettant de prévenir les abus. Les États qui partagent ce point de vue et s'accordent sur la manière dont la notion de « siège de direction effective » doit être interprétée sont libres de faire figurer dans leurs conventions bilatérales la version suivante du paragraphe 3 :

> Lorsque, selon les dispositions du paragraphe 1, une personne autre qu'une personne physique est un résident des deux États contractants, elle est considérée comme un résident seulement de l'État où son siège de direction effective est situé.

Observations sur les Commentaires

25. Le *Chili* souhaite préciser le fait que, s'agissant du paragraphe 8.12, des entités qui ne sont pas considérées comme des résidents peuvent aussi inclure des fonds de pension, à moins d'être expressément couverts par la convention.

26. L'*Espagne*, du fait qu'en vertu de son droit interne l'exercice fiscal coïncide avec l'année civile et qu'il n'y a aucune possibilité de terminer l'exercice fiscal en raison d'un changement de la résidence du contribuable, ne pourra pas agir conformément au paragraphe 10 des Commentaires sur l'article 4. Dans ce cas, il sera nécessaire d'engager une procédure amiable afin d'établir la date à compter de laquelle le contribuable est considéré comme un résident d'un État contractant.

27. La *Hongrie* ne souscrit pas pleinement à l'interprétation du paragraphe 19 des Commentaires concernant l'expression « séjourne de façon habituelle ». La Hongrie considère qu'au cours de l'examen du lieu de séjour habituel d'une personne, il faut donner la priorité à la comparaison du nombre de jours de présence dans chaque État au cours d'une période donnée.

Réserves sur l'article

28. La *Corée* et le *Japon* font une réserve à l'égard des dispositions contenues dans cet article, comme dans tout autre article du Modèle de Convention, qui se réfèrent directement ou indirectement au siège de direction effective. Au lieu de l'expression « siège de direction effective », ces pays souhaitent utiliser, dans leurs conventions, l'expression « siège social ou bureau principal ».

29. La *France* n'adhère pas au principe général selon lequel lorsque l'impôt dû par une société de personnes est établi en fonction des caractéristiques personnelles de ses associés, ces derniers peuvent demander à bénéficier des dispositions des conventions conclues par les États dont ils sont résidents en ce qui concerne les revenus qui ne font que « transiter » par ladite société. De ce fait, la France se réserve, dans ses conventions fiscales, le droit d'amender l'article 4 de manière à préciser que les sociétés de personnes françaises doivent être considérées comme des résidents de France, eu égard à leurs caractéristiques juridiques et fiscales, et de prévoir les cas et conditions dans lesquels les société de personnes transparentes situées dans l'autre État contractant ou dans un État tiers peuvent bénéficier de la reconnaissance de leur transparence par la France.

30. La *France* se réserve le droit de ne pas inclure les fonds de pension au paragraphe 1 et de les traiter ainsi comme les autres entités qui ne remplissent pas les conditions relatives à la résidence.

31. Les *États-Unis* se réservent le droit d'utiliser comme critère le lieu d'enregistrement pour déterminer la résidence d'une société et, s'ils n'y parviennent pas, de ne pas accorder certains bénéfices de la Convention aux sociétés qui possèdent une double résidence.

32. Le *Portugal* et la *Suède* se réservent le droit de ne pas inclure l'expression « ainsi qu'à un fonds de pension reconnu de cet État » au paragraphe 1 et de traiter les fonds de pension conformément à la définition générale d'un « résident » ou au moyen de dispositions spéciales négociées bilatéralement.

33. *Israël* se réserve le droit d'inclure une disposition distincte concernant une fiducie qui est un résident des deux États contractants.

34. L'*Estonie* et la *Lettonie* se réservent le droit d'inclure le lieu d'enregistrement ou critère similaire dans le paragraphe 1.

35. Le *Japon* se réserve le droit d'omettre la phrase « sauf dans la mesure et selon les conditions convenues par les autorités compétentes des États contractants » au paragraphe 3.

COMMENTAIRES SUR L'ARTICLE 5 CONCERNANT LA DÉFINITION DE L'ÉTABLISSEMENT STABLE

1. La notion d'établissement stable est essentiellement utilisée pour déterminer le droit d'un État contractant d'imposer les bénéfices d'une entreprise de l'autre État contractant. En vertu de l'article 7, un État contractant ne peut imposer les bénéfices d'une entreprise de l'autre État contractant que si celle-ci exerce ses activités par l'intermédiaire d'un établissement stable situé dans le premier État.

2. Avant 2000, le revenu tiré d'une profession libérale et d'autres activités de caractère indépendant faisait l'objet d'un article séparé, soit l'article 14. Les dispositions de cet article étaient semblables à celles qui s'appliquaient aux bénéfices des entreprises mais on y retrouvait le concept de base fixe plutôt que celui d'établissement stable, puisqu'il avait originellement été considéré que ce dernier concept ne devait s'appliquer que dans le cadre des activités industrielles et commerciales. La suppression de l'article 14 en 2000 a été motivée par le fait qu'aucune différence ne semblait souhaitable entre les concepts d'établissement stable, à l'article 7, et de base fixe, à l'article 14, ni entre la façon de calculer les bénéfices et l'impôt selon que l'article 7 ou l'article 14 s'applique. La suppression de l'article 14 a donc eu comme conséquence que la définition d'établissement stable s'applique désormais à ce qui constituait précédemment une base fixe.

3. En 2017, un certain nombre de modifications ont été apportées à ces Commentaires. Certaines de ces modifications avaient pour objet de clarifier l'interprétation de l'article et il convient, à ce titre, de les prendre en considération aux fins de l'interprétation et de l'application des conventions conclues avant leur adoption car elles correspondent à un consensus entre les pays membres de l'OCDE quant à l'interprétation qu'il y a lieu de donner des dispositions existantes ou quant à leur application à des situations spécifiques (voir le paragraphe 35 de l'Introduction).

4. Les modifications à ces Commentaires liées à l'ajout du paragraphe 4.1 et à la modification des paragraphes 4, 5 et 6 de l'article qui ont été effectuées à la suite de l'adoption du Rapport sur l'Action 7 du Projet sur l'érosion de la base d'imposition et le transfert de bénéfices (BEPS) qui a été réalisé sous l'égide de l'OCDE et du G20 n'ont toutefois qu'un caractère prospectif et, comme telles, n'affectent pas l'interprétation des dispositions antérieures du Modèle de Convention fiscale de l'OCDE et des conventions qui reprennent ces dispositions, en particulier en ce qui concerne l'interprétation des paragraphes 4 et 5 de l'article tels qu'ils étaient formulés avant ces modifications (voir le paragraphe 4 du Rapport).

5. Dans de nombreux États, une entreprise étrangère peut être autorisée ou obligée à s'inscrire aux fins d'une taxe sur la valeur ajoutée ou d'une taxe sur les produits et services (TVA/TPS) indépendamment du fait qu'elle dispose dans cet État d'une installation fixe d'affaires par l'intermédiaire de laquelle elle exerce tout ou partie de son activité ou du fait qu'elle soit considérée comme ayant un établissement stable dans cet État en vertu du paragraphe 5 de l'article 5. Cependant, le traitement en vertu de la TVA/TPS n'est pas en lui-même pertinent aux fins de l'interprétation et de

l'application de la définition d'établissement stable dans la Convention ; lors de l'application de cette définition, il ne faut donc tirer aucune conclusion à partir de la façon dont une entreprise étrangère est traitée pour les fins de la TVA/TPS et ce, malgré le fait qu'une entreprise étrangère soit enregistrée pour le fins de la TVA/TPS.[1]

Paragraphe 1

6. Le paragraphe 1 donne de l'expression « établissement stable » une définition générale qui dégage les caractéristiques essentielles d'un tel établissement aux fins de la Convention, c'est-à-dire un « situs » distinct, une « installation fixe d'affaires ». Aux termes du paragraphe, l'expression « établissement stable » désigne une installation fixe d'affaires par l'intermédiaire de laquelle une entreprise exerce tout ou partie de son activité. Cette définition comporte donc les critères suivants :

- l'existence d'une « installation d'affaires », c'est-à-dire d'une installation telle que des locaux ou, dans certains cas, des machines ou de l'outillage ;
- cette installation d'affaires doit être « fixe », c'est-à-dire qu'elle doit être établie en un lieu précis, avec un certain degré de permanence ;
- l'exercice des activités de l'entreprise par l'intermédiaire de cette installation fixe d'affaires ; ce qui signifie habituellement que les personnes qui, d'une façon ou d'une autre, dépendent de l'entreprise (le personnel) exercent les activités de l'entreprise dans l'État où est située l'installation fixe.

7. Peut-être pourrait-on soutenir qu'il eût été opportun de mentionner également dans la définition générale l'autre élément caractéristique de l'établissement stable auquel on a parfois attaché une certaine importance dans le passé, à savoir que l'établissement doit avoir un caractère productif, c'est-à-dire contribuer aux bénéfices de l'entreprise. Ce point de vue n'a pas été retenu dans la présente définition. Il est en effet évident que, dans une entreprise commerciale bien administrée, chaque élément de l'entreprise contribue à la productivité de l'ensemble. Il ne s'ensuit pas nécessairement que, du fait que dans le cadre général de l'organisation, un

1 Voir le paragraphe 337 du Rapport sur l'Action 1 du Projet BEPS (« ... il convient de souligner, à propos de la simplification des formalités d'enregistrement à la TVA, que celles-ci doivent être accomplies indépendamment du fait qu'une entreprise dispose ou non d'un établissement stable (ES) aux fins de l'impôt sur les bénéfices. »), OCDE (2017), *Relever les défis fiscaux posés par l'économie numérique, Action 1 - Rapport final 2015*, Projet OCDE/G20 sur l'érosion de la base d'imposition et le transfert de bénéfices, Éditions OCDE, Paris. http://dx.doi.org/10.1787/9789264252141-fr. Cf. la note de bas de page n°24 des Principes directeurs internationaux pour la TVA/TPS (« Aux fins des présents Principes directeurs, on suppose que l'établissement comporte une installation fixe d'affaires ayant un niveau d'infrastructure suffisant en termes de personnel, de systèmes et d'actifs pour recevoir et/ou effectuer des prestations. L'identification à la TVA n'est pas en soi constitutive d'un établissement aux fins des présents Principes directeurs. Les pays sont encouragés à communiquer sur la manière dont un « établissement » est défini dans leur législation sur la TVA. »), OCDE (2017), *Principes directeurs internationaux pour la TVA/TPS*, Éditions OCDE, Paris. http://dx.doi.org/10.1787/9789264272958-fr.

établissement particulier a un « caractère productif », on puisse attribuer, à bon droit, à cet établissement une part de bénéfices en vue de l'imposition dans un territoire particulier (voir les Commentaires sur le paragraphe 4).

8. Il est également important de noter que les modalités d'exercice de l'activité évoluent au fil des années de sorte que les faits et le dispositif prévalant à un moment donné peuvent ne plus prévaloir après une évolution dans les modalités d'exercice de l'activité d'une entreprise dans un État donné. À l'évidence, l'existence d'un établissement stable dans un État pendant une période donnée doit être établie en se fondant sur les circonstances prévalant pendant cette période, et non sur celles prévalant pendant une période passée ou future, notamment une période antérieure à l'adoption de nouveaux dispositifs ayant modifié les modalités d'exercice de l'activité.

9. En outre, l'existence, dans l'autre État contractant, d'un établissement stable d'une entreprise d'un État contractant doit être établie indépendamment de la détermination des dispositions de la Convention s'appliquant aux bénéfices tirés par l'entreprise. Par exemple, une ferme ou un bureau de location d'appartements situé dans un État contractant et exploité par un résident de l'autre État contractant peut constituer un établissement stable indépendamment du fait que les bénéfices attribuables à cet établissement stable constituent des revenus tirés de biens immobiliers visés par l'article 6 ; si l'existence d'un établissement stable peut dans de tels cas ne pas être pertinente aux fins de l'application de l'article 6, elle demeure pertinente aux fins de l'application d'autres dispositions telles que celles des paragraphes 4 et 5 de l'article 11, de l'alinéa c) du paragraphe 2 de l'article 15 et du paragraphe 3 de l'article 24.

10. L'expression « installation d'affaires » couvre tout local, matériel ou installation utilisé pour l'exercice des activités de l'entreprise, qu'il serve ou non exclusivement à cette fin. Il peut même y avoir une installation d'affaires lorsque aucun local n'est disponible ni nécessaire pour l'exercice des activités de l'entreprise et que celle-ci dispose simplement d'un certain emplacement. Il importe peu que l'entreprise soit ou non propriétaire ou locataire du local, du matériel ou de l'installation ou qu'elle l'ait d'une autre manière à sa disposition. Ainsi, l'installation d'affaires peut être constituée par une place sur un marché, ou par un certain emplacement, utilisé de manière permanente, dans un dépôt de douane (par exemple pour l'entreposage de marchandises taxables). L'installation d'affaires peut aussi se trouver dans les locaux d'une autre entreprise. Ce peut être le cas, par exemple, lorsque l'entreprise étrangère dispose en permanence de certains locaux ou d'une partie des locaux appartenant à l'autre entreprise.

11. Comme il a été noté précédemment, le simple fait qu'une entreprise ait à sa disposition un certain emplacement servant à ses activités d'entreprise suffit pour constituer une installation d'affaires, de sorte que l'entreprise n'a pas l'obligation de détenir un droit juridique formel sur cette installation. Ainsi, par exemple, il pourrait y avoir un établissement stable lorsqu'une entreprise occupe illégalement un certain emplacement à partir duquel elle exerce son activité.

12. Si l'existence d'un droit juridique formel d'utiliser un emplacement particulier n'est pas indispensable pour que cet emplacement constitue un établissement stable, la simple présence d'une entreprise à un emplacement particulier ne signifie pas nécessairement que cet emplacement soit à la disposition de l'entreprise. Le fait qu'un emplacement puisse être considéré comme étant à la disposition d'une entreprise de telle manière qu'il puisse constituer une « installation d'affaires par l'intermédiaire de laquelle [cette] entreprise exerce tout ou partie de son activité » dépendra du pouvoir effectif, reconnu à l'entreprise, d'utiliser cet emplacement ainsi que de la mesure dans laquelle elle y est présente et des activités qu'elle y exerce. Les exemples suivants sont présentés à titre illustratif. Lorsqu'une entreprise est légalement autorisée à utiliser un emplacement particulier qui est uniquement affecté à l'exercice de ses propres activités (autrement dit lorsqu'elle a légalement la jouissance de cet emplacement), l'emplacement est manifestement mis à sa disposition. Il en sera également ainsi lorsqu'une entreprise est autorisée à utiliser un emplacement spécifique appartenant à une autre entreprise ou utilisé par plusieurs entreprises et exerce son activité à cet emplacement de manière continue pendant une durée prolongée. Tel ne sera pas le cas en revanche lorsque la présence de l'entreprise à l'emplacement considéré est si discontinue ou occasionnelle que l'emplacement ne peut pas être considéré comme une installation d'affaires de l'entreprise (notamment lorsque les salariés d'une entreprise ont accès aux locaux d'entreprises associées dans lesquels ils se rendent souvent, sans toutefois y travailler pendant une certaine durée). Lorsqu'une entreprise n'est pas autorisée à être présente sur un emplacement et, de fait, n'utilise pas cet emplacement, l'emplacement n'est manifestement pas mis à sa disposition ; on ne peut donc pas considérer, par exemple, qu'une usine qui est détenue et utilisée exclusivement par un fournisseur ou un sous-traitant est mise à la disposition d'une entreprise recevant les marchandises produites dans cette usine simplement parce que toutes les marchandises seront utilisées dans le cadre de l'activité de l'entreprise (voir également les paragraphes 65, 66 et 121 ci-après). Il importe en outre de rappeler que même si un emplacement est une installation d'affaires par l'intermédiaire de laquelle une entreprise exerce pour partie son activité, cet emplacement ne sera pas considéré comme un établissement stable si le paragraphe 4 s'applique aux activités exercées à cet emplacement.

13. Ces principes sont illustrés par les exemples supplémentaires qui suivent dans lesquels des représentants d'une entreprise sont présents dans les locaux d'une autre entreprise.

14. Le premier exemple est celui d'un vendeur qui se rend régulièrement chez un client important pour prendre des commandes et, à cette fin, rencontre le directeur des approvisionnements dans son bureau. Dans ce cas, les locaux du client ne sont pas à la disposition de l'entreprise pour laquelle travaille le vendeur et ne constituent donc pas une installation d'affaires par l'intermédiaire de laquelle l'entreprise réalise son activité (toutefois, selon les circonstances, le paragraphe 5 peut s'appliquer pour conclure à l'existence d'un établissement stable présumé).

15. Le deuxième exemple est celui d'un employé d'une société qui, durant une longue période, est autorisé à utiliser un bureau au siège d'une autre société (par exemple, une filiale récemment acquise) afin de veiller à ce que la seconde société respecte ses obligations aux termes de contrats conclus avec la première. Dans ce cas, l'employé exerce des activités liées à l'activité de la première société et le bureau mis à sa disposition au siège de la deuxième société constitue un établissement stable de son employeur en autant que le bureau soit à sa disposition pour une période de temps assez longue pour constituer une « installation fixe d'affaires » (voir les paragraphes 28 à 34) et que les activités exercées à cet endroit ne soient pas limitées aux activités décrites au paragraphe 4 de l'article.

16. Le troisième exemple est celui d'une entreprise de transports routiers qui, pendant plusieurs années, utilise quotidiennement un dock de livraison à l'entrepôt d'un client afin de livrer des produits achetés par ce client. Dans ce cas, la présence en cet endroit de l'entreprise de transports routiers est si limitée que cet emplacement ne saurait être considéré comme étant à sa disposition de façon à constituer un établissement stable de cette entreprise.

17. Le quatrième exemple est celui d'un peintre en bâtiment qui, deux ans durant, passe trois jours par semaine dans le grand immeuble de bureaux de son principal client. Dans ce cas, la présence du peintre dans l'immeuble de bureaux d'une autre entreprise où il exerce les fonctions les plus importantes de son activité d'entreprise (à savoir la peinture) permet de conclure à l'existence d'un établissement stable de ce peintre.

18. Même si l'activité d'une entreprise peut être exercée pour partie dans des locaux tels qu'un bureau situé au domicile d'une personne physique, ceci ne devrait pas conduire automatiquement à la conclusion que ces locaux sont mis à la disposition de l'entreprise simplement parce qu'ils sont utilisés par une personne (notamment un salarié) qui travaille pour cette entreprise. Le fait qu'un bureau à domicile constitue un endroit mis à la disposition de l'entreprise sera établi en fonction des faits et des circonstances spécifiques à chaque situation. Dans de nombreux cas, l'exercice d'une activité au domicile d'une personne (notamment d'un salarié) aura un caractère si discontinue ou occasionnel que le domicile ne sera pas considéré comme un endroit mis à la disposition de l'entreprise (voir le paragraphe 12 précédent). Néanmoins, lorsqu'un bureau à domicile est utilisé de manière continue pour l'exercice d'une activité d'entreprise et qu'il est clair, au vu des faits et des circonstances, que l'entreprise a obligé la personne à utiliser les locaux concernés pour l'exercice d'une activité de l'entreprise (notamment en ne fournissant pas de bureau à un salarié alors que la nature même de l'emploi l'exige clairement), le bureau à domicile peut être considéré comme étant mis à la disposition de l'entreprise.

19. Un exemple parlant est celui d'une consultante non-résidente qui est présente pendant une certaine durée dans un État donné où elle exerce la majeure partie des activités d'entreprise de sa propre entreprise de conseil depuis un bureau installé à son domicile dans cet État ; dans ce cas, le bureau à domicile constitue un endroit mis à la disposition de l'entreprise. Néanmoins, lorsqu'un travailleur transfrontalier exécute la

majeure partie de ces tâches à partir de son domicile situé dans un État, et non à partir du bureau mis à sa disposition dans l'autre État, il conviendrait de ne pas considérer que son domicile est mis à la disposition de l'entreprise dans la mesure où ce n'est pas l'entreprise qui a exigé que le domicile soit utilisé pour l'exercice de ses activités. Il convient cependant de noter que, sachant que la grande majorité des salariés résident dans un État où leur employeur dispose d'une ou de plusieurs installations d'affaires auxquelles ils rendent compte, la question de savoir si un bureau à domicile constitue, ou non, un endroit mis à la disposition d'une entreprise se posera rarement dans la pratique. Par ailleurs, les activités exercées depuis un bureau à domicile n'auront souvent qu'un caractère auxiliaire et tomberont donc sous le coup de l'exception prévue au paragraphe 4.

20. L'expression « par l'intermédiaire de » doit être interprétée au sens large comme s'appliquant à toute situation dans laquelle des activités d'entreprise sont exercées sur un site particulier qui est à la disposition de l'entreprise à cet effet. Ainsi, par exemple, une entreprise en train de paver une route sera considérée comme exerçant son activité « par l'intermédiaire » du site où cette activité se déroule.

21. D'après la définition, l'installation d'affaires doit être « fixe ». Ainsi, il doit normalement exister un lien entre l'installation d'affaires et un point géographique déterminé. La période pendant laquelle une entreprise d'un État contractant opère dans l'autre État contractant importe peu si ses opérations n'ont pas lieu en un lieu précis, mais cela ne signifie pas que l'outillage constituant l'installation d'affaires doit être matériellement fixé au sol. Il suffit que l'outillage demeure dans un endroit particulier (cf. toutefois le paragraphe 57 ci-après).

22. Lorsque la nature des activités d'une entreprise est telle que ces activités se déplacent en différents endroits voisins, il peut être difficile de déterminer s'il existe une seule « installation fixe d'affaires » (si deux installations d'affaires sont occupées et que les autres conditions énoncées à l'article 5 sont remplies, l'entreprise a, naturellement, deux établissements stables). Ainsi qu'il est établi aux paragraphes 51 et 57 ci-dessous, on considère en général qu'il existe une installation d'affaires distincte lorsqu'on peut dire, compte tenu de la nature des activités d'entreprise, qu'un endroit donné à l'intérieur duquel ces activités se déplacent constitue un tout cohérent sur le plan commercial et géographique au regard de ces activités.

23. On peut illustrer ce principe par des exemples. Une mine constitue à l'évidence une installation d'affaires distincte, même si des activités peuvent se déplacer d'un site à un autre au sein d'une mine qui peut être de très grandes dimensions, dans la mesure où elle constitue une unité géographique et commerciale unique dans le cadre de l'activité minière. De même, un « centre d'hébergement de bureaux » dans lequel une société de conseil loue régulièrement différents bureaux peut être considéré comme une installation d'affaires distincte de cette société, car dans ce cas l'immeuble constitue géographiquement un tout, et le centre d'hébergement est une installation fixe d'affaires pour la société de conseil. Pour la même raison, une rue piétonne, un marché en plein air ou une foire dans les différentes parties de laquelle ou duquel un

commerçant installe régulièrement son éventaire constitue une installation d'affaires distincte pour ce commerçant.

24. En revanche, lorsqu'il n'existe pas de cohérence commerciale, le fait que des activités aient lieu dans une zone géographique limitée ne doit pas conduire à considérer cette zone comme une installation fixe d'affaires. Par exemple, lorsqu'un peintre en bâtiment travaille successivement dans le cadre d'une série de contrats indépendants pour un certain nombre de clients distincts dans un grand immeuble de bureaux, on ne peut considérer que les travaux exécutés dans cet immeuble constituent un seul et même projet, et cet immeuble ne saurait être considéré comme une installation d'affaires distincte aux fins de ces travaux. En revanche, dans l'exemple différent d'un peintre qui, aux termes d'un contrat unique, exécute des travaux dans l'ensemble d'un immeuble pour un client unique, on peut considérer que cet immeuble constitue une installation d'affaires unique aux fins de ces travaux car il constitue un tout cohérent sur le plan commercial et géographique.

25. A l'inverse, il arrive qu'une zone où sont réalisées des activités dans le cadre d'un projet unique, et qui constitue un tout cohérent sur le plan commercial, n'ait pas la cohérence géographique nécessaire pour constituer une installation d'affaires unique. Par exemple, si un consultant officie dans différentes agences implantées à des endroits différents dans le cadre d'un même projet de formation des salariés d'une banque, il convient de traiter chaque agence séparément. En revanche, si le consultant se déplace d'un bureau à un autre au sein d'une même agence, on considère qu'il demeure dans la même installation d'affaires. L'agence unique possède une cohérence géographique, élément qui n'existe pas si le consultant se déplace dans différentes agences géographiquement distinctes.

26. Un navire qui navigue dans les eaux internationales ou dans un ou plusieurs États n'est pas fixe et, dès lors, ne constitue pas une installation fixe d'affaires (sauf si l'exploitation du navire est restreinte à une zone particulière présentant une cohérence commerciale et géographique). Les activités exercées à bord d'un tel navire, comme l'exploitation d'un magasin ou d'un restaurant, doivent être traitées de la même manière aux fins de déterminer si le paragraphe 1 s'applique (le paragraphe 5 pourrait toutefois s'appliquer à certaines de ces activités, notamment lorsque des contrats sont conclus quand ces magasins ou restaurants sont exploités dans un État).

27. Clairement, on ne peut considérer qu'un établissement stable est situé dans un État contractant que si l'installation d'affaires concernée est située sur le territoire de cet État. La question de savoir si un satellite en orbite géostationnaire pourrait constituer un établissement stable pour l'exploitant est en partie liée à celle de l'étendue du territoire d'un État dans l'espace. Aucun pays membre n'accepterait que l'emplacement de ces satellites puisse se trouver sur le territoire d'un État contractant en vertu des règles de droit international applicable et puisse dès lors être considéré comme un établissement stable situé sur ce territoire. En outre, la zone précise à l'intérieur de laquelle les signaux envoyés par un satellite peuvent être reçus (correspondant à l'« empreinte » du satellite) ne peut être considérée comme étant

mise à la disposition de l'exploitant du satellite de sorte qu'elle devienne une installation d'affaires de l'exploitant du satellite.

28. Puisque l'installation d'affaires doit être fixe, il s'ensuit aussi qu'un établissement stable n'est censé exister que si l'installation d'affaires a un certain degré de permanence, c'est-à-dire si elle n'a pas un caractère purement temporaire. Une installation d'affaires peut constituer un établissement stable, même si elle n'a existé en fait que pendant une très courte période en raison du caractère particulier des activités de l'entreprise qui ne peuvent être exercées que sur une période très brève. Il est parfois difficile de déterminer si c'est le cas. Même si les pratiques des pays membres n'ont pas été homogènes en ce qui concerne le critère temporel, l'expérience montre que l'on n'a pas normalement conclu à l'existence d'un établissement stable lorsque l'activité avait été exercée dans un pays par l'intermédiaire d'une installation d'affaires tenue depuis moins de six mois (à l'inverse, la pratique montre que dans beaucoup de cas on a conclu à l'existence d'un établissement stable quand l'installation d'affaires était entretenue durant une période plus longue).

29. L'une des exceptions à cette pratique générale est celle des activités de nature récurrente : en pareil cas, chaque laps de temps pendant lequel l'installation est utilisée doit être considéré en combinaison avec le nombre de fois où elle l'a été (la période considérée pouvant s'étendre sur plusieurs années). Cette exception est illustrée par l'exemple suivant. Une entreprise de l'État R exerce des activités de forage dans une zone reculée de l'Arctique dans l'État S. Les conditions saisonnières qui prévalent dans cette zone empêchent que ces activités soient poursuivies pendant plus de trois mois par an, mais elles doivent s'étaler sur cinq ans. Dans ce cas, compte tenu de la nature des activités conduites dans la zone concernée, on pourrait considérer que le critère de durée applicable pour établir l'existence d'un établissement stable est satisfait en raison du caractère récurrent de l'activité et indépendamment du fait que toute présence continue dure moins de six mois ; le critère de durée pourrait également être satisfait dans le cas de périodes plus courtes à caractère récurrent imposées par la spécificité des activités concernées.

30. Une autre exception à cette pratique générale est celle d'activités constituant une entreprise qui a été menée exclusivement dans le pays considéré ; dans ce cas, l'entreprise peut être de courte durée de par sa nature, mais comme elle n'a eu d'existence que dans ce pays, sa relation avec lui est plus forte. Cette exception est illustrée par l'exemple suivant. Une résidente de l'État R a appris qu'un documentaire serait prochainement tourné pour la télévision dans un village reculé de l'État S où ses parents possèdent encore une grande maison. Le documentaire nécessitera la présence d'un certain nombre d'acteurs et de techniciens dans le village pendant une période de quatre mois. Cette personne s'entend par contrat avec le producteur du documentaire pour fournir des services de restauration aux acteurs et aux techniciens pendant ces quatre mois et, aux termes du contrat, elle fait de la maison de ses parents une cafétéria qu'elle exploite en tant qu'unique propriétaire pendant la période concernée. Ce sont là les seules activités commerciales qu'elle exerce et l'entreprise cesse d'exister à l'issue de la période de tournage ; la cafétéria sera donc l'unique

emplacement où l'entreprise exercera l'intégralité de ses activités. Dans ce cas, on pourrait considérer que le critère de durée applicable pour établir l'existence d'un établissement stable est satisfait dès lors que le restaurant est exploité pendant toute la durée de l'existence de l'entreprise. La situation serait différente en revanche si une société résidente de l'État R exploitant plusieurs établissements de restauration dans l'État R exploitait une cafétéria dans l'État S pendant les quatre mois nécessaires à la production d'un documentaire. Dans ce cas, l'activité de la société, exercée de manière permanente dans l'État R, n'est que temporairement exercée dans l'État S.

31. Pour faciliter l'application pratique des dispositions de l'article, les pays sont invités à tenir compte des pratiques citées aux paragraphes 28 à 30 lorsqu'ils sont confrontés à des litiges sur la question de savoir si une installation d'affaires donnée qui n'existe que pour une brève période constitue un établissement stable.

32. Comme l'indiquent les paragraphes 44 et 55, les interruptions temporaires des activités ne mettent pas fin à l'existence d'un établissement stable. De même, comme on l'a vu au paragraphe 29, lorsqu'une installation d'affaires donnée n'est utilisée que pendant une très courte période mais que cette utilisation intervient régulièrement sur de longues périodes, il n'y a pas lieu de considérer que cette installation d'affaires a un caractère purement temporaire.

33. Par ailleurs, on peut rencontrer des cas où une installation d'affaires donnée sert durant de très courtes périodes à un certain nombre d'activités analogues exercées par la même personne ou par des personnes liées en vue d'éviter que l'on considère que cette installation n'est pas utilisée à des fins purement temporaires par chacune de ces activités. Les remarques des paragraphes 52 et 53 sur l'application abusive du seuil des douze mois prévu au paragraphe 3 doivent s'appliquer de la même façon à de tels cas.

34. Si une installation d'affaires qui au départ devait servir pendant une période si courte qu'elle n'aurait pas constitué un établissement stable est en réalité utilisée pendant une durée telle qu'elle ne peut plus être considérée comme temporaire, elle devient une installation fixe d'affaires et donc — rétrospectivement — un établissement stable. Une installation d'affaires peut aussi constituer d'emblée un établissement stable même si elle n'a existé en fait que pendant une très courte période, si par suite de circonstances spéciales, elle est liquidée prématurément (décès du contribuable, échec de l'investissement).

35. Pour qu'une installation d'affaires constitue un établissement stable, l'entreprise qui l'utilise doit exercer ses activités en totalité ou en partie par son intermédiaire. Ainsi qu'il est indiqué au paragraphe 7 ci-dessus, il n'est pas nécessaire que les activités aient un caractère productif. De plus, elles n'ont pas à être permanentes, au sens de l'absence d'interruption des opérations, mais celles-ci doivent être menées de manière régulière.

36. Lorsqu'une entreprise d'un État contractant utilise une installation fixe d'affaires dans l'autre État contractant pour louer ou donner à bail à des tiers des biens corporels tels qu'installations, équipement industriel, commercial ou scientifique (ICS), immeubles ou des biens incorporels tels que brevets, procédés de fabrication et autres,

cette activité conférera en général à l'installation d'affaires le caractère d'un établissement stable. Il en sera de même si des capitaux sont mis à disposition par l'intermédiaire d'une installation fixe d'affaires. Si une entreprise d'un État loue ou donne à bail des installations, de l'équipement ICS, des immeubles ou des biens incorporels à une entreprise de l'autre État sans disposer pour cette activité de location d'une installation fixe d'affaires dans l'autre État, les installations, l'équipement ICS, les immeubles ou les biens incorporels donnés à bail ne constitueront pas par eux-mêmes un établissement stable du bailleur à condition que le contrat se limite à la simple location de l'équipement ICS, etc. Il en sera encore de même dans le cas où, par exemple, le bailleur fournit du personnel après l'installation pour faire fonctionner l'équipement, à condition que le personnel ne soit responsable que du fonctionnement ou de l'entretien de l'équipement ICS sous la direction, la responsabilité et le contrôle du preneur. Si la responsabilité du personnel est plus étendue, par exemple s'il participe aux décisions concernant le travail pour lequel est utilisé l'équipement ou s'il fait fonctionner, surveille ou entretient l'équipement sous la responsabilité et le contrôle du bailleur, l'activité du bailleur peut dépasser le simple louage d'équipement ICS et peut constituer une activité d'entreprise. Dans ce cas, on pourra considérer qu'un établissement stable existe si le critère de permanence est rempli. Lorsque ces activités sont liées à celles qui sont énumérées au paragraphe 3, ou ont un caractère analogue, il est fait application du délai de douze mois. Dans les autres cas, la décision doit être prise en fonction des circonstances.

37. La location de conteneurs constitue un cas particulier de location d'équipement industriel ou commercial, qui présente cependant des caractéristiques propres. Les conditions dans lesquelles les entreprises de location de conteneurs devraient être considérées comme ayant un établissement stable dans les États où elles exercent leurs activités sont plus amplement examinées dans un rapport intitulé « L'imposition des revenus provenant de la location de conteneurs »[1].

38. Un autre exemple où on ne peut considérer qu'une entreprise exerce ses activités en partie ou en totalité par l'intermédiaire d'une installation d'affaires est celui d'un opérateur de télécommunications d'un État contractant qui conclut un accord d'« itinérance » avec un opérateur étranger afin d'autoriser ses usagers à se connecter au réseau de télécommunications de cet opérateur étranger. Aux termes d'un tel accord, un usager qui se trouve en dehors de la zone de couverture géographique de son réseau d'origine peut automatiquement effectuer et recevoir des appels locaux, envoyer et recevoir des données ou accéder à d'autres services en utilisant le réseau étranger. L'opérateur du réseau étranger facture alors la prestation à l'opérateur du réseau d'origine de l'utilisateur. Aux termes d'un accord d'itinérance classique, l'opérateur du réseau d'origine transfère simplement les appels vers le réseau de l'opérateur étranger et n'exploite pas ce réseau, pas plus qu'il n'y a physiquement accès. C'est pourquoi tout emplacement où le réseau étranger est situé ne peut être

1 Ce rapport est reproduit à la page R(3)-1 du volume II de la version complète du Modèle de Convention fiscale.

considéré comme étant mis à la disposition de l'opérateur du réseau d'origine et ne peut donc constituer un établissement stable de cet opérateur.

39. Il existe différentes manières, pour une entreprise, d'exercer son activité. Dans la plupart des cas, l'activité de l'entreprise est exercée par l'entrepreneur ou par des personnes qui ont avec l'entreprise des relations de salarié à employeur (personnel). Ce personnel inclut les employés et autres personnes qui reçoivent des instructions de l'entreprise (agents dépendants). Les pouvoirs dont disposent ces personnes dans leurs relations avec les tiers n'entrent pas en ligne de compte. Il importe peu que l'agent dépendant soit ou non habilité à conclure des contrats s'il travaille dans l'installation fixe d'affaires de l'entreprise (voir le paragraphe 100 ci-dessous). Comme expliqué au paragraphe 8.11 des Commentaires sur l'article 15, il peut cependant exister des situations où des individus qui sont formellement salariés d'une entreprise exercent en réalité l'activité d'une autre entreprise et où, en conséquence, on ne devrait pas considérer que la première entreprise exerce sa propre activité d'entreprise à l'endroit où les individus concernés exécutent le travail. Au sein d'un groupe multinational, il est relativement courant que les salariés d'une société soient temporairement détachés auprès d'une autre société du groupe et exercent des activités d'entreprise qui relèvent manifestement de l'activité d'entreprise de cette autre société. En pareil cas, des raisons administratives (notamment la nécessité de conserver les droits d'ancienneté et les droits à la retraite) empêchent souvent de modifier le contrat de travail. L'analyse présentée aux paragraphes 8.13 à 8.15 des Commentaires sur l'article 15 sera pertinente aux fins d'établir la distinction entre ces cas et d'autres cas où les salariés d'une entreprise étrangère se livrent à des activités relevant des propres activités de cette entreprise.

40. Une entreprise peut également exercer son activité par l'intermédiaire de sous-traitants, agissant seuls ou en collaboration avec des salariés de l'entreprise. Dans ce cas, l'existence d'un établissement stable ne sera établie pour l'entreprise que si les autres conditions prévues à l'article 5 sont réunies (ce qui ne permet toutefois pas de répondre à la question distincte du montant des bénéfices attribuable à cet établissement stable). Dans le contexte du paragraphe 1, pour que l'existence d'un établissement stable soit établie dans ces circonstances, il faudra que les sous-traitants exécutent un travail pour l'entreprise en un lieu constituant une installation fixe d'affaires mise à la disposition de l'entreprise. Quant à savoir si une installation fixe d'affaires où les sous-traitants exécutent le travail d'une entreprise est mise à la disposition de cette entreprise, la question sera tranchée conformément aux orientations définies au paragraphe 12 ; en l'absence de salariés de l'entreprise cependant, il sera nécessaire de démontrer que cette installation est mise à la disposition de l'entreprise en se fondant sur d'autres facteurs attestant que l'entreprise a manifestement la capacité effective d'utiliser cet endroit, notamment parce qu'elle en est propriétaire, ou en a légalement la jouissance, et en contrôle l'accès et l'utilisation. On trouve au paragraphe 54 une illustration d'une telle situation dans le cas d'un chantier de construction ; cette situation pourrait également se produire dans d'autres circonstances. Tel serait par exemple le cas lorsqu'une entreprise qui

détient un petit hôtel dont elle loue les chambres via Internet sous-traite l'exploitation sur place de l'hôtel à une société qu'elle rémunère sur la base des coûts majorés.

41. Il peut en outre y avoir établissement stable si les activités de l'entreprise sont exercées principalement au moyen d'un outillage automatique, les activités du personnel se bornant à monter, faire fonctionner, contrôler et entretenir cet outillage. Le montage de distributeurs automatiques, appareils à jeux et autres appareils semblables par une entreprise d'un État dans l'autre État constituera ou non un établissement stable selon que l'entreprise exercera ou non une activité commerciale en dehors du montage initial des appareils. Il n'y a pas établissement stable si l'entreprise procède simplement au montage des appareils et les loue ensuite à d'autres entreprises. Toutefois, un établissement stable pourra exister si l'entreprise qui monte les appareils les exploite aussi et les entretient pour son propre compte. Il en sera de même si les appareils sont exploités et entretenus par un agent dépendant de l'entreprise.

42. Il s'ensuit de la définition de l'expression « entreprise d'un État contractant » figurant à l'article 3 que cette expression, telle qu'utilisée à l'article 7, ainsi que le terme « entreprise » utilisé à l'article 5, fait référence à toute forme d'entreprise exploitée par un résident d'un État contractant, que celle-ci soit légalement constituée en société, qu'elle prenne la forme d'une société de personnes, d'une entreprise individuelle ou toute autre forme juridique. Il arrive que différentes entreprises collaborent sur un même projet et la réponse à la question de savoir si leur collaboration constitue une entreprise distincte (prenant notamment la forme d'une société de personnes) dépend des faits et de la législation nationale de chaque État. Clairement, si deux personnes exploitant chacune une entreprise distincte décident de former une société dont elles sont actionnaires, cette société constitue une personne morale exploitant ce qui devient dès lors une entreprise distincte. Il arrive souvent cependant que des entreprises différentes se mettent simplement d'accord pour exécuter chacune un volet séparé du même projet et que ces entreprises n'exercent pas conjointement des activités d'entreprise, qu'elles ne partagent pas les bénéfices tirés de ces activités et ne soient pas responsables de leurs activités respectives liées au projet bien qu'elles puissent partager le résultat global du projet ou la rémunération perçue au titre des activités exercées dans le contexte du projet. En pareil cas, il sera difficile de considérer qu'une entreprise distincte a été constituée. Même si dans de nombreux pays, un tel dispositif serait qualifié de « coentreprise », le sens donné à ce terme dépend de la législation nationale, et il est donc possible que, dans certains pays, le terme « coentreprise » renvoie à une entreprise distincte.

43. Dans le cas d'une entreprise prenant la forme d'une société de personnes transparente fiscalement, l'entreprise est exploitée par chacun des associés et, au regard des parts des bénéfices leur revenant respectivement, constitue donc une entreprise de chacun des États contractants dont un associé est un résident. Si cette société de personnes dispose d'un établissement stable dans un État contractant, la part des bénéfices de chaque associé attribuable à l'établissement stable constituera

donc, aux fins de l'article 7, un bénéfice tiré d'une entreprise de l'État contractant dont cet associé est un résident (voir également paragraphe 56 ci-après).

44. Un établissement stable commence à exister dès que l'entreprise commence à exercer ses activités par l'intermédiaire d'une installation fixe d'affaires. C'est le cas dès que l'entreprise prépare, dans l'installation, les activités auxquelles l'installation servira en permanence. La période pendant laquelle l'installation fixe d'affaires elle-même est mise en place par l'entreprise ne doit pas entrer en ligne de compte, à condition que cette activité diffère sensiblement de celle à laquelle l'installation doit servir en permanence. L'établissement stable cesse d'exister avec l'aliénation de l'installation fixe d'affaires ou avec la cessation de toute activité par son intermédiaire, c'est-à-dire lorsque toutes les opérations et mesures liées aux anciennes activités de l'établissement stable sont terminées (liquidation des activités courantes, entretien et réparation des installations). Toutefois, une interruption temporaire des opérations ne saurait être assimilée à une fermeture. Si l'installation fixe d'affaires est donnée à bail à une autre entreprise, habituellement elle servira seulement aux activités de cette entreprise et non plus à celles du bailleur ; en règle générale, l'établissement stable du bailleur cesse d'exister, sauf s'il continue d'exercer ses propres activités par l'intermédiaire de l'installation fixe d'affaires.

Paragraphe 2

45. Ce paragraphe contient une liste, nullement limitative, d'exemples d'installations d'affaires qui peuvent être chacun considérés comme constituant un établissement stable aux termes du paragraphe 1 sous réserve qu'ils répondent aux conditions énoncées dans ce paragraphe. Ces exemples devant être envisagés dans le contexte de la définition générale donnée au paragraphe 1, les termes énumérés : « siège de direction », « succursale », « bureau », etc., doivent être interprétés de telle sorte que ces installations d'affaires ne constituent un établissement stable que si elles répondent aux conditions stipulées au paragraphe 1 et ne sont pas des installations d'affaires auxquelles le paragraphe 4 s'applique.

46. L'expression « siège de direction » a été mentionnée séparément car ce n'est pas nécessairement un « bureau ». Toutefois, si la législation des deux États contractants ne distingue pas la notion de « siège de direction » de celle de « bureau », l'expression « siège de direction » peut être omise dans leur convention bilatérale.

47. L'alinéa *f)* précise que les mines, puits de pétrole ou de gaz, carrières ou tout autre lieu d'extraction de ressources naturelles, sont des établissements stables. L'expression « tout autre lieu d'extraction de ressources naturelles » doit être interprétée au sens large. Elle inclut par exemple tout lieu d'extraction d'hydrocarbures, sur terre ou en mer.

48. L'alinéa *f)* traite de l'extraction de ressources naturelles mais ne mentionne pas la prospection de ces ressources sur terre ou en mer. En conséquence, lorsque les revenus provenant de ces activités sont considérés comme des bénéfices d'entreprise, la question de savoir si ces activités sont exercées par l'intermédiaire d'un établissement stable est réglée par le paragraphe 1. Comme, cependant, il n'a pas été

possible d'adopter une position commune sur les questions fondamentales de l'attribution du droit d'imposer et de la qualification des revenus qui proviennent des activités de prospection, les États contractants peuvent décider d'insérer des dispositions spécifiques. Ils peuvent décider, par exemple, qu'une entreprise d'un État contractant, en ce qui concerne ses activités de prospection de ressources naturelles dans un lieu ou une zone situés dans l'autre État contractant :

a) n'est pas considérée comme ayant un établissement stable situé dans cet autre État ; ou

b) est considérée comme exerçant ces activités par l'intermédiaire d'un établissement stable situé dans cet autre État ; ou

c) est considérée comme exerçant ces activités par l'intermédiaire d'un établissement stable dans cet autre État si la durée de ces activités dépasse une période de temps donnée.

Les États contractants peuvent, de plus, convenir de soumettre les revenus de ces activités à toute autre règle.

Paragraphe 3

49. Ce paragraphe stipule expressément qu'un chantier de construction ou de montage ne constitue un établissement stable que si sa durée dépasse douze mois. Tout chantier qui ne remplit pas ces conditions ne constitue pas par lui-même un établissement stable, même s'il comprend une installation, par exemple un bureau ou un atelier au sens du paragraphe 2, liée à l'activité de construction. Cependant, lorsqu'un bureau ou un atelier est utilisé pour un certain nombre de chantiers de construction, et que les activités qui y sont exercées vont au-delà de celles qui sont mentionnées au paragraphe 4, il sera considéré comme un établissement stable si les conditions prévues dans l'article sont remplies par ailleurs, même si aucun des projets ne comporte un chantier de construction ou de montage dont la durée dépasse douze mois. Dans ce cas, la situation de l'atelier ou du bureau sera donc différente de celle de ces chantiers de construction ou de montage, dont aucun ne constitue un établissement stable, et il importera de veiller à ce que seuls les bénéfices qui peuvent être à juste titre attribués aux fonctions exercées par ce bureau ou cet atelier, compte tenu des actifs utilisés et des risques assumés par l'intermédiaire de ce bureau ou cet atelier, soient attribués à l'établissement stable. On peut y inclure les bénéfices qui peuvent être attribués aux fonctions exercées en liaison avec les différents chantiers de construction, mais seulement dans la mesure où ces fonctions peuvent être effectivement attribuées à ce bureau.

50. L'expression « chantier de construction ou de montage » ne couvre pas seulement la construction de bâtiments, mais aussi celle de routes, de ponts ou de canaux, la rénovation (lorsqu'elle suppose d'important travaux de structure, mais pas si elle se limite à la seule maintenance ou à la décoration) de ces bâtiments, routes, ponts ou canaux, la pose de conduites ainsi que le terrassement et le dragage. De même, l'expression « chantier ... de montage » ne se limite pas aux montages liés à un chantier de construction ; elle englobe également le montage de nouveaux

équipements, notamment de machines complexes, dans un immeuble existant ou sur un site extérieur. Le paragraphe 3 s'applique à l'organisation et à la supervision sur place du chantier de construction d'un bâtiment. Les États souhaitant modifier le libellé du paragraphe pour s'assurer expressément de ce résultat sont libres de le faire dans le cadre de leurs conventions bilatérales.

51. Le critère des douze mois s'applique à chaque chantier. Pour déterminer la durée d'existence du chantier, il ne faut pas tenir compte du temps que l'entrepreneur a déjà passé sur d'autres chantiers qui n'ont aucun lien avec le premier. Un chantier de construction devra être considéré comme une unité, même s'il est basé sur plusieurs contrats, à condition qu'il constitue un tout cohérent sur le plan commercial et géographique. Sous réserve de cette condition, un chantier de construction constituera une unité même si les commandes ont été passées par plusieurs personnes (par exemple, pour une rangée de maisons).

52. Le seuil de douze mois a pu donner lieu à des abus ; ainsi, il a parfois été constaté que des entreprises (principalement des entrepreneurs ou des sous-traitants travaillant sur le plateau continental ou en liaison avec l'exploration et l'exploitation du plateau continental) fractionnaient leurs contrats en plusieurs éléments dont chacun portait sur une durée inférieure à douze mois et était attribué à une société différente mais faisant partie du même groupe. Outre le fait que de tels abus puissent, selon les circonstances, donner lieu à l'application de dispositions légales ou de règles jurisprudentielles visant à contrecarrer l'évasion fiscale, ils peuvent également être traités par l'application de la règle anti-abus du paragraphe 9 de l'article 29, comme le montre l'exemple J au paragraphe 182 des Commentaires sur l'article 29. Certains États peuvent néanmoins souhaiter traiter ces abus de manière spécifique. De plus, les États qui n'incluent pas le paragraphe 9 de l'article 29 dans leurs conventions devraient inclure une disposition supplémentaire traitant la question du fractionnement des contrats. Cette disposition pourrait, par exemple, être formulée comme suit :

> À seule fin de déterminer si la période de douze mois visée au paragraphe 3 a été dépassée, lorsque
>
> *a)* une entreprise d'un État contractant exerce des activités dans l'autre État contractant à un endroit qui constitue un chantier de construction ou de montage et que ces activités sont exercées pendant une ou plusieurs périodes qui, globalement, excède 30 jours sans excéder douze mois, et
>
> *b)* des activités connexes sont exercées sur le même chantier de construction ou de montage pendant des périodes différentes de plus de 30 jours chacune par une ou plusieurs entreprises étroitement liées à la première entreprise,
>
> ces périodes différentes sont ajoutées à la période pendant laquelle la première entreprise a effectué des activités sur ce chantier de construction ou de montage.

Le concept d'« entreprises étroitement liées » utilisé dans la disposition qui précède est définie au paragraphe 8 de l'article (voir les paragraphes 119 à 121 ci-dessous).

53. Aux fins de la disposition supplémentaire figurant au paragraphe 52, la détermination du caractère connexe ou non des activités dépendra des faits et

circonstances de chaque cas. Les critères qui suivent peuvent être particulièrement pertinents à cet égard :

— Les contrats visant les différentes activités ont-ils été conclus par la même personne ou par des personnes liées ?
— La conclusion de contrats supplémentaires avec une personne est-elle la conséquence logique d'un contrat antérieur conclu avec cette personne ou des personnes liées ?
— Les activités auraient-elles fait l'objet d'un contrat unique en l'absence de considérations de planification fiscale ?
— La nature du travail correspondant aux différents contrats est-elle identique ou similaire ?
— Les activités correspondant aux différents contrats sont-elles exercées par les mêmes salariés ?

54. Un chantier existe à compter de la date à laquelle l'entrepreneur commence son activité y compris les travaux préparatoires exécutés dans le pays où la construction doit être édifiée, par exemple lorsqu'il installe un bureau d'étude pour la construction. Si une entreprise (entrepreneur général) qui s'est chargée d'exécuter l'ensemble des travaux d'un chantier sous-traite tout ou partie des travaux à d'autres entreprises (sous-traitants), le temps passé par chaque sous-traitant sur le chantier doit être considéré comme temps consacré par l'entrepreneur général au chantier aux fins de l'établissement de l'existence d'un établissement stable de l'entrepreneur général. Dans ce cas, il conviendrait de considérer le chantier comme étant à la disposition de l'entrepreneur général pendant le temps passé sur le chantier par tout sous-traitant lorsque les circonstances donnent à penser que, pendant ce temps, l'entrepreneur général a clairement le chantier à sa disposition en raison de facteurs tels que le fait qu'il en a légalement la jouissance, qu'il en contrôle l'accès et l'utilisation et qu'il assume la responsabilité globale de ce qui se passe à cet endroit pendant la période considérée. Le sous-traitant lui-même dispose d'un établissement stable au chantier s'il y exerce son activité pendant plus de douze mois.

55. En règle générale, un chantier de construction continue d'exister jusqu'à ce que les travaux soient terminés ou définitivement abandonnés. La période pendant laquelle le bâtiment ou les installations sont vérifiés par l'entrepreneur ou le sous-traitant devrait donc être en général incluse dans la durée d'existence du chantier de construction. Dans la pratique, la livraison au client des bâtiments ou installations marquera généralement la fin de la période des travaux, sous réserve que l'entrepreneur et les sous-traitants ne travaillent plus sur le chantier après la livraison aux fins d'achever la construction. Un chantier ne doit pas être considéré comme ayant cessé d'exister si les travaux ont été momentanément interrompus. Les interruptions saisonnières ou autres doivent entrer dans le calcul de la durée d'existence d'un chantier. Les interruptions saisonnières sont dues par exemple au mauvais temps. Les interruptions momentanées peuvent être motivées, entre autres, par un manque de matériaux ou des difficultés de main-d'œuvre. Si, par exemple, un entrepreneur a

commencé les travaux de construction d'une route le 1er mai, les a arrêtés le 1er novembre à cause des conditions atmosphériques ou d'un manque de matériaux, pour les reprendre le 1er février de l'année suivante et les terminer le 1er juin, son chantier de construction doit être considéré comme un établissement stable, car un délai de treize mois s'est écoulé entre la date à laquelle les premiers travaux ont commencé (1er mai) et la date à laquelle ils ont été terminés (1er juin de l'année suivante). Les travaux entrepris sur un chantier après que les travaux de construction ont été achevés en exécution d'une garantie obligeant une entreprise à réaliser des réparations ne seront normalement pas pris en compte dans le délai initial de construction. Selon les circonstances cependant, il faudra peut-être prendre en compte tous les travaux effectués ultérieurement sur le chantier (y compris les travaux effectués en exécution d'une garantie) pendant une certaine période pour déterminer si ces travaux sont effectués par un établissement stable distinct. Par exemple, lorsqu'après la livraison d'un projet de construction technologiquement avancé, les salariés de l'entrepreneur ou du sous-traitant restent pendant quatre semaines sur le chantier de construction pour former les salariés du propriétaire, les activités de formation ne doivent pas être considérées comme des travaux effectués aux fins de l'achèvement du projet de construction. Les inquiétudes que soulève l'utilisation abusive du fractionnement des contrats aux fins d'éviter la prise en compte, dans le projet de construction initial, de travaux de construction ultérieurs sont traitées au paragraphe 52 précédent.

56. Dans le cas de sociétés de personnes transparentes sur le plan fiscal, le critère des douze mois est appliqué au niveau de la société de personnes pour ce qui concerne ses activités propres. Si la période passée sur le site par les associés et par les employés de la société de personnes est supérieure à douze mois, l'entreprise de la société de personnes sera donc considérée comme disposant d'un établissement stable. Chacun des associés sera donc considéré comme disposant d'un établissement stable pour l'imposition de sa part des bénéfices réalisés par la société de personnes, quelle que soit la durée de la période qu'il aura lui-même passée sur le site. Supposons par exemple qu'un résident de l'État A et un résident de l'État B soient associés dans une société de personnes établie dans l'État B qui exerce ses activités de construction sur un chantier de construction situé dans l'État C qui dure dix mois. Si la convention fiscale conclue entre les États A et C est identique au Modèle de l'OCDE, le paragraphe 3 de l'article 5 de la convention liant l'État B et l'État C prévoit qu'un chantier de construction ne constitue un établissement stable que s'il dure plus de huit mois. Dans ce cas, le seuil de durée prévu par chaque convention s'appliquera au niveau de la société de personnes, mais seulement au regard de la part des bénéfices couverte par cette convention revenant à chaque associé ; étant donné que les conventions prévoient des seuils de durée différents, l'État C aura le droit d'imposer la part des bénéfices de la société de personnes attribuable à l'associé qui est un résident de l'État B, mais il n'aura pas le droit d'imposer la part attribuable à l'associé qui est un résident de l'État A. Ce constat résulte du fait que si les dispositions du paragraphe 3 de chaque convention sont appliquées au niveau de la même entreprise (à savoir la société de personnes), le résultat diffère selon les parts des bénéfices de la société de

personnes en fonction du seuil de durée prévu par la convention applicable à chaque part.

57. La nature même d'un projet de construction ou de montage peut obliger l'entrepreneur à déplacer son chantier continuellement, ou du moins, périodiquement, à mesure que les travaux avancent. Ce serait le cas par exemple pour la construction d'une route ou d'un canal, le dragage d'un fleuve ou la pose de conduites. De même, lorsque des parties d'une structure importante telle qu'une plate-forme pétrolière sont assemblées en divers endroits d'un pays et transférées-remorquées vers un autre emplacement de ce pays en vue de leur assemblage final, ces opérations s'inscrivent dans un projet unique. Il importe peu dans ce cas que l'équipe chargée des travaux ne soit pas présente pendant douze mois sur un emplacement particulier. Les opérations exécutées sur chaque lieu particulier font partie d'un seul projet, et celui-ci doit être considéré comme un établissement stable si, dans son ensemble, il dure plus de douze mois.

Paragraph 4

58. Ce paragraphe énumère un certain nombre d'activités qui sont considérées comme des exceptions à la définition générale énoncée au paragraphe 1 et qui, lorsqu'elles sont effectuées par l'intermédiaire d'installations fixes d'affaires, ne suffisent pas pour que ces installations constituent des établissements stables. La dernière partie du paragraphe prévoit que ces exceptions s'appliquent uniquement si les activités énumérées revêtent un caractère préparatoire ou auxiliaire. Étant donné que l'alinéa *e*) s'applique à toute activité qui n'est pas par ailleurs mentionnée au paragraphe (pour autant que cette activité revête un caractère préparatoire ou auxiliaire), les dispositions du paragraphe reviennent en fait à restreindre d'une manière générale la portée de la définition d'établissement stable énoncée au paragraphe 1 et, en liaison avec ce paragraphe, donne un critère plus sélectif permettant de définir ce qui constitue un établissement stable. Ces dispositions restreignent dans une large mesure la définition figurant au paragraphe 1 et excluent de son champ assez étendu un certain nombre d'installations fixes d'affaires qui, parce que les activités d'entreprise exercées par l'intermédiaire de ces installations revêtent uniquement un caractère préparatoire ou auxiliaire, ne doivent pas être considérées comme des établissements stables. On reconnaît qu'une telle installation d'affaires peut effectivement contribuer à la productivité de l'entreprise, mais les services précèdent de trop loin la réalisation effective des bénéfices pour qu'il soit possible d'attribuer à cette installation fixe d'affaires une partie quelconque de ces bénéfices. En outre, l'alinéa *f*) prévoit que le cumul des activités énumérées aux alinéas *a*) à *e*) dans la même installation fixe d'affaires ne doit pas être considéré comme constituant un établissement stable, sous réserve de la condition, exprimée dans la dernière partie du paragraphe, que l'activité d'ensemble de l'installation fixe d'affaires résultant de ce cumul garde un caractère préparatoire ou auxiliaire. Les dispositions du paragraphe 4 ont donc pour but d'éviter qu'une entreprise d'un État soit imposée dans l'autre État si elle exerce uniquement des activités de caractère purement préparatoire ou auxiliaire dans cet autre État. Les dispositions du paragraphe 4.1 (voir ci-dessous) complètent ce

principe en prévoyant que le caractère préparatoire ou auxiliaire des activités menées dans une installation fixe d'affaires doit être déterminé à la lumière d'autres activités qui constituent des fonctions complémentaires qui font partie d'un ensemble cohérent d'activités d'entreprise et que la même entreprise ou des entreprises étroitement liées exercent dans le même État.

59. Il est souvent difficile de distinguer entre des activités qui ont un caractère préparatoire ou auxiliaire et celles qui n'ont pas ce caractère. Le critère décisif consiste à rechercher si les activités de l'installation fixe d'affaires constituent en elles-mêmes une part essentielle et notable des activités de l'ensemble de l'entreprise. Il conviendra d'étudier chaque cas séparément. Dans tous les cas, une installation fixe d'affaires dont l'objet général est identique à celui de l'ensemble de l'entreprise n'exerce pas une activité préparatoire ou auxiliaire.

60. En règle générale, une activité qui revêt un caractère préparatoire est une activité qui est exercée dans la perspective de l'exercice de ce qui constitue la partie essentielle et notable de l'activité de l'entreprise dans son ensemble. Étant donné qu'une activité préparatoire précède une autre activité, elle sera souvent menée durant une période de temps relativement courte dont la durée sera déterminée par la nature des activités essentielles de l'entreprise. Ce ne sera toutefois pas toujours le cas puisqu'il est possible de mener une activité dans un endroit déterminé pendant une longue période de temps en préparation d'activités qui sont exercées ailleurs. Si, par exemple, une entreprise de construction forme ses travailleurs dans un endroit avant de les envoyer travailler sur des sites situés dans d'autres pays, la formation qui a lieu dans le premier endroit constitue une activité préparatoire pour cette entreprise. D'autre part, une activité qui revêt un caractère auxiliaire correspond généralement à une activité qui supporte, sans en faire partie, l'activité essentielle et notable de l'entreprise dans son ensemble. Il est peu probable qu'une activité qui requiert une part significative des actifs ou des employés de l'entreprise puisse être considérée comme revêtant un caractère auxiliaire.

61. Les alinéas *a*) à *e*) visent des activités qui sont effectuées pour l'entreprise elle-même. Il y aurait dès lors un établissement stable si ces activités étaient exercées pour le compte d'autres entreprises dans la même installation fixe d'affaires. Si, par exemple, une entreprise qui maintient à cet endroit un bureau pour assurer la publicité de ses propres produits ou services se livrait aussi à des activités de publicité pour le compte d'autres entreprises, ce bureau serait considéré comme un établissement stable de l'entreprise dont il dépend.

62. L'alinéa *a*) concerne une installation fixe d'affaires constituée d'installations utilisées par une entreprise pour entreposer, exposer ou livrer ses propres marchandises. Le point de savoir si l'activité exercée dans cette installation d'affaires présente ou non un caractère préparatoire ou auxiliaire devra être déterminé à la lumière de facteurs incluant l'activité globale de l'entreprise. Si, par exemple, une entreprise de l'État R possède dans l'État S un entrepôt de très grande taille où travaille un nombre important de salariés dans le but principal d'entreposer et de livrer des marchandises que possède l'entreprise et que celle-ci vend en ligne à des clients dans

l'État S, le paragraphe 4 ne s'appliquera pas à cet entrepôt puisque les activités d'entreposage et de livraison effectuées par l'intermédiaire de cet entrepôt, qui représente un actif important et nécessite un certain nombre de travailleurs, constituent une partie essentielle des activités de vente et de distribution de l'entreprise et n'ont pas, dès lors, un caractère préparatoire ou auxiliaire.

63. L'alinéa *a*) concernerait, par exemple, un entrepôt de douane à atmosphère contrôlée dont un exportateur de fruits d'un État dispose dans un autre État à seule fin d'y entreposer des fruits en atmosphère contrôlée pendant le processus de dédouanement dans cet autre État. Il s'appliquerait aussi à une installation fixe d'affaires dont une entreprise disposerait uniquement pour la livraison de pièces détachées à des clients pour des machines qui leur ont été vendues. Toutefois, le paragraphe 4 ne s'appliquerait pas si une entreprise disposait d'une installation fixe d'affaires pour livrer à sa clientèle les pièces détachées des machines qu'elle leur a fournies et, en outre, pour l'entretien ou la réparation de ces machines car ces activités iraient nettement au-delà de la simple livraison visée à l'alinéa *a*) et ne constitueraient pas des activités préparatoires ou auxiliaires puisque ces activités d'après-vente constituent une partie essentielle et notable des services de l'entreprise à l'égard de sa clientèle.

64. Des problèmes peuvent se poser en ce qui concerne l'application de la définition d'établissement stable à des installations comme des câbles ou des conduites qui traversent le territoire d'un pays. Outre que le revenu perçu par le propriétaire ou l'exploitant de ces installations au titre de leur utilisation par d'autres entreprises est couvert par l'article 6 dès lors que ces installations constituent des biens immobiliers aux termes du paragraphe 2 de l'article 6, on peut se demander si l'alinéa *a*) leur est applicable. Lorsque ces installations servent au transport de biens appartenant à d'autres entreprises, l'alinéa *a*), qui est limité à la livraison de biens ou de marchandises appartenant à l'entreprise qui utilise l'installation, n'est pas applicable en ce qui concerne le propriétaire ou l'exploitant de ces installations. L'alinéa *e*) n'est pas non plus applicable en ce qui concerne cette entreprise puisque le câble ou la conduite ne sert pas uniquement pour l'entreprise et que son utilisation n'est pas de caractère préparatoire ou auxiliaire compte tenu de la nature de l'activité de cette entreprise. Il n'en va cependant pas de même lorsqu'une entreprise détient et exploite un câble ou une conduite qui traverse le territoire d'un pays uniquement afin de transporter ses propres produits et que ces opérations de transport sont simplement incidentes à l'activité de cette entreprise, comme dans le cas d'une entreprise dont l'activité consiste à raffiner du pétrole et qui possède et exploite une conduite qui traverse le territoire d'un pays uniquement en vue de transporter son propre pétrole jusqu'à sa raffinerie située dans un autre pays. Dans un tel cas, l'alinéa *a*) devient applicable. Une question distincte est de savoir si le câble ou la conduite pourrait également constituer un établissement stable pour le client de l'opérateur de ce câble ou conduite, c'est-à-dire pour l'entreprise dont les données, l'électricité ou autres biens sont transmis ou transportés d'un endroit à un autre. Dans un tel cas, cette entreprise obtient uniquement des services de transmission ou de transport et le câble

ou la conduite n'est pas à sa disposition. Pour cette raison, le câble ou la conduite ne peut être considéré comme constituant un établissement stable de cette entreprise.

65. L'alinéa *b*) concerne le maintien d'un stock de marchandises appartenant à l'entreprise. Cet alinéa n'est pas pertinent dans les cas où un stock de marchandises appartenant à une entreprise est conservé par une autre personne dans des installations que cette autre personne maintient et où ces installations ne sont pas à la disposition de l'entreprise puisque le lieu où le stock est conservé ne peut pas, par conséquent, être un établissement stable de cette entreprise. Lorsque, par exemple, une société de logistique exploite un entrepôt dans l'État S et y stocke de manière continue des marchandises appartenant à une entreprise de l'État R à laquelle la société de logistique n'est pas étroitement liée, l'entrepôt ne constitue pas une installation fixe d'affaires à la disposition de l'entreprise de l'État R et l'alinéa *b*) ne s'applique dès lors pas en l'espèce. Toutefois, lorsque cette entreprise bénéficie d'un accès illimité à une partie distincte de l'entrepôt aux fins d'inspection et d'entretien des marchandises qui y sont entreposées, l'alinéa *b*) est applicable et la question de l'existence d'un établissement stable dépendra du caractère préparatoire ou auxiliaire ou non de cette activité.

66. Aux fins de l'application des alinéas *a*) et *b*), peu importe que le stockage ou la livraison intervienne avant ou après que les marchandises ont été vendues, pourvu que les marchandises appartiennent à l'entreprise lorsqu'elles se trouvent à l'emplacement concerné (par exemple, les alinéas pourraient s'appliquer même si une partie des marchandises qui sont stockées à un emplacement donné a déjà été vendue, dès lors que la propriété de ces marchandises n'est transférée au client qu'au moment de la livraison ou après). Les alinéas *a*) et *b*) couvrent également les situations dans lesquelles une installation est utilisée, ou un stock de marchandises est conservé, pour une combinaison d'activités de stockage, d'exposition ou de livraison, puisque les installations servant à la livraison des marchandises seront presque toujours utilisées également pour leur stockage, du moins pour une courte période. Aux fins des alinéas *a*) à *d*), le terme « marchandises » désigne des biens matériels et n'englobe pas, par exemple, des biens immobiliers et des données (mais ils s'appliqueraient aux produits matériels qui contiennent des données, tels que des CD ou des DVD).

67. L'alinéa *c*) couvre le cas où un stock de marchandises appartenant à une entreprise qui fait l'objet d'une transformation par une seconde entreprise au nom ou pour le compte de la première entreprise. Comme expliqué au paragraphe 65, la simple présence de marchandises appartenant à une entreprise ne signifie pas que l'installation fixe d'affaires où ces marchandises sont entreposées est à la disposition de l'entreprise. Si, par exemple, un stock de marchandises appartenant à RCO, une entreprise de l'État R, est conservé par un façonneur situé dans l'État S aux fins de transformation par ce façonneur, aucune installation fixe d'affaires n'est à la disposition de RCO et le lieu où le stock est conservé ne peut dès lors être un établissement stable de RCO. Si, toutefois, RCO bénéficie d'un accès illimité à une partie distincte de l'installation du façonneur aux fins d'inspection et d'entretien des marchandises qui y sont entreposées, l'alinéa *c*) s'appliquera et il sera nécessaire de

déterminer si le maintien de ce stock de marchandises par RCO constitue une activité préparatoire ou auxiliaire. Ce sera le cas si RCO est un simple distributeur de produits fabriqués par d'autres entreprises car, dans ce cas, le simple maintien d'un stock de produits aux fins de transformation par une autre entreprise ne constituerait pas une partie essentielle et notable de l'activité de RCO prise globalement. Dans un tel cas, sauf si le paragraphe 4.1 s'applique, on considérera qu'en vertu du paragraphe 4, une telle installation fixe d'affaires qui est à la disposition de l'entreprise de l'État R aux fins de conservation de ses propres marchandises à transformer par le façonneur ne constitue pas un établissement stable.

68. La première partie de l'alinéa *d*) concerne le cas dans lequel des locaux sont utilisés uniquement pour l'achat de marchandises pour l'entreprise. Puisque cette exception s'applique uniquement si cette activité revêt un caractère préparatoire ou auxiliaire, elle ne s'appliquera généralement pas dans le cas d'une installation fixe d'affaires utilisée pour l'achat de biens ou de marchandises lorsque l'activité globale de l'entreprise consiste à vendre ces biens et que l'achat est une fonction essentielle de cette activité. Les exemples qui suivent illustrent l'application du paragraphe 4 dans le cas d'installations fixes d'affaires dans lesquelles des activités d'achat ont lieu :

— Exemple 1 : RCO est une société résidente de l'État R et un grand acheteur d'un produit agricole particulier produit dans l'État S, produit que RCO vend à partir de l'État R à des distributeurs situés dans différents pays. RCO dispose d'un bureau d'achat dans l'État S. Les employés qui y travaillent sont des acheteurs expérimentés qui ont une connaissance particulière de ce type de produit, qui se rendent chez les producteurs dans l'État S, déterminent le type et la qualité des produits sur la base de normes internationales (un processus complexe qui exige des compétences et des connaissances spéciales) et concluent différents types de contrats (au comptant ou à terme) pour l'acquisition des produits par RCO. Dans cet exemple, bien que l'unique activité exercée par l'intermédiaire du bureau soit l'achat de produits pour RCO, ce qui constitue une activité visée à l'alinéa *d*), le paragraphe 4 ne s'applique pas et le bureau constitue dès lors un établissement stable du fait que cette fonction d'achat forme une partie essentielle et notable de l'activité globale de RCO.

— Exemple 2 : RCO, une société résidente de l'État R qui exploite un certain nombre de magasins discount, tient un bureau dans l'État S pendant une période de deux ans en vue de prospecter le marché local et d'intervenir auprès du gouvernement en vue d'obtenir des modifications qui permettraient à RCO d'établir des magasins dans l'État S. Pendant cette période, les employés de RCO achètent occasionnellement des fournitures pour leur bureau. Dans cet exemple, le paragraphe 4 s'applique, étant donné que l'alinéa *f*) s'applique aux activités menées par l'intermédiaire du bureau (puisque les alinéas *d*) et *e*) s'appliqueraient aux activités d'achat, de prospection et de lobbying si chacune d'entre elles était l'unique activité exercée au bureau) et que l'activité d'ensemble du bureau revêt un caractère préparatoire.

69. La deuxième partie de l'alinéa *d*) concerne une installation fixe d'affaires utilisée uniquement pour recueillir des informations pour l'entreprise. Une entreprise aura souvent besoin de rassembler des informations avant de décider d'entreprendre des activités essentielles dans un État et de quelle manière celles-ci devraient être exercées. Si l'entreprise rassemble ces informations sans disposer d'une installation fixe d'affaires dans cet État, l'alinéa *d*) sera évidemment sans objet. En revanche, si une installation fixe d'affaires est tenue à cette seule fin, l'alinéa *d*) s'appliquera et il sera nécessaire de déterminer si la collecte d'informations excède le seuil du caractère préparatoire ou auxiliaire. Si, par exemple, un fonds d'investissement établit un bureau dans un État à seule fin de recueillir des informations sur les possibilités d'investissement dans cet État, la collecte d'informations par le biais de ce bureau constituera une activité préparatoire. La conclusion serait la même dans le cas d'une compagnie d'assurances qui établit un bureau uniquement pour la collecte d'informations, comme des statistiques, sur les risques sur un marché particulier, et dans le cas d'un bureau de presse établi dans un État dans le seul but de recueillir des informations sur des actualités éventuelles sans se livrer à des activités publicitaires : dans les deux cas, la collecte d'informations sera une activité préparatoire.

70. L'alinéa *e*) s'applique à une installation fixe d'affaires tenue dans le seul but d'exercer, pour l'entreprise, toute activité non explicitement énumérée aux alinéas *a*) à *d*) ; si cette activité revêt un caractère préparatoire ou auxiliaire, cette installation d'affaires est considérée ne pas être un établissement stable. La rédaction de cet alinéa rend inutile une longue énumération d'activités auxquelles le paragraphe peut s'appliquer, les exemples figurant aux alinéas *a*) à *d*) étant simplement des exemples courants d'activités couvertes par le paragraphe parce qu'elles ont souvent un caractère préparatoire ou auxiliaire.

71. On peut citer, à titre d'exemples d'installations d'affaires couvertes par l'alinéa *e*), les installations fixes d'affaires utilisées uniquement pour la publicité, ou pour fournir des informations, ou pour des recherches scientifiques, ou pour veiller à l'exécution d'un contrat portant sur un brevet ou un savoir-faire (*know-how*) si ces activités ont un caractère préparatoire ou auxiliaire. Toutefois, le paragraphe 4 ne s'appliquerait pas si une installation fixe d'affaires utilisée pour la fourniture d'informations fournit non seulement des renseignements mais aussi des plans, etc., spécialement mis au point pour répondre aux besoins de chaque client. Il ne s'appliquerait pas non plus si un établissement de recherche s'occupait de fabrication. De même, lorsqu'une entreprise a pour objet de veiller à l'exécution de contrats portant sur des brevets et du *know-how*, l'installation fixe d'affaires de cette entreprise qui exerce cette activité ne peut bénéficier des dispositions du paragraphe 4. Une installation fixe d'affaires dont la fonction est de gérer une entreprise, ou même seulement une partie d'une entreprise ou d'un groupement d'entreprises, ne peut être considérée comme exerçant une activité préparatoire ou auxiliaire, car de telles activités de direction sont d'un niveau nettement supérieur. Si une entreprise ayant des ramifications internationales installe dans un État où elle a des filiales, des établissements stables, des représentants ou des licenciés, un bureau dit « de

direction », chargé de surveiller et de coordonner tous les services de l'entreprise sis dans la région intéressée, l'alinéa *e*) ne s'appliquera pas à ce « bureau de direction » parce que la fonction de direction d'une entreprise, même si elle ne couvre qu'une certaine partie des opérations de la firme, constitue une part essentielle des opérations de l'entreprise et ne peut donc en aucune façon être considérée comme une activité ayant un caractère préparatoire ou auxiliaire au sens du paragraphe 4.

72. De même, lorsqu'une entreprise qui vend des marchandises dans le monde entier ouvre un bureau dans un État et les employés qui travaillent dans ce bureau participent activement à la négociation de parties importantes de contrats concernant la vente des marchandises à des acheteurs situés dans cet État sans habituellement conclure de contrats ou jouer le rôle principal menant à la conclusion de contrats (par exemple, en participant aux décisions qui portent sur le type, la qualité ou la quantité de produits couverts par ces contrats), ces activités constitueront habituellement une part essentielle des opérations de l'entreprise et ne doivent pas être considérées comme ayant un caractère préparatoire ou auxiliaire au sens de l'alinéa *e*) du paragraphe 4. Si les conditions du paragraphe 1 sont remplies, ce bureau constituera donc un établissement stable.

73. Comme on l'a déjà indiqué au paragraphe 58 ci-dessus, le paragraphe 4 a pour objet de prévoir les exceptions à la définition générale du paragraphe 1 lorsqu'il s'agit d'installations fixes d'affaires dont les activités ont en général un caractère préparatoire ou auxiliaire par rapport à l'ensemble des activités de l'entreprise. Par conséquent, suivant l'alinéa *f*), le fait que des activités énumérées aux alinéas *a*) à *e*) sont exercées cumulativement dans une installation fixe d'affaires ne signifie pas qu'on est en présence d'un établissement stable. Tant que les activités exercées cumulativement par cette installation fixe d'affaires n'ont qu'un caractère préparatoire ou auxiliaire, on ne saurait considérer qu'il y a établissement stable. Les cumuls d'activités ne doivent pas être considérés d'après des règles rigides, mais en fonction des circonstances.

74. Sauf si les dispositions anti-fragmentation du paragraphe 4.1 sont applicables (voir ci-dessous), il n'y a pas à tenir compte de l'alinéa *f*) lorsqu'une entreprise dispose de plusieurs installations fixes d'affaires auxquelles les alinéas *a*) à *e*) s'appliquent car, dans ce cas, chaque installation d'affaires doit être considérée isolément pour déterminer s'il y a ou non un établissement stable.

75. Les installations fixes d'affaires auxquelles s'applique le paragraphe 4 ne constituent pas des établissements stables tant que les activités d'entreprise exercées par l'intermédiaire de ces installations fixes d'affaires se limitent aux activités visées dans ce paragraphe. Ce sera le cas même si les contrats nécessaires pour créer et exercer ces activités sont conclus par ceux-là mêmes qui sont responsables de l'installation d'affaires. La conclusion de ces contrats par ces salariés ne constituera pas un établissement stable de l'entreprise selon le paragraphe 5 pour autant que la conclusion de ces contrats remplisse les conditions énoncées au paragraphe 4 (voir le paragraphe 97 ci-dessous). Un exemple serait le cas d'une installation d'affaires dans laquelle des activités de recherche préparatoires ou auxiliaires sont exercées et dont le

directeur conclut les contrats nécessaires pour l'établissement et la tenue de cette installation d'affaires dans le cadre des activités exercées à cet endroit.

76. Si, en vertu du paragraphe 4, une installation fixe d'affaires ne peut être considérée comme un établissement stable, l'exception s'applique de même à l'aliénation de biens mobiliers faisant partie des actifs de l'installation d'affaires lorsque l'entreprise met fin à ses activités à cet endroit (voir le paragraphe 44 ci-dessus et le paragraphe 2 de l'article 13). Lorsque, par exemple, l'exposition de marchandises pendant une foire commerciale ou un congrès est couverte par l'exception des alinéas *a*) et *b*), la vente de ces marchandises lorsque prend fin le congrès ou la foire commerciale est couverte par l'alinéa *e*), étant donné que cette vente n'est qu'une activité auxiliaire. Cette exception ne s'applique pas, naturellement, à la vente de marchandises qui n'ont pas été effectivement exposées au congrès ou à la foire commerciale.

77. Lorsque le paragraphe 4 ne s'applique pas parce qu'une installation fixe d'affaires utilisée par une entreprise pour des activités qui sont énumérées dans ce paragraphe est également utilisée pour d'autres activités qui sortent du cadre des activités préparatoires ou auxiliaires, cette installation d'affaires sera considérée comme un établissement stable unique de l'entreprise et les bénéfices attribuables à l'établissement stable par rapport à ces deux types d'activités seront imposables dans l'État où se situe cet établissement stable.

78. Certains États considèrent que certaines des activités visées au paragraphe 4 sont intrinsèquement préparatoires ou auxiliaires et, pour apporter plus de certitude à la fois aux administrations fiscales et aux contribuables, sont d'avis que ces activités ne devraient pas être soumises à la condition qu'elles revêtent un caractère préparatoire ou auxiliaire, dès lors que tout problème relatif au recours inapproprié à ces exceptions est traité par les dispositions du paragraphe 4.1. Les États qui partagent cet avis sont libres de modifier comme suit le paragraphe 4 (et peuvent aussi convenir de supprimer certaines des activités énumérées aux alinéas *a*) à *d*) ci-dessous s'ils considèrent que ces activités devraient être soumises à la condition du caractère préparatoire ou auxiliaire énoncée à l'alinéa *e*)) :

> 4. Nonobstant les dispositions précédentes du présent article, on considère qu'il n'y a pas « établissement stable » si :
>
> *a)* il est fait usage d'installations aux seules fins de stockage, d'exposition ou de livraison de marchandises appartenant à l'entreprise ;
>
> *b)* des marchandises appartenant à l'entreprise sont entreposées aux seules fins de stockage, d'exposition ou de livraison ;
>
> *c)* des marchandises appartenant à l'entreprise sont entreposées aux seules fins de transformation par une autre entreprise ;
>
> *d)* une installation fixe d'affaires est utilisée aux seules fins d'acheter des marchandises ou de réunir des informations pour l'entreprise ;

e) une installation fixe d'affaires est utilisée aux seules fins d'exercer, pour l'entreprise, toute autre activité non énumérée aux alinéas *a)* à *d)*, à condition que cette activité revête un caractère préparatoire ou auxiliaire ; ou

f) une installation fixe d'affaires est utilisée aux seules fins de l'exercice cumulé d'activités mentionnées aux alinéas *a)* à *e)*, à condition que l'activité d'ensemble de l'installation fixe d'affaires résultant de ce cumul revête un caractère préparatoire ou auxiliaire.

Paragraphe 4.1

79. Le paragraphe 4.1 vise à empêcher une entreprise ou un groupe d'entreprises étroitement liées de fragmenter un ensemble cohérent d'activités d'entreprise en plusieurs petites opérations dans le but d'arguer du fait que chacune d'elles ne présente qu'un caractère préparatoire ou auxiliaire. En vertu du paragraphe 4.1, les exceptions prévues par le paragraphe 4 ne s'appliquent pas à une installation d'affaires qui constituerait par ailleurs un établissement stable lorsque les activités exercées dans cette installation et d'autres activités de la même entreprise ou d'entreprises étroitement liées exercées dans cette installation ou dans une autre installation située dans le même État constituent des fonctions complémentaires qui font partie d'un ensemble cohérent d'activités d'entreprise. Toutefois, pour que le paragraphe 4.1 s'applique, une au moins des installations dans lesquelles ces activités sont exercées doit constituer un établissement stable ou, si ce n'est pas le cas, l'ensemble de l'activité résultant de la combinaison des activités concernées doit aller au-delà de ce qui est simplement préparatoire ou auxiliaire.

80. Les dispositions du paragraphe 8 s'appliquent aux fins de déterminer si une entreprise constitue une entreprise étroitement liée par rapport à une autre entreprise (voir les paragraphes 119 à 121 ci-dessous).

81. Les exemples qui suivent illustrent l'application du paragraphe 4.1 :

— Exemple A : RCO, une banque résidente de l'État R, possède un certain nombre de succursales dans l'État S qui constituent des établissements stables. Elle a aussi un bureau distinct dans l'État S où quelques employés vérifient les informations communiquées par les clients qui ont introduit des demandes de prêt auprès de ces différentes succursales. Les résultats des vérifications faites par ces employés sont transmis au siège de RCO dans l'État R, où d'autres employés analysent les informations contenues dans les demandes de prêt et transmettent des rapports aux succursales où sont prises les décisions d'octroi des prêts. Dans ce cas, les exceptions du paragraphe 4 ne s'appliqueront pas au bureau parce qu'une autre installation (n'importe quelle des succursales où sont introduites les demandes de prêt) constitue un établissement stable de RCO dans l'État S et que les activités d'entreprise effectuées par RCO à ce bureau et à la succursale en question constituent des fonctions complémentaires qui font partie d'un ensemble cohérent d'activités d'entreprise (fournir des prêts aux clients dans l'État S).

— Exemple B : RCO, une société résidente de l'État R, fabrique et vend des appareils électroménagers. SCO, résidente de l'État S et filiale à 100 pour cent de RCO, possède un magasin où elle vend des appareils électroménagers qu'elle acquiert auprès de RCO. RCO possède également un petit entrepôt dans l'État S où elle stocke quelques articles de grande taille qui sont identiques à ceux exposés dans le magasin que possède SCO. Lorsqu'un client achète un de ces articles de grande taille de SCO, des employés de SCO se rendent à l'entrepôt où ils prennent possession de l'article avant de le livrer au client ; la propriété de l'article n'est transférée de RCO à SCO qu'au moment où l'article quitte l'entrepôt. Dans cet exemple, le paragraphe 4.1 fait obstacle à l'application à l'entrepôt des exceptions du paragraphe 4 et il ne sera dès lors pas nécessaire de déterminer si le paragraphe 4 et, en particulier, l'alinéa *a*) de ce paragraphe, s'appliquent à l'entrepôt. Les conditions qui régissent l'application du paragraphe 4.1 sont remplies parce que

  - SCO et RCO sont des entreprises étroitement liées ;
  - Le magasin de SCO constitue un établissement stable de SCO (la définition d'établissement stable ne se limite pas aux situations dans lesquelles un résident d'un État contractant fait usage ou dispose d'une installation fixe d'affaires dans un autre État ; elle s'applique également lorsqu'une entreprise d'un État fait usage ou dispose d'une installation fixe d'affaires dans ce même État) ; et
  - Les activités d'entreprise exercées par RCO à son entrepôt et par SCO à son magasin constituent des fonctions complémentaires qui font partie d'un ensemble cohérent d'activités d'entreprise (le stockage de marchandises dans une installation aux fins de livraison dans le cadre des obligations qui découlent de la vente de ces biens par l'intermédiaire d'une autre installation dans le même État).

Paragraphe 5

82. Il est généralement admis, en principe, qu'une entreprise doit être considérée comme ayant un établissement stable dans un État s'il y existe une personne agissant pour son compte dans certaines conditions, quand bien même l'entreprise ne dispose pas dans cet État d'une installation fixe d'affaires au sens des paragraphes 1 et 2. Cette disposition a pour objet de donner, dans ces cas, le droit d'imposition à cet État. Le paragraphe 5 stipule dans quelles conditions l'entreprise est considérée comme ayant un établissement stable du fait des activités d'une personne agissant pour son compte.

83. Les personnes dont les activités peuvent constituer pour l'entreprise un établissement stable sont les personnes, employées ou non, qui agissent pour le compte de l'entreprise et qui ne le font pas dans le cadre de l'exercice d'une activité d'entreprise en tant qu'agent indépendant tombant sous le coup du paragraphe 6. Les personnes visées peuvent être des personnes physiques ou des sociétés et ne sont pas tenues d'être résidentes, ni de posséder une installation d'affaires dans l'État dans lequel elles agissent pour le compte de l'entreprise. Il aurait été contraire aux intérêts

des relations économiques internationales de stipuler que toute personne exerçant des activités pour le compte de l'entreprise constituerait pour l'entreprise l'existence d'un établissement stable. Une telle solution doit être réservée au cas des personnes qui, du fait de de la nature de leurs activités, engagent l'entreprise dans des activités d'entreprise d'une certaine étendue dans l'État considéré. Le paragraphe 5 suppose donc que seules les personnes qui concluent habituellement des contrats qui sont au nom de l'entreprise ou qui doivent être exécutés par l'entreprise, ou qui jouent habituellement le rôle principal menant à la conclusion de tels contrats qui, de façon routinière, sont conclus sans modification importante par l'entreprise, peuvent entraîner un établissement stable pour l'entreprise. Dans ce cas, les actions de la personne effectuées pour le compte de l'entreprise, puisqu'elles débouchent sur la conclusion de tels contrats et vont au-delà de la simple promotion ou publicité, suffisent pour conclure que l'entreprise participe à des activités d'entreprise dans l'État considéré. L'emploi de l'expression «établissement stable» dans ce contexte suppose, naturellement, que la conclusion de contrats par cette personne, ou de contrats résultant directement des actions de cette personne, a lieu de manière répétée et pas seulement dans des cas isolés.

84. Toutes les conditions suivantes doivent être remplies pour que le paragraphe 5 puisse s'appliquer :

— une personne agit dans un État contractant pour le compte d'une entreprise ;
— ce faisant, cette personne conclut habituellement des contrats, ou joue habituellement le rôle principal menant à la conclusion de contrats qui, de façon routinière, sont conclus sans modification importante par l'entreprise ; et
— ces contrats sont soit au nom de l'entreprise, soit prévoient le transfert de la propriété, ou la concession du droit d'utiliser, des biens appartenant à cette entreprise ou des biens que l'entreprise a le droit d'utiliser, ou concernent la fourniture de services par cette entreprise.

85. Toutefois, même si ces conditions sont remplies, le paragraphe 5 ne s'appliquera pas si les activités effectuées par la personne pour le compte de l'entreprise tombent dans le champ d'application de l'exception de l'agent indépendant visée au paragraphe 6 ou se limitent aux activités visées au paragraphe 4 qui, si elles étaient exercées par l'intermédiaire d'une installation fixe d'affaires, seraient considérées comme ne créant pas un établissement stable. Cette dernière exception s'explique par le fait que, dès lors qu'en vertu du paragraphe 4, le maintien d'une installation fixe d'affaires aux seules fins d'activités préparatoires ou auxiliaires est réputé ne pas constituer un établissement stable, une personne dont les activités sont limitées à ces fins ne devrait pas non plus créer un établissement stable. Si, par exemple, une personne agit uniquement en qualité d'acheteur et, comme tel, conclut habituellement des contrats d'achat au nom de cette entreprise, le paragraphe 5 ne s'appliquera pas, même si cette personne n'est pas indépendante de l'entreprise, pour autant que ces activités revêtent un caractère préparatoire ou auxiliaire (voir le paragraphe 68 ci-dessus).

86. Une personne agit dans un État contractant pour le compte d'une entreprise si cette personne implique dans une certaine mesure l'entreprise dans des activités d'entreprise dans l'État concerné. Ce sera le cas, par exemple, lorsqu'un mandataire agit pour un mandant, lorsqu'un associé agit pour une société de personnes, lorsqu'un membre du conseil d'administration agit pour une société ou lorsqu'un salarié agit pour un employeur. Une personne ne peut être considérée comme agissant pour le compte d'une entreprise si celle-ci n'est pas affectée directement ou indirectement par l'action effectuée par cette personne. Comme indiqué au paragraphe 83, la personne agissant pour le compte d'une entreprise peut être une société ; dans ce cas, les actions des salariés et des membres du conseil d'administration de cette société sont considérées conjointement en vue de déterminer si, et dans quelle mesure, cette société agit pour le compte de l'entreprise.

87. L'expression « conclut ... des contrats » vise les situations dans lesquelles, en vertu de la législation concernée régissant les contrats, un contrat est considéré comme ayant été conclu par une personne. Un contrat peut être conclu sans aucune négociation active de ses conditions ; ce serait le cas, par exemple, si la législation concernée prévoit qu'un contrat est conclu du simple fait qu'une personne accepte, au nom d'une entreprise, l'offre faite par une tierce partie de conclure un contrat type avec cette entreprise. De même, un contrat peut, en vertu de la législation concernée, être conclu dans un État même si ce contrat est signé en dehors de cet État ; lorsque, par exemple, la conclusion d'un contrat résulte de l'acceptation, par une personne agissant pour le compte d'une entreprise, d'une offre de conclure un contrat faite par une tierce partie, le fait que ce contrat soit signé en dehors de cet État est sans importance. En outre, on peut considérer qu'une personne qui négocie dans un État tous les éléments et détails d'un contrat d'une manière qui engage l'entreprise conclut le contrat dans cet État, même si celui-ci est signé par une autre personne en dehors de cet État.

88. L'expression « ou joue habituellement le rôle principal menant à la conclusion de contrats qui, de façon routinière, sont conclus sans modification importante par l'entreprise » vise les situations dans lesquelles la conclusion d'un contrat résulte directement des actions que la personne accomplit dans un État contractant au nom de l'entreprise même si, au regard du droit concerné, le contrat n'est pas conclu par cette personne dans cet État. Bien que l'expression « conclut des contrats » constitue un critère relativement bien connu basé sur le droit des contrats, il a été jugé nécessaire de compléter ce critère par un critère axé sur les activités de fond qui se déroulent dans un État afin d'englober les cas où la conclusion de contrats est manifestement le résultat direct de ces activités bien que les règles pertinentes du droit des contrats prévoient que la conclusion du contrat a lieu en dehors de cet État. Cette expression doit s'interpréter à la lumière de l'objet et du but du paragraphe 5, qui est d'inclure les cas dans lesquels les activités qu'une personne exerce dans un pays visent la conclusion régulière de contrats devant être exécutés par une entreprise étrangère, c'est-à-dire les cas dans lesquels cette personne agit comme le personnel de vente de l'entreprise. Le rôle principal menant à la conclusion d'un contrat sera dès

lors généralement associé aux actions de la personne qui a convaincu la tierce partie de conclure un contrat avec l'entreprise. L'expression « contrats qui, de façon routinière, sont conclus sans modification importante par l'entreprise » précise que lorsque ce rôle principal est joué dans cet État, les actions de cette personne entreront dans le champ du paragraphe 5 même si les contrats ne sont pas formellement conclus dans cet État, par exemple lorsque les contrats sont, de façon routinière et en dehors de cet État, soumis à examen et à approbation sans que cet examen ne conduise à modifier des aspects fondamentaux de ces contrats.

89. L'expression « ou joue habituellement le rôle principal menant à la conclusion de contrats qui, de façon routinière, sont conclus sans modification importante par l'entreprise » s'applique donc lorsque, par exemple, une personne sollicite et reçoit (sans les finaliser formellement) des commandes qui sont transmises directement à un entrepôt à partir duquel les marchandises appartenant à l'entreprise sont livrées et lorsque l'entreprise approuve ces transactions de façon routinière. Toutefois, elle ne s'applique pas lorsqu'une personne se borne à promouvoir et à faire le marketing des biens ou des services d'une entreprise d'une manière qui n'aboutit pas directement à la conclusion de contrats. Lorsque, par exemple, des représentants d'une entreprise pharmaceutique font une promotion active de médicaments produits par cette entreprise en prenant contact avec des médecins qui prescriront ces médicaments, cette activité de marketing ne débouche pas directement sur la conclusion de contrats entre les médecins et l'entreprise et le paragraphe ne s'applique donc pas même si les ventes de ces médicaments peuvent augmenter sensiblement suite à cette activité de marketing.

90. Ce qui suit est un autre exemple qui illustre l'application du paragraphe 5. RCO, une société résidente de l'État R, distribue divers produits et services dans le monde entier par l'intermédiaire de ses sites Web. SCO, une société résidente de l'État S, est une filiale à part entière de RCO. Des employés de SCO envoient des courriels, téléphonent ou rendent visite à de grandes organisations dans le but de convaincre celles-ci d'acheter des produits et des services de RCO et sont dès lors responsables des grands comptes dans l'État S ; les employés de SCO, dont la rémunération est basée en partie sur les recettes que tire RCO de ces titulaires de comptes, utilisent leurs aptitudes à développer de solides relations pour tenter d'anticiper les besoins de ces titulaires de comptes et convaincre ceux-ci d'acquérir les produits et les services offerts par RCO. Lorsqu'un de ces titulaires de comptes est persuadé par un employé de SCO d'acheter une quantité donnée de marchandises ou de services, l'employé indique le prix qui sera payable pour cette quantité, indique qu'un contrat doit être conclu en ligne avec RCO avant que RCO puisse fournir les marchandises ou les services, et explique quelles sont les conditions normales des contrats de RCO, y compris la structure de prix fixe utilisée par RCO que l'employé n'est pas autorisé à modifier. Le titulaire du compte conclut ensuite ce contrat en ligne pour la quantité discutée avec l'employé de SCO et selon la structure de prix présentée par cet employé. Dans cet exemple, les employés de SCO jouent le rôle principal menant à la conclusion de contrats entre le titulaire de compte et RCO, et, de façon routinière, ces contrats sont

conclus sans modification importante par l'entreprise. Le fait que les employés de SCO ne peuvent modifier les conditions des contrats ne signifie pas que la conclusion des contrats n'est pas le résultat direct des activités qu'ils effectuent pour le compte de l'entreprise, le fait de convaincre le titulaire de compte d'accepter ces conditions uniformes étant l'élément central menant à la conclusion des contrats entre le titulaire de compte et RCO.

91. La formulation des alinéas *a*), *b*) et *c*) a pour effet que le paragraphe 5 s'applique non seulement aux contrats qui créent des droits et des obligations juridiquement contraignants entre l'entreprise pour le compte de laquelle la personne agit et les tierces parties avec lesquelles ces contrats sont conclus, mais aussi aux contrats qui créent des obligations qui seront effectivement exécutées par cette entreprise plutôt que par la personne qui doit légalement le faire.

92. Un cas typique visé par ces alinéas est celui où des contrats sont conclus avec des clients par un mandataire, un associé ou un employé d'une entreprise de manière à créer des droits et des obligations juridiquement contraignants entre l'entreprise et ses clients. Ces alinéas couvrent également les cas dans lesquels les contrats conclus par une personne qui agit pour le compte d'une entreprise ne lient pas juridiquement cette entreprise aux tierces parties avec lesquelles ces contrats sont conclus, mais sont des contrats pour le transfert de la propriété de biens, ou pour la concession du droit d'utiliser des biens, appartenant à cette entreprise ou que l'entreprise a le droit d'utiliser, ou pour la fourniture de services par cette entreprise. Un exemple caractéristique serait celui de contrats qu'un commissionnaire conclurait avec des tierces parties au titre d'un accord de commissionnaire conclu avec une entreprise étrangère prévoyant que le commissionnaire agit pour le compte de l'entreprise mais que, ce faisant, il conclut en son nom propre des contrats qui ne créent pas de droits et d'obligations juridiquement contraignants entre l'entreprise étrangère et les tierces parties, même si l'accord entre le commissionnaire et l'entreprise étrangère est tel que l'entreprise étrangère transfère directement à ces tierces parties la propriété ou l'usage de biens que l'entreprise possède ou a le droit d'utiliser.

93. La mention de contrats « au nom de » à l'alinéa *a*) ne limite pas l'application de cet alinéa aux contrats qui sont littéralement conclus au nom de l'entreprise ; cet alinéa peut s'appliquer, par exemple, dans certaines situations dans lesquelles le nom de l'entreprise n'est pas dévoilé dans un contrat écrit.

94. La condition essentielle pour l'application des alinéas *b*) et *c*) est que la personne qui conclut habituellement les contrats ou joue habituellement le rôle principal menant à la conclusion des contrats qui, de façon routinière, sont conclus sans modification importante par l'entreprise, agisse pour le compte d'une entreprise de telle manière que les parties des contrats qui concernent le transfert de la propriété de biens ou de leur utilisation, ou la fourniture de services, seront exécutées par l'entreprise et non par la personne qui agit pour le compte de l'entreprise.

95. Aux fins de l'alinéa *b*), peu importe que les biens concernés existent ou non, ou soit ou non la propriété de l'entreprise, au moment de la conclusion des contrats entre

la personne qui agit pour l'entreprise et les tierces parties. Par exemple, une personne agissant pour le compte d'une entreprise pourrait parfaitement vendre des biens que l'entreprise produira ensuite avant de les livrer directement aux clients. Par ailleurs, le terme « biens » utilisé dans l'alinéa désigne tout type de bien, tant corporel qu'incorporel.

96. Les cas auxquels s'applique le paragraphe 5 doivent être distingués des situations dans lesquelles une personne conclut des contrats pour son propre compte et, pour exécuter les obligations qui découlent de ces contrats, obtient des biens ou des services d'autres entreprises ou fait en sorte que d'autres entreprises livrent ces biens ou services. Dans ces cas, la personne n'agit par « pour le compte » de ces autres entreprises et les contrats qu'elle conclut ne sont ni au nom de ces entreprises, ni pour le transfert à des tierces parties de la propriété ou de l'usage de biens que ces entreprises possèdent ou qu'elles ont le droit d'utiliser ou pour la fourniture de services par ces entreprises. Par exemple, si une société agit en tant que distributrice de produits sur un marché particulier et, ce faisant, vend aux clients des produits qu'elle achète à une entreprise (y compris à une entreprise associée), elle n'agit pas pour le compte de cette entreprise et ne vend pas des biens appartenant à celle-ci puisque les biens qui sont vendus aux clients sont la propriété du distributeur. Ce serait encore le cas si ce distributeur agissait en tant que « distributeur à faible risque » (et non comme agent, par exemple), mais uniquement si le titre de propriété du bien vendu par ce distributeur « à faible risque » passait de l'entreprise au distributeur et du distributeur au client (quelle que soit la durée de la détention par le distributeur de la propriété du produit vendu) de sorte que le distributeur tirerait un bénéfice de la vente et non une rémunération qui aurait la forme, par exemple, d'une commission.

97. Les contrats visés au paragraphe 5 sont des contrats qui ont trait aux opérations constituant les activités propres de l'entreprise. Il importerait peu, par exemple, que la personne conclue des contrats d'emploi pour le compte de l'entreprise avec du personnel qui assisterait cette personne dans les activités qu'elle exerce pour l'entreprise ou qu'elle conclue au nom de l'entreprise des contrats analogues n'ayant trait qu'à des opérations internes. De plus, pour déterminer si la personne conclut des contrats ou joue habituellement le rôle principal menant à la conclusion de contrats qui, de façon routinière, sont conclus sans modification importante par l'entreprise, il convient de se référer à la situation commerciale réelle. Le simple fait qu'une personne ait assisté ou même participé à des négociations dans un État entre une entreprise et un client ne suffit pas en lui-même pour conclure que la personne a conclu des contrats ou joué le rôle principal menant à la conclusion de contrats qui, de façon routinière, sont conclus sans modification importante par l'entreprise. Le fait qu'une personne ait assisté ou même participé à de telles négociations pourrait cependant constituer un facteur significatif pour déterminer les fonctions exactes exercées par cette personne pour le compte de l'entreprise.

98. Le critère selon lequel l'agent doit « habituellement » conclure des contrats ou jouer le rôle principal menant à la conclusion de contrats qui, de façon routinière, sont conclus sans modification importante par l'entreprise reflète le principe sous-jacent

de l'article 5 selon lequel la présence d'une entreprise dans un État contractant ne doit pas être simplement transitoire pour que l'on puisse considérer que l'entreprise possède dans cet État un établissement stable, et qu'elle y soit donc redevable de l'impôt. L'ampleur et la fréquence d'une activité permettant de conclure que l'agent conclut habituellement des contrats ou joue le rôle principal menant à la conclusion de contrats qui, de façon routinière, sont conclus sans modification importante par l'entreprise vont dépendre de la nature de ces contrats et de l'activité de l'entreprise pour laquelle il agit. Il n'est pas possible de définir un critère précis de fréquence. Néanmoins, on est fondé à recourir aux mêmes genres de facteurs pris en compte aux paragraphes 28 à 30 pour statuer dans de tels cas.

99. Lorsque les conditions énumérées au paragraphe 5 sont remplies, il y a établissement stable de l'entreprise dans la mesure où la personne agit pour le compte de cette dernière et non uniquement dans la mesure où cette personne conclut des contrats ou joue le rôle principal menant à la conclusion de contrats qui, de façon routinière, sont conclus sans modification importante par l'entreprise.

100. Aux termes du paragraphe 5, seules les personnes remplissant les conditions stipulées peuvent constituer un établissement stable, à l'exclusion de toute autre personne. Il convient, toutefois, de se rappeler que le paragraphe 5 offre seulement un critère de rechange pour déterminer si une entreprise possède dans un État un établissement stable. Si l'on peut démontrer que cet établissement stable existe au sens des paragraphes 1 et 2 (sous réserve des dispositions du paragraphe 4), il n'est pas nécessaire de démontrer que le cas de la personne qui le dirige relève du paragraphe 5.

101. Si un des effets du paragraphe 5 sera généralement que les droits et obligations découlant des contrats visés au paragraphe seront attribués à l'établissement stable résultant de ce paragraphe (voir le paragraphe 21 des Commentaires sur l'article 7), il est important de noter que cela ne signifie pas que la totalité des bénéfices générés par l'exécution de ces contrats doive être attribuée à l'établissement stable. La détermination des bénéfices attribuables à un établissement stable qui résulte de l'application du paragraphe 5 sera régie par les règles de l'article 7 ; à l'évidence, cela supposera que les activités effectuées par d'autres entreprises et par le reste de l'entreprise à laquelle appartient l'établissement stable soient correctement rémunérées, de sorte que les bénéfices attribuables à l'établissement stable en vertu de l'article 7 soient uniquement ceux que cet établissement aurait réalisés s'il avait été une entreprise distincte et indépendante exerçant les activités que le paragraphe 5 attribue à cet établissement stable.

Paragraphe 6

102. Une entreprise d'un État contractant qui effectue des opérations commerciales par l'intermédiaire d'un agent indépendant exerçant une activité d'entreprise en tant que tel ne peut être imposée dans l'autre État contractant à raison de ces opérations si l'agent agit dans le cadre ordinaire de ces activités (voir le paragraphe 83 ci-dessus). Les activités de cet agent, qui représente une entreprise distincte et indépendante, ne

peuvent permettre de conclure à l'existence d'un établissement stable de l'entreprise étrangère.

103. L'exception prévue par le paragraphe 6 s'applique uniquement lorsqu'une personne agit pour le compte d'une entreprise dans le cadre de l'exercice d'une activité d'entreprise comme agent indépendant. Elle ne s'appliquerait donc pas lorsqu'une personne agit pour le compte d'une entreprise en toute autre qualité, par exemple, lorsqu'un employé agit pour le compte de son employeur ou lorsqu'un associé agit pour le compte d'une société de personnes. Comme il est expliqué au paragraphe 8.1 des Commentaires sur l'article 15, il est parfois difficile de déterminer si les services fournis par un individu sont fournis au titre d'un emploi salarié ou sont des services fournis par une entreprise distincte, et les indications données aux paragraphes 8.2 à 8.28 des Commentaires sur l'article 15 seront pertinentes à cet égard. Si, toutefois, un individu agit pour le compte d'une entreprise dans le cadre de l'exercice de sa propre activité d'entreprise et non comme employé, l'application du paragraphe 6 nécessite quand même que l'individu le fasse en tant qu'agent indépendant ; comme expliqué au paragraphe 111 ci-dessous, le statut d'agent indépendant est moins probable si les activités de cet individu sont effectuées exclusivement ou presque exclusivement pour le compte d'une entreprise ou de plusieurs entreprises étroitement liées.

104. L'indépendance d'une personne agissant en tant qu'agent par rapport à l'entreprise qu'elle représente s'apprécie en fonction de l'étendue des obligations qui lui incombent à l'égard de l'entreprise. Si les activités commerciales qu'elle exerce pour le compte de l'entreprise sont soumises à des instructions détaillées de celle-ci ou à un contrôle général par cette entreprise, cette personne ne peut être considérée comme indépendante de l'entreprise. Un autre critère important consistera à rechercher si le risque de l'entrepreneur doit être supporté par la personne ou par l'entreprise qu'elle représente. En tout état de cause, la dernière phrase du paragraphe 6 dispose que, dans certaines circonstances, une personne ne sera pas considérée comme un agent indépendant (voir les paragraphes 119 à 121 ci-dessous). Les considérations suivantes sont à prendre en compte au moment de déterminer si un agent auquel ne s'applique pas cette dernière phrase peut être considéré comme indépendant.

105. Il convient de noter que, lorsque la dernière phrase du paragraphe 6 ne s'applique pas au motif qu'une filiale n'agit pas exclusivement ou presque exclusivement pour des entreprises étroitement liées, le contrôle qu'une société mère exerce sur sa filiale à titre d'actionnaire n'entre pas en ligne de compte dans l'examen de la dépendance ou non de la filiale dans sa capacité d'agent intervenant pour le compte de la société mère. Cette approche est conforme à la règle énoncée au paragraphe 7 de l'article 5 (voir aussi le paragraphe 113 ci-dessous).

106. Un agent indépendant est normalement responsable devant l'entreprise qu'il représente pour les résultats de son travail, sans être soumis à un contrôle important de la façon dont il effectue ce travail. Il n'est pas soumis à des instructions précises de l'entreprise qu'il représente quant à la conduite du travail. Le fait que l'entreprise

s'appuie sur les compétences et connaissances spécifiques de l'agent est une indication de son indépendance.

107. Les restrictions de l'ampleur des activités que l'agent peut exercer affectent à l'évidence la portée des pouvoirs de l'agent. Toutefois, ces restrictions sont sans rapport avec la dépendance qui est déterminée en fonction de la marge de liberté dont dispose l'agent dans l'exécution d'opérations pour le compte de l'entreprise qu'il représente dans le cadre des pouvoirs conférés par l'accord conclu entre les deux parties.

108. La mise en œuvre d'un accord peut se caractériser par le fait qu'un agent va apporter des éléments substantiels d'information à une entreprise qu'il représente en ce qui concerne l'activité d'entreprise réalisée aux termes de l'accord ; pour autant, ce n'est pas un critère permettant seul de déterminer que l'agent est dépendant, sauf si les renseignements sont fournis en vue d'obtenir l'agrément de l'entreprise sur la façon dont l'activité doit être menée. La fourniture d'informations simplement pour assurer le bon fonctionnement de l'accord et le maintien de bonnes relations avec l'entreprise n'est pas indicative d'une relation de dépendance.

109. Le nombre d'entreprises que l'agent représente est un autre facteur à prendre en considération pour établir son indépendance. Comme il est indiqué au paragraphe 111, il est peu probable que l'on puisse établir l'indépendance de l'agent si ses activités s'exercent exclusivement ou presque exclusivement pour le compte d'une seule entreprise pendant toute la durée de ses activités d'entreprise ou sur une longue période. Toutefois, ce fait n'est pas en soi déterminant. Tous les faits et circonstances doivent être pris en compte pour déterminer si les activités de l'agent constituent une activité d'entreprise autonome qu'il conduit et dans le cadre de laquelle il assume les risques et perçoit une rémunération par l'utilisation de ses compétences et connaissances d'entrepreneur. Lorsque l'agent intervient pour le compte d'un certain nombre d'entreprises dans l'exercice normal de ses activités et qu'aucune n'occupe de position prédominante au regard des opérations réalisées par l'agent, il peut y avoir dépendance si les entreprises agissent de concert pour contrôler les actes de l'agent dans le cadre des activités d'entreprise qu'il exerce pour leur compte.

110. On ne peut dire qu'un agent indépendant agit dans l'exercice normal de son activité d'entreprise comme tel lorsqu'il exerce des activités qui sont sans rapport avec les activités d'un agent. Si, par exemple, une société qui agit pour son propre compte comme distributeur pour un certain nombre d'entreprises agit également en qualité d'agent pour une autre entreprise, les activités qu'effectue la société en tant que distributeur ne seront pas considérées comme faisant partie des activités qu'elle mène dans le cadre ordinaire de ses activités d'agent aux fins de l'application du paragraphe 6. Néanmoins, les activités qui font partie de l'exercice normal des activités qu'une entreprise exerce en qualité d'agent comprendront les activités d'intermédiation qui, conformément à la pratique courante dans un secteur particulier, sont accomplies parfois en tant qu'agent et parfois pour le compte propre de l'entreprise, à condition que ces activités d'intermédiation ne puissent pas, sur le fond, être distinguées les unes des autres. Lorsque, par exemple, un courtier dans le

secteur financier exerce diverses activités d'intermédiation d'une manière identique mais qu'au regard des besoins des clients, il le fait parfois en qualité d'agent pour une autre entreprise et parfois pour son propre compte, ce courtier sera considéré comme agissant, dans le cadre ordinaire de ses activités, en tant qu'agent lorsqu'il accomplit ces diverses activités d'intermédiation.

111. La dernière phrase du paragraphe 6 dispose qu'une personne n'est pas considérée comme un agent indépendant lorsqu'elle agit exclusivement ou presque exclusivement pour le compte d'une ou de plusieurs entreprises auxquelles elle est étroitement liée. Cette dernière phrase ne signifie toutefois pas que le paragraphe 6 s'appliquera automatiquement lorsqu'une personne agit pour une ou plusieurs entreprises auxquelles elle n'est pas étroitement liée. Le paragraphe 6 exige que la personne exerce une activité d'entreprise comme agent indépendant et agisse dans le cadre ordinaire de cette activité. Le statut d'indépendant est moins probable si les activités de la personne sont exercées exclusivement ou presque exclusivement pour le compte d'une seule entreprise (ou d'un groupe d'entreprises étroitement liées entre elles) pendant toute la durée d'exercice de son activité d'entreprise ou sur une longue période. Si, toutefois, cette personne agit exclusivement pour une entreprise à laquelle elle n'est pas étroitement liée pendant une courte période (par exemple, au début des activités d'entreprise de cette personne), il est possible que le paragraphe 6 puisse s'appliquer. Comme il est indiqué au paragraphe 109 ci-dessus, tous les faits et circonstances doivent être pris en compte pour déterminer si les activités de l'agent constituent l'exercice d'une activité d'entreprise comme agent indépendant.

112. La dernière phrase du paragraphe 6 s'applique uniquement lorsque la personne agit « exclusivement ou presque exclusivement » pour le compte d'entreprises étroitement liées au sens du paragraphe 8. Autrement dit, si les activités que la personne exerce pour le compte d'entreprises auxquelles elle n'est pas étroitement liée ne constituent pas une part importante de l'activité d'entreprise de cette personne, elle ne pourra prétendre au statut d'agent indépendant. Si, par exemple, les ventes qu'un agent conclut pour des entreprises auxquelles il n'est pas étroitement lié représentent moins de 10 pour cent de l'ensemble des ventes qu'il conclut comme agent agissant pour d'autres entreprises, il faut considérer que cet agent agit « exclusivement ou presque exclusivement » pour le compte d'entreprises étroitement liées.

113. La règle énoncée dans la dernière phrase du paragraphe 6 et le fait que la définition de « étroitement liée » au paragraphe 8 inclut les situations dans lesquelles une société contrôle une autre ou est contrôlée par une autre ne limitent en rien la portée du paragraphe 7 de l'article 5. Comme expliqué au paragraphe 117 ci-dessous, il est possible qu'une filiale agisse pour le compte de sa société mère de telle manière que cette dernière soit considérée comme ayant un établissement stable selon le paragraphe 5 ; si c'est le cas, une filiale agissant exclusivement ou presque exclusivement pour sa société mère ne pourra bénéficier de l'exception de l'« agent indépendant » visée au paragraphe 6. Cela n'implique toutefois pas que la relation de société mère-filiale permette d'ignorer les conditions d'application du paragraphe 5 et

que cette relation suffise à elle seule pour conclure que l'une ou l'autre de ces conditions soit remplie.

114. La définition de l'expression « établissement stable » permet d'imposer une société d'assurance d'un État dans l'autre État pour ses opérations d'assurance si elle y dispose d'une installation fixe d'affaires au sens du paragraphe 1 ou si elle y exerce ses activités par l'intermédiaire d'une personne au sens du paragraphe 5. Comme les agences de sociétés d'assurances étrangères ne répondent pas toujours à l'une ou l'autre de ces deux conditions, il est possible que ces sociétés se livrent à des opérations importantes dans un État sans être imposées dans cet État sur les bénéfices provenant de ces opérations. Pour parer à cette éventualité, plusieurs conventions conclues par des pays membres de l'OCDE avant 2017 contiennent une disposition prévoyant que les sociétés d'assurances d'un État sont considérées comme ayant un établissement stable dans l'autre État si elles y perçoivent des primes par l'intermédiaire d'un agent qui y est établi — autre qu'un agent dont l'activité est déjà considérée comme constituant un établissement stable en vertu du paragraphe 5 — ou assurent des risques dans ce territoire par l'intermédiaire de cet agent. Le point de savoir si une disposition de ce genre devra être incluse dans une convention dépendra de la situation de droit et de fait qui prévaut dans les États contractants concernés. Par ailleurs, les modifications apportées aux paragraphes 5 et 6 en 2017 ont résolu quelques-uns des problèmes qu'une telle disposition vise à résoudre. Il sera donc fréquent qu'une telle disposition ne soit pas envisagée. De ce fait, il n'a pas paru opportun d'insérer une disposition en ce sens dans le Modèle de Convention.

Paragraphe 7

115. Il est généralement admis que l'existence d'une filiale ne constitue pas en soi un élément impliquant que la filiale est un établissement stable de la société mère. Ceci résulte du principe que, du point de vue fiscal, cette filiale constitue une entité juridique indépendante. Même le fait que l'activité de la filiale soit dirigée par la société mère ne fait pas de la filiale un établissement stable de la société mère.

116. Une société mère peut cependant être considérée, en vertu des dispositions des paragraphes 1 ou 5 de l'article, comme ayant un établissement stable dans un État où une filiale dispose d'une installation d'affaires. Ainsi, tout espace ou local appartenant à la filiale qui se trouve à la disposition de la société mère (voir les paragraphes 10 à 19 ci-dessus) et qui constitue une installation fixe d'affaires par l'intermédiaire de laquelle la société mère exerce ses propres activités constituera un établissement stable de la société mère en vertu du paragraphe 1, sous réserve des paragraphes 3 et 4 de l'article (voir l'exemple qui figure au paragraphe 15 ci-dessus). Par ailleurs, en vertu du paragraphe 5, une société sera considérée comme disposant d'un établissement stable dans un État au titre des activités que sa filiale mène pour son compte si les conditions de ce paragraphe sont satisfaites (voir les paragraphes 82 à 99 ci-dessus) à moins que le paragraphe 6 de l'article ne soit applicable.

117. Les mêmes principes s'appliquent à toute société faisant partie d'un groupe multinational de telle sorte que cette société puisse être considérée comme disposant

d'un établissement stable dans un État où elle a à sa disposition (voir les paragraphes 10 à 19 ci-dessus) et utilise des locaux appartenant à une autre société du groupe ou si la première société est considérée comme ayant un établissement stable en vertu du paragraphe 5 de l'article (voir les paragraphes 82 à 99 ci-dessus). La détermination de l'existence d'un établissement stable en vertu des dispositions des paragraphes 1 ou 5 de l'article doit cependant intervenir de manière distincte pour chaque société du groupe. Par conséquent, l'existence dans un État d'un établissement stable d'une société du groupe ne sera pas pertinente pour déterminer si une autre société du groupe a elle-même un établissement stable dans cet État.

118. Quoique des locaux appartenant à une société qui est membre d'un groupe multinational peuvent être mis à la disposition d'une autre société du groupe et peuvent, sous réserve des autres conditions de l'article 5, constituer un établissement stable de cette autre société lorsque les activités de celle-ci sont exercées par l'intermédiaire de cet établissement, il est important de distinguer ce cas de la situation fréquente où une société qui fait partie d'un groupe multinational fournit des services (par exemple des services de gestion) à une autre société du groupe dans le cadre de ses propres activités exercées dans des locaux qui ne sont pas ceux de cette autre société et en utilisant son propre personnel. Dans ce cas, le lieu où ces services sont fournis n'est pas à la disposition de la dernière société et ce ne sont pas les activités d'entreprise de cette société qui sont exercées par l'intermédiaire de cet établissement. Cet établissement ne peut donc être considéré comme un établissement stable de la société à laquelle les services sont fournis. En effet, le fait que les activités propres d'une société en un lieu donné puissent comporter des avantages économiques pour les activités d'une autre société ne signifie pas que cette dernière société exerce ses activités par l'intermédiaire de cet établissement : il est clair qu'une société qui se contente d'acquérir des pièces détachées produites par une autre société ou des services fournis par elle dans un autre pays ne dispose pas d'un établissement stable pour cette seule raison même si la fabrication de ces pièces ou la fourniture de ces services peuvent présenter des avantages pour elle.

Paragraphe 8

119. Le paragraphe 8 précise le sens du concept de personne ou entreprise « étroitement liée à une entreprise » aux fins de l'article et, en particulier, des paragraphes 4.1 et 6. Ce concept doit être distingué du concept d'« entreprises associées » tel qu'il est utilisé aux fins de l'article 9 ; bien que les deux concepts se recoupent dans une certaine mesure, ils ne sont pas équivalents.

120. La première partie du paragraphe 8 donne la définition générale d'une personne ou entreprise « étroitement liée à une entreprise ». Elle précise qu'une personne ou entreprise est étroitement liée à une entreprise si, compte tenu de l'ensemble des faits et circonstances pertinents, l'une contrôle l'autre ou toutes deux sont sous le contrôle des mêmes personnes ou entreprises. Cette règle générale inclurait, par exemple, les situations dans lesquelles une personne ou entreprise contrôle une entreprise en vertu d'un accord spécial permettant à cette personne ou entreprise d'exercer des droits qui

sont similaires à ceux qu'elle détiendrait si elle possédait, directement ou indirectement, plus de 50 pour cent des participations effectives dans l'entreprise. Comme dans la plupart des cas dans lesquels la forme plurielle est utilisée, la mention des « mêmes personnes ou entreprises » à la fin de la première phrase du paragraphe 8 englobe les cas dans lesquels il n'y a qu'une seule personne ou entreprise de ce type.

121. La deuxième partie du paragraphe 8 précise que la définition d'une personne ou entreprise étroitement liée à une entreprise s'applique automatiquement dans certaines circonstances. En vertu de cette deuxième partie, une personne ou entreprise est considérée comme étroitement liée à une entreprise si l'une détient directement ou indirectement plus de 50 pour cent des participations effectives dans l'autre ou si une autre personne détient directement ou indirectement plus de 50 pour cent des participations effectives dans la personne et dans l'entreprise ou dans les deux entreprises. Dans le cas d'une société, cette dernière condition est considérée comme remplie si une personne détient directement ou indirectement plus de 50 pour cent du total des droits de vote et de la valeur des actions de la société ou des participations effectives dans les fonds propres de la société.

Commerce électronique

122. La question de savoir si la simple utilisation de matériel informatique situé dans un pays pour effectuer des transactions de commerce électronique dans ce même pays peut constituer un établissement stable a donné lieu à quelques discussions. Cette question soulève un certain nombre de problèmes au regard des dispositions de l'article.

123. Même si un site où un équipement automatique est exploité par une entreprise peut constituer un établissement stable dans le pays où il est situé (voir ci-après), une distinction doit être faite entre l'équipement informatique, qui pourrait être installé sur un site de façon à constituer un établissement stable dans certaines circonstances, et les données et le logiciel qui sont utilisés par cet équipement ou stockés dans celui-ci. À titre d'exemple, un site web, qui est une combinaison de logiciels et de données électroniques, n'implique en soi aucun bien corporel. Il n'a donc pas d'emplacement qui puisse constituer une « installation d'affaires » car il n'existe pas « une installation telle que des locaux ou, dans certains cas, des machines ou de l'outillage » (voir le paragraphe 6 ci-dessus) en ce qui concerne le logiciel et les données constituant ce site web. En revanche, le serveur sur lequel le site web est hébergé et par l'intermédiaire duquel il est accessible est un élément d'équipement ayant une localisation physique et cette localisation peut donc constituer une « installation fixe d'affaires » de l'entreprise qui exploite ce serveur.

124. La distinction entre un site web et le serveur sur lequel ce site est hébergé et utilisé est importante, car l'entreprise qui exploite le serveur peut être différente de celle qui exerce son activité par l'intermédiaire du site web. Par exemple, il est courant que le site web par l'intermédiaire duquel une entreprise exerce son activité soit hébergé sur le serveur d'un fournisseur de services sur l'Internet (FSI). Bien que la

rémunération versée au FSI en vertu de ces accords puisse être calculée en fonction de la quantité d'espace de disque utilisée pour stocker le logiciel et les données requises par le site web, ces contrats n'ont pas généralement pour effet de mettre le serveur et son emplacement à la disposition de l'entreprise (voir les paragraphes 10 à 19 ci-dessus), même si l'entreprise a été en mesure de déterminer que son site web devrait être hébergé sur un serveur particulier situé dans un endroit particulier. En l'occurrence, l'entreprise n'a même pas de présence physique à cet endroit puisque le site web n'est pas un bien corporel. Dans ces cas, l'entreprise ne peut pas être considérée comme ayant acquis une installation d'affaires en vertu de cet accord d'hébergement. Toutefois, si l'entreprise exerçant une activité par l'intermédiaire d'un site web a le serveur à sa disposition, par exemple si elle possède (ou loue) et exploite le serveur sur lequel le site web est logé et utilisé, l'endroit où ce serveur est situé peut constituer un établissement stable de l'entreprise si les autres conditions de l'article sont remplies.

125. Un équipement informatique à un endroit donné ne peut constituer un établissement stable qu'à la condition d'être fixe. Dans le cas d'un serveur, ce qui importe n'est pas la possibilité de le déplacer, mais le fait de savoir s'il est effectivement déplacé. Pour constituer une installation fixe d'affaires, un serveur devra être situé à un certain endroit pendant un laps de temps suffisant pour devenir fixe au sens du paragraphe 1.

126. Une autre question est celle de savoir si l'activité d'une entreprise peut être considérée comme étant totalement ou partiellement exercée à un endroit où l'entreprise a un équipement tel qu'un serveur à sa disposition. La question de savoir si une entreprise exerce tout ou partie de son activité par l'intermédiaire de cet équipement doit être examinée au cas par cas, en se demandant si l'on peut dire que, du fait de cet équipement, l'entreprise a à sa disposition une installation où des fonctions de cette entreprise sont exercées.

127. Lorsqu'une entreprise exploite un équipement informatique à un endroit particulier, il peut exister un établissement stable même si aucun personnel de cette entreprise n'est nécessaire à cet endroit pour l'exploitation de l'équipement. La présence de personnel n'est pas nécessaire pour considérer qu'une entreprise exerce totalement ou partiellement son activité à un endroit si aucun personnel n'est en fait requis pour y exercer des activités d'entreprise. Cette conclusion s'applique au commerce électronique de la même façon qu'elle s'applique à d'autres activités dans lesquelles un équipement fonctionne automatiquement, par exemple une station de pompage automatique utilisée pour l'exploitation de ressources naturelles.

128. Par ailleurs, aucun établissement stable ne peut être réputé exister lorsque les opérations de commerce électronique effectuées à l'aide d'un équipement informatique situé à un endroit donné d'un pays se limitent aux activités préparatoires ou auxiliaires visées par le paragraphe 4. La question de savoir si des activités particulières exercées à un tel endroit tombent sous le coup du paragraphe 4 demande à être examinée au cas par cas, compte tenu des diverses fonctions exercées par

l'entreprise par l'intermédiaire de cet équipement. On peut citer les exemples suivants d'activités qui seraient généralement considérées comme préparatoires ou auxiliaires :

— assurer un lien de communication — à l'instar d'une ligne téléphonique — entre fournisseurs et clients ;

— faire la publicité de biens ou services ;

— relayer des informations à l'aide d'un serveur miroir à des fins de sécurité et d'efficience ;

— collecter des données sur le marché pour le compte de l'entreprise ;

— fournir des informations.

129. Toutefois, lorsque ces fonctions constituent en elles-mêmes une partie essentielle et significative de l'activité commerciale de l'entreprise dans son ensemble, ou que d'autres fonctions essentielles de l'entreprise sont exercées par l'intermédiaire de l'équipement informatique, elles vont au-delà des activités visées au paragraphe 4, et si l'équipement constitue une installation fixe d'affaires de l'entreprise (telle que décrit aux paragraphes 123 à 127 ci-dessus), il existe un établissement stable.

130. La détermination des fonctions essentielles d'une entreprise donnée dépend à l'évidence de la nature des activités exercées par cette entreprise. À titre d'exemple, certains fournisseurs de services sur l'Internet (FSI) exploitent leurs propres serveurs dans le but d'héberger des sites web ou d'autres applications pour le compte d'autres entreprises. Pour ces FSI, l'exploitation de leurs serveurs en vue de fournir des services à des clients constitue une composante essentielle de leur activité commerciale et ne saurait être considérée comme étant préparatoire ou auxiliaire. Un autre exemple est celui d'une entreprise (parfois appelée « cybermarchand ») qui se consacre à la vente de produits via l'Internet. Dans ce cas, l'entreprise n'a pas pour activité d'exploiter des serveurs, et le simple fait qu'elle puisse le faire à un endroit donné n'est pas suffisant pour conclure que les activités exercées à cet endroit sont davantage que des activités préparatoires et auxiliaires. Dans pareil cas, il convient d'examiner la nature des activités exercées à cet endroit à la lumière de l'activité générale de l'entreprise. Si ces activités sont simplement préparatoires ou auxiliaires au regard de la vente de produits via l'Internet (par exemple, l'endroit est utilisé pour exploiter un serveur qui héberge un site web, lequel, comme c'est souvent le cas, est utilisé exclusivement pour la publicité, l'affichage d'un catalogue de produits ou la fourniture d'informations aux clients potentiels), le paragraphe 4 est applicable et l'endroit en question ne constitue pas un établissement stable. Si, toutefois, les fonctions typiques liées à une vente sont exercées à cet endroit (par exemple, si la conclusion du contrat avec le client, le traitement du paiement et la livraison des produits sont effectués automatiquement par l'intermédiaire de l'équipement situé à cet endroit), ces activités ne peuvent pas être considérées comme étant simplement préparatoires ou auxiliaires.

131. Une dernière question est celle de savoir si le paragraphe 5 peut s'appliquer pour déterminer qu'un fournisseur de services sur l'Internet (FSI) constitue un établissement stable. Ainsi qu'on l'a déjà noté, il est courant que les FSI assurent le service consistant à héberger les sites web d'autres entreprises sur leurs propres

serveurs. On peut alors se demander s'il est possible d'appliquer le paragraphe 5 pour déterminer que les FSI en question constituent des établissements stables des entreprises qui font du commerce électronique par l'intermédiaire de sites web exploités sur les serveurs possédés et gérés par ces FSI. Si cela peut être le cas dans des circonstances très exceptionnelles, le paragraphe 5 n'est généralement pas applicable car les FSI ne constituent pas un agent des entreprises auxquelles appartiennent les sites web, parce qu'ils ne concluent pas de contrats ou ne jouent pas le rôle principal menant à la conclusion de contrats au nom de ces entreprises, ou pour le transfert de biens appartenant à ces entreprises ou pour la fourniture de services par ces entreprises, ou parce qu'ils agissent dans le cadre ordinaire d'une activité d'entreprise en tant qu'agent indépendant, comme en témoigne le fait qu'ils hébergent des sites web d'un grand nombre d'entreprises différentes. En outre, puisque le site web par l'intermédiaire duquel une entreprise exerce ses activités n'est pas lui-même une « personne » au sens de l'article 3, il est clair que le paragraphe 5 ne saurait être invoqué pour conclure qu'un établissement stable est réputé exister au motif que le site web serait un agent de l'entreprise en vertu de ce paragraphe.

L'imposition des services

132. L'effet combiné de cet article et de l'article 7 est que les bénéfices provenant des prestations de services exécutées sur le territoire d'un État contractant par une entreprise d'un autre État contractant ne sont pas imposables dans le premier État s'ils ne sont pas attribuables à un établissement stable qui y est situé (dès lors qu'ils ne sont pas couverts par d'autres articles de la Convention qui autoriseraient cette imposition). Ce résultat, en vertu duquel ces bénéfices ne sont imposables que dans l'autre État, est justifié par diverses considérations politiques et administratives. Il est cohérent avec le principe de l'article 7 selon lequel, tant qu'une entreprise d'un État n'a pas créé d'établissement stable dans un autre État, elle ne doit pas être considérée comme participant à la vie économique de cet État au point de relever de la compétence fiscale de cet autre État. De plus, la prestation de services doit, en règle générale et sous réserve d'un petit nombre d'exceptions pour certains types de services (par exemple ceux qui sont couverts par les articles 8 et 17), être traitée de la même manière que les autres activités d'entreprise et, par conséquent, le même seuil d'imposition des établissements stables doit s'appliquer à toutes les activités d'entreprise, y compris la prestation de services indépendants.

133. L'une des considérations administratives auxquelles il est fait référence ci-dessus est que le fait d'étendre les cas où l'imposition par le pays de la source des bénéfices tirés de prestations de services exécutées sur le territoire d'un État contractant serait autorisée alourdirait les contraintes réglementaires et administratives pesant sur les entreprises comme sur les administrations fiscales. Cela serait particulièrement problématique pour les services fournis aux consommateurs (par opposition à ceux fournis aux entreprises), dont la déclaration à l'administration fiscale du pays de la source ne serait pas requise en vue de bénéficier de leur déduction fiscale en tant que frais d'exploitation. Comme, dans la plupart des cas, les règles qui

ont été conçues à cet effet reposent sur la durée de séjour dans un État, les administrations fiscales et les entreprises auraient besoin de tenir compte du temps passé par le personnel des entreprises de services dans un pays et ces entreprises risqueraient d'avoir un établissement stable dans des circonstances imprévues dans le cas où elles seraient incapables de déterminer par avance la durée pendant laquelle leur personnel serait présent dans un pays donné (par exemple dans le cas où cette présence serait prolongée du fait de difficultés imprévues ou à la demande d'un client). Ces cas engendrent des contraintes administratives particulièrement problématiques parce qu'ils obligent une entreprise à se conformer rétroactivement à plusieurs exigences administratives associées à un établissement stable. Ces préoccupations ont trait à la nécessité de tenir des registres et documents comptables, à la fiscalité des salariés (par exemple, la nécessité de pratiquer des retenues à la source dans un autre pays) et à d'autres obligations ne concernant pas l'impôt sur le revenu.

134. En outre, l'imposition par le pays de la source des bénéfices tirés de prestations de services exécutées sur le territoire d'un État contractant par une entreprise d'un autre État contractant qui n'a pas d'installation fixe d'affaires dans le premier de ces deux États occasionnerait des difficultés pour déterminer les bénéfices imposables et recouvrer les impôts y afférents. Dans la plupart des cas, l'entreprise ne tiendrait pas la comptabilité et ne disposerait pas des actifs généralement associés à un établissement stable et elle n'aurait pas d'agent dépendant pouvant s'acquitter de ses obligations en matière d'information et de recouvrement. Au surplus, s'il est fréquent que le droit interne d'un État soumette à l'impôt les bénéfices tirés de prestations de services exécutées sur son territoire, cette pratique n'est pas nécessairement la meilleure politique en matière de conventions fiscales.

135. Certains États répugnent néanmoins à adopter le principe de l'imposition exclusive dans le pays de résidence des prestations de services qui ne sont pas attribuables à un établissement stable situé sur leur territoire mais qui sont exécutées sur ce territoire. Ces États proposent que l'article soit modifié de manière à préserver le droit d'imposition par le pays de la source, dans certaines circonstances, en ce qui concerne les bénéfices tirés de ces services. Les États qui considèrent qu'une convention fiscale doit conférer un droit supplémentaire d'imposition par le pays de la source pour les prestations de services exécutées sur leur territoire invoquent divers arguments à l'appui de leur point de vue.

136. Ces États peuvent considérer que les bénéfices tirés des prestations de services exécutées sur le territoire d'un État donné doivent être imposables dans cet État en vertu des principes politiques généralement acceptés qui régissent la détermination du moment où les bénéfices d'une entreprise doivent être considérés comme ayant leur source dans une juridiction donnée. Ils considèrent que, sous l'angle exclusif de la question purement politique de la détermination de l'origine des bénéfices d'une entreprise, l'État où les prestations de services sont exécutées devrait avoir le droit d'imposition même si ces services ne sont pas attribuables à un établissement stable tel que défini à l'article 5. Ils observent que le droit interne de nombreux pays prévoit que les prestations de services exécutées dans ces pays sont imposables même en

l'absence d'établissement stable (même si les prestations exécutées pendant une période très courte peuvent ne pas toujours être soumis à l'impôt en pratique).

137. Ces États sont préoccupés par le fait que certaines entreprises de services n'ont pas besoin d'installation fixe d'affaires dans leur territoire pour y exercer un volume substantiel d'activités et considèrent que ces droits supplémentaires sont donc appropriés.

138. Ces États considèrent en outre que, même si l'imposition des bénéfices des entreprises exploitées par des non-résidents qui ne sont pas attribuables à un établissement stable occasionnent des difficultés réglementaires et administratives, ces difficultés ne justifient pas que soient exemptés d'impôt les bénéfices tirés de toutes les prestations de services exécutées sur leur territoire par ces entreprises. Les tenants de cette position peuvent faire référence à des mécanismes qui sont déjà en place dans certains États pour veiller à ce que les prestations de services exécutées dans ces États mais qui ne sont pas attribuables à un établissement stable soient soumises à l'impôt (ces mécanismes reposent sur l'obligation à laquelle sont soumis les résidents de déclarer des paiements à des non-résidents au titre de prestations de services exécutées dans ces États et éventuellement d'opérer une retenue à la source sur ces paiements).

139. On notera cependant que tous les États membres conviennent qu'un État ne doit pas avoir le droit, en tant que pays de la source, d'imposer des revenus provenant de l'exécution de prestations de services exécutées par un non-résident hors de cet État. En vertu des conventions fiscales, les bénéfices tirés de la vente de marchandises qui sont simplement importées par un résident d'un pays et ne sont ni produites ni distribuées par un établissement stable dans ce pays n'y sont pas imposables et le même principe doit s'appliquer dans le cas des services. Le simple fait que celui qui paie la contrepartie de services soit un résident d'un État, que cette contrepartie soit supportée par un établissement stable situé dans cet État ou que le résultat des services soit utilisé dans cet État, ne constitue pas un lien suffisant pour justifier l'attribution d'un droit d'imposition à cet État.

140. Une autre question fondamentale sur laquelle il existe un accord général concerne la détermination de l'assiette de l'impôt. Dans le cas de services non-salariés (et sous réserve d'éventuelles exceptions telles que celles qui sont visées à l'article 17), seuls les bénéfices tirés de ces services devraient être soumis à l'impôt. Par conséquent, les dispositions parfois incluses dans les conventions bilatérales qui autorisent un État à imposer le montant brut des honoraires payés pour certains services si celui qui paie ces honoraires est un résident de cet État ne semblent pas être un moyen approprié pour imposer ces services. Premièrement, parce que ces dispositions ne sont pas limitées aux prestations de services exécutées dans l'État de la source, elles ont pour effet de permettre à un État d'imposer des activités d'entreprise qui ne se déroulent pas dans cet État. Deuxièmement, ces règles permettent d'imposer le montant brut payé pour les services par opposition aux bénéfices qui en proviennent.

141. De plus, les États membres admettent qu'il convient, pour des raisons tenant aux contraintes réglementaires et à d'autres motifs, de ne pas permettre à un État d'imposer les bénéfices tirés de prestations de services exécutées sur leur territoire dans certaines circonstances (par exemple si ces services sont fournis pendant une période très courte).

142. C'est pourquoi le Comité a jugé important de circonscrire les circonstances dans lesquelles les États qui ne souscrivent pas à la conclusion figurant dans le paragraphe 132 ci-dessus peuvent, s'ils le désirent, stipuler que les bénéfices tirés des prestations de services exécutées sur le territoire d'un État contractant par une entreprise d'un autre État contractant pourront être soumis à l'impôt par cet État même en l'absence d'un établissement stable, tel que défini à l'article 5, auquel ces bénéfices seraient attribuables.

143. Il va de soi que cette imposition ne doit pas s'étendre aux prestations de services exécutées hors du territoire d'un État et qu'elle ne doit s'appliquer qu'aux bénéfices tirés de ces prestations de services plutôt qu'aux paiements reçus en contrepartie de ces services. De plus, cette imposition ne doit être autorisée que si la présence dans un État atteint au moins un certain niveau.

144. On trouvera ci-après un exemple de disposition conforme à ces exigences ; les États sont libres de convenir bilatéralement de l'inclusion d'une telle disposition dans leurs conventions fiscales :

> Nonobstant les dispositions des paragraphes 1, 2 et 3, si une entreprise d'un État contractant exécute des prestations de services dans l'autre État contractant
>
> *a)* par l'intermédiaire d'une personne physique qui est présente dans cet autre État pendant une période ou des périodes excédant au total 183 jours durant toute période de douze mois et si plus de 50 pour cent des recettes brutes attribuables aux activités d'exploitation active exercées par l'entreprise au cours de cette ou ces périodes proviennent des prestations de services exécutées dans cet autre État par l'intermédiaire de cette personne, ou
>
> *b)* pendant une période ou des périodes excédant au total 183 jours durant toute période de douze mois, et ces prestations de services sont exécutées pour un même projet ou pour des projets connexes par l'intermédiaire d'une ou plusieurs personnes physiques qui sont présentes et exécutent ces prestations de services dans cet autre État
>
> les activités exercées dans cet autre État dans le cadre de l'exécution de ces prestations de services sont réputées être exercées par l'intermédiaire d'un établissement stable de l'entreprise situé dans cet autre État, sauf si ces prestations de services sont limitées à celles qui sont mentionnées dans le paragraphe 4 et qui, si elles étaient exécutées par l'intermédiaire d'une installation fixe d'affaires (autre qu'une installation fixe d'affaires à laquelle le paragraphe 4.1 s'appliquerait), ne feraient pas de cette installation un établissement stable au regard des dispositions de ce paragraphe. Aux fins de ce paragraphe, les prestations de services exécutées par une personne physique pour une entreprise ne sont pas considérées être

exécutées par une autre entreprise par l'intermédiaire de cette personne physique à moins que cette autre entreprise ne supervise, dirige ou contrôle la manière dont ces prestations de services sont exécutées par cette personne physique.

145. Cette disposition alternative constitue une extension de la définition de l'établissement stable qui permet d'imposer les revenus provenant de services fournis par des entreprises exploitées par des non-résidents mais ce, conformément aux principes décrits au paragraphe 143. Certains aspects de cette disposition alternative sont expliqués dans les paragraphes qui suivent ; de toute évidence, ces paragraphes ne sont pas pertinents dans le cas des conventions qui n'incluent pas une telle disposition et qui ne permettent donc pas de considérer qu'un établissement stable existe uniquement parce que les conditions décrites dans cette disposition sont satisfaites.

146. Cette disposition a pour effet qu'un établissement stable est réputé exister alors qu'il n'existerait pas selon la définition énoncée dans le paragraphe 1 et les exemples du paragraphe 2. Elle s'applique donc nonobstant ces paragraphes. Comme cela est le cas pour le paragraphe 5 de l'article, cette disposition constitue une règle supplémentaire permettant de conclure qu'une entreprise possède un établissement stable dans un État ; elle pourrait s'appliquer, par exemple, si un consultant fournit des services pendant une longue durée dans un pays mais en différents endroits qui ne remplissent pas les conditions requises par le paragraphe 1 pour qu'ils constituent un ou plusieurs établissements stables. S'il peut être démontré que l'entreprise dispose d'un établissement stable au sens des paragraphes 1 et 2 (sous réserve des dispositions du paragraphe 4), il n'est pas nécessaire d'appliquer cette disposition pour conclure à l'existence d'un établissement stable. Comme cette disposition se borne à créer un établissement stable qui autrement n'existerait pas, elle ne constitue pas une définition alternative du concept d'établissement stable et ne peut donc, de toute évidence, limiter le champ de la définition du paragraphe 1 et des exemples du paragraphe 2.

147. Cette disposition s'applique aussi nonobstant le paragraphe 3. Ainsi, une entreprise peut être réputée avoir un établissement stable parce qu'elle exécute des prestations de services dans un pays pendant les périodes spécifiées dans le paragraphe proposé même si les divers endroits où ces prestations de services sont exécutées ne constituent pas des établissements stables au regard du paragraphe 3. L'exemple ci-après illustre ce résultat. Un travailleur indépendant résidant dans un État contractant fournit des services et est présent dans un autre État contractant pendant plus de 183 jours au cours d'une période de douze mois, mais ses prestations de services sont exécutées pour des durées égales en un lieu qui n'est pas un chantier (et elles ne concernent pas un projet de construction ou d'installation) ainsi que sur deux chantiers sans rapport avec le précédent dont chacun a une durée inférieure à la durée spécifiée par le paragraphe 3. Quoique, selon le paragraphe 3, les deux chantiers ne soient pas réputés constituer des

établissements stables, le paragraphe proposé, qui s'applique nonobstant le paragraphe 3, fait que l'entreprise dont l'activité est exercée par cette personne sera réputée disposer d'un établissement stable (puisque la personne physique est un travailleur indépendant, on peut considérer que le critère de 50 pour cent des recettes brutes sera satisfait en ce qui concerne son entreprise).

148. Un autre exemple est celui d'une grande entreprise de construction qui exécute un seul projet de construction dans un pays. Si le projet est exécuté sur un seul site, la disposition ne devrait pas avoir d'incidence notable dès lors que la durée requise pour que le site constitue un établissement stable ne diffère pas substantiellement de celle qui est requise pour que la disposition s'applique. Les États qui désirent recourir à la disposition alternative peuvent donc envisager de se référer à des durées identiques pour cette disposition et pour le paragraphe 3 de l'article 5 : si une période plus courte est utilisée dans la disposition alternative, ceci réduira, en pratique, le champ d'application du paragraphe 3.

149. La situation peut néanmoins être différente si le projet, ou les projets connexes, sont exécutés en des endroits différents d'un même pays. Si chacun des chantiers où un même projet est exécuté a une durée trop courte pour que chacun d'entre eux constitue un établissement stable (voir cependant le paragraphe 57 ci-dessus), l'existence d'un établissement stable sera néanmoins présumée si les conditions de la disposition alternative sont remplies. Ce résultat est conforme à l'objet de la disposition, qui est de soumettre à l'imposition par l'État de la source les entreprises non-résidentes qui sont présentes dans un pays pendant une durée suffisamment longue nonobstant le fait que leur présence en un quelconque lieu de ce pays n'est pas suffisamment longue pour que ce lieu devienne un établissement stable de l'entreprise concernée. Certains États peuvent toutefois considérer que le paragraphe 3 doit l'emporter sur la disposition alternative et souhaiter modifier cette disposition en conséquence.

150. Le paragraphe suggéré ne s'applique qu'aux services. Les autres types d'activités qui ne sont pas des services sont donc exclus de son champ d'application. Ainsi, ce paragraphe ne s'appliquera pas à une entreprise étrangère qui exerce une activité de pêche dans les eaux territoriales d'un État et tire des recettes de la vente de ses prises (certaines conventions fiscales incluent cependant des dispositions spécifiques concernant des activités telles que la pêche et l'extraction de pétrole).

151. Cette disposition s'applique aux prestations de services exécutées par une entreprise. Il faut donc que les services soient fournis à des tiers par l'entreprise. Il est clair que cette disposition ne pourrait pas avoir pour effet qu'une entreprise soit réputée avoir un établissement stable du simple fait que des services lui sont fournis. Par exemple, des services pourraient être fournis par un particulier à son employeur sans que ce dernier ne fournisse de quelconques services (par exemple un salarié qui fournit des services de fabrication à une entreprise vendant des produits manufacturés). Un autre exemple serait celui d'employés d'une entreprise qui fourniraient des services dans un État à une entreprise associée selon les instructions détaillées et sous la supervision immédiate de cette dernière entreprise ; dans ce cas,

dans l'hypothèse où les prestations de services en question ne sont pas exécutées pour une tierce partie, cette dernière entreprise n'exécute pas elle-même de services auxquels la disposition pourrait s'appliquer.

152. De plus, la disposition ne s'applique qu'aux prestations de services qui sont exécutées dans un État par une entreprise étrangère. Il importe peu que les services soient fournis à un résident de l'État ; ce qui est important est que les prestations de services soient exécutées dans l'État par l'intermédiaire d'une personne physique qui y est présente.

153. La disposition alternative ne précise pas que les services doivent être dispensés « par l'intermédiaire de salariés ou d'autre personnel engagé par l'entreprise », une expression que l'on retrouve dans certaines conventions fiscales bilatérales. Elle prévoit simplement que les prestations de services doivent être exécutées par une entreprise. Comme cela est expliqué au paragraphe 39 ci-dessus, l'activité d'une entreprise (qui, dans le contexte de ce paragraphe, inclurait les prestations de services exécutées dans un État contractant) « est exercée par l'entrepreneur ou par des personnes qui ont avec l'entreprise des relations de salarié à employeur (personnel). Ce personnel inclut les employés et autre personnes qui reçoivent des instructions de l'entreprise (agents dépendants) ». Aux fins de la disposition alternative, les personnes par l'intermédiaire desquelles une entreprise fournit des services sont donc les personnes auxquelles il est fait référence au paragraphe 39, sous réserve de l'exception incluse dans la dernière phrase de cette disposition (voir le paragraphe 164 ci-dessous).

154. La disposition alternative s'appliquera dans deux catégories différentes de situations. L'alinéa *a*) de la disposition est basé sur la durée de présence de la personne physique par l'intermédiaire de laquelle une entreprise tire la plus grande partie de ses recettes et cette approche est similaire à celle de l'alinéa *a*) du paragraphe 2 de l'article 15 ; l'alinéa *b*) est basé sur la durée des activités des personnes physiques par lesquelles les prestations de services sont exécutées.

155. L'alinéa *a*) traite principalement du cas d'une entreprise dont l'activité est exercée par une seule personne physique. Mais il traite aussi du cas d'une entreprise qui, au cours de la période ou des périodes concernées, tire la majeure partie de ses recettes de services fournis par une seule personne physique. Cette extension est nécessaire pour éviter que, par exemple, des services similaires fournis par une personne physique et par une société dont la totalité des actions appartient au seul salarié de cette société ne soient traités de manière différente.

156. L'alinéa peut s'appliquer dans diverses situations où une entreprise exécute des prestations de services par l'intermédiaire d'une personne physique, comme cela est le cas lorsque ces prestations sont exécutées par une entreprise individuelle, par l'associé d'une société de personnes, par le salarié d'une société, etc. Les principales conditions requises sont les suivantes :

— la personne physique par l'intermédiaire de laquelle sont exécutées les prestations de services doit être présente dans un État pendant une ou des périodes qui, au total, excèdent 183 jours durant toute période de douze mois, et

— plus de 50 pour cent des recettes brutes attribuables aux activités d'exploitation active exercées par l'entreprise pendant la ou les périodes de présence doivent provenir de prestations de services exécutées dans cet État par l'intermédiaire de cette personne.

157. La première condition fait référence au nombre de jours de présence d'une personne physique. Comme la formulation est identique à celle de l'alinéa *a*) du paragraphe 2 de l'article 15, les principes applicables au calcul des jours de présence aux fins de ce dernier alinéa s'appliquent aussi au calcul des jours de présence aux fins du paragraphe suggéré.

158. Aux fins de la deuxième condition, selon laquelle plus de 50 pour cent des recettes brutes attribuables aux activités d'exploitation active exercées par une entreprise au cours de la ou des périodes concernées doivent provenir des prestations de services exécutées dans cet État par l'intermédiaire de cette personne physique, le montant des recettes brutes attribuables aux activités d'exploitation active exercées par l'entreprise représente ce que l'entreprise a facturé ou devrait facturer au titre des activités qu'elle exerce quelle que soit la date à laquelle la facturation est effectuée et indépendamment des règles du droit national sur la date à laquelle ces recettes doivent être prises en compte aux fins de l'impôt. Ces activités ne sont pas confinées aux activités liées à la fourniture de services. Les recettes brutes attribuables aux « activités d'exploitation active » excluent manifestement les produits d'activités d'investissement passif, y compris, par exemple, les intérêts et dividendes reçus au titre de l'investissement de fonds excédentaires. Les États ont néanmoins la faculté de préférer l'emploi d'un autre critère tel que le fait que « 50 pour cent des bénéfices de l'entreprise au cours de cette ou ces périodes proviennent des services » ou que « les services représentent la majeure partie des activités de l'entreprise » pour déterminer dans quelles circonstances une entreprise tire la plus grande partie de ses recettes de prestations de services exécutées sur leur territoire par l'intermédiaire d'une personne physique.

159. Les exemples suivants illustrent l'application de l'alinéa *a*) (dans l'hypothèse où la disposition alternative a été incluse dans une convention entre les États R et S) :

— Exemple 1 : W, une résidente de l'État R, est une consultante qui exploite sa propre entreprise sous son propre nom (il s'agit donc d'une entreprise individuelle). Entre le 2 février 00 et le 1er février 01, elle est présente dans l'État S pour une période ou des périodes totalisant 190 jours et pendant cette période, toutes les recettes de ses activités d'entreprise proviennent des prestations de services qu'elle exécute dans l'État S. Puisque l'alinéa *a*) s'applique dans cette situation, ces prestations de services sont réputées être exécutées par l'intermédiaire d'un établissement stable situé dans l'État S.

— Exemple 2 : X, un résident de l'État R, est un des deux actionnaires et employés de XCO, une société qui est un résident de l'État R et qui offre des services d'ingénierie. Entre le 20 décembre 00 et le 19 décembre 01, X est présent dans l'État S pour une période ou des périodes totalisant 190 jours et pendant cette période, 70 pour cent des recettes brutes attribuables aux activités d'exploitation active de XCO proviennent des prestations de services exécutées par X dans l'État S. Puisque l'alinéa *a*) s'applique dans cette situation, ces prestations de services sont réputées être exécutées par l'intermédiaire d'un établissement stable de XCO situé dans l'État S.

— Exemple 3 : X et Y, qui sont résidents de l'État R, sont les deux associés de X&Y, une société de personnes établie dans l'État R qui offre des services juridiques. L'État S traite les sociétés de personnes comme des entités transparentes sur le plan fiscal. Entre le 15 juillet 00 et le 14 juillet 01, Y est présent dans l'État S pour une période ou des périodes totalisant 240 jours et pendant cette période, 55 pour cent de tous les honoraires de X&Y attribuables aux activités d'exploitation active de X&Y proviennent des prestations de services exécutées par Y dans l'État S. L'alinéa *a*) s'applique dans cette situation et, pour les fins de l'imposition de X et Y, les prestations de services exécutées par Y sont réputées être exécutées par l'intermédiaire d'un établissement stable situé dans l'État S.

— Exemple 4 : Z, un résident de l'État R, est un des dix employés de ACO, une société qui est un résident de l'État R et qui offre des services de comptabilité. Entre le 10 avril 00 et le 9 avril 01, Z est présent dans l'État S pour une période ou des périodes totalisant 190 jours et pendant cette période, 12 pour cent des recettes brutes attribuables aux activités d'exploitation active de ACO proviennent des prestations de services exécutées par Z dans l'État S. L'alinéa *a*) ne s'applique pas dans cette situation et, à moins que l'alinéa *b*) ne s'applique à ACO, ACO ne sera pas réputée avoir un établissement stable dans l'État S en vertu de la disposition alternative.

160. L'alinéa *b*) traite du cas d'une entreprise qui exécute des prestations de services dans un État contractant en relation avec un projet donné (ou pour des projets connexes) et qui exécute ces prestations par l'intermédiaire d'une ou plusieurs personnes physiques pendant une durée substantielle. La ou les périodes auxquelles l'alinéa fait référence doit ou doivent être considérées au regard de l'entreprise et non des personnes physiques. Il n'est donc pas nécessaire que ce soient la ou les mêmes personnes physiques qui exécutent les prestations de services et sont présentes pendant toutes ces périodes. Dès lors que, durant une journée donnée, l'entreprise exécute ses prestations de services par l'intermédiaire d'au moins une personne physique qui les exécute et est présente dans l'État, cette journée sera incluse dans la ou les périodes auxquelles l'alinéa fait référence. Il est évident, cependant, que cette journée ne comptera que comme une seule journée sans égard pour le nombre de personnes physiques qui exécutent ces prestations de services pour l'entreprise durant la même journée.

161. La référence à une « entreprise ... [qui] exécute des prestations de services ... pour le même projet » doit être interprétée du point de vue de l'entreprise qui fournit les services. Par conséquent, une entreprise peut exécuter deux projets différents de fourniture de services à un même client (par exemple la fourniture de conseils fiscaux et de formation dans un domaine indépendant de la fiscalité) et, quoique ces

prestations puissent concerner un même projet du client, on ne doit pas considérer que les prestations de services sont exécutées pour le même projet.

162. La référence aux « projets connexes » vise à couvrir les cas où les services sont fournis dans le cadre de projets distincts exécutés par une entreprise mais où ces projets ont une cohérence commerciale (voir les paragraphes 24 et 25 ci-dessus). Les faits et circonstances de chaque cas doivent être examinés afin de déterminer si des projets sont connexes mais les facteurs généralement pertinents à cette fin incluent :

— la question de savoir si les projets sont couverts par un seul contrat-cadre ;
— lorsque les projets sont couverts par différents contrats, la question de savoir si ces différents contrats ont été conclus par la même personne ou des personnes différentes et si la conclusion de contrats supplémentaires aurait raisonnablement été envisagée lors de la conclusion du premier contrat ;
— la question de savoir si la nature du travail à effectuer dans le cadre des différents projets est la même ;
— la question de savoir si les mêmes personnes physiques exécutent les prestations de services requises dans le cadre des différents projets.

163. L'alinéa *b*) exige que, pendant les périodes concernées, l'entreprise exécute des prestations de services par l'intermédiaire de personnes physiques qui exécutent ces prestations dans l'autre État. À cet effet, une période au cours de laquelle des personnes physiques exécutent des prestations de services signifie une période pendant laquelle les prestations de services sont effectivement exécutées, ce qui correspondra normalement aux jours de travail de ces personnes. Une entreprise qui accepte de laisser du personnel disponible au cas où un client aurait besoin des services de ce personnel et qui facture au client des frais d'attente pour ce faire doit être considérée comme exécutant des prestations de services par l'intermédiaire des personnes physiques concernées même si celles-ci sont inactives durant les journées de travail durant lesquelles elles sont ainsi mises en disponibilité.

164. Comme cela est expliqué au paragraphe 153 ci-dessus, les personnes physiques par l'intermédiaire desquelles une entreprise fournit des services seront, pour l'application de la disposition alternative, les personnes auxquelles il est fait référence au paragraphe 39 ci-dessus. Cependant, si une personne physique exécute des prestations de services pour le compte d'une entreprise, l'exception incluse dans la dernière phrase de la disposition vise à préciser que les prestations de services exécutées par cette personne ne seront prises en compte en ce qui concerne une autre entreprise que dans la mesure où le travail de cette personne est effectué sous la supervision, la direction ou le contrôle de cette autre entreprise. Ainsi, si une entreprise qui a accepté par contrat de fournir des services à des tiers fournit ces services par l'intermédiaire de salariés d'une entreprise distincte (par exemple une entreprise fournissant des services sous-traités), les prestations de services exécutées par ces salariés ne sont pas prises en compte pour l'application de l'alinéa *b*) en ce qui concerne la société qui a accepté par contrat de fournir des services à des tiers. Cette

règle s'applique indépendamment du fait que l'entreprise distincte soit associée à la société qui a conclu ce contrat ou en soit indépendante.

165. Les exemples suivants illustrent l'application de l'alinéa *b*) (dans l'hypothèse où la disposition alternative a été incluse dans une convention entre les États R et S) :

— Exemple 1 : X, une société qui est un résident de l'État R, a convenu avec la société Y d'effectuer des relevés géologiques en divers endroits situés dans l'État S où l'entreprise Y détient des droits d'exploration. Entre le 15 mai 00 et le 14 mai 01, ces relevés sont effectués durant une période de 185 jours de travail par des employés de la société X ainsi que par des travailleurs indépendants à qui X a sous-traité une partie du travail à effectuer mais qui travaillent sous la direction, la supervision ou le contrôle de X. Puisque l'alinéa *b*) s'applique dans cette situation, ces prestations de services sont réputées être exécutées par l'intermédiaire d'un établissement stable de X situé dans l'État S.

— Exemple 2 : Y, un résident de l'État T, est un des deux actionnaires et employés de WYCO, une société qui est un résident de l'État R et qui offre des services de formation. Entre le 10 juin 00 et le 9 juin 01, Y exécute des prestations de services dans l'État S en vertu d'un contrat conclu entre WYCO et une société qui est un résident de l'État S et selon lequel WYCO doit former les employés de cette société. Ces prestations de services sont effectuées durant une période de 185 jours de travail. Durant la période durant laquelle Y est présent dans l'État S, les recettes attribuables à ces services représentent 40 pour cent des recettes brutes de WYCO attribuables à des activités d'exploitation active. Même si l'alinéa *a*) ne s'applique pas dans cette situation, l'alinéa *b*) s'applique et ces prestations de services sont réputées être exécutées par l'intermédiaire d'un établissement stable de WYCO situé dans l'État S.

— Exemple 3 : ZCO, un résident de l'État R, a sous-traité à la société OCO, un résident de l'État S, le support technique que ZCO offre par téléphone à ses clients. OCO exploite un centre d'appels pour plusieurs sociétés semblables à ZCO. Pendant la période du 1er janvier 00 au 31 décembre 00, les salariés d'OCO fournissent un support technique à divers clients de ZCO. Puisque les salariés d'OCO ne sont pas sous la supervision, la direction ou le contrôle de ZCO, on ne peut considérer, pour l'application de l'alinéa *b*), que ZCO exécute des prestations de services dans l'État S par l'intermédiaire de ces salariés. De plus, même si les services fournis par les salariés d'OCO aux divers clients de ZCO sont similaires, ceux-ci sont fournis en vertu de contrats distincts conclus avec des clients qui ne sont pas liés : on ne pourrait donc pas considérer que ces services sont rendus dans le cadre du même projet ou de projets connexes.

166. Les seuils de 183 jours prévus dans la disposition alternative peuvent donner lieu au même type d'abus que celui qui est décrit dans le paragraphe 52 ci-dessus. Comme cela est indiqué dans ce paragraphe, outre le fait que de tels abus peuvent, compte tenu des circonstances, être sujets à l'application de règles législatives ou jurisprudentielles visant à contrecarrer l'évasion fiscale, ces abus peuvent également être couverts par la règle anti-abus du paragraphe 9 de l'article 29. Il se peut toutefois

que certains États préfèrent régler ce problème en incluant une disposition spécifique dans l'article. Cette disposition pourrait être rédigée de la manière suivante :

> Aux fins du paragraphe [x], lorsqu'une entreprise d'un État contractant qui exécute des prestations de services dans un autre État contractant est, pendant une période donnée, étroitement liée à une autre entreprise qui exécute dans cet autre État des prestations de services sensiblement similaires pour le même projet ou pour des projets connexes par l'intermédiaire d'une ou plusieurs personnes physiques qui, pendant cette période, sont présents et exécutent ces prestations de services dans cet État, la première entreprise est réputée, pendant cette période, exécuter dans l'autre État des prestations de services pour ce même projet ou pour des projets connexes par l'intermédiaire de ces personnes.

167. Selon la disposition, les activités exercées dans l'autre État par les personnes auxquelles il est fait référence à l'alinéa *a*) ou *b*) et par l'intermédiaire desquelles l'entreprise exécute les prestations de services pendant la ou les périodes auxquelles il est fait référence dans ces alinéas sont réputées être exercées par l'intermédiaire d'un établissement stable que l'entreprise possède dans cet autre État. L'entreprise est donc réputée avoir un établissement stable dans cet autre État aux fins de toutes les dispositions de la Convention (y compris, par exemple, le paragraphe 5 de l'article 11 et le paragraphe 2 de l'article 15) et les bénéfices tirés des activités exercées dans l'autre État dans le cadre de la fourniture de ces services sont attribuables à cet établissement stable et sont donc imposables dans cet État conformément à l'article 7.

168. En considérant que les activités exercées dans le cadre de l'exécution des prestations de services concernées sont exercées par l'intermédiaire d'un établissement stable dont l'entreprise dispose dans un État contractant, la disposition permet l'application de l'article 7 et, par voie de conséquence, l'imposition par cet État des bénéfices attribuables à ces activités. En règle générale, il importe de s'assurer que seuls les bénéfices tirés des activités exercées dans le cadre de l'exécution des prestations de services sont imposés ; s'il peut exister certaines exceptions, il serait préjudiciable au commerce international de services que les paiements reçus en contrepartie de ces services soient imposés sans tenir compte des dépenses directes ou indirectes encourues aux fins de l'exécution de ces prestations de services.

169. Cette disposition alternative ne s'applique pas si les services fournis se limitent à ceux qui sont mentionnés au paragraphe 4 de l'article 5 qui, si ces prestations étaient exécutées par l'intermédiaire d'une installation fixe d'affaires, ne feraient pas de cette installation fixe d'affaires un établissement stable au regard des dispositions de ce paragraphe. Comme la disposition fait référence à l'exécution de prestations de services par l'entreprise et ne couvre donc pas les services fournis à l'entreprise elle-même, la plupart des dispositions du paragraphe 4 ne sont sans doute pas pertinentes. Il se peut toutefois que les prestations qui sont exécutées soient exclusivement de nature préparatoire ou auxiliaire (par exemple, la fourniture d'informations à des clients potentiels lorsqu'il s'agit uniquement d'une activité préparatoire à l'exercice des activités habituelles de l'entreprise ; voir le paragraphe 71 ci-dessus) et, dans ce

cas, il est logique de ne pas considérer que l'exécution de ces prestations de services constitue un établissement stable.

Observations sur les Commentaires

170. S'agissant du paragraphe 64, l'*Allemagne* réserve sa position sur la question de savoir si, et dans quelles conditions, l'acquisition d'un droit de disposition de la capacité de transport d'une conduite ou de la capacité d'installations techniques, de lignes et de câbles pour la transmission d'électricité ou de communications (incluant la transmission d'émissions de radio et de télévision) qui appartiennent à un tiers peut faire en sorte que cette conduite ou ce câble soit considérée comme étant à la disposition de l'acquéreur en tant qu'installation fixe d'affaires.

171. En ce qui concerne le paragraphe 104, le *Mexique* considère que le principe de pleine concurrence doit aussi être considéré au moment de déterminer si un agent dispose ou non d'un statut indépendant pour l'application du paragraphe 6 de l'article et désire, lorsque cela sera nécessaire, clarifier dans ses conventions que c'est ainsi que ce paragraphe doit être interprété.

172. L'*Allemagne*, en ce qui concerne la troisième phrase du paragraphe 50, estime que les activités d'entreprise qui ont lieu sur un chantier de construction et qui sont limitées à la planification et la supervision d'un projet de construction ne peuvent constituer un établissement stable que si elles satisfont aux exigences énoncées au paragraphe 1 de l'article 5.

173. L'*Italie* et le *Portugal* considèrent qu'il est essentiel de prendre en compte le fait que — quel que soit le sens donné à la troisième phrase du paragraphe 2 — en ce qui concerne la méthode suivie pour le calcul des impositions, les systèmes nationaux ne sont pas concernés par la nouvelle rédaction du modèle, c'est à dire par la suppression de l'article 14.

174. La *République tchèque* a donné un certain nombre d'explications et émis un certain nombre de réserves concernant le rapport sur les « Questions soulevées par l'article 5 du Modèle de Convention fiscale de l'OCDE ». En particulier, la République tchèque n'est pas d'accord avec l'interprétation mentionnée aux paragraphes 24 (première partie du paragraphe) et 25 (première partie du paragraphe). Selon sa politique, ces exemples pourraient également être considérés comme constituant un établissement stable si les services sont fournis sur son territoire pendant une période suffisamment importante.

175. En ce qui concerne le paragraphe 50, la *République tchèque* adopte une interprétation plus étroite du terme « chantier de montage » et par conséquent elle limite son champ d'application aux activités d'installation et d'assemblage liées à un chantier de construction. En outre, la République tchèque adhère à une interprétation selon laquelle les activités de surveillance ne seront automatiquement couvertes par le paragraphe 3 de l'article 5 que si elles sont exercées par l'entrepreneur. Sinon, elles ne seront couvertes par ce texte que si elles sont expressément mentionnées dans cette disposition spéciale. Dans le cas d'un chantier de montage sans rapport avec un

chantier de construction et lorsque ces activités de surveillance sont exercées par une entreprise autre que l'entrepreneur et que cela n'est pas expressément mentionné au paragraphe 3 de l'article 5, ces activités sont automatiquement soumises aux règles concernant l'imposition des revenus tirés de la fourniture d'autres services.

176. En ce qui concerne les paragraphes 122 à 131, le *Royaume-Uni* est d'avis qu'un serveur utilisé par un « cybermarchand », soit isolément, soit avec des sites web, ne peut en tant que tel constituer un établissement stable.

177. Le *Chili* et la *Grèce* ne partagent pas toutes les interprétations incluses aux paragraphes 122 à 131.

178. L'*Allemagne* est en désaccord avec l'interprétation donnée dans l'exemple du peintre au paragraphe 17 ; selon elle, cette interprétation est incompatible avec le principe exprimé dans la première phrase du paragraphe 12 et il n'y a donc pas d'établissement stable au sens du paragraphe 1 de l'article 5 du Modèle de Convention. Dans l'exemple donné au paragraphe 25, l'Allemagne exigerait que les bureaux utilisés soient à la disposition du consultant en plus du fait qu'il y soit simplement présent durant les activités de formation.

179. L'*Allemagne* réserve sa position en ce qui concerne la portée et les limites de l'application des suggestions exprimées dans la deuxième phrase du paragraphe 28 et les paragraphes 29 et 30 et considère qu'afin de conclure à l'existence d'une installation fixe d'affaires, une certaine période minimale de présence durant l'année visée est nécessaire pour satisfaire la condition d'un certain degré de permanence et ce, malgré la nature récurrente ou autre de l'activité. En particulier, l'Allemagne est en désaccord avec l'utilisation du critère de lien économique — tel que décrit dans la première phrase du paragraphe 30 — dans le but de justifier une exception aux conditions de présence et de durée.

180. En ce qui concerne le paragraphe 98 (et la référence aux paragraphes 83 et 28 à 30), l'*Allemagne* attache une importance croissante à la nécessité d'une période minimale de représentation pour les fins du paragraphe 5 de l'article 5 du Modèle de Convention dans les cas où l'agent n'est pas résident de l'État de source et n'y dispose pas d'une installation fixe d'affaires. Dans ces cas, l'Allemagne adopte donc une conception étroite de l'application des facteurs mentionnés aux paragraphes 28 à 30.

181. L'*Italie* désire préciser qu'en ce qui concerne les paragraphes 97, 116, 117 et 118, sa jurisprudence ne peut être ignorée pour les fins de l'interprétation des cas visés par ces paragraphes.

182. Le *Mexique* et le *Portugal* se réservent le droit de ne pas suivre les interprétations données aux paragraphes 122 à 131.

183. La *Turquie* réserve sa position sur le point de savoir si, et dans quelles circonstances, les activités mentionnées aux paragraphes 122 à 131 constituent un établissement stable.

184. La *Finlande* et la *Suède* considèrent que lorsqu'un État choisit d'inclure dans une convention la version alternative du paragraphe 4 de l'article 5 figurant au

paragraphe 78 des Commentaires, il n'est pas nécessaire d'inclure le paragraphe 4.1 de l'article 5 dans la convention.

185. L'*Allemagne* réserve sa position concernant l'application de la première phrase du paragraphe 9.

186. La *Grèce* ne partage pas toutes les interprétations données au paragraphe 45.

Réserves sur l'article

187. Les *États-Unis* se réservent le droit de suivre les versions des paragraphes 5 et 6 en vigueur avant la mise à jour 2017 du Modèle de Convention fiscale.

Paragraphe 1

188. L'*Australie* se réserve le droit de considérer qu'une entreprise a un établissement stable dans un État si elle y exerce des activités en rapport avec les ressources naturelles ou y utilise un équipement important avec un certain degré de continuité ou si une personne — agissant dans cet État pour le compte de l'entreprise — produit ou transforme dans cet État des biens ou marchandises appartenant à l'entreprise.

189. Compte tenu des problèmes particuliers que pose l'application des dispositions du Modèle de Convention aux activités de prospection et d'exploitation d'hydrocarbures en haute mer ainsi qu'aux activités connexes, le *Canada*, le *Danemark*, l'*Irlande*, la *Lettonie*, la *Norvège* et le *Royaume-Uni* se réservent le droit d'insérer dans un article spécial des dispositions relatives à ces activités.

190. Le *Chili* se réserve le droit de considérer qu'une entreprise possède un établissement stable dans certaines circonstances dans lesquelles il y a prestation de services.

191. La *République slovaque* et la *République tchèque*, tout en approuvant la condition fixée au paragraphe 1 concernant l'existence d'une « installation fixe d'affaires », se réservent le droit de proposer, dans le cadre de négociations bilatérales, des dispositions spécifiques précisant les conditions d'application de ce principe aux accords de prestations de services dont la durée d'application est importante.

192. La *Grèce* se réserve le droit de considérer qu'une entreprise a un établissement stable en Grèce si l'entreprise exerce des activités de planification, de surveillance ou de consultants se rapportant à un chantier de construction ou de montage dont la durée dépasse six mois, si de l'équipement scientifique ou de la machinerie est utilisé en Grèce pour plus de trois mois par l'entreprise pour l'exploration ou l'extraction de ressources naturelles ou si l'entreprise a plus d'un projet, chacun durant moins de six mois, au cours de la même période (soit au cours d'une année civile).

193. La *Grèce* se réserve le droit d'insérer des dispositions spéciales relatives aux activités en haute mer.

194. L'*Estonie* et le *Mexique* se réservent le droit d'imposer les personnes physiques exerçant des professions libérales ou d'autres activités indépendantes si ces personnes

sont présentes sur leur territoire pendant une ou plusieurs périodes dont la durée totale excède 183 jours au cours d'une période de douze mois.

195. La *Nouvelle-Zélande* se réserve le droit d'inclure des dispositions visant à considérer qu'un établissement stable existe lorsque, durant plus de six mois, une entreprise exerce des activités relatives à l'exploration ou l'exploitation des ressources naturelles ou utilise ou loue de l'équipement important.

196. La *Turquie* se réserve le droit de considérer une personne comme ayant un établissement stable en Turquie si cette personne exerce une activité professionnelle ou autre activité de caractère indépendant, incluant des activités de planification, de surveillance ou de conseil, avec une certaine continuité, directement ou par l'intermédiaire d'employés d'une entreprise distincte.

197. La *Lettonie* se réserve le droit de considérer qu'une personne qui exerce une profession libérale ou toute autre activité de caractère indépendant dispose d'un établissement stable lorsqu'elle séjourne sur son territoire pendant une période ou des périodes excédant au total 183 jours durant toute période de douze mois.

Paragraphe 2

198. Le *Canada*, le *Chili* et *Israël* se réservent le droit de remplacer à l'alinéa 2 *f)* les mots « d'extraction » par les mots « relié à l'exploration ou à l'exploitation ».

199. La *Grèce* se réserve le droit d'inclure le paragraphe 2 de l'article tel qu'il était rédigé dans le Projet de Convention de 1963.

200. La *Grèce* et le *Mexique* se réservent le droit de remplacer à l'alinéa 2 *f)* le terme « d'extraction » par les termes « d'extraction, d'exploration ou d'exploitation ».

Paragraphe 3

201. L'*Australie*, le *Chili*, la *Corée*, la *Grèce*, la *Nouvelle-Zélande*, le *Portugal* et la *Turquie* réservent leur position à l'égard du paragraphe 3 et estiment qu'un chantier de construction ou de montage dont la durée dépasse six mois doit être considéré comme un établissement stable.

202. L'*Australie* se réserve le droit de prévoir qu'une entreprise a un établissement stable dans un État si elle y exerce des activités de surveillance ou de conseil pour plus de 183 jours durant toute période de douze mois en liaison avec un chantier de construction ou de montage situé dans cet État.

203. La *Corée* réserve sa position afin de pouvoir imposer une entreprise qui exerce pour une durée supérieure à six mois des activités de surveillance en liaison avec un chantier de construction ou de montage dont la durée excède six mois.

204. La *Slovénie* se réserve le droit d'inclure dans le paragraphe 3 les activités connexes de surveillance ou de conseil.

205. Le *Mexique* et la *République slovaque* se réservent le droit d'imposer une entreprise exerçant des activités de surveillance d'une durée de plus de six mois en liaison avec un chantier de construction ou de montage.

206. Le *Mexique* et la *République slovaque* réservent leur position à l'égard du paragraphe 3 et considèrent que tout chantier de construction ou de montage d'une durée supérieure à six mois doit être assimilé à un établissement stable.

207. La *Pologne* et la *Slovénie* se réservent le droit de remplacer l'expression « chantier de construction ou de montage » par l'expression « chantier de construction, d'assemblage ou de montage ».

208. Le *Portugal* se réserve le droit de traiter une entreprise comme ayant un établissement stable au Portugal si cette entreprise exerce des activités de planification, de surveillance, de conseil, tout ouvrage de caractère auxiliaire ou toute autre activité se rapportant à un chantier de construction ou de montage dont la durée dépasse six mois, si la durée de cet ouvrage ou de cette activité dépasse aussi six mois.

209. Les *États-Unis* se réservent le droit d'ajouter « une plate-forme ou un navire de forage utilisés pour la prospection de ressources naturelles » aux activités couvertes par le critère des douze mois de durée du paragraphe 3.

Paragraphe 4

210. Le *Chili* se réserve le droit de modifier le paragraphe 4 en supprimant l'alinéa *f*), en remplaçant le texte de l'alinéa *e*) par « une installation fixe d'affaires est utilisée aux seules fins de faire de la publicité, de diffuser des informations, de mener des recherches scientifiques ou des activités similaires pour le compte de l'entreprise ; », et en supprimant « ou, dans le cas visé à l'alinéa *f*), l'activité d'ensemble de l'installation fixe d'affaires, » de la dernière partie du paragraphe 4.

211. Le *Mexique* se réserve le droit d'exclure l'alinéa *f*) du paragraphe 4 de l'article afin de considérer qu'un établissement stable peut exister lorsqu'une installation fixe d'affaires est maintenue pour l'exercice de n'importe quelle combinaison d'activités mentionnées aux alinéas *a*) à *e*) du paragraphe 4.

Paragraphe 4.1

212. La *Finlande*, le *Luxembourg*, la *Suède* et la *Suisse* se réservent le droit de ne pas inclure le paragraphe 4.1 dans leurs conventions.

Paragraphe 5

213. L'*Allemagne*, la *Finlande*, le *Luxembourg*, la *Suède* et la *Suisse* se réservent le droit d'utiliser la version précédente du paragraphe 5 de l'article 5 (la version qui figurait dans le Modèle de Convention fiscale en vigueur juste avant la mise à jour 2017 du Modèle de Convention fiscale).

Paragraphe 6

214. La *Finlande*, le *Luxembourg* et la *Suède* se réservent le droit d'utiliser la version précédente du paragraphe 6 de l'article 5 (la version qui figurait dans le Modèle de Convention fiscale en vigueur juste avant la mise à jour 2017 du Modèle de Convention fiscale).

215. L'*Allemagne* se réserve le droit d'utiliser la version précédente du paragraphe 6 (la version qui figurait dans le Modèle de Convention fiscale en vigueur juste avant la mise à jour 2017 du Modèle de Convention fiscale) parce qu'elle n'est pas d'accord avec l'interprétation selon laquelle une personne ne devrait pas être considérée comme un agent indépendant uniquement parce que cette personne agit exclusivement ou presque exclusivement pour le compte d'une ou de plusieurs entreprises auxquelles elle est étroitement liée.

Paragraphe 8

216. La *Finlande* et la *Suède* se réservent le droit de ne pas inclure le paragraphe 8 dans leurs conventions.

COMMENTAIRES SUR L'ARTICLE 6 CONCERNANT L'IMPOSITION DES REVENUS IMMOBILIERS

1. Le paragraphe 1 accorde le droit d'imposer le revenu des biens immobiliers à l'État de la source, c'est-à-dire à l'État dans lequel est situé le bien immobilier qui produit ce revenu. Cette pratique tient au fait qu'il y a toujours un lien économique très étroit entre la source du revenu et l'État de la source. Bien que les revenus provenant des exploitations agricoles ou forestières soient inclus dans les revenus visés à l'article 6, les États contractants ont la faculté de décider, dans les conventions bilatérales qu'ils signent, que ces revenus seront considérés comme relevant de l'article 7. L'article 6 ne traite que du revenu qu'un résident d'un État contractant tire de biens immobiliers situés dans l'autre État contractant. Il ne s'applique donc pas au revenu de biens immobiliers situés dans l'État contractant dont le bénéficiaire est un résident au sens de l'article 4 ou situés dans un État tiers ; les dispositions du paragraphe 1 de l'article 21 s'appliquent à un tel revenu.

2. En définissant la notion de biens immobiliers par référence au droit de l'État où le bien est situé, ainsi que le prévoit le paragraphe 2, on réduit les difficultés d'interprétation relatives à la question de savoir si un bien ou un droit doit être considéré ou non comme bien immobilier. Toutefois, le paragraphe mentionne spécifiquement les biens et droits qui doivent toujours être considérés comme biens immobiliers. En fait, ces biens et droits sont déjà assimilés à des biens immobiliers selon la législation ou la réglementation fiscale de la plupart des pays membres de l'OCDE. Inversement, le paragraphe spécifie que les navires et les aéronefs ne seront jamais considérés comme biens immobiliers. Aucune disposition spéciale n'a été prévue concernant le revenu des créances garanties par gage immobilier, cette question étant réglée dans le cadre de l'article 11.

2.1 L'expression « y compris les revenus des exploitations agricoles ou forestières » au paragraphe 1 étend la portée de l'article 6 pour inclure non seulement les revenus provenant de biens immobiliers tels que définis au paragraphe 2, mais également les revenus tirés d'activités agricoles ou forestières. Les revenus des exploitations agricoles ou forestières incluent non seulement les revenus qu'une entreprise agricole ou forestière tire de la vente de sa production agricole ou forestière mais comprennent également d'autres revenus qui font partie intégrante de l'exercice d'une activité agricole ou forestière — par exemple, les revenus tirés de l'acquisition ou de l'échange de permis d'émission (la nature de ces permis est expliquée au paragraphe 75.1 des Commentaires sur l'article 7) lorsque cette acquisition ou cet échange fait partie intégrante de l'exercice d'activités agricoles ou forestières, par exemple lorsque les permis sont acquis dans le but d'exercer ces activités ou lorsque les permis acquis à cet effet sont par la suite échangés parce qu'il s'avère qu'ils ne seront pas nécessaires.

3. Le paragraphe 3 précise que la règle générale s'applique quelle que soit la forme d'exploitation des biens immobiliers. Il ressort du paragraphe 4 que les dispositions des paragraphes 1 et 3 s'appliquent également aux revenus de biens immobiliers des entreprises industrielles, commerciales ou autres. Le revenu constitué par les

distributions de sociétés de placement immobilier soulève toutefois des questions particulières qui sont traitées aux paragraphes 67.1 à 67.7 des Commentaires sur l'article 10.

4. Il est à noter à cet égard que le droit d'imposition de l'État de la source a priorité sur le droit d'imposition de l'autre État et s'exerce aussi lorsque, dans le cas d'une entreprise, les revenus ne proviennent qu'indirectement de biens immobiliers. Ceci n'empêche pas que les revenus de biens immobiliers, s'ils sont obtenus par l'intermédiaire d'un établissement stable, soient traités comme revenus d'une entreprise, mais garantit que les revenus de biens immobiliers seront imposés dans l'État où ils se trouvent également dans le cas où ces biens ne font pas partie d'un établissement stable situé dans cet État. Il est aussi à noter que les dispositions de l'article ne préjugent pas l'application des règles du droit interne en ce qui concerne la manière dont les revenus des biens immobiliers doivent être imposés.

Réserves sur l'article

5. La *Finlande* et la *Lettonie* se réservent le droit d'imposer les revenus d'actionnaires de sociétés résidentes provenant de l'utilisation directe, de la location ou de l'usage, sous tout autre forme, du droit de jouissance de biens immobiliers situés sur leur territoire et détenus par la société, lorsqu'un tel droit est fondé sur la propriété d'actions ou d'autres parts sociales de la société.

6. La *France* souhaite se réserver la possibilité d'appliquer les dispositions de sa législation concernant l'imposition des revenus provenant d'actions ou de parts, qui sont traités comme des revenus de biens immobiliers selon sa législation.

7. L'*Espagne* se réserve le droit d'imposer les revenus de toute forme d'usage d'un droit à la jouissance de biens immobiliers situés sur son territoire lorsque ce droit résulte de la détention d'actions ou d'autres droits de propriété dans la société qui possède le bien en question.

8. Le *Canada* et la *Lettonie* se réservent le droit d'ajouter dans le paragraphe 3 une référence aux revenus provenant de l'aliénation de biens immobiliers.

9. La *Nouvelle-Zélande* se réserve le droit d'étendre la portée de l'article à la pêche et aux droits relatifs à toutes les ressources naturelles.

10. Les *États-Unis* se réservent le droit d'ajouter un paragraphe à l'article 6 autorisant un résident d'un État Contractant à choisir d'être imposé par l'autre État Contractant sur la base nette de ses revenus provenant de biens immobiliers.

11. L'*Australie* se réserve le droit d'étendre la portée de cet article aux droits relatifs à toutes les ressources naturelles.

12. Le *Mexique* se réserve le droit d'étendre la portée de la définition de bien immobilier à tout droit d'utilisation ou de jouissance d'un bien immobilier situé dans un État Contractant lorsque ce droit d'utilisation ou de jouissance se rattache à un accord de temps partagé parce qu'un tel droit ne constitue pas un bien immobilier selon son droit interne.

13. L'*Estonie* se réserve le droit d'inclure dans la définition de l'expression « biens immobiliers » tout droit d'action concernant un bien immobilier car un tel droit d'action peut ne pas être inclus dans la définition que son droit national attache à ce terme.

14. *Israël* et la *Lettonie* se réservent le droit d'inclure au paragraphe 2 les mots « une option ou un droit similaire d'acquérir un bien immobilier ».

15. Le *Portugal* se réserve le droit d'étendre la portée de l'article 6 afin de couvrir le revenu tiré d'un bien mobilier ou le revenu généré par des services qui sont liés à l'usage ou au droit d'usage d'un bien immobilier qui, selon la législation fiscale de l'État contractant dans lequel le bien est situé, est assimilé au revenu provenant d'un bien immobilier.

16. La *Grèce* se réserve le droit d'inclure les bateaux ainsi que les navires dans la définition au paragraphe 2.

COMMENTAIRES SUR L'ARTICLE 7 CONCERNANT L'IMPOSITION DES BÉNÉFICES DES ENTREPRISES

I. Remarques préliminaires

1. Cet article attribue les compétences fiscales concernant les bénéfices d'une entreprise d'un État contractant dans la mesure où ces bénéfices ne sont pas soumis à des dispositions différentes en vertu d'autres articles de la Convention. Il prend en compte le principe de base selon lequel, à moins qu'une entreprise d'un État contractant ne dispose d'un établissement stable situé dans l'autre État, les bénéfices de cette entreprise ne peuvent être imposés par cet autre État à moins que ces bénéfices ne relèvent de catégories spécifiques de revenus pour lesquelles d'autres articles de la Convention attribuent des compétences fiscales à cet autre État.

2. L'article 5, qui inclut la définition de la notion d'établissement stable, est donc applicable pour déterminer si les bénéfices d'une entreprise d'un État contractant peuvent être imposés dans l'autre État. Toutefois, cet article n'attribue pas en lui-même des compétences fiscales : lorsqu'une entreprise d'un État contractant exerce ses activités dans l'autre État contractant par l'intermédiaire d'un établissement stable qui y est situé, il est nécessaire de déterminer quels sont, s'ils existent, les bénéfices que l'autre État peut imposer. L'article 7 donne la réponse à cette question en prévoyant que l'autre État peut imposer les bénéfices qui sont attribuables à l'établissement stable.

3. Les principes sur lesquels repose l'article 7, et en particulier le paragraphe 2 de cet article, ont une longue histoire. Lorsque l'OCDE a examiné pour la première fois les critères à utiliser pour l'attribution des bénéfices à un établissement stable, cette question avait été traitée préalablement dans un grand nombre de conventions fiscales et dans divers modèles mis au point par la Société des Nations. Les principes de l'entité distincte et de pleine concurrence, sur lesquels le paragraphe 2 est fondé, avaient déjà été adoptés dans ces conventions et modèles et l'OCDE a jugé qu'il suffisait de réaffirmer ces principes en y apportant quelques légers amendements et modifications, essentiellement à des fins de clarification.

4. L'expérience pratique a cependant montré qu'il y avait des différences considérables dans l'interprétation de ces principes généraux et des autres dispositions des versions antérieures de l'article 7. Cette absence d'interprétation commune a posé des problèmes de double imposition et de double exonération. Au fil des années, le Comité des affaires fiscales a consacré beaucoup de temps et d'efforts à s'efforcer d'aboutir à une interprétation et à une application plus cohérentes des dispositions de cet article. Des modifications mineures dans la rédaction de l'article et un certain nombre de modifications des Commentaires ont été effectuées à l'occasion de l'adoption du Modèle de Convention fiscale de 1977. Un rapport qui traitait cette question dans le cas spécifique des banques a été publié en 1984[1]. En 1987, notant que

1 « L'imposition des entreprises bancaires multinationales », dans *Prix de transfert et entreprises multinationales, trois études de cas*, OCDE, Paris, 1984.

la détermination des bénéfices attribuables à un établissement stable pouvait donner lieu à une certaine incertitude, le Comité a entrepris un examen de la question qui a abouti à l'adoption, en 1993, du rapport intitulé « Attribution de revenu aux établissements stables »[1] et à des modifications ultérieures des Commentaires.

5. Malgré ces travaux, les pratiques des pays de l'OCDE et des pays non-membres concernant l'attribution de bénéfices aux établissements stables et l'interprétation de l'article 7 par ces pays ont continué à faire apparaître des différences considérables. Le Comité a reconnu la nécessité d'assurer une plus grande certitude aux contribuables : dans son rapport intitulé *Principes applicables en matière de prix de transfert à l'intention des entreprises multinationales et des administrations fiscales*[2] (ci-après « Principes de l'OCDE applicables en matière de prix de transfert »), il a indiqué que des travaux subséquents porteraient sur l'application du principe de pleine concurrence aux établissements stables. Ces travaux ont abouti, en 2008, à un rapport intitulé *Attribution de bénéfices aux établissements stables*[3] (ci-après intitulé « le Rapport 2008 »).

6. L'approche développée dans le Rapport 2008 n'était limitée ni par l'intention initiale, ni par les pratiques et l'interprétation antérieures de l'article 7. L'accent était plutôt mis sur la formulation de la méthode la plus appropriée pour l'attribution de bénéfices à un établissement stable en vertu de l'article 7 étant donné les échanges et opérations multinationaux qui ont lieu de nos jours. Lorsqu'il a approuvé le Rapport 2008, le Comité a estimé que les conclusions de ce rapport représentaient une amélioration de l'approche utilisée pour l'attribution de bénéfices aux établissements stables par rapport à la situation précédente. Il a toutefois reconnu qu'il existait des différences entre certaines de ces conclusions et l'interprétation de l'article 7 donnée antérieurement dans ces Commentaires.

7. Afin d'offrir aux administrations fiscales et aux contribuables le maximum de certitude sur la manière dont les bénéfices doivent être attribués à des établissements stables, le Comité a donc décidé que l'ensemble des conclusions du Rapport 2008 devraient se refléter dans une nouvelle version de l'article 7, accompagnée de nouveaux Commentaires, qui sera utilisée pour négocier de nouvelles conventions ou des modifications aux conventions existantes. De plus, afin d'offrir encore plus de certitude pour l'interprétation des conventions déjà conclues sur le libellé antérieur de l'article 7, le Comité a décidé que des Commentaires révisés devaient également être préparés pour cette version antérieure de l'article afin de tenir compte des conclusions

1 *Attribution de revenu aux établissements stables*, Questions de fiscalité internationale n° 5, OCDE, Paris, 1994 ; reproduit à la page R(13)-1 du volume II de la version complète du Modèle de Convention fiscale.

2 La version originale de ce rapport a été approuvée par le Conseil de l'OCDE le 27 juin 1995 et a été amendée à plusieurs reprises par la suite. Ce rapport est publié par l'OCDE sous le titre *Principes de l'OCDE applicables en matière de prix de transfert à l'intention des entreprises multinationales et des administrations fiscales*.

3 Disponible à http://www.oecd.org/tax/transferpricing/41031455.pdf.

du rapport qui ne sont pas en contradiction avec les Commentaires tels qu'ils se lisaient avant l'adoption du Rapport 2008.

8. La nouvelle version de l'article qui apparaît maintenant dans le Modèle de Convention fiscale a été approuvée en 2010. Au même moment, le Comité a approuvé une version révisée du Rapport 2008 afin de permettre que les conclusions de ce rapport puissent être lues en harmonie avec les nouvelles rédaction et numérotation des dispositions de cette nouvelle version de l'article. Même si les conclusions et interprétations inclues dans le rapport révisé qui a été adopté en 2010[1] (ci-après « le Rapport ») sont identiques à celles du Rapport 2008, il est tenu compte, dans cette version révisée, de la rédaction actuelle de l'article (l'annexe à ces Commentaires inclut, pour référence historique, la version antérieure de l'article 7 et de ces Commentaires révisés, tels qu'ils se lisaient avant l'approbation de la nouvelle version de l'article).

9. La version actuelle de l'article reflète donc l'approche développée dans le Rapport et doit être interprété à la lumière des conclusions qui y figurent. Le rapport traite de l'attribution de bénéfices aux établissements stables en général (Partie I du Rapport) et, en particulier, aux établissements stables d'entreprises opérant dans le secteur financier, secteur dans lequel une grande partie des opérations se font par l'intermédiaire d'établissements stables (Partie II du Rapport, qui traite des établissements stables des banques, Partie III, qui traite des établissements stables des entreprises effectuant des transactions mondialisées et Partie IV, qui traite des établissements stables d'entreprises exerçant des activités d'assurance).

II. Commentaires des dispositions de l'article

Paragraphe 1

10. Le paragraphe 1 contient les règles d'attribution des compétences fiscales concernant les bénéfices des entreprises de chaque État contractant. En premier lieu, il stipule qu'à moins qu'une entreprise d'un État contractant ne dispose d'un établissement stable situé dans l'autre État, les bénéfices de cette entreprise ne peuvent être imposés par cet autre État. En second lieu, il prévoit que si une telle entreprise exerce son activité dans l'autre État par l'intermédiaire d'un établissement stable qui y est situé, les bénéfices qui sont attribuables à l'établissement stable, déterminés conformément au paragraphe 2, sont imposables dans cet autre État. Toutefois, ainsi qu'il est expliqué ci-dessous, le paragraphe 4 limite l'application de ces dispositions en prévoyant que l'article 7 n'a pas d'incidence sur l'application d'autres articles de la Convention qui prévoient des règles spécifiques pour certaines catégories de bénéfices (par exemple ceux qui sont tirés de l'exploitation de navires et aéronefs en trafic international) ou pour certaines catégories de revenus qui peuvent également constituer des bénéfices (par exemple les revenus obtenus par une entreprise au titre des activités personnelles d'un artiste ou d'un sportif).

1 *Attribution de bénéfices aux établissements stables*, OCDE, Paris, 2010.

11. Le premier principe sur lequel repose le paragraphe 1, à savoir que les bénéfices d'une entreprise d'un État contractant ne doivent pas être imposés dans l'autre État à moins que l'entreprise n'exerce son activité dans cet autre État par l'intermédiaire d'un établissement stable qui y est situé, s'applique depuis longtemps et reflète le consensus international selon lequel, en règle générale, une entreprise d'un État ne peut être vraiment considérée comme participant à la vie économique d'un autre État au point de tomber sous sa juridiction fiscale qu'à partir du moment où elle a un établissement stable dans cet État.

12. Le second principe, qui est énoncé dans la deuxième phrase du paragraphe, est que le droit d'imposer de l'État où l'établissement stable est situé ne s'étend pas aux bénéfices que l'entreprise peut tirer de cet État mais qui ne sont pas attribuables à l'établissement stable. C'est là une question sur laquelle, dans le passé, des divergences de vues se sont fait jour, quelques pays ayant appliqué, il y a plusieurs années, le principe de l'existence d'une « force d'attraction » générale en vertu duquel les revenus tels que les autres bénéfices d'entreprise, dividendes, intérêts et redevances tirés de sources situées sur leur territoire étaient imposables en totalité dans ces pays dès lors que le bénéficiaire y possédait un établissement stable et ce, même lorsque ces revenus n'étaient manifestement pas attribuables à l'établissement stable. Même si certaines conventions fiscales bilatérales prévoient une règle anti-abus de portée limitée fondée sur une conception restreinte de la force d'attraction s'appliquant uniquement aux bénéfices d'entreprise tirés d'activités similaires à celles exercées par un établissement stable, l'approche de la force d'attraction générale décrite précédemment est désormais rejetée dans la pratique internationale en matière de conventions fiscales. Le principe qui est à présent généralement accepté dans les conventions de double imposition repose sur l'idée que, pour imposer les bénéfices réalisés par une entreprise étrangère dans un pays déterminé, les autorités fiscales de ce pays devraient considérer une par une les diverses sources des bénéfices que l'entreprise tire de leur pays et appliquer à chacune le critère de l'établissement stable sous réserve de l'application éventuelle des autres articles de la Convention. Cette solution permet d'adopter des méthodes d'administration de l'impôt et de discipline fiscale plus simples et plus efficaces et correspondant mieux à la conduite courante des affaires. À l'époque moderne, l'organisation des affaires est fort complexe. Il existe un grand nombre de sociétés dont chacune exerce des activités très diverses et notamment des activités d'entreprise très étendues dans de nombreux pays. Une société peut créer un établissement stable dans un autre pays par l'intermédiaire duquel elle réalise des activités manufacturières tandis qu'une partie différente de la même société vend des produits ou articles manufacturés différents dans cet autre pays par l'intermédiaire d'agents indépendants. La société peut avoir des raisons commerciales parfaitement valables pour procéder ainsi fondées, par exemple, sur la structure historique de son activité ou sur des motifs de convenance sur le plan commercial. Si le pays dans lequel l'établissement stable est situé souhaite pousser l'insistance jusqu'à vouloir rechercher minutieusement à déterminer et à imposer la part de bénéfice attribuable à chaque transaction effectuée par l'intermédiaire d'agents indépendants, en vue d'ajouter ce bénéfice aux bénéfices de

l'établissement stable, une telle démarche pourrait gêner sérieusement les activités commerciales ordinaires et serait contraire aux objectifs de la Convention.

13. Comme l'indique la deuxième phrase du paragraphe 1, les bénéfices qui sont attribuables à l'établissement stable sont déterminés conformément aux dispositions du paragraphe 2, qui indique le sens à donner aux mots « bénéfices qui sont attribuables à l'établissement stable » figurant au paragraphe 1. Comme le paragraphe 1 n'attribue des compétences fiscales à l'État dans lequel est situé l'établissement stable qu'en ce qui concerne les bénéfices attribuables à cet établissement stable, ce paragraphe empêche donc cet État, sous réserve de l'application d'autres articles de la Convention, d'imposer l'entreprise de l'autre État contractant sur des bénéfices qui ne sont pas attribuables à l'établissement stable.

14. L'objet du paragraphe 1 est de définir les limites du droit, pour un État contractant, d'imposer les bénéfices tirés de leur activité par les entreprises de l'autre État contractant. Comme le confirme le paragraphe 3 de l'article 1, ce paragraphe ne restreint pas le droit d'un État contractant d'imposer ses propres résidents au terme de dispositions relatives aux sociétés étrangères contrôlées figurant dans sa législation nationale même si l'impôt ainsi appliqué à ces résidents peut être calculé par référence à la partie des bénéfices d'une entreprise qui est résidente de l'autre État contractant qui est attribuable à la participation de ces résidents dans cette entreprise. L'impôt ainsi appliqué par un État à ses propres résidents ne réduit pas les bénéfices de l'entreprise de l'autre État et on ne saurait donc considérer qu'il est prélevé sur ces bénéfices (voir aussi le paragraphe 81 des Commentaires sur l'article 1).

Paragraphe 2

15. Le paragraphe 2 indique la règle de base à appliquer pour déterminer les bénéfices qui sont attribuables à un établissement stable. Selon ce paragraphe, ces bénéfices sont ceux que l'établissement aurait pu réalisé s'il avait constitué une entreprise distincte et indépendante exerçant des activités identiques ou analogues dans des conditions identiques ou analogues, compte tenu des fonctions exercées, des actifs utilisés et des risques assumés par l'intermédiaire de l'établissement stable et d'autres parties de l'entreprise. En outre, le paragraphe précise que cette règle s'applique en ce qui concerne les opérations internes effectuées entre l'établissement stable et les autres parties de l'entreprise.

16. La méthode de base indiquée dans le paragraphe pour déterminer les bénéfices qui sont attribuables à l'établissement stable consiste donc à déterminer ces bénéfices dans l'hypothèse fictive où l'établissement stable est une entreprise distincte et que celle-ci est indépendante du reste de l'entreprise dont elle fait partie ainsi que de toute autre personne. La seconde partie de cette fiction correspond au principe de pleine concurrence qui est également applicable, en vertu des dispositions de l'article 9, en vue d'ajuster les bénéfices d'entreprises associées (voir le paragraphe 1 des Commentaires sur l'article 9).

17. Le paragraphe 2 ne cherche pas à répartir les bénéfices globaux de l'ensemble de l'entreprise entre l'établissement stable et les autres parties de l'entreprise mais

prévoit au contraire que les bénéfices attribuables à un établissement stable doivent être déterminés comme s'il s'agissait d'une entreprise distincte. Des bénéfices peuvent donc être attribués à un établissement stable même si l'entreprise dans son ensemble n'a jamais réalisé de bénéfices. À l'inverse, le paragraphe 2 peut conduire à n'attribuer aucun bénéfice à un établissement stable même si l'entreprise dans son ensemble a réalisé des bénéfices.

18. À l'évidence, cependant, lorsqu'une entreprise d'un État contractant dispose d'un établissement stable dans l'autre État contractant, le premier État a intérêt à ce que les directives énoncées au paragraphe 2 soient correctement appliquées par l'État où l'établissement stable est situé. Étant donné que ces directives s'appliquent aux deux États contractants, l'État de l'entreprise doit, conformément aux dispositions de l'article 23 A ou 23 B, éliminer la double imposition des bénéfices correctement attribués à l'établissement stable (voir le paragraphe 27 ci-dessous). En d'autres termes, si l'État où se situe l'établissement stable cherche à imposer des bénéfices qui ne sont pas attribuables à cet établissement stable aux termes de l'article 7, on risque d'aboutir à une situation de double imposition des bénéfices qui ne devraient correctement être imposés que dans l'État de l'entreprise.

19. Comme l'indiquent les paragraphes 8 et 9 ci-dessus, l'article 7, dans ses termes actuels, reflète l'approche développée dans le rapport adopté par le Comité des affaires fiscales en 2010. Ce Rapport traitait principalement de l'application de la fiction de l'entreprise distincte et indépendante sur laquelle repose le paragraphe 2 et le principal objet des modifications apportées à ce paragraphe à la suite de l'adoption du Rapport était de s'assurer que la détermination des bénéfices attribuables à un établissement stable suivait la méthode proposée dans le Rapport. Le Rapport fournit donc des indications détaillées sur la manière dont les bénéfices attribuables à un établissement stable doivent être déterminés selon les dispositions du paragraphe 2.

20. Comme l'explique le Rapport, l'attribution de bénéfices à un établissement stable en vertu du paragraphe 2 résultera du calcul des bénéfices (ou des pertes) résultant de l'ensemble de ses activités, y compris les transactions avec des entreprises indépendantes, les transactions avec des entreprises associées (en appliquant directement les Principes de l'OCDE applicables en matière de prix de transfert) et les opérations internes avec d'autres parties de l'entreprise. Cette analyse comporte deux étapes qui sont décrites ci-dessous. L'ordre dans lequel sont présentés les éléments composant chacune de ces deux étapes ne doit pas être interprété comme étant normatif, les divers éléments pouvant être liés entre eux (par exemple, le risque est attribué initialement à un établissement stable du fait qu'il exerce les fonctions humaines importantes pertinentes à la prise de risques, mais la prise en compte et la qualification d'opérations internes ultérieures entre l'établissement stable et une autre partie de l'entreprise gérant le risque peuvent donner lieu au transfert de ce risque et du capital qui permet de l'assumer à cette autre partie de l'entreprise).

21. Dans le cadre de la première étape, il est procédé à une analyse fonctionnelle et factuelle qui aboutira à :

— l'attribution à l'établissement stable, le cas échéant, des droits et obligations résultant des transactions effectuées entre l'entreprise dont il fait partie et des entreprises distinctes ;

— l'identification des fonctions humaines importantes pertinentes à l'attribution de la propriété économique d'actifs, et l'attribution de la propriété économique d'actifs à l'établissement stable ;

— l'identification de fonctions humaines importantes pertinentes à la prise de risques et l'attribution de risques à l'établissement stable ;

— l'identification d'autres fonctions de l'établissement stable ;

— la prise en compte et la détermination de la nature des opérations internes entre l'établissement stable et les autres parties de la même entreprise qui peuvent être dûment prises en compte après avoir satisfait au critère du seuil mentionné au paragraphe 26 ; et

— l'attribution de capital sur la base des actifs et des risques attribués à l'établissement stable.

22. Dans le cadre de la seconde étape, les prix de toutes les transactions avec des entreprises associées attribuées à l'établissement stable sont fixés conformément aux indications données par les Principes de l'OCDE applicables en matière de prix de transfert et ces Principes sont appliqués par analogie aux opérations internes entre l'établissement stable et les autres parties de l'entreprise à laquelle il appartient. Ce processus comporte la fixation de prix de pleine concurrence des opérations internes qui ont été prises en compte par :

— la détermination de la comparabilité entre les opérations internes et des transactions sur le marché libre, effectuée en appliquant directement les facteurs de comparabilité des Principes de l'OCDE applicables en matière de prix de transfert (caractéristiques des biens ou services, conditions économiques et stratégies des entreprises) ou par analogie (analyse fonctionnelle, clauses contractuelles) compte tenu de la situation factuelle particulière de l'établissement stable ; et

— l'application par analogie des méthodes des Principes de l'OCDE applicables en matière de prix de transfert afin de déterminer une rémunération de pleine concurrence au titre des opérations internes entre l'établissement stable et le reste de l'entreprise, compte tenu des fonctions exercées par l'établissement stable et les autres parties de l'entreprise et des actifs et risques qui leur sont respectivement attribués.

23. Chacune de ces opérations est examinée plus en détail dans le Rapport, notamment en ce qui concerne l'attribution de bénéfices aux établissements stables d'entreprises opérant dans le secteur financier, secteur dans lequel une grande partie des opérations se font par l'intermédiaire d'établissements stables (voir la Partie II du Rapport, qui traite des établissements stables des banques, la Partie III, qui traite des

établissements stables des entreprises effectuant des transactions mondialisées et la Partie IV, qui traite des établissements stables d'entreprises exerçant des activités d'assurance).

24. Le paragraphe 2 se réfère expressément aux opérations internes entre l'établissement stable et les autres parties de l'entreprise à laquelle il appartient afin de souligner que la fiction de l'entreprise distincte et indépendante du paragraphe suppose que ces opérations internes soient traitées de la même manière que des transactions similaires effectuées entre entreprises indépendantes. Cette référence spécifique aux opérations internes entre l'établissement stable et d'autres parties de l'entreprise ne limite cependant pas le champ d'application du paragraphe. Lorsqu'une transaction qui a lieu entre l'entreprise et une entreprise associée a une incidence directe sur la détermination des bénéfices attribuables à l'établissement stable (par exemple lorsque celui-ci acquiert d'une entreprise associée des biens qui seront vendus par son intermédiaire) le paragraphe 2 prévoit aussi qu'aux fins du calcul des bénéfices attribuables à l'établissement stable, les conditions de la transaction soient ajustées, si nécessaire, pour correspondre aux conditions d'une transaction similaire entre des entreprises indépendantes. Supposons, par exemple, que l'établissement stable situé dans l'État S d'une entreprise de l'État R acquiert des biens auprès d'une entreprise associée de l'État T. Si le prix prévu dans le contrat entre les deux entreprises associées excède celui qui aurait été convenu entre des entreprises indépendantes, le paragraphe 2 de l'article 7 de la convention entre l'État R et l'État S autorise l'État S à ajuster les bénéfices attribuables à l'établissement stable afin qu'ils tiennent compte de ce qu'une entreprise distincte et indépendante aurait payé pour ces biens. Dans ce cas, l'État R aura également la possibilité d'ajuster les bénéfices de l'entreprise située sur son territoire en vertu du paragraphe 1 de l'article 9 de la convention entre l'État R et l'État T, ce qui déclenchera l'application du mécanisme d'ajustement corrélatif du paragraphe 2 de l'article 9 de cette convention.

25. Les opérations internes entre un établissement stable et les autres parties de l'entreprise dont il fait partie n'ont pas de conséquence juridique pour l'entreprise dans son ensemble. Il est donc nécessaire d'examiner ces opérations internes plus attentivement que les transactions entre deux entreprises associées. Cela suppose également un examen plus minutieux de la documentation (en l'absence inévitable, par exemple, de contrats juridiquement contraignants) qui pourrait exister par ailleurs.

26. Il n'est généralement pas prévu d'imposer des obligations en matière de documentation pour les opérations internes qui soient plus lourdes que celles qui s'appliquent aux transactions intervenues entre entreprises associées. De surcroît, comme c'est le cas de la documentation relative aux prix de transfert dont il est question dans les Principes de l'OCDE applicables en matière de prix de transfert, les obligations en matière de documentation ne doivent pas se traduire pour le contribuable par des coûts et des charges disproportionnés au regard des circonstances. Malgré cela, compte tenu de la nature spécifique d'une opération interne, des pays peuvent vouloir exiger des contribuables qu'ils établissent clairement

que cette opération interne doive être prise en compte. Par exemple, un document comptable et autre documentation préparés au même moment faisant apparaître une opération interne qui a pour effet de transférer des risques, des responsabilités et des avantages significatifs sur le plan économique constitueraient un point de départ utile pour l'attribution de bénéfices. Les contribuables sont encouragés à préparer une telle documentation dans la mesure où elle permettra de réduire considérablement les risques de dispute concernant l'application de l'approche. Les administrations fiscales tiendront alors compte de cette documentation, nonobstant son absence de valeur juridique, dans la mesure où :

— la documentation est cohérente avec la substance économique des activités menées par l'entreprise que montre l'analyse fonctionnelle et factuelle ;

— les modalités de l'opération interne qui font l'objet d'une documentation, prises dans leur ensemble, ne sont pas différentes de celles dont auraient convenu des entreprises indépendantes comparables ayant un comportement commercial rationnel ou, si elles diffèrent, la structure exposée dans la documentation du contribuable n'empêche pas de fait l'administration fiscale de déterminer un prix de transfert approprié ; et

— l'opération interne exposée dans la documentation du contribuable ne viole pas les principes de l'approche présentée dans le Rapport, par exemple en prétendant transférer les risques de manière à les séparer des fonctions.

27. Le début du paragraphe 2 ainsi que les mots « dans chaque État contractant » indiquent que ce paragraphe s'applique non seulement en vue de déterminer les bénéfices que l'État contractant dans lequel l'établissement stable est situé peut imposer conformément à la dernière phrase du paragraphe 1 mais aussi pour l'application des articles 23 A et 23 B par l'autre État contractant. Lorsqu'une entreprise de l'un des États exerce son activité par l'intermédiaire d'un établissement stable situé dans l'autre État, le premier État mentionné doit soit exempter les bénéfices qui sont attribuables à l'établissement stable (article 23 A), soit accorder un crédit au titre des impôts prélevés par l'autre État sur ces bénéfices (article 23 B). Selon ces deux articles, cet État doit donc déterminer les bénéfices attribuables à l'établissement stable afin d'accorder l'allégement de la double imposition et il est tenu de suivre les dispositions du paragraphe 2 à cette fin.

28. La fiction d'une entreprise distincte et indépendante qui est prévue par le paragraphe 2 est limitée à la détermination des bénéfices qui sont attribuables à un établissement stable. Elle ne s'étend pas à la création d'un revenu notionnel de l'entreprise qu'un État contractant pourrait imposer en tant que tel en vertu de sa législation nationale en soutenant que ce revenu est couvert par un autre article de la Convention qui, en vertu du paragraphe 4 de l'article 7, autorise l'imposition de ces revenus nonobstant le paragraphe 1 de cet article. Supposons, par exemple, que les circonstances d'un cas particulier justifient que l'on envisage d'attribuer au siège social la propriété économique d'un bâtiment utilisé par l'établissement stable (voir le paragraphe 75 de la Partie I du Rapport). Dans un tel cas, le paragraphe 2 pourrait exiger la déduction d'un loyer notionnel dans la détermination des bénéfices de

l'établissement stable. Toutefois, cette fiction ne pourrait être interprétée comme donnant naissance à un revenu immobilier aux fins de l'article 6. En effet, la fiction prévue par le paragraphe 2 ne modifie pas la nature des revenus obtenus par l'entreprise ; elle s'applique simplement pour déterminer les bénéfices attribuables à l'établissement stable aux fins des articles 7, 23 A et 23 B. De même, le fait qu'en vertu du paragraphe 2, des charges d'intérêts notionnels puissent être déduites pour déterminer les bénéfices attribuables à un établissement stable ne signifie pas que des intérêts aient été payés à l'entreprise dont cet établissement fait partie aux fins des paragraphes 1 et 2 de l'article 11. La fiction de l'entreprise distincte et indépendante ne s'étend pas à l'article 11 et, aux fins de cet article, une partie d'une entreprise ne peut être considérée comme ayant payé des intérêts à une autre partie de la même entreprise. Il est cependant clair que si des intérêts payés par une entreprise à une tierce personne se rapportent à une dette contractée pour un établissement stable de l'entreprise et que cet établissement stable en supporte la charge, ce paiement d'intérêts réels peut, conformément au paragraphe 2 de l'article 11, être imposé par l'État dans lequel l'établissement stable est situé. Par ailleurs, lorsqu'un transfert d'actifs entre un établissement stable et le reste de l'entreprise est traité comme une opération interne aux fins du paragraphe 2 de l'article 7, l'article 13 n'interdit pas aux États d'imposer les bénéfices ou les gains qui sont supposés se produire en relation avec une telle opération, à la condition toutefois qu'une telle imposition soit conforme à l'article 7 (voir les paragraphes 4, 8 et 10 des Commentaires sur l'article 13).

29. Certains États considèrent que, sur le plan de la politique fiscale, la fiction de l'entreprise distincte et indépendante qui est prévue par le paragraphe 2 ne devrait pas se limiter à l'application des articles 7, 23 A et 23 B mais devrait s'étendre à l'interprétation et à l'application d'autres articles de la Convention, afin de faire en sorte que les établissements stables soient, dans la mesure du possible, traités de la même manière que les filiales. Ces États peuvent donc considérer que les charges notionnelles relatives à des opérations internes qui, en vertu du paragraphe 2, sont déduites dans le calcul des bénéfices d'un établissement stable devraient être traitées, aux fins d'autres articles de la Convention, de la même manière que des paiements qui seraient effectués par une filiale à sa société-mère. Ces États pourraient donc souhaiter insérer dans leurs conventions fiscales des dispositions en vertu desquelles les charges relatives à des opérations internes devraient être reconnues aux fins des articles 6 et 11 (il y a lieu toutefois de noter que les impôts ne pourront être prélevés conformément à ces dispositions que dans la mesure où cela est prévu par le droit interne). Une autre possibilité serait pour ces États de prévoir qu'une opération interne ne pourra être prise en compte dans le cas où une transaction équivalente entre deux entreprises distinctes générerait un revenu auquel l'article 6 ou 11 s'appliquerait (dans cette situation, il sera toutefois important de prévoir qu'une quote-part appropriée des dépenses relatives à ce qui aurait par ailleurs été admis comme opération interne soit attribuée à la partie de l'entreprise qui est concernée). Les États qui examinent la possibilité d'appliquer ces solutions devraient toutefois tenir compte du fait qu'en raison des circonstances particulières applicables aux charges d'intérêts notionnels entre les différentes parties d'une entreprise financière (une banque, par exemple), les

opérations internes qui génèrent de tels intérêts notionnels ont été admises de longue date et même avant l'adoption de la présente version de l'article.

30. Le paragraphe 2 détermine les bénéfices qui sont attribuables à un établissement stable aux fins des dispositions du paragraphe 1 qui répartissent les compétences fiscales concernant ces bénéfices. Une fois que les bénéfices attribuables à un établissement stable ont été déterminés conformément au paragraphe 2 de l'article 7, il appartient au droit interne de chaque État contractant de déterminer s'il y a lieu d'imposer ces bénéfices et de quelle manière, sous réserve de se conformer aux conditions imposées par le paragraphe 2 et les autres dispositions de la Convention. Le paragraphe 2 ne traite pas la question de savoir si les dépenses sont déductibles lors du calcul du revenu imposable de l'entreprise dans chacun des États contractants. La question des conditions de déductibilité des dépenses est du ressort du droit interne, sous réserve des dispositions de la Convention et, en particulier, du paragraphe 3 de l'article 24 (voir les paragraphes 33 et 34 ci-dessous).

31. Ainsi, malgré le fait que des règles de droit interne selon lesquelles les opérations internes ne devraient pas être admises aux fins de la détermination des bénéfices attribuables à un établissement stable selon le paragraphe 2, ou selon lesquelles aucune déduction ne serait accordée à l'égard de dépenses qui n'auraient pas été exposées exclusivement pour les fins poursuivies par l'établissement stable, seraient clairement contraires au paragraphe 2, des règles de droit interne qui interdisent la déduction de certains types de dépenses (les frais de représentation, par exemple) ou qui prévoient à quel moment une dépense peut être déduite ne sont pas concernées par le paragraphe 2. Cette distinction soulève cependant des questions difficiles, notamment en ce qui concerne des restrictions imposées par le droit interne en fonction du moment où une dépense où un élément de revenu est réellement payé. Dans la mesure où, par exemple, une opération interne ne donne pas lieu à un transfert ou paiement réel entre deux personnes, l'application de telles restrictions imposées par le droit interne devraient généralement tenir compte de la nature d'une opération interne et, par conséquent, un tel transfert ou paiement devrait être considéré comme ayant eu lieu comme s'il avait été effectué entre deux personnes distinctes.

32. Les différences entre les législations internes des deux États concernant des questions telles que les taux d'amortissement, le moment où un revenu doit être pris en compte et les restrictions à la déductibilité de certaines dépenses, se traduiront normalement par un montant de revenu imposable différent dans chaque État même si, aux fins de la Convention, le montant des bénéfices attribuables à l'établissement stable aura été calculé sur la base du paragraphe 2 dans les deux États (voir aussi les paragraphes 39 à 43 des Commentaires sur les articles 23 A et 23 B). Par conséquent, même si le paragraphe 2 s'applique également à l'État contractant dans lequel l'établissement stable est situé (aux fins du paragraphe 1) et à l'autre État contractant (aux fins de l'article 23 A ou 23 B), il est probable que le montant du revenu imposable sur lequel l'entreprise d'un État contractant sera taxée dans l'État où elle dispose d'un établissement stable sera, pour une période donnée, différent du revenu imposable au

titre duquel le premier État devra accorder un allégement en vertu des articles 23 A ou 23 B. Par ailleurs, cette différence sera permanente dans la mesure où elle est attribuable à des différences de droit interne portant sur les catégories de dépenses donnant lieu à déduction plutôt qu'à des différences portant sur le moment où une dépense doit être prise en compte.

33. En imposant les bénéfices attribuables à un établissement stable situé sur son territoire, un État contractant devra cependant tenir compte des dispositions du paragraphe 3 de l'article 24. Ce paragraphe requiert notamment que les dépenses soient déductibles dans les mêmes conditions, qu'elles soient encourues aux fins d'un établissement stable situé dans un État contractant ou d'une entreprise de cet État. Comme l'indique le paragraphe 40 des Commentaires sur l'article 24 :

> Il faut accorder aux établissements stables la même faculté qu'aux entreprises résidentes de déduire les charges d'exploitation dont la législation fiscale autorise en général la déduction du bénéfice imposable. Cette déduction doit être permise sans autres restrictions que celles également imposées aux entreprises résidentes.

34. La condition imposée par le paragraphe 3 de l'article 24 est la même quelle que soit la manière dont les dépenses encourues par une entreprise pour le bénéfice d'un établissement stable sont prises en compte aux fins du paragraphe 2 de l'article 7. Dans certains cas, il n'y aura pas lieu de considérer qu'une opération interne a eu lieu entre différentes parties de l'entreprise. Dans de tels cas, les dépenses encourues par une entreprise aux fins des activités exercées par l'établissement stable seront directement déduites en vue de déterminer les bénéfices de celui-ci (par exemple, le salaire d'un ouvrier local du bâtiment engagé et rémunéré au niveau local pour travailler exclusivement sur un chantier de construction qui constitue un établissement stable d'une entreprise étrangère). Dans d'autres cas, les dépenses encourues par l'entreprise seront imputées à des fonctions exercées en totalité ou en partie au profit de l'établissement stable par d'autres parties de l'entreprise et une déduction d'un montant approprié sera effectuée en vue de déterminer les bénéfices attribuables à l'établissement stable (par exemple les frais généraux liés aux fonctions administratives exercées par le siège au profit de l'établissement stable). Dans les deux cas, le paragraphe 3 de l'article 24 prévoit qu'en ce qui concerne l'établissement stable, les dépenses devront être déductibles dans les mêmes conditions que celles qui sont applicables à une entreprise de cet État. Par conséquent, toute dépense encourue directement ou indirectement par l'entreprise pour le bénéfice de l'établissement stable ne doit pas, sur le plan fiscal, être traitée moins favorablement qu'une dépense similaire encourue par une entreprise de cet État. Cette règle s'appliquera indépendamment du fait qu'aux fins du paragraphe 2 de l'article 7, la dépense soit directement attribuée à l'établissement stable (premier exemple) ou soit attribuée à une autre partie de l'entreprise mais prise en compte sous forme d'une charge notionnelle imputée à l'établissement stable (deuxième exemple).

35. Le paragraphe 3 de l'article 5 prévoit une règle particulière dans le cas d'une installation fixe d'affaires constituée par un chantier de construction ou de montage. Une installation fixe de cette nature ne constitue un établissement stable que si sa

durée dépasse douze mois. L'expérience a montré que des difficultés particulières peuvent surgir pour l'attribution de bénéfices à des établissements stables de ce type en vertu de l'article 7.

36. Ces difficultés surviennent principalement lorsque des marchandises sont fournies, ou des services sont rendus, par d'autres parties de l'entreprise ou par une partie liée en relation avec le chantier de construction ou de montage. Si des difficultés semblables peuvent se présenter avec n'importe quel établissement stable, elles sont particulièrement aiguës dans le cas de chantiers de construction ou de montage. Dans ces conditions, il est nécessaire de veiller avec la plus grande attention au respect du principe général selon lequel les bénéfices sont attribuables à un établissement stable uniquement au titre d'activités exercées par l'entreprise par l'intermédiaire de cet établissement stable.

37. Lorsque ces marchandises sont, par exemple, fournies par d'autres parties de l'entreprise, les bénéfices générés par l'opération ne proviennent pas des activités exercées par l'intermédiaire de l'établissement stable et ne lui sont donc pas attribuables. Les bénéfices résultant de la fourniture de services (tels que planification, conception, établissement de plans ou conseils techniques) par des parties de l'entreprise exerçant leur activité en dehors de l'État où se situe l'établissement stable ne proviennent pas non plus des activités exercées par l'intermédiaire de ce dernier et ne lui sont donc pas attribuables.

38. L'article 7, dans sa rédaction antérieure à 2010, comportait le paragraphe 3 suivant :

> Pour déterminer les bénéfices d'un établissement stable, sont admises en déduction les dépenses exposées aux fins poursuivies par cet établissement stable, y compris les dépenses de direction et les frais généraux d'administration ainsi exposés, soit dans l'État où est situé cet établissement stable, soit ailleurs.

Bien que l'objet initial de ce paragraphe ait été de préciser que le paragraphe 2 exige que les dépenses encourues directement ou indirectement pour le bénéfice de l'établissement stable soient prises en compte dans la détermination des bénéfices de ce dernier même si ces dépenses ont été encourues en dehors de l'État où est situé l'établissement stable, il a parfois été interprété comme limitant la déduction des dépenses qui bénéficiaient indirectement à l'établissement stable au montant effectif de ces dépenses.

39. C'était particulièrement le cas pour les frais généraux d'administration, qui étaient expressément mentionnés dans ce paragraphe. Selon la version précédente du paragraphe 2, telle qu'elle avait été interprétée dans les Commentaires, cela ne posait en général pas de problème dans la mesure où une quote-part des frais généraux d'administration de l'entreprise ne pouvait généralement être imputée à un établissement stable que sur la base des coûts effectifs.

40. Toutefois, tel qu'il est actuellement rédigé, le paragraphe 2 requiert que les opérations internes par lesquelles une partie de l'entreprise exerce des fonctions au profit de l'établissement stable (par exemple par la fourniture d'une assistance dans la

gestion quotidienne) soient prises en compte et se voient appliquer un prix de pleine concurrence. La déduction d'une charge de pleine concurrence au titre de ces opérations internes, par opposition à une déduction limitée au montant effectif des dépenses, est requise par le paragraphe 2. Le paragraphe 3 antérieur a donc été supprimé pour empêcher qu'il soit interprété à tort comme limitant la déduction au montant des dépenses effectivement encourues. Cette suppression n'a pas d'incidence sur la condition selon laquelle, en vertu du paragraphe 2, dans la détermination des bénéfices attribuables à un établissement stable, toutes les dépenses de l'entreprise, où qu'elles soient encourues, doivent être prises en compte. Selon les circonstances, cela se fera soit par la déduction de tout ou partie de ces dépenses, soit par la déduction d'une charge notionnelle de pleine concurrence dans le cas d'une opération interne entre l'établissement stable et une autre partie de l'entreprise.

41. L'article 7, dans sa rédaction antérieure à 2010, comportait également une disposition qui autorisait l'attribution de bénéfices à un établissement stable sur la base d'une répartition des bénéfices totaux de l'entreprise entre ses différentes parties. Toutefois, cette méthode ne pouvait être appliquée que dans la mesure où elle était d'usage dans un État contractant et où le résultat était conforme aux principes de l'article 7. Pour le Comité, les méthodes autres que la répartition des bénéfices totaux d'une entreprise peuvent être appliquées même dans les cas les plus difficiles. Le Comité a donc décidé de supprimer cette disposition puisque son application était devenue exceptionnelle et en raison des inquiétudes dues au fait qu'il était extrêmement difficile de s'assurer que les résultats de son application seraient conformes au principe de pleine concurrence.

42. En même temps, le Comité a décidé de supprimer une autre disposition qui figurait dans la version précédente de l'article et selon laquelle les bénéfices à attribuer à l'établissement stable devaient être « déterminés chaque année selon la même méthode, à moins qu'il n'existe des motifs valables et suffisants de procéder autrement ». Cette disposition, dont l'objet était d'assurer un traitement continu et cohérent, était appropriée tant qu'il était admis que les bénéfices attribuables à un établissement stable pouvaient être déterminés par des méthodes directes ou indirectes ou même sur la base d'une répartition des bénéfices totaux de l'entreprise entre ses différentes parties. La nouvelle méthode mise au point par le Comité ne prévoit cependant pas l'application de méthodes si fondamentalement différentes et, par conséquent, une telle disposition n'est plus nécessaire.

43. Une dernière disposition qui a été retirée de l'article à ce moment prévoyait qu'« [a]ucun bénéfice n'est imputé à un établissement stable du fait qu'il a simplement acheté des marchandises pour l'entreprise ». L'alinéa 4 *d*) de l'article 5, tel qu'il se lisait à ce moment, reconnaissait que, lorsqu'une entreprise d'un État contractant utilisait dans l'autre État une installation fixe d'affaires aux seules fins d'acheter des marchandises pour son propre compte, son activité sur ce site ne devait pas être considérée comme ayant atteint un niveau qui justifiait l'imposition dans cet autre État (les modifications apportées à l'article 5 en 2017 ont réduit le champ d'application de cette exception). Cependant, lorsque l'alinéa 4 *d*) n'était pas applicable parce que

d'autres activités étaient exercées par l'entreprise au moyen de cette installation d'affaires, qui constituait par conséquent un établissement stable, il y avait lieu d'attribuer des bénéfices à toutes les fonctions exercées sur ce site. En effet, si les activités d'achat avaient été exercées par une entreprise indépendante, l'acheteur aurait été rémunéré en échange de ses services dans des conditions de pleine concurrence. Par ailleurs, comme une exemption fiscale limitée aux activités d'achat menées pour le compte de l'entreprise supposait que les dépenses encourues en vue de l'exercice de ces activités soient exclues dans la détermination des bénéfices de l'établissement stable, une telle exemption pouvait poser des problèmes administratifs. Le Comité a donc estimé qu'une disposition en vertu de laquelle aucun bénéfice ne devrait être attribué à un établissement stable en raison du simple achat de marchandises pour l'entreprise n'était pas compatible avec le principe de pleine concurrence et ne devait pas être insérée dans l'article.

Paragraphe 3

44. La combinaison des articles 7 (qui limite les compétences fiscales de l'État dans lequel l'établissement stable est situé) et 23 A et 23 B (qui obligent l'autre État à accorder un allégement de la double imposition) garantit qu'il n'y ait pas de double imposition des bénéfices correctement attribuables à l'établissement stable qui ne fasse l'objet d'un allégement. Ce résultat peut obliger les deux États à résoudre des différences basées sur des interprétations divergentes du paragraphe 2 et il est important que de mécanismes soient disponibles pour résoudre ces différences dans la mesure où cela est nécessaire pour éliminer la double imposition.

45. Comme il a déjà été indiqué, la nécessité, pour les deux États contractants, de parvenir à une approche commune concernant l'application du paragraphe 2 afin d'éliminer les risques de double imposition a conduit le Comité à développer des instructions détaillées concernant l'interprétation de ce paragraphe. Ces instructions sont incluses dans le Rapport, qui est basé sur les Principes applicable en matière de prix de transfert.

46. Les risques de double imposition seront généralement évités du fait que le contribuable déterminera les bénéfices attribuables à l'établissement stable de la même manière dans chaque État contractant et en conformité avec le paragraphe 2 tel qu'interprété dans le Rapport, ce qui permettra d'aboutir au même résultat aux fins de l'article 7 et des articles 23 A et 23 B (voir, cependant, le paragraphe 66). Dans la mesure où chaque État convient que le contribuable a procédé de cette façon, il devrait s'abstenir d'ajuster les bénéfices en vertu du paragraphe 2 de manière à obtenir un résultat différent. C'est ce que montre l'exemple suivant.

47. Exemple. Une usine située dans l'État R faisant partie d'une entreprise de l'État R a transféré des produits en vue de les vendre à un établissement stable de l'entreprise située dans l'État S. Pour déterminer les bénéfices attribuables à l'établissement stable en vertu du paragraphe 2, le Rapport prévoit qu'une opération interne doit être prise en compte et qu'un prix de pleine concurrence notionnel doit être appliqué à cette opération. La documentation de l'entreprise, qui est conforme à l'analyse fonctionnelle

et factuelle et qui a été utilisée par le contribuable comme base de calcul de son revenu imposable dans chaque État, montre qu'une opération interne prenant la forme d'une vente de produits par l'usine située dans l'État R à l'établissement stable situé dans l'État S a eu lieu et qu'un prix notionnel de pleine concurrence de 100 a été utilisé pour déterminer les bénéfices attribuables à l'établissement stable. Les deux États acceptent que la prise en compte de cette opération interne et le prix utilisé par le contribuable sont conformes aux principes du Rapport et des Principes de l'OCDE applicables en matière de prix de transfert. Dans ce cas, les deux États devraient s'abstenir d'ajuster les bénéfices en prenant pour argument qu'un prix de pleine concurrence différent devrait avoir été utilisé ; dès lors qu'il existe un accord sur le fait que le contribuable s'est conformé au paragraphe 2, les administrations fiscales des deux États ne peuvent substituer leur jugement à celui du contribuable en ce qui concerne les conditions de pleine concurrence. Dans cet exemple, le fait que le même prix de pleine concurrence ait été utilisé dans les deux États et que ceux-ci reconnaissent ce prix aux fins de l'application de la Convention permettra de faire en sorte que toute double imposition liée à cette transaction se trouve supprimée en vertu de l'article 23 A ou 23 B.

48. Dans l'exemple précédent, les deux États acceptent que la prise en compte de cette opération interne et le prix utilisé par le contribuable sont conformes aux principes du Rapport et des Principes de l'OCDE applicables en matière de prix de transfert. Il est possible, cependant, que les États contractants ne soient pas d'accord sur ces questions. Dans certains cas, le Rapport et les Principes de l'OCDE applicables en matière de prix de transfert peuvent permettre différentes interprétations du paragraphe 2 et, dans la mesure où une double imposition pourrait par ailleurs résulter de ces différentes interprétations, il est essentiel d'assurer que cette double imposition soit allégée. Le paragraphe 3 inclut le mécanisme qui garantit ce résultat.

49. Par exemple, comme il est indiqué aux paragraphes 105 à 171 de la Partie I du Rapport, le paragraphe 2 autorise diverses approches afin de déterminer, sur la base de l'attribution d'un capital « libre » à un établissement stable, le montant des dépenses d'intérêts attribuables à cet établissement stable. Le Comité a reconnu que ceci pourrait donner lieu à des difficultés, en particulier pour les entreprises financières. Il a conclu que dans ce cas et dans d'autres cas où les États contractants interprètent le paragraphe 2 différemment et où il est impossible de conclure que l'une ou l'autre de ces interprétations n'est pas en conformité avec le paragraphe 2, il est important d'assurer que toute double imposition qui pourrait potentiellement résulter de cette différence soit éliminée.

50. Le paragraphe 3 garantit ce résultat. Il est important de noter, cependant, que le nombre de situations dans lesquelles il sera nécessaire d'avoir recours à ce paragraphe est plutôt restreint.

51. Premièrement, tel qu'expliqué au paragraphe 46 ci-dessus, lorsque le contribuable a déterminé les bénéfices attribuables à l'établissement stable de la même manière dans chaque État contractant et que chaque État convient que le contribuable a procédé de manière conforme au paragraphe 2 tel qu'interprété dans le

Rapport, aucun ajustement ne devrait être effectué en vertu du paragraphe 2 de manière à obtenir un résultat différent.

52. Deuxièmement, le paragraphe 3 n'a pas pour objet de restreindre de quelque façon que ce soit les recours par ailleurs disponibles pour assurer le respect, par chaque État contractant, des obligations qui découlent, pour cet État, des articles 7 et 23 A ou 23 B. Ainsi, si un État contractant détermine les bénéfices attribuables à un établissement stable situé dans cet État d'une manière qui n'est pas conforme au paragraphe 2, le contribuable pourra avoir recours aux recours juridiques de droit interne ainsi qu'à la procédure amiable prévue par l'article 25 pour remédier au fait qu'il n'a pas été imposé conformément aux dispositions de la Convention. Ces recours seront également disponibles si l'autre État, aux fins de l'application de l'article 23 A ou 23 B, ne détermine pas les bénéfices attribuables à un établissement stable conformément au paragraphe 2 et ne se conforme donc pas aux dispositions de l'article 7.

53. Cependant, lorsque le contribuable n'a pas déterminé les bénéfices attribuables à un établissement stable conformément au paragraphe 2, chaque État a le droit de procéder à un ajustement afin d'assurer le respect des obligations imposées par ce paragraphe. Lorsque l'un des États procède à un ajustement conformément au paragraphe 2, il est certain que ce paragraphe autorise l'autre État à procéder à un ajustement réciproque de manière à éviter la double imposition par l'application combinée du paragraphe 2 et de l'article 23 A ou 23 B (voir le paragraphe 65 ci-dessous). Il est cependant possible que la législation interne de cet autre État (par exemple l'État où l'établissement stable est situé) ne l'autorise pas à procéder à un tel ajustement ou que cet État ne soit pas incité à le faire de lui-même si cela a pour effet de réduire le montant des bénéfices qui étaient antérieurement imposables dans cet État. Il se peut également, comme il est indiqué ci-dessus, que les deux États contractants adoptent des interprétations différentes du paragraphe 2 et qu'il soit impossible de conclure que l'une ou l'autre de ces interprétations n'est pas conforme au paragraphe 2.

54. Le paragraphe 3 vise ce genre de difficultés. L'exemple suivant montre l'application de ce paragraphe.

55. Exemple. Une usine située dans l'État R faisant partie d'une entreprise de l'État R a transféré des produits, en vue de leur vente, à un établissement stable de l'entreprise située dans l'État S. Pour déterminer les bénéfices attribuables à l'établissement stable en vertu du paragraphe 2, une opération interne doit être prise en compte et un prix de pleine concurrence notionnel doit lui être appliqué. La documentation de l'entreprise, qui est conforme à l'analyse fonctionnelle et factuelle et qui a été utilisée par le contribuable comme base de calcul de son revenu imposable dans chaque État, indique qu'une opération interne prenant la forme d'une vente de produits par l'usine de l'État R à l'établissement stable de l'État S a eu lieu et qu'un prix notionnel de 90 a été utilisé pour déterminer les bénéfices attribuables à l'établissement stable. L'État S accepte le montant utilisé par le contribuable mais l'État R considère que ce montant est inférieur à ce qu'exigent sa législation interne et le principe de pleine concurrence du paragraphe 2. Il considère que le prix de pleine concurrence approprié qui aurait dû

être utilisé est de 110 et ajuste le montant d'impôt payable dans l'État R en conséquence après avoir réduit le montant de l'exemption (article 23 A) ou du crédit d'impôt (article 23 B) demandé par le contribuable à l'égard des bénéfices attribuables à l'établissement stable. Dans ce cas, comme le prix de la même opération interne a été déterminé comme étant de 90 dans l'État S et de 110 dans l'État R, des bénéfices de 20 pourraient être soumis à une double imposition. Le paragraphe 3 s'applique à cette situation ; selon ce paragraphe, l'État S, dans la mesure où il existe effectivement une double imposition et que l'ajustement effectué par l'État R est conforme au paragraphe 2, doit procéder à un ajustement corrélatif de l'impôt payable dans l'État S sur les bénéfices qui sont imposés dans les deux États.

56. Si, toutefois, l'État S ne considère pas que l'ajustement effectué par l'État R était justifié par le paragraphe 2, il n'estimera pas qu'il a à procéder à cet ajustement. Dans un tel cas, la question de savoir si l'État S doit procéder à l'ajustement corrélatif en vertu du paragraphe 3 (si l'ajustement effectué par l'État R est justifié en vertu du paragraphe 2) ou si l'État R doit s'abstenir de procéder à l'ajustement initial (s'il n'est pas justifié en vertu du paragraphe 2) sera résolue dans le cadre d'une procédure amiable en application du paragraphe 1 de l'article 25 en utilisant, si nécessaire, la clause d'arbitrage du paragraphe 5 de l'article 25 (puisqu'il s'agit de savoir si les mesures prises par un des États contractants ou par les deux États contractants entraînent ou entraîneront pour le contribuable une imposition non conforme à la Convention). Cette procédure permettra aux deux États de convenir du même prix de pleine concurrence, qui pourra être l'un des prix avancés par le contribuable et les deux États ou un prix différent.

57. Comme il est montré dans l'exemple décrit au paragraphe 55, le paragraphe 3 vise le risque potentiel que la Convention ne puisse assurer une protection complète contre la double imposition dans certaines situations où les deux États contractants adoptent des interprétations différentes du paragraphe 2 de l'article 7 et où l'imposition par chaque État peut être considérée comme étant conforme à la Convention. Le paragraphe 3 garantit l'élimination de la double imposition dans un tel cas, ce qui est cohérent avec les objectifs fondamentaux de la Convention.

58. Le paragraphe 3 partage les principales caractéristiques du paragraphe 2 de l'article 9. En premier lieu, il s'applique à chaque État en ce qui concerne un ajustement effectué par l'autre État. Il s'applique donc réciproquement, que l'ajustement initial ait été effectué par l'État où est situé l'établissement stable ou par l'autre État. Par ailleurs, il ne s'applique pas à moins que l'un des États ne procède à un ajustement.

59. Comme c'est le cas du paragraphe 2 de l'article 9, il n'est pas obligatoire de procéder automatiquement à un ajustement corrélatif en vertu du paragraphe 3 simplement parce que les bénéfices attribués à l'établissement stable ont été ajustés par l'un des États contractants. L'ajustement n'est requis que si l'autre État considère que les bénéfices ajustés sont conformes au paragraphe 2. En d'autres termes, le paragraphe 3 ne pourra pas être invoqué et ne devra pas être appliqué lorsque les bénéfices attribuables à l'établissement stable sont ajustés à un niveau qui est différent de ce qu'il aurait été si ces bénéfices avaient été correctement calculés

conformément aux dispositions du paragraphe 2. Indépendamment de la question de savoir quel est l'État qui procède à l'ajustement initial, l'autre État n'est tenu de procéder à un ajustement corrélatif approprié que s'il considère que les bénéfices ajustés reflètent correctement ce que les bénéfices auraient été si les opérations internes de l'établissement stable avaient été des transactions effectuées dans des conditions de pleine concurrence. L'autre État n'est donc tenu d'effectuer un ajustement corrélatif que s'il considère que l'ajustement initial est justifié dans son principe et dans son montant.

59.1 En vertu de la législation nationale de certains pays, un contribuable peut être autorisé, dans des circonstances appropriées, à modifier une déclaration de revenu déposée antérieurement dans le but d'ajuster les bénéfices attribuables à un établissement stable afin de refléter une attribution de bénéfices qui, de l'avis du contribuable, est conforme aux principes de l'entité distincte et de pleine concurrence qui sont sous-jacents à l'article 7. Lorsqu'ils sont effectués de bonne foi, ces ajustements peuvent faciliter l'attribution correcte des bénéfices à un établissement stable conformément au paragraphe 2. Toutefois, une double imposition peut se produire, par exemple, si un tel ajustement initié par un contribuable augmente les bénéfices attribués à un établissement stable situé dans un État contractant sans qu'il y ait d'ajustement corrélatif approprié dans l'autre État contractant. L'élimination de cette double imposition s'inscrit dans le champ d'application du paragraphe 3. En effet, dans la mesure où l'impôt a été prélevé sur les bénéfices majorés dans le premier État, cet État peut être considéré comme ayant ajusté les bénéfices attribuables à l'établissement stable et comme ayant imposé des bénéfices qui ont été imposés dans l'autre État. Dans ces conditions, l'article 25 permet aux autorités compétentes des États contractants de se consulter afin d'éliminer la double imposition; les autorités compétentes peuvent, le cas échéant, utiliser la procédure amiable pour déterminer si l'ajustement initial satisfait aux conditions énoncées au paragraphe 2 et, si tel est le cas, déterminer le montant de l'ajustement approprié au montant de l'impôt perçu sur les bénéfices attribuables à l'établissement stable afin d'éliminer la double imposition.

60. Le paragraphe 3 ne spécifie pas la méthode à employer pour effectuer un ajustement corrélatif. Lorsque l'ajustement initial est effectué par l'État dans lequel l'établissement stable est situé, l'ajustement prévu par le paragraphe 3 pourrait être accordé dans l'autre État au moyen d'un ajustement du montant de revenu qui doit être exempté en vertu de l'article 23 A ou du crédit d'impôt qui doit être accordé en vertu de l'article 23 B. Lorsque l'ajustement initial est effectué par cet autre État, l'ajustement prévu par le paragraphe 3 pourrait être effectué par l'État dans lequel l'établissement stable est situé en révisant l'imposition de l'entreprise de l'autre État de façon à réduire le revenu imposable d'un montant approprié.

61. La question des « ajustements secondaires » qui est examinée au paragraphe 8 des Commentaires sur l'article 9 ne se pose pas dans le cas d'un ajustement effectué en vertu du paragraphe 3. Comme l'indique le paragraphe 28 ci-dessus, la question de la détermination des bénéfices attribuables à un établissement stable ne se pose que

dans le cadre des articles 7 et 23 A et 23 B et n'a pas d'incidence sur l'application d'autres articles de la Convention.

62. Comme le paragraphe 2 de l'article 9, le paragraphe 3 ne répond pas à la question de savoir s'il faut fixer un délai à l'expiration duquel un État ne serait plus tenu d'opérer un ajustement approprié des bénéfices attribuables à un établissement stable à la suite d'une révision à la hausse de ces bénéfices dans l'autre État. Certains États considèrent que l'obligation ne devrait pas être limitée dans le temps — en d'autres termes que, même si l'État qui effectue l'ajustement initial remonte plusieurs années en arrière, l'entreprise devrait avoir en toute équité l'assurance qu'un ajustement approprié sera effectué dans l'autre État. D'autres États estiment qu'un engagement illimité de cette sorte ne serait pas raisonnable dans la pratique administrative. Cette question n'a pas été abordée ni dans le texte du paragraphe 2 de l'article 9 ni dans celui du paragraphe 3 mais les États contractants sont libres d'inclure dans leurs conventions bilatérales des dispositions qui limitent dans le temps l'obligation pour un État d'opérer un ajustement approprié (voir sur ce point les paragraphes 39, 40 et 41 des Commentaires sur l'article 25). Les États contractants peuvent également vouloir régler cette question par une disposition limitant la durée durant laquelle un ajustement peut être effectué conformément au paragraphe 2 de l'article 7. Une telle solution permettra d'éviter la double imposition que pourrait entraîner l'absence d'ajustement dans l'autre État conformément au paragraphe 3 de l'article suite à un ajustement effectué par le premier État conformément au paragraphe 2. Les États contractants qui souhaitent obtenir ce résultat peuvent convenir bilatéralement d'ajouter le paragraphe suivant après le paragraphe 4 :

> 5. Un État contractant ne doit pas ajuster les bénéfices qui sont attribuables à un établissement stable d'une entreprise de l'un des États contractants après [délai convenu bilatéralement] à compter de la fin de l'exercice fiscal au cours duquel les bénéfices auraient été attribuables à l'établissement stable. Les dispositions de ce paragraphe ne s'appliquent pas en cas de fraude, négligence grave ou manquement délibéré.

63. Dans certains cas, l'ajustement initial effectué par un État ne se traduira pas par une obligation immédiate, pour l'autre État, de procéder à un ajustement corrélatif du montant de l'impôt qui a été perçu sur les bénéfices dans cet autre État (lorsque, par exemple, l'ajustement initial par un État des bénéfices attribuables à l'établissement stable aura un effet, dans l'autre État, sur le calcul du montant d'une perte attribuable aux autres parties de l'entreprise). Les autorités compétentes peuvent, conformément à la deuxième phrase du paragraphe 3, déterminer l'effet que l'ajustement initial aura dans le futur sur l'impôt payable dans l'autre État avant que cet impôt ne soit effectivement imposé ; en fait, afin d'éviter le problème décrit au paragraphe précédent, les autorités compétentes peuvent vouloir utiliser la procédure amiable dès qu'il est possible de ce faire afin de déterminer dans quelle mesure un ajustement corrélatif pourra être requis dans l'autre État dans le futur.

64. Si les parties intéressées ne sont pas d'accord sur le montant et la nature de l'ajustement approprié, la procédure amiable prévue par l'article 25 devra être

appliquée, comme c'est le cas pour un ajustement effectué en vertu du paragraphe 2 de l'article 9. En fait, comme le montre l'exemple du paragraphe 55 ci-dessus, si l'un des deux États contractants ajuste les bénéfices attribuables à un établissement stable sans que l'autre État n'accorde un ajustement corrélatif dans la mesure nécessaire pour éviter la double imposition, le contribuable aura la possibilité d'utiliser la procédure amiable du paragraphe 1 de l'article 25 et, si nécessaire, les dispositions relatives à l'arbitrage du paragraphe 5 de l'article 25 afin d'obliger les autorités compétentes à convenir que soit l'ajustement initial effectué par un des États, soit le manquement de l'autre État à son obligation de procéder à un ajustement corrélatif, n'est pas conforme aux dispositions de la Convention (les dispositions relatives à l'arbitrage du paragraphe 5 de l'article 25 joueront un rôle crucial dans les cas où les autorités compétentes seraient par ailleurs incapables de s'entendre puisqu'elles garantiront que les questions qui font obstacle à un accord soient résolues par arbitrage).

65. Le paragraphe 3 ne s'applique que dans la mesure où il est nécessaire pour éliminer la double imposition des bénéfices qui résultent de l'ajustement. Supposons, par exemple, que l'État où est situé l'établissement stable ajuste les bénéfices que le contribuable a attribués à cet établissement stable pour tenir compte du fait que le prix d'une opération interne entre l'établissement stable et le reste de l'entreprise n'était pas conforme au principe de pleine concurrence. Supposons que l'autre État convienne également que le prix pratiqué par le contribuable n'était pas de pleine concurrence. Dans ce cas, l'application combinée du paragraphe 2 et de l'article 23 A ou 23 B obligera cet autre État à attribuer à l'établissement stable, en vue d'alléger la double imposition, des bénéfices ajustés tenant compte d'un prix de pleine concurrence. Dans un tel cas, le paragraphe 3 ne sera applicable que dans la mesure où chaque État adopte une interprétation différente de ce que devrait être le prix de pleine concurrence approprié.

66. Le paragraphe 3 ne s'applique qu'en ce qui concerne les différences dans la détermination des bénéfices attribués à un établissement stable qui aboutissent à l'attribution d'une même partie des bénéfices à différentes parties de l'entreprise et ce, en conformité avec l'article 7. Comme on l'a déjà expliqué (voir les paragraphes 30 et 31 ci-dessus), l'article 7 ne traite pas du calcul du revenu imposable mais plutôt de l'attribution de bénéfices aux fins de la répartition des compétences fiscales entre les deux États contractants. L'article ne sert donc qu'à répartir les revenus et les dépenses aux fins de la répartition des compétences fiscales et ne préjuge pas de la question de savoir quels sont les revenus imposables et quelles sont les dépenses déductibles, ce qui relève du droit interne, sous réserve du respect des dispositions du paragraphe 2. Lorsque les bénéfices attribués à l'établissement stable sont les mêmes dans chaque État, le montant qui sera inclus dans le revenu imposable sur lequel l'impôt sera prélevé dans chaque État pour une période donnée peut être différent en raison de différences dans les dispositions du droit interne, par exemple pour la prise en compte des revenus et la déduction des dépenses. Comme ces dispositions différentes du droit interne ne s'appliquent qu'aux bénéfices attribués à chaque État, elles n'aboutissent pas par elles-mêmes à une double imposition aux fins du paragraphe 3.

67. Par ailleurs, le paragraphe 3 n'a pas d'effet sur le calcul de l'exemption ou du crédit prévu à l'article 23 A ou 23 B, sauf aux fins d'assurer un allégement de la double imposition qui ne serait pas disponible par ailleurs au titre de l'impôt payé à l'État contractant dans lequel est situé l'établissement stable sur les bénéfices qui ont été attribués à cet établissement dans cet État. Ce paragraphe ne s'appliquera donc pas lorsque ces bénéfices ont été totalement exemptés par l'autre État ou lorsque l'impôt versé dans le premier État mentionné a fait l'objet d'un crédit complet par rapport à l'impôt de l'autre État en vertu du droit interne de cet autre État et de façon conforme à l'article 23 A ou 23 B.

68. Certains États peuvent préférer que les situations visées par le paragraphe 3 soient résolues par la procédure amiable (l'absence de résolution d'un cas présenté sous cette procédure déclenchant l'application de la clause d'arbitrage du paragraphe 5 de l'article 25) si un État ne convient pas unilatéralement de procéder à un ajustement corrélatif, sans qu'il n'y ait préférence, quant au prix ou à la méthode de pleine concurrence, pour la position de l'État qui a fait l'ajustement initial. Ces États préféreraient donc une disposition qui donnerait toujours la possibilité à un État de négocier avec l'État qui a effectué l'ajustement initial le prix ou à la méthode de pleine concurrence à appliquer. Les États qui partagent cette opinion pourraient préférer utiliser la version alternative suivante du paragraphe 3 :

> Lorsque, conformément au paragraphe 2, un État contractant ajuste les bénéfices qui sont attribuables à un établissement stable d'une entreprise de l'un des États contractants et impose en conséquence des bénéfices de l'entreprise qui ont été imposés dans l'autre État, l'autre État contractant procède, dans la mesure nécessaire pour éliminer la double imposition sur ces bénéfices, à un ajustement approprié s'il est d'accord avec l'ajustement effectué par le premier État; si l'autre État contractant n'est pas d'accord avec cet ajustement, les États contractants éliminent toute double imposition qui en résulte par voir d'accord amiable.

69. Cette version alternative a pour objet de faire en sorte que l'État auquel il est demandé de procéder à un ajustement corrélatif soit toujours en mesure d'exiger qu'il soit effectué par la procédure amiable. Cette version diffère sensiblement du paragraphe 3 en ce qu'elle n'impose pas à cet État une obligation juridique d'accepter de procéder à un ajustement corrélatif, même lorsqu'il considère que l'ajustement effectué par l'autre État est conforme au paragraphe 2. La disposition donnerait toujours la possibilité à un État de négocier avec l'autre État sur ce qui constitue le prix ou la méthode de pleine concurrence la plus appropriée. Lorsque l'État en question n'accepte pas unilatéralement de procéder à l'ajustement corrélatif, cette version du paragraphe 3 permet de faire en sorte que le contribuable ait droit d'accès à la procédure amiable pour la résolution de son cas. De plus, lorsque cette procédure est déclenchée dans un tel cas, cette disposition impose aux deux États contractants une obligation juridique réciproque d'éliminer la double imposition par la procédure amiable même si la disposition ne prévoit pas la norme de fond permettant de déterminer l'État qui a l'obligation de modifier sa position pour aboutir à cet accord amiable. Si les deux États contractants ne parviennent pas à un accord pour éliminer

la double imposition, ils sont tous deux en violation des obligations résultant de la Convention. L'obligation d'éliminer ces cas de double imposition par la procédure amiable est donc plus forte que la norme du paragraphe 2 de l'article 25, qui oblige simplement les autorités compétentes à « s'efforcer » de résoudre le cas par voie d'accord amiable.

70. Si les États contractants conviennent bilatéralement de remplacer le paragraphe 3 par la version alternative ci-dessus, les commentaires formulés aux paragraphes 66 et 67 en ce qui concerne le paragraphe 3 s'appliqueront aussi en ce qui concerne cette version alternative.

Paragraphe 4

71. Bien qu'on n'ait pas jugé nécessaire de définir le terme « bénéfices » dans la Convention, il doit néanmoins être entendu que ce terme, lorsqu'employé dans le présent article ainsi que dans d'autres articles de la Convention, a un sens large et comprend tous les revenus tirés de l'exploitation d'une entreprise. Cette acception générale correspond à l'emploi qui est fait du terme dans la législation fiscale de la plupart des pays membres de l'OCDE.

72. Sans le paragraphe 4, cette interprétation du terme « bénéfices » pourrait avoir donné lieu à une certaine incertitude quant à l'application de la Convention. Si les bénéfices d'une entreprise incluent des catégories de revenus qui sont traités séparément dans d'autres articles de la Convention, tels les dividendes, la question se serait posée de savoir quel article devrait s'appliquer à ces catégories de revenus, par exemple, dans le cas des dividendes, cet article ou l'article 10.

73. Dans la mesure où l'application de cet article et de l'autre article pertinent aboutirait au même régime fiscal, cette question a peu d'importance pratique. Par ailleurs, d'autres articles de la Convention traitent expressément de cette question en ce qui concerne certaines catégories de revenus (par exemple le paragraphe 4 de l'article 6, le paragraphe 4 des articles 10 et 11, le paragraphe 3 de l'article 12, les paragraphes 1 et 2 de l'article 17 et le paragraphe 2 de l'article 21).

74. La question pourrait cependant se poser en ce qui concerne d'autres catégories de revenus et il a donc été décidé d'inclure une règle d'interprétation selon laquelle les articles applicables à des catégories spécifiques de revenus ont priorité sur l'article 7. Par conséquent, l'article 7 est applicable aux bénéfices d'entreprise qui n'entrent pas dans les catégories de revenus couvertes par ces autres articles et, en outre, aux revenus qui, en vertu du paragraphe 4 des articles 10 et 11, du paragraphe 3 de l'article 12 et du paragraphe 2 de l'article 21, tombent dans le champ d'application des dispositions de l'article 7. Cette règle ne régit cependant pas la classification du revenu aux fins du droit interne ; par conséquent, si un État contractant peut imposer un élément de revenu en vertu d'autres articles de la Convention, cet État peut, en application de son droit fiscal interne, classifier ce revenu comme il le souhaite (c'est-à-dire comme bénéfices d'entreprise ou comme une catégorie spécifique de revenu) sous réserve que le régime fiscal de cet élément de revenu soit conforme aux dispositions de la Convention. Il doit également être noté que lorsqu'une entreprise

d'un État contractant tire des revenus de biens immobiliers par l'intermédiaire d'un établissement stable situé dans l'autre État, cet autre État ne peut imposer ces revenus s'ils sont tirés de biens immobiliers situés dans le premier État ou dans un État tiers (voir le paragraphe 4 des Commentaires sur l'article 21 et les paragraphes 9 et 10 des Commentaires sur les articles 23 A et 23 B).

75. Les États contractants restent libres d'adopter sur une base bilatérale des explications ou des définitions particulières concernant le terme « bénéfices », afin de mieux préciser la démarcation entre ce terme et, par exemple, la notion de dividendes. Il conviendrait notamment de le faire si, dans une convention en cours de négociation, des modifications ont été apportées aux définitions prévues dans les articles concernant les dividendes, intérêts et redevances.

75.1 Des programmes d'échange de droits d'émission sont mis en œuvre dans un certain nombre de pays dans le cadre de la stratégie internationale de lutte contre le changement climatique. Aux termes de ces programmes, des permis d'émission peuvent être requis pour exercer certaines activités économiques qui génèrent des gaz à effet de serre, et les crédits délivrés au titre de projets de réduction ou de suppression des émissions dans d'autres pays peuvent être reconnus. Compte tenu du caractère multinational de certains programmes d'échange de droits d'émission (comme le système communautaire d'échange de quotas d'émission), ces programmes posent des problèmes spécifiques au regard du Modèle de Convention fiscale, et notamment le traitement des revenus tirés de l'octroi et de l'échange de permis et de crédits d'émission. Ces problèmes sont examinés dans le rapport du Comité intitulé « Questions posées par les permis/crédits d'émission au regard des conventions fiscales »[1]. Comme ce rapport l'explique, les revenus générés par l'octroi ou l'échange de permis et de crédits d'émission sont généralement couverts par l'article 7 et par l'article 13. Dans certaines circonstances, toutefois, ces revenus peuvent être couverts par les articles 6, 8 ou 21 (voir le paragraphe 2.1 des Commentaires sur l'article 6 et le paragraphe 14.1 des Commentaires sur l'article 8).

76. Finalement, il y a lieu de noter que deux catégories de bénéfices qui étaient antérieurement couvertes par d'autres articles de la Convention sont désormais couvertes par l'article 7. En premier lieu, alors que la définition du terme « redevances » au paragraphe 2 de l'article 12 du Projet de Convention de 1963 et du Modèle de Convention de 1977 comprenait les rémunérations « pour l'usage ou la concession de l'usage d'un équipement industriel, commercial ou scientifique », la mention de ces rémunérations a subséquemment été supprimée de cette définition afin d'assurer que les revenus provenant de la location d'équipement industriel, commercial ou scientifique, incluant les revenus de la location de conteneurs, soient visés par les dispositions de l'article 7 plutôt que celles de l'article 12, un résultat que le Comité des affaires fiscales estime être approprié compte tenu de la nature de ces revenus.

1 Reproduit à la page R(25)-1 du volume II de la version complète du Modèle de Convention fiscale.

77. En second lieu, avant 2000, les revenus tirés d'une profession libérale et d'autres activités de caractère indépendant faisaient l'objet d'un article séparé, soit l'article 14. Les dispositions de cet article étaient semblables à celles qui s'appliquaient aux bénéfices des entreprises mais à l'article 14 on retrouvait le concept de base fixe plutôt que celui d'établissement stable, puisqu'il avait originellement été considéré que ce dernier concept ne devait s'appliquer que dans le cadre des activités industrielles et commerciales. De plus, il était parfois difficile de déterminer si une activité donnée était couverte par l'article 7 ou l'article 14. La suppression de l'article 14 en 2000 a été motivée par le fait qu'aucune différence ne semblait souhaitable entre les concepts d'établissement stable, à l'article 7, et de base fixe, à l'article 14, ni entre la façon de calculer les bénéfices et l'impôt selon que l'article 7 ou l'article 14 s'appliquait. La suppression de l'article 14 a eu comme conséquence que les revenus tirés d'une profession libérale et d'autres activités de caractère indépendant constituent désormais des bénéfices d'entreprise au sens de l'article 7, ce qui a été confirmé par l'ajout, dans l'article 3, d'une définition des termes « activité » et « affaires » selon laquelle ces termes comprennent l'exercice de professions libérales et d'autres activités de caractère indépendant.

Observations sur les Commentaires

78. L'*Italie* et le *Portugal* considèrent qu'il est essentiel de prendre en compte le fait que — quel que soit le sens donné à la troisième phrase du paragraphe 77 — en ce qui concerne la méthode suivie pour le calcul des impositions, les systèmes nationaux ne sont pas concernés par la nouvelle rédaction du modèle, c'est-à-dire par la suppression de l'article 14.

79. [Supprimé]

80. [Supprimé]

81. [Supprimé]

82. La *Suède* souhaite préciser qu'elle ne considère pas que les différentes méthodes d'attribution du capital « libre » auxquelles il est fait référence dans le rapport sur l'Attribution de bénéfices aux établissements stables aboutissent nécessairement à un résultat conforme au principe de pleine concurrence. Par conséquent, lorsqu'elle examinera les faits et circonstances propres à chaque cas, la Suède considérera dans plusieurs cas que le montant des intérêts déduits en application de ces méthodes n'est pas conforme au principe de pleine concurrence. Lorsque les différentes opinions sur l'attribution du capital « libre » entraîneront une double imposition, il devra y avoir recours à la procédure amiable prévue à l'article 25.

83. S'agissant des paragraphes 27 et 65, les *États-Unis* désirent préciser de quelle façon ils élimineront la double imposition pouvant résulter de l'application du paragraphe 2 de l'article 7. Lorsqu'un contribuable pourra démontrer aux autorités compétentes des États-Unis qu'une telle double imposition n'a pas été éliminée par l'application des mécanismes prévus par le droit interne des États-Unis, tels que

l'application de plafonds au titre des impôts acquittés à l'étranger sur d'autres transactions, les États-Unis élimineront une telle double imposition excédentaire.

84. La *Turquie* ne partage pas les interprétations incluses au paragraphe 28 des Commentaires sur l'article 7.

Réserves sur l'article

85. L'*Australie* se réserve le droit d'introduire une disposition qui leur permettra d'appliquer son droit interne pour l'imposition des revenus provenant de toutes formes d'assurance.

86. L'*Australie* se réserve le droit d'introduire une disposition clarifiant son droit d'imposer une part des bénéfices d'une entreprise à laquelle un résident de l'autre État contractant a un droit effectif lorsque ces bénéfices sont tirés par un fiduciaire (*trustee*) d'une fiducie (*trust estate*) (autre que certains fonds de placement ouverts qui sont considérés comme des sociétés au regard de la législation fiscale australienne) de l'exercice d'une activité par l'intermédiaire d'un établissement stable en Australie.

87. La *Corée* et le *Portugal* se réservent le droit d'imposer les personnes exerçant une profession libérale ou une autre activité de caractère indépendant quand elles séjournent dans ce pays pendant une période ou des périodes excédant 183 jours durant toute période de douze mois, même si ces personnes ne disposent pas d'un établissement stable (ou d'une base fixe) pour l'exercice de ces activités.

88. L'*Italie*, le *Portugal* et la *Turquie* se réservent le droit d'imposer les personnes exerçant une profession libérale suivant les dispositions d'un article distinct correspondant à l'article 14 tel qu'il était rédigé avant sa suppression en 2000. En ce qui concerne la Turquie, la question de savoir si cet article doit s'appliquer à des personnes autres que des personnes physiques sera réglée lors de négociations bilatérales.

89. Les *États-Unis* se réservent le droit de modifier l'article 7 afin de permettre, en application des paragraphes 1 et 2 de l'article, que tout revenu ou gain imputable à un établissement stable durant son existence puisse être imposé dans l'État où l'établissement stable se situait même lorsque les paiements correspondants ont été effectués après la fin de l'existence de l'établissement stable. Les États-Unis veulent aussi indiquer qu'ils se réservent le droit d'appliquer cette même règle aux articles 10, 11, 12, 13 et 21.

90. La *Turquie* se réserve le droit d'imposer à la source les revenus provenant de la location de conteneurs dans tous les cas. Pour l'application des articles 5 et 7 à ces revenus, la Turquie souhaiterait appliquer la règle de l'établissement stable au cas des entrepôts simples, des entrepôts-agences et des succursales opérationnelles.

91. Les *États-Unis* et la *Norvège* se réservent le droit d'appliquer aux revenus de l'utilisation, de l'entretien ou de la location de conteneurs utilisés dans le trafic international le même régime qu'aux revenus des transports maritimes et aériens visés à l'article 8.

92. L'*Australie* et le *Portugal* se réservent le droit de proposer, au cours des négociations bilatérales, une disposition selon laquelle, si les renseignements à la disposition de l'autorité compétente d'un État contractant sont inadéquats pour déterminer les bénéfices à attribuer à l'établissement stable d'une entreprise, l'autorité compétente peut, à cette fin, appliquer à cette entreprise les dispositions de la législation fiscale de cet État, à ceci près que celle-ci sera appliquée conformément aux principes de cet article, dans la mesure où les renseignements à la disposition de l'autorité compétente le permettront.

93. Le *Mexique* se réserve le droit d'imposer, dans l'État où l'établissement stable est situé, les bénéfices d'entreprise provenant de ventes de biens et de marchandises réalisées directement par son siège situé dans l'autre État contractant, sous réserve que ces biens et marchandises soient identiques ou similaires à ceux qui sont vendus par l'intermédiaire de cet établissement stable. Le Gouvernement du Mexique n'appliquera cette règle que pour prévenir les abus et non pas en vertu du principe de la « force attractive » ; ainsi, la règle ne sera pas applicable si l'entreprise démontre que les ventes ont été réalisées pour des raisons autres que l'obtention d'un avantage par le biais de la Convention.

94. La *République tchèque* se réserve le droit d'ajouter au paragraphe 3 une disposition limitant les ajustements corrélatifs potentiels aux cas où le contribuable est de bonne foi.

95. La *Nouvelle-Zélande* se réserve le droit d'utiliser la version précédente de l'article 7 en tenant compte de son observation et ses réserves sur cette version (soit la version incluse dans le Modèle de Convention fiscale telle qu'il se lisait immédiatement avant la mise à jour 2010 du Modèle de Convention fiscale) parce qu'elle est en désaccord avec l'approche proposée dans la Partie I du Rapport de 2010 sur l'Attribution de bénéfices aux établissements stables. Par conséquent, elle ne peut entériner les modifications aux Commentaires sur l'article effectuées lors de cette mise à jour.

96. L'*Autriche*, le *Chili*, la *Grèce*, le *Mexique*, la *République slovaque* et la *Turquie* se réservent le droit d'utiliser la version précédente de l'article 7, soit la version incluse dans le Modèle de Convention fiscale telle qu'il se lisait immédiatement avant la mise à jour 2010 du Modèle de Convention fiscale. Ils ne peuvent donc entériner les modifications aux Commentaires sur l'article effectuées lors de cette mise à jour.

97. Le *Portugal* se réserve le droit de continuer à utiliser dans ses conventions la version de cet article telle qu'elle se lisait avant 2010 jusqu'à ce que son droit interne soit adapté de façon à pouvoir appliquer la nouvelle approche.

98. La *Slovénie* se réserve le droit de prévoir qu'un ajustement ne sera fait que s'il est considéré comme étant justifié.

99. L'*Australie* se réserve le droit d'utiliser la version précédente de l'article 7 en tenant compte de ses observations et réserves sur cette version (la version qui figurait dans le Modèle de Convention fiscale en vigueur juste avant la mise à jour 2010).

100. La *Lettonie* se réserve le droit d'utiliser la version précédente de l'article 7, soit la version incluse dans le Modèle de Convention fiscale avant la mise à jour 2010 du Modèle de Convention fiscale, sous réserve de ses positions sur cette version précédente (voir l'annexe aux Positions des économies non membres sur l'article 7).

ANNEXE

VERSION PRÉCÉDENTE DE L'ARTICLE 7 ET DES COMMENTAIRES SUR CET ARTICLE

Ce qui suit est la version de l'article 7 et de ses Commentaires telle qu'elle se lisait avant 22 juillet 2010. Cette version antérieure de l'article et de ses Commentaires est reproduite à titre de référence historique parce qu'elle continuera d'être pertinente pour l'application et l'interprétation des conventions bilatérales où l'on retrouve la version antérieure de l'article.

Article 7
BÉNÉFICES DES ENTREPRISES

1. Les bénéfices d'une entreprise d'un État contractant ne sont imposables que dans cet État, à moins que l'entreprise n'exerce son activité dans l'autre État contractant par l'intermédiaire d'un établissement stable qui y est situé. Si l'entreprise exerce son activité d'une telle façon, les bénéfices de l'entreprise sont imposables dans l'autre État mais uniquement dans la mesure où ils sont imputables à cet établissement stable.

2. Sous réserve des dispositions du paragraphe 3, lorsqu'une entreprise d'un État contractant exerce son activité dans l'autre État contractant par l'intermédiaire d'un établissement stable qui y est situé, il est imputé, dans chaque État contractant, à cet établissement stable les bénéfices qu'il aurait pu réaliser s'il avait constitué une entreprise distincte exerçant des activités identiques ou analogues dans des conditions identiques ou analogues et traitant en toute indépendance avec l'entreprise dont il constitue un établissement stable.

3. Pour déterminer les bénéfices d'un établissement stable, sont admises en déduction les dépenses exposées aux fins poursuivies par cet établissement stable, y compris les dépenses de direction et les frais généraux d'administration ainsi exposés, soit dans l'État où est situé cet établissement stable, soit ailleurs.

4. S'il est d'usage, dans un État contractant, de déterminer les bénéfices imputables à un établissement stable sur la base d'une répartition des bénéfices totaux de l'entreprise entre ses diverses parties, aucune disposition du paragraphe 2 n'empêche cet État contractant de déterminer les bénéfices imposables selon la répartition en usage ; la méthode de répartition adoptée doit cependant être telle que le résultat obtenu soit conforme aux principes contenus dans le présent article.

5. Aucun bénéfice n'est imputé à un établissement stable du fait qu'il a simplement acheté des marchandises pour l'entreprise.

6. Aux fins des paragraphes précédents, les bénéfices à imputer à l'établissement stable sont déterminés chaque année selon la même méthode, à moins qu'il n'existe des motifs valables et suffisants de procéder autrement.

7. Lorsque les bénéfices comprennent des éléments de revenu traités séparément dans d'autres articles de la présente Convention, les dispositions de ces articles ne sont pas affectées par les dispositions du présent article.

COMMENTAIRES SUR L'ARTICLE 7 CONCERNANT L'IMPOSITION DES BÉNÉFICES DES ENTREPRISES

I. Remarques préliminaires

1. Cet article est, à bien des égards, la suite et le corollaire de l'article 5 qui définit le concept d'établissement stable. Le critère de l'établissement stable est couramment utilisé dans les conventions internationales de double imposition en vue de déterminer si un élément particulier de revenu doit ou non être imposé dans le pays où il est produit ; mais ce critère ne fournit pas par lui-même une solution complète au problème de la double imposition des bénéfices d'entreprise. Pour éviter qu'il y ait une double imposition de cette nature, il est nécessaire de compléter la définition de l'établissement stable en y ajoutant une série convenue de règles permettant de calculer les bénéfices imputables à l'établissement stable. Pour exprimer la même idée sous une forme légèrement différente, lorsqu'une entreprise d'un État contractant exerce une activité d'entreprise dans l'autre État contractant, les autorités de ce second État doivent se poser deux questions avant d'imposer les bénéfices de l'entreprise : tout d'abord, l'entreprise a-t-elle dans leur pays un établissement stable ? Dans l'affirmative, quels sont éventuellement les bénéfices sur lesquels cet établissement stable doit être imposé ? Ce sont les règles à appliquer pour répondre à cette seconde question qui constituent l'objet de l'article 7. Les règles permettant de calculer les bénéfices réalisés par une entreprise d'un État contractant qui effectue des opérations commerciales avec une entreprise de l'autre État contractant lorsque les deux entreprises sont associées sont contenues dans l'article 9.

2. Les articles 7 et 9 n'entrent pas particulièrement dans les détails et ne présentaient pas de réelles nouveautés lorsqu'ils ont été adoptés par l'OCDE. La question du critère à utiliser pour l'attribution de bénéfices à un établissement stable, et celle des règles à appliquer pour répartir des bénéfices provenant de transactions effectuées entre des entreprises associées, ont dû être traitées dans un grand nombre de conventions de double imposition et dans divers modèles élaborés par la Société des Nations avant que l'OCDE n'en traite pour la première fois et les solutions adoptées ont en général été conçues selon un modèle standard.

3. Il est reconnu de façon générale que les principes essentiels sur lesquels repose ce modèle standard sont bien fondés, et, lorsque l'OCDE s'est penchée pour la première fois sur cette question, elle s'est donc contentée de les énoncer de nouveau, en y introduisant quelques légers amendements et quelques modifications visant essentiellement à les rendre plus clairs. Les deux articles comportent un certain nombre de directives. Ils ne fixent pas une série de règles précises correspondant à tous les types de problèmes qui peuvent se poser lorsqu'une entreprise d'un État réalise des bénéfices dans un autre État ; ils ne pouvaient guère le faire, étant donné la nature de ce problème. À l'époque moderne, le commerce s'organise de façon extrêmement variée ; il serait tout à fait impossible, dans les limites relativement étroites d'un article destiné à figurer dans une convention de double imposition, d'énoncer des règles exhaustives, propres à résoudre tous les types de problèmes qui peuvent se poser.

4. Il convient toutefois de reconnaître que des différences considérables ont été observées dans l'interprétation des directives générales énoncées à l'article 7 et des dispositions figurant dans des conventions et modèles de convention antérieurs dont est inspirée la formulation de cet article. Cette absence d'interprétation commune de l'article 7 peut aboutir à des problèmes de double imposition et d'absence d'imposition. Pour cette raison, il est important que les autorités fiscales conviennent de méthodes

cohérentes pour traiter ces problèmes en utilisant, le cas échéant, la procédure amiable prévue à l'article 25.

5. Au fil des années, le Comité des affaires fiscales a donc consacré énormément de temps et d'efforts à œuvrer pour que s'imposent une interprétation et une application plus cohérentes des règles énoncées dans l'article. Des changements mineurs dans la formulation de l'article et un certain nombre de modifications des Commentaires ont été effectués lors de l'adoption du Modèle de Convention fiscale de 1977. Un rapport qui traitait cette question dans le cas particulier des banques a été publié en 1984[1]. En 1987, notant que la détermination des bénéfices imputables à un établissement stable pourrait donner lieu à des incertitudes, le Comité a entrepris d'étudier la question, sa réflexion ayant conduit à l'adoption, en 1993, du rapport intitulé « Attribution de bénéfices aux établissements stables »[2] et à des modifications subséquentes des Commentaires.

6. Malgré ces travaux, les pratiques des pays membres et non membres de l'OCDE concernant l'attribution de bénéfices aux établissements stables et leur interprétation de l'article 7 varient fortement. Le Comité a reconnu la nécessité de réduire l'incertitude pour les contribuables : dans son rapport intitulé *Principes applicables en matière de prix de transfert à l'intention des entreprises multinationales et des administrations fiscales*, adopté en 1995, il a indiqué que des travaux futurs porteraient sur l'application du principe de pleine concurrence aux établissements stables. Ces travaux ont débouché, en 2008, sur la publication d'un rapport intitulé Attribution de bénéfices aux établissements stables. L'approche décrite dans ce rapport n'a pas été limitée par l'intention initiale ou par la pratique et l'interprétation observées de l'article 7. Au lieu de cela, l'accent a été mis sur la formulation de la meilleure méthode d'attribution de bénéfices à un établissement stable en vertu de l'article 7 compte tenu des opérations multinationales et des échanges actuels.

7. L'approche décrite dans le rapport concerne l'attribution de bénéfices aux établissements stables en général (Partie I du rapport) et, en particulier, aux établissements stables d'entreprises exerçant leur activité dans le secteur financier où le fait d'exercer l'activité par l'intermédiaire d'un établissement stable est très répandu (Partie II du rapport, qui porte sur les établissements stables des banques, Partie III, qui traite des établissements stables des entreprises effectuant des transactions mondialisées et Partie IV, qui traite des établissements stables des entreprises exerçant des activités dans le secteur de l'assurance). Le Comité considère que les directives énoncées dans le rapport décrivent une meilleure méthode d'attribution de bénéfices aux établissements stables que celle qui prévalait auparavant. Il reconnaît cependant qu'il existe des différences entre certaines des conclusions du rapport et l'interprétation de l'article donnée précédemment dans ces Commentaires. C'est pour cette raison que ces Commentaires ont été modifiés afin d'y intégrer certaines des conclusions du rapport qui n'entraient pas en conflit avec la version précédente des Commentaires, laquelle préconisait des méthodes spécifiques dans certains secteurs et laissait une latitude considérable dans d'autres. Le rapport énonce donc des principes internationalement acceptés et, dans la mesure où son contenu n'entre pas en conflit avec les Commentaires, il fournit des directives pour l'application du principe de pleine concurrence figurant dans l'article.

1 « L'imposition des entreprises bancaires internationales », publié sous le titre *Prix de transfert et entreprises multinationales — Trois études fiscales*, OCDE, Paris, 1984.

2 Reproduit à la page R(13)-1 du volume II de la version du Modèle de Convention fiscale présentée sous forme de classeurs.

8. Avant 2000, le revenu tiré d'une profession libérale et d'autres activités de caractère indépendant faisait l'objet d'un article séparé, à savoir l'article 14. Les dispositions de cet article étaient semblables à celles qui s'appliquaient aux bénéfices des entreprises mais on y retrouvait le concept de base fixe plutôt que celui d'établissement stable, puisqu'il avait originellement été considéré que ce dernier concept ne devait s'appliquer que dans le cadre des activités industrielles et commerciales. De plus, il était parfois difficile de déterminer si une activité donnée était couverte par l'article 7 ou 14. La suppression de l'article 14 en 2000 a été motivée par le fait qu'aucune différence ne semblait souhaitable entre les concepts d'établissement stable, à l'article 7, et de base fixe, à l'article 14, ni entre la façon de calculer les bénéfices et l'impôt selon que l'article 7 ou l'article 14 s'applique. La suppression de l'article 14 a eu comme conséquence que le revenu tiré d'une profession libérale et d'autres activités de caractère indépendant constitue désormais des bénéfices d'entreprise au sens de l'article 7, ce qui a été confirmé par l'ajout d'une définition des termes « activité » et « affaires » selon laquelle ces termes comprennent l'exercice de professions libérales ou d'autres activités de caractère indépendant.

II. Commentaires des dispositions de l'article

Paragraphe 1

9. Ce paragraphe traite de deux questions. En premier lieu, il réaffirme le principe généralement énoncé dans les conventions de double imposition, selon lequel une entreprise d'un État ne doit pas être imposée dans l'autre État, à moins qu'elle n'exerce une activité industrielle ou commerciale dans cet autre État par l'intermédiaire d'un établissement stable qui y est situé. Il semble inutile de souligner ici les avantages de ce principe. On se contentera de rappeler qu'il est maintenant admis, dans les relations fiscales internationales, qu'une entreprise d'un État ne peut être vraiment considérée comme participant à la vie économique d'un autre État au point de tomber sous sa juridiction fiscale, que si elle fonde dans cet État un établissement stable.

10. Le second principe, qui est énoncé dans la deuxième phrase du paragraphe, est que le droit d'imposer de l'État où l'établissement stable est situé ne s'étend pas aux bénéfices que l'entreprise peut tirer de cet État mais qui ne sont pas imputables à l'établissement stable. C'est là une question sur laquelle, dans le passé, des divergences de vues se sont fait jour, quelques pays ayant appliqué, il y a plusieurs années, le principe de l'existence d'une « force d'attraction » générale en vertu duquel les revenus tels que les autres bénéfices d'entreprise, dividendes, intérêts et redevances tirés de sources situées sur leur territoire étaient imposables en totalité dans ces pays dès lors que le bénéficiaire y possédait un établissement stable et ce, même lorsque ces revenus n'étaient manifestement pas imputables à l'établissement stable. Même si certaines conventions fiscales bilatérales prévoient une règle anti-abus de portée limitée fondée sur une conception restreinte de la force d'attraction s'appliquant uniquement aux bénéfices d'entreprise tirés d'activités similaires à celles exercées par un établissement stable, l'approche de la force d'attraction décrite précédemment est désormais rejetée dans la pratique internationale en matière de conventions fiscales. Le principe qui est à présent généralement accepté dans les conventions de double imposition repose sur l'idée que, pour imposer les bénéfices réalisés par l'entreprise étrangère dans un pays déterminé, les autorités fiscales de ce pays devraient considérer une par une les diverses sources des bénéfices que l'entreprise tire de leur pays et appliquer à chacune le critère de l'établissement stable sous réserve de l'application éventuelle des autres articles de la Convention. Cette solution permet d'adopter des méthodes

d'administration de l'impôt et de discipline fiscale plus simples et plus efficaces et correspondant mieux à la conduite courante des affaires. À l'époque moderne, l'organisation des affaires est fort complexe. Il existe un grand nombre de sociétés dont chacune exerce des activités très diverses et notamment des activités d'entreprise très étendues dans de nombreux pays. Une société peut créer un établissement stable dans un autre pays par l'intermédiaire duquel elle réalise des activités manufacturières tandis qu'une partie différente de la même société vend des produits ou articles manufacturés différents dans cet autre pays par l'intermédiaire d'agents indépendants. La société peut avoir des raisons commerciales parfaitement valables pour procéder ainsi fondées, par exemple, sur la structure historique de son activité ou sur des motifs de convenance sur le plan commercial. Si le pays dans lequel l'établissement stable est situé souhaite pousser l'insistance jusqu'à vouloir rechercher minutieusement à déterminer et à imposer la part de bénéfice imputable à chaque transaction effectuée par l'intermédiaire d'agents indépendants, en vue d'ajouter ce bénéfice aux bénéfices de l'établissement stable, une telle démarche pourrait gêner sérieusement les activités commerciales ordinaires et serait contraire aux objectifs de la Convention.

11. En faisant référence à la part des bénéfices d'une entreprise imputable à un établissement stable, la deuxième phrase du paragraphe 1 renvoie directement au paragraphe 2, lequel fournit les directives relatives à la détermination des bénéfices devant être imputés à un établissement stable. Parce que le paragraphe 2 fait partie du contexte dans lequel la deuxième phrase du paragraphe 1 doit être lue, cette phrase ne doit pas être interprétée de telle manière qu'elle puisse contredire le paragraphe 2, ce qui serait le cas notamment si l'on considérait que le montant des bénéfices susceptibles d'être imputés à un établissement stable ne peut excéder celui des bénéfices de l'entreprise toute entière. Par conséquent, si le paragraphe 1 prévoit qu'un État contractant ne peut imposer les bénéfices d'une entreprise de l'autre État contractant que dans la mesure où ils sont imputables à un établissement stable situé dans le premier État, ce sont les dispositions du paragraphe 2 qui donnent son sens à l'expression « bénéfices imputables à un établissement stable ». En d'autres termes, les directives énoncées au paragraphe 2 peuvent conduire à imputer des bénéfices à un établissement stable même si l'entreprise dans son ensemble n'a jamais réalisé de bénéfices ; elles peuvent à l'inverse conduire à n'imputer aucun bénéfice à un établissement stable même si l'entreprise dans son ensemble a réalisé des bénéfices.

12. À l'évidence cependant, l'État contractant de l'entreprise a intérêt à ce que les directives énoncées au paragraphe 2 soient correctement appliquées par l'État où se situe l'établissement stable. Étant donné que ces directives s'appliquent aux deux États contractants, l'État de l'entreprise doit, conformément aux dispositions de l'article 23, éliminer la double imposition des bénéfices correctement imputés à l'établissement stable. En d'autres termes, si l'État où se situe l'établissement stable cherche à imposer des bénéfices qui ne sont pas imputables à ce dernier aux termes de l'article 7, on risque d'aboutir à une situation de double imposition de bénéfices qui ne devraient normalement être imposés que dans l'État de l'entreprise.

13. L'objet du paragraphe 1 est de définir les limites du droit pour un État contractant d'imposer les bénéfices tirés de leur activité par des entreprises de l'autre État contractant. En revanche, ce paragraphe ne restreint pas le droit d'un État contractant d'imposer ses propres résidents aux termes de dispositions relatives aux sociétés étrangères contrôlées figurant dans sa législation nationale, même si l'impôt ainsi appliqué à ces résidents peut être calculé par référence à la partie des bénéfices d'une entreprise qui est résidente de l'autre État contractant qui est attribuable à la participation de ces résidents dans cette entreprise. L'impôt ainsi appliqué par un État

à ses propres résidents ne réduit pas les bénéfices de l'entreprise de l'autre État et on ne saurait donc considérer qu'il est prélevé sur ces bénéfices (voir aussi le paragraphe 23 des Commentaires sur l'article 1 et les paragraphes 37 à 39 des Commentaires sur l'article 10).

Paragraphe 2

14. Ce paragraphe contient la directive centrale qui doit servir de base à l'attribution de bénéfices à un établissement stable. On y retrouve l'idée que les bénéfices à attribuer à un établissement stable sont ceux que cet établissement aurait réalisés si, au lieu de traiter avec le reste de l'entreprise, il avait traité avec une entreprise entièrement distincte aux conditions et aux prix du marché ordinaire. Cela correspond au « principe de pleine concurrence » envisagé dans les Commentaires sur l'article 9. Normalement, les bénéfices ainsi déterminés seraient les mêmes que ceux auxquels les méthodes couramment employées pour l'établissement d'une comptabilité appropriée pour une entreprise devraient permettre d'aboutir.

15. Le paragraphe exige que ce principe soit appliqué par chacun des États contractants. À l'évidence, cela ne signifie pas que le montant sur lequel l'entreprise sera imposée dans l'État de source correspondra exactement, pour une période donnée, au montant des revenus au titre desquels l'autre État devra accorder un allègement en vertu de l'article 23 A ou 23 B. En raison de divergences entre les législations internes des deux États concernant des aspects tels que les taux d'amortissement, le moment où les revenus sont considérés avoir été réalisés et les restrictions à la déductibilité de certaines dépenses qui sont conformes aux dispositions du paragraphe 3 de cet article, le montant du revenu imposable sera normalement différent dans chacun des deux États.

16. Dans la grande majorité des cas, la comptabilité commerciale de l'établissement stable — comptabilité généralement tenue par cette entreprise, ne fût-ce que parce qu'une entreprise bien gérée a normalement intérêt à connaître la rentabilité de ses divers établissements — sera utilisée pour déterminer les bénéfices que l'on peut imputer en propre à cet établissement. Exceptionnellement, il peut y avoir des cas où il n'y a pas de comptabilité distincte (*cf.* paragraphes 51 à 55 ci-dessous). Mais, lorsque cette comptabilité existe, elle constitue naturellement le point de départ des opérations d'ajustement lorsqu'un tel ajustement est nécessaire pour déterminer le montant des bénéfices qui sont correctement imputables à l'établissement stable conformément à la directive figurant au paragraphe 2. Peut-être convient-il de souligner que cette directive ne peut servir de justification pour établir des bénéfices hypothétiques qui ne reposeraient sur rien ; il est toujours nécessaire de partir de données réelles, telles qu'elles ressortent des documents comptables de l'établissement stable et d'ajuster, le cas échéant, le montant des bénéfices obtenus à partir de ces données réelles. Comme indiqué au paragraphe 19 ci-après et comme expliqué au paragraphe 39 de la Partie I du rapport *Attribution de bénéfices aux établissements stables*, les documents comptables et la documentation doivent toutefois répondre à un certain nombre d'exigences pour que l'on puisse considérer qu'ils sont conformes à la situation réelle.

17. Pour déterminer si le paragraphe 2 requiert un ajustement, il faudra déterminer les bénéfices qui auraient été réalisés si l'établissement stable avait été une entreprise distincte exerçant des activités identiques ou analogues dans des conditions identiques ou analogues et traitant en toute indépendance avec les autres composantes de l'entreprise. Les Sections D-2 et D-3 de la Partie I du rapport intitulé *Attribution de bénéfices aux établissements stables* décrit une démarche en deux étapes pour ce faire. Cette démarche permet de calculer le montant des bénéfices imputables

à l'ensemble des activités exercées par l'intermédiaire de l'établissement stable, y compris les transactions effectuées avec d'autres entreprises indépendantes, les transactions effectuées avec des entreprises associées et aux opérations (à savoir notamment des transferts internes de capital ou de biens ou la fourniture internes de services - voir par exemple les paragraphes 31 et 32) effectuées avec d'autres parties de l'entreprise (dans le cadre de la deuxième étape décrite précédemment), conformément à la directive énoncée au paragraphe 2.

18. La première étape de la démarche suppose que l'on isole les activités exercées par l'établissement stable, ce qui doit être fait à l'aide d'une analyse fonctionnelle et factuelle (les directives énoncées dans les *Principes applicables en matière de prix de transfert à l'intention des entreprises multinationales et des administrations fiscales*[1] seront utiles à cet effet). Dans le cadre de cette première étape, il conviendra de déterminer les activités et responsabilités importantes sur le plan économique exercées et assumées par l'établissement stable. Cette analyse doit dans la mesure pertinente examiner les activités et responsabilités exercées par l'établissement stable dans le contexte des activités et responsabilités exercées et assumées par l'entreprise dans son ensemble, plus particulièrement par les parties de celle-ci avec lesquelles traite l'établissement stable. Dans le cadre de la seconde étape, la rémunération versée en contrepartie de toute opération de cette nature devra être déterminée en appliquant par analogie les principes mis au point aux fins de l'application du principe de pleine concurrence entre des entreprises associées (ces principes sont exposés dans les *Principes applicables en matière de prix de transfert à l'intention des entreprises multinationales et des administrations fiscales*) par référence aux fonctions exercées, actifs utilisés et risques assumés par l'entreprise par l'intermédiaire de l'établissement stable et par les autres composantes de l'entreprise.

19. Une question qui risque de se poser est celle de savoir dans quelle mesure on peut se baser sur les documents comptables lorsqu'ils sont fondés sur des accords entre le siège et ses établissements stables (ou entre les établissements stables eux-mêmes). Il est évident que de tels accords internes ne peuvent être considérés comme des contrats juridiquement contraignants. Toutefois, dans la mesure où les comptes du siège et des établissements stables sont établis symétriquement sur la base de ces accords et où ces accords correspondent aux fonctions exercées par les différentes composantes de l'entreprise, ces comptes pourraient être acceptés par les autorités fiscales. Les comptes ne devraient toutefois pas être considérés comme établis symétriquement à moins que l'évaluation des opérations effectuées ou les méthodes de répartition des bénéfices ou des dépenses dans les comptes de l'établissement stable ne correspondent exactement aux valeurs ou aux méthodes utilisées dans la comptabilité du siège dans la monnaie nationale ou dans la monnaie fonctionnelle utilisée par l'entreprise pour enregistrer ses transactions. Par ailleurs, comme expliqué au paragraphe 16, les documents comptables et la documentation doivent satisfaire à un certain nombre d'exigences pour que l'on puisse considérer qu'ils sont conformes à la situation réelle. Par exemple, lorsque la comptabilité commerciale est fondée sur des accords internes qui correspondent à des arrangements purement artificiels et non aux fonctions économiques réellement exercées par les différents secteurs de l'entreprise, il n'y a pas lieu de tenir compte de tels accords et la comptabilité doit être rectifiée en conséquence. Il en serait ainsi, par exemple, si un établissement stable exerçant des activités de vente se voyait attribuer dans le cadre d'un tel accord interne le rôle de

1 La version originale de ce rapport a été adoptée par le Conseil de l'OCDE le 27 juin 1995. Publié sous forme de classeur sous le titre *Principes applicables en matière de prix de transfert à l'intention des entreprises multinationales et des administrations fiscales*, OCDE, Paris, 1995.

commettant (acceptant ainsi tous les risques et ayant droit à tous les bénéfices occasionnés par les ventes) alors qu'en fait l'établissement stable en question n'était autre qu'un intermédiaire ou un agent (courant des risques limités et n'ayant droit qu'à une part limitée des revenus correspondants) ou inversement s'il se voyait attribuer le rôle d'intermédiaire ou d'agent alors qu'en réalité il s'agissait d'un commettant.

20. On peut donc en conclure que les documents comptables et autres documents préparés au moment des opérations répondant aux prescriptions susmentionnées constituent un point de départ utile pour l'attribution de bénéfices à un établissement stable. Les contribuables sont encouragés à établir ces documents dans la mesure où le fait de les produire pourrait réduire sensiblement le risque de controverse. La section D-2 (*vi*) *b*) de la Partie I du rapport intitulé *Attribution de bénéfices aux établissements stables* examine les conditions dans lesquelles les administrations fiscales doivent tenir compte de ces documents.

21. Il se pourrait qu'il y ait réalisation de bénéfices imposables lorsqu'un bien, qu'il s'agisse ou non d'un stock de marchandises, faisant partie de l'actif d'un établissement stable situé sur le territoire d'un État est transféré à un établissement ou au siège central de la même entreprise situé dans un autre État. L'article 7 permet au premier État d'imposer les bénéfices qui sont censés naître à la suite d'un tel transfert et ces bénéfices peuvent être déterminés comme il est indiqué ci-dessous. Dans les cas où un tel transfert intervient, qu'il soit ou non permanent, la question se pose de savoir à quel moment il y a réalisation de bénéfices imposables. En fait, dans la pratique, lorsque ces biens ont une valeur marchande importante et sont susceptibles de figurer au bilan de l'établissement stable importateur, ou d'une autre partie de l'entreprise, au-delà de l'exercice durant lequel ils ont été transférés, la réalisation de bénéfices imposables n'interviendra pas nécessairement, en ce qui concerne l'ensemble de l'entreprise, dans l'exercice durant lequel a eu lieu le transfert. Or, le simple fait que ces biens quittent une juridiction fiscale peut déclencher l'imposition des réserves latentes y relatives, car la notion de réalisation dépend du droit interne des pays.

22. Lorsque les pays dans lesquels opèrent les établissements stables imposent les bénéfices imputables aux transferts internes dès qu'ils sont opérés, et alors même que leur réalisation effective n'interviendra qu'au cours d'un exercice commercial ultérieur, il y aura obligatoirement un décalage entre les impôts payés à l'étranger et l'imputation y relative dans le pays du siège de l'entreprise. Ce laps de temps entraîne un problème important, en particulier, lorsqu'un établissement stable transfère des immobilisations ou — en cas de liquidation — la totalité de ses biens d'exploitation au reste de l'entreprise dont il fait partie. Dans ces cas, il appartient au pays du siège de l'entreprise de rechercher, cas par cas, une solution bilatérale avec le pays de sortie lorsqu'il y a un risque important de surimposition.

23. Le paragraphe 3 de l'article 5 prévoit une règle particulière dans le cas d'une installation fixe d'affaires constituée par un chantier de construction ou de montage. Une installation fixe de cette nature ne constitue un établissement stable que si sa durée dépasse douze mois. L'expérience a montré que des difficultés particulières peuvent surgir pour l'attribution de bénéfices à des établissements stables de ce type en vertu de l'article 7.

24. Ces difficultés surviennent principalement lorsque des marchandises sont fournies, ou des services sont rendus, par d'autres composantes de l'entreprise ou par une partie liée en relation avec le chantier de construction ou de montage. Si des difficultés semblables peuvent se présenter avec n'importe quel établissement stable, elles sont particulièrement aiguës dans le cas de chantiers de construction ou de montage. Dans ces conditions, il est nécessaire de veiller avec la plus grande attention au respect du principe général selon lequel les bénéfices sont imputables à un

établissement stable uniquement lorsqu'ils proviennent d'activités exercées par l'entreprise par l'intermédiaire de cet établissement stable.

25. Lorsque ces marchandises sont par exemple fournies par d'autres composantes de l'entreprise, les bénéfices générés par l'opération ne proviennent pas des activités exercées par l'intermédiaire de l'établissement stable et ne lui sont donc pas imputables. Les bénéfices résultant de la fourniture de services (planification, conception, établissement de plans ou conseils techniques) par des composantes de l'entreprise exerçant leur activité en dehors de l'État où se situe l'établissement stable ne proviennent pas non plus des activités exercées par l'intermédiaire de ce dernier et ne lui sont donc pas imputables.

26. Lorsque, en vertu du paragraphe 5 de l'article 5, un établissement stable d'une entreprise d'un État contractant est réputé exister dans l'autre État contractant en raison des activités exercées par un « agent dépendant » (voir paragraphe 32 des Commentaires sur l'article 5), les principes s'appliquant pour imputer les bénéfices à cet établissement stable sont les mêmes que ceux utilisés pour l'attribution de bénéfices à d'autres types d'établissements stables. Dans un premier temps, une analyse fonctionnelle et factuelle permettra de déterminer les fonctions exercées par l'agent dépendant tant pour son propre compte que pour le compte de l'entreprise non résidente. L'agent dépendant et l'entreprise pour le compte de laquelle il agit constituent deux contribuables potentiels distincts. D'une part, l'agent dépendant tire ses propres revenus et bénéfices des activités qu'il exerce en son nom propre pour le compte de l'entreprise ; s'il est lui même résident de l'un ou l'autre des États contractants, les dispositions de la Convention (y compris celles de l'article 9 si l'agent est une entreprise associée à l'entreprise pour le compte de laquelle il agit) peuvent s'appliquer à l'imposition desdits revenus ou bénéfices. D'autre part, sont imputés à l'établissement stable de l'entreprise les actifs et les risques de l'entreprise qui sont liés aux fonctions exercées par l'agent dépendant pour le compte de cette dernière (à savoir les activités que l'agent dépendant exerce pour le compte de l'entreprise), de même qu'un capital suffisant pour couvrir ces actifs et ces risques. Les bénéfices sont alors imputés à l'établissement stable compte tenu des actifs, des risques et du capital ; ils sont totalement distincts des revenus ou bénéfices correctement imputables à l'agent dépendant lui-même (voir section D-5 de la Partie I du rapport *Attribution de bénéfices aux établissements stables*).

Paragraphe 3

27. Ce paragraphe rend explicite, pour ce qui concerne les dépenses d'un établissement stable, la directive générale figurant au paragraphe 2. Le paragraphe reconnaît spécifiquement que, dans le calcul des bénéfices d'un établissement stable, il doit être tenu compte des dépenses engagées aux fins de l'établissement stable, en quelque lieu qu'elles l'aient été. Il est évident que, dans certains cas, il sera nécessaire d'estimer ou de calculer par des moyens conventionnels le montant des dépenses entrant en ligne de compte. Dans le cas, par exemple, de frais généraux d'administration engagés au siège central de l'entreprise, il peut être judicieux de faire entrer en ligne de compte une fraction proportionnelle, déterminée d'après le rapport entre le chiffre d'affaires de l'établissement stable (ou éventuellement son bénéfice brut) et celui de l'entreprise dans son ensemble. Sous cette réserve, c'est le montant réel des dépenses engagées aux fins de l'établissement stable qui doit entrer en ligne de compte. La déduction pouvant être pratiquée par l'établissement stable au titre des dépenses de l'entreprise qui sont attribuées à cet établissement stable ne peut être subordonnée à leur remboursement effectif par l'établissement stable.

28. On a parfois fait observer que la nécessité de concilier les paragraphes 2 et 3 posait des problèmes pratiques dans la mesure où, en vertu du paragraphe 2, les prix des transactions entre l'établissement stable et le siège doivent normalement être fixés dans des conditions de pleine concurrence et procurer à l'entité qui effectue le transfert le type de bénéfice qu'elle aurait pu s'attendre à réaliser si elle effectuait une transaction avec une entreprise indépendante, tandis que les termes du paragraphe 3 laissent entendre que la déduction des dépenses encourues pour l'établissement stable doit correspondre au coût effectif de ces dépenses, normalement sans y ajouter un élément de bénéfice.

29. En fait, si l'application du paragraphe 3 peut poser des problèmes pratiques, en particulier pour ce qui est des principes de l'entreprise indépendante et des prix de pleine concurrence sur lesquels repose le paragraphe 2, il n'y a pas de différence de principe entre les deux paragraphes. Le paragraphe 3 indique que, dans la détermination des bénéfices d'un établissement stable, la déduction de certaines dépenses doit être autorisée tandis que le paragraphe 2 prévoit que les bénéfices déterminés conformément à la règle qui figure au paragraphe 3, et qui concerne la déduction des dépenses, doivent être ceux qu'une entreprise distincte exerçant les mêmes activités ou des activités similaires dans les mêmes conditions ou dans des conditions similaires aurait réalisés. Par conséquent, si le paragraphe 3 fixe une règle applicable à la détermination des bénéfices de l'établissement stable, le paragraphe 2 suppose que les bénéfices ainsi déterminés correspondent à ceux qui auraient été réalisés par une entreprise distincte et indépendante.

30. En outre, le paragraphe 3 permet uniquement de déterminer les dépenses imputables à l'établissement stable pour la détermination des bénéfices qui lui sont imputables. Il ne traite pas la question de savoir si ces dépenses, une fois imputées, sont déductibles au moment du calcul des bénéfices imposables de l'établissement stable étant donné que les conditions de déductibilité des dépenses sont définies par le droit interne, sous réserve des dispositions de l'article 24 concernant la non-discrimination (et en particulier les paragraphes 3 et 4 de cet article).

31. En pratique, lorsqu'on applique ces principes à la détermination des bénéfices d'un établissement stable, la question peut se poser de savoir si une dépense particulière encourue par une entreprise peut vraiment être considérée comme effectuée dans l'intérêt de l'établissement stable, compte tenu des principes de l'entreprise distincte et indépendante énoncées au paragraphe 2. Il est vrai qu'habituellement des entreprises indépendantes chercheront à réaliser un bénéfice dans leurs transactions réciproques et que lorsqu'elles procèdent à des transferts d'actifs ou à des prestations de services réciproques elles exigeront un prix correspondant à ce que le marché peut supporter, mais il existe aussi des circonstances dans lesquelles il n'est pas possible de considérer qu'un actif ou un service particulier aurait pu être obtenu d'une entreprise indépendante ou dans lesquelles des entreprises indépendantes acceptent de partager les coûts d'une activité conjointe d'entreprises pour leur bénéfice mutuel. Dans de tels cas, il peut être souhaitable de considérer les dépenses encourues par l'entreprise comme étant à la charge de l'établissement stable. La difficulté vient de la nécessité de distinguer les cas de ce type et ceux où une dépense encourue par une entreprise ne doit pas être considérée comme une dépense de l'établissement stable et où le bien ou service doit être considéré, en vertu du principe de l'entreprise distincte et indépendante, comme ayant été transféré entre le siège et l'établissement stable à un prix qui comporte un élément de bénéfice. La question qui doit être posée est de savoir si le transfert interne de biens et de services, qu'il soit temporaire ou définitif, est du genre de ceux que l'entreprise, dans le cours normal de ses activités, aurait facturés à une tierce personne au prix de pleine

concurrence, c'est-à-dire en incluant normalement dans le prix de vente un bénéfice approprié.

32. La réponse à cette question sera affirmative si la dépense a été originairement exposée dans le cadre d'une fonction visant directement à réaliser un chiffre d'affaires sur un bien ou sur un service spécifique et à réaliser un bénéfice par le truchement d'un établissement stable. Par contre, la réponse sera négative si, à la lumière des faits et circonstances d'un cas particulier, il résulte que la dépense a été originairement exposée dans le cadre d'une fonction visant essentiellement l'optimisation des coûts de toute l'entreprise ou la promotion générale de son chiffre d'affaires[1].

33. Lorsque des marchandises sont fournies, pour fins de revente, soit à l'état de produits finis, de matières premières ou de produits en cours de fabrication, il est normalement indiqué d'appliquer les dispositions du paragraphe 2 et, par conséquent, d'allouer à la division de l'entreprise qui effectue la fourniture un élément de profit calculé en fonction du prix de pleine concurrence. Il peut cependant y avoir des exceptions. Ainsi, les marchandises peuvent avoir été fournies non pour fins de revente, mais pour usage temporaire dans le cadre d'activités commerciales de telle sorte qu'il soit approprié pour chacune des divisions de l'entreprise qui partagent l'utilisation de ces biens de n'en supporter qu'une partie du coût, c'est-à-dire, dans le cas d'équipement, la partie de la dépense d'amortissement qui se rapporte à l'usage de chacune de ces divisions. Évidemment, il ne faut pas perdre de vue que la simple acquisition de marchandises ne constitue pas un établissement stable (sous-paragraphe 4 *d*) de l'article 5) de sorte que la question de l'attribution de bénéfices ne se pose pas dans un tel cas.

34. Dans le cas de biens incorporels, les règles applicables aux relations entre entreprises du même groupe (c'est-à-dire le versement de redevances ou les accords de partage des coûts) ne peuvent être appliquées aux relations entre des divisions d'une même entreprise. En fait, il peut être extrêmement difficile d'attribuer la « propriété » d'un bien incorporel à une seule division d'une entreprise et de prétendre que cette division devrait recevoir des redevances d'autres divisions comme si elle était indépendante. Puisqu'il n'y a qu'une entité juridique, il est impossible d'attribuer la propriété d'un bien à une division spécifique. De plus, il sera souvent difficile, en pratique, d'attribuer les coûts de création de biens incorporels à une seule division. Il peut donc être préférable de considérer que les coûts de création de droits intangibles sont attribuables à toutes les divisions de l'entreprise qui les utiliseront et que leurs coûts de création doivent être répartis en conséquence. Dans ce cas, il serait indiqué de répartir entre les différentes divisions de l'entreprise les coûts réels de création ou d'acquisition de ces droits incorporels, ainsi que les coûts supportés ultérieurement à l'égard de ces droits incorporels, sans tenir compte d'un élément de profit ou de redevances. Les autorités fiscales doivent toutefois être conscientes que les effets négatifs éventuels des activités de recherche et de développement, tels la responsabilité légale du producteur et la pollution de l'environnement, doivent aussi être attribués aux différentes divisions de l'entreprise et donner lieu par conséquent, le cas échéant, à des versements compensatoires.

35. Le domaine des services est celui dans lequel des difficultés risquent de survenir lorsqu'on tentera de déterminer si, dans un cas donné, le coût d'un service spécifique doit être réparti entre les différentes divisions d'une entreprise soit en fonction du coût réel, soit en fonction du coût majoré d'un élément de profit représentant le bénéfice de

1 Les transferts internes d'actifs financiers, qui concernent principalement les banques et autres institutions financières, soulèvent des problèmes particuliers qui ont été traités dans les Parties II et III du rapport intitulé *Attribution de bénéfices aux établissements stables*.

la partie de l'entreprise qui fournit ce service. Il se peut que l'activité commerciale de l'entreprise, ou une partie de celle-ci, corresponde à la fourniture de tels services et que des frais standard soient perçus pour ceux-ci. Dans ce cas, il sera généralement approprié de facturer un service pour un montant équivalent à celui qui serait facturé à un client indépendant.

36. Lorsque l'activité principale d'un établissement stable consiste à rendre des services spécifiques à l'entreprise dont il fait partie, que leur coût représente une fraction substantielle des dépenses de l'entreprise et que ces services lui procurent un avantage réel, le pays d'accueil peut exiger qu'une marge de bénéfice soit incluse dans le montant des coûts. Le pays d'accueil devra alors, dans la mesure du possible, éviter des solutions schématiques et se fonder sur la valeur que les services en question peuvent représenter dans les circonstances propres à chaque cas d'espèce.

37. Le plus souvent, cependant, la fourniture de services représente simplement une partie des fonctions administratives générales de l'ensemble de la société. Il en est ainsi, par exemple, lorsque l'entreprise a un programme de formation dont bénéficient les salariés de chacune de ses divisions. Il sera habituellement indiqué de considérer les coûts de tels services comme faisant partie des frais généraux d'administration de l'ensemble de l'entreprise, ceux-ci devant alors être répartis à leur coût réel entre les différentes divisions pour lesquelles ils ont été encourus sans que l'on procède à une majoration représentant le bénéfice d'une autre division.

38. Le traitement des services rendus dans le cadre de la gestion courante d'une entreprise soulève la question de savoir s'il y a lieu de considérer qu'une fraction des bénéfices totaux d'une entreprise devrait être regardée comme le résultat d'une bonne gestion. Supposons le cas d'une société dont le siège central est établi dans un pays, mais qui exerce toutes ses activités d'entreprise par l'intermédiaire d'un établissement stable situé dans un autre pays. Dans le cas extrême, il pourrait arriver que seules les réunions du conseil d'administration se tiennent au siège central et que toutes les autres activités de la société en dehors de celles qui comportent des formalités purement juridiques, s'exercent dans l'établissement stable. Dans ce cas, on pourrait en effet soutenir qu'une partie au moins des bénéfices de l'ensemble de l'entreprise est imputable à une gestion judicieuse et au sens des affaires dont font preuve les administrateurs ; cette fraction des bénéfices de l'entreprise devrait donc être imputée au pays où est situé le siège central. Si la société avait été gérée par un organisme de gestion, il n'est pas douteux que cet organisme aurait demandé une rémunération pour ses services et cette rémunération aurait peut-être consisté en un simple pourcentage des bénéfices de l'entreprise. Mais, quels que soient les avantages théoriques de cette méthode, des considérations pratiques militent fortement contre son adoption. Dans le cas évoqué, les dépenses de gestion seraient, bien entendu, déduites des bénéfices de l'établissement stable, conformément aux dispositions du paragraphe 3, mais si l'on considère le problème dans son ensemble, il ne semble pas qu'il puisse y avoir des raisons suffisantes pour aller encore plus loin en faisant entrer en ligne de compte à titre de déduction un montant fictif, représentant des « bénéfices dus à la gestion ». Il n'y a donc pas lieu, dans les cas semblables au cas extrême évoqué ci-dessus, de tenir compte, dans la détermination des bénéfices imposables de l'établissement stable, de montants fictifs représentant les bénéfices dus à la gestion.

39. Il se peut évidemment que les pays où il est d'usage d'imputer une certaine part des bénéfices totaux d'une entreprise au siège central de l'entreprise à titre de bénéfices de bonne gestion désirent continuer à le faire. Aucune disposition de l'article ne vise à les en empêcher. Il résulte toutefois de ce qui est dit au paragraphe 38 ci-dessus qu'un pays où se trouve un établissement stable n'est nullement obligé, lors du

calcul des bénéfices imputables à cet établissement stable, de déduire une somme censée représenter une fraction des bénéfices de gestion attribuables au siège central.

40. Il est fort possible qu'au cas où le pays dans lequel est situé le siège central d'une entreprise impute au siège central un certain pourcentage des bénéfices de l'entreprise au simple titre de bonne gestion, alors que le pays dans lequel l'établissement stable est situé ne le fait pas, le total des sommes imposables dans les deux pays qui en résulte soit plus élevé qu'il ne devrait. Dans les cas de ce genre, le pays où se trouve le siège central de l'entreprise devrait prendre l'initiative d'effectuer tout ajustement dans le calcul des impôts à payer dans ce pays qui serait nécessaire pour qu'il n'existe aucune double imposition.

41. Le traitement des charges d'intérêts soulève des interrogations particulières. Premièrement, il se peut que certains montants, sous la dénomination d'intérêts, soient facturés à un établissement stable par son siège central au titre de « prêts » internes que ce dernier lui aurait octroyés. Hormis dans le cas d'entreprises financières, de banques notamment, il est généralement convenu que ces « intérêts » internes ne doivent pas être pris en compte, et ce pour deux raisons :

- d'un point de vue juridique, le transfert de la jouissance d'un capital, contre rémunération et promesse de restitution à l'échéance, est, en fait, un acte formel qui n'est guère compatible avec la véritable nature juridique de l'établissement stable ;
- d'un point de vue économique, les dettes et créances internes peuvent se révéler inexistantes. En effet, dans l'hypothèse où l'entreprise serait exclusivement, ou de manière prépondérante, financée par des fonds propres, elle ne devrait pas être autorisée à facturer des intérêts qu'elle n'a manifestement pas supportés. S'il est vrai que la symétrie des charges et des recettes ne faussera pas le résultat global de l'entreprise, il n'en reste pas moins que les résultats partiels risquent d'être modifiés arbitrairement.

42. C'est pour ces raisons que l'interdiction de déduire des charges liées à des prêts ou comptes fournisseurs internes doit demeurer une règle d'application générale, sous réserve des problèmes spécifiques aux banques dont il est fait état ci-dessous.

43. La question de la déduction des intérêts versés au titre d'emprunts effectivement contractés par l'entreprise est toutefois une question différente. Ces emprunts peuvent se rapporter en partie ou en totalité aux activités de l'établissement stable ; de fait, les emprunts contractés par une entreprise sont destinés à financer soit les activités du siège central, soit celles de l'établissement stable, soit les activités de l'un et de l'autre. La question qui se pose à propos de ces dettes porte sur la manière de déterminer la part des intérêts qui doit être déduite lors du calcul des bénéfices imputables à l'établissement stable.

44. L'approche suggérée dans ces Commentaires avant 1994, à savoir une répartition à la fois directe et indirecte des dettes effectives, s'est révélée irréalisable, notamment parce qu'elle n'était guère susceptible d'être appliquée de manière uniforme. Par ailleurs, il est notoire que la répartition indirecte des charges d'intérêts en totalité ou de la partie de ces intérêts qui reste après certaines imputations directes, se heurte à des difficultés pratiques. De plus, il est bien connu que la répartition directe des charges totales d'intérêts peut ne pas refléter de façon fidèle les coûts de financement de l'établissement stable puisque le contribuable est à même de contrôler l'endroit où les emprunts sont contractés et certains ajustements peuvent s'avérer nécessaires pour traduire la réalité économique, et en particulier le fait qu'une entreprise indépendante doit normalement disposer d'un certain montant de capital « libre ».

45. Compte tenu des considérations qui précèdent, la majorité des pays membres a estimé qu'il serait préférable de rechercher une solution praticable qui tiendrait compte d'une structure de capital appropriée aussi bien à l'entreprise qu'aux fonctions qu'elle exerce. La structure de capital appropriée sera déterminée en tenant compte du fait que pour exercer ses activités, l'établissement stable a besoin d'un certain montant constitué à la fois de capital « libre » et de dettes portant intérêt. L'objectif est donc d'imputer à l'établissement stable une part des intérêts correspondant au principe de pleine concurrence après lui avoir imputé une proportion appropriée du capital « libre » suffisante pour couvrir les fonctions qu'il exerce, les actifs qu'il détient et les risques qu'il assume. Selon le principe de pleine concurrence, un établissement stable doit disposer d'un capital suffisant pour couvrir les fonctions qu'il exerce, les actifs dont il est le propriétaire économique et les risques qu'il assume. Dans le secteur financier, les réglementations fixent des niveaux minimums en capital réglementaire destiné à servir d'amortisseur au cas où les risques inhérents à l'activité se traduiraient par des pertes financières. Le capital fournit un garde-fou analogue dans les secteurs non financiers.

46. Comme expliqué dans la section D-2 (*v*) *b*) de la Partie I du rapport intitulé *Attribution de bénéfices aux établissements stables*, il existe différentes méthodes acceptables d'attribution du capital « libre » permettant d'aboutir à un résultat conforme au principe de pleine concurrence. Chacune de ces méthodes présente des avantages et des inconvénients qui lui sont propres et qui revêtent une importance plus ou moins grande selon les faits et les circonstances spécifiques à chaque cas particulier. Ces différentes méthodes prennent des points de départ différents pour la détermination du montant du capital « libre » imputable à un établissement stable en fonction desquels l'accent est davantage placé soit sur la structure effective de l'entreprise dont fait partie l'établissement stable, soit sur les structures du capital d'entreprises comparables indépendantes. L'essentiel, lorsqu'on procède à l'attribution du capital « libre », c'est de :

- connaître les avantages et les inconvénients des diverses méthodes et les circonstances dans lesquelles ceux-ci vont probablement se manifester ;
- reconnaître qu'il n'existe pas un seul montant du capital « libre » de pleine concurrence, mais qu'il existe une gamme de solutions pour calculer le montant du capital « libre » imputable grâce auxquelles il est possible de trouver un montant de capital « libre » correspondant au principe fondamental énoncé précédemment.

47. Il est toutefois reconnu que l'existence de différentes méthodes également acceptables d'attribution du capital « libre » à un établissement stable permettant d'obtenir un résultat conforme au principe de pleine concurrence peut soulever des problèmes de double imposition. La principale inquiétude, particulièrement aiguë dans le cas d'institutions financières, tient au fait que si les règles énoncées respectivement dans la législation interne de l'État où est situé l'établissement stable et dans celle de l'État de l'entreprise requièrent l'application de méthodes différentes, le montant des bénéfices calculés par l'État où se situe l'établissement stable peut être supérieur au montant des bénéfices calculés par l'État de l'entreprise à des fins d'élimination de la double imposition.

48. Compte tenu de l'importance de cette question, le Comité s'est efforcé de trouver une solution pratique. Les pays membres de l'OCDE sont pour cette raison convenus d'accepter que soit utilisé, pour la détermination du montant d'intérêts déductibles qui sera utilisé pour le calcul de l'allègement de la double imposition, le capital imputé en application de la méthode employée par l'État où se situe l'établissement stable sous réserve que les deux conditions suivantes soient réunies : premièrement, si la

différence entre le montant du capital imputé par cet État et par l'État de l'entreprise s'explique par l'existence d'un conflit dans le choix des méthodes d'imputation du capital préconisé dans les législations internes, et deuxièmement, si les États sont d'accord que l'État dans lequel se situe l'établissement stable a utilisé une méthode autorisée d'imputation du capital et s'ils sont également d'accord que méthode aboutit à un résultat conforme au principe de pleine concurrence dans le cas considéré. Les pays membres de l'OCDE estiment qu'ils sont capables d'arriver à un tel résultat que ce soit en application de leur législation interne, dans le cadre de l'interprétation des articles 7 et 23 ou selon la procédure amiable prévue à l'article 25 et, en particulier, en utilisant la possibilité offerte par cet article de résoudre toutes questions concernant l'application ou l'interprétation des conventions fiscales dont ils sont signataires.

49. Comme cela a déjà été indiqué, des considérations spéciales sont à prendre en compte s'agissant des charges d'intérêts internes sur des avances entre différentes parties d'une entreprise financière (une banque notamment), eu égard au fait qu'octroyer et recevoir des avances sont des opérations étroitement liées à la conduite des affaires courantes de ce type d'entreprises. Ce problème, ainsi que d'autres concernant l'application de l'article 7 aux établissements stables de banques et d'entreprises exerçant des activités mondialisées, est abordé dans les Parties II et III du rapport intitulé *Attribution de bénéfices aux établissements stables*.

50. La détermination des placements imputables à un établissement stable par l'intermédiaire duquel sont exercées des activités d'assurance soulève aussi des interrogations particulières, dont il est question dans la Partie IV du rapport.

51. Il se trouve généralement qu'il existe, ou que l'on peut établir, une comptabilité appropriée pour chaque partie ou secteur de l'entreprise de sorte que les bénéfices et les dépenses, après avoir été ajustés s'il en est besoin, peuvent être imputés à une partie déterminée de l'entreprise avec un très haut degré de précision. Cette méthode d'imputation doit, en général, être adoptée de préférence lorsqu'il existe une possibilité suffisante de la mettre en pratique. Il y a cependant des cas où ce n'est pas possible et les paragraphes 2 et 3 n'entendent nullement impliquer que d'autres méthodes ne peuvent être valablement adoptées, en cas de besoin, en vue d'établir les bénéfices d'un établissement stable selon le critère de l'« entreprise distincte ». Il se peut, par exemple, que pour déterminer les bénéfices d'une entreprise d'assurances, des méthodes de calcul spéciales, telles que celle consistant à appliquer des coefficients appropriés aux primes brutes versées par les titulaires de polices dans le pays considéré, puissent parfaitement convenir. De même, s'il s'agit d'une entreprise relativement modeste qui poursuit ses activités de part et d'autre d'une même frontière, il peut n'y avoir ni compte distinct pour l'établissement stable, ni possibilité d'en établir. Dans d'autres cas, il peut aussi arriver que les activités de l'établissement stable soient si étroitement liées à celles du siège central qu'il serait impossible de les dissocier en se fondant strictement sur la comptabilité de la succursale. Lorsqu'il est d'usage, en pareil cas, d'évaluer les bénéfices de l'établissement stable, considéré comme entreprise indépendante, au moyen de critères appropriés, il semble raisonnable de continuer à appliquer cette méthode, encore que le résultat auquel elle aboutit puisse ne pas atteindre le degré de précision que donnerait la détermination du bénéfice sur la base d'une comptabilité adéquate. Même dans les cas où il n'est pas d'usage d'appliquer une telle méthode, il peut être nécessaire, à titre exceptionnel et pour des raisons d'ordre pratique, d'estimer les bénéfices de pleine concurrence selon d'autres méthodes.

Paragraphe 4

52. Dans certains cas, il est d'usage de calculer les bénéfices à imputer à un établissement stable non pas sur la base de la comptabilité séparée ou en faisant une estimation des bénéfices conformément au principe de l'entreprise distincte, mais simplement en répartissant les bénéfices totaux de l'entreprise selon diverses formules. Une telle méthode diffère de celles qui sont envisagées au paragraphe 2, car il s'agit non pas d'une attribution de bénéfices selon le principe de l'entreprise distincte, mais d'une répartition des bénéfices totaux ; en fait, elle peut aboutir à un résultat différent de celui que donnerait un calcul sur la base de la comptabilité séparée. Le paragraphe 4 indique clairement qu'un État contractant peut continuer à employer une telle méthode si elle est couramment adoptée dans ce pays, même si le montant qui en résulte peut parfois différer, dans une certaine mesure, de celui que donnerait une comptabilité séparée, à condition que l'on puisse équitablement considérer que le résultat obtenu est conforme aux principes contenus dans l'article. Il faut souligner, cependant, que de manière générale les bénéfices à imputer à un établissement stable doivent être déterminés par référence à la comptabilité de l'établissement stable si celle-ci reflète réellement la situation. On considère qu'une méthode d'imputation basée sur une répartition des bénéfices totaux convient en général moins bien qu'une méthode qui ne vise que les activités de l'établissement stable ; elle ne devrait être utilisée que lorsque, à titre exceptionnel, elle a été traditionnellement employée de manière courante par le passé et que, de façon générale, les autorités fiscales comme les contribuables des pays intéressés la jugent satisfaisante. Il est bien entendu que le paragraphe 4 peut être supprimé lorsqu'aucun des États n'utilise une telle méthode. Cependant, lorsque les États contractants souhaitent pouvoir utiliser une méthode qui n'a pas été en usage dans le passé, il convient de le préciser en modifiant le paragraphe au cours des négociations bilatérales.

53. Il ne conviendrait pas, dans le contexte de ces Commentaires, d'analyser longuement les méthodes nombreuses et variées comportant une répartition des bénéfices totaux qui ont été adoptées dans des domaines particuliers pour l'imputation des bénéfices. Ces méthodes sont bien précisées dans les ouvrages relatifs à l'imposition internationale. Toutefois, il ne semble pas inutile de résumer brièvement certaines des méthodes principales et d'énoncer quelques principes généraux concernant leur application.

54. Les méthodes comportant une répartition des bénéfices totaux ont pour trait caractéristique qu'une certaine proportion des bénéfices de l'ensemble de l'entreprise est imputée à une partie de celle-ci, toutes les parties de l'entreprise étant censées avoir contribué à la rentabilité de l'ensemble sur la base du ou des critères adoptés. Ce qui différencie en général ces méthodes, ce sont les divers critères utilisés pour déterminer la proportion exacte du total des bénéfices. On peut valablement grouper les critères ordinairement employés en trois grandes catégories, selon qu'ils reposent sur les recettes de l'entreprise, sur ses dépenses ou sur la structure de son capital. Le premier groupe comprend les méthodes de répartition basées sur le chiffre d'affaires ou les commissions, le second celles basées sur les salaires et le troisième celles basées sur la fraction du fonds de roulement de l'entreprise attribuée à chaque succursale ou partie de l'entreprise. Il est évidemment impossible de dire *in abstracto* qu'une méthode est par elle-même plus précise qu'une autre. Une méthode particulière sera plus ou moins appropriée selon les cas auxquels elle s'appliquera. Dans certaines entreprises, notamment celles qui fournissent des services ou fabriquent des spécialités avec une marge bénéficiaire élevée, le bénéfice net dépendra surtout du chiffre d'affaires. Pour les entreprises d'assurances, la méthode appropriée peut consister à effectuer une

répartition des bénéfices totaux sur la base des primes versées par les titulaires de polices dans chacun des pays considérés. S'il s'agit d'une entreprise qui fabrique certains articles dont le prix de revient est élevé du fait des matières premières ou de la main-d'œuvre utilisées, les bénéfices pourront dépendre plus étroitement des dépenses. Pour les banques et établissements financiers, la fraction du fonds de roulement total peut constituer le critère le plus adéquat. D'une manière générale, une méthode comportant une répartition des bénéfices totaux devrait permettre d'obtenir un chiffre de bénéfices imposables qui corresponde d'aussi près que possible au chiffre qu'on aurait obtenu sur la base de la comptabilité séparée ; il ne serait pas opportun de chercher à ce propos à énoncer des directives particulières autres que la suivante, à savoir qu'il appartient à l'autorité fiscale, après consultation des autorités des autres pays intéressés, d'adopter la méthode qui, compte tenu de tous les faits connus, semble la plus apte à produire ce résultat.

55. L'emploi d'une méthode basée sur l'imputation à une partie d'une entreprise d'une certaine proportion du bénéfice total de l'ensemble pose évidemment un problème, celui de la méthode à utiliser pour calculer le bénéfice global de l'entreprise. Il se peut que ce problème soit résolu différemment selon la législation en vigueur dans les différents pays. Dans ce domaine, il serait impossible de trouver une solution en énonçant une règle rigide. On ne peut guère s'attendre à ce qu'il soit admis que les bénéfices à imputer soient ceux que fournissent les calculs effectués conformément à la législation d'un pays particulier ; chaque pays intéressé devrait avoir le droit de calculer les bénéfices selon les dispositions de sa propre législation.

Paragraphe 5

56. Au paragraphe 4 de l'article 5, on a énuméré un certain nombre d'exemples d'activités qui, bien qu'elles s'exercent dans une installation fixe d'affaires, doivent être considérées comme n'étant pas visées par l'expression « établissement stable ». Lorsqu'on examine les règles selon lesquelles devrait se faire l'imputation des bénéfices à un établissement stable, le principal de ces exemples est celui mentionné au paragraphe 5 du présent article, c'est-à-dire le bureau d'achat.

57. Bien entendu, il n'est pas question dans le paragraphe 5 des organisations uniquement créés en vue d'effectuer des achats ; ces organisations ne constituent pas des établissements stables et les dispositions du présent article relatives à l'imputation des bénéfices ne peuvent leur être appliquées. Le paragraphe traite du type d'établissement stable qui, bien qu'il exerce également d'autres activités d'entreprise, effectue des achats pour son siège central. Dans un tel cas, le paragraphe stipule que les bénéfices de l'établissement stable ne doivent pas être majorés d'un montant fictif représentant les bénéfices résultant de ces achats. Il s'ensuit, bien entendu, que toute dépense découlant des activités d'achat sera également exclue du calcul des bénéfices imposables réalisés par l'établissement stable.

Paragraphe 6

58. Dans ce paragraphe, on a voulu indiquer clairement qu'une méthode d'imputation une fois adoptée ne devrait pas être modifiée simplement parce que, pour une certaine année, une méthode donne des résultats plus favorables. Les conventions de double imposition ont, entre autre, pour but de donner à une entreprise d'un État contractant certaines assurances au sujet du régime fiscal qui sera accordé à l'établissement stable qu'elle a dans l'autre État contractant ainsi qu'à la partie de l'entreprise, située dans le pays du siège, avec laquelle l'établissement stable est en

rapport. Ainsi, le paragraphe 6 assure une certaine continuité et uniformité dans le régime fiscal.

Paragraphe 7

59. Bien qu'on n'ait pas jugé nécessaire de définir le terme « bénéfices » dans la Convention, il doit néanmoins être entendu que ce terme employé dans le présent article comme dans d'autres articles de la Convention a un sens large et comprend tous les revenus tirés de l'exploitation d'une entreprise. Cette acception générale correspond à l'emploi qui est fait du terme dans la législation fiscale de la plupart des pays membres de l'OCDE.

60. Cette interprétation du terme « bénéfices » crée toutefois un doute quant à l'application de la Convention. Si les bénéfices d'une entreprise incluent des catégories de revenus qui sont traités séparément dans d'autres articles de la Convention, comme les dividendes, on peut se demander si l'imposition de ces bénéfices est régie par les dispositions de l'article concernant les dividendes, etc., ou par les dispositions du présent article.

61. Cette question ne présente guère d'intérêt pratique dans la mesure où on obtient le même résultat du point de vue fiscal en appliquant indifféremment les dispositions du présent article ou celles de l'article spécial. En outre, il est à noter que certains des articles spéciaux contiennent des dispositions particulières donnant la priorité à un article déterminé (*cf.* le paragraphe 4 de l'article 6, le paragraphe 4 des articles 10 et 11, le paragraphe 3 de l'article 12 et le paragraphe 2 de l'article 21).

62. Il a paru néanmoins souhaitable d'énoncer une règle d'interprétation afin de préciser le champ d'application du présent article par rapport aux autres articles concernant une catégorie particulière de revenus. Conformément à la pratique généralement suivie dans les conventions bilatérales en vigueur, le paragraphe 7 donne tout d'abord la préférence aux articles consacrés aux dividendes, intérêts etc. En conséquence, le présent article sera applicable aux bénéfices d'entreprise qui n'entrent pas dans les catégories de revenus couvertes par les articles spéciaux et, en outre, aux dividendes, intérêts, etc., qui, en vertu du paragraphe 4 des articles 10 et 11, du paragraphe 3 de l'article 12 et du paragraphe 2 de l'article 21, tombent sous le coup des dispositions du présent article (*cf.* les paragraphes 12 à 18 des Commentaires sur l'article 12 qui traite des principes applicables aux fins de déterminer si, dans le cas particulier des logiciels, des versements doivent être classés soit comme bénéfices d'entreprise visés par l'article 7 ou comme gains en capital relevant de l'article 13, soit comme redevances visées par l'article 12). Il est entendu que les éléments de revenu visés par les articles spéciaux peuvent être imposés, compte tenu des dispositions de la Convention, soit séparément, soit comme bénéfices d'entreprise, conformément à la législation fiscale des États contractants.

63. Les États contractants restent libres d'adopter sur une base bilatérale des explications ou des définitions particulières concernant le terme « bénéfices », afin de mieux préciser la démarcation entre ce terme et la notion de dividende, par exemple. Il conviendrait notamment de le faire si, dans une convention en cours de négociation, des modifications ont été apportées aux définitions prévues dans les articles spéciaux concernant les dividendes, intérêts et redevances. De telles précisions pourront aussi être jugées souhaitables si les États contractants veulent souligner que, conformément à la législation fiscale de l'un ou des deux États, le terme « bénéfices » comprend des catégories spéciales de recettes, comme le revenu provenant de l'aliénation ou de la location d'une entreprise ou de biens mobiliers utilisés par une entreprise. À ce propos,

il conviendra peut-être d'examiner s'il serait utile de prévoir également d'autres règles pour l'imputation de ces bénéfices spéciaux.

64. Il est également à noter que la définition du terme « redevances » au paragraphe 2 de l'article 12 du Projet de Convention de 1963 et du Modèle de Convention de 1977 comprenait les rémunérations « pour l'usage ou la concession de l'usage d'un équipement industriel, commercial ou scientifique ». La mention de ces rémunérations a subséquemment été supprimée de cette définition afin d'assurer que les revenus provenant de la location d'équipement industriel, commercial ou scientifique, incluant les revenus de la location de conteneurs, soient visés par les dispositions de l'article 7 plutôt que celles de l'article 12, un résultat que le Comité des affaires fiscales estime être approprié compte tenu de la nature de ces revenus.

Observations sur les Commentaires

65. L'*Italie* et le *Portugal* considèrent qu'il est essentiel de prendre en compte le fait que — quel que soit le sens donné à la troisième phrase du paragraphe 8 — en ce qui concerne la méthode suivie pour le calcul des impositions, les systèmes nationaux ne sont pas concernés par la nouvelle rédaction du modèle, c'est-à-dire par la suppression de l'article 14.

66. La *Belgique* ne partage pas les vues exprimées au paragraphe 13 des Commentaires. Elle est d'avis que l'application des législations relatives aux sociétés étrangères contrôlées est contraire aux dispositions de l'article 7, paragraphe 1. Ceci est notamment le cas lorsqu'un État contractant impose un de ses résidents sur des revenus réalisés par une entité étrangère en attribuant fictivement à ce résident les revenus réalisés par l'entité étrangère au prorata de sa participation dans le capital de celle-ci. Ce faisant, cet État accroît la base imposable de son résident en y incorporant des revenus qui n'ont pas été réalisés par ce résident mais ont été réalisés par une entité étrangère non imposable dans cet État sur base de l'article 7, paragraphe 1. Cet État contractant méconnaît, ainsi, la personnalité juridique de l'entité étrangère et contrevient à l'article 7, paragraphe 1.

67. Le *Luxembourg* ne partage pas l'interprétation donnée au paragraphe 13 disposant que le paragraphe 1 de l'article 7 ne restreint pas le droit d'un État contractant d'imposer ses propres résidents aux termes de dispositions relatives aux sociétés étrangères contrôlées figurant dans sa législation nationale. En effet, cette interprétation met en question le principe fondamental contenu dans le paragraphe 1 de l'article 7.

68. S'agissant du paragraphe 13, l'*Irlande* rappelle son observation générale incluse au paragraphe 27.5 des Commentaires sur l'article 1.

69. S'agissant du paragraphe 45, la *Grèce* note que sa législation interne ne prévoit aucune règle ou méthode d'attribution du capital « libre » aux établissements stables. S'agissant des prêts contractés par une entreprise se rapportant en partie ou en totalité aux activités de l'établissement stable, la Grèce autorise la déduction de la fraction des intérêts correspondant au montant du prêt contracté par le siège central et effectivement transféré à l'établissement stable.

70. Le *Portugal* souhaite se réserver le droit de ne pas s'aligner sur la position exprimée au paragraphe 45 des Commentaires sur l'article 7 sauf dans les cas où il existe des dispositions spécifiques en droit interne fixant des niveaux de capital « libre » pour les établissements stables.

71. S'agissant du paragraphe 46, la *Suède* souhaite préciser qu'elle ne considère pas que les différentes méthodes d'attribution du capital « libre » auxquelles il est fait

référence dans le paragraphe comme étant des méthodes « acceptables » aboutissent nécessairement à un résultat conforme au principe de pleine concurrence. Lorsqu'elle examinera les faits et circonstances propres à chaque cas afin de déterminer si le montant des intérêts déduits en application de ces méthodes est conforme au principe de pleine concurrence, la Suède se verra donc obligée, dans bien des cas, de considérer que la méthode de l'autre État n'est pas conforme au principe de pleine concurrence. La Suède estime donc qu'il y aura fréquemment double imposition et que cette situation nécessitera le recours à la procédure amiable.

72. Le *Portugal* souhaite se réserver le droit de ne pas suivre l'approche décrite au paragraphe 48 des Commentaires sur l'article 7 visant à assurer la « symétrie » dans la mesure où sa législation interne ne prévoit aucune règle ou méthode d'attribution du capital « libre » aux établissements stables. Pour éliminer la double imposition en vertu de l'article 23, le Portugal, en tant que pays d'origine, détermine le montant des bénéfices imputables à un établissement stable selon sa propre législation.

73. L'*Allemagne*, le *Japon* et les *États-Unis*, tout en admettant la solution concrète décrite au paragraphe 48, souhaitent préciser comment cet accord sera appliqué. L'Allemagne, le Japon et les États-Unis ne peuvent automatiquement accepter de façon générale tous les calculs effectués par l'État où est situé l'établissement stable. Dans les cas concernant l'Allemagne ou le Japon, la seconde condition mentionnée au paragraphe 48 devra être remplie en utilisant la procédure amiable en vertu de l'article 25. Dans le cas du Japon et des États-Unis, le contribuable souhaitant bénéficier d'un plafond plus élevé pour utiliser un crédit au titre des impôts acquittés à l'étranger devra recourir à la procédure amiable et prouver à l'autorité compétente du Japon ou des États-Unis, selon le cas, que les bénéfices de l'établissement stable ont été doublement imposés à cause de conflits dans le choix des méthodes d'attribution du capital préconisées dans les législations internes des ces pays, et que cette double imposition n'a pas été éliminée par l'application des mécanismes prévus par leur législation fiscale, tels que l'application de plafonds au titre des impôts acquittés à l'étranger sur d'autres transactions.

74. S'agissant des paragraphes 6 et 7, la *Nouvelle-Zélande* souligne qu'elle n'est pas d'accord avec l'approche pour l'imputation des bénéfices aux établissements stables en général telle que décrite dans la Partie I du rapport Attribution des bénéfices aux établissements stables.

Réserves sur l'article

75. *L'Australie*, le *Chili*[1] et la *Nouvelle-Zélande* se réservent le droit d'introduire une disposition qui leur permettra d'appliquer leur droit interne pour l'imposition des revenus provenant de toutes formes d'assurance.

76. L'*Australie* et la *Nouvelle-Zélande* se réservent le droit d'introduire une disposition clarifiant leur droit d'imposer une part des bénéfices d'une entreprise à laquelle un résident de l'autre État contractant a un droit effectif lorsque ces bénéfices sont tirés par un fiduciaire (*trustee*) d'une fiducie (*trust estate*) (autre que certains fonds de placement ouverts qui sont considérés comme des sociétés au regard de la législation fiscale australienne ou néo-zélandaise) de l'exercice d'une activité par l'intermédiaire d'un établissement stable en Australie ou en Nouvelle-Zélande, selon le cas.

1 Le Chili a été ajouté aux pays formulant cette réserve lors de son accession à l'OCDE en 2010.

77. La *Corée* et le *Portugal* se réservent le droit d'imposer les personnes exerçant une profession libérale ou une autre activité de caractère indépendant quand elles séjournent dans ce pays pendant une période ou des périodes excédant 183 jours durant toute période de douze mois, même si ces personnes ne disposent pas d'un établissement stable (ou d'une base fixe) pour l'exercice de ces activités.

78. Le *Chili*[1], l'*Italie* et le *Portugal* se réservent le droit d'imposer les personnes exerçant une profession libérale suivant les dispositions d'un article distinct correspondant à l'article 14 tel qu'il était rédigé avant sa suppression en 2000.

79. Les *États-Unis* se réservent le droit de modifier l'article 7 afin de permettre, en application des paragraphes 1 et 2 de l'article, que tout revenu ou gain imputable à un établissement stable durant son existence puisse être imposé dans l'État où l'établissement stable se situait même lorsque les paiements correspondants ont été effectués après la fin de l'existence de l'établissement stable. Les États-Unis veulent aussi indiquer qu'ils se réservent le droit d'appliquer cette même règle aux articles 11, 12, 13 et 21.

80. La *Turquie* se réserve le droit d'imposer à la source les revenus provenant de la location de conteneurs dans tous les cas. Pour l'application des articles 5 et 7 à ces revenus, la Turquie souhaiterait appliquer la règle de l'établissement stable au cas des entrepôts simples, des entrepôts-agences et des succursales opérationnelles.

81. La *Norvège* et les *États-Unis* se réservent le droit d'appliquer aux revenus de l'utilisation, de l'entretien ou de la location de conteneurs utilisés dans le trafic international le même régime qu'aux revenus des transports maritimes et aériens visés à l'article 8.

82. L'*Australie* et le *Portugal* se réservent le droit de proposer, au cours des négociations bilatérales, une disposition selon laquelle, si les renseignements à la disposition de l'autorité compétente d'un État contractant sont inadéquats pour déterminer les bénéfices à imputer à l'établissement stable d'une entreprise, l'autorité compétente peut, à cette fin, appliquer à cette entreprise les dispositions de la législation fiscale de cet État, à ceci près que celle-ci sera appliquée conformément aux principes de cet article, dans la mesure où les renseignements à la disposition de l'autorité compétente le permettront.

83. Le *Mexique* se réserve le droit d'imposer, dans l'État où l'établissement stable est situé, les bénéfices d'entreprise provenant de ventes de biens et de marchandises réalisées directement par son siège situé dans l'autre État contractant, sous réserve que ces biens et marchandises soient identiques ou similaires à ceux qui sont vendus par l'intermédiaire de cet établissement stable. Le Gouvernement du Mexique n'appliquera cette règle que pour prévenir les abus et non pas en vertu du principe de la « force attractive » ; ainsi, la règle ne sera pas applicable si l'entreprise démontre que les ventes ont été réalisées pour des raisons autres que l'obtention d'un avantage par le biais de la Convention.

1 Le Chili a été ajouté aux pays formulant cette réserve lors de son accession à l'OCDE en 2010.

COMMENTAIRES SUR L'ARTICLE 8
CONCERNANT L'IMPOSITION DES BÉNÉFICES PROVENANT DE LA NAVIGATION MARITIME ET AÉRIENNE INTERNATIONALE

Paragraphe 1

1. La disposition du paragraphe 1 qui concerne les bénéfices de l'exploitation, en trafic international, de navires ou d'aéronefs a pour but d'assurer que ces bénéfices seront imposés dans un seul État. La disposition est basée sur le principe suivant lequel le droit d'imposition doit être réservé à l'État contractant de l'entreprise. L'expression « trafic international » est définie à l'alinéa *e*) du paragraphe 1 de l'article 3.

2. Jusqu'en 2017, le paragraphe 1 prévoyait que le droit d'imposition devait être réservé à l'État contractant où se trouvait le siège de direction effective de l'entreprise. Un examen des pratiques suivies par les pays membres et non membres de l'OCDE en ce qui concerne les conventions a cependant montré que la majorité de ces États préféraient attribuer le droit d'imposition à l'État de l'entreprise, et l'article a été modifié en conséquence. Certains États, cependant, préfèrent continuer à utiliser la formulation précédente et conférer le droit d'imposition exclusive à l'État où se trouve le siège de direction effective de l'entreprise. Ces États ont la faculté de substituer aux dispositions prévues une règle qui pourrait être la suivante :

> Les bénéfices provenant de l'exploitation, en trafic international, de navires ou d'aéronefs ne sont imposables que dans l'État contractant où se trouve le siège de direction effective de l'entreprise.

3. Les États qui souhaitent utiliser la formulation alternative du paragraphe 2 ci-dessus peuvent également vouloir traiter le cas particulier dans lequel le siège de direction effective de l'entreprise se trouve à bord d'un navire, ce qu'ils peuvent faire en ajoutant la disposition suivante :

> Si le siège de direction effective d'une entreprise de navigation maritime est à bord d'un navire, ce siège est considéré comme situé dans l'État contractant où se trouve le port d'attache de ce navire, ou à défaut de port d'attache, dans l'État contractant dont l'exploitant du navire est un résident.

4. Les bénéfices visés sont tout d'abord les bénéfices que l'entreprise réalise directement grâce au transport de passagers ou de marchandises par navires ou aéronefs (qu'ils lui appartiennent, qu'ils lui soient loués ou qu'ils soient mis à sa disposition d'une autre manière) qu'elle exploite en trafic international. Toutefois, comme les transports internationaux ont évolué, les entreprises de transport maritime et aérien exercent immanquablement des activités très diverses pour permettre, faciliter ou soutenir leurs opérations de trafic international. Le paragraphe couvre également les bénéfices d'activités directement liées à ces opérations ainsi que les bénéfices d'activités qui ne sont pas directement liées à l'exploitation de navires ou aéronefs de l'entreprise en trafic international dès lors que ces activités sont accessoires par rapport à cette exploitation.

4.1 Toute activité exercée principalement en liaison avec le transport, par l'entreprise, de passagers ou de marchandises par des navires ou aéronefs qu'elle exploite en trafic international doit être considérée comme directement liée à ces transports.

4.2 Les activités que l'entreprise n'a pas besoin d'exercer pour sa propre exploitation de navires ou aéronefs en trafic international mais qui constituent une contribution mineure par rapport à cette exploitation et qui lui sont si étroitement liées qu'elles ne doivent pas être considérées comme une activité d'entreprise ou une source de revenus distincte pour l'entreprise doivent être considérées comme étant accessoires par rapport à l'exploitation de navires et aéronefs en trafic international.

4.3 Compte tenu de ces principes, les paragraphes qui suivent examinent l'application du paragraphe 1 à certaines catégories particulières d'activités qui peuvent être exercées par une entreprise exploitant des navires ou aéronefs en trafic international.

5. Les bénéfices tirés de la location d'un navire ou d'un aéronef tout armé et équipé doivent être traités de la même manière que les bénéfices du transport des passagers ou de marchandises. Autrement, une grande partie des activités entrant dans le cadre de la navigation maritime ou aérienne tomberait en dehors du champ d'application de la disposition. Toutefois, c'est l'article 7 et non l'article 8 qui s'applique aux bénéfices provenant de la location coque nue d'un navire ou d'un aéronef, sauf lorsqu'ils constituent une source accessoire de revenus d'une entreprise assurant l'exploitation internationale de navires ou d'aéronefs.

6. Les bénéfices qu'une entreprise tire du transport de passagers ou de marchandises par des moyens autres que des navires ou aéronefs qu'elle exploite en trafic international sont couverts par le paragraphe dans la mesure où ces transports sont directement liés à l'exploitation par cette entreprise de navires ou aéronefs en trafic international ou constituent une activité accessoire. On peut donner comme exemple le cas d'une entreprise exerçant des activités de transport international qui transporterait certains de ses passagers ou certaines de ses marchandises au moyen de navires ou aéronefs exploités par d'autres entreprises, par exemple par des accords de répartition des cargaisons ou d'affrètement de cellules ou pour tirer parti d'un voyage antérieur. Autre exemple, celui d'une société de transport aérien qui exploite un service d'autobus reliant une ville à un aéroport principalement pour faciliter l'accès des passagers de ses vols internationaux à cet aéroport.

7. Un autre exemple serait celui d'une entreprise qui transporte des passagers ou des marchandises au moyen de navires ou aéronefs exploités en trafic international et qui décide de faire prendre ces passagers ou marchandises dans le pays d'origine du transport ou de les faire transporter ou déposer dans le pays de destination par tout mode de transport intérieur exploité par d'autres entreprises. Dans un tel cas, tous les bénéfices tirés par la première entreprise de l'organisation de ces transports par d'autres entreprises sont couverts par le paragraphe même si ce n'est pas le cas des bénéfices tirés par les autres entreprises qui assurent ce transport intérieur.

8. Il est fréquent qu'une entreprise vende des tickets pour le compte d'autres entreprises de transport sur un site qu'elle exploite principalement en vue de la vente de tickets de transport par navires ou aéronefs qu'elle exploite en trafic international. Ces ventes de tickets pour le compte d'autres entreprises sont directement liées aux voyages à bord de navires ou aéronefs que l'entreprise exploite (par exemple en cas de vente d'un ticket émis par une autre entreprise pour la partie nationale d'un voyage international offert par l'entreprise) ou ont un caractère accessoire par rapport à ses propres ventes. Les bénéfices tirés par la première entreprise de la vente de ces tickets sont donc couverts par le paragraphe.

8.1 La publicité qu'une entreprise peut faire pour d'autres entreprises dans des magazines offerts à bord de navires ou aéronefs qu'elle exploite ou dans ses locaux commerciaux (par exemple les bureaux de vente de tickets) est accessoire par rapport à l'exploitation qu'elle fait de ses navires ou aéronefs et les bénéfices générés par cette publicité relèvent de ce paragraphe.

9. Les conteneurs sont largement utilisés en transport international. Ils sont aussi souvent utilisés pour les transports intérieurs. Les bénéfices qu'une entreprise exerçant des activités de transport international tire de la location de conteneurs sont en général soit directement liés à l'exploitation de navires ou aéronefs en trafic international soit accessoires par rapport à cette exploitation et dans ces cas ils entrent dans le champ d'application de ce paragraphe. La même conclusion serait valable en ce qui concerne les bénéfices tirés par cette entreprise du stockage à court terme de ces conteneurs (par exemple lorsque l'entreprise facture un client pour la conservation d'un conteneur rempli dans un entrepôt en attendant sa livraison) ou de redevances d'immobilisation pour le retour tardif de conteneurs.

10. Une entreprise qui dispose d'actifs ou de personnel dans un pays étranger en vue d'exploiter des navires ou aéronefs en trafic international peut tirer des revenus de la fourniture de biens ou services dans ce pays à d'autres entreprises de transport. Cela comprendrait (par exemple) la fourniture de biens et services par les ingénieurs, le personnel au sol, le personnel d'équipement et les agents chargés de l'équipement et de la maintenance, les manutentionnaires, ainsi que les personnels chargés de la restauration et de l'accueil de la clientèle. Lorsque l'entreprise fournit ces biens ou services à d'autres entreprises et que ces activités sont directement liées ou accessoires à l'exploitation, par l'entreprise, de navires ou aéronefs en trafic international, les bénéfices résultant de la fourniture de ces biens ou services à d'autres entreprises relèvent de ce paragraphe.

10.1 Par exemple, les entreprises qui exercent des activités de transport international peuvent conclure des accords visant à mettre en place des pools pour réduire les coûts d'entretien des équipements nécessaires à l'exploitation de leurs navires ou aéronefs dans d'autres pays. Par exemple, lorsqu'une société aérienne accepte, en vertu d'un accord conclu dans le cadre de l'IATP (« *International Airlines Technical Pool* »), de fournir des pièces détachées ou des services de maintenance à d'autres sociétés aériennes atterrissant en un lieu particulier (ce qui lui permet de bénéficier de ces services en d'autres lieux), les activités exercées en vertu de cet accord seront accessoires à son exploitation d'aéronefs en trafic international.

11. [Supprimé]

12. Le paragraphe ne s'applique pas à un chantier de construction navale exploité dans un pays par une entreprise de navigation ayant son siège de direction effective dans un autre pays.

13. [Renumeroté]

14. Les revenus d'investissement d'entreprises de navigation maritime ou aérienne (revenus de titres, d'obligations, d'actions ou de prêts, par exemple) sont soumis au traitement qui est normalement appliqué à cette catégorie de revenus, sauf lorsque l'investissement qui génère ces revenus fait partie intégrante de l'activité d'exploitation des navires ou aéronefs en trafic international dans l'État contractant, de sorte que l'investissement peut être considéré comme directement lié à cette opération. Ainsi, le paragraphe s'appliquerait aux revenus d'intérêts générés, par exemple, par le flux de trésorerie requis dans un État contractant pour l'exercice de cette activité ou par des obligations placées en garantie lorsque la loi l'exige pour l'exercice de l'activité : dans de tels cas, l'investissement est nécessaire pour permettre l'exploitation des navires ou aéronefs sur ce site. Ce paragraphe ne s'appliquerait pas, toutefois, aux revenus d'intérêts provenant de la gestion du flux de trésorerie ou d'autres activités financières pour le compte d'autres établissements stables de l'entreprise auxquels ces revenus ne sont pas attribuables ou pour le compte d'entreprises associées, que ceux-ci soient situés à l'intérieur ou à l'extérieur de cet État contractant, ou pour le compte du siège (centralisation des activités financières et d'investissement) et il ne s'appliquerait pas non plus aux revenus d'intérêts générés par le placement à court terme des bénéfices générés par l'exercice local de l'activité de l'entreprise lorsque les fonds investis ne sont pas nécessaires à cet exercice.

14.1 Les entreprises engagées dans l'exploitation de navires ou d'aéronefs en trafic international peuvent être tenues d'acquérir et d'utiliser des permis et des crédits d'émission à cet effet (la nature de ces permis et crédits est expliquée au paragraphe 75.1 des Commentaires sur l'article 7). Le paragraphe 1 s'applique aux revenus que ces entreprises tirent au titre de ces permis et crédits lorsque ces revenus font partie intégrante de l'exploitation de navires ou d'aéronefs en trafic international, par exemple lorsque ces permis sont acquis aux fins de l'exploitation de navires ou d'aéronefs ou lorsque les permis acquis à cette fin sont par la suite échangés parce qu'il s'avère qu'ils ne seront pas nécessaires.

Exploitation de bateaux utilisés dans la navigation intérieure

15. Les États qui souhaitent appliquer à la navigation sur les fleuves, rivières, canaux et lacs, le même traitement qu'à la navigation maritime et aérienne en trafic international peuvent le faire en incluant la disposition suivante dans leurs conventions bilatérales :

Les bénéfices d'une entreprise d'un État contractant provenant de l'exploitation de bateaux servant à la navigation intérieure ne sont imposables que dans cet État.

16. La disposition ci-dessus s'appliquerait non seulement au transport par voie navigable entre deux ou plusieurs pays (auquel cas ses dispositions recouperaient celles du paragraphe 1), mais également au transport par voie navigable qui serait effectué par une entreprise d'un État donné entre deux points situés dans un autre État. La formulation alternative figurant au paragraphe 2 ci-avant, selon laquelle le droit d'imposition serait réservé à l'État où se situe le siège de direction effective de l'entreprise, s'applique également à la disposition ci-dessus. Si cette disposition alternative est utilisée, il conviendrait d'ajouter une référence aux « bateaux utilisés dans la navigation intérieure » au paragraphe 3 des articles 13 et 22 pour faire en sorte d'appliquer à ces bateaux le même traitement qu'aux navires et aéronefs exploités en trafic international (voir également le paragraphe 9.3 des Commentaires sur l'article 15). Par ailleurs, les principes et les exemples présentés aux paragraphes 4 et 14 ci-avant seraient applicables, avec les adaptations nécessaires, pour la détermination des bénéfices qui peuvent être considérés comme tirés de l'exploitation de bateaux utilisés dans la navigation intérieure. Les problèmes particuliers d'imposition que peut poser la navigation intérieure, notamment entre pays limitrophes, pourraient également faire l'objet d'un règlement spécial par voie d'accord bilatéral.

17. Si la disposition alternative ci-dessus utilise le terme « bateau » en ce qui concerne le transport par voie navigable, cet usage résulte d'une distinction traditionnelle et ne saurait être interprété comme limitant de quelque manière le sens du terme « navire », utilisé dans l'ensemble de la Convention, qui a vocation à revêtir une acception large de manière à désigner tout bâtiment utilisé pour la navigation maritime.

18. Il peut également être convenu bilatéralement que les bénéfices provenant de l'exploitation de navires se livrant à des activités de pêche, de dragage ou de remorquage en haute mer soient considérés comme des revenus couverts par les dispositions du présent article.

Entreprises ne s'occupant pas exclusivement de navigation maritime ou aérienne

19. Il résulte de la rédaction du paragraphe 1 que les entreprises qui ne s'occupent pas exclusivement de navigation maritime ou aérienne tombent néanmoins sous le coup des dispositions prévues à ce paragraphe en ce qui concerne les bénéfices provenant de l'exploitation de leurs navires et aéronefs.

20. Si une entreprise a dans un pays étranger un établissement stable servant exclusivement à l'exploitation de ses navires ou aéronefs, il n'y a pas de raison de traiter cet établissement stable d'une autre manière que celui d'entreprises s'occupant exclusivement de navigation maritime ou aérienne.

21. Dans l'hypothèse où l'entreprise considérée a, dans un autre État, un établissement stable ne s'occupant pas exclusivement de navigation maritime ou aérienne, l'application des dispositions prévues au paragraphe 1 ne soulève pas non plus de difficultés. Si les navires transportent des marchandises de l'entreprise à son établissement stable situé dans un pays étranger, il convient en effet de considérer qu'aucune fraction du bénéfice réalisé par l'entreprise du fait qu'elle assure ses transports par ses propres moyens n'est imposable dans l'État où est situé l'établissement stable. Il doit en être de même lorsque l'établissement stable dispose d'installations pour l'exploitation des navires ou aéronefs (par exemple, quais d'expédition) ou assure d'autres frais relatifs à ces transports (par exemple, frais de personnel). En ce cas, même si certaines fonctions liées à l'exploitation de navires et aéronefs en trafic international peuvent être exercées par l'établissement stable, les bénéfices attribuables à ces fonctions sont imposables exclusivement dans l'État de cette entreprise. La totalité ou une partie des dépenses encourues dans l'exercice de ces fonctions doit être déduite dans le calcul de la part du bénéfice qui n'est pas imposable dans l'État où est situé l'établissement stable et ne réduira donc pas la part des bénéfices attribuables à cet établissement qui peut être imposée dans cet État en vertu de l'article 7.

22. Lorsque des navires ou aéronefs sont exploités en trafic international, l'application de la formulation alternative du paragraphe 2 ci-dessus aux bénéfices de cette exploitation ne sera pas modifiée par le fait que les navires ou aéronefs sont exploités par un établissement stable qui n'est pas le siège de direction effective de l'ensemble de l'entreprise ; par conséquent, même si ces bénéfices pouvaient être attribués à l'établissement stable en vertu de l'article 7, ils ne seraient imposables que dans l'État où est situé le siège de direction effective de l'entreprise (résultat qui est confirmé par le paragraphe 4 de l'article 7).

Paragraphe 2

23. Diverses formes de coopération internationale existent dans le domaine de la navigation. Cette coopération est réalisée au moyen d'accords de pools ou d'autres conventions du même genre, qui règlent suivant certains principes la répartition des recettes (ou des bénéfices) de l'activité exercée en commun.

24. Pour clarifier la situation fiscale des participants à un pool, à une exploitation en commun ou à un organisme international d'exploitation et pour parer à toute difficulté éventuelle, les États contractants peuvent, s'ils le jugent nécessaire, ajouter dans leurs accords bilatéraux les dispositions suivantes :

> ... mais uniquement à la fraction des bénéfices ainsi réalisés qui revient à chaque participant au prorata de sa part dans l'entreprise commune.

25. [Renumeroté et amendé]

Observations sur les Commentaires

26. [Renumeroté et amendé]

27. [Supprimé]

28. La *Grèce* et le *Portugal* réservent leur position quant à l'application de cet article aux revenus d'activités accessoires (voir les paragraphes 4 à 10.1, 14 et 14.1).

29. *L'Allemagne*, la *Grèce*, le *Mexique* et la *Turquie* réservent leur position au sujet de l'application de l'article aux revenus provenant des transports intérieurs de passagers ou de marchandises et de la location de conteneurs (voir les paragraphes 4, 6, 7 et 9 ci-dessus).

30. La *Grèce* appliquera l'article 12 aux paiements provenant de l'affrètement coque nue d'un navire ou d'un aéronef.

Réserves sur l'article

31. Le *Canada*, la *Hongrie*, le *Mexique* et la *Nouvelle-Zélande* se réservent le droit d'imposer comme des bénéfices de transport intérieur les bénéfices provenant du transport de passagers ou marchandises pris à bord en un endroit d'un de ces pays et déchargés en un autre endroit du même pays. La Nouvelle-Zélande se réserve aussi le droit d'imposer comme des bénéfices de transport intérieur les bénéfices provenant d'autres activités côtières et sur le plateau continental.

32. La *Lettonie* se réserve le droit d'appliquer, dans des cas exceptionnels, le principe de l'établissement stable pour l'imposition des bénéfices provenant de l'exploitation de navires en trafic international.

33. Le *Danemark*, la *Norvège* et la *Suède* se réservent le droit d'insérer des dispositions spéciales en ce qui concerne les bénéfices réalisés par la société de transport aérien *Scandinavian Airlines System* (SAS).

34. [Supprimé]

35. En raison de sa situation particulière en matière de navigation maritime, la *Grèce* gardera sa liberté d'action en ce qui concerne les dispositions de la Convention relatives aux revenus de l'exploitation des navires en trafic international.

36. Le *Mexique* se réserve le droit d'imposer à la source les bénéfices tirés de la fourniture d'un hébergement.

37. [Supprimé]

38. L'*Australie* se réserve le droit d'imposer les bénéfices provenant du transport de passagers ou marchandises pris à bord en un endroit de l'Australie et déchargés en un autre endroit de l'Australie.

39. Les *États-Unis* se réservent le droit d'inclure dans le champ d'application du paragraphe 1 les revenus provenant de la location de navires ou d'aéronefs tout armés et équipés ou coque nue dans le cas où les navires ou aéronefs sont employés en trafic international par le preneur ou lorsque les revenus provenant de la location sont accessoires à l'exploitation de navires ou aéronefs en trafic international. Les États-Unis se réservent également le droit d'inclure dans le champ d'application de ce

paragraphe les revenus provenant de l'utilisation, l'entretien ou la location de conteneurs utilisés en trafic international.

40. La *République slovaque* se réserve le droit d'imposer, en application de l'article 12, les bénéfices tirés de la location de navires, aéronefs et conteneurs.

41. L'*Irlande* se réserve le droit d'inclure dans le champ d'application de l'article les revenus de la location de navires ou aéronefs coque nue si ces navires ou aéronefs sont exploités en trafic international par le preneur ou lorsque les revenus provenant de la location sont accessoires par rapport aux bénéfices tirés de l'exploitation de navires ou aéronefs en trafic international.

42. La *Turquie* se réserve le droit d'élargir le champ d'application de cet article afin de couvrir le transport routier et d'effectuer un changement corrélatif à la définition du « trafic international » à l'article 3.

43. La *Lettonie* se réserve le droit d'inclure une disposition selon laquelle les bénéfices tirés de la location coque nue d'un navire ou d'un aéronef et de la location de conteneurs sont traités de la même façon que les bénéfices couverts par le paragraphe 1 lorsqu'ils sont accessoires au transport international.

COMMENTAIRES SUR L'ARTICLE 9 CONCERNANT L'IMPOSITION DES ENTREPRISES ASSOCIÉES

1. Cet article traite des ajustements de bénéfices qui peuvent être effectués à des fins fiscales lorsque des transactions ont été conclues entre des entreprises associées (sociétés mères et leurs filiales et sociétés placées sous contrôle commun) dans des conditions autres que celles de pleine concurrence. Le Comité a consacré beaucoup de temps et d'efforts (et continue de le faire) à l'étude des conditions d'application de cet article, aux conséquences de cette application et aux méthodologies qui sont applicables pour l'ajustement des bénéfices lorsque des transactions ont été conclues dans des conditions autres que celles de pleine concurrence. Les conclusions de cette étude sont décrites dans le rapport intitulé *Principes applicables en matière de prix de transfert à l'intention des entreprises multinationales et des administrations fiscales*[1], qui est périodiquement mis à jour dans le but de tenir compte de l'évolution des travaux du Comité sur cette question. Ce rapport représente des principes internationalement admis et donne des lignes directrices pour appliquer le principe de pleine concurrence dont l'article 9 constitue l'énoncé faisant autorité.

Paragraphe 1

2. Ce paragraphe stipule que les autorités fiscales d'un État contractant peuvent, pour calculer l'impôt payable par des entreprises associées, rectifier la comptabilité des entreprises si, par suite des relations spéciales existant entre ces dernières, leurs livres ne font pas apparaître les bénéfices réels imposables qu'elles réalisent dans cet État. Il est évidemment normal de prévoir une rectification en pareil cas. Les dispositions de ce paragraphe ne s'appliquent que lorsque des conditions spéciales ont été convenues ou imposées entre les deux entreprises. Aucune rectification des comptabilités des entreprises associées n'est autorisée si leurs transactions se sont déroulées aux conditions commerciales normales du marché libre (de pleine concurrence ou en toute indépendance).

3. Comme le mentionne le rapport du Comité des affaires fiscales sur « La Sous-capitalisation »[2], il existe une relation entre les conventions fiscales et les règles nationales sur la sous-capitalisation qui a rapport à la portée de l'article. Le Comité considère que :

a) l'article n'empêche pas l'application des règles nationales sur ce point dans la mesure où leur effet est d'assimiler les bénéfices de l'emprunteur à ceux qui auraient été réalisés dans une situation de pleine concurrence ;

1 La version originale de ce rapport a été adoptée par le Conseil de l'OCDE le 27 juin 1995. Publié sous le titre *Principes applicables en matière de prix de transfert à l'intention des entreprises multinationales et des administrations fiscales*, OCDE, Paris, 1995.

2 Adopté par le Conseil de l'OCDE le 26 novembre 1986 et reproduit à la page R(4)-1 du volume II de la version complète du Modèle de Convention fiscale.

b) l'article permet de déterminer non seulement si le taux d'intérêt prévu dans un contrat de prêt est un taux de pleine concurrence mais encore si ce qui est présenté comme un prêt peut être considéré comme tel ou doit être considéré comme une mise à disposition de fonds d'une autre nature et plus particulièrement comme une participation au capital social ;

c) les dispositions visant à réprimer la sous-capitalisation ne devraient pas normalement avoir pour effet de porter le montant des bénéfices imposables de l'entreprise nationale considérée à un niveau supérieur à celui que ces bénéfices auraient dû atteindre dans des conditions de pleine concurrence et qu'il y a lieu de suivre ce principe dans l'application des conventions fiscales existantes.

4. La question se pose de savoir si les règles de procédure spéciales adoptées par certains pays pour traiter des transactions entre entreprises associées sont conformes à la Convention. Ainsi, par exemple, on peut se demander si le renversement de la charge de la preuve ou les présomptions de toute sorte que l'on retrouve parfois dans le droit interne sont conformes au principe du prix de pleine concurrence. Plusieurs pays interprètent l'article de telle sorte qu'il n'empêche nullement le redressement des bénéfices en application des dispositions de la législation nationale dans des conditions différentes de celles prévues audit article, celui-ci ayant pour objet de faire entrer le principe de pleine concurrence dans le domaine des conventions fiscales internationales. De même, presque tous les pays membres considèrent que des demandes additionnelles de renseignements plus lourdes que celles qui sont normalement imposées, ou même un renversement de la charge de la preuve à cet égard, ne constitueraient pas des mesures discriminatoires au sens de l'article 24. Cependant, dans certains cas, l'application de la législation domestique de certains pays peut résulter en des ajustements aux bénéfices qui seraient différents de ceux obtenus par application des principes de l'article. L'article permet aux États contractants de traiter de ces questions en effectuant des ajustements corrélatifs (voir ci-dessous) et par la voie de la procédure amiable.

Paragraphe 2

5. La rectification de la comptabilité des transactions entre entreprises associées dans la situation envisagée au paragraphe 1 peut entraîner une double imposition économique (imposition de personnes différentes au titre d'un même revenu), du fait que l'entreprise de l'État A dont les bénéfices sont redressés sera imposée sur un montant de bénéfices au titre desquels son entreprise associée de l'État B aura déjà été imposée. Le paragraphe 2 prévoit que, dans ces conditions, l'État B procédera à un ajustement approprié de façon à supprimer la double imposition.

6. On notera toutefois qu'un ajustement ne devra pas être opéré automatiquement dans l'État B du simple fait que les bénéfices ont été redressés dans l'État A ; l'ajustement ne sera dû que si l'État B estime que le chiffre des bénéfices rectifiés correspond bien à celui qui aurait été obtenu si les transactions avaient été conclues en toute indépendance. Autrement dit, le paragraphe ne pourra pas être invoqué et ne devra pas être appliqué lorsque les bénéfices redressés d'une entreprise associée

dépassent le niveau qu'ils auraient dû atteindre s'ils avaient été calculés correctement dans une situation de pleine concurrence. L'État B n'est donc tenu d'opérer un ajustement des bénéfices de l'entreprise associée que s'il considère que le redressement opéré dans l'État A est justifié dans son principe et dans son montant.

6.1 En vertu de la législation nationale de certains pays, un contribuable peut être autorisé, dans des circonstances appropriées, à modifier une déclaration de revenu déposée antérieurement dans le but d'ajuster le prix d'une transaction entre entreprises associées afin de refléter un prix qui, de l'avis du contribuable, est un prix de pleine concurrence. Lorsqu'ils sont effectués de bonne foi, ces ajustements peuvent faciliter la déclaration du revenu imposable par les contribuables en conformité avec le principe de pleine concurrence. Toutefois, une double imposition économique peut se produire, par exemple, si un tel ajustement initié par un contribuable augmente les bénéfices d'une entreprise d'un État contractant sans qu'il y ait d'ajustement corrélatif approprié des bénéfices de l'entreprise associée dans l'autre État contractant. L'élimination de cette double imposition s'inscrit dans le champ d'application du paragraphe 2. En effet, dans la mesure où l'impôt a été prélevé sur les bénéfices majorés dans le premier État, cet État peut être considéré comme ayant ajusté les bénéfices d'une entreprise de cet État et comme ayant imposé des bénéfices sur lesquels une entreprise de l'autre État a été imposée. Dans ces conditions, l'article 25 permet aux autorités compétentes des États contractants de se consulter afin d'éliminer la double imposition; les autorités compétentes peuvent, le cas échéant, utiliser la procédure d'accord amiable pour déterminer si l'ajustement initial satisfait aux conditions énoncées au paragraphe 1 et, si tel est le cas, déterminer le montant de l'ajustement approprié au montant de l'impôt perçu sur ces bénéfices dans l'autre État afin d'éliminer la double imposition.

7. Le paragraphe ne spécifie pas la méthode à employer pour effectuer l'ajustement. Les pays membres de l'OCDE appliquent des méthodes différentes pour assurer dans ces cas le dégrèvement et les États contractants ont donc toute latitude pour fixer d'un commun accord les règles précises qu'ils veulent insérer dans l'article. Ainsi, certains États préféreront le système selon lequel, lorsque les bénéfices de l'entreprise X située dans l'État A sont redressés de façon que leur montant corresponde à celui qui aurait été atteint dans une situation de pleine concurrence, on opère l'ajustement en révisant l'imposition de l'entreprise associée Y de l'État B, qui inclut les bénéfices doublement imposés, de façon à réduire le bénéfice imposable d'un montant approprié. En revanche, d'autres États préféreront stipuler que, aux fins d'application de l'article 23, les bénéfices doublement imposés seront considérés pour l'entreprise Y de l'État B, comme revenus imposables dans l'État A ; en conséquence, l'entreprise de l'État B a droit dans ce dernier État, en vertu des dispositions de l'article 23, à un dégrèvement au titre de l'impôt payé par son entreprise associée dans l'État A.

8. L'objet du paragraphe n'est pas de traiter ce qu'on pourrait appeler les « ajustements secondaires ». Supposons qu'il y ait eu un redressement des bénéfices imposables de l'entreprise X dans l'État A, conformément au principe posé

dans le paragraphe 1 et, en outre, que les bénéfices de l'entreprise Y de l'État B aient été rectifiés conformément au principe énoncé dans le paragraphe 2. La situation ne sera cependant pas identique à celle qui aurait existé si les transactions avaient été conclues à des prix de pleine concurrence car, en fait, les fonds représentant les bénéfices qui ont été ajustés se trouvent dans les caisses de l'entreprise Y, et non dans celles de l'entreprise X. On pourrait faire observer que si les transactions avaient été conclues à des prix de pleine concurrence et si l'entreprise X avait voulu ensuite transférer ces bénéfices à l'entreprise Y elle l'aurait fait, par exemple, sous la forme d'un dividende ou d'une redevance (si l'entreprise Y est la société mère de l'entreprise X), ou encore sous la forme d'un prêt (si l'entreprise X est la société mère de l'entreprise Y) et que, dans ces conditions, il aurait pu y avoir d'autres conséquences fiscales (par exemple, la perception d'une retenue à la source), qui dépendent du type de revenu considéré et des dispositions de l'article applicable à ce revenu.

9. Ces ajustements secondaires, auxquels il faudrait procéder pour que la situation soit identique à celle qui aurait existé si les transactions avaient été conclues en toute indépendance, dépendent de circonstances de fait propres à chaque cas. On notera qu'aucune disposition du paragraphe 2 n'empêche d'effectuer ces ajustements secondaires lorsqu'ils sont autorisés par la législation nationale des États contractants.

10. Le paragraphe ne répond pas non plus à la question de savoir s'il faut fixer un délai à l'expiration duquel l'État B ne serait plus tenu d'opérer un ajustement approprié des bénéfices de l'entreprise Y à la suite d'un redressement des bénéfices de l'entreprise X dans l'État A. Certains États considèrent que l'obligation de l'État B ne devrait pas être limitée dans le temps, autrement dit, que si loin dans le temps que remonte l'État A pour réviser ses bases d'imposition, l'entreprise Y devrait en toute équité avoir l'assurance qu'un ajustement approprié sera effectué dans l'État B. D'autres États estiment qu'un engagement illimité de ce genre ne serait pas raisonnable dans la pratique administrative. En conséquence, cette question n'a pas été abordée dans le texte de l'article mais les États contractants sont libres d'inclure, s'ils le désirent, dans leurs conventions bilatérales des dispositions qui limitent dans le temps l'obligation de l'État B d'opérer un ajustement approprié (voir à ce sujet les paragraphes 39, 40 et 41 des Commentaires portant sur l'article 25). Les États contractants peuvent également vouloir régler cette question par une disposition limitant la durée durant laquelle un ajustement primaire peut être effectué conformément au paragraphe 1. Une telle solution permettra d'éviter la double imposition économique que pourrait entraîner l'absence d'ajustement corrélatif suite à l'ajustement primaire. Les États contractants qui souhaitent obtenir ce résultat peuvent convenir bilatéralement d'ajouter le paragraphe suivant après le paragraphe 2 :

> 3. Un État contractant ne doit pas inclure dans les bénéfices d'une entreprise, et imposer en conséquence, des bénéfices qui auraient été réalisés par cette entreprise mais n'ont pu l'être en raisons des conditions mentionnées au paragraphe 1, après [délai convenu bilatéralement] à compter de la fin de l'exercice fiscal au cours duquel les bénéfices auraient été réalisés par cette entreprise. Les dispositions de ce

paragraphe ne s'appliquent pas en cas de fraude, négligence grave ou manquement délibéré.

11. Si les parties intéressées ne sont pas d'accord sur le montant et la nature de l'ajustement approprié, la procédure amiable instaurée par l'article 25 devra être appliquée ; les Commentaires relatifs à cet article contiennent un certain nombre de considérations applicables aux redressements de bénéfices des entreprises associées opérés sur la base du présent article (suite notamment à la rectification des prix de transfert) et aux ajustements corrélatifs qui doivent en découler en vertu du paragraphe 2 de celui-ci (voir notamment les paragraphes 10, 11, 12, 33, 34, 40 et 41 des Commentaires portant sur l'article 25).

Observation sur les Commentaires

12. [Renumeroté]

13. [Supprimé]

14. [Supprimé]

15. Les *États-Unis* font observer qu'outre l'approche consistant à traiter un instrument financier de la nature d'une dette en un apport en capital et, par conséquent, à traiter le paiement d'intérêts comme un paiement de dividendes, il peut exister d'autres approches raisonnables aux cas de sous-capitalisation. Ainsi, dans certains cas, la nature de l'instrument (dette) et de sa rémunération (intérêt) peut demeurer inchangée, l'État qui perçoit l'impôt choisissant plutôt de reporter la déduction au titre des intérêts débiteurs qui serait par ailleurs permise aux fins du calcul du revenu net de l'emprunteur.

Réserves sur l'article

16. La *République tchèque* se réserve le droit de ne pas insérer le paragraphe 2 dans ses conventions mais est toutefois disposée, au cours de négociations, à accepter ce paragraphe et en même temps à ajouter un troisième paragraphe limitant les ajustements corrélatifs potentiels aux cas où le contribuable est de bonne foi.

17. [Supprimé]

17.1 L'*Italie* se réserve le droit d'inclure dans ses conventions une disposition selon laquelle elle ne procédera à un ajustement en vertu du paragraphe 2 que selon la procédure prévue par l'article sur la procédure amiable de la convention applicable.

18. L'*Australie* se réserve le droit de proposer une disposition selon laquelle, si les renseignements à la disposition de l'autorité compétente d'un État contractant sont inadéquats pour déterminer les bénéfices à imputer à une entreprise, l'autorité compétente peut, à cette fin, appliquer à cette entreprise les dispositions de la législation fiscale de cet État, à ceci près que celle-ci sera appliquée conformément aux principes de cet article, dans la mesure où les renseignements à la disposition de l'autorité compétente le permettront.

19. La *Hongrie* et la *Slovénie* se réservent le droit de spécifier au paragraphe 2 qu'un ajustement corrélatif ne sera effectué que dans la mesure où l'ajustement principal sera considéré comme justifié.

COMMENTAIRES SUR L'ARTICLE 10 CONCERNANT L'IMPOSITION DES DIVIDENDES

I. Remarques préliminaires

1. Généralement, on entend par « dividendes » les distributions de bénéfices faites aux actionnaires ou associés par des sociétés anonymes, par des sociétés en commandite par actions sur les actions, par des sociétés à responsabilité limitée ou par d'autres sociétés de capitaux. Selon toutes les législations des pays membres de l'OCDE, ces sociétés de capitaux constituent un sujet de droit ayant une personnalité juridique propre et distincte de l'ensemble des actionnaires. Sur ce point, elles se distinguent des sociétés de personnes, en tant que ces dernières n'ont pas la personnalité juridique dans la plupart des pays.

2. Plusieurs États considèrent que les bénéfices des sociétés de personnes sont les bénéfices des associés provenant de leur propre activité ; ce sont pour ces derniers des bénéfices d'entreprise. Ces États considèrent donc les sociétés de personnes comme transparentes sur le plan fiscal et les associés sont-ils ordinairement imposés personnellement sur leur part du capital et du bénéfice de la société de personnes.

3. Il en va autrement pour l'actionnaire ; il n'est pas un entrepreneur et les bénéfices de la société ne sont pas les siens propres ; aussi ceux-ci ne peuvent-ils lui être attribués. Ne peuvent faire l'objet d'une imposition auprès de l'actionnaire (exception faite des dispositions de certaines législations relatives à l'imposition des bénéfices non distribués dans des cas spéciaux) que les bénéfices qui sont distribués par la société. Pour les actionnaires, les dividendes constituent un revenu du capital qu'ils ont mis à la disposition de la société en tant qu'actionnaires.

II. Commentaires des dispositions de l'article

Paragraphe 1

4. Le paragraphe ne pose pas le principe de l'imposition exclusive des dividendes soit dans l'État dont le bénéficiaire est un résident, soit dans l'État dont la société qui paie les dividendes est un résident.

5. L'imposition exclusive des dividendes dans l'État de la source n'est pas acceptable comme règle générale. En outre, il existe un certain nombre d'États qui ne connaissent pas l'imposition des dividendes à la source, tandis que tous les États imposent en règle générale les résidents pour les dividendes qu'ils touchent de sociétés non résidentes.

6. D'autre part, l'imposition exclusive des dividendes dans l'État de résidence du bénéficiaire ne peut être réalisée d'une façon générale. Cette imposition correspondrait le mieux au caractère des dividendes qui constituent des revenus de capitaux

mobiliers. Mais il ne serait pas réaliste de s'attendre à ce que toute imposition des dividendes à la source puisse être abandonnée.

7. Pour cette raison, le paragraphe 1 constate simplement que les dividendes sont imposables dans l'État dont le bénéficiaire est un résident. Le terme « payés » revêt un sens très large, la notion de paiement signifiant l'exécution de l'obligation de mettre des fonds à la disposition de l'actionnaire de la manière prévue par le contrat ou par les usages.

8. L'article ne traite que des dividendes versés par une société résidente d'un État contractant et ne s'applique donc pas aux dividendes payés par une société qui est un résident d'un État tiers. Les dividendes payés par une société résidente d'un État contractant qui sont attribuables à un établissement stable qu'une entreprise dudit État possède dans l'autre État contractant sont imposables dans le premier État en vertu du paragraphe 2 mais sont aussi imposables dans l'autre État en vertu du paragraphe 1 de l'article 7 (les questions liées à l'élimination de la double imposition dans un tel cas sont abordées aux paragraphes 9 et 9.1 des Commentaires sur les articles 23 A et 23 B).

Paragraphe 2

9. Le paragraphe 2 réserve un droit d'imposition à l'État de la source des dividendes, c'est-à-dire à l'État dont la société qui paie les dividendes est un résident ; cependant, ce droit de percevoir l'impôt est considérablement limité. En vertu de l'alinéa *b*), le taux de l'impôt est limité à 15 pour cent, ce qui semble être un taux maximum raisonnable. Un taux plus élevé ne se justifierait pas, étant donné que l'État de la source peut déjà imposer les bénéfices de la société.

10. D'autre part, un taux moins élevé (5 pour cent) est expressément prévu à l'alinéa *a*) pour les dividendes payés par une société filiale à sa société mère. Lorsqu'une société d'un État possède, durant une période de 365 jours qui inclut la date du paiement d'un dividende, une participation directe d'au moins 25 pour cent dans une société de l'autre État, il se justifie d'imposer moins lourdement le versement du dividende de cette dernière société à la société mère étrangère, pour éviter une cascade d'impositions et pour faciliter les investissements internationaux. La réalisation de cette intention dépend du traitement fiscal des dividendes dans l'État dont la société mère est un résident (voir les paragraphes 49 à 54 des Commentaires sur les articles 23 A et 23 B).

11. Avant 2017, l'alinéa *a*) du paragraphe 2 faisait référence à une société « autre qu'une société de personnes ». Cette exception a été supprimée en reconnaissance du fait que si une société de personnes est considérée comme une société à des fins fiscales par l'État contractant dans lequel elle est établie, il convient que l'autre État accorde les avantages de l'alinéa *a*) à cette société de personnes. En effet, une entité ou un dispositif (par exemple, une société de personnes) qui est considéré comme une société à des fins fiscales constitue une société au sens de la définition de l'alinéa *b*) du paragraphe 1 de l'article 3 et, dans la mesure où il réside dans un État contractant, a

donc droit aux avantages de l'alinéa *a*) du paragraphe 2 en ce qui concerne les dividendes versés par une société résidente de l'autre État, pourvu qu'il détienne directement au moins 25 pour cent du capital de cette société. Cette conclusion s'avère fondée indépendamment du fait que l'État de la source des dividendes peut considérer cette entité ou dispositif comme transparent sur le plan fiscal. Cette conclusion est confirmée par la disposition sur les entités transparentes sur le plan fiscal du paragraphe 2 de l'article 1.

11.1 Cette disposition fait également en sorte que la partie du dividende reçu par une entité ou dispositif transparent sur le plan fiscal qui est considérée comme le revenu d'un membre de cette entité ou dispositif aux fins d'imposition par l'État de résidence de ce membre soit considérée comme un dividende payé à ce membre aux fins de l'article 10 (voir le paragraphe 12 des Commentaires sur l'article 1). Lorsque, par exemple, une société résidente de l'État A paie un dividende à une société de personnes que l'État B considère comme une entité transparente, la partie de ce dividende que l'État B considère comme le revenu d'un associé résident de l'État B sera considérée comme un dividende payé à un résident de l'État B pour les fins du paragraphe 2 de la convention entre les États A et B. En outre, aux fins de l'application de l'alinéa *a*) du paragraphe 2 dans un tel cas, un membre qui est une société devrait être considéré comme détenant directement, proportionnellement à sa participation dans l'entité ou le dispositif transparent au plan fiscal, la partie du capital de la société qui paie le dividende qui est détenue par cette entité ou dispositif et, afin de déterminer si le membre détient directement au moins 25 pour cent du capital de la société qui paie les dividendes, cette partie du capital sera ajoutée aux autres parties de ce capital que ce membre pourrait, par ailleurs, détenir directement. Dans ce cas, aux fins de l'application de la condition selon laquelle au moins 25 pour cent du capital de la société qui paie les dividendes doit être détenu tout au long d'une période de 365 jours, il faut tenir compte à la fois de la période pendant laquelle le membre détenait la participation en question dans l'entité ou le dispositif transparent sur le plan fiscal et de la période au cours de laquelle la partie du capital de la société qui a versé le dividende était détenue par l'intermédiaire de cette entité ou dispositif : si l'une ou l'autre période ne remplit pas la condition des 365 jours, l'alinéa *a*) ne s'applique pas et l'alinéa *b*) s'applique donc à la partie en question des dividendes. Les États sont libres de clarifier l'application de l'alinéa *a*) dans ces circonstances en ajoutant une disposition rédigée comme suit :

> Dans la mesure où un dividende payé par une société qui est un résident d'un État contractant est, en vertu du paragraphe 2 de l'article 1, considéré comme un revenu d'une autre société résidente de l'autre État contractant parce que cette autre société est membre d'une entité ou un dispositif transparent sur le plan fiscal visé par ce paragraphe, cette autre société est réputée, aux fins de l'application de l'alinéa *a*) du paragraphe 2 de l'article 10, détenir directement la part du capital de la société qui paie le dividende que détient l'entité ou le dispositif transparent

correspondant en proportion de la part du capital de cette entité ou dispositif transparent sur le plan fiscal que détient cette autre société.

12. La notion de bénéficiaire effectif a été introduite au paragraphe 2 de l'article 10 pour clarifier le sens des mots « payés [...] à un résident » tels qu'ils sont utilisés au paragraphe 1 de l'article afin de préciser clairement que l'État de la source n'est pas obligé de renoncer au droit d'imposer les revenus de dividendes uniquement parce que ces revenus ont été payés directement à un résident d'un État avec lequel l'État de la source a conclu une convention.

12.1 Étant donné que le terme « bénéficiaire effectif » a été ajouté pour résoudre les difficultés susceptibles de résulter de l'utilisation des termes « payés [...] à un résident » au paragraphe 1, il est censé être interprété dans ce contexte et ne pas faire référence à une quelconque signification technique qu'il aurait pu avoir selon le droit interne d'un pays donné (de fait, lorsqu'il a été ajouté au paragraphe, ce terme n'avait pas de signification précise dans le droit de nombreux pays). Par conséquent, le terme « bénéficiaire effectif » n'est pas utilisé dans une acception étroite et technique (comme le sens que lui attribue le droit des fiducies de nombreux pays de common law[1]), mais doit être entendu dans son contexte, et notamment en lien avec les mots « payés [...] à un résident », et à la lumière de l'objet et du but de la Convention, notamment pour éviter la double imposition et prévenir l'évasion et la fraude fiscales.

12.2 Lorsqu'un élément de revenu est payé à un résident d'un État contractant agissant en qualité d'agent ou autre mandataire, il serait contraire à l'objet et au but de la Convention que l'État de la source accorde une réduction ou une exonération de l'impôt du seul fait que le récipiendaire direct du revenu est un résident de l'autre État contractant. Dans cette situation, le récipiendaire direct du revenu a la qualité de résident mais il n'existe pas de risque de double imposition de ce fait puisque le résident n'est pas considéré du point de vue fiscal comme le propriétaire du revenu dans l'État de résidence.

12.3 Il serait également contraire à l'objet et au but de la Convention que l'État de la source accorde une réduction ou une exonération d'impôt à un résident d'un État contractant qui agit, autrement que dans la cadre d'une relation d'agent ou autre mandataire, comme un simple relais pour le compte d'une autre personne qui bénéficie réellement du revenu en cause. Pour ces raisons, le rapport du Comité des affaires fiscales intitulé « Les conventions préventives de la double imposition et l'utilisation des sociétés relais »[2] conclut qu'une société relais ne peut pas être

1 Par exemple, lorsque les fiduciaires d'une fiducie discrétionnaire ne distribuent pas de dividendes réalisés au cours d'une période donnée, ces fiduciaires, agissant en cette qualité (ou la fiducie si elle est reconnue en tant que contribuable distinct), pourraient être les bénéficiaires effectifs de ces revenus aux fins de l'article 10 même s'ils ne sont pas les bénéficiaires effectifs selon le droit des fiducies applicable.

2 Reproduit à la page R(6)-1 du volume II de la version complète du Modèle de Convention fiscale.

considérée normalement comme le bénéficiaire effectif si, bien qu'étant le propriétaire du revenu dans la forme, elle ne dispose dans la pratique que de pouvoirs très limités qui font d'elle un simple fiduciaire ou un simple administrateur agissant pour le compte des parties intéressées.

12.4 Dans ces différents exemples (agent, mandataire, société relais agissant en qualité de fiduciaire ou d'administrateur), le récipiendaire direct du dividende n'est pas le « bénéficiaire effectif » parce que le droit du récipiendaire d'utiliser le dividende et d'en jouir est limité par une obligation contractuelle ou légale de céder le paiement reçu à une autre personne. Cette obligation découle habituellement de documents juridiques pertinents, mais peut également exister en raison de faits et de circonstances qui montrent que, fondamentalement, le récipiendaire n'a de toute évidence pas le droit d'utiliser le dividende et d'en jouir sans être limité par une obligation contractuelle ou légale de céder le paiement reçu à une autre personne. Ce type d'obligation ne comprend pas les obligations contractuelles ou légales qui ne dépendent pas de la réception du paiement par le récipiendaire direct, comme les obligations qui ne dépendent pas de la réception du paiement et que le récipiendaire direct peut avoir en qualité de débiteur ou de partie à des transactions financières, ou les obligations générales de distribution des régimes de retraite et des organismes de placement collectif pouvant prétendre aux avantages de la Convention en vertu des principes énoncés aux paragraphes 22 à 48 des Commentaires sur l'article 1. Lorsque le récipiendaire d'un dividende a effectivement le droit d'utiliser le dividende et d'en jouir sans être limité par une obligation contractuelle ou légale de céder le paiement reçu à une autre personne, il est le « bénéficiaire effectif » de ce dividende. Il convient de souligner que l'article 10 fait référence au bénéficiaire effectif d'un dividende par opposition au propriétaire des actions, qui peuvent être deux personnes différentes dans certains cas.

12.5 Néanmoins, le fait que le récipiendaire d'un dividende soit considéré comme le bénéficiaire effectif de ce dividende ne signifie pas que l'allégement fiscal prévu au paragraphe 2 doit être automatiquement accordé. Cet allégement ne doit pas être accordé dans les cas d'utilisation abusive de cette disposition (voir également le paragraphe 22 ci-dessous). Les dispositions de l'article 29 et les principes énoncés dans la section intitulée « Usage incorrect de la Convention » dans les Commentaires sur l'article 1, s'appliquent de façon à empêcher les abus, incluant les cas de chalandage fiscal dans lesquels le récipiendaire d'un dividende en est le bénéficiaire effectif. Bien que le concept de « bénéficiaire effectif » règle certaines formes d'évasion fiscale (notamment celles qui impliquent l'interposition d'un récipiendaire tenu de céder le dividende à une tierce personne), il ne couvre pas d'autres cas d'abus, tels certaines formes de chalandage fiscal, auxquels s'appliquent ces dispositions et principes et, par conséquent, ne doit pas être considéré comme limitant d'une quelconque façon l'application d'autres approches pour résoudre ces cas.

12.6 Les explications ci-dessus concernant la signification du terme « bénéficiaire effectif » montrent bien qu'il convient d'opérer une distinction entre le sens qui lui est donné dans le contexte de cet article et le sens différent qui lui a été donné dans le cadre d'autres instruments[1] portant sur la détermination des personnes (en général des personnes physiques) qui exercent le contrôle ultime sur des entités ou des actifs. Ce sens différent du terme « bénéficiaire effectif » ne peut pas être retenu dans le contexte de l'article. De fait, ce sens, qui fait référence à des personnes physiques, n'est pas compatible avec la formulation explicite de l'alinéa *a*) du paragraphe 2, qui désigne une situation dans laquelle une société est le bénéficiaire effectif d'un dividende. Dans le contexte de l'article 10, le terme « bénéficiaire effectif » vise à résoudre les difficultés posées par l'utilisation des mots « payés à » en lien avec des dividendes, plutôt que les difficultés liées à la propriété des actions de la société qui paie ces dividendes. C'est pourquoi il serait inopportun, dans le contexte du présent article, d'envisager une signification qui renvoie aux personnes physiques qui exercent « en dernier lieu un contrôle effectif sur une personne morale ou une construction juridique ».[2]

12.7 Sous réserve d'autres conditions imposées par l'article et les autres dispositions de la Convention, la limitation de l'impôt perçu dans l'État de la source reste disponible lorsqu'un intermédiaire tel qu'un agent ou autre mandataire situé dans un État contractant ou dans un État tiers s'interpose entre le bénéficiaire et l'organisme payeur, mais que le bénéficiaire effectif est un résident de l'autre État contractant (le texte du Modèle de Convention a été modifié en 1995 et en 2014 pour préciser ce point qui a constitué la position constante des États membres).

13. Les taux que l'article fixe pour l'impôt dans l'État de la source sont des taux maximums. Les États peuvent convenir, par des négociations bilatérales, de taux plus

1 Voir, par exemple, *Groupe d'action financière, Normes internationales sur la lutte contre le blanchiment de capitaux et le financement du terrorisme et de la prolifération – Les Recommandations du GAFI* (OCDE-GAFI, Paris, 2012), qui établissent en détail la norme internationale sur la lutte contre le blanchiment de capitaux et qui donnent la définition suivante du terme bénéficiaire effectif (page 120) : « L'expression bénéficiaire effectif désigne la ou les personnes physiques qui en dernier lieu possèdent ou contrôlent un client et/ou la personne physique pour le compte de laquelle une opération est effectuée. Sont également comprises les personnes qui exercent en dernier lieu un contrôle effectif sur une personne morale ou une construction juridique. » De même, le rapport de 2001 du Groupe de direction de l'OCDE sur le gouvernement d'entreprise, *Au-delà des apparences : l'utilisation des entités juridiques à des fins illicites* (OCDE, Paris, 2001), donne la définition suivante du concept de bénéficiaire effectif (page 16) :

> Dans le présent rapport, on entend par « bénéficiaire effectif » la personne physique qui est l'ultime titulaire de la propriété. Dans certaines situations, il faut, pour détecter le bénéficiaire effectif, lever le voile de toute une série de personnes morales ou physiques intermédiaires pour arriver à la personne physique qui est le véritable bénéficiaire. Dans le cas des sociétés de capitaux, la propriété est détenue par les actionnaires ou par les associés. Dans le cas des sociétés de personnes, elle appartient aux associés et aux commanditaires ou commandités. Lorsqu'il s'agit d'une fiducie ou d'une fondation, la propriété effective renvoie aux bénéficiaires, y compris les constituants ou les fondateurs.

2 Voir la définition du Groupe d'action financière citée dans la note précédente.

bas ou même de l'imposition exclusive dans l'État de résidence du bénéficiaire. La réduction des taux prévue au paragraphe 2 se réfère uniquement à l'imposition des dividendes et non à l'imposition des bénéfices de la société qui paie les dividendes.

13.1 Selon la législation nationale de nombreux États, les fonds de pension et entités similaires sont généralement exemptés d'impôt sur leurs revenus d'investissements. Afin d'assurer la neutralité du traitement applicable aux investissements nationaux et étrangers effectués par ces entités, certains États prévoient bilatéralement que les revenus, y compris les dividendes, que tire une telle entité qui est un résident de l'autre État sont exemptés de l'imposition à la source. Les États qui souhaitent le faire peuvent convenir d'inclure dans leur convention une disposition inspirée de la disposition incluse au paragraphe 69 des Commentaires sur l'article 18.

13.2 De même, certains États s'abstiennent de prélever des impôts sur les dividendes versés à d'autres États et certains organismes détenus à titre exclusif par ces États, au moins dans la mesure où ces dividendes sont tirés de fonctions de caractère public. Certains États peuvent accorder cette exonération sur la base de leur interprétation du principe d'immunité des États (voir les paragraphes 52 et 53 des Commentaires sur l'article 1) ; d'autres peuvent le faire sur la base des dispositions de leur droit interne. Les États peuvent vouloir confirmer ou préciser, dans leurs conventions bilatérales, le champ d'application de ces exonérations ou accorder une telle exonération lorsqu'elle n'est pas autrement disponible ; ceci peut se faire en ajoutant à l'article un paragraphe qui pourrait être rédigé comme suit :

> Nonobstant les dispositions du paragraphe 2, les dividendes payés par une société qui est un résident d'un État contractant ne sont imposables que dans l'autre État contractant si le bénéficiaire effectif des dividendes est cet État ou l'une de ses subdivisions politiques ou collectivités locales.

14. Par voie de négociations bilatérales, les deux États contractants peuvent également convenir d'un taux de participation inférieur à celui qui est fixé dans l'article. Un taux inférieur est justifié, par exemple, dans les cas où l'État dont la société mère est un résident lui accorde, conformément à son droit interne, une exonération pour les dividendes correspondant à une participation inférieure à 25 pour cent dans une filiale non résidente.

15. À l'alinéa *a*) du paragraphe 2, le terme « capital » est utilisé à propos du traitement fiscal des dividendes, c'est-à-dire des distributions de bénéfices faites aux actionnaires. Ce rapprochement exige que, pour l'application de l'alinéa *a*), ce terme soit employé dans le sens qui est à retenir aux fins des distributions à l'actionnaire (en l'occurrence, la société mère).

- *a*) En règle générale, il y a donc lieu de prendre le terme « capital » de l'alinéa *a*) tel qu'on l'entend au sens du droit des sociétés. D'autres éléments, et notamment les réserves, ne sont pas à prendre en considération.
- *b*) Le capital, au sens du droit des sociétés, devra être indiqué d'après la valeur nominale totale des actions qui, dans la plupart des cas, apparaîtra au poste « capital » du bilan de la société.

c) Il n'y a pas lieu de tenir compte des différences dues à la diversité des parts sociales émises (actions ordinaires, actions privilégiées, actions à vote plural, actions sans droit de vote, actions au porteur, actions nominatives, etc.), car ces différences ont plus trait à la nature des droits dont dispose l'actionnaire qu'à l'importance de la participation au capital.

d) Lorsqu'un prêt ou un autre apport à la société ne représente pas du capital, au sens strict de la législation sur les sociétés, mais lorsque sur la base du droit ou des usages internes (sous-capitalisation, assimilation d'un prêt à du capital social), le revenu qui en provient est considéré comme un dividende par l'article 10, la valeur de ce prêt ou de cet apport doit aussi être considérée comme du « capital » au sens de l'alinéa *a*).

e) Lorsque les organismes n'ont pas de capital au sens de la législation sur les sociétés, on comprend sous ce terme, pour l'application de l'alinéa *a*), le total des apports dont il est tenu compte pour distribuer les bénéfices.

Les États contractants ont la faculté, dans leurs négociations bilatérales, de s'écarter du critère « capital » retenu à l'alinéa *a*) du paragraphe 2 et d'utiliser, par exemple, le critère « droit de vote ».

16. Avant 2017, il était indiqué au paragraphe 17 des Commentaires sur l'article que : «[l]a réduction prévue à l'alinéa *a*) du paragraphe 2 ne devrait pas être accordée en cas d'usage abusif de cette disposition, par exemple lorsqu'une société détenant une participation inférieure à 25 pour cent a, peu de temps avant la mise en paiement des dividendes, acquis un complément de participation essentiellement dans le but de tirer profit de la disposition en question, ou encore lorsque la participation a été composée principalement pour obtenir le bénéfice de la réduction. » Ce type d'abus a été abordé dans le rapport final sur l'Action 6[1] du projet sur l'érosion de la base d'imposition et transfert de bénéfices (BEPS) qui a été réalisé sous l'égide de l'OCDE et du G20. À la suite de ce rapport, l'alinéa *a*) a été modifié afin de restreindre son champ d'application aux situations où la société qui reçoit le dividende détient directement au moins 25 pour cent du capital de la société qui paie les dividendes tout au long d'une période de 365 jours incluant le jour du paiement des dividendes. L'alinéa prévoit également, cependant, que, dans le calcul de cette période, les changements de détention qui résulteraient directement d'une réorganisation, telle qu'une fusion ou une scission de société, ne devraient pas être pris en compte. En outre, l'ajout de l'article 29 empêchera d'autres arrangements abusifs visant à obtenir les avantages de l'alinéa *a*).

17. En vertu du droit interne de certains États, il est possible d'effectuer des investissements de portefeuille dans des actions de sociétés de cet État par l'intermédiaire de certains organismes de placement collectif qui sont établis dans cet État et qui ne paient pas d'impôt sur le revenu de leurs placements. Dans de telles situations, une société non-résidente qui détiendrait au moins 25 pour cent du capital

1 OCDE (2017), *Empêcher l'octroi inapproprié des avantages des conventions fiscales, Action 6 - Rapport final 2015*, Éditions OCDE, Paris. http://dx.doi.org/10.1787/9789264278035-fr.

d'un tel organisme pourrait bénéficier du taux réduit prévu par l'alinéa *a*) à l'égard des dividendes payés par cet organisme même si celui-ci ne détenait pas au moins 25 pour cent du capital de toute société lui ayant payé des dividendes. Les États pour lesquels le problème se présente peuvent empêcher ce résultat en ajoutant au paragraphe 2 une disposition rédigée comme suit (voir aussi le paragraphe 67.4 applicable aux dividendes versé par une société de placement immobilier) :

> L'alinéa *a*) ne s'applique pas aux dividendes payés par une société qui est un résident de [nom de l'État] qui est un [description du type d'organisme de placement collectif auquel cette règle devrait s'appliquer].

18. Le paragraphe 2 ne se prononce pas sur le mode d'imposition dans l'État de la source. Il laisse donc à cet État la faculté d'appliquer sa législation interne et notamment de prélever l'impôt soit par voie de retenue à la source, soit par voie de rôle.

19. Le paragraphe ne règle pas les questions de procédure. Chaque État doit pouvoir adopter la procédure prévue dans sa propre législation. Il peut soit limiter d'emblée l'imposition au taux figurant dans l'article, soit imposer à plein et accorder un remboursement (voir cependant le paragraphe 109 des Commentaires sur l'article 1). Les abus potentiels découlant de situations dans lesquelles des dividendes versés par une société résident d'un État contractant sont attribuables à un établissement stable qu'une entreprise de l'autre État possède dans un État tiers sont traités au paragraphe 8 de l'article 29. D'autres questions se posent en relation avec les cas triangulaires (voir le paragraphe 71 des Commentaires sur l'article 24).

20. Par ailleurs, le paragraphe ne précise pas si l'allégement dans l'État de la source doit ou non être subordonné à l'imposition effective des dividendes dans l'État de la résidence. Cette question peut être résolue par voie de négociations bilatérales.

21. L'article ne contient aucune disposition relative à la manière dont l'État de résidence du bénéficiaire devrait tenir compte de l'imposition dans l'État de la source. Cette question est traitée dans les articles 23 A et 23 B.

22. Le projet sur l'érosion de la base d'imposition et transfert de bénéfices (BEPS) qui a été réalisé sous l'égide de l'OCDE et du G20 et, en particulier, le rapport final sur l'Action 6[1] produit dans le cadre de ce projet, ont abordé un certain nombre d'abus liés à des situations comme la suivante : le bénéficiaire effectif des dividendes provenant d'un État contractant est une société résidente de l'autre État contractant dont le capital est en totalité ou en partie détenu par des actionnaires non-résidents de ce dernier État, qui, de pratique courante, ne procède pas à la distribution de ses bénéfices sous forme de dividendes et qui jouit d'un régime fiscal privilégié (société privée d'investissement, société écran). Outre le fait que l'article 29, qui a été inclus dans la Convention à la suite du rapport final sur l'Action 6, vise les questions de chalandage fiscal qu'une telle situation peut présenter, les États qui souhaitent ne pas accorder les

1 OCDE (2017), *Empêcher l'octroi inapproprié des avantages des conventions fiscales, Action 6 - Rapport final 2015*, Éditions OCDE, Paris. http://dx.doi.org/10.1787/9789264278035-fr.

avantages de l'article 10 aux dividendes qui bénéficient d'un traitement fiscal préférentiel dans l'État de résidence peuvent envisager d'inclure dans leurs conventions des dispositions telles que celles décrites aux paragraphes 82 à 100 des Commentaires sur l'article 1.

Paragraphe 3

23. Étant donné que les législations des pays membres de l'OCDE sont très diverses, il n'est pas possible de définir la notion de dividende de manière complète et exhaustive. Pour cette raison, la définition se borne à mentionner les exemples qui figurent dans la plupart de ces législations et qui n'y sont en tout cas pas traités différemment. Une formule générale complète l'énumération. Une étude complète a été entreprise à l'occasion de la révision du Projet de Convention de 1963, afin de trouver une solution ne faisant pas référence à la législation interne. Aux termes de cette étude, il n'a pas paru possible, étant donné les divergences qui subsistent entre les pays membres en matière de législation sur les sociétés et de législation fiscale, de donner de la notion de dividende une définition qui serait indépendante de la législation interne. Par des négociations bilatérales, les États contractants peuvent tenir compte des particularités de leurs législations et convenir d'étendre la définition des « dividendes » à d'autres paiements faits par les sociétés auxquelles s'applique l'article.

24. La notion de dividende se rapporte essentiellement aux distributions faites par des sociétés au sens de l'alinéa *b*) du paragraphe 1 de l'article 3. La définition se rapporte donc, en premier lieu, aux distributions de bénéfices auxquelles donnent droit des actions, c'est-à-dire les participations à une société anonyme (société de capitaux). La définition assimile aux actions les titres qui sont émis par des sociétés et qui donnent droit à une participation aux bénéfices de la société sans être une créance : ce sont, par exemple, les actions ou bons de jouissance, parts de fondateurs ou autres parts bénéficiaires. Cette énumération peut, bien entendu, être adaptée dans les conventions bilatérales au droit des États contractants. En particulier ceci peut s'avérer nécessaire en ce qui concerne les revenus provenant des actions de jouissance et des parts de fondateurs. En revanche, les créances participant aux bénéfices ne font pas partie de cette catégorie (voir le paragraphe 19 des Commentaires sur l'article 11) ; de même, les intérêts d'obligations convertibles ne sont pas des dividendes.

25. L'article 10 ne vise pas seulement les dividendes proprement dits mais aussi les intérêts d'emprunts, dans la mesure où le prêteur partage effectivement les risques encourus par la société, c'est-à-dire lorsque le remboursement dépend dans une large mesure du succès de l'entreprise. Les articles 10 et 11 n'empêchent donc pas d'assimiler cette sorte d'intérêts à des dividendes en application des règles internes du pays de l'emprunteur relatives à la sous-capitalisation. La question de savoir si le prêteur partage les risques de l'entreprise doit s'apprécier dans chaque cas particulier à la lumière de l'ensemble des circonstances, comme par exemple les suivantes :

— l'emprunt dépasse très largement toutes les autres contributions au capital de l'entreprise (ou a été consenti pour remplacer une part importante du capital qui a été perdue) et son montant est sans commune mesure avec celui des actifs qui peuvent être rachetés ;

— le créancier participera aux bénéfices de la société ;

— le remboursement du prêt est subordonné au remboursement des dettes envers d'autres créanciers ou au versement de dividendes ;

— le niveau ou le versement des intérêts dépend des bénéfices de la société ;

— le contrat de prêt ne comporte aucune clause fixe prévoyant le remboursement dans un délai déterminé.

26. La législation de nombreux États assimile aux actions les participations à une société à responsabilité limitée. De même, des distributions de bénéfices faites par des sociétés coopératives sont généralement considérées comme des dividendes.

27. Les distributions de bénéfices faites par des sociétés de personnes ne sont pas des dividendes au sens de leur définition à moins que les sociétés de personnes ne soient assujetties dans l'État où se trouve leur direction effective à un régime fiscal analogue en substance à celui qui est appliqué aux sociétés anonymes (comme c'est le cas, par exemple, en Belgique, en Espagne et au Portugal — de même qu'en France pour les distributions faites aux commanditaires dans les sociétés en commandite simple). Par ailleurs, il peut être nécessaire d'apporter une précision dans les conventions bilatérales dans les cas où la législation fiscale d'un État contractant donne au propriétaire de participations dans une société le droit d'opter, à certaines conditions, pour une imposition analogue à celle d'un associé d'une société de personnes ou, inversement, donne à l'associé d'une société de personnes le droit de choisir d'être imposé comme le propriétaire d'une participation dans une société.

28. Sont considérés comme dividendes non seulement les distributions de bénéfices décidées chaque année par l'assemblée générale des actionnaires, mais encore les autres avantages appréciables en argent, tels que actions gratuites, bonus, bénéfices de liquidation ou de rachat d'actions (voir le paragraphe 31 des Commentaires sur l'article 13) et distributions cachées de bénéfices. Les allégements prévus au présent article s'appliquent pour autant que l'État dont la société débitrice est résidente impose les prestations susmentionnées comme les dividendes. Il n'est aucunement déterminant que ces prestations aient pour origine des bénéfices sociaux de l'exercice ou proviennent, par exemple, des réserves, c'est-à-dire des bénéfices des exercices antérieurs. Normalement, les distributions faites par une société qui réduisent l'importance des droits des associés ne sont pas considérées comme des dividendes. C'est ainsi que n'en sont pas les paiements qui se ramènent à un remboursement de capital sous quelque forme que ce soit.

29. Les avantages auxquels ouvre droit une participation sociale ne s'attribuent en règle générale qu'aux actionnaires eux-mêmes. Certaines de ces attributions au bénéfice de personnes qui ne sont pas des actionnaires au sens du droit des sociétés peuvent cependant constituer des dividendes lorsque :

— les rapports de droit unissant ces personnes à la société sont assimilés à une participation sociale (« participations occultes ») et que

— les personnes bénéficiant de ces avantages se trouvent rattachées par des liens étroits à un actionnaire ; il en est ainsi, par exemple, lorsque le bénéficiaire est un parent de l'actionnaire ou bien une société appartenant au même groupe que la société détenant les actions.

30. Lorsque l'actionnaire et la personne recevant de tels avantages sont des résidents de deux États différents avec lesquels l'État de la source a conclu des conventions, des divergences d'opinions peuvent apparaître pour la détermination de la convention applicable. Un problème identique peut se poser lorsque l'État de la source a conclu une convention avec l'un des États mais non avec l'autre. Il s'agit là, toutefois, d'un conflit dont les autres revenus ne sont pas non plus à l'abri et dont la solution ne peut être trouvée que par une procédure amiable.

Paragraphe 4

31. Certains États estiment que les dividendes, les intérêts et les redevances qui proviennent de sources situées sur leur territoire et sont payés à des personnes physiques ou morales résidentes d'autres États, n'entrent pas dans le champ d'application des dispositions prises pour éviter leur imposition à la fois dans l'État de la source et dans l'État de résidence du bénéficiaire, lorsque ce dernier a un établissement stable dans le premier de ces États. Le paragraphe 4 ne s'inspire pas d'une telle conception, parfois appelée « force attractive de l'établissement stable ». Il ne stipule pas que les dividendes reçus par un résident d'un État contractant d'une source située dans l'autre État doivent, par l'effet d'une sorte de présomption légale, être rattachés, même fictivement, à l'établissement stable que ce résident aurait éventuellement dans ce dernier État, si bien que cet État n'aurait pas à limiter son imposition en une telle hypothèse. Il se borne à prévoir que, dans l'État de la source, les dividendes sont imposables au titre de bénéfices de l'établissement stable qui y est possédé par le bénéficiaire résident de l'autre État s'ils sont produits par des participations qui font partie de l'actif de l'établissement stable ou se rattachent effectivement d'une autre façon à cet établissement. Dans ce cas, le paragraphe 4 dispense l'État de la source des dividendes de toute limitation prévue à l'article. Les explications qui précèdent rejoignent celles qui sont données aux Commentaires sur l'article 7.

32. On a fait valoir que ce paragraphe pourrait donner lieu à des abus sous la forme du transfert d'actions à des établissements stables constitués uniquement à cette fin dans des pays réservant un traitement préférentiel aux revenus de dividendes. Outre le fait que les dispositions de l'article 29 (et en particulier le paragraphe 8 de cet article) et les principes énoncés dans la section intitulée « Usage incorrect de la Convention » dans les Commentaires sur l'article 1 empêcheront normalement de telles opérations abusives, il faut tenir compte du fait qu'un emplacement particulier ne peut constituer un établissement stable que si des activités d'entreprise y sont exercées et, ainsi qu'il est expliqué ci-dessous, l'exigence selon laquelle la participation au capital doit se « rattacher effectivement » à un tel emplacement nécessite plus que le simple

enregistrement de cette participation dans les documents comptables de l'établissement stable.

32.1 Une participation génératrice de dividendes se rattache effectivement à un établissement stable et fait donc partie de son actif si la propriété « économique » de cette participation est attribuée à cet établissement stable selon les principes développés dans le rapport du Comité intitulé *Attribution de bénéfices aux établissements stables*[1] (voir en particulier les paragraphes 72 à 97 de la Partie I du rapport) aux fins de l'application du paragraphe 2 de l'article 7. Dans le contexte de ce paragraphe, la propriété « économique » d'une participation signifie l'équivalent de la propriété, aux fins de l'imposition du revenu, d'une entreprise distincte, avec les bénéfices et les charges correspondantes (par exemple le droit aux dividendes afférent à la propriété de cette participation et le risque de gains ou pertes liés à l'augmentation ou de la diminution de la valeur de cette participation).

32.2 Dans le cas de l'établissement stable d'une entreprise qui exerce des activités d'assurance, la réponse à la question de savoir si une participation se rattache effectivement à l'établissement stable sera donnée en tenant compte des instructions figurant à la Partie IV du rapport du Comité concernant la question de savoir si les revenus ou les gains attribuables à cette participation sont pris en compte dans la détermination du rendement obtenu par l'établissement stable sur le montant des actifs qui lui sont attribués (voir en particulier les paragraphes 165 à 170 de la Partie IV). Ces instructions ayant un caractère général, les autorités fiscales devraient envisager d'appliquer une approche flexible et pragmatique qui tiendrait compte de l'application raisonnable et cohérente par l'entreprise de ces instructions afin d'identifier les actifs spécifiques qui se rattachent effectivement à l'établissement stable.

Paragraphe 5

33. L'article ne traite que des dividendes qu'une société résidente d'un État contractant verse à un résident de l'autre État. Toutefois, certains États n'imposent pas seulement les dividendes que verse une société résidente de cet État, mais encore les distributions de bénéfices provenant de cet État qui sont faites par des sociétés non résidentes. Il va sans dire que chaque État peut imposer les bénéfices qui sont réalisés sur son territoire par des sociétés non résidentes, dans la mesure prévue par la Convention (notamment à l'article 7). On ne devrait pas imposer, en plus, les actionnaires de cette société, sauf si ceux-ci sont des résidents de cet État et, pour cette raison, soumis à la souveraineté fiscale de cet État.

34. Le paragraphe 5 exclut l'imposition extra-territoriale des dividendes, c'est-à-dire la pratique des États qui imposent les dividendes distribués par une société non résidente en considération du seul fait que les bénéfices sociaux servant à distribuer ces dividendes proviennent de leur territoire (par exemple, sont produits par l'entremise d'un établissement stable situé sur ce territoire). Le problème de l'imposition extra-territoriale ne se pose évidemment pas lorsque le pays de la source

1 *Attribution de bénéfices aux établissements stables*, OCDE, Paris, 2010.

des bénéfices sociaux impose les dividendes parce qu'ils sont versés à un actionnaire qui est résident de cet État ou à un établissement stable situé dans cet État.

35. De plus, on peut prétendre qu'une telle disposition n'a pas pour but et ne peut avoir pour effet d'empêcher un État d'assujettir à une retenue à la source les dividendes, distribués par des sociétés étrangères, qui sont encaissés sur son territoire. En effet, dans ce cas, le critère d'assujettissement est l'opération matérielle de paiement des dividendes, et non l'origine des bénéfices sociaux affectés à la distribution de ces dividendes. Mais si la personne qui encaisse les dividendes dans un État contractant est un résident de l'autre État contractant (dont la société distributrice est un résident), elle peut, conformément aux dispositions de l'article 21, obtenir l'exemption ou le remboursement de la retenue à la source du premier État. De même, si le bénéficiaire des dividendes est un résident d'un État tiers qui a conclu une convention de double imposition avec l'État où les dividendes sont encaissés, il peut, conformément aux dispositions de l'article 21 de cette convention, obtenir l'exemption ou le remboursement de la retenue à la source de ce dernier État.

36. Le paragraphe 5 dispose, en outre, que les sociétés non résidentes ne doivent pas être soumises à des impôts spéciaux sur les bénéfices non distribués.

37. Comme le confirment les dispositions du paragraphe 3 de l'article 1, le paragraphe 5 ne peut être interprété comme empêchant l'État de résidence d'un contribuable d'imposer ce contribuable, en vertu de sa législation sur les sociétés étrangères contrôlées ou d'autres règles avec des effets similaires, à l'égard des bénéfices qui n'ont pas été distribués par une société non-résidente. Il faut aussi noter que ce dernier paragraphe ne vise que l'imposition au lieu de la source des revenus et, par conséquent, ne concerne pas l'imposition au lieu de la résidence de l'actionnaire en vertu de ce type de législation ou ces règles. En outre, le paragraphe 5 ne concerne que l'imposition de la société et non celle de l'actionnaire.

38. L'application de ce type de législation ou de ces règles peut, néanmoins, compliquer l'application de l'article 23. Si les revenus sont imputés au contribuable, chaque élément de revenu devra être soumis au régime prévu par les dispositions correspondantes de la Convention (bénéfices d'entreprise, intérêts, redevances). Si cette somme est traitée comme un dividende réputé, il est clair que le montant imposable provient de la société écran et correspond donc à des revenus ayant leur source dans le pays de ladite société. Mais quant à savoir si le montant imposable doit être considéré alors comme un dividende au sens de l'article 10 ou comme entrant dans la catégorie des « autres revenus » visés à l'article 21, rien n'est moins clair. Certains pays, dans ce type de législation ou ces règles, considèrent le montant imposable comme un dividende, si bien qu'une exemption d'impôt prévue par une convention fiscale, comme le « privilège d'affiliation », doit aussi lui être appliquée. On peut cependant se demander si cela est requis par la Convention. Si le pays de résidence considère que tel n'est pas le cas, il s'expose au reproche d'empêcher le jeu normal du privilège d'affiliation en imposant par avance le dividende (à titre de dividende réputé).

39. Lorsque la société écran distribue effectivement des dividendes, les dispositions conventionnelles relatives aux dividendes s'appliquent normalement, car il s'agit de revenus ayant le caractère de dividendes au sens de la Convention. Le pays de la société écran peut donc soumettre le dividende à une retenue à la source. Le pays de résidence de l'actionnaire, lui, appliquera les méthodes normales pour éviter les doubles impositions (en accordant un crédit d'impôt ou une exemption). Ainsi, la retenue à la source sur le dividende ouvrirait droit à un crédit d'impôt dans le pays de l'actionnaire, même si les bénéfices distribués (les dividendes) ont été imposés des années auparavant en application des dispositions sur les sociétés étrangères contrôlées ou autres dispositions ayant les mêmes effets. Il est cependant douteux que la Convention oblige à procéder ainsi dans ce cas. La plupart du temps, le dividende en tant que tel est exonéré d'impôt (ayant déjà été imposé en application de la législation ou des règles en question) et l'on pourrait dire que l'octroi d'un crédit d'impôt n'est pas fondé. D'un autre côté, s'il était possible d'éviter d'accorder des crédits d'impôt simplement en imposant par avance le dividende en vertu d'une disposition destinée à contrecarrer l'évasion fiscale, cela irait à l'encontre de l'objet de la convention. Le principe général avancé plus haut recommanderait d'accorder le crédit d'impôt, les modalités pouvant néanmoins dépendre des aspects techniques de ce type de dispositions ou règles et des modalités du système d'imputation des impôts étrangers sur l'impôt national, ainsi que des circonstances propres au cas particulier (délai écoulé depuis l'imposition du dividende réputé, par exemple). Cependant, les contribuables qui ont recours à des systèmes artificiels prennent des risques contre lesquels les autorités fiscales ne peuvent leur accorder une protection intégrale.

III. Conséquences des particularités des législations fiscales internes de certains pays

40. Certaines législations tendent à éviter ou à atténuer la double imposition économique, c'est-à-dire l'imposition simultanée, d'une part, des bénéfices de la société auprès de celle-ci et, d'autre part, des dividendes auprès de l'actionnaire. Pour ce faire, il existe divers procédés :

- l'impôt des sociétés afférent aux bénéfices distribués est perçu à un taux moins élevé que l'impôt afférent aux bénéfices non distribués ;
- l'impôt payé par la société sur les bénéfices distribués est partiellement imputé sur l'impôt personnel de l'actionnaire ;
- les dividendes ne sont frappés que par un seul impôt, les bénéfices distribués n'étant pas imposés dans le chef de la société.

Le Comité des affaires fiscales a examiné si les particularités des législations fiscales de ces pays justifieraient des solutions différentes de celles qui sont contenues dans le Modèle de Convention.

A. *Dividendes distribués à des personnes physiques*

41. Contrairement à la notion de double imposition juridique, qui a généralement un sens bien précis, le concept de double imposition économique est moins certain. Certains États ne reconnaissent pas la validité du concept et d'autres, plus nombreux, n'estiment pas nécessaire d'atténuer la double imposition économique sur le plan national (dividendes distribués par des sociétés résidentes à des actionnaires résidents). Dès lors, à défaut de pouvoir fonder l'analyse sur la notion — mal définie — de double imposition économique, il a paru opportun d'étudier le problème dans une optique économique plus générale, c'est-à-dire quant aux effets que les divers systèmes d'allégement peuvent exercer sur le mouvement international des capitaux. Dans cet esprit, il convenait de rechercher notamment les distorsions et discriminations pouvant découler des systèmes nationaux ; mais on a dû avoir égard aussi à l'aspect budgétaire pour les États et à l'efficacité du contrôle fiscal, sans perdre de vue la réciprocité, base de toute convention. Dans cette optique, il est apparu que l'on ne peut faire totalement abstraction de la charge constituée par l'impôt des sociétés.

1. *États à système classique*

42. Le Comité a admis que la double imposition économique ne doit pas être évitée sur le plan international quand elle subsiste au plan national. Il estime donc que dans les relations entre deux États à système classique, c'est-à-dire qui n'allègent pas la double imposition économique, les niveaux respectifs de l'impôt des sociétés en vigueur dans les États contractants doivent rester sans influence sur le taux de la retenue à opérer sur le dividende dans l'État de la source (taux plafonné à 15 pour cent par l'alinéa *b*) du paragraphe 2 de l'article 10). Partant, la solution recommandée dans le Modèle de Convention garde toute sa valeur dans le présent cas.

2. *États appliquant un double taux d'impôt des sociétés*

43. Les États en question perçoivent l'impôt des sociétés à des taux différents suivant l'affectation donnée au bénéfice : le taux élevé frappe le bénéfice non distribué et le taux inférieur s'applique au bénéfice distribué.

44. Aucun de ces États, dans les conventions de double imposition, n'a obtenu, eu égard au double taux de son impôt des sociétés, le droit de retenir un impôt supérieur à 15 pour cent (voir alinéa *b*) du paragraphe 2 de l'article 10) sur les dividendes attribués par ses sociétés à un actionnaire, personne physique, résident de l'autre État.

45. Le Comité a examiné si un tel État (État B) ne devrait pas être admis à retenir sur les dividendes distribués par ses sociétés à des résidents d'un État à système classique (l'État A), un impôt supérieur à 15 pour cent, étant entendu que la partie de la retenue dépassant 15 pour cent et destinée à compenser dans le chef de cet actionnaire les effets du taux réduit d'impôt des sociétés frappant les bénéfices distribués des sociétés de l'État B, ne serait pas imputée sur l'impôt dû par l'actionnaire dans l'État A dont il est un résident.

46. La plupart des pays membres ont estimé que dans l'État B, il faut considérer la charge fiscale moyenne de l'impôt des sociétés et que cette charge moyenne doit être regardée comme le pendant de celle qui est perçue sous forme d'impôt à taux unique à charge des sociétés résidentes de l'État A. La perception par l'État B d'une retenue complémentaire non imputée dans l'État A créerait d'ailleurs une double discrimination : d'une part, les dividendes distribués par une société résidente de l'État B seraient plus lourdement imposés lorsqu'ils sont distribués à des résidents de l'État A plutôt qu'à des résidents de l'État B et, d'autre part, le résident de l'État A paierait un impôt personnel plus élevé sur ses dividendes provenant de l'État B que sur ses dividendes provenant de l'État A. L'idée d'un « impôt compensatoire » n'a donc pas été retenue par le Comité.

3. *États imputant une partie de l'impôt des sociétés sur l'impôt de l'actionnaire*

47. Dans ces États, la société est assujettie à l'impôt sur l'ensemble de ses bénéfices, distribués ou non, et les dividendes sont soumis à l'impôt dans les mains de l'actionnaire résident (personne physique) ; mais celui-ci voit imputer sur sa cotisation personnelle un crédit d'impôt justifié par le fait que — normalement tout au moins — le dividende a été soumis à l'impôt des sociétés au titre de bénéfice social.

48. Le droit interne des États considérés ne comporte pas l'application du crédit d'impôt au plan international et le crédit est réservé à leurs résidents et aux seuls dividendes de source nationale. Toutefois, tel qu'indiqué ci-dessous, certains États ont, dans quelques conventions, étendu le bénéfice du crédit d'impôt aux résidents de l'autre État contractant.

49. Dans plusieurs pays qui imputent une partie de l'impôt des sociétés sur l'impôt de l'actionnaire, l'actionnaire résident reçoit un crédit en considération du fait que les bénéfices à partir desquels les dividendes sont payés ont déjà été imposés au niveau de la société. L'actionnaire résident est imposé sur son dividende majoré de l'avoir fiscal ou du crédit d'impôt, lesquels sont imputés sur l'impôt dû et peuvent donner lieu éventuellement à remboursement. Dans quelques conventions de double imposition, certains pays qui appliquent ce système ont accordé le crédit d'impôt aux actionnaires résidents des autres États contractants. Quoique la plupart des pays qui ont ainsi accordé le crédit à des non-résidents ne l'ont fait que sur une base de réciprocité, quelques pays ont conclu des conventions où ils ont unilatéralement étendu le bénéfice de ce crédit aux résidents de l'État co-contractant.

50. Certains États qui offrent aussi un allégement au niveau de l'actionnaire font valoir que, dans leur système, l'impôt sur les sociétés reste pour sa totalité un véritable impôt de la société, en ce sens qu'il est perçu et reste acquis au Trésor suivant des éléments propres à la société et sans considération aucune pour la personne et la résidence de l'actionnaire. Le crédit d'impôt accordé à l'actionnaire est voulu comme un allégement forfaitaire de la charge fiscale personnelle de celui-ci et il ne constitue en rien une remise en cause de l'impôt de la société. Il n'y a donc pas de remboursement si le crédit d'impôt est supérieur au montant de l'impôt personnel.

51. Le Comité n'a pu parvenir à un accord général sur le point de savoir si les systèmes des pays auxquels il est fait référence au paragraphe 50 ci-dessus présentent une différence fondamentale qui puisse justifier des solutions différentes sur le plan international.

52. Certains pays membres étaient d'avis qu'il n'y avait pas de différence fondamentale. On pourrait donc en conclure que les pays auxquels il est fait référence au paragraphe 50 ci-dessus devraient étendre le bénéfice du crédit d'impôt aux actionnaires non résidents, du moins sur une base de réciprocité, de la même façon que le font certains des pays auxquels il est fait référence au paragraphe 49 ci-dessus. Cette solution tend à assurer la neutralité quant aux dividendes distribués par les sociétés de ces pays, un même traitement étant réservé aux actionnaires résidents et aux actionnaires non résidents. En revanche, pour les actionnaires résidents d'un État contractant (en particulier d'un État à système classique), elle constituerait une incitation à investir dans les États qui offrent un allégement au niveau de l'actionnaire, puisque les résidents du premier État bénéficieraient d'un crédit d'impôt (en fait un remboursement de l'impôt sur les sociétés) pour les dividendes provenant de ces États, alors qu'ils n'en bénéficieraient pas pour les dividendes provenant de leur propre pays. Mais ces conséquences se produiraient également entre un État appliquant un double taux d'impôt des sociétés et un État à système classique, ou entre deux États à système classique dont l'un imposerait les sociétés à un taux moins élevé que l'autre (paragraphes 42 et 43 à 46 ci-dessus).

53. En revanche, plusieurs pays membres ont fait observer que si l'on cherche à déterminer la nature véritable de l'allégement fiscal accordé dans les systèmes des pays auxquels il est fait référence au paragraphe 50 ci-dessus, on constate qu'il y a simplement une diminution de la charge personnelle de l'actionnaire au titre de l'impôt sur le revenu pour tenir compte du fait que, normalement, le dividende qu'il perçoit a déjà supporté l'impôt sur les sociétés. Le crédit d'impôt étant forfaitaire, il n'est pas exactement fonction de la fraction de l'impôt sur les sociétés correspondant aux bénéfices utilisés pour le paiement du dividende. Il n'y a pas de remboursement si le crédit d'impôt disponible dépasse la charge fiscale de l'actionnaire.

54. Puisque l'allégement n'est pas par lui-même un remboursement de l'impôt sur les sociétés mais une réduction de l'impôt sur le revenu des personnes physiques, l'extension de son bénéfice aux actionnaires non résidents qui ne sont pas assujettis à l'impôt sur le revenu des personnes physiques dans les pays considérés n'entre pas en ligne de compte. En revanche, le point de savoir si un État imputant une partie de l'impôt des sociétés sur l'impôt de l'actionnaire devrait accorder un crédit au titre de l'impôt que ses résidents auraient acquitté sur des dividendes étrangers mérite d'être étudié. À cet égard, il faut noter que la réponse est affirmative si l'on se place du point de vue de la neutralité quant à l'origine des dividendes ; autrement, les résidents de ces États seraient incités à acquérir des actions dans leur propre pays plutôt qu'à l'étranger. Mais une telle extension du crédit d'impôt serait contraire au principe de la réciprocité : non seulement l'État en cause consentirait ainsi un sacrifice budgétaire unilatéral (imputation du crédit d'impôt en sus de la retenue à la source opérée dans

l'autre État), mais encore il le ferait sans compensation sur le plan économique, car il n'encouragerait pas les résidents de l'autre État à acquérir des actions sur son propre territoire.

55. Pour écarter ces objections, on pourrait imaginer, entre autres possibilités, que l'État de source, qui a perçu l'impôt des sociétés sur les dividendes distribués par les sociétés résidentes, prenne en charge, par un transfert de fonds au profit de l'État imputant une partie de l'impôt des sociétés sur l'impôt de l'actionnaire, le crédit d'impôt qu'accorderait ce dernier État. Mais comme de tels transferts n'ont guère la faveur des États, ceci pourrait, d'une manière plus simple, se réaliser par un système forfaitaire dans lequel l'État de source renoncerait à toute retenue à la source sur les dividendes attribués à des résidents de l'autre État, et ce dernier imputerait alors sur son propre impôt, non plus la retenue à la source de 15 pour cent (supprimée dans l'État de source), mais un crédit d'impôt analogue à celui qu'il accorde pour les dividendes de source nationale.

56. Tout bien considéré, le problème ne paraît pouvoir se régler que dans des négociations bilatérales, où on est mieux à même d'apprécier l'importance respective des sacrifices et des avantages que la convention doit entraîner pour chaque État contractant.

57. [Supprimé]

58. [Supprimé]

B. *Dividendes distribués à des sociétés*

59. Les développements consacrés ci-dessus aux dividendes payés à des personnes physiques sont, en général, applicables aux dividendes payés à des sociétés qui détiennent moins de 25 pour cent du capital de la société qui paie les dividendes. Le traitement des dividendes versés à des organismes de placement collectif soulève des questions spécifiques qui sont traitées aux paragraphes 22 à 48 des Commentaires sur l'article 1.

60. Pour les dividendes payés à des sociétés qui détiennent au moins 25 pour cent du capital de la société qui paie les dividendes, le Comité a examiné les incidences que les systèmes particuliers d'imposition des sociétés cités dans les paragraphes 42 et suivants ont sur le régime fiscal applicable des dividendes payés par la filiale.

61. Diverses opinions ont été exprimées lors des discussions. Des divergences apparaissent déjà lorsqu'on se contente d'examiner l'imposition des sociétés filiales et des sociétés mères. Elles sont encore plus nettes si la discussion tient compte de considérations économiques plus générales, et inclut également dans l'examen l'imposition des actionnaires de la société mère.

62. Dans leurs conventions bilatérales, les États ont adopté différentes solutions, qui ont été déterminées par les objectifs économiques et les particularités de la situation juridique de ces États, par les incidences budgétaires et par toute une série d'autres facteurs. Des principes généralement acceptés ne se sont pas dégagés. Le Comité a

cependant examiné la situation pour les systèmes d'imposition des sociétés les plus courants.

1. *Système classique dans l'État de la filiale* (paragraphe 42 ci-dessus)

63. Les dispositions de la Convention ont été rédigées pour s'appliquer au cas où l'État dont la société distributrice est un résident a un système d'imposition des sociétés dit classique, c'est-à-dire un système dans lequel les bénéfices distribués ne font l'objet d'aucun avantage, que ce soit au niveau de la société ou au niveau de l'actionnaire — sauf pour éviter l'imposition en cascade des dividendes inter-sociétés.

2. *Système du double taux d'impôt des sociétés dans l'État de la filiale* (paragraphes 43 à 46 ci-dessus)

64. Les États de ce type perçoivent l'impôt des sociétés sur les bénéfices distribués à un taux inférieur à celui qui s'applique aux bénéfices mis en réserve d'où il résulte une charge fiscale moins élevée sur les bénéfices distribués par une filiale à sa société mère. Compte tenu de cette situation, la plupart de ces États ont obtenu, dans leurs conventions, de maintenir le taux de l'impôt à la source à 10 ou 15 pour cent et même, dans certains cas, à plus de 15 pour cent. Il n'a pas été possible d'aboutir, au sein du Comité, à une convergence de vues sur ce point, qui devra être réglé par des négociations bilatérales.

3. *Système d'imputation dans l'État de la filiale* (paragraphes 47 et suivants)

65. Dans ces États, la société est assujettie à l'impôt sur l'ensemble de ses bénéfices, distribués ou non ; l'actionnaire résident de l'État dont la société distributrice est elle-même un résident est assujetti à l'impôt à raison des dividendes qui lui ont été distribués, mais reçoit un crédit d'impôt en considération du fait que les bénéfices affectés à la distribution ont été imposés au niveau de la société.

66. La question s'est posée de savoir si les États de ce type devraient transférer le bénéfice du crédit d'impôt aux actionnaires des sociétés mères résidentes d'un autre État ou même d'accorder directement le crédit d'impôt à ces sociétés mères. Il n'a pas été possible d'aboutir, au sein du Comité, à une convergence de vues sur cette question, qui devra être réglée par des négociations bilatérales.

67. Si dans un tel système, les bénéfices, distribués ou non, sont imposés au même taux, le système en cause ne se distingue pas, au niveau de la société distributrice, du système classique. En conséquence, l'État dont la société filiale est un résident doit limiter sa retenue à la source au taux prévu à l'alinéa *a*) du paragraphe 2.

IV. Distributions effectuées par les sociétés de placement immobilier

67.1 Dans de nombreux États, une grande partie des investissements de portefeuille dans l'immobilier est effectuée par l'intermédiaire de sociétés de placement immobilier. On peut décrire une société de placement immobilier de façon très générale comme étant une société à actionnariat étendu, un trust ou un accord contractuel ou fiduciaire dont la majorité des revenus proviennent d'investissements à long terme dans des biens immobiliers, qui distribue la majeure partie de ces revenus tous les ans et qui ne paie pas l'impôt sur les sociétés sur la partie des ses revenus provenant de biens immobiliers qui sont ainsi distribués. Le fait que la société de placement immobilier ne paie pas d'impôt sur ces revenus est la conséquence de règles prévoyant une imposition unique entre les mains des investisseurs de la société de placement immobilier.

67.2 L'importance et l'internationalisation des investissements dans les sociétés de placement immobilier et par leur intermédiaire ont amené le Comité des affaires fiscales à examiner l'application des conventions fiscales à ces investissements. Les résultats de ce travail sont parus dans un rapport intitulé « L'Application des conventions fiscales aux sociétés de placement immobilier »[1].

67.3 L'une des questions évoquées dans ce rapport est le traitement réservé par les conventions fiscales aux distributions transfrontalières d'une société de placement immobilier. Un petit investisseur ne dispose pas du contrôle des biens acquis par une société de placement immobilier et n'a aucun lien avec ces biens. Nonobstant le fait que la société de placement immobilier ne paie pas d'impôt sur ses bénéfices distribués, on peut donc considérer à bon droit qu'un tel investisseur n'a pas investi dans des biens immobiliers mais dans une simple société et que le revenu qu'il en tire doit être traité comme un dividende provenant d'un investissement de portefeuille. Un tel régime fiscal aurait en outre le mérite de tenir compte du caractère hybride d'un investissement dans une société de placement immobilier, qui combine les attributs des actions et des obligations. Au contraire, un gros investisseur aurait un intérêt plus particulier dans les biens acquis par la société de placement immobilier ; pour celui-ci, la participation dans la société de placement immobilier peut être regardée comme un substitut à l'investissement dans les biens qu'elle détient. Dans ce cas de figure, il ne semble pas approprié de limiter l'imposition dans le pays de la source sur les dividendes distribués par la société de placement immobilier puisque cette dernière ne paie pas d'impôt sur ses bénéfices.

67.4 Les États souhaitant obtenir ce résultat peuvent convenir bilatéralement de remplacer le paragraphe 2 de l'article par ce qui suit :

> 2. Toutefois, les dividendes payés par une société qui est un résident d'un État contractant sont aussi imposables dans cet État et selon la législation de cet État, mais si le bénéficiaire effectif des dividendes est un résident de l'autre État contractant (autre qu'un bénéficiaire effectif de dividendes payés par une société de placement immobilier dans laquelle cette personne détient directement ou indirectement une participation représentant au moins 10 pour cent de la valeur de la totalité du capital de cette société), l'impôt ainsi établi ne peut excéder :

1 Reproduit à la page R(23)-1 du volume II de la version complète du Modèle de Convention fiscale.

a) 5 pour cent du montant brut des dividendes si le bénéficiaire effectif est une société qui détient directement au moins 25 pour cent du capital de la société qui paie les dividendes (si cette société n'est pas une société de placement immobilier) tout au long d'une période de 365 jours incluant le jour du paiement des dividendes (il n'est pas tenu compte, aux fins du calcul de cette période, des changements de détention qui résulteraient directement d'une réorganisation, telle qu'une fusion ou une scission de société, de la société qui détient les actions ou qui paie les dividendes) ;

b) 15 pour cent du montant brut des dividendes dans tous les autres cas.

Selon cette disposition, un gros investisseur dans une société de placement immobilier est un investisseur détenant directement ou indirectement une participation représentant au moins 10 pour cent de la valeur de la totalité du capital d'une société de placement immobilier. Les États peuvent néanmoins convenir bilatéralement d'un seuil différent. Cette disposition s'applique en outre à toutes les distributions effectuées par une société de placement immobilier ; cependant, pour les distributions de gains en capital, la législation interne de certains pays prévoit un seuil différent pour distinguer entre les gros investisseurs et les petits investisseurs qui ont droit au taux d'imposition des dividendes provenant d'investissements de portefeuille et ces pays peuvent souhaiter modifier cette disposition pour préserver cette distinction dans leurs conventions fiscales. Enfin, parce qu'il serait inapproprié de limiter l'impôt dans le pays de la source sur les dividendes distribués à un gros investisseur par une société de placement immobilier, la rédaction de l'alinéa *a)* exclut de son champ d'application les dividendes payés par une société de placement immobilier ; ainsi, cet alinéa ne peut jamais s'appliquer à ces dividendes, même si une société qui détient une participation inférieure à 10 pour cent de la valeur totale du capital d'une société de placement immobilier détient au moins 25 pour cent de son capital selon le mode de calcul décrit au paragraphe 15 ci-dessus. L'État de la source pourra donc imposer ces distributions à des gros investisseurs sans que les limites imposées par les alinéas *a)* et *b)* ne puissent s'appliquer.

67.5 Néanmoins, si les sociétés de placement immobilier établies dans l'un des États contractants ne sont pas considérées comme résidentes de cet État contractant, cette disposition devra être amendée de manière à faire en sorte qu'elle s'applique aux distributions effectuées par ces sociétés de placement immobilier.

67.6 Par exemple, si la société de placement immobilier est une société qui n'est pas considérée comme un résident de l'État, les paragraphes 1 et 2 de l'article devront être amendés comme suit pour obtenir ce résultat :

1. Les dividendes payés par une société qui est un résident d'un État contractant, ou une société de placement immobilier constituée dans un État contractant, à un résident de l'autre État contractant sont imposables dans cet autre État.

2. Toutefois, les dividendes sont aussi imposables dans l'État contractant dont la société qui paie les dividendes est un résident, et selon la législation de cet État, ou, dans le cas d'une société de placement immobilier, dans l'État ou cette société a été

constituée, mais si le bénéficiaire effectif des dividendes est un résident de l'autre État contractant (autre qu'un bénéficiaire effectif de dividendes payés par une société de placement immobilier dans laquelle cette personne détient directement ou indirectement une participation représentant au moins 10 pour cent de la valeur de la totalité du capital de cette société), l'impôt ainsi établi ne peut excéder :

a) 5 pour cent du montant brut des dividendes si le bénéficiaire effectif est une société qui détient directement au moins 25 pour cent du capital de la société qui paie les dividendes (si cette société n'est pas une société de placement immobilier) tout au long d'une période de 365 jours incluant le jour du paiement des dividendes (il n'est pas tenu compte, aux fins du calcul de cette période, des changements de détention qui résulteraient directement d'une réorganisation, telle qu'une fusion ou une scission de société, de la société qui détient les actions ou qui paie les dividendes) ;

b) 15 pour cent du montant brut des dividendes dans tous les autres cas.

67.7 De même, pour obtenir ce résultat si la société de placement immobilier est constituée sous la forme d'un trust ou d'un accord contractuel ou fiduciaire et si elle n'est pas considérée comme une société, les États peuvent convenir bilatéralement d'ajouter à la version alternative du paragraphe 2 énoncée dans le paragraphe 67.4 ci-dessus une disposition supplémentaire rédigée comme suit :

> Aux fins de la présente Convention, si une société de placement immobilier constituée dans un État contractant effectue une distribution de revenu à un résident de l'autre État contractant qui est le bénéficiaire effectif de cette distribution, cette distribution de revenu est traitée comme un dividende payé par une société résidente du premier État.

En vertu de cette disposition supplémentaire, cette distribution serait traitée comme un dividende et non comme un autre type de revenu (comme, par exemple, un revenu de biens immobiliers ou un gain en capital) aux fins de l'application de l'article 10 et des autres articles de la Convention. Il est cependant évident que cela ne changerait pas la qualification de cette distribution au regard de la législation interne, si bien que le traitement prévu par cette dernière ne serait pas affecté, sauf pour l'application des limites imposées par les dispositions pertinentes de la Convention.

Observation sur les Commentaires

68. Le *Canada* et le *Royaume-Uni* ne peuvent donner leur adhésion au paragraphe 24 ci-dessus. Selon leur législation, certains paiements d'intérêts sont traités comme des distributions de bénéfices et sont donc inclus dans la définition des dividendes.

Réserves sur l'article

Paragraphe 2

69. Le *Japon* se réserve le droit de ne pas appliquer le taux pour les dividendes directs aux dividendes qui sont déductibles lors du calcul du bénéfice imposable de

l'entreprise qui paie les dividendes dans l'État contractant duquel cette entreprise est un résident.

70. Les *États-Unis* se réservent le droit d'accorder le taux de 5 pour cent sur les dividendes uniquement lorsque les critères de participation et de résidence pendant des périodes de temps prescrites sont satisfaits.

71. Les *États-Unis* se réservent le droit d'imposer conformément à leur législation interne les dividendes payés par une « entité expatriée » à une personne liée pendant une période pouvant atteindre 10 ans.

72. Les *États-Unis* se réservent le droit de prévoir que les actionnaires de certaines entités transparentes, comme les *Regulated Investment Companies* et les *Real Estate Investment Trusts*, n'auront pas droit au taux pour les dividendes directs même s'ils se qualifient sur la base de leur participation.

73. L'*Allemagne* et le *Portugal* se réservent le droit d'exclure les sociétés de personnes du champ d'application de l'alinéa *a*) du paragraphe 2, comme le stipulait le Modèle de Convention fiscale avant 2017.

74. Compte tenu de son système fiscal spécifique, le *Chili* conserve sa liberté d'action en ce qui concerne les dispositions de la Convention visant le taux et la forme de la distribution de bénéfices par des sociétés.

75. *Israël*, la *Lettonie*, le *Mexique*, le *Portugal* et la *Turquie* font une réserve sur les taux d'impôt prévus au paragraphe 2.

76. L'*Australie*, l'*Estonie*, le *Japon* et la *Lettonie* se réservent le droit de ne pas inclure l'obligation, pour les autorités compétentes, de régler d'un commun accord les modalités d'application du paragraphe 2.

77. La *Pologne* réserve sa position concernant le pourcentage minimum des parts détenues (25 pour cent) et les taux d'imposition (5 et 15 pour cent).

77.1 Le *Luxembourg* se réserve le droit de ne pas inclure la période de détention visée à l'alinéa *a*) du paragraphe 2.

Paragraphe 3

78. La *Belgique* se réserve de compléter la définition des dividendes du paragraphe 3 de manière à couvrir expressément les revenus — même attribués sous forme d'intérêts — soumis au même régime fiscal que les revenus d'actions par sa législation interne.

79. Le *Danemark* se réserve le droit, dans certains cas, de considérer comme dividendes les sommes tirées de la vente d'actions.

80. La *France* et le *Mexique* se réservent de compléter la définition des dividendes du paragraphe 3 de manière à couvrir tous les revenus soumis au régime fiscal des distributions.

81. L'*Allemagne* et le *Canada* se réservent le droit d'élargir la définition des dividendes au paragraphe 3 afin d'y inclure certains paiements d'intérêts qui sont considérés comme distributions selon leur droit interne.

81.1 Le *Portugal* se réserve le droit d'élargir la définition des dividendes au paragraphe 3 afin d'y inclure certains paiements, effectués au titre d'accords de participation aux bénéfices, qui sont considérés comme distributions selon son droit interne.

81.2 Le *Chili* et le *Luxembourg* se réservent le droit d'étendre la définition des dividendes du paragraphe 3 afin de couvrir certains paiements qui sont traités comme des distributions par leur législation nationale.

82. *Israël* se réserve le droit d'exclure de la définition des dividendes au paragraphe 3 les paiements faits par une société de placement immobilier qui est un résident d'Israël ainsi que le droit d'imposer ces paiements selon sa législation nationale.

82.1 L'*Estonie*, le *Japon* et la *Lettonie* se réservent le droit de remplacer, au paragraphe 3, l'expression « revenus d'autres parts sociales » par « revenus d'autres droits ».

82.2 L'*Australie* se réserve le droit d'étendre la définition des dividendes au paragraphe 3 afin de couvrir d'autres montants qui sont soumis au même régime d'imposition que le revenu tiré d'actions selon sa législation fiscale.

Paragraphe 5

83. Le *Canada* et les *États-Unis* se réservent le droit de prélever leur impôt de succursale sur les revenus d'une société imputables à un établissement stable situé dans ce pays. Le Canada se réserve également le droit de prélever son impôt sur les profits relatifs à l'aliénation de biens immobiliers situés au Canada par une société exerçant le commerce de biens immobiliers.

84. [Supprimé]

85. La *Turquie* se réserve le droit d'imposer selon les modalités prévues au paragraphe 2 de l'article, la part restante, après prélèvement d'un impôt conformément aux dispositions de l'article 7, des bénéfices d'une société de l'autre État contractant qui exerce une activité d'entreprise par l'intermédiaire d'un établissement stable situé en Turquie.

COMMENTAIRES SUR L'ARTICLE 11 CONCERNANT L'IMPOSITION DES INTÉRÊTS

I. Remarques préliminaires

1. Pris dans son acception générale, le terme « intérêts » désigne les rémunérations de sommes prêtées qui doivent être rangées dans la catégorie « revenus de capitaux mobiliers ». À l'inverse de ce qui se produit en matière de dividendes, les intérêts ne supportent pas une double imposition économique, c'est-à-dire ne sont pas taxés à la fois entre les mains du débiteur et entre celles du créancier. À moins de dispositions contractuelles contraires, le paiement de l'impôt qui frappe ces intérêts incombe au bénéficiaire. Si le débiteur s'engage parfois à supporter la charge de l'impôt qui peut être prélevé à la source, c'est en somme comme s'il acceptait de payer à son créancier un supplément d'intérêt correspondant audit impôt.

2. Mais, comme en matière de dividendes, les intérêts d'obligations ou de prêts donnent lieu, d'une manière générale, à la perception de l'impôt par voie de retenue au moment de leur paiement. Ce procédé est, en effet, couramment employé pour des considérations d'ordre pratique, l'impôt prélevé à la source pouvant constituer un acompte à valoir sur l'impôt auquel est assujetti le bénéficiaire en fonction de l'ensemble de ses revenus ou bénéfices. Si, dans ce cas, ce bénéficiaire est un résident du pays qui pratique la retenue à la source, des dispositions internes remédient à la double imposition qui se produit à son préjudice. Mais il en va différemment s'il est un résident d'un autre pays : il se trouve alors exposé à subir deux fois l'impôt à raison des intérêts perçus, l'une au profit de l'État de la source, l'autre au profit de l'État de sa résidence. Il est bien évident que cette double charge fiscale est de nature à réduire considérablement les intérêts des fonds prêtés et à nuire par là même aux mouvements de capitaux et au développement des investissements internationaux.

3. Une formule réservant l'imposition exclusive des intérêts soit à l'État de résidence du bénéficiaire, soit à l'État de la source, ne peut être assurée de recueillir l'assentiment général. C'est pourquoi une solution de conciliation a été retenue. Elle prévoit que les intérêts sont imposables dans l'État de résidence, mais elle laisse à l'État de la source le droit d'appliquer un impôt si sa législation le prévoit ; s'agissant d'une faculté, l'État de la source peut renoncer à tout prélèvement fiscal sur les intérêts payés à des non-résidents. S'il use de son droit d'imposition, l'exercice de ce droit comporte toutefois une limitation résultant de la fixation d'un plafond que son imposition ne pourra dépasser ; mais il va sans dire que les États contractants peuvent convenir d'une imposition encore plus réduite dans l'État de la source. Le sacrifice que ce dernier État acceptera de consentir dans de telles conditions sera compensé par l'allégement que l'État de résidence accordera pour tenir compte de l'impôt perçu dans l'État de la source (voir article 23 A ou 23 B).

4. Certains pays ne permettent la déduction des intérêts payés, pour l'imposition du débiteur, que si le bénéficiaire réside dans le même État que celui-ci ou y est

imposable. Ils la refusent dans le cas contraire. La question de savoir si la déduction dont il est question doit également être accordée dans l'hypothèse où des intérêts sont payés par un résident d'un État contractant à un résident de l'autre État est traitée au paragraphe 4 de l'article 24.

II. Commentaires des dispositions de l'article

Paragraphe 1

5. Le paragraphe 1 pose le principe que les intérêts provenant d'un État contractant et payés à un résident de l'autre État contractant sont imposables dans ce dernier État. Ce faisant, il ne stipule pas un droit exclusif d'imposition en faveur de l'État de résidence. Le terme « payés » revêt un sens très large, la notion de paiement signifiant l'exécution de l'obligation de mettre des fonds à la disposition du créancier de la manière prévue par le contrat ou par les usages.

6. L'article ne traite que des intérêts provenant d'un État contractant et ne s'applique donc pas aux intérêts provenant d'un État tiers. Les intérêts provenant d'un État contractant qui sont imputables à un établissement stable qu'une entreprise dudit État possède dans l'autre État contractant sont imposables dans le premier État en vertu du paragraphe 2 mais sont aussi imposables dans l'autre État en vertu du paragraphe 1 de l'article 7 (les questions liées à l'élimination de la double imposition dans un tel cas sont abordées aux paragraphes 9 et 9.1 des Commentaires sur les articles 23 A et 23 B).

Paragraphe 2

7. Le paragraphe 2 réserve un droit d'imposer les intérêts à l'État d'où ils proviennent ; mais il limite l'exercice de ce droit en fixant un plafond à l'imposition qui ne peut dépasser 10 pour cent. Ce taux paraît constituer un maximum raisonnable, si l'on veut bien remarquer que l'État de la source est déjà habilité à imposer les bénéfices ou les revenus produits sur son territoire par les investissements financés à l'aide de capitaux d'emprunt. Les États contractants peuvent convenir d'un taux inférieur ou même de l'imposition exclusive dans l'État de résidence du bénéficiaire des intérêts par voie de négociations bilatérales pour tous les versements d'intérêts ou, ainsi qu'il est indiqué ci-dessous, pour certaines catégories spécifiques d'intérêts.

7.1 Dans certains cas, l'approche adoptée au paragraphe 2, qui consiste à autoriser l'imposition à la source des versements d'intérêts, peut constituer un obstacle aux échanges internationaux ou peut être considérée comme inappropriée pour d'autres raisons. Par exemple, lorsque le bénéficiaire a fait appel au crédit pour financer l'opération qui procure les intérêts, il ne réalise sous forme d'intérêts qu'un bénéfice bien inférieur au montant nominal encaissé; si les intérêts qu'il verse sont égaux ou supérieurs aux intérêts qu'il perçoit, il y aura soit aucun bénéfice soit même une perte. Dans ce cas, le problème ne peut être résolu par l'État de résidence dans la mesure où l'impôt qui sera prélevé dans cet État sera faible ou nul puisque le bénéficiaire y sera imposé sur les bénéfices nets tirés de la transaction. Ce problème se pose parce que l'impôt dans l'État de la source est généralement prélevé sur le montant brut des intérêts indépendamment des dépenses encourues pour les obtenir. Pour échapper à ce problème, les créanciers auront tendance, en pratique, à transférer sur le débiteur la charge de l'impôt prélevé par l'État de la source sur les intérêts et par conséquent à augmenter le taux de l'intérêt réclamé au débiteur, pour lequel la charge financière se trouve accrue du montant correspondant à l'impôt dû à l'État de la source.

7.2 Les États contractants pourraient souhaiter ajouter un paragraphe supplémentaire afin de prévoir l'imposition exclusive de certains intérêts dans l'État de résidence du bénéficiaire. Le préambule de ce paragraphe, qui sera suivi d'alinéas décrivant les différentes catégories d'intérêts soumis à ce traitement (voir ci-dessous) pourrait être rédigé de la manière suivante :

> 3. Nonobstant les dispositions du paragraphe 2, les intérêts mentionnés au paragraphe 1 ne sont imposables que dans l'État contractant dont la personne qui reçoit les intérêts est un résident si le bénéficiaire effectif de ces intérêts est un résident de cet État, et :
>
> *a)* *[description de la catégorie d'intérêt correspondante]* ...

7.3 On trouvera ci-après certaines des catégories d'intérêts que les États contractants pourraient souhaiter prendre en compte aux fins du paragraphe 7.2 ci-dessus.

Intérêts versés à l'État, à ses subdivisions politiques et aux banques centrales

7.4 Certains États s'abstiennent de prélever des impôts sur les revenus tirés par d'autres États et certains organismes détenus à titre exclusif par ces États (une banque centrale établie sous la forme d'une entité distincte, par exemple), au moins dans la mesure où ces revenus sont tirés de fonctions de caractère public. Certains États peuvent accorder cette exonération sur la base de leur interprétation du principe d'immunité des États (voir les paragraphes 52 et 53 des Commentaires sur l'article 1) ; d'autres peuvent le faire sur la base des dispositions de leur droit interne. Dans leurs conventions bilatérales, beaucoup d'États souhaitent confirmer ou clarifier la portée de ces exonérations en ce qui concerne les intérêts ou accorder une telle exonération lorsqu'elle n'est pas disponible par ailleurs. Les États qui souhaitent le faire peuvent convenir d'inclure ce qui suit dans un paragraphe prévoyant l'exonération de certains intérêts de l'imposition dans l'État de la source :

> *a)* est cet État ou sa banque centrale, l'une de ses subdivisions politiques ou collectivités locales ;

Intérêts versés par un État ou par ses subdivisions politiques

7.5 Lorsque le débiteur des intérêts est l'État lui-même, l'une de ses subdivisions politiques ou un organisme public, l'impôt prélevé à la source risque d'être en fait à la charge de cet État si le prêteur augmente les intérêts pour récupérer l'impôt prélevé à la source. Dans ce cas, le bénéfice que l'État tire de l'imposition des intérêts à la source est éliminé par l'augmentation de ses coûts d'emprunt. Pour cette raison, beaucoup d'États prévoient que ces intérêts sont exonérés d'impôt à la source. Les États qui souhaitent le faire pourraient convenir d'inclure la catégorie suivante d'intérêts dans un paragraphe prévoyant l'exemption de certains intérêts de l'imposition dans l'État de la source :

> *b)* si les intérêts sont versés par l'État dans lequel ils sont générés ou par l'une de ses subdivisions politiques, collectivités locales ou organismes publics ;

Dans cette disposition suggérée, le terme « organisme public » désigne tout organisme du secteur public. Selon leurs législations internes et leur terminologie, certains États pourront préférer utiliser des termes tels que « agence » ou « personne morale de droit public » pour désigner une telle institution.

Intérêts versés en application de programmes de financement des exportations

7.6 Afin de promouvoir les échanges internationaux, plusieurs États ont mis en place des programmes de financement des exportations ou des agences dont le rôle consiste soit à fournir directement des prêts à l'exportation soit à assurer ou garantir des prêts à l'exportation accordés par des prêteurs commerciaux. Comme ce type de financement bénéficie du soutien financier de l'État, un certain nombre d'États prévoient bilatéralement que les intérêts des prêts couverts par ces programmes sont exempts de l'imposition à la source. Les États qui souhaitent le faire peuvent convenir d'inclure la catégorie suivante d'intérêts dans un paragraphe prévoyant l'exemption de certains intérêts de l'imposition dans l'État de la source :

> *c)* si l'intérêt est versé au titre d'un prêt, d'une créance ou d'un crédit qui est dû à cet État ou consenti, accordé, garanti ou assuré par lui ou par l'une de ses subdivisions politiques, collectivités locales ou agences de financement des exportations ;

Intérêts versés aux institutions financières

7.7 Le problème décrit au paragraphe 7.1, qui se pose essentiellement du fait que l'impôt est généralement perçu par l'État de la source sur le montant brut des intérêts et ne tient donc pas compte du montant réel des revenus tirés de la transaction au titre de laquelle l'intérêt est versé, est particulièrement important dans le cas des institutions financières. Par exemple, une banque affecte généralement aux crédits qu'elle accorde des fonds qu'elle a empruntés et, en particulier, qu'elle a reçus en dépôt. Comme l'État de la source, lorsqu'il détermine le montant de l'impôt dû sur les intérêts, ne tient généralement pas compte des frais financiers de la banque, le montant de l'impôt peut empêcher la transaction d'avoir lieu à moins qu'il ne soit pris en charge par le débiteur. Pour cette raison, beaucoup d'États prévoient que les intérêts versés à une institution financière telle qu'une banque sont exonérés de tout impôt à la source. Les États qui souhaitent le faire peuvent convenir d'inclure ce qui suit dans un paragraphe prévoyant l'exemption d'impôts de certains intérêts dans l'État de la source :

d) est une institution financière ;

Intérêts sur les ventes à crédit

7.8 Les inconvénients décrits au paragraphe 7.1 se produisent souvent dans le cas des ventes à crédit d'équipements et d'autres ventes commerciales à crédit. En pareil cas, le fournisseur ne fait très souvent que répercuter sur l'acheteur, sans aucune hausse, le prix du crédit qu'il a lui-même obtenu d'une banque ou d'un organisme de financement des exportations. Dans ces cas, l'intérêt est plutôt un élément du prix que le revenu d'un placement de capital. En fait, dans de nombreux cas, l'intérêt qui est compris dans le montant des traites à payer sera difficile à distinguer du prix de vente réel. Les États pourraient donc souhaiter mentionner les intérêts de ces ventes à crédit dans un paragraphe prévoyant l'exemption d'impôts de certains intérêts dans l'État de la source, ce qu'ils peuvent faire en ajoutant l'alinéa suivant :

e) si l'intérêt est versé au titre d'une dette résultant de la vente à crédit d'un équipement, de marchandises ou de services ;

7.9 Les catégories de vente à crédit visées dans la disposition qui est suggérée comprennent non seulement des ventes d'un équipement complet, mais aussi celles qui portent sur des biens isolés destinés à faire partie d'un équipement. Les ventes financées au moyen d'une marge de crédit générale fournie par un vendeur à un client constituent également des ventes à crédit au sens de cette disposition. Par ailleurs il est indifférent que l'intérêt soit stipulé séparément et s'ajoute au prix ou qu'il soit compris dès l'origine dans le prix payable par versements échelonnés.

Intérêts versés à certaines entités exemptées d'impôt (par exemple les fonds de pension)

7.10 Selon la législation nationale de nombreux États, les fonds de pension et entités similaires sont généralement exemptés d'impôt sur leurs revenus d'investissements. Afin d'assurer la neutralité du traitement applicable aux investissements nationaux et étrangers effectués par ces entités, certains États prévoient bilatéralement que les revenus, y compris les intérêts, que tire une telle entité qui est un résident de l'autre État sont aussi exemptés de l'imposition à la source. Les États qui souhaitent le faire peuvent convenir d'inclure dans leur convention une disposition inspirée de la disposition incluse au paragraphe 69 des Commentaires sur l'article 18.

7.11 Si les États contractants ne souhaitent pas exempter complètement d'impôt dans l'État de la source la totalité ou une partie des catégories d'intérêts décrites ci-dessus, ils peuvent souhaiter leur appliquer un taux d'imposition plus faible que celui prévu au paragraphe 2 (toutefois, cette solution ne semblerait pas très pratique dans le cas des intérêts versés par un État, par l'une de ses subdivisions politiques ou par un organisme public). Dans ce cas, le paragraphe 2 pourrait être rédigé de la manière suivante :

> 2. Toutefois, les intérêts provenant d'un État contractant peuvent également être imposés dans cet État et selon la législation de cet État, mais si le bénéficiaire effectif des intérêts est un résident de l'autre État contractant, l'impôt ainsi établi ne peut excéder :
>
> *a)* [*taux minimum d'imposition*] pour cent du montant brut des intérêts dans le cas d'un intérêt versé [*description de la catégorie d'intérêts en question*] ...
>
> *b)* 10 pour cent du montant brut des intérêts dans tous les autres cas.
>
> Les autorités compétentes des États contractants règlent d'un commun accord les modalités d'application de ces limitations.

Si les États contractants acceptent d'exempter certaines des catégories d'intérêts ci-dessus, cette disposition alternative sera suivie d'un paragraphe 3 rédigé conformément au paragraphe 7.2 ci-dessus.

7.12 Les États contractants peuvent ajouter aux catégories d'intérêts énumérées dans les paragraphes ci-dessus d'autres espèces d'intérêts sur lesquels la perception d'un impôt dans l'État de la source leur semblerait contre-indiquée.

8. Le projet sur l'érosion de la base d'imposition et transfert de bénéfices (BEPS) qui a été réalisé sous l'égide de l'OCDE et du G20 et, en particulier, le rapport final sur l'Action 6[1] produit dans le cadre de ce projet, ont abordé un certain nombre d'abus liés à des situations comme la suivante : le bénéficiaire effectif des intérêts provenant d'un État contractant est une société résidente de l'autre État contractant dont le capital est en totalité ou en partie détenu par des actionnaires non-résidents de ce dernier État, qui, de pratique courante, ne procède pas à la distribution de ses bénéfices sous forme de dividendes et qui jouit d'un régime fiscal privilégié. Outre le fait que l'article 29, qui a été inclus dans la Convention à la suite du rapport final sur l'Action 6, vise les questions de chalandage fiscal qu'une telle situation peut présenter, les États qui souhaitent ne pas accorder les avantages de l'article 11 aux intérêts qui bénéficient d'un traitement fiscal préférentiel dans l'État de résidence peuvent envisager d'inclure dans leurs conventions des dispositions telles que celles décrites aux paragraphes 82 à 100 des Commentaires sur l'article 1.

1 OCDE (2017), *Empêcher l'octroi inapproprié des avantages des conventions fiscales, Action 6 - Rapport final 2015*, Éditions OCDE, Paris, DOI: http://dx.doi.org/10.1787/9789264278035-fr.

9. La notion de bénéficiaire effectif a été introduite au paragraphe 2 de l'article 11 pour clarifier le sens des mots « payés [...] à un résident » tels qu'ils sont utilisés au paragraphe 1 de l'article afin de préciser clairement que l'État de la source n'est pas obligé de renoncer au droit d'imposer les revenus d'intérêts uniquement parce que ces revenus ont été payés directement à un résident d'un État avec lequel l'État de la source a conclu une convention.

9.1 Étant donné que le terme « bénéficiaire effectif » a été ajouté pour résoudre les difficultés susceptibles de résulter de l'utilisation des termes « payés [...] à un résident » au paragraphe 1, il est censé être interprété dans ce contexte et ne pas faire référence à une quelconque signification technique qu'il aurait pu avoir selon le droit interne d'un pays donné (de fait, lorsqu'il a été ajouté au paragraphe, ce terme n'avait pas de signification précise dans le droit de nombreux pays). Par conséquent, le terme « bénéficiaire effectif » n'est pas utilisé dans une acception étroite et technique (comme le sens que lui attribue le droit des fiducies de nombreux pays de common law[1]), mais doit être entendu dans son contexte, et notamment en lien avec les mots « payés [...] à un résident », et à la lumière de l'objet et du but de la Convention, notamment pour éviter la double imposition et prévenir l'évasion et la fraude fiscales.

10. La réduction ou l'exonération de l'impôt dû au titre d'un élément de revenu est accordée par l'État de la source à un résident de l'autre État contractant afin d'éviter en totalité ou en partie la double imposition qui résulterait de l'imposition concurrente de ce même revenu par l'État de la résidence. Lorsqu'un élément de revenu est payé à un résident d'un État contractant agissant en qualité d'agent ou autre mandataire, il serait contraire à l'objet et au but de la Convention que l'État de la source accorde une réduction ou une exonération de l'impôt du seul fait que le récipiendaire direct du revenu est un résident de l'autre État contractant. Dans cette situation, le récipiendaire direct du revenu a la qualité de résident mais il n'existe pas de risque de double imposition de ce fait puisque le résident n'est pas considéré du point de vue fiscal comme le propriétaire du revenu dans l'État de résidence.

10.1 Il serait également contraire à l'objet et au but de la Convention que l'État de la source accorde une réduction ou une exonération d'impôt à un résident d'un État contractant qui agit, autrement que dans la cadre d'une relation d'agent ou autre mandataire, comme un simple relais pour le compte d'une autre personne qui bénéficie réellement du revenu en cause. Pour ces raisons, le rapport du Comité des affaires fiscales intitulé « Les conventions préventives de la double imposition et l'utilisation des sociétés relais »[2] conclut qu'une société relais ne peut pas être

1 Par exemple, lorsque les fiduciaires d'une fiducie discrétionnaire ne distribuent pas des intérêts réalisés au cours d'une période donnée, ces fiduciaires, agissant en cette qualité (ou la fiducie si elle est reconnue en tant que contribuable distinct), pourraient être les bénéficiaires effectifs de ces revenus aux fins de l'article 11 même s'ils ne sont pas les bénéficiaires effectifs selon le droit des fiducies applicable.

2 Reproduit à la page R(6)-1 du volume II de la version complète du Modèle de Convention fiscale.

considérée normalement comme le bénéficiaire effectif si, bien qu'étant le propriétaire du revenu dans la forme, elle ne dispose dans la pratique que de pouvoirs très limités qui font d'elle un simple fiduciaire ou un simple administrateur agissant pour le compte des parties intéressées.

10.2 Dans ces différents exemples (agent, mandataire, société relais agissant en qualité de fiduciaire ou d'administrateur), le récipiendaire direct de l'intérêt n'est pas le « bénéficiaire effectif » parce que le droit du récipiendaire d'utiliser l'intérêt et d'en jouir est limité par une obligation contractuelle ou légale de céder le paiement reçu à une autre personne. Cette obligation découle habituellement de documents juridiques pertinents, mais peut également exister en raison de faits et de circonstances qui montrent que, fondamentalement, le récipiendaire n'a de toute évidence pas le droit d'utiliser l'intérêt et d'en jouir sans être limité par une obligation contractuelle ou légale de céder le paiement reçu à une autre personne. Ce type d'obligation ne comprend pas les obligations contractuelles ou légales qui ne dépendent pas de la réception du paiement par le récipiendaire direct, comme les obligations qui ne dépendent pas de la réception du paiement et que le récipiendaire direct peut avoir en sa qualité de débiteur ou de partie à des transactions financières, ou les obligations générales de distribution des régimes de retraite et des organismes de placement collectif pouvant prétendre aux avantages de la Convention en vertu des principes énoncés aux paragraphes 22 à 48 des Commentaires sur l'article 1. Lorsque le récipiendaire d'un intérêt a effectivement le droit d'utiliser l'intérêt et d'en jouir sans être limité par une obligation contractuelle ou légale de céder le paiement reçu à une autre personne, il est le « bénéficiaire effectif » de cet intérêt. Il convient de souligner que l'article 11 fait référence au bénéficiaire effectif d'un intérêt par opposition au propriétaire de la créance au titre de laquelle l'intérêt est payé, qui peuvent être deux personnes différentes dans certains cas.

10.3 Néanmoins, le fait que le récipiendaire d'un paiement d'intérêts soit considéré comme le bénéficiaire effectif de ces intérêts ne signifie pas que l'allégement fiscal prévu au paragraphe 2 doit être automatiquement accordé. Cet allégement ne doit pas être accordé dans les cas d'utilisation abusive de cette disposition (voir également le paragraphe 8 ci-dessus). Les dispositions de l'article 29 et les principes énoncés dans la section intitulée « Usage incorrect de la Convention » dans les Commentaires sur l'article 1 s'appliquent de façon à empêcher les abus, incluant les cas de chalandage fiscal, dans lesquels le récipiendaire est le bénéficiaire effectif d'intérêts. Bien que le concept de « bénéficiaire effectif » règle certaines formes d'évasion fiscale (notamment celles qui impliquent l'interposition d'un récipiendaire tenu de céder les intérêts à une tierce personne), il ne couvre pas d'autres cas d'abus, tels certaines formes de chalandage fiscal, auxquels s'appliquent ces dispositions et principes et, par conséquent, ne doit pas être considéré comme limitant d'une quelconque façon l'application d'autres approches pour résoudre ces cas.

10.4 Les explications ci-dessus concernant la signification du terme « bénéficiaire effectif » montrent bien qu'il convient d'opérer une distinction entre le sens qui lui est donné dans le contexte de cet article et le sens différent qui lui a été donné dans le cadre d'autres instruments[1] portant sur la détermination des personnes (en général des personnes physiques) qui exercent le contrôle ultime sur des entités ou des actifs. Ce sens différent du terme « bénéficiaire effectif » ne peut pas être retenu dans le contexte de la Convention. De fait, ce sens, qui fait référence à des personnes physiques, n'est pas compatible avec la formulation explicite de l'alinéa *a*) du paragraphe 2 de l'article 10, qui désigne une situation dans laquelle une société est le bénéficiaire effectif d'un dividende. Dans le contexte des articles 10 et 11, le terme « bénéficiaire effectif » vise à résoudre les difficultés posées par l'utilisation des mots « payés à » en lien avec des dividendes et des intérêts, plutôt que les difficultés liées à la propriété des actions ou des créances sur lesquelles des dividendes ou des intérêts sont payés. C'est pourquoi il serait inopportun, dans le contexte de ces articles, d'envisager une signification qui renvoie aux personnes physiques qui exercent « en dernier lieu un contrôle effectif sur une personne morale ou une construction juridique ».[2]

11. Sous réserve d'autres conditions imposées par l'article et les autres dispositions de la Convention, la limitation de l'impôt perçu dans l'État de la source reste disponible lorsqu'un intermédiaire tel qu'un agent ou autre mandataire situé dans un État contractant ou dans un État tiers est interposé entre le bénéficiaire et l'organisme payeur, mais que le bénéficiaire effectif est un résident de l'autre État contractant (le texte du Modèle de Convention a été modifié en 1995 et en 2014 pour préciser ce point qui a constitué la position constante des États membres).

1 Voir, par exemple, *Groupe d'action financière, Normes internationales sur la lutte contre le blanchiment de capitaux et le financement du terrorisme et de la prolifération – Les Recommandations du GAFI* (OCDE-GAFI, Paris, 2012), qui établissent en détail la norme internationale sur la lutte contre le blanchiment de capitaux et qui donne la définition suivante du terme bénéficiaire effectif (page 120) : « L'expression bénéficiaire effectif désigne la ou les personnes physiques qui en dernier lieu possèdent ou contrôlent un client et/ou la personne physique pour le compte de laquelle une opération est effectuée. Sont également comprises les personnes qui exercent en dernier lieu un contrôle effectif sur une personne morale ou une construction juridique. » De même, le rapport de 2001 du Groupe de direction de l'OCDE sur le gouvernement d'entreprise, *Au-delà des apparences : l'utilisation des entités juridiques à des fins illicites* (OCDE, Paris, 2001), donne la définition suivante du concept de bénéficiaire effectif (page 16) :

> Dans le présent rapport, on entend par « bénéficiaire effectif » la personne physique qui est l'ultime titulaire de la propriété. Dans certaines situations, il faut, pour détecter le bénéficiaire effectif, lever le voile de toute une série de personnes morales ou physiques intermédiaires pour arriver à la personne physique qui est le véritable bénéficiaire. Dans le cas des sociétés de capitaux, la propriété est détenue par les actionnaires ou par les associés. Dans le cas des sociétés de personnes, elle appartient aux associés et aux commanditaires ou commandités. Lorsqu'il s'agit d'une fiducie ou d'une fondation, la propriété effective renvoie aux bénéficiaires, y compris les constituants ou les fondateurs.

2 Voir la définition du Groupe d'action financière citée dans la note précédente.

12. Le paragraphe ne se prononce pas sur le mode d'imposition dans l'État de la source. Il laisse donc à cet État la faculté d'appliquer sa législation interne et notamment de prélever l'impôt soit par voie de retenue à la source, soit par voie de rôle. Les questions de procédure ne sont pas réglées dans le présent article. Chaque État doit pouvoir appliquer la procédure prévue par son droit interne (voir cependant le paragraphe 109 des Commentaires sur l'article 1). Les abus potentiels découlant de situations dans lesquelles des intérêts provenant d'un État contractant sont attribuables à un établissement stable qu'une entreprise de l'autre État possède dans un État tiers sont traités au paragraphe 8 de l'article 29. D'autres questions se posent en relation avec les cas triangulaires (voir le paragraphe 71 des Commentaires sur l'article 24).

13. Il ne précise pas si l'allégement dans l'État de la source doit ou non être subordonné à l'imposition effective des intérêts dans l'État de la résidence. Cette question peut être résolue par voie de négociations bilatérales.

14. L'article ne contient aucune disposition relative à la manière dont l'État de résidence du bénéficiaire devrait tenir compte de l'imposition établie dans l'État de la source des intérêts. Cette question est traitée dans les articles 23 A et 23 B.

15. [Supprimé]

16. [Renumeroté et amendé]

17. [Renumeroté et amendé]

Paragraphe 3

18. Le paragraphe 3 précise la portée qu'il convient d'attribuer au terme « intérêts » pour l'application du régime d'imposition défini par l'article. Ce terme désigne en général les revenus des créances de toute nature, même si celles-ci sont assorties de garanties hypothécaires ou d'une clause de participation aux bénéfices. L'expression « créances de toute nature » englobe évidemment les dépôts d'espèces et les cautionnements en numéraire, ainsi que les fonds publics et les obligations d'emprunts, bien que ces fonds et obligations soient spécialement mentionnés en raison de leur importance et de certaines particularités qu'ils peuvent comporter. Il est admis, d'une part, que les intérêts de créances hypothécaires entrent dans la catégorie des revenus de capitaux mobiliers, encore que certains pays les assimilent à des revenus immobiliers. D'autre part, les créances, et notamment les obligations, donnant un droit de participation aux bénéfices du débiteur ne cessent pas, pour autant, d'être considérées comme des emprunts si du moins le contrat revêt bien dans l'ensemble le caractère d'un prêt à intérêts.

19. Normalement, les intérêts provenant d'obligations assorties d'un droit de participation aux bénéfices ne doivent pas être considérés comme des dividendes et, d'autre part, il en est de même pour les intérêts provenant d'obligations convertibles aussi longtemps que les obligations n'ont pas été effectivement converties en actions. Toutefois, il en serait autrement si les fonds prêtés partagent effectivement les risques encourus par les sociétés emprunteuses (voir entre autres le paragraphe 25 des

Commentaires sur l'article 10). Dans les situations de sous-capitalisation présumée, il est parfois difficile de distinguer entre les dividendes et les intérêts, et pour écarter toute possibilité de chevauchement entre les catégories de revenus visées respectivement à l'article 10 et à l'article 11, il doit être entendu que le terme « intérêt » employé à l'article 11 ne recouvre pas les éléments de revenu tombant sous l'application de l'article 10.

20. En ce qui concerne plus particulièrement les fonds publics et les obligations d'emprunts, le texte précise que les primes et lots attachés à ces titres constituent des intérêts. D'une façon générale, l'intérêt produit par un titre d'obligation et susceptible d'être imposé comme tel dans l'État de la source est tout ce que l'établissement émetteur de l'emprunt verse en sus du montant payé par le souscripteur, donc l'intérêt courant majoré, le cas échéant, de la prime de remboursement ou d'émission. Il s'ensuit que lorsqu'une obligation est émise au-dessus du pair, l'excédent du montant payé par le souscripteur sur le montant remboursable constitue un intérêt négatif qui doit être déduit de l'intérêt déclaré afin de déterminer les intérêts imposables. Par ailleurs, la définition des intérêts ne couvre pas le bénéfice ou la perte qui ne peut pas être attribué à une différence entre ce que l'émetteur a reçu et ce qu'il a payé (comme, par exemple, un bénéfice ou une perte, qui ne représente pas des intérêts courus, un intérêt précompté ou une prime d'émission initiale, qu'un porteur d'obligation telle qu'une obligation d'emprunt réalise par une vente à un tiers ou par le remboursement du principal d'un titre qu'il a acquis auprès d'un porteur précédent pour un montant différent de celui reçu par l'émetteur du titre). Suivant le cas, il peut alors s'agir de bénéfices ou pertes d'entreprise, d'un gain ou d'une perte en capital ou d'un revenu tombant sous l'application de l'article 21.

20.1 La somme que le vendeur d'une obligation perçoit comprend généralement les intérêts courus, mais non encore exigibles, au moment de la vente de l'obligation. Le plus souvent, l'État de la source n'essayera pas de taxer ces intérêts courus au moment de l'aliénation et imposera uniquement l'acquéreur de l'obligation d'emprunt sur le montant intégral des intérêts payés ultérieurement (on suppose généralement qu'en pareil cas, le prix payé par l'acquéreur pour l'obligation tient compte de la dette fiscale future de l'acquéreur sur les intérêts courus au bénéfice du vendeur au moment de l'aliénation). Toutefois, dans certaines circonstances, certains États imposent le vendeur d'une obligation sur les intérêts courus au moment de l'aliénation (par exemple, lorsqu'une obligation est vendue à une entité non imposable). Ces intérêts courus sont couverts par la définition des intérêts et peuvent donc être imposés par l'État de la source. Dans ce cas, cet État ne devrait pas imposer de nouveau le même montant comme revenu que tire l'acquéreur de l'obligation lorsque les intérêts deviennent exigibles par la suite.

21. Par ailleurs, la définition des intérêts dans la première phrase du paragraphe 3 a en principe un caractère exhaustif. Il a paru préférable de ne pas ajouter au texte une formule de renvoi subsidiaire aux législations internes ; cette manière d'opérer se justifie par les considérations suivantes :

a) la définition couvre pratiquement toutes les espèces de revenus que les différentes législations internes considèrent comme des intérêts ;

b) la formule employée offre une plus grande sécurité juridique et met les conventions à l'abri de changements apportés ultérieurement à une législation interne ;

c) dans le Modèle de Convention, des renvois aux législations internes doivent être évités autant que possible.

Il reste toutefois entendu que, dans une convention bilatérale, deux États contractants peuvent élargir la formule retenue pour y comprendre un élément de revenu taxé au titre d'intérêts en vertu de l'une des législations internes en présence, mais non couvert par la définition, et qu'ils peuvent, dans ces conditions, trouver préférable de faire référence à leurs législations internes.

21.1 La définition des intérêts dans la première phrase du paragraphe 3 ne s'applique pas normalement aux paiements effectués au titre de certains types d'instruments financiers non traditionnels en l'absence d'une créance sous-jacente (par exemple, swaps de taux d'intérêt). Toutefois, la définition s'appliquera dans la mesure où une créance est présumée exister du fait de l'application d'une règle de primauté du fond sur la forme, d'un principe d'abus de droits ou de toute autre doctrine similaire.

22. La seconde phrase du paragraphe 3 exclut de la définition des intérêts les pénalisations pour paiement tardif, mais les États contractants sont libres d'omettre cette phrase et de traiter les pénalisations pour paiement tardif comme des intérêts dans leurs conventions bilatérales. Ces pénalisations qui résultent du contrat, d'un usage ou d'un jugement, consistent en des versements calculés *pro rata temporis* ou en somme fixe ; dans certains cas, ces deux formes de paiement peuvent se cumuler. Même si ces versements sont établis en fonction du temps couru, ils constituent plutôt une forme particulière d'indemnisation du créancier pour le dédommager de l'exécution tardive imputable au débiteur, qu'un revenu de capital. Il est recommandé au surplus, pour des raisons de sécurité juridique et d'ordre pratique, de placer sous un même régime fiscal toutes les pénalisations de ce genre, quelles que soient les modalités de paiement. D'autre part, deux États contractants peuvent exclure de l'application de l'article 11 des espèces d'intérêts qu'ils entendent soumettre au régime des dividendes.

23. Enfin, la question se pose de savoir s'il convient d'assimiler aux intérêts les rentes viagères ; on considère que non. D'une part, en effet, les rentes viagères qui sont attribuées en raison de services dépendants antérieurs sont visées à l'article 18 et soumises au régime des pensions. D'autre part, s'il est vrai que les arrérages de rentes souscrites à titre onéreux comportent, en même temps que l'intérêt du capital aliéné, l'amortissement de ce capital, ces arrérages constituant des « fruits civils » qui s'acquièrent jour par jour, il serait difficile pour de nombreux pays d'établir une distinction entre la part de la rente qui représente un revenu de capital et celle qui correspond à un amortissement pour imposer seulement la première de ces parts dans la catégorie des revenus de capitaux mobiliers. Des dispositions spéciales de la

législation fiscale rangent d'ailleurs souvent les rentes viagères dans la catégorie des traitements, salaires et pensions et les imposent en conséquence.

Paragraphe 4

24. Certains États estiment que les dividendes, les intérêts et les redevances qui proviennent de sources situées sur leur territoire et sont payés à des personnes physiques ou morales résidentes d'autres États n'entrent pas dans le champ d'application des dispositions prises pour éviter leur imposition à la fois dans l'État de la source et dans l'État de résidence du bénéficiaire, lorsque ce dernier a un établissement stable dans le premier de ces États. Le paragraphe 4 ne s'inspire pas d'une telle conception, parfois appelée « force attractive de l'établissement stable ». Il ne stipule pas que les intérêts reçus par un résident d'un État contractant d'une source située dans l'autre État doivent, par l'effet d'une sorte de présomption légale, être rattachés, même fictivement, à l'établissement stable que ce résident aurait éventuellement dans ce dernier État, si bien que cet État n'aurait pas à limiter son imposition en une telle hypothèse. Il se borne à prévoir que, dans l'État de la source, les intérêts sont imposables au titre de bénéfices de l'établissement stable qui y est possédé par le bénéficiaire résident de l'autre État s'ils sont produits par des créances qui font partie de l'actif de l'établissement stable ou se rattachent effectivement d'une autre façon à cet établissement. Dans ce cas, le paragraphe 4 dispense l'État de la source des intérêts de toute limitation prévue à l'article. Les explications qui précèdent rejoignent celles qui sont données aux Commentaires sur l'article 7.

25. On a fait valoir que ce paragraphe pourrait donner lieu à des abus sous la forme du transfert de prêts à des établissements stables constitués uniquement à cette fin dans des pays réservant un traitement préférentiel aux intérêts perçus. Outre le fait que les dispositions de l'article 29 (et en particulier le paragraphe 8 de cet article) et les principes énoncés dans la section intitulée « Usage incorrect de la Convention » dans les Commentaires sur l'article 1 empêcheront normalement de telles opérations abusives, il faut tenir compte du fait qu'un emplacement particulier ne peut constituer un établissement stable que si des activités d'entreprise y sont exercées et, ainsi qu'il est expliqué ci-dessous, l'exigence selon laquelle une créance doit se « rattacher effectivement » à un tel emplacement nécessite plus que le simple enregistrement de cette créance dans les documents comptables de l'établissement stable.

25.1 Une créance génératrice d'intérêts se rattache effectivement à un établissement stable et fait donc partie de son actif si la propriété « économique » de cette créance est attribuée à cet établissement stable selon les principes développés dans le rapport du Comité intitulé *Attribution de bénéfices aux établissements stables*[1] (voir en particulier les paragraphes 72 à 97 de la Partie I du rapport) aux fins de l'application du paragraphe 2 de l'article 7. Dans le contexte de ce paragraphe, la propriété « économique » d'une créance signifie l'équivalent de la propriété, aux fins de l'imposition du revenu, d'une entreprise distincte, avec les bénéfices et les charges correspondants (par exemple le

1 *Attribution de bénéfices aux établissements stables*, OCDE, Paris, 2010.

droit aux intérêts afférent à la propriété de cette créance et le risque de gains ou pertes liés à l'augmentation ou de la diminution de la valeur de cette créance).

25.2 Dans le cas de l'établissement stable d'une entreprise qui exerce des activités d'assurance, la réponse à la question de savoir si une créance se rattache effectivement à l'établissement stable sera donnée en tenant compte des instructions figurant à la Partie IV du rapport du Comité concernant la question de savoir si les revenus ou les gains attribuables à cette créance sont pris en compte dans la détermination du rendement obtenu par l'établissement stable sur le montant des actifs qui lui sont attribués (voir en particulier les paragraphes 165 à 170 de la Partie IV). Ces instructions ayant un caractère général, les autorités fiscales devraient envisager d'appliquer une approche flexible et pragmatique qui tiendrait compte de l'application raisonnable et cohérente par l'entreprise de ces instructions afin d'identifier les actifs spécifiques qui se rattachent effectivement à l'établissement stable.

Paragraphe 5

26. Ce paragraphe pose le principe que l'État de la source des intérêts est l'État dont le débiteur des intérêts est un résident. Cependant, il prévoit une dérogation à cette règle dans l'hypothèse où il s'agit d'emprunts productifs d'intérêts qui ont un lien économique évident avec l'établissement stable que le débiteur aurait dans l'autre État contractant. Si l'emprunt a été contracté pour les besoins de cet établissement et si ce dernier assume la charge des intérêts, le paragraphe stipule que la source des intérêts se trouve située dans l'État contractant où l'établissement stable est situé, abstraction faite du lieu de résidence du propriétaire de l'établissement et lors même que ce propriétaire serait un résident d'un État tiers.

27. En l'absence d'un lien économique entre l'emprunt productif des intérêts et l'établissement stable, l'État de situation de celui-ci ne peut pas être considéré à ce titre comme étant celui d'où proviennent les intérêts ; il n'est pas fondé à taxer ces intérêts, même dans les limites d'une « quotité imposable » correspondant à l'importance de l'établissement stable. Une telle pratique serait incompatible avec le paragraphe 5. Par ailleurs, la dérogation à la règle fixée dans la première phrase du paragraphe 5 ne se justifie que dans les cas où le lien économique entre l'emprunt et l'établissement stable est suffisamment caractérisé. Sous ce rapport, on doit distinguer plusieurs hypothèses :

a) La direction de l'établissement stable a contracté un emprunt qu'elle affecte aux besoins propres de celui-ci, qu'elle inscrit à son passif et dont elle paye directement les intérêts au créancier.

b) Le siège de l'entreprise a contracté un emprunt dont le produit est uniquement destiné aux besoins d'un établissement stable situé dans un autre pays. Le service des intérêts est assuré par le siège de l'entreprise, mais la charge définitive en incombe à l'établissement stable.

c) L'emprunt est contracté par le siège de l'entreprise et son produit est affecté à plusieurs établissements stables situés dans différents pays.

Dans les hypothèses *a*) et *b*), les conditions posées par la seconde phrase du paragraphe 5 sont remplies et l'État de situation de l'établissement est à considérer comme l'État de la source des intérêts. Par contre, l'hypothèse *c*) tombe en dehors des prévisions du paragraphe 5 dont le texte ne permet pas d'attribuer une pluralité de sources à un même emprunt. Une telle solution donnerait d'ailleurs lieu à de grandes complications administratives et mettrait les prêteurs hors d'état de calculer par avance les charges fiscales grevant les intérêts. Cependant, deux États contractants peuvent restreindre l'application de la disposition finale du paragraphe 5 à l'hypothèse *a*) ou l'étendre à l'hypothèse *c*).

28. Le paragraphe 5 n'apporte pas de solution à l'hypothèse, qu'il laisse en dehors de ses prévisions, où le bénéficiaire et le débiteur sont bien des résidents des États contractants, mais où les sommes empruntées l'ont été pour les besoins d'un établissement stable du débiteur situé dans un État tiers et qui supporte la charge des intérêts. En l'état actuel du paragraphe 5, seule la premiere phrase de ce paragraphe trouvera donc à s'appliquer en pareille hypothèse. Les intérêts seront censés provenir de l'État contractant dont le débiteur est un résident et non de l'État tiers sur le territoire duquel est situé l'établissement stable pour le compte duquel l'emprunt a été contracté et qui doit payer les intérêts. Ainsi, les intérêts seront imposés à la fois dans l'État contractant dont le débiteur est un résident et dans l'État contractant où réside le bénéficiaire. Mais si la double imposition pourra être supprimée entre ces deux États suivant les modalités prévues à l'article, elle ne sera pas éliminée entre eux et l'État tiers, si ce dernier État impose à la source les intérêts de l'emprunt, lorsque le paiement est à la charge de l'établissement stable situé sur son territoire.

29. Il a été décidé de ne pas traiter ce cas dans la Convention. L'État contractant où résiderait le débiteur n'est donc pas tenu de renoncer à son imposition à la source au profit de l'État tiers où serait situé l'établissement stable pour le compte duquel l'emprunt aurait été contracté et qui supporterait la charge des intérêts. Si ce n'était pas le cas et si l'État tiers ne soumettait pas les intérêts à la charge de l'établissement stable à la retenue à la source, il serait possible d'essayer de se soustraire à l'imposition à la source dans l'État contractant par l'utilisation d'un établissement stable situé dans cet État tiers. Les États pour lesquels ce problème ne se pose pas et qui souhaitent régler le cas décrit au paragraphe ci-dessus peuvent le faire en acceptant d'utiliser, dans leur convention bilatérale, l'autre rédaction possible du paragraphe 5 suggérée au paragraphe 30 ci-dessous. Le risque de double imposition auquel on vient de faire allusion pourrait également être éliminé par l'effet d'une convention multilatérale. Par ailleurs, si dans le cas décrit au paragraphe 28, l'État de résidence du payeur et l'État tiers où est situé l'établissement stable pour le compte duquel l'emprunt a été contracté et qui supporte la charge des intérêts, revendiquaient l'un et l'autre le droit de taxer lesdits intérêts à la source, rien ne s'opposerait à ce que ces deux États ainsi, éventuellement d'ailleurs, que l'État de la résidence du bénéficiaire des intérêts, se concertent pour remédier à la double imposition qui résulterait de ces prétentions en ayant recours si nécessaire à la procédure amiable (telle qu'elle est envisagée au paragraphe 3 de l'article 25 ; voir les paragraphes 38.1 et 55 à 55.2 des Commentaires

sur l'article 25).

30. Comme l'indique le paragraphe 29, une telle double imposition pourrait être évitée soit au moyen d'une convention multilatérale soit si l'État de résidence du bénéficiaire et l'État de résidence du payeur étaient d'accord pour donner au texte de la deuxième phrase du paragraphe 5 la teneur suivante, de telle sorte que les paragraphes 1 et 2 de l'article ne puissent s'appliquer aux intérêts, auxquels s'appliqueraient alors les dispositions des articles 7 ou 21 :

> Toutefois, lorsque le débiteur des intérêts, qu'il soit ou non un résident d'un État contractant, a dans un État autre que celui dont il est un résident un établissement stable pour lequel la dette donnant lieu au paiement des intérêts a été contractée et qui supporte la charge de ces intérêts, ceux-ci sont considérés comme provenant de l'État où l'établissement stable est situé.

31. Si deux États contractants s'entendent, à l'occasion de négociations bilatérales, pour réserver l'imposition exclusive de ces revenus à l'État de la résidence du bénéficiaire des revenus, il devient du même coup sans intérêt d'insérer dans la convention qui fixe leurs rapports la disposition du paragraphe 5 définissant l'État de la source de ces revenus. Mais il est bien évident ainsi que la double imposition ne serait pas complètement éliminée dans ce cas si le débiteur des intérêts possédait un établissement stable, pour le compte duquel les sommes auraient été empruntées et qui assumerait la charge des intérêts dont elles seraient productives, dans un État tiers qui appliquerait à ces intérêts son impôt à la source. On retomberait alors dans l'hypothèse envisagée dans les paragraphes 28 à 30 ci-dessus.

Paragraphe 6

32. Ce paragraphe a pour objet de limiter le champ d'application des dispositions concernant l'imposition des intérêts dans l'hypothèse où le montant des intérêts payés excéderait, en raison de relations spéciales qui existeraient entre le débiteur et le bénéficiaire effectif ou que l'un et l'autre entretiendraient avec des tierces personnes, celui dont seraient convenus le débiteur et le bénéficiaire effectif s'ils l'avaient stipulé en toute indépendance. Il prévoit qu'en une telle hypothèse les dispositions de l'article ne s'appliqueront qu'à ce dernier montant et que la partie excédentaire des intérêts demeurera imposable conformément à la législation des deux États contractants et compte tenu des autres dispositions de la Convention.

33. Il résulte clairement du texte que, pour que la disposition s'applique, il faut que l'intérêt reconnu excessif procède de relations spéciales qui existent entre le débiteur et le bénéficiaire effectif ou que l'un et l'autre entretiennent avec des tierces personnes. On peut citer à titre d'exemple les cas où les intérêts sont versés à une personne physique ou morale qui contrôle directement ou indirectement le débiteur, qui est contrôlée directement ou indirectement par lui ou qui dépend d'un groupe ayant avec lui des intérêts communs. Les exemples susmentionnés sont du reste similaires ou analogues aux hypothèses prévues par l'article 9.

34. D'autre part, la notion de relations spéciales couvre aussi des rapports de parenté et, en général, toute communauté d'intérêt distincte du rapport de droit qui donne lieu au paiement des intérêts.

35. En ce qui concerne le régime applicable à la partie excédentaire des intérêts, il y aura lieu d'apprécier la nature exacte de cette partie en fonction des circonstances propres à chaque cas d'espèce, en vue de déterminer la catégorie de revenus dans laquelle il conviendra de la ranger pour l'application des dispositions de la législation fiscale des États intéressés et de celles de la Convention. Ce paragraphe permet seulement l'ajustement du taux d'intérêt et non une nouvelle classification du prêt lui donnant le caractère d'une participation au capital. Pour qu'un tel ajustement soit possible en vertu du paragraphe 6 de l'article 11, il serait nécessaire au moins de supprimer la phrase « compte tenu de la créance pour laquelle ils sont payés », qui introduit une restriction. Si l'on estime qu'il est nécessaire de clarifier cette intention, on pourrait ajouter après « excède » une expression de type « pour quelque raison que ce soit ». Ces deux versions s'appliqueraient aux situations dans lesquelles les intérêts versés sont, en partie ou en totalité, excédentaires parce que le montant du prêt ou les termes dont il est assorti (y compris le taux d'intérêt) diffèrent de ce qui aurait été convenu en l'absence d'une relation spéciale. Néanmoins, ce paragraphe pourrait concerner non seulement le bénéficiaire mais encore le payeur des intérêts excédentaires et la déduction de ces derniers, pour peu que la législation de l'État de la source le permette, pourrait être refusée, compte tenu des autres dispositions de la Convention. Si deux États contractants éprouvaient des difficultés à déterminer les autres dispositions de la Convention applicables, suivant les cas, à la partie excédentaire des intérêts, rien ne les empêcherait d'apporter à la dernière phrase du paragraphe 6 des précisions supplémentaires, à condition de ne pas en altérer le sens général.

36. Au cas où les principes et les règles découlant de leurs législations respectives conduiraient les deux États contractants à faire application d'articles différents de la Convention pour l'imposition de la partie excédentaire, il serait nécessaire, pour résoudre la difficulté, de mettre en oeuvre la procédure amiable prévue par la Convention.

Observation sur les Commentaires

37. Le *Canada* et le *Royaume-Uni* ne peuvent donner leur adhésion au paragraphe 18 ci-dessus. Selon leur législation, certains paiements d'intérêts sont traités comme des distributions et sont donc couverts par l'article 10.

Réserves sur l'article

Paragraphe 2

38. Le *Chili*, la *Hongrie*, *Israël*, la *Lettonie*, le *Mexique*, le *Portugal*, la *République slovaque* et la *Turquie* font une réserve sur le taux d'impôt prévu au paragraphe 2.

39. Les *États-Unis* se réservent le droit d'appliquer leur impôt de succursale sur les intérêts attribuables aux revenus d'une entreprise eux-mêmes imputables à un établissement stable situé aux États-Unis.

40. Les *États-Unis* se réservent le droit d'imposer certains types d'intérêts liés aux résultats au taux applicable aux dividendes sur titres de portefeuille prévu à l'alinéa *b*) du paragraphe 2 de l'article 10. Ils se réservent aussi le droit d'imposer en application de leur droit interne un type d'intérêts qui est « *an excess inclusion with respect to residual interest in a real estate mortgage investment conduit* » ; et 2) les intérêts payés par une « entité expatriée » à une personne liée pendant une période pouvant atteindre 10 ans.

40.1 L'*Estonie*, le *Japon* et la *Lettonie* se réservent le droit de ne pas inclure l'obligation, pour les autorités compétentes, de régler d'un commun accord les modalités d'application du paragraphe 2.

Paragraphe 3

41. Le *Mexique* se réserve le droit de considérer comme intérêts d'autres types de revenus, notamment les revenus tirés de contrats de crédit-bail et d'affacturage.

42. La *Belgique*, le *Canada*, l'*Estonie*, l'*Irlande* et la *Lettonie* se réservent le droit de modifier la définition des intérêts de façon que les paiements d'intérêts considérés comme distributions selon leur droit interne tombent sous le coup de l'article 10.

43. Le *Canada*, le *Chili* et la *Norvège* se réservent le droit de supprimer la référence aux créances assorties d'une clause de participation aux bénéfices du débiteur.

44. Le *Chili*, l'*Espagne* et la *Grèce* se réservent le droit d'élargir la définition des intérêts en y incluant une référence à leur législation interne conformément à la définition qui figure dans le Projet de Convention de 1963.

45. L'*Australie* se réserve le droit d'élargir la définition des intérêts afin d'inclure le revenu qui, selon sa législation interne, est soumis au même régime d'imposition que le revenu provenant d'un prêt d'argent.

45.1 Les *États-Unis* se réservent le droit de modifier la définition des intérêts afin d'inclure tous les revenus qui sont soumis au même régime d'imposition que le revenu provenant d'un prêt d'argent en vertu de la législation de l'État contractant où ce revenu est généré, et de préciser que le revenu traité à l'article 10 ne sera pas considéré comme des intérêts.

Paragraphe 6

46. Afin de prévenir des abus, le *Mexique* se réserve le droit d'inclure une disposition concernant les intérêts versés au titre de prêts consécutifs.

COMMENTAIRES SUR L'ARTICLE 12 CONCERNANT L'IMPOSITION DES REDEVANCES

I. Remarques préliminaires

1. Les redevances pour la concession de licences d'exploitation de brevets et biens similaires et les rémunérations analogues constituent, en principe, pour le bénéficiaire, des revenus provenant d'une location. La location peut s'effectuer dans le cadre de l'exploitation d'une entreprise (par exemple, la concession de l'usage d'un droit d'auteur littéraire par un éditeur ou la concession de l'usage d'un brevet par l'inventeur), ou sans relation avec une activité quelconque du bailleur (par exemple, la concession de l'usage d'un brevet d'invention par les héritiers de l'inventeur).

2. Certains pays ne permettent la déduction des redevances payées, pour l'imposition du débiteur, que si le bénéficiaire réside dans le même État que celui-ci ou y est imposable. Ils la refusent dans le cas contraire. La question de savoir si la déduction dont il s'agit doit également être accordée dans l'hypothèse où des redevances sont payées par un résident d'un État contractant à un résident de l'autre État est traitée au paragraphe 4 de l'article 24.

II. Commentaires des dispositions de l'article

Paragraphe 1

3. Le paragraphe 1 pose le principe de l'imposition exclusive des redevances dans l'État dont le bénéficiaire effectif est un résident. Il est uniquement fait exception à ce principe dans les cas réglés par le paragraphe 3.

4. La notion de bénéficiaire effectif a été introduite au paragraphe 1 de l'article 12 pour clarifier l'application de l'article par rapport aux paiements à des intermédiaires afin de préciser clairement que l'État de la source n'est pas obligé de renoncer au droit d'imposer les revenus de redevances uniquement parce que ces revenus ont été payés directement à un résident d'un État avec lequel l'État de la source a conclu une convention. Par conséquent, le terme « bénéficiaire effectif » n'est pas utilisé dans une acception étroite et technique (comme le sens que lui attribue le droit des fiducies de nombreux pays de common law[1]), mais doit être entendu dans son contexte et à la lumière de l'objet et du but de la Convention, notamment pour éviter la double imposition et prévenir l'évasion et la fraude fiscales.

1 Par exemple, lorsque les fiduciaires d'une fiducie discrétionnaire ne distribuent pas les redevances perçues au cours d'une période donnée, ces fiduciaires, agissant en cette qualité (ou la fiducie si elle est reconnue en tant que contribuable distinct), pourraient être les bénéficiaires effectifs de ces revenus aux fins de l'article 12 même s'ils ne sont pas les bénéficiaires effectifs selon le droit des fiducies applicable.

4.1 La réduction ou l'exonération de l'impôt dû au titre d'un élément de revenu est accordée par l'État de la source à un résident de l'autre État contractant afin d'éviter en totalité ou en partie la double imposition qui résulterait de l'imposition concurrente de ce même revenu par l'État de la résidence. Lorsqu'un élément de revenu est payé à un résident d'un État contractant agissant en qualité d'agent ou autre mandataire, il serait contraire à l'objet et au but de la Convention que l'État de la source accorde une réduction ou une exonération de l'impôt du seul fait que le récipiendaire direct du revenu est un résident de l'autre État contractant. Dans cette situation, le récipiendaire direct du revenu a la qualité de résident mais il n'existe pas de risque de double imposition de ce fait puisque le résident n'est pas considéré du point de vue fiscal comme le propriétaire du revenu dans l'État de résidence.

4.2 Il serait également contraire à l'objet et au but de la Convention que l'État de la source accorde une réduction ou une exonération d'impôt à un résident d'un État contractant qui agit, autrement que dans la cadre d'une relation d'agent ou autre mandataire, comme un simple relais pour le compte d'une autre personne qui bénéficie réellement du revenu en cause. Pour ces raisons, le rapport du Comité des affaires fiscales intitulé « Les conventions préventives de la double imposition et l'utilisation des sociétés relais »[1] conclut qu'une société relais ne peut pas être considérée normalement comme le bénéficiaire effectif si, bien qu'étant le propriétaire du revenu dans la forme, elle ne dispose dans la pratique que de pouvoirs très limités qui font d'elle un simple fiduciaire ou un simple administrateur agissant pour le compte des parties intéressées.

4.3 Dans ces différents exemples (agent, mandataire, société relais agissant en qualité de fiduciaire ou d'administrateur), le récipiendaire direct des redevances n'est pas le « bénéficiaire effectif » parce que le droit du récipiendaire d'utiliser les redevances et d'en jouir est limité par une obligation contractuelle ou légale de céder le paiement reçu à une autre personne. Cette obligation découle habituellement de documents juridiques pertinents, mais peut également exister en raison de faits et de circonstances qui montrent que, fondamentalement, le récipiendaire n'a de toute évidence pas le droit d'utiliser les redevances et d'en jouir sans être limité par une obligation contractuelle ou légale de céder le paiement reçu à une autre personne. Ce type d'obligation ne couvre pas les obligations contractuelles ou légales qui ne dépendent pas de la réception du paiement par le récipiendaire direct, comme les obligations qui ne dépendent pas de la réception du paiement et que le récipiendaire direct peut avoir en sa qualité de débiteur ou de partie à des transactions financières, ou les obligations générales de distribution des régimes de retraite et des organismes de placement collectif pouvant prétendre aux avantages de la Convention en vertu des principes énoncés aux paragraphes 22 à 48 des Commentaires sur l'article 1. Lorsque le récipiendaire de redevances a effectivement le droit d'utiliser ces redevances et d'en jouir sans être limité par une obligation contractuelle ou légale de céder le paiement

1 Reproduit à la page R(6)-1 du volume II de la version complète du Modèle de Convention fiscale.

reçu à une autre personne, il est le « bénéficiaire effectif » de ces redevances. Il convient de souligner que l'article 12 fait référence au bénéficiaire effectif de redevances par opposition au propriétaire du droit ou du bien au titre duquel les redevances sont payées, qui peuvent être deux personnes différentes dans certains cas.

4.4 Néanmoins, le fait que le récipiendaire de redevances soit considéré comme le bénéficiaire effectif de ces redevances ne signifie pas que les dispositions prévues au paragraphe 1 doivent être automatiquement appliquées. Le bénéfice de ces dispositions ne doit pas être accordé dans les cas d'utilisation abusive (voir également le paragraphe 7 ci-dessous). Les dispositions de l'article 29 et les principes énoncés dans la section intitulée « Usage incorrect de la Convention » dans les Commentaires sur l'article 1 s'appliquent de façon à empêcher les abus, incluant les cas de chalandage fiscal, dans lesquels le récipiendaire est le bénéficiaire effectif de redevances. Bien que le concept de « bénéficiaire effectif » règle certaines formes d'évasion fiscale (notamment celles qui impliquent l'interposition d'un récipiendaire tenu de céder les redevances à une tierce personne), il ne couvre pas d'autres cas d'abus, tels certaines formes de chalandage fiscal, auxquels s'appliquent ces dispositions et principes et, par conséquent, ne doit pas être considéré comme limitant d'une quelconque façon l'application d'autres approches pour résoudre ces cas.

4.5 Les explications ci-dessus concernant la signification du terme « bénéficiaire effectif » montrent bien qu'il convient d'opérer une distinction entre le sens qui lui est donné dans le contexte de cet article et le sens différent qui lui a été donné dans le cadre d'autres instruments[1] portant sur la détermination des personnes (en général

1 Voir, par exemple, *Groupe d'action financière, Normes internationales sur la lutte contre le blanchiment de capitaux et le financement du terrorisme et de la prolifération – Les Recommandations du GAFI* (OCDE-GAFI, Paris, 2012), qui établissent en détail la norme internationale sur la lutte contre le blanchiment de capitaux et qui donne la définition suivante du terme bénéficiaire effectif (page 120) : « L'expression bénéficiaire effectif désigne la ou les personnes physiques qui en dernier lieu possèdent ou contrôlent un client et/ou la personne physique pour le compte de laquelle une opération est effectuée. Sont également comprises les personnes qui exercent en dernier lieu un contrôle effectif sur une personne morale ou une construction juridique. » De même, le rapport de 2001 du Groupe de direction de l'OCDE sur le gouvernement d'entreprise, *Au-delà des apparences : l'utilisation des entités juridiques à des fins illicites* (OCDE, Paris, 2001), donne la définition suivante du concept de bénéficiaire effectif (page 16) :

> Dans le présent rapport, on entend par « bénéficiaire effectif » la personne physique qui est l'ultime titulaire de la propriété. Dans certaines situations, il faut, pour détecter le bénéficiaire effectif, lever le voile de toute une série de personnes morales ou physiques intermédiaires pour arriver à la personne physique qui est le véritable bénéficiaire. Dans le cas des sociétés de capitaux, la propriété est détenue par les actionnaires ou par les associés. Dans le cas des sociétés de personnes, elle appartient aux associés et aux commanditaires ou commandités. Lorsqu'il s'agit d'une fiducie ou d'une fondation, la propriété effective renvoie aux bénéficiaires, y compris les constituants ou les fondateurs.

des personnes physiques) qui exercent le contrôle ultime sur des entités ou des actifs. Ce sens différent du terme « bénéficiaire effectif » ne peut pas être retenu dans le contexte de la Convention. De fait, ce sens, qui fait référence à des personnes physiques, n'est pas compatible avec la formulation explicite de l'alinéa *a*) du paragraphe 2 de l'article 10, qui désigne une situation dans laquelle une société est le bénéficiaire effectif d'un dividende. Le terme « bénéficiaire effectif » vise à résoudre les difficultés posées par l'utilisation des mots « payés à », qui figurent au paragraphe 1 des articles 10 et 11 et qui sont également utilisés au paragraphe 1 de l'article 12 du Modèle de Convention de double imposition de 1977, en lien avec des dividendes, des intérêts et des redevances, plutôt que les difficultés liées à la propriété des actions, des créances, des biens ou des droits au titre desquels ces dividendes, intérêts ou redevances sont payés. C'est pourquoi il serait inopportun, dans le contexte de ces articles, d'envisager une signification qui renvoie aux personnes physiques qui exercent « en dernier lieu un contrôle effectif sur une personne morale ou une construction juridique ».[1]

4.6 Sous réserve d'autres conditions imposées par l'article et les autres dispositions de la Convention, l'exemption de l'impôt dans l'État de la source reste disponible lorsqu'un intermédiaire tel qu'un agent ou autre mandataire situé dans un État contractant ou dans un État tiers est interposé entre le bénéficiaire et le payeur, mais que le bénéficiaire effectif est un résident de l'autre État contractant (le texte du Modèle de Convention a été modifié en 1997 pour préciser ce point qui a constitué la position constante des États membres).

5. L'article ne traite que des redevances provenant d'un État contractant et dont un résident de l'autre État contractant est le bénéficiaire effectif. Ses dispositions ne s'appliquent donc pas aux redevances provenant d'un État tiers, ni aux redevances provenant d'un État contractant qui sont imputables à un établissement stable qu'une entreprise dudit État a dans l'autre État contractant (pour un examen de ces cas, voir les paragraphes 4 à 6 des Commentaires sur l'article 21). Les abus potentiels découlant de situations dans lesquelles des redevances provenant d'un État contractant sont attribuables à un établissement stable qu'une entreprise de l'autre État possède dans un État tiers sont traités au paragraphe 8 de l'article 29. Les questions de procédure ne sont pas réglées dans le présent article. Chaque État doit pouvoir appliquer la procédure prévue par son droit interne. D'autres questions se posent en relation avec les cas triangulaires (voir le paragraphe 71 des Commentaires sur l'article 24).

6. Le paragraphe ne précise pas si l'exemption dans l'État de la source doit ou non être subordonnée à l'imposition effective des redevances dans l'État de la résidence. Cette question peut être résolue par voie de négociations bilatérales.

7. Le projet sur l'érosion de la base d'imposition et transfert de bénéfices (BEPS) qui a été réalisé sous l'égide de l'OCDE et du G20 et, en particulier, les rapport finaux sur

1 Voir la définition du Groupe d'action financière citée dans la note précédente.

les Actions 5, 6 et 8-10[1] produits dans le cadre de ce projet, ont abordé un certain nombre d'abus liés à des situations comme la suivante : le bénéficiaire effectif de redevances provenant d'un État contractant est une société résidente de l'autre État contractant dont le capital est en totalité ou en partie détenu par des actionnaires non-résidents de ce dernier État, qui, de pratique courante, ne procède pas à la distribution de ses bénéfices sous forme de dividendes et qui jouit d'un régime fiscal privilégié. Outre le fait que l'article 29, qui a été inclus dans la Convention à la suite du rapport final sur l'Action 6, vise les questions de chalandage fiscal qu'une telle situation peut présenter, les États qui souhaitent ne pas accorder les avantages de l'article 12 aux redevances qui bénéficient d'un traitement fiscal préférentiel dans l'État de résidence peuvent envisager d'inclure dans leurs conventions des dispositions telles que celles décrites aux paragraphes 82 à 100 des Commentaires sur l'article 1.

Paragraphe 2

8. Le paragraphe 2 contient une définition du terme « redevances ». Celles-ci proviennent en général des biens ou droits relevant des différentes formes de propriété littéraire et artistique, des éléments de propriété intellectuelle spécifiés dans le texte ainsi que des informations ayant trait à une expérience acquise dans le domaine industriel, commercial ou scientifique. La définition s'applique aux rémunérations payées pour l'usage ou la concession de l'usage d'un droit qui est mentionné, que ce droit ait fait ou non l'objet ou soit susceptible ou non de faire l'objet d'un dépôt ou d'une inscription publique. La définition comprend aussi bien les paiements faits en exécution d'un contrat de licence que les indemnités qu'une personne serait obligée de verser pour contrefaçon ou violation du droit.

8.1 La définition ne s'applique cependant pas aux paiements qui, tout en étant fondés sur le nombre de fois où un droit appartenant à une personne est utilisé, sont effectués à une autre personne qui ne détient pas elle-même le droit ou le droit d'usage (voir par exemple le paragraphe 18 ci-dessous).

8.2 Lorsqu'une rémunération est versée en contrepartie du transfert de la pleine propriété d'un bien mentionné dans la définition, cette rémunération n'est pas considérée comme une rémunération « pour l'usage ou la concession de l'usage » de ce bien et ne peut donc être considérée comme une redevance. Comme indiqué aux paragraphes 15 et 16 ci-après à propos des logiciels, des difficultés peuvent surgir dans le cas d'un transfert de droits susceptibles d'être considérés comme faisant partie d'un bien mentionné dans la définition lorsque ces droits sont transférés selon des modalités présentées comme constituant une aliénation. Il peut s'agir par exemple de

1 OCDE (2016), *Lutter plus efficacement contre les pratiques fiscales dommageables, en prenant en compte la transparence et la substance, Action 5 - Rapport final 2015*, Éditions OCDE, Paris. http://dx.doi.org/10.1787/9789264255203-fr ; OCDE (2017), *Empêcher l'octroi inapproprié des avantages des conventions fiscales, Action 6 - Rapport final 2015*, Éditions OCDE, Paris. http://dx.doi.org/10.1787/9789264278035-fr et OCDE (2016), *Aligner les prix de transfert calculés sur la création de valeur, Actions 8-10 - Rapports finaux 2015*, Éditions OCDE, Paris. http://dx.doi.org/10.1787/9789264249202-fr.

l'octroi de l'exclusivité sur tous les droits de propriété intellectuelle pour une période limitée ou sur tous les droits à l'intérieur d'une zone géographique donnée dans le cadre d'une transaction organisée comme une vente. Il faudra tenir compte des faits particuliers de chaque cas et examiner celui-ci à la lumière de la législation nationale sur la propriété intellectuelle applicable à la catégorie de droits considérée et des règles prévues par le droit interne concernant ce qui constitue une aliénation, mais de façon générale, si les versements sont effectués en contrepartie de l'aliénation de droits constituant un bien distinct et spécifique (ce qui est plus probable dans le cas de l'octroi d'une exclusivité à l'intérieur d'une zone géographique que dans le cas de l'octroi d'une exclusivité pour une période déterminée), il y a de fortes chances pour qu'ils soient considérés comme des bénéfices d'entreprise au sens de l'article 7 ou comme gain en capital au sens de l'article 13 plutôt que comme des redevances au sens de l'article 12. Ceci découle du fait que lorsque la propriété des droits a été aliénée en tout ou en partie, la contrepartie ne peut viser l'utilisation de ces droits. La nature fondamentale de la transaction, qui est celle d'une aliénation, ne peut être modifiée par la forme de la contrepartie, par le paiement échelonné de celle-ci ou, selon la majorité des pays, par le fait que les versements soient liés à une éventualité.

8.3 Le terme « payées », qui est utilisé dans la définition, revêt un sens très large, la notion de paiement signifiant l'exécution de l'obligation de mettre des fonds à la disposition du créancier de la manière prévue par le contrat ou par les usages.

8.4 À titre indicatif, certaines explications sont données ci-après afin de délimiter le champ d'application de l'article 12 par rapport à celui d'autres articles de la Convention, en ce qui concerne en particulier la communication d'informations.

8.5 Lorsque des informations mentionnées au paragraphe 2 sont fournies ou lorsque l'usage ou la concession de l'usage d'un type de bien mentionné à ce paragraphe est accordé, la personne qui est propriétaire de ces informations ou de ces biens peut convenir de ne pas les fournir à quelqu'un d'autre. Les paiements effectués en contrepartie d'un tel accord constituent des paiements effectués pour s'assurer l'exclusivité de ces informations ou un droit exclusif d'utiliser ces biens, selon le cas. Ces paiements constituant des rémunérations « de toute nature payées pour [...] la concession de l'usage » des biens ou « pour des informations », ils relèvent de la définition des redevances.

9. La définition du terme « redevances » au paragraphe 2 de l'article 12 du Projet de Convention de 1963 et du Modèle de Convention de 1977 comprenait les rémunérations « pour l'usage ou la concession de l'usage d'un équipement industriel, commercial ou scientifique ». La mention de ces rémunérations dans cette définition a subséquemment été supprimée. Compte tenu de la nature des revenus provenant de la location d'équipement industriel, commercial ou scientifique, incluant les revenus de la location de conteneurs, le Comité des affaires fiscales a décidé d'exclure ces revenus de location de la définition de redevances et, par conséquent, de faire en sorte que ces revenus échappent à l'application de l'article 12 afin d'assurer que ceux-ci soient visés par les dispositions concernant l'imposition des bénéfices des entreprises, tels que définis aux articles 5 et 7.

9.1 Les opérateurs de satellites et leurs clients (qui comprennent des entreprises de radiodiffusion et de télécommunication) concluent souvent des accords dits de « location de répéteur » en vertu desquels l'opérateur d'un satellite permet à son client d'utiliser la capacité d'un répéteur du satellite afin de transmettre sur une vaste zone géographique. Les rémunérations payées par les clients en vertu d'accords typiques de « location de répéteur » sont versées pour l'usage de la capacité de transmission du répéteur et ne constituent pas des redevances selon la définition du paragraphe 2 : ces rémunérations ne sont pas payées pour l'usage, ou la concession de l'usage, de biens, ou pour de l'information, visés dans la définition (elles ne peuvent être considérées, par exemple, comme des rémunérations payées pour l'usage, ou la concession de l'usage, d'un procédé secret puisque la technologie du satellite n'est pas transférée au client). S'agissant des conventions incluant une définition de redevances qui s'applique également à la location d'équipement industriel, commercial ou scientifique (ICS), la classification de ces rémunérations dépend dans une large mesure des dispositions contractuelles applicables. Même si l'on utilise fréquemment l'expression « location de répéteur » dans les contrats applicables en l'espèce, le client, dans la majorité des cas, n'obtient pas la possession physique du répéteur mais uniquement sa capacité de transmission : le satellite est uniquement opéré par le locateur et le locataire n'a pas accès au répéteur qui lui a été attribué. Dans ces cas, les rémunérations payées par les clients ont le caractère de paiements pour services, auxquels s'applique l'article 7, plutôt que de rémunérations payées pour l'usage, ou la concession de l'usage, d'équipement ICS. Ces cas doivent être distingués de la transaction beaucoup moins fréquente dans laquelle le propriétaire du satellite loue celui-ci à un tiers qui l'opère et l'utilise pour ses propres fins ou pour offrir sa capacité de transmission à des tiers. Dans un tel cas, le paiement effectué par l'opérateur du satellite au propriétaire de ce satellite pourrait très bien être considéré comme une rémunération payée pour l'usage, ou la concession de l'usage, d'équipement industriel, commercial ou scientifique. Les rémunérations payées pour la location ou l'achat de la capacité de câbles pour la transmission d'électricité ou de communications (en vertu, par exemple, d'un accord accordant un droit irrévocable d'utiliser cette capacité) ou de conduites (utilisées, par exemple, pour le transport du pétrole ou du gaz) doivent être analysées de façon similaire.

9.2 Par ailleurs, les rémunérations payées par l'opérateur d'un réseau de télécommunications à un opérateur étranger en vertu d'un accord d'itinérance (voir le paragraphe 38 des Commentaires sur l'article 5) ne constituent pas des redevances selon la définition du paragraphe 2 puisque ces rémunérations ne sont pas payées pour l'usage, ou la concession de l'usage, de biens, ou pour de l'information, visés dans la définition (elles ne peuvent être considérées, par exemple, comme des rémunérations payées pour l'usage, ou la concession de l'usage, d'un procédé secret puisque aucune technologie secrète n'est utilisée ou transférée à l'opérateur). Cette conclusion reste vraie même dans le cas des conventions incluant une définition de redevances qui s'applique également à la location d'équipement industriel, commercial ou scientifique puisque l'opérateur qui verse une rémunération en vertu d'un accord d'itinérance ne paie pas cette rémunération pour l'usage ou la concession de l'usage du réseau étranger, auquel il n'a pas physiquement accès, mais plutôt pour les services de télécommunication fournis par l'opérateur de ce réseau étranger.

9.3 Les rémunérations payées pour l'usage, ou la concession de l'usage, de la totalité ou d'une partie du spectre des radiofréquences (en vertu, par exemple, d'une « licence de spectre » qui permet au détenteur de cette licence de transmettre un contenu médiatique sur des fréquences déterminées de la bande électromagnétique) ne constituent pas des rémunérations versées pour l'usage, ou la concession de l'usage, de biens, ou pour de l'information, visés dans la définition de « redevances » au paragraphe 2. Cette conclusion reste vraie même dans le cas des conventions où la définition de redevances s'applique également à la location d'équipement industriel, commercial ou scientifique puisque ces rémunérations ne sont pas payées pour l'usage ou la concession de l'usage d'un quelconque équipement.

10. Les droits de location pour la concession de films cinématographiques sont également traités comme des redevances, que ces films soient projetés dans des salles de spectacles ou à la télévision. Toutefois, il peut être convenu par voie de négociations bilatérales que les droits de location pour la concession de films cinématographiques seront traités comme des bénéfices d'entreprise et soumis, par conséquent, aux dispositions des articles 7 et 9.

10.1 Les rémunérations qui sont versées uniquement en contrepartie de l'obtention de droits exclusifs de distribution d'un produit ou d'un service sur un territoire donné ne constituent pas des redevances dans la mesure où ils ne sont pas effectués en contrepartie de l'usage, ou de la concession de l'usage, d'un bien mentionné dans la définition. Ces versements, dont on considère qu'ils ont pour objet d'accroître les recettes provenant des ventes, relèvent plutôt de l'article 7. Un versement de ce type serait par exemple un versement effectué par un distributeur de vêtements résident d'un État contractant acquittant une certaine somme à un fabricant de chemises de marque résident de l'autre État contractant en contrepartie du droit exclusif de vendre dans le premier État les chemises de marque fabriquées à l'étranger par ledit fabricant. Dans cet exemple, le distributeur résident ne verse pas cette rémunération en contrepartie de l'obtention du droit d'utiliser le nom ou la marque sous lesquels les chemises sont vendues ; il se contente d'obtenir le droit exclusif de vendre dans l'État où il réside des chemises qu'il achètera auprès du fabricant de l'autre État.

10.2 Un versement ne peut être réputé constituer une rémunération pour « l'usage ou la concession de l'usage du droit » d'utiliser un dessin, un modèle ou un plan si ce dessin, modèle ou plan n'existe pas déjà. Dans ce cas en effet, le versement est effectué en contrepartie de services qui aboutiront à l'élaboration de ce dessin, modèle ou plan et tomberont donc sous le coup de l'article 7. Il en sera ainsi même si le concepteur du dessin, modèle ou plan (un architecte par exemple) conserve la totalité des droits, y compris les droits d'auteur, sur ce dessin, modèle ou plan. Cependant, si le propriétaire des droits d'auteur sur des plans établis antérieurement se contente d'accorder à une personne le droit de modifier ou de reproduire ces plans sans véritablement effectuer un travail supplémentaire, les versements reçus par lui en contrepartie de l'octroi du droit d'utiliser ainsi ses plans constituent des redevances.

11. En qualifiant de redevances les rémunérations payées pour des informations ayant trait à une expérience acquise dans le domaine industriel, commercial ou scientifique, le paragraphe 2 fait référence à la notion de savoir-faire (*know-how*). Certains groupements et auteurs spécialisés ont formulé diverses définitions du savoir-faire. L'expression « rémunérations [...] pour des informations ayant trait à une expérience acquise dans le domaine industriel, commercial ou scientifique » est utilisée dans le contexte du transfert de certaines informations n'ayant pas fait l'objet d'un brevet et qui ne relèvent généralement pas d'autres catégories de droits de propriété intellectuelle. Elle renvoie en principe à des informations non révélées au public de nature industrielle, commerciale ou scientifique ayant trait à une expérience acquise qui trouvent une application pratique dans l'exploitation d'une entreprise et dont la divulgation peut générer un avantage économique. Parce que la définition fait référence à des informations ayant trait à une expérience acquise, l'article ne s'applique pas à la rémunération d'informations nouvelles obtenues du fait de la fourniture de services rendus à la demande de la personne l'ayant versée.

11.1 Dans le contrat de savoir-faire, l'une des parties s'oblige à communiquer ses connaissances et expériences particulières, non révélées au public, à l'autre partie qui peut les utiliser pour son propre compte. Il est admis que le cédant n'a pas à intervenir dans l'application des formules concédées au concessionnaire et n'en garantit pas le résultat.

11.2 Ce contrat diffère donc de ceux qui comportent des prestations de services, où l'une des parties s'oblige, à l'aide des connaissances usuelles de sa profession, à faire elle-même un ouvrage pour l'autre partie. Les rémunérations versées à ce titre relèvent généralement de l'article 7.

11.3 La nécessité de distinguer ces deux types de paiements, à savoir les paiements pour la fourniture de savoir-faire et les paiements pour la fourniture de services, pose parfois des difficultés pratiques. Les critères suivants sont utiles pour établir cette distinction :

- Les contrats pour la fourniture de savoir-faire concernent des informations du type mentionné au paragraphe 11 qui existent déjà, ou concernent la fourniture de ces informations après leur développement ou leur création, et incluent des dispositions relatives à la confidentialité de ces informations.
- Dans le cas de contrats pour la fourniture de services, le fournisseur s'engage à assurer des services pouvant exiger l'utilisation par ce fournisseur d'un savoir, d'une compétence et d'une expertise spécifiques mais non le transfert à l'autre partie de ce savoir, de cette compétence et de cette expertise spécifiques.
- Dans la plupart des cas impliquant la fourniture de savoir-faire, aux termes du contrat le fournisseur n'a en général guère d'autre travail à accomplir que de fournir des informations existantes ou de reproduire des documents existants. En revanche, un contrat de services suppose, dans la majorité des cas, que le fournisseur engage des dépenses beaucoup plus élevées pour s'acquitter de ses obligations contractuelles. À titre d'exemple, suivant la nature des services à

rendre, le fournisseur peut encourir des dépenses pour les salaires des employés affectés à la recherche, à la conception, aux essais, aux dessins et à d'autres activités connexes, ou pour la rémunération de sous-traitants chargés d'assurer des services similaires.

11.4 Les exemples suivants décrivent des paiements qui ne doivent donc pas être attribués à la fourniture de savoir-faire, mais à la fourniture de services :

— rémunérations obtenues pour des services après-vente,

— rémunérations obtenues pour des prestations effectuées par un vendeur dans le cadre de la garantie due à l'acheteur,

— rémunérations pour une pure assistance technique,

— rémunérations obtenues pour une liste de clients potentiels lorsque ladite liste est établie spécialement à l'intention de la personne ayant versé les rémunérations à partir d'informations accessibles à tous (les rémunérations versées pour une liste confidentielle de clients auxquels le bénéficiaire a fourni un produit ou un service particulier sont en revanche assimilées à la rémunération d'un savoir-faire dans la mesure où elles ont trait à une expérience commerciale acquise par le bénéficiaire dans le cadre de ses relations avec lesdits clients),

— rémunérations pour des consultations données par un ingénieur, un avocat ou un expert-comptable, et

— rémunérations pour des conseils fournis par voie électronique, pour des échanges électroniques avec des techniciens ou pour l'accès, via des réseaux informatiques, à une base de données de dépannage comme une base de données qui donne aux utilisateurs de logiciels des renseignements non confidentiels en réponse à des questions fréquemment posées ou à des problèmes communs qui se posent fréquemment.

11.5 Dans le cas particulier d'un contrat prévoyant la communication, par le fournisseur, d'informations concernant le programme informatique, en règle générale, on considérera que le paiement est effectué en rémunération de la fourniture de ces informations de sorte qu'elle constitue une fourniture de savoir-faire lorsqu'elle est effectuée pour acquérir des informations constituant des idées et des principes à la base du programme, comme une démarche logique, des algorithmes ou des langages ou techniques de programmation, dès lors que ces informations sont fournies à la condition que le client ne les diffuse pas sans autorisation et qu'elles sont soumises à toute mesure de protection du secret commercial éventuellement disponible.

11.6 Dans la pratique des affaires, on rencontre des contrats qui portent à la fois sur un savoir-faire et sur des prestations d'assistance technique. Un exemple, parmi d'autres, de contrats de cette espèce est le contrat de franchise, par lequel le franchiseur communique au franchisé ses connaissances et expériences et lui fournit en plus une assistance technique variée, doublée dans certains cas d'aides financières et de livraisons de marchandises. Dans l'hypothèse d'un contrat mixte, il convient en principe de décomposer, à l'aide des indications contenues dans le contrat ou par une ventilation raisonnable, le montant total de la rémunération stipulée en fonction des diverses prestations auxquelles elle s'applique, et de soumettre chacune des parties de la rémunération ainsi déterminée au régime fiscal qui lui est propre. Lorsque, toutefois, l'une des prestations convenues constitue de loin l'objet principal du contrat et que les autres prestations y prévues n'ont qu'un caractère accessoire et plutôt négligeable, le traitement applicable à la prestation principale devrait en général s'appliquer au montant total de la rémunération.

12. La question de savoir si des versements concernant des logiciels doivent être classés comme des redevances soulève des difficultés mais constitue un sujet très important compte tenu du développement rapide de la technologie informatique au cours des dernières années et de l'ampleur des transferts technologiques internationaux dans ce domaine. En 1992, les Commentaires ont été amendés pour y présenter les principes selon lesquels une telle classification devrait être effectuée. Les paragraphes 12 à 17 ont été à nouveau modifiés en 2000 pour affiner l'analyse selon laquelle la distinction est faite entre les bénéfices d'entreprise et les redevances dans le cadre des transactions portant sur des logiciels. Dans la plupart des cas, l'analyse révisée n'aboutit pas à un résultat différent.

12.1 Un logiciel est un programme ou une série de programmes contenant des instructions destinées à un ordinateur pour les fins soit du fonctionnement opérationnel de l'ordinateur lui-même (système d'exploitation) soit de l'accomplissement d'autres tâches (logiciel d'application). Il peut être transféré sous diverses formes, par exemple par écrit ou électroniquement, sur une bande ou un disque magnétique, ou encore sur un disque laser ou un CD-ROM. Il peut être standardisé pour une large gamme d'applications ou personnalisé pour des utilisateurs individuels. Il peut être transféré comme partie intégrante du matériel informatique ou sous une forme indépendante pouvant être utilisée par des machines très diverses.

12.2 Le caractère des paiements reçus dans le cadre de transactions faisant intervenir le transfert de logiciels dépend de la nature des droits que le bénéficiaire acquiert dans le cadre de l'accord particulier concernant l'utilisation et l'exploitation du programme. Les droits portant sur un programme informatique constituent une forme de propriété intellectuelle. Une étude des pratiques suivies par les pays membres de l'OCDE a révélé que tous ces pays sauf un protègent ces droits explicitement ou implicitement par le biais de leur législation en matière de droits d'auteur. Bien que le terme « logiciel » soit communément utilisé pour désigner à la fois le programme — sur lesquels les droits de propriété intellectuelle (droits d'auteur) subsistent — et le support sur lequel ce programme est incorporé, les législations de la plupart des pays membres de l'OCDE en matière de droits d'auteur reconnaissent la distinction entre les droits d'auteur sur le programme et le logiciel qui comporte une copie du programme faisant l'objet de ces droits d'auteur. Le transfert de droits concernant les logiciels se fait sous diverses formes allant d'une disposition de tous les droits d'auteur sur un programme à la vente d'un produit dont l'utilisation est sujette à un certain nombre de restrictions. La contrepartie du transfert peut aussi prendre différentes formes. Ces facteurs peuvent rendre difficile la distinction entre les versements concernant les logiciels qui constituent véritablement des redevances et d'autres types de versements. La difficulté de faire cette distinction est aggravée par la facilité de reproduction des logiciels et par le fait que l'acquisition d'un logiciel implique souvent pour l'acquéreur la nécessité d'en faire une copie afin de rendre son exploitation possible.

13. Les droits du bénéficiaire du transfert représentent dans la plupart des cas une partie ou la totalité des droits d'auteur correspondants (voir les paragraphes 13.1 et 15 ci-dessous) ou ils peuvent représenter (ou être équivalents à) des droits partiels ou intégraux portant sur une copie du programme (la « copie du programme »), que cette copie soit ou non matérialisée sur un support ou fournie sous forme électronique (voir les paragraphes 14 à 14.2 ci-dessous). Dans des cas rares, la transaction peut correspondre à un transfert de *know-how* ou d'une formule secrète (paragraphe 14.3).

13.1 Les paiements effectués pour l'acquisition d'une partie des droits d'auteur (sans que l'auteur du transfert aliène intégralement ses droits d'auteur) constituent une redevance lorsque le paiement est effectué en échange du droit d'utiliser le programme d'une manière qui serait, en l'absence de cette licence, une violation de la législation relative aux droits d'auteur. On peut citer comme exemples de tels accords des autorisations de reproduire et de distribuer dans le public des logiciels contenant le programme qui fait l'objet des droits d'auteur ou de modifier et de diffuser le programme dans le public. Dans ces circonstances, les paiements sont effectués en échange du droit d'utiliser les droits d'auteur sur le programme (c'est-à-dire exploiter les droits qui autrement appartiendraient au seul titulaire des droits d'auteur). Cependant, lorsqu'un versement concernant un logiciel peut véritablement être considéré comme une redevance, l'application des dispositions de l'article concernant les droits d'auteur peut présenter des difficultés étant bien entendu que l'application du paragraphe 2 exige que le logiciel soit qualifié d'œuvre littéraire, artistique ou scientifique. Aucune de ces catégories ne semble pleinement satisfaisante. La législation de nombreux pays en matière de droits d'auteur traite de ce problème en assimilant expressément les logiciels à une œuvre littéraire ou scientifique. Pour d'autres pays, l'assimilation à une œuvre scientifique paraît la plus réaliste. L'impossibilité, pour un pays, de rattacher les logiciels à l'une ou l'autre de ces catégories pourrait justifier l'adoption, dans le cadre de négociations bilatérales, d'une version modifiée du paragraphe 2 qui supprimerait toute indication quant à la nature des droits d'auteur concernés ou, alternativement, qui ferait expressément mention des logiciels.

14. Dans d'autres types de transactions, les droits d'auteur acquis se limitent à ceux qui sont nécessaires pour permettre à l'utilisateur d'utiliser le programme, par exemple lorsque le bénéficiaire du transfert se voit accorder des droits limités de reproduction du programme. Ce serait le cas général pour les transactions en vue de l'acquisition d'une copie de programme. Les droits transférés dans ces cas sont inhérents à la nature même des programmes informatiques. Ils permettent à l'utilisateur de copier le programme, par exemple sur son disque dur ou à des fins d'archivage. Dans ce contexte, il est important de noter que la protection accordée en

matière de programmes informatiques par la législation sur les droits d'auteur peut différer d'un pays à l'autre. Dans certains pays, le fait de copier le programme sur le disque dur ou la mémoire vive d'un ordinateur constituerait, en l'absence d'autorisation, une violation de la législation sur les droits d'auteur. Cependant, les législations de nombreux pays en matière de droits d'auteur accordent automatiquement ce droit au propriétaire du logiciel contenant un programme informatique. Indépendamment de la question de savoir si ce droit est accordé en vertu de la loi ou d'un accord de licence avec le titulaire du droit d'auteur, la copie du programme sur le disque dur ou dans la mémoire vive de l'ordinateur ou encore à des fins d'archivage constitue une opération essentielle dans l'utilisation du programme. Par conséquent, les droits concernant ces actes de copie, lorsqu'ils ne font que permettre l'exploitation effective du programme par l'utilisateur, ne doivent pas être pris en compte dans l'analyse du caractère de la transaction à des fins d'imposition. Les paiements concernant ces types de transactions sont traités comme des revenus commerciaux conformément à l'article 7.

14.1 Il n'y a pas lieu de tenir compte de la méthode utilisée pour transférer le programme informatique. Par exemple, peu importe que le bénéficiaire du transfert acquière un disque informatique contenant une copie du programme ou reçoive directement une copie sur le disque dur de son ordinateur au moyen d'un modem. Il est également sans importance que l'utilisation du logiciel par le bénéficiaire du transfert soit sujette à des restrictions.

14.2 La facilité de reproduction des programmes informatiques a permis l'établissement d'accords de distribution dans lesquels le bénéficiaire du transfert obtient le droit d'effectuer des copies multiples du programme uniquement à des fins d'exploitation dans le cadre de ses propres affaires. Ces accords sont communément qualifiés de « licences de site », de « licences d'entreprise » ou de « licences de réseau ». Bien qu'ils permettent l'établissement de copies multiples du programme, ces droits sont généralement limités à ce qui est nécessaire pour permettre de faire fonctionner le programme sur les ordinateurs ou le réseau du bénéficiaire de la licence, qui n'autorise pas la reproduction à d'autres fins. Les paiements effectués dans le cadre de ces accords seront traités dans la plupart des cas comme des bénéfices d'entreprise conformément à l'article 7.

14.3 Il existe un autre cas plus rare de transaction comportant le transfert de logiciels informatiques, dans lequel une entreprise de logiciel ou un créateur de programme informatique accepte de fournir des informations concernant les concepts et les principes sur lesquels repose le programme, tels que la logique, les algorithmes ou les langages ou techniques de programmation. Dans ces cas, les paiements peuvent être qualifiés de redevances dans la mesure où ils constituent la contrepartie de l'usage, ou de la concession de l'usage, de formules secrètes ou d'informations concernant une expérience industrielle, commerciale ou scientifique qui ne peut donner lieu à des droits d'auteur distincts. Cela contraste avec le cas le plus fréquent où la copie d'un programme est acquise en vue de son exploitation par l'utilisateur final.

14.4 Les accords conclus entre un détenteur de droits d'auteur sur un logiciel et un intermédiaire chargé de la distribution prévoient souvent que ce dernier a le droit de distribuer des copies du programme sans avoir le droit de reproduire celui-ci. Dans le cadre d'une transaction de cette nature, les droits acquis par rapport aux droits d'auteur sont uniquement les droits nécessaires à l'intermédiaire commercial pour distribuer des copies du logiciel. En pareil cas, la rémunération versée par le distributeur vise uniquement l'acquisition de copies du logiciel et non l'usage d'un droit quelconque d'exploiter les droits d'auteur sur le logiciel. C'est pourquoi, dans le cadre d'une transaction par laquelle un distributeur effectue des versements pour pouvoir acquérir et distribuer des copies d'un logiciel (mais sans acquérir le droit de reproduire ledit logiciel), les droits attachés aux actions entreprises à des fins de distribution du logiciel ne doivent pas être pris en compte lors de l'analyse de la nature de la transaction à des fins fiscales. Les versements effectués dans le cadre de ce type de transaction doivent être traités comme des bénéfices d'entreprise au sens de l'article 7 et ce, indépendamment du fait que les copies distribuées soient fournies sur un support matériel ou par voie électronique (dans la mesure où le distributeur n'a pas le droit de reproduire le logiciel) ou du fait que le logiciel fasse l'objet d'adaptations mineures pour en faciliter l'installation.

15. Lorsque le versement est la contrepartie du transfert de la pleine propriété des droits d'auteur, ce versement ne peut constituer une redevance et les dispositions de l'article ne sauraient s'appliquer en l'espèce. Il peut cependant se présenter des difficultés lorsqu'il y a un transfert de droits qui comprend :

- un droit exclusif d'utilisation du droit d'auteur pendant une certaine durée ou sur un territoire limité ;
- le versement d'une contrepartie additionnelle liée à l'utilisation du logiciel ;
- une contrepartie prenant la forme d'un versement forfaitaire d'une certaine importance.

16. Chaque cas doit être réglé en fonction des faits qui lui sont propres, mais de façon générale, si les versements sont effectués en contrepartie de l'aliénation de droits constituant un bien distinct et spécifique (ce qui est plus probable dans le cas de l'octroi d'une exclusivité à l'intérieur d'une zone géographique que dans le cas de l'octroi d'une exclusivité pour une période déterminée), il est probable que de tels versements constitueront en général des bénéfices d'entreprise visés par l'article 7 ou des gains en capital visés par l'article 13 plutôt qu'une redevance visée par l'article 12. Ceci découle du fait que lorsque la propriété des droits a été aliénée en tout ou en partie, la contrepartie ne peut viser l'utilisation de ces droits. La nature fondamentale de la transaction, qui est celle d'une aliénation, ne peut être modifiée par la forme de la contrepartie, par le paiement échelonné de celle-ci ou, selon la majorité des pays, par le fait que les versements soient liés à une éventualité.

17. Les versements effectués au titre de logiciels peuvent être effectués dans le cadre de contrats mixtes. Ces contrats comprennent par exemple les ventes de matériel avec des logiciels incorporés et les concessions de droits d'usage d'un logiciel assorties de

prestations de services. Les méthodes exposées au paragraphe 11 ci-dessus aux fins de régler des problèmes similaires pouvant se poser en ce qui concerne les redevances relatives à des brevets et à du *know-how* sont également applicables au cas des logiciels. Lorsque cela s'avère nécessaire, il faut donc décomposer le montant total du paiement qui doit être effectué en vertu du contrat sur la base des renseignements contenus dans le contrat ou selon une répartition raisonnable et appliquer le régime fiscal propre à chacune des composantes ainsi déterminées.

17.1 Les principes énoncés ci-dessus en ce qui concerne les paiements au titre de logiciels sont également applicables aux transactions concernant d'autres types de produits numériques tels que des images, des sons ou du texte. Le développement du commerce électronique a multiplié le nombre de ces transactions. Pour déterminer si les versements correspondants constituent ou non des redevances, la principale question à résoudre est celle de la raison essentielle pour laquelle le paiement est effectué.

17.2 Dans certains pays, la législation applicable stipule que les transactions permettant au client de télécharger par voie électronique des produits numériques peuvent faire intervenir un usage du droit d'auteur par le client, par exemple parce que le contrat l'autorise à réaliser une ou plusieurs copies du contenu numérique. Si le paiement constitue essentiellement la rémunération d'autre chose que l'usage ou la concession de l'usage de droits relevant du droit d'auteur (notamment l'acquisition d'autres types de droits, données ou services contractuels) et que l'usage du droit d'auteur se limite aux droits de téléchargement, stockage et exploitation sur l'ordinateur, le réseau ou tout autre dispositif de stockage, d'exécution ou d'affichage du client, cet usage ne doit pas affecter la détermination du type de paiement aux fins de l'application de la définition des « redevances ».

17.3 Tel est le cas des transactions qui permettent au client (lequel peut être une entreprise) de télécharger par voie électronique des produits numériques (tels que logiciels, images, sons ou texte) pour l'utilisation ou la jouissance du client. Dans ces transactions, le paiement est effectué essentiellement pour acquérir des données transmises sous la forme d'un signal numérique et ne correspond donc pas à des redevances, mais relève de l'article 7 ou de l'article 13, selon le cas. Dans la mesure où le droit et les dispositions contractuelles applicables stipulent que l'action de copier le produit sur le disque dur ou tout autre support d'archivage du client s'accompagne d'un exercice du droit d'auteur par le client, cette reproduction est simplement le moyen par lequel le signal numérique est saisi et stocké. Cette utilisation du droit d'auteur ne présente pas d'importance pour la classification car il ne correspond pas à ce qui est essentiellement rémunéré par le paiement (c'est-à-dire l'acquisition de données transmises sous la forme d'un signal numérique), qui est le facteur déterminant au regard de la définition des redevances. Il n'y a pas lieu non plus d'assimiler les paiements pour ces transactions à des « redevances » si le droit et les dispositions contractuelles applicables stipulent que la création d'une copie est considérée comme l'exercice d'un droit d'auteur par le fournisseur et non par le client.

17.4 En revanche, lorsque le paiement constitue essentiellement la rémunération de l'octroi du droit d'utiliser un droit d'auteur dans un produit numérique qui est téléchargé par voie électronique à cet effet, les transactions correspondantes donnent lieu à des redevances. Tel est le cas, par exemple, d'un éditeur qui paie pour acquérir le droit de reproduire une image soumise à droit d'auteur qu'il télécharge par voie électronique pour la faire figurer sur la couverture d'un livre qu'il est en train de produire. Dans cette transaction, le paiement constitue essentiellement la rémunération de l'acquisition des droits d'exercice du droit d'auteur incorporé au produit numérique, à savoir le droit de reproduire et de diffuser l'image, et non simplement l'acquisition du contenu numérique.

18. Les indications données ci-dessus au sujet des contrats mixtes peuvent aussi s'appliquer dans le cas de certaines représentations artistiques, en particulier d'un concert dirigé par un chef d'orchestre ou d'un récital donné par un musicien. La rémunération correspondant à la prestation musicale, augmentée, le cas échéant, de celle offerte pour la radiodiffusion instantanée semble relever de l'article 17. Lorsqu'en vertu du même contrat ou d'un contrat distinct, la prestation musicale est enregistrée et que l'artiste a accepté, sur la base de ses droits d'auteur concernant l'enregistrement, de recevoir des redevances sur la vente ou sur l'audition publique des disques, la partie de la rémunération reçue qui consiste en de telles redevances relève de l'article 12. Cependant, lorsque le droit d'auteur sur un enregistrement sonore appartient, soit en raison de la loi applicable en matière de droit d'auteur, soit en raison des clauses du contrat, à une personne avec laquelle l'artiste a convenu par contrat de fournir ces services (par exemple, une prestation musicale au cours de l'enregistrement) ou à un tiers, les paiements effectués en vertu d'un tel contrat relèvent des articles 7 (par exemple, si la prestation a lieu en dehors de l'État de la source du paiement) ou 17 plutôt qu'en vertu de cet article, même si ces paiements dépendent de la vente des enregistrements.

19. Il est rappelé, d'autre part, que les redevances variables ou fixes pour l'exploitation de gisements, sources ou autres ressources naturelles sont régies par l'article 6 et ne tombent donc pas sous l'application du présent article.

Paragraphe 3

20. Certains États estiment que les dividendes, les intérêts et les redevances qui proviennent de sources situées sur leur territoire et sont payés à des personnes physiques ou morales résidentes d'autres États, n'entrent pas dans le champ d'application des dispositions prises pour éviter leur imposition à la fois dans l'État de la source et dans l'État de résidence du bénéficiaire, lorsque ce dernier a un établissement stable dans le premier de ces États. Le paragraphe 3 ne s'inspire pas d'une telle conception, parfois appelée « force attractive de l'établissement stable ». Il ne stipule pas que les redevances reçues par un résident d'un État contractant d'une source située dans l'autre État doivent, par l'effet d'une sorte de présomption légale, être rattachées, même fictivement, à l'établissement stable, si bien que cet État n'aurait pas à limiter son imposition en une telle hypothèse. Il se borne à prévoir que,

dans l'État de la source, les redevances sont imposables au titre des bénéfices de l'établissement stable qui y est possédé par le bénéficiaire résident de l'autre État si elles sont produites par des droits ou biens qui font partie de l'établissement stable ou se rattachent effectivement d'une autre façon à cet établissement. Dans ce cas, le paragraphe 3 dispense l'État de la source des redevances de toute limitation prévue à l'article. Les explications qui précèdent rejoignent celles qui sont données aux Commentaires sur l'article 7.

21. On a fait valoir que ce paragraphe pourrait donner lieu à des abus sous la forme du transfert de droits ou biens à des établissements stables constitués uniquement à cette fin dans des pays réservant un traitement préférentiel aux redevances. Outre le fait que les dispositions de l'article 29 (et en particulier le paragraphe 8 de cet article) et les principes énoncés dans la section intitulée « Usage incorrect de la Convention » dans les Commentaires sur l'article 1 empêcheront normalement de telles opérations abusives, il faut tenir compte du fait qu'un emplacement particulier ne peut constituer un établissement stable que si des activités d'entreprise y sont exercées et, ainsi qu'il est expliqué ci-dessous, l'exigence selon laquelle un droit ou bien doit se « rattacher effectivement » à un tel emplacement nécessite plus que le simple enregistrement du droit ou bien dans les documents comptables de l'établissement stable.

21.1 Un droit ou bien générateur de redevances se rattache effectivement à un établissement stable et fait donc partie de son actif si la propriété « économique » de ce droit ou bien est attribuée à cet établissement stable selon les principes développés dans le rapport du Comité intitulé *Attribution de bénéfices aux établissements stables*[1] (voir en particulier les paragraphes 72 à 97 de la Partie I du rapport) aux fins de l'application du paragraphe 2 de l'article 7. Dans le contexte de ce paragraphe, la propriété « économique » d'un droit ou bien signifie l'équivalent de la propriété, aux fins de l'imposition du revenu, d'une entreprise distincte, avec les bénéfices et les charges correspondants (par exemple le droit aux redevances afférent à la propriété de ce droit ou bien, le droit à tout amortissement disponible et le risque de gains ou pertes liés à l'augmentation ou de la diminution de la valeur de ce droit ou bien).

21.2 Dans le cas de l'établissement stable d'une entreprise qui exerce des activités d'assurance, la réponse à la question de savoir si un droit ou bien se rattache effectivement à l'établissement stable sera donnée en tenant compte des instructions figurant à la Partie IV du rapport du Comité concernant la question de savoir si les revenus ou les gains attribuables à ce droit ou bien sont pris en compte dans la détermination du rendement obtenu par l'établissement stable sur le montant des actifs qui lui sont attribués (voir en particulier les paragraphes 165 à 170 de la Partie IV). Ces instructions ayant un caractère général, les autorités fiscales devraient envisager d'appliquer une approche flexible et pragmatique qui tiendrait compte de l'application raisonnable et cohérente par l'entreprise de ces instructions afin d'identifier les actifs spécifiques qui se rattachent effectivement à l'établissement stable.

1 *Attribution de bénéfices aux établissements stables*, OCDE, Paris, 2010.

Paragraphe 4

22. Ce paragraphe a pour objet de limiter le champ d'application des dispositions concernant l'imposition des redevances dans l'hypothèse où le montant des redevances payées excéderait, en raison de rapports particuliers qui existent entre le débiteur et le bénéficiaire effectif ou que l'un et l'autre entretiennent avec des tierces personnes, celui dont seraient convenus le débiteur et le bénéficiaire effectif s'ils l'avaient stipulé en toute indépendance. Il prévoit qu'en une telle hypothèse, les dispositions de l'article ne s'appliqueront qu'à ce dernier montant et que la partie excédentaire des redevances demeurera imposable conformément à la législation des deux États contractants et compte tenu des autres dispositions de la Convention. Ce paragraphe autorise uniquement l'ajustement du montant des redevances et non un reclassement des redevances qui aurait pour effet d'en modifier le caractère, par exemple un reclassement en apport de fonds propres. Pour qu'un tel ajustement soit possible aux termes du paragraphe 4 de l'article 12, il serait nécessaire au moins de supprimer la phrase « compte tenu de la prestation pour laquelle elles sont payées », qui introduit une restriction. Si l'on estime qu'il est nécessaire de clarifier cette intention, on pourrait ajouter après « excède » une expression de type « pour quelque raison que ce soit ».

23. Il résulte clairement du texte que, pour que la disposition s'applique, il faut que la rémunération reconnue excessive procède de relations spéciales qui existent entre le débiteur et le bénéficiaire effectif ou que l'un et l'autre entretiennent avec des tierces personnes. On peut citer à titre d'exemples les cas où les redevances sont allouées à une personne physique ou morale qui contrôle directement ou indirectement le débiteur, qui est contrôlée directement ou indirectement par lui ou qui dépend d'un groupe ayant avec lui des intérêts communs. Les exemples susmentionnés sont du reste similaires ou analogues aux hypothèses prévues par l'article 9.

24. D'autre part, la notion de relations spéciales couvre aussi des rapports de parenté et, en général, toute communauté d'intérêts distincte du rapport de droit qui donne lieu au paiement des redevances.

25. En ce qui concerne le régime applicable à la partie excédentaire des redevances, il y aura lieu d'apprécier la nature exacte de cette partie en fonction des circonstances propres à chaque cas d'espèce, en vue de déterminer la catégorie de revenus dans laquelle il conviendra de la ranger pour l'application des dispositions de la législation fiscale des États intéressés et de celles de la Convention. Si deux États contractants éprouvaient des difficultés à déterminer les autres dispositions de la Convention applicables suivant les cas à la partie excédentaire des redevances, rien ne les empêcherait d'apporter à la dernière phrase du paragraphe 4 des précisions supplémentaires, à condition de ne pas en altérer le sens général.

26. Au cas où les principes et les règles découlant de leurs législations respectives conduiraient les deux États contractants à faire application d'articles différents de la Convention pour l'imposition de la partie excédentaire, il serait nécessaire, pour

résoudre la difficulté, de mettre en œuvre la procédure amiable prévue par la Convention.

Observations sur les Commentaires

27. L'*Espagne* et l'*Italie* ne partagent pas l'interprétation donnée au paragraphe 8.2. Elles considèrent que les rémunérations versées en contrepartie de l'aliénation d'un bien mentionné dans la définition de redevances tombent dans le champ d'application de l'article lorsque moins que la propriété totale de cet élément est aliéné. L'*Italie* adopte la même position en ce qui concerne les paragraphes 15 et 16.

27.1 S'agissant du paragraphe 10.1, l'*Italie* considère que lorsque des contrats accordent des droits exclusifs de distribution d'un produit ou service ainsi que d'autres droits mentionnés dans la définition de redevances, la partie du paiement qui est effectué, en vertu de ces contrats, en contrepartie des droits de distribution exclusifs du produit ou service peut, selon les circonstances, tomber dans le champ d'application de l'article.

28. L'*Espagne*, le *Mexique* et le *Portugal* n'adhèrent pas aux conclusions qui figurent aux paragraphes 14, 14.4, 15, 16 et 17.1 à 17.4 ci-dessus. Ils estiment que les versements relatifs aux logiciels relèvent de l'article lorsqu'une partie seulement des droits sur un logiciel sont transférés, que les paiements soient effectués en contrepartie du droit d'utiliser un droit d'auteur sur un logiciel en vue d'une exploitation commerciale (sauf les paiements pour le droit de distribuer des copies d'un logiciel standard, excluant le droit de les modifier ou de les reproduire) ou qu'ils correspondent à un logiciel acquis en vue d'une utilisation dans le cadre de l'exploitation d'une entreprise par l'acheteur, lorsque, dans ce dernier cas, le logiciel n'est pas absolument standard mais adapté de quelque manière à l'acheteur.

29. Le *Mexique* n'adhère pas à l'interprétation donnée au paragraphe 8.2. Le Mexique considère que les paiements effectués en contrepartie d'un transfert de droits présenté comme une aliénation (par exemple, limité à une zone géographique ou à une période déterminée) tombent dans le champ d'application de l'article puisque moins que tous les droits afférents à un bien mentionné dans la définition sont transférés.

30. La *République slovaque* n'adhère pas aux conclusions qui figurent aux paragraphes 14, 15 et 17 ci-dessus. Elle estime que les versements relatifs aux logiciels relèvent de l'article lorsqu'une partie seulement des droits sur un logiciel sont transférés, que les paiements soient effectués en contrepartie du droit d'utiliser un droit d'auteur sur un logiciel en vue d'une exploitation commerciale ou qu'ils correspondent à un logiciel acquis en vue d'une utilisation personnelle ou professionnelle de l'acheteur lorsque, dans ce dernier cas, le logiciel n'est pas absolument standard mais adapté de quelque manière à l'acheteur.

31. La *Grèce* ne souscrit pas à l'interprétation donnée dans les paragraphes 14 et 15 ci-dessus. La Grèce est d'avis que les paiements liés à des logiciels entrent dans le champ de cet article, que les paiements correspondent à l'utilisation (ou au droit

d'utilisation) de logiciels en vue d'une exploitation commerciale ou qu'ils soient effectués pour l'usage personnel ou professionnel de l'acquéreur.

31.1 À l'égard du paragraphe 14, la *Corée* est d'avis que le paragraphe 14 néglige peut-être le fait que le *know-how* peut être transféré sous la forme de logiciels. Par conséquent, la Corée estime que le *know-how* dispensé par des non-résidents par le biais de logiciels ou de programmes informatiques doit être traité conformément à l'article 12.

31.2 L'*Italie* estime que l'interprétation donnée au paragraphe 14.4 ne peut s'appliquer dans tous les cas. Elle examinera chaque cas à la lumière de toutes les circonstances, y compris les droits accordés par rapport à la distribution.

31.3 S'agissant du paragraphe 9.1, l'*Allemagne* réserve sa position sur la question de savoir si, et dans quelles conditions, les rémunérations payées pour l'acquisition d'un droit de disposition de la capacité de transport d'une conduite ou de la capacité d'installations techniques, de lignes et de câbles pour la transmission d'électricité ou de communications (incluant la transmission d'émissions de radio et de télévision) peuvent être considérées comme des rémunérations payées pour la location d'équipement industriel, commercial ou scientifique.

31.4 La *Grèce* n'adhère pas à l'interprétation donnée au sixième tiret du paragraphe 11.4 et est d'avis que tous les paiements correspondants tombent sous le coup de l'article.

31.5 La *Grèce* n'adhère pas à l'interprétation donnée aux paragraphes 17.2 et 17.3 car les paiements liés au téléchargement de logiciels informatiques doivent être considérés comme des redevances même si ces produits sont acquis pour l'usage personnel ou commercial de l'acquéreur.

31.6 Concernant le paragraphe 9.1, le *Chili* et le *Mexique* réservent leur position sur le point de savoir si, et dans quelles circonstances, les paiements effectués en contrepartie du droit de disposer des capacités de transport de conduites ou des capacités d'installations techniques, de satellites, de lignes ou de câbles pour la transmission de l'électricité ou pour les communications (y compris la distribution de programmes de radio et de télévision) peuvent être considérés comme des paiements effectués pour la location d'équipements industriels, commerciaux ou scientifiques.

31.7 La *Turquie* réserve sa position sur le point de savoir si, et dans quelles circonstances, les paiements mentionnés aux paragraphes 9.1, 9.3, 10.1 et 10.2 constituent des redevances.

Réserves sur l'article

Paragraphe 1

32. Les *États-Unis* se réservent le droit d'imposer conformément à leur législation interne les redevances payées par une « entité expatriée » à une personne liée pendant une période pouvant atteindre 10 ans.

32.1 La *Lettonie* se réserve le droit d'imposer les redevances à la source lorsque le récipiendaire est une personne physique qui est un résident de l'autre État contractant.

33. La *Grèce* n'est pas en mesure d'accepter une disposition qui l'empêcherait de prévoir, dans des conventions bilatérales destinées à éviter la double imposition, une clause lui conférant le droit d'imposer les redevances à la source à un taux pouvant aller jusqu'à 10 pour cent.

34. La *République tchèque* se réserve le droit d'imposer à un taux de 10 pour cent les redevances qui, en vertu de sa législation, ont leur source sur son territoire. La République tchèque se réserve également le droit de soumettre les paiements au titre de l'utilisation de logiciels ou du droit d'utiliser ces logiciels à un régime fiscal différent de celui qui s'applique aux droits d'auteur.

35. Le *Canada* réserve sa position sur le paragraphe 1 et désire maintenir dans ses conventions bilatérales un taux d'imposition à la source de 10 pour cent. Toutefois, il est prêt à exonérer de cet impôt les redevances à titre de droits d'auteur concernant une œuvre culturelle, dramatique, musicale ou artistique, à l'exclusion des redevances concernant les films cinématographiques et les œuvres enregistrées sur films ou bandes magnétiques ou autres moyens de reproduction destinés à la télévision. Le Canada est également prêt, dans la plupart des cas, à exonérer les redevances sur les logiciels, les brevets et le *know-how*.

36. L'*Australie*, le *Chili*, la *Corée*, le *Mexique*, la *Nouvelle-Zélande*, la *Pologne*, le *Portugal*, la *République slovaque*, la *Slovénie* et la *Turquie* se réservent le droit d'imposer les redevances à la source.

37. L'*Italie* se réserve le droit d'imposer les redevances à la source mais elle est disposée à accorder un traitement favorable pour certaines d'entre elles (les redevances à titre de droits d'auteur, par exemple). L'Italie se réserve aussi le droit de soumettre l'usage, ou la concession de l'usage, de droits relatifs à des logiciels à un régime fiscal différent de celui applicable aux droits d'auteur.

Paragraphe 2

38. La *Grèce* se réserve le droit d'inclure dans la définition de redevances les paiements décrits aux paragraphes 9.1, 9.2 et 9.3.

39. L'*Australie* se réserve le droit de modifier la définition de redevances afin d'y inclure des paiements ou des montants crédités qui sont traités comme des redevances dans son droit interne.

40. Le *Canada*, le *Chili*, la *Lettonie*, la *République slovaque* et la *République tchèque* se réservent le droit d'ajouter au paragraphe 2 les mots « pour l'usage, ou la concession de l'usage, d'un équipement industriel, commercial ou scientifique ».

41. La *Grèce*, l'*Italie* et le *Mexique* se réservent le droit de continuer à inclure les revenus de la location d'équipement industriel, commercial ou scientifique et de conteneurs dans la définition du terme « redevances » telle qu'elle figurait au paragraphe 2 de l'article 12 du Modèle de Convention de 1977.

41.1 La *Pologne* se réserve le droit d'inclure dans la définition de « redevances » les revenus tirés de l'usage, ou de la concession de l'usage, d'équipement industriel, commercial ou scientifique et de conteneurs.

42. La *Nouvelle-Zélande* se réserve le droit d'imposer à la source les revenus provenant de la location d'équipement industriel, commercial ou scientifique et de conteneurs.

43. [Supprimé]

44. [Supprimé]

45. [Supprimé]

46. La *Turquie* se réserve le droit d'imposer à la source les revenus provenant de la location d'équipement industriel, commercial ou scientifique.

46.1 Les *États-Unis* et le *Mexique* se réservent le droit de considérer comme redevances un gain tiré de l'aliénation d'un bien visé au paragraphe 2 de l'article lorsque ce gain dépend de la productivité, de l'utilisation ou de la disposition du bien.

47. [Supprimé]

Autres réserves

48. L'*Australie*, la *Belgique*, le *Canada*, le *Chili*, l'*Estonie*, la *France*, *Israël*, la *Lettonie*, le *Mexique*, la *République slovaque*, la *République tchèque* et la *Slovénie* se réservent le droit, afin de combler ce qu'ils considèrent comme une lacune de l'article, de proposer une disposition définissant la source des redevances par analogie avec les dispositions du paragraphe 5 de l'article 11, qui traite du même problème dans le cas des intérêts.

49. Le *Mexique* se réserve le droit d'ajouter une disposition en vertu de laquelle les redevances sont considérées comme provenant d'un État contractant lorsqu'elles se rattachent à l'usage ou à la concession de l'usage dans cet État d'un type de bien mentionné au paragraphe 2 de l'article 12.

50. La *République slovaque* se réserve le droit de soumettre les rémunérations versées pour l'usage, ou la concession de l'usage, des droits détenus sur des logiciels à un traitement fiscal différent de celui applicable aux droits d'auteur.

COMMENTAIRES SUR L'ARTICLE 13
CONCERNANT L'IMPOSITION DES GAINS EN CAPITAL

I. Remarques préliminaires

1. Si l'on compare les législations fiscales des pays membres de l'OCDE, on constate que l'imposition des gains en capital varie considérablement d'un pays à l'autre :

— dans certains pays, les gains en capital ne sont pas considérés comme un revenu imposable ;

— dans d'autres pays, les gains en capital d'une entreprise sont imposés, mais les gains en capital d'une personne physique en dehors du cadre d'une entreprise ne sont pas imposés ;

— même lorsque les gains en capital d'une personne physique en dehors du cadre d'une entreprise sont imposés, souvent cette imposition ne s'applique que dans certains cas, par exemple aux gains provenant de la vente de biens immobiliers ou aux gains de nature spéculative (si un bien a été acheté en vue d'être revendu).

2. De plus, les impôts sur les gains en capital varient d'un pays à l'autre. Dans certains pays membres de l'OCDE, les gains en capital sont imposés comme un revenu ordinaire et par conséquent s'ajoutent aux revenus tirés d'autres sources. Ceci s'applique en particulier aux gains en capital provenant de l'aliénation d'actifs d'une entreprise. Toutefois, dans un certain nombre de pays membres de l'OCDE, les gains en capital sont assujettis à des impôts spéciaux, tels qu'un impôt sur l'aliénation de biens immobiliers, ou un impôt général sur les gains en capital, ou un impôt sur l'augmentation de la valeur du capital (impôts sur les plus-values latentes). Ces impôts sont perçus sur chaque gain en capital, ou sur le total des gains en capital d'une année, le plus souvent à des taux spéciaux, sans qu'il soit tenu compte des autres revenus (ou pertes) du contribuable. Il ne semble pas nécessaire de décrire tous ces impôts.

3. L'article ne traite pas des questions mentionnées ci-dessus. Il appartient au droit interne de chaque État contractant de déterminer si les gains en capital doivent être imposés et, dans l'affirmative, comment ils doivent l'être. L'article ne peut en aucune manière être interprété comme donnant à un État le droit d'imposer les gains en capital si ce droit n'est pas stipulé dans le droit interne.

3.1 L'article ne précise pas la nature de l'impôt auquel il s'applique. Il est entendu que l'article doit s'appliquer à toutes les catégories d'impôts perçus sur les gains en capital par un État contractant. La formulation de l'article 2 est assez large pour atteindre ce but et pour comprendre également les impôts spéciaux sur les gains en capital. De même, lorsque l'article autorise un État contractant à imposer un gain en capital, ce droit s'applique à l'intégralité du gain et pas seulement à la fraction accumulée après l'entrée en vigueur d'une convention (sous réserve de dispositions contraires qui pourraient être adoptées lors de négociations bilatérales), même dans l'éventualité d'une nouvelle convention remplaçant une ancienne convention qui n'autorisait pas cette imposition.

II. Commentaires des dispositions de l'article

Observations générales

4. Il est normal d'attribuer le droit d'imposer les gains en capital sur un bien d'une nature déterminée à l'État qui est habilité, selon la Convention, à imposer ce bien et le revenu de ce bien. Le droit d'imposer un gain provenant de l'aliénation d'un actif d'une entreprise doit être attribué au même État sans qu'il y ait lieu d'examiner s'il s'agit d'un gain en capital ou d'un bénéfice d'entreprise. Ainsi, il n'y a pas lieu de faire une distinction entre gains en capital et bénéfice d'entreprise, ni de prévoir une disposition particulière pour déterminer si l'article concernant les gains en capital ou l'article 7 concernant les bénéfices des entreprises est applicable. Il appartient toutefois au droit interne de l'État qui perçoit l'impôt de décider si l'impôt perçu doit être un impôt sur les gains en capital ou un impôt sur le revenu ordinaire. La Convention ne préjuge pas cette question.

5. L'article ne donne pas de définition détaillée des gains en capital, ce qui, pour les raisons précitées, est superflu. Les mots « aliénation de biens » sont utilisés pour viser notamment les gains en capital résultant de la vente ou de l'échange de biens et aussi d'une aliénation partielle, de l'expropriation, d'un apport en société, de la vente d'un droit, de la donation et même de la mutation de biens par décès.

6. La plupart des États qui imposent les gains en capital le font en cas d'aliénation de biens. Quelques États, cependant, n'imposent que les gains en capital dits « réalisés » et, dans certaines circonstances, bien qu'il y ait aliénation, ne considèrent pas qu'un gain en capital ait été réalisé du point de vue fiscal (par exemple lors du remploi du produit de l'aliénation à l'acquisition de nouveaux actifs). L'existence d'une réalisation doit être déterminée selon le droit interne applicable. Si l'État auquel est attribué le droit d'imposer n'impose pas au moment de l'aliénation, il ne se pose pas de problème particulier.

7. De manière générale, les plus-values sur un bien qui ne sont pas accompagnées d'une aliénation ne sont pas imposées, puisque, aussi longtemps que le propriétaire détient le bien en question, l'existence du gain en capital n'est que virtuelle. Cependant, il y a aussi des législations fiscales en vertu desquelles les plus-values et les réévaluations d'actifs d'une entreprise sont imposées même à défaut d'aliénation.

8. Des circonstances spéciales peuvent donner lieu à une imposition des plus-values d'un bien qui n'a pas été aliéné. Ce peut être le cas lorsque la valeur d'un actif a augmenté de telle façon que le propriétaire réévalue cet actif dans sa comptabilité. Une telle réévaluation d'actifs dans la comptabilité peut aussi avoir lieu en cas de perte de valeur de la monnaie nationale. Plusieurs États prélèvent des impôts spéciaux sur de tels bénéfices comptables, les constitutions de réserves, les augmentations de capital et autres réévaluations résultant de l'adaptation de la valeur comptable à la valeur réelle des actifs. Ces impôts sur les plus-values sont visés par la Convention, en vertu de l'article 2.

9. Lorsque les plus-values et la réévaluation d'actifs sont imposées, le principe applicable en cas d'aliénation de tels actifs doit en règle générale également être appliqué. Il n'a pas été jugé nécessaire de mentionner expressément de tels cas dans l'article ou de prévoir des dispositions spéciales. Les dispositions de l'article ainsi que celles des articles 6, 7 et 21 semblent suffisantes. En principe le droit d'imposer est attribué, par les dispositions précitées, à l'État dont le cédant est un résident, à l'exception des cas où, s'agissant de biens immobiliers ou de biens mobiliers qui font partie de l'actif d'un établissement stable, le droit d'imposer revient en priorité à l'État de situation du bien considéré. On doit pourtant accorder une attention particulière aux cas traités aux paragraphes 13 à 17 ci-dessous.

10. Dans quelques États, le transfert d'un actif d'un établissement stable situé sur le territoire de cet État à un établissement stable ou au siège central de la même entreprise situé dans un autre État est assimilé à une aliénation de biens. L'article n'interdit pas à ces États d'imposer les bénéfices ou les gains qui sont supposés se produire en relation avec un tel transfert, à la condition toutefois qu'une telle imposition soit conforme à l'article 7.

11. L'article ne fait pas de distinction selon l'origine du gain en capital. Tous les gains en capital sont donc visés, ceux qui proviennent d'une évolution à long terme correspondant à une amélioration régulière de la situation économique aussi bien que ceux qui proviennent d'une évolution à très court terme (gains spéculatifs). Sont aussi visés les gains en capital qui résultent de la perte de valeur de la monnaie nationale. Bien entendu, il appartient à chaque État de décider si de tels gains doivent ou non être imposés.

12. L'article ne spécifie pas de quelle manière le gain en capital doit être calculé : il laisse ce soin au droit interne applicable. En règle générale, on calcule les gains en capital en déduisant le prix de revient du prix de vente. Pour obtenir le prix de revient, on ajoute au prix d'achat toutes les dépenses relatives à l'achat et toutes les dépenses d'amélioration. Dans certains cas, on retient le prix de revient après déduction des amortissements pratiqués précédemment. Certaines législations fiscales prescrivent une autre valeur que le prix de revient, par exemple la valeur précédemment déclarée par le vendeur des biens aux fins de l'impôt sur la fortune.

13. Des problèmes particuliers peuvent surgir dans le cas où la base de l'imposition des gains en capital est différente dans les deux États contractants. Le gain en capital provenant de l'aliénation d'un bien déterminé dans un État selon les règles énoncées au paragraphe 12 ci-dessus peut ne pas nécessairement être identique au gain en capital déterminé dans l'autre État selon les règles de comptabilité appliquées dans cet autre État. Ceci peut se produire lorsqu'un État a le droit d'imposer un gain en capital parce qu'il est l'État où le bien est situé, alors que l'autre État a le droit de l'imposer parce que l'entreprise est un résident de cet autre État.

14. L'exemple suivant peut illustrer ce problème : une entreprise de l'État A a acheté des biens immobiliers situés dans l'État B. L'entreprise peut avoir fait figurer des amortissements dans la comptabilité tenue dans l'État A. Si ces biens immobiliers sont

vendus à un prix supérieur au prix de revient, un gain en capital pourra être réalisé et, de plus, on pourra réintégrer les amortissements effectués auparavant. L'État B, dans lequel les biens immobiliers sont situés et où la comptabilité n'est pas tenue, n'a pas à tenir compte des amortissements comptabilisés dans l'État A lorsqu'il impose le revenu des biens immobiliers. L'État B ne peut non plus substituer au prix de revient, au moment de l'aliénation, la valeur des biens immobiliers résultant de la comptabilité tenue dans l'État A. L'État B ne peut, dès lors, imposer les amortissements pratiqués en sus du gain en capital, comme on l'a mentionné au paragraphe 12 ci-dessus.

15. D'un autre côté, l'État A, dont le cédant est un résident, ne peut être obligé dans tous les cas d'exonérer complètement de tels gains comptables de ses impôts en vertu du paragraphe 1 de l'article et de l'article 23 A (il ne se posera guère de problèmes aux États appliquant la méthode de l'imputation). Dans la mesure où de tels profits comptables sont dus à la réalisation d'amortissements pratiqués précédemment dans l'État A et qui ont réduit le revenu ou le bénéfice imposable dans cet État A, cet État ne peut être empêché d'imposer un tel bénéfice comptable. La situation correspond à celle indiquée au paragraphe 44 des Commentaires sur l'article 23 A.

16. D'autres problèmes peuvent surgir en ce qui concerne les bénéfices provenant de variations du cours du change entre les monnaies de l'État A et de l'État B. Après la dévaluation de la monnaie de l'État A, les entreprises de cet État A peuvent, ou doivent, augmenter la valeur comptable des actifs situés hors du territoire de l'État A. Même en l'absence d'une dévaluation de la monnaie d'un État, les fluctuations de cours usuelles peuvent occasionner des gains ou des pertes de change. Prenons par exemple une entreprise de l'État A ayant acheté et vendu des biens immobiliers situés dans l'État B. Si les prix d'achat et de vente, tous deux exprimés en monnaie de l'État B, sont égaux, il n'y aura pas de gain en capital dans l'État B. Si la monnaie de l'État B enregistre une hausse entre l'achat et la vente de l'actif par rapport à la monnaie de l'État A, en unités monétaires de cet État, l'entreprise obtiendra un gain. Si la monnaie de l'État B enregistre une baisse dans le même laps de temps, le cédant subira une perte qui ne sera pas prise en considération dans l'État B. De tels gains ou pertes de change peuvent également se produire dans le cas de créances ou de dettes libellées en monnaie étrangère. Si au bilan d'un établissement stable situé dans l'État B d'une entreprise de l'État A, figurent des créances et des dettes libellées en monnaie de l'État B, ni gains, ni pertes n'apparaîtront dans la comptabilité de l'établissement stable lors des remboursements. En revanche, des fluctuations de cours se répercuteront dans la comptabilité du siège central. Si la valeur de la monnaie de l'État B enregistre une hausse (une baisse) entre la naissance de la créance et son remboursement, cela se manifestera, pour l'ensemble de l'entreprise, par un gain (une perte). Ceci est également vrai pour les dettes, lorsque la monnaie de l'État B enregistre une baisse (une hausse) entre la naissance de la dette et son remboursement.

17. Les dispositions de l'article ne règlent pas l'ensemble des questions concernant l'imposition des gains de change. Ces gains ne dépendent pas, dans la plupart des cas, de l'aliénation de l'actif ; souvent même ils ne peuvent pas être déterminés dans l'État auquel le droit d'imposer les gains en capital est attribué en vertu de l'article. En

général, la question n'est d'ailleurs pas de savoir si l'État dans lequel un établissement stable est situé a le droit d'imposer mais si l'État dont le contribuable est un résident doit, lorsqu'il applique la méthode de l'exemption, s'abstenir d'imposer de tels gains de change qui, dans la plupart des cas, ne peuvent résulter que de la comptabilité du siège central. La réponse à cette dernière question ne dépend pas seulement de l'article mais aussi de l'article 7 et de l'article 23 A. Si, dans un cas donné, les opinions divergentes de deux États avaient pour effet d'entraîner une double imposition effective, ce cas pourrait être réglé par la procédure amiable prévue à l'article 25.

18. De plus, on peut se demander quel est l'article applicable lorsque la vente d'un bien donne lieu, non au versement d'un prix déterminé, mais au paiement d'une rente viagère. Cette rente, dans la mesure où elle est supérieure au prix de revient, doit-elle être considérée comme un gain procuré par la vente du bien ou comme « un revenu qui n'est pas traité », conformément à l'article 21 ? Les deux thèses peuvent être soutenues avec des arguments de même poids, et il semble difficile d'édicter une règle à ce sujet. De plus, ces problèmes se posant rarement dans la pratique, il paraît inutile de prévoir une disposition qui serait insérée dans la Convention. On peut laisser aux États contractants auxquels ce problème se poserait le soin d'en prévoir la solution par la procédure amiable prévue à l'article 25.

19. Les dispositions de l'article ne sont pas destinées à s'appliquer aux lots de loteries ni aux primes et lots attachés à des obligations d'emprunt.

20. Les paragraphes 1 à 4 de l'article traitent en premier lieu des gains provenant de l'aliénation de catégories spécifiques de biens. Pour tous les autres gains en capital, le paragraphe 5 donne le droit d'imposition à l'État dont le cédant est un résident.

21. Puisque tous les États n'imposent pas les gains en capital, il peut paraître justifié de n'éviter que la double imposition effective des gains en capital. En conséquence, les États contractants ont toute latitude pour compléter leurs conventions bilatérales, de sorte qu'un État ne devra renoncer aux droits d'imposer que lui donne sa législation interne que si l'autre État, autorisé à imposer en vertu de la Convention, exerce effectivement son droit. Dans un tel cas, le paragraphe 5 de l'article devrait être complété en conséquence. L'article 23 A devrait en outre être complété comme l'indique le paragraphe 35 des Commentaires sur l'article 23 A.

Paragraphe 1

22. Le paragraphe 1 stipule que les gains provenant de l'aliénation de biens immobiliers sont imposables dans l'État où sont situés ces biens. Cette disposition correspond aux clauses de l'article 6 et du paragraphe 1 de l'article 22. Elle s'applique aussi aux biens immobiliers qui font partie de l'actif d'une entreprise. Pour la définition des biens immobiliers, le paragraphe 1 renvoie à l'article 6. Le paragraphe 1 de l'article 13 ne traite que des gains qu'un résident d'un État contractant tire de l'aliénation de gains immobiliers situés dans l'autre État contractant. Il ne s'applique donc pas aux gains provenant de l'aliénation de biens immobiliers situé dans l'État contractant dont le cédant est un résident au sens de l'article 4 ou situés dans un État tiers ; les dispositions du paragraphe 5 (et non comme l'indiquaient ces

Commentaires avant 2002, celles du paragraphe 1 de l'article 21) s'appliquent à de tels gains.

23. Les dispositions du paragraphe 1 sont complétées par celles du paragraphe 4, qui s'appliquent aux gains provenant de l'aliénation des actions, ou droits ou participations similaires, qui tirent plus de 50 pour cent de leur valeur de biens immobiliers (voir les paragraphes 28.3 à 28.12 ci-dessous).

Paragraphe 2

24. Le paragraphe 2 traite des biens mobiliers qui font partie de l'actif d'un établissement stable d'une entreprise. L'expression « biens mobiliers » désigne tous les biens autres que les biens immobiliers couverts par le paragraphe 1. Elle comprend également les biens incorporels, tels que la clientèle (*goodwill*), les droits d'usage et les permis d'émission. Les gains provenant de l'aliénation de ces biens mobiliers sont imposables dans l'État où est situé l'établissement stable, ce qui correspond aux règles relatives aux bénéfices des entreprises (article 7).

25. Il ressort clairement du paragraphe que ses dispositions s'appliquent aussi bien à l'aliénation des biens mobiliers d'un établissement stable qu'à l'aliénation de l'établissement stable proprement dit (seul ou avec l'ensemble de l'entreprise). En cas d'aliénation de l'ensemble de l'entreprise, les dispositions s'appliquent aux gains qui sont réputés provenir de l'aliénation des biens mobiliers qui ont fait partie de l'actif de l'établissement stable. Les dispositions de l'article 7 sont alors applicables, *mutatis mutandis*, sans qu'il en soit fait expressément mention. En ce qui concerne le transfert d'un actif d'un établissement stable situé dans un État à un établissement stable (ou au siège central) situé dans un autre État, voir le paragraphe 10 ci-dessus.

26. En revanche, la règle du paragraphe 2 peut ne pas s'appliquer dans tous les cas aux gains en capital provenant de l'aliénation d'une participation dans une entreprise. Lorsque l'entreprise exerce ses activités sous la forme d'une entité ou d'un dispositif qui est considéré comme transparent sur le plan fiscal en vertu de la législation fiscale d'un État contractant, cet État, en vertu du paragraphe 2 de l'article 13, est autorisé à imposer dans les mains des non-résidents qui sont associés ou membres de l'entité ou du dispositif, les gains provenant de l'aliénation des biens mobiliers qui font partie de l'actif d'un établissement stable de l'entreprise situé dans cet État même lorsque les gains proviennent de l'aliénation de l'entreprise dans son ensemble (voir également le paragraphe 2 de l'article 1 et les paragraphes 2 à 16 des Commentaires sur l'article 1). Toutefois, lorsqu'une entreprise exerce ses activités sous la forme d'une entité ou d'un dispositif qu'un État considère comme un contribuable distinct résident de l'un des États contractants, cet État devrait traiter l'aliénation d'une participation dans une telle entité ou un tel dispositif comme l'aliénation des actions d'une société de capitaux auxquelles les paragraphes 4 ou 5 de l'article s'appliquent. Les situations où les lois des deux États contractants divergent à cet égard sont traitées aux paragraphes 32.4 à 32.7 des Commentaires sur les articles 23 A et 23 B.

27. Certains États estiment que tous les gains en capital provenant de sources situées sur leur territoire doivent être soumis à leur imposition conformément à leur

législation interne, lorsque le cédant possède un établissement stable sur leur territoire. Le paragraphe 2 ne s'inspire pas d'une telle conception, parfois appelée « force attractive de l'établissement stable ». Le paragraphe 2 prévoit simplement que les gains provenant de l'aliénation de biens mobiliers qui font partie de l'actif d'un établissement stable sont imposables dans l'État où est situé l'établissement stable. Les gains provenant de l'aliénation de tous les autres biens mobiliers ne sont imposables que dans l'État de résidence du cédant conformément au paragraphe 5. Les explications qui précèdent rejoignent celles qui sont données aux Commentaires sur l'article 7.

27.1 Aux fins du paragraphe, un bien fait partie de l'actif d'un établissement stable si la propriété « économique » de ce bien est attribuée à cet établissement stable selon les principes développés dans le rapport du Comité intitulé *Attribution de bénéfices aux établissements stables*[1] (voir en particulier les paragraphes 72 à 97 de la Partie I du rapport) aux fins de l'application du paragraphe 2 de l'article 7. Dans le contexte de ce paragraphe, la propriété « économique » d'un bien signifie l'équivalent de la propriété, aux fins de l'imposition du revenu, d'une entreprise distincte, avec les bénéfices et les charges correspondants (par exemple le droit à tout revenu afférent à la propriété de ce bien, le droit à tout amortissement disponible et le risque de gains ou pertes liés à l'augmentation ou de la diminution de la valeur de ce bien). Le simple fait qu'un bien apparaisse dans le bilan comptable d'un établissement stable ne suffit donc pas pour conclure que ce bien se rattache effectivement à cet établissement stable.

27.2 Dans le cas de l'établissement stable d'une entreprise qui exerce des activités d'assurance, la réponse à la question de savoir si un bien se rattache effectivement à l'établissement stable sera donnée en tenant compte des instructions figurant à la Partie IV du rapport du Comité concernant la question de savoir si les revenus ou les gains attribuables à ce bien sont pris en compte dans la détermination du rendement obtenu par l'établissement stable sur le montant des actifs qui lui sont attribués (voir en particulier les paragraphes 165 à 170 de la Partie IV). Ces instructions ayant un caractère général, les autorités fiscales devraient envisager d'appliquer une approche flexible et pragmatique qui tiendrait compte de l'application raisonnable et cohérente par l'entreprise de ces instructions afin d'identifier les actifs spécifiques qui se rattachent effectivement à l'établissement stable.

Paragraphe 3

28. Une dérogation à la règle du paragraphe 2 est prévue pour les navires et aéronefs exploités en trafic international ainsi que pour les biens mobiliers affectés à l'exploitation de ces navires et aéronefs. Normalement, les gains provenant de l'aliénation de ces biens ne sont imposables que dans l'État de l'entreprise exploitant ces navires et aéronefs. Cette règle correspond aux dispositions de l'article 8 et du paragraphe 3 de l'article 22. Les États contractants qui préféreraient conférer le droit d'imposition exclusive à l'État où est situé le siège de direction effective de l'entreprise

1 *Attribution de bénéfices aux établissements stables*, OCDE, Paris, 2010.

ont toute latitude, dans leurs conventions bilatérales, de substituer au paragraphe 3 une disposition correspondant à celle proposée au paragraphe 2 des Commentaires sur l'article 8.

28.1 Le paragraphe 3 s'applique lorsque l'entreprise qui aliène les biens exploite elle-même les navires ou aéronefs mentionnés dans le paragraphe, que ce soit pour ses propres activités de transport ou dans le cadre de la location de ces navires ou aéronefs tout armés et équipés. Il ne s'applique cependant pas lorsque l'entreprise qui possède les navires ou aéronefs ne les exploite pas (par exemple, lorsque l'entreprise loue ces biens à une autre personne, sauf dans le cas d'une location occasionnelle coque nue comme l'indique le paragraphe 5 des Commentaires sur l'article 8). Dans un tel cas, les gains réalisés par le propriétaire réel de ces biens, ou des biens mobiliers qui s'y rattachent, relèvent du paragraphe 2 ou 5.

28.2 [Supprimé]

Paragraphe 4

28.3 En stipulant que les gains tirés de l'aliénation d'actions, de droits ou de participations similaires qui, à tout moment au cours des 365 jours qui précèdent l'aliénation, tirent directement ou indirectement plus de 50 pour cent de leur valeur de biens immobiliers situés dans un État contractant peuvent être imposés dans cet État, le paragraphe 4 stipule que les gains tirés de l'aliénation de ces actions, droits ou participations similaires sont imposables dans cet État tout comme les biens immobiliers correspondants, qui sont couverts par le paragraphe 1.

28.4 Le paragraphe 4 autorise l'imposition de la totalité du gain imputable aux actions, droits ou participations similaires auxquels il s'applique même lorsqu'une partie de la valeur de ces actions, droits ou participations similaires est tirée d'actifs autres que des biens immobiliers situés dans l'État de la source. Normalement, pour répondre à la question de savoir si des actions, droits ou participations similaires tirent directement ou indirectement plus de 50 pour cent de leur valeur de biens immobiliers situés dans un État contractant à tout moment au cours des 365 jours qui précèdent l'aliénation, on comparera la valeur de ces biens immobiliers à celle de l'ensemble des biens appartenant à la société, entité ou dispositif sans prendre en compte les dettes ou autres engagements (qu'ils soient ou non garantis par des hypothèques sur les biens immobiliers en question).

28.5 Avant 2017, le paragraphe 4 s'appliquait uniquement dans le cas de l'aliénation d'actions mais les Commentaires prévoyaient que les États pouvaient, dans leurs conventions bilatérales, étendre son champ d'application aux gains qui résultent de l'aliénation d'intérêts dans d'autres entités qui n'émettaient pas d'actions, telles que des sociétés de personnes ou des fiducies (ou un trust), dans la mesure où la valeur de ces intérêts était aussi tirée principalement de biens immobiliers. En 2017, l'expression « droits ou participations similaires » a été ajoutée à cette fin. En même temps, le paragraphe a été modifié afin de couvrir les situations où les actions, droits ou participations similaires tirent leur valeur principalement de biens immobiliers à tout moment au cours des 365 jours précédant l'aliénation par opposition au seul moment de l'aliénation. Cette modification a été effectuée afin d'empêcher les montages visant à ajouter des actifs à une entité peu avant la vente des actions, droits ou participations similaires dans cette entité afin de diluer la proportion de la valeur de ces actions, droits ou participations similaires tirée de biens immobiliers situés dans un État contractant.

28.6 Dans leurs conventions bilatérales, un grand nombre d'États élargissent ou rétrécissent le champ d'application de ce paragraphe. Il est possible, par exemple, d'augmenter ou de diminuer le pourcentage de la valeur des actions, droits ou participations similaires qui doit être tiré directement ou indirectement de biens immobiliers pour que ce paragraphe s'applique. À cette fin, il suffirait de remplacer « 50 pour cent » par le pourcentage que ces États souhaitent fixer. Certains États peuvent également convenir d'une autre modification consistant à limiter le champ d'application du paragraphe aux cas où le cédant détiendrait un certain niveau de participation dans l'entité.

28.7 Par ailleurs, certains États considèrent que le paragraphe ne doit pas s'appliquer aux gains tirés de l'aliénation d'actions de sociétés, ou de droits ou participations dans des entités ou dispositifs, qui sont cotées sur un marché boursier reconnu de l'un des États, aux gains tirés de l'aliénation d'actions, droits ou participations similaires dans le cadre d'une réorganisation de société ou lorsque le bien immobilier dont les actions, droits ou participations similaires tirent leur valeur est un bien (tel qu'une mine ou un hôtel) dans lequel des activités d'entreprise sont exercées. Les États qui souhaitent inclure une ou plusieurs de ces exceptions peuvent le faire.

28.8 Une autre exception possible a trait aux actions, droits ou participations similaires possédées par des fonds de pension et entités similaires. Selon la législation nationale de nombreux États, les fonds de pension et entités similaires sont généralement exemptés d'impôt sur leurs revenus d'investissements. Afin d'assurer la neutralité du traitement applicable aux investissements nationaux et étrangers effectués par ces entités, certains États prévoient bilatéralement que les revenus que tire une telle entité qui est un résident de l'autre État, ce qui inclut les gains en capital sur les actions, droits ou participations similaires mentionnés au paragraphe 4, sont exemptés de l'imposition à la source. Les États qui souhaitent le faire peuvent convenir d'inclure dans leur convention une disposition inspirée de la disposition incluse au paragraphe 69 des commentaires sur l'article 18.

28.9 Dans la mesure où les dispositions du paragraphe s'appliquent à toute situation dans laquelle, à tout moment au cours des 365 jours qui précèdent l'aliénation d'actions, de droits ou participations similaires, ces actions, droits ou participations tirent directement ou indirectement plus de 50 pour cent de leur valeur de biens immobiliers, les dispositions du paragraphe s'appliqueraient lorsque les actions sont aliénées dans une période de 365 jours suivant le moment où un bien immobilier dont la valeur est prise en compte aux fins de l'application de ce paragraphe a été lui-même aliéné par la société, entité ou dispositif concerné. Certains États considèrent que dans un cas comme celui-là, puisque l'aliénation du bien immobilier est imposable en vertu du paragraphe 1 dans l'État où il est situé, il ne serait pas approprié de tenir compte de la valeur de ce bien lorsqu'il s'agit de déterminer si les dispositions du paragraphe 4 doivent s'appliquer aux gains réalisés lors de l'aliénation ultérieure d'actions, de droits ou participations similaires. Supposons par exemple qu'une personne physique X, résidente de l'État R, détienne la totalité des actions de XCO, une société résidente de l'État R. Le principal actif de XCO est un bien immobilier situé dans l'État S. En janvier 00, ce bien est cédé par XCO et le gain en capital est imposé par l'État S en application du paragraphe 1. À la fin de 00, X décède, ce qui, en vertu de la législation de l'État S, entraîne une aliénation des actions de XCO à des fins fiscales. Dans ce cas, certains États considèrent que la valeur du bien immobilier aliéné ne devrait pas être prise en compte aux fins de l'application des dispositions du paragraphe 4 aux actions aliénées du fait du décès de X. Ces États peuvent convenir bilatéralement de remplacer le paragraphe 4 par une disposition similaire à ce qui suit :

> 4. Les gains qu'un résident d'un État contractant tire de l'aliénation d'actions ou de droits ou participations similaires, tels que des droits ou participations dans une société de personnes ou une fiducie (ou un trust), sont imposables dans l'autre État contractant si, à tout moment au cours des 365 jours qui précèdent l'aliénation, ces actions, droits ou participations similaires tirent directement ou indirectement plus de 50 pour cent de leur valeur de biens immobiliers, tels que définis à l'article 6, situés dans cet autre État (excluant toutefois un bien immobilier, ou une partie d'un tel bien, qui a été aliéné entre ce moment et le moment de l'aliénation des actions, droits ou participations similaires, pour autant qu'au moment de cette aliénation ultérieure, aucune fraction de la valeur de ces actions, droits ou participations similaires ne soit tirée, directement ou indirectement, de ce bien immobilier ou de la partie de ce bien immobilier qui a été aliénée).

Les États craignant que l'exception prévue dans cette disposition optionnelle puisse être détournée par la réalisation de cessions entre parties liées peuvent envisager d'en limiter la portée aux aliénations entre parties indépendantes. Par ailleurs, les États dans lesquels les gains en capital sur certains types d'aliénations ne sont pas reconnus par la législation fiscale sont libres d'exclure ces aliénations du champ d'application de l'exception figurant dans cette disposition.

28.10 Enfin, une autre exception envisageable concerne les actions, droits ou participations similaires dans une société de placement immobilier (voir les paragraphes 67.1 à 67.7 des Commentaires sur l'article 10 qui traitent des sociétés de placement immobilier). Bien qu'il ne semble pas approprié de prévoir une dérogation au paragraphe 4 dans le cas de l'aliénation de la participation d'un gros investisseur dans une société de placement immobilier puisque cette aliénation peut être assimilée à l'aliénation d'un instrument se substituant à un investissement direct dans l'immobilier, on peut considérer qu'une exception au paragraphe 4 peut se justifier pour l'aliénation de la participation d'un petit investisseur.

28.11 Tel qu'expliqué au paragraphe 67.3 des Commentaires sur l'article 10, il peut être approprié de considérer la participation d'un petit investisseur dans une société de placement immobilier comme une valeur mobilière plutôt que comme une participation indirecte dans des biens immobiliers. À cet égard, il serait très difficile en pratique d'administrer l'application de l'imposition dans le pays de la source sur les gains provenant de la cession d'une faible participation dans une société de placement immobilier à actionnariat étendu. Au surplus, étant donné que, à la différence des autres entités dont la valeur provient principalement de biens immobiliers, les sociétés de placement immobilier sont tenues de distribuer la majeure partie de leurs bénéfices, il est peu probable que, par comparaison avec d'autres types d'entités, les bénéfices résiduels auxquels s'appliquerait l'impôt sur les plus-values représentent un montant significatif. Les États partageant ce point de vue peuvent convenir bilatéralement d'ajouter, avant l'expression « sont imposables dans cet autre État », une formulation telle que « à l'exception des actions, droits ou participations similaires appartenant à une personne qui détient directement ou indirectement une participation représentant moins de 10 pour cent de la totalité des actions, droits ou participations similaires d'une entité si cette entité est une société de placement immobilier ».

28.12 Certains États considèrent néanmoins que le paragraphe 4 doit s'appliquer à tout gain tiré de l'aliénation d'actions, de droits ou de participations similaires dans une entité dont la valeur provient principalement de biens immobiliers et qu'il n'y a aucune raison d'établir une distinction entre une société de placement immobilier et une entité cotée pour l'application de ce paragraphe, d'autant que les sociétés de placement immobilier ne sont pas imposées sur leurs bénéfices. Ces États sont d'avis que, dès lors qu'il n'existe pas d'exception pour l'aliénation d'actions, de droits ou de participations similaires dans des entités cotées sur un marché boursier (voir le paragraphe 28.7 ci-dessus), il n'y a pas lieu d'introduire une exception spéciale pour les participations dans les sociétés de placement immobilier.

28.13 Comme les législations nationales de certains États ne les autorisent pas à imposer les gains couverts par le paragraphe 4, les États qui adoptent la méthode d'exemption doivent veiller à ce que l'inclusion du paragraphe n'entraîne pas une double exemption de ces gains. Ces États peuvent souhaiter exclure ces gains de l'exemption et leur appliquer la méthode d'imputation comme le suggère le paragraphe 35 des Commentaires sur les articles 23 A et 23 B.

Paragraphe 5

29. En ce qui concerne les gains provenant de l'aliénation de tous biens autres que ceux visés aux paragraphes 1, 2, 3 et 4, le paragraphe 5 prévoit qu'ils ne sont imposables que dans l'État dont le cédant est un résident. Cette disposition correspond aux règles énoncées à l'article 22.

30. L'article ne comporte pas de règle spéciale pour les gains provenant de l'aliénation d'actions d'une société (à l'exception des actions d'une société visées au paragraphe 4) ou de valeurs mobilières, bons, obligations et autres titres. De tels gains ne sont donc imposables que dans l'État dont le cédant est un résident.

31. Si des actions sont aliénées par un actionnaire lors de la liquidation de la société qui les a émises, du rachat d'actions ou de la réduction du capital social libéré de cette société, la différence entre le produit obtenu par l'actionnaire et la valeur nominale des actions peut être traitée, dans l'État dont la société est un résident, comme une distribution des bénéfices mis en réserve et non comme un gain en capital. L'article ne s'oppose pas à ce que l'État de résidence de la société impose de telles distributions aux taux prévus à l'article 10 ; une telle imposition est permise parce que cette différence est comprise dans la définition du terme « dividendes » donnée au paragraphe 3 de l'article 10 tel qu'il est interprété au paragraphe 28 des Commentaires qui s'y rapportent, dans la mesure où le droit interne de cet État traite cette différence comme un revenu provenant d'actions. Comme l'expliquent les paragraphes 32.1 à 32.7 des Commentaires sur les articles 23 A et 23 B, lorsque l'État de la société qui a émis les actions traite cette différence comme un dividende, l'État de résidence de l'actionnaire est tenu d'éliminer la double imposition même si cette différence constitue un gain en capital aux termes de son droit interne. La même interprétation peut s'appliquer lorsque des obligations d'emprunt sont remboursées par le débiteur à un prix supérieur à la valeur nominale ou à la valeur à laquelle les obligations ont été émises ; dans ce cas, la différence peut représenter un intérêt et, en conséquence, être assujettie à un impôt limité dans l'État de la source de l'intérêt, conformément à l'article 11 (voir également les paragraphes 20 et 21 des Commentaires sur l'article 11).

32. Il faut distinguer le gain en capital pouvant résulter de l'aliénation d'actions acquises par l'exercice d'une option d'achat d'actions attribuée à un salarié ou au membre d'un conseil d'administration ou de surveillance de l'avantage résultant de l'option d'achat d'actions qui relève de l'article 15 ou 16. Les principes sur lesquels cette distinction se fonde sont examinés aux paragraphes 12.2 à 12.5 des Commentaires sur l'article 15 et au paragraphe 3.1 des Commentaires sur l'article 16.

Observation sur les Commentaires

32.1 En ce qui concerne le paragraphe 3.1, l'*Allemagne* et l'*Autriche* sont d'avis que lorsqu'une nouvelle convention fiscale entre en vigueur, ces pays ne peuvent être privés du droit d'imposer les gains en capital qui se sont accumulés dans ces pays avant la date à laquelle la nouvelle convention fiscale devient applicable.

Réserves sur l'article

33. L'*Espagne* se réserve le droit d'imposer les gains provenant de l'aliénation d'actions ou d'autres participations lorsque la propriété de ces actions ou participations donne droit, directement ou indirectement, à la jouissance de biens immobiliers situés en Espagne.

34. La *Suède* se réserve le droit de taxer les gains provenant de l'aliénation de biens par une personne physique qui était résidente de Suède à tout moment au cours des dix ans qui ont précédé cette aliénation.

35. La *Finlande* se réserve le droit d'imposer les gains provenant de l'aliénation d'actions ou d'autres parts sociales de sociétés finlandaises, lorsque la propriété de ces actions ou parts sociales donne droit à la jouissance de biens immobiliers situés en Finlande et détenus par la société.

36. La *France* accepte la disposition du paragraphe 5 mais souhaite cependant se réserver la possibilité d'appliquer les dispositions de sa législation concernant l'imposition des gains provenant de l'aliénation d'actions ou de parts faisant partie d'une participation substantielle dans le capital d'une société qui est un résident de France.

37. Les *États-Unis* se réservent le droit d'inclure une règle prévoyant une augmentation de la valeur fiscale d'un bien d'une personne physique qui a été taxé en vertu d'un régime d'impôt à la sortie.

38. La *Nouvelle-Zélande* fait une réserve sur les paragraphes 3 et 5.

39. Le *Chili* désire se réserver le droit d'imposer les gains provenant de l'aliénation d'actions ou d'autres parts sociales de sociétés chiliennes.

40. La *Turquie* se réserve le droit, conformément à sa législation, d'imposer les gains en capital provenant de l'aliénation, sur son territoire, de valeurs mobilières et de biens autres que ceux figurant au paragraphe 2.

41. Malgré le paragraphe 5 de l'article, lorsque le produit de la vente d'actions de sociétés est considéré comme des dividendes en vertu de la législation danoise, le *Danemark* se réserve le droit d'imposer ces sommes comme des dividendes conformément au paragraphe 2 de l'article 10.

42. La *Lettonie* se réserve le droit d'insérer dans un article spécial des dispositions relatives aux gains en capital afférents aux activités exercées en haute mer dans un État contractant relativement à la prospection et l'exploitation du lit de la mer, au sous-sol marin et à leurs ressources naturelles.

43. Le *Danemark*, l'*Irlande*, la *Norvège* et le *Royaume-Uni* se réservent le droit d'insérer dans un article spécial des dispositions relatives aux gains en capital afférents aux activités de prospection et d'exploitation d'hydrocarbures en haute mer ainsi qu'aux activités connexes.

43.1 La *Grèce* se réserve le droit d'insérer des clauses particulières dans l'article traitant des gains en capital relatifs à l'exploration et l'exploitation en mer et les activités connexes.

44. Le *Danemark*, la *Norvège* et la *Suède* se réservent le droit d'insérer des dispositions spéciales concernant les gains en capital réalisés par la société de transport aérien *Scandinavian Airlines System* (SAS).

45. La *Corée* se réserve le droit d'imposer les gains réalisés à la suite de la cession d'actions ou d'autres participations correspondant à une part importante du capital d'une société qui est un résident.

46. Les *États-Unis* veulent se réserver le droit d'appliquer leur impôt sur certains gains provenant de biens immobiliers en vertu de la loi sur les investissements étrangers dans les biens immobiliers (*FIRPTA*).

47. En raison de sa situation particulière en matière de navigation maritime, la *Grèce* gardera sa liberté d'action en ce qui concerne les dispositions de la Convention relatives aux gains en capital provenant de l'aliénation de navires en trafic international et de biens affectés à l'exploitation de ces navires.

48. L'*Irlande* se réserve le droit d'imposer les gains de la cession de biens par un particulier qui a résidé de façon permanente en Irlande au cours des cinq années précédant cette cession.

49. Le *Mexique* réserve sa position afin de conserver la possibilité d'appliquer les dispositions de sa législation relatives à l'imposition des gains provenant de la cession d'actions ou de droits ou participations similaires dans une société qui est une résidente du Mexique.

50. Les *États-Unis* se réservent le droit d'inclure les gains provenant de l'aliénation de conteneurs dans le champ d'application du paragraphe 3 de l'article.

51. La *Belgique*, le *Luxembourg*, les *Pays-Bas* et la *Suisse* se réservent le droit de ne pas insérer le paragraphe 4 dans leurs conventions.

COMMENTAIRES SUR L'ARTICLE 14 CONCERNANT L'IMPOSITION DES PROFESSIONS INDÉPENDANTES

[L'article 14 a été supprimé du Modèle de Convention fiscale le 29 avril 2000 sur la base du rapport intitulé « Problèmes posés par l'article 14 du Modèle de Convention fiscale de l'OCDE », adopté par le Comité des affaires fiscales de l'OCDE le 27 janvier 2000 et reproduit à la page R(16)-1 du volume II de la version complète du Modèle de Convention fiscale de l'OCDE. Cette décision traduit le fait qu'il n'existait pas de différence voulue entre les concepts d'établissement stable, tel qu'il figurait dans l'article 7, et celui d'installation fixe d'affaires, utilisé dans l'article 14 ; ni entre la façon de calculer les bénéfices et l'impôt selon que l'article 7 ou l'article 14 s'applique. En outre, il était parfois difficile de savoir clairement quelles activités relevaient de l'article 14 par opposition à l'article 7. La suppression de l'article 14 a pour effet que les revenus tirés de l'exercice de professions libérales ou d'autres activités de caractère indépendant sont désormais traités par référence à l'article 7 en tant que bénéfices des entreprises.]

COMMENTAIRES SUR L'ARTICLE 15 CONCERNANT LES REVENUS D'EMPLOI[1]

Paragraphe 1

1. Le paragraphe 1 pose la règle générale applicable en matière d'imposition des revenus provenant d'activités salariées, à l'exception des pensions, selon laquelle ces revenus sont imposables dans l'État où l'emploi salarié est effectivement exercé. La question de savoir si des services sont fournis ou non dans le cadre de l'exercice d'un emploi salarié peut parfois donner lieu à des difficultés qui sont examinées aux paragraphes 8.1 et suivants. L'emploi est exercé à l'endroit où le salarié est physiquement présent lorsqu'il exerce les activités au titre desquelles les revenus liés à l'emploi sont payés. Ceci implique notamment qu'un résident d'un État contractant qui perçoit une rémunération, au titre d'un emploi salarié, de sources situées dans l'autre État contractant, ne peut être imposé dans cet autre État en raison de cette rémunération du seul fait que les résultats de ce travail sont exploités dans ce dernier État.

2. La règle générale ne comporte d'exceptions qu'en ce qui concerne les rémunérations des équipages de navires ou d'aéronefs exploités en trafic international (paragraphe 3 de l'article 15), les pensions (article 18) et les rémunérations et pensions au titre de fonctions publiques (article 19). Les rémunérations des membres du conseil d'administration ou de surveillance de sociétés qui ne sont pas liées à un emploi font l'objet de l'article 16.

2.1 Les pays membres ont généralement compris l'expression « salaires, traitements et autres rémunérations similaires » comme incluant les avantages en nature reçus au titre d'un emploi (par exemple des options d'achat d'actions, l'usage d'une habitation ou d'une automobile, le bénéfice d'une assurance-maladie ou d'une assurance-vie et les adhésions à des clubs).

2.2 La condition prévue par l'article pour l'imposition par l'État de la source est que les salaires, traitements et autres rémunérations similaires proviennent de l'exercice d'un emploi dans cet État. Cette règle s'applique quel que soit le moment où ce revenu puisse être versé, crédité ou autrement définitivement acquis par le salarié.

2.3 Dans certains cas, il peut être difficile de déterminer quelle fraction des salaires, traitements et autres rémunérations similaires versés à une personne provient de l'exercice d'un emploi dans un État donné. Les paragraphes 12.6 à 12.13 ci-dessous traitent cette question sous l'angle de l'octroi d'options d'achat d'actions à un salarié qui exerce son emploi dans différents États. La question peut également se poser dans

1 Avant 2000, le titre de l'article 15 était « Professions dépendantes » par opposition au titre de l'article 14 qui était « Professions indépendantes ». Suite à la suppression de l'article 14 (voir l'historique de l'article 14 dans la version complète du Modèle de Convention fiscale de l'OCDE), le titre de l'article 15 a été remplacé par « Revenus d'emploi », cette expression étant plus couramment utilisée à l'égard des activités visées par cet article. Cette modification ne doit avoir aucun effet sur la portée de l'article.

le cas de paiements effectués après la cessation de l'emploi. Ces paiements peuvent poser des problèmes conventionnels dans différentes situations transfrontalières, y compris les cas où ces paiements sont faits à des travailleurs transfrontaliers, à des salariés qui ont travaillé dans plusieurs pays au cours de leur carrière ou à des salariés qui ont été détachés à l'étranger et qui sont rapatriés peu de temps avant la cessation de leur emploi. Quelle que soit la terminologie utilisée pour désigner ces paiements, il est indispensable de déterminer à quoi se rattache réellement chacun de ces paiements en tenant compte des faits et circonstances propres à chaque cas, afin de déterminer si le paiement constitue des « salaires, traitements et autres rémunérations similaires » et dans quelle mesure ce paiement, ou une fraction de ce paiement, peut être considéré comme provenant de l'exercice d'un emploi dans un État donné. Les paragraphes suivants examinent ces questions pour différents types de paiements souvent effectués à la suite de la cessation d'un emploi.

2.4 Toute rémunération versée après la cessation d'un emploi au titre d'un travail accompli avant la cessation de cet emploi (par exemple, un salaire ou une prime au titre de la dernière période de travail ou des commissions pour des ventes réalisées au cours de cette période) sera considérée comme provenant de l'État dans lequel les activités au titre desquelles la rémunération a été payée ont été exercées.

2.5 Un paiement effectué au titre de jours de vacances ou de maladie non utilisés acquis au cours de la dernière année d'emploi fait partie de la rémunération relative à la période de travail qui ouvre droit aux jours de vacances ou de maladie. Un salarié peut également avoir droit, à la fin de son emploi, au paiement de jours de vacances et de maladie au titre d'un certain nombre d'années antérieures qui n'ont pas été utilisés au cours de ces années. Sauf faits et circonstances indiquant que tel n'est pas le cas, un paiement reçu après la cessation de l'emploi à titre de rémunération de jours de vacances et de maladie rattachés à des années précédentes et non utilisés lors de ces années doit être considéré comme un avantage auquel le salarié avait droit au titre de ses douze derniers mois d'emploi, attribué proportionnellement aux différents endroits où l'emploi a été exercé au cours de cette période. Une conclusion différente se justifierait dans un cas où il serait établi, sur la base des antécédents d'emploi du contribuable, que ces jours de vacances et de maladie se rapportent clairement à des périodes spécifiques d'emploi antérieur et que le paiement constitue une rémunération au titre de ces périodes d'emploi. Toutefois, les États doivent tenir compte du fait que l'ancien salarié a peut-être déjà été imposé sur ces jours de vacances et de maladie au cours de l'année à laquelle ils se rapportent. Supposons par exemple qu'en vertu du droit fiscal interne d'un État, les jours de vacances et de maladie accordés au titre de périodes de travail effectuées sur le territoire de cet État sont considérés comme un avantage imposable au cours de l'année fiscale durant laquelle le travail correspondant a été accompli et sont imposés en conséquence. En pareil cas, l'État de résidence de l'ancien salarié au moment du paiement ultérieur au titre des jours de vacances/maladie doit éliminer la double imposition en ce qui concerne cet impôt, et tout État dans lequel l'ancien salarié peut avoir travaillé au cours de sa dernière année d'emploi doit, de la même manière, considérer que tout paiement effectué au titre de jours de vacances/maladie non utilisés lors d'années antérieures et déjà imposé lors de ces années ne se rapportait pas à des activités exercées au cours de la dernière année d'emploi.

2.6 Dans certains cas, l'employeur est tenu (en vertu de la loi ou d'un contrat) de donner un préavis au salarié avant de mettre fin à son emploi. Si le salarié est dispensé de travailler pendant la période de préavis et perçoit simplement la rémunération correspondant à cette période, cette rémunération est de toute évidence perçue en vertu de l'emploi et constitue donc une rémunération « reçue à ce titre » aux fins du paragraphe 1. La rémunération reçue en pareil cas doit être considérée comme provenant de l'État où il est raisonnable de penser que le salarié aurait travaillé au cours de la période de préavis. Aux fins de déterminer où il est raisonnable de considérer que le salarié aurait travaillé au cours de la période de préavis, il convient de tenir compte de tous les faits et circonstances. Le plus souvent, il s'agira du dernier endroit où le salarié a travaillé pendant une longue période de temps avant qu'il soit mis fin à l'emploi ; par ailleurs, il serait de toute évidence inopportun de tenir compte d'une période d'emploi durant laquelle le salarié aurait dû travailler dans un État alors qu'il n'a en fait pas travaillé dans cet État pendant une longue période de temps.

2.7 Une indemnité de licenciement (également appelée « indemnité de perte d'emploi ») qu'un employeur est tenu (en vertu de la loi ou d'un contrat) de payer à un salarié dont l'emploi a pris fin constitue un cas de figure différent. Ce type de paiement est souvent, mais pas toujours, calculé en référence à la période d'emploi antérieur au service de l'employeur. Sauf faits et circonstances indiquant que tel n'est pas le cas, une telle indemnité de licenciement doit être considérée comme une rémunération pour les douze derniers mois d'emploi, couverte par l'article et attribuée proportionnellement aux différents endroits où l'emploi a été exercé au cours de cette période ; elle constitue dès lors une rémunération reçue au titre de cet emploi aux fins de la dernière phrase du paragraphe 1.

2.8 Une personne dont l'emploi a pris fin peut être juridiquement fondée à prétendre que cette cessation d'emploi constitue une violation de son contrat de travail, de la loi ou d'une convention collective ; il peut également exister d'autres motifs juridiques de réclamer des dommages-intérêts, en fonction des circonstances dans lesquelles il a été mis fin à l'emploi. Cette personne peut, en vertu d'un règlement à l'amiable ou d'une décision judiciaire, percevoir des dommages-intérêts au titre de la violation des obligations contractuelles ou juridiques concernées. Le traitement de ce paiement au regard de la Convention dépendra de l'objectif d'indemnisation poursuivi. Si par exemple des dommages-intérêts sont accordés parce que le préavis était insuffisant ou parce que l'indemnité de licenciement légale ou contractuelle n'a pas été payée, ils doivent être traités comme la rémunération qu'ils remplacent. En revanche, des dommages-intérêts punitifs ou des dommages-intérêts accordés pour des motifs tels qu'un traitement discriminatoire ou une atteinte à la réputation doivent être traités différemment ; ces paiements relèvent normalement de l'article 21.

2.9 Selon les dispositions d'un contrat de travail ou d'un règlement intervenu à la suite de la cessation d'un emploi, un ancien salarié peut recevoir un paiement en contrepartie de l'obligation de ne pas travailler pour un concurrent de son ancien employeur. Cette obligation est presque toujours limitée dans le temps et souvent aussi dans l'espace. Bien qu'un tel paiement soit directement lié à l'emploi et constitue donc une « rémunération … reçue au titre d'un emploi salarié », il ne constitue pas, le plus souvent, une rémunération reçue au titre d'activités exercées avant la cessation de cet emploi. C'est pourquoi il ne sera généralement imposable que dans l'État où le bénéficiaire réside au moment où il reçoit le paiement. Néanmoins, si un tel paiement effectué après la cessation de l'emploi constitue en substance une rémunération au titre d'activités exercées au cours de cet emploi (ce qui peut être le cas lorsque, par exemple, l'obligation de non-concurrence n'a guère d'intérêt pour l'ancien employeur), le paiement doit être traité de la même manière que la rémunération reçue au titre du travail accompli pendant la période d'emploi concernée. De même, dans certains pays, une partie de la rémunération mensuelle du salarié au cours de l'emploi constitue une contrepartie pour l'obligation de ne pas travailler pour un concurrent pendant une certaine période de temps suivant la cessation de l'emploi de sorte qu'aucune indemnité de non-concurrence n'est payée après la cessation de l'emploi ; dans ce cas, les principes énoncés dans la première partie du présent paragraphe ne sont pas applicables et la partie de la rémunération reçue au cours de l'emploi qui se rattache à cette obligation doit être traitée de la même manière que le reste de cette rémunération.

2.10 Comme l'expliquent les paragraphes 4 à 6 des Commentaires sur l'article 18, divers paiements peuvent être effectués après la cessation d'un emploi au titre de cotisations de retraite ou de droits à la retraite de l'ancien salarié. Selon le paragraphe 6 de ces Commentaires, « [s]avoir si un versement spécifique doit être considéré comme autre rémunération similaire à une pension ou comme rémunération finale de services relevant de l'article 15 est une question de fait ». Le paragraphe cite « [l]e remboursement des cotisations de pension (après un emploi temporaire, par exemple) » comme exemple de paiement qui ne relève pas de l'article 18. Dans la mesure où un tel remboursement de cotisations constituerait une rémunération supplémentaire payée au titre d'un emploi antérieur en raison de la cessation de cet emploi, il serait régi par l'article 15 et devrait être considéré comme provenant de l'État où l'emploi était exercé au moment où il a pris fin.

2.11 Des paiements peuvent être effectués après la cessation d'un emploi en application de différents accords de rémunération différée. De tels paiements doivent être traités comme des rémunérations relevant de l'article 15 et, dans la mesure où ils peuvent être associés à une période spécifique d'emploi dans un État donné, doivent être considérés comme résultant des activités exercées dans cet État. Étant donné que de nombreux États n'autorisent pas le report d'impôt sur une rémunération d'emploi même si le paiement de cette rémunération est différé, il est important que les États qui imposent les paiements de rémunération différée reçus après la cessation de l'emploi veillent à ce que la double imposition soit éliminée.

2.12 Divers paiements peuvent être effectués après la cessation d'un emploi au titre de l'intéressement en général et des options d'achat d'actions en particulier. Bien que le traitement de chacun de ces paiements au regard de la Convention dépende de ses caractéristiques propres, les principes exposés aux paragraphes 12 à 12.15 des Commentaires, qui concernent spécifiquement les options d'achat d'actions, sont utiles pour le traitement d'autres formes d'intéressement.

2.13 Un salarié peut avoir droit à une couverture médicale ou d'assurance vie pendant une certaine période après la cessation de son emploi. Il peut également bénéficier d'autres avantages, comme les services d'un organisme de placement ou d'un conseiller en recherche d'emploi. Sauf faits et circonstances indiquant que tel n'est pas le cas, ces avantages doivent être considérés comme des rémunérations couvertes par l'article et provenant de l'État où l'emploi était exercé au moment où il a pris fin (et donc au moment où est née l'obligation de paiement).

2.14 Un autre type de paiement susceptible d'être effectué au moment de la cessation d'un emploi ou après cette cessation est une indemnisation pour la perte de revenus futurs résultant d'un accident ou d'une incapacité survenus au cours de l'emploi. Le traitement d'un tel paiement au regard de la Convention dépend du contexte juridique dans lequel il est effectué. Par exemple, les paiements relevant d'un système de sécurité sociale, tel qu'une caisse d'indemnisation des travailleurs, peuvent relever de l'article 18, 19 ou 21 (voir le paragraphe 24 des Commentaires sur l'article 18). Un paiement qui constitue une prestation de pension serait régi par l'article 18. Un paiement effectué parce que le salarié est juridiquement fondé à réclamer des dommages-intérêts à son employeur au titre d'une maladie ou d'un accident du travail relèverait généralement de l'article 21. Un paiement effectué par l'employeur en application des dispositions du contrat de travail, même si la maladie ou l'accident n'est pas d'origine professionnelle ou si l'employeur n'en est pas responsable, devrait être traité de la même manière qu'une indemnité de licenciement : sauf faits et circonstances indiquant que tel n'est pas le cas, ce paiement devrait être considéré comme une rémunération pour les douze derniers mois d'emploi, couverte par l'article et attribuée proportionnellement aux différents endroits où l'emploi a été exercé au cours de cette période. Toutefois, une indemnité pour incapacité temporaire versée en cours d'emploi devrait être traitée de la même manière que le paiement de jours de maladie en cours d'emploi ; elle relèverait de l'article 15 (ou de l'article 17 dans le cas d'artistes et de sportifs) et serait imposable dans l'État où le salarié exerçait normalement son emploi avant de tomber malade ou de se blesser.

2.15 Après la cessation de son emploi, un vendeur peut recevoir un paiement en lien avec la perte de commissions futures. Le traitement de ce paiement au regard de la Convention dépend du contexte juridique dans lequel il est effectué. En fonction des circonstances, ce paiement peut constituer une rémunération différée à laquelle le vendeur avait droit au titre de ventes antérieures, ou peut être effectué en application d'une disposition du contrat de travail accordant au vendeur le droit de percevoir des commissions sur des ventes futures éventuelles à un client que le vendeur a procuré à son employeur ; dans les deux cas, le paiement doit être considéré comme une rémunération des activités exercées par le salarié qui ont fait naître le droit à ces commissions. Un paiement qui constitue une indemnisation pour des commissions futures que le vendeur aurait probablement perçues s'il avait continué de travailler pour le même employeur peut aussi constituer une indemnisation pour licenciement abusif ou une forme d'indemnité de licenciement ; si tel est le cas, le paiement doit être traité en conséquence.

2.16 Dans le cadre d'un règlement transitoire aboutissant à une cessation d'emploi, un salarié peut recevoir tout ou partie de son salaire pour une période durant laquelle il ne travaillera pas. Si le salaire est payé par l'employeur pour une période durant laquelle le salarié n'est pas tenu de travailler alors même que son emploi n'a pas pris fin, le salaire continue d'être perçu en vertu de l'emploi et constitue donc une rémunération « reçue à ce titre » aux fins du paragraphe 1. La rémunération reçue en pareil cas doit être considérée comme provenant de l'État où il est raisonnable de penser que le salarié aurait travaillé au cours de cette période, qui est le plus souvent l'État dans lequel les activités liées à l'emploi étaient exercées avant la cessation de l'emploi.

Paragraphe 2

3. Le paragraphe 2 comporte toutefois une exception générale à la règle posée au paragraphe 1. Cette disposition couvre toutes les personnes physiques fournissant des services dans le cadre d'un emploi (représentants de commerce, travailleurs du bâtiment, ingénieurs, etc.), dans la mesure où leur rémunération n'est pas couverte par les dispositions d'autres articles, tels ceux qui s'appliquent aux fonctions publiques ou aux artistes et sportifs.

4. Pour que les rémunérations bénéficient de l'exonération prévue dans ce paragraphe, il faut que les trois conditions qui y sont stipulées soient réunies. La première condition est que l'exonération soit limitée à la période de 183 jours. Il est de plus stipulé que cette période ne doit pas être dépassée « pendant toute période de douze mois commençant ou se terminant durant l'année fiscale considérée ». Cette expression diffère de celle employée dans le Projet de Convention de 1963 et le Modèle de Convention de 1977, lesquels prévoyaient que la période de 183 jours ne pouvait être dépassée « au cours de l'année fiscale considérée » expression qui était source de difficultés dans les cas où les années fiscales des États contractants ne coïncidaient pas et qui offrait la possibilité d'organiser des opérations de façon que les travailleurs séjournent dans l'État considéré, par exemple, les 5 ½ derniers mois d'une année et les 5 ½ premiers mois de l'année suivante. La nouvelle rédaction de l'alinéa 2 *a*) a écarté de telles possibilités d'évasion fiscale. Pour l'application de ces dispositions, toutes les périodes possibles de douze mois consécutifs doivent être envisagées, même celles qui se chevauchent dans une certaine mesure. Par exemple, si un salarié est présent dans un État durant 150 jours entre le 1er avril 2001 et le 31 mars 2002 mais y est présent pendant 210 jours entre le 1er août 2001 et le 31 juillet 2002, ce salarié aura été présent pendant une période qui excède 183 jours au cours de la deuxième période de douze mois identifiée ci-dessus même s'il ne remplit pas la condition de présence minimale au cours de la première période envisagée et qu'il y a un chevauchement partiel entre cette première période et la seconde.

4.1 La référence à « l'année fiscale considérée » doit être interprétée comme une référence à l'année fiscale de l'État contractant dans lequel un résident de l'autre État contractant a exercé son emploi et durant laquelle les services correspondants ont été rendus. Supposons par exemple que l'année fiscale de l'État S commence le 1er janvier et se termine le 31 décembre et qu'un résident de l'État R soit présent et exerce son emploi dans l'État S entre le 1er août 00 et le 28 février 01. Aux fins de l'alinéa *a*) du paragraphe 2, toute période de douze mois qui débute entre le 1er janvier et le 31 décembre 00 ou qui s'achève entre le 1er janvier et le 31 décembre 01 et qui englobe une partie de la période des services serait pertinente. Par exemple, la période de douze mois comprise entre le 1er août 00 et le 31 juillet 01, qui débute durant l'année fiscale 00 et au cours de laquelle la personne était présente dans l'État S pendant plus de 183 jours, inclurait les services rendus dans cet État entre le 1er août et le 31 décembre 00 ; de même, la période de douze mois comprise entre le 1er mars 00 et le 28 février 01, qui s'achève durant l'année fiscale 01 et au cours de laquelle la personne était présente dans l'État S pendant plus de 183 jours, inclurait les services rendus dans cet État entre le 1er janvier et le 28 février 01. La rémunération au titre des services correspondants n'a pas à être imposée au cours de l'année fiscale considérée : comme l'expliquent le paragraphe 2.2 ci-dessus et le paragraphe 12.1 ci-dessous, l'article autorise un État à imposer la rémunération provenant d'un emploi exercé dans cet État au cours d'une année donnée même si la rémunération de ces services est obtenue ou si l'impôt est prélevé au cours d'une année différente.

5. Bien que diverses formules aient été utilisées par les pays membres pour calculer la période de 183 jours, il n'existe qu'une seule méthode qui soit compatible avec les termes de ce paragraphe : la méthode des « jours de présence physique ». L'application de cette méthode est simple, dans la mesure où une personne est soit présente dans un pays, soit absente de ce pays. En outre, il est relativement facile pour le contribuable de fournir des preuves de sa présence lorsque celles-ci lui sont demandées par les autorités fiscales. Selon cette méthode, les jours suivants sont inclus dans les calculs : fraction de journée, jour d'arrivée, jour de départ et tous les autres jours passés à l'intérieur de l'État où l'activité est exercée tels que les samedis et dimanches, les jours fériés, les jours de vacances pris avant, pendant et après la période d'activité, les brèves interruptions (formation, grèves, *lock-out*, délais de livraison), jours de maladie (à moins qu'ils n'empêchent le salarié de partir alors qu'il aurait eu normalement droit à l'exonération) et enfin la survenance d'un décès ou d'une maladie dans sa famille. Toutefois, les journées passées en transit dans l'État d'activité au cours d'un trajet entre deux points extérieurs à cet État doivent être exclues des calculs. Il résulte de ces principes que toute journée entière passée en dehors de l'État d'activité, que ce soit en vue de vacances, de voyages d'affaires ou pour toute autre raison, ne doit pas être prise en compte. Toute fraction de journée, même brève, pendant laquelle le contribuable est présent dans un État compte comme journée de présence dans cet État pour le calcul de la période de 183 jours.

5.1 Les jours durant lesquels le contribuable est résident de l'État de la source ne devraient toutefois pas être pris en compte dans le calcul. L'alinéa *a*) doit être lu dans le contexte de la première partie du paragraphe 2 qui fait référence aux « rémunérations qu'un résident d'un État contractant reçoit au titre d'un emploi salarié exercé dans l'autre État contractant » et qui ne s'applique donc pas à une personne résidant et exerçant un emploi dans le même État. L'expression « le bénéficiaire séjourne » que l'on trouve dans l'alinéa *a*) renvoie au bénéficiaire des rémunérations et, pendant une période de résidence dans l'État de la source, une personne ne peut être considérée comme bénéficiaire de rémunérations qu'un résident d'un État contractant reçoit au titre d'un emploi salarié exercé dans l'autre État contractant. Les exemples suivants illustrent cette conclusion :

— Exemple 1 : De janvier à décembre 01, X habite dans l'État S et est résident de cet État. Le 1er janvier 02, X est embauché par un employeur résident de l'État R et déménage dans l'État R dont il devient résident. X est par la suite envoyé dans l'État S par son employeur du 15 au 31 mars 02. Dans ce cas, X séjourne dans l'État S pendant 292 jours entre le 1er avril 01 et le 31 mars 02 mais, parce qu'il est résident de l'État S entre le 1er avril 01 et le 31 décembre 01, cette première période n'est pas prise en compte pour le calcul des périodes visées à l'alinéa *a*).

— Exemple 2 : Du 15 au 31 octobre 01, Y, résidente de l'État R, séjourne dans l'État S afin de préparer l'expansion dans ce pays des affaires d'ACO, une société résidente de l'État R. Le 1er mai 02, Y se rend dans l'État S dont elle devient résidente et travaille en tant que responsable d'une filiale nouvellement créée d'ACO qui est résidente de l'État S. Dans ce cas, Y séjourne dans l'État S pendant 184 jours entre le 15 octobre 01 et le 14 octobre 02 mais, parce qu'elle est résidente de l'État S entre le 1er mai et le 14 octobre 02, cette dernière période n'est pas prise en compte pour le calcul des périodes visées à l'alinéa *a*).

6. La deuxième condition est que l'employeur qui verse la rémunération ne soit pas résident de l'État où l'activité salariée est exercée. Certains pays membres pourraient toutefois juger qu'il n'y a pas lieu d'étendre l'exception du paragraphe 2 aux cas où l'employeur n'est pas résident de l'État de résidence du salarié, car la détermination de la rémunération du salarié ou la mise en œuvre des obligations de l'employeur en matière de retenue à la source pourrait alors donner lieu à des difficultés administratives. Les États contractants qui partagent ces vues sont libres d'adopter bilatéralement la variante suivante de l'alinéa 2 *b*) :

b) les rémunérations sont payées par un employeur ou pour le compte d'un employeur qui est un résident du premier État, et

6.1 L'application de la deuxième condition soulève certaines difficultés dans le cas de sociétés de personnes transparentes sur le plan fiscal du fait qu'elles n'ont pas la qualité de résident d'un État contractant en vertu de l'article 4 (voir le paragraphe 8.8 des Commentaires sur l'article 4). Bien qu'une telle société de personnes puisse certainement avoir la qualité d'« employeur » (en particulier selon les définitions données à ce terme par le droit interne de certains États, par exemple si un employeur est défini comme une personne assujettie à une taxe sur les salaires) l'application de la condition au niveau de la société de personnes sans tenir compte de la situation des associés serait totalement dépourvue de sens.

6.2 L'objet et la finalité des alinéas *b*) et *c*) du paragraphe 2 sont d'éviter l'imposition à la source des périodes de travail de courte durée dans la mesure où la rémunération n'est pas admise comme une dépense déductible dans l'État de la source du fait que l'employeur, n'étant pas résident de cet État et n'y disposant pas d'un établissement stable, n'est pas soumis à l'impôt dans cet État. Ces alinéas peuvent aussi être justifiés par le fait qu'imposer des obligations de déduction à la source au titre de périodes de travail à court terme dans un État donné peut être considéré comme entraînant une charge administrative excessive lorsque l'employeur n'est pas résident de cet État et n'y dispose pas d'un établissement stable. Afin d'arriver à une interprétation correcte et conforme au contexte et à l'objet de l'alinéa *b*), il conviendrait de considérer que cet alinéa se réfère, dans le cas des entités et dispositifs, comme des sociétés de personnes, considérés comme transparents sur le plan fiscal, aux associés ou membres. Les concepts d'« employeur » et de « résident » figurant à l'alinéa *b*) seraient donc appliqués au niveau des associés ou membres et non pas à celui de l'entité ou du dispositif considéré comme transparent sur le plan fiscal. Cette approche est en conformité avec celle du paragraphe 2 de l'article 1 selon laquelle les avantages d'autres dispositions des conventions fiscales doivent être accordés à l'égard des revenus qui sont imposés au niveau des associés ou membres et non au niveau d'entités ou de dispositifs considérés comme transparents sur le plan fiscal. Cette interprétation pourrait être l'origine de difficultés lorsque les associés ou membres résident dans des États différents mais ces difficultés pourraient toutefois être réglées par la procédure amiable en déterminant, par exemple, l'État dans lequel résident les associés ou membres qui détiennent la majorité des parts de l'entité ou du dispositif (c'est-à-dire l'État dans lequel sera réclamée la part la plus importante de la déduction).

7. Selon la troisième condition, si l'employeur possède un établissement stable dans l'État où l'activité salariée est exercée, l'exemption est accordée à condition que la rémunération ne soit pas supporté par cet établissement stable. Les termes « supportée par » doivent être interprétés en fonction de la finalité de l'alinéa *c*), qui est de garantir que l'exception prévue par le paragraphe 2 ne s'applique pas à la rémunération qui pourrait donner lieu à déduction, compte tenu des principes énoncés dans l'article 7 et de la nature de la rémunération, lors du calcul des bénéfices d'un établissement stable situé dans l'État où l'emploi est exercé.

7.1 Le fait que l'employeur a ou n'a pas effectivement réclamé une déduction pour la rémunération dans le calcul des bénéfices attribuables à l'établissement stable n'est pas nécessairement probant, le véritable critère étant de savoir si toute déduction disponible à l'égard de cette rémunération doit être prise en compte dans la détermination des bénéfices attribuables à l'établissement stable. Ce critère serait vérifié, par exemple, même dans le cas où aucun montant ne serait effectivement déduit, si cela est dû uniquement au fait que l'établissement stable était exonéré d'impôt dans le pays de la source ou que l'employeur décidait simplement de ne pas demander une déduction à laquelle il aurait droit. Il serait également vérifié si la rémunération n'était pas déductible uniquement en raison de sa nature (par exemple lorsque l'État soutient que l'émission d'actions dans le cadre d'un plan d'option d'achats d'actions destiné aux salariés n'ouvre pas droit à déduction) et non parce qu'elle ne doit pas être imputée à l'établissement stable.

7.2 Aux fins de la détermination des bénéfices attribuables à un établissement stable en vertu du paragraphe 2 de l'article 7, la rémunération versée à un salarié d'une entreprise d'un État contractant au titre des services rendus dans l'autre État dans l'intérêt d'un établissement stable de l'entreprise situé dans cet autre État peut, selon les circonstances, donner lieu soit à une déduction directe, soit à la déduction d'une charge notionnelle, par exemple pour des services notionnels rendus à l'établissement stable par une autre partie de l'entreprise. Dans le dernier cas, puisque la charge notionnelle requise par la fiction juridique de l'entreprise distincte et indépendante qui est applicable en vertu du paragraphe 2 de l'article 7 constitue simplement un mécanisme prévu par ce paragraphe aux seules fins de déterminer les bénéfices attribuables à l'établissement stable, elle n'a pas d'incidence sur la question de savoir si la charge de cette rémunération est supportée ou non par l'établissement stable.

8. Il existe une relation directe entre les principes qui sous-tendent l'exception décrite au paragraphe 2 et l'article 7. L'article 7 repose sur le principe qu'une entreprise d'un État contractant n'est imposable dans l'autre État que si la présence qu'elle y maintient est suffisante pour constituer un établissement stable. L'exception énoncée au paragraphe 2 de l'article 15 étend ce principe à l'imposition des salariés d'une telle entreprise lorsque leur travail est effectué dans l'autre État pendant une période relativement brève. Il ressort clairement des alinéas *b*) et *c*) que cette exception ne s'applique pas lorsque le travail est effectué pour le compte d'une entreprise dont les bénéfices sont imposés dans un État soit parce que cette entreprise est exploitée par un résident de cet État, soit parce qu'elle y dispose d'un établissement stable auquel ces services sont imputables.

8.1 Dans certains cas, il peut être difficile de déterminer si les services fournis dans un État par un individu qui est un résident d'un autre État, et rendus à une entreprise du premier État (ou y disposant d'un établissement stable), sont fournis au titre d'un emploi salarié et relèvent donc de l'article 15 ou sont des services fournis par une entreprise distincte auxquels l'article 7 s'applique, ou, d'une manière plus générale, si l'exception s'applique. Dans leur précédente version, ces Commentaires traitaient de dispositifs conçus essentiellement pour bénéficier de l'exemption prévue au paragraphe 2 de l'article 15, mais on a constaté que les mêmes questions pouvaient se poser dans d'autres cas qui n'étaient pas liés à des transactions à finalités fiscales. Les Commentaires ont donc été modifiés pour traiter ces questions de façon plus exhaustive.

8.2 Dans certains États, une relation contractuelle formelle n'est pas remise en question pour fins fiscales sauf s'il existe des éléments suggérant une manipulation et ces États, en droit interne, considèrent donc qu'un emploi salarié n'est exercé que s'il existe une relation d'emploi salarié au sens formel.

8.3 Si les États qui adoptent cette approche craignent que celle-ci ne résulte en un octroi des avantages liés à l'exception du paragraphe 2 dans des situations où cela n'est pas voulu (dans les cas de location de main-d'œuvre, par exemple), ils peuvent adopter bilatéralement une disposition rédigée d'après le modèle suivant :

> Le paragraphe 2 du présent article ne s'applique pas aux rémunérations reçues par un résident d'un État contractant au titre d'un emploi salarié exercé dans l'autre État contractant et payées par un employeur, ou pour le compte d'un employeur, qui n'est pas un résident de l'autre État si :
>
> *a)* le bénéficiaire fournit des services, dans le cadre de cet emploi, à une personne autre que l'employeur et cette personne, directement ou indirectement, supervise, dirige ou contrôle la manière dont ces prestations de services sont exécutées ; et
>
> *b)* ces services font partie intégrante des activités d'entreprise exercées par cette personne.

8.4 Toutefois, dans de nombreux pays, un certain nombre de règles et de critères législatifs ou jurisprudentiels (par exemple la règle de la primauté du fond sur la forme) ont été élaborés pour distinguer les cas où les services fournis à une entreprise par un individu doivent être considérés comme relevant d'une relation d'emploi salarié (contrat de travail) et les cas où ils doivent être considérés comme relevant d'un contrat de fourniture de services entre deux entreprises distinctes (contrat de prestations de services). Cette distinction conserve toute sa pertinence dans le cadre de l'application des dispositions de l'article 15, et en particulier des alinéas *b)* et *c)* du paragraphe 2 de cet article. Sous réserve de la limite décrite au paragraphe 8.11 et à moins que le contexte d'une convention particulière n'exige une autre interprétation, c'est au droit interne de l'État de la source qu'il appartient de déterminer si les services fournis par un individu dans cet État le sont au titre d'une relation d'emploi salarié et la manière dont cet État appliquera la Convention découlera de cette détermination.

8.5 Dans certains cas, les services fournis par un individu à une entreprise peuvent être considérés comme relevant d'un emploi salarié aux fins d'application du droit fiscal interne même si ces services sont fournis dans le cadre d'un contrat formel de prestations de services entre, d'une part, l'entreprise qui se procure les services, et, de l'autre, soit l'individu lui-même soit une autre entreprise dont il est formellement salarié ou avec laquelle il a conclu un autre contrat de prestations de services.

8.6 Dans ce cas de figure, le droit interne pertinent peut, par exemple, ne pas tenir compte de la qualification donnée aux services dans les contrats formels. Il peut privilégier la nature des services fournis par l'individu et leur intégration à l'activité de l'entreprise qui acquiert les services pour conclure qu'il existe une relation d'emploi salarié entre l'individu et cette entreprise.

8.7 Comme la notion d'emploi salarié à laquelle renvoie l'article 15 doit être déterminée en fonction du droit interne de l'État qui applique la Convention (sous réserve de la limite indiquée au paragraphe 8.11 et à moins que le contexte d'une convention particulière n'exige une autre interprétation), il s'ensuit qu'un État qui considère que ces services relèvent d'un emploi salarié appliquera l'article 15 en conséquence. Dès lors, il conclura en toute logique que l'entreprise à laquelle les services sont fournis entretient une relation d'emploi salarié avec l'individu et constitue son employeur aux fins des alinéas 2 *b*) et *c*). Cette conclusion est conforme à l'objet et au but du paragraphe 2 de l'article 15, car, dans ce cas, on peut considérer que les services d'emploi sont fournis à un résident de l'État dans lequel ils sont exécutés.

8.8 Tel qu'indiqué au paragraphe 8.2, même si le droit interne de l'État qui applique la Convention ne permet pas de remettre en question une relation contractuelle formelle et ne permet donc pas à cet État de considérer que les services fournis à une entreprise locale par un individu qui est formellement à l'emploi d'un non-résident relèvent d'une relation d'emploi salarié (contrat de travail) avec cette entreprise locale, cet État peut refuser l'application de l'exception du paragraphe 2 en cas d'abus, comme le reconnaît le paragraphe 9 de l'article 29 (voir aussi les paragraphes 54 à 80 des Commentaires sur l'article 1).

8.9 [Supprimé]

8.10 L'approche décrite aux paragraphes précédents permet à l'État dans lequel les activités sont exercées de rejeter l'application du paragraphe 2 en cas d'abus et dans les cas où, en vertu de la notion d'emploi salarié dans le droit interne de cet État, les services fournis à une entreprise locale par un individu qui est formellement à l'emploi d'un non-résident relèvent d'une relation d'emploi salarié (contrat de travail) avec cette entreprise locale. Cette approche fait en sorte que l'allégement de la double imposition sera assuré dans l'État de résidence de la personne concernée même si cet État ne considère pas, en vertu de son propre droit interne, qu'il y a une relation d'emploi salarié entre cette personne et l'entreprise à laquelle les services sont fournis. En effet, dans la mesure où l'État de résidence reconnaît que la notion d'emploi salarié dans le droit interne de l'État de la source, ou le fait que des opérations qui représentent un abus des dispositions de la Convention ont été exécutées, permet à cet État d'imposer les revenus d'un individu liés à un emploi conformément à la Convention, il doit accorder un allégement de la double imposition en vertu des obligations qui découlent des articles 23 A et 23 B (voir les paragraphes 32.1 à 32.7 des Commentaires sur ces articles). Un recours à la procédure amiable prévue par le paragraphe 1 de l'article 25 sera disponible dans les cas où l'État de résidence considère que l'autre État n'a pas correctement appliqué l'approche décrite ci-dessus et, par conséquent, considère que cet autre État n'a pas imposé le revenu en question conformément aux dispositions de la Convention.

8.11 L'approche selon laquelle une relation contractuelle formelle doit être ignorée en application du droit interne doit toutefois être appliquée selon des critères objectifs. Ainsi, un État ne peut pas soutenir que des services sont réputés, dans son droit interne, relever d'un emploi salarié alors que, étant donné les faits et circonstances, il est manifeste que ces services sont fournis au titre d'un contrat de prestations de services conclu entre deux entreprises distinctes. L'allégement accordé en vertu du paragraphe 2 de l'article 15 deviendrait vide de sens si les États pouvaient considérer que les services rendus relèvent d'un emploi salarié lorsqu'il est clair qu'il n'y a pas de relation d'emploi salarié ou pouvaient ne pas considérer comme employeur une entreprise exploitée par un non-résident lorsqu'il est clair que cette entreprise fournit des services avec son propre personnel à une entreprise exploitée par un résident. Inversement, lorsque les services rendus par une personne peuvent être considérés à juste titre par un État comme rendus dans le cadre d'une relation d'emploi salarié et non d'un contrat de prestations de services conclu entre deux entreprises, cet État doit également considérer en toute logique que l'individu en question n'exerce pas ces activités pour le compte de l'entreprise qui est son employeur formel ; ceci peut être important, par exemple, lorsqu'il s'agit de déterminer si cette entreprise dispose d'un établissement stable à l'endroit où l'individu exerce ses activités.

8.12 Il n'est cependant pas toujours facile de déterminer si les services rendus par un individu peuvent légitimement être considérés par un État comme relevant d'un emploi salarié ou comme relevant d'un contrat de prestations de services conclu entre deux entreprises. Tout désaccord entre États sur ce point doit être réglé à la lumière des principes et exemples suivants (en utilisant, le cas échéant, la procédure amiable).

8.13 La nature des services fournis par l'individu est un facteur important, car il est logique de considérer qu'un salarié fournit des services qui entrent dans le cadre des activités de son employeur. Il sera donc important de déterminer si les services rendus par l'individu font partie intégrante des activités de l'entreprise à laquelle ces services sont fournis. À cette fin, un facteur essentiel sera la détermination de l'entreprise qui assume la responsabilité ou les risques des résultats obtenus du fait du travail de l'individu. Cependant, il est clair que cette analyse ne sera pertinente que si les services sont rendus directement par l'individu à une entreprise. Lorsque, par exemple, un individu fournit des services à un fabricant à façon ou à une entreprise sous-traitante, les services de cet individu ne sont pas rendus aux entreprises qui obtiendront les produits ou services en question.

8.14 Lorsqu'une comparaison de la nature des services rendus par l'individu avec les activités exercées par son employeur formel et par l'entreprise à laquelle les services sont fournis fait apparaître une relation d'emploi salarié qui diffère de la relation contractuelle formelle, les critères qui suivent peuvent aider à déterminer si c'est réellement le cas :

- — qui est habilité à donner au salarié des instructions sur la manière dont les travaux doivent être effectués ;
- — qui contrôle le lieu où le travail est effectué et qui en a la responsabilité ;
- — la rémunération de l'individu est directement facturée par l'employeur formel à l'entreprise à laquelle les services sont fournis (voir le paragraphe 8.15 ci-dessous) ;
- — qui met à la disposition du salarié le matériel et l'outillage nécessaires à l'exécution du travail ;
- — qui détermine le nombre des salariés effectuant le travail et les compétences requises de ceux ci ;

— qui a le droit de choisir l'individu qui exécutera le travail et de mettre fin aux relations contractuelles qui seront engagées avec cet individu pour ce travail ;

— qui a le droit d'imposer des sanctions disciplinaires liées au travail de cet individu ;

— qui détermine les congés et l'horaire de travail de cet individu.

8.15 Lorsqu'un individu qui est formellement un salarié d'une entreprise fournit des services à une autre entreprise, les arrangements financiers conclus entre les deux entreprises seront évidemment pertinents mais pas nécessairement déterminants pour savoir si la rémunération de l'individu est directement facturée par l'employeur formel à l'entreprise à laquelle les services sont fournis. Par exemple, si les montants facturés par l'entreprise qui emploie formellement l'individu représentent la rémunération, les avantages accessoires et autres coûts salariaux de cet individu liés aux services qu'il a fournis à l'autre entreprise, sans marge de bénéfice ou avec une marge de bénéfice qui est calculée en pourcentage de cette rémunération, des avantages accessoires et autres coûts salariaux, cela indiquerait que la rémunération de l'individu est directement facturée par l'employeur formel à l'entreprise à laquelle les services sont fournis. Cependant, on considérerait que ce n'est pas le cas si les montants facturés pour les services rendus n'ont aucun lien avec la rémunération de l'individu ou si cette rémunération ne constitue que l'un des nombreux facteurs pris en compte dans la facturation au titre de ce qui constitue réellement un contrat de prestations de services (par exemple, lorsqu'une entreprise de consultants calcule sa facture au client sur la base d'un tarif horaire appliqué au temps passé par l'un de ses salariés pour l'exécution d'un contrat particulier et que ce tarif tient compte des différents coûts de l'entreprise), sous réserve que cela soit conforme au principe de pleine concurrence si les deux entreprises sont associées. Il est cependant important de noter que la question de savoir si la rémunération de l'individu est directement facturée par l'employeur formel à l'entreprise à laquelle les services sont fournis ne constitue que l'un des facteurs subsidiaires à prendre en compte pour rechercher si les services rendus par cet individu peuvent être considérés à bon droit par un État comme fournis dans le cadre d'une relation d'emploi salarié et non pas dans le cadre d'un contrat de prestations de services conclu entre deux entreprises.

8.16 Exemple 1 : Aco, société résidente de l'État A, conclut un contrat avec Bco, société résidente de l'État B, pour la fourniture de services de formation. Aco est spécialisée dans la formation des personnels à l'utilisation de différents logiciels et Bco souhaite faire former son personnel à des logiciels dont elle a récemment fait l'acquisition. X, salarié de Aco et résident de l'État A, est envoyé dans les locaux de Bco, dans l'État B, pour fournir des services de formation dans le cadre de ce contrat.

8.17 Dans ce cas, l'État B ne peut pas faire valoir que X a une relation d'emploi salarié avec Bco ni que Aco n'est pas l'employeur de X aux fins de la convention entre les États A et B. X est salarié au sens formel de Aco, et les services qu'il fournit, envisagés compte tenu des facteurs figurant aux paragraphes 8.13 et 8.14, font partie intégrante des activités de Aco. Les services qu'il fournit à Bco sont exécutés pour le compte d'Aco en vertu du contrat conclu entre les deux entreprises. Par conséquent, si X n'est pas présent sur le territoire de l'État B durant plus de 183 jours pendant la période de 12 mois pertinente, et si Aco ne possède pas dans l'État B un établissement stable qui supporte la charge de la rémunération de X, l'exception du paragraphe 2 de l'article 15 s'applique à la rémunération de X.

8.18 Exemple 2 : Cco, société résidente de l'État C, est la société mère d'un groupe dont l'une des filiales, Dco, est résidente de l'État D. Cco a mis au point une nouvelle stratégie mondiale de commercialisation des produits du groupe. Pour faire en sorte que cette stratégie soit bien comprise et suivie par Dco, qui vend les produits du groupe, Cco envoie X, l'un de ses salariés qui a participé à l'élaboration de la stratégie, travailler au siège de Dco pendant quatre mois afin de conseiller cette entreprise dans le domaine de la commercialisation et de faire en sorte que le département de la communication de Dco comprenne bien la stratégie de commercialisation menée au niveau mondial et s'y conforme.

8.19 Dans cette situation, l'activité de Cco comprend la gestion des activités mondiales de commercialisation du groupe et les services rendus par X font partie intégrante de cette activité. Même si l'on pourrait soutenir que Dco aurait facilement pu recruter un salarié pour exercer des activités de conseil en matière de commercialisation, il est clair que cette fonction peut aussi être remplie par un consultant, surtout lorsque des connaissances particulières sont requises pendant une période relativement courte. Par ailleurs, la fonction de suivi de la conformité avec la stratégie de commercialisation du groupe au niveau mondial relève des activités de Cco plutôt que de celles de Dco. L'exception du paragraphe 2 de l'article 15 doit donc s'appliquer sous réserve que les autres conditions requises soient remplies.

8.20 Exemple 3 : Une entreprise multinationale possède et gère des hôtels au niveau mondial par l'intermédiaire d'un certain nombre de filiales. Eco, l'une de ces filiales, réside dans l'État E où elle détient et gère un hôtel. X est salarié de Eco et travaille dans cet hôtel. Fco, autre filiale du groupe, possède et gère un hôtel dans l'État F où l'on manque de salariés ayant des compétences en langues étrangères. Pour cette raison, X est affecté pendant cinq mois à la réception de l'hôtel de Fco. Fco paye les frais de déplacement de X, qui reste formellement employé et rémunéré par Eco, et verse à Eco des honoraires de gestion calculés en fonction de la rémunération de X, ses cotisations sociales et autres avantages accessoires pendant la période considérée.

8.21 Dans ce cas, le travail à la réception de l'hôtel de l'État F, s'il est envisagé compte tenu des facteurs mentionnés aux paragraphes 8.13 et 8.14, peut être considéré comme faisant partie intégrante des activités de gestion de l'hôtel de Fco plutôt que des activités de Eco. Selon l'approche décrite ci-dessus, si, en vertu du droit interne de l'État F, les services de X sont considérés comme ayant été rendus à Fco dans le cadre d'une relation d'emploi salarié, l'État F devrait considérer logiquement que Fco est l'employeur de X et l'exception du paragraphe 2 de l'article 15 ne devrait pas s'appliquer.

8.22 Exemple 4 : Gco est une société résidente de l'État G dont l'activité est de répondre aux besoins temporaires des entreprises en personnel hautement spécialisé.

Hco est une société résidente de l'État H qui fournit des services d'ingénierie sur des chantiers de construction. Pour exécuter l'un de ses contrats dans l'État H, Hco a besoin d'un ingénieur pendant une période de 5 mois. Elle contacte Gco à cette fin. Gco recrute X, ingénieur résident de l'État X, et l'embauche dans le cadre d'un contrat de travail de 5 mois. En vertu d'un contrat distinct entre Gco et Hco, Gco s'engage à fournir les services de X à Hco pendant cette période. Les contrats stipulent que la rémunération de X, les cotisations sociales, les frais de déplacement et autres avantages accessoires et charges liées à l'emploi seront payés par Gco.

8.23 Dans ce cas, X fournit des services d'ingénierie alors que l'activité de Gco consiste à répondre à des besoins professionnels à court terme. Par leur nature, les services fournis par X ne font pas partie intégrante de l'activité de son employeur formel. En revanche, ces services font partie intégrante des activités de Hco, société d'ingénierie. Compte tenu des facteurs indiqués aux paragraphes 8.13 et 8.14, l'État H pourrait donc considérer que selon l'approche décrite ci-dessus, l'exception du paragraphe 2 de l'article 15 ne s'applique pas en ce qui concerne la rémunération des services qui seront rendus par l'ingénieur dans cet État.

8.24 Exemple 5 : Ico est une société résidente de l'État I spécialisée dans la fourniture de services d'ingénierie. Ico emploie un certain nombre d'ingénieurs à temps complet. Jco, entreprise d'ingénierie de plus petites dimensions résidant dans l'État J, a besoin à titre temporaire des services d'un ingénieur pour terminer l'exécution d'un contrat sur un chantier dans l'État J. Ico convient avec Jco que l'un de ses ingénieurs, résident de l'État I, qui n'est momentanément affecté à l'exécution d'aucun contrat conclu par Ico, travaillera pendant 4 mois dans le cadre du contrat conclu par Jco et sous la supervision et le contrôle directs de l'un des ingénieurs en chef de Jco. Jco paiera à Ico une somme égale à la rémunération, aux cotisations sociales, aux frais de déplacement et autres avantages accessoires de cet ingénieur pendant la période en question, ainsi qu'une commission de 5 pour cent. Jco accepte également d'indemniser Ico pour toutes réclamations éventuelles concernant le travail de cet ingénieur au cours de cette période.

8.25 Dans ce cas, même si Ico exerce des activités de prestation de services d'ingénierie, il est clair que les travaux effectués par l'ingénieur sur le chantier situé dans l'État J sont exercés pour le compte de Jco et non d'Ico. La supervision et le contrôle directs exercés par Jco sur le travail de l'ingénieur, le fait que Jco assume la responsabilité de ces travaux et supporte le coût de la rémunération de l'ingénieur pendant la période en question sont des facteurs qui peuvent supporter la conclusion que l'ingénieur a une relation d'employé salarié avec Jco. Selon l'approche décrite ci-dessus, l'État J pourrait donc considérer que l'exception du paragraphe 2 de l'article 15 ne s'applique pas à la rémunération des services de l'ingénieur qui seront rendus dans cet État.

8.26 Exemple 6 : Kco, société résidente de l'État K et Lco, société résidente de l'État L, font partie du même groupe multinational de sociétés. Une grande partie des activités de ce groupe sont organisées selon des critères fonctionnels, selon lesquels les salariés des différentes sociétés du groupe coopèrent sous la supervision de dirigeants qui sont situés dans des pays différents et employés par d'autres sociétés du groupe. X est une résidente de l'État K employée par Kco ; elle est directrice chargée de la gestion des ressources humaines au sein du groupe multinational. Dans la mesure où X est employée par Kco, Kco fait fonction de centre de coûts en ce qui concerne les coûts de gestion des ressources humaines du groupe ; périodiquement, ces coûts sont facturés à chacune des sociétés du groupe sur la base d'une formule qui tient compte de divers facteurs tels que le nombre de salariés de chaque société. X est tenue de se rendre souvent dans d'autres pays où d'autres sociétés du groupe disposent de bureaux. Au cours de la dernière année, X a passé 3 mois dans l'État L afin de traiter des problèmes de gestion des ressources humaines de la société Lco.

8.27 Dans ce cas, le travail effectué par X fait partie des activités que Kco exerce pour son groupe multinational. Ces activités, comme d'autres telles que la communication d'entreprise, la stratégie, la finance et la fiscalité, la trésorerie, la gestion de l'information et les services juridiques, sont souvent centralisées au sein des grands groupes. Le travail effectué par X fait donc partie intégrante des activités de Kco. L'exception du paragraphe 2 de l'article 15 doit donc s'appliquer à la rémunération obtenue par X au titre des activités qu'elle exerce dans l'État L sous réserve que les autres conditions de cette exception soient satisfaites.

8.28 Lorsque, conformément aux principes et exemples ci dessus, un État estime à juste titre que les services rendus sur son territoire par un individu ont été fournis dans le cadre d'une relation d'emploi salarié et non d'un contrat de prestations de services conclu entre deux entreprises, les entreprises en question risquent d'être tenues de prélever l'impôt à la source dans deux juridictions sur la rémunération de cet individu même si en définitive la double imposition devrait être évitée (voir le paragraphe 8.10 ci-dessus). Cette difficulté administrative pourrait être en partie réduite si les administrations fiscales s'assuraient que leurs réglementations et pratiques nationales en cette matière sont claires, bien comprises par les employeurs et facilement accessibles. Par ailleurs, le problème peut être atténué si l'État de résidence permet aux entreprises d'ajuster rapidement le montant d'impôt à prélever pour tenir compte de tout allégement de la double imposition dont le salarié sera vraisemblablement susceptible de bénéficier.

Paragraphe 3

9. Le paragraphe 3 s'applique aux rémunérations des équipages de navires ou d'aéronefs en trafic international et prévoit que ces rémunérations ne sont imposables que dans l'État de résidence de l'employé. Le principe selon lequel le droit exclusif d'imposition est conféré à l'État de résidence de l'employé a été ajouté dans ce paragraphe par une modification apportée en 2017. Cette modification visait à établir une règle plus claire et administrativement plus simple concernant l'imposition des rémunérations de ces équipages.

9.1 Dans le même temps, la définition du trafic international a été modifiée pour faire en sorte qu'elle s'applique également aux activités de transport effectuées par un navire ou un aéronef exploité par une entreprise d'un État tiers. Comme expliqué au paragraphe 6.1 des Commentaires sur l'article 3, cette dernière modification permet l'application des dispositions du paragraphe 3 de l'article 15 à un résident d'un État contractant qui perçoit une rémunération au titre d'un emploi salarié exercé à bord d'un navire ou d'un aéronef exploité par une entreprise d'un État tiers.

9.2 Toutefois, lorsque l'emploi salarié est exercé par un résident d'un État contractant à bord d'un navire ou d'un aéronef exploité uniquement dans l'autre État, il serait manifestement inapproprié de conférer un droit exclusif d'imposition à l'État de résidence de l'employé. L'expression « autre qu'à bord d'un navire ou d'un aéronef exploité seulement dans l'autre État contractant » permet d'exclure l'application de ce paragraphe à un tel employé, de sorte que l'imposition des rémunérations perçues par cet employé est régie par les dispositions des paragraphes 1 et 2 de l'article.

9.3 Comme indiqué au paragraphe 9 ci-avant, le paragraphe 3 s'applique aux équipages de navires ou d'aéronefs. Ce point est clarifié par la mention d'un emploi salarié exercé « en tant que membre de l'équipage régulier d'un navire ou d'un aéronef ». Cette formulation est assez large pour recouvrir toute activité exercée dans le cadre de l'exploitation courante du navire ou de l'aéronef, y compris, à titre d'exemple, les activités des employés des restaurants à bord d'un navire de croisière, ou celles d'un agent de bord qui ne travaillerait que sur un seul vol avant de quitter son emploi salarié ; cependant, elle ne s'étend pas aux activités qui peuvent être effectuées à bord d'un navire ou d'un aéronef mais sans lien avec son exploitation (à titre d'exemple, un employé d'une compagnie d'assurance qui vend des contrats d'assurance habitation et automobile auprès des passagers d'un bateau de croisière).

9.4 Comme expliqué au paragraphe 15 des Commentaires sur l'article 8, les États qui souhaitent appliquer à la navigation sur les fleuves, rivières, canaux et lacs, le même traitement qu'à la navigation maritime et aérienne en trafic international peuvent étendre le champ d'application de l'article 8 de manière à couvrir les bénéfices tirés de l'exploitation de bateaux utilisés dans la navigation intérieure. Ces États pourraient alors souhaiter appliquer le paragraphe 3 de l'article 15 aux rémunérations des salariés travaillant sur ces bateaux. Dans le cas des rémunérations perçues par un employé travaillant à bord d'un bateau utilisé dans la navigation intérieure, toutefois, le paragraphe 3 ne devrait s'appliquer que dans la mesure où ce bateau est exploité par une entreprise de l'État de résidence de l'employé. En effet, il serait inapproprié que l'un des États contractants soit tenu d'exonérer les rémunérations perçues par un employé qui est un résident de l'autre État, mais qui est employé par une entreprise du premier État mentionné (ou d'un État tiers avec lequel ce premier État n'a pas conclu d'accord prévoyant l'exonération des bénéfices tirés de l'exploitation de bateaux utilisés dans la navigation intérieure) lorsque ces rémunérations sont en lien avec des activités exercées seulement dans ce premier État. Les États contractants qui souhaitent remédier à ce problème peuvent le faire en incluant dans leur convention bilatérale une disposition distincte applicable aux équipages des bateaux utilisés dans la navigation intérieure, dont la formulation serait la suivante :

> Nonobstant les dispositions précédentes du présent article et de l'article 1, les rémunérations perçues par une personne physique, qu'elle soit ou non un résident

> d'un État contractant, au titre d'un emploi salarié exercé, en tant que membre de l'équipage régulier d'un bateau, à bord d'un bateau utilisé dans la navigation intérieure dans un État contractant et exploité par une entreprise de l'autre État ne sont imposables que dans cet autre État. Toutefois, lorsque ces rémunérations sont perçues par un résident du premier État mentionné, elles peuvent également être imposées dans cet État.

9.5 Comme indiqué au paragraphe 2 des Commentaires sur l'article 8, certains États peuvent préférer attribuer le droit exclusif d'imposition des bénéfices provenant de la navigation maritime et aérienne à l'État où se trouve le siège de direction effective de l'entreprise plutôt qu'à l'État de résidence. Lorsque les États contractants adoptent cette approche, des modifications similaires devraient être apportées aux dispositions alternatives énoncées aux paragraphes 9.4 ci-avant et 9.6 ci-après dès lors que ces dispositions ont vocation à être utilisées.

9.6 Certains États préfèrent autoriser l'imposition des rémunérations d'un employé qui travaille à bord d'un navire ou d'un aéronef exploité en trafic international tant par l'État de l'entreprise qui exploite ce navire ou cet aéronef que par l'État de résidence de l'employé. Les États qui souhaitent le faire peuvent donner au paragraphe 3 la formulation suivante :

> 3. Nonobstant les dispositions précédentes du présent article et de l'article 1, les rémunérations perçues par une personne physique, qu'elle soit ou non un résident d'un État contractant, au titre d'un emploi salarié exercé, en tant que membre de l'équipage régulier d'un navire ou d'un aéronef, à bord d'un navire ou d'un aéronef exploité en trafic international par une entreprise d'un État contractant ne sont imposables que dans cet État contractant. Toutefois, lorsque ces rémunérations sont perçues par un résident de l'autre État contractant, elles peuvent également être imposées dans cet autre État.

9.7 Certains États qui souhaitent suivre cette approche peuvent également vouloir limiter l'application du paragraphe 3 aux employés qui sont des résidents de l'un des États contractants, ce qu'ils peuvent faire en adoptant la formulation suivante :

> 3. Nonobstant les dispositions précédentes du présent article, les rémunérations perçues par un résident d'un État contractant au titre d'un emploi salarié exercé, en tant que membre de l'équipage régulier d'un navire ou d'un aéronef, à bord d'un navire ou d'un aéronef exploité en trafic international, ne sont imposables que dans cet État. Toutefois, lorsque le navire ou l'aéronef est exploité par une entreprise de l'autre État contractant, ces rémunérations peuvent également être imposées dans l'autre État.

9.8 Selon la disposition alternative du paragraphe 9.6 ci-dessus, le droit d'imposition en premier lieu des rémunérations de l'employé est conféré à l'État contractant de l'entreprise. Lorsque l'employé est un résident de l'autre État contractant, ses rémunérations peuvent également être imposées dans cet autre État, sous réserve de l'obligation de cet État d'assurer l'élimination de la double imposition conformément aux dispositions de l'article 23 A ou 23 B.

9.9 Dans la mesure où cette disposition alternative autorise l'imposition dans l'État de l'entreprise qui exploite le navire ou l'aéronef, elle peut être utile lorsque des employés qui travaillent fréquemment à bord de navires ou d'aéronefs exploités en trafic international estiment avantageux d'établir leur résidence dans des États qui appliquent une imposition faible, voire nulle, sur les revenus d'activités exercées hors de leur territoire. Cette disposition suppose toutefois que le droit interne des États contractants les autorise à imposer les rémunérations des employés travaillant à bord de navires ou d'aéronefs exploités en trafic international au seul motif que les entreprises qui exploitent ces navires ou aéronefs sont des entreprises de ces États. Si tel n'est pas le cas, le fait d'appliquer cette disposition conjointement avec la méthode de l'exemption destinée à éliminer la double imposition ferait naître un risque de non-imposition. Supposons, par exemple, que la disposition ci-dessus ait été insérée dans la convention fiscale conclue entre les États R et S, que l'État R applique la méthode de l'exemption, et qu'un employé résident de l'État R travaille sur des vols reliant l'État R à des États tiers qui sont exploités par une compagnie aérienne qui est une entreprise de l'État S. Dans ce cas, si le droit interne de l'État S ne l'autorise pas à imposer les rémunérations des employés d'une compagnie aérienne qui sont des non-résidents dans le pays et ne travaillent pas sur son propre territoire, l'État S ne sera pas en mesure d'exercer le droit d'imposition qui lui a été conféré, tandis que l'État R sera tenu d'exonérer ces rémunérations au motif que, selon les dispositions de la Convention, l'État S dispose du droit d'imposer ces rémunérations.

9.10 Comme indiqué au paragraphe 3 des Commentaires sur l'article 8, il peut être prévu que la référence au « siège de direction effective » dans la disposition alternative du paragraphe 2 de ces Commentaires s'applique lorsque le siège de direction effective d'une entreprise de transport est situé à bord d'un navire. La législation interne de certains pays prévoit que les rémunérations perçues par les membres non-résidents de l'équipage d'un navire ne sont imposables que si le navire a la nationalité de cet État. C'est pourquoi les conventions conclues entre ces États stipulent que le droit d'imposer ces rémunérations est accordé à l'État de la nationalité du navire. D'un autre côté, bien des États ne peuvent pas faire usage de ce droit d'imposition, auquel cas la clause pourrait entraîner une situation d'absence d'imposition similaire à celle décrite au paragraphe précédent. Cependant, les États dont la législation interne édicte ce principe d'imposition peuvent convenir bilatéralement de conférer à l'État de la nationalité du navire le droit d'imposer les rémunérations versées au titre d'emplois salariés à bord de navires.

10. Il est à noter que l'imposition des revenus des travailleurs frontaliers ou des salariés travaillant à bord de camions et de trains entre plusieurs États n'a pas fait l'objet de dispositions particulières, car il est préférable que les problèmes résultant de conditions locales soient résolus directement par les États intéressés.

11. Aucune disposition spéciale n'a été prévue concernant les rémunérations perçues par les professeurs en visite et par les étudiants travaillant en vue d'acquérir une expérience pratique. De nombreuses conventions contiennent certaines dispositions visant ces cas, qui ont pour objet essentiel de faciliter les relations

culturelles en prévoyant une exonération fiscale limitée. Parfois, la législation fiscale interne elle-même stipule cette exemption. L'absence de dispositions spécifiques ne saurait être interprétée comme constituant un obstacle à l'inclusion de telles dispositions dans les conventions bilatérales, au cas où on le jugerait souhaitable.

Traitement des options d'achat d'actions pour les salariés

12. Les règles différentes d'un pays à l'autre qui s'appliquent à l'imposition des options d'achat d'actions pour les salariés créent des problèmes particuliers qui sont examinés ci-dessous. S'il est vrai qu'un grand nombre de ces problèmes se posent pour d'autres formes de rémunération des salariés, notamment celles qui se fondent sur la valeur des actions de la société de l'employeur ou d'une société apparentée, ils sont particulièrement aigus dans le cas des options d'achat d'actions. Cela tient pour une large part à ce que les options d'achat d'actions sont souvent imposées à un moment (par exemple lorsque l'option est exercée ou lorsque les actions sont vendues) qui est différent du moment où sont fournis les services d'emploi que ces options rémunèrent.

12.1 Comme il est indiqué au paragraphe 2.2, l'article autorise l'État de la source à imposer la fraction de l'avantage lié à l'option d'achat d'actions qui constitue une rémunération provenant de l'emploi exercé dans cet État même si l'impôt est perçu à un moment ultérieur lorsque le salarié n'est plus employé dans cet État.

12.2 L'article s'applique à l'avantage lié à l'emploi qui résulte d'une option d'achat d'actions attribuée à un salarié quel que soit le moment où cet avantage est imposé, mais il faut distinguer cet avantage lié à l'emploi du gain en capital pouvant provenir de l'aliénation d'actions acquises par l'exercice de l'option. C'est cet article et non l'article 13 qui s'applique à tout avantage découlant de l'option elle-même jusqu'à ce qu'elle soit exercée, vendue ou autrement aliénée (par exemple en cas d'annulation ou d'acquisition par l'employeur ou l'émetteur). Toutefois, dès lors que l'option a été exercée ou aliénée, l'avantage lié à l'emploi a été réalisé, et tout gain ultérieur sur les actions acquises (c'est-à-dire la valeur des actions telle qu'observée après exercice) est obtenu par le salarié en sa qualité d'investisseur-actionnaire et relève de l'article 13. En effet, c'est au moment de l'exercice que l'option, qui représente ce que le salarié a obtenu du fait de son emploi, s'éteint et que le bénéficiaire acquiert le statut d'actionnaire (et, généralement investit de l'argent pour acquérir ce statut). Mais lorsque l'option qui a été exercée donne le droit au salarié d'acquérir des actions qui ne seront irrévocablement acquises qu'à la fin d'une période d'emploi exigée, il convient d'appliquer cet article à l'accroissement de valeur éventuellement observé jusqu'à la fin de la période d'emploi exigée qui est postérieure à l'exercice de l'option.

12.3 Le fait que l'article ne s'applique pas à l'avantage obtenu après l'exercice ou l'aliénation de l'option n'implique en aucune manière que l'imposition du revenu d'emploi en droit interne doive intervenir au moment de cet exercice ou de cette aliénation. Comme on l'a déjà indiqué, l'article n'impose aucune restriction quant au moment où le revenu en question peut être imposé par l'État de la source. Par conséquent, l'État de la source pourrait imposer le revenu en question au moment de l'attribution de l'option, au moment de l'exercice (ou de l'aliénation de l'option), au moment de la vente de l'action ou à tout autre moment. Toutefois, l'État de la source ne peut imposer que l'avantage lié à l'option même et pas ce qui correspond à la détention ultérieure des actions acquises par l'exercice de cette option (sauf dans les circonstances visées dans la dernière phrase du paragraphe précédent).

12.4 Puisque le paragraphe 1 doit être interprété en ce sens qu'il s'applique à tout avantage découlant de l'option jusqu'à ce qu'elle soit exercée, vendue ou autrement aliénée, peu importe la qualification de cet avantage ou de tout élément de cet avantage en droit fiscal interne. En conséquence, alors même que l'article doit être interprété en ce sens qu'il permet à l'État de la source d'imposer l'avantage observé jusqu'au moment où l'option a été exercée, vendue ou autrement aliénée, c'est à cet État qu'il appartient de se prononcer sur la façon d'imposer cet avantage, par exemple en tant que revenu d'emploi ou en tant que gain en capital. Si l'État de la source décide, par exemple, d'appliquer à l'option un impôt sur les gains en capital lorsque le salarié cesse d'être résident de ce pays, cet impôt sera autorisé en vertu de l'article. Il en sera de même dans l'État de la résidence. Par exemple, alors même que cet État aura un droit exclusif d'imposer l'accroissement de valeur de l'action observé après l'exercice, puisque cet accroissement de valeur sera considéré comme relevant de l'article 13 de la Convention, il pourra décider de l'imposer en tant que revenu d'emploi ou en tant que gain en capital en vertu de sa législation interne.

12.5 L'avantage découlant d'une option d'achat d'actions attribuée à un salarié ne relèvera pas en général de l'article 21, qui ne s'applique pas aux revenus régis par d'autres articles, ou de l'article 18, qui ne s'applique qu'aux pensions et aux rémunérations similaires, même si l'option est exercée après cessation de l'emploi ou départ en retraite.

12.6 Le paragraphe 1 autorise l'État de la source à imposer les salaires, traitements et autres rémunérations similaires reçus au titre d'un emploi salarié exercé dans cet État. Pour déterminer si et dans quelle mesure une option d'achat d'actions destinée à un salarié provient de l'emploi exercé dans un État, il faut dans chaque cas prendre en compte l'ensemble des faits et circonstances pertinents, notamment les conditions contractuelles qui se rapportent à cette option (par exemple, les conditions dans lesquelles l'option attribuée peut être exercée ou cédée). Il convient à cet effet d'appliquer les principes généraux suivants.

12.7 Le premier principe est qu'en règle générale une option d'achat d'actions destinée à un salarié ne doit pas être considérée comme se rapportant à des services fournis après la période d'emploi exigée pour que le salarié acquière le droit d'exercer cette option. Par conséquent, lorsqu'une option d'achat d'actions est attribuée à un salarié à la condition qu'il exerce ses fonctions pour le même employeur (ou une entreprise associée) pendant trois ans, l'avantage lié à l'emploi qui découle de cette option ne doit généralement pas être attribué aux services accomplis après cette période de trois ans.

12.8 Toutefois, pour l'application du principe qui précède, il importe de distinguer entre une période d'emploi exigée pour obtenir le droit d'exercer une option d'achat d'actions destinée à un salarié et un simple délai fixé pour l'exercice de l'option (délai de blocage). Ainsi, par exemple, une option qui est attribuée à un salarié à la condition qu'il reste au service du même employeur (ou d'une entreprise associée) pendant trois ans peut être considérée comme se rapportant aux services accomplis durant ces trois ans, alors qu'une option qui est attribuée, sans aucune condition d'emploi ultérieur, à un salarié à une certaine date, mais qui, en vertu des conditions dont elle est assortie, ne peut être exercée qu'après un délai de trois ans, ne doit pas être considérée comme se rapportant à l'emploi exercé durant ces années, puisque l'avantage lié à cette option serait obtenu par son bénéficiaire même s'il quittait son emploi immédiatement après l'attribution de l'option et attendait les trois années exigées avant de l'exercer.

12.9 Il importe également de distinguer deux situations : celle où une période d'emploi est exigée comme condition de l'acquisition du droit d'exercer l'option et celle où l'option déjà acquise peut devenir caduque si elle n'est pas exercée avant la cessation de l'emploi (ou à bref délai après la cessation de l'emploi). Dans la deuxième situation, l'avantage lié à l'option ne doit pas être considéré comme se rapportant aux services accomplis après l'acquisition de l'option, puisque le salarié a déjà obtenu l'avantage et pourrait en fait le réaliser à tout moment. La condition en vertu de laquelle l'option déjà acquise peut devenir caduque en cas de cessation de l'emploi n'est pas une condition pour l'acquisition de l'avantage, mais une condition en vertu de laquelle l'avantage déjà acquis peut ultérieurement être perdu. Cette distinction peut être illustrée par les exemples suivants :

- Exemple 1 : Le 1er janvier de l'année 1, une option d'achat d'actions est attribuée à un employé. L'acquisition de cette option est sujette à la condition que l'employé demeure à l'emploi du même employeur jusqu'au 1er janvier de l'année 3. Une fois cette condition remplie, l'option devient exerçable du 1er janvier de l'année 3 au 1er janvier de l'année 10 (il s'agit d'une option dite « américaine »)[1]. Il est toutefois prévu que toute option qui n'aura pas été exercée deviendra caduque lors de la perte de l'emploi. Dans cet exemple, le droit d'exercer l'option est acquis le 1er janvier de l'année 3 (soit la date d'acquisition [*vesting*]) puisqu'il n'est plus nécessaire d'être employé après cette date pour obtenir le droit d'exercer l'option.
- Exemple 2 : Le 1er janvier de l'année 1, une option d'achat d'actions est attribuée à un employé. L'option est exerçable le 1er janvier de l'année 5 (il s'agit d'une option dite « européenne »). L'option a été accordée à la condition de ne pouvoir être exercée le 1er janvier de l'année 5 que s'il n'a pas été mis fin à l'emploi avant cette date. Dans cet exemple, le droit d'exercer l'option n'est pas acquis avant le

1 Dans le cas d'une option « américaine », le droit d'acquérir une action peut être exercé pendant une certaine période (typiquement quelques années) ; dans le cas d'une option « européenne », ce droit ne peut être exercé qu'à un moment précis (soit à une date donnée).

1er janvier de l'année 5 (soit la date d'exercice) puisqu'un emploi jusqu'à cette date est une condition requise pour l'acquisition du droit d'exercer l'option [*vesting*].

12.10 Il est des cas où ce premier principe ne devrait pas s'appliquer. Tel pourrait être le cas, par exemple, lorsque l'option d'achat d'actions est attribuée à un employé sans condition au moment où il prend ses fonctions, est transféré dans un autre pays ou accède à des responsabilités nouvelles et que, dans chaque cas, l'option est clairement liée aux nouvelles fonctions que le salarié exercera pendant une période déterminée. Dans ce cas, il peut être approprié de considérer que l'option se rapporte à ces nouvelles fonctions, même si le droit d'exercer cette option est acquis avant que ces fonctions n'aient été exercées. En outre, il y a des cas où une option devient exerçable sur un plan technique, mais où cette option confère au salarié le droit d'acquérir des actions qui ne seront pas acquises avant la fin d'une certaine période d'emploi. Dans ce cas, il pourrait être approprié de considérer que l'avantage lié à l'option se rapporte aux fonctions exercées durant toute la période écoulée entre l'attribution de l'option et l'acquisition des actions.

12.11 Le deuxième principe est qu'une option d'achat d'actions destinée à un salarié ne devrait être considérée comme se rapportant à des fonctions exercées avant le moment où elle est attribuée que pour autant que cette attribution vise à récompenser l'exercice de ces fonctions par le bénéficiaire pendant une durée précise. Tel serait le cas, par exemple, lorsque la rémunération est clairement fondée sur la performance passée du salarié durant une certaine période ou sur les résultats financiers passés de l'employeur et subordonnée au fait que le salarié a été employé par l'employeur ou une entreprise associée durant la période à laquelle se rapportent ces résultats financiers. De même, dans certains cas, il peut y avoir des éléments objectifs qui montrent que, durant une période d'emploi passée, les participants à un plan d'options d'achat d'actions étaient fondés à penser qu'une partie de leur rémunération au titre de cette période proviendrait du plan par l'attribution ultérieure d'options d'achat d'actions. Un tel élément pourrait être, par exemple, la pratique régulièrement observée d'un employeur ayant attribué un volume similaire d'options d'achat d'actions pendant plusieurs années, tant que rien n'indique que cette pratique pourrait être abandonnée. Sous réserve d'autres facteurs, ce type d'élément pourrait être très pertinent pour déterminer si et dans quelle mesure l'option d'achat d'actions se rattache à cette période d'emploi passée.

12.12 Lorsqu'une période d'emploi est exigée pour obtenir le droit d'exercer une option d'achat d'actions destinée à un salarié, mais que cette condition n'est pas appliquée dans certaines circonstances, par exemple lorsque l'employeur met fin à la relation d'emploi ou lorsque le salarié atteint l'âge de la retraite, l'avantage lié à l'option d'achat d'actions doit être considéré comme se rattachant uniquement à la période de services effectivement accomplis au moment où ces circonstances se sont en fait produites.

12.13 Enfin, il peut y avoir des cas où certains facteurs amènent à penser que l'option vient récompenser des services passés, alors que d'autres facteurs semblent indiquer qu'elle est liée à des services futurs. En cas de doute, il faudrait admettre que les options d'achat d'actions sont généralement accordées aux salariés pour les inciter à améliorer leurs performances futures ou pour les fidéliser. En conséquence, les options d'achat d'actions attribuées aux salariés sont principalement liées à des services futurs. Cependant, tous les faits et circonstances devront être pris en compte avant de conclure ainsi et il y aura des cas où l'on pourra démontrer que l'option d'achat d'actions se rapporte à la fois à des périodes de services passés et à des périodes de services futurs (par exemple, l'option n'est attribuée que si le salarié a atteint un certain objectif de performance l'année précédente, mais ne peut être exercée que si le salarié continue d'exercer ses fonctions pendant encore trois ans).

12.14 Lorsque, sur la base des principes qui précèdent, une option d'achat d'actions est considérée comme se rapportant à un emploi exercé dans plus d'un État, il faudra déterminer, pour l'application de l'article 15 et des articles 23 A et 23 B, quelle est la fraction de l'avantage lié à l'option d'achat d'actions qui se rapporte à l'emploi exercé dans chaque État. Dans ce cas, l'avantage lié à l'emploi qui doit être imputé à l'option d'achat d'actions doit être considéré comme obtenu dans un pays donné en proportion du nombre de jours durant lesquels l'emploi a été exercé dans ce pays par rapport au nombre total de jours durant lesquels les services d'emploi auxquels se rapporte l'option d'achat d'actions ont été fournis. À cet effet, les seules périodes de service à prendre en compte sont celles qui sont pertinentes dans l'optique du plan d'options d'achat d'actions, autrement dit celles au cours desquelles les services sont fournis au même employeur ou à d'autres employeurs si l'emploi auprès de ceux-ci intervient dans le calcul de la période d'emploi exigée pour acquérir le droit d'exercer l'option.

12.15 Les pays membres ont la possibilité de s'écarter de l'application au cas par cas des principes ci-dessus (aux paragraphes 12.7 à 12.14) en s'entendant sur une méthode spécifique dans un contexte bilatéral. Par exemple, deux pays imposant essentiellement au moment de l'exercice de l'option peuvent convenir, à titre de principe général, d'imputer le revenu d'une option se rapportant principalement à des services futurs aux services accomplis par un salarié dans les deux États entre la date de l'attribution et la date de l'exercice. Par conséquent, dans le cas d'options qui ne sont exerçables que lorsque le salarié a fourni des services à l'employeur pendant une certaine période, deux États pourraient convenir d'une méthode imputant le revenu de l'option à chaque État en fonction du nombre de jours durant lesquels le salarié a exercé son emploi dans chaque État pour l'employeur au cours de la période se situant entre la date de l'attribution et la date de l'exercice. Un autre exemple serait celui de deux pays appliquant un régime fiscal similaire aux options d'achat d'actions destinées aux salariés et adoptant des dispositions qui confèrent à l'un des États contractants le droit exclusif d'imposition de l'avantage lié à l'emploi, même si une fraction mineure des services d'emploi auxquels l'option se rapporte ont été fournis dans l'autre État. Bien entendu, les pays membres devront faire preuve de prudence dans l'adoption de telles méthodes, parce qu'elles peuvent entraîner une double imposition ou une double non-imposition si une partie de l'emploi est exercée dans un État tiers qui n'applique pas une méthode similaire.

Observations sur les Commentaires

13. La *France* considère que le paragraphe 8.13 ne doit pas être interprété comme constituant à lui seul un motif suffisant pour remettre en cause une relation contractuelle formelle. Si, au regard du paragraphe 8.13, les services rendus par la personne physique représentent une partie intégrante de l'activité de l'entreprise à laquelle les services sont rendus, l'analyse de la situation doit alors être effectuée conformément aux dispositions du paragraphe 8.14.

13.1 À propos du paragraphe 6.2, l'*Allemagne* considère qu'une telle société de personnes devrait être considérée comme l'employeur (comme sous la loi interne de la plupart des États membres de l'OCDE y compris lorsque ces États n'imposent pas les sociétés de personnes en tant que telles). La résidence de la société de personnes devrait donc être déterminée par hypothèse comme si elle était imposable en vertu de l'un des critères mentionnés au paragraphe 1 de l'article 4.

Réserves sur l'article

14. La *Slovénie* se réserve le droit d'ajouter un article qui permettrait de régler la situation des enseignants, des professeurs d'université et des chercheurs, sous réserve de conditions diverses, ainsi que le droit de faire une modification similaire au paragraphe 1 de l'article 15.

15. Le *Danemark*, la *Norvège* et la *Suède* se réservent le droit d'insérer des dispositions spéciales concernant les rémunérations obtenues au titre d'un emploi exercé à bord d'un aéronef exploité en trafic international par la société de transport aérien *Scandinavian Airlines System* (SAS).

16. La *Norvège* se réserve le droit de se référer expressément dans le paragraphe 2 aux revenus perçus par des personnels d'un État contractant travaillant dans un autre État contractant en vertu d'un contrat de location de main-d'œuvre afin de préciser que l'exception prévue au paragraphe 2 ne s'applique pas aux situations de « location internationale de main-d'œuvre ».

17. L'*Irlande*, la *Norvège* et le *Royaume-Uni* se réservent le droit d'insérer dans un article spécial des dispositions relatives aux revenus d'un emploi salarié afférents à des activités de prospection et d'exploitation pétrolières en haute mer ainsi qu'à des activités connexes.

18. La *Lettonie* se réserve le droit d'insérer dans un article spécial des dispositions concernant les revenus d'emploi afférents aux activités exercées en haute mer dans un État contractant relativement à la prospection et l'exploitation du lit de la mer, au sous-sol marin et à leurs ressources.

19. La *Suisse* réserve sa position sur l'alinéa 2 *a*) de l'article et souhaite insérer dans ses conventions les mots « au cours de l'année fiscale considérée » au lieu des mots « au cours de toute période de douze mois commençant ou se terminant durant l'année fiscale considérée ».

20. En raison de sa situation particulière en matière de navigation maritime, la *Grèce* gardera sa liberté d'action en ce qui concerne les dispositions de la Convention relatives aux rémunérations des équipages des navires en trafic international.

21. La *Grèce* se réserve le droit d'insérer des dispositions spéciales concernant les revenus provenant de la prestation, dans le cadre d'un emploi salarié, de services liés à des activités extraterritoriales.

22. En ce qui concerne le paragraphe 3, la *Turquie* se réserve le droit de taxer exclusivement le revenu généré par un emploi exercé à bord d'un navire ou d'un aéronef exploité en trafic international par une entreprise résidente en Turquie.

COMMENTAIRES SUR L'ARTICLE 16 CONCERNANT L'IMPOSITION DES TANTIÈMES

1. Cet article vise les rémunérations perçues par une personne physique ou morale qui est un résident d'un État contractant, en sa qualité de membre du conseil d'administration ou de surveillance d'une société qui est un résident de l'autre État contractant. Comme il pourrait parfois être difficile de déterminer où les services ont été rendus, la disposition traite les services comme étant rendus dans l'État de la résidence de la société considérée.

1.1 Les pays membres ont généralement compris l'expression « tantièmes, jetons de présence et autres rétributions similaires » comme incluant les avantages en nature reçus par une personne en sa qualité de membre du conseil d'administration ou de surveillance d'une société (par exemple des options d'achat d'actions, l'usage d'une habitation ou d'une automobile, le bénéfice d'une assurance-maladie ou d'une assurance-vie et les adhésions à des clubs).

2. Il est fréquent qu'un membre du conseil d'administration ou de surveillance d'une société exerce aussi d'autres activités auprès de la société, par exemple, en tant que salarié, conseiller, consultant, etc. L'article ne s'applique évidemment pas aux émoluments qui lui sont versés pour l'exercice de ces autres activités.

3. Dans certains pays, les sociétés comprennent des organes qui sont assimilables à des conseils d'administration ou de surveillance. Les États contractants ont la faculté, dans leurs conventions bilatérales, d'inclure ces organes de sociétés dans une disposition correspondant à celle de l'article 16.

3.1 Un grand nombre des problèmes examinés aux paragraphes 12 à 12.15 des Commentaires sur l'article 15 à propos des options d'achat d'actions attribuées aux salariés se posent également dans le cas des options d'achat d'actions attribuées aux membres du conseil d'administration ou de surveillance d'une société. Dans la mesure où les options d'achat d'actions sont attribuées à un résident d'un État contractant en sa qualité de membre du conseil d'administration ou de surveillance d'une société qui est résidente d'un autre État, cet autre État aura le droit d'imposer la fraction de l'avantage lié à l'option d'achat d'actions qui constitue des tantièmes, jetons de présence ou rétributions similaires (voir le paragraphe 1.1 ci-dessus), même si l'impôt est perçu ultérieurement lorsque la personne n'est plus membre de ce conseil d'administration ou de surveillance. L'article s'applique à l'avantage provenant d'une option d'achat d'actions attribuée aux membres du conseil d'administration ou de surveillance indépendamment du moment où cet avantage est imposé, mais il faut distinguer l'avantage en question du gain en capital pouvant provenir de l'aliénation d'actions acquises par exercice de l'option. C'est cet article, et pas l'article 13, qui s'applique à tout avantage provenant de l'option même jusqu'à ce qu'elle soit exercée, vendue ou autrement aliénée (par exemple, par annulation ou par acquisition par la société ou par l'émetteur). Mais une fois que l'option a été exercée ou aliénée, l'avantage imposable au titre de l'article a été réalisé et tout gain ultérieur sur les actions acquises (c'est-à-dire la plus-value sur les actions après l'exercice de l'option) aura été obtenu par le membre du conseil d'administration ou du conseil de surveillance en sa qualité d'investisseur-actionnaire et relèvera de l'article 13. En effet, c'est au moment de l'exercice que l'option — ce que le membre du conseil d'administration ou de surveillance a obtenu ès qualité — disparaît et le bénéficiaire acquiert le statut d'actionnaire (et généralement investit de l'argent pour le devenir).

Réserves sur l'article

4. L'*Estonie* et la *Lettonie* se réservent le droit d'imposer conformément à cet article toute rémunération versée à un membre d'un conseil d'administration ou de quelque autre organe similaire d'une société résidente.

5. Les *États-Unis* exigeront que toute imposition de ces tantièmes soit limitée aux revenus tirés des activités exercées dans le pays de la source.

6. La *Belgique* se réserve le droit de préciser que les rémunérations qu'une personne visée à l'article 16 recueille en raison de l'exercice d'une activité journalière ainsi que les rémunérations qu'un associé d'une société, autre qu'une société par actions, recueille en raison de son activité personnelle pour la société sont imposables conformément aux dispositions de l'article 15.

7. La *Grèce* se réserve le droit d'appliquer l'article 16 à la rémunération d'un associé ayant qualité de gérant d'une société à responsabilité limitée de droit grec ou d'une société de personnes de droit grec.

COMMENTAIRES SUR L'ARTICLE 17 CONCERNANT L'IMPOSITION DES ARTISTES ET DES SPORTIFS

Paragraphe 1

1. Le paragraphe 1 prévoit que les artistes et les sportifs qui sont des résidents d'un État contractant sont imposables dans l'autre État contractant où ils exercent leurs activités en cette qualité, que celles-ci aient un caractère d'activité d'entreprise ou d'activité salariée. Cette disposition fait donc exception, soit à la règle énoncée à l'article 7 (sur lequel elle prévaut en vertu du paragraphe 4 de cet article), soit à celle qui est stipulée au paragraphe 2 de l'article 15.

2. La règle ci-dessus permet d'éviter les difficultés d'ordre pratique qui se posent fréquemment en ce qui concerne l'imposition des artistes du spectacle et des sportifs qui se produisent à l'étranger. Par ailleurs, des dispositions trop rigides pourraient dans certains cas créer des obstacles aux échanges culturels. Pour pallier cet inconvénient, les États pourront d'un commun accord limiter l'application du paragraphe 1 aux activités d'entreprise. Pour ce faire, il suffira de remplacer les termes « nonobstant les dispositions de l'article 15 » par « sous réserve des dispositions de l'article 15 » aux paragraphes 1 et 2. Dans ce cas, les artistes du spectacle et les sportifs recevant un traitement ou un salaire tomberont automatiquement sous le coup de l'article 15 et bénéficieront des exemptions prévues au paragraphe 2 de cet article.

3. Le paragraphe 1 vise les artistes et sportifs. Il n'est pas possible de donner une définition précise du terme « artiste » mais le paragraphe 1 donne des exemples de personnes qui peuvent être considérées comme tels. Cette liste ne doit pas être considérée comme exhaustive. D'une part, ce terme inclut clairement l'acteur de théâtre, l'acteur de cinéma ou l'acteur participant à des films publicitaires télévisés (ancien sportif compris). L'article peut aussi être appliqué aux artistes et sportifs participant à des activités de nature politique, sociale, religieuse ou charitable dès lors que ces activités comportent un élément de divertissement. Par contre, il ne s'applique pas aux intervenants invités à un colloque (par exemple, un ancien responsable politique rémunéré pour une intervention), à un modèle qui se produit en cette qualité (qui présente des vêtements au cours d'un défilé de mode ou d'une séance photo, par exemple) et non en tant qu'artiste, ni au personnel administratif ou technique (par exemple les caméramen pour le tournage d'un film, les producteurs, les metteurs en scène, les chorégraphes, le personnel technique ou les accompagnateurs d'un groupe pop). Entre les deux, il existe une zone intermédiaire dans laquelle il convient d'apprécier le profil global des activités de la personne intéressée.

4. Un particulier peut à la fois diriger un spectacle et y participer, ou peut diriger et produire un programme de télévision ou un film tout en y jouant un rôle. Dans de tels cas, il convient de déterminer la nature des activités exercées dans le pays où le spectacle a eu lieu. Si celles-ci ont principalement un caractère de prestation scénique, l'article est applicable à tous les revenus correspondants que l'intéressé perçoit dans ce pays. Si, au contraire, la prestation scénique ne constitue qu'une partie négligeable de

ses activités dans ce pays, le revenu sera totalement exclu du champ de l'article. Dans les situations intermédiaires, une répartition sera nécessaire.

5. Si aucune définition précise n'est donnée du terme de « sportif », celui-ci ne vise pas seulement les participants à des manifestations athlétiques traditionnelles (comme les coureurs à pied, les sauteurs et les nageurs). Il vise aussi, par exemple, les joueurs de golf, les jockeys, les joueurs de football, de cricket et de tennis ainsi que les coureurs automobiles.

6. L'article s'applique également à d'autres participants à des activités qui ont généralement le caractère de divertissement tels que les joueurs de billard ou de *snooker* et les participants à des tournois d'échec ou de bridge.

7. Le revenu perçu par les imprésarios, etc. pour organiser la prestation d'un artiste ou d'un sportif n'entrent pas dans le champ de l'article, mais tout revenu qu'ils perçoivent pour le compte de l'artiste ou du sportif est naturellement visé par cet article.

8. Le paragraphe 1 s'applique au revenu perçu directement ou indirectement, à titre individuel, par un artiste ou un sportif qui effectue une prestation en cette qualité. Dans certains cas, la rémunération n'est pas versée à l'exécutant ou à son imprésario/agent directement au titre d'une prestation spécifique. Ainsi, un musicien d'orchestre peut percevoir un salaire au lieu d'être payé au cachet ; l'État contractant où se déroule un concert est en droit, conformément au paragraphe 1, d'imposer la part du salaire du musicien qui correspond à ce concert. De même, lorsqu'un artiste ou sportif est employé, par exemple par une société unipersonnelle, l'État où l'activité est exercée peut imposer une fraction appropriée de toute rémunération versée à la personne physique. En outre, lorsque la législation du pays permet de faire abstraction de telles entités, et de traiter les revenus comme revenant directement à l'individu, le paragraphe 1 permet à l'État où s'est produite la prestation d'imposer le revenu perçu par l'entité au profit de l'individu pour cette prestation, même si ce revenu ne lui est pas versé effectivement sous forme de rémunération.

8.1 Le paragraphe s'applique quelle que soit l'entité qui verse le revenu. Par exemple, il couvre les prix et récompenses accordés par une fédération, une association ou une ligue nationale à une équipe ou à un individu en lien avec une manifestation sportive spécifique.

9. Outre les droits obtenus au titre des manifestations ou spectacles auxquels ils participent directement, les artistes et sportifs perçoivent souvent des revenus sous forme de redevances, de droits de publicité ou de parrainage. En général, d'autres articles seront applicables chaque fois qu'il n'y a pas de relation étroite entre les revenus et l'exercice d'activités dans le pays intéressé. Cette relation étroite existe généralement lorsqu'on ne peut pas considérer raisonnablement que le revenu aurait été obtenu si ces activités n'avaient pas été exercées. Cette relation peut être liée au moment où a lieu la manifestation générant le revenu (par exemple, un paiement reçu par un joueur de golf professionnel au titre d'un entretien accordé pendant un tournoi auquel il participe) ou à l'objet de cette rémunération (par exemple, un paiement versé

à un joueur de tennis vedette en contrepartie de l'utilisation de son image sur des affiches qui font la publicité d'un tournoi auquel il participera). Les redevances correspondant à des droits de la propriété intellectuelle relèvent normalement de l'article 12 plutôt que de l'article 17 (voir le paragraphe 18 des Commentaires sur l'article 12) mais en général les droits de publicité et de parrainage sortent du cadre de l'article 12. L'article 17 s'applique aux revenus de la publicité ou du parrainage, etc. qui ont une relation étroite avec des manifestations ou spectacles qui ont lieu dans un État donné (par exemple, un paiement versé à un joueur de tennis qui porte sur son polo le logo, la marque commerciale ou le nom commercial d'un sponsor au cours d'un match). Cette relation étroite peut résulter d'un accord contractuel qui régit la participation à une manifestation désignée ou à un certain nombre de manifestations non précisées ; dans ce dernier cas, un État contractant dans lequel une ou plusieurs de ces manifestations ont lieu peut imposer une partie des droits de publicité ou de parrainage correspondants (comme il le ferait, par exemple, dans le cas d'une rémunération couvrant un certain nombre de spectacles non précisés ; voir les paragraphes 9.2 et 9.3). Les revenus du même type qui ne peuvent être imputés à ces manifestations ou spectacles relèvent des règles normales de l'article 7 ou de l'article 15, le cas échéant. Les versements reçus en cas d'annulation d'un spectacle sortent également du cadre de l'article 17 et relèvent de l'article 7 ou 15, selon le cas. Divers paiements peuvent être effectués en lien avec l'exploitation de produits dérivés ; alors que le versement à un artiste ou à un sportif d'une partie du revenu tiré de l'exploitation de produits dérivés étroitement lié à une manifestation ou spectacle mais qui ne constitue pas des redevances relève normalement de l'article 17, le versement d'un revenu tiré de l'exploitation de produits dérivés à la suite de ventes réalisées dans un pays sans relation étroite avec des manifestations ou spectacles ayant eu lieu dans ce pays et qui ne constitue pas des redevances est normalement couvert par l'article 7 (ou par l'article 15, si ce revenu est versé à un salarié).

9.1 Hormis les exemples ci-dessus, il existe un certain nombre de cas où il peut être difficile de déterminer si un élément de revenu spécifique est perçu par une personne en sa qualité d'artiste ou de sportif à l'occasion d'activités personnelles exercées en cette qualité. Les principes suivants peuvent être utiles pour traiter ces situations :

- La référence à « un artiste ou un sportif » englobe toute personne qui intervient en cette qualité, même lors d'une manifestation unique. Aussi, l'article 17 peut s'appliquer à un amateur qui remporte un prix assorti d'une somme d'argent à l'issue d'une manifestation sportive, ou à une personne qui n'est pas un acteur mais qui perçoit un cachet pour une apparition unique dans un film ou dans une annonce publicitaire à la télévision.
- Comme indiqué dans les paragraphes précédents, les activités d'un artiste ou d'un sportif ne se limitent pas à la participation à un spectacle ou à une manifestation sportive dans un État donné, mais incluent également, à titre d'exemple, sa présence dans un film publicitaire ou lors d'interviews menés dans cet État qui sont étroitement liés à cette participation.

— Le simple fait de commenter ou de rendre compte d'un spectacle ou d'une manifestation sportive à laquelle le commentateur lui-même ne participe pas n'est pas assimilable à l'activité d'un artiste ou d'un sportif agissant en cette qualité. Par exemple, le cachet qu'un ancien sportif ou qu'un sportif victime d'une blessure perçoit parce qu'il commente la retransmission d'une manifestation sportive à laquelle il ne participe pas ne seraient pas couverts par l'article 17.

— La préparation, comme les répétitions et l'entraînement, fait partie des activités normales des artistes et des sportifs. Si un artiste ou un sportif est rémunéré pour le temps consacré aux répétitions, aux entraînements ou aux activités de préparation similaires accomplies dans un État (ce qui est très fréquent pour des artistes et sportifs salariés, mais peut également se produire pour une personne travaillant à son compte, comme un chanteur d'opéra tenu par contrat de participer à un certain nombre de répétitions), la rémunération correspondante, ainsi que la rémunération pour le temps passé à voyager dans cet État pour les spectacles, les répétitions et les entraînements (ou des activités de préparation similaires), relèveraient de cet article. Ce principe vaut indépendamment du fait que ces répétitions, entraînements ou préparations similaires se rattachent ou non à des manifestations publiques spécifiques dans cet État (par exemple, la rémunération versée au titre de la participation à un stage de préparation d'avant-saison serait couverte).

9.2 Les artistes et les sportifs exercent souvent leurs activités dans différents États, ce qui nécessite de déterminer la fraction de leur revenu tirée des activités exercées dans chaque État. Bien que les faits et circonstances propres à chaque cas soient déterminants, les principes généraux suivants sont utiles à cette fin :

— Un élément de revenu qui est étroitement lié à des activités spécifiques exercées par l'artiste ou le sportif dans un État (par exemple, un prix décerné au vainqueur d'une compétition sportive se déroulant dans cet État ; une indemnité journalière versée au titre de la participation à un tournoi ou à un stage d'entraînement dans cet État ; une somme payée à un musicien pour un concert donné dans un État) sera considéré comme perçu au titre des activités exercées dans cet État.

— Comme l'indique le paragraphe 1 des Commentaires sur l'article 15, l'emploi est exercé à l'endroit où le salarié est physiquement présent lorsqu'il exerce les activités au titre desquelles les revenus liés à l'emploi sont payés. Lorsque la rémunération perçue par un artiste ou un sportif salarié d'une équipe, d'une troupe ou d'un orchestre couvre diverses activités qui doivent être exercées au cours d'une certaine période (par exemple, un salaire annuel couvrant différentes activités telles que : entraînements ou répétitions ; déplacements avec l'équipe, la troupe ou l'orchestre ; participation à un match ou à un spectacle public, etc.), il convient donc, sauf s'il s'avère que tout ou partie de la rémunération doit être répartie différemment, de répartir ce salaire ou cette rémunération en fonction des jours de travail passés dans chaque État dans lequel l'artiste ou le sportif est tenu, en vertu de son contrat de travail, d'exercer ces activités.

9.3 Les exemples suivants illustrent ces principes :

— Exemple 1 : un chanteur non salarié perçoit une rémunération forfaitaire pour un certain nombre de concerts donnés dans différents États, à laquelle s'ajoute 5 pour cent du total des ventes de billets de chaque concert. Dans ce cas, il semble approprié de répartir la rémunération forfaitaire en fonction du nombre de concerts donnés dans chaque État, mais de répartir la rémunération liée au pourcentage des ventes de billets en fonction de l'endroit où ont eu lieu les concerts pour lesquels les billets ont été vendus.

— Exemple 2 : un coureur cycliste est salarié d'une équipe. Aux termes de son contrat de travail, il est tenu de voyager avec son équipe, d'être présent lors de conférences de presse publiques organisées par son équipe et de participer aux entraînements et aux courses qui ont lieu dans différents pays. Il perçoit un salaire annuel fixe majoré de primes en fonction de son classement à l'issue des courses. Dans ce cas, il semble approprié de répartir le salaire en fonction du nombre de jours de travail durant lesquels il est présent dans chaque État où il exerce les activités liées à son emploi (par exemple, déplacements, entraînements, courses, apparitions publiques) et de répartir les primes en fonction de l'endroit où les courses correspondantes ont eu lieu.

9.4 Les paiements au titre de la diffusion simultanée d'une prestation d'un artiste ou d'un sportif versés directement à l'artiste ou au sportif ou à son profit (par exemple, un paiement effectué à la société de promotion de l'artiste ou du sportif) tombent sous le coup de l'article 17 (voir le paragraphe 18 des Commentaires sur l'article 12, qui porte aussi sur les paiements au titre des ventes ou de la diffusion publique ultérieures d'enregistrements de la prestation). Si toutefois le paiement est effectué à un tiers (au propriétaire des droits de diffusion, par exemple) et qu'il ne bénéficie pas à l'artiste, ce paiement n'est pas lié aux activités personnelles de l'artiste et, partant, ne constitue pas un revenu d'activités qu'un artiste ou un sportif exerce personnellement et en cette qualité. Lorsque, par exemple, l'organisateur d'un tournoi de football détient tous les droits de la propriété intellectuelle qui se rattachent à la manifestation et, à ce titre, perçoit une rémunération pour les droits de diffusion liés à la manifestation, l'article 17 ne s'applique pas à cette rémunération ; de même, l'article 17 ne s'applique pas à la fraction de cette rémunération qui sera versée aux équipes participantes et qui ne sera pas redistribuée aux joueurs et ne bénéficie pas de quelque autre manière aux joueurs. La question de savoir si ces paiements constituent des redevances couvertes par l'article 12 dépendra, entre autres facteurs, de la nature juridique de ces droits de diffusion, notamment aux termes de la législation sur les droits d'auteur applicable.

9.5 Il est fréquent que les artistes et sportifs tirent, directement ou indirectement (par exemple, par le biais d'un paiement effectué à la société de promotion de l'artiste ou du sportif), une fraction substantielle de leur revenu sous la forme d'une rémunération en contrepartie de l'utilisation, ou du droit d'utilisation, de leur « droit à l'image », par exemple pour l'utilisation de leur nom, de leur signature ou de leur image personnelle. Lorsque cette utilisation du droit à l'image de l'artiste ou du sportif n'est pas étroitement liée à la prestation de l'artiste ou du sportif dans un État donné, les paiements correspondants ne seront généralement pas couverts par l'article 17 (voir le paragraphe 9 ci-dessus). Il existe néanmoins des cas dans lesquels les paiements à un artiste ou à un sportif qui est résident d'un État contractant, ou à une autre personne, au titre de l'utilisation, ou du droit d'utilisation, du droit à l'image de cet artiste ou de ce sportif constituent en substance une rémunération des activités de cet artiste ou de ce sportif qui entrent dans le champ d'application de l'article 17 et qui se déroulent dans l'autre État contractant. En pareils cas, les dispositions du paragraphe 1 ou 2, en fonction des circonstances, s'appliquent.

10. L'article ne fait pas mention des modalités de calcul du revenu visé. Il revient à la législation nationale de chaque État contractant de déterminer l'importance des déductions éventuelles au titre des dépenses. Les législations nationales diffèrent sur ce point, certaines prévoyant une imposition à la source à un taux peu élevé applicable à la rémunération brute versée aux artistes ou aux sportifs. De telles dispositions s'appliquent parfois aussi aux revenus versés à des groupes ou à des équipes, troupes, etc. constituées en personnes morales. Certains États peuvent néanmoins considérer que l'imposition du montant brut peut être inappropriée dans certaines circonstances même si le taux applicable est bas. Ces États peuvent souhaiter offrir au contribuable la possibilité d'être imposé sur un montant net. Ce résultat pourrait être obtenu en incluant un paragraphe rédigé comme suit :

> Lorsqu'un résident d'un État contractant tire un revenu auquel il est fait référence au paragraphe 1 ou 2 et que ce revenu est imposable dans l'autre État contractant sur la base du montant brut, cette personne peut, dans un délai de [délai à déterminer par les États contractants], demander par écrit à l'autre État contractant que ce revenu soit imposable dans cet autre État sur la base d'un montant net. Cette demande doit être acceptée par cet autre État. Pour déterminer le revenu imposable de ce résident dans l'autre État, sont admises en déduction les dépenses déductibles selon la législation nationale de l'autre État qui sont exposées aux fins des activités exercées dans cet autre État et dont la déduction est accordée à un résident de cet autre État qui exerce des activités identiques ou analogues dans des conditions identiques ou analogues.

10.1 Certains États peuvent aussi considérer qu'il serait inapproprié d'appliquer l'article 17 à un artiste ou un sportif non résident qui ne serait pas par ailleurs imposable dans un État contractant (conformément aux dispositions de l'article 7 ou 15, par exemple) et qui, au cours d'une année d'imposition donnée, ne tire que de faibles revenus d'activités exercées dans cet État. Les États qui souhaitent exclure ces situations de l'application de l'article 17 peuvent le faire en utilisant une version alternative du paragraphe 1 ainsi rédigée :

> Nonobstant les dispositions de l'article 7, les revenus qu'un résident d'un État contractant tire de ses activités personnelles exercées dans l'autre État contractant en tant qu'artiste du spectacle, tel qu'un artiste de théâtre, de cinéma, de la radio ou de la télévision, ou qu'un musicien, ou en tant que sportif, sont imposables dans cet

autre État, sauf si le montant brut de ces revenus tirés par ce résident de ces activités exercées au cours d'une année d'imposition de l'autre État contractant ne dépasse pas un montant équivalent à [15 000 droits de tirage spéciaux du FMI] libellé dans la monnaie de cet autre État au début de cette année d'imposition, ou tout autre montant convenu par les autorités compétentes avant cette année d'imposition et au titre de cette année d'imposition.

10.2 Le montant auquel la disposition ci-dessus fait référence est purement indicatif. La référence aux « droits de tirage spéciaux du FMI » évite de renvoyer à la monnaie de l'un des deux États contractants et permet de mentionner un montant qui reste relativement constant en valeur quelles que soient les fluctuations monétaires dans chaque État (les droits de tirage spéciaux du FMI sont basés sur un panier de monnaies révisé périodiquement et sont aisément exprimés dans la plupart des monnaies convertibles). De même, pour simplifier l'administration, la disposition envisagée stipule que la limite applicable dans un État pour une année d'imposition donnée est le montant converti dans la monnaie de cet État au début de cette année. La disposition autorise également les autorités compétentes à réviser ce montant lorsqu'elles le jugent approprié ; toutefois, au lieu d'adopter un montant fixe, certains États peuvent préférer opter pour un mécanisme objectif qui permettrait d'effectuer des révisions périodiques (en remplaçant par exemple le montant par une formule de type « 50 pour cent du PIB moyen par habitant pour les pays de l'OCDE, tel que déterminé par l'OCDE »).

10.3 La disposition proposée n'empêcherait pas les États contractants de prélever l'impôt au moment où le revenu correspondant est perçu et de le rembourser après la fin de l'année lorsqu'il s'avère que le montant minimum n'a pas été dépassé.

10.4 La disposition proposée s'applique uniquement au regard du paragraphe 1 (l'application de la règle à d'autres personnes couvertes par le paragraphe 2 pourrait favoriser une fragmentation des contrats entre de nombreuses entités liées en vue de décupler les avantages de l'exception). De même, la disposition limite uniquement le droit d'imposition supplémentaire reconnu par l'article 17 et est sans effet sur les droits d'imposition dont dispose l'État de la source en vertu des articles 7 et 15. Par conséquent, elle n'empêcherait pas l'imposition dans la mesure où l'artiste a un établissement stable dans l'État de la source ou est présent dans cet État pendant plus de 183 jours (ou est employé par un employeur qui est un résident de cet État ou qui a un établissement stable dans cet État).

Paragraphe 2

11. Le paragraphe 1 de l'article s'applique aux revenus qu'un artiste ou un sportif tire de ses activités personnelles. Le paragraphe 2 traite des cas où les revenus de ses activités sont attribués à d'autres personnes. Si le revenu d'un artiste ou d'un sportif est réalisé par une autre personne et que l'État de source n'a pas l'autorité législative pour faire abstraction de la personne qui reçoit le revenu de façon à imposer directement l'artiste ou le sportif sur ce revenu, le paragraphe 2 prévoit que la fraction du revenu sur laquelle l'artiste ou le sportif ne peut être imposé peut être imposée

comme revenu de la personne qui la reçoit. Si la personne qui reçoit le revenu exerce des activités d'entreprise, l'État de source peut imposer ce revenu même si celui-ci n'est pas imputable à un établissement stable situé dans ce pays. Cependant, il n'en va pas toujours ainsi. Il y a trois cas principaux de ce genre :

a) Le premier cas est celui où une société de gestion perçoit une rémunération pour la venue par exemple d'un groupe de sportifs (qui n'a pas lui-même la personnalité juridique).

b) Le deuxième cas est celui d'une équipe, d'une troupe, d'un orchestre, etc. qui est constitué en personne morale. Les revenus des spectacles ou événements sportifs peuvent être versés à cette entité. Les membres de l'équipe, de l'orchestre, etc. seront imposables, en vertu du paragraphe 1, dans l'État où ils exercent leurs activités d'artistes ou de sportifs, pour toute rémunération (ou tout autre revenu dont ils bénéficient) provenant de l'exercice de ces activités (voir néanmoins le paragraphe 14.1 ci-dessous). Le bénéfice réalisé par cette personne morale du fait d'un spectacle ou événement serait imposable en vertu du paragraphe 2.

c) Le troisième cas concerne certains procédés d'évasion fiscale lorsque la rémunération due pour la prestation fournie par un artiste ou par un sportif n'est pas versée à lui-même mais à un tiers, par exemple à ce qu'on appelle une société de promotion d'artiste ou de sportif, de sorte que le revenu n'est imposé, dans l'État où l'activité est exercée, ni comme rémunération personnelle de l'artiste ou du sportif pour la prestation de ses services, ni comme bénéfice de l'entreprise en l'absence d'un établissement stable. Certains pays font abstraction de tels dispositifs dans leur législation nationale et considèrent les revenus comme réalisés par l'artiste ou le sportif : lorsque c'est le cas, le paragraphe 1 leur permet d'imposer les revenus tirés d'activités exercées sur leur territoire. D'autres pays n'ont pas cette possibilité. Lorsqu'un spectacle y est organisé, le paragraphe 2 permet à l'État en question d'imposer les bénéfices détournés du revenu de l'artiste ou du sportif au profit de l'entité. Toutefois, les États auxquels leur législation nationale ne donne pas les moyens d'appliquer cette disposition ont la faculté de convenir d'autres solutions ou de ne pas faire figurer le paragraphe 2 dans les conventions bilatérales qu'ils concluent.

11.1 L'application du paragraphe 2 ne se limite pas aux situations dans lesquelles l'artiste du spectacle ou le sportif et l'autre personne à laquelle les revenus sont attribués, par exemple une société de promotion d'artistes ou de sportifs, sont tous deux résidents d'un même État contractant. Ce paragraphe autorise l'État dans lequel sont exercées les activités d'un artiste du spectacle ou d'un sportif à imposer les revenus tirés de ces activités et attribués à une autre personne, quelles que soient les autres dispositions de la Convention qui seraient autrement applicables. Ainsi, nonobstant les dispositions de l'article 7, ce paragraphe autorise cet État à imposer les revenus tirés par une société de promotion d'artistes ou de sportifs résidente dans l'autre État contractant, même lorsque l'artiste ou le sportif concerné n'est pas lui-même résident de cet autre État. De la même façon, lorsque les revenus d'un artiste résident de l'un des États contractants sont attribués à une personne, par exemple une société de promotion d'artistes ou de sportifs, qui est résidente d'un État tiers avec lequel l'État de la source ne possède pas de convention fiscale, rien n'empêchera cet État contractant d'imposer cette personne conformément à sa législation nationale.

11.2 Toutefois, le paragraphe 2 ne s'applique pas aux prix que le propriétaire d'un cheval ou que l'écurie à laquelle appartient une voiture de course reçoit au titre des résultats obtenus par le cheval ou par la voiture lors d'une course ou de plusieurs courses qui se déroulent au cours d'une certaine période. En pareil cas, le prix n'est pas attribué au titre des activités personnelles du jockey ou du pilote, mais au titre des activités liées à la propriété et à l'entraînement du cheval, ou à la conception, la construction, la propriété et l'entretien de la voiture. Ce prix ne provient pas des activités personnelles du jockey ou du pilote et n'est pas couvert par l'article 17. Néanmoins, si le propriétaire ou l'écurie reçoit un paiement au titre des activités personnelles du jockey ou du pilote de course, ce revenu peut être imposé comme revenu du jockey ou du pilote aux termes du paragraphe 1 (voir le paragraphe 7 ci-dessus).

11.3 Il convient toutefois de noter qu'en règle générale, quelles que soient les dispositions de l'article 17, la Convention n'empêche par l'application des mesures générales de lutte contre l'évasion fiscale prévues par la législation de l'État de la source qui permettent à cet État d'imposer soit l'artiste/le sportif, soit la société de promotion dans les cas d'usage abusif, comme le prévoit d'ailleurs les paragraphes 76 à 79 des Commentaires sur l'article 1. Par ailleurs, le paragraphe 9 de l'article 29 empêche que les avantages prévus par des dispositions telles que celles des articles 7 et 15 soient octroyés dans ces cas d'usage abusif.

11.4 Le paragraphe 2 couvre les revenus qui peuvent être considérés comme perçus au titre des activités personnelles d'un artiste ou d'un sportif. Ceci englobe les revenus perçus par une entreprise qui est rémunérée au titre de l'exercice de telles activités (comme une équipe sportive ou un orchestre) mais n'inclut pas, de toute évidence, les revenus de toutes les entreprises qui participent à la production de spectacles ou d'événements sportifs. Par exemple, le revenu perçu par le promoteur indépendant d'un concert sur la vente de billets et l'attribution d'espace publicitaire n'est pas couvert par le paragraphe 2.

11.5 Bien que l'article n'indique pas le mode de calcul des revenus couverts par les paragraphes 1 et 2 et laisse à la législation interne d'un État contractant le soin de déterminer l'importance des déductions éventuelles (voir le paragraphe 10 ci-dessus), le revenu obtenu au titre des activités personnelles d'un sportif ou d'un artiste ne doit pas être imposé deux fois du fait de l'application de ces deux paragraphes. Il s'agira d'une considération importante lorsque, par exemple, le paragraphe 2 autorise un État contractant à imposer la société de promotion d'un artiste sur un paiement perçu par cette société au titre d'activités exercées par l'artiste dans cet État, et le paragraphe 1 autorise aussi cet État à imposer la fraction de la rémunération versée par cette société à l'artiste qui peut être raisonnablement attribuée à ces activités. En pareil cas, l'État contractant peut, en fonction de sa législation interne, soit imposer uniquement la société ou l'artiste sur l'intégralité du revenu attribuable à ces activités, soit imposer chacun d'eux sur une fraction du revenu, par exemple en imposant le revenu perçu par la société tout en autorisant une déduction correspondant à la fraction de la rémunération versée à l'artiste et en imposant l'artiste sur cette fraction.

Autres considérations concernant les paragraphes 1 et 2

12. Dans les cas visés aux paragraphes 1 et 2, lorsque l'État dont la personne qui reçoit le revenu est un résident utilise, pour éviter la double imposition, la méthode de l'exemption, cet État serait dans l'impossibilité d'imposer ce revenu même si l'État où la prestation a été fournie ne pouvait pas faire usage de son droit d'imposition ; c'est donc la méthode de l'imputation qui doit être utilisée dans ces cas. Le même résultat pourrait être obtenu en stipulant que l'État dont la personne qui perçoit le revenu est un résident dispose d'un droit subsidiaire d'imposition pour le cas où l'État où les activités sont exercées ne peut faire usage du droit qui lui est conféré par les paragraphes 1 et 2. Les États contractants ont la faculté de choisir l'une ou l'autre de ces méthodes pour s'assurer que le revenu n'échappe pas à l'imposition.

13. En général, l'article 17 s'applique lorsque l'artiste ou le sportif est au service d'un État et perçoit des revenus de cet État ; voir le paragraphe 6 des Commentaires sur l'article 19. Certaines conventions prévoient que l'article 17 n'est pas applicable aux artistes du spectacle et aux sportifs qui sont au service d'organismes subventionnés au moyen de fonds publics.

14. Certains pays peuvent estimer qu'il y a lieu d'exclure du champ d'application de l'article les manifestations bénéficiant de fonds publics. Ces pays ont le droit d'insérer une clause à cette fin mais les exonérations doivent être fondées sur des critères objectifs et faciles à définir afin que l'exemption ne soit accordée que dans les cas visés. La clause pourrait être rédigée comme suit :

> Les dispositions des paragraphes 1 et 2 ne sont pas applicables aux revenus d'activités exercées par des artistes ou des sportifs dans un État contractant si la visite dans cet État est entièrement ou principalement financée par des fonds publics d'un ou des deux États contractants ou de leurs subdivisions politiques ou collectivités locales. Dans ce cas, le revenu n'est imposable que dans l'État contractant où réside l'artiste ou le sportif.

14.1 En outre, compte tenu des difficultés administratives que posent l'attribution à des activités spécifiques se déroulant dans un État de la rémunération globale des différents membres salariés d'une équipe, d'une troupe ou d'un orchestre étranger, et l'imposition de la fraction pertinente de cette rémunération, certains États peuvent juger approprié de ne pas imposer cette rémunération. Bien qu'un État puisse décider de manière unilatérale d'exempter cette rémunération, cette solution unilatérale ne serait pas réciproque et poserait le problème décrit au paragraphe 12 ci-dessus lorsque l'État de résidence de la personne qui perçoit ce revenu utilise la méthode de l'exemption. Ces États peuvent donc juger approprié d'exclure cette rémunération de la portée de l'article. Le paragraphe 2 ci-dessus indique qu'une solution consisterait à modifier le texte de l'article de façon à ce qu'il ne s'applique pas aux revenus d'emploi, mais certains États pourraient préférer une exception plus étroite qui se limite aux cas qu'ils rencontrent fréquemment dans la pratique. Voici un exemple de disposition applicable aux membres d'une équipe sportive qui pourrait être utilisée à cette fin :

> Les dispositions de l'article 17 ne s'appliquent pas aux revenus perçus par un résident d'un État contractant au titre d'activités qu'une personne physique exerce dans l'autre État contractant en tant que membre d'une équipe sportive du premier État qui participe à un match organisé dans l'autre État par une ligue à laquelle cette équipe appartient.

Observations sur les Commentaires

15. En ce qui concerne les exemples donnés au paragraphe 3, la *Turquie* considère que l'activité d'un modèle qui se produit en cette qualité (qui présente des vêtements au cours d'un défilé de mode ou d'une séance photo, par exemple) entre dans le champ d'application de cet article compte tenu de la nature de cette activité qui implique une prestation et apparition publiques.

15.1 La *France* considère que l'affirmation de la première phrase du paragraphe 13 contredisant la formulation antérieure à la révision de 1995 est erronée, car il n'est pas conforme à la réalité de qualifier a priori d'industrielles ou commerciales ou d'activités d'entreprise les activités publiques en question — et en particulier les activités culturelles — qui n'ont ordinairement pas un but lucratif. Au surplus, cette affirmation du paragraphe 13 n'est pas cohérente avec la deuxième phrase du même paragraphe ni avec le paragraphe 14, qui prévoient explicitement le droit d'appliquer aux activités publiques considérées un régime spécial d'exonération : s'il s'agissait généralement d'activités industrielles ou commerciales ou d'activités d'entreprise, un tel régime serait injustifié, car il serait alors contraire à la neutralité fiscale et à l'égalité devant l'impôt.

15.2 La *Suisse* ne partage pas le point de vue exprimé au paragraphe 9 des Commentaires selon lequel l'article 17 s'applique au revenu de publicité ou de parrainage qui a un lien étroit avec une prestation dans un État donné. La Suisse considère que le revenu de publicité ou de parrainage tombe sous les règles normales de l'article 7 ou de l'article 15, selon le cas, même si ce revenu a un lien étroit avec une prestation dans un État donné. En outre, la Suisse estime que le revenu provenant de la vente de produits dérivés et le revenu sous la forme de paiement pour l'usage, ou la concession de l'usage, du droit à l'image (paragraphe 9.5 des Commentaires) ne sont pas couverts par l'article 17.

15.3 Le *Chili* et le *Mexique* jugent nécessaire de préciser que dans le cas du troisième exemple au paragraphe 9.1 concernant les cachets gagnés par un ancien sportif, ces cachets peuvent être couverts par l'article 17 même si l'ancien sportif ne participe pas à une manifestation sportive lorsque ces cachets sont payés au titre d'une activité artistique et que l'ancien sportif intervient en qualité d'artiste.

Réserves sur l'article

16. Le *Canada*, les *États-Unis* et la *Suisse* estiment que le paragraphe 2 doit s'appliquer uniquement dans les cas prévus à l'alinéa 11 c) ci-dessus et se réservent le droit de proposer une modification à cet effet.

17. L'*Allemagne* se réserve le droit d'insérer une disposition selon laquelle les revenus tirés par une personne en contrepartie du transfert des droits de retransmission en direct ou d'autres exploitations commerciales des activités personnelles des artistes et sportifs sont imposables dans l'État où l'artiste ou le sportif exerce ses activités personnelles.

18. Selon la doctrine française et sa pratique conventionnelle, les revenus qu'un artiste ou un sportif tire de l'exploitation de son image sont indissociables de son activité professionnelle et doivent, en conséquence, être taxés dans l'État source de ces revenus. La *France* se réserve donc le droit d'insérer, lors de la négociation de ses conventions, un paragraphe complémentaire permettant d'imposer, en tant qu'État source, des revenus correspondant à des prestations non indépendantes de la notoriété professionnelle.

19. [Supprimé]

20. Les *États-Unis* se réservent le droit de limiter l'application du paragraphe 1 aux situations dans lesquelles l'artiste du spectacle ou le sportif gagne une somme déterminée.

COMMENTAIRES SUR L'ARTICLE 18 CONCERNANT L'IMPOSITION DES PENSIONS

1. Selon cet article, les pensions payées au titre d'emplois salariés privés ne sont imposables que dans l'État de résidence du bénéficiaire. Divers arguments du domaine de la politique fiscale ou d'ordre administratif viennent étayer le principe selon lequel le droit d'imposition de ce type de pension, et d'autres rémunérations similaires, doit être laissé à l'État de la résidence. L'État de la résidence du bénéficiaire d'une pension est par exemple mieux placé que tout autre État pour apprécier la capacité globale de l'intéressé de payer l'impôt, laquelle dépend, pour l'essentiel, de ses revenus mondiaux et de sa situation personnelle, notamment de sa situation familiale. Cette solution évite aussi d'imposer au bénéficiaire de ce type de pension la charge administrative qu'implique le fait de devoir se conformer à des obligations fiscales dans d'autres États que son État de résidence.

2. Certains États, toutefois, sont réticents à adopter le principe de la taxation exclusive des pensions dans l'État de la résidence et proposent d'autres approches. Certaines de ces approches et les questions qu'elles soulèvent sont examinées aux paragraphes 12 à 21 ci-dessous, où sont analysées les diverses considérations concernant l'attribution du droit d'imposition des prestations de pension et les raisons qui justifient l'article tel qu'il est rédigé.

Champ d'application de l'article

3. Sont visées par l'article non seulement les pensions payées directement à d'anciens salariés mais aussi à d'autres bénéficiaires (par exemple les conjoints survivants, les partenaires ou les enfants des salariés) et les autres rémunérations similaires telles que les rentes viagères versées au titre d'emplois antérieurs. L'article s'applique également aux pensions au titre des services rendus à un État, ou à l'une de ses subdivisions politiques ou collectivités locales, qui ne sont pas couvertes par les dispositions du paragraphe 2 de l'article 19. L'article ne s'applique toutefois qu'aux versements liés à un emploi antérieur ; il ne saurait donc s'appliquer, par exemple, à une rente viagère que le bénéficiaire aurait constituée directement grâce à un capital accumulé en dehors de tout régime de retraite lié à un emploi. L'article s'applique indépendamment du traitement fiscal du régime dans le cadre duquel les paiements en question sont effectués ; par conséquent, un paiement effectué dans le cadre d'un plan de retraite qui ne donne pas droit à un allégement fiscal pourrait néanmoins constituer une « pension ou autre rémunération similaire » (le décalage fiscal qui pourrait se produire dans un tel cas est examiné ci-dessous). De même, l'article s'applique indépendamment du fait que les paiements visés proviennent ou non d'un « fonds de pension reconnu » tel que défini à l'alinéa i) du paragraphe 1 de l'article 3.

4. Divers versements peuvent être effectués au profit d'un salarié après la cessation d'emploi. La question de savoir si ces versements relèvent ou non de l'article 18 doit s'apprécier en fonction de la nature des paiements, compte tenu des faits et circonstances dans lesquels ils sont effectués, ainsi qu'il est expliqué dans les deux

paragraphes suivants (voir également les paragraphes 2.3 à 2.16 des Commentaires sur l'article 15, qui portent sur l'application de la Convention à un certain nombre de ces paiements).

5. Alors que le terme « pension », au sens qui est ordinairement donné au mot, couvre uniquement les versements périodiques, l'expression « autres rémunérations similaires » est suffisamment large pour couvrir des versements sans caractère périodique. Un versement forfaitaire effectué en lieu et place de versements périodiques à titre de pension effectué au moment de la cessation d'emploi ou après peut donc entrer dans le champ d'application de cet article.

6. Savoir si un versement spécifique doit être considéré comme autre rémunération similaire à une pension ou comme rémunération finale de services relevant de l'article 15 est une question de fait. Par exemple, s'il apparaît que la raison du versement forfaitaire est la transformation de la pension ou la compensation pour une pension réduite, alors le versement peut être caractérisé comme « autres rémunérations similaires » relevant de l'article 18. Tel serait le cas, par exemple, lorsqu'une personne aurait la possibilité de choisir, au moment de son départ à la retraite, entre le versement d'une pension ou un montant forfaitaire calculé par référence au montant total des cotisations ou au montant de la pension à laquelle l'intéressé aurait droit normalement en vertu des règles régissant le régime de retraite. La source du versement est un élément important à considérer ; les versements effectués dans le cadre d'un régime de retraite devraient normalement être couverts par l'article 18. Les autres éléments qui pourraient aider à déterminer si le versement relève de l'article 18 sont notamment les suivants : le paiement est-il effectué lors de la cessation d'activité qui y donne droit ou après celle-ci ; le bénéficiaire continue-t-il à travailler ; le bénéficiaire a-t-il atteint l'âge normal de la retraite par rapport à l'emploi considéré ; quelle est la situation des autres personnes qui ont droit au même type de versement forfaitaire et le bénéficiaire peut-il bénéficier, simultanément, d'autres prestations de pension. Le remboursement des cotisations de pension (après un emploi temporaire, par exemple) n'entre pas dans la catégorie des « autres rémunérations similaires » au sens de l'article 18. Lorsque des difficultés se posent concernant l'imposition de tels versements, les États contractants devraient résoudre la difficulté en recourant aux dispositions de l'article 25.

7. L'article 18 ne s'appliquant qu'aux pensions et autres rémunérations similaires payées au titre d'un emploi antérieur, il ne couvre pas les autres types de pension telles que les pensions payées au titre de services fournis antérieurement dans le cadre d'un travail indépendant. Certains États, toutefois, étendent le champ d'application de l'article à tous les types de pension, y compris les pensions pour fonctions publiques. Les États peuvent, s'ils le souhaitent, insérer des dispositions en ce sens dans leurs conventions bilatérales.

Problèmes transfrontaliers liés aux pensions

8. La mondialisation de l'économie et le développement des communications et des transports internationaux ont beaucoup accru la mobilité internationale des individus, à la fois pour des raisons de travail et pour des raisons personnelles. D'où l'importance accrue des problèmes transfrontaliers liés aux interactions entre les différents arrangements de pension qui existent dans les différents États et qui ont fondamentalement été conçus sur la base de considérations strictement nationales. Comme ces questions intéressent souvent un grand nombre de personnes, il est souhaitable de les traiter dans les conventions fiscales, de façon à lever les obstacles aux mouvements internationaux de personnes, et des salariés en particulier.

9. Plusieurs de ces questions résultent des décalages liés aux différences entre les approches générales que les États appliquent à l'épargne-retraite. Dans de nombreux États, les cotisations de pension bénéficient d'incitations fiscales. Ces incitations prennent souvent la forme d'un différé d'impôt qui fait que la part de revenu que l'intéressé consacre à un régime de pension et les revenus générés dans le cadre de ce régime ou les droits à pension que l'intéressé se constitue ainsi sont exonérés d'impôt. À l'inverse, les prestations de pension résultant de ce type d'arrangement sont imposables au moment où elles sont perçues. D'autres États, par contre, traitent les cotisations de pension comme d'autres formes d'épargne et n'accordent d'exonération ni sur les cotisations ni sur les revenus dégagés par ces cotisations ; logiquement, ils n'imposent donc pas les prestations de pension. Entre ces deux approches, il existe une multiplicité de systèmes dans lesquels les cotisations, les revenus dégagés par les cotisations, les droits à pension ainsi constitués ou les prestations de pension sont partiellement imposés ou partiellement exonérés.

10. D'autres problèmes sont liés au fait que les arrangements mis en place pour assurer des prestations de retraite peuvent être très différents. On distingue généralement trois types d'arrangements :

- régimes obligatoires de sécurité sociale ;
- régimes de pension professionnels ;
- dispositifs de retraite individuels.

Les interactions entre ces trois types d'arrangements posent des difficultés particulières. Et cela d'autant plus que chaque État peut appliquer des règles fiscales différentes aux dispositifs relevant de chacune de ces grandes catégories et qu'il y a de grandes différences entre les États en ce qui concerne la place qu'ils font à ces différents types d'arrangements pour assurer des prestations de retraite (certains États, par exemple, assurent les prestations de retraite presque exclusivement au travers du système de sécurité sociale alors que d'autres s'appuient essentiellement sur les régimes professionnels ou les dispositifs individuels).

11. Les problèmes résultant de toutes ces différences doivent être pleinement examinés au cours des négociations bilatérales, notamment pour éviter la double imposition ou la non imposition et, le cas échéant, faire l'objet de dispositions

spécifiques. Certains de ces problèmes qui se posent au niveau international sont examinés dans les sections ci-dessous.

Attribution du droit d'imposition des prestations de pension

12. Comme on l'a vu au paragraphe 9 ci-dessus, de nombreux États ont adopté l'approche consistant, sous réserve de diverses restrictions, à différer, en partie ou en totalité, le paiement de l'impôt sur les cotisations aux régimes de pension et les revenus dégagés par ces régimes, ou les droits à pension constitués dans ce cadre, l'impôt étant perçu au moment où les prestations de pension sont servies.

13. Certains de ces États considèrent que du fait qu'une déduction au titre des cotisations de retraite constitue un report de l'impôt sur la part des revenus du travail qui est épargnée en vue de la retraite, ils devraient avoir la possibilité de récupérer l'impôt ainsi différé lorsque le particulier a cessé d'être résident avant le paiement de la totalité ou d'une partie de ses prestations de retraite. Cette opinion est particulièrement répandue lorsque la prestation prend la forme du versement d'une somme forfaitaire ou d'un versement sur une courte période de temps, dans la mesure où cela accroît les risques de non imposition.

14. Si l'autre État dont la personne devient alors un résident a adopté une approche analogue et, par conséquent, impose les prestations de pension au moment où elles sont perçues, le problème consiste alors pour l'essentiel à répartir le droit d'imposition entre les deux États. Si, par contre, la personne devient résident d'un État qui adopte une autre approche en vertu de laquelle les prestations de pension ne sont pas imposées, le décalage entre les deux approches fait qu'il ne sera jamais perçu aucun impôt sur le revenu considéré.

15. C'est pourquoi certains États s'efforcent d'inclure dans leurs conventions fiscales des dispositions destinées à assurer un droit d'imposition exclusif ou limité à l'État de la source eu égard aux pensions liées à un emploi antérieur. Voici un certain nombre d'exemples de dispositions que certains États ont adoptées compte tenu de ces considérations de politique fiscale et d'ordre administratif ; les États peuvent, s'ils le souhaitent, insérer ce type de dispositions dans leurs conventions bilatérales :

a) Dispositions autorisant exclusivement l'imposition des paiements de pension dans l'État de la source

Suivant cette approche, l'article est rédigé en ces termes :

> Sous réserve des dispositions du paragraphe 2 de l'article 19, les pensions et autres rémunérations similaires provenant d'un État contractant et qui sont payées à un résident de l'autre État contractant au titre d'un emploi antérieur ne sont imposables que dans le premier État.

b) Dispositions autorisant l'imposition des paiements de pension dans l'État de la source à titre non exclusif

L'État de la source se voit alors attribuer le droit d'imposition des pensions et les règles de l'article 23 A ou 23 B font que ce droit est soit exclusif, soit accordé avec priorité sur celui de l'État de résidence. L'article peut alors être rédigé en ces termes :

> Sous réserve des dispositions du paragraphe 2 de l'article 19, les pensions et autres rémunérations similaires, payées à un résident d'un État contractant au titre d'un emploi antérieur, ne sont imposables que dans cet État. Cependant, ces pensions et autres rémunérations similaires peuvent aussi être imposées dans l'autre État contractant si elles proviennent de cet État.

c) Dispositions autorisant une imposition limitée des pensions dans l'État de la source

L'État de la source se voit alors attribuer le droit d'imposition des pensions mais ce droit est subordonné à une limite, généralement exprimée en pourcentage du montant versé. L'article peut alors être rédigé en ces termes :

> 1. Sous réserve des dispositions du paragraphe 2 de l'article 19, les pensions et autres rémunérations similaires, payées à un résident d'un État contractant au titre d'un emploi antérieur, ne sont imposables que dans cet État.
>
> 2. Toutefois, ces pensions et autres rémunérations similaires peuvent aussi être imposées dans l'État contractant d'où elles proviennent et selon la législation de cet État, mais l'impôt ainsi établi ne peut excéder [*pourcentage*] du montant brut du paiement.

Lorsqu'on a recours à ce type de disposition, une référence au paragraphe 2 de l'article 18 est introduite au paragraphe 2 de l'article 23 A de façon que l'État de la résidence, s'il applique la méthode de l'exemption, soit autorisé à imposer les paiements de pension mais en étant tenu d'accorder un crédit au titre de l'impôt perçu par l'État de la source.

d) Dispositions autorisant l'imposition des paiements de pension dans l'État de la source uniquement lorsque l'État de la résidence ne les impose pas

Ont recours à ce type de disposition les États qui sont fondamentalement préoccupés par le décalage structurel décrit au paragraphe 14 ci-dessus. Un paragraphe 2 est alors ajouté, qui peut être ainsi rédigé :

> 2. Toutefois, ces pensions et autres rémunérations similaires peuvent aussi être imposées dans l'État contractant d'où elles proviennent si ces paiements ne sont pas soumis à l'impôt dans l'autre État contractant en vertu des dispositions ordinaires de sa législation fiscale.

16. En dehors des raisons évoquées aux paragraphes 13 et 14 ci-dessus, diverses considérations de politique fiscale et d'ordre administratif devraient être prises en compte au moment d'envisager de telles dispositions.

17. Premièrement, l'État de la résidence est mieux placé pour imposer correctement les paiements de pensions dans la mesure où il lui est plus facile de prendre en compte les revenus perçus par l'intéressé dans le monde entier, et de tenir compte, par conséquent, de sa capacité globale de payer l'impôt, de façon à lui appliquer le taux et les abattements personnels correspondant à son cas. À l'opposé, l'imposition dans

l'État de la source pourra être excessive si l'État de la source applique une retenue définitive sur le montant brut versé. Si l'impôt perçu dans l'État de la résidence est faible ou nul (du fait, par exemple, des abattements), le titulaire de la pension peut ne pas être en mesure de bénéficier d'un crédit d'impôt dans l'État de la résidence pour l'impôt payé. Cependant, certains États se sont efforcés de résoudre ce problème en étendant le bénéfice des abattements personnels aux non-résidents qui tirent la quasi-totalité de leurs revenus de ces États. Certains États autorisent aussi l'imposition des paiements de pension au profit des non-résidents au taux marginal qui leur serait applicable si l'intéressé était imposé sur les revenus qu'il perçoit partout dans le monde (ce système, toutefois, soulève des difficultés administratives dans la mesure où il nécessite de déterminer les revenus perçus par le non-résident partout dans le monde uniquement aux fins de déterminer le taux d'imposition qui lui est applicable).

18. Deuxièmement, des considérations d'équité peuvent intervenir car le niveau des pensions payées dans l'État de la source aura généralement été fixé en tenant compte des taux d'imposition locaux. En ce cas, une personne qui aura émigré dans un autre État où les taux d'imposition sont différents sera soit avantagée soit désavantagée en percevant une pension après impôt qui sera différente de celle qui était envisagée par le régime de retraite.

19. Troisièmement, les dispositions attribuant le droit d'imposition à l'État de la source, à titre exclusif ou limité, eu égard aux pensions provenant de cet État nécessitent une définition de l'État de la source des pensions. La simple référence à une pension « provenant » d'un État contractant pouvant s'interpréter comme désignant soit une pension payée par un fonds établi dans cet État, soit une pension découlant d'un travail accompli dans cet État, les États qui utilisent cette rédaction devraient clarifier la manière dont elle doit être interprétée et appliquée.

19.1 En théorie, l'État de la source pourrait être considéré comme celui dans lequel le fonds est établi, celui dans lequel le travail pris en compte a été accompli ou celui dans lequel les déductions relatives aux contributions ont été réclamées. Chacune de ces approches peut créer des difficultés dans le cas de personnes ayant travaillé dans plusieurs États, ayant changé de résidence dans le cours de leur carrière ou tirant des pensions de fonds établis dans un autre État que celui dans lequel elles ont travaillé. Par exemple, de nombreuses personnes effectuent aujourd'hui une bonne partie de leur carrière en dehors de l'État dans lequel leurs fonds de pension sont établis et d'où leurs prestations de pension leur sont finalement payées. Dans un tel cas, le fait de traiter l'État où le fonds est établi comme l'État de la source semblerait difficile à justifier. L'autre solution, qui consiste à considérer comme État de la source l'État où le travail a été effectué ou les déductions réclamées, permettrait de résoudre ce problème mais donnerait lieu à des difficultés administratives aussi bien pour les contribuables que pour les autorités fiscales, surtout dans le cas de personnes ayant travaillé dans un grand nombre d'États différents au cours de leur carrière car, dans ce cas, diverses parties de la même pension pourraient provenir d'États de la source différents.

19.2 Les États qui souhaitent recourir à des dispositions en vertu desquelles il existe des droits d'imposition exclusifs ou limités des pensions pour l'État de la source doivent tenir compte de ces questions liées à la détermination de l'État de la source des pensions. Il faudra ensuite qu'ils règlent les difficultés administratives résultant de la règle qu'ils adoptent à cette fin, par exemple pour éviter que deux États ne revendiquent le droit d'imposition de la même pension en tant qu'État de la source.

20. Quatrièmement, un autre argument à faire valoir contre ce type de disposition est que l'imposition exclusive par l'État de la résidence implique que le bénéficiaire de la pension n'a à se conformer qu'aux règles fiscales de l'État de résidence en ce qui concerne les paiements couverts par l'article 18. En revanche, l'imposition des pensions dans l'État de la source, limitée ou exclusive, fait que leur bénéficiaire doit se conformer aux règles fiscales des deux États contractants.

21. L'imposition exclusive dans l'État de la résidence peut toutefois faire craindre une non-déclaration des revenus de pension provenant de l'étranger. L'échange d'informations, conjugué à des systèmes adéquats de contrôle, permettra toutefois de réduire la fréquence des cas de non-déclaration de paiements de pension provenant de l'étranger.

Pensions exonérées

22. Comme il est indiqué au paragraphe 9 ci-dessus, certains États n'imposent pas les paiements de pension de façon générale ou, sinon, exonèrent certaines catégories ou certains éléments des paiements de pension. En pareil cas, les dispositions de l'article, qui prévoient l'imposition des pensions dans l'État de résidence, peuvent aboutir à l'imposition, par cet État, de pensions qui étaient destinées à ne pas être imposées et dont le montant peut avoir été déterminé en tenant compte de cette exonération. Cela peut créer des difficultés financières injustifiées pour le bénéficiaire de la pension.

23. Afin d'éviter les problèmes résultant de ce type de décalage, certains États incluent dans leurs conventions fiscales des dispositions destinées à préserver l'exonération des pensions lorsque le bénéficiaire est un résident de l'autre État contractant. Ces dispositions peuvent être limitées à certaines catégories spécifiques de pensions ou peuvent traiter le problème de façon plus globale. Dans cette dernière optique, une disposition pourrait être ainsi rédigée :

> Nonobstant toute disposition de la présente Convention, les pensions et autres rémunérations similaires payées à un résident d'un État contractant au titre d'un emploi antérieur exercé dans l'autre État contractant sont exemptes d'impôt dans le premier État si ces pensions et autres rémunérations seraient exemptes d'impôt dans l'autre État si le bénéficiaire était un résident de cet autre État.

Questions concernant les régimes obligatoires de sécurité sociale

24. Selon les circonstances, les paiements de sécurité sociale peuvent relever de cet article en tant que « pensions et autres rémunérations similaires, payées ... au titre

d'un emploi antérieur », de l'article 19 en tant que « pensions ... payées par un État contractant ... soit directement soit par prélèvement sur des fonds qu'ils ont constitués ... au titre de services rendus à cet État », ou de l'article 21 en tant qu'« éléments du revenu ... qui ne sont pas traités dans les articles précédents ». Les pensions de sécurité sociale relèvent de cet article lorsqu'elles sont payées au titre d'un emploi antérieur, à moins que le paragraphe 2 de l'article 19 ne s'applique (voir plus loin). Une pension de sécurité sociale peut être considérée comme payée « au titre d'un emploi antérieur » si l'emploi est une condition de cette pension. Tel est le cas, par exemple, lorsqu'en vertu du régime pertinent de sécurité sociale :

— le montant de la pension est déterminé sur la base de la période d'emploi et/ou du revenu d'emploi de sorte que les années durant lesquelles l'intéressé n'occupait pas cet emploi ne donnent pas droit à des prestations de pension,

— le montant de la pension est déterminé sur la base des cotisations au régime qui sont effectuées sous la condition d'emploi et au titre de la période d'emploi, ou

— le montant de la pension est déterminé sur la base de la période d'emploi et des cotisations au régime et/ou des revenus d'investissement dégagés par le régime.

25. Le paragraphe 2 de l'article 19 s'applique à une pension de sécurité sociale qui relèverait normalement de l'article 18, si ce n'est que l'emploi antérieur au titre duquel elle est payée constitue des services rendus à un État ou à une subdivision politique ou à une collectivité locale de cet État, à l'exclusion des services visés au paragraphe 3 de l'article 19.

26. Les paiements de sécurité sociale qui ne relèvent pas de l'article 18 ou 19 relèvent de l'article 21. Tel serait le cas, par exemple, des paiements effectués au profit de travailleurs indépendants, ainsi que d'une pension qui serait fondée strictement sur la base des ressources, de l'âge ou de l'incapacité et qui serait payée sans rapport avec un emploi antérieur ou à des facteurs ayant un lien avec un emploi antérieur (années d'emploi ou cotisations versées durant la période d'emploi, par exemple).

27. Certains États, toutefois, assimilent les pensions payées en application d'un système public de pension relevant de leur système de sécurité sociale à des pensions de l'État. Ils en déduisent que l'État de la source, c'est-à-dire d'où provient le paiement de la pension, doit avoir le droit d'imposer toutes ces pensions. Un grand nombre de conventions conclues par ces États contiennent des clauses en ce sens qui sont parfois aussi applicables à d'autres versements résultant de la législation sur la sécurité sociale de l'État de la source. Les États contractants qui partagent ce point de vue peuvent convenir bilatéralement d'ajouter à l'article un paragraphe donnant à l'État de la source le droit d'imposer les sommes payées en application de sa législation sur la sécurité sociale. Ce paragraphe pourrait être rédigé comme suit :

> Nonobstant les dispositions du paragraphe 1, les pensions et autres sommes payées en application de la législation sur la sécurité sociale d'un État contractant sont imposables dans cet État.

Lorsque l'État dont le bénéficiaire de tels versements est un résident applique la méthode de l'exemption, ces versements ne sont imposables que dans l'État de la source, alors que les États appliquant la méthode de l'imputation peuvent imposer ces versements en déduisant le montant de l'impôt perçu par l'État de la source. Certains États, qui appliquent d'une manière générale dans leurs conventions la méthode de l'imputation, peuvent cependant considérer que l'État de la source devrait avoir un droit exclusif d'imposer de tels versements. Ces États substitueront alors à l'expression « sont imposables » du projet de disposition ci-dessus, l'expression « ne sont imposables que ».

28. Bien que la disposition suggérée ci-dessus fasse référence à la législation sur la sécurité sociale de chaque État contractant, il y a des limites à ce qu'elle couvre. Par « sécurité sociale » on entend généralement un système de protection obligatoire qu'un État met en place pour assurer à sa population un niveau minimum de revenu ou des prestations de retraite ou pour atténuer les conséquences financières d'événements tels que le chômage, un accident du travail, une maladie ou le décès. Un trait commun des systèmes de sécurité sociale est que le niveau des prestations est déterminé par l'État. Les paiements qui peuvent être couverts par la disposition sont, notamment, les pensions de retraite accessibles à tous en vertu d'un régime de pension public, les pensions de vieillesse ainsi que les paiements au titre du chômage, de l'invalidité, de la maternité, de la survie, de la maladie, de l'aide sociale et de la protection de la famille qui sont versés par l'État ou par les entités publiques chargées d'administrer les fonds destinés à être distribués. Comme il peut y avoir de grandes différences dans les systèmes de sécurité sociale des États contractants, il est important que les États qui ont l'intention de recourir à la disposition suggérée vérifient, au cours des négociations bilatérales, qu'ils ont la même interprétation de ce qui sera couvert par la disposition.

Questions concernant les dispositifs de retraite individuels

29. Dans de nombreux États, un traitement fiscal préférentiel (qui prend généralement la forme du report d'impôt décrit au paragraphe 9 ci-dessus) est accordé à certains systèmes d'épargne privée individuels destinés à assurer des prestations de retraite. Ces systèmes de retraite individuels sont généralement accessibles aux personnes qui n'ont pas accès aux systèmes de pension professionnels ; ils peuvent toutefois, aussi, être accessibles aux salariés qui souhaitent compléter les prestations de retraite qu'ils percevront du régime de sécurité sociale et de leur régime de pension professionnel. Ces dispositifs revêtent des formes diverses du point de vue juridique. Il peut s'agir, par exemple, de comptes d'épargne bancaires, de fonds d'investissement individuels ou de polices d'assurance-vie entière souscrites à titre individuel. Leur caractéristique commune est un traitement fiscal préférentiel subordonné à certaines limites de cotisation.

30. Ces dispositifs soulèvent plusieurs des mêmes problèmes transfrontaliers qui se posent à propos des régimes professionnels, concernant, par exemple, le traitement fiscal, dans l'un des États contractants, des cotisations versées à un régime établi dans l'autre État (voir les paragraphes 31 à 65 ci après). Il peut toutefois se poser des problèmes spécifiques aux dispositifs de retraite individuels qui devraient être traités

séparément lors de la négociation d'une convention bilatérale. Il y a, par exemple, la question du traitement fiscal, dans chacun des États, des revenus générés dans le cadre d'un système établi dans l'autre État. De nombreux États ont des règles (par exemple, règles visant les fonds de placement étrangers, règles qui attribuent le revenu d'une fiducie (*trust*) au constituant ou au bénéficiaire dans certaines circonstances ou règles qui prévoient l'imposition des revenus courus liés à certains types d'investissement, notamment les polices d'assurance-vie entière) qui peuvent, dans certaines circonstances, aboutir à l'imposition des revenus provenant d'un dispositif de retraite individuel établi à l'étranger. Les États qui jugent cette situation inadéquate compte tenu de la façon dont ils envisagent l'imposition de l'épargne-retraite peuvent souhaiter empêcher ce type d'imposition. Une disposition visant cette question, qui serait limitée aux dispositifs reconnus comme étant des dispositifs de retraite individuels, pourrait être rédigée en ces termes :

> Aux fins du calcul de l'impôt payable dans un État contractant par un individu qui est résident de cet État et qui était auparavant résident de l'autre État contractant, tout revenu accumulé dans le cadre d'un arrangement
>
> *a)* qui a été conclu avec une personne établie en dehors du premier État pour assurer des prestations de retraite à cet individu,
>
> *b)* auquel l'intéressé participe et participait lorsqu'il était résident de l'autre État,
>
> *c)* qui est accepté par l'autorité compétente du premier État comme correspondant de façon générale à un dispositif individuel de retraite reconnu comme tel aux fins de l'imposition par cet État,
>
> est traité comme revenu accumulé dans le cadre d'un dispositif individuel de retraite établi dans cet État. Ce paragraphe ne limite en aucune façon l'imposition de toute prestation distribuée dans le cadre de ce dispositif.

Le traitement fiscal des cotisations à des régimes de retraite établis à l'étranger

A. *Généralités*

31. Il est caractéristique des entreprises multinationales que leurs personnels soient appelés de temps en temps à travailler hors de leur pays d'origine. Les conditions de service dans lesquelles ces personnels sont détachés pour exercer leur activité dans d'autres pays ont un grand intérêt et une grande importance, tant pour l'employeur que pour le salarié. Les arrangements portant sur le régime de retraite de cet employé font partie de ces conditions. De même, les personnes physiques qui se rendent dans d'autres pays pour exercer des activités indépendantes sont souvent confrontées à des problèmes fiscaux transfrontaliers liés aux dispositifs de retraite auxquels elles ont souscrit dans leur pays d'origine.

32. Les personnes travaillant à l'étranger souhaitent souvent continuer de cotiser à un régime de retraite (y compris à un régime de sécurité sociale assurant des

prestations de retraite) dans leur pays d'origine pendant leur séjour à l'étranger. Cela tient au fait que le passage d'un régime à un autre peut entraîner une perte de droits et d'avantages et au fait que l'affiliation à divers régimes de retraite dans différents pays peut poser bon nombre de problèmes d'ordre pratique.

33. Le régime fiscal des cotisations de retraite versées par les personnes exerçant une activité hors de leur pays d'origine ou pour leur compte varie d'un pays à l'autre et en fonction de chaque cas individuel. Avant la prise de fonction ou le début du contrat à l'étranger, les cotisations de retraite versées par ces personnes ou pour leur compte bénéficient couramment d'une exonération fiscale dans le pays d'origine. Dans certains cas, les cotisations continuent d'être exonérées lorsque la personne travaille à l'étranger ; par exemple, lorsque cette personne demeure résidente et totalement imposable dans son pays d'origine, les cotisations de retraite à un régime dans ce pays d'origine continueront habituellement à y être exonérées. Mais souvent, les cotisations versées dans le pays d'origine par une personne travaillant à l'étranger ne donnent pas droit à une exonération, ni aux termes de la législation nationale du pays d'origine, ni aux termes de celle du pays d'accueil. Dans ce cas, il peut devenir coûteux, sinon impossible, de rester membre d'un régime de retraite dans le pays d'origine durant une affectation ou un contrat à l'étranger. Une disposition est suggérée au paragraphe 37 ci-dessous afin de permettre aux pays membres qui désirent l'inclure dans leurs conventions bilatérales d'accorder un allégement fiscal au titre des cotisations de retraite versées par les personnes travaillant à l'étranger ou pour leur compte.

34. Cependant, certains pays membres peuvent considérer que la solution à ce problème ne consiste pas en une disposition conventionnelle et peuvent préférer, à titre d'exemple, que le régime de retraite soit modifié de façon à obtenir l'exonération des cotisations dans le pays d'accueil. D'autres pays peuvent s'opposer à l'inclusion de la disposition ci-dessous dans des conventions fiscales alors que leur droit interne ne permet d'accorder un allégement fiscal qu'à l'égard des cotisations versées à des résidents. Si tel était le cas, il pourrait être contre-indiqué d'inclure la disposition suggérée dans une convention bilatérale.

35. La disposition suggérée vise les cotisations versées à toutes formes de régimes de retraite, y compris les régimes individuels et les systèmes de sécurité sociale. De nombreux pays membres ont signé des accords bilatéraux en matière de sécurité sociale qui peuvent contribuer à éviter le problème à l'égard des cotisations versées au titre de systèmes de sécurité sociale ; en revanche, ces accords ne traitent généralement pas du régime fiscal des cotisations transfrontalières. Dans le cas d'un régime professionnel auquel l'employeur et le salarié cotisent, la disposition vise les deux catégories de cotisations. En outre, la disposition ne se limite pas à la question de la déductibilité des cotisations, mais traite de tous les aspects du régime fiscal des cotisations pour le bénéficiaire d'un régime de retraite. Elle concerne donc notamment la question de savoir si le salarié doit être imposé sur la prestation liée à l'emploi que constitue la cotisation de l'employeur, ainsi que la question de savoir si le revenu de placement tiré des cotisations doit être imposé entre les mains de l'intéressé. En revanche, elle ne vise pas l'imposition du régime de retraite sur les revenus de celui-ci

(cette question est traitée au paragraphe 69 ci-après). Les États contractants qui souhaitent modifier le champ d'application de la disposition en ce qui concerne l'une quelconque de ces questions peuvent le faire dans le cadre de leurs négociations bilatérales.

B. *But de la disposition*

36. La disposition doit permettre de faire en sorte, autant que possible, que des personnes ne soient pas découragées de s'expatrier par le régime fiscal des cotisations qu'elles versent à un régime de retraite dans leur pays d'origine. La disposition cherche d'abord à déterminer l'équivalence générale des régimes de retraite dans les deux pays, puis à établir des limites aux cotisations auxquelles l'allégement fiscal s'applique en s'appuyant sur les limites fixées par les lois des deux pays.

C. *Disposition suggérée*

37. La disposition qui pourrait être incluse dans des conventions bilatérales pour régler le problème décrit ci-dessus pourrait être rédigée comme suit :

> 1. Lorsqu'une personne physique exerce des activités dans un État contractant, les cotisations à un régime de retraite établi et reconnu aux fins de l'imposition dans l'autre État contractant, qui sont versées par cette personne ou pour son compte sont, aux fins de déterminer l'impôt payable par cette personne dans le premier État ainsi que les bénéfices d'une entreprise qui sont imposables dans cet État, traitées de la même façon que le sont les cotisations à un régime de retraite reconnu aux fins de l'imposition dans ce premier État et sous réserve des mêmes conditions et restrictions, à condition que :
>
> *a)* la personne n'ait pas été un résident de cet État et ait participé au régime de retraite immédiatement avant d'exercer des activités dans cet État et que
>
> *b)* le régime soit accepté par l'autorité compétente de cet État comme correspondant de façon générale à un régime de retraite reconnu comme tel aux fins de l'imposition dans cet État.
>
> 2. Aux fins du paragraphe 1 :
>
> *a)* l'expression « régime de retraite » signifie un arrangement auquel la personne physique participe afin de bénéficier de prestations de retraite payables à l'égard des activités visées au paragraphe 1 ; et
>
> *b)* un régime de retraite est reconnu aux fins de l'imposition dans un État si les cotisations à ce régime sont admissibles à un allégement fiscal dans cet État.

38. La disposition ci-dessus est limitée aux régimes de retraite mis en place dans l'un des deux États contractants. Comme il n'est pas rare que des personnes travaillent dans un certain nombre de pays différents, certains États voudront peut-être élargir le champ d'application de cette disposition aux cas dans lesquels un particulier quitte un État contractant pour s'établir dans un autre tout en continuant à cotiser à un régime de retraite établi dans un État tiers. Toutefois, une telle extension risque de donner lieu

à des difficultés administratives si l'État d'accueil ne peut avoir accès aux informations concernant le système de retraite (par exemple par des dispositions relatives aux échanges de renseignements d'une convention fiscale conclue avec l'État tiers) ; elle peut aussi donner lieu à une situation dans laquelle un allégement serait accordé sur une base de non réciprocité parce que l'État tiers n'accorderait pas un allégement similaire à un particulier cotisant à un système de retraite établi dans l'État d'accueil. Les États qui, malgré ces difficultés, souhaitent élargir le champ d'application de la disposition suggérée aux fonds établis dans des États tiers peuvent le faire en adoptant une autre version de la disposition suggérée rédigée de la manière suivante :

> 1. Lorsqu'une personne physique exerce des activités dans un État contractant, les cotisations qui sont versées par cette personne ou pour son compte à un régime de retraite
>
> *a)* reconnu aux fins de l'imposition par l'autre État contractant,
>
> *b)* auquel la personne a participé immédiatement avant de commencer d'exercer des activités dans le premier État,
>
> *c)* auquel la personne a participé à un moment où elle exerçait des activités dans l'autre État ou y résidait, et
>
> *d)* qui est accepté par l'autorité compétente du premier État comme correspondant de façon générale à un régime de retraite reconnu comme tel aux fins de l'imposition dans cet État,
>
> sont, aux fins
>
> *e)* de déterminer l'impôt payable par cette personne dans le premier État, et
>
> *f)* de déterminer les bénéfices d'une entreprise qui sont imposables dans le premier État,
>
> traitées dans ce premier État de la même façon que le sont les cotisations à un régime de retraite reconnu aux fins de l'imposition dans ce premier État et sous réserve des mêmes conditions et restrictions.
>
> 2. Aux fins du paragraphe 1 :
>
> *a)* l'expression « régime de retraite » signifie un arrangement auquel la personne physique participe afin de bénéficier de prestations de retraite payables à l'égard des activités visées au paragraphe 1 ; et
>
> *b)* un régime de retraite est reconnu aux fins de l'imposition dans un État si les cotisations à ce régime sont admissibles à un allégement fiscal dans cet État.

D. *Caractéristiques de la disposition suggérée*

39. Les paragraphes ci-dessous examinent les principales caractéristiques de la disposition suggérée au paragraphe 37 ci-dessus.

40. Le paragraphe 1 de la disposition suggérée expose les caractéristiques de la personne et des cotisations à l'égard desquelles la disposition suggérée s'applique. Il pose aussi le principe selon lequel les cotisations versées par ou pour le compte d'une

personne physique exerçant une activité dans un État contractant (le pays d'accueil), à un régime de retraite existant dans l'autre État contractant (le pays d'origine), seront traitées aux fins de l'imposition dans le pays d'accueil de la même manière et sous réserve des mêmes conditions et restrictions que les cotisations à des régimes de retraite du pays d'accueil.

41. Les allégements d'impôt concernant les cotisations versées au régime de retraite du pays d'origine dans les conditions indiquées peuvent être accordés soit par le pays d'origine, en tant que pays où se situe le régime de retraite et la source de la retraite future, soit par le pays d'accueil du fait que c'est là que s'exercent les activités donnant lieu au versement de cotisations.

42. Une solution dans laquelle l'allégement serait accordé par le pays d'origine risquerait de n'être pas efficace car la personne pourrait n'avoir que peu ou pas de revenu imposable dans ce pays. Des considérations pratiques suggèrent donc qu'il serait préférable que l'allégement soit accordé par le pays d'accueil, et c'est la solution adoptée dans la disposition suggérée.

43. Si l'on considère les caractéristiques de la personne, le paragraphe 1 montre clairement que, pour obtenir l'allégement d'impôt du pays d'accueil, celle-ci ne doit pas avoir été résidente de cet État immédiatement avant son affectation.

44. Le paragraphe 1 ne limite cependant pas l'application de la disposition suggérée aux personnes qui deviennent des résidents du pays d'accueil. Dans bien des cas, les personnes travaillant à l'étranger et qui demeurent des résidents de leur pays d'origine continueront à avoir droit à l'allégement dans ce pays, mais il n'en ira pas ainsi dans tous les cas. La disposition suggérée s'applique donc aux non-résidents travaillant dans le pays d'accueil ainsi qu'aux personnes qui y obtiennent le statut de résident. Cependant, dans certains pays, la législation interne peut ne permettre l'allégement qu'au titre des cotisations supportées par des résidents ; ces pays peuvent vouloir modifier la disposition suggérée en ce sens. Par ailleurs, les États appliquant un régime spécial aux non-résidents (imposition à un taux réduit, par exemple) peuvent souhaiter convenir, dans les négociations bilatérales, d'une disposition limitée aux résidents.

45. Pour couvrir le cas des personnes physiques qui perdent pour un temps limité seulement leur statut de résident dans le pays d'accueil dans le but de devenir membres d'un régime de retraite d'un pays dont les règles sont plus souples, certains États peuvent souhaiter adopter une disposition qui empêcherait ce type d'abus. L'une des formes qu'une telle disposition pourrait prendre serait un critère de nationalité qui exclurait du bénéfice de cette disposition les personnes qui seraient des ressortissants du pays d'accueil.

46. Comme on l'a déjà noté, il est assez courant que des personnes travaillent successivement dans plusieurs pays différents ; pour cette raison, la disposition suggérée ne se limite pas aux personnes qui sont des résidents de leur pays d'origine immédiatement avant d'exercer leurs activités dans le pays d'accueil. Elle couvre les personnes venant de pays tiers, en limitant simplement la disposition aux personnes

qui n'étaient pas des résidents du pays d'accueil avant de commencer à travailler dans ce dernier. Cependant, la disposition suggérée restreint le champ d'application de la convention aux résidents de l'un ou des deux États contractants. Une personne qui ne serait ni un résident du pays d'accueil, ni un résident du pays d'origine où le régime de retraite est établi, se trouve donc totalement exclue de la convention conclue entre les deux États.

47. La disposition suggérée ne fixe pas de limite à la durée pendant laquelle une personne peut travailler dans un pays d'accueil. On pourrait faire valoir que si une personne travaille suffisamment longtemps dans le pays d'accueil, ce dernier devient en fait son pays d'origine, de sorte que la disposition suggérée ne devrait plus s'appliquer. En fait, certains pays d'accueil limitent déjà l'allégement aux cotisations à des régimes de retraite étrangers aux seuls cas où la personne n'est présente que pour une période limitée.

48. L'inclusion d'une limite de durée peut aussi être utile pour prévenir le type d'abus décrit au paragraphe 45 ci-dessus. Dans les négociations bilatérales, certains pays pourront trouver utile de fixer une limite à la durée pendant laquelle une personne peut exercer des activités dans le pays d'accueil, durée au-delà de laquelle les allégements accordés en vertu de cette disposition suggérée ne seront plus applicables.

49. En ce qui concerne les caractéristiques des cotisations, le paragraphe 1 indique plusieurs critères. Il précise bien que la disposition suggérée s'applique seulement aux cotisations versées par une personne physique ou pour son compte à un régime de retraite établi dans le pays d'origine et reconnu par celui-ci aux fins d'imposition. L'expression « reconnu aux fins d'imposition » est plus amplement définie à l'alinéa 2 *b*) de la disposition suggérée ; cette expression n'a aucun lien avec la définition de l'expression « fonds de pension reconnu » à l'alinéa *i*) du paragraphe 1 de l'article 3 et s'applique donc indépendamment du fait que le régime de retraite constitue ou non un « fonds de pension reconnu ». L'expression « versées par ... ou pour son compte » désigne les cotisations qui sont versées directement par la personne, ainsi que celles qui sont versées pour son compte par un employeur ou un tiers (conjoint, par exemple). Bien qu'en vertu du paragraphe 4 de l'article 24 les cotisations de l'employeur à un fonds de retraite résident de l'autre État contractant (que ce soit ou non parce qu'il constitue un « fonds de pension reconnu ») sont déductibles dans les mêmes conditions que les cotisations à un fonds de retraite résident, cette disposition n'est peut-être pas suffisante pour assurer un traitement similaire des cotisations de l'employeur aux fonds de retraite nationaux et étrangers. Tel sera le cas, par exemple, si les cotisations de l'employeur au fonds étranger sont traitées comme une prestation imposable dans les mains du salarié ou si la déduction des cotisations de l'employeur dépend non pas de la résidence du fonds de retraite, mais d'autres conditions ayant pour effet d'exclure d'une manière générale les fonds de retraite étrangers (enregistrement auprès des autorités fiscales ou présence de bureaux, par exemple). Pour ces raisons, les cotisations de l'employeur sont couvertes

par la disposition suggérée, même si le paragraphe 4 de l'article 24 assure déjà une exonération similaire dans certains cas.

50. Le deuxième critère appliqué aux caractéristiques des cotisations est que celles-ci doivent être versées à un régime de retraite du pays d'origine qui soit reconnu par l'autorité compétente du pays d'accueil comme correspondant, de façon générale, à régime reconnu comme tel aux fins de l'imposition par le pays d'accueil. Ceci présuppose que seules les cotisations à des systèmes reconnus donnent droit à un allégement dans les pays membres. Cette limitation n'assure évidemment pas un traitement fiscal équivalent des cotisations versées lorsqu'une personne travaillait à l'étranger et de celles qui ont été versées lorsqu'elle travaillait dans le pays d'origine. Si les règles appliquées pour la reconnaissance des régimes de retraite sont plus strictes dans le pays d'accueil que dans le pays d'origine, la personne peut se trouver dans une situation où le traitement fiscal des cotisations versées au régime de retraite de son pays d'origine est moins favorable lorsqu'elle travaille dans le pays d'accueil que lorsqu'elle travaille dans son pays d'origine.

51. Cependant, il ne serait pas conforme à l'objectif déclaré (assurer, autant que possible, un traitement fiscal équivalent des cotisations aux régimes étrangers) d'accorder l'allégement au titre de cotisations versées à des régimes qui ne correspondent pas — au moins en gros — aux régimes reconnus nationalement. Cela signifierait que le montant de l'allégement dans le pays d'accueil dépendrait de la législation en vigueur dans le pays d'origine. En outre, il pourrait être difficile de justifier un traitement fiscal différent des personnes qui se côtoient dans leur travail selon que leur régime de retraite est situé dans leur pays d'origine ou à l'étranger (et, s'il se trouve à l'étranger, selon qu'il s'agit de tel pays plutôt que de tel autre). En limitant la disposition suggérée à des régimes correspondants à ceux du pays d'accueil, on évite ces difficultés.

52. La disposition suggérée précise qu'il appartient à l'autorité compétente du pays d'accueil de déterminer si le régime du pays d'origine correspond de façon générale aux régimes reconnus dans le pays d'accueil. Il est admis que, dans les négociations bilatérales, des États puissent indiquer expressément à quels régimes existants la disposition s'appliquera ou décider de l'interprétation que fera l'autorité compétente du terme « correspondant de façon générale » (interprétation large ou étroite, critères à respecter, par exemple).

53. Les cotisations visées par la disposition se limitent aux sommes versées à des régimes auxquels les personnes participaient avant d'exercer des activités dans le pays d'accueil. Ceci signifie que les cotisations à de nouveaux régimes de retraite auxquels les personnes s'affilient durant leur séjour dans le pays d'accueil sont exclues du champ d'application de la disposition suggérée.

54. Il est cependant admis que des règles spéciales puissent être nécessaires pour couvrir les substitutions de régimes de retraite. Ainsi, dans certains pays membres, en cas de prise de contrôle d'une société par une autre, il est usuel que le régime de retraite existant disparaisse pour être remplacé par un nouveau régime institué par le

nouvel employeur. Dans les négociations bilatérales, les États souhaiteront donc peut-être compléter la disposition suggérée afin qu'elle s'applique à ces régimes de remplacement ; à cette fin il est possible d'ajouter l'alinéa suivant au paragraphe 2 de la disposition suggérée :

c) un régime de retraite qui est substitué à un autre régime accepté par l'autorité compétente d'un État contractant en vertu de l'alinéa *b)* du paragraphe 1, mais qui est analogue à ce régime, est considéré comme étant le régime de retraite qui a été ainsi accepté.

55. Le paragraphe 1 définit également le type d'allégement que le pays d'accueil doit accorder si la personne et les cotisations tombent sous le coup de la disposition. En bref, les cotisations doivent être traitées aux fins de l'imposition d'une manière qui correspond à la manière dont elles seraient traitées s'il s'agissait des cotisations versées à un régime du pays d'accueil. Ainsi, les cotisations pourront faire l'objet des mêmes allégements (être déductibles, par exemple), pour la personne et son employeur (si la personne est salariée et que les cotisations sont versées par son employeur), que si ces cotisations avaient été versées à un régime du pays d'accueil. De même, le même traitement doit être accordé en ce qui concerne l'imposition d'un salarié sur la prestation liée à l'emploi constituée par la cotisation d'un employeur à un régime étranger ou à un régime local (voir le paragraphe 58 ci-dessous).

56. Évidemment, cette mesure d'allégement n'assure pas nécessairement un traitement fiscal équivalent des cotisations versées lorsqu'une personne travaille à l'étranger et de celles qui sont versées lorsqu'elle travaille dans son pays d'origine. Des considérations similaires à celles examinées aux paragraphes 50 et 51 ci-dessus s'appliquent ici. La mesure assure toutefois un traitement équivalent des collègues de travail. L'exemple suivant illustre cette situation. Par hypothèse, le pays d'origine accorde un allégement fiscal pour les cotisations à des régimes de retraite sous réserve d'un maximum égal à 18 pour cent du revenu. Le maximum applicable dans le pays d'accueil correspond à 20 pour cent du revenu. La disposition suggérée au paragraphe 37 oblige le pays d'accueil à accorder un allégement jusqu'à concurrence du maximum de 20 pour cent prévu par sa législation nationale. Les pays préférant adopter la limite applicable dans le pays d'origine devront modifier le texte de la disposition suggérée pour ce faire.

57. Le montant exact et la façon d'accorder l'allégement dépendent du traitement fiscal national des cotisations de retraite appliqué par le pays d'accueil. Ceci permet de résoudre un certain nombre de questions comme, par exemple, la question de savoir si les cotisations ouvrent droit à un allégement dans leur totalité ou en partie seulement ou encore si l'allégement doit prendre la forme d'une déduction dans le calcul du revenu imposable (et dans l'affirmative, de quel revenu — dans le cas d'une personne physique, uniquement le revenu tiré de l'emploi ou d'une entreprise, ou la totalité du revenu) ou d'un crédit d'impôt.

58. Dans le cas d'une personne qui participe à un régime de retraite professionnel, l'affectation à l'étranger ne signifie pas seulement, pour ce salarié, qu'il perd ses droits

à un allégement fiscal au titre des cotisations qu'il verse à un régime de retraite dans son pays d'origine. Elle peut signifier également que les cotisations versées à un régime de retraite par l'employeur sont considérées comme un revenu du salarié aux fins de l'imposition. Dans certains pays membres, les salariés (travaillant dans leur pays d'origine) sont imposés sur les cotisations versées par leur employeur à des régimes nationaux alors que dans d'autres pays ces cotisations sont exonérées. Étant donné qu'elle s'applique aussi bien aux cotisations du salarié qu'à celles de l'employeur, la disposition suggérée assure que, dans le cadre des obligations fiscales de l'employé, les cotisations de l'employeur sont traitées de la même façon que des cotisations à des régimes nationaux.

59. L'alinéa 2 *a)* précise ce qu'est un régime de retraite aux fins de l'application du paragraphe 1, à savoir un arrangement auquel l'intéressé participe pour s'assurer des prestations au moment de sa retraite. Ces prestations doivent être liées à l'exercice de ses activités dans le pays d'accueil. Le régime de retraite doit remplir toutes les conditions ci-dessus pour que la disposition suggérée s'applique.

60. L'alinéa 2 *a)* fait référence à la participation de la personne physique au régime de retraite afin de s'assurer des prestations de retraite. Cette définition vise à assurer que la part des cotisations versées pour s'assurer des prestations autres qu'une pension à l'âge de la retraite, tel un versement forfaitaire à la retraite, ouvre droit également à un allégement en application de la disposition.

61. Un régime de retraite est défini au départ comme « un arrangement ». C'est un terme très large utilisé pour englober les diverses formes que peuvent prendre les régimes de retraite (qu'il s'agisse de régimes de retraite de sécurité sociale, de régimes professionnels ou de régimes individuels) dans différents pays membres.

62. Bien que l'alinéa 2 *a)* précise que la personne qui participe au régime est celle qui exerce les activités visées au paragraphe 1, il n'est question nulle part de l'identité du bénéficiaire des prestations de retraite assurées par la participation à ce régime. L'objectif est de garantir que toute part de cotisation destinée à produire une pension pour d'autres bénéficiaires (par exemple les conjoints survivants, les partenaires ou les enfants) puisse ouvrir droit à un allégement en application de la disposition.

63. La définition du régime de retraite ne fait pas de distinction entre les retraites servies par des régimes professionnels gérés par l'État ou par des régimes similaires dont la gestion est privée. Les deux types sont couverts par la disposition. Les régimes de sécurité sociale sont donc visés par la disposition dès lors que les cotisations à ces régimes peuvent être considérées comme étant en liaison avec les activités exercées dans le pays d'accueil par une personne physique, que ce soit en qualité de salarié ou à titre indépendant.

64. L'alinéa 2 *b)* définit plus précisément l'expression « reconnu aux fins de l'imposition ». Le but de la disposition étant d'assurer, autant que possible, que le régime fiscal appliqué aux cotisations ne soit ni plus ni moins favorable que celui qui serait appliqué si la personne était résidente de son pays d'origine, il est juste de limiter le champ d'application de la disposition aux cotisations qui auraient ouvert

droit à un allégement fiscal si la personne était restée dans son pays d'origine. La disposition cherche à atteindre cet objectif en limitant son champ d'application aux cotisations versées à un régime dans la mesure où ces cotisations seraient admissibles à un allégement fiscal dans ce pays. Comme il a déjà été expliqué au paragraphe 49 ci-dessus, la question de savoir si un régime de retraite est reconnu aux fins de l'imposition n'a aucun lien avec la question de savoir si ce régime de retraite constitue ou non un « fonds de pension reconnu » au sens de la définition de cette expression à l'alinéa i) du paragraphe 1 de l'article 3.

65. Cette méthode qui vise à parvenir à un traitement équivalent suppose bien sûr que dans tous les pays membres seules les cotisations versées à des régimes de retraite reconnus ouvrent droit à l'allégement. Mais le régime fiscal des cotisations de retraite appliqué par certains pays peut démentir cette hypothèse. Il est admis que, dans les négociations bilatérales, les pays peuvent souhaiter décrire les systèmes de retraite ouvrant droit à une exonération dans des termes correspondant au droit interne des États contractants. Ils peuvent aussi souhaiter définir d'autres expressions utilisées dans la disposition, telles que « exerce des activités ».

Obstacles fiscaux au transfert de droits à pension

66. Une autre question, également relative aux mouvements internationaux de salariés, est celle des conséquences fiscales pouvant découler du transfert des droits à pension d'un régime de retraite établi dans un État contractant vers un autre régime établi dans l'autre État contractant. Lorsqu'une personne change d'employeur, il est fréquent que les droits à pension que cette personne a accumulés dans le régime de retraite couvrant son premier emploi soient transférés vers un nouveau régime couvrant son second emploi. Des accords similaires peuvent exister pour le transfert vers ou en provenance d'un régime de retraite individuel.

67. Ce type de transfert donne droit habituellement à un paiement représentant la valeur actuarielle, au moment du transfert, des droits à pension de la personne ou bien représentant la valeur des cotisations et gains qui ont été accumulés dans le régime par la personne en question. Ces paiements peuvent être effectués directement par le premier régime vers le second ; ils peuvent également être effectués en demandant à la personne de cotiser auprès de son nouveau régime pour un montant égal à la totalité ou à une partie de la somme reçue au moment du retrait du régime précédant. Dans les deux cas, il est fréquent que les systèmes fiscaux permettent ce transfert en franchise d'impôt, lorsqu'ils ont lieu à l'intérieur d'un même pays.

68. Des problèmes peuvent surgir, toutefois, lorsque les transferts sont effectués en provenance d'un régime de retraite établi dans un État contractant vers un régime établi dans un autre État. Dans un tel cas, l'État contractant où la personne réside peut considérer que le paiement résultant du transfert constitue un revenu imposable. Un problème de même nature se pose lorsque le paiement est effectué par un régime établi dans un État auquel la convention fiscale applicable donne un droit d'imposer à

la source les paiements de retraite effectués à partir de son territoire, dans la mesure où cet État peut vouloir appliquer son droit d'imposer sur tout revenu généré par le régime de retraite. Les États contractants qui veulent résoudre cette question sont libres d'inclure une disposition telle que celle-ci :

> Lorsque des droits à pension ou des sommes ont été accumulées dans un régime de retraite établi et reconnu aux fins de l'imposition dans un État contractant au bénéfice d'une personne physique qui est un résident de l'autre État contractant, tout transfert de ces droits ou sommes vers un régime de retraite établi et reconnu aux fins de l'imposition dans cet autre État doit, dans chacun des États, être traité aux fins de l'imposition de la même façon et sous réserve des mêmes conditions et restrictions que s'il avait été effectué à partir d'un régime de retraite établi et reconnu aux fins d'imposition dans cet État vers un autre régime de retraite établi et reconnu aux fins d'imposition dans ce même État.

La disposition ci-dessus pourrait être modifiée pour s'appliquer aussi aux transferts en direction ou en provenance de fonds de pension établis et reconnus dans des États tiers (cela pourrait cependant poser des problèmes similaires à ceux qui sont décrits au préambule du paragraphe 38 ci-dessus).

Exonération des revenus d'un fonds de pension

69. Lorsqu'en application de leur législation interne, deux États suivent la même approche consistant en une exonération générale d'impôt pour les revenus des fonds de pension établis sur leur territoire, ces États, afin d'obtenir une plus grande neutralité à l'égard de la localisation du capital, peuvent vouloir étendre cette exonération aux revenus d'investissements qu'un fonds de pension établi dans un État tire de l'autre État. Afin d'obtenir ce résultat, les États incluent parfois dans leurs conventions une clause rédigée sur le modèle suivant :

> Nonobstant les autres dispositions de cette Convention, les revenus provenant d'un État contractant reçus par un résident de l'autre État contractant qui a été constitué et est géré exclusivement afin d'administrer ou fournir des prestations de pension et qui a été accepté par les autorités compétentes du premier État comme correspondant généralement à un régime de retraite reconnu comme tel aux fins d'imposition dans cet État, doivent être exonérés d'impôt dans cet État.

Comme il est expliqué aux paragraphes 10.7 et 10.8 des Commentaires sur l'article 3, les États peuvent préférer modifier cette disposition de façon à faire simplement référence aux revenus d'un « fonds de pension reconnu ».

Observations sur les Commentaires

70. En ce qui concerne les paragraphes 24 et 26, les *Pays-Bas* considèrent que les paiements de sécurité sociale peuvent, dans certains cas, être couverts par l'article 15 s'ils sont effectués pendant la durée de l'emploi.

71. Concernant le paragraphe 24, l'*Allemagne* estime que lorsque le montant d'une pension de sécurité sociale est déterminé sur la base des contributions de l'employé au régime, cette pension ne peut pas être considérée comme étant couverte par l'article 18.

COMMENTAIRES SUR L'ARTICLE 19 CONCERNANT L'IMPOSITION DES RÉMUNÉRATIONS DE FONCTIONS PUBLIQUES

1. Cet article s'applique aux traitements, salaires et autres rémunérations similaires et aux pensions afférents à des fonctions publiques. Des dispositions similaires d'anciennes conventions bilatérales avaient pour but de se conformer aux règles de la courtoisie internationale et du respect mutuel entre souverainetés. Leur champ d'application était donc assez limité. Cependant, l'extension du secteur public dans de nombreux pays, ayant largement étendu les activités de l'État à l'étranger, a donné une importance et une portée accrues à l'article 19. D'après le texte original du paragraphe 1 de l'article 19 dans le Projet de Convention de 1963, l'État qui paie la rémunération avait le droit d'imposer les versements effectués au titre des services rendus à cet État ou à l'une de ses subdivisions politiques ou collectivités locales. L'expression « sont imposables » était utilisée, et ceci n'impliquait pas que ce droit d'imposition fût exclusif.

2. Dans le Modèle de Convention de 1977, l'ancien paragraphe 1 a été divisé en deux, les nouveaux paragraphes 1 et 2 visant respectivement les traitements, salaires et autres rémunérations similaires, autres que les pensions, et les pensions. Contrairement aux dispositions originales, les alinéas *a*) des paragraphes 1 et 2 sont tous deux fondés sur le principe d'un droit exclusif d'imposition de ces rémunérations par l'État qui les paie. Les pays qui, de manière générale, appliquent dans leurs conventions la méthode de l'imputation pour l'élimination de la double imposition sont ainsi tenus, par exception à cette méthode, d'exempter d'impôt les paiements, au profit de leurs résidents, qui relèvent des paragraphes 1 et 2. Si, pour éliminer la double imposition, les États contractants appliquent tous deux la méthode de l'exemption, ils peuvent continuer à utiliser l'expression « sont imposables » au lieu de « ne sont imposables que ». Pour ces pays, les deux expressions auront naturellement les mêmes effets. Il va sans dire que l'expression « ne sont imposables que » n'interdit pas à un État contractant de tenir compte du revenu exempté selon l'alinéa *a*) des paragraphes 1 et 2 pour la détermination du taux d'imposition à appliquer aux revenus que leurs résidents tirent d'autres sources. Le principe selon lequel un droit exclusif d'imposition est accordé à l'État qui paie les rémunérations figure dans un si grand nombre de conventions en vigueur entre des pays membres de l'OCDE que l'on peut dire qu'il est déjà internationalement accepté. Il est aussi conforme à la notion de courtoisie internationale qui inspire l'article, ainsi qu'aux dispositions des *Conventions de Vienne sur les relations diplomatiques et consulaires*. Toutefois, il faut noter que l'article ne vise nullement à restreindre l'application des règles découlant du droit international dans le cas des missions diplomatiques et postes consulaires (voir l'article 28) mais traite des cas non couverts par ces règles.

2.1 En 1994, un nouvel amendement a été apporté au paragraphe 1 en remplaçant le terme « rémunération » par l'expression « traitements, salaires et autres rémunérations similaires ». Il s'agissait par cet amendement de clarifier le champ d'application de l'article, qui ne s'applique qu'aux employés de l'État et aux personnes bénéficiant de pensions au titre d'un emploi public antérieur, et non aux personnes fournissant des services indépendants ou bénéficiant de pensions au titre de tels services.

2.2 Les pays membres ont généralement compris l'expression « salaires, traitements et autres rémunérations similaires ... payés » comme incluant les avantages en nature reçus au titre de services rendus à un État ou à l'une de ses subdivisions politiques ou collectivités locales (par exemple, l'usage d'une habitation ou d'une automobile, le bénéfice d'une assurance-maladie ou d'une assurance-vie et les adhésions à des clubs).

3. Les dispositions de l'article s'appliquent aux paiements faits non seulement par un État mais aussi par ses subdivisions politiques et ses collectivités locales (États fédérés, régions, provinces, cantons, districts, départements, arrondissements, *Kreise*, communes ou groupements de communes, etc.).

4. Le principe suivant lequel l'État qui verse la rémunération dispose d'un droit d'imposition exclusif comporte une exception qui résulte de l'alinéa *b)* du paragraphe 1. En effet, aux termes des Conventions de Vienne précitées, l'État hôte est autorisé à imposer les rémunérations versées à certaines catégories de personnel des missions diplomatiques et postes consulaires étrangers qui sont des résidents permanents de cet État ou en possèdent la nationalité. Étant donné que les pensions payées à des fonctionnaires en retraite seront soumises au même régime fiscal que les traitements ou salaires payés à ces salariés lorsqu'ils étaient en activité, le paragraphe 2 qui concerne les pensions comporte à l'alinéa *b)* une exception analogue à celle de l'alinéa *b)* du paragraphe 1. Les conditions prévues au sous-alinéa *b)(ii)* du paragraphe 1 n'étant pas applicables à un retraité, la seule condition exigée pour que l'État hôte soit habilité à imposer une pension est que le retraité soit un résident de cet État et en possède la nationalité.

5. L'article 19 du Projet de Convention de 1963 prévoyait que les services rendus à l'État, ou à une subdivision politique ou une collectivité locale, devaient l'être « dans l'exercice de fonctions de caractère public ». Il a été décidé de supprimer cette expression dans le Modèle de Convention de 1977, mais il a paru à certains pays membres de l'OCDE que cela entraînerait un élargissement du champ d'application de l'article. Les États contractants qui sont de cet avis et qui estiment cet élargissement inopportun peuvent continuer à utiliser dans leurs conventions bilatérales, en la précisant de préférence, l'expression « dans l'exercice de fonctions de caractère public ».

5.1 Bien que le mot « pension », au sens habituel de ce terme, ne couvre que des versements périodiques, l'expression « autres rémunérations similaires », qui a été ajoutée en 2005 au paragraphe 2 de l'article, est suffisamment large pour couvrir les versements non périodiques. Par exemple, un versement forfaitaire en lieu et place de versements périodiques de pension au profit d'un ancien salarié de l'État après la cessation de son emploi peut relever du paragraphe 2 de l'article. La question de savoir si un versement forfaitaire effectué en pareilles circonstances doit être considéré comme une autre rémunération similaire à une pension couverte par le paragraphe 2 ou comme la rémunération finale d'un travail accompli relevant du paragraphe 1 est une question de faits qui peut être résolue à la lumière des considérations présentées au paragraphe 5 de l'article 18.

5.2 Il convient de noter que l'expression « par prélèvement sur des fonds qu'ils » de l'alinéa *a*) du paragraphe 2 couvre la situation dans laquelle la pension n'est pas versée directement par l'État, l'une de ses subdivisions politiques ou collectivités locales, mais par prélèvement sur des fonds constitués par un tel organisme public. En outre, le capital initial du fonds ne doit pas nécessairement être apporté par l'État, l'une de ses subdivisions politiques ou collectivités locales. La formule couvrirait les paiements provenant d'un fonds sous administration privée créé pour le compte de l'organisme public.

5.3 Une question se pose lorsque les pensions sont versées au titre d'une combinaison de services privés et publics. Cette question est fréquemment soulevée lorsqu'une personne a été employée à la fois dans le secteur privé et le secteur public et perçoit une pension au titre de ces deux périodes d'emploi. Cette situation peut se présenter soit parce que la personne a participé au même régime tout au long de son activité, soit parce que les droits à pension de cette personne étaient transférables. Une tendance à une augmentation de la mobilité entre les secteurs privé et public est de nature à accroître l'importance de cette question.

5.4 Lorsqu'un fonctionnaire ayant rendu des services à l'État a transféré ses droits à pension d'un régime public à un régime privé, les versements au titre de sa pension ne devraient être imposés que par application de l'article 18, ces versements ne répondant pas au critère technique de l'alinéa 2 *a*).

5.5 Lorsque le transfert s'effectue en sens inverse et que les droits à pension ont été transférés d'un régime privé vers un régime public, certains États imposent la totalité des paiements de retraite par application de l'article 19. En revanche, d'autres États répartissent les paiements de pension en fonction de la source respective des droits à pension de sorte qu'une partie desdits paiements est imposée par application de l'article 18 et l'autre par application de l'article 19. Ce faisant, certains États considèrent que si l'une des sources a de loin apporté la majeure partie de la pension, cette dernière devrait dès lors être traitée comme si elle avait été exclusivement versée par prélèvement sur cette source. Cela étant, il est admis que la répartition des paiements soulève des difficultés administratives considérables.

5.6 Les États contractants peuvent être préoccupés par la perte de recettes ou la possibilité d'une double exonération s'il était possible de modifier le traitement des pensions en transférant les fonds entre les régimes public et privé. La répartition des paiements peut parer à ces effets ; toutefois, pour que la répartition des paiements puisse être appliquée aux droits à pension qui sont transférés d'un régime public vers un régime privé, les États contractants peuvent, dans le cadre de négociations bilatérales, envisager d'élargir le champ d'application de l'alinéa 2 *a*) de façon à couvrir la part d'une éventuelle pension ou autre rémunération similaire versée au titre de services rendus à un État, à l'une de ses subdivisions politiques ou collectivités locales. Une telle disposition pourrait être rédigée comme suit :

> 2. *a)* Nonobstant les dispositions du paragraphe 1, la partie des pensions et autres rémunérations similaires qui est versée au titre de services rendus à un État contractant, ou l'une de ses subdivisions politiques ou collectivités locales, n'est imposable que dans cet État.

Une autre solution pour répondre à ces préoccupations peut consister pour les États contractants à soumettre toutes les pensions à un traitement similaire.

6. Les paragraphes 1 et 2 ne sont pas applicables si les services sont rendus dans le cadre d'une activité d'entreprise exercée par l'État, ou par l'une de ses subdivisions politiques ou collectivités locales, qui paie les traitements, salaires, pensions ou autres rémunérations similaires. Dans ces cas, ce sont les règles ordinaires qui s'appliquent : article 15 pour les salaires et traitements, article 16 pour les tantièmes et autres rétributions similaires, article 17 pour les artistes et les sportifs, et article 18 pour les pensions. Les États contractants qui, pour des raisons spécifiques, souhaitent ne pas inclure le paragraphe 3 dans leurs conventions bilatérales ont cette faculté, ce qui étend le champ d'application des paragraphes 1 et 2 aux services rendus dans le cadre d'une activité d'entreprise. Étant donné les fonctions spécifiques exercées par certains organismes publics, tels que les chemins de fer de l'État, les services postaux, les théâtres nationaux, etc., les États contractants qui souhaitent maintenir le paragraphe 3 peuvent, dans leurs conventions bilatérales, décider que les traitements, salaires, pensions et autres rémunérations similaires payés par ces organismes relèvent des dispositions des paragraphes 1 et 2 même si lesdits organismes peuvent être considérés comme exerçant des activités d'entreprise.

Observation sur les Commentaires

7. Les *Pays-Bas* sont en désaccord avec l'interprétation proposée aux paragraphes 5.4 et 5.6. Selon les Pays-Bas, la répartition des prestations de pension en fonction de la source des droits à pension, soit des services privés ou publics, est également possible si les droits à pension sont transférés d'un régime public à un régime privé.

Réserves sur l'article

8. L'*Allemagne* se réserve le droit d'inclure une disposition selon laquelle les services rendus aux institutions de droit privé spéciales qui servent à des fins publiques et qui sont financées par les budgets publics, par exemple l'Institut Goethe ou l'Office allemand d'échanges universitaires, ainsi que la rémunération versée à un spécialiste ou volontaire détaché auprès de l'autre État contractant en vertu d'un programme d'aide au développement, constituent des fonctions publiques couvertes par l'article 19.

9. Les *États-Unis* se réservent le droit de modifier le texte de l'article pour indiquer que son application n'est pas limitée par l'article 1.

10. [Supprimé]

11. La *France* se réserve de préciser dans ses conventions que les traitements, salaires et autres rémunérations similaires payés par un État contractant ou l'une de ses subdivisions politiques ou collectivités locales à une personne physique au titre de services rendus à cet État ou à cette subdivision ou collectivité ne sont imposables que dans cet État si la personne physique possède la nationalité des deux États contractants. Par ailleurs, la France formule une réserve sur le sous-alinéa *b)(ii)* du paragraphe 1, compte tenu des difficultés que soulève une telle clause.

12. [Supprimé]

13. La *France* estime que le champ d'application de l'article 19 doit couvrir :

- les rémunérations payées par les personnes morales de droit public de l'État ou de ses subdivisions politiques ou collectivités locales, car l'identité du payeur importe moins que le caractère public des revenus ;
- les rémunérations publiques des artistes et sportifs conformément à la rédaction du Modèle antérieure à 1995 (sans que leur soit appliqué le critère, peu pertinent en l'occurrence, de l'activité industrielle ou commerciale), dès lors que l'article 17 ne comporte pas de disposition allant dans le sens de ce qui est suggéré au paragraphe 14 des Commentaires sur l'article 17.

COMMENTAIRES SUR L'ARTICLE 20 CONCERNANT L'IMPOSITION DES ÉTUDIANTS

1. La règle énoncée dans cet article concerne certains versements reçus par les étudiants ou les stagiaires pour couvrir leurs frais d'entretien, d'études ou de formation. Toutes les sommes de cette nature provenant de sources situées en dehors de l'État où l'étudiant ou le stagiaire intéressé est présent seront exonérées d'impôt dans cet État.

2. Lors de l'adoption du Modèle de Convention de 1977, il a été décidé d'ajouter le mot « immédiatement » afin de préciser que l'article ne s'applique pas à une personne qui, à un moment donné, a été un résident d'un État contractant, mais qui a ensuite transféré sa résidence dans un État tiers avant de se rendre dans l'autre État contractant.

3. L'article ne porte que sur les paiements reçus en vue de l'entretien, des études ou de la formation du bénéficiaire. Il ne s'applique donc pas à un paiement ou à une partie de paiement qui constitue une rémunération de services rendus par le bénéficiaire et qui est couvert par l'article 15 (ou par l'article 7 dans le cas de services indépendants). Cependant, lorsque la formation du bénéficiaire comporte une expérience professionnelle, il est nécessaire d'opérer une distinction entre la rémunération de services et un paiement pour l'entretien, les études ou la formation du bénéficiaire. Le fait que le montant versé soit similaire à celui qui est versé à des personnes fournissant des services similaires et qui ne sont ni étudiants ni stagiaires indique en général que ce paiement constitue la rémunération de services. Par ailleurs, les paiements pour l'entretien, les études ou la formation ne doivent pas excéder le montant normal de dépenses qui sont susceptibles d'être encourues pour assurer l'entretien, les études ou la formation du bénéficiaire.

4. L'article s'applique uniquement aux paiements provenant de sources situées en dehors de l'État où l'étudiant ou le stagiaire est présent uniquement à des fins d'études ou de formation. Les paiements provenant de sources situées à l'intérieur de cet État sont couverts par d'autres articles de la Convention : si par exemple, au cours de sa présence dans le premier État, l'étudiant ou le stagiaire reste résident de l'autre État conformément à l'article 4, les paiements, tels que des bourses, qui ne sont pas couverts par d'autres dispositions de la Convention (comme l'article 15) seront imposables uniquement dans son État de résidence conformément au paragraphe 1 de l'article 21. Aux fins de cet article, les paiements qui sont effectués par un résident d'un État contractant ou pour son compte ou dont la charge est supportée par un établissement stable qu'une personne possède dans cet État ne sont pas considérés comme provenant de sources situées en dehors de cet État.

Réserves sur l'article

5. L'*Estonie* et la *Lettonie* se réservent le droit de modifier l'article de façon à ce qu'il s'applique à tout stagiaire ou apprenti.

6. Le *Japon* se réserve le droit de limiter l'exemption dont bénéficie un apprenti au titre de l'article à une période d'un an.

7. Les *États-Unis* se réservent le droit d'accorder une exemption d'impôt limitée au revenu perçu par des étudiants et des stagiaires au titre de services personnels, et de définir le terme « stagiaire ».

COMMENTAIRES SUR L'ARTICLE 21 CONCERNANT L'IMPOSITION DES AUTRES REVENUS

1. Cet article énonce une règle générale concernant les revenus qui ne sont pas traités dans les articles précédents de la Convention. Les revenus considérés ne sont pas seulement ceux qui font partie d'une catégorie non expressément traitée, mais aussi ceux qui proviennent de sources non expressément mentionnées. L'application de l'article n'est pas limitée aux revenus qui ont leur source dans un État contractant ; elle s'étend aussi aux revenus en provenance d'États tiers. Lorsque, par exemple, une personne qui est résidente des deux États contractants aux termes des dispositions du paragraphe 1 de l'article 4 est réputée être résidente d'un seul de ces États aux termes des dispositions des paragraphes 2 ou 3 du même article, cet article empêche l'autre État d'imposer la personne concernée au titre des revenus provenant d'États tiers même si elle est résidente de cet autre État en vertu de la législation fiscale de cet État (voir également le paragraphe 8.2 des Commentaires sur l'article 4 concernant l'application des paragraphes 2 et 3 de l'article 4 aux fins de conventions conclues entre cet autre État et des États tiers).

Paragraphe 1

2. En vertu de ce paragraphe, le droit d'imposition appartient exclusivement à l'État de la résidence. En cas de conflit entre deux résidences, l'article 4 déterminera aussi le droit d'imposition à l'égard des revenus en provenance d'un État tiers.

3. La règle énoncée dans ce paragraphe s'applique aussi bien dans le cas où le droit d'imposition est exercé par l'État de la résidence que lorsqu'il ne l'est pas ; en conséquence, lorsque le revenu provient de l'autre État contractant, celui-ci ne peut l'imposer même si le revenu n'est pas imposé dans le premier État. De même, lorsque le revenu provient d'un État tiers et que son bénéficiaire est considéré comme résident par les deux États contractants selon leur droit interne, il résulte de l'application de l'article 4 que le bénéficiaire sera traité comme résident d'un seul des États contractants et ne sera soumis à assujettissement complet à l'impôt (« assujettissement intégral ») que dans cet État. Dans ce cas, l'autre État contractant ne pourra imposer le revenu provenant de l'État tiers, même si son bénéficiaire n'est pas imposé dans l'État dont il est considéré comme résident conformément à l'article 4. Afin d'éviter que le revenu échappe à toute imposition, les États contractants peuvent convenir de limiter l'application de l'article aux revenus qui sont imposés dans l'État dont le bénéficiaire est un résident et modifier les dispositions du paragraphe en conséquence. En fait, ceci ne constitue qu'un aspect particulier du problème général traité aux paragraphes 34 et 35 des Commentaires sur l'article 23 A.

Paragraphe 2

4. Ce paragraphe prévoit une exception à l'application des dispositions du paragraphe 1 lorsque le revenu est lié aux activités d'un établissement stable qu'un résident d'un État contractant a dans l'autre État contractant. Le paragraphe couvre le

revenu en provenance d'États tiers. Dans ce cas, un droit d'imposition est attribué à l'État contractant dans lequel est situé l'établissement stable. Le paragraphe 2 ne s'applique pas aux biens immobiliers pour lesquels, conformément au paragraphe 4 de l'article 6, l'État de situation a un droit préférentiel d'imposition (voir les paragraphes 3 et 4 des Commentaires sur l'article 6). Donc, les biens immobiliers situés dans un État contractant et qui font partie de l'actif d'un établissement stable d'une entreprise de cet État situé dans l'autre État contractant ne seront imposables que dans le premier État où les biens sont situés et dont le bénéficiaire du revenu est un résident. Cela est conforme aux règles posées dans les articles 13 et 22 concernant les biens immobiliers puisque le paragraphe 2 de ces articles ne s'applique qu'aux biens mobiliers d'un établissement stable.

5. Le paragraphe couvre aussi les cas non traités dans les articles précédents de la Convention où le bénéficiaire et le débiteur du revenu sont tous deux résidents d'un même État contractant et où le revenu se rattache à un établissement stable que le bénéficiaire du revenu a dans l'autre État contractant. Dans ce cas, un droit d'imposition est attribué à l'État contractant dans lequel est situé l'établissement stable. S'il y a double imposition, l'État de la résidence devra y remédier conformément aux dispositions de l'article 23 A ou 23 B (voir le paragraphe 9 des Commentaires sur ces articles).

5.1 Aux fins du paragraphe, un droit ou bien générateur de revenus se rattache effectivement à un établissement stable si la propriété « économique » de ce droit ou bien est attribuée à cet établissement stable selon les principes développés dans le rapport du Comité intitulé *Attribution de bénéfices aux établissements stables*[1] (voir en particulier les paragraphes 72 à 97 de la Partie I du rapport) aux fins de l'application du paragraphe 2 de l'article 7. Dans le contexte de ce paragraphe, la propriété « économique » d'un droit ou bien signifie l'équivalent de la propriété, aux fins de l'imposition du revenu, d'une entreprise distincte, avec les bénéfices et les charges correspondants (par exemple le droit à tout revenu afférent à la propriété de ce droit ou bien, le droit à tout amortissement disponible et le risque de gains ou pertes liés à l'augmentation ou de la diminution de la valeur de ce droit ou bien).

5.2 Dans le cas de l'établissement stable d'une entreprise qui exerce des activités d'assurance, la réponse à la question de savoir si un droit ou bien se rattache effectivement à l'établissement stable sera donnée en tenant compte des instructions figurant à la Partie IV du rapport du Comité concernant la question de savoir si les revenus ou les gains attribuables à ce droit ou bien sont pris en compte dans la détermination du rendement obtenu par l'établissement stable sur le montant des actifs qui lui sont attribués (voir en particulier les paragraphes 165 à 170 de la Partie IV). Ces instructions ayant un caractère général, les autorités fiscales devraient envisager d'appliquer une approche flexible et pragmatique qui tiendrait compte de l'application raisonnable et cohérente par l'entreprise de ces instructions afin d'identifier les actifs spécifiques qui sont se rattachent effectivement à l'établissement stable.

1 *Attribution de bénéfices aux établissements stables*, OCDE, Paris, 2010.

6. Certains États qui appliquent la méthode de l'exemption (article 23 A) pourraient craindre que le régime découlant du paragraphe 2 amène des entreprises d'un État contractant à confier certains actifs, tels que des actions, obligations ou brevets, à un établissement stable situé dans l'autre État contractant, afin d'y bénéficier d'un traitement fiscal plus favorable. Outre le fait que le paragraphe 9 de l'article 29 empêcherait l'octroi des avantages de l'article 23 A dans le cas de montages utilisés à cette fin, il convient de souligner que la condition selon laquelle de tels actifs doivent « se rattacher effectivement » à un tel établissement stable nécessite plus que le simple enregistrement de ces actifs dans les documents comptables de l'établissement stable (voir les paragraphes 5.1 et 5.2 ci-dessus).

7. Quelques pays ont rencontré des difficultés en ce qui concerne des revenus émanant de certains instruments financiers non traditionnels lorsqu'il existe des relations spéciales entre les parties. Ces pays pourraient souhaiter ajouter le paragraphe suivant à l'article 21:

> 3. Lorsque, en raison de relations spéciales existant entre la personne visée au paragraphe 1 et un autre personne, ou que l'une et l'autre entretiennent avec de tierces personnes, le montant du revenu visé au même paragraphe excède le montant éventuel dont elles seraient convenues en l'absence de pareilles relations, les dispositions du présent article ne s'appliquent qu'à ce dernier montant. Dans ce cas, la partie excédentaire du revenu reste imposable selon la législation de chaque État contractant et compte tenu des autres dispositions applicables de la présente Convention.

L'ajout de ce paragraphe supplémentaire n'aurait cependant aucune incidence sur le traitement des nouvelles transactions financières entre personnes indépendantes ou sous d'autres dispositions de la Convention.

8. Ce paragraphe limite l'application des dispositions relatives à l'imposition des revenus non visés dans d'autres articles de la même façon que le paragraphe 6 de l'article 11 limite l'application des dispositions concernant l'imposition des intérêts. D'une façon générale, les principes énoncés aux paragraphes 32 à 34 des Commentaires sur l'article 11 s'appliquent également à ce paragraphe.

9. La restriction pourrait s'appliquer à tout revenu qui serait sans cela assujetti à l'article 21, mais il n'est pas prévu que, dans la pratique, elle s'applique à des paiements tels que pensions alimentaires ou prestations de sécurité sociale, alors qu'elle sera sans doute particulièrement pertinente lorsque certains instruments financiers non traditionnels sont utilisés dans des conditions qui n'auraient pas été applicables en l'absence d'une relation spéciale (voir le paragraphe 21.1 des Commentaires sur l'article 11).

10. La restriction de l'article 21 diffère de celle de l'article 11 sur deux points importants. Premièrement, le paragraphe permet, lorsque certaines conditions sont réunies, de considérer tous les paiements au titre d'un instrument financier non traditionnel comme excessifs. En second lieu, les revenus auxquels ne s'appliquerait pas l'article relatif aux intérêts pourraient cependant être assujettis à un autre article

de la Convention, comme il est expliqué aux paragraphes 35 et 36 des Commentaires sur l'article 11. Les revenus auxquels l'article 21 s'appliquerait autrement ne sont pas par définition assujettis à un autre article. Par conséquent, si la restriction prévue à l'article 21 soustrait une partie du revenu à l'application dudit article, les articles 6 à 20 de la Convention ne s'appliquent pas à ce revenu et chaque État contractant peut l'imposer en vertu de sa législation nationale.

11. D'autres dispositions de la Convention continueront cependant à être appliquées à ces revenus, par exemple l'article 23 (Méthodes pour éliminer les doubles impositions), l'article 25 (Procédure amiable), et l'article 26 (Échange de renseignements).

12. [Supprimé]

Réserves sur l'article

13. L'*Australie*, le *Canada*, le *Chili*, le *Mexique*, la *Nouvelle-Zélande* et la *République slovaque* font une réserve sur cet article et souhaitent conserver le droit d'imposer les revenus qui proviennent de sources situées dans leur pays.

14. La *Finlande* et la *Suède* souhaitent conserver le droit d'imposer certaines rentes et paiements similaires à des non-résidents, lorsque ces paiements sont effectués en contrepartie d'une assurance-retraite émise sur leur territoire respectif.

15. Le *Royaume-Uni* souhaite conserver le droit d'imposer les revenus payés par des résidents à des personnes qui ne sont pas des résidents sous forme de revenus provenant d'une fiducie (*trust*) ou dans le cadre de l'administration de la succession d'une personne décédée.

16. Le *Japon* se réserve le droit de taxer le revenu provenant d'un certain type d'accord contractuel, qui donne lieu à une déduction aux fins de déterminer le bénéfice imposable du payeur dans l'État contractant duquel le payeur est un résident.

17. Les *États-Unis* se réservent le droit de prévoir l'exonération dans les deux États des pensions alimentaires pour les enfants.

18. Les *États-Unis* se réservent le droit d'imposer conformément à leur législation interne les commissions de garantie caractérisées en tant qu'autre revenu payé par une « entité expatriée » à une personne liée pendant une période pouvant atteindre 10 ans.

COMMENTAIRES SUR L'ARTICLE 22 CONCERNANT L'IMPOSITION DE LA FORTUNE

1. Cet article ne traite que des impôts sur la fortune, à l'exclusion des impôts sur les successions et sur les donations et des droits de mutation. Les impôts sur la fortune auxquels l'article s'applique sont ceux qui sont visés à l'article 2.

2. Les impôts sur la fortune constituent généralement une imposition complémentaire du revenu de la fortune. C'est pourquoi l'impôt sur un élément déterminé de la fortune ne peut en principe être perçu que par l'État qui est en droit d'imposer le revenu provenant de cet élément de fortune. Toutefois, il n'est pas possible de se référer purement et simplement aux règles relatives à l'imposition de chaque catégorie de revenus car tous les éléments de revenus ne sont pas soumis à l'imposition exclusive d'un État.

3. L'article énumère donc d'abord les biens qui sont imposables dans l'État où ils sont situés. À cette catégorie appartiennent les biens immobiliers visés à l'article 6 que détient un résident d'un État contractant et qui sont situés dans l'autre État contractant (paragraphe 1), ainsi que les biens mobiliers qui font partie de l'actif d'un établissement stable qu'une entreprise d'un État contractant a dans l'autre État contractant (paragraphe 2).

3.1 Aux fins du paragraphe 2, un bien fait partie de l'actif d'un établissement stable si la propriété « économique » de ce bien est attribuée à cet établissement stable selon les principes développés dans le rapport du Comité intitulé *Attribution de bénéfices aux établissements stables*[1] (voir en particulier les paragraphes 72 à 97 de la Partie I du rapport) aux fins de l'application du paragraphe 2 de l'article 7. Dans le contexte de ce paragraphe, la propriété « économique » d'un bien signifie l'équivalent de la propriété, aux fins de l'imposition du revenu, d'une entreprise distincte, avec les bénéfices et les charges correspondants (par exemple le droit à tout revenu afférent à la propriété de ce bien, le droit à tout amortissement disponible et le risque de gains ou pertes liés à l'augmentation ou de la diminution de la valeur de ce bien). Le simple fait qu'un bien apparaisse dans le bilan comptable d'un établissement stable ne suffit donc pas pour conclure que ce bien se rattache effectivement à cet établissement stable.

3.2 Dans le cas de l'établissement stable d'une entreprise qui exerce des activités d'assurance, la réponse à la question de savoir si un bien se rattache effectivement à l'établissement stable sera donnée en tenant compte des instructions figurant à la Partie IV du rapport du Comité concernant la question de savoir si les revenus ou les gains attribuables à ce bien sont pris en compte dans la détermination du rendement obtenu par l'établissement stable sur le montant des actifs qui lui sont attribués (voir en particulier les paragraphes 165 à 170 de la Partie IV). Ces instructions ayant un caractère général, les autorités fiscales devraient envisager d'appliquer une approche flexible et pragmatique qui tiendrait compte de l'application raisonnable et cohérente

1 *Attribution de bénéfices aux établissements stables*, OCDE, Paris, 2010.

par l'entreprise de ces instructions afin d'identifier les actifs spécifiques qui sont se rattachent effectivement à l'établissement stable.

4. Normalement, les navires et les aéronefs exploités en trafic international, ainsi que les biens mobiliers affectés à l'exploitation de ces navires ou aéronefs ne sont imposables que dans l'État de résidence (paragraphe 3). Cette règle correspond aux dispositions de l'article 8 et du paragraphe 3 de l'article 13. Les États contractants qui préféreraient conférer le droit d'imposition exclusive à l'État où le siège de direction effective de l'entreprise est situé ont toute latitude, dans leurs conventions bilatérales, de substituer au paragraphe 3 une disposition correspondante à celle proposée au paragraphe 2 des Commentaires sur l'article 8. Les biens immobiliers affectés à l'exploitation des navires ou aéronefs sont imposables dans l'État où ils sont situés, conformément à la règle énoncée au paragraphe 1.

4.1 Le paragraphe 3 s'applique lorsque l'entreprise qui est propriétaire des biens exploite elle-même les navires ou aéronefs mentionnés dans ce paragraphe, que ce soit pour ses propres activités de transport ou dans le cadre de la location des navires ou aéronefs tout armés et équipés. Il ne s'applique pas cependant lorsque l'entreprise qui est propriétaire des navires ou aéronefs ne les exploite pas (par exemple, lorsque l'entreprise loue les biens à une autre personne, à l'exception du cas d'une location occasionnelle coque nue comme l'indique le paragraphe 5 des Commentaires sur l'article 8). Dans un tel cas, la fortune constituée par ces biens sera couverte par le paragraphe 2 ou 4.

5. Pour ce qui est des éléments de fortune autres que ceux énumérés aux paragraphes 1 à 3, l'article prévoit qu'ils ne sont imposables que dans l'État contractant dont la personne à qui ils appartiennent est un résident (paragraphe 4).

6. Si, lorsque les dispositions du paragraphe 4 sont appliquées à des éléments de fortune mobilière grevés d'usufruit, une double imposition subsiste en raison de la disparité des législations internes, les États intéressés pourront recourir à la procédure amiable ou régler la question par voie de négociations bilatérales.

7. L'article ne prévoit aucune règle au sujet de la déduction des dettes. Les législations des pays membres de l'OCDE sont trop différentes pour qu'une solution commune puisse être adoptée. Le problème de la déduction des dettes qui pourrait se poser quand le contribuable et le créancier ne sont pas des résidents du même État est traité au paragraphe 4 de l'article 24.

8. [Renumeroté et amendé]

Réserves sur l'article

9. La *Finlande* se réserve le droit d'imposer les actions ou autres parts sociales de sociétés finlandaises, lorsque la propriété de ces actions ou parts sociales donne droit à la jouissance de biens immobiliers situés en Finlande et détenus par la société.

10. La *Nouvelle-Zélande*, le *Portugal* et la *Turquie* font une réserve sur cet article au cas où ils introduiraient des impôts sur la fortune.

11. La *France* accepte les dispositions du paragraphe 4 mais souhaite cependant se réserver la possibilité d'appliquer les dispositions de sa législation concernant l'imposition des actions ou parts faisant partie d'une participation substantielle dans le capital d'une société qui est un résident de France, ou des actions ou parts de sociétés dont l'actif est constitué principalement par des biens immobiliers situés en France.

12. Le *Danemark*, la *Norvège* et la *Suède* se réservent le droit d'insérer des dispositions spéciales concernant la fortune constituée par des aéronefs exploités en trafic international lorsqu'elle appartient à la société de transport international *Scandinavian Airlines System* (SAS).

13. L'*Espagne* se réserve le droit d'imposer la fortune constituée par des actions ou d'autres participations dans une société dont les actifs consistent principalement en biens immobiliers situés sur son territoire, par des actions ou d'autres participations dans une société qui confèrent à leur titulaire un droit de jouissance de biens immobiliers situés sur son territoire ou par des actions ou d'autres participations correspondant à une part importante du capital d'une société qui est un résident d'Espagne.

14. En raison de sa situation particulière en matière de navigation maritime, la *Grèce* gardera sa liberté d'action en ce qui concerne les dispositions de la Convention relatives à la fortune constituée par des navires en trafic international et par des biens mobiliers affectés à l'exploitation de ces navires.

COMMENTAIRES SUR LES ARTICLES 23 A ET 23 B CONCERNANT LES MÉTHODES POUR ÉLIMINER LES DOUBLES IMPOSITIONS

I. Remarques préliminaires

A. *Portée des articles*

1. Ces articles traitent de la double imposition dite juridique, c'est-à-dire du cas où une même personne est imposable au titre d'un même revenu ou d'une même fortune par plus d'un État.

2. Ce cas doit être distingué notamment de la double imposition dite économique, c'est-à-dire du cas où deux personnes différentes sont imposables au titre d'un même revenu ou d'une même fortune. Si deux États veulent résoudre des problèmes de double imposition économique, ils doivent le faire par négociations bilatérales.

3. Il peut y avoir double imposition juridique internationale dans trois cas :

a) lorsque chaque État contractant assujettit la même personne à l'impôt pour son revenu et sa fortune totaux (assujettissement fiscal intégral concurrent, voir le paragraphe 4 ci-dessous) ;

b) lorsqu'une personne est un résident d'un État contractant (R)[1] et reçoit des revenus ou possède de la fortune dans l'autre État contractant (S ou E) et que les deux États imposent ces revenus ou cette fortune (voir le paragraphe 5 ci-dessous) ;

c) lorsque chaque État contractant assujettit la même personne qui n'est pas un résident d'un État contractant à l'impôt pour des revenus provenant d'un État contractant ou pour de la fortune qu'elle y possède ; ce peut être le cas par exemple lorsqu'un non-résident a un établissement stable dans un État contractant (E) par l'intermédiaire desquels il tire des revenus ou possède de la fortune dans l'autre État contractant (S) (assujettissement fiscal partiel concurrent ; voir le paragraphe 11 ci-dessous).

4. Le conflit qui existe dans le cas *a)* est ramené à celui du cas *b)* par application de l'article 4. Cela est dû au fait que cet article définit l'expression « résident d'un État contractant » en se référant à l'assujettissement à l'impôt d'une personne aux termes du droit interne en raison de son domicile, de sa résidence, de son siège de direction ou de tout autre critère de nature analogue (paragraphe 1 de l'article 4) et en prévoyant, pour le cas d'une double résidence, des règles spéciales qui permettent de déterminer lequel des deux États est l'État de résidence (R) au sens de la Convention (paragraphes 2 et 3 de l'article 4).

1 Tout au long des Commentaires sur les articles 23 A et 23 B les lettres « R » indiquent l'État de la résidence au sens de la Convention, « S » l'État de la source ou du situs et « E » l'État où un établissement stable est situé.

4.1 L'article 4 ne traite toutefois que des cas d'assujettissement intégral concurrent. Le conflit dans le cas *a*) ne peut donc pas être résolu si le même élément de revenu fait l'objet d'un assujettissement total à l'impôt dans les deux pays, mais à des moments différents. L'exemple suivant illustre ce problème. Supposons qu'un résident de l'État R1 tire un avantage imposable d'une option d'achat d'actions destinée aux salariés qui lui est attribuée. L'État R1 impose cet avantage au moment de l'attribution de l'option. L'intéressé devient ultérieurement résident de l'État R2, qui impose l'avantage au moment de l'exercice de l'option. Dans ce cas, la personne en question est imposée dans chaque État au moment où elle est résidente de cet État et l'article 4 ne règle pas cette question, puisqu'il n'y a pas résidence concurrente dans les deux États.

4.2 En pareille situation, le conflit sera ramené à celui du cas *b*) et réglé en conséquence dans la mesure où les services d'emploi auxquels l'option se rapporte ont été fournis dans l'un des États contractants de manière à être imposables dans cet État en vertu de l'article 15, parce que c'est l'État où l'emploi en question est exercé. En effet, dans ce cas, l'État où les services ont été fournis sera l'État de la source aux fins d'élimination de la double imposition par l'autre État. Peu importe que le premier État n'applique pas l'impôt au même moment (voir le paragraphe 32.8). Peu importe également que l'autre État considère qu'il applique l'impôt en tant qu'État de la résidence et non en tant qu'État de la source (voir la dernière phrase du paragraphe 8).

4.3 Toutefois, lorsque les services d'emploi concernés n'ont pas été fournis dans l'un ou l'autre État, on n'aura pas affaire à un conflit dû à une double imposition source-résidence et, tel que confirmé par l'expression « sauf dans la mesure où ces dispositions permettent l'imposition par cet autre État uniquement parce que le revenu est également un revenu reçu par un résident de cet autre État » incluse au paragraphe 1 des articles 23 A et 23 B, ce cas de double imposition échappera au champ d'application de ces articles. Dans ce cas, on pourra utiliser la procédure amiable prévue par le paragraphe 3 de l'article 25. L'une des solutions possibles serait que les autorités compétentes des deux États conviennent que chaque État accorde un allégement en ce qui concerne l'impôt fondé sur la résidence qui a été perçu par l'autre État sur la fraction de l'avantage lié aux services fournis durant la période au cours de laquelle le salarié était résident de cet autre État. Par conséquent, dans l'exemple ci-dessus, si les services d'emploi concernés avaient été fournis dans un État tiers avant que la personne ne devienne résidente de l'État R2, il serait logique que l'autorité compétente de l'État R2 accepte d'accorder l'allégement (par la méthode de l'imputation ou par la méthode de l'exemption) au titre de l'impôt perçu par l'État R1 sur la fraction de l'avantage lié à l'emploi qui se rapporte aux services fournis dans l'État tiers, puisqu'au moment où ces services ont été fournis, le contribuable était résident de l'État R1, et non de l'État R2, aux fins de la convention entre ces deux États.

5. Le conflit qui existe dans le cas *b*) peut être résolu par une répartition du droit d'imposer entre les États contractants. Une telle répartition peut consister en une renonciation au droit d'imposer, soit par l'État de la source ou du situs (S) ou de la situation de l'établissement stable (E), soit par l'État de résidence (R), ou en un partage

du droit d'imposer entre les deux États. Les dispositions des Chapitres III et IV de la Convention, combinées avec les dispositions des articles 23 A ou 23 B, règlent une telle répartition.

6. Pour plusieurs éléments de revenu ou de fortune, un droit exclusif d'imposition est accordé à l'un des États contractants et l'article correspondant déclare que le revenu ou la fortune en question « ne sont imposables que » dans un État contractant[1]. Les mots « ne sont imposables que » dans un État contractant empêchent l'autre État contractant d'imposer ; ainsi, la double imposition est évitée. L'État auquel le droit exclusif d'imposer est attribué est normalement l'État de la résidence du contribuable au sens de l'article 4, c'est-à-dire l'État R, mais selon l'article 19[2], le droit exclusif peut être attribué à l'autre État contractant (S) dont le contribuable n'est pas un résident au sens de l'article 4.

7. Pour d'autres éléments de revenu et de fortune, l'attribution du droit d'imposer n'est pas exclusive et l'article correspondant déclare alors que le revenu et la fortune en question « sont imposables » dans l'État contractant (S ou E) dont le contribuable n'est pas un résident au sens de l'article 4. Dans un tel cas, l'État de la résidence (R) doit accorder un dégrèvement de manière à éviter la double imposition. Les paragraphes 1 et 2 de l'article 23 A et le paragraphe 1 de l'article 23 B sont conçus pour accorder le dégrèvement nécessaire.

8. Les articles 23 A et 23 B s'appliquent à la situation dans laquelle un résident de l'État R reçoit un revenu provenant de l'autre État contractant E ou S (qui n'est pas l'État de la résidence au sens de la Convention), ou y possède de la fortune, et que ce revenu ou cette fortune sont imposables dans cet autre État E ou S conformément à la Convention. Les articles ne s'appliquent donc qu'à l'État de résidence et ne prescrivent pas comment l'autre État contractant E ou S doit procéder.

9. Lorsqu'un résident de l'État contractant R reçoit des revenus provenant du même État R par l'intermédiaire d'un établissement stable qu'il a dans l'autre État contractant E, l'État E peut imposer ces revenus (à l'exception des revenus de biens immobiliers situés dans l'État R) s'ils sont imputables à cet établissement stable (paragraphe 1 de l'article 7 et paragraphe 2 de l'article 21). Dans cette hypothèse également, l'État R doit accorder un dégrèvement en vertu de l'article 23 A ou de l'article 23 B pour les revenus imputables à l'établissement stable situé dans l'État E, nonobstant le fait que les revenus en question proviennent originellement de l'État R (voir aussi le paragraphe 5 des Commentaires sur l'article 21). Cependant, lorsque les États contractants conviennent d'accorder à l'État R un droit limité d'imposition en tant qu'État de la source des dividendes ou intérêts dans les limites fixées au paragraphe 2 de l'article 10 ou 11 respectivement, les deux États doivent alors

1 Voir la première phrase du paragraphe 1 de l'article 7, le paragraphe 1 de l'article 8, le paragraphe 1 de l'article 12, les paragraphes 3 et 5 de l'article 13, la première phrase du paragraphe 1 ainsi que les paragraphes 2 et 3 de l'article 15, l'article 18, les paragraphes 1 et 2 de l'article 19, le paragraphe 1 de l'article 21 et les paragraphes 3 et 4 de l'article 22.

2 Voir l'alinéa *a*) des paragraphes 1 et 2 de l'article 19.

également convenir de l'imputation qui doit être accordée par l'État E pour l'impôt prélevé par l'État R, par analogie au paragraphe 2 de l'article 23 A ou au paragraphe 1 de l'article 23 B.

9.1 Cependant, lorsque l'État R applique la méthode de l'exemption, une difficulté peut se présenter pour l'imposition de dividendes ou d'intérêts dans l'État de la résidence en tant qu'État de la source : le jeu combiné des articles 7 et 23 A empêche cet État d'imposer ces revenus, alors que s'ils étaient payés à un résident de l'autre État, l'État R, étant l'État de la source des dividendes ou des intérêts, pourrait imposer ces dividendes ou intérêts aux taux prévus au paragraphe 2 des articles 10 et 11. Les États contractants qui ne trouveraient pas cette situation satisfaisante pourront inclure dans leurs conventions une disposition selon laquelle l'État de la résidence a le droit, en tant qu'État de la source des dividendes et des intérêts, de prélever un impôt sur ces revenus aux taux prévus au paragraphe 2 des articles 10 et 11 même s'il applique la méthode de l'exemption. L'État où est situé l'établissement stable accorderait une imputation semblable aux dispositions du paragraphe 2 de l'article 23 A ou du paragraphe 1 de l'article 23 B à l'égard de cet impôt ; le bénéfice de cette imputation ne serait évidemment pas accordé dans les cas où, en vertu de sa législation interne, l'État où est situé l'établissement stable n'impose pas les dividendes ou intérêts rattachés à cet établissement.

10. Lorsqu'un résident de l'État R reçoit des revenus provenant d'un État tiers par l'intermédiaire d'un établissement stable qu'il possède dans l'État E, cet État E peut imposer ces revenus (à l'exception des revenus des biens immobiliers situés dans l'État tiers) s'ils sont imputables à cet établissement stable (paragraphe 1 de l'article 7 et paragraphe 2 de l'article 21). L'État R doit, en vertu des articles 23 A et 23 B, accorder un dégrèvement pour le revenu imputable à l'établissement stable situé dans l'État E. Mais la Convention ne comprend aucune disposition relative au dégrèvement que l'État E doit accorder pour des impôts perçus dans l'État tiers d'où le revenu provient ; toutefois, en vertu du paragraphe 3 de l'article 24, tout dégrèvement prévu par la législation interne de l'État E (à l'exclusion de toute convention de double imposition) au profit de résidents de l'État E doit également être accordé à un établissement stable de l'État E d'une entreprise de l'État R (voir les paragraphes 67 à 72 des Commentaires sur l'article 24).

11. Le conflit qui existe dans le cas c) du paragraphe 3 ci-dessus n'est pas couvert par la Convention puisque, aux termes de l'article 1, la Convention s'applique seulement aux personnes qui sont des résidents d'un État ou des deux États. Ce cas peut cependant être réglé par voie de procédure amiable (voir également paragraphe 10 ci-dessus).

11.1 Dans certains cas, le même élément du revenu ou de la fortune peut être imposé par chaque État contractant en tant qu'élément du revenu ou de la fortune de l'un de ses résidents. Cela peut se produire lorsque, par exemple, l'un des États contractants impose le revenu mondial d'une entité qui est un résident de cet État, tandis que l'autre État considère que cette entité est transparente sur le plan fiscal et impose les membres de cette entité qui sont résidents de cet autre État sur leur fraction respective du revenu. La phrase « (sauf dans la mesure où ces dispositions autorisent l'imposition par cet autre État uniquement parce que le revenu est également un revenu reçu par un résident de cet autre État ou parce que la fortune est également une fortune possédée par un résident de cet autre État) » précise qu'en pareils cas, les deux États ne sont pas réciproquement tenus d'éliminer la double imposition à l'égard de l'impôt prélevé par l'autre État exclusivement sur la base de la résidence du contribuable, et que chaque État est donc tenu d'éliminer la double imposition uniquement dans la mesure où l'imposition par l'autre État est conforme aux dispositions de la Convention qui autorisent l'imposition du revenu concerné ou de la fortune concernée en tant qu'État de la source ou État où se trouve un établissement stable auquel ce revenu ou cette fortune est attribuable, ce qui exclut l'imposition qui résulterait uniquement du fait qu'une personne est résidente de cet autre État. Même si ce résultat serait une conséquence logique de la formulation des articles 23 A et 23 B même en l'absence de cette phrase, l'ajout de la phrase dissipe tout doute à cet égard.

11.2 Les principes exposés au paragraphe précédent sont illustrés par les exemples suivants :

— Exemple A : Une entité établie dans l'État R est un résident de l'État R et est donc taxée sur son revenu mondial dans cet État. L'État S considère que cette entité est transparente sur le plan fiscal et impose les membres de cette entité sur leur fraction respective du revenu perçu par l'entité. Tous les membres de l'entité sont résidents de l'État S. L'intégralité du revenu de l'entité constitue des bénéfices d'entreprise attribuables à un établissement stable situé dans l'État R. Dans ce cas, pour déterminer l'impôt dû par l'entité, l'État R ne sera pas obligé d'accorder l'allégement prévu par l'article 23 A ou 23 B au titre du revenu de l'entité car la résidence des membres de l'entité est la seule raison qui autorise l'État S à imposer ce revenu conformément aux dispositions de la Convention. L'État S, en revanche, sera tenu d'accorder l'allégement visé par l'article 23 A ou 23 B pour l'intégralité du revenu de l'entité car ce revenu est imposable dans l'État R conformément aux dispositions de l'article 7, indépendamment du fait que l'État R considère que ce revenu est perçu par une entité résidente de l'État R. Pour déterminer le montant de l'impôt sur le revenu payé dans l'État R aux fins d'accorder l'allégement de la double imposition aux membres de l'entité en vertu de l'article 23 B, l'État S devrait prendre en compte le montant de l'impôt payé par l'entité dans l'État R.

— Exemple B : Les faits sont identiques à ceux de l'exemple A, à ceci près que 30 pour cent du revenu provenant de l'entité sont des intérêts générés dans l'État S qui sont attribuables à un établissement stable situé dans l'État R, et le reste du revenu se compose de bénéfices d'entreprise attribuables au même établissement stable. Dans ce cas, l'allégement de la double imposition au titre des bénéfices d'entreprise autres que les intérêts sera accordé conformément aux principes décrits dans l'exemple A. S'agissant des intérêts, cependant, l'État R sera tenu d'accorder un crédit à l'entité en application du paragraphe 2 de l'article 23 A ou du paragraphe 1 de l'article 23 B pour le montant de l'impôt sur les intérêts payé dans l'État S par tous les membres de l'entité, plafonné à 10 pour cent du montant brut des intérêts (qui correspond au montant maximum de l'impôt qui peut être payé dans l'État S conformément au paragraphe 2 de l'article 11) ou à l'impôt dû dans l'État R sur ces intérêts (dernière partie du paragraphe 2 de l'article 23 A et du paragraphe 1 de l'article 23 B), le montant le plus faible des deux s'appliquant. L'État S, en revanche, sera également tenu d'accorder l'allégement en vertu de l'article 23 A ou 23 B aux membres de l'entité qui sont résidents de l'État S parce que ce revenu est imposable dans l'État R conformément aux dispositions du paragraphe 1 de l'article 7. Si l'État S applique la méthode d'exemption décrite à l'article 23 A, cela suggère que l'État S devra exempter la fraction des intérêts attribuable aux membres qui sont résidents de l'État S (voir le paragraphe 5 des Commentaires sur l'article 21 et le paragraphe 9 des Commentaires sur les articles 23 A et 23 B). Si l'État S applique la méthode d'imputation décrite à l'article 23 B, le crédit devrait s'imputer uniquement à la fraction de l'impôt dû dans l'État S qui dépasse le montant de l'impôt que l'État S serait fondé à percevoir en vertu du paragraphe 2 de l'article 11, et ce crédit devrait correspondre au montant de l'impôt payé dans l'État R après déduction du crédit que l'État R doit lui-même accorder au titre de l'impôt dû dans l'État S en vertu du paragraphe 2 de l'article 11.

— Exemple C : Les faits sont identiques à ceux de l'exemple A, à ceci près que l'intégralité du revenu de l'entité provient de biens immobiliers situés dans l'État S. Dans ce cas, pour déterminer l'impôt dû par l'entité, l'État R sera tenu d'accorder l'allégement prévu par l'article 23 A ou 23 B pour l'intégralité du revenu de l'entité, car ce revenu est imposable dans l'État S conformément aux dispositions de l'article 6, indépendamment du fait que l'État S considère que ce revenu est perçu par les membres qui sont résidents de l'État S. L'État S, en revanche, n'est pas tenu d'accorder l'allégement prévu par l'article 23 A ou 23 B parce que la résidence de l'entité est la seule raison qui autorise l'État R à imposer ce revenu conformément aux dispositions de la Convention (le résultat serait identique même si le revenu était attribuable à un établissement stable situé dans l'État R : voir la première phrase du paragraphe 9 des Commentaires sur les articles 23 A et 23 B).

— Exemple D : Les faits sont identiques à ceux de l'exemple A, à ceci près que l'intégralité du revenu de l'entité est perçue sous forme d'intérêts générés dans l'État S qui ne sont pas attribuables à un établissement stable. Dans ce cas, aux fins de la détermination de l'impôt dû par l'entité, l'État R sera tenu d'accorder un crédit à l'entité en application du paragraphe 2 de l'article 23 A ou du paragraphe 1 de l'article 23 B pour le montant de l'impôt payé sur les intérêts dans l'État S par tous les membres de l'entité, plafonné à 10 pour cent du montant brut des intérêts (qui correspond au montant maximum de l'impôt qui peut être payé dans l'État S conformément aux dispositions du paragraphe 2 de l'article 11) ou à l'impôt dû dans l'État R sur ces intérêts (dernière partie du paragraphe 2 de l'article 23 A et du paragraphe 1 de l'article 23 B), le montant le plus faible des deux s'appliquant. L'État S, en revanche, ne sera pas tenu d'accorder l'allègement en vertu de l'article 23 A ou 23 B au titre du revenu de l'entité étant donné que ce revenu n'est pas généré dans l'État R et n'est pas attribuable à un établissement stable situé dans l'État R, et que la seule raison qui autorise l'État R à imposer ce revenu est qu'il s'agit également d'un revenu perçu par un résident de l'État R. Le paragraphe 1 de l'article 11 confirme le droit de l'État R d'imposer les intérêts en tant que revenu perçu par une entité résidente de l'État R.

— Exemple E : Les faits sont identiques à ceux de l'exemple D, à ceci près que l'intégralité du revenu de l'entité est perçue sous forme d'intérêts générés dans l'État R. Dans ce cas, aux fins de la détermination de l'impôt dû par l'entité, l'État R ne sera pas tenu d'accorder un allègement conformément aux dispositions de l'article 23 A ou 23 B au titre du revenu perçu par l'entité car la seule raison qui autorise l'État S à imposer ce revenu conformément aux dispositions de la Convention est la résidence des membres de l'entité. L'État S, en revanche, sera tenu d'accorder un crédit aux membres en application du paragraphe 2 de l'article 23 A ou du paragraphe 1 de l'article 23 B pour le montant de l'impôt sur les intérêts payé par l'entité dans l'État R, plafonné à 10 pour cent du montant brut des intérêts (qui correspond au montant maximum de l'impôt qui peut être payé dans l'État R conformément aux dispositions du paragraphe 2 de l'article 11) ou à l'impôt dû dans l'État S sur ces intérêts (dernière partie du paragraphe 2 de l'article 23 A et du paragraphe 1 de l'article 23 B), le montant le plus faible des deux s'appliquant. L'État S ne sera toutefois pas tenu d'accorder un allègement conformément aux dispositions de l'article 23 A ou 23 B au titre de l'impôt payé dans l'État R au-delà du montant maximum de l'impôt qui peut être prélevé conformément aux dispositions du paragraphe 2 de l'article 11 étant donné que les intérêts ne sont pas attribuables à un établissement stable dans l'État R, et que la seule raison qui autorise l'État R à prélever cet impôt supplémentaire est que le revenu est également un revenu perçu par un résidente de l'État R. Même si le paragraphe 2 de l'article 11 et le paragraphe 3 de l'article 1 confirment le droit de l'État R d'imposer les intérêts en tant qu'intérêts provenant de l'État R, l'État S considère que le bénéficiaire effectif de ces intérêts est un résident de l'État S, ce qui explique pourquoi il ne tient pas compte de l'impôt payé dans l'État R qui dépasse 10 pour cent du montant des intérêts.

— Exemple F : Les faits sont identiques à ceux de l'exemple D, à ceci près que l'intégralité du revenu de l'entité est perçue sous forme d'intérêts dans un État tiers. Dans ce cas, aux fins de la détermination de l'impôt dû par l'entité, l'État R ne sera pas tenu d'accorder un allègement conformément aux dispositions de l'article 23 A ou 23 B au titre du revenu perçu par l'entité car la seule raison qui autorise l'État S à imposer ce revenu conformément aux dispositions de la Convention est la résidence des membres de l'entité. L'État S ne sera pas non plus tenu d'accorder un allègement conformément aux dispositions de l'article 23 A ou 23 B au titre du revenu perçu par l'entité étant donné que ce revenu n'est pas perçu dans l'État R et n'est pas attribuable à un établissement stable situé dans l'État R, et que la seule raison qui autorise l'État R à imposer ce revenu est qu'il s'agit également d'un revenu perçu par un résident de l'État R. Le paragraphe 1 de l'article 21 confirme le droit de l'État R d'imposer les intérêts en tant que revenu perçu par une entité résidente de l'État R. Le paragraphe 1 de l'article 21 confirme également le droit de l'État S d'imposer les intérêts en tant que revenu perçu par les membres de l'entité qui sont résidents de l'État S.

B. *Description des méthodes pour éliminer les doubles impositions*

12. Les conventions existantes suivent deux principes directeurs pour éliminer la double imposition par l'État dont le contribuable est un résident. Pour simplifier, il ne sera question ici que de l'impôt sur le revenu, mais les principes s'appliquent de la même façon à l'impôt sur la fortune.

1. *Le principe de l'exemption*

13. Suivant le principe de l'exemption, l'État de la résidence R n'assujettit pas à l'impôt les revenus imposables, selon la Convention, dans l'État E ou S (et, évidemment, pas non plus les revenus qui ne sont imposables que dans l'État E ou S ; voir le paragraphe 6 ci-dessus).

14. Le principe de l'exemption peut être appliqué suivant deux méthodes principales :

a) le revenu imposable dans l'État E ou S n'est, en aucune façon, pris en compte par l'État R aux fins de son impôt ; l'État R n'est donc pas en droit de prendre en considération le revenu ainsi exempté lorsqu'il fixe l'impôt à percevoir sur le reste du revenu ; cette méthode est appelée « exemption intégrale » ;

b) le revenu imposable dans l'État E ou S n'est pas imposé par l'État R, mais l'État R conserve le droit de prendre en considération ce revenu lorsqu'il fixe l'impôt à percevoir sur le reste du revenu ; cette méthode est appelée « exemption avec progressivité ».

2. *Le principe de l'imputation*

15. Suivant le principe de l'imputation, l'État de résidence R calcule l'impôt sur la base du montant total des revenus du contribuable, y compris ceux qui proviennent de l'autre État E ou S qui, conformément à la Convention, sont imposables dans cet autre État (mais non compris les revenus qui ne sont imposables que dans l'État S ; voir le paragraphe 6 ci-dessus). Il déduit ensuite de l'impôt qui lui est dû celui qui est payé dans l'autre État.

16. Le principe de l'imputation peut être appliqué suivant deux méthodes principales :

a) l'État R accorde une déduction correspondant au montant total de l'impôt effectivement payé dans l'autre État sur des revenus imposables dans cet État ; cette méthode est appelée « imputation intégrale » ;

b) la déduction accordée par l'État R au titre de l'impôt payé dans l'autre État est limitée à la fraction de son propre impôt qui correspond aux revenus imposables dans l'autre État ; cette méthode est appelée « imputation ordinaire ».

17. La différence fondamentale entre les méthodes consiste en ce que les méthodes de l'exemption considèrent le revenu alors que les méthodes de l'imputation considèrent l'impôt.

C. *Application et conséquences des méthodes*

18. Un exemple chiffré permettra de faire mieux comprendre les conséquences des diverses méthodes. Prenons par exemple un revenu total de 100 000 dont 80 000 proviennent d'un État (État de la résidence R) et 20 000 de l'autre État (État de la source S). Supposons que dans l'État R le taux de l'impôt est de 35 pour cent sur un revenu de 100 000 et de 30 pour cent sur un revenu de 80 000. Supposons également que dans l'État S le taux est soit de 20 pour cent — cas *(i)* — soit de 40 pour cent — cas *(ii)* — de sorte que l'impôt à payer dans cet État sur 20 000 correspondra à 4 000 dans le cas *(i)*, ou 8 000 dans le cas *(ii)*, respectivement.

19. Si le contribuable tire la totalité de son revenu de 100 000 de l'État R, l'impôt auquel il est assujetti sera de 35 000. S'il dispose d'un revenu du même montant, mais qui est constitué comme il est indiqué ci-dessus, et si aucun dégrèvement n'est prévu dans la législation interne de l'État R et s'il n'existe aucune convention entre l'État R et l'État S, le montant total de l'impôt sera dans le cas *(i)* de 35 000 + 4 000 = 39 000, et dans le cas *(ii)* de 35 000 + 8 000 = 43 000.

1. *Méthodes de l'exemption*

20. Selon les méthodes de l'exemption, l'État R restreint son imposition à la partie du montant total des revenus qu'il a le droit d'imposer conformément aux divers articles de la Convention, c'est-à-dire 80 000.

a) Exemption intégrale

L'État R perçoit l'impôt sur 80 000 au taux de l'impôt applicable aux 80 000, c'est-à-dire à 30 pour cent.

	Cas (i)	Cas (ii)
Impôt dans l'État R, 30% de 80 000	24 000	24 000
Plus impôt dans l'État S	4 000	8 000
Impôts totaux	28 000	32 000
Dégrèvement accordé dans l'État R	11 000	11 000

b) Exemption avec progressivité

L'État R perçoit l'impôt sur 80 000 au taux d'impôt applicable au revenu total d'où qu'il provienne (100 000), c'est-à-dire à 35 pour cent.

	Cas (i)	Cas (ii)
Impôt dans l'État R, 35% de 80 000	28 000	28 000
Plus impôt dans l'État S	4 000	8 000
Impôts totaux	32 000	36 000
Dégrèvement accordé par l'État R	7 000	7 000

21. Dans l'un et l'autre cas, le niveau de l'impôt perçu dans l'État S n'influera en aucune façon sur le montant total de l'impôt auquel l'État R renonce. Lorsque le taux de l'impôt sur des revenus provenant de l'État S est moins élevé dans l'État S que le dégrèvement qui doit être accordé par l'État R — cas *a* (i), *a* (ii) et *b* (i) — le contribuable obtiendra un résultat plus avantageux que si son revenu total provenait uniquement de l'État R et, dans le cas inverse — cas *b* (ii) — un résultat moins avantageux.

22. L'exemple montre également que le dégrèvement accordé lorsque l'État R applique la méthode de l'exemption intégrale peut être plus élevé que l'impôt perçu dans l'État S, même si les taux de l'impôt de l'État S sont plus élevés que dans l'État R. Cette conséquence résulte du fait que dans la méthode de l'exemption intégrale, il n'y a pas que l'impôt de l'État R sur le revenu de l'État S qui est abandonné (35 pour cent de 20 000 = 7 000 ; comme dans l'exemption avec progressivité), mais l'impôt frappant le reste du revenu (80 000) est également réduit d'un montant correspondant à la différence des taux applicables dans l'État R aux deux niveaux de revenu (35 moins 30 = 5 pour cent appliqués aux 80 000 = 4 000).

2. *Méthodes de l'imputation*

23. Selon les méthodes de l'imputation, l'État R conserve son droit d'imposer le revenu total du contribuable mais accorde une déduction sur l'impôt ainsi calculé.

a) Imputation intégrale

L'État R calcule l'impôt sur le montant total des 100 000 au taux de 35 pour cent et accorde la déduction de l'impôt dû dans l'État S sur le revenu provenant de S.

	Cas (i)	Cas (ii)
Impôt dans l'État R, 35% de 100 000	35 000	35 000
moins impôt dans l'État S	- 4 000	- 8 000
Impôt dû	31 000	27 000
Impôts totaux	35 000	35 000
Dégrèvement accordé par l'État R	4 000	8 000

b) *Imputation ordinaire*

L'État R calcule l'impôt sur le revenu total de 100 000 au taux de 35 pour cent et accorde la déduction de l'impôt dû dans l'État S sur le revenu provenant de S, mais en aucun cas il ne l'accorde pour un montant supérieur à la partie de l'impôt dans l'État R imputable au revenu provenant de S (déduction maximum). La déduction maximum sera de 35 pour cent de 20 000 = 7 000.

	Cas (i)	Cas (ii)
Impôt dans l'État R, 35% de 100 000	35 000	35 000
moins impôt dans l'État S	- 4 000	
moins déduction maximum		- 7 000
Impôt dû	31 000	28 000
Impôts totaux	35 000	36 000
Dégrèvement accordé par l'État R	4 000	7 000

24. L'une des caractéristiques des méthodes de l'imputation comparées aux méthodes de l'exemption est que l'État R n'est jamais tenu d'accorder une déduction supérieure au montant de l'impôt dû dans l'État S.

25. Si l'impôt dû dans l'État S est moins élevé que l'impôt de l'État R calculé sur le revenu de l'État S (déduction maximum), le contribuable devra toujours acquitter le même montant d'impôt que s'il avait été imposé uniquement dans l'État R, c'est-à-dire que si son revenu total provenait uniquement de l'État R.

26. On aboutit à un résultat identique lorsque l'impôt dû dans l'État S est le plus élevé mais que l'État R applique l'imputation intégrale, tout au moins aussi longtemps que l'impôt total dû dans l'État R est au moins aussi élevé ou plus élevé que le montant de l'impôt dû dans l'État S.

27. Lorsque l'impôt dû dans l'État S est plus élevé et que la déduction est limitée (imputation ordinaire), le contribuable n'est pas dégrevé du total de l'impôt acquitté dans l'État S. Dans une telle hypothèse, la situation serait donc moins avantageuse que dans le cas où il tirerait la totalité de son revenu de l'État R et, dans ces conditions, la méthode de l'imputation ordinaire aurait les mêmes effets que la méthode de l'exemption avec progressivité.

Tableau 23-1 Montant total des impôts perçus dans les cas cités ci-dessus

A. Tous les revenus proviennent de l'État R	Impôt total = 35 000	
B. Revenu provenant de deux États : 80 000 dans l'État R et 20 000 dans l'État S	Impôt total si l'impôt de l'État S est	
	4 000 (cas (i))	8 000 (cas (ii))
Aucune convention (19)[1]	39 000	43 000
Exemption intégrale (20*a*)	28 000	32 000
Exemption avec progressivité (20*b*)	32 000	36 000
Imputation intégrale (23*a*)	35 000	35 000
Imputation ordinaire (23*b*)	35 000	36 000

1 Les numéros entre parenthèses se réfèrent aux paragraphes de ces Commentaires.

Tableau 23-2 Montant de l'impôt auquel l'État de la résidence a renoncé

	Si l'impôt de l'État S est :	
	4 000 (cas (i))	8 000 (cas (ii))
Aucune convention	0	0
Exemption intégrale (20*a*)[1]	11 000	11 000
Exemption avec progressivité (20*b*)	7 000	7 000
Imputation intégrale (23*a*)	4 000	8 000
Imputation ordinaire (23*b*)	4 000	7 000

1 Les numéros entre parenthèses se réfèrent aux paragraphes de ces Commentaires.

D. *Méthodes proposées dans les articles*

28. Dans les conventions conclues entre les pays membres de l'OCDE, les deux principes ont été suivis : certains États sont partisans du premier, d'autres du second. Théoriquement, il pourrait paraître préférable d'avoir un seul principe, mais étant donné les divergences d'opinion, on a laissé à chaque État toute liberté de choix.

29. En revanche, on a jugé important de limiter le nombre des méthodes utilisables fondées sur chaque principe directeur. Eu égard à cette limitation, les articles sont conçus de façon à laisser aux pays membres le choix entre deux méthodes :

- — l'exemption avec progressivité (article 23 A) et
- — l'imputation ordinaire (article 23 B).

30. Si deux États contractants adoptent la même méthode, il suffira d'insérer dans la Convention l'article correspondant. Si au contraire deux États contractants adoptent des méthodes différentes, les deux articles pourront être fusionnés en un seul et il

faudra mentionner le nom de l'État en cause dans la partie de l'article correspondant à la méthode qu'il a adoptée.

31. Des États contractants peuvent utiliser une combinaison des deux méthodes. Une telle combinaison est en fait nécessaire à un État contractant R qui adopte d'une manière générale la méthode de l'exemption, dans le cas des revenus qui peuvent être assujettis à un impôt limité dans l'autre État contractant S en vertu des articles 10 et 11. Dans ce cas, l'article 23 A prévoit à son paragraphe 2 une imputation pour l'impôt limité perçu dans l'autre État contractant S (des modifications aux paragraphes 1 et 2 de l'article 23 A peuvent toutefois s'avérer nécessaire dans le cas de distributions d'une société de placement immobilier lorsque des dispositions similaires à celles suggérées aux paragraphes 67.1 à 67.7 des Commentaires sur l'article 10 ont été adoptées par les États contractants). De plus les États qui adoptent de manière générale la méthode de l'exemption peuvent souhaiter exclure de cette exemption certains éléments de revenu et leur appliquer la méthode de l'imputation. Dans ce cas, le texte du paragraphe 2 de l'article 23 A pourrait être modifié afin d'inclure ces éléments de revenu.

31.1 Le paragraphe 2 pourrait par exemple être modifié de cette manière lorsqu'un État qui pratique d'une manière générale la méthode de l'exemption considère que cette méthode ne devrait pas être appliquée à des éléments de revenus qui bénéficient d'un traitement fiscal préférentiel dans l'autre État en raison d'une mesure introduite par cet État après la date de la signature de la Convention. Afin de prendre en compte ces éléments de revenus, le paragraphe 2 pourrait être modifié comme suit :

> 2. Lorsqu'un résident d'un État contractant perçoit un élément de revenu qui
>
> *a)* est imposable dans l'autre État contractant conformément aux dispositions des articles 10 et 11 (sauf dans la mesure où ces dispositions permettent l'imposition par cet autre État uniquement parce que le revenu est également un revenu reçu par un résident de cet autre État), ou
>
> *b)* est imposable dans l'autre État contractant conformément aux dispositions de la présente Convention (sauf dans la mesure où ces dispositions permettent l'imposition par cet autre État uniquement parce que le revenu est également un revenu reçu par un résident de cet autre État), mais bénéficie d'un régime fiscal préférentiel dans cet État en raison d'une mesure fiscale
>
> *(i)* introduite dans l'autre État contractant après la date de signature de la présente Convention, et
>
> *(ii)* à l'égard de laquelle cet État a avisé les autorités compétentes de l'autre État, avant que cet élément de revenu n'ait été perçu et après consultation avec cet État, que ce paragraphe devait s'appliquer,
>
> le premier État accorde, sur l'impôt qu'il perçoit sur les revenus de ce résident, une déduction d'un montant égal à l'impôt payé dans cet autre État. Cette déduction ne peut toutefois excéder la fraction de l'impôt, calculé avant déduction, correspondant à cet élément de revenu tiré de cet autre État.

32. Les deux articles sont conçus d'une manière générale et ne donnent pas de règles détaillées concernant le calcul de l'exemption ou l'imputation, ceci étant laissé à la législation interne et à la pratique applicables. Les États contractants qui estiment nécessaire de régler un problème particulier dans la Convention elle-même demeurent libres de le faire dans leurs négociations bilatérales.

E. *Conflits de qualification*

32.1 En vertu des articles 23 A et 23 B, un allégement d'impôt doit être accordé par la méthode d'exemption ou par la méthode d'imputation, selon le cas, lorsqu'un élément de revenu ou de fortune est imposable dans l'État de la source conformément aux dispositions de la Convention. L'État de la résidence a donc l'obligation d'appliquer la méthode d'exemption ou la méthode d'imputation à un élément de revenu ou de fortune dont la Convention autorise l'imposition par l'État de la source.

32.2 L'interprétation des mots « sont imposables dans l'autre État contractant conformément aux dispositions de la présente Convention » qui sont utilisés dans les deux articles présente une importance particulière pour le traitement des cas dans lesquels l'État de la résidence et l'État de la source classent de manière différente le même élément de revenu ou de fortune pour l'application des dispositions de la Convention.

32.3 Différentes situations doivent être prises en considération à cet égard. Lorsque, en raison de différences entre les droits internes de l'État de la source et de l'État de la résidence, le premier applique à un élément particulier de revenu ou de fortune, des dispositions de la Convention différentes de celles qu'auraient appliquées l'État de la résidence au même élément, le revenu n'en reste pas moins imposé conformément aux dispositions de la Convention telles que les interprète et les applique l'État de la source. Dans un cas de ce genre, les deux articles requièrent donc que l'État de la résidence accorde un allégement de la double imposition en dépit du conflit de qualification résultant de ces différences entre les droits internes.

32.4 Ce point peut être illustré par l'exemple suivant : une société de personnes établie dans l'État E exerce une activité économique dans cet État par l'intermédiaire d'un établissement stable. Un associé, résidant de l'État R, cède ses intérêts dans cette société de personnes. L'État E traite la société de personnes comme transparente sur le plan fiscal tandis que l'État R la considère comme une entité imposable. L'État E considère donc que la cession de la participation dans la société de personnes constitue, pour l'application de sa convention avec l'État R, l'aliénation par la société des actifs qui sous-tendent les activités de la société de personnes, aliénation qui peut être imposée par cet État en application des paragraphes 1 ou 2 de l'article 13. L'État R, qui traite la société de personnes comme une entité imposable, considère que l'aliénation de l'intérêt dans la société de personnes est assimilable à la cession des actions d'une société par actions, laquelle ne peut pas être imposée par l'État E en vertu du paragraphe 5 de l'article 13. Dans ce cas, le conflit de qualification résulte exclusivement de la différence de traitement de sociétés de personnes dans la législation interne des deux États et l'État E doit être considéré par l'État R comme ayant imposé la plus-value de cession « conformément aux dispositions de la Convention » pour l'application de l'article 23 A ou de l'article 23 B. L'État R doit donc accorder une exemption en vertu de l'article 23 A ou un crédit d'impôt en vertu de l'article 23 B en dépit du fait qu'en vertu de son droit interne, il traite la plus-value de cession comme un revenu provenant de la cession d'actions d'une société par actions et que si la définition du revenu par l'État E était conforme à celle de l'État R, ce dernier n'aurait pas à accorder d'allégement au titre de l'article 23 A ou de l'article 23 B. Aucune double imposition ne sera donc constatée dans ce cas.

32.5 Toutefois, l'article 23 A ou l'article 23 B n'exigent pas de l'État de la résidence qu'il élimine la double imposition dans tous les cas où l'État de la source a soumis à imposition un élément de revenu en lui appliquant une disposition de la Convention qui est différente de celle que l'État de la résidence considère comme applicable. Ainsi, dans l'exemple ci-dessus, si pour l'application du paragraphe 2 de l'article 13, l'État E considère que la société de personnes a exercé une activité par l'intermédiaire d'une installation fixe d'affaires alors que l'État R soutient qu'il y a lieu d'appliquer le paragraphe 5 parce que la société de personnes n'a pas d'installation fixe d'affaires dans l'État E, le différend porte sur la question de savoir si l'État E a imposé le revenu conformément aux dispositions de la Convention. La même question peut se poser si l'État E, pour l'application du paragraphe 2 de l'article 13, a interprété les mots « qui font partie de l'actif » comme couvrant certains actifs qui ne seraient pas entrés dans le champ d'application de cette disposition selon l'interprétation donnée par l'État R. Ces conflits qui résultent de différences d'interprétation des faits ou des dispositions de la Convention doivent être distingués des conflits de qualification décrits dans le paragraphe ci-dessus qui résultent non pas de différences d'interprétation de dispositions de la Convention mais de différences entre les législations internes. Dans le premier cas, l'État de la résidence peut soutenir que l'État de la source n'a pas appliqué son impôt conformément aux dispositions de la Convention si cette application a été basée sur ce que l'État de la résidence considère comme une interprétation erronée des faits ou de la Convention. Les États devraient utiliser les dispositions de l'article 25 (procédure amiable), et en particulier de son paragraphe 3, pour résoudre les conflits de ce type lorsque les différences d'approche conduiraient à une double imposition.

32.6 Par ailleurs, les mots « conformément aux dispositions de la présente Convention, sont imposables » doivent aussi être interprétés en relation avec des cas possibles de double exemption qui peuvent résulter de l'application de l'article 23. Lorsque l'État de la source considère que les dispositions de la Convention lui interdisent de soumettre à l'impôt un élément de revenu ou de fortune qu'il aurait normalement eu le droit d'imposer, l'État de la résidence doit, pour l'application du paragraphe 1 de l'article 23 A, considérer que cet élément de revenu n'est pas imposable par l'État de la source conformément aux dispositions de la Convention même s'il aurait lui-même appliqué la Convention de manière différente de sorte qu'il aurait eu le droit d'imposer ce revenu, s'il avait été l'État de la source. L'État de la résidence n'est donc pas tenu par le paragraphe 1 d'exempter l'élément de revenu, résultat qui est conforme à la fonction de base de l'article 23 qui est d'éliminer la double imposition.

32.7 Cette situation peut être illustrée par référence à une variante de l'exemple ci-dessus. Une activité est exercée par l'intermédiaire d'une installation fixe d'affaires dans l'État E par une société de personnes établie dans cet État et un associé, résidant dans l'État R, aliène ses intérêts dans cette société. On modifie toutefois les faits de l'exemple en supposant que E traite la société de personnes comme une entité imposable tandis que l'État R la considère comme transparente du point de vue fiscal ; on suppose par ailleurs que l'État R applique la méthode d'exemption. L'État E, qui traite la société de personnes comme une société par actions, considère que l'aliénation de l'intérêt dans la société de personnes est assimilable à la cession des actions d'une société par actions qu'il ne peut pas imposer en vertu du paragraphe 5 de l'article 13. L'État R considère pour sa part que l'aliénation de la participation dans la société de personnes aurait dû être imposée par l'État E car elle représente l'aliénation par l'associé des actifs qui sous-tendent les activités de la société de personnes, aliénation à laquelle les paragraphes 1 ou 2 de l'article 13 seraient applicables. Pour déterminer s'il a l'obligation d'exempter le revenu en vertu du paragraphe 1 de l'article 23 A, l'État R devrait cependant considérer que, eu égard à la combinaison de l'application des dispositions de la convention et de celle du droit interne de l'État E, le revenu n'est pas imposable par l'État E conformément aux dispositions de la Convention. L'État R n'est donc pas obligé d'exempter le revenu.

F. *Décalage quant au moment de l'imposition*

32.8 Les dispositions de la Convention qui autorisent l'État de la source à imposer des éléments particuliers de revenu ou de capital ne prévoient aucune restriction quant au moment où l'impôt en question doit être appliqué (voir, par exemple, le paragraphe 2.2 des commentaires sur l'article 15). Puisque aussi bien l'article 23 A que l'article 23 B exigent que l'allégement soit accordé lorsqu'un élément de revenu ou de capital peut être imposé par l'État de la source conformément aux dispositions de la Convention, il s'ensuit que cet allégement doit être accordé quel que soit le moment où l'impôt est exigé par l'État de la source. L'État de la résidence doit donc accorder l'allégement de la double imposition par la méthode de l'imputation ou de l'exemption pour cet élément de revenu ou de capital, même si l'État de la source l'impose au cours d'une année antérieure ou postérieure. Toutefois, certains États ne suivent pas le libellé de l'article 23 A ou de l'article 23 B dans leurs conventions bilatérales et subordonnent l'allégement de la double imposition qu'ils accordent en vertu des conventions fiscales à ce qu'ils accordent en vertu de leur législation nationale. On attend néanmoins de ces pays qu'ils recherchent d'autres moyens (par exemple, la procédure amiable) pour alléger la double imposition qui pourrait sinon se produire dans le cas où l'État de la source applique l'impôt au cours d'une année fiscale différente.

II. Commentaires des dispositions de l'article 23 A (méthode d'exemption)

Paragraphe 1

A. Obligation incombant à l'État de la résidence d'accorder l'exemption

33. L'article prévoit que l'État de la résidence R doit exempter de l'impôt les revenus et la fortune qui « sont imposables » dans l'autre État E ou S conformément aux dispositions de la Convention.

34. En conséquence, l'État de la résidence doit exempter les revenus et la fortune qui sont imposables par l'autre État conformément aux dispositions de la Convention, que le droit d'imposer soit effectivement ou non exercé par cet autre État. Il semble que cette méthode soit la plus pratique, puisqu'elle dispense l'État de la résidence de se livrer à des enquêtes sur le régime fiscal effectivement appliqué dans l'autre État.

34.1 L'obligation d'exempter un élément particulier de revenu ou de fortune faite à l'État de la résidence dépend de la possibilité pour l'État de la source de soumettre cet élément à l'impôt conformément à la Convention. L'interprétation à donner à cette condition est examinée dans les paragraphes 32.1 à 32.7 ci-dessus. Toutefois lorsque la condition est remplie, l'obligation peut être considérée comme absolue sous réserve des exceptions des paragraphes 2 et 4 de l'article 23 A. Le paragraphe 2 traite le cas, déjà mentionné au paragraphe 31 ci-dessus, d'éléments de revenu qui ne peuvent être soumis qu'à un impôt limité dans l'État de la source. Pour ces éléments de revenu, il prévoit l'application de la méthode d'imputation (voir le paragraphe 47 ci-dessous). Le paragraphe 4 traite le cas de certains conflits de qualification qui entraîneraient une double exemption du fait de l'application de la Convention si l'État de la résidence était obligé d'accorder une exemption (voir les paragraphes 56.1 à 56.3 ci-dessous).

35. Le cas échéant, certains États contractants pourront juger parfois opportun, afin d'éviter une absence d'imposition, de déroger à l'obligation absolue incombant à l'État de la résidence d'accorder une exemption dans les cas où ni le paragraphe 2 ni le paragraphe 4 ne s'appliquerait. Tel sera le cas lorsqu'en vertu de la législation interne de l'État de la source, aucun impôt sur des éléments déterminés de revenu ou de fortune n'est prévu, ou lorsque l'impôt n'est pas effectivement perçu en raison de circonstances particulières, telles que la compensation avec des pertes, une erreur ou l'expiration du délai de prescription. Pour éviter une telle absence d'imposition d'éléments déterminés de revenu les États contractants peuvent convenir d'amender l'article correspondant lui-même (voir le paragraphe 9 des Commentaires sur l'article 15 et paragraphe 12 des Commentaires sur l'article 17 ; pour le cas inverse, dégrèvement dans l'État de la source sous condition d'une imposition effective dans l'État de la résidence, voir le paragraphe 20 des Commentaires sur l'article 10, paragraphe 10 des Commentaires sur l'article 11, paragraphe 6 des Commentaires sur l'article 12, paragraphe 21 des Commentaires sur l'article 13 et paragraphe 3 des Commentaires sur l'article 21). On pourrait aussi déroger à la règle dans le but de parvenir à une certaine réciprocité, lorsque l'un des États adopte la méthode de

l'imputation et l'autre celle de l'exemption. Enfin, il est aussi possible de faire exception à la règle générale lorsqu'un État souhaite appliquer à certains éléments de revenu la méthode de l'imputation plutôt que celle de l'exemption (voir le paragraphe 31 ci-dessus).

36. Il convient également de noter que, comme il est expliqué aux paragraphes 11.1 et 11.2 ci-dessus, l'article 23 A n'oblige pas un État contractant à exempter le revenu ou la fortune lorsque la seule raison pour laquelle l'autre État contractant peut imposer ce revenu ou cette fortune conformément aux dispositions de la Convention est que cet autre État attribue ce revenu ou cette fortune à un résident de cet autre État.

B. *Autre rédaction de l'article*

37. Telle qu'elle est formulée dans l'article, la méthode de l'exemption a pour effet de diminuer le revenu ou la fortune imposables dans l'État de la résidence du montant exonéré par cet État. Si, dans un État donné, le montant du revenu établi pour le calcul de l'impôt est utilisé à d'autres fins, par exemple pour le calcul de prestations de caractère social, l'application de la méthode de l'exemption sous la forme proposée pourra avoir pour effet de faire bénéficier de ces prestations des personnes qui n'y auraient pas droit. Pour remédier à cet inconvénient, il est possible de modifier l'article de façon que le revenu en question soit compris dans le revenu imposable par l'État de la résidence. Ce dernier devra alors renoncer à la fraction de l'impôt total correspondant au revenu en question. Cette procédure aboutirait au même résultat que la méthode proposée dans l'article. Les États pourront modifier en ce sens le texte de l'article. Si un État le désire, le paragraphe 1 de l'article peut être rédigé comme suit :

> Lorsqu'un résident d'un État contractant reçoit des revenus ou possède de la fortune qui, conformément aux dispositions de la présente Convention, ne sont imposables que ou sont imposables dans l'autre État contractant, le premier État déduit de l'impôt sur le revenu ou sur la fortune, sous réserve des dispositions du paragraphe 2, un montant égal à la fraction de l'impôt sur le revenu ou sur la fortune correspondant, selon le cas, aux revenus que ce résident reçoit de l'autre État ou à la fortune qu'il y possède.

Lorsque l'article est rédigé de cette manière, le paragraphe 3 n'est pas nécessaire et peut être omis.

C. *Problèmes divers*

38. L'article 23 A contient le principe selon lequel l'État de la résidence doit accorder l'exemption mais ne fournit pas de règles détaillées sur la question de savoir comment l'exemption doit être réalisée. Ceci est conforme à la structure générale de la Convention. Les articles 6 à 22 également posent des règles d'attribution du droit d'imposer les divers types de revenu ou de fortune sans traiter, en principe, de la détermination du revenu ou de la fortune imposables, des déductions, des taux d'impôts, etc. (voir cependant l'article 24). L'expérience a montré que de nombreux problèmes peuvent surgir. Ceci est particulièrement vrai en ce qui concerne

l'article 23 A. Certains d'entre eux sont traités dans les paragraphes suivants. En l'absence d'une disposition expresse de la Convention, la législation interne de chaque État contractant est applicable. Certaines conventions comprennent une référence expresse à la législation interne, mais ceci n'est évidemment d'aucun secours dès lors que la méthode de l'exemption n'est pas utilisée dans la législation interne. Dans de tels cas, les États contractants qui rencontrent ce problème devraient établir des règles pour l'application de l'article 23 A, en cas de nécessité après s'être mis en rapport avec l'autorité compétente de l'autre État contractant (paragraphe 3 de l'article 25).

1. *Montant à exonérer*

39. Le montant des revenus à exonérer de l'impôt par l'État de la résidence est celui qui, sans la Convention, aurait été assujetti à l'impôt interne sur le revenu conformément à la législation interne régissant cet impôt. Il peut toutefois différer du montant du revenu assujetti à l'impôt par l'État de la source conformément à sa législation interne.

40. Normalement, la base de calcul de l'impôt sur le revenu est le revenu net total, c'est-à-dire le revenu brut diminué des déductions autorisées. C'est donc le revenu brut provenant de l'État de la source moins toutes les déductions autorisées (spécifiques ou proportionnelles) liées à l'acquisition de ce revenu qui doit être exempté.

41. Des problèmes résultent du fait que la plupart des pays prévoient dans leurs législations fiscales respectives des déductions supplémentaires du revenu total ou de certains éléments de revenu pour aboutir au revenu soumis à l'impôt. Un exemple chiffré illustrera le problème :

a)	Revenu de source nationale (brut moins dépenses autorisées)	100
b)	Revenu de l'autre État (brut moins dépenses autorisées)	100
c)	Revenu total	200
d)	Déductions prévues par la législation de l'État de la résidence pour d'autres dépenses non liées à aucun des éléments de revenu mentionnés sous a ou b, telles que primes d'assurance, libéralités faites à des institutions charitables	-20
e)	Revenu net	180
f)	Allégements personnels et familiaux	-30
g)	Revenu soumis à l'impôt	150

La question qui se pose est de savoir quel montant doit être exempté de l'impôt, par exemple :

- 100 (ligne *b*), laissant un montant imposable de 50 ;
- 90 (moitié de la ligne *e*, conformément à la proportion existant entre la ligne *b* et la ligne *c*), laissant 60 (la ligne *f* étant entièrement déduite du revenu de source nationale) ;

— 75 (moitié de la ligne *g*, conformément à la proportion existant entre la ligne *b* et la ligne *c*) laissant 75 ;

— ou tout autre montant.

42. Une comparaison des législations et des pratiques des pays membres de l'OCDE montre que le montant à exempter varie considérablement d'un pays à l'autre. La solution adoptée par un État dépendra de la politique suivie par cet État et de la structure de son impôt. L'intention d'un État peut être que ses résidents bénéficient toujours de l'avantage total des allégements personnels et familiaux et des autres déductions. Dans d'autres États, ces montants exonérés d'impôts sont répartis proportionnellement. Dans plusieurs États, les allégements personnels et familiaux font partie du barème progressif, sont accordés en tant que déduction de l'impôt ou même sont inconnus, la situation de famille étant prise en considération par des barèmes d'impôts séparés.

43. En raison des grandes différences existant dans les divers États dans les politiques et techniques fiscales concernant la détermination de l'impôt, en particulier les déductions, allégements et avantages similaires, il est préférable de ne pas proposer une solution explicite et uniforme dans la Convention, mais de laisser à chaque État la liberté d'appliquer sa propre législation et sa propre technique. Les États contractants qui préféreraient cependant résoudre ces problèmes spéciaux dans leur convention sont naturellement libres de le faire dans des négociations bilatérales. On attire finalement l'attention sur le fait que le problème présente également de l'importance pour les États appliquant la méthode de l'imputation (voir le paragraphe 62 ci-dessous).

2. *Régime applicable en cas de pertes*

44. En appliquant l'article 23 A, plusieurs États contractants traitent les pertes subies dans l'autre État de la même manière que les revenus provenant de cet État ; en tant qu'État de la résidence (État R), ils n'accordent pas de déduction pour une perte subie en raison de biens immobiliers ou d'un établissement stable situés dans l'autre État (E ou S). Pour autant que cet autre État admette le report d'une telle perte, le contribuable ne subira pas de préjudice, en ce sens qu'il sera seulement empêché de demander une double déduction pour la même perte, d'une part dans l'État E (ou S) et d'autre part dans l'État R. D'autres États peuvent, en tant qu'État de la résidence R, admettre à titre de déduction du revenu qu'ils taxent une perte subie dans l'État E (ou S). Dans une telle hypothèse, l'État R devrait être libre de restreindre l'exemption qu'il accorde, conformément au paragraphe 1 de l'article 23 A, aux bénéfices ou revenus réalisés ultérieurement dans l'autre État E (ou S) en déduisant de ces bénéfices ou revenus subséquents le montant des pertes antérieures que le contribuable peut reporter dans l'État E (ou S). Comme la solution dépend au premier chef de la législation interne des États contractants et comme les législations des pays membres de l'OCDE présentent des différences substantielles, aucune solution ne peut être proposée dans l'article lui-même ; s'ils l'estiment nécessaire, les États contractants demeurent libres de préciser le point mentionné ci-dessus et les autres problèmes liés au régime des pertes (voir le

paragraphe 62 ci-dessous pour la méthode de l'imputation) dans des négociations bilatérales, soit dans l'article lui-même, soit par voie d'accord amiable (paragraphe 3 de l'article 25).

3. *Imposition du solde du revenu*

45. En dehors de l'application de taux progressifs d'impôt, problème désormais traité au paragraphe 3 de l'article (voir les paragraphes 55 et 56 ci-dessous), certains problèmes peuvent résulter de dispositions particulières de la législation fiscale. Ainsi certaines législations fiscales prévoient-elles par exemple que l'imposition débute seulement si un montant minimum de revenu imposable est atteint ou dépassé (seuil d'exemption d'impôt). Le revenu total avant l'application de la Convention peut fort bien excéder manifestement ce seuil de franchise d'impôt ; mais en vertu de l'exemption résultant de l'application de la Convention qui conduit à une déduction du revenu exempt d'impôt du revenu imposable total, le revenu imposable restant peut être réduit à un montant inférieur à ce seuil. Pour les raisons mentionnées au paragraphe 43 ci-dessus, aucune solution uniforme ne peut être proposée. On peut toutefois noter que le problème ne se pose pas si l'autre rédaction du paragraphe 1 de l'article 23 A (telle qu'elle figure au paragraphe 37 ci-dessus) est adoptée.

46. Certains États ont introduit des systèmes spéciaux d'imposition des bénéfices des sociétés (voir les paragraphes 40 à 67 des Commentaires sur l'article 10). Dans les États appliquant le système du double taux de l'impôt des sociétés (voir le paragraphe 43 de ces Commentaires), le problème peut se poser de savoir si le revenu à exempter doit être déduit du bénéfice non distribué (auquel le taux normal s'applique) ou du bénéfice distribué (auquel s'applique un taux réduit) ou si le revenu à exempter doit être attribué en partie aux bénéfices distribués et en partie aux bénéfices non distribués. Lorsque, en vertu de la législation d'un État appliquant le système du double taux de l'impôt des sociétés, un impôt supplémentaire est perçu dans le chef de la société mère sur des dividendes qu'elle reçoit d'une filiale nationale mais qu'elle ne redistribue pas (cet impôt supplémentaire étant justifié par le fait qu'il s'agit d'une compensation pour l'avantage du taux réduit d'impôt accordé à la filiale pour ses distributions), la question se pose de savoir si cet impôt supplémentaire peut être établi lorsque la filiale paie ses dividendes à l'aide d'un revenu exempté d'impôt en vertu de la Convention. Finalement, un problème analogue peut être soulevé en liaison avec des impôts (précompte, *Advance Corporation Tax*) perçus sur les bénéfices distribués d'une société dans le but de couvrir le crédit d'impôt accordé aux actionnaires (voir le paragraphe 47 des Commentaires sur l'article 10). La question est de savoir si ces impôts spéciaux liés à la distribution de bénéfices peuvent être levés dans la mesure où les distributions sont effectuées à l'aide de bénéfices exempts d'impôt. Il appartient aux États contractants de régler la question dans des négociations bilatérales.

Paragraphe 2

47. Selon les articles 10 et 11, le droit d'imposer les dividendes et les intérêts est réparti entre l'État de la résidence et l'État de la source. Dans ces cas, l'État de la résidence demeure libre de ne pas imposer s'il le désire (voir par exemple les paragraphes 72 à 78 ci-dessous) et d'appliquer la méthode de l'exemption également aux éléments de revenu mentionnés ci-dessus. Toutefois, lorsque l'État de la résidence préfère exercer son droit d'imposer ces éléments de revenu, il ne peut appliquer la méthode de l'exemption pour éviter la double imposition puisque, de ce fait, il renoncerait totalement à imposer le revenu en question. Pour l'État de la résidence, l'application de la méthode de l'imputation semble en général devoir constituer une solution satisfaisante. De plus, comme on l'a déjà indiqué au paragraphe 31 ci-dessus, les États qui appliquent de manière générale la méthode de l'exemption peuvent souhaiter appliquer à certains éléments de revenu la méthode de l'imputation plutôt que celle de l'exemption. Aussi, le paragraphe repose-t-il sur la méthode de l'imputation ordinaire. Les Commentaires sur l'article 23 B ci-dessous sont applicables *mutatis mutandis* au paragraphe 2 de l'article 23 A.

48. Dans les cas visés au paragraphe précédent, il est prévu certains pourcentages maximum que l'impôt réservé à l'État de la source ne peut dépasser. Dans de tels cas, le taux d'imposition sera très souvent plus élevé dans l'État de la résidence que dans l'État de la source. Limiter la déduction comme il est prévu dans la deuxième phrase du paragraphe 2, et conformément à la méthode de l'imputation ordinaire, n'aura donc de conséquence que dans un nombre de cas restreint. Si, dans ces cas, les États contractants préfèrent supprimer cette limitation et appliquer la méthode de l'imputation intégrale, ils peuvent le faire en supprimant la seconde phrase du paragraphe 2.

Dividendes afférents à une participation importante détenue par une société

49. De la combinaison des paragraphes 1 et 2 de l'article 10, et de l'article 23 (article 23 A ou 23 B, suivant le cas), il résulte que l'État de résidence de l'actionnaire est autorisé à imposer les dividendes provenant de l'autre État, mais qu'il doit imputer sur son propre impôt afférant à ces dividendes, l'impôt qui a été perçu sur ces dividendes, à un taux limité par le paragraphe 2 de l'article 10, dans l'État dont proviennent les dividendes. Ce régime s'applique également lorsque le bénéficiaire des dividendes est une société mère qui reçoit les dividendes de sa filiale ; dans ce cas, l'impôt retenu dans l'État de la filiale — et imputé dans l'État de la société mère — est limité à 5 pour cent du montant brut des dividendes par application de l'alinéa *a*) du paragraphe 2 de l'article 10.

50. Ces dispositions évitent efficacement une double imposition juridique des dividendes ; par contre, elles n'empêchent nullement que les bénéfices distribués à la société mère subissent une imposition « en cascade » à l'impôt des sociétés : une première fois au niveau de la filiale, et une seconde fois au niveau de la société mère. De telles impositions en cascade créeraient un obstacle très important au

développement des investissements internationaux. De nombreux États l'ont d'ailleurs reconnu, puisqu'ils ont inséré dans leur législation interne des dispositions en vue de les éviter. Des dispositions tendant au même but sont fréquemment insérées dans des conventions de double imposition.

51. Le Comité des affaires fiscales s'est demandé s'il convenait de compléter l'article 23 de la Convention pour régler la question. Bien que de nombreux États soient favorables à l'insertion d'une telle disposition dans le Modèle de Convention, celle-ci s'est cependant heurtée à plusieurs difficultés découlant de la diversité des conceptions des États et de la variété des solutions possibles. Certains États, craignant des fraudes fiscales, préfèrent garder leur liberté et régler simplement la question dans leur législation interne.

52. En fin de compte, il est apparu préférable de laisser aux États le choix de la solution à apporter au problème. Pour les États préférant régler la question dans leurs conventions, la solution pourrait le plus souvent s'articuler autour de l'un des principes suivants :

a) *Exemption avec progressivité*

L'État dont la société mère est un résident exempte les dividendes que celle-ci reçoit de sa filiale dans l'autre État, mais il peut néanmoins tenir compte de ces dividendes pour le calcul de l'impôt dû par la société mère sur le reste de son revenu (une telle disposition aura souvent la faveur des États appliquant la méthode d'exemption prévue à l'article 23 A).

b) *Imputation des impôts sous-jacents*

En ce qui concerne les dividendes reçus de la filiale, l'État dont la société mère est un résident accorde l'imputation prévue, suivant le cas, au paragraphe 2 de l'article 23 A ou au paragraphe 1 de l'article 23 B, non seulement pour l'impôt perçu sur le dividende comme tel, mais également pour l'impôt payé par la filiale sur les bénéfices distribués (une telle disposition aura souvent la faveur des États appliquant la méthode d'imputation prévue à l'article 23 B).

c) *Assimilation à une participation dans une filiale nationale*

Les dividendes que la société mère tire de sa filiale étrangère sont soumis, dans l'État de la société mère, au même régime fiscal que s'ils provenaient d'une filiale qui est un résident de cet État.

53. Lorsque l'État de la société mère perçoit un impôt sur la fortune, une solution analogue devrait s'appliquer en matière d'impôt sur la fortune.

54. Par ailleurs, les États restent libres de fixer les limites et modalités d'application de ces dispositions (définition et durée minimum de possession de la participation, fraction des dividendes censée absorbée par les frais administratifs ou financiers) ou de subordonner l'octroi du régime spécial à la condition que la filiale exerce une authentique activité économique dans l'État dont elle est un résident ou qu'elle en tire la majeure partie de ses bénéfices, ou encore qu'elle y soit assujettie à une imposition substantielle sur ses bénéfices.

Paragraphe 3

55. Le Projet de Convention de 1963 réservait expressément l'application du barème progressif par l'État de la résidence (dernière phrase du paragraphe 1 de l'article 23 A) et la plupart des conventions conclues entre pays membres de l'OCDE qui reposent sur la méthode de l'exemption suivent ce principe. Aux termes du paragraphe 3 de l'article 23 A, l'État de la résidence se réserve le droit de prendre en considération le montant du revenu ou de la fortune exonéré pour calculer l'impôt applicable au reste du revenu ou de la fortune. La règle s'applique même lorsque les revenus (ou éléments de fortune) exemptés et les revenus (ou éléments de fortune) imposables sont recueillis par des personnes (par exemple mari et femme) dont les revenus (ou éléments de fortune) sont, en vertu de la législation interne, cumulés aux fins d'imposition. Cette règle de progression s'applique au revenu ou à la fortune exempté en vertu du paragraphe 1 de l'article 23 A ainsi qu'au revenu ou à la fortune qui, en vertu de toutes autres dispositions de la Convention, « n'est imposable que » dans l'autre État contractant (voir paragraphe 6 ci-dessus). Telle est la raison pour laquelle la règle de progression a été transférée, dans le Modèle de Convention de 1977, du paragraphe 1 de l'article 23 A à un nouveau paragraphe 3 de cet article, et pour laquelle il est fait référence à l'exemption « conformément à une disposition quelconque de la Convention ».

56. Le paragraphe 3 de l'article 23 A ne se réfère qu'à l'État de la résidence. L'article ne préjuge pas l'application par l'État de la source des dispositions de sa législation interne sur la progressivité.

Paragraphe 4

56.1 Ce paragraphe a pour objet d'éviter l'absence d'imposition qui résulterait de désaccords entre l'État de la résidence et l'État de la source sur les faits d'un cas spécifique ou sur l'interprétation des dispositions de la Convention. Il s'applique lorsque d'une part l'État de la source interprète les faits ou les dispositions de la Convention d'une manière telle qu'un élément de revenu ou de fortune entre dans le champ d'application d'une disposition de la Convention qui supprime son droit d'imposer cet élément ou limite l'impôt auquel il peut le soumettre tandis que d'autre part l'État de la résidence adopte une autre interprétation des faits ou des dispositions de la Convention et considère donc que cet élément est imposable dans l'État de la source conformément aux dispositions de la Convention, ce qui, en l'absence de ce paragraphe, obligerait l'État de la résidence à accorder une exemption en application du paragraphe 1.

56.2 Le paragraphe ne s'applique que dans la mesure où l'État de la source a, par application des dispositions de la Convention, exempté un élément de revenu ou de fortune ou a appliqué les dispositions du paragraphe 2 de l'article 10 ou 11 à un élément de revenu. Il ne s'applique donc pas dans le cas où l'État de la source considère qu'il peut soumettre à l'impôt un élément de revenu ou de fortune conformément aux dispositions de la Convention mais où aucun impôt n'est effectivement payable sur ce revenu ou cet élément de fortune en vertu des dispositions du droit interne de cet État.

Dans un cas de ce genre, l'État de la résidence doit exempter cet élément de revenu en vertu des dispositions du paragraphe 1 parce que l'exemption accordée par l'État de la source ne résulte pas de l'application des dispositions de la Convention mais de celles de son droit interne (voir le paragraphe 34 ci-dessus). De même, lorsque l'État de la source et l'État de la résidence divergent non seulement sur la qualification du revenu mais aussi sur son montant, le paragraphe 4 ne s'applique qu'à la partie du revenu que l'État de la source exempte par application de la Convention ou à laquelle il applique le paragraphe 2 de l'article 10 ou 11.

56.3 Il faut distinguer les cas dans lesquels s'applique le paragraphe de ceux dans lesquels la définition d'un élément de revenu par le droit interne de l'État de la source interagit avec les dispositions de la Convention pour empêcher cet État de soumettre à l'impôt un élément de revenu ou de fortune dans des circonstances où la qualification de cet élément par le droit interne de l'État de la résidence n'aurait pas conduit au même résultat. Dans un cas de ce type, qui fait l'objet d'un examen dans les paragraphes 32.6 et 32.7 ci-dessus, le paragraphe 1 n'oblige pas l'État de la résidence à accorder une exemption parce que l'élément de revenu n'est pas imposable dans l'État de la source conformément aux dispositions de la Convention. Si le paragraphe 1 n'est pas applicable, les dispositions du paragraphe 4 ne sont pas nécessaires, dans un cas de ce type, pour garantir le droit d'imposer de l'État de résidence.

III. Commentaires des dispositions de l'article 23 B (méthode d'imputation)

Paragraphe 1

A. *Méthodes*

57. L'article 23 B, fondé sur le principe de l'imputation, suit la méthode de l'imputation ordinaire : l'État de la résidence (R) déduit de l'impôt qu'il perçoit sur les revenus, ou sur la fortune, de son résident, un montant égal à l'impôt payé dans l'autre État E (ou S) sur le revenu tiré dans cet autre État E (ou S), ou la fortune qui y est possédée, mais la somme ainsi déduite est limitée à la fraction correspondante de son propre impôt.

58. Il est prévu que la méthode de l'imputation ordinaire s'applique également dans le cas d'un État qui suit la méthode de l'exemption mais doit accorder une imputation, conformément au paragraphe 2 de l'article 23 A, pour l'impôt perçu à des taux limités dans l'autre État sur des dividendes et des intérêts (voir le paragraphe 47 ci-dessus). La possibilité de procéder à quelques modifications telles qu'elles sont mentionnées aux paragraphes 47 et 48 ci-dessus (imputation intégrale) peut naturellement s'appliquer au cas de dividendes et intérêts payés à un résident d'un État qui a adopté la méthode de l'imputation ordinaire (voir également le paragraphe 63 ci-dessous).

59. L'obligation imposée par l'article 23 B à l'État R d'accorder un crédit au titre de l'impôt perçu dans l'autre État E (ou S) sur un élément de revenu ou de fortune dépend de la possibilité pour l'État E (ou S) de le soumettre à l'impôt conformément aux

dispositions de la Convention. Les paragraphes 32.1 à 32.7 ci-dessus examinent l'interprétation qui doit être donnée de cette condition. Les éléments de revenu qui, conformément à l'alinéa *a*) des paragraphes 1 et 2 de l'article 19 « ne sont imposables que » dans l'autre État, sont d'emblée exempts d'impôt dans l'État R (voir le paragraphe 6 ci-dessus) et les Commentaires sur l'article 23 A s'appliquent à ces revenus exemptés. S'agissant de la progression, on se référera au paragraphe 2 de l'article (et au paragraphe 79 ci-dessous).

60. L'article 23 B fixe les règles principales de la méthode de l'imputation mais ne donne pas de règles détaillées sur le calcul de l'imputation. Ceci est conforme à la structure générale de la Convention. L'expérience a montré que plusieurs problèmes peuvent surgir. Certains d'entre eux sont traités dans les paragraphes suivants. Dans plusieurs États, des règles détaillées relatives à l'imputation d'impôts étrangers existent déjà dans leurs législations internes. C'est la raison pour laquelle un certain nombre de conventions comprennent une référence à la législation interne des États contractants et prévoient en outre que ces règles internes n'affectent pas le principe posé à l'article 23 B. Lorsque la méthode de l'imputation n'est pas utilisée dans la législation interne d'un État contractant, cet État devrait établir des règles pour l'application de l'article 23 B, après s'être, si nécessaire, mis en rapport avec l'autorité compétente de l'autre État contractant (paragraphe 3 de l'article 25).

61. Le montant de l'impôt étranger pour lequel un crédit doit être accordé est l'impôt effectivement acquitté, conformément à la Convention, dans l'autre État contractant (à l'exclusion du montant d'impôt acquitté dans cet autre État uniquement parce que le revenu ou la fortune est également un revenu reçu ou la fortune possédée par un résident de cet autre État). Des problèmes peuvent surgir, par exemple lorsque cet impôt n'est pas calculé sur le revenu de l'année au titre de laquelle il est perçu mais sur le revenu d'une année précédente ou le revenu moyen de deux ou plusieurs années précédentes. D'autres problèmes peuvent se poser du fait de méthodes différentes de détermination du revenu ou du fait des modifications des taux de change (dévaluation ou réévaluation). Ces problèmes ne peuvent toutefois guère être résolus d'avance par une disposition expresse de la Convention.

62. Conformément aux dispositions de la seconde phrase du paragraphe 1 de l'article 23 B, la déduction que l'État de la résidence R doit accorder est limitée à la proportion de l'impôt sur le revenu de l'État (R) correspondant aux revenus provenant de l'État S, ou E (ce qu'on appelle « déduction maximum »). Cette déduction maximum peut être calculée soit en répartissant l'impôt total qui frappe les revenus totaux en fonction de la proportion existant entre les revenus pour lesquels l'imputation doit être accordée et les revenus totaux, soit en appliquant le taux d'impôt pour les revenus totaux aux revenus pour lesquels l'imputation doit être accordée. En fait, la méthode de l'imputation aura le même effet que la méthode de l'exemption avec progressivité dans tous les cas où l'impôt de l'État E (ou S) est équivalent ou supérieur à l'impôt correspondant de l'État R. Des problèmes concernant le montant des revenus, le taux d'impôt, etc., similaires à ceux qui sont évoqués dans les Commentaires relatifs à l'article 23 A (voir en particulier les paragraphes 39 à 41 et 44 ci-dessus) peuvent surgir

dans l'application de la méthode de l'imputation. Pour les mêmes raisons que celles qui sont mentionnées aux paragraphes 42 et 43 ci-dessus, il est préférable de ne pas proposer pour la méthode de l'imputation également, une solution expresse et uniforme dans la Convention mais de laisser à chaque État la liberté d'appliquer sa propre législation et sa propre pratique. Ceci est également valable pour quelques autres problèmes qui sont traités ci-après.

63. La déduction maximum est normalement calculée comme l'impôt sur le revenu net, c'est-à-dire sur le revenu de l'État E (ou S) moins les déductions autorisées (spécifiques ou proportionnelles) liées à de tels revenus (voir le paragraphe 40 ci-dessus). Pour cette raison, la déduction maximum dans bien des cas peut être inférieure à l'impôt effectivement acquitté dans l'État E (ou S). Ceci peut être vrai en particulier dans le cas où, par exemple, un résident de l'État R percevant des intérêts de l'État S a emprunté des fonds d'une tierce personne pour financer le prêt produisant les intérêts. Comme les intérêts dus sur de tels fonds empruntés peuvent être déduits des intérêts provenant de l'État S, le montant du revenu net soumis à l'impôt dans l'État R peut être très bas, ou bien il peut même ne pas y avoir de revenu net. Comme l'explique le paragraphe 7.1 des Commentaires sur l'article 11, le problème ne peut pas dans ce cas être résolu par l'État R dans la mesure où l'impôt qui sera prélevé dans cet État sera faible ou nul. Une solution consisterait à exonérer ces intérêts de l'impôt dans l'État S, comme le proposent les paragraphes 7 à 7.12 des Commentaires sur l'article 11.

64. Si un résident de l'État R tire des revenus de différentes sortes de l'État S et si ce dernier État, conformément à sa législation fiscale, n'impose que l'un de ces revenus, la déduction maximum que l'État R accorde est normalement égale à la fraction de son impôt qui correspond uniquement à l'élément de revenu qui est imposé dans l'État S. D'autres solutions sont toutefois possibles, en particulier au regard du problème plus général suivant : le fait que l'imputation doive être accordée par exemple pour plusieurs éléments de revenu sur lesquels l'impôt est perçu dans l'État S à différents taux ou pour des revenus provenant de plusieurs États, avec ou sans conventions, pose la question de savoir si la déduction maximum ou l'imputation doit être calculée séparément pour chaque élément de revenu ou pour chaque pays ou pour tous les revenus de sources étrangères ouvrant droit à l'imputation en vertu de la législation interne et en vertu des conventions. Dans un système d'« imputation globale », tous les revenus de sources étrangères sont réunis et la somme des impôts étrangers est imputée sur l'impôt interne correspondant aux revenus étrangers totaux.

65. D'autres problèmes peuvent surgir en cas de pertes. Un résident de l'État R tirant des revenus de l'État E (ou S) peut subir une perte dans l'État R ou dans l'État E (ou S) ou dans un autre État tiers. Aux fins de l'imputation, une perte subie dans un État donné sera en général compensée par d'autres revenus provenant du même État. La question de savoir si une perte subie en dehors de l'État R (par exemple dans un établissement stable) peut être déduite d'autres éléments de revenu, qu'ils proviennent ou non de l'État R, dépend de la législation interne de l'État R. Des problèmes similaires à ceux qui sont évoqués dans les Commentaires relatifs à l'article 23 A (paragraphe 44 ci-dessus)

peuvent se poser ici. Lorsque les revenus totaux proviennent de l'étranger et lorsqu'il n'existe aucun revenu dans l'État R mais au contraire une perte n'excédant pas les revenus provenant de l'étranger, l'impôt total à payer dans l'État R correspondra au revenu tiré de l'État S et la déduction maximum à accorder par l'État R correspondra en conséquence à l'impôt à payer dans cet État R. D'autres solutions sont possibles.

66. Les problèmes soulevés plus haut dépendent dans une large mesure de la législation et de la pratique internes et leur solution doit par conséquent être laissée à chaque État. À cet égard, on relèvera que quelques États appliquent la méthode de l'imputation de manière très libérale. Certains États examinent également ou ont même déjà adopté la possibilité de reporter sur d'autres exercices des imputations d'impôt non utilisées. Les États contractants demeurent évidemment libres de modifier l'article lors de négociations bilatérales de manière à couvrir l'un ou l'autre des problèmes mentionnés ci-dessus.

67. Dans les situations de « sous-capitalisation », le Modèle de Convention permet à l'État de la société emprunteuse, dans certaines conditions, de traiter un versement d'intérêt comme une distribution de dividendes conformément à sa législation nationale ; la condition essentielle est que le bailleur de fonds partage effectivement les risques courus par la société emprunteuse. Cela a deux conséquences :

- l'imposition à la source de ces « intérêts » au taux applicable aux dividendes (paragraphe 2 de l'article 10) ;
- l'inclusion de ces « intérêts » dans les bénéfices imposables de la société qui accorde le prêt.

68. Si les conditions requises sont réunies, l'État de résidence du prêteur serait tenu d'accorder un allégement pour éviter une double imposition juridique ou économique des intérêts comme si, en fait, il s'agissait de dividendes. Il devrait ensuite accorder un crédit au titre de l'impôt effectivement retenu à la source sur ces intérêts dans l'État de résidence de l'emprunteur au taux applicable aux dividendes et, en outre, si le prêteur est la société mère de l'emprunteur, appliquer à ces « intérêts » tous les allégements supplémentaires qui résultent du régime des sociétés mères/filiales. Cette obligation peut résulter :

a) des termes mêmes de l'article 23 de la Convention, lorsque celui-ci prévoit l'octroi d'un allégement au titre des revenus définis comme dividendes à l'article 10 ou des éléments de revenu visés à l'article 10 ;

b) du contexte de la Convention, c'est-à-dire de la combinaison des articles 9, 10, 11 et 23, au besoin en recourant à la procédure d'accord amiable

- lorsque, par application de règles conformes aux dispositions du paragraphe 1 de l'article 9 ou du paragraphe 6 de l'article 11, les intérêts ont été assimilés dans l'État de résidence de la société emprunteuse à des dividendes et que le bien-fondé de cette assimilation a été reconnu par l'État de résidence du créancier de sorte que ce dernier est disposé à appliquer un ajustement corrélatif ;

— lorsque l'État de résidence du prêteur applique des règles similaires sur la sous-capitalisation et assimile le versement à un dividende dans une situation inverse, c'est-à-dire en cas de paiement fait par une société établie sur son territoire à un résident de l'autre État contractant ;

— dans tous les autres cas où l'État de résidence du prêteur admet le bien-fondé de l'assimilation des intérêts à des dividendes par l'État de résidence de l'emprunteur.

69. En ce qui concerne les dividendes afférents à une participation importante détenue par une société, on se référera aux paragraphes 49 à 54 ci-dessus.

69.1 Certains problèmes peuvent survenir lorsque les États contractants appliquent un traitement différent à des entités telles que les sociétés de personnes. Supposons, par exemple, que l'État dans lequel est établie la société de personnes traite cette société de personnes comme une société par actions tandis que l'État de résidence d'un associé la traite comme transparente sur le plan fiscal. L'État dans lequel la société de personnes est établie peut, sous réserve des dispositions applicables de la Convention, imposer la société de personnes sur son revenu lorsqu'il est acquis et, sous réserve des limitations prévues par le paragraphe 2 de l'article 10, imposer également les bénéfices distribués par la société de personnes à ses associés non-résidents. L'État de la résidence de l'associé n'impose toutefois l'associé sur sa part du revenu de la société de personnes que lorsque ce revenu est réalisé par cette dernière.

69.2 La première question qui se pose dans ce cas est celle de savoir si l'État de la résidence de l'associé qui impose l'associé sur sa part du revenu de la société de personnes est obligé, en vertu de la Convention, d'accorder un crédit au titre de l'impôt perçu de la société de personnes par l'État où est établie cette société, que cet État considère comme une entité imposable distincte. La réponse à cette question doit être affirmative dans la mesure où le revenu est imposable dans l'État où est établie la société de personnes conformément aux dispositions de la Convention qui permettent l'imposition de ce revenu par cet État en tant qu'État de la source ou en tant qu'État où est situé un établissement stable auquel ce revenu est attribuable (voir également les paragraphes 11.1 et 11.2 ci-dessus). Dans la mesure où l'État de la résidence de l'associé attribue le revenu de la société de personnes à l'associé afin d'imposer ce dernier, il doit adopter une approche cohérente et attribuer à l'associé l'impôt payé par la société de personnes (mais uniquement dans la mesure où cet impôt est payé conformément aux dispositions de la Convention qui permettent l'imposition de ce revenu dans l'État de la source) en vue d'éliminer la double imposition résultant du fait qu'il impose l'associé. En d'autres termes, si le statut de société accordé à la société de personnes par l'État de la source n'est pas pris en compte par l'État de la résidence pour imposer l'associé sur sa part du revenu, il doit de même ne pas être pris en compte pour l'octroi du crédit au titre de l'impôt étranger.

69.3 Une deuxième question qui se pose dans ce cas est celle de la mesure dans laquelle l'État de la résidence de l'associé doit accorder un crédit au titre de l'impôt perçu par l'État dans lequel la société de personnes est établie sur le bénéfice distribué, lequel n'est pas imposé dans l'État de la résidence. La réponse à cette question découle de ce dernier fait. Puisque le bénéfice distribué n'est pas imposé dans l'État de la résidence de l'associé, il n'existe dans ce dernier aucun impôt sur lequel pourrait être imputé l'impôt perçu lors de la distribution par l'État dans lequel la société de personnes est établie. Il faut faire une distinction nette entre la réalisation des bénéfices et leur distribution et il ne faut pas attendre de l'État de la résidence de l'associé qu'il impute l'impôt perçu sur la distribution des bénéfices par l'État dans lequel la société de personnes est établie sur son propre impôt perçu lors de leur réalisation (voir la première phrase du paragraphe 64 ci-dessus).

B. *Remarques concernant l'impôt sur la fortune*

70. D'après le paragraphe 1, l'impôt sur le revenu ne peut être imputé que sur un impôt identique et il en est de même pour l'impôt sur la fortune. Il ne pourra donc y avoir d'imputation soit au titre de l'impôt sur la fortune, soit sur un impôt sur la fortune, que si les deux États contractants imposent la fortune.

71. Deux États contractants peuvent convenir, lors de négociations bilatérales, qu'un impôt qualifié d'impôt sur la fortune se rapproche beaucoup d'un impôt sur le revenu, et ils peuvent donc prévoir que l'un peut être imputé sur l'autre. Parfois, il n'y a pas de double imposition de la fortune, soit parce qu'un État n'impose pas la fortune, soit parce que les deux États n'imposent que la fortune située sur leur territoire. Il est évident que dans ces cas la référence à l'imposition de la fortune peut être supprimée. En outre, les États peuvent juger souhaitable, quelle que soit la nature des impôts couverts par la Convention, d'accorder l'imputation du montant total des impôts dans l'État de la source ou du situs sur le montant total des impôts dans l'État de la résidence. Toutefois, lorsqu'une convention couvre à la fois les véritables impôts sur la fortune et les impôts ainsi qualifiés mais qui sont par nature des impôts sur le revenu, les États peuvent désirer n'imputer que ces derniers sur l'impôt sur le revenu. Dans ce cas, ils peuvent modifier l'article proposé afin d'atteindre ce résultat.

C. *Crédits d'impôt fictifs*

72. Certains États accordent divers types d'incitations fiscales aux investisseurs étrangers afin d'attirer l'investissement étranger. Lorsque l'État de résidence d'un investisseur étranger applique la méthode de l'imputation, le bénéfice de l'incitation accordée par l'État de la source pourra se trouver réduit dans la mesure où l'État de résidence, lorsqu'il impose un revenu ayant bénéficié de l'incitation, n'octroie une déduction que pour l'impôt effectivement acquitté dans l'État de la source. De même, si l'État de la résidence applique la méthode de l'exemption, mais subordonne l'application de cette méthode à un certain niveau d'imposition dans l'État de la source, l'octroi d'une réduction d'impôt par l'État de la source peut avoir pour effet de faire perdre à l'investisseur le bénéfice de l'application de la méthode de l'exemption dans son État de résidence.

73. Pour éviter un tel effet dans l'État de la résidence, certains États ayant adopté des mesures d'incitation fiscale souhaitent faire figurer dans leurs conventions des

dispositions qualifiées généralement de « crédits d'impôt fictif ». Ces dispositions ont pour objet de permettre aux non-résidents d'obtenir l'imputation de l'impôt étranger pour les impôts qui ont été « épargnés » en vertu des mesures d'incitation fiscale de l'État de la source, ou de faire en sorte que ces impôts soient pris en compte pour l'application de certaines conditions dont peuvent être assortis les systèmes d'exemption.

74. Les crédits d'impôt fictif sont dérogatoires aux dispositions des articles 23 A et 23 B et ils peuvent prendre différentes formes, notamment :

a) l'État de la résidence accorde l'imputation du montant de l'impôt que l'État de la source pourrait percevoir suivant sa législation générale, ou de ce montant réduit conformément aux dispositions de la Convention (par exemple, limitations de taux prévues aux articles 10 et 11 pour les dividendes et les intérêts), alors même que l'État de la source a renoncé à tout ou partie de cet impôt en vertu de dispositions particulières tendant à promouvoir le développement économique ;

b) en contrepartie de la réduction d'impôt consentie par l'État de la source, l'État de la résidence consent à imputer sur son propre impôt un crédit (partiellement fictif) fixé à un taux supérieur ;

c) l'État de la résidence exempte les revenus qui ont bénéficié d'incitations fiscales dans l'État de la source.

75. Un rapport de 1998 du Comité des affaires fiscales sur les crédits d'impôt fictif intitulé « Les crédits d'impôt fictif – Un réexamen de la question »[1] analyse les considérations de politique fiscale sur lesquelles reposent les dispositions en matière de crédit d'impôt fictif et la rédaction de ces dispositions. Ce rapport recense un certain nombre de problèmes qui mettent en question l'utilité globale du dégrèvement au moyen d'un crédit d'impôt fictif. Ces problèmes concernent notamment :

— les abus auxquels se prête le crédit d'impôt fictif ;
— l'efficacité du crédit d'impôt fictif comme instrument d'aide extérieure à la promotion du développement économique dans le pays de la source ; et
— sur un plan général, la façon dont les crédits d'impôt fictif peuvent encourager les États à utiliser les incitations fiscales.

76. L'expérience montre que le crédit d'impôt fictif se prête à de nombreux abus de la part du contribuable, ces abus pouvant être très coûteux du point de vue des pertes de recettes aussi bien pour l'État de la résidence que pour l'État de la source. Les abus de ce type sont difficiles à déceler. De plus, même si on parvient à les déceler, il est difficile pour l'État de la résidence d'y réagir rapidement. L'élimination ou la modification des dispositions applicables en matière de crédit d'impôt afin d'empêcher ces abus suppose souvent une procédure longue et lourde.

1 Ce rapport est reproduit à la page R(14)-1 du volume II de la version complète du Modèle de Convention fiscale.

77. En outre, le crédit d'impôt fictif n'est pas nécessairement un instrument efficace pour promouvoir le développement économique. Dans la plupart des cas, il n'y aura réduction ou élimination, par l'État de la résidence, de l'avantage résultant de l'incitation fiscale que si des bénéfices sont rapatriés. En favorisant le rapatriement des bénéfices, le crédit d'impôt fictif peut donc lui-même inciter les investisseurs étrangers à réaliser des opérations d'investissement à court terme et les dissuader de réaliser des opérations d'investissement à long terme. De plus, les régimes d'imputation de l'impôt acquitté à l'étranger sont souvent conçus de façon à permettre à l'investisseur étranger, pour le calcul de son crédit d'impôt au titre des impôts acquittés à l'étranger, de compenser dans une certaine mesure la réduction d'impôt résultant d'une incitation fiscale déterminée avec l'impôt plus élevé acquitté dans ce pays ou un autre pays, de façon qu'en définitive l'État de la résidence ne prélève aucun impôt supplémentaire du fait de l'incitation fiscale.

78. Enfin, avec l'accélération de l'intégration des économies nationales, un grand nombre d'éléments des bases d'imposition nationales sont de plus en plus mobiles sur le plan géographique. Cette évolution a conduit certains États à adopter des régimes fiscaux qui ont principalement pour but d'éroder les bases d'imposition des autres pays. Les incitations fiscales de ce type sont spécialement conçues pour attirer les services financiers extrêmement mobiles et d'autres services particulièrement sensibles aux disparités fiscales. L'existence de dispositions conventionnelles mal conçues en matière de crédit d'impôt fictif peut aggraver l'effet potentiellement dommageable de ces régimes. Tel est le cas, en particulier, lorsqu'un État adopte un régime fiscal après la conclusion d'une convention et conçoit ce régime de façon qu'il entre dans le cadre des dispositions en vigueur concernant les crédits d'impôt fictif.

78.1 Le Comité a conclu que les États membres ne devaient pas nécessairement s'abstenir d'adopter des dispositions en matière de crédit d'impôt fictif et les États contractants sont donc libres d'adopter de telles dispositions. Mais le Comité a estimé que les crédits d'impôt fictif ne devaient être envisagés qu'à l'égard des États dont le niveau économique est considérablement inférieur à celui des pays membres de l'OCDE. Les États membres devraient recourir à des critères économiques objectifs pour déterminer quels sont les États auxquels le bénéfice de crédits d'impôt fictif sera accordé. Lorsque les États conviennent d'insérer une disposition concernant les crédits d'impôt fictif, ils sont donc encouragés à suivre les lignes directrices qui figurent à la section VI du rapport sur les crédits d'impôt fictif. La mise en œuvre de ces « meilleures pratiques » réduira les possibilités d'utilisation abusive de ces dispositions en faisant en sorte qu'elles s'appliquent exclusivement à des investissements véritablement commerciaux ayant pour but de développer les infrastructures intérieures de l'État de la source. Une disposition étroite applicable aux investissements réels découragerait également la concurrence fiscale dommageable dont font l'objet les activités géographiquement mobiles.

Paragraphe 2

79. Ce paragraphe a été ajouté pour permettre à l'État de la résidence de conserver le droit de prendre en considération le montant du revenu ou de la fortune exempté dans cet État, en calculant l'impôt applicable au reste des revenus ou de la fortune. Ce droit s'étend aux revenus et à la fortune qui « ne sont imposables que » dans l'autre État. Le principe de la progression est ainsi préservé pour l'État de la résidence non seulement à l'égard des revenus ou de la fortune qui « sont imposables » dans l'autre État, mais aussi pour les revenus et la fortune qui « ne sont imposables que » dans cet autre État. Les Commentaires sur le paragraphe 3 de l'article 23 A à l'égard de l'État de la source s'appliquent aussi au paragraphe 2 de l'article 23 B.

Observations sur les Commentaires

80. Les *Pays-Bas* favorisent, en principe, la résolution des situations de double imposition ou de double non-imposition pouvant résulter de conflits de qualification entre États contractants puisque les Pays-Bas considèrent que les États contractants ne souhaitent pas ces situations et que celles-ci sont contraires au but et à l'objet d'une convention fiscale. Cependant, les Pays-Bas ne partagent pas l'interprétation de l'expression « conformément aux dispositions de la Convention » mise de l'avant aux paragraphes 32.4 et 32.6 et selon laquelle, pour les fins de l'application des articles 23 A et 23 B par l'État de résidence, la qualification de l'État de source prévaudrait règle générale en cas de conflit de qualification entre l'État de source et l'État de résidence résultant de différences dans leur doit interne. Les Pays-Bas se réservent le droit de résoudre les cas particuliers de conflits de qualification eu égard aux circonstances de chaque cas et compte tenu des relations avec l'État contractant concerné. Les Pays-Bas ne suivront donc les interprétations mises de l'avant aux paragraphes 32.4 et 32.6 seulement si, et que dans la mesure où, ces interprétations sont explicitement citées dans une convention fiscale, du fait d'un accord mutuel entre les autorités compétentes selon l'article 25 ou d'une mesure unilatérale.

81. La *Suisse* se réserve le droit de ne pas appliquer les règles édictées au paragraphe 32.3 dans les cas où un conflit de qualification résulterait d'une modification du droit interne de l'État de la source postérieure à la signature d'une convention.

82. Les *États-Unis* ne sont pas d'accord avec la dernière phrase du paragraphe 11.1 des Commentaires.

Réserves sur l'article

83. En cohérence avec ses réserves formulées à l'égard des paragraphes 2 et 3 de l'article 1, la *France* se réserve le droit de ne pas insérer les modifications apportées au paragraphe 1 des articles 23 A et 23 B par la mise à jour 2017 du Modèle de Convention fiscale relatives aux règles d'élimination de la double imposition en présence d'une entité transparente.

84. Le *Luxembourg* se réserve le droit de ne pas insérer les modifications apportées au paragraphe 1 des articles 23 A et 23 B par la mise à jour 2017 du Modèle de Convention fiscale.

85. Les *États-Unis* se réservent le droit de ne pas insérer dans le paragraphe 1 la phrase entre parenthèses « (sauf dans la mesure où ces dispositions permettent l'imposition par cet autre État uniquement parce que le revenu est également un revenu reçu par un résident de cet autre État ou parce que la fortune est également une fortune possédée par un résident de cet autre État) ». En outre, les États-Unis souhaitent exprimer l'opinion selon laquelle le paragraphe 1, qui a été ajouté pour traiter les cas dits de « double imposition économique », est incompatible avec les paragraphes 1 et 2 des Commentaires, qui expliquent que l'article 23 concerne uniquement les cas de « double imposition juridique ».

COMMENTAIRES SUR L'ARTICLE 24 CONCERNANT LA NON-DISCRIMINATION

Observations générales

1. Cet article traite de l'élimination de la discrimination fiscale dans certaines situations précises. Tous les systèmes fiscaux intègrent des distinctions légitimes fondées, par exemple, sur des différences d'assujettissement à l'impôt ou de capacités contributives. Les dispositions de l'article sur la non-discrimination visent à trouver un juste équilibre entre la nécessité d'empêcher une discrimination injustifiée et celle de tenir compte de ces distinctions légitimes. C'est pourquoi il convient de ne pas étendre indûment la portée de cet article à la discrimination dite « indirecte ». Par exemple, alors que le paragraphe 1, qui traite de la discrimination sur la base de la nationalité, empêcherait une différence de traitement constituant véritablement une forme de discrimination déguisée fondée sur la nationalité, comme le fait de soumettre des personnes à un régime différent selon qu'elles détiennent ou non, ou qu'elles sont habilitées à obtenir, un passeport émis par l'État, on ne pourrait nullement soutenir que les non-résidents d'un État donné comprennent principalement des personnes qui ne sont pas des nationaux de cet État pour conclure qu'une différence de traitement fondée sur la résidence constitue indirectement aux fins de ce paragraphe une distinction fondée sur la nationalité.

2. De plus, les dispositions de l'article ne peuvent être interprétées comme assurant le traitement dit de la « nation la plus favorisée ». Si un État a conclu une convention bilatérale ou multilatérale qui accorde des avantages fiscaux aux nationaux ou aux résidents de l'autre État ou des autres États signataires de cette convention, les nationaux ou résidents d'un État tiers qui n'est pas signataire de cette convention ne peuvent réclamer ces avantages en vertu d'une disposition sur la non-discrimination incluse dans une convention fiscale conclue entre cet État tiers et le premier État. Les conventions fiscales étant basées sur le principe de réciprocité, un avantage fiscal accordé par un État contractant, en vertu d'une convention bilatérale ou multilatérale, à un national ou résident d'un autre État qui est partie à cette convention en raison d'une relation économique spéciale entre ces États ne peut être réclamé par un national ou un résident d'un État tiers en vertu d'une disposition sur la non-discrimination incluse dans une convention fiscale conclue entre le premier État et cet État tiers.

3. Les différentes dispositions de l'article 24 empêchent les différences de régime fiscal qui se fondent uniquement sur certaines raisons spécifiques (par exemple, la nationalité pour le paragraphe 1). Ainsi, pour que ces paragraphes soient applicables, les autres aspects pertinents doivent être identiques. Les dispositions de l'article utilisent différentes formulations à cet effet (par exemple « qui se trouvent dans la même situation » aux paragraphes 1 et 2 ; « qui exercent la même activité » au paragraphe 3 ; « entreprises similaires » au paragraphe 5). En outre, alors que cet article cherche à éliminer les distinctions qui sont uniquement fondées sur certaines raisons, il ne vise nullement à ce que les nationaux d'autres États, les non-résidents, les

entreprises d'autres États ou les entreprises nationales détenues ou contrôlées par des non-résidents bénéficient d'un régime fiscal plus avantageux que celui des nationaux, résidents ou entreprises nationales détenues ou contrôlées par des résidents (voir, par exemple, le paragraphe 34 ci-dessous).

4. Enfin, comme le montre le paragraphe 79 ci-dessous, les dispositions de l'article doivent être interprétées en relation avec les autres articles de la Convention, de telle manière que l'on ne puisse considérer que les mesures prescrites ou expressément autorisées par les dispositions de ces articles violent les dispositions de l'article, même si elles s'appliquent uniquement par exemple aux paiements au bénéfice des non-résidents. À l'inverse, cependant, le fait qu'une mesure ne constitue pas une violation des dispositions de l'article ne signifie pas que cette mesure est autorisée par la Convention puisque cette mesure peut contrevenir à d'autres articles de la Convention.

Paragraphe 1

5. Ce paragraphe pose le principe qu'en matière fiscale les discriminations fondées sur la nationalité sont interdites et que, sous condition de réciprocité, les nationaux d'un État contractant ne peuvent pas être traités moins favorablement dans l'autre État contractant que les propres nationaux de ce dernier État qui se trouvent dans la même situation.

6. Il est important de savoir que le principe de non-discrimination sous des appellations différentes et avec une portée plus ou moins large, s'appliquait dans les relations fiscales internationales bien avant l'apparition, à la fin du XIXe siècle, des conventions de double imposition de type classique. On relève en effet dans un grand nombre d'accords de différentes natures (conventions consulaires ou d'établissement, traités d'amitié, de commerce, etc.) conclus notamment au XIXe siècle par les États en vue de renforcer ou d'étendre la protection diplomatique de leurs nationaux, où qu'ils résident, des clauses par lesquelles chacun des deux États contractants s'engage à accorder l'égalité de traitement avec ses ressortissants aux ressortissants de l'autre État. Le fait que ces clauses aient, par la suite, été reprises dans les conventions de double imposition n'a modifié en rien la raison d'être et la portée qu'elles avaient à l'origine. Le texte du paragraphe 1 prévoit que le champ d'application de ce paragraphe n'est pas limité par l'article 1 aux seuls nationaux qui sont résidents d'un État contractant, mais s'étend au contraire à tous les nationaux de chacun de ces États, qu'ils soient ou non résidents d'un État contractant. Autrement dit, tous les nationaux d'un État contractant sont en droit d'invoquer, auprès de l'autre État contractant, le bénéfice de cette disposition. Il en est ainsi, en particulier, pour ceux de ces nationaux qui ne sont pas résidents de l'un de ces deux États, mais au contraire d'un État tiers.

7. L'expression « se trouvant dans la même situation » doit s'entendre de contribuables (personnes physiques, personnes morales, sociétés de personnes et associations) placés, au regard de l'application de la législation et de la réglementation fiscales de droit commun, dans des circonstances de droit et de fait analogues. L'expression « notamment au regard de la résidence » vise à préciser que la résidence du contribuable est l'un des éléments entrant en ligne de compte lorsqu'il s'agit de

déterminer si des contribuables se trouvent dans la même situation. La seule expression « se trouvant dans la même situation » permettrait de conclure qu'un contribuable qui est résident d'un État contractant et un contribuable non résident de cet État ne se trouvent pas dans la même situation. En fait, l'expression « notamment au regard de la résidence » ne figurait ni dans le Projet de Convention de 1963 ni dans le Modèle de Convention de 1977. Mais les pays membres, dans leur application et leur interprétation de l'expression « se trouvant dans la même situation », ont systématiquement estimé que la résidence du contribuable devait être prise en compte. Lors de la révision du Modèle de Convention, le Comité des affaires fiscales a considéré qu'une référence explicite à la résidence des contribuables constituerait une clarification utile puisqu'une telle référence permettrait d'éviter toute incertitude éventuelle quant à l'interprétation à donner, à cet égard, à l'expression « se trouvant dans la même situation ».

8. Ainsi, lors de l'application du paragraphe 1, la question sous-jacente est de savoir si deux personnes résidentes dans le même État sont traitées de façon différente au seul motif de leur différence de nationalité. En conséquence, si un État contractant établit une distinction entre ses nationaux pour l'octroi d'avantages relatifs à leurs charges familiales suivant qu'ils résident ou non sur son propre territoire, cet État ne peut être tenu d'accorder aux nationaux de l'autre État qui ne résident pas sur son territoire le traitement qu'il réserve à ses résidents nationaux, mais il s'oblige à les faire bénéficier du traitement dont profitent ses nationaux qui résident dans l'autre État. De même, le paragraphe 1 ne s'applique pas lorsqu'un ressortissant d'un État contractant (État R) qui, de plus, réside dans l'État R se voit imposé moins avantageusement dans l'autre État contractant (État S) qu'un ressortissant de l'État S résidant dans un pays tiers (par exemple, sous l'effet de l'application de dispositions destinées à décourager l'utilisation de paradis fiscaux) puisque ces deux personnes ne se trouvent pas placées dans la même situation au regard de leur résidence.

9. L'expression « dans la même situation » peut parfois faire référence à la situation fiscale de la personne concernée. Tel serait par exemple le cas lorsqu'un pays viendrait à appliquer à ses nationaux, ou à certains d'entre eux, un assujettissement plus complet que celui appliqué aux personnes qui ne sont pas des nationaux de cet État (c'est d'ailleurs là une des caractéristiques du système fiscal des États-Unis). Dans la mesure où un tel traitement n'est pas lui-même en violation du paragraphe 1, l'on ne pourra alléguer que des personnes qui ne sont pas des nationaux de cet État se trouvent dans la même situation que ses nationaux aux fins de l'application des autres dispositions de la législation fiscale de cet État à l'égard desquelles l'assujettissement partiel ou intégral d'un contribuable est un facteur pertinent (par exemple, dans le cas de l'octroi d'abattements personnels).

10. De même, les dispositions du paragraphe 1 n'impliquent pas qu'un État accordant des avantages fiscaux spéciaux à ses propres organismes ou services publics en raison de leur nature soit tenu de faire bénéficier des mêmes avantages les organismes et services publics de l'autre État.

11. Elles n'impliquent pas non plus qu'un État accordant des avantages fiscaux spéciaux à des établissements privés n'ayant pas un but lucratif et dont l'activité s'exerce pour des fins d'utilité publique qui lui sont propres, soit tenu de faire bénéficier des mêmes avantages les établissements similaires dont l'activité n'est pas appelée à lui profiter.

12. Dans le premier cas, en effet, les immunités fiscales qu'un État accorde à ses propres organismes et services publics trouvent leur justification dans le fait que ces organismes et services en constituent des parties intégrantes et que leur situation ne peut à aucun moment être comparable à celle des organismes et services publics de l'autre État. Il est toutefois précisé que les personnes morales de droit public exploitant des entreprises de caractère économique ne sont pas visées par cette réserve. En tant qu'elles sont assimilables à des entreprises de droit privé, la disposition du paragraphe 1 leur demeure applicable.

13. Dans le deuxième cas, les avantages fiscaux dont un État fait bénéficier certains établissements privés n'ayant pas un but lucratif trouvent évidemment leur fondement dans la nature même de l'activité exercée par ces établissements et dans le bénéfice que cet État et ses ressortissants sont appelés à en retirer.

14. C'est à dessein, d'autre part, que le paragraphe 1 est rédigé sous la forme négative. En prévoyant que les nationaux d'un État contractant ne pourront être soumis dans l'autre État contractant à des impositions ou à des obligations y relatives qui seraient autres ou plus lourdes que celles auxquelles sont ou pourront être assujettis les nationaux de cet autre État contractant se trouvant dans la même situation, ce paragraphe comporte la même force obligatoire que s'il enjoignait aux États contractants d'accorder à leurs nationaux respectifs un même traitement. Mais la clause dont il s'agit ayant essentiellement pour objet de proscrire dans un État les discriminations à l'encontre des nationaux de l'autre État, rien ne s'oppose à ce que le premier État pour des considérations qui lui sont propres ou pour se conformer à une clause particulière stipulée dans une convention de double imposition, telle notamment que l'obligation que les bénéfices des établissements stables soient imposés conformément à l'article 7, accorde certains aménagements ou facilités à des personnes ayant une nationalité étrangère et dont ne profitent pas ses propres nationaux. Tel qu'il est rédigé, le paragraphe 1 n'y fera pas obstacle.

15. Sous la réserve de cette remarque, les mots « ... ne sont soumis à aucune imposition ou obligation y relative, qui est autre ou plus lourde ... » signifient que l'impôt appliqué aux nationaux et aux étrangers se trouvant dans une situation identique doit revêtir la même forme, que ses modalités d'assiette et de liquidation doivent être semblables, son taux égal et, enfin, que les formalités relatives à l'imposition (déclaration, paiement, délais, etc.) ne peuvent être plus onéreuses pour les étrangers que pour les nationaux.

16. En raison du rapport juridique qui s'établit entre une société et l'État sous la loi duquel elle a été formée et qui, à plusieurs égards, s'apparente étroitement à la nationalité des personnes physiques, il a paru possible de ne pas traiter des personnes

morales, sociétés de personnes et associations dans une disposition spéciale et de les confondre sous un même vocable avec les personnes physiques au paragraphe 1. Ce résultat découle de la définition du terme « national » à l'alinéa *g)* du paragraphe 1 de l'article 3.

17. En vertu de cette définition, toute personne morale, telle qu'une société, « national d'un État contractant » signifie une personne morale « constituée conformément à la législation en vigueur dans cet État contractant ». Une société est généralement constituée conformément à la législation en vigueur de l'État où elle a été constituée ou enregistrée. Cependant, en vertu de la législation en vigueur dans de nombreux pays, la constitution ou l'enregistrement constitue le critère, ou l'un des critères, permettant de déterminer la résidence des sociétés aux fins de l'article 4. Étant donné que le paragraphe 1 de l'article 24 interdit les différences de traitement fondées sur la nationalité, mais uniquement pour des personnes ou des entités « dans la même situation, notamment au regard de leur résidence », il est important de distinguer, aux fins de ce paragraphe, entre une différence de traitement qui se baserait uniquement sur la nationalité et une différence de traitement liée à d'autres critères, en particulier la résidence. Comme il a été précisé aux paragraphes 7 et 8 ci-dessus, le paragraphe 1 n'interdit une discrimination que si celle-ci est fondée sur la différence de nationalité et exige que tous les autres facteurs pertinents soient identiques, y compris la résidence de l'entité. La différence de traitement entre résidents et non-résidents est une caractéristique fondamentale des divers systèmes fiscaux et des conventions fiscales ; lorsque l'article 24 est lu dans le contexte des autres articles de la Convention qui, pour la plupart, prévoient un traitement fiscal différent pour les résidents et les non-résidents, il apparaît clairement que deux sociétés qui ne sont pas résidentes du même État aux fins de la Convention (en vertu des règles de l'article 4) ne se trouvent généralement pas dans une même situation aux fins du paragraphe 1.

18. Bien que les sociétés résidentes et les sociétés non résidentes ne se trouvent généralement pas dans la même situation aux fins du paragraphe 1, il est clair, cependant, que ce n'est pas le cas lorsque la résidence n'a absolument aucune pertinence eu égard à la différence de traitement en question.

19. Les exemples suivants illustrent ces principes.

20. Exemple 1 : En vertu de la législation fiscale de l'État A, les sociétés qui y sont constituées ou qui y ont leur siège de direction effective en sont des résidents. En vertu de la législation fiscale de l'État B, seules les sociétés qui ont leur siège de direction effective dans cet État en sont des résidents. La convention fiscale État A-État B est identique au Modèle de Convention fiscale. La législation nationale de l'État A prévoit que les dividendes versés à une société constituée dans ce pays par une autre société également constituée dans ce même pays sont exonérés d'impôt. Étant donné qu'une société constituée dans l'État B ayant son siège de direction effective dans l'État A serait résidente de l'État A aux fins de la Convention État A-État B, le fait que les dividendes qui lui seraient versés par une société constituée dans l'État A ne pourraient profiter d'une telle exonération, même si la société bénéficiaire se trouvait

dans la même situation qu'une société constituée dans l'État A au regard de sa résidence, constituerait une violation du paragraphe 1 en l'absence d'autres différences de situation pertinentes.

21. Exemple 2 : En vertu de la législation fiscale de l'État A, les sociétés qui y sont constituées en sont des résidents et celles qui sont constituées dans un autre pays ne le sont pas. La convention fiscale État A-État B est identique au Modèle de Convention fiscale, sauf que le paragraphe 3 de l'article 4 prévoit que lorsqu'une personne morale est un résident des deux États en vertu de cet article, elle est considérée comme un résident de l'État où elle a été constituée. La législation nationale de l'État A prévoit que les dividendes versés à une société constituée dans ce pays par une autre société également constituée dans ce même pays sont exonérés d'impôt. Le paragraphe 1 n'étend pas ce traitement aux dividendes versés à une société constituée dans l'État B. Même si deux sociétés recevant de tels dividendes, l'une constituée dans l'État A et l'autre dans l'État B, sont traitées différemment, elles ne se trouvent pas dans une même situation au regard de leur résidence et ceci constitue alors un facteur pertinent (ce que l'on peut déduire, par exemple, du paragraphe 5 de l'article 10, qui interdirait une imposition ultérieure des dividendes versés par une société non résidente mais non celle de dividendes versés par une société résidente).

22. Exemple 3 : En vertu de la législation fiscale de l'État A, les sociétés qui y sont constituées en sont des résidents. La législation fiscale de l'État B prévoit que les sociétés qui y ont leur siège de direction effective en sont des résidents. La convention fiscale État A-État B est identique au Modèle de Convention fiscale. La législation fiscale de l'État A prévoit qu'une société non résidente qui est résidente d'un État avec lequel l'État A n'a pas signé de convention prévoyant l'échange de renseignements fiscaux est soumise à un impôt annuel égal à 3 pour cent de la valeur de ses actifs immobiliers et non à un impôt sur les revenus nets issus de ces actifs. Une société constituée dans l'État B mais qui est résidente d'un État avec lequel l'État A n'a pas signé de convention permettant un tel échange ne pourra arguer que le paragraphe 1 interdit que l'État A lui applique cet impôt de 3 pour cent du fait qu'elle se trouverait ainsi traitée différemment d'une société constituée dans ce même État A. Dans un tel cas, cette société ne se trouverait pas dans la même situation, au regard de sa résidence, qu'une société constituée dans l'État A et cette résidence serait pertinente (par exemple afin d'accéder aux informations nécessaires pour contrôler le revenu net tiré de biens immobiliers par un contribuable non résident).

23. Exemple 4 : En vertu de la législation fiscale de l'État A, les sociétés qui y sont constituées en sont des résidents et celles qui sont constituées dans un autre pays ne le sont pas. La convention fiscale État A-État B est identique au Modèle de Convention fiscale, sauf que le paragraphe 3 de l'article 4 prévoit que lorsqu'une personne morale est un résident des deux États en vertu de cet article, elle sera considérée comme un résident de l'État où elle a été constituée. En vertu de la législation de l'État A s'appliquant aux prélèvements sur salaires, toutes les sociétés employant des salariés résidents sont soumises à un prélèvement sur salaires qui n'établit aucune distinction fondée sur la résidence de l'employeur ; cependant, seules celles constituées dans cet

État A peuvent prétendre à un taux de prélèvement inférieur. Dans ce cas, le fait qu'une société constituée dans l'État B n'ait pas la même résidence qu'une société constituée dans l'État A aux fins de la convention A-B n'a aucune pertinence au regard des différents taux d'imposition appliqués en vertu de la législation s'appliquant aux prélèvements sur salaires et cette différence de traitement constituerait une violation du paragraphe 1 en l'absence d'autres différences de situation pertinentes.

24. Exemple 5 : En vertu de la législation fiscale de l'État A, les sociétés qui y sont constituées ou qui y ont leur siège de direction effective sont résidentes de cet État et celles qui ne satisfont pas à l'une ou l'autre de ces conditions ne le sont pas. En vertu de la législation fiscale de l'État B, les sociétés constituées dans cet État en sont résidentes. La convention fiscale État A-État B est identique au Modèle de Convention fiscale, sauf que le paragraphe 3 de l'article 4 prévoit que lorsqu'une personne morale est un résident des deux États contractants en vertu du paragraphe 1 du même article, elle sera considérée comme un résident uniquement de l'État où elle a été constituée. La législation fiscale de l'État A dispose en outre que les sociétés qui y sont constituées et qui y ont leur siège de direction effective sont autorisées à consolider leurs revenus aux fins de l'imposition dans la mesure où elles font partie d'un groupe de sociétés ayant des actionnaires communs. La société X, constituée dans l'État B, appartient au même groupe que deux autres sociétés constituées dans l'État A et toutes ont un siège de direction effective dans l'État A. N'ayant pas été constituée dans l'État A, la société X n'est pas autorisée à consolider ses revenus avec ceux des deux autres sociétés.

25. Dans un tel cas, même si la société X est un résident de l'État A en vertu de la législation fiscale de cet État, elle n'est pas un résident de l'État A aux fins du paragraphe 3 de l'article 4 de la Convention. Sa situation au regard de la résidence sera donc différente de celle des autres sociétés du groupe ; ainsi, le paragraphe 1 ne l'autorisera pas à bénéficier des avantages d'une consolidation, même si cette différence de traitement résulte du fait que la société X n'a pas été constituée dans l'État A. La résidence de la société X est de toute évidence pertinente quant aux avantages d'une consolidation puisque certaines dispositions de la Convention, tels les articles 7 et 10, interdisent à l'État A d'imposer certains types de revenus tirés par la société X.

Paragraphe 2

26. Un certain nombre d'États ont conclu à New York, le 28 septembre 1954, une Convention destinée à améliorer la situation des apatrides. L'article 29 de cette Convention prescrit de faire application à ces derniers d'un traitement national. Parmi les signataires de l'accord, on relève plusieurs pays membres de l'OCDE.

27. Il faut reconnaître cependant que les dispositions du paragraphe 2 permettent, dans une convention bilatérale, d'accorder le bénéfice de l'assimilation aux nationaux aux apatrides qui, parce qu'ils se trouvent dans l'une des situations visées au paragraphe 2 de l'article premier de la Convention du 28 septembre 1954 susvisée, ne sont pas couverts par celle-ci. Tel est principalement le cas d'une part, des personnes

bénéficiaires, lors de la signature de cette Convention, d'une protection ou d'une assistance de la part d'un organisme ou d'une institution des Nations Unies autre que le Haut Commissariat pour les réfugiés, d'autre part, des personnes résidentes d'un pays et considérées comme ayant les droits et les obligations attachés à la possession de la nationalité de ce pays.

28. Le paragraphe 2 tend à limiter la portée de la clause d'égalité de traitement avec les nationaux d'un État contractant aux seuls apatrides qui sont des résidents de cet État ou de l'autre État contractant.

29. En excluant ainsi ceux des apatrides qui ne sont résidents ni de l'un ni de l'autre État, une telle clause permet d'éviter que ces personnes ne soient privilégiées dans un État par rapport aux nationaux de l'autre État.

30. Toutefois, si des États considéraient comme souhaitable, dans leurs relations bilatérales, d'étendre la portée du paragraphe 2 à tous les apatrides, qu'ils soient ou non résidents d'un État contractant, en sorte que ces personnes bénéficient dans tous les cas du traitement le plus favorable accordé aux nationaux de l'État considéré, il leur suffirait pour cela de retenir le texte suivant, qui ne comporte pas la condition de résidence dans un État contractant :

> Nonobstant les dispositions de l'article 1, les apatrides ne sont soumis dans un État contractant à aucune imposition ou obligation y relative, qui est autre ou plus lourde que celles auxquelles sont ou pourront être assujettis les nationaux de cet État qui se trouvent dans la même situation, notamment au regard de la résidence.

31. Certains États peuvent estimer que les dispositions du paragraphe 2 sont trop libérales en tant qu'elles permettent aux apatrides résidents d'un État de se prévaloir de l'égalité de traitement non seulement dans l'autre État, mais également dans l'État de résidence et de bénéficier ainsi dans cet État notamment des dispositions des conventions de double imposition qu'il a conclues avec des États tiers. Les États qui souhaitent écarter cette dernière conséquence ont la liberté de modifier le paragraphe 2 comme suit :

> Les apatrides qui sont résidents d'un État contractant ne sont soumis dans l'autre État contractant à aucune imposition ou obligation y relative qui est autre ou plus lourde que celles auxquelles sont ou pourront être assujettis les nationaux de cet État qui se trouvent dans la même situation, notamment au regard de la résidence.

32. Enfin, il devrait être entendu que la définition de l'apatride à retenir dans une telle clause ne saurait être que celle posée au paragraphe 1 de l'article premier de la Convention du 28 septembre 1954 qui définit l'apatride comme « une personne qu'aucun État ne considère comme son ressortissant par application de sa législation ».

Paragraphe 3

33. Ce paragraphe a pour objet de remédier aux discriminations qui ne sont pas à proprement parler fondées sur une notion de nationalité mais sur le lieu même d'établissement d'une entreprise. Il intéresse donc indistinctement, quelle que soit

leur nationalité, tous les résidents d'un État contractant qui ont des établissements stables dans l'autre État contractant.

34. Il parait d'abord nécessaire de préciser que la rédaction de la première phrase du paragraphe 3 doit être interprétée en ce sens que ne constitue pas une discrimination le fait, pour des raisons d'ordre pratique, de taxer les personnes non résidentes autrement que les personnes résidentes, à condition qu'il n'en résulte pas, pour les premières, d'imposition plus lourde que pour les secondes. Sous la forme négative qui a été donnée à la disposition dont il s'agit, c'est le résultat seul qui compte, les modalités de l'imposition pouvant être adaptées aux circonstances particulières dans lesquelles elle est établie. Par exemple, le paragraphe 3 n'empêche pas l'application de mécanismes spécifiques utilisés uniquement pour déterminer les bénéfices attribuables à un établissement stable. Le paragraphe doit être lu dans le contexte de la Convention, et en particulier du paragraphe 2 de l'article 7 qui prévoit que les bénéfices attribuables à l'établissement stable sont ceux qu'une entreprise distincte et indépendante exerçant des activités identiques ou analogues dans des conditions identiques ou analogues, aurait pu réaliser. Il est clair que les dispositions ou les pratiques administratives qui ont pour objet de déterminer les bénéfices attribuables à un établissement stable dans les conditions requises par le paragraphe 2 de l'article 7 ne peuvent être considérées comme contraires au paragraphe 3, qui est fondé sur le même principe dans la mesure où il requiert que l'imposition de l'établissement stable ne soit pas moins favorable que celle qui s'applique à une entreprise locale exerçant des activités similaires.

35. Aux termes de la première phrase du paragraphe 3, l'imposition d'un établissement stable n'est pas établie dans l'État considéré d'une façon moins favorable que l'imposition des entreprises de cet État qui exercent la même activité. Le but de cette disposition est de supprimer toute discrimination dans le traitement des établissements stables par rapport aux entreprises résidentes appartenant au même secteur d'activité en ce qui concerne les impôts assis sur les activités d'entreprise, spécialement les impôts sur les bénéfices des entreprises.

36. La deuxième phrase du paragraphe 3 précise en outre les conditions dans lesquelles le principe de l'égalité de traitement posé dans la première phrase doit s'appliquer aux personnes physiques résidentes d'un État contractant ayant un établissement stable dans l'autre État contractant. Elle tend essentiellement à éviter que ces personnes n'obtiennent des avantages supérieurs à ceux des résidents grâce au cumul des déductions et abattements personnels pour charges de famille qui leur seraient accordés d'une part, dans l'État dont ils sont résidents par application de la loi interne et, d'autre part, dans l'autre État en vertu du principe de l'égalité de traitement. En conséquence, il laisse à l'État où l'établissement stable est situé, la faculté d'accorder aux personnes intéressées les déductions et avantages personnels dans la proportion du montant des bénéfices de l'établissement stable au montant du revenu global imposable dans l'autre État.

37. Il est également évident qu'il est nécessaire, aux fins du paragraphe 3, de comparer le traitement fiscal accordé dans un des États contractants à l'établissement

stable d'une entreprise de l'autre État contractant avec celui accordé à une entreprise du premier État dont la structure juridique est similaire à celle de l'entreprise à laquelle appartient l'établissement stable. Ainsi, par exemple, le paragraphe 3 n'oblige pas un État à appliquer aux bénéfices d'un établissement stable d'une entreprise exploitée par une personne physique qui est un non-résident le même taux d'imposition que celui qui s'applique à une entreprise de cet État exploitée par une société résidente.

38. De même, les activités réglementées et non réglementées ne constituent pas une « même activité » aux fins du paragraphe 3. Ainsi, par exemple, le paragraphe 3 n'exigerait pas qu'un établissement stable, dont certaines activités consisteraient à emprunter et à prêter de l'argent sans être pour autant agréé en tant qu'établissement bancaire, soit imposé de façon moins favorable que des établissements bancaires nationaux, du fait qu'il n'exerce pas la même activité. Un autre exemple serait les activités menées par un État ou par ses organismes publics, qui, du fait qu'elles sont contrôlées par cet État, ne sauraient être considérées, aux fins de paragraphe 3, comme étant similaires à celles que mènerait une entreprise d'un État étranger par l'intermédiaire d'un établissement stable.

39. Quant à la première phrase, l'expérience a montré qu'il était très difficile de définir de manière claire et complète le contenu même du principe d'égalité de traitement, ce qui a entraîné de nombreuses divergences d'opinion à propos des multiples conséquences qu'impliquait ce principe. La principale source des difficultés semble résider dans la nature même de l'établissement stable qui n'est pas une entité juridique distincte mais seulement une partie d'une entreprise ayant son siège dans un autre État. La situation de l'établissement stable est différente de celle d'une entreprise nationale qui constitue un ensemble dont toutes les activités, et les conséquences fiscales qui en découlent, peuvent être pleinement appréhendées dans l'État où elle a son siège. On examine ci-dessous les conséquences de la clause d'égalité de traitement au regard de plusieurs aspects de l'établissement de l'impôt.

A. Assiette de l'impôt

40. Dans le domaine de l'assiette de l'impôt, le principe de l'égalité de traitement entraîne normalement les conséquences suivantes :

a) Il faut accorder aux établissements stables la même faculté qu'aux entreprises résidentes de déduire les charges d'exploitation dont la législation fiscale autorise, en général, la déduction du bénéfice imposable. Cette déduction doit être permise sans autres restrictions que celles également imposées aux entreprises résidentes (voir aussi les paragraphes 33 et 34 des Commentaires sur l'article 7).

b) Il faut accorder aux établissements stables les mêmes facilités en matière d'amortissements et de provisions. Ils devraient bénéficier sans restriction non seulement des possibilités d'amortissement ouvertes normalement aux entreprises (amortissements linéaire et dégressif), mais encore des régimes spéciaux existant dans un certain nombre de pays (amortissements massifs, accélérés, etc.). S'agissant de provisions, il importe de noter qu'elles sont parfois autorisées à d'autres fins que la compensation — conformément aux principes de la comptabilité commerciale — des dépréciations d'éléments d'actif, de frais ou de pertes qui ne sont pas encore réalisés mais que les circonstances rendent probables dans un avenir prochain. C'est ainsi que, dans certains pays, les entreprises ont la possibilité de constituer, par prélèvement sur le bénéfice imposable, des provisions ou « réserves » d'investissement. Lorsque ces provisions ou réserves sont autorisées pour l'ensemble des entreprises, ou bien pour toutes les entreprises d'un secteur d'activité déterminé, elles doivent, sous les mêmes conditions, normalement bénéficier aux entreprises non résidentes pour leurs établissements stables situés dans l'État considéré, pour autant, par conséquent, que les activités correspondant à ces provisions ou réserves soient imposables dans cet État.

c) Il faut accorder aux établissements stables la faculté, admise dans la plupart des pays pour les entreprises résidentes, de reporter un déficit d'exploitation constaté à la clôture d'un exercice sur les résultats des exercices suivants ou précédents dans la limite d'une certaine période de temps (par exemple 5 ans). Il est à peine besoin de préciser que dans le cas des établissements stables, c'est le déficit résultant de leur exploitation propre qui pourra donner lieu à report.

d) Il faut appliquer aux établissements stables les mêmes règles qu'aux entreprises résidentes en ce qui concerne la taxation des plus-values réalisées lors de la cession, en cours ou en fin d'exploitation, d'éléments d'actif.

41. Comme il est clairement indiqué à l'alinéa *c)* ci-dessus, le principe d'égalité de traitement du paragraphe 3 ne s'applique qu'à l'imposition des seules activités de l'établissement stable. Ce principe se limite donc à une comparaison entre les règles régissant l'imposition des activités propres à un établissement stable et celles s'appliquant aux activités d'entreprise similaires menées par une entreprise résidente indépendante. Il ne s'étend pas aux règles qui tiennent compte des relations qu'une entreprise peut entretenir avec d'autres entreprises (par exemple les règles autorisant la consolidation, le transfert des pertes ou les transferts en franchise d'impôt d'actifs entre sociétés ayant les mêmes propriétaires), celles-ci ne portant pas sur l'imposition des activités d'entreprise propres à une entreprise qui seraient similaires à celles d'un établissement stable, mais plutôt sur l'imposition d'une entreprise résidente en tant que partie intégrante d'un groupe d'entreprises associées. De telles règles permettent souvent de garantir ou de faciliter le respect des obligations fiscales et l'administration fiscale au sein d'un groupe national. Il s'ensuit donc que le principe d'égalité de traitement n'est pas applicable. Pour les même raisons, les règles relatives à la distribution des bénéfices d'une entreprise résidente ne pourront être étendues à un établissement stable en vertu du paragraphe 3 du fait qu'elles ne concernent pas les activités d'entreprise dudit établissement (voir le paragraphe 59 ci-dessous).

42. En outre, il est évident que, dans le cas de transferts d'un établissement stable à son siège (ou vice versa), l'application de règles en matière de prix de transfert fondées sur le principe de pleine concurrence ne pourra être considérée comme une violation

du paragraphe 3 et ce même si lesdites règles ne s'appliquent pas aux transferts au sein d'une entreprise de l'État contractant où est situé ledit établissement. En effet, l'application du principe de pleine concurrence pour la détermination des bénéfices attribuables à un établissement stable est prescrite par le paragraphe 2 de l'article 7 et ledit paragraphe fait partie intégrante du contexte dans lequel doit être lu le paragraphe 3 de l'article 24 ; en outre, étant donné que l'article 9 autorise l'application du principe de pleine concurrence aux transferts entre une entreprise nationale et une entreprise étrangère associée, l'on ne peut considérer que son application au cas d'un établissement stable aboutit à une imposition moins favorable que celle appliquée à une entreprise de l'État contractant où est situé ledit établissement.

43. Si les règles générales rappelées ci-dessus soulèvent rarement des difficultés au regard du principe de non-discrimination, elles ne constituent pas une liste exhaustive de ses éventuelles conséquences quant à la détermination de la base d'imposition. Il se peut que l'application de ce principe soit moins évidente dans le cas des mesures d'encouragement fiscal mises en œuvre dans la plupart des pays aux prises avec des problèmes de décentralisation industrielle, de développement de régions économiquement en retard ou de promotion d'activités nouvelles nécessaires à l'expansion de l'économie, en vue de faciliter la solution de ces problèmes sous forme d'exonérations, de réductions ou d'autres avantages fiscaux accordés aux entreprises pour leurs investissements qui entrent dans le cadre des objectifs officiels.

44. De telles mesures répondant à des objectifs en relation directe avec l'activité économique proprement dite de l'État considéré, il est juste d'en accorder le bénéfice aux établissements stables des entreprises d'un autre État lié avec le premier État par une convention de double imposition comportant les dispositions de l'article 24, dès lors que leur est reconnu le droit d'exercer une activité d'entreprise dans cet État, en vertu soit de sa législation, soit d'un accord international (traité de commerce, d'établissement, etc.) conclu entre les deux États.

45. Il convient de noter, cependant, que si les entreprises non résidentes peuvent prétendre dans l'État considéré aux avantages fiscaux dont il s'agit, c'est aux mêmes conditions et charges que les entreprises résidentes. Elles peuvent donc se trouver privées de ces avantages si leurs établissements stables ne sont pas en mesure de satisfaire ou se refusent à souscrire aux conditions et charges particulières liées à l'attribution de ces avantages.

46. Par ailleurs, il va de soi que les entreprises non résidentes n'ont pas droit aux avantages fiscaux liés à des activités dont l'exercice est strictement réservé, pour des raisons relevant de l'intérêt national, de la défense nationale, de la protection de l'économie nationale, etc., à des entreprises nationales puisque les entreprises non résidentes ne peuvent exercer de telles activités.

47. Enfin, les dispositions du paragraphe 3 ne sauraient être interprétées comme contraignant un État accordant des avantages fiscaux spécifiques à des organismes à but non lucratif dont les activités s'exercent à des fins d'utilité publique qui lui sont propres, à faire bénéficier des mêmes avantages les établissements stables

d'organismes similaires de l'autre État dont les activités ne sont pas exercées exclusivement à des fins d'utilité publique propres au premier État mentionné.

B. *Régime spécial pour les dividendes encaissés à raison de participations détenues par les établissements stables*

48. Dans de nombreux pays, il existe des règles particulières d'imposition des dividendes distribués entre sociétés (régime des filiales et des sociétés mères, *Schachtelprivileg*, règle *non bis in idem*). La question se pose de savoir si un tel régime doit, par l'effet des dispositions du paragraphe 3, bénéficier également aux établissements stables pour les dividendes des participations faisant partie de leur actif.

49. Sur ce point, les opinions divergent. Certains États estiment que le bénéfice de ces régimes spéciaux doit être accordé aux établissements stables. Ils considèrent que ces régimes ont été instaurés en vue d'éviter la double imposition de bénéfices réalisés par une filiale et distribués à une société mère. En principe, l'impôt sur les bénéfices devrait être prélevé une seule fois au niveau de la filiale dont l'activité a été génératrice des bénéfices considérés. La société mère devrait être exemptée d'impôt sur ces bénéfices lorsqu'elle les reçoit de sa filiale ou, selon la méthode du crédit indirect, devrait bénéficier d'un allégement correspondant à l'imposition supportée par la filiale. Lorsque c'est un établissement stable qui détient ces actions au titre d'un investissement direct, le même principe implique que l'établissement stable recevant les dividendes bénéficie de même du régime spécial, puisque l'impôt sur les bénéfices a déjà été prélevé auprès de la filiale. D'autre part, il est difficilement concevable, selon cette ligne de pensée, de laisser à l'État où est situé le siège de la société mère le soin d'alléger la double imposition entraînée par une nouvelle imposition dans l'État où est situé l'établissement stable. L'État de la société mère, dans lequel aucune des activités génératrices des bénéfices soumis à double imposition n'a été exercée, exemptera normalement ces bénéfices ou prélèvera un impôt sur les bénéfices qui sera insuffisant pour une imputation double (c'est-à-dire pour l'impôt sur les bénéfices prélevé auprès de la filiale et pour celui prélevé auprès de l'établissement stable). Dans tout cela, il est supposé que les actions détenues par l'établissement stable sont liées effectivement à ses activités. De plus, une autre condition est évidemment que les bénéfices ayant permis la distribution des dividendes aient été effectivement soumis à un impôt sur les bénéfices.

50. D'autres États estiment au contraire que l'assimilation des établissements stables à leurs entreprises n'entraîne pas obligation d'accorder ces régimes spéciaux aux établissements stables. Plusieurs raisons sont avancées en ce sens. Le but de ces régimes spéciaux est d'éviter une double imposition économique des dividendes et c'est à l'État de résidence de la société bénéficiaire et non pas à l'État de l'établissement stable de supporter la charge de ces régimes parce qu'il est le plus intéressé à l'objectif poursuivi. Une autre raison invoquée concerne la répartition des recettes fiscales entre États. Les pertes de recettes fiscales entraînées, pour un État, par l'application de ces régimes spéciaux sont en partie compensées par l'imposition des dividendes lors de la

redistribution par la société qui a bénéficié de ces régimes (impôt retenu à la source sur les dividendes, impôt de l'actionnaire). Par contre, l'État qui accorderait le bénéfice de ces régimes aux établissements stables ne bénéficierait pas d'une telle contrepartie. Un autre argument avancé est que, quand le bénéfice de ces régimes est subordonné à une obligation de redistribution, leur extension aux établissements stables ne serait pas justifiée. Dans ce cas, en effet, l'établissement stable, qui n'est qu'une partie d'une société d'un autre État et qui ne distribue pas de dividende, aurait un régime plus favorable qu'une société résidente. Enfin, les États qui pensent que le paragraphe 3 n'entraîne pas obligation d'étendre ces régimes aux établissements stables invoquent les risques de transfert par les sociétés d'un État de leurs participations dans des sociétés d'un autre État à leurs établissements stables dans cet autre État à seule fin de pouvoir en bénéficier.

51. Il n'en reste pas moins qu'il peut y avoir des raisons très fondées à la détention et à la gestion de participations par un établissement stable plutôt que par le siège de l'entreprise :

- raisons de nécessité résultant principalement d'une obligation légale ou réglementaire imposant aux établissements bancaires et financiers et aux sociétés d'assurance de maintenir en dépôt dans les pays où s'exercent leurs activités une certaine quantité de valeurs, notamment d'actions, en garantie de leurs engagements ;
- raisons d'opportunité, lorsque les participations en cause concernent des sociétés qui sont en relations d'affaires avec l'établissement stable ou dont le siège social est situé dans le même pays que celui-ci ;
- simples raisons de commodité, qu'explique la tendance actuelle à la déconcentration des tâches de gestion dans les grandes entreprises.

52. Compte tenu de ces divergences mais aussi de l'existence des situations qui viennent d'être décrites, il conviendrait que les États indiquent l'interprétation qu'ils donnent à la première phrase du paragraphe 3 lors de la conclusion de conventions bilatérales. S'ils le désirent, ils peuvent expliquer leur position, ou la modifier par rapport à leur pratique antérieure, dans un protocole ou tout autre document annexé à la convention.

53. Dans un tel document, on pourrait aussi prévoir une solution qui tienne compte de l'objection mentionnée ci-dessus selon laquelle l'extension, dans un État A, du régime des participations aux établissements stables de sociétés résidentes d'un autre État B, aboutit à privilégier indûment ces sociétés par rapport aux autres sociétés résidentes du même État dont le siège social détient des participations dans le capital de sociétés résidentes de l'État A, dans la mesure où les dividendes afférents auxdites participations peuvent être rapatriés par les premières sans supporter la retenue à la source, laquelle en revanche est prélevée sur les dividendes distribués aux secondes au taux de 5 ou de 15 pour cent, selon les cas. La neutralité de l'impôt et l'égalité des charges fiscales entre établissements stables et filiales, invoquées par les États intéressés, pourraient être assurées en amendant, dans le cadre de la convention

bilatérale entre les États A et B, les dispositions des paragraphes 2 et 4 de l'article 10, de manière à pouvoir prélever dans l'État A l'impôt à la source sur les dividendes payés par des sociétés résidentes de cet État à des établissements stables de sociétés résidentes de l'État B dans les mêmes conditions que s'ils étaient perçus directement par celles-ci, c'est-à-dire directement par leur siège central, soit :

— au taux de 5 pour cent pour une participation d'au moins 25 pour cent ;

— au taux de 15 pour cent dans les autres cas.

54. Au cas où les dividendes payés à des établissements stables ne pourraient pas être taxés à la source dans l'État concerné, à défaut de dispositions appropriées dans sa législation interne, on pourrait accorder aux établissements stables le bénéfice du régime des distributions de dividendes inter-sociétés à condition d'en limiter l'application de telle sorte que l'impôt perçu par l'État de la source des dividendes soit le même, que les dividendes soient perçus par l'établissement stable d'une société résidente de l'autre État ou qu'ils soient reçus directement par cette société.

C. *Structure et taux de l'impôt*

55. Dans les pays où les entreprises, principalement les sociétés, sont assujetties sur leurs bénéfices à un impôt qui leur est propre, les dispositions du paragraphe 3 soulèvent, au sujet du taux applicable dans le cas des établissements stables, des problèmes spécifiques liés au fait que l'établissement stable n'est qu'une partie d'une entité juridique qui n'est pas sous la juridiction de l'État où l'établissement stable se trouve situé.

56. Lorsque l'imposition des bénéfices réalisés par les sociétés résidentes d'un État donné est calculée d'après un barème de taux progressifs, c'est en principe ce barème de taux qui doit s'appliquer aux établissements stables situés dans cet État. Si l'État de l'établissement stable tient compte des résultats de l'ensemble de la société à laquelle appartient cet établissement pour appliquer le barème de taux progressifs, il ne semble pas que cette règle aille à l'encontre de la règle d'égalité de traitement. Les sociétés résidentes sont en effet soumises au même régime (voir les paragraphes 55, 56 et 79 des Commentaires sur les articles 23 A et 23 B). Les États imposant leurs sociétés de cette façon pourraient donc préciser le régime applicable aux établissements stables dans leurs conventions bilatérales.

57. Quand un régime d'imposition fondé sur un barème de taux progressifs comporte une règle selon laquelle un taux minimum est applicable aux établissements stables, on ne peut prétendre *a priori* que cette règle va à l'encontre du principe d'égalité de traitement. Les résultats de l'ensemble de l'entreprise à laquelle appartient l'établissement stable doivent être pris en compte pour déterminer le taux applicable suivant le barème progressif. Ce n'est que si le taux minimum est supérieur que les dispositions de la première phrase du paragraphe 3 ne sont pas respectées.

58. Toutefois, la prise en compte des résultats de l'ensemble de l'entreprise à laquelle appartient l'établissement stable pour appliquer, soit un barème de taux progressifs, soit un taux minimum, ne doit pas avoir pour conséquence d'aller à

l'encontre du principe de l'entreprise distincte et indépendante suivant lequel le résultat de l'établissement stable doit être déterminé en vertu des dispositions du paragraphe 2 de l'article 7. Le montant minimum de l'impôt à la charge de l'établissement stable dans l'État où il est situé est donc celui qui serait dû s'il constituait une entreprise distincte et indépendante, sans référence aux résultats de l'ensemble de l'entreprise à laquelle il appartient. L'État où l'établissement stable est situé peut donc à bon droit appliquer le barème de taux progressifs en vigueur pour les entreprises résidentes aux seuls résultats de l'établissement stable, sans tenir compte des résultats de l'ensemble de l'entreprise à laquelle il appartient dans le cas où ces derniers sont inférieurs à ceux de l'établissement stable. Il peut de même imposer les résultats de l'établissement stable à un taux minimum, à condition que ce taux minimum s'applique également aux entreprises résidentes, même si la prise en compte des résultats de l'ensemble de l'entreprise à laquelle il appartient aboutissait à une imposition inférieure ou nulle.

59. Comme un établissement stable ne distribue pas de dividendes du fait de sa nature même, le régime fiscal des distributions effectuées par l'entreprise à laquelle appartient l'établissement stable sort du champ d'application du paragraphe 3 qui se limite à l'imposition des bénéfices découlant des activités de l'établissement stable lui-même, sans s'étendre à l'imposition de l'ensemble de l'entreprise. C'est ce que confirme la seconde phrase du paragraphe 3 qui précise que certaines questions de fiscalité concernant le contribuable propriétaire de l'établissement stable (comme par exemple, les déductions et les abattements) sortent de son champ d'application. Ainsi, les questions liées aux différents systèmes d'intégration de l'impôt sur les sociétés et de l'impôt sur les dividendes des actionnaires (par exemple, l'impôt anticipé sur les sociétés « *advance corporate tax* », le précompte mobilier, le calcul du montant du revenu exonéré « *franked income* » et les crédits d'impôt pour dividendes qui leur sont rattachés) sortent du champ d'application de ce paragraphe.

60. Dans certains États, les bénéfices d'un établissement stable d'une entreprise d'un autre État contractant sont imposés à un taux supérieur à celui qui s'applique aux entreprises de cet État. Cet impôt supplémentaire, parfois dénommé « impôt sur les succursales » (« *branch tax* »), peut s'expliquer par le fait que si une filiale d'une entreprise étrangère réalise les mêmes bénéfices qu'un établissement stable et les distribue par la suite sous la forme de dividendes, un impôt supplémentaire peut alors être prélevé sur ces dividendes conformément au paragraphe 2 de l'article 10. Lorsqu'un tel impôt prend uniquement la forme d'un impôt supplémentaire sur les bénéfices d'un établissement stable, il doit être considéré comme un impôt prélevé sur les bénéfices découlant des activités de l'établissement stable lui-même et non comme un impôt sur l'entreprise en sa qualité de propriétaire de l'établissement stable. Il serait ainsi en contradiction avec le paragraphe 3.

61. Il convient cependant de distinguer cette situation de celle où un impôt s'appliquerait aux montants déduits, par exemple en qualité d'intérêts, lors du calcul des bénéfices d'un établissement stable (par exemple un impôt sur les intérêts prélevé au niveau de la succursale « *branch level interest tax* ») ; un tel impôt ne serait alors pas

prélevé sur l'établissement stable lui-même mais plutôt sur l'entreprise à laquelle les intérêts sont réputés avoir été versés et sortirait ainsi de la portée du paragraphe 3 (compte tenu des circonstances, cependant, d'autres dispositions, telles que celles des articles 7 et 11, pourraient être pertinentes afin de déterminer si un tel impôt est autorisé en vertu de la Convention ; voir à ce sujet la dernière phrase du paragraphe 4).

D. *Retenue à la source sur les dividendes, intérêts et redevances perçus par un établissement stable*

62. Lorsque les établissements stables perçoivent des dividendes, des intérêts ou des redevances, ces revenus tombent, en vertu du paragraphe 4 des articles 10 et 11 et du paragraphe 3 de l'article 12, sous le coup des dispositions de l'article 7 et entrent, par conséquent — sous réserve des observations faites au paragraphe 34 ci-dessus en ce qui concerne les dividendes encaissés à raison de participations détenues par les établissements stables — dans les bénéfices imposables de ces établissements (voir le paragraphe 74 des Commentaires sur l'article 7).

63. D'après les Commentaires relatifs aux dispositions précitées des articles 10, 11 et 12 (voir, respectivement, les paragraphes 31, 24 et 20), ces dispositions dispensent l'État de la source (des dividendes, intérêts et redevances encaissés par l'établissement stable) de toute limitation prévue auxdits articles, ce qui implique — et telle est l'interprétation généralement retenue — qu'elles laissent subsister en totalité le droit de l'État de la source, où l'établissement stable est situé, d'appliquer sa retenue au taux plein.

64. Si cette manière de voir ne pose pas de problème au regard des dispositions du paragraphe 3 de l'article 24, dans le cas des pays où une retenue à la source est prélevée sur l'ensemble des revenus considérés, qu'ils soient versés à des bénéficiaires résidents — dès lors que les établissements stables sont autorisés, comme les entreprises résidentes, à imputer cette retenue sur l'impôt sur les bénéfices dû en vertu de l'article 7 — ou non-résidents (sous réserve des limitations prévues aux articles 10, 11 et 12), il en va autrement lorsque la retenue s'applique exclusivement aux revenus payés à des non-résidents.

65. Dans ce dernier cas, en effet, la perception de la retenue paraît difficile à concilier avec le principe résultant du paragraphe 3, selon lequel les établissements stables doivent être traités, pour l'imposition des revenus provenant de leur activité ou s'y rattachant normalement — ce qui est reconnu pour les dividendes, intérêts et redevances visés au paragraphe 4 des articles 10 et 11 et au paragraphe 3 de l'article 12 — comme les entreprises résidentes et, par conséquent, soumis exclusivement à l'impôt sur les bénéfices à raison des revenus considérés.

66. Quoi qu'il en soit, il appartient aux États contractants de régler, le cas échéant, cette difficulté compte tenu de leurs contingences propres, dans le cadre des négociations bilatérales.

E. *L'imputation des impôts étrangers*

67. Sur un plan voisin, lorsque des revenus de source étrangère sont compris dans les bénéfices attribuables à un établissement stable, il est justifié, en vertu du même principe, d'accorder à cet établissement stable l'imputation des impôts étrangers afférents à ces revenus, dans le cas où la législation interne accorde cette imputation aux entreprises résidentes.

68. Si dans un État contractant (A) où est situé un établissement stable d'une entreprise de l'autre État contractant (B), l'imputation d'impôts prélevés dans un État tiers (C) ne peut être faite qu'en vertu d'une convention, le problème relève de la question plus générale de l'extension aux établissements stables des clauses d'imputation d'impôt étranger figurant dans les conventions conclues avec des États tiers. Même si l'établissement stable n'est pas une personne et s'il ne peut donc pas bénéficier de ces conventions fiscales, ce problème relève de l'imposition de l'établissement stable. Cette question est examinée ci-dessous dans le cas des dividendes ou des intérêts.

F. *Extension aux établissements stables des avantages des clauses d'imputation des conventions de double imposition conclues avec les États tiers*

69. Lorsque l'établissement stable dans un État contractant d'une entreprise qui est un résident de l'autre État contractant reçoit des dividendes ou des intérêts provenant d'un État tiers, la question se pose alors de savoir si et dans quelle mesure l'État contractant dans lequel est situé l'établissement stable doit imputer l'impôt non récupérable de l'État tiers.

70. Il y a consensus sur le fait qu'il y a une double imposition dans ces situations et qu'une méthode d'allégement doit être trouvée. La majorité des pays membres sont en mesure d'octroyer l'imputation dans de tels cas soit sur la base de leur droit interne, soit en vertu du paragraphe 3. Les États qui ne peuvent ainsi octroyer l'imputation ou qui désirent clarifier la situation peuvent souhaiter compléter cette disposition dans leur convention avec l'État contractant dont l'entreprise est un résident par une formulation qui permette à l'État de l'établissement stable l'imputation de l'impôt de l'État de la source pour un montant qui n'excède pas celui que les entreprises qui sont résidents de l'État contractant dans lequel l'établissement stable est situé peuvent imputer sur la base de la convention de cet État avec l'État tiers. Dans la mesure où l'impôt non récupérable selon la convention entre l'État tiers et l'État de résidence de l'entreprise qui a un établissement stable dans l'autre État contractant est plus bas que selon la convention entre l'État tiers et l'État contractant de l'établissement stable, seul doit être imputé l'impôt le plus bas perçu dans l'État tiers. Ce résultat pourra être atteint en ajoutant la phrase suivante après la première phrase du paragraphe 3 :

> Lorsqu'un établissement stable dans un État contractant d'une entreprise de l'autre État contractant reçoit des dividendes ou intérêts provenant d'un État tiers et que la participation ou la créance génératrice des dividendes ou intérêts se rattache

effectivement à cet établissement stable, le premier État accorde un crédit d'impôt à raison de l'impôt payé dans l'État tiers sur les dividendes ou intérêts, selon le cas, en appliquant le taux d'imposition prévu dans la convention concernant les impôts sur le revenu et sur la fortune entre l'État dont l'entreprise est un résident et l'État tiers. Toutefois, le montant du crédit ne peut excéder le montant qu'une entreprise résidente du premier État peut réclamer en vertu de la convention concernant les revenus et la fortune entre cet État et l'État tiers.

Si la convention prévoit également que d'autres catégories de revenus donnant droit à crédit peuvent être imposées dans l'État d'où elles proviennent (par exemple des redevances, selon certaines conventions), ces dispositions devraient être modifiées afin qu'elles puissent s'y appliquer.

71. Lorsque l'établissement stable situé dans un État contractant d'une entreprise qui est un résident d'un autre État contractant (l'État de résidence) reçoit des dividendes, intérêts ou redevances d'un État tiers (l'État de la source) et que, en vertu de la procédure adoptée par l'État de résidence et l'État de la source, un certificat d'attestation de domicile est requis par l'État de la source afin d'octroyer le taux de retenue à la source prévu dans la convention en vigueur entre l'État de la source et l'État de résidence, ce certificat doit être délivré par ce dernier État. Quoique ce certificat puisse être utile lorsque l'État de résidence pratique la méthode d'imputation, il ne semble d'aucune utilité lorsque cet État pratique la méthode d'exemption puisque le revenu en provenance de l'État de la source n'est alors pas imposé dans l'État de résidence. Mais, dans un tel cas, l'État où est situé l'établissement stable pourrait tirer avantage d'une participation à ce processus de certification dans la mesure où il pourrait alors obtenir des informations utiles aux fins d'un contrôle fiscal. Une autre question qui se pose en relation avec les cas triangulaires est celle des abus. Ainsi, si un État contractant applique la méthode de l'exemption prévue à l'article 23 A aux bénéfices attribuables à un établissement stable situé dans un État tiers qui n'impose pas les revenus passifs provenant de l'autre État contractant mais qui sont attribuables à cet établissement stable, il existe un risque que ces revenus ne soient imposés dans aucun des trois États. Le paragraphe 8 de l'article 29 vise cette situation.

72. Il existe, outre le classique cas triangulaire ici traité, d'autres relations triangulaires. Il faut notamment mentionner le cas dans lequel l'État de l'entreprise est également l'État duquel proviennent les revenus attribués à l'établissement stable situé dans l'autre État (voir également le paragraphe 5 des Commentaires sur l'article 21 et les paragraphes 9 et 9.1 des Commentaires sur les articles 23 A et 23 B). Les États peuvent régler les questions qui y sont liées dans le cadre de négociations bilatérales.

Paragraphe 4

73. Ce paragraphe tend à faire échec à une forme particulière de discrimination résultant du fait que, dans certains pays, la déduction des intérêts, redevances et autres frais, admise sans réserve quand le bénéficiaire est un résident, est au contraire limitée ou même interdite quand ce dernier est un non-résident. La même situation peut se présenter dans le domaine de l'impôt sur la fortune, pour les dettes contractées envers un non-résident. Toutefois, la possibilité reste ouverte aux États contractants, dans leurs conventions bilatérales, de modifier cette disposition pour éviter qu'elle ne soit utilisée à des fins d'évasion fiscale.

74. Le paragraphe 4 n'interdit pas au pays de l'emprunteur d'appliquer ses réglementations nationales sur la sous-capitalisation, dans la mesure où celles-ci sont compatibles avec le paragraphe 1 de l'article 9 ou le paragraphe 6 de l'article 11. Toutefois, si ce régime résulte de réglementations qui ne sont pas compatibles avec lesdits articles et qui ne s'appliquent qu'à des créanciers non-résidents (à l'exclusion des créanciers résidents), l'application de ce régime est interdite par le paragraphe 4.

75. Par ailleurs, le paragraphe 4 n'interdit pas les demandes additionnelles de renseignements concernant les paiements aux non-résidents, celles-ci visant à s'assurer que les mêmes obligations fiscales et contrôles s'appliquent aux paiements aux résidents et aux non-résidents.

Paragraphe 5

76. Ce paragraphe interdit à un État contractant de traiter de façon moins favorable une entreprise résidente dont le capital est détenu ou contrôlé en totalité ou en partie, directement ou indirectement, par un ou plusieurs résidents de l'autre État contractant. Cette disposition et la discrimination qu'elle fait disparaître ont trait seulement à la taxation des entreprises et non à celle des personnes qui détiennent ou contrôlent le capital des entreprises. Elle a donc pour objet d'assurer à des résidents d'un même État un même traitement et non de soumettre les capitaux étrangers, entre les mains des associés ou actionnaires, à un régime identique à celui qui est appliqué aux capitaux nationaux.

77. Le paragraphe ne concernant que la seule imposition d'entreprises résidentes et non celle des personnes qui détiennent ou contrôlent leur capital, il s'ensuit qu'il ne saurait être interprété comme élargissant la portée des règles qui tiennent compte des relations qu'une entreprise résidente peut entretenir avec d'autres entreprises résidentes (par exemple les règles autorisant la consolidation, le transfert des pertes ou les transferts en franchise d'impôt d'actifs entre sociétés ayant les mêmes propriétaires). Par exemple, si la législation fiscale d'un État permet à une société résidente de consolider son résultat avec celui d'une société mère résidente, le paragraphe 5 ne peut avoir pour effet de contraindre l'État à autoriser une telle consolidation entre une société résidente et une société mère non résidente. Ceci obligerait à établir une comparaison entre le traitement combiné d'une entreprise résidente et du non-résident propriétaire de son capital avec celui d'une entreprise

résidente et du résident propriétaire de son capital, ce qui va bien au-delà de la simple imposition de la seule entreprise résidente.

78. En outre, du fait que le paragraphe 5 vise à garantir que toutes les sociétés résidentes sont traitées en toute égalité quelles que soient les personnes qui détiennent ou contrôlent leur capital, et non à ce que les distributions aux résidents et aux non-résidents soient soumises au même régime (voir le paragraphe 76 ci-dessus), il s'ensuit que le fait de soumettre une société résidente à une obligation de retenue à la source sur les dividendes qu'elle verse à ses actionnaires non résidents, mais non sur les dividendes qu'elle verse aux actionnaires résidents, ne saurait être considéré comme une violation du paragraphe 5. Dans ce cas, cette différence de traitement ne dépend pas du fait que le capital de la société est détenu ou contrôlé par des personnes non résidentes mais, plutôt, du fait que les dividendes versés aux non-résidents sont imposés de façon différente. Un exemple similaire serait celui d'un État qui imposerait les sociétés résidentes effectuant des distributions au bénéfice de leurs actionnaires indépendamment du fait que ces actionnaires soient résidents ou non, mais qui, afin d'éviter une imposition multiple, n'imposerait pas les distributions effectuées au bénéfice de sociétés liées résidentes elles-mêmes sujettes à l'impôt sur leurs propres distributions. Le fait qu'une telle exonération ne s'applique pas aux distributions au profit de sociétés non résidentes ne devra pas être considéré comme une violation du paragraphe 5. Dans un tel cas, ce n'est pas parce que le capital de la société résidente est détenu ou contrôlé par des non-résidents que cette société est traitée différemment mais bien plutôt parce que cette société résidente effectue des distributions au profit de sociétés qui, aux termes des dispositions de la Convention, ne peuvent être soumises au même impôt lorsqu'elles redistribuent les dividendes reçus de celle-ci. Dans cet exemple, toutes les sociétés résidentes sont traitées sur un pied d'égalité quelles que soient les personnes qui détiennent ou contrôlent leur capital ; la différence de traitement est limitée aux seuls cas où les distributions sont effectuées dans des conditions où l'impôt sur les distributions pourrait être évité.

79. Puisque ce paragraphe interdit à l'encontre d'une entreprise résidente toute discrimination qui serait uniquement fondée sur l'identité de qui détient ou contrôle son capital, il ne s'appliquerait pas à première vue aux règles autorisant à traiter différemment une entreprise du simple fait qu'elle verse ou non des intérêts à des créanciers résidents ou non résidents. Ce paragraphe ne concerne pas les règles fondées sur une relation débiteur-créancier, dans la mesure où la différence de traitement qui en résulterait n'est pas elle-même fondée sur le fait que des non-résidents détiennent ou contrôlent, en totalité ou en partie, directement ou indirectement, le capital de l'entreprise. Par exemple, si, en vertu des règles sur la sous-capitalisation de tel ou tel État, une entreprise résidente n'est pas autorisée à déduire les intérêts qu'elle a versés à une entreprise associée non résidente, cette règle ne constituerait pas une violation du paragraphe 5 et ce même si elle était appliquée à des versements d'intérêts effectués au bénéfice d'un créancier qui détiendrait ou contrôlerait le capital de cette entreprise, dans la mesure où le traitement serait le même si ces intérêts avaient été versés au bénéfice d'une entreprise associée non

résidente qui ne détiendrait ou ne contrôlerait aucune partie du capital du débiteur. Il est cependant évident qu'une telle réglementation nationale constituerait une violation du paragraphe 4 dans la mesure où des conditions différentes s'appliqueraient alors à la déduction des intérêts selon qu'ils seraient versés à des résidents ou à des non-résidents ; dans un tel cas et aux fins de ce paragraphe, il serait ainsi important de s'assurer que l'application de cette règle est compatible avec les dispositions du paragraphe 1 de l'article 9 ou du paragraphe 6 de l'article 11 (voir le paragraphe 74 ci-dessus). Ceci serait également important aux fins du paragraphe 5 dans le cas de règles sur la sous-capitalisation qui ne s'appliqueraient qu'aux seules entreprises d'un État contractant dont le capital est détenu ou contrôlé, en totalité ou en partie, directement ou indirectement, par des non-résidents. En effet, puisque les dispositions du paragraphe 1 de l'article 9 ou celles du paragraphe 6 de l'article 11 sont parties intégrantes du contexte dans lequel doit être interprété le paragraphe 5 (comme l'exige l'article 31 de la *Convention de Vienne sur le droit des traités*), tout ajustement compatible avec ces dispositions ne pourra être considéré comme une violation du paragraphe 5.

80. Au cas où des enquêtes sont effectuées en matière de prix de transfert, presque tous les pays membres considèrent que des demandes additionnelles de renseignements plus lourdes que celles qui sont normalement imposées, ou même un renversement de la charge de la preuve à cet égard, ne constituent pas des mesures discriminatoires au sens de l'article.

Paragraphe 6

81. Ce paragraphe précise que le champ d'application de l'article n'est pas limité par les dispositions de l'article 2. L'article s'applique donc aux impôts de toute nature ou dénomination perçus par ou au profit de l'État, de ses subdivisions politiques ou de ses collectivités locales.

Observation sur les Commentaires

82. [Supprimé]

83. Les *États-Unis* font observer que leurs ressortissants non résidents ne sont pas dans la même situation que les autres non-résidents, car les États-Unis imposent leurs ressortissants non résidents sur leur revenu mondial.

84. [Supprimé]

Réserves sur l'article

85. Le *Canada* et la *Nouvelle-Zélande* font une réserve sur cet article.

86. L'*Australie* se réserve le droit de proposer des modifications à l'article afin de confirmer que l'Australie peut continuer à appliquer certaines dispositions de son droit interne concernant la perception de retenues à la source.

87. Les *États-Unis* se réservent le droit d'appliquer leur impôt de succursale.

Paragraphe 1

88. La *France* souhaite se réserver la possibilité de n'appliquer qu'aux personnes physiques les dispositions du paragraphe 1, compte tenu de la jurisprudence de ses tribunaux, et compte tenu de ce que les paragraphes 3, 4 et 5 donnent par ailleurs les plus larges garanties aux sociétés en matière de non-discrimination.

89. Le *Chili* et le *Royaume-Uni* font une réserve sur la deuxième phrase du paragraphe 1.

Paragraphe 2

90. Le *Chili*, l'*Estonie* , les *États-Unis*, le *Japon* et la *Suisse* se réservent le droit de ne pas insérer le paragraphe 2 dans leurs conventions.

Paragraphe 3

90.1 Compte tenu de son système fiscal spécifique, le *Chili* conserve sa liberté d'action en ce qui concerne les dispositions de la Convention visant le taux et la forme de la distribution de bénéfices par des établissements stables.

Paragraphe 4

91. La *France* accepte la disposition du paragraphe 4, mais souhaite se réserver la possibilité d'appliquer les dispositions de sa législation concernant la limitation de la déduction des intérêts payés par une société française à une société associée ou liée.

Paragraphe 6

92. Le *Chili*, la *Grèce* et le *Royaume-Uni* se réservent le droit de restreindre l'application de cet article aux impôts visés par la Convention.

COMMENTAIRES SUR L'ARTICLE 25 CONCERNANT LA PROCÉDURE AMIABLE

I. Remarques préliminaires

1. Cet article institue une procédure d'entente amiable pour le règlement des difficultés soulevées par l'application *lato sensu* de la Convention.

2. Il prévoit d'abord, dans ses paragraphes 1 et 2, que les autorités compétentes doivent s'efforcer de régler, par voie d'accord amiable, la situation des contribuables faisant l'objet d'une imposition non conforme aux dispositions de la Convention.

3. En outre, dans son paragraphe 3, il invite et habilite les autorités compétentes des deux États à résoudre par accord amiable les problèmes relatifs à l'interprétation ou à l'application de la Convention et, d'autre part, à se concerter en vue d'éliminer la double imposition dans les cas non prévus par la Convention.

4. Au sujet des modalités pratiques de cette procédure, l'article, dans son paragraphe 4, se borne à autoriser les autorités compétentes à communiquer directement entre elles, sans passer par la voie diplomatique et, si elles le jugent opportun, à se concerter oralement ou au sein d'une commission mixte créée spécialement à cet effet. L'article 26 s'applique à l'échange de renseignements aux fins des dispositions de cet article. La confidentialité des renseignements échangés dans le cadre d'une procédure amiable est donc assurée.

5. Finalement, dans son paragraphe 5, l'article prévoit une procédure permettant à un contribuable de demander l'arbitrage des questions non résolues qui ont empêché les autorités compétentes de conclure un accord amiable dans un délai de deux ans. Même si la procédure amiable constitue généralement un mode de règlement efficace et efficient des différends portant sur la Convention, il peut arriver que dans certains cas les autorités compétentes ne puissent convenir que l'imposition par chaque État est conforme aux dispositions de la Convention. La procédure d'arbitrage prévue au paragraphe 5 permettra que ces cas soient réglés par une décision indépendante sur les questions non résolues, ce qui permettra de conclure un accord amiable. Cette procédure fait partie intégrante de la procédure amiable et ne constitue pas une solution de rechange pour résoudre des différends relatifs à l'application de la Convention.

5.1 Un État contractant doit, au titre des obligations lui incombant lorsqu'il adhère à une convention fiscale, s'efforcer de parvenir à un accord amiable sur les cas d'imposition non conforme à la Convention et doit le faire de bonne foi. Il découle en particulier de l'obligation incombant à l'autorité compétente, en vertu du paragraphe 2, de « s'efforcer » de résoudre les cas par voie d'accord amiable avec l'autorité compétente de l'autre État contractant que les autorités compétentes sont tenues de s'employer à résoudre les cas sur le fond de manière juste et objective conformément aux dispositions de la Convention et aux principes du droit international applicables à l'interprétation des conventions.

6. L'article posant seulement des conditions générales, en ce qui concerne la procédure amiable, les commentaires qui suivent visent à préciser l'objet de ces règles ainsi qu'à les compléter, au besoin, en se référant notamment aux règles et pratiques suivies au plan international pour la mise en œuvre de la procédure amiable ou, au plan interne, dans le déroulement des procédures existant dans la plupart des pays membres de l'OCDE pour le règlement des litiges fiscaux. En particulier, puisque le paragraphe 5 exige que les autorités compétentes conviennent des modalités d'application du processus d'arbitrage prévu par ce paragraphe, les commentaires qui suivent traitent de façon détaillée des questions procédurales relatives à ce processus. Une annexe à ces Commentaires inclut un modèle d'accord que les autorités compétentes pourront utiliser afin de régler les modalités d'application du processus d'arbitrage ; cette annexe traite de nombreuses questions institutionnelles et procédurales, explique les diverses dispositions du modèle d'accord amiable et, dans certains cas, prévoit des solutions de rechange.

6.1 Aux termes de l'article 25, les États contractants ont délégué aux autorités compétentes de vastes compétences en ce qui concerne l'application et l'interprétation des dispositions de la Convention. Le paragraphe 2 autorise les autorités compétentes à régler, par voie d'accord amiable, les cas soumis par les contribuables afin d'éviter l'imposition qui pourrait résulter de l'application de législations nationales, mais ne serait pas conforme à la Convention. Le paragraphe 3 autorise de même les autorités compétentes à résoudre par voie d'accord amiable les difficultés ou à dissiper les doutes auxquels peuvent donner lieu l'interprétation ou l'application de la Convention, tant dans des cas particuliers (concernant un contribuable en particulier) que de façon plus générale (grâce à l'interprétation conjointe d'une disposition de la convention applicable à un grand nombre de contribuables). En vertu du paragraphe 3, les autorités compétentes peuvent en particulier conclure un accord amiable pour définir un terme qui n'est pas défini dans la Convention, ou compléter ou préciser la définition d'un terme donné dès lors qu'un tel accord permettrait de résoudre les difficultés ou de dissiper les doutes auxquels peuvent donner lieu l'interprétation ou l'application de la Convention. Ces circonstances pourraient se produire par exemple lorsqu'un conflit sur le sens attribué à un terme par les législations nationales des deux États crée des difficultés ou aboutit à un résultat non souhaité ou absurde. Ainsi que le prévoit expressément le paragraphe 2 de l'article 3, un accord conclu en vertu du paragraphe 3 sur la signification d'un terme employé dans la Convention doit prévaloir sur le sens donné à ce terme par le droit interne de chaque État.

6.2 Si le statut, en vertu du droit interne, d'un accord amiable conclu conformément à l'article 25 peut varier selon les États, il est clair que les principes du droit international applicables à l'interprétation des conventions, tels qu'énoncés aux articles 31 et 32 de la *Convention de Vienne sur le droit des traités*, autorisent tous les tribunaux nationaux à prendre en compte cet accord. L'article 25 a pour objet de promouvoir, par voie de concertation et d'accord amiable entre les autorités compétentes, un traitement cohérent des cas particuliers ainsi qu'une même interprétation et/ou application des dispositions de la Convention dans les deux États. L'article 25 autorise en outre les autorités compétentes à résoudre, par voie d'accord amiable, les difficultés ou à dissiper les doutes concernant l'interprétation ou l'application de la Convention ; l'accord amiable, conclu en vertu du mandat expressément défini au paragraphe 3 de l'article, représente la preuve objective que les autorités compétentes se sont entendues sur le sens de la Convention et des termes qu'elle contient. C'est pour toutes ces raisons qu'un accord auquel sont parvenues les autorités compétentes en vertu de l'article 25 est un élément important à prendre en considération aux fins de l'interprétation de la Convention.

6.3 Il existe cependant quelques cas où l'application de certaines dispositions d'une convention a été expressément déléguée par les États contractants aux autorités compétentes et où les accords auxquels sont parvenues les autorités compétentes sur ces sujets régissent légalement l'application de ces dispositions. L'alinéa *d*) du paragraphe 2 de l'article 4 par exemple prévoit que les autorités compétentes résoudront par voie d'accord amiable certains cas où une personne possède la nationalité des deux États contractants en vertu du paragraphe 1 de l'article. De même, certaines conventions prévoient de déléguer aux autorités compétentes le pouvoir de déterminer conjointement le statut des diverses entités ou dispositifs aux fins de certaines dispositions de conventions (voir par exemple l'alinéa *b*) *i*) de la disposition proposée au paragraphe 35 des Commentaires sur l'article 1) ou le pouvoir de compléter ou de modifier les listes d'entités, de dispositifs ou de dispositions de la législation nationale mentionnés dans ces conventions.

II. Commentaires des dispositions de l'article

Paragraphes 1 et 2

7. Les règles énoncées aux paragraphes 1 et 2 prévoient l'élimination dans des cas particuliers des impositions qui ne seraient pas conformes à la Convention. On sait qu'en pareil cas, la possibilité de former un recours contentieux devant le juge de l'impôt, soit directement, soit à la suite du rejet de leur réclamation par l'administration fiscale, est normalement ouverte aux contribuables. Lorsque l'imposition non conforme à la Convention résulte d'une application incorrecte de la Convention dans les deux États, les contribuables doivent alors la contester dans chaque État, avec tous les inconvénients et incertitudes que comporte une telle situation. Ainsi, le paragraphe 1 met-il à la disposition des contribuables intéressés, sans pour autant les priver du droit d'exercer les recours contentieux ordinaires, une procédure dite amiable, parce qu'elle tend dans sa seconde phase au règlement du litige à l'amiable, par entente entre autorités compétentes, la première phase se situant uniquement dans l'un des États contractants depuis la présentation de la réclamation jusqu'à la décision prise par l'autorité compétente à son sujet.

8. Quoi qu'il en soit, cette procédure apparaît comme exorbitante du droit interne. Il s'ensuit qu'elle peut être mise en oeuvre exclusivement dans les cas qui entrent dans les prévisions du paragraphe 1, c'est-à-dire dans les cas où une imposition a été établie

ou doit être établie en méconnaissance des dispositions de la Convention. Ainsi, lorsqu'une imposition a été établie contrairement à la Convention et au droit interne à la fois, elle n'est justifiable de la procédure amiable que dans la mesure où la Convention est en cause, à moins qu'il n'existe un lien de connexité entre les règles conventionnelles et les règles de droit interne ayant été appliquées à tort.

9. Dans la pratique, la procédure s'applique dans les cas — de loin les plus nombreux — où la mesure en cause entraîne une double imposition que la Convention a précisément pour objet d'éviter. On peut mentionner, parmi les cas les plus répandus :

— les questions relatives à l'attribution de bénéfices à un établissement stable conformément au paragraphe 2 de l'article 7 ;

— l'imposition dans l'État du débiteur, en cas de relations spéciales entre le débiteur et le bénéficiaire effectif, de la partie excédentaire des intérêts et redevances en application des dispositions de l'article 9, du paragraphe 6 de l'article 11 ou du paragraphe 4 de l'article 12 ;

— les cas d'application d'une législation concernant la sous-capitalisation lorsque l'État de la société débitrice a assimilé les intérêts à des dividendes, dans la mesure où ce régime est fondé sur des clauses d'une convention correspondant par exemple à l'article 9 ou au paragraphe 6 de l'article 11 ;

— les cas où l'ignorance de la situation de fait du contribuable a entraîné une application inexacte de la Convention, spécialement à propos de la détermination de la résidence (paragraphe 2 de l'article 4), de l'existence d'un établissement stable (article 5) ou du caractère temporaire de la mission effectuée par un salarié (paragraphe 2 de l'article 15).

10. L'article 25 fournit également aux autorités compétentes un mécanisme leur permettant de se concerter en vue de résoudre dans le contexte des prix de transfert non seulement les cas de double imposition juridique mais aussi les problèmes de double imposition économique et particulièrement ceux qui résultent des réintégrations effectuées dans les bénéfices des entreprises associées en vertu du paragraphe 1 de l'article 9 ; les ajustements à opérer corrélativement en application du paragraphe 2 du même article relèvent donc de la procédure amiable, aussi bien pour l'appréciation du bien-fondé du redressement que pour la détermination de son montant.

11. En effet, ceci résulte des termes mêmes du paragraphe 2 de l'article 9 lorsqu'une clause de ce genre figure dans la convention bilatérale en cause. Lorsque la convention bilatérale ne contient pas de règles correspondant à celles du paragraphe 2 de l'article 9 (et tel est généralement le cas pour les conventions antérieures à 1977), l'insertion de l'article 9, limité au paragraphe 1 — qui ne fait le plus souvent que confirmer des règles plus ou moins analogues des législations internes — montre que les États contractants entendent faire entrer la double imposition économique dans le champ d'application de la Convention. Par voie de conséquence, suivant l'opinion dominante au sein des pays membres, la double imposition économique créée par la

rectification des prix de transfert n'est pas conforme tout au moins à l'esprit de la Convention et elle entre donc dans le champ d'application de la procédure amiable prévue par l'article 25.

12. Si la procédure amiable est clairement utile pour régler les questions soulevées quant au type d'ajustement qui peut être fait en vertu du paragraphe 2 de l'article 9, il s'ensuit que même en l'absence d'une telle disposition, les États devraient tenter d'éviter la double imposition, notamment en procédant à un ajustement corrélatif tel que celui dont il est question au paragraphe 2. Quoique les opinions puissent diverger, les États considèrent par conséquent de façon générale qu'une procédure amiable initiée par un contribuable dont l'objet est une double imposition économique contraire à l'article 9 inclut la question de savoir s'il aurait fallu procéder à un ajustement corrélatif, même en l'absence d'une disposition analogue au paragraphe 2 de l'article 9. Les États qui ne partagent pas cette opinion trouvent cependant, dans la pratique, les moyens de remédier le plus souvent aux cas de double imposition économique frappant des entreprises de bonne foi, en s'appuyant sur des dispositions de leur législation interne.

13. La procédure amiable trouve aussi à s'appliquer en l'absence de toute double imposition contraire à la Convention dès l'instant où l'imposition litigieuse contrevient directement à une règle de la Convention. Tel est le cas lorsqu'un État impose un revenu donné alors que la Convention attribue pour ce revenu un droit exclusif d'imposition à l'autre État, encore que ce dernier ne puisse l'exercer par suite d'une lacune de sa législation interne. Une autre catégorie de cas concerne les personnes qui, étant ressortissantes d'un État contractant, mais résidentes de l'autre État contractant, sont soumises dans ce dernier État à un traitement fiscal discriminatoire au regard des dispositions du paragraphe 1 de l'article 24.

14. Il importe de noter que la procédure amiable peut, à la différence des recours contentieux de droit interne, être mise en œuvre par un contribuable sans attendre que l'imposition considérée par lui comme « non conforme aux dispositions de la ... Convention » ait été établie ou lui ait été notifiée. Pour qu'il puisse engager une telle procédure, il faut et il suffit qu'il établisse que les « mesures prises par un État ou par les deux États » entraîneront une telle imposition, celle-ci apparaissant comme un risque qui n'est pas simplement éventuel mais probable. Ces mesures s'entendent de tous actes ou décisions, de nature législative ou réglementaire, et de portée générale ou individuelle, ayant pour conséquence directe et nécessaire l'établissement contrairement aux dispositions de la Convention d'une imposition à la charge du requérant. Par exemple, si une modification du droit fiscal interne d'un État contractant fait en sorte qu'une personne gagnant des revenus d'une certaine nature fera l'objet d'une imposition non conforme à la Convention, cette personne pourrait mettre en œuvre la procédure amiable dès que la loi est modifiée et qu'elle gagne les revenus en question ou dès qu'il devient probable qu'elle gagne de tels revenus. D'autres exemples portent sur la transmission d'une déclaration dans le cadre d'un système d'auto-imposition ou sur l'examen approfondi de la déclaration d'un contribuable dans le cadre d'une vérification, dans la mesure où l'un ou l'autre de ces

faits rend probable une imposition non conforme à la Convention (par exemple, si la situation que le contribuable est tenu de déclarer en vertu de la législation interne de l'un des États contractants devait donner lieu, au cas où elle ferait l'objet d'une cotisation de cet État dans le cadre d'un système non déclaratif, à un risque d'imposition non conforme à la Convention, ou si des circonstances telles que la position officielle de l'État contractant ou ses pratiques en matière de vérifications rendaient très probable qu'une vérification approfondie d'une position particulière comme celle prise par le contribuable aboutisse à un projet de cotisation d'impôt qui entraînerait vraisemblablement une imposition non conforme à la Convention). Un autre exemple pourrait être constitué par le cas où la législation d'un État en matière de prix de transfert oblige un contribuable à déclarer des revenus supérieurs à ceux qui résultent des prix qu'il a effectivement pratiqués dans une transaction avec une partie liée, conformément au principe de pleine concurrence, et où l'on a de bonnes raisons de douter que la partie liée au contribuable puisse obtenir un ajustement corrélatif dans l'autre État contractant en l'absence d'une procédure amiable. Ces mesures peuvent également être entendues comme comprenant les ajustements réalisés de bonne foi à l'initiative d'un contribuable qui sont autorisés par le droit interne de certains pays et qui permettent au contribuable de modifier, dans des circonstances appropriées, une déclaration fiscale déjà déposée afin de déclarer un prix dans une transaction contrôlée, ou une attribution de bénéfices à un établissement stable, qui soit, du point de vue du contribuable, conforme au principe de pleine concurrence (voir le paragraphe 6.1 des Commentaires sur l'article 9 et le paragraphe 59.1 des Commentaires sur l'article 7). Comme l'indiquent les premiers mots du paragraphe 1, la question de savoir si les mesures prises par un État contractant ou les deux États contractants entraîneront une imposition non conforme à la Convention doit être résolue du point de vue du contribuable. Si l'estimation que fait le contribuable de l'existence d'une telle imposition doit être raisonnable et s'appuyer sur des faits prouvables, les autorités fiscales ne devraient pas refuser une demande soumise en vertu du paragraphe 1 simplement parce qu'elles estiment qu'il n'a pas été prouvé (par exemple, en application des normes juridiques nationales exigeant une « prépondérance de la preuve »), qu'une telle imposition aura lieu.

15. Comme les premières étapes d'une procédure amiable peuvent être entreprises dès qu'il y a probabilité qu'une imposition puisse ne pas être conforme à la Convention, un tel lancement de la procédure ne sera pas considéré comme la date de début aux fins de la détermination du début de la période de deux ans mentionnée au paragraphe 5 de l'article. Le paragraphe 75 ci-dessous explique quand débute ladite période de deux ans.

16. Pour être recevables, les réclamations formées en vertu du paragraphe 1 doivent satisfaire d'abord à une double exigence expressément formulée dans ce paragraphe : elles doivent, en effet, être présentées à l'autorité compétente de l'un ou l'autre État contractant, et ce, dans les trois ans qui suivent la première notification de la mesure qui entraîne une imposition non conforme à la Convention. La Convention ne prévoit aucune règle particulière quant à la forme de ces réclamations. Les autorités

compétentes peuvent prescrire les procédures particulières qu'elles jugent appropriées. Si aucune procédure particulière n'a été prescrite, les réclamations peuvent être présentées de la même façon que les réclamations en matière fiscale devant l'administration fiscale de l'État concerné.

17. L'option proposée au contribuable de s'adresser à l'autorité compétente de l'un ou l'autre État contractant vise à renforcer le principe général selon lequel l'accès à la procédure amiable doit être aussi large que possible et à apporter de la souplesse. Cette option vise également à s'assurer que la décision sur la question de savoir si un cas doit passer à la deuxième phase de la procédure amiable (c'est-à-dire faire l'objet de discussions entre les autorités compétentes des deux États contractants) puisse être examinée par les deux autorités compétentes. En vertu du paragraphe 1, une personne peut soumettre son cas à l'autorité compétente de l'un ou l'autre État contractant ; cela n'empêche pas cette personne de soumettre son cas aux autorités compétentes des deux États contractants simultanément (voir le paragraphe 75 ci-après). La personne qui soumet son cas aux autorités compétentes des deux États contractants doit en aviser ces deux autorités afin de permettre un traitement coordonné du cas.

18. Par ailleurs, les États contractants peuvent considérer que les contribuables ne devraient pas avoir la faculté d'adresser leurs réclamations à leur choix à l'autorité compétente de l'un ou l'autre État, mais devraient, en premier lieu, être tenus de soumettre leur cas à l'autorité compétente de l'État dont ils sont résidents. Toutefois, lorsqu'une personne qui possède la nationalité d'un État mais qui est un résident de l'autre État estime avoir fait l'objet, dans ce dernier État, d'une imposition (ou d'une obligation y relative) ayant un caractère discriminatoire au regard du paragraphe 1 de l'article 24, il paraît plus indiqué pour des raisons évidentes d'admettre, par exception à la règle qui impose au contribuable de formuler sa réclamation auprès de l'autorité compétente de son État de résidence, qu'elle soumette sa réclamation à l'autorité compétente de l'État contractant dont elle possède la nationalité. De la même façon, il apparaît plus indiqué que ce soit à la même autorité compétente que soit adressée la réclamation d'une personne qui, sans être un résident d'un État contractant, en possède la nationalité, et dont le cas relève du paragraphe 1 de l'article 24. Afin de concilier cette autre règle et l'exception pour les cas relevant du paragraphe 1 de l'article 24, le paragraphe 1 de l'article 25 devrait être modifié comme suit :

> 1. Lorsqu'une personne estime que les mesures prises par un État contractant ou par les deux États contractants entraînent ou entraîneront pour elle une imposition non conforme aux dispositions de la présente Convention, elle peut, indépendamment des recours prévus par le droit interne de ces États, soumettre son cas à l'autorité compétente de l'État contractant dont elle est un résident ou, si son cas relève du paragraphe 1 de l'article 24, à celle de l'État contractant dont elle possède la nationalité. Le cas doit être soumis dans les trois ans qui suivent la première notification de l'acte qui entraîne une imposition non conforme aux dispositions de la Convention.

Les États contractants qui préfèrent cette autre règle doivent prendre des mesures appropriées pour garantir un large accès à la procédure amiable et pour s'assurer que la décision sur le passage du cas à la deuxième phase de la procédure amiable est examinée de manière appropriée par les deux autorités compétentes.

19. Il convient de noter que, si le contribuable devient un résident d'un État consécutivement à l'imposition qu'il estime non conforme à la Convention, il doit, en vertu de l'autre règle prévue au paragraphe 18 ci-dessus, soumettre néanmoins sa réclamation à l'autorité compétente de l'autre État dont il était un résident pendant la période au titre de laquelle cette imposition a été ou doit être appliquée.

20. Le délai de trois ans prévu par la seconde phrase du paragraphe 1 pour l'introduction des réclamations vise à protéger les administrations contre des réclamations tardives. Ce délai doit être considéré comme un minimum, de sorte que les États contractants sont libres de convenir, dans leurs conventions bilatérales, d'un délai plus long dans l'intérêt des contribuables, par analogie notamment avec les délais prévus par leurs réglementations internes respectives en matière de conventions fiscales. Ces États peuvent omettre la seconde phrase du paragraphe 1 s'ils sont d'accord pour considérer que leurs réglementations internes respectives s'appliquent de plein droit aux réclamations dont il s'agit et ont des conséquences plus favorables pour les contribuables intéressés, soit parce qu'elles prévoient des délais plus étendus ou parce qu'elles ne fixent aucun délai pour la présentation des réclamations.

21. La disposition fixant le point de départ du délai de trois ans au jour de la « première notification de la mesure qui entraîne une imposition non conforme aux dispositions de la Convention » doit s'interpréter de la manière la plus favorable au contribuable. Aussi, même dans l'hypothèse où une telle imposition pourrait être directement établie en exécution d'une décision ou mesure administrative de portée générale, est-ce seulement à compter de la notification de la mesure individuelle entraînant l'imposition en question, c'est-à-dire, dans l'interprétation la plus favorable, de l'acte d'imposition proprement dit, matérialisé par l'établissement d'un rôle d'impôt ou d'un titre de recette ou de perception, que commence le délai dont il s'agit. Puisqu'un contribuable a le droit de soumettre un cas dès qu'il estime qu'une mesure entraînera une imposition non conforme aux dispositions de la Convention mais que le délai de trois ans court à compter du moment où ce résultat est matérialisé, le contribuable aura dans certains cas le droit d'initier la procédure amiable avant le point de départ du délai de trois ans (un exemple d'une telle situation est fourni au paragraphe 14 ci-dessus).

22. Dans la plupart des cas, ce qu'est la notification d'une cotisation, d'un rôle d'impôt, d'une demande officielle de paiement ou d'un autre titre de recette ou de perception ressortira clairement et des règles de droit interne régiront normalement le moment où cette notification sera considérée avoir été « donnée ». En vertu du droit interne, il s'agira habituellement du moment où la notification est envoyée (moment de l'envoi), d'un nombre préétabli de jours suivant l'envoi, du moment où elle devrait avoir été reçue à l'adresse de destination (dans les deux cas, un moment de réception réelle présumée), ou le moment de sa réception véritable (le moment de réception réelle). En l'absence de règles de cet ordre, il conviendra de considérer que la

notification a eu lieu soit au moment de la réception réelle, ou, s'il est difficile de prouver celle-ci, au moment où elle aurait normalement été reçue à l'adresse de destination, gardant à l'esprit que cette disposition doit s'interpréter de la manière la plus favorable au contribuable.

23. Dans le cas d'une auto-imposition, la charge fiscale fera habituellement l'objet d'une notification quelconque (par exemple, une notification de l'impôt à payer ou du refus ou de l'ajustement d'une demande de remboursement), et en règle générale, le moment de la notification, plutôt que le moment où le contribuable produit sa déclaration fiscale, constituera le point de départ du délai de trois ans. Si un contribuable acquitte un impôt supplémentaire lié au dépôt d'une déclaration modifiée correspondant à un ajustement de bonne foi effectué à l'initiative du contribuable (comme décrit au paragraphe 14 ci-dessus), le point de départ du délai de trois ans sera généralement l'avis d'imposition ou la notification d'un impôt à payer résultant de la déclaration modifiée plutôt que la date du paiement de l'impôt supplémentaire. Il se peut toutefois arriver qu'aucune notification de l'impôt à payer ou autre notification ne soit prévue. En pareil cas, le moment pertinent de la « notification » correspondrait au moment où le contribuable serait, dans le cours normal des choses, considéré avoir été informé de l'imposition qui est non conforme à la Convention. Il pourrait s'agir, par exemple, du moment où le contribuable est informé pour la première fois du transfert de fonds notamment par le truchement d'un solde bancaire ou d'un relevé de banque. Le délai commence que le contribuable estime ou non à ce stade que l'imposition est effectivement contraire à la Convention, pourvu que si une personne raisonnablement prudente avait été dans la position du contribuable, cette personne aurait été en mesure de conclure, à ce moment, que l'imposition n'était pas conforme aux dispositions de la Convention. Dans ce cas, la notification au contribuable du fait d'une imposition suffit. En revanche, dans les cas où seule la combinaison de l'auto-imposition avec quelque autre circonstance aurait amené une personne raisonnablement prudente qui serait dans la situation du contribuable à conclure que l'imposition était contraire à la Convention (par exemple, une décision judiciaire selon laquelle l'application d'un impôt dans une situation similaire à celle du contribuable serait contraire aux dispositions de la Convention) le délai commence à courir lorsque cette circonstance se réalise.

24. Si l'impôt a été prélevé par retenue à la source, le délai commence à courir à compter du paiement du revenu ; toutefois, si le contribuable prouve qu'il n'a eu connaissance de cette retenue qu'à une date ultérieure, le délai ne court qu'à compter de cette dernière date. Lorsque l'imposition non conforme à la Convention résulte de l'effet combiné de décisions ou mesures prises dans les deux États contractants, le délai ne court qu'à compter de la première notification de la décision ou de la mesure la plus récente. Par exemple, lorsqu'un État contractant prélève un impôt non conforme à la Convention, mais qu'un autre État accorde une exemption d'impôt à cet égard ou impute cet impôt en application de l'article 23 A ou de l'article 23 B de manière à éliminer la double imposition, un contribuable s'abstiendra souvent dans la pratique d'initier la procédure amiable pour ce qui concerne l'acte du premier État. Si,

toutefois, l'autre État notifie plus tard le contribuable que l'exemption ou l'imputation lui est refusée et qu'une double imposition en résulte alors, un nouveau délai court à compter de cette notification, puisque l'effet combiné des actes des deux États a pour résultat de soumettre le contribuable à une double imposition contraire aux dispositions de la Convention. Dans certains cas, spécialement de cette nature, les dossiers détenus par les autorités fiscales peuvent avoir été détruits avant l'expiration du délai conformément aux pratiques habituelles des États ou de l'un d'entre eux. La Convention n'interdit pas une telle destruction ni ne contraint une autorité compétente à accepter sans preuve les arguments du contribuable, mais en pareil cas, il conviendra que le contribuable puisse, au cours de la procédure amiable et dans la mesure permise par la législation nationale, remédier au manque de preuve. Dans certains cas, l'autre État contractant peut être en mesure de fournir une preuve suffisante, conformément à l'article 26. Il est bien entendu préférable que ces dossiers soient conservés par les autorités fiscales aussi longtemps que le contribuable a le droit d'initier la procédure amiable à l'égard d'une question donnée.

25. Le délai de trois ans court pendant une procédure (y compris une procédure administrative) instituée en vertu du droit national (par exemple, une procédure d'appel prévue par le droit interne). Des difficultés pourraient en résulter du fait que le contribuable peut ainsi se voir contraint de choisir entre un recours national et une procédure amiable. Certains contribuables peuvent s'en remettre uniquement à la procédure amiable, mais plusieurs tenteront de surmonter cette difficulté en ouvrant une procédure amiable tout en se prévalant des recours offerts en droit national, même si ces recours ne sont pas, en un premier temps, poursuivis activement. Les ressources allouées à la procédure amiable peuvent ainsi se voir sollicitées de manière non efficace. Lorsque le droit interne le permet, certains États peuvent envisager de régler ce problème en permettant que le délai de trois ans (ou un délai plus long) soit interrompu pendant la procédure intentée en vertu du droit interne. Selon deux approches conformes à l'article 25, le contribuable doit d'une part ouvrir la procédure amiable, sans interruption en cas de procédure nationale, mais les autorités compétentes n'amorcent véritablement les discussions qu'une fois le recours interne définitivement tranché, ou d'autre part, les autorités compétentes poursuivent les discussions, mais ne parviennent à un accord final que si le contribuable convient de mettre fin au recours national. Cette seconde option fait l'objet du paragraphe 42 des présents Commentaires. Dans un cas comme dans l'autre, le contribuable devrait être informé de l'approche adoptée. Qu'un contribuable estime ou non qu'il est nécessaire de former un appel de « protection » en vertu du droit interne (en raison, par exemple, de la prescription pour intenter un recours national), l'approche à privilégier pour toutes les parties est souvent de se concentrer d'abord sur la procédure amiable pour résoudre les problèmes du contribuable, et pour le faire de façon bilatérale.

26. Certains États peuvent ne pas accepter qu'un contribuable initie une procédure amiable en vertu du paragraphe 1 de l'article 25 lorsque les transactions afférentes à la demande sont considérées comme abusives. Ce problème est étroitement lié à la question de l'« usage incorrect de la Convention » qui fait l'objet des paragraphes 9.1 et

suivants des Commentaires sur l'article 1. En l'absence d'une disposition spécifique, toutefois, aucune règle générale ne rend la procédure amiable non applicable à des situations perçues comme étant abusives. Le simple fait qu'une charge fiscale soit appliquée en vertu d'une clause de droit national visant à contrecarrer l'évasion fiscale ne pourra justifier le rejet de la demande de procédure amiable. Cependant, lorsque sont en cause des infractions graves pouvant entraîner de lourdes peines, certains États pourront souhaiter refuser tout recours à la procédure amiable. Les circonstances dans lesquelles un État refusera le recours à la procédure amiable doivent être précisées dans la Convention.

27. Certains États estiment que certaines questions ne sont pas susceptibles d'être résolues au moyen de la procédure amiable de façon générale, du moins celle qu'initie le contribuable, en raison de dispositions constitutionnelles ou d'autres dispositions ou décisions de droit interne. Il en est ainsi par exemple, lorsque le fait d'accorder un allégement au contribuable serait contraire à une décision judiciaire finale qui lie l'autorité fiscale en vertu de la constitution de l'État concerné. Toutefois, selon un principe général reconnu en matière de conventions fiscales et autres traités, le droit interne, y compris le droit constitutionnel, ne peut justifier un manquement aux obligations contenues dans un traité. L'article 27 de la *Convention de Vienne sur le droit des traités* reflète ce principe général du droit des traités. Il s'ensuit que toute justification de ce qui serait autrement une violation de la Convention doit être enchâssée dans la Convention elle-même, et s'interpréter conformément aux principes acceptés en matière d'interprétation des conventions fiscales. Une telle justification serait rare, car elle ne se limiterait pas à régir la façon dont une question est traitée par les deux États contractants une fois soumise à la procédure amiable, mais empêcherait même que la question parvienne à l'étape de l'examen par les deux États. Puisqu'un des États pourrait en pratique procéder à cette détermination sans consulter l'autre État, et qu'une solution bilatérale pourrait ainsi être négligée, la décision qu'une question n'est pas susceptible de donner lieu à une procédure amiable initiée par le contribuable ne doit pas être prise à la légère et doit trouver sa source dans les dispositions de la Convention telle que négociée. Une autorité compétente qui s'appuie sur une restriction prévue en droit national comme motif pour ne pas permettre à un contribuable d'initier la procédure amiable devrait informer l'autre autorité compétente et lui expliquer le fondement juridique de sa position. De façon plus habituelle, une restriction véritablement prévue en droit national n'empêchera pas que la question soit soumise à la procédure amiable, mais si elle rend clairement et sans équivoque une autorité compétente inhabile à résoudre la question de manière à éliminer l'imposition du contribuable qui est non conforme à la Convention, et qu'il n'y a aucune probabilité réaliste que l'autre État règle la question en faveur du contribuable, alors les contribuables devraient être informés de la situation, de sorte qu'ils n'aient aucune fausse attente en ce qui concerne l'issue probable de la procédure.

28. Dans d'autres cas, il est possible que la procédure amiable puisse être initiée, mais que le droit national ait, depuis la négociation de la Convention, évolué de façon

telle qu'une autorité compétente soit incapable de résoudre, ne serait-ce qu'en partie, la question soulevée par le contribuable. Lorsque pareille évolution restreint juridiquement l'autorité compétente à un point tel qu'il devient clairement impossible de régler la question au moyen de discussions bilatérales, la plupart des États acceptent que l'importance du changement de circonstances justifie que l'autorité compétente se retire de la procédure. Dans certains cas, la difficulté peut toutefois être temporaire, par exemple en attendant qu'une loi de rectification soit adoptée, et alors, il convient d'interrompre la procédure plutôt que d'y mettre fin. Les deux autorités compétentes devront discuter de la difficulté et de ses effets possibles sur la procédure amiable. Dans d'autres situations, une décision partiellement ou entièrement en faveur du contribuable est contraignante et doit être exécutée par l'une des autorités compétentes, mais certains points pourraient encore faire l'objet de discussions dans le cadre de la procédure amiable dans le cas, par exemple, où une autorité compétente tente de convaincre l'autre que celle-ci doit accorder un allégement.

29. Il est moins justifié d'invoquer le droit interne pour éviter de mettre en œuvre un accord conclu dans le cadre de la procédure amiable. L'obligation de mettre en œuvre ces accords est énoncée sans équivoque dans la dernière phrase du paragraphe 2, et les obstacles existants à la mise en œuvre doivent de façon générale être pris en compte dans les modalités de l'accord lui-même. Les conventions fiscales étant négociées en tenant pour acquise l'évolution, parfois difficile à prévoir, de la législation nationale et les parties étant conscientes de cette réalité lorsqu'elles négocient la Convention et concluent des accords amiables, des changements ultérieurs imprévus qui modifient l'essence d'un accord amiable nécessiteraient de façon générale que celui-ci soit modifié selon que de besoin. De toute évidence, lorsque la législation nationale évolue dans une telle direction, ce qui ne devrait se produire que rarement, l'obligation d'agir de bonne foi impose qu'avis en soit donné dès que possible, et il convient d'investir des efforts de bonne foi pour modifier l'accord amiable ou parvenir à un nouvel accord dans la mesure permise par la nouvelle législation nationale. En pareils cas, la demande du contribuable devrait être considérée comme étant toujours ouverte, sans que celui-ci ait à en soumettre une autre.

30. En ce qui concerne le déroulement de la procédure proprement dite, il convient d'envisager succinctement les deux phases distinctes qu'elle comporte (voir le paragraphe 7 ci-dessus).

31. Dans sa première phase ouverte par la réclamation du contribuable, la procédure en question se situe exclusivement au plan des rapports entre celui-ci et l'autorité compétente de l'État auquel le cas a été soumis. Les dispositions du paragraphe 1 reconnaissent au contribuable intéressé le droit de s'adresser à l'autorité compétente de l'un ou l'autre État, qu'il ait épuisé ou non les voies de recours qui lui sont ouvertes par le droit interne de chacun des deux États. D'autre part cette autorité compétente a l'obligation de statuer sur le bien-fondé de la réclamation et d'y donner suite selon l'alternative définie au paragraphe 2.

31.1 Afin de décider « si la réclamation … paraît fondée », l'autorité compétente saisie du cas doit effectuer une analyse préliminaire de la réclamation du contribuable en vue de déterminer si l'imposition dans les deux États contractants est conforme aux dispositions de la Convention. Il convient de reconnaître le bien-fondé de la réclamation dès lors qu'il existe, ou qu'il est raisonnable de penser qu'il existera, une imposition non conforme à la Convention dans l'un ou l'autre État contractant.

32. Si l'autorité compétente régulièrement saisie reconnaît le bien-fondé de la réclamation et considère que l'imposition contestée est imputable en totalité ou en partie à une mesure prise dans cet État, elle doit donner le plus tôt possible satisfaction au requérant en procédant aux ajustements ou dégrèvements qui paraissent justifiés. Dans cette situation, la question peut être résolue sans aller au-delà de la première phase (unilatérale) de la procédure amiable. En revanche, un échange de vues et de renseignements avec l'autorité compétente de l'autre État contractant peut se révéler utile, par exemple, pour obtenir confirmation d'une certaine interprétation de la Convention.

33. Si, au contraire, cette autorité compétente estime que l'imposition contestée résulte, en totalité ou en partie, d'une mesure prise dans l'autre État, elle a non seulement le devoir mais l'obligation — ainsi qu'il ressort clairement des termes du paragraphe 2 — de déclencher la deuxième phase (bilatérale) de la procédure amiable. Il est important que cette autorité compétente s'acquitte le plus tôt possible de cette obligation, particulièrement dans les cas de redressement des bénéfices d'entreprises associées découlant de la rectification des prix de transfert.

34. Un contribuable a le droit, en vertu du paragraphe 1, de soumettre son cas à l'autorité compétente de l'un ou l'autre État qu'il ait ou non formulé par ailleurs une réclamation ou engagé un recours contentieux selon le droit interne d'un État ou des deux États. S'il n'a pas été statué sur un recours dans l'État où la réclamation est présentée, l'autorité compétente de cet État ne doit pas attendre la décision judiciaire définitive, mais dire si elle considère que le cas relève de la procédure amiable. Si elle en décide ainsi, elle doit déterminer si elle est elle-même en mesure d'apporter une solution satisfaisante, ou si le cas doit être soumis à l'autorité compétente de l'autre État contractant. Les demandes d'ouverture d'une procédure amiable introduites par le contribuable ne doivent pas être rejetées sans motif valable.

35. S'il a été statué de manière définitive sur son recours par un tribunal dans l'un ou l'autre État, un contribuable peut cependant souhaiter soumettre une réclamation pour y donner suite dans le cadre de la procédure amiable. Dans certains États, l'autorité compétente peut apporter une solution satisfaisante différente de la décision judiciaire. Dans d'autres États, l'autorité compétente est liée par une telle décision (c'est-à-dire qu'elle est légalement obligée de suivre la décision du tribunal) ou elle ne dérogera pas à une telle décision en raison de politiques ou pratiques administratives. Elle peut néanmoins soumettre le cas à l'autorité compétente de l'autre État contractant et lui demander de prendre des mesures pour éviter la double imposition.

36. Dans sa seconde phase — qui s'ouvre avec l'intervention de l'autorité compétente saisie par le contribuable auprès de celle de l'autre État — la procédure se situe désormais au plan des rapports entre États, comme s'il y avait eu

« endossement » par l'État saisi de la réclamation. Mais si cette procédure est sans conteste possible une procédure entre États, la question peut se poser, en revanche, de savoir :

— si, comme le titre de l'article et les termes utilisés dans la première phrase du paragraphe 2 le donnent à penser, elle n'est qu'une simple procédure d'accord amiable, ou encore l'exécution d'un *pactum de contrahendo* comportant pour les parties la simple obligation de négocier, mais nullement celle d'arriver à un accord,

— ou si, au contraire, elle doit être interprétée (compte tenu de l'existence du processus d'arbitrage prévu au paragraphe 5 qui permet de régler les questions non résolues ou dans l'hypothèse où la procédure se déroule dans le cadre d'une commission mixte) comme une procédure juridictionnelle faisant obligation aux parties de régler le litige.

37. Le paragraphe 2 comporte sans doute une obligation de négocier ; mais les autorités compétentes sont simplement tenues d'une obligation de « diligence » et non pas de « résultat » pour ce qui est de la réalisation d'un accord amiable. Le paragraphe 5, cependant, prévoit un mécanisme qui permet d'obtenir un accord même s'il existe des questions sur lesquelles les autorités compétentes n'ont pu se mettre d'accord lors de négociations.

38. Dans la recherche d'un accord amiable, les autorités compétentes doivent, certes, déterminer leur position d'abord en fonction des règles de leurs législations fiscales respectives et des dispositions de la Convention qui s'imposent à elles tout autant qu'aux contribuables. Pour le cas où une application stricte de ces règles ou dispositions empêcherait tout accord, on peut raisonnablement admettre que les autorités compétentes ont comme en matière d'arbitrage international la possibilité, à titre subsidiaire, de se fonder sur des considérations d'équité pour donner satisfaction au contribuable.

38.1 La conjonction de conventions fiscales bilatérales conclues entre plusieurs États peut parfois permettre aux autorités compétentes de ces États de résoudre des cas à caractère multilatéral par voie d'accord amiable en vertu des paragraphes 1 et 2 de l'article 25 de ces conventions. Un accord amiable multilatéral peut être conclu soit par la négociation d'un seul accord entre toutes les autorités compétentes des États concernés, soit par la négociation d'accords amiables bilatéraux séparés, mais cohérents.

38.2 On peut par exemple procéder ainsi pour répartir de manière appropriée les bénéfices entre des établissements stables qu'une entreprise possède dans deux États différents avec lesquels l'État de la résidence de l'entreprise a conclu des conventions fiscales. En pareil cas, il peut arriver qu'un ajustement effectué au titre d'opérations internes effectuées entre les deux établissements stables ait un impact sur l'imposition de l'entreprise dans son État de résidence. Sur la base des paragraphes 1 et 2 de l'article 25 des conventions fiscales conclues entre l'État de l'entreprise et les États dans lesquels les établissements stables sont situés, l'autorité compétente de l'État de l'entreprise est clairement habilitée à s'efforcer de résoudre le cas par voie d'accord amiable avec les autorités compétentes des États dans lesquels les établissements stables sont situés, et à déterminer la répartition appropriée des bénéfices aux établissements stables de son résident conformément aux deux conventions fiscales. Lorsque les conventions fiscales conclues entre l'État de l'entreprise et les États dans lesquels les établissements stables sont situés contiennent des versions différentes de l'article 7 (la version figurant dans le Modèle de l'OCDE de 2010 dans une convention et la version antérieure de l'article 7 dans l'autre convention, par exemple), les autorités compétentes peuvent se fonder sur des considérations d'équité, comme indiqué au paragraphe 38 ci-dessus, pour parvenir à une solution appropriée en vue d'assurer une imposition conforme aux dispositions des conventions applicables.

38.3 On peut par exemple procéder ainsi lorsqu'un certain nombre d'entreprises associées résidentes d'États différents participent à une série de transactions contrôlées intégrées et que des conventions fiscales bilatérales ont été conclues entre les États de résidence de toutes les entreprises. On pourrait par exemple se trouver en présence d'une série de transactions contrôlées intégrées lorsqu'un droit de propriété intellectuelle est concédé dans le cadre d'une transaction contrôlée entre deux entreprises appartenant à un groupe multinational et est ensuite utilisé par le titulaire de la licence pour fabriquer des biens vendus par lui à d'autres membres du groupe multinational. En vertu des paragraphes 1 et 2 de l'article 25 de ces conventions fiscales, les autorités compétentes des États de résidence de ces entreprises sont clairement habilitées à s'efforcer de déterminer les prix de transfert des transactions contrôlées conformément au principe du prix de pleine concurrence énoncé à l'article 9.

38.4 Comme indiqué au paragraphe 55 ci-après, dans la situation à caractère multilatéral décrite au paragraphe 38.2, le paragraphe 3 de l'article 25 de la convention fiscale conclue entre les États dans lesquels les établissements stables sont situés autorise ces deux États à se concerter en vue de s'assurer que la convention fonctionne efficacement et que la double imposition qui peut survenir dans une telle situation est éliminée comme il se doit.

38.5 Le besoin de certitude peut amener les contribuables à s'efforcer de parvenir à des accords préalables multilatéraux en matière de prix de transfert afin de déterminer à l'avance les prix de transfert de transactions contrôlées réalisées entre des entreprises associées résidentes de plusieurs États. Lorsqu'il existe des conventions fiscales bilatérales entre tous ces États et qu'il apparaît que les mesures prises par au moins l'un de ces États risquent d'entraîner une imposition non conforme aux dispositions d'une convention, l'article 25 de ces conventions permet aux autorités compétentes de ces États de négocier à un niveau multilatéral sur un ensemble approprié de critères concernant la détermination des prix de transfert des transactions contrôlées. Il est possible de parvenir à un accord préalable multilatéral en matière de prix de transfert soit par la négociation d'un accord unique entre toutes les autorités compétentes des États concernés, soit par la négociation d'accords amiables bilatéraux séparés, mais cohérents.

39. La dernière phrase du paragraphe 2 a pour objet de permettre aux pays dont le droit interne prévoit des délais en matière de rectification d'imposition et de remboursement d'impôt, d'appliquer un accord malgré l'existence de ces délais. Toutefois, cette disposition n'empêche pas les États qui, pour des motifs constitutionnels ou pour d'autres raisons juridiques, ne peuvent passer outre aux délais fixés par leur droit interne, de faire figurer dans l'accord amiable lui-même des délais en harmonie avec leur propre législation sur la prescription (voir aussi le paragraphe 62 des Commentaires sur l'article 7 et le paragraphe 10 des Commentaires sur l'article 9 où est proposée une approche optionnelle permettant de régler cette question dans la Convention elle-même). Il est possible que, dans certains cas extrêmes, un État contractant préfère ne pas conclure un accord amiable dont l'application exigerait qu'il fasse abstraction des délais prévus par son droit interne (sous réserve de l'application possible du paragraphe 5 lorsqu'une telle approche aurait pour effet d'empêcher la résolution d'un cas de procédure amiable). Indépendamment des délais, l'application d'un accord peut se heurter à d'autres obstacles tels que « des décisions judiciaires définitives ». Les États contractants ont la faculté de se mettre d'accord sur des dispositions précises concernant la suppression de ces obstacles. Au plan du déroulement pratique de la procédure, il est recommandé d'une façon générale que les administrations fiscales s'efforcent par tous les moyens d'éviter autant que possible qu'il ne soit fait échec à la procédure amiable en tout état de cause par des retards opérationnels, ou bien, lorsqu'il y a des délais, par le jeu combiné d'une forclusion et de retards opérationnels.

40. Le Comité des affaires fiscales a formulé un certain nombre de recommandations au sujet des problèmes posés par les ajustements corrélatifs de bénéfices faisant suite aux rectifications des prix de transfert (application des paragraphes 1 et 2 de l'article 9) ainsi qu'au sujet des difficultés d'application de la procédure amiable à ces situations :

a) les administrations fiscales devraient notifier aussitôt que possible aux contribuables leur intention d'opérer un ajustement des prix de transfert (et, lorsque la date d'une telle notification peut être importante, de veiller à ce qu'une notification formelle soit clairement fournie dès que possible) ; il y a en effet un intérêt particulier à ce que des contacts aussi anticipés et complets que possible soient pris sur toutes questions pertinentes entre les autorités fiscales et les contribuables relevant d'une même juridiction et, au-delà des frontières nationales, entre les entreprises associées intéressées et les autorités fiscales en cause ;

b) pour toutes ces questions, les autorités compétentes devraient communiquer entre elles d'une manière aussi souple que possible en choisissant la formule la plus appropriée, que ce soit par écrit, par téléphone ou par des entrevues en « tête-à-tête » ou en groupe et elles devraient s'efforcer de trouver le moyen le plus efficace pour résoudre les problèmes en cause. L'utilisation des dispositions de l'article 26 concernant l'échange de renseignements devrait être encouragée de façon à permettre aux autorités compétentes de prendre une décision basée sur une information complète ;

c) pendant le déroulement de la procédure amiable sur une question de prix de transfert, le contribuable en cause devrait avoir, dans la mesure du raisonnable, la possibilité d'exposer aux autorités compétentes, par écrit et oralement, les faits et arguments le concernant.

41. En ce qui concerne la procédure amiable en général, le Comité a recommandé :

a) que les formalités inhérentes à l'ouverture et au déroulement de la procédure amiable soient réduites au minimum et que toute formalité inutile soit supprimée ;

b) que les cas traités selon la procédure amiable soient tous réglés selon leur mérites propres et non pas par référence à l'ensemble des résultats obtenus dans les autres cas ;

c) que, dans tous les cas appropriés, les autorités compétentes mettent au point et rendent publiques leurs règles, directives et procédures particulières concernant l'utilisation de la procédure amiable.

42. Il peut arriver qu'un accord amiable soit conclu au sujet d'un contribuable, alors qu'une instance contentieuse a été engagée par ce dernier pour le même objet devant la juridiction compétente de l'un ou de l'autre État contractant et se trouve encore pendante. En pareil cas, on ne saurait rejeter la demande d'un contribuable de différer son acceptation de la solution convenue en procédure amiable jusqu'à ce que le tribunal ait statué sur ce recours. Par ailleurs, les autorités compétentes peuvent raisonnablement être d'opinion que lorsque l'instance engagée par le contribuable est pendante quant à la question particulière sur laquelle ce contribuable demande un accord amiable, elles doivent attendre que le tribunal ait statué pour procéder à un examen en profondeur. Si la demande de procédure amiable soumise par le contribuable vise des années d'imposition différentes de celles que vise l'instance contentieuse, mais essentiellement les mêmes questions de fait et de droit, de sorte que la décision du tribunal devrait dans la pratique avoir une incidence sur les années d'imposition du contribuable qui ne font pas expressément l'objet du litige, la position pourrait être identique, dans la pratique, à celle adoptée pour les cas mentionnés précédemment. Quoi qu'il en soit, le fait d'être dans l'attente d'une décision de justice ou de demander que soit suspendue une procédure amiable du fait qu'est en cours une procédure formelle de recours interne, ne saurait réduire, ou causer l'expiration de, la période de deux ans mentionnée au paragraphe 5 de l'article. Naturellement, si les autorités compétentes jugent, dans un cas ou dans l'autre, que la question pourrait être résolue sans égard à la procédure instituée en vertu du droit interne (par exemple, du fait que l'autorité compétente du pays où l'instance est instituée ne sera pas juridiquement liée ou contrainte par la décision de justice), la procédure amiable peut suivre son cours normal. Une autorité compétente peut être empêchée, en droit, de maintenir une imposition dès lors qu'un tribunal a décidé que cette imposition n'est pas conforme aux dispositions d'une convention fiscale. À l'inverse, dans certains pays, l'autorité compétente ne sera pas juridiquement empêchée d'alléger l'imposition

même si le tribunal a décidé que cette imposition est conforme aux dispositions d'une convention fiscale. Dans un tel cas, rien (par exemple, aucune règle ou pratique administrative) ne devrait empêcher les autorités compétentes de conclure un accord amiable portant sur la suppression par un État contractant de l'imposition qu'elles jugent non conforme aux dispositions de la convention fiscale et donc de déroger à la décision rendue par un tribunal de cet État.

43. La situation est également différente si une instance pendante vise une question, mais qu'elle a été engagée par un contribuable autre que celui qui souhaite engager la procédure amiable. En principe, si l'affaire soumise par le contribuable souhaitant engager la procédure amiable justifie l'intervention de l'une des autorités compétentes ou des deux en vue de prévenir une imposition non conforme à la Convention, cette intervention ne devrait pas être retardée indûment en attendant une interprétation générale du droit dans le cadre de l'instance engagée par un autre contribuable — bien que le contribuable demandant un accord amiable puisse en convenir si l'interprétation lui sera vraisemblablement profitable. Dans d'autres cas, le report de l'examen par les autorités compétentes dans le cadre de la procédure amiable peut être justifié en toutes circonstances, mais les autorités compétentes devraient tenir compte de limites de temps imposées par le paragraphe 5 et devraient autant que possible ne pas nuire au contribuable qui demande en pareil cas un accord amiable. Il est possible d'atteindre ce résultat, si la législation nationale le permet, en reportant l'échéance du paiement de la somme exigible jusqu'à la fin de la période d'attente, ou du moins de la partie de cette période qui est hors du contrôle du contribuable.

44. En fonction des procédures internes, le choix du recours appartient généralement au contribuable et, dans la plupart des cas, ce sont les voies de recours internes, telles que les appels ou les procédures judiciaires, qui seront suspendues au bénéfice de la procédure amiable, qui a l'avantage d'être bilatérale et moins formelle.

45. Comme on l'a vu précédemment, une instance engagée par le contribuable peut être pendante ou encore, le contribuable peut avoir préservé son droit d'engager une instance en vertu du droit interne, mais les autorités compétentes peuvent tout de même estimer qu'un accord peut être conclu. En pareils cas, il faut toutefois tenir compte du souci d'une autorité compétente donnée d'éviter toute divergence ou contradiction entre la décision judiciaire et l'accord amiable demandé, avec les difficultés ou risques d'abus que celles-ci pourraient comporter. En définitive, l'exécution d'un tel accord amiable devrait normalement être subordonnée :

- à l'acceptation de cet accord amiable par le contribuable, et
- au désistement par ce contribuable de l'instance engagée en ce qui concerne les points réglés par l'accord amiable.

45.1 Dans certains États, les règlements intervenus à la suite de vérifications fiscales peuvent être utilisés comme un mécanisme favorisant la clôture des dossiers de vérification fiscale. Comme le laisse entendre le terme « règlement », le contribuable et l'administration fiscale concernés font généralement des concessions, ce qui peut soulever des problèmes difficiles lorsqu'une vérification porte sur des questions concernant l'interprétation ou l'application d'une convention fiscale qui pourraient être résolues par une procédure amiable. L'une des concessions que les administrations fiscales cherchent parfois à obtenir est la limitation des recours ultérieurs du contribuable, pouvant recouvrir, dans certains cas, l'engagement de ce dernier de ne pas initier de procédure amiable sur des questions couvertes par le règlement. La double imposition peut souvent être une conséquence d'engagements de cette nature, ce qui empêche les autorités compétentes de parvenir à un règlement bilatéral au moyen d'une procédure amiable, et elle peut de fait conduire l'autre État contractant à refuser l'imputation, en vertu de son droit interne, de l'impôt payé au premier État contractant en application du règlement. Un contribuable ne devrait donc pas être contraint, dans le cadre d'un règlement intervenu à la suite de vérifications fiscales, de renoncer à son droit, énoncé au paragraphe 1 de l'article 25, de soumettre son cas à une autorité compétente étant donné qu'un tel renoncement pourrait empêcher l'application correcte d'une convention fiscale. Aux fins de ce paragraphe cependant, un « règlement intervenu à la suite de vérifications fiscales » ne recouvre pas le règlement d'un différend relatif à une convention résultant d'un processus administratif ou législatif de règlement des différends indépendant des fonctions de contrôle fiscal, qui ne peut être enclenché que sur requête du contribuable. Les pays devraient informer leurs partenaires signataires d'une convention de l'existence de ces processus administratifs ou législatifs et devraient mentionner expressément les effets de ces processus sur la procédure amiable dans les instructions publiées à l'intention du public au sujet de ces processus et au sujet de leur programme de procédure amiable.

46. Certains États sont d'avis qu'un contribuable ne peut initier une procédure amiable à moins qu'une partie ou la totalité de l'impôt contesté ne soit réglée. Selon eux, l'obligation de régler les impôts exigibles, sous réserve d'un remboursement total ou partiel en fonction de l'issue de la procédure, constitue une question relevant essentiellement de la procédure qui n'est pas régie par l'article 25 et qui est par conséquent conforme à ce dernier. À l'opposé, plusieurs États sont d'avis que l'article 25 prescrit l'ensemble des étapes que doit suivre le contribuable avant d'initier la procédure et n'impose pas une telle obligation. Ces États fondent leur opinion sur le fait que la procédure peut être mise en œuvre sans attendre que l'imposition ait été établie contre le contribuable ou lui ait été notifiée (tel qu'il est mentionné au paragraphe 14 ci-dessus) et que la procédure engagée par une autorité compétente en vertu du paragraphe 3 n'est clairement pas soumise à une telle obligation.

47. L'article 25 ne donne aucune précision dans un sens ou dans l'autre sur la possibilité de refuser la demande de procédure amiable soumise par un contribuable si une partie ou la totalité de l'impôt contesté n'a pas été réglé. Quoiqu'il en soit, il convient de tenir compte pour l'application de l'article que la procédure amiable constitue un mécanisme de support pour les autres dispositions de la Convention et que le libellé de l'article 25 doit par conséquent être entendu dans son contexte et à la lumière de l'objet et du but de la Convention, notamment pour éviter la double imposition et prévenir l'évasion et la fraude fiscales.

47.1 À la différence des litiges portant uniquement sur l'application du droit interne d'un État contractant, les litiges donnant lieu à une procédure amiable se rapportent dans la plupart des cas à une double imposition. Les États doivent par conséquent tenir compte dans toute la mesure du possible des problèmes de liquidité qu'entraîne le fait d'exiger le paiement anticipé d'une somme que le contribuable conteste comme ayant été du moins en partie imposée contrairement aux modalités de la convention applicable. Même si en définitive une procédure amiable a pour effet de supprimer toute double imposition ou autre imposition non conforme à la Convention, l'obligation de payer l'impôt avant la conclusion de la procédure amiable peut représenter pour le contribuable un coût permanent égal à la valeur actualisée des fonds représentés par la somme qui lui a été demandée d'une manière injustifiée pendant la période précédant le règlement de la procédure amiable, du moins dans le cas assez courant où les politiques menées par les États contractants respectifs en matière de versement d'intérêts de retard ne compensent pas totalement le coût supporté par le contribuable. Cela signifie par conséquent que dans de tels cas la procédure amiable n'atteindrait pas l'objectif de suppression totale, sur le plan économique, de la charge de la double imposition ou de toute autre imposition non conforme à la Convention. De plus, même si cette charge économique est finalement supprimée, l'obligation faite au contribuable de payer des impôts sur les mêmes revenus à deux États contractants peut lui imposer une charge de trésorerie incompatible avec les objectifs de la Convention qui sont de supprimer les obstacles aux échanges et investissements transfrontaliers. À tout le moins, le règlement de l'impôt exigible ne devrait pas être une condition pour engager la procédure amiable s'il ne l'est pas pour demander une révision en vertu de la législation nationale. Les États peuvent souhaiter le prévoir expressément dans la Convention en ajoutant le texte suivant à la fin du paragraphe 2 :

> La suspension des procédures d'établissement et de recouvrement en attendant la conclusion d'une procédure amiable est possible selon les mêmes conditions que celles applicables à toute personne qui forme un recours administratif ou judiciaire selon le droit interne.

Il semble à tout le moins que, lorsque la procédure amiable est engagée avant que l'impôt ne devienne exigible (via l'émission d'un avis d'imposition par exemple), aucun paiement ne devrait pouvoir être exigé avant que l'imposition ne soit établie.

48. Pour les raisons décrites au paragraphe précédent, la suspension du recouvrement de l'impôt en attendant la résolution d'une procédure amiable pourrait être souhaitable. De plus, le fait d'exiger le paiement de l'impôt dû comme condition expresse d'obtention de l'accès à la procédure amiable en vue d'obtenir un allègement de ce même impôt serait en général incompatible avec la politique qui consiste à élargir la procédure amiable pour résoudre de tels différends. Une autre source de complication regrettable découlant de cette obligation pourrait être les délais constitués par les retards dans le règlement des affaires si un pays est moins disposé à engager des discussions de bonne foi dans le cadre d'une procédure amiable lorsque le résultat probable pourrait être un remboursement d'impôts déjà perçus. Dans

beaucoup États, la suspension des procédures d'établissement et/ou de recouvrement en attendant la conclusion d'une procédure amiable nécessitera peut-être de procéder à des modifications législatives pour mettre en œuvre cette approche. Les États peuvent souhaiter prévoir expressément dans la Convention la suspension des procédures d'établissement et/ou de recouvrement en ajoutant le texte suivant à la fin du paragraphe 2 :

> Les procédures d'établissement et/ou de recouvrement sont suspendues en attendant la conclusion d'une procédure amiable.

En lien avec toute mesure de suspension du recouvrement de l'impôt en attendant la conclusion d'une procédure amiable, il importe de rappeler la possibilité de prendre des mesures conservatoires conformément aux dispositions du paragraphe 4 de l'article 27.

48.1 Parce qu'il peut exister des différences notables entre les procédures d'établissement et de recouvrement prévues par le droit interne des États contractants, il peut être important de vérifier, pendant le déroulement des négociations bilatérales, selon quelles modalités ces procédures se dérouleront dans chaque État dans l'attente de la conclusion d'une procédure amiable pour pouvoir surmonter tous les obstacles à l'application effective de l'article que ces procédures peuvent représenter. Par exemple, lorsqu'un État considère que le contribuable ne peut initier une procédure amiable qu'à condition de régler l'impôt exigible, avis doit en être donné au cosignataire de la Convention au cours des négociations de celle-ci. Lorsque les deux États contractants sont de cet avis, leurs vues sont communes, mais le contribuable court gravement le risque de devoir payer deux fois. Si la législation nationale (ou une disposition telle que celle figurant au paragraphe précédent) le permet, les États peuvent résoudre ce problème en faisant en sorte que la plus élevée des sommes soit détenue en fidéicommis, en main tierce ou de façon analogue en attendant l'issue de la procédure amiable. Par ailleurs, les exigences des autorités compétentes pourraient être satisfaites grâce à une garantie bancaire consentie par la banque du contribuable. Ou encore, l'un des États (déterminé par exemple en fonction de la date de l'établissement de l'avis d'imposition ou du statut de résidence établi conformément à la Convention) pourrait accepter de n'exiger que le règlement de la différence entre la somme payée à l'autre État et celle qu'il réclame, le cas échéant. Les options possibles dépendront en dernier ressort du droit interne (y compris des exigences administratives) de l'État concerné et des dispositions de la convention applicable, mais il s'agit là du type d'options qu'il convient dans toute la mesure du possible d'envisager pour que la procédure amiable fonctionne le plus efficacement possible. Lorsque les États exigent qu'un contribuable règle l'impôt exigible avant d'initier la procédure amiable, ou pour que la question faisant l'objet de cette procédure soit examinée en substance, ils devraient prévoir un système de remboursement des intérêts courus sur tout montant sous-jacent devant être remboursé au contribuable par suite d'un accord amiable conclu par les autorités compétentes. De tels intérêts devraient amplement tenir compte de la valeur du montant sous-jacent et de la période pendant laquelle le contribuable en était privé.

49. Il est précisé au paragraphe 4 des Commentaires sur l'article 2 que si la plupart des États ne considèrent pas les intérêts et pénalités administratives accessoires aux impôts visés par l'article 2 comme eux-mêmes visés par l'article 2, lorsque ces intérêts et pénalités administratives sont directement liés aux impôts visés par l'article 2, ils devraient être minorés ou supprimés dans les mêmes proportions que l'est l'impôt sous-jacent conformément à l'accord amiable. En conséquence, il conviendrait qu'un État contractant qui a appliqué un intérêt ou une pénalité administrative calculés en fonction d'un impôt sous-jacent exigible (ou en fonction de tout autre montant utilisé pour la détermination de l'impôt, tel que le montant d'un ajustement ou le montant d'un revenu imposable), et qui a par la suite décidé, dans le cadre d'une procédure amiable prévue aux paragraphes 1 et 2 de l'article 25, de minorer ou de supprimer l'impôt sous-jacent exigible, minore ou supprime dans les mêmes proportions les intérêts ou pénalités administratives.

49.1 En revanche, d'autres pénalités administratives (par exemple, une pénalité pour défaut de tenue d'une documentation adéquate sur les prix de transfert) peuvent être motivées par des problèmes de respect de la législation nationale qui ne sont pas directement liés à un impôt faisant l'objet d'une demande de procédure amiable. Ces pénalités administratives ne relèvent généralement pas du champ d'application de la procédure amiable prévue aux paragraphes 1 et 2 de l'article 25. Aux termes du paragraphe 3 de l'article 25 cependant, les autorités compétentes peuvent se concerter et décider, dans un cas précis, qu'une pénalité non directement liée à une imposition non conforme à la Convention n'est pas, ou n'est plus, justifiée. Par exemple, lorsqu'une pénalité administrative pour fraude, négligence grave ou manquement représentant un certain montant a été perçue et lorsqu'il a été établi par la suite dans le cadre d'une procédure amiable que la fraude, la négligence grave ou le manquement ne se sont pas produits, les autorités compétentes peuvent décider que l'État contractant qui a appliqué cette pénalité devra la supprimer. En vertu du paragraphe 3 de l'article, les autorités compétentes peuvent également conclure un accord amiable de portée générale aux termes duquel elles s'efforcent, par voie d'accord amiable, de résoudre, en vertu des paragraphes 1 et 2, les questions relatives aux intérêts et pénalités administratives qui soulèvent des difficultés ou éveillent des doutes quant à l'application de la Convention. Les États contractants peuvent, s'ils jugent que cela est préférable, prévoir expressément au paragraphe 2 de l'article 25 l'application de ce paragraphe aux intérêts et pénalités administratives dans des cas donnant lieu à une procédure amiable ouverte conformément aux dispositions du paragraphe 1 en ajoutant une deuxième phrase formulée comme suit :

> Les autorités compétentes s'efforcent également de s'entendre sur l'application des dispositions de leur droit interne relatives aux intérêts et aux pénalités administratives concernant le cas.

49.2 Les sanctions pénales infligées par le ministère public ou par un tribunal ne relèvent généralement pas du champ d'application de la procédure amiable. Dans de nombreux États, les autorités compétentes n'ont pas légalement le pouvoir de minorer ou de supprimer ces pénalités.

49.3 Un accord amiable aboutira souvent à ce que l'impôt dû soit maintenu dans l'un des États contractants et à ce que l'autre État contractant doive rembourser tout ou partie de l'impôt qu'il a perçu. En pareil cas, le contribuable peut avoir à pâtir d'une charge économique non négligeable s'il existe des asymétries, entre les deux États contractants, dans la manière de traiter les intérêts dus sur les impôts exigibles et sur les remboursements. Tel est le cas par exemple lorsque le premier État contractant a appliqué des intérêts de retard sur l'impôt donnant lieu à l'ouverture de la procédure amiable et que le second État contractant n'accorde pas d'intérêts sur le montant du trop-perçu qu'il doit rembourser au contribuable. C'est pourquoi il conviendrait que les États contractants s'emploient à adopter des méthodes souples pour l'octroi d'allègements au titre des intérêts accessoires appliqués à l'impôt exigible faisant l'objet d'une demande de procédure amiable. L'octroi d'un allègement au titre des intérêts serait particulièrement indiqué pendant la durée de la procédure amiable étant donné que le délai nécessaire à la résolution d'un cas par voie d'accord amiable échappe, pour la majeure partie, à la maîtrise du contribuable. Des modifications de la législation nationale d'un État contractant sont parfois nécessaires pour permettre à l'autorité compétente d'accorder l'allègement au titre des intérêts convenu par voie d'accord amiable.

49.4 Le but de la Convention d'éviter la double imposition et l'obligation faite aux États de mettre en œuvre de bonne foi les conventions laissent entendre que les intérêts et les pénalités ne devraient pas être imposés d'une manière qui décourage de fait les contribuables d'initier une procédure amiable, en raison des coûts et des problèmes de liquidités ainsi engendrés. Les intérêts et les pénalités d'ordre administratif ne devraient pas être appliqués de manière à décourager sérieusement ou empêcher le contribuable de se prévaloir des avantages de la Convention, y compris le droit d'initier la procédure amiable prévue à l'article 25. Par exemple, les exigences d'un État en matière de règlement des pénalités et des intérêts en souffrance ne devraient pas être plus onéreuses pour les contribuables dans le contexte de la procédure amiable qu'elles ne le seraient dans le contexte d'un recours national en révision initié par le contribuable.

Paragraphe 3

50. La première phrase de ce paragraphe invite et habilite les autorités compétentes à résoudre, si possible, les difficultés d'interprétation ou d'application par voie d'accord amiable. Il s'agit essentiellement de difficultés d'ordre général et concernant ou pouvant concerner une catégorie de contribuables, même si elles ont été soulevées à l'occasion d'un cas particulier relevant normalement de la procédure définie aux paragraphes 1 et 2.

51. Cette disposition permet de résoudre les difficultés soulevées par l'application de la Convention. Ces difficultés ne sont pas seulement celles d'ordre pratique qui pourraient naître à l'occasion de la mise en place et du fonctionnement des procédures de dégrèvement des impôts perçus sur les dividendes, intérêts et redevances dans l'État contractant d'où proviennent ces revenus, mais aussi celles qui sont de nature à

compromettre ou à entraver le jeu normal des clauses conventionnelles, tel que l'ont conçu les négociateurs de la Convention et dont la solution ne dépend pas d'un accord préalable sur l'interprétation de la Convention.

52. À ce titre, les autorités compétentes peuvent notamment :

— Lorsqu'un terme a été défini dans la Convention de manière incomplète ou ambiguë, en compléter ou préciser le sens pour parer à toute difficulté.

— Lorsque la législation d'un État a été modifiée, régler, sans toucher à l'équilibre et à la substance de la Convention, les difficultés qui pourraient surgir du nouveau régime d'imposition issu de cette modification.

— Déterminer si, et dans quelles conditions, des intérêts peuvent être assimilés à des dividendes par application des règles du pays de l'emprunteur sur la sous-capitalisation et bénéficier d'un allégement au titre de la double imposition dans le pays de résidence du prêteur dans les mêmes conditions que des dividendes (par exemple, un allégement accordé au titre du régime société mère/filiale lorsque cet allégement est prévu par la convention bilatérale applicable).

— Conclure des accords préalables bilatéraux en matière de prix de transfert (APP) ainsi que des accords multilatéraux avec les autorités compétentes d'États tiers avec lesquels chacun des États contractants a conclu une convention fiscale bilatérale dans des cas où des difficultés ou des doutes existent à propos de l'interprétation ou de l'application des conventions (en particulier dans des cas où aucune des mesures prises par les États contractants ne risque d'aboutir à une imposition non conforme aux dispositions d'une convention). Un accord préalable multilatéral en matière de prix de transfert peut être conclu soit par la négociation d'un accord unique entre toutes les autorités compétentes des États concernés, soit par la négociation d'accords amiables bilatéraux séparés, mais cohérents.

— Définir les procédures, conditions et modalités d'application des paragraphes 1 et 2 ainsi que de la deuxième phrase de ce paragraphe aux cas à caractère multilatéral (voir les paragraphes 38.1 à 38.5 ci-dessus et les paragraphes 55 à 55.2 ci-dessous) et de participation d'États tiers à la procédure amiable lorsque le règlement d'un cas peut modifier l'imposition dans des États tiers ou être modifié par l'imposition des États tiers.

53. Le paragraphe 3 attribue aux « autorités compétentes des États contractants », c'est-à-dire généralement aux Ministres des Finances ou à leurs représentants autorisés normalement chargés de l'application de la Convention, le pouvoir de régler par voie d'accord amiable les difficultés auxquelles peut donner lieu l'interprétation de celle-ci. Toutefois, il ne faut pas perdre de vue que, selon le droit interne des États contractants, il n'appartient pas seulement à « l'autorité compétente » désignée dans la Convention, mais aussi à d'autres autorités (Ministère des Affaires étrangères, tribunaux) d'interpréter les traités et accords internationaux et que parfois cette possibilité est même réservée exclusivement à ces autorités.

54. Les accords amiables réglant des difficultés générales d'interprétation ou d'application lient les administrations aussi longtemps que les autorités compétentes ne conviennent pas de modifier ou d'abroger l'accord amiable.

55. La deuxième phrase du paragraphe 3 permet en outre aux autorités compétentes de régler les cas de double imposition qui ne sont pas prévus par les dispositions de la Convention. Un cas particulièrement intéressant à cet égard est celui d'un résident d'un État tiers ayant un établissement stable dans chacun des deux États contractants. La deuxième phrase du paragraphe 3 permet aux autorités compétentes des États contractants de se concerter pour éliminer la double imposition qui peut survenir dans le cas d'opérations internes entre des établissements stables. Cette situation peut par exemple se produire lorsqu'aucune convention fiscale bilatérale n'a été conclue avec l'État tiers par l'un des États contractants ou par les deux États contractants. Lorsque les deux États contractants ont conclu une convention avec l'État tiers, la conjonction de ces deux conventions peut toutefois permettre aux autorités compétentes des trois États de résoudre le cas par voie d'accord amiable en vertu des paragraphes 1, 2 et 3 de l'article 25 de ces conventions (voir les paragraphes 38.2 et 38.4 ci-dessus). Parvenir à un accord multilatéral entre les autorités compétentes de tous les États concernés est la meilleure manière d'éliminer tout risque de double imposition.

55.1 Il arrivera toutefois que des États contractants dont le droit interne s'oppose à ce que la Convention soit complétée sur des points qui ne sont pas traités expressément ou tout au moins de manière implicite par la Convention. En pareils cas, la Convention pourrait être complétée par un avenant consacré à cette question. La deuxième phrase du paragraphe 3 ne permet toutefois pas aux États contractants d'éliminer la double imposition lorsque l'octroi d'un tel allègement correspondant serait contraire à leurs législations nationales respectives ou n'est pas autorisée par les dispositions d'autres conventions applicables. Cette phrase autorise seulement les États contractants, dans des cas non prévus par la Convention, à se concerter pour éliminer la double imposition conformément à leurs législations nationales respectives ou à une convention fiscale conclue par l'un des États contractants avec un État tiers. C'est pourquoi par exemple, dans le cas d'un résident d'un État tiers ayant des établissements stables dans les deux États contractants, la deuxième phrase du paragraphe 3 permet aux autorités compétentes des États contractants de s'entendre sur les faits et circonstances d'un cas afin d'appliquer leurs législations fiscales nationales respectives de manière cohérente, en particulier à toute opération interne réalisée entre ces établissements stables ; les États contractants pourraient cependant accorder un allègement au titre de toute double imposition des bénéfices de ces établissements stables uniquement dans la mesure autorisée par leurs droits internes respectifs ou par les dispositions d'une convention fiscale conclue entre un État contractant et cet État tiers (c'est-à-dire en appliquant les dispositions de l'article 7 et de l'article 23 d'une convention fiscale conclue entre un État contractant et l'État tiers). Comme le montrent ces exemples, le paragraphe 3 est donc essentiel pour permettre la concertation entre les autorités compétentes de façon à s'assurer que les conventions fiscales fonctionnent de manière coordonnée et efficace.

55.2 En vertu de la première phrase du paragraphe 3, les autorités compétentes peuvent parfois s'entendre sur un principe général selon lequel elles s'efforceront de résoudre un cas présenté conformément au paragraphe 1 avec l'autorité compétente de tout État tiers dans des circonstances où l'imposition du revenu ou de la fortune dans cet État tiers risque d'avoir des effets sur la résolution du cas ou d'en subir les effets. Les États contractants qui souhaitent adopter des dispositions prévoyant expressément des procédures amiables multilatérales peuvent décider d'employer la formulation suivante pour le paragraphe 2 :

> 2. L'autorité compétente s'efforce, si la réclamation lui paraît fondée et si elle n'est pas elle-même en mesure d'y apporter une solution satisfaisante, de résoudre le cas par voie d'accord amiable avec l'autorité compétente de l'autre État contractant, en vue d'éviter une imposition non conforme à la Convention. Lorsque la résolution du cas peut avoir des effets sur l'imposition du revenu ou de la fortune dans un État tiers, ou en subir les effets, les autorités compétentes s'efforcent de résoudre le cas par voie d'accord amiable avec l'autorité compétente de cet État tiers sous réserve qu'une convention fiscale soit en vigueur entre chacun des États contractants et cet État tiers, et que l'autorité compétente de cet État tiers accepte dans le délai de trois ans prévu au paragraphe 1 la concertation entre les autorités compétentes des États contractants aux fins de la résolution du cas par voie d'accord amiable. Pour résoudre le cas, l'autorité compétente prend en considération les dispositions applicables de la présente Convention ainsi que les dispositions applicables des conventions fiscales conclues entre les États contractants et tout État tiers prenant part à la procédure. L'accord est appliqué quels que soient les délais prévus par le droit interne des États contractants.

Paragraphe 4

56. Ce paragraphe fixe les modalités de concertation entre autorités compétentes pour le règlement par voie d'accord amiable, soit d'un cas particulier relevant de la procédure définie aux paragraphes 1 et 2, soit de problèmes généraux portant notamment sur l'interprétation ou l'application de la Convention visés au paragraphe 3.

57. Il prévoit d'abord que les autorités compétentes peuvent communiquer entre elles à cet effet. Il n'est donc pas nécessaire de passer par la voie diplomatique.

58. Les autorités compétentes peuvent communiquer entre elles par lettre, télécopie, téléphone, réunion en tête-à-tête ou tout autre moyen à leur convenance. Elles peuvent, si elles le souhaitent, créer à cet effet une commission mixte.

59. En ce qui concerne cette commission mixte, le paragraphe 4 entend laisser aux autorités compétentes des États contractants le soin d'arrêter le nombre des membres ainsi que les règles de procédure de cet organisme.

60. Mais s'il est permis aux États contractants d'exclure tout formalisme dans ce domaine, ils ont le devoir, en revanche, d'accorder aux contribuables dont le cas est porté devant la commission, en application du paragraphe 2, certaines garanties

essentielles, à savoir :

— le droit de présenter leurs observations, soit par écrit, soit oralement en personne ou par l'intermédiaire d'un représentant ;
— le droit de se faire assister par un conseil.

61. En revanche, la communication au contribuable ou à son représentant du dossier de l'affaire ne paraît pas justifiée, étant donné la nature particulière de la procédure.

62. Sans méconnaître la liberté de choix dont jouissent, en principe, les autorités compétentes pour la désignation de leurs représentants à la commission mixte, il serait souhaitable que ces autorités s'entendent pour confier la présidence de chaque délégation — dont peuvent faire partie un ou plusieurs représentants du service responsable de la procédure — à un haut fonctionnaire ou magistrat désigné essentiellement en raison de son expérience propre ; il est permis de penser, en effet, que l'intervention de telles personnalités serait de nature à faciliter la réalisation d'un accord.

Paragraphe 5

63. Ce paragraphe stipule que, dans un cas où les autorités compétentes ne peuvent parvenir à un accord en application du paragraphe 2 dans un délai de deux ans, les questions non résolues seront, à la demande écrite de la personne ayant soumis le cas, résolues par arbitrage. Ce processus ne dépend pas de l'autorisation préalable des autorités compétentes : une fois satisfaites les exigences procédurales, les questions non résolues empêchant de parvenir à un accord amiable doivent être soumises à arbitrage.

64. Le processus d'arbitrage prévu par ce paragraphe ne constitue pas une alternative ou un recours supplémentaire : lorsque les autorités compétentes sont parvenues à un accord ne laissant subsister aucune question non résolue quant à l'application de la Convention, aucune question ne peut être soumise à arbitrage, même si la personne ayant demandé la procédure amiable estime que l'accord dont ont convenu les autorités compétentes ne constitue pas une solution correcte dans son cas. Ce paragraphe constitue ainsi un prolongement de la procédure amiable qui permet d'en améliorer l'efficacité en garantissant que, lorsque les autorités compétentes ne parviennent pas à s'accorder sur une ou plusieurs questions empêchant la résolution du cas présenté, une solution sera quand même possible en soumettant ces questions à un arbitrage ayant force obligatoire. Ainsi, en vertu de ce paragraphe, la résolution du cas présenté reste le fruit de la procédure amiable, alors que la résolution d'une question particulière empêchant un accord dans ce cas fait l'objet d'une procédure d'arbitrage. Ainsi la procédure définie au paragraphe 5 diffère-t-elle d'autres formes de procédures d'arbitrage commercial (ou entre un État et une entreprise du secteur privé) selon lesquelles la commission d'arbitrage a compétence pour résoudre l'ensemble de l'affaire.

65. Avant 2017, une note de bas de page au paragraphe 5 indiquait que dans certains États, le droit interne, la politique nationale ou encore certaines considérations

administratives n'autorisent pas ou ne justifient pas le type d'arbitrage prévu dans ce paragraphe et citait l'exemple d'obstacles constitutionnels pouvant empêcher des arbitres de se prononcer sur des questions fiscales. La note de bas de page a toutefois été supprimée eu égard à l'importance d'inclure un mécanisme d'arbitrage qui garantisse le règlement des différends entre les autorités compétentes lorsque ces différends empêcheraient par ailleurs la procédure d'accord amiable de jouer son rôle.

65.1 Le paragraphe 5 énonce les conditions essentielles du processus d'arbitrage. La dernière phrase du paragraphe requiert expressément que les autorités compétentes s'entendent sur les modalités d'application de ce processus ; on peut donc s'attendre à ce que la plupart des aspects procéduraux soient réglés dans le cadre d'un accord entre les autorités compétentes (voir le paragraphe 85 ci-dessous et le « modèle d'accord amiable sur l'arbitrage » à l'Annexe). Néanmoins, certains États peuvent préférer inclure dans la Convention elle-même certains de ces aspects procéduraux. Bien que cette approche augmente la complexité de la disposition d'arbitrage, un État peut estimer que l'importance de certains de ces aspects (comme les règles relatives à la nomination des arbitres et à la confidentialité des informations qui leur sont communiquées) est telle que ces questions méritent d'être traitées dans la Convention proprement dite. La Partie VI de la Convention multilatérale pour la mise en œuvre des mesures relatives aux conventions fiscales pour prévenir l'érosion de la base d'imposition et le transfert de bénéfices (« l'Instrument multilatéral »), qui a été ouverte à la signature le 31 décembre 2016, donne un bon exemple de convention qui régit de nombreux aspects procéduraux du processus d'arbitrage.

66. Certains États peuvent souhaiter inclure le paragraphe 5 mais limiter son champ d'application à un ensemble de cas plus restreint. L'accès à l'arbitrage pourrait par exemple n'être autorisé que dans le cadre de cas portant sur des questions de nature essentiellement factuelle. On pourrait également prévoir que l'arbitrage soit toujours possible pour des questions soulevées dans certaines catégories de cas, par exemple les cas de nature très factuelle tels ceux portant sur des prix de transfert ou sur l'existence d'un établissement stable, et qu'il puisse être autorisé au cas par cas pour d'autres questions. Les États qui souhaitent limiter l'application du paragraphe 5 devraient tenir compte du fait que toute restriction importante de la portée d'une clause d'arbitrage risque de réduire sa capacité à résoudre efficacement les questions non résolues soulevées par un cas de procédure amiable.

66.1 Lorsque le paragraphe 5 est intégré dans une nouvelle convention qui remplace les dispositions d'une ancienne convention qui comportait une clause d'arbitrage ou à laquelle la Partie VI de l'Instrument multilatéral s'appliquait, les États contractants devraient préciser si le paragraphe 5 de la nouvelle convention s'applique aux cas ayant trait aux dispositions de cette ancienne convention. Si tel n'est pas le cas, les États contractants devraient s'assurer que la clause d'arbitrage de l'ancienne convention ou de la Partie VI de l'Instrument multilatéral, le cas échéant, continue de s'appliquer de manière à garantir le règlement par arbitrage des questions non résolues relatives aux dispositions de cette ancienne convention.

67. Par ailleurs, les États membres de l'Union européenne peuvent vouloir assurer la coordination du champ d'application du paragraphe 5 et de leurs obligations en vertu des instruments juridiques qui leur sont applicables. Cette coordination devrait faire en sorte que l'arbitrage au titre d'un tel instrument juridique soit possible même si le paragraphe 5 a une portée plus étroite. Cet objectif pourrait par exemple être atteint en ajoutant à l'article 25 un paragraphe supplémentaire rédigé en ces termes :

> Le paragraphe 5 est sans effet sur le respect d'obligations plus larges qui résultent d'autres instruments juridiques éventuellement applicables aux États contractants et qui portent sur l'arbitrage de questions non résolues mentionnées dans ce paragraphe.

La coordination devrait également permettre d'éviter que les questions non résolues qui entrent dans le champ d'application du paragraphe 5 soient soumises aux procédures d'arbitrage à la fois en vertu de ce paragraphe et d'un autre instrument juridique.

68. Le contribuable doit pouvoir demander un arbitrage sur les questions non résolues pour tous les cas de procédure amiable qui ont été présentés en vertu du paragraphe 1 au motif que les mesures prises par l'un des États contractants ou par ces deux États ont entraîné une imposition non conforme aux dispositions de cette Convention pour la personne concernée. Lorsque la procédure amiable est impossible, par exemple du fait d'infractions graves pouvant entraîner de lourdes peines (voir le paragraphe 26), il est évident que le paragraphe 5 ne pourra s'appliquer.

69. Lorsque deux États contractants n'ayant pas inclus ce paragraphe dans leur Convention souhaitent recourir à un processus d'arbitrage d'application générale ou pour régler un dossier particulier, ils ont toujours la possibilité de le faire par accord amiable. Dans ce cas, les autorités compétentes peuvent conclure un accord amiable correspondant au modèle présenté en annexe, auquel elles ajoutent le premier paragraphe suivant :

> 1. Lorsque
>
> *a)* en vertu du paragraphe 1 de l'article 25 de la Convention, une personne a soumis un cas à l'autorité compétente d'un État contractant en se fondant sur le fait que les mesures prises par un État contractant ou par les deux États contractants ont entraîné pour cette personne une imposition non conforme aux dispositions de cette Convention, et que
>
> *b)* les autorités compétentes ne parviennent pas à un accord permettant de résoudre ce cas en vertu du paragraphe 2 dans un délai de deux ans à compter de la date à laquelle toutes les informations demandées par les autorités compétentes pour pouvoir traiter le cas ont été communiquées aux deux autorités compétentes,
>
> les questions non résolues soulevées par ce cas doivent être soumises à arbitrage conformément aux dispositions qui suivent si la personne en fait la demande par écrit. Ces questions non résolues ne doivent toutefois pas être soumises à arbitrage si une décision sur ces questions a déjà été rendue par un tribunal judiciaire ou

administratif de l'un des États. À moins qu'une personne directement concernée par le cas n'accepte pas l'accord amiable par lequel la décision d'arbitrage est appliquée, les autorités compétentes acceptent par la présente de se considérer liées par la décision d'arbitrage et de résoudre le cas conformément aux dispositions du paragraphe 2 de l'article 25 en se fondant sur cette décision.

Cet accord devrait également couvrir les diverses questions structurelles et procédurales abordées dans l'annexe. Bien que les autorités compétentes ayant conclu un tel accord seraient tenues de respecter ce processus, un tel accord serait donné dans le cadre de la procédure amiable et ne serait donc effectif que tant que les autorités compétentes conviennent de suivre cette procédure pour traiter et régler les dossiers qui n'ont pu l'être par la procédure amiable traditionnelle.

70. Le paragraphe 5 prévoit qu'une personne ayant soumis un cas à l'autorité compétente d'un État contractant en vertu du paragraphe 1 en se fondant sur le fait que les mesures prises par l'un des États contractants ou par ces deux États ont entraîné pour cette personne une imposition non conforme aux dispositions de cette Convention, peut demander par écrit que toute question non résolue liée à ce cas soit soumise à un arbitrage. Cette demande peut être formulée à tout moment une fois écoulée une période de deux ans suivant la date à laquelle toutes les informations demandées par les autorités compétentes pour pouvoir traiter le cas ont été communiquées aux deux autorités compétentes. Le recours à l'arbitrage n'est donc pas automatique ; la personne qui a présenté le cas peut préférer attendre une période plus longue que deux ans (afin par exemple de laisser davantage de temps aux autorités compétentes pour résoudre ce cas conformément aux dispositions du paragraphe 2) ou simplement ne pas poursuivre la procédure.

70.1 Les États qui considèrent que la période de deux ans est trop courte peuvent modifier la disposition de manière à autoriser une demande d'arbitrage seulement après trois ans. De même, les États sont libres de stipuler qu'un délai plus long sera dans certaines circonstances nécessaire avant que la demande puisse être formulée dans un cas spécifique. Ils peuvent par exemple le faire en autorisant les autorités compétentes à s'entendre, au cas par cas, sur un délai différent avant l'expiration du délai de deux ans, ce qui peut se faire en rédigeant l'alinéa *b*) en ces termes :

> *b*) les autorités compétentes ne parviennent pas à un accord permettant de résoudre ce cas conformément au paragraphe 2 dans un délai de deux ans à compter de la date à laquelle toutes les informations demandées par les autorités compétentes pour pouvoir traiter le cas ont été communiquées aux deux autorités compétentes (sauf si, avant l'expiration de ce délai, les autorités compétentes des États contractants sont convenues d'un délai différent pour ce cas et en ont informé la personne qui a soumis le cas).

70.2 Les États peuvent également souhaiter suspendre le délai de deux ans dans les circonstances où la procédure amiable est elle-même suspendue. Cela peut se produire, par exemple, si le cas soumis à la procédure amiable concerne une ou plusieurs questions en instance devant un tribunal judiciaire ou administratif et si un

État contractant n'autorise pas un contribuable à poursuivre simultanément une procédure amiable et un recours devant un tribunal judiciaire ou administratif (voir le paragraphe 76). Cela peut aussi se produire si une autorité compétente convient avec la personne qui a soumis le cas de suspendre la procédure amiable (par exemple en raison d'une maladie grave ou d'autres difficultés personnelles). La disposition suivante pourrait être ajoutée au paragraphe 5 pour traiter ces cas :

> Lorsqu'une autorité compétente a suspendu la procédure amiable mentionnée au paragraphe 1 parce qu'un cas portant sur une ou plusieurs questions identiques est en instance devant un tribunal judiciaire ou administratif, le délai prévu à l'alinéa b) cesse de courir jusqu'à ce que ce cas soit suspendu ou retiré. De plus, lorsque la personne qui soumet le cas et une autorité compétente ont convenu de suspendre la procédure amiable, le délai prévu à l'alinéa *b*) cesse de courir jusqu'à la levée de cette suspension.

70.3 Dans certaines circonstances, après qu'un contribuable a communiqué les informations initiales requises pour procéder à un examen approfondi du cas, les autorités compétentes peuvent être amenées à demander des renseignements complémentaires au contribuable. Par exemple, une fois que le délai indiqué à l'alinéa *b*) a commencé et après une analyse supplémentaire visant à donner suite au cas, une autorité compétente peut décider qu'elle a besoin d'informations complémentaires pour parvenir à un accord visant à résoudre une question en suspens. En pareil cas, le fait pour une personne directement concernée par le cas de ne pas communiquer en temps opportun les informations pertinentes complémentaires peut retarder ou empêcher la résolution du cas par les autorités compétentes. Cette question peut être réglée par l'utilisation de la version optionnelle de l'alinéa *b*) prévue au paragraphe 70.1, qui permet aux autorités compétentes de s'entendre, au cas par cas, sur un délai différent. Elle peut aussi être réglée dans l'accord amiable qui définira le mode d'application des dispositions sur l'arbitrage, par exemple en prévoyant que le délai de deux ans sera prolongé lorsque les deux autorités compétentes conviennent qu'une personne directement concernée par le cas n'a pas communiqué en temps opportun les informations pertinentes complémentaires demandées par l'une ou l'autre des autorités compétentes après le début du délai indiqué à l'alinéa *b*) (voir l'article 7 du modèle d'accord amiable à l'Annexe ; une disposition analogue pourrait aussi être ajoutée dans la Convention elle-même si la version optionnelle prévue au paragraphe 70.1 n'est pas utilisée).

71. En vertu du paragraphe 2 de l'article 25, les autorités compétentes doivent s'efforcer de résoudre un cas qui leur est soumis en application du paragraphe 1 en vue d'éviter une imposition non conforme à la Convention. Aux fins du paragraphe 5, un cas ne doit donc pas être considéré comme ayant été résolu dès lors qu'il existe au moins un point de désaccord entre les autorités compétentes et que ce point, selon l'une de ces autorités, montre que l'imposition n'a pas été conforme à la Convention. L'une des autorités compétentes ne peut donc décider unilatéralement qu'un tel cas est clos et que la personne concernée ne peut demander l'arbitrage sur les questions non résolues ; de même, les deux autorités compétentes ne peuvent considérer que le

cas a été résolu et refuser la demande d'arbitrage s'il existe encore des questions non résolues qui les empêchent d'aboutir à un accord sur le fait qu'il n'y a pas eu d'imposition non conforme à la Convention. Cependant, lorsque les deux autorités compétentes conviennent que l'imposition par les deux États a été conforme à la Convention, il n'y a pas de question non résolue et le cas peut être considéré comme résolu, même dans le cas où il pourrait y avoir une double imposition non éliminée par les dispositions de la Convention.

72. La procédure d'arbitrage n'est applicable que dans les cas où la personne concernée considère qu'une imposition non conforme aux dispositions de la Convention a effectivement été le résultat de mesures prises par l'un des deux États contractants ou par ces deux États ; en revanche, elle n'est pas applicable dans les cas où l'on soutient que de telles mesures pourraient éventuellement entraîner une telle imposition même si de tels cas peuvent être présentés aux autorités compétentes en vertu du paragraphe 1 de l'article (voir le paragraphe 70 ci-dessus). À cet effet, il faut considérer que l'imposition est due aux mesures prises par l'un des États contractants ou par ces deux États dès lors que, par exemple, l'impôt a été payé, cotisé ou déterminé d'une autre manière ou même dans les cas où le contribuable a reçu officiellement une notification des autorités fiscales selon laquelle elles envisagent de l'imposer sur un certain élément de revenu.

73. Tel qu'il est rédigé, le paragraphe 5 ne prévoit l'arbitrage que pour les questions non résolues faisant l'objet d'une demande formulée en vertu du paragraphe 1 de l'article. Les États qui souhaitent élargir le champ d'application du paragraphe aux cas de procédure amiable couverts par le paragraphe 3 de l'article ont la possibilité de le faire. Dans certains cas, une procédure amiable peut résulter d'autres dispositions spécifiques d'une Convention, telles que l'alinéa 2 *d*) de l'article 4. Selon cet alinéa, les autorités compétentes sont, dans certains cas, tenues de régler d'un commun accord la question de la situation d'un particulier qui est résident des deux États contractants. Comme l'indique le paragraphe 20 des Commentaires sur l'article 4, ces cas doivent être résolus conformément à la procédure prévue à l'article 25. Si les autorités compétentes ne parviennent pas à un accord sur ce cas et qu'il en résulte une imposition non conforme à la Convention (en vertu de laquelle le particulier ne doit être résident que d'un seul État aux fins de la Convention), la situation du contribuable relève du paragraphe 1 de l'article 25 et, par conséquent, le paragraphe 5 est applicable.

74. Dans certains États, les autorités compétentes peuvent avoir la possibilité de déroger à une décision judiciaire sur un point particulier dans le cadre d'un cas soumis aux autorités compétentes. Ces États ont par conséquent la possibilité d'omettre la seconde phrase de ce paragraphe et, s'ils souhaitent utiliser la disposition alternative contenue au paragraphe 70.2 ci-dessus, devraient y apporter les modifications suivantes :

> Lorsqu'une autorité compétente a suspendu la procédure amiable mentionnée au paragraphe 1 parce qu'un cas portant sur une ou plusieurs questions identiques est en instance devant un tribunal judiciaire ou administratif, le délai prévu à l'alinéa *b*) cesse de courir jusqu'à ce que ce tribunal judiciaire ou administratif rende une

décision définitive ou que le cas soit suspendu ou retiré. De plus, lorsque la personne qui soumet le cas et une autorité compétente ont convenu de suspendre la procédure amiable, le délai prévu à l'alinéa *b*) cesse de courir jusqu'à la levée de cette suspension.

75. Lorsqu'il s'agit de déterminer le début de la période de deux ans, il sera considéré que toutes les informations demandées par les autorités compétentes pour pouvoir traiter le cas ont été communiquées aux deux autorités compétentes uniquement si suffisamment de renseignements leur ont été soumis pour qu'elles puissent décider du bien-fondé de l'objection sous-jacente. L'accord amiable déterminant les modalités d'application du paragraphe 5 devrait préciser le processus qui sera suivi pour déterminer la date de début et devrait mentionner quels types de renseignements sont en principe suffisants à cet effet. Le modèle d'accord amiable figurant à l'annexe suggère un processus analogue à celui suivi dans la Partie VI de l'Instrument multilatéral. Les États qui estiment que des règles de détermination de la date de début du délai de deux ans devraient être incluses directement dans la Convention sont libres de le faire, par exemple en ajoutant des dispositions analogues à celles figurant aux paragraphes 5 à 9 de l'article 19 de l'Instrument multilatéral.

76. Le paragraphe aborde également la relation entre le processus d'arbitrage et le droit aux voies de recours internes. Afin que le processus d'arbitrage soit efficace et pour éviter des décisions contradictoires, une personne ne peut être autorisée à recourir à un processus d'arbitrage si les questions soumises à l'arbitrage ont déjà été résolues par le biais d'une procédure judiciaire dans l'un ou l'autre des États (ce qui signifie qu'un tribunal judiciaire ou administratif de l'un des États contractants a déjà rendu sur ces questions une décision qui s'applique à cette personne). Cette disposition est cohérente avec l'approche adoptée par la plupart des pays en ce qui concerne la procédure amiable, approche selon laquelle :

a) Une personne ne peut simultanément poursuivre une procédure amiable et un recours devant les tribunaux nationaux. Lorsqu'un recours devant les tribunaux est encore possible, les autorités compétentes peuvent généralement exiger que le contribuable accepte de suspendre ce recours ou, s'il s'y refuse, peuvent suspendre la procédure amiable dans l'attente que le recours en question soit épuisé.

b) Lorsque la procédure amiable est poursuivie en premier et aboutit à un accord, le contribuable et toutes les autres personnes directement concernées par le cas ont la possibilité de rejeter cet accord et de reprendre le recours devant les tribunaux qui avait été suspendu ; réciproquement, si ces personnes préfèrent voir l'accord amiable s'appliquer, il leur faut alors renoncer à toute procédure de recours devant les tribunaux quant aux questions résolues par l'accord.

c) Lorsque les recours devant les tribunaux nationaux ont été poursuivis en premier et sont épuisés, une personne ne peut poursuivre la procédure amiable que pour demander l'élimination de la double imposition dans le second État. En effet, une fois rendue une décision de justice dans un cas particulier, la plupart des pays considèrent qu'il est impossible d'aller à l'encontre de cette décision dans le cadre de la procédure amiable et limitent donc l'application de la procédure amiable à la demande d'un allégement dans l'autre État.

Ces mêmes principes généraux devraient s'appliquer à toute procédure amiable concernant une ou plusieurs questions soumises à l'arbitrage. Il serait donc inutile de soumettre une question à arbitrage sachant que l'un des pays n'a pas toute latitude quant à sa réponse à la décision d'arbitrage. Ce ne serait pourtant pas le cas si le pays avait la possibilité de s'écarter d'une décision de justice dans le cadre de la procédure amiable (voir le paragraphe 74) ; dans une telle situation, le paragraphe 5 pourrait être modifié en conséquence.

77. Un second point concerne la relation entre les procédures de recours interne et la procédure d'arbitrage dans le cas où les recours internes n'ont pas été épuisés. Dans un tel cas, l'approche la plus cohérente par rapport à la structure fondamentale de la procédure amiable serait d'appliquer à l'arbitrage ces mêmes principes généraux. La procédure de recours interne se verrait alors suspendue en l'attente des résultats de la procédure amiable qui inclut l'arbitrage des questions que les autorités compétentes ne sont pas en mesure de résoudre ; un accord amiable provisoire serait alors conclu en fonction de cette décision. Comme dans les autres cas de procédure amiable, cet accord serait alors soumis au contribuable qui pourrait alors soit l'accepter, renonçant ainsi à toute autre forme de recours devant les tribunaux, soit le rejeter afin de pouvoir poursuivre ces recours.

78. Cette approche est conforme à la nature du processus d'arbitrage telle que définie au paragraphe 5. L'objectif de ce processus est de permettre aux autorités compétentes de résoudre les questions non résolues ayant jusque là fait obstacle à un accord. Une fois cet accord obtenu via l'arbitrage, le caractère essentiel de l'accord amiable reste inchangé.

79. Dans certains cas, cette approche obligera les parties à consacrer du temps et des ressources à un processus d'arbitrage aboutissant à un accord amiable qui ne sera pas accepté par le contribuable. L'expérience démontre toutefois qu'il est très rare en pratique que le contribuable rejette un accord amiable et lui préfère un recours devant les tribunaux. En outre, dans de tels cas, il faut s'attendre à ce que les tribunaux judiciaires ou administratifs nationaux prennent note du fait qu'une solution qui aurait lié les deux États a été proposée au contribuable.

79.1 Comme indiqué au paragraphe 76 *a*) ci-dessus, la plupart des États n'autorisent pas une personne à poursuivre simultanément la procédure d'accord amiable et les recours internes. Toutefois, certains États peuvent permettre à une personne de poursuivre simultanément à la fois la procédure d'accord amiable et les procédures devant un tribunal judiciaire ou administratif concernant les mêmes questions. Dans ces États, il est donc possible qu'une décision concernant une ou plusieurs questions soumises à l'arbitrage puisse être rendue par un tribunal judiciaire ou administratif après qu'une demande d'arbitrage ait été faite et avant que la commission d'arbitrage n'ait rendu sa décision. Ces États peuvent souhaiter prévoir expressément que le processus d'arbitrage prendra fin dans un tel cas afin d'éviter les difficultés qui pourraient survenir lors de l'application de l'accord amiable mettant en œuvre une décision d'arbitrage subséquente (voir le paragraphe 76 ci-dessus). La phrase suivante pourrait être ajoutée au paragraphe 5 à cette fin :

> Le processus d'arbitrage prend fin si, à tout moment après qu'une demande d'arbitrage a été faite et avant que la commission d'arbitrage n'ait rendu sa décision aux autorités compétentes des États contractants, une décision concernant la question est rendue par un tribunal judiciaire ou administratif de l'un des États contractants.

80. Dans certains États, les questions non résolues par les autorités compétentes ne peuvent être soumises à l'arbitrage que si les recours aux tribunaux sont épuisés. Afin de mettre en œuvre une procédure d'arbitrage, ces États pourraient envisager une autre méthode qui consiste à demander à une personne de renoncer au droit de recourir aux tribunaux avant que l'arbitrage puisse avoir lieu. Pour ce faire, la seconde phrase du paragraphe pourrait être remplacée par la suivante : « Ces questions non résolues ne doivent toutefois pas être soumises à l'arbitrage si l'une des personnes directement concernées par cette affaire a toujours le droit, en vertu de la législation interne de l'un ou l'autre État, de soumettre ces questions aux tribunaux judiciaires ou administratifs de cet État ou si une décision sur ces questions a déjà été rendue par un tel tribunal judiciaire ou administratif. » Pour éviter de se trouver dans la situation où un contribuable serait tenu de renoncer aux recours aux tribunaux sans aucune garantie quant à l'issue du cas, il serait alors important de modifier également le paragraphe afin de prévoir un mécanisme qui garantisse par exemple que la double imposition sera effectivement éliminée. Par ailleurs, du fait que le contribuable renoncerait alors au droit d'être entendu par des tribunaux nationaux, le paragraphe devrait également être modifié afin de faire en sorte que des garanties juridiques suffisantes lui soient accordées en ce qui concerne sa participation à la procédure d'arbitrage afin de se conformer aux conditions qui peuvent s'appliquer en vertu du droit interne pour qu'une telle renonciation soit acceptable dans le cadre du système juridique applicable (ainsi, dans certains pays, cette renonciation peut ne pas être acceptable si la personne concernée ne s'est pas vu garantir le droit d'être entendue oralement au cours de l'arbitrage).

80.1 Certains États considèrent que les contribuables et leurs conseillers ne devraient pas divulguer les informations reçues au cours de la procédure d'arbitrage. Les États qui partagent cette opinion sont libres d'inclure la disposition suivante, basée sur le paragraphe 5 de l'article 23 de l'Instrument multilatéral :

> Avant le début de la procédure d'arbitrage, les autorités compétentes des États contractants veillent à ce que toutes les personnes qui ont soumis le cas, ainsi que leurs conseillers, s'engagent, par écrit, à ne pas divulguer, à toute autre personne, toute information reçue dans le cadre de la procédure d'arbitrage, des autorités compétentes ou de la commission d'arbitrage. La procédure amiable ainsi que la procédure d'arbitrage afférentes à ce cas prennent fin dès lors que, à tout moment entre le moment où la demande d'arbitrage est formulée et le moment où la commission d'arbitrage communique sa décision aux autorités compétentes, la

personne qui a soumis le cas, ou un de ses conseillers, enfreint cet engagement de manière importante.

81. Le paragraphe 5 stipule que, à moins qu'une personne directement concernée par le cas n'accepte pas l'accord amiable qui applique la décision d'arbitrage, cette décision lie les deux États. Ainsi, l'imposition de toute personne directement concernée par le cas doit être conforme à la décision prise quant aux questions soumises à l'arbitrage et l'accord amiable qui est présenté à cette personne doit être fondé sur les décisions auxquelles le processus d'arbitrage a donné lieu. Si néanmoins une décision d'arbitrage est jugée inapplicable par les tribunaux de l'un des États contractants en raison d'une violation du paragraphe 5 de l'article 25 ou de toute règle de procédure, cette décision ne liera pas les États contractants (voir également l'article 11 du modèle d'accord amiable, qui porte sur cette question).

82. Comme il est indiqué à l'alinéa 76 *b*) ci-dessus, lorsqu'un accord amiable a été conclu avant que les recours aux tribunaux nationaux aient été épuisés, il est normal que les autorités compétentes exigent, comme condition de l'application de l'accord, que les personnes concernées renoncent à l'exercice des recours aux tribunaux dont elles pourraient encore disposer en ce qui concerne les questions couvertes par l'accord. En l'absence d'une telle renonciation, une décision ultérieure de justice pourrait effectivement empêcher les autorités compétentes d'appliquer l'accord. Par conséquent, aux fins du paragraphe 5, si une personne à laquelle l'accord amiable qui applique la décision d'arbitrage est présenté n'accepte pas de renoncer à l'exercice de recours devant les tribunaux, cette personne doit être considérée comme n'ayant pas accepté cet accord. Lorsque l'accord amiable n'est pas accepté ou est considéré comme n'étant pas accepté, le cas ne peut faire l'objet d'aucun examen complémentaire par les autorités compétentes.

82.1 Pour plus de certitude, certains États peuvent souhaiter intégrer les conclusions des paragraphes 81 et 82 ci-dessus dans le texte de leurs conventions, par exemple en ajoutant un paragraphe supplémentaire rédigé en ces termes :

Aux fins du paragraphe 5

a) l'accord mettant en œuvre la décision d'arbitrage concernant le cas est considéré comme n'étant pas accepté par une personne directement concernée par le cas lorsque, dans les 60 jours suivant la notification de l'accord amiable à cette personne, cette personne ne retire pas ou ne met pas un terme définitif à toute action devant un tribunal judiciaire ou administratif ou à toute autre procédure administrative ou judiciaire en cours concernant l'une des questions résolues par cet accord amiable, d'une manière conforme à cet accord amiable ; et

b) la décision n'est pas contraignante pour les États contractants si :

(*i*) une décision définitive des tribunaux de l'un des États contractants déclare que la décision d'arbitrage est invalide. En pareil cas, la demande d'arbitrage couverte par le paragraphe 5 est considérée comme n'ayant pas été formulée et la procédure d'arbitrage est considérée comme n'ayant pas eu lieu (sauf aux fins des dispositions applicables concernant la confidentialité des informations et les coûts de la procédure d'arbitrage). Dans ce cas, une nouvelle demande d'arbitrage peut être soumise, à moins que les autorités compétentes conviennent qu'une telle nouvelle demande ne doit pas être permise ; ou

(ii) une personne directement concernée par le cas intente une action devant un tribunal judiciaire ou administratif au sujet d'une des questions résolues par l'accord amiable mettant en œuvre la décision de la commission d'arbitrage.

83. La décision d'arbitrage ne lie les États que quant aux questions spécifiques soumises à l'arbitrage. Bien que rien n'empêche les autorités compétentes de régler des cas similaires (y compris des dossiers impliquant les mêmes personnes mais couvrant des périodes d'imposition différentes) en se fondant sur cette décision, ceci ne constitue aucunement une obligation et chaque État a le droit d'adopter une approche différente pour régler ces autres cas.

84. Certains États peuvent vouloir autoriser les autorités compétentes à ne pas suivre la décision d'arbitrage à condition que celles-ci s'accordent sur une autre solution qui réglerait toutes les questions en suspens qui ont empêché la résolution du cas soumis à la procédure amiable (ceci est par exemple autorisé à l'article 12 de la Convention d'arbitrage de l'Union européenne). Les États souhaitant procéder ainsi sont libres de modifier comme suit la troisième phrase du paragraphe :

> ... À moins qu'une personne directement concernée par le cas n'accepte pas l'accord amiable par lequel la décision d'arbitrage est appliquée ou que les autorités compétentes conviennent d'une résolution différente de toutes les questions non résolues liées au cas dans une période de trois mois après que la décision leur ait été communiquée, cette décision lie les deux États contractants et doit être appliquée quels que soient les délais prévus par le droit interne de ces États.

85. Selon la dernière phrase du paragraphe, les modalités d'application du processus d'arbitrage sont réglées par accord amiable. Ainsi que l'indique le paragraphe 65.1 ci-dessus, certains États peuvent préférer intégrer dans la Convention elle-même certains aspects procéduraux de la procédure d'arbitrage ; d'autres États peuvent souhaiter les traiter par un avenant ou par un échange de notes diplomatiques. Il convient toutefois d'observer que le recours à un accord amiable pour traiter ces questions offre plus de flexibilité pour procéder aux modifications ultérieures qui pourraient s'avérer nécessaires à mesure que les États contractants acquièrent une expérience de l'application des dispositions sur l'arbitrage. Quelle que soit la forme de l'accord, il devra établir les règles structurelles et procédurales devant être respectées pour l'application du paragraphe, en prenant en compte que le paragraphe exige que la décision d'arbitrage lie les deux États. Cet accord devrait de préférence être rédigé au même moment que la Convention, de façon à ce qu'il soit signé, et à ce qu'il s'applique, immédiatement après que le paragraphe lui-même entre en vigueur. Puisque l'accord décrit le processus à suivre pour soumettre à arbitrage les questions non résolues, il est également important de le rendre public. On trouvera en annexe un modèle d'un tel accord amiable ainsi que des commentaires sur les règles procédurales qu'il inclut.

Utilisation de mécanismes supplémentaires de résolution des différends

86. Que le paragraphe 5 soit ou non inclus dans une convention ou qu'un mécanisme d'arbitrage soit ou non mis en œuvre conformément à la procédure décrite au paragraphe 69 ci-dessus, il apparaît clairement que des mécanismes supplémentaires de résolution des différends, hormis l'arbitrage, peuvent être appliqués ponctuellement dans le cadre de la procédure amiable. En cas de désaccord quant au bien-fondé des positions exprimées par les deux autorités compétentes, il pourra être utile de faire appel à un médiateur afin de clarifier ces points. Dans de telles situations, le rôle du médiateur consiste à écouter le point de vue des parties et à s'exprimer sur les forces et faiblesses de leurs arguments respectifs. Cela permettra à chacune d'elles de mieux comprendre sa propre position et celle de la partie adverse. Certaines administrations fiscales recourent déjà avec succès à de telles techniques de médiation pour résoudre les différends internes ; il pourrait être utile d'en élargir la portée et de les appliquer aux procédures amiables.

87. Si la question est d'ordre purement factuel, l'affaire pourra être confiée à un expert dont le mandat serait de déterminer les questions factuelles nécessaires. Cette approche est souvent suivie dans le cadre de procédures judiciaires où les questions d'ordre factuel sont soumises à une partie indépendante qui procède à des décisions sur les faits qui sont ensuite présentées au tribunal. Contrairement au mécanisme de règlement des différends défini au paragraphe 5, ces procédures ne lient pas les parties mais peuvent néanmoins les aider à parvenir à une décision avant qu'une question ne soit soumise à arbitrage en vertu de ce paragraphe.

III. Interaction entre la procédure amiable et le mécanisme de règlement des différends prévu par l'Accord général sur le commerce des services

88. L'application de l'Accord général sur le commerce des services (AGCS) qui est entré en vigueur le 1er janvier 1995 et que tous les pays membres ont signé pose des problèmes particuliers concernant la procédure amiable.

89. Le paragraphe 3 de l'article XXII de l'AGCS stipule que les différends concernant l'article XVII de l'Accord relatif à la règle du traitement national ne peuvent être réglés selon les mécanismes de règlement des différends prévus par les articles XXII et XXIII de l'Accord si la mesure en cause « relève d'un accord international conclu entre eux pour éviter la double imposition » (une convention fiscale, par exemple). S'il existe un désaccord sur la question de savoir si une mesure « relève » d'une accord international, la suite du paragraphe 3 prévoit que l'un ou l'autre État membre aura la faculté de porter cette question devant le Conseil du Commerce des Services qui soumettra la question à un arbitrage. Une note de bas de page prévoit cependant l'importante exception suivante : si le différend porte sur un accord international déjà existant au moment de l'entrée en vigueur de l'AGCS, la question ne peut être soumise au Conseil du Commerce des Services sauf en cas d'accord entre les deux États.

90. Ce paragraphe pose deux problèmes particuliers en ce qui concerne les conventions fiscales.

91. En premier lieu, la note de bas de page mentionnée ci-dessus prévoit un traitement différent des conventions conclues avant et après l'entrée en vigueur de l'AGCS, un résultat qui peut être considéré comme inapproprié, en particulier lorsqu'une convention qui s'applique déjà au moment de l'entrée en vigueur de l'AGCS fait l'objet d'une renégociation ou lorsqu'un avenant à une telle convention est conclu ultérieurement.

92. En second lieu, le terme « relève » est ambigu, ce que démontre bien le fait que le paragraphe 3 de l'article XXII de l'AGCS prévoit à la fois une procédure d'arbitrage et une clause qui dispense les conventions préexistantes de son application en ce qui concerne le règlement des désaccords relatifs à son interprétation. S'il semble clair qu'un pays ne puisse pas soutenir de bonne foi[1] qu'une mesure concernant un impôt auquel aucune disposition d'une convention fiscale ne s'applique relève de cette convention, on peut se demander si le terme « relève » vise toutes les mesures relatives aux impôts qui sont couverts par l'ensemble des dispositions de la convention fiscale ou seulement par certaines d'entre elles.

93. Les États contractants peuvent souhaiter éviter ces difficultés en étendant sur un plan bilatéral l'application de la note de bas de page portant sur le paragraphe 3 de l'article XXII de l'AGCS aux conventions conclues après l'entrée en vigueur de l'Accord. Une telle extension bilatérale, qui compléterait — sans s'y opposer de quelque façon que ce soit — les obligations des États contractants qui résultent de l'AGCS, pourrait se faire par l'adjonction à la Convention du paragraphe suivant :

> Aux fins du paragraphe 3 de l'Article XXII de l'Accord général sur le commerce des services, les États contractants conviennent que, nonobstant les dispositions de ce paragraphe, tout désaccord entre eux sur la question de savoir si une mesure relève de la présente Convention ne peut être porté devant le Conseil du Commerce des Services, comme le prévoit ce paragraphe, qu'avec le consentement des États contractants. Toute incertitude quant à l'interprétation du présent paragraphe doit être résolue conformément au paragraphe 3 de l'article 25, ou à défaut, selon tout autre procédure dont conviennent les États contractants.

94. Des problèmes similaires à ceux qui sont exposés ci-dessus peuvent se poser en ce qui concerne d'autres accords bilatéraux ou multilatéraux relatifs aux échanges ou à l'investissement. Les États contractants sont libres, dans le cadre de leurs négociations bilatérales, de modifier les dispositions mentionnées ci-dessus afin de faire en sorte que les problèmes fiscaux relevant de leurs conventions fiscales soient

1 L'obligation d'appliquer et d'interpréter les traités de bonne foi est expressément énoncée aux articles 26 et 31 de la *Convention de Vienne sur le droit des traités* ; l'exception prévue au paragraphe 3 de l'article XXII de l'AGCS ne s'applique donc qu'aux différends de bonne foi.

réglés par la procédure amiable plutôt que par le mécanisme de règlement des différends ou par des accords comparables.

Observations sur les Commentaires

95. La *Hongrie* ne partage pas totalement l'interprétation donnée au paragraphe 27 des Commentaires sur l'article 25 et n'est pas en mesure de poursuivre la procédure amiable lorsqu'un tribunal hongrois a déjà rendu une décision sur le fond dans la même affaire.

95.1 Concernant les paragraphes 21 à 24, le *Chili* souhaite préciser que le point de départ du délai de trois ans, la date de la « première notification », est la date à laquelle l'administration fiscale notifie l'ajustement proposé au contribuable, sauf si une date antérieure est applicable, comme indiqué aux paragraphes 21 à 24.

95.2 Le *Chili* réserve sa position s'agissant des cas examinés au paragraphe 23, et estime que le délai de trois ans débute à partir du dépôt de la déclaration modifiée.

95.3 La *France* n'adhère pas à l'interprétation nouvelle énoncée au paragraphe 26 selon laquelle les circonstances conduisant les États contractants à refuser le recours à la procédure amiable, notamment s'agissant des cas de double imposition assortis de pénalités graves devenues définitives, doivent nécessairement figurer dans la Convention.

95.4 Le *Portugal* n'adhère pas à l'interprétation énoncée au paragraphe 49 des Commentaires sur l'article 25. Le Portugal estime que les intérêts et les pénalités ne sont pas des impôts couverts par la Convention et, par conséquent, qu'ils ne peuvent pas faire l'objet d'une procédure amiable.

Réserves sur l'article

96. La *Suisse* réserve sa position au sujet de la deuxième phrase du paragraphe 2. Elle considère que l'exécution matérielle de dégrèvements ou de restitutions d'impôt à la suite d'une procédure amiable doit rester liée aux délais prévus par sa législation interne. La Suisse est prête à accepter des dispositions alternatives qui limitent la période durant laquelle un État contractant peut procéder à un ajustement conformément au paragraphe 1 de l'article 9 ou au paragraphe 2 de l'article 7, afin d'éviter des ajustements tardifs n'ouvrant pas droit à la procédure amiable.

97. La *Corée*, le *Danemark*, *Israël*, le *Mexique* et la *Turquie* se réservent le droit de ne pas inclure le paragraphe 5 dans leurs conventions.

98. Le *Mexique* et la *Pologne* font une réserve sur la seconde phrase du paragraphe 2. Ces pays considèrent que l'exécution matérielle de dégrèvements ou de restitutions d'impôt à la suite d'une procédure amiable doit rester liée aux délais prévus par leur législation interne respective.

99. S'agissant du paragraphe 2, la *Turquie*, afin d'encadrer les demandes de remboursement d'impôt, se réserve le droit d'exiger de ses contribuables de déposer une demande auprès du centre des impôts compétent dans un délai d'un an en vue

d'obtenir le remboursement d'impôt résultant de l'accord amiable conclu, à compter de la date de notification du résultat de cet accord.

100. Le *Canada* se réserve le droit d'inclure des dispositions semblables à celles envisagées au paragraphe 62 des Commentaires sur l'article 7 et au paragraphe 10 des Commentaires sur l'article 9, selon lesquelles il y aurait un délai à l'expiration duquel un État contractant ne pourrait plus procéder à un ajustement du revenu d'une entreprise.

101. La *Hongrie* réserve sa position sur la dernière phrase du paragraphe 1 parce qu'elle ne serait pas en mesure du poursuivre une procédure amiable dans le cas d'une demande présentée à son autorité compétente après la période de prescription prévue par sa législation interne.

102. Compte tenu de considérations politiques et administratives, le *Chili* et la *Hongrie* se réservent le droit de ne pas inclure le paragraphe 5 dans leurs conventions.

103. L'*Australie* se réserve le droit d'exclure un cas présenté en vertu de l'article relatif à la procédure amiable du champ du paragraphe 5 dans la mesure où une question non résolue implique l'application des règles générales anti-évasion de l'Australie contenues dans la Partie IVA de la Income Tax Assessment Act 1936 et dans la section 67 de la Fringe Benefits Tax Assessment Act 1986.

ANNEXE
MODÈLE D'ACCORD AMIABLE SUR L'ARBITRAGE

1. Le texte suivant est un modèle d'accord que les autorités compétentes peuvent utiliser comme base pour un accord amiable visant à appliquer le processus d'arbitrage prévu par le paragraphe 5 de l'article (voir le paragraphe 85 ci-dessus). Les paragraphes 2 à 48 ci-dessous présentent les différentes dispositions de l'accord et, dans certains cas, proposent des alternatives. Les autorités compétentes ont bien entendu la possibilité de modifier, d'ajouter ou de supprimer toutes dispositions de ce modèle d'accord lors de la conclusion de leur accord bilatéral.

Accord amiable sur l'application du paragraphe 5 de l'article 25

Les autorités compétentes de l'[État A] et l'[État B] ont conclu l'accord amiable suivant afin de déterminer les modalités d'application du processus d'arbitrage prévu au paragraphe 5 de l'article 25 de [titre de la Convention], entrée en vigueur le [date d'entrée en vigueur]. Les autorités compétentes peuvent modifier ou compléter cet accord par échange de notes.

1. *Demande de soumission d'un cas à l'arbitrage*

La demande visant à ce que les questions non résolues soulevées par un cas de procédure amiable soient soumises à arbitrage en vertu du paragraphe 5 de l'article 25 de la Convention (la « demande d'arbitrage ») doit être formulée par écrit et envoyée à l'une des autorités compétentes ou aux deux. Elle doit contenir suffisamment d'informations pour décrire le cas. Cette demande doit également être accompagnée d'un document rédigé par chaque personne qui a formulé cette demande ou qui est concernée par le cas indiquant qu'aucune décision sur les mêmes questions n'a déjà été prise par un tribunal judiciaire ou administratif des États. Une autorité compétente qui a reçu cette demande sans aucune indication que celle-ci a également été envoyée à l'autre autorité compétente doit en envoyer une copie accompagnée des documents afférents à l'autre autorité compétente dans un délai de 10 jours à compter de la réception de cette demande.

2. *Date de début de la période de deux ans*

1. Une demande d'arbitrage ne peut être formulée qu'une fois écoulée une période de deux ans à compter de la date à laquelle toutes les informations demandées par les autorités compétentes pour pouvoir traiter le cas ont été communiquées aux deux autorités compétentes (ci-après la « date de début »). À cette fin, les informations demandées par les autorités compétentes pour pouvoir traiter le cas comprennent : [les renseignements et documents nécessaires seront spécifiés dans l'accord]

2. Les règles suivantes s'appliquent pour déterminer la date de début :

a) L'autorité compétente qui a reçu la demande initiale de procédure amiable en vertu du paragraphe 1 de l'article 25 de la Convention doit, dans un délai de 60 jours à compter de la réception de cette demande :

(i) envoyer une notification à la personne qui a soumis le cas confirmant la réception de la demande ; et

(ii) envoyer une notification de la demande, accompagnée d'une copie de cette demande, à l'autorité compétente de l'autre État contractant.

b) Dans un délai de 90 jours suivant la réception de la demande de procédure amiable (ou d'une copie de la demande de celle-ci provenant de l'autorité compétente de l'autre État contractant), chaque autorité compétente doit :

(i) informer la personne qui a soumis le cas et l'autre autorité compétente qu'elle a reçu les informations nécessaires pour procéder à un examen approfondi du cas ; ou

(ii) demander à cette personne des informations complémentaires à cet effet.

c) Lorsque, en application du sous-alinéa *(ii)* de l'alinéa *b)* ci-dessus, l'une des autorités compétentes, ou les deux, ont demandé à la personne qui a soumis le cas des informations complémentaires nécessaires pour procéder à un examen du cas sur le mérite, l'autorité compétente qui a demandé ces informations complémentaires doit, dans un délai de 90 jours suivant la réception de ces informations complémentaires de cette personne, informer cette personne et l'autre autorité compétente :

(i) qu'elle a reçu les informations demandées ; ou

(ii) que certaines des informations demandées sont toujours manquantes.

d) Lorsqu'aucune des autorités compétentes n'a demandé d'information complémentaire conformément au sous-alinéa *(ii)* de l'alinéa *b)* ci-dessus, la date de début est la première des deux dates suivantes :

(i) la date à laquelle les deux autorités compétentes ont informé la personne qui a soumis le cas conformément au sous-alinéa *(i)* de l'alinéa *b)* ci-dessus ; et

(ii) la date qui suit de 90 jours la date à laquelle la notification a été envoyée à l'autorité compétente de l'autre État contractant conformément au sous-alinéa (ii) de l'alinéa *a)* ci-dessus.

e) Lorsque des informations complémentaires ont été demandées conformément au sous-alinéa *(ii)* de l'alinéa *b)* ci-dessus, la date de début est la première des deux dates suivantes :

(i) la dernière des dates à laquelle les autorités compétentes qui ont demandé des informations complémentaires ont informé la personne qui a soumis le cas ainsi que l'autre autorité compétente conformément au sous-alinéa (i) de l'alinéa c) ci-dessus ; et

(ii) la date qui suit de 90 jours la date à laquelle les deux autorités compétentes ont reçu l'ensemble des informations demandées par l'une ou l'autre des autorités compétentes de la personne qui a soumis le cas.

Toutefois, si l'une des autorités compétentes, ou les deux, transmettent la notification visée au sous-alinéa (ii) de l'alinéa c) ci-dessus, cette notification doit être considérée comme une demande d'informations complémentaires au sens du sous-alinéa (ii) de l'alinéa b).

[*Mandat : comme il est expliqué aux paragraphes 15.1 à 15.5 des explications qui suivent ce modèle d'accord amiable, cet accord amiable peut également prévoir l'adoption d'un « mandat »*]

3. *Sélection et nomination des arbitres*

1. La commission d'arbitrage se compose de trois personnes physiques possédant une expertise ou une expérience en matière de fiscalité internationale qui constituent les arbitres. Chaque arbitre nommé sur la commission d'arbitrage doit être impartial et indépendant des autorités compétentes, des administrations fiscales et des ministères des Finances des États contractants et de toutes les personnes directement concernées par la demande (ainsi que de leurs conseillers) au moment où il accepte la nomination, demeurer impartial et indépendant tout au long de la procédure, et éviter ensuite, pendant une durée raisonnable, toute conduite pouvant entacher l'apparence de son impartialité et de son indépendance au regard de la procédure.

2. Dans un délai de 60 jours suivant réception par les deux autorités compétentes de la demande d'arbitrage ou d'une copie de celle-ci, chaque autorité compétente nomme un arbitre. Dans les 60 jours suivant la dernière de ces nominations, ces arbitres nomment un troisième arbitre qui agira en qualité de président. Le Président ne doit pas posséder la nationalité ou être un résident de l'un des États contractants.

3. Si un ou plusieurs arbitres n'ont pas été choisis durant la période prévue, ils devront être nommés par le responsable ayant le rang le plus élevé au sein du Centre de politique et d'administration fiscales de l'Organisation de coopération et de développement économiques et qui ne possède pas la nationalité d'un des États contractants dans un délai de dix jours suivant réception d'une demande formulée à cet effet par la personne ayant demandé l'arbitrage. La même procédure doit s'appliquer avec les adaptations

nécessaires si, pour une raison quelconque, il est nécessaire de remplacer un arbitre une fois le processus d'arbitrage engagé.

4. Un arbitre est considéré comme nommé une fois qu'une lettre confirmant cette nomination et signée par l'arbitre et par la personne ou les personnes habilitées à nommer cet arbitre a été communiquée aux deux autorités compétentes.

4. *Processus d'arbitrage*

1. Dans les 60 jours qui suivent la nomination du Président de la commission d'arbitrage (sauf si, avant la fin de cette période, les autorités compétentes conviennent d'un délai différent ou décident de suivre l'approche décrite à l'article 5 pour le cas considéré), l'autorité compétente de chaque État contractant doit soumettre à chaque arbitre et à l'autre autorité compétente une proposition de résolution qui porte sur toutes les questions non résolues de ce cas (en tenant compte de tous les accords précédemment conclus entre les autorités compétentes concernant ce cas). La proposition de résolution doit se limiter à la mention de montants spécifiques exprimés en unités monétaires (de revenu, par exemple) ou, le cas échéant, à la mention d'un montant d'impôt maximal applicable conformément aux dispositions de la Convention, et ce, pour chaque ajustement ou chaque question similaire soulevée par le cas. Dans les cas où les autorités compétentes des États contractants n'ont pas pu se mettre d'accord sur une question relative aux conditions d'application d'une disposition de la Convention (ci-après dénommée une « question de seuil »), par exemple, la question de savoir si une personne physique est un résident ou s'il existe un établissement stable, les autorités compétentes peuvent soumettre des propositions de résolution alternatives portant sur toute question dont la résolution dépend du règlement de cette question de seuil.

2. L'autorité compétente de chacun des États contractants peut également soumettre aux arbitres et à l'autre autorité compétente, dans la période indiquée au premier paragraphe, un exposé de position écrit à l'appui de sa proposition de résolution.

3. Chaque autorité compétente peut également, dans les 120 jours suivant la nomination du Président de la commission d'arbitrage, soumettre aux arbitres et à l'autre autorité compétente un mémoire en réponse à la proposition de résolution et à l'exposé de position soumis par l'autre autorité compétente.

4. Dans la mesure du possible, les arbitres utilisent des dispositifs de télé et de vidéoconférence pour communiquer entre eux et avec les deux autorités compétentes. S'il est nécessaire d'organiser une réunion en personne impliquant des coûts supplémentaires, le Président prend contact avec les

autorités compétentes qui décident de la date et du lieu de cette réunion et transmettent cette information aux arbitres.

5. À l'égard de chacun des points et questions de seuil soulevés, la commission d'arbitrage choisit comme constituant sa décision l'une des propositions de résolution du cas soumises par les autorités compétentes et n'est pas tenue de motiver ou d'expliquer sa décision. La décision d'arbitrage est adoptée à la majorité simple des arbitres. Sauf si les autorités compétentes conviennent de règles différentes, la décision d'arbitrage doit être notifiée aux autorités compétentes des États contractants par écrit dans les 60 jours à compter de la réception par les arbitres du dernier mémoire en réponse ou, si aucun mémoire en réponse n'a été soumis, dans un délai de 150 jours après la nomination du Président de la commission d'arbitrage. La décision d'arbitrage n'a aucune valeur de précédent.

5. *Procédure d'arbitrage facultative*

1. Si, dans les 60 jours qui suivent la nomination du Président de la commission d'arbitrage, les autorités compétentes conviennent de suivre l'approche décrite dans cet article concernant un cas donné, chacune d'elles doit communiquer à la commission d'arbitrage ainsi qu'à l'autre autorité compétente, dans les 120 jours qui suivent cet accord, toute information qu'elle juge nécessaire pour permettre à la commission de prendre sa décision. Ces informations doivent inclure une description des faits et des questions non résolues qui doivent être tranchées, ainsi que la position de l'autorité compétente concernant ces questions et les arguments qui sous-tendent cette position. À moins que les autorités compétentes conviennent de règles différentes, la commission d'arbitrage n'est pas autorisée à prendre en compte toute information qui n'a pas été portée à la connaissance des deux autorités compétentes avant la réception de la demande d'arbitrage, ou d'une copie de celle-ci, par les deux autorités compétentes.

2. La personne ayant formulé la demande d'arbitrage peut, soit directement, soit par l'intermédiaire de ses représentants, présenter sa position par écrit aux arbitres en autant et selon les mêmes conditions qu'elle peut le faire dans le cadre de la procédure amiable. En outre, si les autorités compétentes et les arbitres sont tous d'accord, cette personne peut présenter sa position oralement au cours de la procédure d'arbitrage.

3. Dans les 30 jours après que le Président a informé les autorités compétentes qu'une réunion de la commission d'arbitrage doit être tenue, les autorités compétentes décident du lieu et de la date de cette réunion et en informent les arbitres.

4. Les arbitres se prononcent sur les questions soumises à l'arbitrage conformément aux dispositions applicables de la Convention et, sous réserve

de ces dispositions, à celles du droit interne des États contractants. Les arbitres doivent également prendre en considération toutes autres sources de droit que les autorités compétentes des États contractants peuvent avoir expressément identifiées par accord amiable.

5. Sous réserve des dispositions de la Convention et de cet accord, les arbitres adoptent les règles de procédure et de preuve qui leur semblent nécessaires pour rendre une décision concernant les questions non résolues soumises à l'arbitrage.

6. À moins que les autorités compétentes conviennent de règles différentes, la décision de la commission d'arbitrage est communiquée par écrit aux autorités compétentes des États contractants dans les 365 jours qui suivent la date de nomination du Président, et indique les sources de droit sur lesquelles elle se fonde ainsi que le raisonnement qui la sous-tend. La décision d'arbitrage doit être prise à la majorité simple des arbitres. La décision d'arbitrage n'a aucune valeur de précédent. Si la personne ayant demandé l'arbitrage et les deux autorités compétentes le permettent, la décision de la commission d'arbitrage est rendue publique sous forme modifiée sans que le nom des parties impliquées ou tout autre détail qui puisse permettre de les identifier ne soient mentionnés, en indiquant que cette décision n'a pas valeur de précédent.

6. *Transmission de renseignements et confidentialité*

1. Aux seules fins de l'application des dispositions des articles 25 et 26 et du droit interne des États contractants relatives à la transmission des renseignements et à la confidentialité concernant le cas ayant conduit à l'arbitrage, chaque arbitre ainsi qu'un maximum de trois collaborateurs par arbitre (et les membres pressentis de la commission d'arbitrage seulement dans la mesure où cela est nécessaire pour apprécier leur capacité à exercer la fonction d'arbitre) doivent être désignés comme représentants autorisés de l'autorité compétente l'ayant nommé ou, si cet arbitre n'a pas été nommé par une autorité compétente, des deux autorités compétentes.

2. Lors de la désignation d'une personne comme représentant autorisé conformément au paragraphe 1, les autorités compétentes d'un État contractant veillent à ce que cette personne s'engage par écrit à traiter tout renseignement ayant un lien avec la procédure d'arbitrage conformément aux obligations de confidentialité prévues dans les dispositions de la Convention et à celles résultant du droit applicable de cet État contractant.

7. *Suspension dans le cas où des renseignements ne sont pas transmis dans les délais*

Lorsque les deux autorités compétentes conviennent qu'une personne directement concernée par le cas n'a pas communiqué en temps opportun les informations pertinentes complémentaires requises par l'une ou l'autre des autorités compétentes après la date de début du délai de deux ans mentionnée au paragraphe 1 de l'article 2, le délai prévu dans ce paragraphe est prolongé d'une durée égale à celle séparant la date à laquelle ces informations ont été demandées et la date à laquelle elles ont été communiquées.

8. *Coûts*

À moins que les autorités compétentes en conviennent différemment :

a) chaque autorité compétente, et la personne ayant demandé l'arbitrage, supporte les coûts afférents à sa propre participation à la procédure d'arbitrage (y compris les frais de déplacements et ceux liés à l'élaboration et à la présentation de sa position) ;

b) chaque autorité compétente supporte la rémunération de l'arbitre qu'elle a nommé exclusivement, ou de celui nommé par le responsable ayant le rang le plus élevé au sein du Centre de politique et d'administration fiscales de l'Organisation de coopération et de développement économiques et qui ne possède pas la nationalité d'un des États contractants en raison du défaut de cette autorité compétente d'avoir nommé cet arbitre, ainsi que les frais de transport, de communication et de secrétariat engagés par celui-ci ;

c) la rémunération du Président de la commission d'arbitrage ainsi que ses frais de déplacement, de communication et de secrétariat sont répartis à parts égales entre les deux autorités compétentes que la personne qui a soumis le cas a retiré sa demande d'arbitrage ou de procédure amiable ;

d) les autres coûts afférents à toute réunion de la commission d'arbitrage sont supportés par l'autorité compétente qui accueille cette réunion ; et

e) les autres coûts qui constituent des dépenses que les deux autorités compétentes ont convenu d'encourir sont répartis à parts égales entre les deux autorités compétentes.

9. *Non-communication de la décision dans les délais requis*

Si la décision n'a pas été communiquée aux autorités compétentes dans les délais prévus au paragraphe 5 de l'article 4 ou au paragraphe 6 de l'article 5, selon le cas, ou dans tout délai convenu par les autorités compétentes, ces dernières peuvent convenir de nommer de nouveaux arbitres conformément à l'article 3. La date de cet accord, aux fins de l'application ultérieure de l'article 3, est réputée être la date à laquelle la demande d'arbitrage a été reçue par les deux autorités compétentes.

10. *Cas où aucune décision d'arbitrage n'est rendue*

Lorsque, à tout moment après que la demande d'arbitrage a été formulée et avant que les arbitres aient communiqué une décision aux autorités compétentes, les autorités compétentes informent par écrit les arbitres

a) qu'elles ont résolu toutes les questions non résolues qui étaient soumises à l'arbitrage, ou

b) que la personne qui a soumis le cas a retiré sa demande d'arbitrage ou de procédure amiable,

aucune décision d'arbitrage n'est rendue et la procédure amiable est considérée comme complétée.

11. *Décision finale*

La décision d'arbitrage est finale, à moins qu'un tribunal d'un État contractant décide qu'elle ne peut être appliquée en raison d'une violation du paragraphe 5 de l'article 25 ou pour toute autre raison. Si un tribunal décide qu'une décision ne peut être appliquée, la demande d'arbitrage est considérée comme n'ayant pas été formulée et la procédure d'arbitrage est considérée comme n'ayant pas eu lieu (sauf aux fins des articles 6 « Transmission de renseignements et confidentialité » et 8 « Coûts »).

12. *Application de la décision d'arbitrage*

Les autorités compétentes appliquent la décision d'arbitrage dans les 180 jours suivant sa communication en parvenant à un accord amiable dans le cas ayant conduit à l'arbitrage.

Cet accord s'applique à toute demande d'arbitrage formulée conformément au paragraphe 5 de l'article 25 de la Convention après que cette disposition soit entrée en vigueur.

[Date de la signature de l'accord]

[Signature de l'autorité compétente de chaque État contractant]

Approche générale du modèle d'accord

2. Deux principales approches peuvent être suivies pour concevoir la structure de la procédure arbitrale qui sera utilisée afin de compléter la procédure amiable. L'une d'entre elles, celle dite de la « dernière meilleure offre » ou « dernière offre d'arbitrage », serait de demander à chaque autorité compétente de présenter à la

commission d'arbitrage une proposition de résolution de la question pertinente et que la commission choisisse l'une des deux propositions. En alternative, selon l'approche qui peut être nommée « approche de l'opinion indépendante », les parties présentent aux arbitres les faits et les arguments, conformément au droit applicable, et ceux-ci parviennent alors à leur propre décision indépendante, fondée sur une analyse écrite raisonnée des faits en cause et des sources juridiques pertinentes.

3. Chacune de ces approches présente des avantages et des inconvénients et le choix dépend d'un certain nombre de considérations stratégiques qui sont souvent propres à chaque État. En outre, il existe évidemment toute une palette de variantes possibles de ces deux approches. Les arbitres pourraient par exemple parvenir à une décision indépendante sans avoir à soumettre une décision écrite mais uniquement leurs conclusions. Dans une certaine mesure, la méthode la plus appropriée peut aussi dépendre du type de question à résoudre.

4. Le point de départ du modèle d'accord ci-dessus est l'approche de « la dernière meilleure offre » qui est donc la procédure généralement applicable mais, en reconnaissance du fait que dans certains cas, particulièrement ceux portant sur des questions juridiques complexes, les autorités compétentes peuvent préférer obtenir une décision plus élaborée, le modèle autorise également une procédure alternative dite de « l'opinion indépendante ». Les autorités compétentes pourront donc convenir au cas par cas d'utiliser la procédure de l'opinion indépendante. Elles peuvent évidemment adopter cette approche combinée, adopter la procédure de l'opinion indépendante en tant que procédure généralement applicable, celle de « la dernière meilleure offre » pouvant être utilisée comme option, ou bien encore se limiter à une seule de ces deux approches.

La demande d'arbitrage

5. L'article 1 du modèle d'accord indique comment procéder à une demande d'arbitrage. Cette demande doit être présentée par écrit à l'une des autorités compétentes impliquées dans le cas. Cette autorité compétente doit ensuite en informer l'autre autorité compétente dans un délai de 10 jours suivant réception de la demande.

6. Afin de déterminer si les conditions du paragraphe 5 de l'article 25 ont été satisfaites (voir le paragraphe 76 des Commentaires sur cet article), la demande doit être accompagnée de déclarations indiquant qu'aucune décision sur les mêmes questions n'a déjà été rendue par les tribunaux judiciaires ou administratifs de chaque État contractant.

7. Le processus d'arbitrage constituant un prolongement de la procédure amiable visant à traiter des cas ne pouvant être réglés par cette procédure, il semblerait déplacé de demander à la personne ayant formulé la demande d'effectuer un paiement à ce titre ou de rembourser les dépenses encourues par les autorités compétentes dans le cadre de la procédure d'arbitrage. Contrairement aux demandes des contribuables ayant trait aux décisions anticipées ou autres types d'accords préalables, pour lesquels

des frais peuvent parfois être exigés, la résolution des différends entre les États contractants est de la responsabilité de ces derniers, qui devraient généralement en supporter le coût.

Date du début de la période de deux ans

8. Une demande d'arbitrage ne peut être formulée avant que ne se soit écoulée une période de deux ans à compter de la date où toutes les informations requises par les autorités compétentes afin de pouvoir traiter le cas ont été communiquées aux deux autorités compétentes. Le paragraphe 1 de l'article 2 du modèle d'accord mentionne les informations qui sont requises à cette fin. Ce paragraphe devrait inclure une liste des renseignements demandés par les autorités compétentes ; ceux-ci correspondront généralement aux informations et documents qui étaient requis pour commencer l'examen du cas. Normalement, les instructions publiées par un État contractant devraient indiquer les informations nécessaires à l'examen d'une demande de procédure amiable. En pareil cas, il est présumé qu'en général, les autorités compétentes conviendront d'énumérer ou d'identifier par ailleurs les informations figurant dans ces directives comme étant les informations dont chacun des États contractants a besoin pour entreprendre un examen approfondi du cas.

9. Le paragraphe 2 de l'article 2 décrit le processus à suivre pour déterminer la date précise à laquelle débute le délai de deux ans.

10. L'alinéa *a*) dispose que l'autorité compétente qui a reçu la demande initiale de procédure amiable doit, dans un délai de 60 jours à compter de la réception de cette demande, envoyer une notification à la personne qui a soumis le cas confirmant la réception de la demande, et envoyer une notification de la demande, accompagnée d'une copie de cette demande, à l'autre autorité compétente.

11. En vertu de l'alinéa *b*), une autorité compétente doit informer la personne qui a soumis le cas ainsi que l'autre autorité compétente qu'elle a reçu les informations nécessaires pour procéder à un examen approfondi du cas, ou demander à la personne qui a soumis le cas des informations complémentaires à cet effet, dans un délai de 90 jours suivant la réception de la demande initiale ou de notification de la demande, selon le cas.

12. Lorsqu'une autorité compétente, ou les deux, demandent des informations complémentaires, l'alinéa *c*) prévoit que l'autorité compétente qui a demandé ces informations complémentaires doit, dans un délai de 90 jours suivant la réception de ces informations complémentaires, informer la personne qui a soumis le cas et l'autre autorité compétente qu'elle a reçu toutes les informations demandées, ou que certaines des informations demandées sont toujours manquantes.

13. La date de début du délai de deux ans dépend de l'existence d'une demande d'informations complémentaires. Lorsqu'aucune des autorités compétentes n'a demandé d'information complémentaire, l'alinéa *d*) dispose que la date de début est la première des deux dates suivantes : *i*) la date à laquelle les deux autorités compétentes ont informé la personne qui a soumis le cas que toutes les informations nécessaires

ont bien été reçues (c'est-à-dire la date à laquelle la deuxième autorité compétente a adressé cette notification), et *ii*) la date qui suit de 90 jours la date à laquelle l'autorité compétente à laquelle la demande de procédure amiable a été adressée initialement a informé l'autre autorité compétente de cette demande.

14. Lorsque des informations complémentaires ont été demandées, l'alinéa *e*) dispose que, de manière générale, la date de début est la première des deux dates suivantes : *i*) la dernière des dates à laquelle l'autorité compétente qui a demandé des informations complémentaires a informé le contribuable ainsi que l'autre autorité compétente que ces informations ont été reçues ; et *ii*) la date qui suit de 90 jours la date à laquelle les deux autorités compétentes ont reçu l'ensemble des informations de la personne qui a soumis le cas. Si l'une des autorités compétentes informe le contribuable et l'autre autorité compétente que certaines des informations demandées sont toujours manquantes, cette notification doit être considérée comme une demande d'informations complémentaires.

15. Dans certaines circonstances, après la communication par un contribuable des informations initiales nécessaires à l'examen approfondi d'un cas, les autorités compétentes peuvent avoir besoin de demander des informations complémentaires au contribuable. En pareils cas, le fait pour une personne directement concernée par le cas (c'est-à-dire la personne ayant initialement déposé la demande de procédure amiable ou une personne dont la charge fiscale est directement affectée par le cas) de ne pas communiquer ces informations complémentaires en temps opportun peut retarder ou empêcher les autorités compétentes de résoudre le cas. Pour traiter ce cas de figure, l'article 7 du modèle d'accord dispose que le délai de deux ans est prolongé lorsque les deux autorités compétentes conviennent qu'une personne directement concernée par le cas n'a pas communiqué en temps opportun les informations pertinentes complémentaires requises par l'une ou l'autre des autorités compétentes après le début de ce délai. Dans ce cas, le délai est alors prorogé d'une durée égale à celle séparant la date à laquelle ces informations étaient demandées et la date à laquelle elles ont finalement été communiquées.

Mandat

15.1 Bien que le modèle d'accord n'inclue pas expressément des dispositions relatives à l'adoption d'un « mandat » comme première étape du processus d'arbitrage, les autorités compétentes peuvent juger utile d'inclure de telles dispositions dans l'accord amiable visant la mise en œuvre du processus d'arbitrage. Ces dispositions pourraient être rédigées comme suit :

> ***Mandat***
>
> 1. Dans les 60 jours suivant la date où la demande d'arbitrage (ou une copie de cette demande) a été reçue par les deux autorités compétentes, celles-ci conviennent des questions devant être résolues par la commission d'arbitrage et les communiquent par écrit à la personne ayant formulé la demande d'arbitrage. Ce document constitue le « mandat » de l'affaire. Nonobstant les paragraphes suivants

de cet accord, les autorités compétentes peuvent également inclure dans le mandat des règles procédurales qui s'ajoutent à celles incluses dans ces paragraphes, en diffèrent ou traitent de toute autre question jugée nécessaire.

2. Si le mandat n'a pas été communiqué à la personne ayant formulé la demande d'arbitrage dans le délai prévu au paragraphe 1 ci-dessus, cette personne et chaque autorité compétente peuvent, dans les 30 jours qui suivent la fin de ce délai, communiquer entre elles par écrit la liste des questions que l'arbitrage doit résoudre. Toutes les listes ainsi communiquées durant cette période constituent le mandat provisoire. Dans les 30 jours qui suivent la nomination de tous les arbitres conformément aux paragraphes suivants de cet accord, le Président doit communiquer aux autorités compétentes et à la personne ayant formulé la demande d'arbitrage une version révisée du mandat provisoire basée sur les listes en question. Durant les 30 jours qui suivent la réception de cette version révisée par les deux autorités compétentes, celles-ci ont la possibilité de s'accorder sur un mandat différent et de le communiquer par écrit aux arbitres et à la personne ayant formulé la demande d'arbitrage. Si elles le font durant cette période, ce mandat différent devient le mandat de l'affaire. Si, durant cette période, les autorités compétentes ne s'entendent pas sur un mandat différent ou ne le communiquent pas par écrit, la version révisée du mandat provisoire préparée par les arbitres constitue le mandat de l'affaire.

15.2 Si de telles dispositions sont incluses dans l'accord, il faudrait prolonger la période durant laquelle, en vertu de l'article 3 du modèle d'accord amiable, chaque autorité compétente nomme un arbitre. Cette période pourrait, par exemple, être prolongée jusqu'à 90 jours, ce qui permettrait aux autorités compétentes de prendre en compte le mandat convenu lors du choix de leurs arbitres respectifs.

15.3 Le « mandat » constituerait le document dans lequel les questions devant être résolues par les arbitres seraient exposées. Il établirait le fondement juridictionnel des questions auxquelles la commission d'arbitrage devrait répondre. Il devrait être rédigé par les autorités compétentes qui, pour ce faire, pourraient souhaiter consulter la personne ayant formulé la demande d'arbitrage. Si les autorités compétentes ne parvenaient pas à s'entendre sur le mandat dans le délai prévu au paragraphe 1 suggéré ci-dessus, il serait nécessaire de recourir à un mécanisme permettant de s'assurer que la procédure puisse suivre son cours. Ce mécanisme est prévu au paragraphe 2 suggéré ci-dessus.

15.4 Bien que le mandat serait généralement limité à une question spécifique, voire à un ensemble de questions, les autorités compétentes pourraient formuler celui-ci, compte tenu de la nature du cas et des interactions entre les différentes questions, de façon à ce que l'ensemble du cas soit soumis à arbitrage (et non uniquement certaines questions spécifiques).

15.5 Comme il est prévu au paragraphe 1 suggéré ci-dessus, les règles procédurales prévues par le modèle d'accord s'appliqueraient à moins que les autorités compétentes n'en conviennent autrement dans le mandat. Il serait donc possible que les autorités compétentes, par l'intermédiaire de ce mandat, dérogent à l'une ou l'autre de ces règles (y compris, à titre d'exemple, les règles concernant la nomination et la rémunération des arbitres) ou prévoient des règles supplémentaires pour une affaire particulière.

Sélection et nomination des arbitres

16. L'article 3 du modèle d'accord décrit la procédure de sélection des arbitres. En général, chacune des deux autorités compétentes nomme un arbitre. Ces nominations doivent être faites dans les 60 jours suivant la réception de la demande d'arbitrage par les deux autorités compétentes. Les arbitres ainsi nommés choisissent un Président qui doit être nommé dans les 60 jours suivant la date de la dernière des nominations initiales. Si les autorités compétentes ne nomment pas un arbitre dans les délais impartis, ou si les deux arbitres nommés n'ont pas eux-mêmes nommé un troisième arbitre dans les délais impartis, le paragraphe stipule que le responsable ayant le rang le plus élevé au sein du Centre de politique et d'administration fiscales de l'Organisation de coopération et de développement économiques et qui ne possède pas la nationalité d'un des États contractants en sera chargé. Les autorités compétentes peuvent, bien entendu, prévoir une autre méthode pour répondre à de telles situations exceptionnelles mais il semble important de disposer d'une autorité de nomination indépendante permettant de résoudre les situations d'impasse lors du processus de sélection des arbitres.

17. Le paragraphe 1 de l'article 3 énonce les critères auxquels chaque arbitre doit satisfaire. Les arbitres doivent posséder une expertise ou une expérience en matière de fiscalité internationale bien que, sauf si les autorités compétentes en conviennent autrement, chaque arbitre ne soit pas tenu d'avoir une expérience de juge ou d'arbitre. En outre, chaque arbitre doit, au moment où il accepte sa nomination, être impartial et indépendant des autorités compétentes, des administrations fiscales et des ministères des finances (ou des ministères ou départements équivalents à ceux-ci, indépendamment de leur nom) des États contractants ainsi que de toutes les personnes directement concernées par la demande et de leurs conseillers. Chaque membre doit également rester impartial et indépendant tout au long de la procédure et doit, pendant une durée raisonnable par la suite, éviter toute conduite pouvant entacher l'apparence d'impartialité et d'indépendance des arbitres pour cette procédure. Une telle conduite inclurait, par exemple, le fait d'accepter un emploi de l'une des personnes directement concernées par le cas peu après avoir rendu une décision d'arbitrage sur ce cas. Les autorités compétentes peuvent convenir de critères complémentaires applicables en matière d'impartialité et d'indépendance. Par exemple, elles peuvent exiger que toute personne pressentie pour être arbitre les informe de tout fait ou de toute circonstance susceptible de remettre en cause son impartialité ou son indépendance. Les autorités compétentes peuvent également souhaiter convenir de règles applicables aux situations dans lesquelles un arbitre serait dans l'incapacité de s'acquitter de ses fonctions en raison d'une maladie ou

d'une incapacité, du non-respect des critères d'impartialité et d'indépendance, ou de toute autre raison.

18. Le paragraphe 4 de l'article 3 précise à quel moment un arbitre doit être considéré comme ayant été nommé, ce qui est pertinent pour d'autres dispositions qui font référence à la date de nomination d'un ou de plusieurs arbitres. La nomination est considérée comme effective une fois qu'une lettre confirmant cette nomination et signée par l'arbitre et par la personne ou les personnes habilitées à nommer cet arbitre conformément aux paragraphes 2 et 3 de l'article a été communiquée aux deux autorités compétentes.

La procédure d'arbitrage

19. L'article 4 énonce les règles qui s'appliquent à la procédure d'arbitrage sauf si, dans les 60 jours suivant la nomination du Président de la commission d'arbitrage, les autorités compétentes décident de suivre l'approche facultative décrite à l'article 5 pour le cas en question.

20. Comme l'indique le paragraphe 4 ci-dessus, la méthode d'arbitrage proposée dans le modèle d'accord suit l'approche de la « dernière meilleure offre ». Le paragraphe 1 de l'article explique que la première étape de cette procédure consiste, pour l'autorité compétente de chaque État contractant, à soumettre à chaque arbitre, dans les 60 jours suivant la nomination du Président (ou dans un délai différent convenu par les autorités compétentes avant la fin de ce délai de 60 jours), une proposition de résolution qui porte sur toutes les questions non résolues de ce cas, tenant compte de tous les accords précédemment conclus entre les autorités compétentes concernant ce cas. Pour chaque ajustement ou chaque question similaire soulevée par le cas, la proposition de résolution se limite à la mention de montants spécifiques exprimés en unités monétaires (de revenu, par exemple) ou à la mention du montant d'impôt maximal applicable conformément aux dispositions de la Convention. Dans certains cas, néanmoins, les questions non résolues peuvent inclure des questions portant sur le respect des conditions d'application d'une disposition de la Convention. Lorsque les questions non résolues dans un cas comportent une telle « question de seuil », par exemple la question de savoir si une personne physique est un résident d'un État contractant ou si une entreprise de l'un des États contractants possède un établissement stable dans l'autre État contractant, les autorités compétentes peuvent soumettre leurs propositions de réponse à la question de seuil (oui ou non). Dans le cas d'autres questions non résolues dont la résolution dépendrait du règlement de cette question de seuil, il est envisagé que les autorités compétentes soumettraient également des propositions de résolution alternatives de ces questions.

21. Ainsi que l'explique le paragraphe 2 de l'article, les propositions de résolution soumises par les autorités compétentes de chaque État contractant peuvent être appuyées par un exposé de position qui doit être communiqué dans le même délai.

22. Le paragraphe 3 indique que chaque autorité compétente peut également, dans les 120 jours suivant la nomination du Président, présenter un mémoire en réponse à

la proposition de résolution et à l'exposé de position soumis par l'autre autorité compétente. Le mémoire en réponse et l'exposé de position portent uniquement sur les positions et arguments de l'autre autorité compétente, et ne doivent pas donner à une autorité compétente l'occasion de formuler des arguments supplémentaires en faveur de sa propre position.

23. Compte tenu de la nature de l'approche de la « meilleure dernière offre », une réunion en personne des arbitres n'est généralement pas nécessaire et les arbitres peuvent utiliser des dispositifs de télé et de vidéoconférence pour communiquer entre eux et avec les deux autorités compétentes. C'est ce que précise le paragraphe 4 qui ajoute que s'il est nécessaire d'organiser une réunion en personne impliquant des coûts supplémentaires, le Président prendra d'abord contact avec les autorités compétentes qui décideront de la date et du lieu de cette réunion.

24. Le paragraphe 5 dispose que la commission d'arbitrage choisit comme constituant sa décision l'une des propositions de résolution du cas soumises par les autorités compétentes. Dans un cas impliquant une ou plusieurs questions de seuil, la commission d'arbitrage se prononce sur les questions de seuil, puis adopte l'une des propositions de résolution alternatives soumises par les autorités compétentes. La décision est adoptée à la majorité simple des membres de la commission d'arbitrage et ne doit pas être motivée ou expliquée. L'arbitrage devant être une méthode simplifiée de résolution des différends entre les autorités compétentes, la décision d'arbitrage doit être notifiée par écrit aux autorités compétentes et n'a pas valeur de précédent pour d'autres cas. Sauf si les autorités compétentes conviennent de règles différentes, la décision sera notifiée dans les 60 jours à compter de la réception par les arbitres du dernier mémoire en réponse ou, si aucun mémoire en réponse n'a été soumis, dans un délai de 150 jours suivant la nomination du Président de la commission d'arbitrage.

La procédure d'arbitrage facultative

25. L'article 5 énonce les règles applicables à la méthode de l'opinion indépendante que, en vertu du modèle d'accord, les autorités compétentes peuvent choisir d'utiliser concernant un cas donné. Cette décision doit être prise dans les 60 jours qui suivent la nomination du Président de la commission d'arbitrage.

26. Le paragraphe 1 de cet article indique que si les autorités compétentes ont pris cette décision, chacune d'elles doit communiquer à la commission d'arbitrage ainsi qu'à l'autre autorité compétente, dans les 120 jours qui suivent cette décision, toute information qu'elle juge nécessaire pour permettre à la commission de prendre sa décision. Il est envisagé que ces informations incluront une description des faits et des questions qui doivent être résolues, la position de l'autorité compétente concernant ces questions et les arguments qui sous-tendent cette position. À moins que les autorités compétentes conviennent de règles différentes, la commission d'arbitrage ne tient pas compte de toute information qui n'a pas été portée à la connaissance des deux autorités compétentes avant la réception de la demande d'arbitrage par les deux autorités compétentes.

27. Il est vraisemblable qu'une ou plusieurs réunions de la commission d'arbitrage et des deux autorités compétentes seront nécessaires pour examiner le cas. Selon le paragraphe 3, dans les 30 jours après que le Président de la commission d'arbitrage a informé les autorités compétentes qu'une telle réunion doit être tenue, les autorités compétentes décident du lieu et de la date de cette réunion.

28. Le paragraphe 2 prévoit que la personne qui demande l'arbitrage est autorisée à ce titre à présenter par écrit ses arguments aux arbitres, directement ou par l'intermédiaire de ses représentants, au même titre qu'elle est autorisée à présenter ses arguments lors de la procédure amiable et, si tous les autorités compétentes et arbitres en conviennent, à faire une présentation orale lors d'une réunion de la commission d'arbitrage. La participation à la procédure d'arbitrage de la personne qui a soumis la demande d'arbitrage est donc conditionnée à la décision qui aura été prise par les autorités compétentes dans le cadre de la procédure amiable et au cours de la procédure d'arbitrage.

29. La façon la plus simple de fixer les règles de procédure devant régir le processus d'arbitrage fondé sur l'approche de « l'opinion indépendante » et n'ayant pas été prévues expressément entre les autorités compétentes est de laisser les arbitres élaborer celles-ci au cas par cas. Ils seront alors libres de se référer aux procédures d'arbitrage existantes. Les règles procédurales devraient clairement préciser que, sauf si les autorités compétentes conviennent de règles différentes, les pièces factuelles sur lesquelles la commission d'arbitrage fondera sa décision seront celles établies lors de la procédure amiable (voir la dernière phrase du paragraphe 1 de l'article). Le paragraphe 5 de l'article suit cette approche. Ainsi, les décisions quant à la forme que les réunions d'arbitrage prendront seront prises par les arbitres sauf si les autorités compétentes conviennent de règles différentes.

30. Selon le paragraphe 4 de l'article, les arbitres se prononcent sur les questions soumises à l'arbitrage conformément aux dispositions applicables de la Convention et, sous réserve de ces dispositions, à celles du droit interne des États contractants. À cet égard, la commission d'arbitrage n'examine l'application du droit interne que dans la mesure nécessaire pour déterminer si un État contractant a correctement appliqué les dispositions de la Convention.

31. Comme l'indique le paragraphe 4, les autorités compétentes peuvent aussi, par accord amiable, identifier d'autres sources de droit que la commission d'arbitrage prendra en compte. Les points sur lesquels les autorités compétentes éprouvent des difficultés à s'entendre incluent souvent des questions relatives à l'interprétation des conventions ou à l'application du principe de pleine concurrence sous-tendant l'article 9 et le paragraphe 2 de l'article 7. Aussi, les autorités compétentes peuvent souhaiter stipuler que les questions relatives à l'interprétation des conventions doivent faire l'objet d'une décision des arbitres à la lumière des principes d'interprétation des articles 31 à 33 de la *Convention de Vienne sur le droit des traités*, eu égard aux Commentaires du Modèle de Convention fiscale de l'OCDE tels que modifiés de temps à autre, comme l'expliquent les paragraphes 28 à 36.1 de l'Introduction. Elles pourraient également stipuler que les questions relevant de l'application du principe

de pleine concurrence doivent être résolues à la lumière des *Principes de l'OCDE applicables en matière de prix de transfert à l'intention des entreprises multinationales et des administrations fiscales*. L'article 32 de la *Convention de Vienne sur le droit des traités* autorisant un large accès aux moyens complémentaires d'interprétation, les arbitres disposeront, en pratique, d'une grande discrétion pour accepter des sources pertinentes afin d'interpréter les dispositions des conventions. Il est également possible que les autorités compétentes conviennent que l'interprétation ou l'application d'une disposition d'une convention fiscale soit déterminée par un document particulier (par exemple un protocole d'entente ou un accord amiable conclu après l'entrée en vigueur d'une convention) mais ne s'entendent pas sur l'interprétation de celui-ci. Les autorités compétentes peuvent alors expressément faire référence à ce document.

32. Selon le paragraphe 6 de l'article, à moins que les autorités compétentes conviennent de règles différentes, la décision de la commission d'arbitrage est communiquée par écrit aux autorités compétentes dans les 365 jours qui suivent la date de nomination du Président. Cette décision indique les sources de droit sur lesquelles elle se fonde ainsi que le raisonnement qui la sous-tend. Généralement, elle inclut également une description des faits et circonstances pertinents du cas, un exposé clair des positions des deux autorités compétentes, ainsi qu'un résumé succinct de la procédure. La décision d'arbitrage est prise à la majorité simple des arbitres. Comme dans le cas de la méthode de la « dernière meilleure offre », la décision de la commission d'arbitrage n'a aucune valeur de précédent mais le paragraphe 6 prévoit la possibilité de publier une décision. Ceci ne pourra toutefois être le cas que si les autorités compétentes et la personne ayant formulé la demande d'arbitrage en conviennent. De plus, afin de préserver la confidentialité des renseignements communiqués aux autorités compétentes, ni les noms des différentes parties, ni aucun autre élément pouvant aider à les identifier, ne devront être inclus dans le document publié. Les décisions relatives à des cas particuliers prises dans le cadre d'une procédure amiable ne sont généralement pas rendues publiques mais, dans le cas de décisions d'arbitrage dont les raisons sont présentées, la publication des décisions donnerait au processus plus de transparence. De même, alors que la décision ne peut en aucun cas faire officiellement jurisprudence, le fait qu'elle appartienne au domaine public peut influencer le traitement d'autres cas, permettant ainsi d'éviter des différends ultérieurs et d'adopter une approche plus uniforme pour la même question.

Transmission de renseignements et confidentialité

33. Il est important que les arbitres puissent librement accéder aux informations nécessaires pour résoudre les questions soumises à la procédure d'arbitrage et, en contrepartie, soient sujets, à l'égard de ces renseignements, aux mêmes exigences strictes de confidentialité s'appliquant aux autorités compétentes elles-mêmes. L'approche proposée pour s'assurer de ce résultat, incluse dans l'article 6 du modèle d'accord, est de faire des arbitres des représentants autorisés des autorités

compétentes. Ceci ne sera toutefois le cas qu'aux fins de l'application des dispositions appropriées de la Convention (c'est-à-dire les articles 25 et 26) et des dispositions des lois nationales des États contractants, qui devraient normalement inclure les sanctions applicables en cas de violation de confidentialité.

Suspension dans le cas où des renseignements ne sont pas transmis dans les délais

34. Ainsi que l'indique le paragraphe 15 ci-dessus, l'article 7 du modèle d'accord stipule que le délai de deux ans mentionné au paragraphe 1 de l'article 2 peut être prolongé si les deux autorités compétentes conviennent qu'une personne directement concernée par le cas n'a pas communiqué en temps voulu des informations pertinentes complémentaires demandées par l'une ou l'autre des autorités compétentes après le début du délai de deux ans. Dans ce cas, l'approche suivie par le modèle d'accord consiste à prolonger cette période de deux ans d'une durée égale à celle séparant la date à laquelle ces informations ont été demandées et la date à laquelle elles ont été communiquées. Lorsque, toutefois, les autorités compétentes n'ont pas reçu les informations nécessaires pour résoudre un cas particulier, rien ne les empêche de le régler en se fondant sur les renseignements limités dont elles disposent, interdisant par ce fait tout recours à la procédure d'arbitrage. De plus, l'accord pourrait stipuler que si, au bout d'un délai supplémentaire (par exemple douze mois), le contribuable n'a toujours pas communiqué les informations supplémentaires pertinentes demandées par l'une ou l'autre des autorités compétentes, la question n'aurait plus alors à être soumise à arbitrage.

Coûts

35. Le processus d'arbitrage peut engendrer différents coûts ; leur prise en charge devra être définie en termes clairs. L'article 8 du modèle d'accord, qui traite de ce problème, se fonde sur le principe suivant : lorsqu'une autorité compétente ou une personne impliquée dans l'affaire est en mesure de contrôler le montant d'un coût particulier, elle est tenue de le supporter, les autres coûts étant répartis à parts égales entre les deux autorités compétentes.

36. Il semble donc logique de prévoir que chaque autorité compétente, de même que la personne ayant formulé une demande d'arbitrage, doive assumer les coûts de sa participation à la procédure d'arbitrage. Ceci inclut les coûts de représentation lors des réunions ainsi que ceux afférents à l'élaboration et à la présentation d'une position et d'arguments, que ce soit par écrit ou à l'oral. C'est ce que stipule l'alinéa *a*).

37. La rémunération des arbitres constituera sans doute l'un des principaux frais de la procédure d'arbitrage. Comme l'indique l'alinéa *b*), chaque autorité compétente supportera la rémunération de l'arbitre qu'elle a nommé exclusivement (ou qui, si elle ne l'a pas fait, a été nommé par le responsable ayant le rang le plus élevé au sein du Centre de politique et d'administration fiscales de l'Organisation de coopération et de

développement économiques), ainsi que les frais de déplacement, de communication et de secrétariat de celui-ci.

38. L'alinéa c) précise néanmoins que la rémunération et les frais de déplacement, de communication et de secrétariat du Président de la commission d'arbitrage seront répartis à parts égales entre les autorités compétentes. Celles-ci devront normalement accepter de supporter ces frais dès la nomination de ces arbitres, ce qui devrait généralement être confirmé dans la lettre de nomination. Les rémunérations devraient être d'un montant suffisant pour s'assurer que des experts qualifiés puissent être engagés.

39. Les autorités compétentes peuvent aussi s'entendre sur un barème de rémunération des arbitres. Elles sont libres de convenir de fixer ce barème en fonction des circonstances propres aux États contractants, de leurs relations spécifiques et du type d'arbitrage. À cet effet, les juridictions se sont inspirées d'une multitude de barèmes de frais, dont celui établi par le Centre international pour le règlement des différends relatifs aux investissements, ainsi que celui prévu dans le Code de conduite révisé pour la mise en œuvre effective de la Convention de l'UE relative à l'arbitrage. L'accord peut également limiter les nombres de déplacements et de jours pour lesquels les arbitres sont indemnisés.

40. Les coûts afférents à toute réunion de la commission d'arbitrage, y compris les coûts afférents au personnel administratif nécessaire à la préparation et à la conduite de cette réunion et les coûts afférents à l'utilisation des infrastructures correspondantes, sont supportés par l'autorité compétente qui accueille cette réunion. Dans la plupart des cas, l'autorité compétente utilisera les salles de réunion et le personnel dont elle dispose déjà et il semblerait alors inapproprié de chercher à ce qu'une partie de ces coûts soit supportée par l'autre autorité compétente. Les « coûts afférents aux réunions » ne comprennent évidemment pas les frais de déplacement et de logement encourus par les participants ; ceux-ci sont abordés ci-dessus.

41. Les autres coûts (hors ceux afférents à la participation des contribuables au processus) doivent être répartis à parts égales entre les deux autorités compétentes, pour autant qu'elles en aient convenu. Ceci inclurait, par exemple, les coûts relatifs aux services de traduction et de transcription que les deux autorités ont accepté de fournir. Ceci inclurait également les coûts d'une réunion de la commission d'arbitrage décidée par les deux autorités compétentes mais accueillie par aucune d'entre elles. En l'absence d'un accord entre les autorités compétentes, la partie ayant exigé que certains coûts soient encourus devra les supporter.

42. Comme l'indique le début de l'article 8, les autorités compétentes peuvent cependant déroger à ces règles et convenir d'une répartition différente des coûts concernant un cas ou une dépense spécifique.

Non-communication de la décision dans les délais requis

43. Afin de couvrir les rares cas où les arbitres ne peuvent pas ou ne souhaitent pas soumettre une décision d'arbitrage, l'article 9 prévoit que si la décision n'a pas été

communiquée aux autorités compétentes dans les délais prévus au paragraphe 5 de l'article 4 ou au paragraphe 6 de l'article 5, ou dans tout autre délai convenu par les autorités compétentes, ces dernières peuvent convenir de nommer de nouveaux arbitres pour traiter l'affaire. En pareil cas, la date d'un tel accord entre les autorités compétentes est, aux fins de la procédure décrite aux articles 4 et 5, réputée être la date de la demande d'arbitrage.

Cas où aucune décision d'arbitrage n'est rendue

44. L'article 10 du modèle d'accord traite en premier lieu du cas où les autorités compétentes peuvent régler les questions non résolues ayant conduit à l'arbitrage avant que la décision ne soit rendue. Le processus d'arbitrage étant un mécanisme exceptionnel visant à régler les questions ne pouvant être résolues par la procédure amiable habituelle, il convient de l'interrompre si les autorités compétentes sont en mesure d'apporter elles-mêmes une solution à ces questions. Les autorités compétentes peuvent convenir de cette résolution tant que la décision d'arbitrage n'a pas été rendue. L'article 10 prévoit également que la procédure d'arbitrage et la procédure amiable se terminent automatiquement si, avant qu'une décision ait été rendue, la personne qui a soumis le cas retire sa demande d'arbitrage ou de procédure amiable.

Décision finale

45. L'article 11 couvre le cas où un tribunal d'un des États contractants décide que la décision d'arbitrage ne peut être appliquée en raison d'une violation du paragraphe 5 de l'article 25 ou pour toute autre raison. En pareil cas, la demande d'arbitrage est considérée comme n'ayant pas été formulée et la procédure d'arbitrage est considérée comme n'ayant pas eu lieu, sauf aux fins des dispositions du modèle d'accord portant sur la « Transmission de renseignements et la confidentialité » et les « Coûts ». Dans ces circonstances, le contribuable peut soumettre immédiatement une nouvelle demande d'arbitrage puisque le délai de deux ans correspondant aura expiré. Cependant, les autorités compétentes peuvent aussi indiquer qu'une telle demande n'est pas permise dans certains cas, par exemple lorsque les actes du contribuable constituaient le principal motif d'invalidation de la décision d'arbitrage.

46. L'article 11 n'a pas pour but de fournir des fondements autonomes pour invalider une décision d'arbitrage lorsque de tels fondements n'existent pas en vertu du droit interne des États contractants. Il a au contraire pour objectif d'assurer, lorsqu'un tribunal de l'un des États contractants invalide une décision d'arbitrage en application de telles règles existantes, que l'autre État contractant ne soit pas tenu de mettre en œuvre la décision. Cela peut se produire dans le cadre du droit interne de certains États, par exemple lorsqu'un vice de procédure (violation des obligations d'impartialité ou d'indépendance applicables aux arbitres) a eu des conséquences significatives sur le résultat de la procédure d'arbitrage. La décision d'arbitrage étant définitive, il n'est cependant pas envisagé qu'un tribunal renverse une décision d'arbitrage en raison de son désaccord avec le résultat de la procédure d'arbitrage.

Application de la décision

47. Une fois que le processus d'arbitrage aura permis de convenir d'une solution qui lie des autorités compétentes pour les questions qu'elles n'ont pu résoudre, les autorités compétentes concluront un accord amiable qui tiendra compte de la décision, accord qui sera présenté aux personnes directement concernées par l'affaire. Afin d'éviter des retards supplémentaires, l'accord amiable qui tiendra compte de la décision devrait être complété et présenté au contribuable dans un délai de 180 jours à compter de la date où la décision a été communiquée. C'est ce que prévoit l'article 12 du modèle d'accord.

48. Le paragraphe 2 de l'article 25 stipule que les autorités compétentes ont l'obligation d'appliquer l'accord convenu quels que soient les délais prévus par leur droit interne. Le paragraphe 5 du même article prévoit également que la décision d'arbitrage lie les deux États contractants. Ne pas cotiser le contribuable conformément à l'accord ou ne pas mettre en œuvre la décision d'arbitrage par le biais d'un accord amiable équivaudrait donc à une imposition contraire à la Convention, autorisant de ce fait la personne dont l'imposition est concernée à demander réparation par voie de recours aux tribunaux nationaux ou en formulant une nouvelle demande en vertu du paragraphe 1 de l'article.

COMMENTAIRES SUR L'ARTICLE 26 CONCERNANT L'ÉCHANGE DE RENSEIGNEMENTS

I. Remarques préliminaires

1. Il est justifié d'inclure dans une convention en vue d'éviter les doubles impositions des dispositions concernant une coopération entre les administrations fiscales des deux États contractants. En premier lieu, il paraît souhaitable d'accorder une assistance administrative pour déterminer les faits qui appellent l'application des règles de la Convention. En outre, étant donné l'internationalisation croissante des relations économiques, les États contractants ont de plus en plus intérêt à procéder à des échanges de renseignements qui permettent d'appliquer la législation fiscale interne sans même que soit en cause l'application d'un article particulier de la Convention.

2. En conséquence, le présent Article contient les règles selon lesquelles des renseignements pourront être échangés dans la mesure la plus large possible afin d'établir les bases adéquates de l'application de la législation fiscale interne des États contractants et de l'application des dispositions particulières de la Convention. Le texte de l'article précise que l'échange de renseignements n'est pas restreint par les article 1 et 2, de sorte qu'il peut comporter des renseignements sur des non-résidents et peut concerner l'administration ou l'application des impôts auxquels il n'est pas fait référence à l'article 2.

3. L'article 27 traite de l'assistance administrative pour le recouvrement des impôts, mais l'article 26 régit les échanges de renseignements aux fins du recouvrement des impôts (voir le paragraphe 5 des Commentaires sur l'article 27). De la même manière, les procédures amiables sont traitées à l'article 25, mais l'article 26 régit les échanges de renseignements aux fins d'une procédure amiable (voir le paragraphe 4 des Commentaires sur l'article 25).

4. En 2002, le Comité des affaires fiscales a entrepris un examen d'ensemble de l'article 26 afin de s'assurer qu'il correspond bien aux pratiques actuelles des pays. Cet examen a également tenu compte de l'évolution récente telle que le *Modèle d'accord sur les échanges de renseignements en matière fiscale* mis au point par le Groupe de travail du Forum mondial de l'OCDE pour un échange effectif de renseignements et la norme idéale d'accès aux renseignements bancaires décrite dans le rapport *Améliorer l'accès aux renseignements bancaires à des fins fiscales*[1]. À la suite de cet examen, plusieurs modifications ont été apportées au texte de l'article comme à ses Commentaires en 2005.

4.1 Beaucoup de modifications de l'article qui ont été opérées alors n'ont pas eu pour objet de le modifier au fond mais ont plutôt été destinées à lever les doutes sur l'interprétation qu'il convient de lui donner. Par exemple, le remplacement de « nécessaires » par « vraisemblablement pertinents » et l'insertion des mots « pour

1 OCDE, Paris, 2000.

l'administration ou l'application » au paragraphe 1 étaient destinés à assurer une meilleure cohérence avec le *Modèle d'accord sur les échanges de renseignements en matière fiscale* et n'avaient pas pour objet de modifier les effets de la disposition. Le paragraphe 4 a été ajouté pour insérer dans le texte de l'article la compréhension générale énoncée antérieurement dans les Commentaires (voir le paragraphe 19.6). Le paragraphe 5 a été ajouté pour faire apparaître les pratiques en vigueur dans la grande majorité des pays membres de l'OCDE (voir le paragraphe 19.10). L'insertion des mots « ou le contrôle de ceux-ci » dans le paragraphe 2 constituait en revanche un revirement par rapport à la règle précédente.

4.2 Les Commentaires étaient par ailleurs considérablement développés. Ce développement correspondait en partie à l'addition des paragraphes 4 et 5 de l'article. D'autres modifications étaient apportées aux Commentaires pour tenir compte de l'évolution et des pratiques des pays et plus généralement pour mettre fin aux incertitudes quant à l'interprétation qu'il convient de donner à l'article.

4.3 L'article et les Commentaires ont été de nouveau modifiés en 2012 pour tenir compte des évolutions récentes et pour préciser davantage l'interprétation de certaines dispositions de cet article. Le paragraphe 2 de l'article a été modifié pour permettre aux autorités compétentes d'utiliser des renseignements reçus à d'autres fins lorsque cette possibilité résulte des lois des deux États et lorsque l'autorité compétente de l'État qui fournit les renseignements autorise cette utilisation. Cette possibilité était auparavant incluse comme une disposition optionnelle au paragraphe 12.3 des Commentaires.

4.4 Les Commentaires ont été développés afin de préciser l'interprétation de la norme de « pertinence vraisemblable » et du terme « pêche aux renseignements » par l'ajout de : clarifications générales (voir le paragraphe 5), précisions concernant l'identification du contribuable faisant l'objet d'un contrôle ou d'une enquête (voir le paragraphe 5.1), précisions concernant les demandes relatives à un groupe de contribuables (voir le paragraphe 5.2) et nouveaux exemples (voir les alinéas *e*) à *h*) du paragraphe 8 et le paragraphe 8.1). Les Commentaires prévoient en outre une norme optionnelle par défaut pour les délais dans lesquels les renseignements doivent être fournis, à moins d'un accord différent convenu entre les autorités compétentes (voir les paragraphe 10.4 à 10.6) et que, conformément au principe de réciprocité, si un État contractant applique, aux termes du paragraphe 5, des mesures qui ne sont normalement pas prévues dans sa législation ou sa pratique nationale, notamment pour accéder à des renseignements bancaires et les échanger, cet État est également fondé à demander des renseignements similaires à l'autre État contractant (voir le paragraphe 15). D'autres clarifications ont été ajoutées aux paragraphes 3, 5.3, 6, 11, 12, 12.3, 12.4, 16, 16.1 et 19.7.

II. Commentaires des dispositions de l'article

Paragraphe 1

5. La première phrase du paragraphe énonce la principale règle concernant l'échange de renseignements. Les autorités compétentes des États contractants échangeront les renseignements vraisemblablement pertinents pour appliquer correctement les dispositions de la Convention ou celles de la législation interne des États contractants relatives aux impôts de toute nature ou dénomination perçus dans ces États, même s'il n'y a pas, dans ce dernier cas, à appliquer un article particulier de la Convention. La norme de « pertinence vraisemblable » a pour but d'assurer un échange de renseignements en matière fiscale qui soit le plus large possible tout en indiquant clairement qu'il n'est pas loisible aux États contractants « d'aller à la pêche aux renseignements » ou de demander des renseignements dont il est peu probable qu'ils soient pertinents pour élucider les affaires fiscales d'un contribuable déterminé. Dans le contexte de l'échange de renseignements sur demande, la norme exige qu'au moment où la demande est formulée, il doit y avoir une possibilité raisonnable que les renseignements demandés se révéleront pertinents ; que les renseignements, une fois fournis, se révèlent être pertinents ou non est sans importance. Une demande ne saurait ainsi être rejetée lorsqu'une évaluation précise de la pertinence des renseignements au regard d'une enquête en cours n'est possible qu'après réception des renseignements. Les autorités compétentes devraient se concerter lorsque le contenu de la demande, les circonstances qui ont mené à la demande, ou encore la pertinence vraisemblable de renseignements demandés, ne sont pas clairs pour l'État requis. Cependant, une fois que l'État requérant a donné une explication quant à la pertinence vraisemblable des renseignements demandés, l'État requis ne saurait refuser une demande ou refuser de transmettre des renseignements demandés parce qu'il pense que ces renseignements manquent de pertinence pour le contrôle ou l'enquête sous-jacents. Lorsque l'État requis prend connaissance de faits remettant en question la pertinence vraisemblable d'une partie des renseignements demandés, les autorités compétentes devraient se concerter et l'État requis peut demander à l'État requérant de clarifier la pertinence vraisemblable à la lumière de ces faits. Dans le même temps, le paragraphe 1 n'oblige pas l'État requis à fournir des renseignements lorsque la demande relève de la « pêche aux renseignements », c'est-à-dire lorsqu'elle sollicite des renseignements dont il est peu probable qu'ils aient un lien avec une enquête ou un contrôle en cours.

5.1 Comme c'est le cas dans le *Modèle d'Accord sur l'échange de renseignements en matière fiscale*[1], une demande de renseignements ne constitue pas une pêche aux renseignements du simple fait qu'elle ne précise pas le nom ou l'adresse (ou les deux) du contribuable faisant l'objet d'un contrôle ou d'une enquête. Cela vaut aussi lorsque des noms sont orthographiés de manière différente ou lorsque les informations relatives aux noms et adresses sont présentées différemment. Cependant, lorsque

1 Voir le paragraphe 58 de ses Commentaires.

l'État requérant ne fournit pas le nom ou l'adresse (ou les deux) du contribuable faisant l'objet d'un contrôle ou d'une enquête, l'État requérant doit inclure d'autres informations suffisantes pour permettre l'identification du contribuable. De même, le paragraphe 1 n'oblige pas nécessairement à inclure dans la demande le nom et/ou l'adresse de la personne dont on pense qu'elle est en possession des renseignements. En fait, la question de savoir quel degré de précision la demande doit avoir au sujet de cette personne est typiquement une question relevant du champ d'application des alinéas *a*) et *b*) du paragraphe 3 de l'article 26.

5.2 La norme de « pertinence vraisemblable » peut être satisfaite à la fois dans des cas concernant un seul contribuable (qu'il soit identifié par son nom ou par un autre moyen) et des cas concernant plusieurs contribuables (qu'ils soient identifiés par leur nom ou par un autre moyen). Lorsqu'un État contractant lance, en vertu de sa législation interne, une enquête sur un groupe donné de contribuables, toute demande relative à cette enquête a typiquement pour objet d'aider « l'administration ou l'application » de sa législation fiscale interne, et est donc conforme aux exigences du paragraphe 1 pour autant qu'elle respecte la norme de « pertinence vraisemblable ». Cependant, lorsque la demande concerne un groupe de contribuables non identifiés individuellement, il sera souvent plus difficile d'établir que la demande ne constitue pas une pêche aux renseignements, dans la mesure où l'État requérant ne peut se référer à une enquête en cours sur un contribuable déterminé, ce qui suffirait, en soi, dans la plupart des cas à écarter l'idée que la demande est aléatoire ou spéculative. Dans de tels cas, il est donc nécessaire que l'État requérant fournisse une description détaillée du groupe ainsi que les faits et circonstances qui ont mené à la demande, une explication de la loi applicable et pourquoi il y a des raisons de penser que les contribuables du groupe faisant l'objet de la demande n'ont pas respecté cette loi, étayée par une base factuelle claire. En outre, il est exigé de montrer que les renseignements demandés aideraient à déterminer la discipline fiscale des contribuables du groupe. Comme l'illustre l'exemple donné à l'alinéa *h*) du paragraphe 8, s'agissant des demandes sur un groupe de contribuables, un tiers aura habituellement, mais pas nécessairement, contribué activement à l'infraction fiscale commise par les contribuables du groupe, auquel cas ces circonstances devront être aussi décrites dans la demande. Par ailleurs, et comme l'illustre l'exemple donné à l'alinéa *a*) du paragraphe 8.1, une demande sur un groupe de contribuables qui se contente d'indiquer que des services financiers ont été fournis à des non-résidents et de mentionner la possibilité que ces derniers n'aient pas respecté leurs obligations fiscales ne satisfait pas la norme de pertinence vraisemblable.

5.3 Les États contractants peuvent convenir d'une autre formulation de la norme de pertinence vraisemblable, dès lors que cette formulation est conforme au champ d'application de l'article et dès lors entendue comme exigeant un échange de renseignements effectif (par exemple en remplaçant « est vraisemblablement pertinent » par « est nécessaire », « est pertinent » ou « peut être pertinent »). Le champ d'application de l'échange de renseignements couvre toutes les questions fiscales sans préjudice des règles générales et dispositions légales régissant les droits de la défense et des témoins dans le cadre des procédures judiciaires. Les échanges de renseignements en matière fiscale pénale peuvent également être fondés sur des conventions bilatérales ou multilatérales d'assistance juridique mutuelle (dans la mesure où elles s'appliquent également aux délits fiscaux). Afin que l'échange de renseignements reste dans le cadre de la Convention, une limitation est posée en ce sens que les renseignements ne devront être communiqués que dans la mesure où l'imposition prévue par la législation interne n'est pas contraire à celle-ci.

5.4 Les renseignements couverts par le paragraphe 1 ne se limitent pas aux informations spécifiques à un contribuable particulier. Les autorités compétentes peuvent également échanger d'autres renseignements sensibles concernant l'administration fiscale et l'amélioration de la discipline fiscale, par exemples les techniques d'analyse des risques ou les dispositifs d'évasion ou de fraude fiscales.

5.5 Les possibilités d'assistance prévues par l'article 26 ne limitent pas celles qui sont prévues dans les accords internationaux existants ou autres arrangements entre les États contractants concernant la coopération en matière fiscale et ne sont pas non plus limitées par elles. L'échange de renseignements concernant l'application des droits de douane ayant pour fondement juridique d'autres instruments internationaux, les dispositions de ces instruments plus spécialisés prévaudront d'une manière générale et l'échange de renseignements concernant les droits de douane ne sera pas dans la pratique régi par le présent article.

6. Les exemples suivants visent à éclairer les principes exposés aux paragraphes 5, 5.1 et 5.2 ci-dessus. Dans les exemples mentionnés aux paragraphes 7 et 8, un échange de renseignements peut intervenir au titre du paragraphe 1 de l'article 26. Dans les exemples données au paragraphe 8.1, et dans l'hypothèse où aucune information complémentaire ne leur est communiquée, les États contractants ne sont pas tenus de fournir des renseignements en réponse à une demande de renseignements. Ces exemples sont seulement présentés à titre d'illustration. Ils doivent être lus à la lumière de l'objectif premier de l'article 26, qui est de ne pas restreindre la portée de l'échange de renseignements, mais de le favoriser « dans la mesure la plus large possible ».

7. Application de la Convention

a) Aux fins d'application de l'article 12, l'État A où réside le bénéficiaire demande à l'État B, où réside le débiteur, des renseignements concernant le montant des redevances versées.

b) À l'inverse, pour accorder l'exonération prévue à l'article 12, l'État B demande à l'État A si la personne qui reçoit les sommes payées est effectivement un résident de ce dernier État et le bénéficiaire effectif des redevances.

c) Il pourra de même être nécessaire de demander des renseignements lorsqu'on veut répartir de façon appropriée les bénéfices imposables entre des entreprises associées situées dans des États différents, ou ajuster les bénéfices apparaissant dans les comptes d'un établissement stable situé dans un État et dans ceux du siège central situé dans l'autre État (articles 7, 9, 23 A et 23 B).

d) Des renseignements peuvent être nécessaires en vue de l'application de l'article 25.

e) Lorsqu'il applique les articles 15 et 23 A, l'État A, dont le salarié est résident, informe l'État B où les fonctions de cet emploi sont exercées pendant plus de 183 jours, du montant exonéré d'impôt dans l'État A.

8. Application de la législation interne

a) Une société de l'État A fournit des marchandises à une société indépendante de l'État B. L'État A désire connaître par l'État B le prix payé pour les marchandises par la société de l'État B afin de pouvoir appliquer correctement les dispositions de sa législation interne.

b) Une société de l'État A vend des marchandises à une société de l'État B par l'intermédiaire d'une société de l'État C (qui peut être un pays à faible imposition). Les sociétés en question sont ou non associées. Aucune convention n'a été conclue entre l'État A et l'État C, pas plus qu'entre l'État B et l'État C. En vertu de la convention conclue entre A et B, l'État A, afin de pouvoir appliquer correctement les dispositions de sa législation interne aux bénéfices réalisés par la société située sur son territoire, demande à l'État B le prix payé pour les marchandises par la société de l'État B.

c) Aux fins de l'imposition d'une société sur son territoire, l'État A demande à l'État B, en vertu de la convention conclue entre eux, des renseignements sur le prix demandé par une société, ou un groupe de sociétés, de l'État B avec laquelle ou lesquelles la société de l'État A n'a pas de relations d'affaires, afin de pouvoir vérifier directement par comparaison les prix demandés par la société de l'État A (par exemple, les prix demandés par une société ou un groupe de sociétés occupant une position dominante). Il convient de noter que, dans ce cas, l'échange de renseignements pourrait être difficile et délicat, à cause en particulier des dispositions de l'alinéa c) du paragraphe 3 concernant les secrets industriels, commerciaux et autres.

d) L'État A, en vue de vérifier les crédits d'impôt au titre de la TVA versée en amont demandés par une société située sur son territoire pour les services fournis par une société résidant dans l'État B, demande confirmation que le coût des services a été correctement enregistré dans les livres et registres de la société de l'État B.

e) Les autorités fiscales de l'État A mènent une enquête fiscale dans les affaires de M. X. En se basant sur cette enquête, les autorités fiscales disposent d'indications que M. X détient un ou plusieurs comptes bancaires non déclarés auprès de la Banque B située dans l'État B. Cependant, l'État A sait d'expérience qu'il n'est pas improbable que les comptes bancaires soient détenus au nom de membres de la famille du bénéficiaire effectif afin d'éviter qu'ils ne soient détectés. L'État A demande donc des renseignements sur tous les comptes auprès de la Banque B dont M. X est le bénéficiaire effectif et sur ceux qui sont détenus au nom de son épouse E et de ses enfants K et L.

f) L'État A a obtenu des renseignements sur toutes les transactions impliquant des cartes de crédit étrangères qui ont été réalisées sur son territoire durant une certaine année. L'État A a traité les données et lancé une enquête qui a identifié tous les numéros de cartes de crédit par rapport auxquels la fréquence et la configuration des transactions et le type d'utilisation au cours de cette année suggèrent que les titulaires étaient des résidents fiscaux de l'État A. L'État A ne peut obtenir les noms de ces personnes par le biais des sources habituelles de renseignements prévues par sa procédure fiscale interne, les informations pertinentes n'étant pas en possession ou sous le contrôle de personnes se trouvant dans sa juridiction. Les numéros de cartes de crédit identifient l'un des émetteurs de ces cartes comme étant la Banque B située dans l'État B. En se basant sur une investigation ou enquête en cours, l'État A envoie une demande de renseignements à l'État B, demandant le nom, l'adresse et la date de naissance des titulaires des cartes spécifiques identifiées durant son enquête et de toute autre personne ayant un pouvoir de signature sur ces cartes. L'État A fournit les numéros des cartes bancaires spécifiques concernées ainsi que les informations précisées ci-dessus afin de démontrer la pertinence vraisemblable des renseignements demandés pour son enquête et, plus généralement, pour l'administration et l'application de sa législation fiscale.

g) La société A, résidente de l'État A, est détenue par la société étrangère non cotée B, résidente de l'État B. Les autorités fiscales de l'État A suspectent les dirigeants X, Y et Z de la société A de détenir directement ou indirectement la société B. Si tel était le cas, les dividendes reçus de la société A par la société B seraient imposables en tant que revenu des actionnaires résidents au titre des règles de l'État A sur les sociétés étrangères contrôlées. La suspicion se fonde sur des renseignements communiqués aux autorités fiscales de l'État A par un ancien salarié de la société A. Face à ces allégations, les trois dirigeants de la société A nient détenir une quelconque participation dans la société B. Les autorités fiscales de l'État A ont épuisé tous les moyens nationaux à leur disposition pour obtenir des informations sur l'actionnariat de la société B. L'État A demande dès lors à l'État B des renseignements indiquant si X, Y et Z sont actionnaires de la société B. En outre, comme dans de pareils cas, les participations sont souvent détenues, par exemple, par des sociétés écran et des actionnaires prête-noms, il demande également à l'État B si X, Y et Z détiennent une participation indirecte dans la société B. Si l'État B n'est pas en mesure de déterminer si X, Y ou Z détient une telle participation, l'État A lui demande des renseignements sur le (ou les) actionnaires(s) afin de pouvoir poursuivre son enquête[1].

1 Dans les cas où l'État B prend connaissance de faits remettant en question la pertinence vraisemblable d'une partie des renseignements relatifs à l'actionnariat, les autorités compétentes devraient se consulter et l'État B peut demander à l'État A de clarifier la pertinence vraisemblable à la lumière de ces faits (voir à ce sujet le paragraphe 5).

h) Le fournisseur de services financiers B est établi dans l'État B. Les autorités fiscales de l'État A ont découvert que B commercialise un produit financier auprès de résidents de l'État A en usant d'informations trompeuses donnant à penser que le produit élimine la charge fiscale due au titre de l'impôt sur le revenu de l'État A sur les revenus accumulés dans le produit. Le produit exige qu'un compte soit ouvert auprès de B à travers duquel l'investissement est effectué. Les autorités fiscales de l'État A ont publié un bulletin d'alerte pour les contribuables, avertissant tous les contribuables du produit et précisant qu'il n'a pas les effets fiscaux allégués et que les revenus qu'il génère doivent être déclarés. B continue néanmoins de commercialiser le produit sur son site web et l'État A dispose des preuves qu'il le commercialise également par le biais d'un réseau de conseillers. L'État A a déjà découvert que plusieurs contribuables résidents ont investi dans le produit et que tous ont omis de déclarer les revenus tirés de ce placement. L'État A a épuisé tous les moyens nationaux à sa disposition pour obtenir des renseignements sur l'identité de ses résidents qui ont investi dans le produit. L'État A demande à l'autorité compétente de l'État B des renseignements sur tous les résidents de l'État A qui (*i*) possèdent un compte auprès de B et qui (*ii*) ont investi dans ce produit financier. L'État A donne dans sa demande les informations indiquées ci-dessus, en apportant notamment des précisions sur le produit financier et l'état d'avancement de son enquête.

8.1 Situations dans lesquelles les États contractants ne sont pas tenus de fournir des informations en réponse à une demande, dans l'hypothèse où aucune information complémentaire ne leur est communiquée

a) La Banque B est établie dans l'État B. L'État A taxe ses résidents sur la base de leurs revenus mondiaux. L'autorité compétente de l'État A demande à l'autorité compétente de l'État B de lui fournir les noms, les dates et lieux de naissance et le solde des comptes (notamment des renseignements sur tout actif financier détenu dans ces comptes) des résidents de l'État A qui ont un compte auprès de la Banque B de l'État B, possèdent un pouvoir de signature sur un tel compte ou ont un intérêt en tant que bénéficiaire sur un tel compte. La demande indique que la Banque B est connue pour avoir de nombreux titulaires étrangers, sans apporter toutefois des informations complémentaires.

b) La Société B est établie dans l'État B. L'État A demande les noms de tous les actionnaires de la société B qui résident dans l'État A ainsi que des renseignements sur tous les dividendes qui leur ont été versés. L'État requérant A indique que la société B a d'importantes activités commerciales dans l'État A et qu'il est donc probable qu'elle ait des actionnaires qui soient résidents de l'État A. La demande indique également qu'il est bien connu que les contribuables omettent fréquemment de déclarer des revenus ou des actifs étrangers.

9. La règle énoncée au paragraphe 1 permet de procéder à un échange de renseignements de trois façons différentes :

a) sur demande, pour un cas précis, étant bien entendu qu'il faut utiliser tout d'abord les sources habituelles de renseignements prévues par la procédure fiscale interne avant de présenter la demande de renseignements à l'autre État ;

b) automatiquement, par exemple quand les renseignements sur une ou plusieurs catégories de revenus ayant leur source dans un État contractant et encaissés dans l'autre État contractant sont transmis systématiquement à l'autre État ; voir les Recommandations du Conseil de l'OCDE C(97)29/FINAL du 13 mars 1997 (*Recommandation concernant l'utilisation des numéros d'identification fiscale dans un contexte international*) et C(2001)28/FINAL du 22 mars 2001 (*Recommandation sur l'utilisation du Modèle de mémorandum d'accord de l'OCDE sur l'échange automatique de renseignements à des fins fiscales*) ;

c) spontanément, par exemple, lorsqu'un État a obtenu au cours de certaines enquêtes des renseignements qu'il suppose présenter un intérêt pour l'autre État.

9.1 Ces trois formes d'échanges (sur demande, automatique et spontanée) peuvent également être combinées. Il faut par ailleurs souligner que l'article 26 ne limite pas les possibilités d'échanges de renseignements à ces méthodes et que les États contractants peuvent utiliser pour obtenir des renseignements d'autres techniques qui pourraient être utiles aux deux parties concernées telles que des contrôles fiscaux simultanés, des contrôles fiscaux à l'étranger et des échanges de renseignements portant sur l'ensemble d'un secteur économique. Ces techniques sont décrites en détail dans la publication intitulée *Échange de renseignements fiscaux entre pays membres de l'OCDE : vue d'ensemble des pratiques actuelles*[1] et peuvent se résumer ainsi :

— un contrôle fiscal simultané est un accord par lequel deux ou plusieurs parties conviennent de vérifier simultanément, chacune sur son territoire, la situation fiscale d'une ou plusieurs personnes qui présentent pour elles un intérêt commun ou complémentaire en vue d'échanger les renseignements ainsi obtenus (voir la recommandation C(92)81 du Conseil de l'OCDE du 23 juillet 1992 concernant un accord modèle pour entreprendre des contrôles fiscaux simultanés) ;

— un contrôle fiscal à l'étranger offre la possibilité d'obtenir des renseignements grâce à la présence de représentants de l'administration fiscale de l'État requérant. Dans la mesure où sa législation fiscale le permet, un État contractant peut autoriser des représentants agréés de l'autre État contractant à pénétrer sur son territoire pour interroger des personnes ou examiner les documents et registres d'une personne — ou d'être présents à ces entrevues ou vérifications effectuées par les autorités fiscales du premier État contractant — conformément aux procédures convenues d'un commun accord par les autorités compétentes. Une telle demande peut intervenir, par exemple, lorsque le contribuable d'un État contractant est autorisé à tenir une comptabilité dans l'autre État contractant. Ce type d'assistance est accordé sur une base

1 OCDE, Paris, 1994.

réciproque. La législation et les pratiques des États varient en ce qui concerne l'étendue des droits accordés aux fonctionnaires fiscaux étrangers. Un fonctionnaire des impôts étranger sera normalement empêché de participer activement à un contrôle sur le territoire national, excepté dans quelques pays avec le consentement du contribuable. La Convention conjointe Conseil de l'Europe/OCDE sur l'assistance administrative mutuelle en matière fiscale traite expressément des contrôles fiscaux à l'étranger dans son article 9 ;

— un échange de renseignements portant sur l'ensemble d'un secteur est un échange de renseignements fiscaux concernant plus particulièrement tout un secteur économique (par exemple l'industrie pétrolière ou pharmaceutique, le secteur bancaire, etc.) et non des contribuables en particulier.

10. Les autorités compétentes des États contractants peuvent décider de la manière dont il sera en définitive procédé à l'échange de renseignements prévu par la Convention. Par exemple, les États contractants peuvent souhaiter utiliser des modes de communication électronique ou autre et des technologies d'information, y compris des systèmes de sécurité appropriés, afin d'améliorer la rapidité et la qualité des échanges de renseignements. Les États contractants qui sont tenus par leur législation d'observer les dispositions relatives à la protection des données peuvent souhaiter inclure dans leurs conventions bilatérales des dispositions concernant la protection des données personnelles échangées. La protection des données concerne les droits et libertés fondamentales de l'individu et en particulier le droit au respect de la vie privée, en ce qui concerne le traitement automatique des données personnelles. Voir, par exemple, la Convention du 28 janvier 1981 du *Conseil de l'Europe pour la protection des particuliers concernant le traitement automatique des données personnelles*.

10.1 Avant 2000, l'échange de renseignements et l'utilisation des renseignements échangés n'étaient possibles qu'à l'égard des impôts visés par la Convention au sens de l'article 2. L'État requis n'était donc pas tenu, en vertu du paragraphe tel qu'il était alors rédigé, de satisfaire une demande de renseignements en vue d'appliquer un impôt sur les ventes car cet impôt n'était pas visé par la Convention. Le paragraphe a alors été amendé afin de permettre l'échange de renseignements à l'égard des impôts de toute nature ou dénomination perçus pour le compte d'un État contractant, de ses subdivisions politiques ou de ses collectivités locales et afin de permettre l'utilisation des informations ainsi échangées aux fins de l'application de tous ces impôts. Certains États risquent toutefois de ne pas être en mesure d'échanger des renseignements, ou d'utiliser les renseignements obtenus d'un autre État, à l'égard des impôts qui ne sont pas visés par la Convention au sens de l'article 2. Ces États ont la faculté de restreindre la portée du paragraphe 1 de l'article aux impôts couverts par la Convention.

10.2 Dans certains cas, un État contractant peut avoir besoin de recevoir des renseignements sous une forme particulière pour que les conditions en vigueur en matière de preuve ou autres conditions légales soient satisfaites. Ces formes peuvent inclure des dépositions de témoins et des copies certifiées conformes de documents originaux. Les États contractants devraient s'efforcer, dans la mesure du possible, de répondre à de telles demandes. En vertu du paragraphe 3, l'État requis peut refuser de fournir les renseignements sous la forme spécifique demandée si, par exemple, la forme demandée n'est pas connue ou autorisée dans sa législation ou sa pratique administrative. Le refus de fournir les renseignements sous la forme demandée n'a pas d'incidence sur l'obligation de fournir ces renseignements.

10.3 La Convention n'empêche en aucune manière l'application des dispositions de l'article à des échanges de renseignements qui existaient avant l'entrée en vigueur de la Convention dès lors que l'assistance concernant ces renseignements est fournie après l'entrée en vigueur de la Convention et après que les dispositions de l'article soient devenues effectives. Toutefois, les États contractants peuvent juger utile de préciser dans quelle mesure les dispositions de l'article sont applicables à ces renseignements, en particulier lorsque les dispositions de cette Convention entreront en vigueur en ce qui concerne des impôts dus ou prélevés à partir d'une certaine date.

10.4 Les États contractants peuvent souhaiter améliorer la rapidité et le délai de réponse relatifs aux échanges de renseignements réalisés en vertu de cet article en convenant des délais pour la communication de renseignements. Les États contractants peuvent le faire en ajoutant le texte suivant à l'article :

> 6. Les autorités compétentes des États contractants peuvent convenir de délais pour la communication de renseignements en vertu du présent article. En l'absence d'un tel accord, les renseignements devront être communiqués le plus rapidement possible et, sauf lorsque le retard est dû à des obstacles d'ordre juridique, dans les délais suivants :
>
> *a)* Lorsque les autorités fiscales de l'État contractant requis sont déjà en possession des renseignements demandés, ceux-ci devront être communiqués à l'autorité compétente de l'autre État contractant dans les deux mois suivant réception de la demande de renseignements ;
>
> *b)* Lorsque les autorités fiscales de l'État contractant requis ne sont pas déjà en possession des renseignements demandés, ceux-ci devront être communiqués à l'autorité compétente de l'autre État contractant dans les six mois suivant réception de la demande de renseignements.
>
> Sous réserve que les autres conditions du présent article soient remplies, des renseignements seront considérés comme ayant été échangés conformément aux dispositions du présent article même s'ils sont communiqués après ces délais.

10.5 Les dispositions des alinéas *a*) et *b*) du paragraphe optionnel 6, cité au paragraphe 10.4, fixent des standards par défaut pour des délais qui seraient applicables dans les cas où les autorités compétentes n'auraient pas passé d'accord prévoyant des délais plus ou moins longs. Les délais standards par défaut sont de deux mois à compter de la réception de la demande de renseignements lorsque les renseignements demandés sont déjà en la possession des autorités fiscales de l'État contractant requis, et de six mois dans tous les autres cas. Nonobstant les délais standards par défaut ou les délais convenus autrement, les autorités compétentes peuvent convenir d'autres arrangements au cas par cas, par exemple lorsqu'elles estiment toutes deux que davantage de temps est opportun. Ceci peut être le cas lorsque la demande est de nature complexe. L'autorité compétente d'un État contractant requérant ne saurait alors refuser de manière déraisonnable la demande de l'autorité compétente de l'État contractant requis de lui accorder davantage de temps. Lorsqu'un État contractant requis n'est pas en mesure de communiquer les renseignements demandés dans les délais prescrits en raison d'obstacles d'ordre juridique (par exemple, en raison d'un litige en cours entamé par le contribuable pour contester la validité de la demande, ou encore en raison d'un litige en cours concernant une procédure de notification nationale du type décrit au paragraphe 14.1), il ne serait pas considéré comme ne respectant pas les délais.

10.6 La dernière phrase du paragraphe optionnel, cité au paragraphe 10.4, selon laquelle « Sous réserve que les autres conditions du présent article soient remplies, des renseignements seront considérés comme ayant été échangés conformément aux dispositions du présent article même s'ils sont communiqués après ces délais », montre clairement qu'aucune objection quant à l'utilisation ou l'admissibilité des renseignements échangés en vertu de cet article ne peut se fonder sur le fait que les renseignements ont été échangés après les délais convenus par les autorités compétentes ou les délais standards par défaut prévus dans ledit paragraphe.

Paragraphe 2

11. Une procédure d'assistance mutuelle n'est applicable entre les administrations fiscales que si chacune d'elles est assurée que l'autre considérera comme confidentiels les renseignements qu'elle aura reçus du fait de leur coopération. Les règles de confidentialité du paragraphe 2 s'appliquent à toutes les catégories de renseignements reçus en vertu du paragraphe 1, y compris ceux qui sont fournis dans le cadre d'une demande et ceux qui sont transmis en réponse à une demande. Il s'ensuit que les règles de confidentialité couvrent, par exemple, la correspondance entre autorités compétentes, y compris la lettre de demande de renseignements. Dans le même temps, il est entendu que l'État requis peut divulguer le minimum de renseignements contenus dans une lettre de l'autorité compétente (mais pas la lettre elle-même) qui sont nécessaires pour permettre à l'État requis d'obtenir les renseignements demandés ou les fournir à l'État requérant, sans pour autant entraver les efforts de l'État requérant. Cependant, si des procédures judiciaires, ou des procédures assimilables en vertu de la législation interne de l'État requis, nécessitent de divulguer la lettre elle-même, l'autorité compétente de l'État requis peut le faire à moins que l'État requérant n'en dispose autrement. Le maintien du secret dans l'État contractant auquel les renseignements sont communiqués relève de la législation interne. C'est pourquoi il est prévu au paragraphe 2 que les renseignements communiqués conformément aux dispositions de la Convention seront tenus secrets dans l'État qui les reçoit de la même manière que les renseignements obtenus conformément à la législation interne de cet État. Les sanctions applicables en cas de violation du secret dans cet État seront celles qui sont prévues par la législation administrative et pénale de cet État. Dans les situations où l'État requis estime que l'État requérant ne respecte pas ses obligations en matière de confidentialité des renseignements échangés en vertu de cet article, l'État requis peut suspendre son assistance en vertu de cet article

jusqu'à ce qu'il reçoive de l'État requérant l'assurance qu'il se conformera bien à ces obligations. Si nécessaire, les autorités compétentes peuvent conclure des arrangements ou des protocoles d'accord spécifiques concernant la confidentialité des renseignements échangés en vertu de cet article.

12. Sous réserve des paragraphes 12.3 et 12.4, les renseignements obtenus ne peuvent être communiqués qu'aux personnes et autorités concernées par l'établissement ou le recouvrement des impôts, ou par les procédures et poursuites concernant ces impôts, ou par les décisions sur les recours relatifs à ces impôts à l'égard desquels l'échange de renseignements est autorisé en vertu de la première phrase du paragraphe 1, ou par le contrôle de ce qui précède. Il s'ensuit que ces renseignements peuvent aussi être communiqués au contribuable, à son représentant ou à des témoins. Il s'ensuit également que des renseignements peuvent être communiqués à des autorités administratives ou judiciaires chargées de déterminer si ces renseignements doivent être divulgués au contribuable, à son représentant ou à des témoins. Les renseignements reçus par un État contractant ne peuvent être utilisés par ces personnes ou autorités qu'aux fins indiquées au paragraphe 2. En outre, les renseignements couverts par le paragraphe 1, qu'ils soient ou non spécifiques à un contribuable, ne doivent pas être divulgués à des personnes ou autorités non mentionnées au paragraphe 2, quelles que soient les législations internes relatives à la communication de renseignements, notamment concernant la liberté de l'information ou toute autre législation autorisant un accès plus large aux documents administratifs.

12.1 Les renseignements peuvent aussi être divulgués aux organismes de contrôle. Ces organismes de contrôle comprennent les autorités qui exercent des fonctions générales de supervision des autorités chargées de l'administration et de l'application de la loi fiscale dans le cadre des fonctions générales de l'administration de l'État contractant. Les États contractants peuvent cependant, dans leurs négociations bilatérales, déroger à ce principe et convenir d'exclure que ces renseignements soient divulgués aux autorités en question.

12.2 Les renseignements reçus par un État contractant ne peuvent être divulgués à un État tiers à moins qu'il n'existe une disposition expresse dans la convention bilatérale entre les États contractants qui permette une telle communication.

12.3 Les renseignements échangés à des fins fiscales peuvent présenter un intérêt pour l'État qui les reçoit à des fins s'ajoutant à celles mentionnées dans les deux premières phrases du paragraphe 2 de l'article 26. La dernière phrase du paragraphe 2 autorise donc les États contractants à partager les renseignements fiscaux pour autant que deux conditions soient remplies : premièrement, les renseignements doivent pouvoir être utilisés à d'autres fins en vertu de la législation des deux États et, deuxièmement, l'autorité compétente de l'État qui fournit les renseignements doit autoriser cette utilisation. Elle autorise le partage de renseignements fiscaux par les autorités fiscales de l'État qui les reçoit avec d'autres organismes chargés de l'application de la loi et autorités judiciaires dudit État sur certaines questions hautement prioritaires (par exemple la lutte contre le blanchiment de capitaux, la corruption, le financement du terrorisme). Lorsque l'État qui reçoit les renseignements souhaite les utiliser à d'autres fins (c'est-à-dire non fiscales), celui doit préciser à l'État qui fournit les renseignements les autres fins auxquelles il souhaite utiliser les renseignements et confirmer que l'utilisation à ces fins est admise par sa législation interne. Lorsque l'État qui fournit les renseignements est en mesure de le faire, compte tenu notamment des accords internationaux ou d'autres arrangements conclus entre les États contractants relatifs à l'assistance mutuelle entre les autres organismes chargés de l'application de la loi et les autorités judiciaires, on devrait s'attendre généralement à ce que l'autorité compétente de l'État qui fournit les renseignements autorise ladite utilisation si les renseignements peuvent être employés à des fins similaires dans l'État qui fournit les renseignements. Les organismes chargés de l'application de la loi et les autorités judiciaires recevant des renseignements au titre de la dernière phrase du paragraphe 2 doivent traiter ces renseignements comme confidentiels, conformément aux principes énoncés au paragraphe 2.

12.4 Il est reconnu que les États contractants peuvent souhaiter réaliser l'objectif global inhérent à la dernière phrase du paragraphe 2 par d'autres moyens et ils peuvent le faire en remplaçant la dernière phrase du paragraphe 2 par le texte suivant :

> « L'autorité compétente de l'État contractant qui reçoit des renseignements en vertu des dispositions de cet article peut, avec l'accord écrit de l'État contractant qui a fourni les renseignements, également rendre disponibles ces renseignements pour qu'ils soient utilisés à d'autres fins autorisées en vertu des dispositions d'une Convention d'entraide judiciaire en vigueur entre les États contractants et permettant l'échange de renseignements fiscaux. »

13. Comme on l'a indiqué au paragraphe 12, les renseignements obtenus peuvent être communiqués aux personnes et autorités mentionnées et en vertu de la troisième phrase du paragraphe 2 de cet article, celles-ci peuvent les dévoiler dans des audiences publiques ou dans les décisions qui font apparaître le nom du contribuable. Lorsque des renseignements sont utilisés au cours d'audiences judiciaires publiques ou dans des jugements et sont ainsi rendus publics, il est évident que l'on peut dès lors tirer ces renseignements des dossiers ou des jugements du tribunal pour servir à d'autres fins et même éventuellement à titre de preuve. Mais ceci n'entraîne pas que les personnes et autorités visées au paragraphe 2 sont autorisées à fournir sur demande les renseignements complémentaires qu'elles auraient reçus. Si l'un des deux États contractants, ou les deux, s'opposent à ce que les renseignements soient ainsi rendus publics par des tribunaux ou à ce que ces renseignements, lorsqu'ils ont été ainsi rendus publics, soient utilisés à d'autres fins, parce que la procédure normale suivant leur législation interne ne le permet pas, il devront l'indiquer expressément dans leur convention.

Paragraphe 3

14. Ce paragraphe contient certaines limitations à la règle principale en faveur de l'État requis. Tout d'abord, le paragraphe précise qu'un État contractant, lorsqu'il communiquera des renseignements à l'autre État contractant, ne sera pas tenu d'aller au-delà des limites prescrites par sa propre législation et par sa pratique

administrative. Néanmoins, les dispositions internes concernant le secret fiscal ne peuvent être interprétées comme faisant obstacle à l'échange de renseignements visé par le présent article. Les autorités de l'État requérant, comme on l'a mentionné, doivent considérer comme confidentiels les renseignements communiqués en vertu du présent article.

14.1 Les législations de certains pays comportent des procédures de notification aux personnes qui ont fourni les renseignements et/ou au contribuable qui fait l'objet de l'enquête avant la communication de renseignements. Ces procédures de notification peuvent constituer un aspect important des droits prévus en vertu de la législation nationale. Elles peuvent contribuer à empêcher des erreurs (par exemple dans les cas d'erreurs sur l'identité de la personne) et faciliter les échanges (en permettant aux contribuables qui font l'objet de la notification de coopérer volontairement avec les autorités fiscales dans l'État requérant). Les procédures de notification ne doivent pas cependant être appliquées d'une manière qui, compte tenu des circonstances particulières de la demande, entravent les efforts de l'État requérant. En d'autres termes, elles ne doivent pas empêcher ou retarder indûment des échanges effectifs de renseignements. Par exemple, les procédures de notification devraient permettre des exceptions à la notification préalable, notamment dans les cas où la demande de renseignements a un caractère très urgent ou dans ceux où la notification est susceptible de compromettre les chances de succès de l'enquête menée par l'État requérant. Un État contractant qui, en vertu de sa législation interne est tenu de notifier à la personne qui a fourni les renseignements et/ou au contribuable qu'un échange de renseignements est envisagé doit informer par écrit l'autre État partie à une convention qu'il est tenu par cette obligation et quelles en sont les conséquences en ce qui concerne ses obligations en matière d'assistance mutuelle. Ces renseignements doivent être fournis à l'autre État contractant lorsqu'une convention est conclue et par la suite chaque fois que les règles applicables sont modifiées.

15. En outre, l'État requis n'a pas à prendre des mesures administratives qui ne seraient pas autorisées par la législation ou les pratiques de l'État requérant, ni à communiquer des renseignements qui ne pourraient être obtenus sur la base de la législation ou dans le cadre de la pratique administrative normale de l'État requérant. Il s'ensuit qu'un État contractant ne pourra se prévaloir du système de renseignements de l'autre État contractant si ce système est plus étendu que le sien propre. Par conséquent, un État peut refuser de fournir des renseignements lorsque la loi de l'État requérant l'empêche d'obtenir ou de fournir ces renseignements ou lorsque du fait de ses pratiques administratives (par exemple l'insuffisance des ressources administratives dont il dispose) il n'y a pas réciprocité. Toutefois, il est admis qu'une application trop rigoureuse du principe de réciprocité risquerait de compromettre l'échange effectif de renseignements et que cette notion doit être interprétée d'une manière large et pragmatique. Il est inévitable que les dispositifs d'obtention et de fourniture de renseignements varient selon les pays. Les différences dans les pratiques et les procédures ne doivent pas servir de justification au rejet d'une demande à moins que ces différences n'aient pour effet de limiter d'une manière significative les

possibilités dont dispose l'État requérant d'obtenir et de fournir les renseignements en question si cet État a lui-même reçu une demande légitime de l'État requis. Il est utile de noter que si un État contractant applique, en vertu du paragraphe 5, des mesures qui ne sont normalement pas prévues dans sa législation ou sa pratique nationale, notamment pour accéder à des renseignements bancaires et les échanger, cet État est également fondé à demander des renseignements similaires à l'autre État contractant. Cela serait pleinement conforme au principe de réciprocité qui sous-tend les alinéas *a*) et *b*) du paragraphe 3.

15.1 Le principe de réciprocité ne s'applique pas lorsque le système législatif ou la pratique administrative d'un seul pays prévoit une procédure spécifique. Par exemple un pays auquel il est demandé de fournir des renseignements ne peut invoquer l'absence d'un dispositif de décision anticipée dans le pays qui demande ces renseignements et refuser de communiquer des renseignements sur une telle décision qu'il a accordée sur la base d'un argument de réciprocité. Bien entendu, lorsque les renseignements demandés ne peuvent être eux-mêmes obtenus en vertu de la loi ou dans le cadre normal de la pratique administrative de l'État requérant, un État requis peut décliner une telle demande.

15.2 La plupart des pays reconnaissent dans leur législation interne que les renseignements ne peuvent être obtenus d'une personne dans la mesure où cette personne peut invoquer le droit de ne pas témoigner contre elle-même. Par conséquent, un État requis peut refuser de communiquer des renseignements lorsque l'État requérant aurait été empêché, par ses propres règles en matière d'auto-incrimination, d'obtenir les renseignements en question dans des circonstances similaires. Toutefois, en pratique, le droit de ne pas témoigner contre soi-même devrait n'avoir qu'une application limitée en ce qui concerne la plupart des demandes de renseignements. Ce droit est personnel et ne peut être invoqué par un individu qui ne risque pas lui-même de poursuites pénales. L'immense majorité des demandes de renseignements s'efforcent d'obtenir ces renseignements de tiers tels que des banques, des intermédiaires ou de l'autre partie à un contrat et non de l'individu qui fait l'objet de l'enquête. En outre, le droit de ne pas témoigner contre soi-même ne s'applique généralement qu'aux personnes physiques.

16. Doivent être considérés comme pouvant être obtenus selon la pratique administrative normale les renseignements dont disposent les autorités fiscales ou que celles-ci peuvent obtenir par application de la procédure normale d'établissement de l'impôt, qui peut inclure des recherches spéciales ou un examen particulier de la comptabilité du contribuable ou de tierces personnes, lorsque les autorités fiscales procéderaient à des recherches ou à un examen similaire pour leur propre compte. Le paragraphe suppose, bien entendu, que les autorités fiscales disposent des pouvoirs et des ressources nécessaires pour faciliter l'échange effectif de renseignements. Supposons par exemple qu'un État contractant demande des renseignements dans le cadre d'une enquête dans les affaires fiscales d'un contribuable déterminé, et qu'il précise dans la demande que ces renseignements pourraient être détenus par l'un des quelques prestataires de services identifiés dans la demande et établis dans l'autre

État contractant. Dans ce cas, on devrait s'attendre à ce que l'État requis soit à même d'obtenir et de communiquer ces renseignements, dans la mesure où ils sont détenus par l'un des prestataires de services identifiés dans la demande. Lorsqu'il répond à une demande, l'État requis devrait être guidé par l'objectif primordial de l'article 26 qui est de permettre l'échange de renseignements « dans la mesure la plus large possible » et peut tenir compte de l'importance que revêtent pour l'État requérant les renseignements demandés par rapport à la charge administrative pour l'État requis.

16.1 Les alinéas *a*) et *b*) du paragraphe 3 n'autorisent pas l'État requis à refuser une demande lorsque les paragraphes 4 ou 5 s'appliquent. Le paragraphe 5 s'appliquerait, par exemple, dans des cas où l'incapacité de l'État requis d'obtenir les renseignements était spécifiquement liée au fait que les renseignements demandés sont supposés détenus par une banque ou un autre établissement financier. Ainsi, l'application du paragraphe 5 comprend des cas où les pouvoirs dont disposent les autorités fiscales pour obtenir des renseignements détenus par des banques ou d'autres établissements financiers sont soumis à des exigences différentes de celles qui s'appliquent généralement par rapport aux pouvoirs pour obtenir des renseignements détenus par des personnes autres que des banques et d'autres établissements financiers. Tel pourrait, par exemple, être le cas lorsque les autorités fiscales sont seulement en mesure d'utiliser leurs pouvoirs d'obtenir des renseignements détenus par des banques et d'autres établissements financiers dans des cas où elles disposent d'informations précises sur le contribuable faisant l'objet d'un contrôle ou d'une enquête. Tel pourrait également être le cas où, par exemple, afin d'être en mesure d'utiliser ses pouvoirs pour obtenir des renseignements détenus par des banques et d'autres établissements financiers, il est exigé un degré plus élevé de probabilité que les renseignements requis soient bien détenus par la personne dont on pense qu'elle est en possession des renseignements que le degré de probabilité exigé pour l'utilisation des pouvoirs pour obtenir des renseignements détenus par des personnes autres que des banques et d'autres établissements financiers.

17. Dans les cas visés aux paragraphes ci-dessus, l'État requis est libre de refuser de fournir les renseignements. Toutefois, s'il communique les renseignements demandés, il reste dans le cadre de l'accord sur l'échange de renseignements prévu par la Convention ; on ne pourra donc faire valoir que cet État a manqué à l'obligation du secret.

18. Si la structure des systèmes de renseignements des deux États contractants est très différente, les conditions posées aux alinéas *a*) et *b*) du paragraphe 3 auront pour effet que les États contractants auront très peu de renseignements, et parfois aucun, à échanger. Dans ce cas, les États contractants peuvent juger approprié d'élargir le champ d'application de l'échange de renseignements.

18.1 Sauf dispositions contraires convenues entre les États contractants, il peut être admis que les renseignements demandés peuvent être obtenus par l'État requérant dans une situation similaire si cet État n'a pas indiqué le contraire.

19. En dehors des limitations mentionnées plus haut, l'alinéa c) du paragraphe 3 contient une réserve au sujet de la communication de certains renseignements qui ont un caractère confidentiel. Il convient de ne pas donner un sens trop large à la notion de secret dont il est question au dit alinéa. Avant d'invoquer ces dispositions, un État contractant devra apprécier avec soin si les intérêts du contribuable en justifient réellement l'application. Sinon, il est évident qu'une interprétation trop large de cette clause rendrait en bien des cas inefficace l'échange de renseignements prévu par la Convention. Les observations faites au paragraphe 17 ci-dessus sont également valables dans ce cas. L'État requis dispose d'un certain pouvoir d'appréciation pour refuser, dans le but de protéger les intérêts de ses contribuables, les renseignements demandés, mais s'il les fournit délibérément, le contribuable ne peut invoquer une infraction aux règles du secret.

19.1 Dans ses délibérations concernant l'application des règles en matière de secret, l'État contractant doit également tenir compte des règles de confidentialité du paragraphe 2 de l'article 26. Les législations et pratiques nationales de l'État requérant ainsi que les obligations imposées par le paragraphe 2 peuvent empêcher l'utilisation des renseignements pour les catégories d'objets non autorisées contre lesquelles les règles en matière de secret professionnel ou autre ont pour but d'assurer une protection. Par conséquent, un État contractant peut décider de communiquer les renseignements lorsqu'il lui semble qu'il n'y a pas de raisons suffisantes pour penser qu'un contribuable concerné risque de subir des conséquences adverses incompatibles avec l'objet de l'échange de renseignements.

19.2 La plupart des demandes de renseignements ne soulèveront pas de problèmes de secret commercial, industriel ou autre. Par secret commercial ou industriel, on entend généralement des faits ou circonstances qui sont d'une importance économique considérable, qui peuvent être exploités dans la pratique et dont l'utilisation non autorisée peut conduire à un grave préjudice (par exemple en occasionnant de graves difficultés financières). La détermination, l'évaluation ou le recouvrement de l'impôt ne peuvent être considérés en tant que tels comme donnant lieu à un grave préjudice. Les informations financières, y compris les livres et documents comptables, ne constituent pas, de par leur nature, un secret commercial, industriel ou autre. Toutefois, dans des cas limités, la divulgation d'informations financières pourrait trahir un secret commercial, industriel ou autre. Par exemple, une demande de renseignements portant sur certains documents relatifs à des achats peut poser ce type de problèmes si la divulgation de ces informations révèle la formule exclusive d'un produit. La protection de ces renseignements peut aussi s'étendre aux informations qui sont en possession de tierces personnes. Par exemple, une banque peut être en possession d'une demande de brevet en cours qu'elle garde en sécurité ou d'un procédé ou d'une formule secrète décrits dans une demande de prêt ou dans un contrat que détient la banque. Dans ces conditions, les détails concernant le secret commercial, industriel ou autre doivent être isolés des documents et les renseignements financiers restants doivent être échangés en conséquence.

19.3 Un État requis peut refuser de communiquer des renseignements relatifs aux communications confidentielles entre avocats ou autre représentants légaux agréés agissant dans l'exercice de leurs fonctions et leurs clients dans la mesure où ces communications sont préservées de toutes divulgation en vertu de son droit interne. Toutefois, le champ d'application de la protection dont bénéficient ces communications confidentielles doit être défini d'une manière étroite. Le secret ne vaut pas pour les documents remis à un avocat pour essayer de les préserver d'une divulgation requise par la loi. En outre, les renseignements concernant l'identité d'une personne telle qu'un administrateur ou un bénéficiaire effectif d'une société ne sont généralement pas protégés en tant que communication confidentielle. Bien que le champ d'application de la protection accordée aux communications confidentielles puisse différer selon les États, il ne doit pas être excessivement large, car cela entraverait un échange effectif de renseignements. Les communications entre avocats ou autres représentants légaux agréés et leurs clients ne sont confidentielles que dans la mesure où ces représentants agissent en leur qualité d'avocats ou autres représentants légaux agréés et non à un autre titre, tel qu'actionnaires mandataires, fiduciaires, constituants d'un trust, administrateurs de sociétés ou en vertu de leur pouvoir de conseil pour représenter une société dans ses opérations commerciales. La question de savoir si des renseignements sont protégés en tant que communication confidentielle entre un avocat ou autre représentant légal autorisé et son client devrait être jugée uniquement dans l'État contractant sur la base du droit en vertu duquel la question est soulevée. Par conséquent, il n'est pas prévu que les tribunaux de l'État requis puissent se prononcer sur des réclamations fondées sur la législation de l'État requérant.

19.4 Les États contractants désireux de se référer expressément à la protection accordée aux communications confidentielles entre un client et un avocat ou autre représentant légal agréé peuvent le faire en ajoutant le texte suivant à la fin du paragraphe 3:

d) à obtenir ou fournir des renseignements qui divulgueraient des communications confidentielles entre un client et un avocat, ou autre représentant légal agréé, lorsque ces communications sont :

(i) produites dans le but de demander ou de fournir un avis juridique ou

(ii) produites afin d'être utilisées dans une action en justice en cours ou envisagée.

19.5 Le paragraphe 3 inclut également une limitation concernant les renseignements qui touchent aux intérêts vitaux de l'État lui-même. À cet effet, il est stipulé que les États contractants n'ont pas à fournir des renseignements lorsque leur divulgation serait contraire à l'ordre public. Dans ce contexte toutefois, cette limitation ne peut être invoquée que dans des cas extrêmes. Par exemple, un tel cas peut survenir si une enquête fiscale dans l'État requis était motivée par des persécutions politiques, raciales ou religieuses. La limitation peut être également invoquée lorsque les renseignements constituent un secret d'État, par exemple des informations sensibles détenues par les services secrets et dont la divulgation serait contraire aux intérêts vitaux de l'État requis. Par conséquent, le problème de l'ordre public ne devrait se poser que rarement dans le contexte de demandes de renseignements entre parties à une convention.

Paragraphe 4

19.6 Le paragraphe 4 a été ajouté en 2005 pour traiter explicitement de l'obligation d'échanger des renseignements dans les cas où l'État requis n'a pas besoin des renseignements demandés pour l'application de sa propre législation fiscale. Avant l'addition du paragraphe 4, cette obligation n'était pas affirmée expressément dans l'article mais elle apparaissait clairement dans les pratiques des pays membres qui montraient que, dans la collecte de renseignements demandés par une autre partie à une convention, les États contractants utilisent souvent les pouvoirs spéciaux de contrôle ou d'enquête que leur confère leur législation en vue du prélèvement de leurs propres impôts, même s'ils n'ont pas eux-mêmes besoin de ces renseignements à cette fin. Ce principe est également affirmé dans le rapport intitulé *Améliorer l'accès aux renseignements bancaires à des fins fiscales*[1].

19.7 En vertu du paragraphe 4, les États contractants doivent utiliser les pouvoirs dont ils disposent en matière de collecte de renseignements même s'ils sont invoqués uniquement pour fournir des renseignements à l'autre État contractant, et ce, que les renseignements puissent ou non toujours être collectés ou utilisés pour l'application de la législation fiscale de l'État contractant requis. Ainsi, par exemple, aucune restriction affectant la capacité d'un État contractant requis à obtenir auprès d'une personne des renseignements aux fins de sa propre législation fiscale au moment de la demande (par exemple, en raison de l'expiration du délai de prescription prévu par la législation interne de l'État requis, ou l'achèvement préalable d'un contrôle) ne saurait restreindre sa capacité à utiliser les pouvoirs dont il dispose pour obtenir des renseignements à des fins d'échange de renseignements. L'expression « pouvoirs dont il dispose pour obtenir les renseignements » désigne les lois et procédures administratives ou judiciaires permettant à un État contractant d'obtenir et de fournir les renseignements requis. Le paragraphe 4 n'oblige pas un État contractant requis à fournir des renseignements dans des circonstances où ledit État a cherché à obtenir les renseignements requis, mais constate que les renseignements ne sont plus disponibles à la suite de l'expiration du délai interne de conservation des documents. Toutefois, lorsque les renseignements requis sont toujours disponibles en dépit de l'expiration dudit délai de conservation, l'État requis ne peut refuser d'échanger les renseignements disponibles. Les États contractants devraient s'assurer que des documents comptables fiables sont conservés durant cinq ans ou plus.

19.8 La deuxième phrase du paragraphe 4 précise que l'obligation visée au paragraphe 4 est soumise aux limitations du paragraphe 3 mais prévoit également que ces limitations ne peuvent être interprétées comme fondement pour décliner de fournir des renseignements dans les cas où les législations ou pratiques d'un pays

1 OCDE, Paris, 2000 (au paragraphe 21 *b*).

comportent une condition d'intérêt fiscal national. Par conséquent, si un État requis ne peut invoquer le paragraphe 3 et soutenir qu'en vertu de sa législation ou de ses pratiques nationales il ne transmet que des renseignements qui présentent un intérêt pour l'application de sa propre législation fiscale, il peut par exemple refuser de communiquer des renseignements dans la mesure où cette communication constituerait la divulgation d'un secret commercial.

19.9 Pour beaucoup de pays, la combinaison du paragraphe 4 et de leur législation interne constitue une base suffisante pour l'utilisation de leurs mesures de collecte de renseignements en vue d'obtenir les renseignements demandés même si ceux-ci ne présentent pas d'intérêt fiscal national. Toutefois, d'autres pays pourraient souhaiter préciser expressément dans la convention que les États contractants doivent s'assurer que leurs autorités compétentes disposent des pouvoirs nécessaires pour le faire. Les États contractants qui souhaitent clarifier ce point peuvent remplacer le paragraphe 4 par le texte suivant :

> 4. Afin d'effectuer les échanges de renseignements conformément au paragraphe 1, chaque État contractant prend les mesures nécessaires, notamment dans les domaines législatifs, réglementaires ou administratifs, pour s'assurer que son autorité compétente dispose de pouvoirs suffisants en vertu de sa législation interne pour obtenir les renseignements destinés à être échangés indépendamment de la question de savoir si cet État contractant peut avoir besoin de ces renseignements pour l'application de sa propre législation fiscale.

Paragraphe 5

19.10 Le paragraphe 1 impose expressément à un État contractant l'obligation d'échanger toutes sortes de renseignements. Le paragraphe 5 a pour objet de faire en sorte que les limitations du paragraphe 3 ne puissent être utilisées pour empêcher les échanges de renseignements détenus par des banques, autres établissements financiers, mandataires, agents et fiduciaires, ainsi que des renseignements concernant la propriété. Si le paragraphe 5, qui a été ajouté en 2005, représente une modification de la structure de l'article, il ne doit pas être interprété comme signifiant que la version précédente de cet article ne couvrait pas les échanges de ce type de renseignements. La grande majorité des pays membres de l'OCDE échangeait déjà ces renseignements en application de la version précédente de l'article et l'addition du paragraphe 5 reflète simplement la pratique actuelle.

19.11 Le paragraphe 5 stipule qu'un État contractant ne peut refuser de communiquer des renseignements à un autre État partie à une convention uniquement parce que ces renseignements sont détenus par une banque ou autre établissement financier. Par conséquent, le paragraphe 5 l'emporte sur le paragraphe 3 dans la mesure où celui-ci autoriserait dans le cas contraire un État contractant requis à refuser de communiquer des renseignements pour des motifs tenant au secret bancaire. L'addition de ce paragraphe à l'article traduit l'évolution internationale dans ce domaine telle qu'elle apparaît dans le *Modèle d'accord sur les échanges de renseignements en matière fiscale* et telle qu'elle est décrite dans le rapport intitulé

Améliorer l'accès aux renseignements bancaires à des fins fiscales[1]. Conformément à ce rapport, l'accès aux renseignements détenus par des banques ou autres établissements financiers est possible par des moyens directs ou indirects faisant intervenir une procédure judiciaire ou administrative. La procédure d'accès indirect ne doit pas être trop lourde ni trop longue de manière à ne pas constituer un obstacle à l'accès aux renseignements bancaires.

19.12 Le paragraphe 5 prévoit par ailleurs qu'un État contractant ne peut refuser de communiquer des renseignements uniquement parce que ceux-ci sont détenus par des personnes agissant en tant qu'agents ou fiduciaires. Par exemple, si en vertu de la loi d'un État contractant, tous les renseignements détenus par un fiduciaire sont considérés comme couverts par le « secret professionnel » pour la seule raison qu'ils sont détenus par un fiduciaire, cet État ne peut pas utiliser cette loi comme motif justifiant le refus de communiquer les renseignements à l'autre État contractant. On considère généralement qu'une personne agit « en qualité de fiduciaire » lorsque cette personne effectue des transactions, ou gère des fonds ou des biens non pas en son nom propre ou pour son propre compte mais pour le compte d'une autre personne avec laquelle elle a des relations qui impliquent et nécessitent de la confiance d'une part et de la bonne foi de l'autre. Le terme « agent » est très large et inclut toutes les formes de prestations de services aux entreprises (par exemple les agents assurant l'établissement de sociétés par actions, les sociétés fiduciaires, les agents agréés, les avocats).

19.13 Enfin, le paragraphe 5 prévoit qu'un État contractant ne peut refuser de communiquer des renseignements uniquement parce qu'ils sont liés au droit de propriété d'une personne, y compris les sociétés de capitaux, sociétés de personnes, fondations ou structures organisationnelles similaires. Les demandes de renseignements ne peuvent être déclinées uniquement parce que des lois ou pratiques nationales considèrent certains renseignements relatifs à la propriété comme des secrets commerciaux ou autres.

19.14 Le paragraphe 5 n'empêche pas un État contractant d'invoquer le paragraphe 3 pour refuser de communiquer des renseignements détenus par une banque, un établissement financier, une personne agissant en qualité d'agent ou de fiduciaire ou des renseignements relatifs au droit de propriété. Cependant, ce refus doit être fondé sur des motifs indépendants du statut de banque, d'établissement financier, d'agent, de fiduciaire ou de mandataire de la personne ou du fait que les renseignements portent sur des droits de propriété. Par exemple, un représentant légal agissant pour le compte d'un client peut intervenir en tant qu'agent mais pour tous renseignements protégés en tant que communication confidentielle entre un avocat ou autre représentant légal agréé et son client, le paragraphe 3 reste un motif possible de refus de communiquer les renseignements.

1 OCDE, Paris, 2000.

19.15 Les exemples suivants illustrent l'application du paragraphe 5 :

a) La société X détient la majorité des actions d'une filiale Y, et les deux sociétés sont constituées conformément à la législation de l'État A. L'État B effectue une vérification fiscale des opérations effectuées par la société Y sur son territoire. Au cours de cette vérification, la question se pose de savoir qui détient directement et indirectement la propriété du capital de la société Y et l'État B adresse à l'État A une demande de renseignements sur les droits de propriété détenus par les différentes personnes relevant de la chaîne de propriété de la société Y. Dans sa réponse, l'État A doit fournir à l'État B des informations relatives à la propriété de la société X comme de la société Y.

b) Un particulier soumis à l'impôt dans l'État A détient un compte à la banque B dans l'État B. L'État A examine la déclaration d'impôt sur le revenu du particulier et adresse à l'État B une demande de renseignements portant sur tous les revenus des comptes bancaires et les actifs détenus par la banque B afin de déterminer l'existence de dépôts constitués par des revenus non imposés. L'État B doit communiquer les renseignements bancaires demandés à l'État A.

Observation sur les Commentaires

20. [Supprimé]

21. Concernant le paragraphe 15.1, la *Grèce* souhaite clarifier qu'en vertu de l'article 28 de la Constitution grecque, les conventions fiscales internationales sont appliquées sur la base de la réciprocité.

COMMENTAIRES SUR L'ARTICLE 27 CONCERNANT L'ASSISTANCE EN MATIÈRE DE RECOUVREMENT DE L'IMPÔT

1. Cet article énonce les règles suivant lesquelles des États contractants[1] peuvent convenir de se prêter mutuellement assistance en matière de recouvrement de l'impôt. Dans certains États, la législation ou la politique nationale peut ne pas autoriser ce type d'assistance ou y imposer des limites. Par ailleurs, dans certains cas, des considérations administratives peuvent ne pas justifier une assistance à un autre État en matière de recouvrement de l'impôt ou, de même, la limiter. Au cours des négociations, chaque État contractant doit par conséquent décider si et dans quelle mesure il convient de fournir une assistance à l'autre État, en fonction de divers facteurs tels que :

- la position de la législation nationale à l'égard de la fourniture d'une assistance en matière de recouvrement d'impôts d'autres États ;
- la question de savoir si, et dans quelle mesure, les systèmes fiscaux, les administrations fiscales et les normes juridiques des deux États sont analogues, en particulier pour ce qui concerne la protection des droits fondamentaux des contribuables (par exemple, la notification, dans les délais et dans les formes prescrits, des créances imputées au contribuable, la confidentialité des informations concernant le contribuable, le droit d'appel, le droit d'obtenir une audience et de présenter des arguments et des éléments de preuve, le droit d'être assisté d'un avocat choisi par le contribuable, le droit à un procès équitable, etc.) ;
- la question de savoir si l'assistance en matière de recouvrement comporte des avantages équivalents et réciproques pour les deux États ;
- la question de savoir si l'administration fiscale de chaque État est en mesure de fournir efficacement cette assistance ;
- la question de savoir si les flux d'échanges et d'investissements entre les deux États sont suffisants pour justifier ce type d'assistance ;
- la question de savoir si, pour des raisons d'ordre constitutionnel ou autre, les impôts auxquels cet article s'applique doivent être limités.

Cet article ne sera inséré dans la Convention que si chaque État conclut que, compte tenu de ces facteurs, il peut accepter de fournir une assistance pour le recouvrement des impôts prélevés par l'autre État.

2. L'article prévoit une assistance générale en matière de recouvrement de l'impôt. Certains États peuvent préférer prévoir un type d'assistance plus limitée en matière de recouvrement de l'impôt. Il peut s'agir de la seule forme d'assistance en matière de recouvrement qu'ils sont généralement en mesure d'apporter ou qu'ils pourraient

1 Dans l'ensemble de ces Commentaires sur l'article 27, l'État qui formule une demande d'assistance est désigné sous le nom d'« État requérant » tandis que celui auquel l'assistance est demandée est désigné sous le nom d'« État requis ».

convenir d'apporter en vertu d'une convention particulière. Par exemple, un État peut souhaiter limiter l'assistance aux cas où le bénéfice de la Convention (par exemple une réduction d'impôts dans l'État où des revenus sont perçus notamment sous forme d'intérêts) a été demandé par des personnes qui n'y avaient pas droit. Les pays qui souhaitent apporter cette assistance limitée en matière de recouvrement sont libres d'adopter bilatéralement un autre article rédigé de la manière suivante :

Article 27
Assistance en matière de recouvrement des impôts

1. Les États se prêtent mutuellement assistance pour le recouvrement des impôts dans la mesure où cette assistance est nécessaire pour s'assurer que les exonérations d'impôt ou des réductions de taux prévues par cette Convention ne sont pas accordées aux personnes qui n'y ont pas droit. Les autorités compétentes des États contractants peuvent régler d'un commun accord les modalités d'application du présent article.

2. Les dispositions du présent article ne peuvent en aucun cas être interprétées comme imposant à l'un des États contractants l'obligation :

a) d'appliquer des mesures administratives dérogeant à sa législation ou à sa pratique administrative ou à celles de l'autre État contractant ;

b) de prendre des mesures qui seraient contraires à l'ordre public.

Paragraphe 1

3. Ce paragraphe énonce le principe selon lequel un État contractant est tenu d'assister l'autre État dans le recouvrement des impôts qui lui sont dus, sous réserve que les conditions prévues dans l'article soient remplies. Les paragraphes 3 et 4 prévoient les deux formes que cette assistance prendra.

4. Le paragraphe prévoit aussi que l'assistance en vertu de cet article n'est pas limitée par les articles 1 et 2. Par conséquent, l'assistance doit être fournie en ce qui concerne une créance fiscale due à un État contractant par toute personne, qu'elle soit ou non résidente d'un État contractant. Toutefois, certains États contractants peuvent souhaiter limiter l'assistance aux impôts dus par des résidents de l'un des États contractants. Ces États sont libres de limiter le champ d'application de l'article en supprimant dans ce paragraphe la référence à l'article 1.

5. Le paragraphe 1 de l'article 26 s'applique aux échanges de renseignements aux fins des dispositions de cet article. La confidentialité des renseignements échangés dans le cadre de l'assistance en matière de recouvrement de l'impôt est ainsi assurée.

6. Le paragraphe précise enfin que les autorités compétentes des États contractants peuvent régler d'un commun accord les détails de l'application pratique des dispositions de l'article.

7. Cet accord devrait en particulier traiter des documents qui devraient accompagner une demande formulée conformément au paragraphe 3 ou 4. Il est couramment convenu qu'une demande d'assistance soit accompagnée des documents

exigés par la loi de l'État requis ou ayant fait l'objet d'un accord des autorités compétentes des États contractants et qui sont nécessaires pour entreprendre, le cas échéant, le recouvrement de la créance fiscale ou pour prendre des mesures conservatoires. Ces documents pourraient comprendre par exemple une déclaration en vertu de laquelle la créance fiscale est recouvrable et est due par une personne qui ne peut, en vertu de la loi de l'État requérant, empêcher son recouvrement ou une copie officielle de l'instrument qui permet le recouvrement dans l'État requérant. Une traduction officielle des documents dans la langue de l'État requis devrait également être fournie. Il pourrait également être convenu, le cas échéant, que l'instrument permettant le recouvrement dans l'État requérant sera, s'il y a lieu et conformément aux dispositions en vigueur dans l'État requis, accepté, reconnu, complété ou remplacé dès que possible après la date de réception de la demande d'assistance par un instrument permettant le recouvrement dans le dernier État.

8. L'accord devrait également traiter de la question des coûts qui seront supportés par l'État requis pour répondre à une demande formulée dans le cadre du paragraphe 3 ou 4. En général, les coûts de recouvrement d'une créance fiscale sont à la charge du débiteur mais il est nécessaire de déterminer l'État auquel vont incomber les coûts qui ne peuvent être récupérés auprès de cette personne. À cet égard, la pratique habituelle consiste à prévoir qu'en l'absence d'un accord spécifique à un cas particulier, les dépenses ordinaires encourues par un État lorsqu'il fournit une assistance à l'autre État ne seront pas remboursées par l'autre État. Les dépenses ordinaires sont celles qui sont liées directement et normalement au recouvrement, c'est-à-dire celles auxquelles on peut s'attendre dans le cas d'une procédure normale de recouvrement dans le cadre national. Cependant, dans le cas des dépenses extraordinaires, la pratique consiste à prévoir qu'elles seront supportées par l'État requérant à moins d'entente contraire. Ces dépenses couvriraient, par exemple, celles qui sont encourues lorsqu'un type de procédure particulier a été utilisé à la demande de l'autre État, ou les dépenses supplémentaires d'experts, d'interprètes ou de traducteurs. La plupart des États considèrent également comme des dépenses extraordinaires les frais de procédure judiciaire et de mise en liquidation. L'accord devrait comporter une définition des dépenses extraordinaires et des consultations devraient intervenir entre les États contractants dans tous les cas particuliers où des dépenses extraordinaires sont susceptibles d'entrer en jeu. Il faudrait également convenir que dès qu'un État contractant prévoit que des dépenses extraordinaires pourraient être encourues, il en informe l'autre État contractant et indique le montant estimé de ces coûts afin que l'autre État puisse décider s'il y a lieu de les prendre en charge. Les États contractants ont bien entendu également la possibilité de convenir que les coûts seront répartis sur une base différente de celle qui est décrite ci-dessus ; cela peut être nécessaire, par exemple, lorsqu'une demande d'assistance est suspendue ou retirée conformément au paragraphe 7 ou lorsque la question des dépenses encourues à l'occasion de la fourniture d'une assistance en matière de recouvrement de l'impôt est déjà traitée dans un autre instrument juridique applicable à ces États.

9. Dans l'accord, les autorités compétentes pourraient également traiter des autres questions pratiques suivantes :

— Faut-il prévoir une date limite à partir de laquelle une demande d'assistance ne peut plus être formulée en ce qui concerne une créance fiscale particulière ?

— Quel doit être le taux de change applicable lorsqu'une créance fiscale est recouvrée dans une monnaie différente de celle qui est utilisée dans l'État requérant ?

— Comment les sommes recouvrées à la suite d'une demande formulée conformément au paragraphe 3 doivent-elles être remises à l'État requérant ?

Paragraphe 2

10. Le paragraphe 2 définit le terme « créance fiscale » aux fins de cet article. La définition s'applique à toute somme due au titre de tout impôt prélevé pour le compte des États contractants, de leurs subdivisions administratives ou collectivités locales mais seulement dans la mesure où le prélèvement de cet impôt n'est pas contraire à la Convention ou à un autre instrument en vigueur entre les États contractants. Elle s'applique aussi aux intérêts, pénalités administratives et frais de recouvrement ou de conservation qui sont liés à cette somme. L'assistance n'est donc pas limitée aux impôts auxquels la Convention s'applique en général conformément à l'article 2, comme le confirme le paragraphe 1.

11. Certains États contractants peuvent préférer limiter l'application de l'article aux impôts qui sont couverts par les règles générales de l'article 2 de la Convention. Les États qui le souhaitent peuvent remplacer les paragraphes 1 et 2 par les suivants :

> 1. Les États contractants se prêtent mutuellement assistance pour le recouvrement de leurs créances fiscales. Cette assistance n'est pas limitée par l'article 1. Les autorités compétentes des États contractants peuvent régler d'un commun accord les modalités d'application du présent article.
>
> 2. Le terme « créance fiscale », tel qu'il est utilisé dans cet article, désigne une somme due au titre d'impôts couverts par la Convention ainsi que les intérêts, les pénalités administratives correspondantes et les coûts de recouvrement ou de conservation liés à ces sommes.

12. De même, certains États contractants peuvent souhaiter limiter les catégories d'impôts auxquelles s'appliqueront les dispositions de l'article ou clarifier le champ d'application de ces dispositions en incluant dans la définition une liste détaillée des impôts. Les États qui le souhaitent sont libres d'adopter bilatéralement la définition suivante :

> Le terme « créance fiscale », tel qu'il est utilisé dans cet article, désigne une somme due au titre des impôts suivants prélevés par les États contractants, dans la mesure où l'imposition correspondante n'est pas contraire à la présente Convention ou à tout autre instrument auquel ces États contractants sont parties, ainsi que les

intérêts, les pénalités administratives correspondantes et les coûts de recouvrement ou de conservation liés à ces impôts :

a) (dans l'État A) : ...

b) (dans l'État B) : ...

13. Afin de s'assurer que les autorités compétentes peuvent communiquer librement des informations aux fins de cet article, les États contractants devraient s'assurer que l'article est rédigé d'une manière qui permet des échanges de renseignements concernant tout impôt auquel cet article s'applique.

14. Aucune disposition de la Convention n'empêche l'application des stipulations de l'article aux créances fiscales qui ont pris naissance avant l'entrée en vigueur de la Convention, dans la mesure où l'assistance concernant ces créances est offerte après que la Convention soit entrée en vigueur et que les dispositions de l'article soient devenues applicables. Cependant, les États contractants peuvent juger utile de préciser de quelle façon les dispositions de l'article sont applicables à ces créances fiscales, en particulier lorsque les dispositions concernant l'entrée en vigueur de leur convention prévoient que les clauses de celle-ci s'appliqueront aux impôts dus ou prélevés à partir d'une certaine date. Les États qui souhaitent limiter l'application de l'article aux créances qui ont pris naissance après l'entrée en vigueur de la Convention sont également libres de le faire dans le cadre de négociations bilatérales.

Paragraphe 3

15. Ce paragraphe précise les conditions dans lesquelles une demande d'assistance en matière de recouvrement peut être formulée. La créance fiscale doit être recouvrable en vertu des lois de l'État requérant et être due par une personne qui, à ce moment-là, ne peut, en vertu des lois de cet État, empêcher son recouvrement. C'est le cas lorsque l'État requérant a le droit, en vertu de sa législation interne, de recouvrer la créance fiscale et lorsque la personne qui détient la somme en question n'a pas la possibilité de s'opposer à ce recouvrement ni sur le plan administratif ni sur le plan judiciaire.

16. Dans de nombreux États, une créance fiscale peut être recouvrée même lorsqu'il existe encore un droit de recours auprès d'un organisme administratif ou d'un tribunal en ce qui concerne la validité ou le montant de la créance. Si toutefois la législation interne de l'État requis ne l'autorise pas à recouvrer ses propres créances fiscales lorsque des recours sont encore pendants, le paragraphe ne l'autorise pas à le faire dans le cas de créances fiscales de l'autre État pour lesquelles de tels droits de recours existent encore même si cela n'empêche pas le recouvrement de l'impôt dans cet autre État. En fait, la phrase « recouvrée par cet autre État conformément aux dispositions de sa législation applicable en matière de recouvrement de ses propres impôts comme si la créance en question était une créance fiscale de cet autre État » a pour effet de rendre applicable la restriction de la législation interne de l'État requis au recouvrement de la créance fiscale de l'autre État. De nombreux États peuvent toutefois souhaiter autoriser l'assistance en matière de recouvrement de l'impôt

lorsqu'une créance fiscale peut être recouvrée dans l'État requérant nonobstant l'existence de droits de recours même si la législation de l'État requis empêche le recouvrement dans ce cas. Les États qui le souhaitent peuvent modifier le paragraphe 3 de la manière suivante :

> Lorsqu'une créance fiscale d'un État contractant qui est recouvrable en vertu des lois de cet État et est due par une personne qui, à cette date, ne peut, en vertu de ces lois, empêcher son recouvrement, cette créance fiscale est, à la demande des autorités compétentes de cet État, acceptée en vue de son recouvrement par les autorités compétentes de l'autre État contractant. Cette créance fiscale est recouvrée par cet autre État conformément aux dispositions de sa législation applicable en matière de recouvrement de ses propres impôts comme si la créance en question était une créance fiscale de cet autre État remplissant les conditions autorisant cet autre État à faire une demande conformément à ce paragraphe.

17. Le paragraphe 3 réglemente aussi la manière dont la créance fiscale de l'État requérant doit être recouvrée par l'État requis. Sauf en ce qui concerne les délais de prescription et les priorités (voir les Commentaires sur le paragraphe 5), l'État requis est obligé de recouvrer la créance fiscale de l'État requérant comme s'il s'agissait de sa propre créance fiscale même si à ce moment il n'a pas besoin d'entreprendre des actions de recouvrement vis-à-vis de ce contribuable pour son propre compte. Comme on l'a déjà indiqué, les mots « conformément aux dispositions de sa législation applicable en matière de recouvrement de ses propres impôts » ont pour effet de limiter l'assistance en matière de recouvrement aux créances pour lesquelles il n'existe plus d'autres droits de recours si, en vertu de la législation interne de l'État requis, le recouvrement des créances fiscales de cet État n'est pas autorisé tant qu'il existe encore de tels droits.

18. Il peut arriver qu'une demande concerne un impôt qui n'existe pas dans l'État requis. L'État requérant doit alors indiquer, le cas échéant, la nature de la créance fiscale, les éléments qui la composent, la date d'expiration de la créance et l'actif à partir duquel elle peut être recouvrée. L'État requis suivra alors la procédure applicable aux créances concernant l'un de ses propres impôts similaire à celui de l'État requérant ou toute autre procédure appropriée s'il n'existe pas d'impôt similaire.

Paragraphe 4

19. Afin de préserver le droit, pour un État contractant, de recouvrer l'impôt, ce paragraphe lui permet de demander à l'autre État de prendre des mesures conservatoires même s'il ne peut pas encore demander une assistance en matière de recouvrement, par exemple lorsque la créance ne peut pas encore être recouvrée ou lorsque le débiteur a encore le droit d'empêcher son recouvrement. Ce paragraphe ne devrait être inclus que dans les conventions entre États qui ont la possibilité de prendre des mesures conservatoires en vertu de leur propre législation. Par ailleurs, les États qui considèrent qu'il n'y a pas lieu de prendre des mesures conservatoires au titre d'impôts dus à un autre État peuvent décider de ne pas inclure le paragraphe dans leurs conventions ou d'en limiter le champ d'application. Dans certains États, les

mesures conservatoires sont désignées sous le nom de « mesures intérimaires » et ces États peuvent, s'ils le souhaitent, ajouter ces mots au paragraphe pour clarifier son champ d'application dans le cadre de leur propre terminologie.

20. On peut citer comme exemple de mesures auxquelles le paragraphe s'applique la saisie ou le gel d'actifs avant un jugement définitif garantissant que ces actifs seront encore disponibles lorsque le recouvrement pourra avoir lieu par la suite. Les conditions requises pour l'adoption de mesures conservatoires peuvent varier d'un État à l'autre mais dans tous les cas, le montant de la créance fiscale devrait être déterminé au préalable, même si ce n'est que provisoirement ou partiellement. Une demande de mesures conservatoires concernant une créance fiscale particulière ne peut être formulée à moins que l'État requérant n'ait lui-même la possibilité de prendre de telles mesures concernant cette créance (voir les Commentaires sur le paragraphe 8).

21. Lorsqu'il formule une demande de mesures conservatoires, l'État requérant doit indiquer à chaque fois à quel stade en est le processus de cotisation ou de recouvrement. L'État requis devra ensuite examiner si, dans un tel cas, ses lois et sa pratique administrative lui permettent de prendre des mesures conservatoires.

Paragraphe 5

22. Le paragraphe 5 stipule tout d'abord que les délais de prescription de l'État requis, c'est-à-dire les délais au-delà desquels une créance fiscale ne peut être recouvrée ou collectée, ne doivent pas s'appliquer à une créance fiscale au titre de laquelle l'autre État a présenté une demande en application du paragraphe 3 ou 4. Comme le paragraphe 3 se réfère aux créances fiscales qui peuvent être recouvrées dans l'État requérant et le paragraphe 4 aux créances fiscales au titre desquelles l'État requérant peut prendre des mesures conservatoires, il s'ensuit que seuls les délais de l'État requérant sont applicables.

23. Par conséquent, tant qu'une créance fiscale peut encore être recouvrée (paragraphe 3) ou donner lieu à des mesures conservatoires (paragraphe 4) dans l'État requérant, aucune objection fondée sur les délais de prescription prévus par les lois de l'État requis ne peut être opposée à l'application du paragraphe 3 ou 4 à cette créance fiscale. Les États qui ne peuvent accepter de ne pas tenir compte de leurs propres délais devraient modifier le paragraphe 5 en conséquence.

24. Les États contractants peuvent convenir qu'après un certain délai, l'obligation d'apporter une assistance en matière de recouvrement de la créance fiscale n'existe plus. La période devrait courir à compter de la date de l'instrument initial permettant le recouvrement. Dans certains États, la législation requiert le renouvellement de l'instrument permettant la mise en recouvrement, auquel cas le premier instrument est celui qui doit être pris en compte pour la détermination du délai au-delà duquel l'obligation de fournir une assistance prend fin.

25. Le paragraphe 5 prévoit par ailleurs que les dispositions en vertu desquelles l'État requis (première phrase) et l'État requérant (deuxième phrase) doivent donner à

leurs propres créances fiscales la priorité sur celles d'autres créanciers ne doivent pas s'appliquer à une créance fiscale pour laquelle une demande a déjà été formulée en vertu du paragraphe 3 ou 4. De telles dispositions sont souvent incluses dans la législation nationale afin de faire en sorte que les autorités fiscales puissent collecter des impôts dans toute la mesure du possible.

26. La disposition selon laquelle les règles de l'État requis prévoyant des privilèges ne s'appliquent pas aux créances fiscales de l'autre État pour lesquelles une demande d'assistance a été présentée est valable même si l'État requis doit traiter en général cette créance comme s'il s'agissait de sa propre créance fiscale en vertu des paragraphes 3 et 4. Les États qui souhaitent stipuler que les créances fiscales de l'autre État doivent avoir le même privilège que celui qui est applicable à leurs propres créances fiscales sont libres d'amender le paragraphe en supprimant les mots « et la priorité » dans la première phrase.

27. Les mots « en raison de sa nature en tant que telle », qui apparaissent à la fin de la première phrase, indiquent que les délais et les règles de priorité de l'État requis auxquels le paragraphe s'applique sont seulement celles qui sont spécifiques aux impôts non payés. Par conséquent, le paragraphe n'empêche pas l'application de règles générales concernant les délais ou les priorités qui s'appliqueraient à toutes les dettes (par exemple, les règles accordant la priorité à une créance en raison du fait qu'elle a pris naissance ou qu'elle a été enregistrée avant une autre).

Paragraphe 6

28. Ce paragraphe prévoit qu'aucune objection juridique ou administrative concernant l'existence, la validité ou le montant d'une créance fiscale de l'État requérant ne sera examinée par les tribunaux et les instances administratives de l'État requis. Par conséquent, aucune procédure juridique ou administrative, telle qu'une demande de contrôle judiciaire, ne sera engagée dans l'État requis en ce qui concerne ces questions. Le principal objet de ces dispositions est d'éviter qu'il soit demandé aux organismes administratifs ou judiciaires de l'État requis de prendre des décisions sur la question de savoir si une somme est due en totalité ou en partie en vertu de la législation interne de l'autre État. Les États auxquels ce paragraphe pourrait occasionner des difficultés constitutionnelles ou législatives peuvent le modifier ou l'omettre dans le cadre de négociations bilatérales.

Paragraphe 7

29. Ce paragraphe prévoit que si, après qu'une demande a été formulée en vertu du paragraphe 3 ou 4, les conditions en vigueur au moment où cette demande a été effectuée cessent de s'appliquer (par exemple parce qu'une créance fiscale cesse d'être recouvrable dans l'État requérant) l'État qui a fait la demande doit notifier promptement à l'autre État ce changement de situation. À la suite de la réception de cette notification, l'État requis a la possibilité de demander à l'État requérant la suspension ou le retrait de la demande. Si la demande est suspendue, la suspension doit s'appliquer jusqu'à ce que l'État qui a formulé la demande informe l'autre État que

les conditions nécessaires pour formuler une demande concernant la créance en question sont à nouveau réunies ou qu'il retire sa demande.

Paragraphe 8

30. Ce paragraphe comporte certaines limites aux obligations imposées à l'État qui reçoit une demande d'assistance.

31. L'État requis est libre de refuser d'apporter son assistance dans les cas mentionnés dans le paragraphe. Si toutefois il accorde son assistance dans ces cas, celle-ci reste dans le cadre de l'article et on ne pourra faire valoir que cet État a manqué aux dispositions de l'article.

32. En premier lieu, le paragraphe précise qu'un État contractant n'est pas tenu d'aller au-delà de sa propre législation interne et de sa pratique administrative ou de celles de l'autre État dans l'accomplissement des obligations découlant de l'article. Par conséquent, si l'État requérant n'a pas dans le cadre national le pouvoir de prendre des mesures conservatoires, l'État requis peut refuser de prendre ces mesures pour le compte de l'État requérant. De même, si la saisie d'actifs en vue d'assurer le recouvrement d'une créance fiscale n'est pas autorisée dans l'État requis, cet État n'est pas obligé d'y procéder lorsqu'il apporte son assistance en matière de recouvrement de l'impôt en vertu des dispositions de cet article. Cependant, les types de mesures administratives autorisées pour le recouvrement de l'impôt dans l'État requis doivent être utilisées, même si elles sont invoquées uniquement pour apporter une assistance dans le recouvrement des impôts dus à l'État requérant.

33. Comme le stipule le paragraphe 5, les délais de prescription en vigueur dans un État contractant ne s'appliquent pas à une créance fiscale au titre de laquelle l'autre État a demandé une assistance. L'alinéa *a*) n'a pas pour objet de faire obstacle à ce principe. L'octroi d'une assistance concernant une créance fiscale après l'expiration des délais en vigueur dans l'État requis ne sera donc pas considéré comme contraire à la législation et à la pratique administrative de cet État contractant ou de l'autre dans le cas où les délais applicables à cette créance n'ont pas expiré dans l'État requérant.

34. L'alinéa *b*) inclut une limite à l'adoption de mesures contraires à l'ordre public. Comme c'est le cas en vertu de l'article 26 (voir le paragraphe 19 des Commentaires sur l'article 26), il a été jugé nécessaire de fixer une limite concernant l'assistance qui risquerait d'affecter les intérêts vitaux de l'État lui-même.

35. En vertu de l'alinéa *c*), un État contractant n'est pas tenu de donner suite à la demande si l'autre État n'a pas pris toutes les mesures raisonnables de recouvrement ou les mesures conservatoires, selon le cas, qui sont à sa disposition en vertu de sa législation ou de sa pratique administrative.

36. Enfin, en vertu de l'alinéa *d*), l'État requis peut également rejeter la demande pour des raisons pratiques, par exemple si les coûts qu'elle entraînerait pour le recouvrement d'une créance fiscale de l'État requérant excédaient le montant de cette créance.

37. Certains États souhaiteront peut-être ajouter au paragraphe une autre limitation qui figure déjà dans la *Convention multilatérale concernant l'assistance administrative mutuelle en matière fiscale* du Conseil de l'Europe et de l'OCDE qui permettrait à un État de ne pas fournir d'assistance s'il considère que l'imposition au titre de laquelle l'assistance est demandée est contraire aux principes d'imposition généralement admis.

COMMENTAIRES SUR L'ARTICLE 28 CONCERNANT LES MEMBRES DES MISSIONS DIPLOMATIQUES ET POSTES CONSULAIRES

1. Cette clause a pour but de donner aux membres des missions diplomatiques et postes consulaires la garantie qu'en vertu des dispositions d'une convention de double imposition, ils bénéficieront d'un traitement au moins aussi favorable que celui auquel ils ont droit conformément au droit international ou à des accords internationaux particuliers.

2. L'application simultanée des clauses d'une convention de double imposition et des privilèges diplomatiques et consulaires conférés en vertu des règles générales du droit international ou d'un accord international particulier peut, dans certaines circonstances, avoir pour résultat de dispenser les intéressés, dans les deux États contractants, de l'impôt qu'ils auraient dû autrement acquitter. On peut, à titre d'exemple, prendre le cas d'un agent diplomatique accrédité par l'État A auprès de l'État B et qui perçoit des redevances ou des dividendes ayant leur source dans l'État A ; conformément au droit international, il ne sera pas soumis à l'impôt dans l'État B au titre de ces revenus et il peut également, en tant que résident de l'État B, en vertu de dispositions de la convention bilatérale conclue entre les deux États, avoir droit à une exonération ou à une réduction de l'impôt sur le revenu perçu par l'État A. Afin d'éviter des dégrèvements d'impôts qu'ils n'avaient pas l'intention d'accorder, les États contractants ont la faculté d'adopter bilatéralement une disposition additionnelle qui pourrait être rédigée dans les termes suivants :

> Dans la mesure où, en raison des privilèges fiscaux dont bénéficient les membres des missions diplomatiques et postes consulaires, en vertu des règles générales du droit international ou aux termes des dispositions d'accords internationaux particuliers, le revenu ou la fortune ne sont pas imposables dans l'État accréditaire, le droit d'imposition est réservé à l'État accréditant.

3. Dans de nombreux pays membres de l'OCDE, la législation interne dispose que les membres des missions diplomatiques et postes consulaires, lorsqu'ils se trouvent à l'étranger, sont, du point de vue fiscal, considérés comme des résidents de l'État qui les accrédite. Une nouvelle étape peut être franchie dans les relations bilatérales entre pays membres dont le droit interne comporte des dispositions de ce genre par l'inclusion dans la Convention de règles spécifiques précisant qu'aux fins de la Convention, l'État accréditant est l'État de résidence des membres des missions diplomatiques et des postes consulaires des États contractants. La clause spéciale que l'on propose pourrait être rédigée sous la forme suivante :

> Nonobstant les dispositions de l'article 4, toute personne physique qui est membre d'une mission diplomatique ou d'un poste consulaire d'un État contractant qui est situé dans l'autre État contractant ou dans un État tiers est considérée, aux fins de la Convention, comme un résident de l'État accréditant, à condition :

a) que, conformément au droit international, elle ne soit pas assujettie à l'impôt dans l'État accréditaire pour les revenus de sources extérieures à cet État ou pour la fortune située en dehors de cet État, et

b) qu'elle soit soumise dans l'État accréditant aux mêmes obligations, en matière d'impôts sur l'ensemble de son revenu ou de sa fortune, que les résidents de cet État.

4. En vertu du paragraphe 1 de l'article 4, les membres des missions diplomatiques et postes consulaires d'un État tiers accrédités auprès d'un État contractant ne sont pas considérés comme des résidents de l'État accréditaire s'ils ne sont soumis dans cet État qu'à une imposition limitée (voir le paragraphe 8.1 des Commentaires sur l'article 4). Cette observation est également valable pour les organisations internationales établies dans un État contractant et pour leurs fonctionnaires, car ils bénéficient en général de certains privilèges fiscaux, soit en vertu de la convention ou du traité instituant l'organisation, soit en vertu d'un traité spécial conclu entre l'organisation et l'État où elle est établie. Les États contractants qui souhaiteraient régler expressément ces cas ou qui voudraient prévenir des avantages fiscaux inopportuns peuvent ajouter la clause suivante à cet article :

> La Convention ne s'applique pas aux organisations internationales, à leurs organes ou à leurs fonctionnaires, ni aux personnes qui sont membres d'une mission diplomatique ou d'un poste consulaire d'un État tiers, lorsqu'ils se trouvent sur le territoire d'un État contractant et ne sont pas traités comme des résidents dans l'un ou l'autre État contractant en matière d'impôts sur le revenu ou sur la fortune.

En d'autres termes, les organisations internationales, leurs organes ou leurs fonctionnaires qui ne sont imposables dans un État contractant qu'en raison de leur revenu de sources situées dans cet État, ne devront pas bénéficier de la Convention.

5. Bien que les fonctionnaires consulaires honoraires ne puissent tirer des dispositions de cet article les privilèges auxquels ils n'ont pas droit en vertu des règles générales du droit international (il n'existe ordinairement d'exonération fiscale que pour les paiements que les consuls honoraires reçoivent afin de couvrir les dépenses qu'ils engagent pour le compte de l'État accréditant), les États contractants ont la faculté d'exclure expressément, par accord bilatéral, les fonctionnaires consulaires honoraires de l'application de l'article.

COMMENTAIRES SUR L'ARTICLE 29 CONCERNANT LE DROIT AUX AVANTAGES

I. Remarques préliminaires

1. Comme l'explique la note de bas de page sur cet article, l'article 29 reflète l'intention des États contractants, énoncée dans le préambule de la Convention, d'éliminer la double imposition sans créer de possibilités de non-imposition ou d'imposition réduite par l'évasion ou la fraude fiscale, en particulier par le recours à des mécanismes de chalandage fiscal. Cette intention et le contenu de cet article sont conformes au standard minimum défini au titre du Projet OCDE/G20 sur l'érosion de la base d'imposition et le transfert de bénéfices, et dont il est fait mention au paragraphe 22 du rapport *Empêcher l'octroi inapproprié des avantages des conventions fiscales, Action 6 - Rapport final 2015*. Comme l'indique le rapport, la formulation de cet article dépendra de la façon dont les États contractants décident de mettre en œuvre le standard minimum. En fonction des circonstances qui leur sont propres, les États peuvent souhaiter adopter uniquement la règle générale anti-abus mentionnée au paragraphe 9 de l'article, opter plutôt pour la version détaillée des paragraphes 1 à 7 qui est décrite ci-après, qu'ils compléteraient par un mécanisme ciblant les mécanismes de sociétés-relais qui ne seraient pas couverts par les dispositions de la Convention, ou choisir d'inclure la règle générale anti-abus visée au paragraphe 9 associée à une variante des paragraphes 1 à 7 décrite ci-après.

2. Un État peut préférer la dernière approche mentionnée ci-dessus parce qu'elle conjugue la flexibilité d'une règle générale capable d'empêcher un grand nombre de transactions abusives avec la certitude d'une règle plus « automatique » qui empêche les transactions qui entraînent des risques avérés de chalandage fiscal et qui peuvent être facilement qualifiées par référence à certaines caractéristiques (comme la propriété étrangère d'une entité). La dernière approche donne lieu à la « version simplifiée » des paragraphes 1 à 7 reproduite ci-après, qui devrait être appliquée uniquement en lien avec la règle générale du paragraphe 9. Cette association ne doit en aucun cas être interprétée comme ayant pour effet de limiter la portée de la règle générale anti-abus du paragraphe 9 : il ne faudrait pas considérer qu'une transaction ou un dispositif échappe à l'application du paragraphe 9 pour la simple raison que les règles spécifiques anti-abus énoncées aux paragraphes 1 à 7, qui concernent uniquement certains cas de chalandage fiscal faciles à identifier grâce à leurs caractéristiques, ne sont pas applicables.

3. Un État peut toutefois préférer traiter les situations de chalandage fiscal sans recourir à la règle générale anti-abus du paragraphe 9, en recourant plutôt aux règles spécifiques énoncées aux paragraphes 1 à 7, associées à un mécanisme ciblant les mécanismes de sociétés-relais qui échapperaient à l'application de ces paragraphes. Ce peut être le cas d'un État dont le droit interne contient des règles anti-abus suffisamment détaillées pour traiter d'autres formes d'utilisation abusive des conventions. Les États qui optent pour cette approche devront s'assurer que la version des paragraphes 1 à 7 qu'ils font figurer dans leurs conventions bilatérales est

suffisamment aboutie pour empêcher les principales formes de chalandage fiscal. C'est pourquoi les paragraphes ci-après présentent différentes versions des paragraphes 1 à 7, la version la plus aboutie mentionnée ci-dessus étant appelée la « version détaillée ». Les États qui ne souhaitent pas inclure le paragraphe 9 pour les raisons indiquées dans ce paragraphe devraient adopter la version détaillée, plutôt que la version « simplifiée », sous réserve d'y apporter les adaptations évoquées dans les Commentaires ci-après.

4. Cet article contient des dispositions qui empêchent diverses formes de chalandage fiscal consistant pour des personnes qui ne sont pas des résidents d'un État contractant à créer une entité résidente de cet État afin de réduire ou de supprimer l'imposition dans l'autre État contractant grâce aux avantages conférés par la convention fiscale conclue entre ces deux États. Permettre à des personnes qui n'ont pas droit de manière directe aux avantages des conventions (comme la réduction ou l'exonération de la retenue à la source sur les dividendes, intérêts ou redevances) d'en bénéficier indirectement en recourant au chalandage fiscal revient à porter atteinte au caractère bilatéral et réciproque des conventions fiscales. Si, par exemple, un État sait que ses résidents peuvent bénéficier indirectement des avantages des conventions conclues par un autre État, il se peut qu'il n'ait guère d'intérêt à accorder des avantages réciproques aux résidents de cet autre État en concluant une convention fiscale avec cet État. Il se peut en effet que les avantages qui seraient obtenus indirectement dans une telle situation ne soient pas adéquats eu égard à la nature du système fiscal du premier État ; si par exemple cet État ne prélève pas d'impôt sur le revenu sur une catégorie de revenu donnée, il n'est pas opportun que les résidents de cet État bénéficient des dispositions d'une convention fiscale conclue entre deux autres États qui prévoient une réduction ou une exonération de l'imposition à la source pour cette catégorie de revenu et qui ont été élaborées en partant du principe que les deux États contractants imposeraient cette catégorie de revenu.

5. Les dispositions des paragraphes 1 à 7 visent à refuser l'octroi des avantages des conventions en présence de structures dont l'existence entraîne généralement l'octroi indirect des avantages d'une convention à des personnes qui n'y ont pas droit directement tout en admettant que, dans certains cas, des personnes qui ne sont pas résidentes d'un État contractant peuvent créer une entité dans cet État pour des motifs commerciaux légitimes. Bien que ces dispositions s'appliquent indépendamment du fait qu'une structure particulière ait, ou non, été créée à des fins de chalandage fiscal, l'article autorise l'autorité compétente d'un État contractant à accorder les avantages conférés par une convention, même lorsque les autres dispositions de l'article conduiraient à en refuser le bénéfice, dès lors que l'autorité compétente établit que la structure n'a pas parmi ses principaux objectifs d'obtenir l'octroi des avantages prévus par la Convention.

6. L'article limite la portée générale des autres dispositions de la Convention, notamment de celles de l'article 1 selon lequel la Convention s'applique aux personnes résidentes d'un État contractant. Le paragraphe 1 de l'article prévoit qu'un résident d'un État contractant n'a pas droit aux avantages conférés par la Convention sauf s'il

s'agit d'une « personne admissible » telle que définie au paragraphe 2 ou si les avantages sont accordés au titre des dispositions des paragraphes 3, 4, 5 ou 6. On trouve dans le paragraphe 2 la définition d'une « personne admissible » en référence à la nature ou aux caractéristiques de diverses catégories de personnes ; toute personne auquel ce paragraphe s'applique a droit à tous les avantages prévus par la Convention. Le paragraphe 3 prévoit qu'une personne a droit aux avantages conférés par la Convention au titre d'un élément de revenu, même s'il ne s'agit pas d'une « personne admissible » au sens du paragraphe 2, pour autant que cet élément de revenu émane, ou constitue un élément accessoire, de l'exercice actif d'une activité d'entreprise dans l'État de résidence de cette personne (sous réserve de quelques exceptions). Au paragraphe 4 est énoncée une disposition relative aux « avantages dérivés » qui autorise certaines entités détenues par des résidents d'États tiers à bénéficier des avantages prévus par la Convention dès lors qu'ils auraient obtenu des avantages équivalents s'ils avaient investi directement. Le paragraphe 5 contient une disposition relative aux « sociétés de siège », selon laquelle une société qui ne peut prétendre au bénéfice des avantages conférés par la Convention en vertu du paragraphe 2 peut toutefois être fondée à bénéficier d'avantages au titre d'éléments de revenu spécifiques. Le paragraphe 6 contient des dispositions autorisant l'autorité compétente d'un État contractant à accorder les avantages conférés par la Convention lorsque les autres dispositions de l'article auraient par ailleurs conduit à refuser de les octroyer. Le paragraphe 7 contient un certain nombre de définitions applicables aux fins du présent article.

Paragraphe 1 : disposition qui limite l'octroi des avantages prévus par la Convention à un résident d'un État contractant qui est une « personne admissible »

Versions simplifiée et détaillée

1. Sauf disposition contraire du présent article, un résident d'un État contractant ne peut bénéficier d'un avantage qui serait par ailleurs conféré par la Convention (autre qu'un avantage accordé au titre du paragraphe 3 de l'article 4, du paragraphe 2 de l'article 9, ou de l'article 25), à moins que ce résident soit une « personne admissible », telle que définie au paragraphe 2, à la date où l'avantage serait accordé.

Commentaires sur le paragraphe 1 dans les versions simplifiée et détaillée

7. Le paragraphe 1, dans les versions simplifiée et détaillée, prévoit qu'un résident d'un État contractant tel que défini à l'article 4 aura uniquement droit aux avantages accordés par ailleurs aux résidents d'un État contractant en vertu de la Convention s'il est une « personne admissible » telle que définie au paragraphe 2 ou si ces avantages sont accordés par ailleurs au titre des paragraphes 3, 4, 5 ou 6. Les avantages accordés par ailleurs au titre de la Convention à un résident d'un État contractant tiennent compte de toutes les limitations des droits d'imposition des États contractants prévues

aux articles 6 à 22, de l'élimination de la double imposition prévue à l'article 23 et de la protection accordée aux résidents d'un État contractant en vertu de l'article 24. L'article ne restreint toutefois pas la possibilité de bénéficier des avantages conférés par la Convention prévus au paragraphe 3 de l'article 4, au paragraphe 2 de l'article 9 ou à l'article 25 ou au titre des quelques dispositions de la Convention n'exigeant pas qu'une personne soit résidente d'un État contractant pour pouvoir bénéficier des avantages de ces dispositions (notamment des dispositions du paragraphe 1 de l'article 24, dans la mesure où elles s'appliquent aux ressortissants nationaux qui ne sont résidents d'aucun des États contractants). Bien que les dispositions du paragraphe 3 de l'article 7 présentent des similitudes avec celles du paragraphe 2 de l'article 9, le paragraphe 1 de l'article 29 limite les avantages accordés en application du paragraphe 3 de l'article 7 dans la mesure où l'élimination de la double imposition prévue par l'article 7 dépend en grande partie des dispositions du paragraphe 2 de ce même article (voir les paragraphes 40 à 57 des commentaires sur l'article 7) et qu'il ne serait pas cohérent que les conditions d'octroi d'un allégement au titre du paragraphe 3 de l'article 7 soient plus généreuses que celles applicables en vertu du paragraphe 2 de ce même article.

8. Le paragraphe 1 n'a en aucune façon pour effet d'étendre le champ des avantages conférés par les autres dispositions de la Convention. Ainsi, un résident d'un État contractant qui est une « personne admissible » au sens du paragraphe 2 n'en doit pas moins satisfaire aux conditions imposées par les autres dispositions de la Convention pour obtenir ces avantages (il doit par exemple être le bénéficiaire effectif des dividendes pour pouvoir bénéficier des dispositions du paragraphe 2 de l'article 10) et ces avantages peuvent lui être refusés ou être limités en vertu de règles anti-abus applicables telles que celles énoncées aux paragraphes 8 et 9.

9. Le paragraphe 1 s'applique chaque fois que la Convention prévoit par ailleurs l'octroi d'un avantage à un résident d'un État contractant. Ainsi, il s'applique par exemple chaque fois que le revenu auquel s'applique l'article 6 est perçu par un résident d'un État contractant ; chaque fois que les dividendes auxquels s'applique l'article 10 sont versés à un résident d'un État contractant ou encore chaque fois que des bénéfices auxquels s'applique l'article 7 sont réalisés. Le paragraphe prévoit que, pour avoir droit à l'avantage conféré par la disposition concernée de la Convention, le résident de l'État contactant doit, à la date considérée, être une « personne admissible » au sens du paragraphe 2. Dans certains cas, cependant, la définition d'une « personne admissible » impose qu'un résident d'un État contractant satisfasse à certaines conditions pendant une certaine durée pour pouvoir être considérée comme une « personne admissible » à une date considérée.

10. Dès lors que la définition de « bénéficiaire équivalent » utilisée aux fins du paragraphe 4 de la version détaillée concernant les avantages dérivés exclut les personnes qui, aux termes d'une autre convention, pourraient prétendre auprès de l'État de la source à un allégement moins favorable que celui pouvant être accordé en vertu de la Convention, cette définition induirait un effet de « tout ou rien » en conduisant à n'accorder aucun des avantages prévus par les conventions, même en

présence d'un écart relativement limité entre les allégements possibles au titre des deux conventions. Dans ce cas, certains États considèrent qu'il convient de prévoir que l'État de la source puisse accorder un allégement similaire à celui qui serait accordé en vertu de l'autre convention. Ce résultat peut être obtenu au moyen des dispositions alternatives énoncées au paragraphe 147 ci-après concernant l'imposition des dividendes, des intérêts et des redevances, qui atténuent l'effet de « tout ou rien » lorsqu'un bénéficiaire équivalent potentiel est, aux termes d'une autre convention, fondé à bénéficier auprès de l'État de la source d'un aménagement de l'imposition moins favorable que celui prévu par la Convention. Plutôt que de refuser l'intégralité des avantages définis par la convention au titre du revenu considéré, ces dispositions prévoient l'octroi d'avantages limités qui correspondent, dans l'ensemble, à ceux qui auraient été obtenus aux termes de l'autre convention. Pour faire en sorte que le paragraphe 1 ne conduise pas à refuser l'octroi des avantages prévus par ces dispositions alternatives, ce qui serait contraire à l'objectif de ces dispositions, ces États devraient adopter une version différente du paragraphe 1 dont la formulation serait la suivante :

> Sauf disposition contraire du présent article et [renvoi aux paragraphes des articles 10, 11 et 12 qui traitent de l'effet « tout ou rien »], un résident d'un État contractant ne peut bénéficier d'un avantage qui serait par ailleurs conféré par la Convention (autre qu'un avantage accordé au titre du paragraphe 3 de l'article 4, du paragraphe 2 de l'article 9 ou de l'article 25), à moins que ce résident soit une « personne admissible », telle que définie au paragraphe 2, à la date à laquelle l'avantage serait accordé.

Paragraphe 2 : situations dans lesquelles un résident est une personne admissible

Versions simplifiée et détaillée

> 2. Un résident d'un État contractant est une personne admissible à la date où un avantage serait par ailleurs accordé en vertu de la Convention si, à cette date, le résident est :

Commentaires sur le préambule du paragraphe 2 dans les versions simplifiée et détaillée

11. Chacun des alinéas du paragraphe 2 dans les versions simplifiée et détaillée décrit une catégorie de résidents considérés comme des personnes admissibles à la date à laquelle est demandé l'octroi d'avantages conférés par une convention.

12. Il est entendu que les dispositions du paragraphe 2 seront auto-exécutoires. Contrairement aux dispositions du paragraphe 5 (version simplifiée) / 6 (version détaillée), dont il sera question ci-après, une décision ou approbation préalable de l'autorité compétente n'est pas requise pour demander à bénéficier des avantages conférés en vertu du paragraphe 2. Il va de soi que les autorités fiscales peuvent, après

examen, estimer que le contribuable a mal interprété le paragraphe et n'a pas droit aux avantages revendiqués.

Alinéa a) : personnes physiques

Versions simplifiée et détaillée

a) une personne physique ;

Commentaires sur l'alinéa a) du paragraphe 2 dans les versions simplifiée et détaillée

13. L'alinéa *a)*, dans les versions simplifiée et détaillée, prévoit que toute personne physique résidente d'un État contractant est une personne admissible. Comme expliqué au paragraphe 61 ci-après, aux termes de certaines dispositions conventionnelles, un organisme de placement collectif doit être considéré comme une personne physique aux fins de l'application de la convention visée, auquel cas, l'organisme de placement collectif constituera une personne admissible en vertu de l'alinéa *a)*.

Alinéa b) : États contractants, leurs subdivisions politiques et leurs organismes publics et agences

Versions simplifiée et détaillée

b) cet État contractant, une subdivision politique ou autorité locale de cet État, ou un organisme public ou une agence de cet État, cette subdivision politique ou cette autorité locale ;

Commentaires sur l'alinéa b) du paragraphe 2 dans les versions simplifiée et détaillée

14. L'alinéa *b)*, dans les versions simplifiée et détaillée, prévoit que les États contractants et toute subdivision politique ou autorité locale de ceux-ci constituent des personnes admissibles. Ces termes s'appliquent à toute émanation d'un État, notamment à tout fonds distinct créé par un État qui ne constitue pas une personne distincte et n'est pas détenu par une telle personne. Aux termes de la dernière partie de l'alinéa, une personne morale distincte qui est un résident d'un État contractant et est un organisme public ou une agence d'un État contractant, ou une subdivision politique ou autorité locale de cet État sera également une personne admissible et aura dès lors droit à tous les avantages conférés par la Convention tant qu'elle conservera ces caractéristiques. Le terme « un organisme public ou une agence » désigne uniquement les entités créées par un État (ou une subdivision politique ou autorité locale de cet État) pour exercer exclusivement des fonctions de nature gouvernementale ; il ne s'applique pas, à titre d'exemple, à une société qui agit en qualité d'agent de l'État à des fins spécifiques mais qui n'a pas été créée par l'État pour exercer des fonctions de nature gouvernementale. La formulation de cet alinéa pourra

être adaptée en fonction de la nature juridique des entités détenues par l'État, qui pourront notamment être des fonds souverains, ainsi qu'en fonction des différents points de vue des États sur l'application de l'article 4 à ces entités (voir les paragraphes 50 à 53 des Commentaires sur l'article 1 et les paragraphes 8.5 et 8.11 des Commentaires sur l'article 4).

Alinéa c) : sociétés et entités cotées en bourse

Version simplifiée

> *c)* une société ou une entité, si la principale catégorie de ses actions fait régulièrement l'objet de transactions sur un ou plusieurs marchés boursiers reconnus ;

Version détaillée

> *c)* une société ou une entité si, pendant la durée de la période d'imposition incluant cette date, la principale catégorie de ses actions (et toute catégorie d'actions conférant des droits disproportionnés) fait régulièrement l'objet de transactions sur un ou plusieurs marchés boursiers reconnus et :
>
> *(i)* la principale catégorie de ses actions fait principalement l'objet de transactions sur un ou plusieurs marchés boursiers reconnus dans l'État contractant dont la société ou l'entité est résidente ; ou
>
> *(ii)* le siège principal de direction et de contrôle de la société ou de l'entité se situe dans l'État contractant dont elle est résidente ;

Commentaires sur l'alinéa c) du paragraphe 2 dans la version simplifiée

15. L'alinéa c) de la version simplifiée tient compte du fait qu'en règle générale, les actions de sociétés cotées en bourse et de certaines entités sont détenues par un grand nombre d'actionnaires et que, dès lors, il est peu probable que ces sociétés ou entités aient été créées à des fins de chalandage fiscal. Les termes « actions », « principale catégorie d'actions » et « marché boursier reconnu » sont définis au paragraphe 6 ; comme il est indiqué dans la définition du terme « actions », cette expression recouvre les participations comparables détenues dans des entités, autres que des sociétés, auxquelles le paragraphe s'applique, et recouvre donc par exemple des parts d'une fiducie (trust) faisant l'objet de transactions sur le marché.

Commentaires sur l'alinéa c) du paragraphe 2 dans la version détaillée

16. L'alinéa c) tient compte du fait qu'en règle générale, les actions de sociétés cotées en bourse et de certaines entités sont détenues par un grand nombre d'actionnaires et que, dès lors, il est peu probable que ces sociétés ou entités aient été créées à des fins de chalandage fiscal.

17. L'alinéa c) prévoit qu'une société ou entité qui est un résident d'un État contractant est une personne admissible à la date à laquelle un avantage est accordé

au titre de la Convention si, pendant la période d'imposition incluant cette date, la principale catégorie de ses actions, et de toute catégorie d'actions conférant des droits disproportionnés, font régulièrement l'objet de transactions sur un ou plusieurs marchés boursiers reconnus, sous réserve que la société ou l'entité satisfasse à l'une au moins des conditions supplémentaires suivantes : premièrement, la principale catégorie d'actions de la société ou de l'entité fait principalement l'objet de transactions sur un ou plusieurs marchés boursiers reconnus situés dans l'État contractant dont la société ou l'entité est résidente ou, deuxièmement, le siège principal de direction et de contrôle de la société ou de l'entité est situé dans son État de résidence. Ces conditions supplémentaires visent à tenir compte du fait que, bien qu'une société ou une entité cotée en bourse puisse techniquement être résidente d'un État donné, il se peut qu'elle n'ait pas de relation suffisante avec cet État pour justifier qu'elle bénéficie des avantages prévus par les conventions conclues par cet État. L'existence d'une relation suffisante peut être établie par le fait que les actions de la société ou de l'entité cotée en bourse font principalement l'objet de transactions sur des bourses reconnues situées dans l'État de résidence de la société ou de l'entité ; étant donné que, du fait de la mondialisation des marchés financiers, les actions des sociétés cotées en bourse qui sont résidentes de certains États font souvent l'objet de transactions sur des bourses étrangères, un autre critère peut être appliqué : on peut également considérer que l'existence d'une relation suffisante peut être établie par le fait que la direction et le contrôle de la société ou de l'entité sont principalement assurés dans l'État dont elle est résidente.

18. Une société ou une entité dont la principale catégorie d'actions fait régulièrement l'objet de transactions sur un marché boursier reconnu n'obtiendra toutefois pas le statut de personne admissible en vertu de l'alinéa c) du paragraphe 2 si elle a une catégorie d'actions conférant des droits disproportionnés qui ne font pas régulièrement l'objet de transactions sur un marché boursier reconnu.

19. Les expressions « marché boursier reconnu », « actions », « principale catégorie d'actions » et « catégorie d'actions conférant des droits disproportionnés » sont définies au paragraphe 7. Comme indiqué dans ces définitions, le terme « actions » recouvre les participations comparables détenues dans des entités, autres que des sociétés, auxquelles l'alinéa s'applique, et recouvre donc par exemple des parts d'une fiducie (trust) faisant l'objet de transactions sur le marché.

20. La condition relative aux transactions régulières peut être satisfaite lorsque des actions cotées font l'objet de transactions sur un ou plusieurs marchés boursiers reconnus situés dans l'un ou l'autre des États. Il est possible de retenir le nombre de transactions cumulées réalisées sur ce ou ces marchés boursiers reconnus pour déterminer si le critère est rempli ; on pourrait dès lors estimer qu'une société ou une entité satisfait au critère si ses actions font régulièrement l'objet de transactions réalisées, en totalité ou en partie, sur un marché boursier reconnu situé dans l'autre État contractant.

21. Le sous-alinéa (i) prévoit une condition supplémentaire, à savoir que les actions de la société ou de l'entité doivent faire principalement l'objet de transactions sur un

ou plusieurs marchés boursiers situés dans l'État de résidence de la société ou de l'entité. En règle générale, la principale catégorie d'actions d'une société ou d'une entité fait principalement l'objet de transactions sur un ou plusieurs marchés boursiers reconnus situés dans l'État de résidence de cette société ou entité si, au cours de la période d'imposition considérée, le nombre d'actions appartenant à la principale catégorie d'actions ayant fait l'objet de transactions sur ce ou ces marchés boursiers est supérieur au nombre d'actions de la principale catégorie d'actions ayant fait l'objet de transactions sur des marchés de valeurs mobilières établis dans tout autre État. Certains États considèrent toutefois que le fait que les actions d'une société ou d'une entité résidente d'un État contractant fassent principalement l'objet de transactions sur des marchés boursiers reconnus situés dans d'autres États (notamment dans un État qui appartient à l'Espace économique européen dont les règles relatives aux marchés boursiers et autres marchés de valeurs mobilières garantissent l'existence d'un marché unique des valeurs mobilières) constitue une protection suffisante contre l'utilisation de cette société ou entité à des fins de chalandage fiscal ; les États qui adoptent cette position peuvent modifier en conséquence le sous-alinéa (i).

22. Le sous-alinéa (ii) prévoit un autre critère applicable à une société ou entité dont la principale catégorie d'actions fait régulièrement l'objet de transactions sur des marchés boursiers reconnus, mais non principalement sur des marchés boursiers reconnus situés dans l'État de résidence de la société ou entité. Cette dernière peut prétendre aux avantages conférés par la Convention si son « siège principal de direction et de contrôle » (tel que défini au paragraphe 7) est situé dans l'État dont elle est résidente.

23. Les conditions prévues à l'alinéa c) doivent être remplies durant toute la période d'imposition de la société ou entité. Cela ne signifie pas que les actions de la société ou de l'entité doivent faire l'objet de transactions sur les marchés boursiers concernés chaque jour de la période visée. Pour qu'il soit considéré que les actions font régulièrement l'objet de transactions sur un ou plusieurs marchés boursiers durant toute la période d'imposition, il est nécessaire que la fraction des actions faisant l'objet d'échanges actifs représente plus qu'un très faible pourcentage des actions pendant un nombre suffisamment élevé de jours au cours de cette période. Il serait satisfait à ce critère si, par exemple, 10 pour cent du nombre moyen d'actions en circulation d'une société faisaient l'objet de transactions pendant 60 journées d'ouverture des marchés compris dans la période d'imposition de la société. L'expression « période d'imposition » utilisée aux alinéas c), d) et *f*) renvoie à la période au titre de laquelle une déclaration fiscale annuelle doit être produite dans l'État de résidence de la société ou entité. Si les États contractants ont défini dans leur droit national une notion qui correspond à celui de « période d'imposition », comme « année d'imposition », ils peuvent, s'ils le veulent, remplacer la référence à la période d'imposition par une référence à cette autre notion.

Alinéa d) (version détaillée) : filiales de sociétés et entités cotées en bourse

Version détaillée

d) une société, si :

(i) tout au long de la période d'imposition qui inclut cette date, au moins 50 pour cent du total des droits de vote et de la valeur des actions de la société (et au moins 50 pour cent du total des droits de vote et de la valeur de toute catégorie d'actions de la société conférant des droits disproportionnés) sont détenus directement ou indirectement par au plus cinq sociétés ou entités fondées à bénéficier des avantages accordés en vertu de l'alinéa *c*) du présent paragraphe, à condition que, dans le cas d'une détention indirecte, chaque détenteur intermédiaire soit un résident de l'État contractant duquel un avantage est réclamé en vertu de cette Convention ou soit un détenteur intermédiaire admissible ; et

(ii) en ce qui concerne les avantages prévus par la Convention autres que ceux énoncés dans les dispositions de l'article 10, moins de 50 pour cent du revenu brut de la société et moins de 50 pour cent du revenu brut du groupe testé au titre de la période d'imposition qui inclut cette date, est versé ou dû, directement ou indirectement, sous la forme de paiements (en excluant les paiements de pleine concurrence effectués dans le cadre ordinaire d'activités d'entreprise au titre de services ou de biens corporels et, dans le cas d'un groupe testé, les transactions intra-groupe) qui sont déductibles durant cette période d'imposition aux fins des impôts visés par la Convention dans l'État contractant de résidence de la société, à des personnes qui ne sont pas des résidents de l'un des États contractants pouvant prétendre aux avantages conférés par la Convention en vertu des alinéas *a*), *b*), *c*) ou *e*) ;

Commentaires sur l'alinéa d) du paragraphe 2 dans la version détaillée

24. L'alinéa *d*) reprend le principe sous-jacent aux dispositions de l'alinéa *c*) (selon lequel il est peu probable que des sociétés ou entités cotées en bourse aient été créées à des fins de chalandage fiscal) et l'étend, sous réserve du respect de conditions supplémentaires, à certaines sociétés dans lesquelles au plus cinq sociétés ou entités cotées en bourse détiennent une participation majoritaire.

25. Pour qu'une société résidente d'un État contractant ait droit à tous les avantages conférés par la Convention en vertu de l'alinéa *d*) à une date considérée, cette société doit remplir deux conditions pendant la période d'imposition qui inclut cette date.

26. Selon la première condition, énoncée dans le sous-alinéa (i), la société doit satisfaire à un critère de propriété. Ce critère prévoit qu'au plus cinq sociétés ou entités cotées en bourse telles que décrites à l'alinéa *c*) doivent détenir directement ou indirectement, à tout moment pendant cette période d'imposition, au moins 50 pour

cent du total des droits de vote et de la valeur des actions de la société (et au moins 50 pour cent de toute catégorie d'actions conférant des droits disproportionnés). Toutefois, si les sociétés ou entités cotées en bourse détiennent indirectement ce pourcentage des actions, chacune des sociétés ou entités intermédiaires doit être soit un résident de l'État contractant auquel le bénéfice de ces avantages est demandé, soit un « détenteur intermédiaire admissible ». Selon la définition du terme « détenteur intermédiaire admissible » énoncée au paragraphe 7, ce terme désigne également les résidents du même État contractant que la société qui demande à bénéficier des avantages conférés par la Convention au titre de l'alinéa *d*).

27. Ainsi, à titre d'exemple, une société résidente d'un État contractant satisfait aux exigences du sous-alinéa (i) si elle est détenue à 100 pour cent par une société qui est un résident du même État et qui satisfait aux conditions énoncées dans l'alinéa *c*). En outre, lorsqu'une société mère cotée en bourse dans l'autre État contractant détient indirectement une société par l'intermédiaire d'une chaîne de filiales, chaque filiale de cette chaîne doit, en tant que détenteur intermédiaire, être un résident de l'État contractant auquel le bénéfice des avantages recherchés est demandé ou un détenteur intermédiaire admissible afin que la société ainsi détenue puisse satisfaire au critère de propriété prévu par le sous-alinéa (i).

28. L'expression « 50 pour cent du total des droits de vote et de la valeur des actions », employée dans les alinéas *d*) et *f*) et dans d'autres parties des paragraphes 1 à 7, fait référence à une participation qui représente simultanément au moins 50 pour cent de l'ensemble des droits de vote dans la société ou entité considérée et au moins 50 pour cent de la valeur de toutes les actions de cette société ou entité. En conséquence, une participation qui satisferait à la condition relative aux droits de vote mais pas à celle relative à la valeur de actions (ou inversement) ne satisferait pas à ce critère.

29. Aux termes de la deuxième condition, prévue dans le sous-alinéa (ii), la société doit également satisfaire au critère de non-érosion de la base d'imposition pour pouvoir bénéficier d'un avantage conféré par une convention (autre qu'un avantage au titre de dividendes accordé en vertu de l'article 10). Le critère de non-érosion de la base d'imposition est vérifié dès lors que :

— moins de 50 pour cent du revenu brut de la société (et au moins de 50 pour cent du revenu brut du groupe testé, s'il y en a un), au titre de la période d'imposition qui inclut la date de la demande visant à bénéficier des avantages conférés par une convention, est versé ou dû, directement ou indirectement, sous forme de paiements effectués en faveur de personnes non éligibles et qui sont déductibles, aux fins fiscales, lors du calcul de l'impôt dû par la société dans son État de résidence ; et

— moins de 50 pour cent du revenu brut du groupe testé (s'il y en a un), au titre de la période d'imposition qui inclut la date de la demande visant à bénéficier des avantages conférés par une convention, est versé ou dû, directement ou indirectement, sous forme de paiements effectués en faveur de personnes non éligibles et qui sont déductibles, aux fins fiscales, lors du calcul de l'impôt dû par tout membre du groupe testé dans l'État de résidence de la société qui cherche à obtenir les avantages prévus par une convention.

30. Le terme « personne non éligible » utilisé au paragraphe précédent désigne toute personne autre qu'un résident de l'un ou l'autre État contractant pouvant prétendre aux avantages conférés par la Convention en vertu des alinéas *a*), *b*), *c*) ou *e*) du paragraphe 2. Les entités qui sont résidentes des États contractants et qui ont droit aux avantages de la présente Convention en vertu du présent alinéa ou de l'alinéa *f*) du paragraphe 2 sont donc des personnes non éligibles ; ceci garantit que ces entités ne sont pas utilisées dans des montages qui pourraient permettre aux investisseurs de pays tiers d'accumuler indirectement un montant important de paiements ayant pour effet d'éroder la base d'imposition qui seraient effectués par une société cherchant à obtenir les avantages de la Convention en vertu de cet alinéa. Les termes « groupe testé » et « revenu brut », qui sont utilisés dans le sous-alinéa (*ii*), sont définis au paragraphe 7.

31. Aux fins de l'application du critère de non-érosion de la base d'imposition, les paiements de pleine concurrence effectués dans le cadre ordinaire d'activités d'entreprise au titre de services ou de biens corporels sont exclus des paiements déductibles. Les distributions des fiducies (trusts), constituent des paiements déductibles dès lors qu'elles sont déductibles de la base d'imposition. Les déductions pour dépréciation et amortissement, qui ne constituent pas des paiements ni des montants à verser à des tiers, ne sont pas prises en compte comme des paiements déductibles. Par ailleurs, dans le cas d'un groupe testé, les transactions intra-groupe ne constituent pas des paiements déductibles. Enfin, les paiements d'intérêts ne sont pas des paiements de pleine concurrence effectués dans le cadre ordinaire d'activités d'entreprise au titre de services ou de biens corporels et sont donc pris en compte s'ils sont effectués en faveur d'une personne non éligible.

32. Les exemples ci-après illustrent l'application par un État contractant (désigné en l'occurrence le « premier État mentionné ») du critère de non-érosion de la base d'imposition énoncé au sous-alinéa (*ii*) du paragraphe *d*), en tenant compte des définitions des termes « groupe testé » et « revenu brut » figurant au paragraphe 7 :

— Exemple A : Les hypothèses retenues ici s'appliquent pendant toute la période considérée : R3 est une société détenue à 100 pour cent par une autre société, R2, à son tour détenue à 100 pour cent par R1, société cotée en bourse qui satisfait aux exigences de l'alinéa *c*). R3, R2 et R1 sont toutes trois résidentes de l'autre État contractant au sens de l'article 4, et appartiennent au même groupe d'intégration fiscale. Le critère de propriété du sous-alinéa (*i*) de l'alinéa *d*) est vérifié puisque R1, société qui satisfait aux conditions énoncées à l'alinéa *c*), détient indirectement au moins 50 pour cent de l'ensemble des droits de vote et de la valeur de R3 (et au moins 50 pour cent de l'ensemble des droits de vote et de la valeur de toute catégorie d'actions de R3 conférant des droits disproportionnés), et R2, le détenteur intermédiaire, est une société résidente de l'autre État contractant et est, à ce titre, un détenteur intermédiaire admissible.

Au cours de la période d'imposition qui inclut la date à laquelle l'avantage aurait été par ailleurs accordé par le premier État mentionné, R3 perçoit : premièrement, 200 sous forme de dividendes versés par une société résidant dans un État tiers qui sont exclus du revenu brut de R3 dans l'autre État contractant ; et, deuxièmement, 100 sous forme de produits d'intérêts provenant du premier État mentionné, au titre desquels R3 demande à bénéficier des avantages prévus par les dispositions de l'article 11 de la Convention. R3 effectue un paiement qui entraîne une érosion de sa base d'imposition d'un montant de 49 en faveur d'une personne non éligible et verse à R2 un dividende de 51. R2 perçoit, outre 51 sous forme de dividendes versés par R3, des recettes brutes égales à 100 et provenant de personnes extérieures au groupe testé. R2 effectue un paiement qui entraîne une érosion de sa base d'imposition d'un montant de 51 en faveur d'une personne non éligible.

Dans cet exemple, le groupe testé, tel que défini au paragraphe 7, est composé de R3, R2 et R1, puisque ces trois sociétés appliquent un régime d'intégration fiscale. Pour pouvoir prétendre au bénéfice des avantages conférés par une convention au titre des intérêts provenant du premier État mentionné, R3 et le groupe testé doivent chacun satisfaire au critère de non-érosion de la base d'imposition énoncé au sous-alinéa (ii).

Le revenu brut de R3, au sens du paragraphe 7, est égal à 100 (les produits d'intérêts reçus depuis le premier État mentionné), dans la mesure où les dividendes d'un montant de 200 versés à R3 par une société résidente d'un État tiers sont exclus. En conséquence, pour la période d'imposition concernée par la demande formulée par R3 pour bénéficier des avantages conférés par une convention, les paiements effectués en faveur de personnes non éligibles qui entraînent une érosion de la base d'imposition représentent moins de 50 pour cent du revenu brut de R3. En effet, les paiements correspondant à cette définition effectués par R3 se sont élevés à 49, et R3 satisfait donc, pour sa part, au critère de non-érosion de la base d'imposition.

Le calcul du revenu brut du groupe testé, effectué en application du droit fiscal de l'autre État contractant, exclut les dividendes versés à R3 par une société résidente d'un État tiers, d'un montant de 200, ainsi que les transactions intra-groupe (c'est-à-dire, le dividende versé par R3 à R2, d'un montant de 51). Le revenu brut du groupe testé est donc égal à 200 (soit : 100 sous forme de produits d'intérêts provenant du premier État mentionné et 100 que R2 a reçus de personnes extérieures au groupe testé). Par conséquent, au cours de la période d'imposition considérée, le montant des paiements entraînant une érosion de la base d'imposition effectués par le groupe testé en faveur de personnes non éligibles doit être inférieur au montant de 100 pour satisfaire au critère de non-érosion de la base d'imposition énoncé au sous-alinéa (ii).

Dans cet exemple, R3 ne satisfait pas aux conditions prévues par l'alinéa *d*). En effet, si les paiements entraînant une érosion de la base d'imposition effectués par R3 en faveur de personnes non éligibles, qui s'élèvent à 49, respectent bien la limite fixée car ils n'atteignent pas 50 pour cent du revenu brut de R3, il n'en va pas de même au niveau du groupe testé, dont les paiements qui entraînent une érosion de la base d'imposition effectués en faveur de personnes non éligibles atteignent un montant de 100 (49 + 51), et dépassent donc la limite autorisée, qui supposait qu'ils soient inférieurs à 100.

— Exemple B : Les hypothèses sont identiques à celles de l'exemple A, hormis que R3 a perçu cette fois 100 sous forme de dividendes versés par une société résidente du premier État mentionné, et non plus sous forme de produits d'intérêts provenant de cet État, et n'a perçu aucun autre revenu brut durant la période d'imposition considérée. Dès lors que l'unique avantage conféré par une convention dont R3 cherche à se prévaloir est celui prévu par les dispositions de l'article 10 en ce qui concerne les dividendes, R3 n'est pas tenue d'appliquer le critère de non-érosion de la base d'imposition prévu par le sous-alinéa (*ii*). En conséquence, R3 est une personne admissible susceptible de bénéficier de l'avantage au titre des dividendes au sens de l'alinéa *d*) puisqu'elle satisfait au critère de propriété énoncé au sous-alinéa (*i*).

— Exemple C : Supposons que, pendant toute la période considérée, P2 (la société concernée) soit une société détenue à 100 pour cent par P1, société cotée en bourse qui satisfait aux conditions énoncées par l'alinéa *c*). P2 et P1 sont des résidents de l'autre État contractant.

Durant la période d'imposition considérée, les seuls éléments de revenu de P2 sont des produits d'intérêts d'un montant de 100, provenant du premier État mentionné, au titre desquels P2 demande à bénéficier des avantages prévus par les dispositions de l'article 11 de la Convention. P2 effectue un paiement d'intérêts déductibles de 100 en faveur de P1, personne qui satisfait aux conditions prévues par l'alinéa *c*). P1 effectue à son tour, durant la même période d'imposition, un paiement déductible de 100 en faveur de TiersCo, société résidente dans l'État Y. P2, par l'intermédiaire de P1, a indirectement effectué un paiement entraînant une érosion de la base d'imposition d'un montant de 100 en faveur d'une personne non éligible. Dans cet exemple, le critère de non-érosion de la base d'imposition prévu par le sous-alinéa (*ii*) n'est pas satisfait, et P2 ne peut obtenir le statut de personne admissible.

33. Comme indiqué dans les commentaires sur l'article 1, certains États considèrent qu'il conviendrait d'inclure dans leurs conventions fiscales des dispositions permettant de refuser l'application de dispositions spécifiques d'une convention au revenu versé à des personnes liées (au sens du paragraphe 7) qui bénéficient de régimes qui constituent des « régimes fiscaux spéciaux » (voir les paragraphes 85 à 100 des commentaires sur l'article 1) et de refuser l'application de l'article 11 aux intérêts versés à des personnes liées qui bénéficient de dispositions relatives à une déduction notionnelle au titre des fonds propres (voir le paragraphe 107 des Commentaires sur l'article 1). Ces États peuvent vouloir modifier le critère de non-érosion de la base d'imposition prévu par le sous-alinéa (*ii*) pour inclure dans la catégorie des « personnes non éligibles » les personnes qui, bien qu'elles soient résidentes de l'un des États

contractants, bénéficient de tels régimes fiscaux spéciaux ou de déductions notionnelles relatives aux paiements déductibles qui leur sont versés ou dus. À cet effet, les modifications suivantes pourraient être apportées au sous-alinéa (*ii*) :

(*ii*) en ce qui concerne les avantages prévus par la Convention autres que ceux énoncés dans les dispositions de l'article 10, moins de 50 pour cent du revenu brut de la société et moins de 50 pour cent du revenu brut du groupe testé au titre de la période d'imposition qui inclut cette date est versé ou dû, directement ou indirectement, sous la forme de paiements (en excluant les paiements de pleine concurrence effectués dans le cadre ordinaire d'activités d'entreprise au titre de services ou de biens corporels et, dans le cas d'un groupe testé, les transactions intra-groupe) qui sont déductibles durant cette période d'imposition aux fins des impôts visés par la Convention dans l'État contractant de résidence de la société

A) à des personnes qui ne sont pas résidentes de l'un des États contractants pouvant prétendre aux avantages conférés par la Convention en vertu des alinéas *a*), *b*), *c*) ou *e*) ;

B) à des personnes qui sont des personnes liées à la personne visée dans le présent alinéa et qui bénéficient d'un régime fiscal spécial tel que défini au [référence au paragraphe de la Convention dans lequel figure la définition du terme « régime fiscal spécial »] concernant le paiement déductible ; ou

C) s'agissant d'un paiement d'intérêts, à des personnes liées à la personne visée dans le présent alinéa qui bénéficient des déductions notionnelles décrites dans [référence au paragraphe de l'article 11 relatif aux déductions notionnelles au titre des fonds propres].

34. L'exemple ci-dessous illustre la mise en application de la formulation alternative du critère de non-érosion de la base d'imposition décrit dans le paragraphe précédent :

— Exemple : Les hypothèses retenues sont identiques à celles énoncées ci-dessus dans l'exemple B du paragraphe 32, hormis concernant R3, qui perçoit pour seul élément de revenu le montant de 100 sous forme de redevances provenant de l'État auquel le bénéfice des avantages conférés par une convention est demandé en invoquant les dispositions de l'article 12. R3 effectue un paiement de redevance déductible de 100 en faveur de R1. Pendant toute la période considérée, R1 bénéficie d'un régime fiscal spécial (tel que défini dans la Convention) applicable aux redevances.

Le critère de propriété du sous-alinéa (*i*) de l'alinéa *d*) est vérifié puisque R1, société qui satisfait aux conditions énoncées à l'alinéa *c*), détient indirectement au moins 50 pour cent de l'ensemble des droits de vote et de la valeur de R3, et que R2 est un détenteur intermédiaire admissible. Cependant, même si R1 est une personne qui satisfait aux conditions de l'alinéa *c*), le paiement de redevance déductible effectué par R1 en faveur de R3 entraîne une érosion de la base d'imposition puisque R1 est une personne non éligible. R1 est une personne liée à R3 et bénéficie d'un régime fiscal spécial applicable aux revenus de redevances.

Dans cet exemple, le critère de non-érosion de la base d'imposition défini au sous-alinéa (*ii*) n'est pas vérifié par R3 qui a effectué un paiement entraînant une érosion de la base d'imposition d'un montant de 100 en faveur d'une personne qui bénéficie d'un régime fiscal spécial, or ce montant dépasse la limite admissible pour R3 concernant des paiements entraînant une érosion de la base d'imposition effectués en faveur de personnes non éligibles (cette limite étant franchie dès lors que le total de ces paiements n'est pas inférieur à 50).

35. Certains États peuvent toutefois considérer qu'il n'est pas nécessaire d'imposer le critère de non-érosion de la base d'imposition prévu par le sous-alinéa (*ii*) dans le cas de sociétés qui sont détenues principalement par des sociétés ou entités cotées en bourse. Ces États peuvent donc choisir d'omettre l'alinéa *d*) et opter pour la version suivante de l'alinéa c), qui vise simultanément les sociétés ou entités cotées en bourse et les sociétés dans lesquelles au plus cinq sociétés ou entités cotées en bourse détiennent une participation majoritaire (les États qui suivent cette approche devraient également renuméroter les alinéas suivants du paragraphe 2 et remplacer les renvois à « l'alinéa c) » par des renvois au « sous-alinéa (i) de l'alinéa c) » dans le libellé des critères de « propriété / non-érosion de la base d'imposition », « des « avantages dérivés » et de la « société de siège » afin d'éviter le problème décrit au paragraphe 30 ci-dessus) :

c) une société ou une entité si, pendant la durée de la période d'imposition incluant cette date

(*i*) la principale catégorie de ses actions (et toute catégorie d'actions conférant des droits disproportionnés) fait régulièrement l'objet de transactions sur un ou plusieurs marchés boursiers reconnus et :

A) la principale catégorie de ses actions fait principalement l'objet de transactions sur un ou plusieurs marchés boursiers reconnus dans l'État contractant dont la société ou l'entité est résidente ; ou

B) le siège principal de direction et de contrôle de la société ou de l'entité se situe dans l'État contractant dont elle est résidente ; ou

(*ii*) au moins 50 pour cent du total des droits de vote et de la valeur des actions (et au moins 50 pour cent du total des droits de vote et de la valeur de toute catégorie d'actions conférant des droits disproportionnés) de la société ou de l'entité sont détenus directement ou indirectement par au plus cinq sociétés et entités fondées à bénéficier des avantages accordés en vertu du sous-alinéa (i) du présent alinéa, sous réserve que, dans le cas d'une détention indirecte, chaque détenteur intermédiaire soit résident de l'État contractant duquel un avantage est réclamé en vertu de cette Convention ou est un détenteur intermédiaire admissible ;

Alinéa d) (version simplifiée) / e) (version détaillée) : organismes à but non lucratif et fonds de pension reconnus

Version simplifiée

d) une personne, autre qu'une personne physique, qui :

(i) est [description approuvée des organisations à but non lucratif concernées de chaque État contractant],

(ii) est un fonds de pension reconnu ;

Version détaillée

e) une personne, autre qu'une personne physique, qui :

(i) est [description approuvée des organisations à but non lucratif concernées de chaque État contractant],

(ii) est un fonds de pension reconnu qui répond à la définition de ce terme figurant au sous-alinéa (i) du paragraphe 1 de l'article 3, à condition que plus de 50 pour cent des intérêts bénéficiaires dans cette personne soient détenus par des personnes physiques résidentes de l'un des États contractants ou que plus de [__ pour cent] des intérêts bénéficiaires dans cette personne soient détenus par des personnes physiques résidentes de l'un des États contractants ou de tout autre État pour lequel les conditions suivantes sont réunies

A) les personnes physiques qui sont résidentes de cet autre État peuvent prétendre aux avantages d'une convention exhaustive visant à prévenir la double imposition entre cet autre État et l'État à qui les avantages de cette convention sont réclamés, et

B) en ce que concerne les revenus visés aux articles 10 et 11 de la Convention, si la personne était un résident de cet autre État fondée à bénéficier de tous les avantages de cette autre convention, elle pourrait, en vertu de cette convention, bénéficier d'un taux d'imposition pour la catégorie particulière de revenus au titre desquels les avantages sont revendiqués en vertu de la Convention qui soit au moins aussi bas que le taux applicable en vertu de la Convention ; ou

(iii) est un fonds de pension reconnu qui répond à la définition de ce terme figurant au sous-alinéa (ii) du paragraphe 1 de l'article 3, à condition qu'il ait été constitué et qu'il soit géré exclusivement ou quasi exclusivement pour placer des fonds au bénéfice d'entités ou de dispositifs visés au sous-alinéa qui précède ;

Commentaires sur l'alinéa d) du paragraphe 2 dans la version simplifiée

36. L'alinéa *d)* de la version simplifiée inclut des dispositions qui permettent à certaines organisations à but non lucratif (dans la mesure où elles répondent aux

critères de résidence d'un État contractant comme indiqué au paragraphe 8.11 des Commentaires sur l'article 4) et certains fonds de pension reconnus pourront prétendre au bénéfice des avantages prévus par la Convention.

37. Les entités de chaque État contractant visées au sous-alinéa (i) sont en règle générale des entités n'acquittant pas d'impôts dans leur État de résidence qui ont été constituées et dont l'activité est exercée uniquement dans le but de remplir certaines fonctions sociales (philanthropiques, scientifiques, artistiques, culturelles ou éducatives). La description de ces entités incluse dans le sous-alinéa (i) concernant chaque État contractant renvoie de manière générale aux dispositions de la législation nationale de cet État qui décrivent ces entités, ou aux critères retenus par cette législation pour les identifier. En fonction de la formulation utilisée, les États peuvent également souhaiter modifier le sous-alinéa (i) afin d'autoriser leurs autorités compétentes à modifier ou compléter en conséquence la description fournie.

38. Le sous-alinéa (*ii*) fait référence à toute entité ayant la qualité de « fonds de pension reconnu » conformément à la définition de ce terme donnée au paragraphe 1 de l'article 3.

Commentaires sur l'alinéa e) du paragraphe 2 dans la version détaillée

39. À l'alinéa *e*) de la version détaillée sont définies les règles selon lesquelles certaines organisations à but non lucratif (dans la mesure où elles répondent aux critères de résidence d'un État contractant comme indiqué au paragraphe 8.11 des Commentaires sur l'article 4) et certains fonds de pension reconnus pourront prétendre au bénéfice des avantages prévus par la Convention.

40. Les entités visées au sous-alinéa (i) peuvent automatiquement prétendre au bénéfice des avantages conférés par les conventions, quel que soit le lieu de résidence de leurs bénéficiaires ou de leurs membres. Ces entités sont généralement des entités qui n'acquittent pas d'impôts dans leur État de résidence qui ont été constituées et dont l'activité est exercée uniquement dans le but de remplir certaines fonctions sociales (philanthropiques, scientifiques, artistiques, culturelles ou éducatives). La description de ces entités incluse dans le sous-alinéa (i) concernant chaque État contractant renvoie de manière générale aux dispositions de la législation nationale de cet État qui décrivent ces entités, ou aux critères retenus par cette législation pour les identifier. En fonction de la formulation utilisée, les États peuvent également souhaiter modifier le sous-alinéa (i) afin d'autoriser leurs autorités compétentes à modifier ou compléter en conséquence la description fournie.

41. Selon le sous-alinéa (*ii*), un fonds de pension reconnu couvert par le sous-alinéa (i) de la définition de ce terme figurant au paragraphe 1 de l'article 3 (c'est-à-dire la partie de la définition visant les entités qui gèrent ou versent des prestations de retraite et des prestations accessoires ou auxiliaires à des personnes physiques) pourra prétendre au bénéfice des avantages conférés par les conventions si plus de 50 pour cent des intérêts bénéficiaires dans cette personne sont détenus par des personnes physiques résidentes de l'un des États contractants ou si plus d'un certain pourcentage

de ces intérêts bénéficiaires, à déterminer au cours de négociations bilatérales, est détenu par ces résidents ou par des personnes physiques qui sont résidentes d'États tiers sous réserve que, dans ce dernier cas, deux conditions supplémentaires soient remplies : premièrement, ces personnes physiques ont droit aux avantages conférés par une convention fiscale exhaustive conclue entre cet État tiers et l'État de la source et, deuxièmement, cette convention prévoit une réduction identique ou supérieure des prélèvements à la source sur les intérêts et les dividendes générés par des fonds de pension de cet État tiers. Aux fins de cette disposition, l'expression « intérêts bénéficiaires dans cette personne » doit s'entendre des intérêts détenus par des personnes pouvant prétendre au bénéfice des pensions versées par ce fonds. Néanmoins, certains États considèrent que le risque de chalandage fiscal que posent certains fonds de pension reconnus ne justifie pas les coûts de discipline inhérents à l'obligation impartie aux fonds d'identifier la résidence, aux fins de la Convention, et le droit des personnes bénéficiaires des prestations de prétendre au bénéfice des avantages prévus par la Convention. Les États qui adoptent cette position peuvent modifier en conséquence les sous-alinéas (ii) et (iii) et peuvent, à titre d'exemple, remplacer simplement ces deux sous-alinéas par un sous-alinéa formulé comme suit : « est un fonds de pension reconnu » ce qui, tout comme la disposition retenue dans la version simplifiée, aura pour effet de conférer automatiquement la qualité de « personne admissible » à tout fonds de pension reconnu répondant à la définition énoncée au paragraphe 1 de l'article 3.

42. Le sous-alinéa (iii) s'applique aux « fonds de fonds » couverts par le sous-alinéa (ii) de la définition du terme « fonds de pension reconnu » incluse au paragraphe 1 de l'article 3. Il s'agit de fonds qui ne versent pas directement des prestations de retraite à des personnes physiques , mais qui ont été constitués et dont l'activité est exercée dans le but de placer des fonds de fonds de pension reconnus couverts par le sous-alinéa (i) de la définition de ce terme . Le sous alinéa (iii) ne s'applique cependant que si la quasi-totalité des revenus d'un tel « fonds de fonds » provient de placements effectués au bénéfice de fonds de pension reconnus ayant droit aux avantages visés au sous-alinéa (ii).

Alinéa e) (version simplifiée) / f) (version détaillée) : propriété / non-érosion de la base d'imposition

Version simplifiée

e) une personne, autre qu'une personne physique si, à cette date et pendant au moins la moitié des jours compris dans une période de douze mois qui inclut cette date, des personnes qui sont résidentes de cet État contractant et qui sont fondées à bénéficier des avantages conférés par la Convention en vertu des alinéas *a)* à *d)* détiennent, directement ou indirectement, au moins 50 pour cent des actions de cette personne ;

Version détaillée

f) une personne, autre qu'une personne physique, si

(i) à cette date et pendant au moins la moitié des jours compris dans la période de douze mois incluant cette date, des personnes qui sont résidentes de cet État contractant et ont droit aux avantages conférés par la Convention en vertu des alinéas *a*), *b*), *c*) ou *e*) détiennent, directement ou indirectement, des actions représentant au moins 50 pour cent du total des droits de vote et de la valeur des actions (et au moins 50 pour cent du total des droits de vote et de la valeur de toute catégorie d'actions conférant des droits disproportionnés) des actions de cette personne, sous réserve que, dans le cas d'une détention indirecte, chaque détenteur intermédiaire soit un détenteur intermédiaire admissible, et,

(ii) moins de 50 pour cent du revenu brut de la personne et moins de 50 pour cent du revenu brut du groupe testé au titre de la période d'imposition incluant cette date, est versé ou dû, directement ou indirectement, sous la forme de paiements déductibles, aux fins des impôts visés par la Convention, dans l'État de résidence de la personne (en excluant les paiements de pleine concurrence effectués dans le cadre ordinaire d'activités d'entreprise au titre de services ou de biens corporels et, dans le cas d'un groupe testé, les transactions intra-groupe) à des personnes qui ne sont pas des résidents de l'un des États contractants pouvant prétendre aux avantages conférés par la Convention en vertu des alinéas *a*), *b*), *c*) ou *e*) du présent paragraphe ;

Commentaires sur l'alinéa e) du paragraphe 2 dans la version simplifiée

43. L'alinéa *e*) de la version simplifiée prévoit une autre méthode pour déterminer s'il y a lieu d'ouvrir droit aux avantages conférés par la Convention et cette méthode s'applique à toute forme d'entité juridique résidente d'un État contractant. En vertu de cet alinéa, toute entité qui est un résident d'un État contractant peut bénéficier d'un avantage conféré par une convention si, à la date à laquelle cet avantage lui serait en principe accordé et pendant au moins la moitié des jours compris dans une période de douze mois incluant cette date, au moins 50 pour cent des actions de cette entité sont détenues, directement ou indirectement, par des personnes qui sont des résidents de cet État contractant et qui sont elles-mêmes fondées à bénéficier des avantages conférés par la Convention en vertu des alinéas précédents du paragraphe 2 (à savoir, les alinéas *a*), *b*), *c*) ou *d*) de la version simplifiée).

44. Comme il est indiqué dans la définition du terme « actions » figurant au paragraphe 6, cette expression recouvre les participations comparables détenues dans des entités, autres que des sociétés, auxquelles l'alinéa s'applique, et recouvre donc par exemple des parts d'une fiducie (trust).

45. À la différence de la disposition correspondante énoncée dans le sous-alinéa *f*) de la version détaillée, la disposition figurant dans l'alinéa *e*) de la version simplifiée n'entraîne pas d'obligation pour l'entité de satisfaire au critère de non-érosion de la base d'imposition. De même, dans le cas d'une détention indirecte, elle n'impose aucune condition relative aux détenteurs intermédiaires.

Commentaires sur l'alinéa *f*) du paragraphe 2 dans la version détaillée

46. L'alinéa *f*) de la version détaillée prévoit une autre méthode pour déterminer s'il y a lieu d'ouvrir droit aux avantages prévus par la Convention et cette méthode s'applique à toute forme d'entité juridique résidente d'un État contractant. La condition prévue à l'alinéa *f*), appelée les critères de « propriété / non-érosion de la base d'imposition », recouvre en fait deux conditions qui toutes deux doivent être satisfaites pour que le résident ait droit aux avantages conférés par la Convention au titre de l'alinéa *f*).

47. En vertu du sous-alinéa (i), qui a trait au critère de la propriété, 50 pour cent au moins du total des droits de vote et de la valeur des actions en circulation (et au moins 50 pour cent du total des droits de vote et de la valeur de toute catégorie d'actions conférant des droits disproportionnés) de la personne doivent être détenus, directement ou indirectement, à la date à laquelle les avantages conférés par une convention seraient en principe accordés et pendant au moins la moitié des jours compris dans une période de douze mois incluant cette date, par des personnes qui sont résidentes de l'État contractant dont cette personne est résidente et qui ont elles-mêmes droit aux avantages conférés par la Convention en vertu des alinéas *a*), *b*), *c*) ou *e*). En cas de détention indirecte, chacun des détenteurs intermédiaires doit toutefois être un détenteur intermédiaire admissible. Le terme « détenteur intermédiaire admissible » est défini au paragraphe 7 ; selon cette définition, ce terme désigne également les résidents du même État contractant que la société qui demande à bénéficier des avantages conférés par la Convention au titre de l'alinéa *f*).

48. L'alinéa *f*) visera généralement des sociétés privées, mais il pourra également s'appliquer à une entité telle qu'une fiducie (trust) résidente d'un État contractant qui satisfait par ailleurs aux conditions prévues dans cet alinéa. Conformément à la définition du terme « actions » énoncée au paragraphe 7, ce terme renvoie, dans le cas d'entités qui ne sont pas des sociétés, à des titres de participation qui sont comparables à des actions ; tel sera généralement le cas d'un intérêt bénéficiaire détenu dans une fiducie. Aux fins du sous-alinéa (i), l'intérêt bénéficiaire détenu dans une fiducie sera réputé être détenu par ses bénéficiaires en proportion de l'intérêt actuariel de chaque bénéficiaire dans la fiducie. L'intérêt d'un bénéficiaire qui a droit à la partie restante d'une fiducie sera égal à 100 pour cent déduction faite des parts cumulées en pourcentage détenues par les bénéficiaires du revenu. L'intérêt d'un bénéficiaire dans une fiducie ne sera pas considéré comme détenu par une personne ayant droit aux avantages résultant des dispositions des alinéas *a*), *b*), *c*) ou *e*) s'il n'est pas possible de déterminer son intérêt actuariel. En conséquence, s'il n'est pas possible de déterminer l'intérêt actuariel des bénéficiaires d'une fiducie, le critère de propriété

prévu au sous-alinéa (*i*) ne peut être satisfait, sauf si tous les bénéficiaires possibles sont des personnes qui ont droit aux avantages conférés en vertu des alinéas *a*), *b*), *c*) ou *e*).

49. Le critère de non-érosion de la base d'imposition énoncé au sous-alinéa (*ii*) est pour l'essentiel analogue au critère du même nom défini au sous-alinéa (*ii*) de l'alinéa *d*) à la différence près que, dans le cas présent, il s'applique également aux personnes qui cherchent à se prévaloir d'avantages conférés par une convention au titre de l'article 10. Ce critère est vérifié dès lors que

— moins de 50 pour cent du revenu brut de la personne (et, le cas échéant, moins de 50 pour cent du revenu brut du groupe testé), au titre de la période d'imposition qui inclut la date de la demande visant à bénéficier des avantages conférés par une convention, est versé ou dû, directement ou indirectement, sous forme de paiements effectués en faveur de personnes non éligibles et qui sont déductibles, aux fins fiscales, lors du calcul de l'impôt dû par la société dans son État de résidence ; et

— moins de 50 pour cent du revenu brut du groupe testé (le cas échéant), au titre de la période d'imposition qui inclut la date de la demande visant à bénéficier des avantages conférés par une convention, est versé ou dû, directement ou indirectement, sous forme de paiements effectués en faveur de personnes non éligibles et qui sont déductibles, aux fins fiscales, lors du calcul de l'impôt dû par tout membre du groupe testé dans l'État de résidence de la société qui cherche à obtenir les avantages précités.

50. Le terme « personne non éligible » utilisé au paragraphe précédent désigne toute personne autre qu'un résident de l'un ou l'autre État contractant pouvant prétendre aux avantages conférés par la Convention en vertu des alinéas *a*), *b*), *c*) ou *e*) du paragraphe 2. Les termes « groupe testé » et « revenu brut », qui sont utilisés dans le sous-alinéa (*ii*), sont définis au paragraphe 7.

51. Le critère de non-érosion de la base d'imposition énoncé au sous-alinéa (*ii*), à la différence de celui défini par l'alinéa *d*), s'applique aux personnes qui cherchent à se prévaloir d'avantages conférés par une convention au titre de l'article 10. Aux fins de l'application du sous-alinéa (*ii*), ces personnes doivent inclure dans leur revenu brut tous les dividendes perçus, y compris ceux qui sont effectivement exonérés d'impôt dans leur État de résidence. Cette disposition figure à l'alinéa (*i*) de la définition du terme « revenu brut » énoncée au paragraphe 7.

52. Tout comme dans le cas du critère de non-érosion de la base d'imposition défini à l'alinéa *d*), aux fins de l'application du critère visé au sous-alinéa (*ii*), les paiements déductibles (c'est-à-dire qui ont pour effet d'éroder la base d'imposition) ne comprennent pas les montants de pleine concurrence versés ou dus dans le cadre ordinaire d'activités d'entreprise au titre de services ou de biens corporels. Dans la mesure où ils sont déductibles de l'assiette imposable en vertu de la législation fiscale en vigueur dans l'État de résidence de la personne, les distributions des fiducies (trusts) constituent des paiements ayant pour effet d'éroder la base d'imposition. Les

déductions pour dépréciation et amortissement, qui ne constituent pas des paiements ou des montants dus à d'autres personnes, ne sont pas pris en compte aux fins du sous-alinéa (*ii*). Par ailleurs, dans le cas d'un groupe testé, les transactions intra-groupe ne constituent pas des paiements déductibles. Enfin, les paiements d'intérêts, qui ne sont pas des montants de pleine concurrence versés ou dus dans le cadre ordinaire d'activités d'entreprise au titre de services ou de biens corporels, sont pris en compte s'ils sont effectués en faveur d'une personne non éligible.

53. Comme expliqué plus haut au paragraphe 33, applicable au critère de non-érosion de la base d'imposition figurant à l'alinéa *d*), les États qui souhaitent refuser l'application de dispositions spécifiques d'une convention à un revenu versé à des personnes liées bénéficiant de régimes qui constituent des « régimes fiscaux spéciaux » et refuser l'application de l'article 11 aux intérêts versés à des personnes liées qui bénéficient de dispositions du droit interne prévoyant une déduction notionnelle au titre des fonds propres, peuvent également vouloir modifier le critère de non-érosion de la base d'imposition prévu au sous-alinéa (*ii*) pour inclure dans la catégorie des « personnes non éligibles » les personnes qui, bien qu'elles soient résidentes de l'un des États contractants, bénéficient de régimes fiscaux spéciaux ou de déductions notionnelles au titre de paiements déductibles qui leurs sont versés ou dus. À cet effet, les modifications suivantes pourraient être apportées au sous-alinéa (*ii*) :

(*ii*) moins de 50 pour cent du revenu brut de la société et moins de 50 pour cent du revenu brut du groupe testé au titre de la période d'imposition qui inclut cette date, est versé ou dû, directement ou indirectement, sous la forme de paiements (en excluant les paiements de pleine concurrence effectués dans le cadre ordinaire d'activités d'entreprise au titre de services ou de biens corporels et, dans le cas d'un groupe testé, les transactions intra-groupe) qui sont déductibles durant cette période d'imposition aux fins des impôts visés par la Convention dans l'État contractant de résidence de la société

A) à des personnes qui ne sont pas des résidents de l'un des États contractants pouvant prétendre aux avantages conférés par la Convention en vertu des alinéas *a*), *b*), *c*) ou *e*) ;

B) à des personnes qui sont des personnes liées à la personne visée dans le présent alinéa et qui bénéficient d'un régime fiscal spécial tel que défini au [référence au paragraphe de la Convention dans lequel figure la définition du terme « régime fiscal spécial »] de la présente Convention concernant le paiement déductible ; ou

C) s'agissant d'un paiement d'intérêts, à des personnes qui sont des personnes liées à la personne visée dans le présent alinéa et qui bénéficient des déductions notionnelles décrites dans [référence au paragraphe de l'article 11 relatif aux déductions notionnelles au titre des fonds propres] ;

54. Les exemples ci-après illustrent l'application par un État contractant (désigné en l'occurrence le « premier État mentionné ») du critère de non-érosion de la base d'imposition énoncé au sous-alinéa (*ii*) du paragraphe *f*), en tenant compte des définitions des termes « groupe testé » et « revenu brut » figurant au paragraphe 7 :

— Exemple A : Les hypothèses retenues ici s'appliquent pendant toute la période considérée : R2 (l'entité qui souhaite bénéficier des avantages conférés par une convention au titre de l'alinéa *f*)) est une filiale détenue à 100 pour cent par R1, à son tour détenue à 100 pour cent par Z, une personne physique. R2, R1 et Z sont toutes trois des résidents de l'autre État contractant au sens de l'article 4. R2 et R1 appartiennent au même groupe d'intégration fiscale. Le critère de propriété du sous-alinéa (*i*) de l'alinéa *f*) est vérifié puisque Z, personne admissible au sens de l'alinéa *a*), détient indirectement au moins 50 pour cent de l'ensemble des droits de vote et de la valeur de R2, et que R1 est un détenteur intermédiaire admissible.

Au cours de la période d'imposition considérée, R2 perçoit deux versements : 50 sous forme de dividendes exonérés d'impôt versés par une société résidente d'un État tiers et 50 sous forme d'intérêts générés dans le premier État mentionné. R2 effectue un paiement d'intérêts déductibles d'un montant de 24 en faveur d'une personne non éligible et verse un dividende d'un montant de 51 à R1. Outre ces dividendes reçus de R2 pour un montant de 51, R1 perçoit un revenu supplémentaire de 100 versé par des personnes extérieures au groupe testé. R1 effectue un paiement d'intérêts déductibles d'un montant de 51 en faveur d'une personne non éligible. R2 cherche à bénéficier des avantages prévus par les dispositions de l'article 11 de la Convention, mais n'invoque pas l'article 10.

Le critère de non-érosion de la base d'imposition est appliqué ici au groupe testé constitué par R1 et R2. Le revenu brut du groupe testé est égal à 150 (50 sous forme de d'intérêts générés dans le premier État mentionné, plus 100 sous forme de revenu supplémentaire versé par des personnes extérieures au groupe testé). R2 a effectué un paiement ayant pour effet d'éroder la base d'imposition d'un montant de 24 et R1 en a effectué un autre d'un montant de 51 en faveur de personnes non éligibles. Les paiements ayant entraîné une érosion de la base d'imposition du groupe testé s'élèvent à 75 (24 + 51), ce qui n'est pas inférieur à la limite admissible, égale à 50 pour cent du revenu brut du groupe testé, qui atteint 150. En conséquence, le critère de non-érosion de la base d'imposition n'est pas satisfait et R2 n'est pas une personne admissible en application de l'alinéa *f*).

— Exemple B : Les hypothèses sont identiques à celles de l'exemple A, hormis que R2 cherche cette fois à obtenir la qualité de personne admissible non pas au regard du revenu de 50 perçu sous forme d'intérêts générés dans le premier État mentionné mais au regard du montant de 50 perçu sous forme de dividendes versés par une société résidente de ce même État. Aux fins de la demande que R2 formule, son revenu brut est donc égal à 100 (50 sous forme de dividendes versés par une société résidente d'un État tiers et 50 sous forme de dividendes versés par une société résidente du premier État mentionné). Le revenu brut du groupe testé s'élève à 200 (soit le revenu brut de R2, égal à 100, auquel s'ajoute le revenu de R1, versé par des personnes extérieures au groupe testé et égal à 100). R2 a effectué un paiement ayant pour effet d'éroder la base d'imposition d'un montant de 24 et R1 en a effectué un autre d'un montant de 51. Pour ce qui concerne R2, le paiement entraînant une érosion de la base d'imposition, d'un montant de 24, reste inférieur à la limite de 50 pour cent du revenu brut de cette entité, égal à 100. En outre, les paiements ayant entraîné une érosion de la base d'imposition du groupe testé s'élèvent à 75 (24 + 51), ce qui est inférieur à la limite admissible, égale à 50 pour cent du revenu brut du groupe testé, qui atteint 200. En conséquence, dans cet exemple, le critère de non-érosion de la base d'imposition du sous-alinéa (*ii*) est satisfait, et R2 est, au sens de l'alinéa *f*), une personne admissible fondée à bénéficier d'une réduction du taux d'imposition appliqué aux dividendes versés par la société résidente du premier État mentionné.

Alinéa g) : organismes de placement collectif

Version détaillée uniquement

g) [disposition éventuelle sur les organismes de placement collectif][1]

Commentaires sur l'alinéa g) du paragraphe 2 dans la version détaillée

55. Comme indiqué dans la note de bas de page relative à l'alinéa *g*), la réponse à la question de savoir s'il convient de prévoir d'intégrer dans le paragraphe 2 une règle spécifique concernant les organismes de placement collectif (OPC) et, dans cette hypothèse, de quelle manière il convient de formuler cette règle, dépendra de la manière dont la Convention s'applique aux organismes de placement collectif ainsi que du traitement et de l'utilisation de ces organismes dans chacun des États contractants.[2] Bien qu'aucune règle de ce genre ne soit nécessaire à l'égard d'une entité qui constituerait par ailleurs une « personne admissible » en vertu des autres dispositions du paragraphe 2, l'adoption d'une règle spécifique sera souvent nécessaire étant donné qu'un OPC peut ne pas avoir droit aux avantages de la

1 Cet alinéa sera rédigé (ou omis) en fonction de la manière dont les organismes de placement collectif sont traités dans la Convention et sont utilisés et traités par chacun des États contractants : voir les Commentaires sur l'alinéa et sur les paragraphes 22 à 48 des Commentaires sur l'article 1.

2 Voir aussi les paragraphes 67.1 à 67.7 des Commentaires sur l'article 10 et le rapport intitulé « Application des conventions fiscales aux sociétés de placement immobilier » qui traitent du droit aux avantages conventionnels des sociétés de placement immobilier. En ce qui concerne l'application de la définition de « résident d'un État contractant » aux sociétés de placement immobilier, voir les paragraphes 8 et 9 du rapport intitulé « Application des conventions fiscales aux sociétés de placement immobilier ».

Convention en vertu soit des autres dispositions du paragraphe 2, soit des paragraphes 3, 4 ou 5 du fait que, dans de nombreux cas

— les intérêts dans l'OPC ne font pas l'objet de transactions en bourse (même si leur capital est largement diffusé) ;

— ces intérêts sont détenus par des résidents d'États tiers ;

— les distributions effectuées par l'OPC sont des paiements déductibles ;

— l'OPC est utilisé à des fins d'investissement plutôt que pour l'« exercice actif d'une activité d'entreprise » au sens du paragraphe 3 ;

— l'OPC ne satisfait pas au critère de propriété prévu par le paragraphe 4 ; et

— l'OPC n'a pas la qualité de société de siège au sens du paragraphe 5.

56. Les divers facteurs devant être pris en considération pour déterminer si les OPC sont admis au bénéfice des avantages conférés par la Convention sont analysés dans les paragraphes 22 à 48 des Commentaires sur l'article 1, et ces paragraphes sont dès lors pertinents lorsqu'il s'agit de déterminer s'il y a lieu d'insérer une disposition sur ces organismes dans le paragraphe 2 et, le cas échéant, comment celle-ci doit être rédigée. Ces paragraphes comportent diverses dispositions susceptibles d'être utilisées pour traiter convenablement les organismes de placement collectif se situant dans chacun des États contractants. Comme expliqué ci-après, le recours à ces dispositions peut rendre superflue l'insertion d'une règle spécifique sur les OPC dans le paragraphe 2, même s'il importera de s'assurer que, dans pareil cas, la définition du « bénéficiaire équivalent », si cette expression est utilisée pour les besoins de ces autres dispositions, est adaptée compte tenu de la définition énoncée au paragraphe 7.

57. Si l'alinéa *g*) est inséré, il visera des cas dans lesquels un État contractant accepte de considérer que les OPC établis dans l'autre État contractant sont des résidents de cet autre État conformément à l'analyse exposée aux paragraphes 23 à 26 des Commentaires sur l'article 1 (cette acceptation peut être confirmée par un accord amiable comme envisagé au paragraphe 30 des Commentaires sur l'article 1, ou il peut découler de décisions judiciaires ou administratives). Les dispositions de l'article, y compris l'alinéa *g*), ne s'appliquent pas dans le cas d'un OPC qui ne peut être qualifié de résident d'un État contractant selon l'analyse exposée aux paragraphes 23 à 26 des Commentaires sur l'article 1. Les dispositions de l'alinéa *g*) ne s'appliquent pas non plus si le droit d'un OPC aux avantages prévus par la Convention est traité en vertu d'une disposition de la Convention similaire aux dispositions figurant dans les paragraphes 31, 35, 40, 41 et 46 des Commentaires sur l'article 1.

58. Comme expliqué aux paragraphes 33 et 34 des Commentaires sur l'article 1, les États contractants qui souhaitent traiter la question du droit des OPC aux avantages conférés par la Convention souhaiteront peut-être examiner les caractéristiques économiques, notamment les possibilités de chalandage fiscal qu'ils offrent, des différents types d'OPC utilisés dans chaque État contractant.

59. À l'issue de cette analyse, ils concluront peut être que le traitement fiscal des OPC établis dans les deux États ne suscite pas d'inquiétudes face au risque de chalandage fiscal, et ils décideront alors d'insérer dans leur convention bilatérale la

disposition figurant au paragraphe 31 des Commentaires sur l'article 1, laquelle permet de garantir expressément l'accès à la Convention pour les OPC établis dans chaque État et , dans le même temps, fait en sorte que ces OPC soient des personnes admissibles aux termes de l'alinéa *a*) du paragraphe 2 de l'article (sachant qu'un OPC auquel s'appliquerait cette disposition serait considéré comme une personne physique). Dans ce cas, l'alinéa *g*) devrait être supprimé. Les États qui estiment que les OPC établis dans les deux États ne suscitent pas d'inquiétudes face au risque de chalandage fiscal, mais qui n'insèrent pas dans leur Convention la disposition figurant au paragraphe 31 des Commentaires sur l'article 1, doivent veiller à ce que tout OPC qui est un résident d'un État contractant soit une personne admissible. Dans ce cas, l'alinéa *g*) devrait être rédigé comme suit :

> *g*) un organisme de placement collectif [une définition du terme « organisme de placement collectif » devra donc être insérée au paragraphe 7] ;

60. Les États contractants pourraient toutefois conclure que les OPC offrent la possibilité aux résidents d'États tiers de bénéficier d'avantages conférés par la Convention dont ils n'auraient pas pu bénéficier si ces résidents avaient investi directement, et ils pourraient dès lors préférer une formulation de l'alinéa *g*) permettant de s'assurer qu'un OPC qui est un résident d'un État contractant sera une personne admissible, mais uniquement dans la mesure où les intérêts bénéficiaires dans l'OPC appartiennent à des résidents de cet État ou à des bénéficiaires équivalents. Dans ce cas, l'alinéa *g*) devrait être rédigé comme suit :

> *g*) un organisme de placement collectif, mais seulement dans la mesure où, à cette date, les intérêts bénéficiaires dans l'organisme de placement collectif appartiennent à [des résidents de l'État contractant dans lequel l'organisme de placement collectif est établi ou à][1] des bénéficiaires équivalents;

61. Ce traitement correspond à celui qui résulterait de l'insertion, dans une convention fiscale, d'une disposition similaire à la disposition figurant au paragraphe 35 des Commentaires sur l'article 1. Comme expliqué aux paragraphes 32 à 38 des Commentaires sur l'article 1, l'insertion de cette autre disposition apporterait une solution plus complète aux problèmes soulevés par les conventions à propos des OPC parce qu'elle répondrait au souci de prévenir le chalandage fiscal tout en précisant le traitement réservé, dans les conventions fiscales, aux OPC situés dans les deux États contractants. Si cette disposition était intégrée dans une convention fiscale, l'alinéa *g*) ne serait pas nécessaire s'agissant des OPC auxquels cette autre disposition s'appliquerait : étant donné que cette dernière prévoit qu'un OPC auquel elle s'applique doit être traité comme une personne physique (dans la mesure où les

1 Les mots « résidents de l'État contractant dans lequel l'organisme de placement collectif est établi » ne seraient pas nécessaires si la définition de « bénéficiaire équivalent » utilisée aux fins de cette disposition était identique à la version détaillée de la définition de l'expression « bénéficiaire équivalent » au paragraphe 7 ; voir le paragraphe 145 ci-dessous.

intérêts bénéficiaires dans cet OPC appartiennent à des bénéficiaires équivalents), cet OPC est une personne admissible en vertu de l'alinéa *a*) du paragraphe 2 de l'article.

62. L'approche décrite dans les deux paragraphes précédents, tout comme celle décrite aux paragraphes 35, 40 et 42 des Commentaires sur l'article 1, oblige l'OPC à déterminer, lorsqu'un avantage est revendiqué concernant un élément de revenu, la proportion de détenteurs de parts qui auraient eu droit aux avantages conférés par la Convention s'ils avaient investi directement. Comme indiqué au paragraphe 43 des Commentaires sur l'article 1, cependant, la répartition des parts d'un OPC change fréquemment et ces parts sont souvent détenues à travers des intermédiaires. Pour cette raison, l'OPC et ses gestionnaires ne connaissent souvent pas eux-mêmes les noms et le statut au regard de la Convention des bénéficiaires effectifs de parts. Il serait donc difficile dans la pratique pour l'OPC de recueillir ces informations auprès des intermédiaires en question chaque fois que l'OPC perçoit un revenu. En conséquence, il faudrait que les États contractants acceptent d'adopter des approches commodes et fiables ne nécessitant pas un suivi journalier. Comme indiqué au paragraphe 45 des Commentaires sur l'article 1, la proportion des personnes qui investissent dans les OPC n'évolue en principe que relativement lentement, même si l'identité des investisseurs peut changer d'un jour à l'autre. Il convient dès lors de déterminer régulièrement dans quelle mesure les intérêts bénéficiaires dans un OPC appartiennent à des bénéficiaires équivalents, le calcul effectué à une date donnée étant applicable aux paiements reçus jusqu'au calcul suivant. Cette approche correspond à celle décrite au paragraphe 45 des Commentaires sur l'article 1, selon lequel :

> … une approche raisonnable consisterait à obliger l'OPC à collecter auprès d'autres intermédiaires, aux dates indiquées, des informations permettant à l'OPC de déterminer la proportion des investisseurs ayant droit aux bénéfices de conventions fiscales. Ces informations pourraient être demandées à la fin de l'année civile ou fiscale ou, si la situation du marché suggère que la rotation des investisseurs est élevée, plus fréquemment, mais pas plus souvent qu'à la fin de chaque trimestre de l'année civile. L'OPC pourrait ensuite présenter une demande sur la base d'une moyenne des sommes en question au cours d'une période définie d'un commun accord. Dans l'adoption de telles procédures, il faudrait veiller à choisir des dates d'évaluation permettant à l'OPC de disposer d'un temps suffisant pour actualiser les informations qu'il communique aux autres payeurs afin d'assurer l'exactitude des prélèvements à la source au début de chaque période.

63. L'autre optique que les États contractants peuvent adopter, s'agissant des OPC, est celle décrite au paragraphe 40 des Commentaires sur l'article 1. Les États contractants qui adoptent cette optique souhaiteront peut-être rédiger l'alinéa *g*) de telle manière qu'un OPC qui est résident d'un État contractant ne soit considéré comme une personne admissible que si les intérêts bénéficiaires dans cet OPC appartiennent à des résidents de l'État contractant dans lequel l'OPC est établi. Dans ce cas, l'alinéa *g*) devrait être rédigé comme suit :

g) un organisme de placement collectif, mais seulement dans la mesure où, à cette date, les intérêts bénéficiaires dans l'organisme de placement collectif appartiennent à des résidents de l'État contractant dans lequel l'organisme est établi;

Étant donné que l'insertion de la disposition prévue au paragraphe 40 des Commentaires sur l'article 1 aboutirait au même résultat en ce qui concerne les OPC auxquels cette disposition s'appliquerait, l'alinéa *g)* ne serait pas nécessaire si cette disposition était reprise dans une convention, s'agissant des OPC auxquels elle s'appliquerait.

64. Une variante de l'approche précédente consisterait à considérer qu'un OPC qui est un résident d'un État contractant devrait être une personne admissible si la majorité des intérêts bénéficiaires dans cet OPC appartient à des personnes résidentes de l'État contractant dans lequel l'OPC est établi. Ce résultat pourrait être obtenu en omettant l'alinéa *g)* et en s'appuyant uniquement sur l'application de l'alinéa *f)* (critères de la propriété et de non-érosion de la base d'imposition).

65. Les États contractants pourraient aussi adopter une position consistant à estimer que le fait qu'une part importante des investisseurs d'un OPC ait droit aux avantages d'une convention constitue une protection appropriée contre le chalandage fiscal et qu'il est donc justifié de définir un seuil de participation au capital au-delà duquel les bénéfices de la Convention seront accordés à tous les revenus reçus par l'OPC. Une disposition qui permettrait d'assurer ce résultat figure au paragraphe 41 des Commentaires sur l'article 1, et l'alinéa *g)* ne serait pas nécessaire si les États contractants intégraient cette disposition dans leur convention bilatérale s'agissant des OPC auxquels la disposition s'appliquerait. Si cette disposition n'est pas reprise dans la convention, le champ d'application de l'alinéa *g)* pourrait être élargi en adoptant la formulation suivante : « un organisme de placement collectif, mais seulement dans la mesure où [pourcentage devant être déterminé bilatéralement] pour cent des intérêts bénéficiaires dans cet organisme appartiennent à des résidents de l'État contractant dans lequel l'organisme est établi et à des bénéficiaires équivalents ».

66. De même, les États contractants peuvent utiliser la disposition du paragraphe 46 des Commentaires sur l'article 1 s'ils considèrent « qu'un organisme de placement collectif coté en bourse ne peut servir efficacement à des fins de chalandage fiscal parce que les actionnaires ou détenteurs d'un tel OPC ne peuvent exercer individuellement de contrôle sur lui ». Dans ce cas, l'alinéa *g)* ne serait pas nécessaire s'agissant des OPC auxquels s'appliquerait cette disposition. Les États qui partagent cette position, mais n'ont pas intégré cette disposition dans leur convention, pourraient rédiger comme suit l'alinéa *g)* :

g) un organisme de placement collectif si la principale catégorie d'actions de l'organisme de placement collectif est cotée et fait régulièrement l'objet de transactions sur un marché boursier reconnu;

67. Enfin, comme expliqué au paragraphe 39 des Commentaires sur l'article 1, les États qui sont préoccupés par le risque, décrit dans ce paragraphe, d'un report potentiel d'imposition lorsqu'un OPC est soumis à un impôt faible ou nul et peut capitaliser ses revenus au lieu de les distribuer au fur et à mesure de leur réalisation, peuvent vouloir négocier des clauses prévoyant de n'accorder les bénéfices d'une convention qu'aux seuls OPC qui sont tenus de distribuer leurs bénéfices au fur et à mesure. Selon la manière dont elles sont formulées, ces dispositions peuvent rendre l'alinéa *g)* superflu.

Paragraphe 3 : exercice actif d'une activité d'entreprise

Versions simplifiée et détaillée

3. *a)* Un résident d'un État contractant peut bénéficier, qu'il soit ou non une personne admissible, des avantages prévus par la Convention au titre d'un élément de revenu ayant sa source dans l'autre État contractant si ce résident est engagé dans l'exercice actif d'une activité d'entreprise dans le premier État mentionné, si le revenu tiré de l'autre État émane de cette activité ou s'il en constitue un élément accessoire. Aux fins du présent article, le terme « exercice actif d'une activité d'entreprise » s'entend comme excluant l'exercice des activités suivantes, que cet exercice concerne une seule de ces activités ou plusieurs d'entre elles :

(i) les activités propres à une société de portefeuille ;

(ii) la supervision ou l'administration d'ensemble d'un groupe de sociétés ;

(iii) les fonctions de financement d'un groupe (y compris la gestion centralisée de la trésorerie) ; ou

(iv) la réalisation ou la gestion de placements, à moins que ces activités ne soient exercées par une banque ou [liste des établissements financiers assimilables à des banques que les États contractants décident de considérer comme tels], une compagnie d'assurance ou un opérateur sur titres agréé dans le cadre ordinaire de ses activités ;

b) Si un résident d'un État contractant tire un élément de revenu d'une activité d'entreprise qu'il exerce dans l'autre État contractant, ou reçoit d'une personne liée un élément de revenu provenant de cet autre État, les conditions décrites à l'alinéa *a)* seront considérées comme remplies s'agissant de cet élément de revenu seulement si l'activité d'entreprise exercée par le résident dans le premier État mentionné en lien avec l'élément de revenu présente un caractère substantiel par rapport à des activités identiques ou complémentaires à celles exercées par le résident ou la personne liée dans l'autre État contractant. Aux fins de l'application du présent paragraphe, le caractère substantiel de l'activité d'entreprise est déterminé en prenant en compte l'ensemble des faits et circonstances propres à chaque cas.

c) Aux fins de l'application du présent paragraphe, les activités exercées par des personnes liées à un résident d'un État contractant seront réputées être exercées par ce résident.

Commentaires sur le paragraphe 3 dans les versions simplifiée et détaillée

68. Un autre critère permettant de déterminer si un résident d'un État contractant peut bénéficier des avantages conférés par la Convention est proposé au paragraphe 3. Ce critère vise certains éléments de revenu qui sont liés à l'exercice actif d'une activité d'entreprise dans l'État de résidence. Il est admis dans ce paragraphe que lorsqu'une entité résidente d'un État contractant exerce activement une activité d'entreprise dans cet État, y compris des activités menées par des personnes liées, et tire des revenus ayant leur source dans l'autre État contractant qui émanent de ces activités ou en constituent un élément accessoire, le fait d'accorder les avantages conférés par la Convention au titre de ces revenus ne donne pas matière à craindre un risque de chalandage fiscal, indépendamment de la nature de l'entité et de l'identité de ses propriétaires. Ce paragraphe ouvrira droit aux avantages prévus par la Convention dans un grand nombre de situations dans lesquelles le bénéfice de ces avantages aurait par ailleurs été refusé en vertu du paragraphe 1 au motif que l'entité n'est pas une « personne admissible » au sens du paragraphe 2.

69. Un résident d'un État contractant, alors même qu'il n'est pas une personne admissible en vertu du paragraphe 2, peut prétendre au bénéfice des avantages conférés en vertu du paragraphe 3. Selon le critère relatif à l'exercice actif d'une activité d'entreprise décrit au paragraphe 3, une personne (généralement une société) sera admissible aux avantages prévus par la Convention si elle satisfait à deux conditions : premièrement, elle est engagé dans l'exercice actif d'une activité d'entreprise dans son État de résidence et deuxièmement, les versements au titre desquels le droit aux avantages est revendiqué sont liés à cette activité. Dans certains cas, un critère supplémentaire doit être appliqué selon lequel l'activité doit présenter un caractère substantiel en volume par rapport à l'activité exercée dans l'État où les revenus ont leur source.

70. La règle générale selon laquelle un résident d'un État contractant qui est engagé dans l'exercice actif d'une activité d'entreprise dans cet État peut bénéficier des avantages conférés par la Convention au titre d'un élément de revenu ayant sa source dans l'autre État contractant est énoncée à l'alinéa *a*). Cet élément de revenu doit toutefois émaner de cette activité ou en constituer un élément accessoire.

71. L'expression « activité d'entreprise » n'est pas définie (sauf dans le but spécifique de préciser que cette expression comprend l'exercice de professions libérales ou d'autres activités de caractère indépendant ; voir l'alinéa *h*) du paragraphe 1 de l'article 3) et, en vertu de la règle générale énoncée au paragraphe 2 de l'article 3, il faut lui donner le sens qu'elle a dans le droit interne. L'on considérera généralement qu'une entité est engagé dans l'exercice actif d'une activité d'entreprise seulement si les personnes par l'intermédiaire desquelles elle agit (comme les cadres ou les travailleurs

d'une société) exercent des activités de gestion et d'exploitation présentant un caractère substantiel.

72. Les sous-alinéas (*i*) à (*iv*) de l'alinéa *a*) recensent les activités spécifiques dont l'exercice, qu'il concerne une seule ou plusieurs d'entre elles, est considéré, aux fins du paragraphe 3, comme ne constituant pas l'exercice actif d'une activité d'entreprise dans un État contractant, y compris lorsque toutes ces fonctions sont exercées dans le même État. Ces activités sont les suivantes : (*i*) les activités propres à une société de portefeuille ; (*ii*) la supervision ou l'administration d'ensemble d'un groupe de sociétés ; (*iii*) les fonctions de financement d'un groupe (y compris la gestion centralisée de la trésorerie) ; ou (*iv*) la réalisation ou la gestion de placements, à moins que ces activités ne soient exercées par une banque (ou par un établissement financier, si les États contractants en conviennent ainsi), une compagnie d'assurance ou un opérateur sur titres agréé dans le cadre ordinaire de ses activités.

73. L'ajout de cette liste d'activités permet de préciser que l'exercice de fonctions de support administratif au sein d'entreprises multinationales ou d'activités propres à des sociétés de portefeuille ne constituent pas l'exercice actif d'une activité d'entreprise et que, par conséquent, le bénéfice des avantages conventionnels prévus par le paragraphe 3 ne peut être accordé au titre des revenus émanant de ces activités ou qui en constituent un élément accessoire. Certains États considèrent cependant que certaines des activités visées aux sous-alinéas (*i*) à (*iv*), voire toutes, devraient entrer en ligne de compte pour reconnaître l'exercice actif d'une activité d'entreprise ; ces États pourront modifier en conséquence l'alinéa *a*).

74. Aux fins de déterminer si un élément de revenu émane de l'exercice actif d'une activité d'entreprise dans l'État de résidence il conviendra de prendre en compte l'ensemble des faits et circonstances du cas d'espèce. En règle générale, un élément de revenu émane de l'exercice actif d'une activité d'entreprise dans l'État de résidence s'il existe un lien, dans les faits, entre l'activité d'entreprise exercée activement et l'élément de revenu au titre duquel des avantages conférés par une convention sont demandés. À titre d'exemple, si une entreprise conduit des activités de recherche-développement dans son État de résidence et met au point un brevet relatif à un nouveau procédé, il existerait, dans les faits, un lien factuel entre les redevances générées par les licences d'utilisation de ce brevet et l'exercice actif d'une activité d'entreprise dans l'État de résidence. Dans le cas de dividendes ou d'intérêts versés à une société mère, il conviendra d'examiner quelles sont les activités conduites par la société à l'origine des versements afin de déterminer si ces dividendes ou intérêts émanent de l'activité d'entreprise exercée activement par la société mère dans son État de résidence.

75. Aux fins de déterminer si les activités de la société payante dans l'État de la source ont le lien factuel nécessaire avec l'activité d'entreprise activement exercée dans l'État de résidence, il est important de comparer les gammes d'activité dans chaque État. La gamme d'activités dans l'État de la source peut se situer en amont ou en aval de l'activité menée dans l'État de résidence. En conséquence, la gamme d'activités dans l'État de la source peut consister à alimenter en intrants un processus

de fabrication se déroulant dans l'État de résidence, ou à vendre le produit issu du processus de fabrication assuré par un résident. Les exemples qui suivent illustrent ces principes :

— Exemple A : ACO est une société résidente de l'État A qui remplit la condition de l'exercice actif d'une activité d'entreprise dans cet État puisqu'elle y fabrique le produit X. ACO détient 100 pour cent des actions de BCO, société résidente de l'État B. BCO achète à ACO le produit X qu'elle distribue auprès de sa clientèle dans l'État B. Compte tenu du lien existant, dans les faits, entre l'activité de distribution du produit X par BCO et la fabrication de ce produit par ACO, les dividendes versés par BCO à ACO seront considérés comme des revenus émanant de l'activité d'entreprise d'ACO.

— Exemple B : ACO est une société résidente de l'État A dans lequel elle exploite une grande installation de recherche-développement qui met au point des éléments de propriété intellectuelle dont elle concède des licences d'exploitation à des filiales situées dans le monde entier, y compris à BCO. ACO détient 100 pour cent des actions de BCO, société résidente de l'État B. BCO fabrique les produits conçus par ACO et les commercialise dans l'État B. Compte tenu du lien existant, dans les faits, entre les activités d'entreprise menées par BCO et l'activité d'entreprise exercée activement par ACO dans l'État A, les redevances versées par BCO à ACO au titre de l'utilisation d'éléments de propriété intellectuelle seront considérés comme des revenus émanant de l'activité d'entreprise d'ACO.

— Exemple C : ACO est une société résidente de l'État A dans lequel elle exerce activement une activité de fabrication qui requiert l'utilisation de la matière première X. ACO détient 100 pour cent des actions de BCO, société résidente de l'État B, dans lequel de grandes quantités de la matière première X sont disponibles. BCO extrait la matière première X et la vend à ACO, qui l'utilise pour fabriquer les produits qu'elle vend sur le marché libre. Dans la mesure où l'activité de BCO consiste à fournir en amont à ACO des matières premières destinées à la fabrication des produits d'ACO, il existe un lien, dans les faits, entre l'activité d'entreprise de BCO et les activités de fabrication d'ACO dans l'État A. Les dividendes versés par BCO à ACO seront considérés comme des revenus émanant de l'activité d'entreprise d'ACO.

76. Un élément de revenu provenant de l'État de la source est « accessoire » par rapport à l'activité menée dans l'État de résidence si la production de cet élément facilite l'exercice de l'activité de l'entreprise dans l'État de résidence. Un exemple de revenu accessoire est le placement temporaire du fonds de roulement d'une personne installée dans l'État de résidence dans des titres émis par des personnes installées dans l'État de la source.

77. Une condition supplémentaire, énoncée à l'alinéa *b*) du paragraphe 3, vient s'ajouter à la règle générale énoncée à l'alinéa *a*) dans les cas où l'activité produisant l'élément de revenu en question est exercée soit par la personne qui produit le revenu, soit par une personne liée installée dans l'État de la source. L'alinéa *b*) prévoit que, dans ces circonstances, l'activité d'entreprise exercée dans l'État de résidence doit être

substantielle par rapport à l'activité exercée dans l'État de la source. La détermination du caractère substantiel est fondée sur l'ensemble des faits et circonstances, y compris la taille relative des entreprises dans chaque État contractant, la taille relative des économies et des marchés dans les deux États, la nature des activités exercées dans chaque État et les contributions respectives de celles-ci à l'activité d'entreprise exercée dans chaque État.

78. L'analyse permettant de déterminer s'il convient d'appliquer l'alinéa *b*) doit s'opérer séparément pour chaque élément de revenu provenant de l'État de la source, en tenant compte de l'activité d'entreprise menée dans l'État de résidence duquel l'élément de revenu en question émane. Il est dès lors possible qu'une personne ait le droit de bénéficier des avantages conférés par la Convention au titre d'un élément de revenu donné et non au titre d'un autre. Lorsqu'un résident d'un État contractant est fondé à bénéficier des avantages découlant de la Convention au titre d'un élément de revenu particulier en vertu du paragraphe 3, il est fondé à bénéficier de tous les avantages conférés par la Convention dans la mesure où ceux-ci concernent l'imposition de cet élément de revenu dans l'État de la source.

79. Le critère relatif au caractère substantiel de l'activité prévu par l'alinéa *b*) ne s'applique pas, cependant, si l'activité qui génère l'élément de revenu considéré n'est pas menée dans l'État de la source par le résident qui revendique le bénéfice des avantages conférés par une convention, ni par une personne liée installée dans l'État de la source. Par exemple, si une petite entreprise de recherche installée dans un État met au point un processus dont elle concède la licence à une société pharmaceutique de très grande taille qui n'est pas, vis-à-vis d'elle, une personne liée et qui est située dans un autre État, la taille de l'activité d'entreprise de l'entreprise de recherche dans le premier État ne doit pas être comparée à la taille de l'activité d'entreprise du fabricant. De même, une banque de taille modeste sise dans un État qui accorde un prêt à une société de très grande taille qui n'est pas, vis-à-vis d'elle, une personne liée et qui mène une activité d'entreprise dans l'autre État n'a pas à satisfaire au critère relatif au caractère substantiel pour déterminer si elle peut bénéficier des avantages conférés par la Convention au titre du paragraphe 3.

80. L'alinéa *c*) vise les activités exercées par des personnes liées et prévoit des règles d'attribution aux fins de l'application des règles des alinéas *a*) et *b*) relatives au caractère substantiel d'une activité. Ainsi, ces règles s'appliquent pour déterminer si une personne satisfait au critère énoncé à l'alinéa *a*), à savoir si elle exerce activement une activité d'entreprise et si l'élément de revenu émane de cette activité d'entreprise, ainsi que pour faire la comparaison exigée afin d'établir si le critère relatif au « caractère substantiel » de l'activité figurant à l'alinéa *b*) est satisfait. Le terme « personne liée » est défini au paragraphe 6 de la version simplifiée et au paragraphe 7 de la version détaillée.

81. Les exemples suivants illustrent l'application du paragraphe 3 dans le cas d'activités exercées par des personnes liées :

— Exemple A : PARENTCO est résidente d'un État tiers et est la société mère de HOLDCO, qui est elle-même la société mère de OPCO1 et OPCO2. OPCO1 et HOLDCO sont des résidents de l'État A. OPCO2 est un résident de l'État B. OPCO1 et OPCO2 exercent activement une activité de fabrication du même produit dans leur État de résidence. HOLDCO gère les investissements du groupe et n'est pas considérée comme exerçant activement une activité d'entreprise. HOLDCO perçoit des dividendes versés par OPCO2. En application de l'alinéa c), il est considéré que HOLDCO exerce activement une activité d'entreprise étant donné qu'elle est réputée diriger les activités d'OPCO1, qui elle-même exerce activement une activité d'entreprise. HOLDCO est donc traitée comme une entité qui exerce activement une activité d'entreprise dans l'État A. Néanmoins, le fait que l'activité d'entreprise présumée de HOLDCO soit identique à celle d'OPCO2 ne suffit pas à établir l'existence d'un lien, dans les faits, entre les dividendes versés par OPCO2 et l'activité d'entreprise de HOLDCO. Par conséquent, ces dividendes ne feront pas, en vertu du paragraphe 3, l'objet de l'application de taux d'imposition réduits au titre de l'article 10 de la convention conclue entre les États A et B.

— Exemple B : ACO est une société résidente de l'État A dans lequel elle exerce activement une activité de fabrication qui requiert l'utilisation de la matière première X. HOLDCO, également résidente de l'État A, détient 100 pour cent des actions d'ACO, ainsi que de BCO, une société résidente de l'État B dans lequel de grandes quantités de la matière première X sont disponibles. BCO extrait la matière première X et la vend à ACO, qui l'utilise pour fabriquer les produits qu'elle vend sur le marché libre. En application de l'alinéa c), il est considéré que HOLDCO exerce activement une activité d'entreprise étant donné qu'elle est réputée diriger les activités d'ACO. Les activités d'entreprise de BCO consistent à fournir en amont des matières premières destinées à l'activité de fabrication que HOLDCO est réputée exercer activement, et sont à ce titre considérées comme étant factuellement liées à l'activité d'entreprise que HOLDCO est réputée exercer activement. En conséquence, les dividendes versés par BCO à HOLDCO seront traités comme des revenus émanant de l'activité d'entreprise que HOLDCO est réputée exercer activement.

Paragraphe 4 : avantages dérivés

Version simplifiée

4. Un résident d'un État contractant qui n'est pas une personne admissible peut néanmoins bénéficier d'un avantage qui serait normalement accordé par cette Convention concernant un élément de revenu si, à la date à laquelle cet avantage lui serait en principe accordé et pendant au moins la moitié des jours compris dans une période de douze mois incluant cette date, des personnes qui sont des bénéficiaires équivalents détiennent, directement ou indirectement, au moins 75 pour cent des actions de ce résident.

Version détaillée

[La question de la formulation appropriée pour l'ajout dans une convention qui utilise la version détaillée d'un paragraphe relatif aux avantages dérivés fait l'objet des commentaires ci-après.]

Commentaires sur le paragraphe 4 dans la version simplifiée

82. On trouve dans le paragraphe 4 la description du critère des avantages dérivés qui peut possiblement s'appliquer à tous les avantages conférés par la Convention même s'il doit être appliqué séparément à chaque élément de revenu. L'application de ce critère conduit à autoriser certaines sociétés et entités résidentes d'un État contractant, mais qui ne sont pas des personnes admissibles en vertu du paragraphe 2, à bénéficier des avantages de la Convention au titre d'un élément de revenu si, à la date à laquelle l'avantage aurait été octroyé au titre de cet élément de revenu et pendant au moins la moitié d'une période de douze mois incluant cette date, au moins 75 pour cent des actions (telles que définies au paragraphe 6) de cette société ou entité sont détenus, directement ou indirectement, par des personnes correspondant à la définition du « bénéficiaire équivalent » figurant au paragraphe 6. La définition du « bénéficiaire équivalent », qui est essentielle pour l'application du paragraphe 4, renvoie fondamentalement à des personnes qui auraient pu prétendre à des avantages équivalents ou plus favorables auprès de l'État de la source si elles avaient perçu le même revenu directement (sous réserve des conditions énoncées dans cette définition).

Commentaires sur le paragraphe 4 dans la version détaillée

83. La manière dont le paragraphe relatif aux avantages dérivés est rédigé dans une convention suivant la version détaillée dépend de la vision qu'ont les États contractants des possibilités de chalandage fiscal qui pourraient éventuellement résulter de ce paragraphe concernant les résidents d'États dont le système fiscal présente certaines caractéristiques d'un régime préférentiel.

84. Comme indiqué dans les Commentaires sur l'article 1, certains États considèrent qu'il conviendrait d'inclure des dispositions dans leurs conventions fiscales afin de refuser l'application de dispositions spécifiques d'une convention à un revenu qui est versé à des personnes liées (telles que définies au paragraphe 7) bénéficiant de régimes qui constituent des « régimes fiscaux spéciaux » (voir les paragraphes 85 à 100 des Commentaires sur l'article 1) et de refuser l'application de l'article 11 aux intérêts versés à des personnes liées bénéficiant de dispositions de droit interne prévoyant une déduction notionnelle au titre des fonds propres (voir le paragraphe 107 des Commentaires sur l'article 1). Ces États peuvent souhaiter faire en sorte que toute disposition sur les avantages dérivés intégrée dans leurs conventions n'autorise pas les paiements ayant pour effet d'éroder la base d'imposition au profit de ces personnes liées même si celles-ci sont considérées comme des bénéficiaires équivalents. Les

États qui se rallient à ce point de vue souhaiteront vraisemblablement adopter un paragraphe sur les avantages dérivés rédigé comme suit :

4. Une société qui est résidente d'un État contractant peut également bénéficier d'un avantage qui aurait par ailleurs été accordé par la Convention si :

a) à la date à laquelle l'avantage aurait par ailleurs été accordé et pendant au moins la moitié d'une période de douze mois incluant cette date, au moins 95 pour cent du total des droits de vote et de la valeur de ses actions (et au moins 50 pour cent du total des droits de vote et de la valeur de toute catégorie d'actions conférant des droits disproportionnés) sont détenus, directement ou indirectement, par au plus sept personnes qui sont des bénéficiaires équivalents, sous réserve que, dans le cas d'une détention indirecte, chaque détenteur intermédiaire soit considéré comme un détenteur intermédiaire admissible, et

b) moins de 50 pour cent du revenu brut de la personne, et moins de 50 pour cent du revenu brut du groupe testé au titre de la période d'imposition incluant cette date, tels que déterminés dans l'État de résidence de la personne, est versé ou dû, directement ou indirectement, sous la forme de paiements déductibles aux fins des impôts visés par la Convention dans l'État de résidence de la personne (sauf paiements de pleine concurrence effectués dans le cadre ordinaire d'activités d'entreprise au titre de services ou biens corporels, et dans le cas du groupe testé, sauf transactions intra-groupe)

(i) à des personnes qui ne sont pas des bénéficiaires équivalents ;

(ii) à des personnes qui sont des bénéficiaires équivalents uniquement du fait du paragraphe 5 du présent article ou d'une disposition pour l'essentiel similaire figurant dans la convention de portée générale visant à éviter la double imposition applicable ;

(iii) à des personnes qui sont des bénéficiaires équivalents, qui sont des personnes liées à la société décrite dans le présent paragraphe et qui bénéficient d'un régime fiscal spécial, tel que défini dans [référence au paragraphe de la Convention contenant la définition de « régime fiscal spécial »] de la Convention, au titre du paiement déductible, sous réserve que, si la convention de portée générale visant à éviter la double imposition applicable ne contient pas de définition d'un régime fiscal spécial analogue à la définition de ce terme figurant dans la Convention, les principes qui sous-tendent cette définition s'appliquent, mais sans tenir compte de la condition énoncée au sous-alinéa (*v*) de cette définition ; ou

(*iv*) s'agissant d'un paiement d'intérêts, à des personnes qui sont des bénéficiaires équivalents, qui sont des personnes liées à la société décrite dans le présent paragraphe et qui bénéficient de déductions notionnelles du type décrit dans [référence au paragraphe de l'article 11 relatif aux déductions notionnelles au titre des fonds propres].

85. Les États qui ne considèrent pas qu'il conviendrait d'inclure dans leurs conventions fiscales des dispositions relatives aux régimes fiscaux spéciaux et aux déductions notionnelles au titre des fonds propres, peuvent toutefois préférer utiliser la version suivante du paragraphe relatif aux avantages dérivés :

> 4. Une société qui est résidente d'un État contractant peut également bénéficier d'un avantage qui aurait par ailleurs été accordé par la Convention si :
>
> *a)* à la date à laquelle l'avantage aurait par ailleurs été accordé et pendant au moins la moitié d'une période de douze mois incluant cette date, au moins 95 pour cent du total des droits de vote et de la valeur de ses actions (et au moins 50 pour cent du total des droits de vote et de la valeur de toute catégorie d'actions conférant des droits disproportionnés) sont détenus, directement ou indirectement, par au plus sept personnes qui sont des bénéficiaires équivalents, sous réserve que, dans le cas d'une détention indirecte, chaque détenteur intermédiaire soit considéré comme un détenteur intermédiaire admissible, et
>
> *b)* moins de 50 pour cent du revenu brut de la personne, et moins de 50 pour cent du revenu brut du groupe testé au titre de la période d'imposition incluant cette date, tels que déterminés dans l'État de résidence de la personne, est versé ou dû, directement ou indirectement, sous la forme de paiements déductibles aux fins des impôts visés par la Convention dans l'État de résidence de la personne (sauf paiements de pleine concurrence effectués dans le cadre ordinaire d'activités d'entreprise au titre de services ou biens corporels, et dans le cas du groupe testé, sauf transactions intra-groupe)
>
> (*i*) à des personnes qui ne sont pas des bénéficiaires équivalents ; o
>
> (*ii*) à des personnes qui sont des bénéficiaires équivalents uniquement du fait du paragraphe 5 de cet article ou d'une disposition pour l'essentiel similaire figurant dans la convention de portée générale visant à éviter la double imposition applicable.

86. Certains États peuvent toutefois considérer que les dispositions d'un paragraphe sur les avantages dérivés rédigé en respectant les grandes lignes tracées dans la disposition figurant dans le paragraphe précédent présentent un risque inacceptable de chalandage fiscal dans le cas de paiements qui seraient déductibles dans l'État de la source. Plutôt que de n'accorder aucun avantage dérivé, ces États peuvent préférer restreindre le champ d'application de cette disposition aux seuls dividendes, ceux-ci n'étant généralement pas déductibles. Les États qui adoptent cette position sont libres de modifier la première partie de cette autre disposition et de la rédiger comme suit :

> 4. Une société qui est résidente d'un État contractant peut également prétendre au bénéfice d'un avantage qui aurait par ailleurs été accordé en vertu de l'article 10 si :

87. Qu'il soit rédigé comme suggéré au paragraphe 84 ou au paragraphe 85 précédent, on trouve dans le paragraphe 4 sur les avantages dérivés la description d'un autre critère selon lequel un résident d'un État contractant qui n'est pas considéré

comme une personne admissible au sens du paragraphe 2 peut bénéficier d'avantages conférés par la Convention au titre de certains éléments de revenu. En règle générale, l'application de ce critère conduit à autoriser une société qui est résidente d'un État contractant à bénéficier d'avantages conférés par la Convention si 95 pour cent des droits de vote et de la valeur de ses actions sont détenus, directement ou indirectement, par au plus sept bénéficiaires équivalents et si la société satisfait à un critère de non-érosion de la base d'imposition. L'exigence selon laquelle au moins 95 pour cent du vote et de la valeur de la société qui cherche à obtenir des avantages conventionnels en vertu du paragraphe 4 appartiennent, directement ou indirectement, à sept bénéficiaires équivalents ou moins vise à éviter le fardeau administratif qui découlerait de l'obligation de déterminer si un grand nombre d'actionnaires sont des bénéficiaires équivalents ; il est également conforme à l'objectif du critère des avantages dérivés qui vise l'octroi d'avantages conventionnels aux sociétés holding d'un groupe multinational dans les situations envisagées par la disposition.

88. On trouve dans l'alinéa *a*) une description du critère de propriété. Selon ce critère, au plus sept bénéficiaires équivalents doivent détenir, directement ou indirectement, des actions représentant au moins 95 pour cent du total des droits de vote et de la valeur de la société et au moins 50 pour cent de toute catégorie d'actions conférant des droits disproportionnés pendant au moins la moitié d'une période de douze mois incluant la date à laquelle les avantages auraient par ailleurs été accordés. Dans le cas d'une détention indirecte, chaque détenteur intermédiaire doit être un détenteur intermédiaire admissible. L'expression « détenteur intermédiaire admissible » est définie au paragraphe 7 (voir les paragraphes 151 à 154 ci-après) ; l'exemple suivant illustre l'application de cette définition dans le contexte du paragraphe 4 :

— Exemple : HOLDCO, société résidente de l'État A, est une filiale détenue exclusivement et directement par ZCO, société résidente de l'État Z, elle-même détenue exclusivement et directement par XCO, résidente de l'État X. Les actions de la principale catégorie d'actions de XCO font principalement et régulièrement l'objet de transactions sur le marché boursier de l'État X. HOLDCO ne peut bénéficier des avantages prévus au paragraphe 2 de la convention conclue entre les États A et B car elle est une filiale d'une société résidente et cotée en bourse dans un État tiers. HOLDCO n'exerce pas activement une activité d'entreprise dans l'État A, et ne peut donc prétendre à aucun avantage prévu au paragraphe 3. HOLDCO perçoit dans l'État B des intérêts dont elle est le bénéficiaire effectif et qui auraient par ailleurs ouvert droit aux avantages prévus à l'article 11 de la convention conclue entre les États A et B. Supposons qu'en vertu des dispositions de la convention concernant l'impôt sur le revenu conclue entre l'État B et l'État X, XCO soit considérée comme un bénéficiaire équivalent selon la définition de cette expression figurant dans la convention conclue entre les États A et B.

Bien que XCO détienne indirectement toutes les actions d'HOLDCO, ZCO, en tant que détenteur intermédiaire, doit correspondre à la définition de « détenteur intermédiaire admissible » figurant au paragraphe 7 de la convention conclue entre les États A et B pour que HOLDCO puisse bénéficier des avantages prévus à l'article 11 de la convention conclue entre les États A et B au titre des intérêts provenant de l'État B. Si l'État Z n'a pas de convention de portée générale visant à éviter la double imposition en vigueur (ou, si la définition de détenteur intermédiaire admissible est rédigée comme suggéré au paragraphe 153 ci-après, si une telle convention est en vigueur, mais ZCO bénéficie soit d'un régime fiscal spécial ou de déductions notionnelles au titre des fonds propres), ZCO n'est pas considérée comme un détenteur intermédiaire admissible et les conditions prévues à l'alinéa *a*) ne seront pas satisfaites, de sorte que HOLDCO ne pourra bénéficier, en vertu du paragraphe 4, des avantages de la convention.

89. On trouve dans l'alinéa *b*) une description du critère de non-érosion de la base d'imposition applicable aux fins du paragraphe 4. Ce critère est globalement similaire à celui que l'on trouve au sous-alinéa (*ii*) de l'alinéa *f*) du paragraphe 2 si ce n'est que la liste des personnes non éligibles est différente (voir ci-après). Le critère de non-érosion de la base d'imposition que l'on trouve à l'alinéa *b*) est satisfait si

— moins de 50 pour cent du revenu brut de la société (et moins de 50 pour cent du revenu brut du groupe testé s'il y en a un), au titre de la période d'imposition incluant la date à laquelle les avantages sont réclamés, sont versés ou dus, directement ou indirectement, sous la forme de paiements effectués au profit de personnes non éligibles qui sont déductibles, à des fins fiscales, lors du calcul de l'impôt dû par la société dans l'État dont elle est résidente, et

— moins de 50 pour cent du revenu brut du groupe testé (s'il y en a un), au titre de la période d'imposition incluant la date à laquelle les avantages sont réclamés, sont versés ou dus, directement ou indirectement, sous la forme de paiements effectués au profit de personnes non éligibles qui sont déductibles, à des fins fiscales, lors du calcul de l'impôt dû par tout membre du groupe testé dans l'État de résidence de la société revendiquant les avantages conférés par la convention.

90. On trouve au paragraphe 7 la définition des expressions « groupe testé » et « revenu brut » qui sont utilisés à l'alinéa *b*). Par ailleurs, le terme « personnes non éligibles » utilisé au paragraphe précédent fait référence :

— si le paragraphe 4 est rédigé comme indiqué au paragraphe 84 ci-avant, à des personnes qui ne sont pas des bénéficiaires équivalents selon la définition de cette expression figurant au paragraphe 7 ainsi qu'à des personnes qui sont des bénéficiaires équivalents selon cette définition, mais relèvent de l'une des trois catégories suivantes :

  1. elles sont des bénéficiaires équivalents du seul fait qu'elles sont des sociétés de siège conformément au paragraphe 5 de la Convention ou de la convention applicable ;

2. elles sont des personnes liées (telles que définies au paragraphe 7) à la société revendiquant le droit aux avantages d'une convention en vertu du paragraphe 4 et elles bénéficient au regard du paiement concerné d'un régime fiscal spécial ; ou
3. dans le cas d'un paiement d'intérêts, elles sont des personnes liées (telles que définies au paragraphe 7) à la société revendiquant le droit aux avantages d'une convention en vertu du paragraphe 4 et elles bénéficient de déductions notionnelles au titre des fonds propres.

— si le paragraphe 4 est rédigé comme indiqué au paragraphe 85 précédent, les personnes qui ne sont pas des bénéficiaires équivalents selon la définition de cette expression figurant au paragraphe 7 ainsi que les personnes qui sont des bénéficiaires équivalents selon cette définition du seul fait qu'elle sont des sociétés de siège conformément au paragraphe 5 de la Convention ou de la convention applicable.

91. L'exemple suivant illustre l'application du critère de non-érosion de la base d'imposition décrit au paragraphe 4 :

— Exemple : La société X, résidente de l'État X, détient la société Y, résidente de l'État Y. La société Y détient la société B, résidente de l'État B qui revendique le droit à des avantages conférés par la convention conclue entre les États A et B conformément au paragraphe 4. La société X est un bénéficiaire équivalent et la société Y est un détenteur intermédiaire admissible selon les définitions de ces expressions figurant au paragraphe 7 de la convention conclue entre les États A et B. En conséquence, la société B satisfait au critère de propriété prévu à l'alinéa *a)* parce que premièrement, la société X, un bénéficiaire équivalent, détient indirectement des actions représentant au moins 95 pour cent du total des droits de vote et de la valeur de la société B et au moins 50 pour cent de toute catégorie d'actions conférant des droits disproportionnés (telle que définie au paragraphe 7), et, deuxièmement, chaque détenteur intermédiaire (en l'espèce la société Y) est un détenteur intermédiaire admissible.

  Le revenu brut de la société B au titre de la période d'imposition considérée se compose d'intérêts, d'un montant de 100, provenant de l'État A, et de dividendes, d'un montant de 200, provenant d'un État tiers qui sont exonérés d'impôt en vertu de la législation de l'État B. La société B revendique le droit aux avantages conférés par la convention au titre des intérêts se chiffrant à 100. En vertu de la législation de l'État B, la société B, la société Y et la société X ne sont pas autorisées à participer à un régime commun de consolidation fiscale ou à tout autre régime qui autoriserait les trois sociétés à partager leurs bénéfices ou leurs pertes, et il n'existe pas non plus de régime de partage des pertes. Dans cet exemple, il n'y a donc pas de groupe testé. Le revenu brut de la société B est de 100 (intérêts perçus dans l'État A). La société B ne satisfait pas au critère de non-érosion de la base d'imposition prévu à l'alinéa *b)* si elle effectue des paiements ayant pour effet d'éroder la base d'imposition d'un montant d'au moins 50 au profit de personnes non éligibles au sens du paragraphe précédent.

Paragraphe 5 (version détaillée) : société de siège

Version détaillée uniquement

5. Une société qui est résidente d'un État contractant et exerce les fonctions de société de siège d'un groupe multinational composé de cette société et de ses filiales directes et indirectes peut bénéficier des avantages conférés par la Convention au titre des dividendes et intérêts versés par des membres du groupe multinational dont elle fait partie, indépendamment du fait qu'elle soit, ou non, une personne admissible. Une société est considérée comme une société de siège à cette fin seulement :

a) si le siège principal de direction et de contrôle de la société se situe dans l'État contractant dont elle est résidente ;

b) si le groupe multinational se compose de sociétés qui sont résidentes d'au moins quatre États et qui exercent activement une activité d'entreprise dans au moins quatre États, et si l'activité exercée dans chacun de ces quatre États (ou dans quatre groupements d'États) génère au moins 10 pour cent du revenu brut du groupe ;

c) si les activités d'entreprise du groupe multinational qui sont réalisées ou exercées dans tout autre État que l'État de résidence de la société génèrent moins de 50 pour cent du revenu brut du groupe ;

d) pas plus de 25 pour cent du revenu brut de cette société proviennent de l'autre État contractant ;

e) la société est assujettie aux mêmes règles en matière d'imposition du revenu dans l'État contractant dont elle est résidente que les personnes décrites au paragraphe 3 du présent article ; et

f) moins de 50 pour cent du revenu brut de la société, et moins de 50 pour cent du revenu brut du groupe testé, sont versés ou dus, directement ou indirectement, sous la forme de paiements déductibles aux fins des impôts visés par la Convention dans l'État de résidence de la société (sauf paiements de pleine concurrence effectués dans le cadre ordinaire d'activités d'entreprise au titre de services ou biens corporels ou paiements concernant des obligations financières envers une banque qui n'est pas une personne liée à la société, et dans le cas du groupe testé, sauf transactions intra-groupe) au profit de personnes qui ne sont pas résidentes de l'un des États contractants pouvant prétendre aux avantages conférés par la Convention en vertu de l'alinéa *a*), *b*), *c*) ou *e*) du paragraphe 2.

Si les critères figurant à l'alinéa *b*), *c*) ou *d*) de ce paragraphe ne sont pas satisfaits pour la période d'imposition concernée, ils seront réputés l'être si les pourcentages fixés sont respectés lorsqu'on calcule le revenu brut moyen sur les quatre périodes d'imposition précédentes.

Commentaires sur le paragraphe 5 dans la version détaillée

92. Le paragraphe 5 prévoit un autre critère selon lequel un résident d'un État contractant qui est une société de siège et qui n'est pas une personne admissible au sens du paragraphe 2 peut bénéficier des avantages conférés par la convention au titre de dividendes et intérêts versés par des membres du groupe multinationales dont elle fait partie. Le groupe multinational de la société de siège désigne la société et ses filiales directes et indirectes (et n'inclut pas les sociétés se situant à des niveaux supérieurs).

93. Une société qui revendique le droit à des avantages en tant que société de siège doit satisfaire six conditions. Premièrement, conformément à l'alinéa *a*), le siège principal de direction et de contrôle de la société de siège tel que défini au paragraphe 7 doit se situer dans l'État contractant dont il est résident. Le même critère est appliqué aux sociétés cotées. Le sous-alinéa (*ii*) de la définition de « siège principal de direction et de contrôle » offre la possibilité que, dans des cas limités, la direction d'un sous-groupe (notamment d'un sous-groupe responsable d'un secteur régional) puisse être plutôt assurée par une société qui n'est pas une société de niveau supérieur pour tout le groupe d'entreprises liées, et dans certains cas très précis, une société de niveau inférieur peut satisfaire au critère relatif à la société de siège.

94. Deuxièmement, conformément à l'alinéa *b*), le groupe multinational doit se composer de sociétés qui sont résidentes d'au moins quatre États et qui exercent activement une activité d'entreprise (telle que définie au paragraphe 3) dans au moins quatre États (dont des États contractants), et l'activité exercée dans chacun de ces quatre États (ou groupements d'États) doit générer au moins 10 pour cent du revenu brut du groupe. L'application de ce critère est illustrée par l'exemple suivant :

— Exemple : La société X est résidente de l'État X et fait partie d'un groupe multinational se composant d'elle-même et de ses filiales directes et indirectes résidentes respectivement des États X, A, B, C, D, E et F. Le revenu brut généré par chacune de ces sociétés au titre des années 1 et 2 figure dans le tableau suivant :

État	Année 01	Année 02
X	45	60
A	25	12
B	10	20
C	10	12
D	7	10
E	10	9
F	5	7
Total	112	130

Au titre de l'année 1, 10 pour cent du revenu brut du groupe représentent 11,20. Seules les sociétés situées dans les États X et A satisfont au critère figurant à l'alinéa *b*) au titre de cette année là. Il est possible de regrouper les autres États pour satisfaire au critère. Sachant que le montant total du revenu brut généré dans les États B et C est de 20, et que le montant total du revenu brut généré dans les États D, E et F est de 22, ces deux groupements de pays peuvent être considérés comme les troisième et quatrième membres du groupe aux fins de l'alinéa *b*).

Au titre de l'année 2, 10 pour cent du revenu brut représentent 13. Seules les sociétés situées dans les États X et B satisfont au critère. Sachant que le montant total du revenu brut généré dans les États A et C est de 24, et que le montant total du revenu brut généré dans les États D, E et F est de 26, ces deux groupements de pays peuvent être considérés comme les troisième et quatrième membres du groupe aux fins de l'alinéa *b*). Le fait que l'État A ait remplacé l'État B dans un groupement n'est pas pertinent à cette fin. La composition du groupement peut changer chaque année.

95. Troisièmement, conformément à l'alinéa *c*), les activités du groupe multinational qui sont exercées dans tout autre État que l'État de résidence de la société doivent générer moins de 50 pour cent du revenu brut (tel que défini au paragraphe 7) du groupe. Une société faisant partie d'un groupe multinational qui génère 50 pour cent ou plus du revenu brut du groupe dans l'État de la source ne remplit pas cette condition.

96. Quatrièmement, conformément à l'alinéa *d*), pas plus de 25 pour cent du revenu brut de la société peut provenir de l'autre État contractant. À la différence de la troisième condition décrite au paragraphe précédent, cette condition porte uniquement sur le revenu brut perçu par la société revendiquant le statut de société de siège, et non sur le revenu brut perçu par les membres du groupe multinational dont elle fait partie.

97. Cinquièmement, conformément à l'alinéa *e*), la société doit être assujettie aux mêmes règles en matière d'imposition du revenu dans l'État contractant dont elle est résidente que les personnes décrites au paragraphe 3. Elle doit donc être soumise aux règles de portée générale en matière d'imposition des sociétés applicables aux sociétés qui exercent activement une activité d'entreprise dans l'État de résidence, et non à un régime applicable aux sociétés de siège.

98. Sixièmement, conformément à l'alinéa *f*), la société doit satisfaire à un critère de non-érosion de la base d'imposition globalement similaire à celui figurant au sous-alinéa (*ii*) de l'alinéa *f*) du paragraphe 2 si ce n'est que les paiements ayant pour effet d'éroder la base d'imposition n'englobent pas les paiements concernant des obligations financières envers une banque qui n'est pas une personne liée à la société. À la différence de ce qui découle de l'application du critère de non-érosion de la base d'imposition figurant à l'alinéa *f*) du paragraphe 2, les paiements d'intérêts effectués par une société au bénéfice d'une banque qui n'est pas une personne liée à la société

ne seront par exemple pas traités comme des paiements ayant pour effet d'éroder la base d'imposition aux fins de l'application du critère de non-érosion de la base d'imposition figurant au paragraphe 5. On trouve dans le paragraphe 7 la définition des expressions « groupe testé » et « revenu brut » qui sont utilisés aux fins de ce critère de non-érosion de la base d'imposition.

99. Comme expliqué au paragraphe 33 précédent, applicable au critère de non-érosion de la base d'imposition figurant à l'alinéa *d*) du paragraphe 2, les États qui souhaitent refuser l'application de dispositions spécifiques de la Convention à un revenu versé à des personnes liées bénéficiant de régimes qui constituent des « régimes fiscaux spéciaux » et s'opposer à l'application de l'article 11 à des intérêts versés à des personnes liées qui bénéficient de dispositions du droit interne prévoyant une déduction notionnelle au titre des fonds propres, peuvent également vouloir modifier le critère de non-érosion de la base d'imposition prévu à l'alinéa *f*) pour inclure dans la catégorie des « personnes non éligibles » les personnes qui, bien qu'elles soient résidentes de l'un des États contractants, bénéficient de régimes fiscaux spéciaux ou de déductions notionnelles au titre de paiements déductibles qui leurs sont versés ou dus, ce qui pourrait être fait en modifiant l'alinéa *f*) comme suit :

f) moins de 50 pour cent du revenu brut de la société et moins de 50 pour cent du revenu brut du groupe testé sont versés ou dus, directement ou indirectement, sous la forme de paiements déductibles aux fins des impôts visés par la Convention dans l'État de résidence de la société (sauf paiements de pleine concurrence effectués dans le cadre ordinaire d'activités d'entreprise au titre de services ou biens corporels ou paiements concernant des obligations financières envers une banque qui n'est pas une personne liée à la société et, dans le cas du groupe testé, sauf transactions intra-groupe) :

   (i) à des personnes qui ne sont pas résidentes de l'un des États contractants pouvant prétendre aux avantages conférés par la Convention conformément à l'alinéa *a*), *b*), *c*) ou *e*) du paragraphe 2 ;

   (ii) à des personnes qui sont des personnes liées à cette société et qui bénéficient d'un régime fiscal spécial tel que défini au [référence au paragraphe de la convention dans lequel figure la définition de « régime fiscal spécial »] au titre du paiement déductible ; ou

   (iii) s'agissant du paiement d'intérêts, à des personnes qui sont liées à la société à laquelle il est fait référence dans le présent paragraphe et qui bénéficient de déductions notionnelles du type décrit au [référence au paragraphe de l'article 11 relatif aux déductions notionnelles au titre des fonds propres].

100. Il faut vérifier si les six conditions prévues au paragraphe 5 sont remplies pour chaque année d'imposition au cours de laquelle la société a perçu des dividendes ou des intérêts au titre desquels elle revendique le droit à des avantages conférés par la Convention. Une société qui ne remplit pas la deuxième, la troisième ou la quatrième des conditions décrites précédemment pour l'année d'imposition considérée peut toutefois être traitée comme une société de siège si elle remplit ces conditions au

regard de la moyenne des pourcentages fixés calculée pour les quatre périodes d'imposition précédentes (antérieures à la période d'imposition pendant laquelle a lieu le paiement au titre duquel le droit à un avantage conféré par une convention est revendiqué).

Paragraphe 5 (version simplifiée) / 6 (version détaillée) : dérogation laissée à la discrétion des autorités compétentes

Versions simplifiée et détaillée

5/6. Si un résident d'un État contractant n'est ni une personne admissible conformément aux dispositions du paragraphe 2 du présent article, ni une personne pouvant bénéficier d'avantages en vertu du paragraphe 3 [ou 4 (version simplifiée)][,4 ou 5 (version détaillée)], l'autorité compétente de l'État contractant dans lequel les avantages sont refusés conformément aux précédentes dispositions du présent article peut néanmoins octroyer les avantages conférés par la Convention, ou des avantages à l'égard d'un élément de revenu ou de capital en particulier, compte tenu de l'objet et du but de la Convention, mais seulement si le résident démontre, à la satisfaction de l'autorité compétente, que ni l'établissement, l'acquisition ou le maintien du résident, ni l'exercice de ses activités n'avait pour l'un de leurs principaux objets de bénéficier des avantages de la Convention. L'autorité compétente de l'État contractant à laquelle une demande a été adressée, conformément au présent paragraphe, par un résident d'un autre État, doit consulter l'autorité compétente de cet autre État avant soit d'accepter, soit de refuser la demande.

Commentaires sur le paragraphe 5 (version simplifiée) / 6 (version détaillée)

101. Le paragraphe 5 de la version simplifiée et le paragraphe 6 de la version détaillée prévoient l'un et l'autre que, lorsqu'en vertu des paragraphes précédents de l'article, un résident d'un État contractant ne peut prétendre aux avantages de la Convention, ce résident peut demander à l'autorité compétente de l'État dans lequel les avantages sont refusés en vertu de ces paragraphes de lui octroyer ces avantages. La seule différence entre les versions simplifiée et détaillée concerne la référence aux paragraphes de l'article en vertu desquels les avantages de la Convention sont par ailleurs accordés.

102. Lorsqu'une demande est adressée en vertu du paragraphe 5 (version simplifiée) ou du paragraphe 6 (version détaillée), l'autorité compétente à laquelle cette demande est adressée peut octroyer les avantages conférés par la Convention, ou des avantages au titre d'un élément de revenu ou de capital en particulier, compte tenu de l'objet et du but de la Convention, mais seulement si la personne qui a présenté la demande démontre, à la satisfaction de l'autorité compétente, que ni l'établissement, l'acquisition ou le maintien du résident, ni l'exercice de ses activités n'avaient pour l'un de leurs principaux objets de bénéficier des avantages de la Convention. Les

personnes qui entreprennent des activités dans l'un des États contractants ayant pour l'un de leurs principaux objets de bénéficier des avantages de la Convention ne se verront donc pas accorder les avantages conférés par la Convention en vertu du paragraphe.

103. Pour se voir accorder les avantages prévus par le paragraphe, une personne doit premièrement démontrer à l'autorité compétente de l'État auquel le bénéfice de ces avantages est demandé qu'il existe des raisons d'affaires claires, de nature non fiscale, justifiant son établissement, son acquisition ou son maintien ainsi que l'exercice de ses activités et, deuxièmement, que l'octroi des avantages ne serait par ailleurs pas contraire à l'objet et au but de la Convention. Aux fins de déterminer que ni l'établissement, l'acquisition ou le maintien du résident d'un État contractant, ni l'exercice de ses activités n'avaient pour l'un de leurs principaux objets de bénéficier des avantages de la Convention, l'un des facteurs que l'autorité compétente prend généralement en compte est le fait que le résident ait, ou non, un lien significatif de nature non fiscale avec l'État dont il est résident. Par exemple, dans le cas d'une filiale résidente dont la société mère est établie dans un État tiers, le fait que le taux de retenue à la source prévu par la Convention soit au moins aussi bas que le taux correspondant prévu dans la convention concernant l'impôt sur le revenu conclue entre l'État de la source et l'État tiers ne suffit pas, en soi, à établir l'existence d'un lien ou d'une relation avec l'autre État contractant. De même, la volonté de tirer parti de la législation nationale favorable de l'État partie à la convention, y compris l'existence d'un réseau de conventions fiscales, ne peut permettre d'établir l'existence d'un lien ou d'une relation avec l'État partie à la convention.

104. De plus, les avantages dont l'octroi est laissé à la discrétion des autorités compétentes ne seront généralement pas octroyés si les avantages revendiqués aboutiraient à appliquer un impôt nul ou minime à l'élément de revenu à la fois dans l'État de résidence du requérant et dans l'État de la source, compte tenu des législations nationales de ces deux États ainsi que des dispositions et de l'objet et du but de la Convention. Le recours à un instrument hybride ouvrant droit à une déduction dans l'État de la source alors que le revenu de cet instrument est exonéré d'impôt dans l'État de résidence pourrait par exemple créer une situation de double non-imposition. Cependant, le fait qu'il y ait un impôt nul ou minime dans les deux États ne serait pas contraire à l'objet et au but de la Convention dans le cas de dividendes versés par une société résidente d'un État à une société résidente de l'autre État qui détient une part substantielle des actions de la société payante lorsque les dispositions de la Convention révèlent que les États contractants ont voulu que ces dividendes soient soumis à une faible imposition dans les deux États.

105. Il est impossible de fournir une liste détaillée de l'ensemble des faits et circonstances susceptibles d'être pris en considération pour l'application du paragraphe, mais l'on peut citer à titre d'exemples l'historique, la structure, l'actionnariat et les activités d'entreprise du résident auteur de la demande, le fait que ce résident est ou non une entité établie de longue date qui a été acquise récemment par des non-résidents pour des motifs autres que fiscaux, le fait que le résident exerce,

ou non, des activités d'entreprise présentant un caractère substantiel, et le fait que le revenu du résident au bénéfice duquel les avantages sont revendiqués fait, ou non, l'objet d'une double imposition et que l'établissement ou l'utilisation du résident donne, ou non, lieu à la non-imposition ou à une imposition réduite du revenu.

106. La référence à « un des objets principaux » qui figure dans le paragraphe signifie que l'obtention des avantages au titre d'une convention fiscale ne doit pas nécessairement être le seul objet, ou l'objet essentiel, de l'établissement, l'acquisition ou le maintien de la personne ainsi que de l'exercice de ses activités. Il suffit qu'au moins un des principaux objets ait été l'obtention des avantages conventionnels. Lorsque l'autorité compétente détermine, compte tenu de l'ensemble des faits et circonstances propres à la situation, que l'obtention des avantages visés par la Convention n'était pas l'un des principaux objets et n'aurait pas justifié l'établissement, l'acquisition ou le maintien de la personne et la conduite de ses activités, elle peut octroyer à cette personne ces avantages ou des avantages qui se rattachent à un élément spécifique de revenu ou de capital. Toutefois, lorsque l'établissement, l'acquisition ou le maintien de la personne et l'exercice de ses activités ont pour but d'obtenir des avantages similaires en vertu de plusieurs conventions, on ne doit pas considérer que l'obtention d'avantages au titre d'autres conventions empêche de considérer que l'octroi des avantages au titre d'une convention a été l'objet principal de ces opérations.

107. Même si une demande formulée en vertu du paragraphe est habituellement adressée par un résident d'un État contractant à l'autorité compétente de l'autre État contractant, il peut arriver qu'un résident d'un État contractant demande à l'autorité de son propre État de résidence d'accorder une dérogation au titre du paragraphe. Il peut en être ainsi si les avantages de la convention faisant l'objet de la demande sont accordés par l'État de résidence, notamment s'il s'agit des avantages prévus par les dispositions des articles 23 A et 23 B concernant l'élimination de la double imposition.

108. Le paragraphe accorde un large pouvoir discrétionnaire à l'autorité compétente et, pourvu que celle-ci ait exercé ce pouvoir conformément aux exigences du paragraphe, on ne peut pas considérer que la décision de l'autorité compétente est une action qui aboutit à une imposition non conforme aux dispositions de la Convention (voir le paragraphe 1 de l'article 25). Elle est toutefois tenue de prendre en compte, avant de prendre une décision, les faits et circonstances propres à chaque cas et de consulter avec l'autorité compétente de l'autre État contractant avant d'accepter ou de refuser une demande visant à bénéficier d'avantages présentée par un résident de cet autre État. La première exigence a pour but de veiller à ce que l'autorité compétente examine chaque demande pour ce qu'elle est, tandis que l'exigence relative à la consultation de l'autorité compétente de l'autre État contractant a pour but de faire en sorte que les États contractants traitent des cas similaires de manière cohérente et puissent justifier leur décision en se fondant sur les faits et circonstances propres à chaque cas. Cela étant, ce processus de consultation ne requiert pas que l'autorité compétente à laquelle la demande a été présentée obtienne l'accord de l'autorité compétente qui est consultée.

109. L'autorité compétente à laquelle une demande est adressée en vertu du paragraphe peut octroyer les avantages, mais elle peut alors accorder tous les avantages de la Convention au contribuable qui a fait la demande ou n'en accorder que certains. Elle peut par exemple n'accorder que les avantages se rapportant à un élément de revenu en particulier dans les mêmes conditions que celles prévues au paragraphe 3. Elle peut en outre imposer des conditions, notamment limiter dans le temps la portée de la dérogation accordée.

110. Une demande appelant une décision visée par le paragraphe peut être présentée soit avant (en vue d'obtenir par exemple une décision anticipée), soit après l'établissement, l'acquisition ou le maintien de la personne pour laquelle la demande est présentée. La demande doit toutefois être présentée avant que le droit aux avantages puisse être revendiqué. Si l'autorité compétente décide que les avantages doivent être conférés, on peut s'attendre à ce qu'ils le soient avec effet rétroactif à la plus tardive des deux dates suivantes : la date d'entrée en vigueur de la disposition de la convention concernée ou la date de l'établissement ou de l'acquisition de la personne pour laquelle la demande est présentée, en à supposer que tous les faits et circonstances propres au cas considéré justifient l'octroi, avec effet rétroactif, des avantages.

111. L'autorité compétente qui reçoit une demande de dérogation au titre du paragraphe doit traiter rapidement cette demande.

112. Afin de réduire les répercussions, sur les ressources administratives d'un État contractant, de l'obligation faite aux autorités compétentes d'examiner les demandes de dérogation laissée à leur discrétion et de décourager les demandes clairement injustifiées, un État contractant jugera peut-être utile de publier des lignes directrices sur les types de situations dont ils considèrent qu'elles pourront, ou non, justifier l'octroi d'une dérogation. Néanmoins, aucune condition administrative imposée aux requérants par un État contractant ne devrait dissuader les intéressés de présenter une demande lorsqu'ils estiment avoir une chance raisonnable de démontrer à une autorité compétente que les avantages devraient leur être accordés.

Paragraphe 6 (version simplifiée) / 7 (version détaillée) : définitions

Définitions (préambule)

Versions simplifiée et détaillée

6/7. Aux fins des dispositions de ce paragraphe et des paragraphes précédents du présent article :

113. Le paragraphe 6 de la version simplifiée et le paragraphe 7 de la version détaillée prévoient un certain nombre de définitions applicables aux fins de ces paragraphes ainsi que des paragraphes précédents du présent article. Celles-ci complètent celles figurant aux articles 3, 4 et 5 de la Convention, qui s'appliquent pour toute la Convention.

L'expression « marché boursier reconnu »

Version simplifiée

a) l'expression « marché boursier reconnu » désigne :

(i) tout marché boursier établi et réglementé en tant que tel selon les lois de l'un des États contractants ; et

(ii) tout autre marché boursier que les autorités compétentes des États contractants conviennent de reconnaître ;

Version détaillée

a) l'expression « marché boursier reconnu » désigne :

(i) [liste des marchés boursiers agréés à la date de la signature] ; et

(ii) tout autre marché boursier que les autorités compétentes des États contractants conviennent de reconnaître ;

Commentaires sur la définition de « marché boursier reconnu » dans la version simplifiée

114. Le sous-alinéa (i) de la définition de « marché boursier reconnu » dans la version simplifiée s'applique à tous les marchés boursiers établis et réglementés en tant que tels selon les lois de l'un des États contractants. Cette description générale dispense de donner une liste des marchés boursiers établis dans chacun de ces États.

115. Le sous-alinéa (ii) de la définition permet aux autorités compétentes de convenir de traiter tout autre marché boursier comme un « marché boursier reconnu » aux fins des paragraphes 1 à 7 de l'article. La possibilité de traiter les marchés boursiers établis dans des États tiers comme des « marchés boursiers reconnus » permet de tenir compte du fait qu'en raison de la mondialisation des marchés financiers et de la prédominance de certains grands centres financiers, les actions de nombre de sociétés cotées en bourse font aujourd'hui l'objet de transactions sur plus d'un marché boursier et sur des marchés boursiers situés en dehors des États contractants. L'accord auquel il est fait référence au sous-alinéa (ii) peut être conclu pendant la négociation de la Convention ou à tout autre moment ultérieurement. Les paragraphes 117 et 119 ci-après contiennent des explications supplémentaires concernant l'application de la définition de « marché boursier reconnu » à des marchés boursiers situés en dehors des États contractants.

Commentaires sur la définition de « marché boursier reconnu » dans la version détaillée

116. La définition de l'expression « marché boursier reconnu » dans la version détaillée recouvre, au sous-alinéa (i), les marchés boursiers agréés par les deux États contractants à la date de la signature de la Convention. Bien qu'il s'agisse généralement de marchés boursiers établis dans les États contractants, sur lesquels les actions des sociétés et entités cotées en bourse résidentes de ces États font l'objet de

transactions, les marchés boursiers correspondant à la définition ne doivent pas obligatoirement être établis dans un des États contractants. Il est ainsi tenu compte du fait qu'en raison de la mondialisation des marchés financiers et de la prédominance de certains grands centres financiers, les actions de nombre de sociétés cotées en bourse font aujourd'hui l'objet de transactions sur plus d'un marché boursier et sur des marchés boursiers situés en dehors de l'État de résidence de ces sociétés.

117. La liste à intégrer au sous-alinéa (i) peut inclure les noms de marchés boursiers précis. Elle peut également inclure une description générique d'un certain nombre de marchés boursiers qui constituerait chacun un « marché boursier reconnu ». Par exemple, dans le cas des États-Unis, la description générique pourrait être « tout marché boursier enregistré auprès de la U.S. Securities and Exchange Commission en tant que bourse nationale de valeurs en vertu de la U.S. Securities Exchange Act of 1934 ». Si les États contractants souhaitent couvrir les marchés boursiers de l'Union européenne qui sont effectivement reconnus comme tels, la description générique pourrait être « tout marché boursier établi dans des États qui sont membres de l'Union européenne ou qui sont partie à l'Accord sur l'Espace économique européen et qui est réglementé par la Directive européenne concernant les marchés d'instruments financiers (Directive 2004/39/CE telle que modifiée) ou toute autre directive ultérieure ».

118. Le sous-alinéa (ii) de la définition permet aux autorités compétentes des États contractants de compléter, par un accord ultérieur, la liste des marchés boursiers visés dans la définition à la date de la signature de la Convention.

119. Les marchés boursiers à inclure dans la définition doivent imposer des règles d'inscription à la cote qui garantissent que les titres d'entités cotées sur ce marché sont publiquement négociés. Les facteurs suivants doivent être pris en compte pour déterminer si un marché boursier doit être inclus dans la définition ou ajouté ultérieurement à cette liste au moyen de l'accord entre autorités compétentes mentionné dans le paragraphe précédent :

- Quelles sont les exigences/règles en matière de cotation en bourse d'une société ?
- Quelles sont les exigences/règles applicables pour qu'une société puisse continuer d'être cotée en bourse, y compris les conditions financières minimales ?
- Quelles sont les exigences en matière de communication d'information et/ou de déclaration annuelle/intermédiaire pour les sociétés dont les actions sont cotées en bourse ?
- Quel est le volume annuel de titres négociés sur le marché ?
- Les règles de cotation garantissent-elles la négociation active des titres cotés ? Si oui, comment ?
- Les entreprises cotées en bourse sont-elles tenues de communiquer périodiquement des informations financières et des informations sur les

événements susceptibles d'avoir une incidence significative sur leur situation financière ?

— Des informations sur le volume de transactions et sur l'actionnariat global des entreprises cotées en bourse sont-elles publiquement disponibles ?
— Des règles en matière de taille, comme une capitalisation minimale ou un nombre minimum de salariés, s'appliquent-elles aux entreprises dont les titres sont cotés en bourse ?
— Le marché impose-t-il un pourcentage minimum d'actionnariat public ? Si oui, quel est ce pourcentage minimum ?
— Pour qu'une entreprise puisse être cotée, ses actions doivent-elles être librement négociables et entièrement libérées ?
— Le marché est-il tenu de communiquer les cours des entreprises cotées dans un certain délai ?
— Le marché est-il réglementé ou surveillé par une autorité publique de l'État dans lequel il se trouve ?
— [Dans le cas d'un marché nouveau qui doit être ajouté à une liste existante :] Pourquoi une entreprise opterait-elle pour une cotation sur ce nouveau marché plutôt que sur un autre marché, y compris ceux qui sont déjà « reconnus » dans la convention fiscale ? Les exigences en matière de gouvernance et de communication financière sont-elles plus souples, par exemple ?
— [Dans le cas d'un marché nouveau qui doit être ajouté à une liste existante :] Le nouveau marché constitue-t-il une plate-forme plus efficace pour lever des capitaux et, si oui, pour quelles raisons ?

Le terme « actions »

Versions simplifiée et détaillée

b) s'agissant d'entités qui n'émettent pas d'actions, l'expression « actions » désigne des titres de participation qui sont assimilables à des actions ;

Commentaires sur la définition d'« actions » dans les versions simplifiée et détaillée

120. Ni la version simplifiée, ni la version détaillée ne contiennent de définition exhaustive du terme « actions », lequel, aux termes du paragraphe 2 de l'article 3, doit généralement avoir le sens qu'il a dans le droit interne de l'État qui applique l'article. L'alinéa *b*) prévoit néanmoins que le terme « actions », lorsqu'il est employé à propos d'entités qui n'émettent pas d'actions (notamment des fiducies [trusts]) fait référence à des titres de participation qui sont assimilables à des actions. Il s'agit généralement de titres donnant droit à leurs détenteurs au bénéfice d'une fraction du revenu ou des actifs de l'entité.

L'expression « principale catégorie d'actions »

Version simplifiée

c) l'expression « principale catégorie d'actions » désigne la catégorie ou les catégories d'actions d'une société ou entité qui représentent la majorité du total des droits de vote et de la valeur de la société ou entité ;

Version détaillée

c) l'expression « principale catégorie d'actions » désigne les actions ordinaires de la société ou de l'entité, sous réserve que cette catégorie d'actions représente la majorité du total des droits de vote et de la valeur de la société ou de l'entité. Si ce n'est le cas d'aucune catégorie d'actions ordinaires, la « principale catégorie d'actions » est constituée des catégories qui, conjointement, représentent une majorité du total des droits de vote et de la valeur de la société ou de l'entité ;

Commentaires sur la définition de « principale catégorie d'actions » dans la version simplifiée

121. La définition de l'expression « principale catégorie d'actions » figurant dans la version simplifiée correspond généralement à celle figurant dans la version détaillée mais, plutôt que de traiter expressément du cas où aucune catégorie d'actions ordinaires ne représente la majorité du total des droit de vote et de la valeur de la société ou de l'entité, elle y répond grâce à l'emploi de l'expression « la catégorie ou les catégories d'actions ».

Commentaires sur la définition de « principale catégorie d'actions » dans la version détaillée

122. La définition de l'expression « principale catégorie d'actions » figurant dans la version détaillée vise les actions ordinaires d'une société ou d'une entité, mais seulement si celles-ci représentent la majorité des droits de vote et de la valeur de la société ou de l'entité. Si une société ou une entité ne compte qu'une seule catégorie d'actions, celle-ci constitue naturellement sa « principale catégorie d'actions ». Si elle en compte plus d'une, il est nécessaire de déterminer laquelle ou lesquelles constituent la « principale catégorie d'actions », c'est-à-dire la catégorie d'actions, ou l'ensemble composé de plusieurs catégories d'actions, qui représente globalement une majorité des droits de vote et de la valeur de la société ou de l'entité. Si aucune catégorie d'actions ordinaires ne représente la majorité du total des droits de vote et de la valeur d'une société ou d'une entité, alors la « principale catégorie d'actions » est l'ensemble composé de plusieurs catégories d'actions qui représentent conjointement une majorité des droits de vote et de la valeur de la société ou de l'entité. Si, dans le cas particulier d'une société comptant plusieurs catégories d'actions, on peut imaginer que l'on puisse dénombrer plus d'un ensemble de catégories d'actions représentant la majorité du total des droits de vote et de la valeur de la société, il suffit alors de

déterminer lequel de ces ensembles satisfait aux critères décrits à l'alinéa c) du paragraphe 2 pour que la société puisse prétendre au bénéfice des avantages conférés par la Convention au titre de cette disposition (les avantages ne pourront être refusés à la société ou à l'entité même si l'on peut distinguer un deuxième ensemble d'actions représentant la majorité du total des droits de vote et de la valeur de la société ou de l'entité, mais ne satisfaisant pas aux critères énoncés à l'alinéa c) du paragraphe 2).

123. Dans quelques États, certaines sociétés cotées en bourse font partie d'une structure à double cotation et ces États peuvent souhaiter traiter expressément la situation de ces sociétés afin de s'assurer qu'elles ne se voient pas refuser involontairement les avantages conférés par des conventions à cause de la définition des « principales catégories d'actions ». L'expression « structure à double cotation » fait référence à un mécanisme, adopté par certaines sociétés cotées en bourse, matérialisant une unification de la gestion, de l'exploitation, des droits des actionnaires, de l'objet et de la finalité qui se concrétise par une série d'accords entre les deux sociétés mères, dont chacune est cotée séparément de l'autre, ainsi que par des dispositions figurant dans leurs statuts respectifs, prévoyant notamment, dans certains cas, la création d'actions à droit de vote spécial. Dans une telle structure, la position des actionnaires de la société mère est, dans la mesure du possible, la même que s'ils détenaient des actions dans une seule société, ouvrant les mêmes droits au bénéfice des dividendes et les mêmes droits sur les actifs des sociétés faisant partie de la structure à double cotation en cas de liquidation. Les États souhaitant traiter la situation de ces sociétés peuvent donc envisager d'ajouter la phrase suivante à la définition de l'expression « principale catégorie d'actions » :

> Dans le cas d'une société faisant partie d'une structure à double cotation, la principale catégorie d'actions est déterminée après avoir exclu les actions spéciales portant droit de vote qui ont été émises afin de créer cette structure à double cotation.

124. Cette phrase supplémentaire doit être complétée par l'ajout de la définition suivante de l'expression « structure à double cotation » :

> l'expression « structure à double cotation » désigne un mécanisme par lequel deux sociétés cotées en bourse, tout en conservant leur statut d'entités juridiques distinctes, des actionnariats distincts et des cotations distinctes, alignent leurs orientations stratégiques et les intérêts économiques de leurs actionnaires respectifs grâce :
>
> *(i)* à la constitution de conseils d'administration communs (ou pratiquement identiques), sauf dans les cas où les dispositions réglementaires les en empêchent ;
>
> *(ii)* à la gestion unifiée des activités des deux sociétés ;
>
> *(iii)* à des distributions équivalentes aux actionnaires par application d'une clé de répartition entre les deux sociétés, y compris en cas de liquidation de l'une des sociétés ou des deux ;

(iv) au fait que les actionnaires des deux sociétés votent dans les faits comme un organe décisionnel unique sur les questions importantes touchant à leurs intérêts conjugués ; et

(v) à des garanties croisées, ou un soutien financier similaire d'une société, pour des transactions ou engagements significatifs entrepris par l'autre, sauf lorsque les dispositions réglementaires applicables ont pour effet d'empêcher l'octroi de ces garanties ou de ce soutien financier.

125. D'autres États cependant préféreront peut-être ne pas inclure dans l'article de référence spécifique aux structures à double cotation à cause d'interrogations éventuelles concernant le recours à des structures similaires à des fins d'évasion fiscale et ils préféreront donc peut-être régler au cas par cas le sort des structures à double cotation légitimes en se référant aux autres dispositions de l'article, y compris à la disposition du paragraphe 6 relative à la dérogation laissée à la discrétion des autorités compétentes.

L'expression « personne liée »

Versions simplifiée et détaillée

d) deux personnes seront considérées comme des « personnes liées » si l'une d'elles détient, directement ou indirectement, au moins 50 pour cent des intérêts bénéficiaires dans l'autre (ou, dans le cas d'une société, au moins 50 pour cent du total des droits de vote et de la valeur des actions de la société) ou si une autre personne détient, directement ou indirectement, au moins 50 pour cent des intérêts bénéficiaires (ou, dans le cas d'une société, au moins 50 pour cent du total des droits de vote et de la valeur des actions de la société) dans chacune d'elles. Dans tous les cas, une personne est considérée comme liée à une autre si, au vu de l'ensemble des faits et circonstances propres à chaque cas, l'une contrôle l'autre ou si les deux sont contrôlées par la même personne ou les mêmes personnes.

Commentaires sur la définition de « personne liée » dans les versions simplifiée et détaillée

126. L'expression « personne liée » est utilisée au paragraphe 3 de la version simplifiée et à diverses reprises dans la version détaillée. Bien que la définition soit quelque peu similaire à celle de personne « étroitement liée » figurant à l'article 5, la principale différence tient à ce que le fait de détenir, directement ou indirectement, exactement 50 pour cent des intérêts bénéficiaires pourrait aboutir à ce qu'une personne soit « liée » à une autre alors que la définition d'une personne « étroitement liée » exige la détention, directe ou indirecte, de plus de 50 pour cent des intérêts bénéficiaires.

127. Comme indiqué au paragraphe 33 précédent, certains États considèrent qu'il conviendrait d'inclure dans leurs conventions fiscales des dispositions pour refuser l'application de dispositions spécifiques de la Convention à un revenu versé à des personnes liées bénéficiant de régimes qui constituent des « régimes fiscaux

spéciaux » (voir les paragraphes 85 à 100 des Commentaires sur l'article 1) et refuser l'application de l'article 11 à des intérêts versés à des personnes liées bénéficiant de dispositions du droit interne prévoyant une déduction notionnelle au titre des fonds propres (voir le paragraphe 107 des Commentaires sur l'article 1). Si l'on intègre de telles dispositions dans la Convention, les États contractants peuvent juger plus approprié de faire figurer la définition de l'expression « personne liée » dans l'article 3 qui contient des définitions s'appliquant à l'ensemble de la Convention.

L'expression « bénéficiaire équivalent »

Version simplifiée

e) l'expression « bénéficiaire équivalent » désigne toute personne qui pourrait prétendre à des avantages au titre d'un élément de revenu octroyés par un État contractant en vertu de son droit interne, de la Convention ou de tout autre accord international qui seraient équivalents ou plus favorables à ceux accordés au titre de cet élément de revenu en vertu de la Convention. Pour déterminer si une personne est un bénéficiaire équivalent au titre de dividendes reçus par une société, cette personne doit être réputée être une société et détenir le même capital de la société qui paie les dividendes que celui que détient la société qui réclame l'avantage au titre des dividendes.

Version détaillée

e) l'expression « bénéficiaire équivalent » désigne :

(i) un résident de tout État, sous réserve :

A) que ce résident puisse bénéficier de tous les avantages d'une convention de portée générale visant à éviter la double imposition conclue entre cet État et l'État contractant auprès duquel le droit aux avantages de la Convention est revendiqué en vertu de dispositions pour l'essentiel similaires à celles des alinéas *a*), *b*) *c*) ou *e*) du paragraphe 2, ou, lorsque l'avantage revendiqué porte sur des intérêts ou dividendes versés par un membre du groupe multinational dont fait partie le résident, que ce résident puisse bénéficier d'avantages en vertu de dispositions pour l'essentiel similaires à celles du paragraphe 5 du présent article figurant dans cette convention dès lors que, si cette convention ne comporte pas d'article détaillé sur la limitation des avantages, cette convention est appliquée comme si les dispositions des alinéas *a*), *b*), *c*) et *e*) du paragraphe 2 (incluant les définitions pertinentes à l'application des critères prévus dans ces alinéas) étaient incluses dans cette convention ; et

B) *1)* en ce qui concerne les revenus visés aux articles 10, 11 ou 12, que, si le résident avait perçu ces revenus directement, il puisse, en vertu de cette autre convention, d'une disposition de son droit interne ou de tout accord international, bénéficier d'un taux d'imposition applicable aux revenus au titre desquels le droit aux avantages est revendiqué en vertu de la Convention qui est inférieur ou égal au taux applicable en vertu de la Convention. S'agissant d'une société revendiquant, en vertu du paragraphe 4, le droit aux avantages conférés par l'article 10 au titre de dividendes, aux fins de la présente sous-clause :

I) si le résident est un individu, et si la société exerce activement une activité d'entreprise dans l'État dont elle est résidente qui présente un caractère substantiel par rapport à l'activité ayant généré les bénéfices dont proviennent les dividendes versés, et qui est similaire à cette activité ou complémentaire de cette activité, cet individu est traité comme s'il ou elle était une société. Les activités exercées par une personne qui est une personne liée à la société revendiquant le droit à des avantages sont réputées être exercées par la société. Le caractère substantiel de l'activité d'entreprise est déterminé en prenant en compte l'ensemble des faits et circonstances ; et

II) si le résident est une société (y compris un individu considéré comme une société), pour déterminer s'il peut bénéficier d'un taux d'imposition inférieur ou égal au taux applicable en vertu de la Convention, sa participation indirecte dans le capital de la société versant les dividendes est traitée comme une participation directe ; ou

2) s'agissant d'un élément de revenu visé à l'article 7, 13 ou 21 de la Convention, le résident peut bénéficier d'avantages conférés par cette autre convention au moins aussi favorables que les avantages revendiqués en vertu de la Convention ; et

C) nonobstant le fait qu'un résident puisse satisfaire aux critères prévus aux clauses A) et B) du présent sous-alinéa, lorsque l'élément de revenu a été généré via une entité considérée comme fiscalement transparente selon les lois de l'État contractant dont la société revendiquant le droit aux avantages est résidente, dès lors que l'élément de revenu ne serait pas considéré comme le revenu du résident en vertu d'une disposition analogue à celle figurant au paragraphe 2 de l'article 1 si le résident, et non la société revendiquant le droit aux avantages en vertu du paragraphe 4 du présent article, détenait lui-même l'entité via laquelle le revenu a été perçu par la société, ce résident n'est pas considéré comme un bénéficiaire équivalent au titre de l'élément de revenu ;

(ii) un résident du même État contractant que celui où se situe la société revendiquant le droit aux avantages en vertu du paragraphe 4 du présent article qui peut bénéficier de tous les avantages conférés par la Convention en raison de l'alinéa *a*), *b*), *c*) ou *e*) du paragraphe 2 ou, lorsque l'avantage revendiqué se rapporte à des intérêts ou des dividendes versés par un membre du groupe multinational dont fait partie le résident, le résident peut bénéficier des avantages prévus au paragraphe 5 sous réserve que, dans le cas d'un résident tel que décrit au paragraphe 5, si le résident avait perçu ces intérêts ou dividendes directement, il pourrait prétendre à l'application, au titre de ce revenu, d'un taux d'imposition inférieur ou égal au taux applicable en vertu de la Convention à la société revendiquant le droit à des avantages en vertu du paragraphe 4 ; ou

(iii) un résident de l'État contractant auprès duquel le droit aux avantages conférés par la Convention est revendiqué et qui peut prétendre au bénéfice de tous les avantages conférés par la Convention en raison de l'alinéa *a*), *b*), *c*) ou *e*) du paragraphe 2, sous réserve que le total des droits de vote et de la valeur de actions (et de toute catégorie d'actions conférant des droits disproportionnés) de la société revendiquant le droit aux avantages prévus au paragraphe 4 détenus par ces résidents n'excède pas 25 pour cent du total des droits de vote et de la valeur des actions (et de toute catégorie d'actions conférant des droits disproportionnés) de la société ;

Commentaires sur la définition de « bénéficiaire équivalent » dans la version simplifiée

128. La définition de « bénéficiaire équivalent » figurant dans la version simplifiée n'est pertinente qu'aux fins du paragraphe 4 relatif aux avantages dérivés. Ce paragraphe autorise une entité qui est résidente d'un État contractant et qui n'est pas une personne admissible à bénéficier des avantages d'une convention au titre d'un élément de revenu si les personnes correspondant à la définition de « bénéficiaire équivalent » détiennent, directement ou indirectement, plus de 75 pour cent des intérêts bénéficiaires dans cette entité.

129. Selon la définition, un bénéficiaire équivalent est tout personne qui, si elle avait perçu directement l'élément de revenu visé, aurait pu bénéficier, dans un État contractant, d'avantages équivalents à ceux accordés au titre de cet élément de revenu par cet État contractant en vertu de la Convention, ou plus favorables. Ces avantages équivalents ou plus favorables peuvent découler du droit interne de cet État, de la Convention elle-même ou de tout autre accord international auquel cet État est partie.

130. La dernière phrase de la définition s'applique aux fins de la détermination du pourcentage du capital d'une société versant un dividende qu'un bénéficiaire équivalent potentiel est réputé détenir dans cette société. Ce pourcentage est pertinent aux fins de comparer les avantages accordés au titre de dividendes en vertu de la

Convention à ceux dont le bénéficiaire équivalent potentiel aurait pu bénéficier s'il avait perçu les dividendes directement (soit 5 pour cent en vertu de l'alinéa *a*) du paragraphe 2 de l'article 10, soit 15 pour cent en vertu de l'alinéa *b*) du paragraphe 2 de l'article 10). Selon la dernière phrase, le bénéficiaire équivalent potentiel est réputé être une société et détenir la même participation au capital de la société versant les dividendes que celle détenue par la société revendiquant le droit aux avantages prévus au paragraphe 4 (même si le paragraphe 4 peut s'appliquer à des entités qui ne sont pas des sociétés, l'écart de taux prévu à l'article 10 ne compte que pour des dividendes versés à une société).

Commentaires sur la définition de « bénéficiaire équivalent » dans la version détaillée

131. La définition de la notion de « bénéficiaire équivalent » dans la version détaillée est utile aux fins du critère des avantages dérivés décrit au paragraphe 4, mais peut également l'être aux fins de l'alinéa *g*) du paragraphe 2 relatif aux organismes de placement collectif, selon la manière dont cet alinéa est rédigé (voir le paragraphe 56 précédent).

132. On trouve dans la définition trois catégories différentes de personnes admissibles en tant que « bénéficiaire équivalent ».

133. La première catégorie (sous-alinéa (i) de la définition) couvre les résidents d'États tiers qui pourraient bénéficier de tous les avantages d'une convention fiscale de portée générale concernant l'impôt sur le revenu conclue entre l'État dont ils sont résidents et l'État auprès duquel le droit aux avantages est revendiqué (désignée dans les paragraphes suivants par l'expression « convention invoquée ») conformément à des dispositions pour l'essentiel similaires aux règles prévues à l'alinéa *a*), *b*), *c*) ou *e*) du paragraphe 2. Une société peut également être un bénéficiaire équivalent en vertu du sous-alinéa (i) si elle peut bénéficier d'avantages en vertu d'une convention parce qu'elle satisfait à un critère relatif à la société de siège prévu par la convention invoquée qui est pour l'essentiel similaire aux dispositions du paragraphe 5, mais seulement si les avantages dont le bénéfice est revendiqué par la société se rapportent à des intérêts ou des dividendes versés par un membre du groupe multinational dont fait partie le bénéficiaire équivalent. Si la convention invoquée ne comporte pas d'article complet sur la limitation des avantages, les conditions prévues à la clause A) du sous-alinéa (i) sont également satisfaites si le résident de l'État tiers applique la convention invoquée comme si cette convention comprenait les dispositions des alinéas *a*), *b*), *c*) et *e*) du paragraphe 2 (y compris les définitions pertinentes aux fins de l'application des dispositions de ces alinéas) et s'il satisfait aux critères pour l'octroi des avantages en vertu de l'un des alinéas ainsi incorporés.

134. Les exemples suivants illustrent l'application du sous-alinéa (i) de la définition :

— Exemple A : HOLDCO, résidente de l'État R, est une filiale détenue exclusivement et directement par XCO, résidente de l'État X. La principale catégorie d'actions de XCO fait principalement et régulièrement l'objet de transactions sur le marché boursier X, un marché boursier situé dans l'État X. HOLDCO ne peut bénéficier des avantages prévus au paragraphe 2 de la convention conclue entre les États S et R car elle est une filiale d'une société résidente d'un État tiers cotée dans cet État. HOLDCO n'exerce pas activement une activité d'entreprise dans l'État R et ne peut donc prétendre au bénéfice d'aucun des avantages prévus au paragraphe 3. HOLDCO perçoit des intérêts dont elle est le bénéficiaire effectif dans l'État S et auxquels s'applique par ailleurs le taux de 10 pour cent prévu à l'article 11 de la convention conclue entre les États S et R. Pour déterminer si HOLDCO peut bénéficier d'avantages au motif qu'elle satisfait au critère des avantages dérivés prévu au paragraphe 4 de cette convention, il est nécessaire de déterminer si XCO correspond à la définition de bénéficiaire équivalent figurant au paragraphe 7. La convention concernant l'impôt sur le revenu conclue entre les États S et X contient une disposition sur la limitation des avantages, notamment une règle visant les sociétés dont la principale catégorie d'actions fait principalement et régulièrement l'objet de transactions sur le marché boursier X, qui est pour l'essentiel similaire à celle prévue à l'alinéa *c*) du paragraphe 2. XCO satisfait donc au critère figurant à la clause A) du sous-alinéa (i) de la définition de bénéficiaire équivalent. La convention entre les États S et X applique également aux intérêts provenant de l'un ou l'autre État le taux maximal de 10 pour cent prévu à l'article 11, de sorte que XCO satisfait au critère prévu à la clause B) du sous-alinéa (i) de la définition de bénéficiaire équivalent. Il s'ensuit que XCO est un bénéficiaire équivalent.

— Exemple B : Supposons les mêmes faits que dans l'exemple A, sauf que la convention fiscale entre les États S et X ne comprend pas une disposition sur la limitation des avantages. En conséquence, afin de déterminer si XCO est un bénéficiaire équivalent, cette convention doit être appliquée comme si elle contenait les dispositions des alinéas *a*), *b*), *c*) et *e*) du paragraphe 2 (y compris les définitions pertinentes aux fins de l'application de ces alinéas) de la présente Convention. Si la présente Convention définit un marché boursier reconnu comme incluant le marché boursier X, la principale catégorie des actions de XCO ferait régulièrement l'objet de transactions sur un marché boursier reconnu situé dans l'État de résidence de XCO. Par conséquent, XCO satisferait aux conditions de l'alinéa *c*) du paragraphe 2 et serait un bénéficiaire équivalent. Toutefois, si le marché boursier X n'est pas inclus dans la définition de marché boursier reconnu de la présente Convention, XCO ne serait pas un bénéficiaire équivalent.

135. Un résident d'un État tiers ne peut être un bénéficiaire équivalent si cette personne satisfait seulement :

— à un critère relatif aux filiales de sociétés cotées en bourse pour l'essentiel similaire à celui prévu à l'alinéa *d*) du paragraphe 2 ;

— à un critère de propriété et de non-érosion de la base d'imposition pour l'essentiel similaire à celui prévu à l'alinéa *f*) du paragraphe 2 ;

— à un critère relatif aux organismes de placement collectif pour l'essentiel similaire à celui prévu à l'alinéa *g*) du paragraphe 2 ;

- — à un critère relatif à l'exercice actif d'une activité d'entreprise pour l'essentiel similaire à celui prévu au paragraphe 3 ;
- — à un critère relatif aux avantages dérivés pour l'essentiel similaire à celui prévu au paragraphe 4 ;
- — au critère de l'existence d'une dérogation à caractère discrétionnaire pour l'essentiel similaire à celle prévue au paragraphe 6 ; ou
- — au critère de l'existence de toute autre disposition sur la limitation des avantages dans la convention invoquée qui n'est pas un critère en vertu de la Convention,

car ce résident ne doit pas être considéré comme une personne admissible en vertu de dispositions pour l'essentiel similaires à celles prévues aux alinéas *a*), *b*), *c*) ou *e*) du paragraphe 2 du présent article.

136. Certains États peuvent vouloir limiter et dans certains cas refuser les avantages conventionnels à l'égards des personne physiques qui sont assujetties à l'impôt sur la base des remises de fonds ou imposées sur une base fixe/forfaitaire. Si la Convention conclue entre les États contractants les exclut de fait, ces États souhaiteront peut-être également empêcher que des individus résidents d'États tiers soient considérés comme un « bénéficiaire équivalent », ce qui pourrait être fait en modifiant la clause A) du sous-alinéa (i) comme suit :

A) que ce résident puisse bénéficier de tous les avantages d'une convention de portée générale visant à éviter la double imposition conclue entre cet État et l'État contractant auprès duquel le droit aux avantages de la Convention est revendiqué en vertu de dispositions pour l'essentiel similaires à celles des alinéas *a*), *b*) *c*) ou *e*) du paragraphe 2, ou, lorsque que le droit aux avantages revendiqué au titre d'intérêts ou de dividendes versés par un membre du groupe multinational dont fait partie le résident, qu'il puisse bénéficier d'avantages en vertu de dispositions figurant dans la convention pour l'essentiel similaires à celles du paragraphe 5 du présent article dès lors que, si cette convention ne comporte pas d'article détaillé sur la limitation des avantages, il pourrait bénéficier des avantages de la Convention en raison des alinéas *a*), *b*) *c*) ou *e*) du paragraphe 2 s'il était résident de l'un des États contractants en vertu de l'article 4. Nonobstant de la phrase précédente, un individu

1) qui est assujetti à l'impôt dans l'État dont il est résident au titre de revenus ou de gains de source étrangère sur la base des remises de fonds ou sur une base similaire, ou
2) dont l'impôt est calculé dans cet État, en partie ou en totalité, sur une base fixe, forfaitaire ou similaire,

n'est pas considéré comme un bénéficiaire équivalent ; et

137. La clause *B*) 1) du sous-alinéa (*i*) exige qu'un bénéficiaire équivalent puisse bénéficier à l'application au type de revenu perçu par une société revendiquant le droit aux avantages prévus au paragraphe 4 en vertu de la convention invoquée, de la législation nationale ou de tout accord international d'un taux d'imposition qui soit

inférieur ou égal au taux d'imposition applicable en vertu de la Convention à la société revendiquant le droit aux avantages prévus au paragraphe 4. Les taux qui doivent être comparés sont donc : premièrement, le taux d'imposition que l'État de la source pourrait appliquer en vertu de la Convention au revenu versé à cette société si elle pouvait prétendre au bénéfice des avantages ; et, deuxièmement, le taux d'imposition que l'État de la source pourrait avoir appliqué si le bénéficiaire équivalent potentiel avait tiré le revenu directement de l'État de la source.

138. Comme indiqué précédemment, la clause *B*) *1*) prévoit la prise en compte de tous les taux d'imposition réduits prévus par la législation nationale ou tout accord international. Cette règle repose sur la reconnaissance du fait que les retenues à la source appliquées à un grand nombre de dividendes, intérêts et redevances inter-société peuvent par exemple être supprimées en vertu de dispositions telles que celles des directives[1] de l'Union européenne concernant un régime fiscal commun applicable aux sociétés mères et filiales et aux intérêts et redevances, plutôt qu'en vertu d'une convention concernant l'impôt sur le revenu. C'est ce qu'illustre l'exemple suivant :

— Exemple : EUCO1, société résidente de l'État EU1, détient entièrement ACO, résidente de l'État A. ACO détient entièrement EUCO2, résidente de l'État EU2, et perçoit des intérêts générés dans l'État EU2. La convention concernant l'impôt sur le revenu conclue entre les États A et EU2 contient la définition de bénéficiaire équivalent figurant dans la version détaillée et prévoit l'exonération des intérêts de l'imposition à la source. Les États EU1 et EU2 sont tous deux membres de l'Union européenne. Conformément aux dispositions de la Directive concernant les intérêts et redevances, les intérêts versés par EUCO2 à EUCO1 ne peuvent pas être imposés par l'État EU2. C'est pour cette raison qu'EUCO1 satisfait au critère prévu à la clause B) 1) du sous-alinéa (i) de la définition de bénéficiaire équivalent figurant dans la convention conclue entre les États A et EU2 même si la convention concernant l'impôt sur le revenu conclue entre les États EU1 et EU2 autorise l'imposition à la source des intérêts.

139. La clause *B*) *1*) *I*) du sous-alinéa (i) prévoit une règle, applicable aux dividendes, qui permet de traiter un individu comme une société aux fins de l'application du critère reposant sur la comparaison des taux prévu à la clause *B*) *1*). Étant donné que les dividendes dont les bénéficiaires effectifs sont des individus n'ouvrent pas droit à l'application du taux plus faible prévu à l'alinéa *a*) du paragraphe 2 de l'article 10, alors qu'une société peut bénéficier de ce taux si certaines conditions sont réunies, en l'absence de la présente disposition, les personnes physiques qui sont les actionnaires d'une société revendiquant le droit à des avantages dérivés en vertu du paragraphe 4 ne sont généralement pas considérés comme des bénéficiaires équivalents dans le cas

1 Directive 2011/96/UE du Conseil du 30 novembre 2011 concernant le régime fiscal commun applicable aux sociétés mères et filiales d'États membres différents, telle que modifiée ; Directive 2003/49/CE du Conseil du 3 juin 2003 concernant un régime fiscal commun applicable aux paiements d'intérêts et de redevances effectués entre des sociétés associées d'États membres différents.

de dividendes provenant de participations substantielles au capital d'autres sociétés. Parce qu'elle consiste à traiter les individus comme des sociétés aux fins de l'application du critère reposant sur la comparaison des taux, cette règle autorise une société revendiquant le droit à des avantages dérivés en vertu du paragraphe 4 à prendre en compte les actions détenues, directement ou indirectement, par l'individu de la même manière que si elles étaient détenues par une société selon la description figurant à l'alinéa *c*) du paragraphe 2 aux fins de déterminer si la société qui revendique le droit aux avantages dérivés en vertu du paragraphe 4 est détenue à hauteur de 95 pour cent par des bénéficiaires équivalents.

140. Pour être admissible au bénéfice de l'application de la règle prévue à la clause *B*) *1*) *I*), la société revendiquant le droit aux avantages dérivés en vertu du paragraphe 4 doit exercer activement une activité d'entreprise dans l'État dont elle est résidente. La règle consiste à traiter une personne physique qui est un actionnaire qui par ailleurs satisfait aux critères prévus à la clause A) du sous-alinéa (*i*) comme si elle était une société selon la description figurant à l'alinéa *c*) du paragraphe 2, mais uniquement si la société revendiquant le droit aux avantages dérivés en vertu du paragraphe 4 exerce activement dans l'État dont elle est résidente une activité d'entreprise qui présente un caractère substantiel par rapport à l'activité ayant généré les gains au titre desquels les dividendes sont versés et qui est similaire à cette activité ou complémentaire de cette activité. Le critère prévu à la clause *B*) *1*) *I*) est similaire à celui de l'exercice actif d'une activité d'entreprise prévu au paragraphe 3, mais n'est pas exactement identique dans la mesure où il ne prévoit pas que le revenu provenant de l'État de la source doit « émaner » d'une activité d'entreprise exercée activement par la société revendiquant le droit aux avantages dérivés prévus au paragraphe 4. L'expression « exercice actif d'une activité d'entreprise » a le même sens qu'à l'alinéa *a*) du paragraphe 3, et ne recouvre donc pas les activités décrites aux sous-alinéas (*i*) à (*iv*) de cet alinéa. Aux fins de déterminer si la société revendiquant le droit aux avantages dérivés prévus au paragraphe 4 exerce activement une activité d'entreprise dans un État contractant, les activités exercées par une personne liée à cette société sont réputées être exercées par la société. L'expression « caractère substantiel par rapport à » a le même sens qu'à alinéa *c*) du paragraphe 3. Ce critère de la substantialité doit toutefois être appliqué nonobstant le fait que les dividendes proviennent d'une personne liée. Par ailleurs, les dividendes provenant de l'autre État contractant ne doivent pas obligatoirement émaner d'une activité d'entreprise de la société revendiquant le droit aux avantages dérivés prévus au paragraphe 4, comme l'exige l'alinéa *a*) du paragraphe 3, pour que celle-ci se voit accorder les avantages car l'activité d'entreprise activement exercée dans l'État de résidence aux fins de la clause *B*) *1*) *I*) doit seulement être « similaire à l'activité ou complémentaire de » l'activité d'entreprise exercée dans l'État de la source, et non être « identique à l'activité ou complémentaire » de l'activité d'entreprise exercée dans l'État de la source.

141. L'exemple suivant illustre l'application de la clause *B*) *1*) *I*) :

— Exemple : RCO est une société résidente de l'État R. RCO exerce activement une activité d'entreprise dans l'État R qui est similaire à l'activité de SCO, société résidente de l'État S. RCO a été résidente de l'État R pendant 13 mois et a également détenu 25 pour cent du capital de SCO pendant 13 mois. L'individu Y est le seul actionnaire de RCO et est résident de l'État Y. Le paragraphe 2 de l'article 10 des conventions concernant l'impôt sur le revenu conclues entre les États S et Y et entre les États S et R est identique à la disposition correspondante du Modèle de convention fiscale de l'OCDE. RCO satisfait donc au critère énoncé à l'alinéa *a*) du paragraphe 2 de l'article 10 aux fins de l'application du taux plus faible applicable aux dividendes. En l'absence de la disposition prévue à la clause *B*) 1) *I*) cependant, RCO ne pourrait bénéficier de ce taux car l'individu Y n'aurait pu bénéficier que du taux de 15 pour cent (en vertu de l'alinéa *b*) du paragraphe 2 de l'article 10) s'il avait perçu les dividendes directement de SCO. En vertu de la disposition prévue à la clause *B*) 1) *I*) cependant, Y est traité comme une société au sens de l'alinéa *c*) du paragraphe 2 de la convention concernant l'impôt sur le revenu conclue entre les États S et R aux fins de l'application du critère reposant sur la comparaison des taux, ce qui signifie que RCO satisfait à ce critère. En conséquence, en supposant que tous les autres critères (notamment le critère de non-érosion de la base d'imposition et le critère du bénéficiaire effectif de l'article 10) sont satisfaits, RCO peut bénéficier de l'application du taux plus faible prévu à l'article 10 de la convention concernant l'impôt sur le revenu conclue entre les États S et R aux dividendes versés par SCO.

142. À la clause *B*) 1) *II*) est énoncée la règle applicable pour la détermination du pourcentage du capital d'une société versant un dividende qu'un bénéficiaire équivalent potentiel est réputé détenir aux fins de l'application du critère reposant sur la comparaison des taux, lequel, au même titre que le critère figurant à la clause *B*) 1) *I*), influe sur le droit à bénéficier du taux d'imposition plus faible qui aurait été applicable, en vertu de l'alinéa *a*) du paragraphe 2 de l'article 10, au bénéficiaire équivalent si celui-ci avait perçu les dividendes directement. De fait, lorsqu'on applique le critère reposant sur la comparaison des taux décrit à la clause *B*) 1), la détention indirecte par le bénéficiaire équivalent potentiel d'une participation au capital de la société versant les dividendes doit être considérée comme une participation directe. L'exemple suivant illustre l'application des dispositions figurant à la clause *B*) 1) *II*) :

— Exemple : XCO et YCO détiennent chacune directement 50 pour cent de RCO, société résidente de l'État R. Pendant 13 mois, RCO a détenu 25 pour cent du capital de SCO et été résidente de l'État R. L'État S a conclu des conventions concernant l'impôt sur le revenu avec les États R, X et Y ; le paragraphe 2 de l'article 10 de ces conventions concernant l'impôt sur le revenu est identique à la disposition correspondante du Modèle de Convention fiscale de l'OCDE. XCO est résidente de l'État X et pourrait bénéficier du statut de personne admissible en vertu de l'alinéa *c*) du paragraphe 2 de la convention concernant l'impôt sur le revenu conclue entre les États S et R. YCO est résidente de l'État Y et pourrait aussi bénéficier du statut de personne admissible en vertu de l'alinéa *c*) du paragraphe 2 de la convention concernant l'impôt sur le revenu conclue entre les États S et R. XCO et YCO satisfont donc toutes deux au critère énoncé à la clause A) de la définition de bénéficiaire équivalent. Aux fins de déterminer le taux d'imposition applicable aux dividendes versés par SCO dont XCO et YCO auraient pu bénéficier en vertu des conventions fiscales conclues entre leurs pays respectifs et l'État S, XCO et YCO sont chacune traitées, en vertu de la clause *B*) 1) *II*), comme si elles détenaient directement 12.5 pour cent du capital de SCO (50 pour cent d'une participation de 25 pour cent au capital de SCO équivalent à 12.5 pour cent, soit le pourcentage des participations respectives détenues indirectement par XCO et YCO dans le capital de SCO considérées comme une participation directe). XCO et YCO ne peuvent donc pas bénéficier du taux d'imposition plus faible prévu à l'alinéa *a*) du paragraphe 2 de l'article 10 et ne peuvent donc pas être considérées comme des bénéficiaires équivalents car elles ne satisfont pas au critère reposant sur la comparaison des taux d'imposition prévu à la clause *B*) 1) (voir cependant le paragraphe 147 ci-dessous concernant les autres dispositions qui autoriseraient RCO à bénéficier du taux de 15 pour cent prévu à l'alinéa *b*) du paragraphe 2 de l'article 10 de la convention concernant l'impôt sur le revenu conclue entre les États S et R).

143. La clause *B*) 2) du sous-alinéa (*i*) contient les règles relatives aux avantages dérivés applicables aux éléments de revenu relevant des articles 7, 13 ou 21. Le bénéficiaire équivalent potentiel doit pouvoir bénéficier d'un avantage en vertu de la convention invoquée au moins aussi favorable que celui octroyé en vertu de la Convention au titre de ces bénéfices d'entreprise, gains ou autres revenus. Les avantages à comparer doivent donc être : premièrement, les avantages qui seraient octroyés par l'État de la source à la société revendiquant le droit aux avantages dérivés en vertu du paragraphe 4 si elle pouvait prétendre au bénéfice de ces avantages au titre de l'élément de revenu concerné et, deuxièmement, les avantages qui seraient octroyés par l'État de la source au bénéficiaire équivalent potentiel s'il percevait le revenu directement. L'exemple suivant illustre l'application des dispositions de la clause *B*) 2) :

— Exemple : RCO est une société résidente de l'État R, détenue exclusivement par XCO, société cotée en bourse résidente de l'État X. RCO a signé un contrat pour construire un grand complexe de bureaux dans l'État S. Aux termes de la convention concernant l'impôt sur le revenu conclue entre les États S et R, un chantier de construction constitue un établissement stable seulement s'il dure plus de douze mois. Aux termes de la convention concernant l'impôt sur le revenu conclue entre les États S et X cependant, un chantier de construction constitue un établissement stable seulement s'il dure plus de six mois. Si le chantier de construction dure plus de six mois, mais moins de douze mois, XCO n'est pas un bénéficiaire équivalent car elle ne peut bénéficier de la même protection, en vertu de l'article 5 de la convention concernant l'impôt sur le revenu conclue entre les États S et X, que celle dont peut bénéficier une personne admissible en vertu de l'article 5 de la convention concernant l'impôt sur le revenu conclue entre les États S et R.

144. La clause C) du sous-alinéa (i) prévoit une limitation supplémentaire lorsque l'élément de revenu a été perçu via une entité considérée comme fiscalement transparente en vertu des lois de l'État contractant dont la société revendiquant le droit aux avantages dérivés prévus au paragraphe 4 est résidente. En pareil cas, nonobstant le fait qu'il puisse satisfaire aux critères prévus à la clause A) ou B) reposant sur une comparaison des conditions prévues par la convention invoquée avec celles de la convention en vertu de laquelle la société revendique le droit aux avantages dérivés, le résident ne satisfait pas aux critères prévus à cette clause si l'élément de revenu concerné ne serait pas considéré comme le revenu de ce résident en vertu d'une disposition analogue à celle prévue au paragraphe 2 de l'article 1 si c'était lui, et non la société revendiquant le droit aux avantages dérivés prévus au paragraphe 4, qui avait perçu l'élément de revenu au titre duquel la société revendique le droit aux avantages. L'exemple suivant illustre l'application de la clause C) :

— Exemple : RCO, société cotée en bourse résidente de l'État R, détient des actions de SCO, société résidente de l'État S, via P, société de personnes créée dans l'État S. P est fiscalement transparente en vertu de la législation fiscale nationale de l'État S et est considérée comme une société conformément à la législation fiscale nationale de l'État R. En conséquence, en vertu des dispositions du paragraphe 2 de l'article 1, les dividendes versés par SCO via P ne sont pas considérés comme des dividendes perçus par RCO, et n'ouvrent donc pas droit au bénéfice d'une réduction de l'imposition à la source dans l'État S en vertu de l'article 10. RCO place XCO, résidente de l'État X, entre elle-même et P. En vertu de la législation fiscale nationale de l'État X, P est fiscalement transparente, et de ce fait, on considère que XCO perçoit des dividendes versés par SCO à P.

  La convention concernant l'impôt sur le revenu conclue entre les États S et X contient la version détaillée des paragraphes 1 à 7 de l'article 29. Pour bénéficier des réductions de l'impôt à la source prélevé sur les dividendes prévues par cette convention, XCO doit satisfaire au critère des avantages dérivés. Bien que les taux appliqués aux dividendes en vertu du paragraphe 2 de l'article 10 de la convention conclue entre les États S et X soient les mêmes que ceux appliqués en vertu de l'article 10 de la convention conclue entre les États S et R, et qu'il soit satisfait au critère prévu à la clause A) du sous-alinéa (i), on ne doit pas considérer que les dividendes auraient été perçus par RCO si RCO, et non XCO, avait détenu SCO via la société de personnes P. En conséquence, en vertu de la clause C), RCO n'est pas un bénéficiaire équivalent et, pour cette raison, XCO ne peut prétendre au bénéfice des avantages dérivés prévus au paragraphe 4 au titre des dividendes versés par SCO via P.

145. La deuxième catégorie de personnes considérées comme « bénéficiaires équivalents » (sous-alinéa (ii) de la définition) recouvre les personnes qui sont résidentes du même État contractant que la société revendiquant le droit aux avantages dérivés prévus au paragraphe 4. Ces personnes sont des bénéficiaires équivalents si elles peuvent bénéficier des avantages en raison du sous-alinéa *a*), *b*), *c*) ou *e*) du paragraphe 2, ou en vertu du paragraphe 5 en tant que société de siège. Une

société de siège n'est toutefois un bénéficiaire équivalent de la société revendiquant le droit aux avantages dérivés conformément au paragraphe 4 que si la société revendiquant le droit aux avantages dérivés perçoit des intérêts ou des dividendes d'un membre du groupe multinational dont la société de siège fait partie. Un critère de comparaison des taux s'applique cependant à tout résident satisfaisant au critère relatif à la société de siège figurant au paragraphe 5 qui perçoit des dividendes ou des intérêts provenant de l'autre État contractant. Ce critère vise à assurer que la société de siège puisse bénéficier au moins des mêmes avantages conférés par la convention au titre des dividendes ou intérêts que la société revendiquant le droit aux avantages dérivés prévus au paragraphe 4 de sorte que si, par exemple, l'article 11 de la Convention prévoit de façon générale l'exonération des intérêts de l'imposition à la source, mais ne la prévoit pas s'agissant d'intérêts versés à une société de siège par un membre d'un groupe multinational dont elle fait partie, la société de siège ne soit pas un bénéficiaire équivalent d'une société qui aurait par ailleurs pu bénéficier de l'exonération, conférée par la convention, de l'imposition à la source applicable à un paiement d'intérêts similaire.

146. La troisième catégorie de personnes considérées comme « bénéficiaires équivalents » (sous-alinéa (*iii*) de la définition) recouvre les personnes qui sont résidentes de l'État de la source. Ces personnes sont des bénéficiaires équivalents si elles peuvent bénéficier d'avantages en raison de l'alinéa *a*), *b*), *c*) ou *e*) du paragraphe 2, sous réserve que la part détenue par ces résidents du total des droits de vote et de la valeur des actions (et de toute catégorie d'actions conférant des droits disproportionnés telle que définie au paragraphe 7) de la société revendiquant le droit aux avantages dérivés n'excède pas 25 pour cent. Selon le critère de propriété figurant à l'alinéa *a*) du paragraphe 4, la détention peut être directe ou indirecte, mais dans le cas d'une détention indirecte, chaque détenteur intermédiaire doit être un « détenteur intermédiaire admissible » au sens de la définition de cette expression figurant au paragraphe 7 (voir ci-après).

147. Comme indiqué au paragraphe 10 précédent, lorsque le paragraphe 4 relatif aux avantages dérivés s'applique, la définition de bénéficiaire équivalent exclut les personnes qui, en vertu d'une autre convention, peuvent prétendre à un allégement de l'imposition par l'État de la source qui n'est pas aussi favorable que l'allégement prévu par la Convention. Certains États souhaiteront peut-être remédier à l'effet « tout ou rien » ainsi créé qui peut aboutir à refuser tous les avantages conférés par une convention même si la différence entre les allégements prévus par les deux conventions est relativement minime en prévoyant l'octroi d'un allégement d'impôt par l'État de la source similaire à celui qui aurait été accordé en vertu de l'autre convention. On pourrait aboutir à ce traitement au moyen des autres dispositions proposées ci-après relatives à l'imposition des dividendes, intérêts et redevances et visant à accorder des avantages limités correspondant globalement à ceux qui auraient été accordés en vertu de l'autre convention :

Disposition relative aux dividendes à ajouter à l'article 10

Nonobstant les dispositions des paragraphes 1 et 2 mais sous réserve des dispositions du paragraphe 4 du présent article, dans le cas d'une société souhaitant satisfaire aux critères prévus au paragraphe 4 de l'article 29 de la Convention s'agissant de dividendes, si cette société ne satisfait pas aux critères prévus dans ce paragraphe uniquement à cause :

a) du critère prévu à la clause *B)* du sous-alinéa (*i*) de la définition de l'expression « bénéficiaire équivalent » figurant à l'alinéa *e)* du paragraphe 7 de l'article 29 ; ou

b) du critère prévu au sous-alinéa (*ii*) de la définition de l'expression « bénéficiaire équivalent » figurant à l'alinéa *e)* du paragraphe 7 de l'article 29, selon lequel une personne pouvant bénéficier d'avantages conformément au paragraphe 5 de l'article 29 peut prétendre à l'application aux dividendes d'un taux d'imposition inférieur ou égal au taux applicable conformément au paragraphe 2 du présent article ;

cette société peut être imposée dans l'État contractant dont la société qui verse les dividendes est résidente et conformément à la législation de cet État. En pareil cas cependant, l'impôt ainsi prélevé ne peut excéder celui résultant de l'application du plus élevé des taux d'imposition qui auraient été applicables aux personnes décrites dans la définition de l'expression « bénéficiaire équivalent » figurant à l'alinéa *e)* du paragraphe 7 de l'article 29 (nonobstant les critères cités aux sous-alinéas *a)* et *b)* du présent paragraphe) si elles avaient perçu les dividendes directement. Aux fins du présent paragraphe :

c) la détention indirecte par ces personnes de droits de vote de la société versant les dividendes doit être traitée comme une détention directe, et

d) une personne décrite au sous-alinéa (*iii*) de la définition de l'expression « bénéficiaire équivalent » figurant à l'alinéa *e)* du paragraphe 7 de l'article 29 doit être considérée comme pouvant prétendre à la limitation de l'impôt à laquelle elle aurait pu prétendre si elle avait été résidente du même État contractant que la société percevant les dividendes.

Disposition relative aux intérêts à ajouter à l'article 11

Nonobstant les dispositions des paragraphes 1 et 2 mais sous réserve des dispositions du paragraphe 4 du présent article, dans le cas d'une société souhaitant satisfaire aux critères prévus au paragraphe 4 de l'article 29 s'agissant de paiements d'intérêts, si cette société ne satisfait pas aux critères prévus dans ce paragraphe uniquement à cause :

a) du critère prévu à la clause *B)* du sous-alinéa (*i*) de la définition de l'expression « bénéficiaire équivalent » figurant à l'alinéa *e)* du paragraphe 7 de l'article 29 ; ou

b) du critère prévu, au sous-alinéa (*ii*) de la définition de l'expression « bénéficiaire équivalent » figurant à l'alinéa *e)* du paragraphe 7 de l'article 29, selon lequel une personne pouvant prétendre aux avantages conformément au paragraphe 5 de l'article 29 peut prétendre à l'application aux intérêts d'un taux d'imposition inférieur ou égal au taux applicable conformément au paragraphe 2 du présent article ;

cette société peut être imposée par l'État contractant dans lequel les intérêts sont générés conformément à la législation de cet État. En pareil cas cependant, l'impôt prélevé ne peut excéder celui résultant de l'application du plus élevé des taux d'imposition qui auraient été applicables aux personnes décrites dans la définition de l'expression « bénéficiaire équivalent » figurant à l'alinéa *e*) du paragraphe 7 de l'article 29 (nonobstant les critères cités aux sous-alinéas *a*) et *b*) du présent paragraphe) si elles avaient perçu les intérêts directement. Aux fins de ce paragraphe, une personne décrite au sous-alinéa (*iii*) de la définition de l'expression « bénéficiaire équivalent » figurant à l'alinéa *e*) du paragraphe 7 de l'article 29 doit être considérée comme pouvant prétendre à la limitation de l'impôt à laquelle elle aurait pu prétendre si elle avait été résidente du même État que la société percevant les intérêts.

Disposition relative aux redevances à ajouter à l'article 12

Nonobstant les dispositions du paragraphe 1 mais sous réserve des dispositions du paragraphe 3 du présent article, dans le cas d'une société souhaitant satisfaire aux critères figurant au paragraphe 4 de l'article 29 s'agissant de redevances, si cette société ne satisfait pas aux critères prévus dans ce paragraphe uniquement en raison du critère énoncé à la clause *B*) du sous-alinéa (*i*) de la définition de l'expression « bénéficiaire équivalent » figurant à l'alinéa *e*) du paragraphe 7 de l'article 29, cette société peut être imposée dans l'État contractant dans lequel les redevances sont générées et conformément à la législation de cet État, si ce n'est que l'impôt ainsi prélevé ne peut excéder l'impôt résultant de l'application du plus élevé des taux d'imposition qui auraient été applicables aux personnes décrites dans la définition de l'expression « bénéficiaire équivalent » figurant à l'alinéa *e*) du paragraphe 7 de l'article 29 (nonobstant le critère prévu à la clause *B*) du sous-alinéa (*i*) de la définition) si elles avaient perçu les redevances directement. Aux fins de ce paragraphe, une personne décrite au sous-alinéa (*iii*) de la définition de l'expression « bénéficiaire équivalent » figurant à l'alinéa *e*) du paragraphe 7 de l'article 29 doit être considérée comme pouvant prétendre à la limitation de l'impôt à laquelle elle aurait pu prétendre si elle avait été résidente du même État que la société percevant les redevances.

L'expression « catégorie d'actions conférant des droits disproportionnés »

Version détaillée uniquement

f) l'expression « catégorie d'actions conférant des droits disproportionnés » désigne les catégories d'actions d'une société ou entité résidente de l'un des États contractants qui permettent à l'actionnaire de bénéficier de droits de participation plus élevés, par voie de dividendes, de paiements lors de rachats d'action ou autrement, dans les revenus engendrés dans l'autre État contractant par des actifs particuliers ou des activités particulières de la société ;

Commentaires sur la définition de « catégorie d'actions conférant des droits disproportionnés » dans la version détaillée

148. Selon la définition de l'expression « catégorie d'actions conférant des droits disproportionnés », utilisée aux fins des critères de propriété que l'on retrouve dans diverses dispositions de l'article, on considère qu'une société ou une entité est dotée d'une catégorie d'actions conférant des droits disproportionnés si certaines de ses actions en circulation sont assorties de conditions ou autres dispositions conférant à leur détenteur le droit à une fraction du revenu tiré par la société ou l'entité dans l'autre État contractant qui est supérieure à celle à laquelle il aurait pu prétendre en l'absence de ces conditions ou dispositions. Ainsi, par exemple, une société ou entité résidente d'un État contractant est dotée d'une « catégorie d'actions conférant des droits disproportionnés » si certaines de ses actions en circulation sont des « actions reflet » ouvrant droit au versement de dividendes selon une formule permettant de les évaluer à un niveau correspondant approximativement au rendement de ses actifs employés dans l'autre État contractant. L'exemple suivant illustre cette situation :

— Exemple : ACO est une société résidente de l'État A. ACO a émis des actions ordinaires et des actions privilégiées. Les actions ordinaires sont cotées en bourse et font régulièrement l'objet de transactions sur le marché boursier principal de l'État A. Les actions privilégiées ne comportent pas de droits de vote et donnent seulement le droit à leurs détenteurs de recevoir des dividendes d'un montant égal aux paiements d'intérêts qu'ACO reçoit d'emprunteurs sans lien avec elle de l'État B. Les actions privilégiées sont intégralement détenues par un unique actionnaire résident d'un État tiers avec lequel l'État B n'a pas conclu de convention fiscale. Les actions ordinaires représentent plus de 50 pour cent de la valeur d'ACO et 100 pour cent des droits de vote. Étant donné que le détenteur des actions privilégiées est en droit de recevoir des paiements correspondant aux revenus d'intérêts d'ACO générés dans l'État B, les actions privilégiées constituent une « catégorie d'actions conférant des droits disproportionnés » et, comme ces actions ne font pas régulièrement l'objet de transactions sur un marché boursier reconnu, ACO ne pourra pas prétendre aux avantages visés à l'alinéa c) du paragraphe 2.

L'expression « siège principal de direction et de contrôle »

Version détaillée uniquement

g) le « siège principal de direction et de contrôle » d'une société ou d'une entité est situé dans l'État contractant dont elle est un résident seulement si :

(i) les directeurs et les cadres supérieurs de la société ou de l'entité exercent, au quotidien, la responsabilité d'un plus grand nombre de décisions stratégiques, financières et opérationnelles pour la société ou l'entité et ses filiales directes et indirectes, et si leurs collaborateurs exercent, au quotidien, davantage d'activités nécessaires à la préparation et à la prise de ces décisions dans cet État contractant que dans tout autre État ; et

(ii) ces directeurs et cadres supérieurs exercent, au quotidien, la responsabilité d'un plus grand nombre de décisions stratégiques, financières et opérationnelles pour la société ou l'entité et ses filiales directes et indirectes et leurs collaborateurs exercent, au quotidien, davantage d'activités nécessaires à la préparation et à la prise de ces décisions que les cadres ou travailleurs de toute autre société ou entité ;

Commentaires sur la définition de « siège principal de direction et de contrôle » dans la version détaillée

149. L'expression « siège principal de direction et de contrôle » est utilisée à l'alinéa c) du paragraphe 2 et au paragraphe 5 de la version détaillée. Cette expression est à distinguer de celle de « siège de direction effective » utilisée avant 2017 au paragraphe 3 de l'article 4 et dans diverses dispositions, notamment l'article 8, applicables à l'exploitation de navires et d'aéronefs. Le concept de « siège de direction effective » a été interprété par certains États comme étant d'ordinaire le lieu où la personne ou le groupe de personnes exerçant les fonctions les plus élevées (par exemple, un conseil d'administration) prend les décisions sur le plan de la gestion et sur le plan commercial qui sont nécessaires pour la conduite des activités de la société. La notion de siège principal de direction et de contrôle, en revanche, fait référence au lieu où s'exerce, au quotidien, la responsabilité de la direction de la société ou de l'entité (et de ses filiales directes et indirectes).

150. Le siège principal de direction et de contrôle d'une société ou d'une entité est situé dans l'État de résidence de cette société ou entité seulement si les deux conditions suivantes sont satisfaites :

— Premièrement, en vertu du sous-alinéa (i), les directeurs et les cadres supérieurs exercent, au quotidien, la responsabilité d'un plus grand nombre de décisions stratégiques, financières et opérationnelles pour la société ou l'entité et pour ses filiales directes et indirectes et leurs collaborateurs les aidant à préparer et à prendre ces décisions exercent, au quotidien, davantage d'activités nécessaires à la préparation et la prise de décisions dans cet État que dans l'autre État ou dans tout État tiers. Il s'agit dès lors d'examiner les activités globales des personnes concernées pour déterminer le lieu où ces activités sont exercées. Dans la plupart des cas, une condition nécessaire, mais non suffisante, est que le Président directeur général et les cadres supérieurs se trouvent normalement dans l'État contractant dont la société est résidente.

— Deuxièmement, les directeurs et les cadres supérieurs exercent, au quotidien, la responsabilité d'un plus grand nombre de décisions stratégiques, financières et opérationnelles pour la société et pour ses filiales directes et indirectes, et leurs collaborateurs les aidant à prendre ces décisions exercent, au quotidien, davantage d'activités nécessaires à cette prise de décisions que les cadres ou travailleurs de toute autre société ou entité.

L'expression « détenteur intermédiaire admissible »

Version détaillée uniquement

h) l'expression « détenteur intermédiaire admissible » désigne un détenteur intermédiaire qui :

(i) soit est un résident d'un État qui a conclu avec l'État contractant auprès duquel le droit à un avantage conféré par la présente Convention est revendiqué une convention de portée générale visant à éviter la double imposition ; ou

(ii) soit est un résident du même État contractant que la société appliquant le critère prévu à l'alinéa *d)* ou *f)* du paragraphe 2 ou du paragraphe 4 aux fins de déterminer si elle peut bénéficier d'avantages conférés par la Convention ;

Commentaires sur la définition de « détenteur intermédiaire admissible » dans la version détaillée

151. La définition de « détenteur intermédiaire admissible » figurant dans la version détaillée est pertinente aux fins de l'application des critères de propriété énoncés aux alinéas *d)* et *f)* du paragraphe 2 ainsi que de la règle relative aux avantages dérivés énoncée au paragraphe 4.

152. Conformément au sous-alinéa (i) de cette définition, un détenteur intermédiaire admissible est une entité résidente d'un État tiers qui a conclu une convention de portée générale concernant l'impôt sur le revenu avec l'État contractant auprès duquel le droit à un avantage conféré par une convention est revendiqué.

153. Comme indiqué dans les Commentaires sur l'article 1, certains États considèrent qu'il conviendrait d'inclure des dispositions dans leurs conventions fiscales pour refuser l'application de dispositions spécifiques prévues par des conventions visant les revenus bénéficiant de régimes qui constituent des « régimes fiscaux préférentiels » (voir les paragraphes 85 à 100 des Commentaires sur l'article 1) et pour refuser l'application des dispositions de l'article 11 à des intérêts versés à des personnes liées bénéficiant de dispositions du droit interne qui prévoient une déduction notionnelle au titre des fonds propres (voir le paragraphe 107 des Commentaires sur l'article 1). Ces États peuvent souhaiter limiter la portée du sous-alinéa (i) afin qu'il ne s'applique qu'aux résidents d'États tiers avec lesquels l'État auprès duquel le droit aux avantages conférés par une convention est revendiqué a conclu des conventions de portée générale concernant l'impôt sur le revenu et qui ne bénéficient pas d'un régime fiscal préférentiel ou de déductions notionnelles à titre de fonds propres. Ceci pourrait être fait en modifiant le sous-alinéa (i) comme suit :

(i) un résident d'un État qui a conclu avec l'État contractant auprès duquel le droit à un avantage conféré par la Convention est revendiqué une convention de portée générale visant à éviter la double imposition et qui ne bénéficie pas soit

A) d'un régime fiscal spécial, pour autant que si la convention en question ne contient pas de définition de régime fiscal spécial similaire aux dispositions incluses dans [référence au paragraphe de la convention qui inclut la définition de « régime fiscal spécial »], les principes de la définition prévue dans la présente Convention s'appliquent, mais sans égard à la condition prévue à l'alinéa (v) de cette définition ; ou

B) de déductions notionnelles au titre des fonds propres visées au [référence au paragraphe de l'article 11 relatif aux déductions notionnelles au titre des fonds propres] ; ou

154. Conformément au sous-alinéa (ii) de la définition de détenteur intermédiaire admissible, cette expression recouvre également un résident du même État contractant que la société à laquelle le critère de propriété est appliqué conformément aux alinéas *d)* ou *f)* du paragraphe 2 ou conformément à la règle relative aux avantages dérivés figurant au paragraphe 4.

L'expression « groupe testé »

Version détaillée uniquement

i) l'expression « groupe testé » désigne le résident d'un État contractant qui applique le critère prévu à l'alinéa *d)* ou *f)* du paragraphe 2 ou au paragraphe 4 ou 5 pour déterminer s'il peut prétendre aux avantages conférés par la Convention (le « résident testé »), et toute société ou établissement stable qui :

(i) bénéficie avec le résident testé d'un régime de consolidation fiscale ou d'intégration fiscale ou de toute autre régime similaire obligeant les membres du groupe à partager des bénéfices ou des pertes ; ou

(ii) partage des pertes avec le résident testé en vertu d'un dégrèvement de groupe ou de tout régime de partage des pertes au titre de la période d'imposition considérée ;

Commentaires sur la définition de « groupe testé » dans la version détaillée

155. Dans le présent alinéa, l'expression « groupe testé » est définie aux fins des règles relatives à l'érosion de la base d'imposition énoncées au sous-alinéa (ii) des alinéas *d)* et *f)* du paragraphe 2 et des paragraphes 4 et 5. Le groupe testé se compose de la société testée à laquelle est appliqué le critère de non-érosion de la base d'imposition (désignée par l'expression « résident testé ») et de toute société qui bénéficie, avec le résident testé, d'un régime de consolidation fiscale ou d'intégration fiscale ou de toute autre régime similaire autorisant les membres du groupe à partager

des bénéfices ou des pertes, ou de toute société qui, pendant la période d'imposition considérée, partage des pertes avec le résident testé conformément à un régime de dégrèvement de groupe ou à tout autre régime de partage des pertes. S'il n'y a pas de groupe testé, alors le critère de non-érosion de la base d'imposition applicable à un groupe testé ne s'applique pas.

L'expression « revenu brut »

Version détaillée uniquement

j) l'expression « revenu brut » désigne les recettes brutes telles que calculées dans l'État de résidence de la personne au titre de la période d'imposition incluant la date à laquelle les avantages ont été accordés, si ce n'est que lorsqu'une personne exerce activement une activité d'entreprise recouvrant la fabrication, la production ou la vente de biens, le « revenu brut » désigne les recettes brutes minorées des coûts des biens vendus, et lorsqu'une personne exerce activement une activité d'entreprise recouvrant la fourniture de services non-financiers, le « revenu brut » désigne les recettes brutes minorées des coûts directs supportés pour générer ces recettes, sous réserve que :

(*i*) sauf lorsque cela est pertinent pour la détermination des avantages prévus à l'article 10 de la Convention, le revenu brut n'inclut pas la part des dividendes qui sont effectivement exonérés d'impôt dans l'État de résidence de la personne, que ce soit en vertu de déductions ou par tout autre moyen ; et

(*ii*) sauf au titre de la fraction imposable de tout dividende, les transactions réalisées entre des sociétés au sein du groupe testé ne soient pas prises en compte dans le revenu brut d'un groupe testé ;

Commentaires sur la définition de « revenu brut » dans la version détaillée

156. Dans cet alinéa, l'expression « revenu brut » est définie aux fins des règles relatives à l'érosion de la base d'imposition prévues au sous-alinéa (*ii*) des alinéas *d*) et *f*) du paragraphe 2 et aux paragraphes 4 et 5. Le point de départ pour le calcul du revenu brut est constitué par les recettes brutes telles que déterminées dans l'État de résidence de l'entité concernée au titre de la période d'imposition incluant la date à laquelle l'avantage est accordé. Si l'entité exerce activement une activité recouvrant la fabrication, la production ou la vente de biens, le « revenu brut » désigne les recettes brutes minorées du coût des biens vendus. Si l'entité testée exerce activement une activité consistant à fournir des services non-financiers, le « revenu brut » désigne les recettes brutes minorées des coûts directs supportés pour générer ces recettes.

157. Le sous-alinéa (*i*) de la définition prévoit par ailleurs que, sauf pour déterminer les avantages accordés au titre de dividendes en vertu de l'article 10, le revenu brut n'inclut pas la fraction des dividendes qui sont effectivement exonérés d'impôt dans l'État dont la personne est résidente, que ce soit en vertu de déductions ou par tout

autre moyen, indépendamment de l'État de résidence de la société qui verse ces dividendes. Le sous-alinéa (*ii*) prévoit qu'à l'exception de la fraction imposable de tout dividende, les transactions réalisées entre des sociétés au sein du groupe testé ne sont pas prises en compte dans le revenu brut d'un groupe testé.

L'expression « organisme de placement collectif »

Version détaillée uniquement

k) [définition possible d'« organisme de placement collectif »][1] .

Commentaires sur la définition d'« organisme de placement collectif » dans la version détaillée

158. Comme indiqué dans la note de bas de page de l'alinéa, une définition de l'expression « organisme de placement collectif » devrait être ajoutée si une disposition relative à ces organismes figure à l'alinéa *g*) du paragraphe 2. Cette définition devrait permettre d'identifier les organismes de placement collectif de chaque État contractant auxquels la disposition est applicable et pourrait être rédigée comme suit :

> le terme « organisme de placement collectif » désigne, dans le cas de [État A], un [ ] et, dans le cas de [État B], un [ ], ainsi que tout autre fonds d'investissement, accord contractuel ou entité établis dans l'un des États contractants que les autorités compétentes des États contractants conviennent de considérer comme un organisme de placement collectif aux fins du présent article ;

159. Comme expliqué au paragraphe 36 des Commentaires sur l'article 1, il est prévu que les parties entre crochets contiennent des renvois spécifiques aux dispositions pertinentes de la législation fiscale ou de la législation sur les valeurs mobilières de chaque État contractant concernant les OPC auxquels l'alinéa *g*) du paragraphe 2 devrait s'appliquer.

Paragraphe 7 (version simplifiée) : mode d'application à définir par les autorités compétentes

Version simplifiée uniquement

7. Les autorités compétentes des États contractants peuvent, d'un commun accord, définir le mode d'application de cet article.

1 Une définition de l'expression « organisme de placement collectif » devrait être ajoutée si une disposition relative à ces organismes est incluse au paragraphe 2 (voir alinéa *g*) du paragraphe 2).

Commentaires sur le paragraphe 7 dans la version simplifiée

160. Le paragraphe 7 de la version simplifiée permet aux autorités compétentes des États contractants de définir, d'un commun accord, comment les dispositions des paragraphes précédents de l'article doivent être appliquées. Elles peuvent par exemple s'entendre sur les aspects procéduraux du dépôt d'une demande visant à bénéficier des avantages conférés par une convention en vertu des dispositions relatives à la dérogation laissée à la discrétion des autorités compétentes du paragraphe 5.

Paragraphe 8

161. Comme mentionné au paragraphe 32 des Commentaires sur l'article 10, au paragraphe 25 des Commentaires sur l'article 11 et au paragraphe 21 des Commentaires sur l'article 12, des abus potentiels peuvent résulter du transfert d'actions, de créances, de droits ou de biens vers des établissements stables établis dans ce seul but dans des pays qui n'imposent pas, ou réservent un traitement fiscal préférentiel, aux revenus de ces actifs. Lorsque l'État de résidence exonère les bénéfices attribuables à ces établissements stables situés dans des juridictions tierces, on ne devrait pas considérer que l'État de la source est tenu d'accorder les avantages prévus par la Convention au titre de ces revenus. Le paragraphe, qui s'applique lorsqu'un État contractant exonère les revenus d'entreprises de cet État attribuables à des établissements stables situés dans des juridictions tierces, prévoit que les avantages de la Convention ne seront pas accordés en pareil cas. Toutefois, cette règle ne s'applique pas si :

— ces revenus sont imposés de façon substantielle dans l'État où est situé l'établissement stable, ou

— les bénéfices émanent de, ou sont accessoires à, l'exercice actif d'une activité d'entreprise par l'intermédiaire de l'établissement stable, à l'exclusion des activités de placement qui ne sont pas effectuées par une banque, une compagnie d'assurance ou un opérateur sur titres agréé.

162. En vertu de l'alinéa c), dans tous les cas où les avantages sont refusés au titre de ce paragraphe, le résident d'un État contractant qui reçoit les revenus en question peut demander à l'autorité compétente de l'autre État contractant d'accorder ces avantages. L'autorité compétente qui reçoit une telle requête peut, à sa discrétion, accorder ces avantages si elle détermine qu'il est justifié de le faire ; elle consultera cependant l'autorité compétente de l'autre État contractant avant d'accepter ou de rejeter cette demande.

163. L'exemple suivant illustre le type de situation dans lequel le paragraphe est destiné à s'appliquer. Une entreprise d'un État contractant établit un établissement stable dans une juridiction tierce où ses bénéfices sont faiblement ou pas du tout imposés. Les bénéfices attribuables à cet établissement stable sont exonérés d'impôt par le premier État mentionné, soit en vertu d'une disposition similaire à celle de l'article 23 A incluse dans une convention fiscale conclue entre cet État et la juridiction où est situé cet établissement stable, soit en vertu de la législation nationale du

premier État mentionné. L'entreprise perçoit des intérêts provenant de l'autre État contractant, qui sont inclus dans les bénéfices attribuables à l'établissement stable. À supposer que les conditions d'application de l'article 11 soient réunies, l'État d'où proviennent les intérêts serait obligé, en l'absence du paragraphe 8, d'accorder les avantages de la limitation d'impôt prévue au paragraphe 2 de l'article 11 malgré le fait que ces intérêts sont exonérés d'impôt dans le premier État mentionné et faiblement ou pas du tout imposés dans la juridiction tierce où est situé l'établissement stable. Dans cette situation, les avantages de la Convention seront refusés au titre de ces revenus à moins que l'exception prévue à l'alinéa *b*), applicable aux revenus émanant de l'exercice actif d'une activité d'entreprise ou qui en constituent un élément accessoire, ne s'applique aux revenus considérés, ou à moins que ces avantages ne soient accordés, en vertu des dispositions relatives à la dérogation discrétionnaire prévues à l'alinéa *c*), par l'autorité compétente de l'État d'où proviennent les intérêts.

164. Le terme « revenu » au sous-alinéa (*i*) signifie que la disposition s'applique indépendamment du fait que les revenus concernés constituent ou non des bénéfices d'entreprise. Cette règle s'applique donc lorsqu'une entreprise d'un État contractant tire des revenus de l'autre État contractant et que le premier État mentionné considère que le droit ou le bien générateur des revenus se rattache effectivement à un établissement stable situé dans une juridiction tierce (notamment en vertu d'une disposition telle que le paragraphe 2 de l'article 21 d'une convention conclue entre le premier État et la juridiction tierce).

165. Lorsque les conditions prévues aux sous-alinéas (*i*) et (*ii*) sont réunies, l'alinéa *a*) exclut l'octroi des avantages qui s'appliqueraient par ailleurs en vertu des autres dispositions de la Convention si l'élément de revenu en question est considéré comme faisant partie des bénéfices de l'établissement stable situé dans la juridiction tierce et si le montant de l'impôt prélevé sur cet élément de revenu dans cette juridiction tierce est inférieur au plus faible des deux montants suivants : *a*) le montant de cet élément de revenu multiplié par le taux minimum que les États contractants ont déterminé de manière bilatérale aux fins du présent paragraphe, et *b*) 60 pour cent du montant de l'impôt auquel serait soumis cet élément de revenu dans l'État de l'entreprise si cet établissement stable était situé dans cet État.

166. L'expression « montant de cet élément de revenu » désigne le montant du revenu en question après déduction de toutes les dépenses relatives à cet élément de revenu qui sont déductibles en vertu de la législation de la juridiction concernée. Ainsi, aux fins de la détermination de l'impôt de la juridiction tierce qui se rapporte à cet élément de revenu, l'impôt applicable à l'ensemble des bénéfices de l'établissement stable situé dans cette juridiction sera d'abord calculé après déduction de toutes les dépenses déductibles, en vertu de la législation de cette juridiction, dans le calcul des bénéfices imposables attribuables à l'établissement stable. L'impôt relatif au montant de l'élément de revenu en question sera alors déterminé en multipliant l'impôt applicable à l'ensemble des bénéfices de l'établissement stable par le rapport entre le montant net de cet élément de revenu (c'est-à-dire le montant brut de cet élément de revenu déduction faites des dépenses déduites dans le calcul des bénéfices imposables de

l'établissement stable qui se rapportent spécifiquement ou proportionnellement à cet élément de revenu) et les bénéfices imposables de l'établissement stable. Un calcul similaire sera effectué aux fins de la détermination de l'impôt qui serait dû dans l'État contractant de l'entreprise à l'égard de cet élément de revenu si cet établissement stable était situé dans cet État ; dans ce cas, les dépenses qui seront déduites sont celles qui sont déductibles en vertu de la législation de cet État.

167. Aux fins de l'exception prévue à l'alinéa *b*), la référence aux revenus qui émanent de l'exercice actif d'une activité d'entreprise ou qui en constituent un élément accessoire devrait être interprétée comme indiqué aux paragraphes 74 à 76 ci-dessus.

168. Au lieu d'adopter la formulation du paragraphe 8, certains États préféreront peut-être une solution plus complète dont la portée ne serait pas limitée aux situations dans lesquelles une entreprise d'un État contractant est exonérée d'impôt, dans cet État, sur les bénéfices attribuables à un établissement stable situé dans une juridiction tierce, qui n'inclurait pas l'exception applicable aux revenus émanant de l'exercice actif d'une activité d'entreprise ou qui en constituent un élément accessoire et qui n'exigerait pas une évaluation de l'impôt qui aurait été acquitté dans l'État de l'entreprise si l'établissement stable y avait été situé. Dans ce cas, la règle serait applicable à toute situation où les revenus provenant d'un État contractant qui sont attribuables à un établissement stable situé dans une juridiction tierce sont imposés, dans l'État de l'entreprise et dans la juridiction de l'établissement stable, à un taux effectif cumulé inférieur au plus faible des deux éléments suivants : un taux à déterminer de manière bilatérale et 60 pour cent du taux général de l'impôt sur les sociétés en vigueur dans l'État de l'entreprise. Ce qui suit est un exemple de règle qui pourrait être utilisée à cette fin :

> Lorsqu'une entreprise d'un État contractant tire un revenu de l'autre État contractant et que le premier État considère ce revenu comme attribuable à un établissement stable situé dans une juridiction tierce, les avantages de la présente Convention ne s'appliquent pas à ce revenu si celui-ci est assujetti à un taux effectif d'imposition cumulé dans le premier État et dans la juridiction où est situé l'établissement stable, qui est inférieur au plus faible des deux éléments suivants : [taux à déterminer de manière bilatérale] et 60 pour cent du taux général de droit commun de l'impôt sur les sociétés applicable dans le premier État contractant. Si les avantages prévus par cette Convention sont refusés, en vertu des dispositions de la phrase précédente, à l'égard d'un élément de revenu tiré par un résident d'un État contractant, l'autorité compétente de l'autre État contractant peut néanmoins accorder ces avantages à l'égard de cet élément de revenu si, en réponse à une demande de ce résident, cette autorité compétente considère que l'octroi de ces avantages est justifié au regard des motifs pour lesquels ce résident n'a pas satisfait les conditions de ce paragraphe (telle l'existence de pertes). L'autorité compétente de l'État à laquelle une demande a été faite en vertu de la phrase précédente consulte l'autorité compétente de l'autre État avant d'accepter ou de rejeter la demande.

Paragraphe 9

169. Le paragraphe 9 reflète les principes définis aux paragraphes 61 et 76 à 80 des Commentaires sur l'article 1, selon lesquels les avantages d'une convention fiscale ne devraient pas être accordés lorsqu'un des objets principaux des montages ou des transactions concernés est de bénéficier d'un avantage en vertu d'une convention fiscale et que l'octroi de cet avantage dans de telles circonstances serait contraire à l'objet et au but des dispositions pertinentes de la convention fiscale. Les principes qui sous-tendent ces paragraphes sont intégrés dans la Convention elle-même par l'intermédiaire du paragraphe 9 en vue de permettre aux États de s'attaquer aux cas d'utilisation abusive de la Convention même si leur droit interne ne leur permet pas de le faire conformément aux paragraphes 76 à 80 des Commentaires sur l'article 1 ; se trouve par ailleurs confirmée dans le paragraphe 9 l'application de ces principes aux États dont le droit interne permet déjà de s'attaquer à ces cas.

170. Les dispositions du paragraphe 9 ont pour effet de permettre de refuser un avantage conféré par une convention fiscale lorsqu'un des principaux objets d'un montage ou d'une transaction est l'octroi d'un avantage prévu par la Convention. En pareil cas cependant, la dernière partie du paragraphe offre à la personne à laquelle le bénéfice de l'avantage serait par ailleurs refusé la possibilité d'établir que l'octroi de l'avantage, dans ces circonstances, serait conforme à l'objet et au but des dispositions pertinentes de la Convention.

171. Le paragraphe 9 complète et ne limite en rien la portée ou l'application des dispositions des paragraphes 1 à 7 (règle de la limitation des avantages) et du paragraphe 8 (la règle applicable à un établissement stable situé dans une juridiction tierce) : un avantage qui est refusé en vertu de ces paragraphes n'est pas un « avantage au titre de la Convention » susceptible d'être également refusé en vertu du paragraphe 9. En outre, les principes énoncés dans les Commentaires sur le paragraphe 9 ne doivent pas être utilisés pour interpréter les paragraphes 1 à 8, et vice-versa.

172. Inversement, le fait qu'une personne peut prétendre aux avantages accordés en vertu des paragraphes 1 à 7 ne signifie pas que ceux-ci ne peuvent pas être refusés en vertu du paragraphe 9. Les paragraphes 1 à 7 contiennent des règles qui sont principalement centrées sur la nature juridique, la propriété et les activités en général des résidents d'un État contractant. Comme le montre l'exemple décrit au paragraphe suivant, ces règles n'impliquent pas qu'une transaction ou un montage auquel ce résident est partie ne peut pas constituer une utilisation abusive d'une disposition d'une convention.

173. Le paragraphe 9 doit se lire dans le contexte des paragraphes 1 à 7 et du reste de la Convention, y compris de son préambule. Cela est particulièrement important aux fins de déterminer l'objet et le but des dispositions pertinentes de la Convention. Prenons, à titre d'exemple, une société cotée en bourse dont les actions font régulièrement l'objet de transactions sur un marché boursier reconnu dans l'État contractant dont elle est résidente et qui tire des revenus de l'autre État contractant.

Dès lors que cette société est une « personne admissible » au sens du paragraphe 2, il est évident que les avantages découlant de la Convention ne devraient pas être refusés uniquement au regard de la structure de l'actionnariat de cette société, par exemple, parce qu'une majorité des actionnaires ne sont pas résidents du même État. L'alinéa c) du paragraphe 2 a pour objet et pour but d'établir un seuil pour le droit aux avantages de sociétés cotées en bourse dont les actions sont détenues par des résidents d'États différents. Le fait qu'une telle société est une personne admissible ne signifie toutefois pas que les avantages ne pourraient pas lui être refusés au titre du paragraphe 9 pour des motifs sans rapport avec la composition de son actionnariat. Supposons par exemple que cette société cotée en bourse est une banque agissant comme société relais dans un montage financier destiné à faire bénéficier indirectement un résident d'un État tiers de l'avantage d'une imposition à la source plus faible en vertu d'une convention. Dans ce cas, le paragraphe 9 s'appliquerait pour refuser cet avantage étant donné que l'alinéa c) du paragraphe 2, lorsqu'il est lu dans le contexte du reste de la Convention et, en particulier, de son préambule, ne peut être considéré comme ayant pour objet, partagé par les deux États contractants, d'autoriser des transactions constituant du chalandage fiscal conclues par des sociétés cotées en bourse.

174. Les dispositions du paragraphe 9 prévoient qu'un État contractant peut refuser les avantages d'une convention fiscale lorsqu'il est raisonnable de conclure, au vu de l'ensemble des faits et circonstances propres à la situation, qu'un des objets principaux d'un montage ou d'une transaction était l'obtention d'un avantage au titre d'une convention fiscale. Ces dispositions visent à garantir que les conventions fiscales sont appliquées conformément à l'objectif poursuivi lors de leur conclusion, à savoir octroyer des avantages au titre d'échanges de biens et de services et de mouvements de capitaux et de personnes effectués de bonne foi, et non grâce à des montages ayant pour objet principal d'obtenir un traitement fiscal plus favorable.

175. L'expression « avantage » recouvre toutes les formes de limitation (réduction, exonération, report ou remboursement d'impôt) de l'imposition applicable à l'État de la source au titre des articles 6 à 22 de la Convention, l'élimination de la double imposition prévue à l'article 23 et la protection assurée aux résidents et aux nationaux d'un État contractant au titre de l'article 24 ainsi que toute autre limitation similaire. Elle recouvre par exemple les limitations des droits d'imposition d'un État contractant sur les dividendes, intérêts ou redevances provenant de cet État et versés à un résident de l'autre État (qui en est le bénéficiaire effectif) en vertu des articles 10, 11 ou 12. Elle recouvre en outre les limitations des droits d'imposition d'un État contractant, en vertu de l'article 13, sur les gains provenant de l'aliénation, par un résident de l'autre État, de biens mobiliers situés dans le premier État. Lorsqu'une convention fiscale prévoit d'autres limitations (comme une disposition prévoyant un crédit d'impôt fictif), les dispositions du présent article s'appliquent également à cet avantage.

176. La formule « ayant permis, directement ou indirectement, de l'obtenir » est volontairement très large de façon à couvrir les situations dans lesquelles la personne qui revendique l'octroi des avantages conférés par une convention fiscale peut le faire au titre d'une transaction qui n'est pas celle qui a été effectuée en ayant comme un de

ses principaux objets l'obtention de cet avantage. L'exemple qui suit illustre cette situation :

> TCO, société résidente de l'État T, a acquis la totalité des actions et des dettes de SCO, société résidente de l'État S, précédemment détenues par la société mère de SCO. Il s'agit notamment d'un prêt consenti à SCO à un taux d'intérêt de 4 pour cent, payable sur demande. L'État T n'a pas conclu de convention fiscale avec l'État S et tout intérêt versé par SCO à TCO est soumis à une retenue à la source sur les intérêts à un taux de 25 pour cent conformément au droit interne de l'État S. Toutefois, la convention fiscale conclue entre l'État R et l'État S ne prévoit pas de retenue à la source sur les intérêts payés par une société résidente d'un État contractant et dont le bénéficiaire effectif est une société résidente de l'autre État ; en outre, cette convention ne contient pas de dispositions similaires aux paragraphes 1 à 7. TCO décide de transférer le prêt à RCO, filiale résidente de l'État R, en échange de trois billets à ordre payables sur demande sur lesquels le taux d'intérêt est de 3.9 pour cent.
>
> Dans cet exemple, bien que RCO demande à bénéficier des avantages prévus dans la convention conclue entre l'État R et l'État S au titre d'un prêt accordé pour des motifs commerciaux valables, si les faits propres à la situation font apparaître que l'un des principaux objets de la transaction consistant pour TCO à transférer le prêt à RCO était d'obtenir, pour RCO, l'avantage conféré par la convention conclue entre l'État R et l'État S, alors la disposition s'appliquera et conduira à refuser cet avantage dans la mesure où c'est le transfert du prêt qui aurait permis indirectement d'en bénéficier.

177. L'expression « montage ou transaction » doit être interprétée au sens large et recouvre tout accord, entente, mécanisme, transaction ou série de transactions, qu'ils aient ou non force exécutoire. Elle recouvre en particulier la création, l'attribution, l'acquisition ou le transfert du revenu lui-même ou de la propriété ou du droit au titre duquel le revenu est dû. Cette expression englobe également les montages relatifs à l'établissement, à l'acquisition ou au maintien d'une personne qui est à l'origine du revenu, y compris la qualification de cette personne comme résident d'un des États contractants, et recouvre les mesures que des personnes peuvent prendre elles-mêmes pour établir leur résidence. Constituent par exemple un « montage » les mesures prises pour s'assurer que les réunions du conseil d'administration d'une société aient lieu dans un pays différent afin de pouvoir faire valoir que la société a changé de résidence. Une transaction peut à elle seule permettre d'obtenir un avantage, ou, conjuguée à une série plus complexe de transactions, concourir à l'obtention d'un avantage. Dans les deux cas, les dispositions du paragraphe 9 peuvent s'appliquer.

178. Afin de déterminer si un des objets principaux d'un montage ou d'une transaction est d'obtenir des avantages au titre de la Convention, il importe d'analyser de manière objective les buts et objets poursuivis par l'ensemble des personnes qui sont associées à la conclusion de ce montage ou de cette transaction ou qui y participent. La détermination des objets d'un montage ou d'une transaction est une

question d'ordre factuel à laquelle on ne peut répondre qu'en examinant cas par cas toutes les circonstances qui entourent ce montage ou cette transaction. Il n'est pas nécessaire de trouver une preuve concluante de l'intention d'une personne concernée par un montage ou une transaction, mais il doit être possible de conclure raisonnablement, après analyse objective des faits et circonstances propres à chaque situation, qu'un des objets principaux du montage ou de la transaction était d'obtenir les avantages de la convention fiscale. On ne doit toutefois pas présupposer à la légère que l'obtention d'un avantage conféré par une convention fiscale était un des objets principaux d'un montage ou d'une transaction, et se borner à examiner les effets d'un montage ne permettra généralement pas de tirer une conclusion à propos de ses objets. Toutefois, lorsqu'un montage ne peut raisonnablement s'expliquer que par un avantage résultant de l'application d'une convention, on peut conclure qu'un des objets principaux de ce montage était l'obtention de l'avantage.

179. Une personne ne peut éviter l'application de ce paragraphe en se contentant d'affirmer que le montage ou la transaction n'a pas été conclu en vue d'obtenir les avantages de la Convention. Tous les éléments de preuve doivent être évalués afin de déterminer s'il est raisonnable de conclure qu'un montage ou une transaction a été conclu à cette fin. La démarche suivie doit revêtir un caractère raisonnable, ce qui signifie que la possibilité qu'il puisse exister des interprétations différentes des faits doit être objectivement prise en compte.

180. La référence à « un des objets principaux » qui figure au paragraphe 9 signifie que l'obtention d'un avantage au titre d'une convention fiscale ne doit pas nécessairement être le seul objet, ou l'objet essentiel, d'un montage ou d'une transaction. Il suffit qu'au moins un des principaux objets ait été l'obtention de l'avantage. Une personne peut par exemple vendre un bien pour diverses raisons, mais si, avant la vente, cette personne devient un résident d'un des États contractants et qu'un des principaux objets de ce changement de résidence est d'obtenir un avantage au titre d'une convention fiscale, le paragraphe 9 pourrait s'appliquer nonobstant le fait que le changement de résidence peut avoir d'autres principaux objets, comme faciliter la vente du bien ou réinvestir le produit de la cession.

181. Un objet ne sera pas un objet principal lorsqu'il est raisonnable de conclure, compte tenu de l'ensemble des faits et circonstances propres à la situation, que l'obtention de l'avantage n'était pas un élément essentiel et n'aurait pas justifié la conclusion d'un montage ou d'une transaction qui, seul ou conjugué à d'autres, a permis d'obtenir l'avantage. En particulier, lorsqu'un montage est inextricablement lié à une activité commerciale essentielle et que sa forme n'a pas été dictée par des considérations liées à l'obtention d'un avantage, il est peu probable que l'on considère que son principal objet est d'obtenir l'avantage. Toutefois, lorsqu'un montage est conclu dans le but d'obtenir des avantages similaires en vertu de plusieurs conventions, on ne doit pas considérer que l'obtention d'avantages au titre d'autres traités empêchera de considérer que l'octroi d'un avantage au titre d'une convention a été l'objet principal de ce montage. Supposons, à titre d'exemple, qu'un contribuable qui est un résident de l'État A participe à un montage avec une institution financière

résidente de l'État B agissant à titre de société-relais afin que celle-ci investisse, pour le bénéfice final de ce contribuable, dans des obligations émises dans un grand nombre d'États avec lesquels l'État B, au contraire de l'État A, a conclu des conventions fiscales. Si les faits et les circonstances font apparaître que le montage a eu pour principal objet d'obtenir des avantages conférés par ces conventions fiscales, il ne faudrait pas considérer que l'obtention d'un avantage au titre d'une convention spécifique n'était pas un des principaux objets de ce montage. De même, des objectifs visant à éviter l'application du droit interne ne devraient pas être utilisés pour prétendre que l'obtention d'un avantage découlant de la convention n'était qu'un aspect accessoire.

182. Les exemples suivants illustrent l'application de ce paragraphe (les exemples figurant au paragraphe 187 ci-dessous doivent également être pris en compte pour déterminer si, et dans quelles circonstances, le paragraphe s'appliquerait dans le cas de mécanismes de sociétés-relais). Il est important de se rappeler, lors de la lecture de ces exemples, que l'on doit déterminer de l'application du paragraphe 9 au vu de l'ensemble des faits et circonstances propres à la situation. Les exemples suivants sont donc offerts à titre purement illustratif et ne doivent pas être interprétés comme stipulant les conditions ou exigences que des transactions similaires doivent satisfaire afin d'éviter l'application des dispositions du paragraphe 9 :

— Exemple A : TCO, société résidente de l'État T, détient des actions de SCO, société cotée sur le marché boursier de l'État S. L'État T n'a pas conclu de convention fiscale avec l'État S et, en conséquence, tout dividende versé par SCO à TCO est soumis à une retenue à la source sur les dividendes au taux de 25 pour cent conformément au droit interne de l'État S. Toutefois, en vertu de la convention fiscale conclue entre l'État R et l'État S, aucune retenue à la source ne s'applique aux dividendes versés par une société résidente d'un État contractant dont le bénéficiaire effectif est une société résidente de l'autre État. TCO conclut un accord avec RCO, une institution financière indépendante résidente de l'État R, en vertu duquel TCO confère à RCO le droit au versement de dividendes qui ont été déclarés mais non encore versés par SCO.

  Dans cet exemple, en l'absence d'autres faits ou circonstances démontrant le contraire, il serait raisonnable de conclure qu'un des principaux objets du montage par lequel TCO confère à RCO le droit au versement de dividendes était que RCO obtienne l'exonération de la retenue à la source sur les dividendes prévue par la convention fiscale conclue entre l'État R et l'État S, et qu'il serait contraire à l'objet et au but de la convention fiscale d'accorder le bénéfice d'une exonération obtenue grâce à un montage relevant du chalandage fiscal.

— Exemple B : SCO, société résidente de l'État S, est la filiale de TCO, société résidente de l'État T. L'État T n'a pas conclu de convention fiscale avec l'État S et, en conséquence, tout dividende versé par SCO à TCO est soumis à une retenue à la source sur les dividendes au taux de 25 pour cent conformément au droit interne de l'État S. Toutefois, en vertu de la convention fiscale conclue entre l'État R et l'État S, le taux applicable pour la retenue à la source sur les dividendes versés par une société de l'État S à un résident de l'État R s'élève à 5 pour cent.

TCO conclut dès lors un accord avec RCO, institution financière résidente de l'État R et personne admissible au titre de l'alinéa c) du paragraphe 2 de cet article, accord en vertu duquel RCO acquiert pendant une période de trois ans l'usufruit des actions privilégiées sans droit de vote de SCO émises récemment. TCO est le nu-propriétaire de ces actions privilégiées. Le fait d'avoir l'usufruit donne à RCO le droit de percevoir les dividendes attachés à ces actions privilégiées. Le montant versé par RCO pour acquérir l'usufruit correspond à la valeur actualisée des dividendes à verser sur les actions privilégiées pendant une période de trois ans (actualisés au taux auquel TCO pourrait emprunter à RCO).

Dans cet exemple, en l'absence d'autres faits et circonstances démontrant le contraire, il serait raisonnable de conclure qu'un des principaux objets du montage au titre duquel RCO a acquis l'usufruit des actions privilégiées émises par SCO était l'obtention de l'avantage que représente le plafond de 5 pour cent applicable à l'imposition à la source des dividendes prévue par la convention fiscale conclue entre l'État R et l'État S, et qu'il serait contraire à l'objet et au but de la convention fiscale d'accorder cet avantage obtenu grâce à un montage relevant du chalandage fiscal.

— Exemple C : RCO, société résidente de l'État R, exerce son activité dans le secteur de la production d'appareils électroniques et son activité est en pleine expansion. Elle envisage de construire une unité de fabrication dans un pays en développement afin de bénéficier de coûts de fabrication plus faibles. Après un examen préliminaire, des lieux d'implantation possibles ont été repérés dans trois pays différents. Ces trois pays présentent des environnements politiques et économiques similaires. Considérant que l'État S est le seul de ces pays avec lequel l'État R a signé une convention fiscale, il a été décidé de construire l'usine dans cet État.

  Dans cet exemple, la décision d'investir dans l'État S est prise à la lumière des avantages découlant de la convention fiscale conclue entre l'État R et l'État S, mais il est clair que l'investissement et la construction de l'usine sont liés à l'expansion des activités de RCO et au fait que les coûts de fabrication sont plus bas dans ce pays. Dans cet exemple, on ne peut pas raisonnablement considérer qu'un des principaux objets de la construction de l'usine est l'obtention d'avantages conférés par la convention. De plus, dès lors que des conventions fiscales ont globalement pour objectif d'encourager les investissements transnationaux, l'obtention des avantages de la convention conclue entre l'État S et l'État R au titre de l'investissement réalisé dans l'usine construite dans l'État S est conforme à l'objet et au but des dispositions de cette convention.

— Exemple D : RCO est un organisme de placement collectif résident de l'État R et gère un portefeuille diversifié de placements réalisés sur les marchés financiers internationaux. RCO détient actuellement 15 pour cent de son portefeuille sous forme d'actions de sociétés résidentes de l'État S qui lui versent chaque année des dividendes. En vertu de la convention fiscale conclue entre l'État R et l'État S, le taux de l'impôt prélevé à la source sur les dividendes est ramené de 30 à 10 pour cent.

Les décisions d'investissement de RCO tiennent compte de l'existence d'avantages fiscaux offerts dans le cadre du large réseau de conventions fiscales conclues par l'État R. Les actionnaires de RCO sont en majorité des résidents de l'État R, mais un certain nombre d'entre eux (les actionnaires minoritaires) sont des résidents d'États avec lesquels l'État S n'a pas signé de convention fiscale. Les décisions prises par les actionnaires d'investir dans RCO ne sont pas motivées par la réalisation d'un investissement particulier effectué par RCO, et la stratégie d'investissement de RCO n'est pas déterminée par la situation fiscale de ses actionnaires. RCO distribue chaque année la quasi-totalité de ses bénéfices à ses actionnaires et acquitte dans l'État R des impôts sur les bénéfices non distribués au cours de l'année.

En prenant la décision d'investir dans les actions de sociétés résidentes de l'État S, RCO a tenu compte de l'existence d'un avantage dont bénéficient les dividendes au titre de la convention fiscale conclue entre l'État R et l'État S, mais ce seul facteur ne suffit à lui seul à déclencher l'application du paragraphe 9. L'objectif des conventions fiscales est d'offrir des avantages en vue d'encourager les investissements transnationaux et, en conséquence, pour déterminer si le paragraphe 9 s'applique, ou non, à un placement, il est nécessaire d'examiner le contexte dans lequel celui-ci a été réalisé. Dans cet exemple, sauf si l'investissement de RCO s'inscrit dans le cadre d'un montage ou se rapporte à une autre transaction effectuée principalement dans le but de bénéficier de la Convention, il ne serait pas raisonnable de refuser à RCO l'avantage conféré par la convention fiscale conclue entre l'État R et l'État S.

— Exemple E : RCO est une société résidente de l'État R et détient depuis cinq ans 24 pour cent des actions de la société SCO, résidente de l'État S. À la suite de l'entrée en vigueur d'une convention fiscale entre les États R et S (convention dont l'article 10 est identique à l'article 10 de ce Modèle de Convention), RCO décide de porter à 25 pour cent le pourcentage des actions de SCO qu'elle détient. Les faits et circonstances font apparaître que la décision d'acquérir ces actions supplémentaires a été motivée principalement par le souhait de bénéficier du taux d'imposition plus faible prévu par l'article 10(2)*a*) de la convention.

Dans ce cas, bien qu'un des principaux objets de la transaction par laquelle les actions supplémentaires sont acquises soit manifestement l'obtention de l'avantage conféré par l'article 10(2)*a*), le paragraphe 9 ne s'applique pas car il peut être établi que l'octroi de cet avantage dans ces circonstances serait conforme à l'objet et au but de l'article 10(2)*a*). Dans cet alinéa, il est prévu un seuil arbitraire de 25 pour cent pour déterminer quels sont les actionnaires pouvant prétendre au bénéfice du taux d'imposition plus faible appliqué aux dividendes, et il est conforme à cette approche d'accorder les avantages prévus par l'alinéa à un contribuable qui accroît véritablement sa participation dans une société pour se conformer à cette règle.

— Exemple F : TCO est une société cotée en bourse résidente de l'État T. La branche technologies de l'information de TCO, développée dans l'État T, est en plein essor depuis quelques années, grâce à une stratégie dynamique de fusions et d'acquisitions poursuivie par les dirigeants de TCO. RCO, une société résidente de l'État R (État qui a conclu de nombreuses conventions fiscales prévoyant une imposition à la source faible ou nulle des dividendes et des redevances), est la société holding familiale d'un groupe qui est également actif dans le secteur des technologies de l'information. Pratiquement toutes les actions de RCO sont détenues par des résidents de l'État R qui sont des membres de la famille de l'entrepreneur qui a créé et développé les activités du groupe RCO. Les principaux actifs de RCO sont constitués d'actions de filiales situées dans des pays voisins, y compris SCO, une société résidente de l'État S, ainsi que de brevets développés dans l'État R et octroyés sous licence à ces filiales. TCO, intéressée depuis longtemps par l'acquisition des activités du groupe RCO et de son portefeuille de brevets, a fait une offre en vue d'acquérir la totalité des actions de RCO.

  Dans cet exemple, en l'absence d'autres faits et circonstances prouvant le contraire, il serait raisonnable de conclure que les objets principaux de l'acquisition de RCO sont liés à l'expansion des activités du groupe TCO et n'incluent pas l'obtention des avantages octroyés par la convention conclue entre les États R et S. Le fait que RCO agisse principalement comme société holding est sans effet sur cette conclusion. Il se pourrait très bien qu'une fois les actions de RCO acquises, les dirigeants de TCO tiennent compte des avantages de la convention fiscale conclue entre les États R et S avant de décider de conserver dans RCO les actions de SCO et les brevets concédés en licence à SCO. Néanmoins, cela ne constituerait pas un but de la transaction en question, qui est l'acquisition des actions de RCO.

— Exemple G : TCO, société résidente de l'État T, est une société cotée en bourse. Elle détient directement ou indirectement un certain nombre de filiales dans différents pays. La plupart de ces sociétés exercent les activités du groupe TCO sur les marchés locaux. Dans une région, TCO détient les actions de cinq de ces sociétés, chacune située dans des États voisins différents. TCO envisage de créer une société régionale chargée de fournir des services intra-groupe à ces sociétés, y compris des services de gestion de type comptabilité, conseil juridique et gestion de ressources humaines ; des services de financement et de trésorerie tels que la gestion des risques de change et l'organisation de transactions de couverture, ainsi que d'autres services connexes non financiers. Après un examen des emplacements possibles, TCO décide d'implanter la société régionale RCO dans l'État R. Cette décision est principalement motivée par l'existence d'une main d'œuvre qualifiée, d'un système juridique fiable, d'un environnement propice aux affaires, d'une stabilité politique, de l'appartenance à un groupement régional, d'un secteur bancaire sophistiqué et du réseau étendu de conventions de double imposition de l'État R, qui englobe ses conventions fiscales avec les cinq États dans lesquels TCO possède des filiales, qui appliquent tous de faibles taux de retenues à la source.

Dans cet exemple, se contenter d'examiner les effets des conventions sur les paiements futurs dus par les filiales à la société régionale ne permettrait pas de tirer une conclusion sur le but poursuivi par la création de RCO par TCO. Si l'on admet que les services intra-groupe que RCO doit fournir, y compris la prise de décisions nécessaires à l'exercice de ses activités, constituent une activité d'entreprise réelle par le biais de laquelle RCO exerce des fonctions économiques substantielles, en utilisant des actifs réels et en assumant des risques réels, et que cette activité est exercée par RCO au moyen de son propre personnel situé dans l'État R, il ne serait pas raisonnable de refuser les avantages des conventions conclues entre l'État R et les cinq États où les filiales sont implantées, sauf si d'autres faits indiquent que RCO a été fondée pour d'autres fins fiscales ou si RCO s'engage dans des transactions spécifiques auxquelles le paragraphe 9 s'appliquerait (voir également l'exemple F au paragraphe 187 ci-dessous concernant les intérêts et autres formes de rémunération que RCO pourrait tirer de ses activités de financement intra-groupe).

— Exemple H : TCO, société résidente de l'État T, est cotée sur le marché boursier de l'État T. C'est la société mère d'une entreprise multinationale qui exerce diverses activités au niveau mondial (vente en gros, vente au détail, production manufacturière, investissement, financement, etc.).

En raison de problèmes liés aux transports, au décalage horaire, à la pénurie de personnel maîtrisant les langues étrangères et à la localisation à l'étranger de partenaires commerciaux, il est difficile pour TCO de gérer ses activités à l'étranger depuis l'État T. Par conséquent, TCO crée RCO, une filiale résidente de l'État R (pays qui compte des marchés commerciaux et financiers internationaux développés et des ressources humaines qualifiées et abondantes), comme base de développement de ses activités commerciales à l'étranger. RCO exerce diverses activités d'entreprise, comme la vente en gros, la vente au détail, la production manufacturière, le financement et l'investissement national et international. RCO possède les ressources humaines et financières (dans différents domaines tels que les affaires juridiques, financières et fiscales, la comptabilité, la gestion des risques, les audits et contrôles internes) nécessaires à l'accomplissement de ces activités. Il est clair que les activités de RCO constituent l'exercice actif d'une activité d'entreprise dans l'État R.

Dans le cadre de ses activités, RCO se lance également dans le développement de nouvelles installations de fabrication dans l'État S. À cette fin, elle injecte des fonds propres et octroie des prêts à SCO, une filiale résidente de l'État S que RCO a créée dans le but de posséder ces installations. RCO recevra des dividendes et des intérêts de SCO.

Dans cet exemple, RCO a été constituée pour des raisons d'efficience commerciale, et le fait qu'elle finance SCO par des fonds propres et des prêts s'inscrit dans l'exercice actif d'une activité d'entreprise dans l'État R. Sur la base de ces faits et en l'absence d'autres faits qui indiqueraient que l'objet principal de la création de RCO ou du financement de SCO était d'obtenir les avantages prévus par la convention conclue entre les États R et S, le paragraphe 9 ne s'appliquerait pas à ces transactions.

— Exemple I: RCO, société résidente de l'État R, est un organisme de gestion collective qui octroie des licences pour le compte de détenteurs de droits d'auteur et de droits voisins au titre de spectacles musicaux en public ou de la diffusion de cette musique à la radio, à la télévision ou sur l'Internet. SCO, société résidente de l'État S, mène des activités similaires dans l'État S. Les artistes et détenteurs de droits d'auteur de divers pays font de RCO ou SCO leur agent pour octroyer des licences et recevoir des redevances au titre des droits d'auteur et des droits voisins qu'ils détiennent ; RCO et SCO distribuent à chaque détenteur le montant des redevances qu'ils perçoivent pour le compte de ce détenteur, minoré d'une commission (le plus souvent, le montant versé à chaque détenteur est relativement faible). RCO a conclu un accord avec SCO qui prévoit que SCO octroie des licences aux utilisateurs dans l'État S et verse des redevances à RCO au titre des droits gérés par RCO ; RCO fait de même dans l'État R au titre des droits que SCO gère. SCO a convenu avec l'administration fiscale de l'État S qu'il traitera la retenue d'impôt sur les redevances au titre des paiements qu'il effectue au profit de RCO, sur la base des conventions applicables entre l'État S et l'État de résidence de chaque détenteur de droits représenté par RCO, à partir des informations communiquées par RCO, car ces détenteurs de droits sont les bénéficiaires effectifs des redevances payées par SCO à RCO.

  Dans cet exemple, il est clair que les accords passés entre les détenteurs de droits et RCO et SCO, ainsi qu'entre SCO et RCO, ont été mis en place en vue d'assurer une gestion efficiente de l'octroi de licences et du recouvrement de redevances concernant un grand nombre de transactions d'un faible montant. Bien que l'un des objectifs de ces accords puisse être de garantir que la retenue d'impôt soit prélevée au taux prévu par la convention sans que chaque détenteur de droits ait à demander un remboursement sur les paiements d'un faible montant, ce qui serait fastidieux et onéreux, il ne fait pas de doute que cet objet, qui contribue à promouvoir une application correcte et efficace des conventions fiscales, serait conforme à l'objet et au but des dispositions pertinentes des conventions applicables.

— Exemple J : RCO est une société résidente de l'État R. Elle a remporté un appel d'offres relatif à la construction d'une centrale électrique pour SCO, société indépendante résidente de l'État S. Le chantier de construction devrait durer 22 mois. Lors de la négociation du contrat, le projet est divisé sous la forme de deux contrats, couvrant chacun 11 mois. Le premier contrat est conclu avec RCO, le second avec SUBCO, filiale entièrement détenue par RCO et résidente de l'État R qui a été récemment créée. À la demande de SCO, qui voulait s'assurer que RCO serait contractuellement responsable de la bonne exécution des deux contrats, les accords contractuels prévoient que RCO est conjointement et solidairement responsable avec SUBCO de l'accomplissement des obligations contractuelles incombant à SUBCO au titre du contrat liant SUBCO et SCO.

Dans cet exemple, en l'absence d'autres faits et circonstances attestant le contraire, il serait raisonnable de conclure que l'un des objets principaux de la conclusion d'un contrat distinct en vertu duquel SUBCO s'engage à mener à bien une partie du projet de construction est l'obtention par RCO et SUBCO de l'avantage prévu par la règle figurant au paragraphe 3 de l'article 5 de la Convention fiscale conclue entre l'État R et l'État S. Dans ces circonstances, l'octroi de l'avantage prévu par cette règle serait contraire à l'objet et au but des dispositions de ce paragraphe, puisque le délai qui y est visé serait alors dépourvu de sens.

— Exemple K : RCO, société résidente de l'État R, est une filiale entièrement détenue par un Fonds qui est un investisseur institutionnel résident de l'État T et qui a été créé dans l'État T et est soumis à la réglementation de cet État. RCO a pour seul but de tirer un rendement de ses investissements en tant que plateforme régionale d'investissement de ce Fonds grâce à l'acquisition et la gestion d'un portefeuille diversifié de sociétés non cotées situées dans des pays appartenant à un groupement régional incluant l'État R. La décision d'implanter la plateforme d'investissement régionale dans l'État R était motivée principalement par l'existence d'administrateurs connaissant les règlements et pratiques commerciales de la région ainsi que d'une main-d'œuvre qualifiée et multilingue, par l'appartenance de l'État R à un groupement régional et par son vaste réseau de conventions fiscales incluant sa convention avec l'État S, qui prévoit de faibles taux de retenue à la source. RCO emploie une équipe locale de gestionnaires expérimentés pour examiner les recommandations d'investissement du Fonds et exercer plusieurs autres fonctions qui, selon le cas, peuvent inclure l'approbation et la surveillance des investissements, l'exécution de fonctions de trésorerie, la tenue de la comptabilité et des registres de RCO et la vérification de la conformité aux exigences réglementaires dans les États où il investit. Le conseil d'administration de RCO est nommé par le Fonds et comprend une majorité d'administrateurs résidents de l'État R qui possèdent des compétences en gestion de placements ainsi que des membres de l'équipe de gestion mondiale du Fonds. RCO paie des impôts et dépose des déclarations fiscales dans l'État R.

RCO envisage à présent de procéder à un investissement dans SCO, une société résidente de l'État S. Cet investissement dans SCO ne représenterait qu'une partie du portefeuille d'investissements total de RCO, qui comprend, en sus de l'État S, des investissements dans plusieurs pays qui sont aussi membres du même groupement régional. En vertu de la convention fiscale entre les États R et S, le taux de la retenue à la source sur les dividendes est réduit de 30 à 5 pour cent. En vertu de la convention fiscale entre les États S et T, le taux de la retenue à la source sur les dividendes est de 10 pour cent.

Pour décider s'il faut investir ou non dans SCO, RCO prend en considération l'existence d'un avantage relatif aux dividendes en vertu de la convention fiscale entre les États R et S, mais celui-ci ne serait pas à lui seul suffisant pour déclencher l'application du paragraphe 9. Le but des conventions fiscales est d'accorder des avantages pour encourager les investissements transnationaux et, pour déterminer si le paragraphe 9 s'applique ou non à un investissement, il faut donc d'abord examiner le contexte dans lequel l'investissement a été réalisé, et notamment les raisons de la création de RCO dans l'État R et les fonctions d'investissement et autres activités exercées dans cet État. Dans cet exemple, en l'absence d'autres faits ou circonstances montrant que l'investissement de RCO s'inscrit dans un montage ou concerne une autre transaction qui a été entreprise principalement dans le but d'obtenir les avantages de la Convention, il ne serait pas raisonnable de refuser à RCO le bénéfice de la convention fiscale entre les États R et S.

— Exemple L : RCO, une société de titrisation résidente de l'État R, a été créée par une banque qui lui a vendu un portefeuille de prêts et d'autres créances dus par des débiteurs situés dans plusieurs juridictions. RCO est entièrement financée par de la dette. Elle a émis une seule action détenue en fidéicommis et n'ayant aucune valeur économique. Les financements de RCO par dette ont été obtenus en émettant des obligations détenues par un grand nombre d'investisseurs extérieurs. Ces obligations sont cotées auprès d'une bourse reconnue qui permet de les négocier sur le marché secondaire et elles sont détenues par l'intermédiaire d'un système de compensation. Pour satisfaire à ses obligations réglementaires, la banque a en outre conservé un faible pourcentage des titres de dette cotés qui ont été émis par RCO et qui sont détenus par de nombreux investisseurs. Actuellement, 60 pour cent du portefeuille de RCO est composé de créances de petites et moyennes entreprises résidentes de l'État S pour lesquelles RCO perçoit régulièrement des intérêts. La banque est résidente de l'État T, lequel a conclu avec l'État S une convention fiscale procurant des avantages équivalents à ceux de la convention entre les États R et S. En vertu de la convention fiscale entre les États R et S, le taux de la retenue à la source sur les intérêts est plafonné à 10 pour cent (le droit interne de l'État S prévoit une retenue à la source de 30 pour cent)

En créant RCO, la banque a pris en compte un grand nombre de facteurs tels que le cadre solide régissant la titrisation dans l'État R, sa législation sur ce sujet et dans d'autres domaines connexes, l'existence de services de soutien et d'un personnel expérimenté et compétent dans l'État R ainsi que les avantages fiscaux procurés par le vaste réseau de conventions fiscales de celui-ci. La décision des investisseurs d'investir dans RCO n'est pas dictée par un quelconque investissement en particulier qui aurait été réalisé par RCO et la stratégie d'investissement de RCO ne résulte pas de la situation fiscale des investisseurs. RCO est imposée dans l'État R sur les revenus perçus et peut prétendre à la déduction de tous les paiements d'intérêts effectués au profit des investisseurs.

En prenant la décision de vendre des créances appartenant à des entreprises résidentes de l'État S, la banque et RCO ont pris en considération l'existence d'un avantage relatif aux intérêts prévu par la convention fiscale entre les États R et S, mais celui-ci ne serait pas à lui seul suffisant pour déclencher l'application du paragraphe 9. L'intention des conventions fiscales est d'offrir des avantages pour encourager les investissements transnationaux et, par conséquent, pour déterminer si le paragraphe 9 s'applique ou non à un investissement, il faut prendre en considération le contexte dans lequel cet investissement a été réalisé. Dans cet exemple, en l'absence d'autres faits ou circonstances montrant que l'investissement de RCO s'inscrit dans un montage ou concerne une autre transaction ayant pour but principal d'obtenir les avantages de la Convention, il ne serait pas raisonnable de refuser à RCO le bénéfice de la convention fiscale liant les États R et S.

— Exemple M : Un fonds d'investissement immobilier prenant la forme d'une société de personnes établie dans l'État C et considérée comme fiscalement transparente en vertu du droit fiscal interne de l'État C, est créé pour investir dans un portefeuille d'actifs immobiliers dans une zone géographique spécifique. Le fonds d'investissement immobilier est géré par un gestionnaire de fonds réglementé et les intérêts dans ce fonds sont commercialisés auprès d'investisseurs institutionnels tels que des fonds de pension et des fonds souverains sur la base du mandat d'investissement du fonds. Des investisseurs résidant dans différentes juridictions s'engagent à contribuer au fonds d'investissement immobilier. La stratégie d'investissement de ce fonds, qui est décrite dans ses documents publicitaires, n'est pas dictée par la situation fiscale des investisseurs mais repose sur l'investissement dans certains actifs immobiliers dans le but de maximiser leur valeur et de réaliser des plus-values de cession. Les investissements du fonds sont effectués par l'intermédiaire de RCO, une société holding établie dans l'État R. RCO gère tous les biens immobiliers du fonds et les détient indirectement par l'intermédiaire de filiales à part entière qui résident dans les États où ces biens sont situés ; il fournit en outre des financements par fonds propres et/ou par emprunt à ces sociétés locales qui détiennent directement les investissements sous-jacents. RCO a été créé pour diverses raisons juridiques et commerciales telles que la nécessité de protéger le fonds d'investissement immobilier des dettes liées à ses actifs immobiliers et d'éventuelles revendications sur ceux-ci ainsi que de faciliter le financement par emprunt (y compris auprès de prêteurs extérieurs) et la réalisation, la gestion et la cession d'investissements. Il a aussi été créé afin de gérer les demandes d'allégement de la retenue à la source en vertu de toute convention fiscale applicable. Cette fonction de RCO est importante car il est administrativement plus simple pour une société d'obtenir les avantages prévus par une convention fiscale que de confier à chaque investisseur institutionnel le soin de faire valoir sa propre demande d'allégement, en particulier si les avantages prévus par la convention et auxquels un investisseur a droit pour un élément donné de revenu ne représentent qu'un faible montant. Après avoir examiné tous les lieux d'implantation possibles, le fonds d'investissement immobilier a décidé de créer RCO dans l'État R. Cette décision reposait principalement sur la stabilité politique de cet État, son système juridique et réglementaire, la connaissance des investisseurs et des prêteurs, l'accès à un personnel possédant les qualifications appropriées et le vaste réseau de conventions fiscales de l'État R, notamment celles qu'il a conclues avec d'autres États de l'aire géographique visée pour les investissements. Cependant, en vertu des conventions fiscales, RCO n'obtient pas d'avantages fiscaux meilleurs que ceux auxquels ses investisseurs auraient eu droit s'ils avaient effectué directement les mêmes investissements dans ces États et s'ils avaient obtenu les avantages prévus par les conventions conclues par leur État de résidence.

Dans cet exemple, quoique la décision de créer RCO dans l'État R ait été prise à la lumière de l'existence des avantages prévus par les conventions fiscales entre l'État R et ceux de la zone géographique spécifique visée pour les investissements, il est clair que les investissements immobiliers de RCO sont réalisés dans un but commercial cohérent avec le mandat d'investissement du fonds. De plus, RCO ne tire des conventions fiscales aucun avantage supérieur à ceux auxquels ses investisseurs auraient eu droit et chacun des États dans lesquels RCO réalise des investissements immobiliers est autorisé à taxer les revenus provenant directement de ces investissements. En l'absence d'autres faits ou circonstances démontrant que les investissements de RCO s'inscrivent dans un montage ou concernent une autre transaction ayant pour but principal d'obtenir les avantages de la Convention, il ne serait pas raisonnable de refuser à RCO le bénéfice des conventions fiscales conclues entre son État de résidence et les États dans lesquels les investissements immobiliers de RCO sont situés.

183. Dans plusieurs de pays, l'application de la règle anti-abus de portée générale figurant dans le droit interne est soumise à un processus d'approbation. Dans certains cas, ce processus prévoit que les différends relatifs à ces dispositions sont examinés en interne par de hauts responsables de l'administration. Dans d'autres cas, le processus autorise des comités consultatifs à donner à l'administration leur avis sur l'application de la règle. Ces processus d'approbation reflètent l'importance des différends dans ce domaine et favorisent une cohérence globale dans l'application de la règle. Les États voudront peut-être mettre en place un processus administratif analogue pour faire en sorte que le paragraphe 9 n'est appliqué qu'après approbation à haut niveau au sein de l'administration.

184. De même, certains États estiment que lorsqu'un avantage d'une convention est refusé à une personne en vertu du paragraphe 9, l'autorité compétente de l'État contractant qui aurait normalement accordé cet avantage devrait avoir la possibilité de considérer que cette personne peut prétendre à cet avantage ou à d'autres avantages au titre de l'élément de revenu ou de capital concerné si ces avantages lui auraient été octroyés en l'absence de la transaction ou du montage qui a déclenché l'application du paragraphe 9. Pour cela, ces États sont libres d'inclure le paragraphe supplémentaire suivant dans leurs conventions bilatérales :

10. Lorsqu'un avantage prévu par cette Convention est refusé à une personne en vertu du paragraphe 9, l'autorité compétente de l'État contractant qui aurait normalement accordé cet avantage doit néanmoins traiter cette personne comme ayant droit à cet avantage, ou à d'autres avantages au titre d'un élément de revenu

ou de capital spécifique, si cette autorité compétente, à la demande de cette personne et après examen des faits et circonstances propres au cas, conclut que ces avantages auraient été octroyés à cette personne en l'absence de la transaction ou du montage mentionné au paragraphe 9. L'autorité compétente de l'État contractant à laquelle la demande a été adressée consulte l'autorité compétente de l'autre État avant de rejeter une demande présentée par un résident de cet autre État en vertu du présent paragraphe.

185. Aux fins de cette disposition optionnelle, la question de savoir si les avantages auraient été octroyés en l'absence de la transaction ou du montage mentionné au paragraphe 9 et la détermination de la nature des avantages à octroyer sont à la discrétion de l'autorité compétente à laquelle la demande est adressée. La disposition optionnelle accorde à l'autorité compétente une grande latitude dans ce domaine. Elle est toutefois tenue de prendre en compte, avant de prendre une décision, les faits et circonstances propres à chaque cas et de consulter l'autorité compétente de l'autre État contractant avant de rejeter une demande visant à bénéficier d'avantages lorsque demande est formulée par un résident de cet autre État. La première exigence a pour but de veiller à ce que l'autorité compétente examine chaque demande pour ce qu'elle est, tandis que l'exigence relative à la consultation de l'autorité compétente de l'autre État contractant si la demande est adressée par un résident de cet autre État a pour but de faire en sorte que les États contractants traitent des cas similaires de manière cohérente et puissent justifier leur décision en se fondant sur les faits et circonstances propres à chaque cas. Ce processus de consultation ne requiert toutefois pas que l'autorité compétente à laquelle la demande a été présentée obtienne l'accord de l'autorité compétente qui est consultée.

186. L'exemple suivant illustre l'application de cette disposition optionnelle. Supposons qu'une personne physique qui est résidente de l'État R et qui détient des actions dans une société résidente de l'État S cède le droit de percevoir des dividendes déclarés par cette société à une autre société résidente de l'État R qui détient plus de 10 pour cent du capital de la société qui paie ces dividendes, dans le but principal de bénéficier du taux réduit d'imposition à la source prévu par l'alinéa *a*) du paragraphe 2 de l'article 10. Dans ce cas, s'il s'avère que l'avantage de cet alinéa doit être refusé en application du paragraphe 9, la disposition alternative autoriserait l'autorité compétente de l'État S à accorder l'avantage du taux réduit d'imposition prévu par l'alinéa *b*) du paragraphe 2 de l'article 10 si cette autorité compétente détermine que cet avantage aurait été octroyé en l'absence de la cession à une autre société du droit de percevoir des dividendes.

187. Pour diverses raisons, certains États peuvent ne pas être en mesure d'accepter la règle mentionnée au paragraphe 9. Pour traiter efficacement toutes les formes de chalandage fiscal, ces États devront néanmoins compléter la règle de la limitation des avantages visée aux paragraphes 1 à 7 par des règles qui cibleront les stratégies de chalandage fiscal ayant recours à du financement par intermédiaire qui ne seraient pas neutralisées par ces paragraphes. Ces règles appréhenderaient ces mécanismes de financement par intermédiaire en refusant les avantages conférés par les dispositions

de la Convention ou par certaines d'entre elles (par exemple, celles des articles 7, 10, 11, 12 et 21), au titre d'un revenu obtenu grâce à l'utilisation, ou dans le cadre de l'utilisation, d'un montage de financement par intermédiaire. Elles pourraient également prendre la forme de règles législatives et jurisprudentielles anti-abus de droit interne aboutissant à un résultat similaire. Voici des exemples de mécanismes de financement par intermédiaire que ces règles devraient cibler, et des exemples de transactions qui ne devraient pas être considérées comme du financement par intermédiaire à cette fin :

— Exemple A : RCO, société cotée en bourse résidente de l'État R, détient toutes les actions de SCO, société résidente de l'État S. TCO, société résidente de l'État T qui n'a pas conclu de convention fiscale avec l'État S, souhaite acquérir une participation minoritaire dans SCO, mais estime que la retenue d'impôt sur les dividendes prélevée par l'État S rendrait l'investissement non rentable. Aussi, RCO propose que SCO émette en sa faveur des actions privilégiées procurant un rendement fixe de 4 pour cent, plus un rendement conditionnel de 20 pour cent des bénéfices nets de SCO. L'échéance des actions privilégiées est de 20 ans. TCO conclura un contrat distinct avec RCO aux termes duquel elle lui versera un montant équivalent au prix d'émission des actions privilégiées, et recevra de RCO au bout de 20 ans le prix de rachat des actions. Pendant 20 ans, RCO paiera à TCO un montant égal à 3.75 pour cent du prix d'émission, plus 20 pour cent des bénéfices nets de SCO.

  Ce dispositif constitue un mécanisme de financement par intermédiaire qui doit être ciblé par les règles mentionnées ci-dessus, parce que l'un des principaux objectifs poursuivis par RCO en participant à la transaction était d'obtenir une réduction de la retenue d'impôt pour TCO.

— Exemple B : SCO, société résidente de l'État S, a émis une seule catégorie d'actions détenues en totalité par RCO, société résidente de l'État R. RCO a également une seule catégorie d'actions en circulation, détenues en totalité par TCO, société résidente de l'État T, qui n'a pas conclu de convention fiscale avec l'État S. RCO fabrique des composants électroniques et SCO est le distributeur exclusif de RCO dans l'État S. En vertu du paragraphe 3 de la règle de la limitation des avantages, RCO pourra prétendre aux avantages au titre des dividendes reçus de SCO même si les actions de RCO sont détenues par un résident d'un pays tiers.

  Cet exemple porte sur une structure commerciale normale dans laquelle RCO et SCO exercent des activités économiques réelles dans les États R et S. Le paiement de dividendes par des filiales telles que SCO constitue une transaction commerciale normale. En l'absence d'éléments démontrant que l'un des objets principaux de la création de cette structure était le transfert de dividendes de SCO à TCO, cette structure ne constituerait pas un mécanisme de financement par intermédiaire.

— Exemple C : TCO, société résidente de l'État T qui n'a pas conclu de convention fiscale avec l'État S, prête 1 000 000 à SCO, société résidente de l'État S qui est une filiale en propriété exclusive de TCO, en contrepartie d'un billet à ordre émis par

SCO. TCO se rend alors compte qu'elle peut éviter la retenue d'impôt sur les intérêts prélevée par l'État S en cédant le billet à ordre à sa filiale en propriété exclusive RCO, résidente de l'État R (la convention entre les États R et S n'autorise pas l'imposition à la source des intérêts dans certaines circonstances). En conséquence, TCO cède le billet à ordre à RCO en contrepartie d'un billet émis par RCO à TCO. Le billet émis par SCO produit 7 pour cent d'intérêts et celui émis par RCO produit 6 pour cent d'intérêts.

La transaction par laquelle RCO a acquis le billet à ordre émis par SCO constitue un mécanisme de financement par intermédiaire parce qu'elle a été structurée en vue de supprimer la retenue d'impôt que TCO aurait dû acquitter à l'État S.

— Exemple D : TCO, société résidente de l'État T qui n'a pas conclu de convention fiscale avec l'État S, détient la totalité des actions de SCO, société résidente de l'État S. TCO effectue depuis longtemps toutes ses opérations bancaires avec RCO, banque résidente de l'État R qui n'est pas liée à TCO et à SCO, le système bancaire dans l'État T étant relativement rudimentaire. Par conséquent, TCO conserve d'importantes liquidités auprès de RCO. Lorsque SCO a besoin d'un prêt pour financer une acquisition, TCO lui suggère de traiter avec RCO, qui connaît déjà les activités exercées par TCO et SCO. SCO négocie le prêt avec plusieurs banques différentes, qui appliquent toutes des conditions comparables à celles proposées par RCO, mais choisit en définitive de conclure le prêt avec RCO, en partie parce que les intérêts payés à RCO ne seraient pas soumis à la retenue d'impôt dans l'État S en vertu de la convention liant les États S et R, tandis que les intérêts payés aux banques résidentes de l'État T y seraient soumis.

Le fait que les avantages de la convention conclue entre l'État R et l'État S soient octroyés si SCO emprunte auprès de RCO, et ne le seraient peut-être pas si SCO emprunte ailleurs, est clairement un facteur qui joue dans la décision de SCO (qui peut être influencé par les conseils que lui donne TCO, son actionnaire exclusif). C'est peut-être même un facteur déterminant car, toutes choses étant égales par ailleurs, l'octroi des avantages prévus par la convention peut faire pencher la balance en faveur de l'emprunt auprès de RCO plutôt que d'une autre banque. Toutefois, pour déterminer si l'octroi des avantages de la convention était l'un des principaux objets de la transaction, il convient d'examiner les faits et circonstances propres au cas. Dans la situation ci-dessus, RCO n'est pas liée à TCO et à SCO, et rien n'indique que les intérêts payés par SCO sont transférés à TCO d'une manière ou d'une autre. Le fait que TCO conserve depuis longtemps d'importantes liquidités auprès de RCO est également un facteur qui indique que le prêt à SCO n'a pas pour contrepartie un dépôt de garantie de TCO. Sur la base des faits présentés, la transaction ne constituerait donc probablement pas un mécanisme de financement par intermédiaire.

Néanmoins, si la décision de RCO de prêter à SCO était conditionnée à la constitution d'un dépôt de garantie par TCO destiné à sécuriser le prêt, de sorte que RCO n'aurait pas conclu la transaction à des conditions globalement identiques en l'absence de ce dépôt, les faits indiqueraient que TCO prête indirectement à SCO en faisant transiter le prêt par une banque de l'État R, et dans ce cas, la transaction constituerait un mécanisme de financement par intermédiaire.

— Exemple E : RCO, société cotée en bourse résidente de l'État R, est la société holding d'un groupe manufacturier qui exerce ses activités dans un secteur technologique hautement concurrentiel. Le groupe manufacturier mène des recherches par le biais de filiales dans le monde entier. Tous les brevets développés par une filiale sont concédés en licence par cette filiale à RCO, qui accorde des licences d'exploitation de la technologie à ses filiales qui en ont besoin. RCO ne conserve qu'une faible marge au titre des redevances qu'elle perçoit, et l'essentiel de ses bénéfices reviennent à la filiale qui a assumé le risque lié au développement de la technologie. TCO, société située dans un État avec lequel l'État S n'a pas conclu de convention fiscale, a inventé un processus qui permettra d'augmenter considérablement la rentabilité de l'ensemble des filiales de RCO, y compris de SCO, société résidente de l'État S. Conformément à sa pratique habituelle, RCO se voit concédé une licence sur la technologie par TCO et octroie des sous-licences au titre de cette dernière à ses filiales. SCO paie une redevance à RCO, reversée en quasi-totalité à TCO.

  Dans cet exemple, rien n'indique que RCO concède des licences dans le but de réduire la retenue d'impôt payable dans l'État S. Étant donné que RCO se conforme à l'organisation et au comportement commercial normal du groupe dans la manière dont elle structure ses activités de licence et de sous-licence, et à supposer que la même structure est employée pour d'autres filiales exerçant des activités similaires dans des pays qui ont conclu des conventions qui prévoient des avantages similaires ou plus favorables, le dispositif liant SCO, RCO et TCO ne constitue pas un mécanisme de financement par intermédiaire.

— Exemple F : TCO est une société cotée en bourse résidente de l'État T, qui n'a pas conclu de convention fiscale avec l'État S. TCO est la société mère d'un groupe mondial de sociétés auquel appartiennent RCO, société résidente de l'État R, et SCO, société résidente de l'État S. SCO exerce activement une activité commerciale ou d'entreprise dans l'État S. RCO est chargée de coordonner le financement de toutes les filiales de TCO. RCO exploite un système centralisé de gestion de trésorerie pour TCO et ses filiales, dans lequel elle comptabilise toutes les sommes à verser et à recevoir inter-entreprises. RCO est chargée de gérer les décaissements et les encaissements de liquidités nécessaires pour couvrir les transactions entre ses filiales et des parties non liées. RCO souscrit des contrats de taux d'intérêt et de change dans la mesure où cela est nécessaire pour couvrir les risques induits par les décalages entre les flux de trésorerie entrants et sortants. Les activités de RCO ont pour objectif (et on peut raisonnablement s'attendre à ce qu'elles aient pour effet) de réduire les coûts de transaction, les frais généraux et autres coûts fixes. RCO emploie 50 personnes, y compris des employés de bureau et autres agents administratifs, situés dans l'État R ; ces effectifs reflètent la taille des activités d'entreprise de RCO. TCO prête à RCO 15 millions libellés dans la monnaie A (d'une valeur de 10 millions en monnaie B) en contrepartie d'un billet à ordre sur 10 ans qui génère une rémunération annuelle de 5 pour cent. Le même jour, RCO prête 10 millions en monnaie B à SCO en contrepartie d'un billet à ordre sur 10 ans qui génère une rémunération annuelle de 5 pour cent. RCO ne s'engage pas dans une transaction de couverture à long terme au titre de ces opérations de financement, mais gère le risque de taux et le risque de change induit par les transactions sur une base quotidienne, hebdomadaire ou trimestrielle en concluant des contrats de change à terme.

Dans cet exemple, RCO semble exercer des activités d'entreprise réelles qui font intervenir des fonctions économiques substantielles, des actifs réels et des risques réels ; elle accomplit également d'importantes activités au titre des transactions avec TCO et SCO qui semblent être caractéristiques de sa gestion de trésorerie normale. RCO supporte également le risque de taux d'intérêt et le risque de change. Au regard des faits et en l'absence d'autres faits tendant à démontrer que l'un des objets principaux de ces prêts est d'éviter la retenue d'impôt dans l'État S, le prêt accordé par TCO à RCO et le prêt de RCO à SCO ne constituent pas un mécanisme de financement par intermédiaire.

Observation sur les Commentaires

188. Les *États-Unis* ne sont pas d'accord avec l'affirmation contenue au paragraphe 77 selon laquelle la détermination du caractère substantiel prévu à l'alinéa *b*) du paragraphe 3 exige la prise en compte de la taille relative des économies et des marchés des deux États contractants.

Réserves sur l'Article

189. La *Belgique*, la *Hongrie*, le *Luxembourg* et la *Suisse* se réservent le droit de ne pas inclure le paragraphe 8 dans leurs conventions.

190. Le *Portugal* se réserve le droit de ne pas inclure l'alinéa c) du paragraphe 8 dans ses conventions.

191. Les *États-Unis* se réservent le droit d'étendre la portée du paragraphe 8 de manière à inclure le revenu considéré comme attribuable à un établissement stable situé dans l'État de la source et aux établissements stables situés dans des États qui n'ont pas conclu de convention fiscale avec l'État de la source, quel que soit le taux d'imposition, sauf si l'État de la résidence intègre le revenu dans sa base d'imposition.

COMMENTAIRES SUR L'ARTICLE 30 CONCERNANT L'EXTENSION TERRITORIALE DE LA CONVENTION

1. Certaines conventions de double imposition précisent les territoires auxquels elles s'appliquent ; certaines d'entre elles prévoient, en outre, que leurs dispositions peuvent être étendues à d'autres territoires et précisent les conditions dans lesquelles cette extension est réalisée. Une clause de cette nature présente un intérêt particulier pour les États qui possèdent des territoires outre-mer ou qui assument les relations internationales d'autres États ou territoires dans la mesure surtout où elle prévoit que l'extension peut prendre effet par l'échange de notes diplomatiques. Elle présente également de l'intérêt lorsqu'il s'agit d'étendre les dispositions de la Convention à une partie du territoire d'un État contractant à laquelle, en vertu d'une disposition spéciale, la Convention ne s'appliquait pas. L'article prévoyant que l'extension peut prendre effet selon toute autre procédure conforme aux dispositions constitutionnelles des États, comporte une rédaction acceptable à cet égard par tous les pays membres de l'OCDE qu'intéresse la disposition dont il s'agit. La seule condition préalable pour que puisse être envisagée l'extension d'une convention à d'autres États ou territoires est que ceux ci perçoivent des impôts de nature analogue à ceux auxquels s'applique la Convention.

2. L'article prévoit que la Convention peut être étendue dans sa totalité ou avec les modifications qui s'avéreraient nécessaires, que l'extension prend effet à partir de la date et dans les conditions fixées d'un commun accord entre les États contractants et, enfin, que lorsque la Convention sera dénoncée par l'un des États contractants, elle cessera également de s'appliquer à tout État ou territoire auquel elle a été étendue, à moins que les États contractants n'en soient convenus autrement.

Réserve sur l'article

3. Les *États-Unis* se réservent le droit de ne pas suivre l'article 30.

COMMENTAIRES SUR LES ARTICLES 31 ET 32 CONCERNANT L'ENTRÉE EN VIGUEUR ET DÉNONCIATION DE LA CONVENTION

1. Ces dispositions, qui visent la procédure d'entrée en vigueur, de ratification, de dénonciation et de cessation d'application, sont rédigées en vue d'être incorporées dans des conventions bilatérales et correspondent aux règles ordinairement énoncées dans les accords internationaux.

2. Il peut être nécessaire pour certains États contractants d'ajouter au premier paragraphe de l'article 31 une disposition visant à préciser quelles sont les autorités qui doivent donner leur accord à la ratification. D'autres États contractants peuvent convenir que l'article stipule que l'entrée en vigueur intervient après un échange de notes confirmant que les procédures nécessaires à cette entrée en vigueur ont été accomplies par chacun des États.

3. Les États contractants sont libres de convenir que la Convention entrera en vigueur à l'expiration d'une période déterminée suivant l'échange des instruments de ratification ou la confirmation que les procédures nécessaires à cette entrée en vigueur ont été accomplies par chacun des États.

4. Aucune règle n'a été établie au sujet de la date à laquelle les dispositions de la Convention devront s'appliquer ou cesser de s'appliquer, car ces règles dépendront dans une large mesure de la législation interne des États contractants intéressés. Certains États déterminent l'assiette de l'impôt sur le revenu acquis pendant l'année en cours, d'autres sur le revenu perçu au cours de l'année précédente ; enfin, d'autres États ont un exercice fiscal différent de l'année civile. En outre, dans certaines conventions, la date prévue pour l'application ou la cessation d'application est différente selon qu'il s'agit d'impôts perçus par retenue à la source ou d'impôts prélevés par voie de rôle.

5. Comme il est souhaitable que la Convention reste en vigueur au moins pendant un certain temps, l'article concernant la dénonciation prévoit que le préavis de dénonciation ne peut être donné qu'à partir d'une certaine année qui doit être fixée d'un commun accord. Les États contractants sont libres de décider quelle est la première année au cours de laquelle le préavis peut être donné ou même, s'ils le souhaitent, de convenir de ne pas fixer d'année du tout.

POSITIONS DES ÉCONOMIES NON MEMBRES SUR LE MODÈLE DE CONVENTION FISCALE

INTRODUCTION

1. Lorsqu'en 1991 le Comité des affaires fiscales a adopté le concept de Modèle de Convention fiscale actualisé périodiquement, il a également décidé que, compte tenu du fait que l'influence du Modèle de Convention fiscale s'était étendue bien au-delà de la sphère des pays membres de l'OCDE, le processus mis en œuvre pour la mise à jour du Modèle de Convention fiscale devrait être élargi afin de bénéficier de la contribution des économies non membres.

2. Conformément à cette décision, le Comité des affaires fiscales a décidé, en 1996, d'organiser des réunions annuelles permettant aux experts des pays membres et de certaines économies non membres de débattre des questions liées à la négociation, à l'application et à l'interprétation des conventions fiscales. Reconnaissant que les économies non membres ne seraient susceptibles de s'associer à l'actualisation du Modèle de Convention fiscale que si elles pouvaient conserver leur liberté d'exprimer leur désaccord par rapport à son contenu, le Comité a également décidé que ces économies devaient, comme les États membres, avoir la possibilité de déterminer les domaines dans lesquels elles ne sont pas en mesure de donner leur accord au texte d'un article ou à une interprétation donnée dans les Commentaires.

3. C'est ce qui a motivé l'inclusion dans le Modèle de Convention fiscale de la présente section, qui expose les positions d'un certain nombre d'économies non membres sur les articles du Modèle et sur les Commentaires y relatifs. Il est prévu que ce document fera l'objet d'une mise à jour périodique, comme le reste du Modèle de Convention fiscale, de manière à tenir compte de l'évolution des points de vue des économies participantes.

4. Ce document reflète les positions des économies non-membres de l'OCDE suivantes sur le Modèle de Convention fiscale :

Afrique du Sud	Albanie	Argentine
Arménie	Azerbaïdjan	Biélorussie
Brésil	Bulgarie	Colombie
Costa Rica	Côte d'Ivoire	Croatie
Émirats arabes unis	Gabon	Géorgie
Hong Kong, Chine	Inde	Indonésie
Kazakhstan	Lituanie	Malaisie
Maroc	Philippines	République populaire de Chine
République démocratique du Congo	Roumanie	Russie
Serbie	Singapour	Thaïlande
Tunisie	Ukraine	Viet Nam

5. Si ces économies expriment généralement leur accord avec le texte des articles du Modèle de Convention fiscale et avec l'interprétation qui en est donnée

dans les Commentaires, il subsiste pour chaque économie des points de désaccord. Pour chaque article du Modèle de Convention fiscale, les positions présentées dans cette section indiquent les points sur lesquels une économie est en désaccord avec le texte de l'article et les points sur lesquels elle est en désaccord avec une interprétation donnée dans les Commentaires relatifs à cet article[1]. Comme pour les observations et les réserves exprimées par les États membres, aucune référence n'est faite aux cas dans lesquels une économie souhaiterait compléter le texte d'un article par des dispositions qui ne sont pas en contradiction avec les dispositions de l'article, en particulier si ces dispositions sont présentées comme des solutions de rechange dans les Commentaires, ou souhaiterait avancer une interprétation qui n'est pas en contradiction avec les Commentaires y relatifs.

1 L'*Indonésie* et la *République populaire de Chine* souhaitent clarifier expressément que, lors de leurs négociations avec différents pays, elles ne seront pas liées par les positions incluses dans cette section.

POSITIONS SUR L'ARTICLE 1
(PERSONNES VISÉES)
ET LES COMMENTAIRES QUI S'Y RAPPORTENT

Positions sur l'article

1. Les *Philippines* se réservent le droit d'imposer leurs ressortissants en vertu de leur droit interne.

2. Le *Costa Rica*, la *Serbie* et *Singapour* réservent leur position sur le paragraphe 2.

3. L'*Inde* se réserve le droit de ne pas inclure le paragraphe 2 de l'article 1 dans ses conventions fiscales.

4. Le *Costa Rica*, la *Serbie* et *Singapour* réservent leur position sur le paragraphe 3.

Position sur les Commentaires

5. L'*Inde* ne partage pas l'interprétation donnée au paragraphe 7 de l'article 1 selon laquelle l'expression « le revenu perçu par ou via une entité ou un dispositif » inclut le revenu perçu par ou via une entité qui peut ne pas être un résident d'aucun des États contractants. L'Inde considère que cette expression n'inclut que le revenu perçu par ou via des entités qui sont un résident d'un ou des deux États contractants.

POSITIONS SUR L'ARTICLE 2
(IMPÔTS VISÉS)
ET LES COMMENTAIRES QUI S'Y RAPPORTENT

Positions sur l'article

Paragraphe 1

1. La *Biélorussie* se réserve le droit de remplacer les expressions « fortune » et « biens mobiliers », qui n'existent pas dans son droit interne, par les expressions « biens » et « biens autres que des biens immobiliers » et ce, partout où ces expressions sont utilisées dans la Convention.

2. Le *Brésil* réserve sa position sur le passage du paragraphe 1 qui énonce que la Convention s'applique aux impôts perçus pour le compte des subdivisions politiques ou des collectivités locales, ainsi que sur le passage final du paragraphe qui énonce « quel que soit le système de perception ».

2.1 L'*Argentine*, la *Colombie* et le *Costa Rica* se réservent le droit de ne pas inclure au paragraphe 1 les impôts perçus pour le compte des subdivisions politiques et des collectivités locales.

3. Étant donné qu'ils n'appliquent pas d'impôt sur la fortune, le *Brésil*, l'*Indonésie*, la *Malaisie* et *Singapour* se réservent le droit de ne pas inclure la référence à ce type d'impôt dans le paragraphe 1.

4. La *Roumanie* se réserve le droit d'inclure une référence aux impôts perçus pour le compte des unités administratives/territoriales.

5. L'*Afrique du Sud* réserve sa position sur le passage du paragraphe 1 qui énonce que la Convention s'applique aux impôts perçus pour le compte des collectivités locales.

5.1 La *Géorgie* se réserve le droit d'inclure les impôts perçus pour le compte des unités administratives/territoriales et des autorités locales autonomes.

5.2 La *Colombie* se réserve le droit de restreindre l'application de la Convention concernant les impôts sur la fortune aux cas où, durant l'année fiscale considérée, les deux États contractants perçoivent des impôts sur la même fortune ou les mêmes éléments de la fortune.

Paragraphe 2

6. Le *Brésil* souhaite utiliser, dans ses conventions, une définition de l'impôt sur le revenu qui soit en conformité avec ses dispositions constitutionnelles. En conséquence, il se réserve le droit de ne pas inclure le paragraphe 2 dans ses conventions.

7. Selon l'*Arménie, la Lituanie*, la *Roumanie* et la *Tunisie* les impôts sur le montant global des salaires payés par les entreprises ne devraient pas être considérés comme des impôts sur le revenu et ces pays se réservent par conséquent le droit de ne pas inclure ces termes dans le paragraphe 2.

8. Le *Costa Rica* et l'*Ukraine* réservent leur position sur le passage duparagraphe 2 qui énonce que la Convention s'applique aux impôts sur les plus-values.

POSITIONS SUR L'ARTICLE 3
(DÉFINITIONS GÉNÉRALES)
ET LES COMMENTAIRES QUI S'Y RAPPORTENT

Positions sur l'article

1. En ce qui concerne la version anglaise de la définition du terme « société », l'*Albanie* et la *Biélorussie* se réservent le droit de remplacer l'expression « *body corporate* », qui n'existe pas dans leur droit interne. Afin de refléter ce changement dans la version française de cette définition, celle-ci sera modifiée comme suit : « le terme « société » désigne toute personne morale ou toute entité qui est considérée comme une entité distincte aux fins d'imposition ».

2. [Supprimé]

3. En ce qui concerne la définition du terme « national », l'*Albanie*, la *Roumanie* et la *Russie* se réservent le droit de remplacer le terme « nationalité » par « citoyenneté » compte tenu de la signification différente du terme « nationalité » dans leur droit interne.

4. La *Bulgarie* se réserve le droit de proposer au cours des négociations bilatérales d'inclure le mot « aussi » entre les mots « comprennent » et « l'exercice » à l'alinéa *h*) du paragraphe 1 de l'article.

4.1 L'*Argentine*, l'*Azerbaïdjan*, le *Brésil*, le *Costa Rica*, la *Lituanie* et *Singapour* se réservent le droit de ne pas inclure les définitions « entreprise », « activité » et « affaires » du paragraphe 1 de l'article 3 parce qu'ils se réservent le droit d'inclure un article visant l'imposition des professions indépendantes.

5. En ce qui concerne la définition du « trafic international », la *Bulgarie* et la *Croatie* se réservent le droit d'étendre, au cours des négociations bilatérales, le champ d'application de la définition aux transports routier et ferroviaire.

6. La *Serbie* se réserve le droit d'étendre au transport routier la portée de la définition de « trafic international » dans ses conventions bilatérales.

7. La *Thaïlande* se réserve le droit d'inclure dans la définition de « personne » toute entité qui est considérée comme une entité imposable selon la législation fiscale en vigueur dans un des États contractants.

8. L'*Afrique du Sud* et l'*Inde* se réservent le droit de restreindre la définition de « personne » aux seules entités considérées comme des unités imposables en vertu des lois fiscales en vigueur dans les États contractants concernés.

9. L'*Inde* se réserve le droit d'inclure une définition des termes « impôt » et « exercice fiscal ».

10. En ce qui concerne la définition du terme « national », le *Costa Rica* se réserve le droit de remplacer le concept de société de personnes et d'association par « un groupement de personnes ».

11. *Hong Kong, Chine* réserve sa position concernant la définition du terme « national » à l'alinéa *g*) du paragraphe 1 puisque Hong Kong, Chine n'est pas un État souverain. Lorsque le terme « national » apparaît aux articles 4, 19, 24 et 25, Hong Kong, Chine se réserve le droit d'utiliser des dispositions de rechange basées sur les concepts de « droit de séjour » et « d'enregistrement ou de constitution ».

12. L'*Inde* se réserve le droit de ne pas inclure le sous-alinéa (ii) de la définition de « fonds de pension reconnu ».

13. La *Colombie* se réserve le droit d'étendre le champ d'application de la définition de « fonds de pension reconnu » de manière à englober les fonds de licenciement.

POSITIONS SUR L'ARTICLE 4 (RÉSIDENT) ET LES COMMENTAIRES QUI S'Y RAPPORTENT

Positions sur l'article

Paragraphe 1

1. L'*Albanie*, l'*Arménie*, l'*Azerbaïdjan*, la *Biélorussie*, la *Bulgarie*, la *Colombie*, le *Costa Rica*, l'*Indonésie*, la *Lituanie*, la *Russie*, la *Thaïlande*, l'*Ukraine* et le *Viet Nam* se réservent le droit d'inclure le lieu de constitution ou un critère analogue (enregistrement pour la Biélorussie et le Viet Nam) dans le paragraphe 1.

2. Les *Émirats arabes unis* se réservent le droit d'inclure leur propre définition de résidence dans leurs conventions bilatérales et de ne pas nécessairement suivre la rédaction de l'article 4.

2.1 *Hong Kong, Chine* se réserve le droit de modifier la définition de « résident » dans ses accords bilatéraux puisqu'il n'est pas un État souverain et son impôt a une assiette territoriale.

3. L'*Indonésie* se réserve le droit de conditionner l'inclusion d'un fonds de pension dans la définition de « résident » à la nécessité que le fonds de pension soit assujetti à l'impôt dans l'État de domicile.

3.1 La *Malaisie* et *Singapour* se réservent le droit d'omettre la deuxième phrase du paragraphe 1 dans leurs conventions.

4. L'*Inde* et la *Russie* se réservent le droit d'amender l'article 4 dans leurs conventions fiscales de manière à préciser que dans leur pays, les sociétés de personnes doivent être considérées comme des résidents eu égard à leurs caractéristiques juridiques et fiscales.

4.1 La *Côte d'Ivoire*, le *Gabon*, le *Maroc* et la *Tunisie* n'adhèrent pas au principe général selon lequel lorsque l'impôt dû par une société de personnes est établi en fonction des caractéristiques personnelles de ses associés, ces derniers peuvent demander à bénéficier des dispositions des conventions conclues par les États dont ils sont résidents en ce qui concerne les revenus qui ne font que « transiter » par ladite société. Du fait qu'en vertu de leur droit interne une société de personnes est regardée comme assujettie à l'impôt même si du point de vue technique celui-ci est recouvré auprès de ses associés ou dans le cas du Maroc de l'associé principal, la Côte d'Ivoire, le Gabon, le Maroc et la Tunisie se réservent le droit d'amender l'article 4 dans leurs conventions fiscales de manière à préciser que leurs sociétés de personnes doivent être considérées comme des résidents de leurs États eu égard à leurs caractéristiques juridiques et fiscales.

Paragraphe 2

4.2 *Singapour* se réserve le droit de remplacer l'alinéa *d*) par : « *d*) dans tout autre cas, les autorités compétentes des États contractants tranchent la question d'un commun accord. »

4.3 Le *Kazakhstan* se réserve le droit de remplacer l'alinéa *d*) par: « *d*) si le statut de cette personne ne peut être déterminé en vertu des alinéas *a*) à *c*) de ce paragraphe, les autorités compétentes des États contractants tranchent la question d'un commun accord. »

Paragraphe 3

5. L'*Arménie*, la *Bulgarie*, la *Russie*, la *Thaïlande* et le *Viet Nam* se réservent le droit d'utiliser le lieu de constitution (enregistrement pour le Viet Nam) comme critère aux fins du paragraphe 3.

6. L'*Azerbaïdjan* se réserve le droit d'utiliser au paragraphe 3 soit le lieu d'enregistrement (constitution), soit le siège de direction effective dans le but de déterminer la résidence d'une personne.

7. Pour déterminer la résidence d'une personne, autre qu'une personne physique, ayant une double résidence, *Singapour* se réserve le droit d'inclure une disposition qui fera référence au lieu de direction effective de la personne et, si ce lieu est impossible à déterminer, d'exiger que la question soit tranchée d'un commun accord.

8. Le *Costa Rica* se réserve le droit de ne pas accorder les avantages de la Convention aux personnes, autres que des personnes physiques, qui ont une double résidence.

8.1 Le *Costa Rica* se réserve le droit d'ajouter les mots « domicile » et « résidence » à la liste de facteurs énumérés au paragraphe 3.

Positions sur les Commentaires

Paragraphe 2

9. De l'avis du *Viet Nam*, les liens personnels et économiques mentionnés aux paragraphes 14 et 15 des Commentaires devraient être distincts, l'un de ces deux types de liens devant recevoir la priorité sur l'autre. Pour le Viet Nam, les liens économiques, en particulier le critère du pays où l'emploi est exercé, est plus important pour déterminer le pays de résidence aux fins d'une convention dans le cas d'une personne physique ayant la double résidence.

9.1 Pour le *Gabon*, compte tenu de l'ambivalence de l'expression, les liens personnels et économiques mentionnés aux paragraphes 13, 14 et 15 des Commentaires devraient être détachés, l'un de ces deux types de liens pouvant, selon le cas, prendre le pas sur l'autre. Le pays où l'emploi ou l'activité est exercé devrait prédominer sur la considération des liens personnels, aux fins de déterminer le pays de résidence d'une personne physique.

POSITIONS SUR L'ARTICLE 5 (ÉTABLISSEMENT STABLE) ET LES COMMENTAIRES QUI S'Y RAPPORTENT

Positions sur l'article

1. [Supprimé]

Paragraphe 2

2. Dans le paragraphe 2, outre la mention de « l'extraction » de ressources naturelles, l'*Argentine*, le *Brésil*, la *Côte d'Ivoire*, les *Émirats arabes unis*, le *Gabon*, le *Maroc*, les *Philippines*, la *Russie*, la *Thaïlande*, et la *Tunisie* se réservent le droit de faire référence à la « prospection » de ces ressources.

2.1 L'*Indonésie* se réserve le droit d'ajouter au paragraphe 2 le secteur de la prospection et de l'exploitation des ressources naturelles ainsi qu'une plate-forme de forage ou un navire utilisé pour l'exploitation et l'exploration de ressources naturelles.

2.2 La *Colombie* et le *Costa Rica* se réservent le droit de remplacer les mots « lieu d'extraction » par les mots « lieu relié à l'exploration ou à l'exploitation » à l'alinéa 2 *f*).

3. L'*Inde* et l'*Indonésie* se réservent le droit d'ajouter au paragraphe 2 des alinéas supplémentaires qui viseraient un point de vente et une ferme, plantation ou autre lieu dans lequel sont exercées des activités telles que l'agriculture, la sylviculture, la plantation ou des activités connexes.

4. L'*Inde*, l'*Indonésie*, la *Thaïlande* et le *Viet Nam* se réservent le droit d'ajouter dans le paragraphe 2 un alinéa supplémentaire visant à inclure un entrepôt dans le cas d'une personne fournissant des prestations de stockage à des tiers.

5. L'*Arménie* et l'*Ukraine* se réservent le droit d'ajouter dans le paragraphe 2 un alinéa supplémentaire visant à inclure une installation ou une structure servant pour la prospection des ressources naturelles et un entrepôt ou une autre structure utilisés pour la vente de marchandises.

6. Le *Gabon* et le *Viet Nam* se réservent le droit d'ajouter dans le paragraphe 2 un alinéa supplémentaire visant à inclure une structure, une installation ou des équipements utilisés pour la prospection des ressources naturelles.

6.1 L'*Argentine*, la *Côte d'Ivoire* et le *Gabon* se réservent le droit d'ajouter dans le paragraphe 2 un alinéa supplémentaire visant à inclure dans ce paragraphe les endroits où se déroulent des activités de pêche.

6.2 Le *Kazakhstan* se réserve le droit d'ajouter au paragraphe 2 un alinéa supplémentaire qui viserait une excavation, une installation ou une structure servant à la prospection des ressources naturelles.

6.3 L'*Azerbaïdjan* se réserve le droit d'ajouter au paragraphe 2 un alinéa supplémentaire visant une installation, ouvrage ou vaisseau utilisé pour l'exploration des ressources naturelles.

Paragraphe 3

7. [Supprimé]

8. L'*Argentine*, l'*Arménie*, le *Brésil*, la *Colombie*, la *Géorgie*, la *Thaïlande* et le *Viet Nam* réservent leur position sur le paragraphe 3, considérant que tout chantier de construction ou tout projet de construction, montage ou installation dont la durée dépasse six mois devrait être réputé constituer un établissement stable.

9. L'*Albanie*, le *Costa Rica*, la *République démocratique du Congo* et *Hong Kong, Chine* réservent leur position sur le paragraphe 3, considérant que tout chantier de construction, tout projet de construction, montage ou installation ou toute activité connexe de surveillance ou de conseil dont la durée dépasse six mois devrait être réputé constituer un établissement stable.

9.1 La *Serbie* se réserve le droit de traiter tout chantier de construction, ou tout projet de montage ou d'installation ainsi que les activités de surveillance ou de consultants qui leur sont liées comme constituant un établissement stable seulement si ce chantier, projet ou activité a une durée supérieure à douze mois.

10. L'*Afrique du Sud*, la *Bulgarie*, la *République populaire de Chine*, la *Côte d'Ivoire*, le *Gabon*, la *Malaisie*, le *Maroc* et la *Tunisie* se réservent le droit de négocier le délai à l'issue duquel un chantier de construction ou un projet de construction, montage ou installation devrait être réputé constituer un établissement stable aux termes du paragraphe 3.

11. L'*Afrique du Sud*, l'*Argentine*, la *République populaire de Chine*, la *Malaisie*, *Singapour*, la *Thaïlande* et le *Viet Nam* se réservent le droit de considérer qu'une entreprise dispose d'un établissement stable si cette entreprise réalise des activités de contrôle dans le cadre d'un chantier de construction ou d'un projet de construction, montage ou installation qui constitue un établissement stable aux termes du paragraphe 3 (dans le cas de la Malaisie, la période nécessaire pour l'existence d'un tel établissement stable sera négociée séparément).

11.1 L'*Inde* et l'*Indonésie* se réservent le droit de remplacer « un chantier de construction ou de montage » par « un chantier de construction ou de montage ou des activités de surveillance s'y exerçant » et se réservent le droit de négocier la période de durée minimale pour que ceux-ci soient considérés comme constituant un établissement stable.

12. L'*Argentine* se réserve le droit de considérer qu'une entreprise dispose d'un établissement stable si cette entreprise fournit des services, notamment des services de conseil, par l'intermédiaire de salariés ou d'autre personnel engagé par l'entreprise à cette fin, mais uniquement lorsque les activités de cette nature se poursuivent sur le territoire du pays pendant une ou plusieurs périodes représentant au total plus de six mois durant toute période de douze mois commençant ou se terminant durant l'année fiscale considérée.

13. La *Côte d'Ivoire*, le *Gabon*, l'*Inde*, l'*Indonésie*, le *Maroc* et la *Tunisie* se réservent le droit de considérer qu'une entreprise dispose d'un établissement stable si cette

entreprise fournit des services, notamment des services de conseil, par l'intermédiaire de salariés ou d'autre personnel engagé par l'entreprise à cette fin, mais seulement lorsque des activités de cette nature se poursuivent (pour le même projet ou un projet connexe) pendant une ou des périodes excédant un certain délai à être négocié.

13.1 *Singapour* se réserve le droit de traiter une entreprise comme ayant un établissement stable dans un État si cette entreprise fournit des services par l'intermédiaire de salariés ou d'autre personnel engagé par l'entreprise à cette fin, mais uniquement lorsque ces salariés ou autre personnel sont présents dans l'État pour le même projet ou un projet connexe pendant une période ou des périodes excédant au total une période dont la durée sera négociée.

14. L'*Afrique du Sud*, l'*Albanie*, l'*Arménie*, l'*Azerbaïdjan*, la *Lituanie*, la *Serbie*, la *Thaïlande*, le *Viet Nam* et *Hong Kong, Chine* se réservent le droit de considérer qu'une entreprise dispose d'un établissement stable si cette entreprise fournit des services, notamment des services de conseil, par l'intermédiaire de salariés ou d'autre personnel engagé par l'entreprise à cette fin, mais uniquement lorsque les activités de cette nature se poursuivent (pour le même projet ou pour un projet lié [sauf dans le cas de l'Arménie]) sur le territoire du pays pendant une ou plusieurs périodes représentant au total plus de six mois pendant toute période de 12 mois consécutifs.

14.1 L'*Afrique du Sud*, la *Côte d'Ivoire*, la *République démocratique du Congo*, le *Gabon*, le *Maroc* et la *Tunisie* se réservent le droit de considérer qu'une personne qui exerce une profession libérale ou toute autre activité de caractère indépendant dispose d'un établissement stable lorsqu'elle séjourne sur leur territoire pendant une période ou des périodes excédant au total 183 jours durant toute période de douze mois.

14.2 La *Lituanie* se réserve le droit d'insérer des dispositions spéciales concernant l'existence d'un établissement stable relativement aux activités menées dans un État contractant dans le cadre de l'exploration ou l'exploitation des ressources naturelles.

14.3 L'*Argentine* se réserve le droit de traiter une entreprise comme ayant un établissement stable dans un État si cette entreprise y exerce des activités liées à l'exploration ou l'exploitation des ressources naturelles, y compris la pêche, sans y avoir une installation fixe d'affaires pendant une ou plusieurs périodes représentant au total plus de trois mois durant toute période de douze mois commençant ou se terminant durant l'année fiscale considérée.

14.4 L'*Indonésie* se réserve le droit d'inclure une disposition selon laquelle un établissement stable est considéré exister si, pendant une durée supérieure à un seuil à négocier, une installation, une plate-forme de forage ou un navire est utilisé pour l'exploration de ressources naturelles.

14.5 Les *Émirats arabes unis*, l'*Indonésie* et le *Viet Nam* se réservent le droit d'imposer les revenus tirés d'activités liées à la prospection et à l'exploitation de ressources naturelles.

14.6 L'*Afrique du Sud* se réserve le droit d'insérer une disposition selon laquelle un établissement stable sera réputé exister si une entreprise exerce pendant plus de six mois des activités liées à la prospection ou à l'exploitation de ressources naturelles.

14.7 L'*Inde* se réserve le droit d'inclure à l'article 5 une disposition à l'effet qu'une entreprise qui a une présence économique significative dans un État contractant, telle que basée sur les critères identifiés au chapitre VII du rapport final sur l'Action 1 du projet sur l'érosion de la base d'imposition et transfert de bénéfices (BEPS) qui a été réalisé sous l'égide de l'OCDE et du G20, sera considérée comme ayant un établissement stable dans cet État.

14.8 La *Colombie* se réserve le droit de considérer une entreprise comme ayant un établissement stable dans un État si cette entreprise y exerce des activités liées à l'exploration ou l'exploitation des ressources naturelles de même que dans certains cas de prestation de services.

Paragraphe 4

15. L'*Albanie*, l'*Arménie*, l'*Azerbaïdjan*, la *Côte d'Ivoire*, le *Gabon*, l'*Inde*, l'*Indonésie*, la *Malaisie*, le *Maroc*, la *Russie*, la *Thaïlande*, la *Tunisie*, l'*Ukraine* et le *Viet Nam* réservent leur position sur le paragraphe 4, considérant que le terme « livraison » devrait être supprimé des alinéas *a*) et *b*).

16. L'*Albanie* et la *Thaïlande* réservent leur position sur l'alinéa *f*) du paragraphe 4.

16.1 [Supprimé]

16.2 La *République démocratique du Congo* réserve sa position concernant les alinéas 4 *d*), *e*) et *f*).

Paragraphe 5

17. L'*Albanie*, l'*Argentine*, l'*Arménie*, l'*Azerbaïdjan*, la *Côte d'Ivoire*, le *Gabon*, l'*Inde*, l'*Indonésie*, le *Maroc*, la *Russie*, la *Thaïlande*, la *Tunisie*, l'*Ukraine* et le *Viet Nam* se réservent le droit de considérer qu'une entreprise dispose d'un établissement stable si une personne agissant au nom de cette entreprise conserve habituellement un stock de marchandises ou de produits dans un État contractant à partir duquel ladite personne livre régulièrement des marchandises ou des produits au nom de l'entreprise.

17.1 L'*Inde*, la *Malaisie* et la *Thaïlande* se réservent le droit de considérer qu'une entreprise d'un État contractant possède un établissement stable dans l'autre État contractant si une personne reçoit habituellement des commandes dans l'autre État contractant exclusivement ou presque exclusivement pour le compte de cette entreprise.

17.2 L'*Indonésie* se réserve le droit de considérer qu'une entreprise a un établissement stable si une personne agissant pour le compte de l'entreprise, à l'exception d'un agent indépendant, produit ou transforme dans cet État des biens ou marchandises appartenant à l'entreprise.

17.3 *Singapour* se réserve le droit d'utiliser la version du paragraphe 5 qui figurait dans le Modèle de Convention fiscale en vigueur juste avant la mise à jour 2017 du Modèle de Convention fiscale.

17.4 L'*Inde* se réserve le droit de ne pas inclure l'expression « de façon routinière » au paragraphe 5 de l'article 5.

Paragraphe 6

18. L'*Albanie*, l'*Azerbaïdjan*, la *Côte d'Ivoire*, le *Gabon*, le *Maroc*, la *Serbie*, la *Thaïlande*, la *Tunisie* et le *Viet Nam* se réservent le droit de préciser qu'un agent dont les activités sont menées entièrement ou presque entièrement au nom d'une seule entreprise ne sera pas considéré comme un agent jouissant d'un statut indépendant.

19. La *Colombie*, la *Côte d'Ivoire*, le *Gabon*, l'*Inde*, l'*Indonésie*, le *Maroc*, la *Russie*, la *Thaïlande*, la *Tunisie* et le *Viet Nam* se réservent le droit de prévoir qu'une entreprise d'assurance d'un État contractant sera, à l'exception du secteur de la réassurance (sauf dans le cas de l'Inde), considérée comme disposant d'un établissement stable dans l'autre État contractant si elle recouvre des primes sur le territoire de cet autre État ou assure des risques situés sur ce territoire par l'intermédiaire d'une personne autre qu'un agent jouissant d'un statut indépendant auquel s'applique le paragraphe 6.

19.1 L'*Inde* se réserve le droit de ne pas inclure l'expression « auxquelles elle est étroitement liée » dans le paragraphe 6 de l'article 5.

19.2 *Singapour* se réserve le droit d'utiliser la version du paragraphe 6 qui figurait dans le Modèle de Convention fiscale en vigueur juste avant la mise à jour 2017 du Modèle de Convention fiscale.

Positions sur les Commentaires

20. L'*Argentine*, l'*Inde*, le *Maroc* et le *Viet Nam* sont en désaccord avec les termes « le critère des douze mois s'applique à chaque chantier » figurant au paragraphe 51 des Commentaires. Ces pays considèrent qu'une série de chantiers ou de projets consécutifs de courte durée organisée par un entrepreneur devrait être considérée comme donnant lieu à l'existence d'un établissement stable dans le pays concerné.

21. La *Bulgarie*, la *Serbie* et *Singapour* désirent ajouter, au paragraphe 97 des Commentaires sur l'article 5, leur opinion selon laquelle une personne, qui est autorisée à négocier les éléments essentiels d'un contrat mais pas nécessairement tous les éléments et détails d'un contrat, au nom d'un résident d'un autre État, peut être considérée comme concluant des contrats.

22. La *Bulgarie* ne partage pas l'interprétation donnée par le paragraphe 50 des Commentaires sur l'article 5 et est d'avis que la supervision d'un chantier de construction, lorsqu'elle est conduite par une personne différente, n'entre pas dans le champ d'application du paragraphe 3 de l'article si cela n'a pas été spécifié dans la Convention.

23. Le *Brésil* est en désaccord avec l'interprétation donnée dans les paragraphes 122 à 131 sur le commerce électronique, particulièrement eu égard à l'imposition à la source des paiements prévue par sa législation.

24. L'*Inde* juge essentiel de tenir compte du fait que quelle que soit la signification donnée à la troisième phrase du paragraphe 2 – en ce qui concerne la méthode de calcul des impôts, les systèmes nationaux ne sont pas affectés par la nouvelle formulation figurant dans le Modèle, c'est-à-dire par la suppression de l'article 14.

25. L'*Azerbaïdjan*, l'*Inde* et la *Malaisie* ne sont pas d'accord avec l'interprétation donnée aux paragraphes 24 (première partie du paragraphe) et 25 (première partie du paragraphe) ; elles sont d'avis que ces exemples pourraient également être considérés comme constituant des établissements stables.

25.1 L'*Argentine* n'est pas d'accord avec l'interprétation donnée au paragraphe 24.

25.2 *Singapour* ne partage pas l'interprétation donnée au paragraphe 25 (première partie du paragraphe) et est d'avis que l'exemple pourrait constituer un établissement stable.

26. L'*Inde* n'est pas d'accord avec l'interprétation donnée au paragraphe 36 ; elle est d'avis que des biens corporels ou incorporels peuvent en eux-mêmes constituer un établissement stable d'un bailleur dans certaines circonstances.

26.1 L'*Argentine* n'est pas d'accord avec l'interprétation donnée au paragraphe 36 ; elle est d'avis que la location ou la concession de l'usage de biens corporels ou incorporels peut constituer un établissement stable du bailleur dans certaines circonstances, en particulier lorsque le bailleur fournit du personnel après l'installation pour faire fonctionner l'équipement.

27. L'*Inde* n'est pas d'accord avec l'interprétation donnée au paragraphe 41 ; elle est d'avis que l'équipement ICS peut constituer un établissement stable du bailleur dans certaines circonstances.

28. L'*Inde* n'est pas d'accord avec l'interprétation donnée aux paragraphes 45 et 146 concernant la liste des exemples du paragraphe 2 ; elle est d'avis que ces exemples peuvent toujours être considérés comme constituant *a priori* des établissements stables.

29. L'*Inde* n'est pas d'accord avec l'interprétation donnée au paragraphe 71 ; elle ne ferait pas figurer la recherche scientifique dans la liste des exemples d'activités ayant un caractère préparatoire ou auxiliaire.

30. L'*Inde* n'est pas d'accord avec l'interprétation donnée au paragraphe 111 des Commentaires sur l'article 5 selon laquelle dans certains cas, une personne qui agit exclusivement pour le compte d'une entreprise peut être considérée comme étant un agent indépendant. L'Inde considère qu'une telle personne ne peut être considérée comme étant un agent indépendant.

31. L'*Inde* n'est pas d'accord avec l'interprétation donnée au paragraphe 97; ce pays est d'avis que le simple fait qu'une personne ait assisté ou participé à des négociations

dans un État entre une entreprise et un client peut, dans certaines circonstances, suffire en soi à conclure que cette personne a exercé dans cet État le pouvoir de conclure des contrats au nom de l'entreprise. L'Inde estime également qu'une personne qui est autorisée à négocier, pour le compte d'un résident étranger, les éléments essentiels d'un contrat, même s'il ne s'agit pas nécessairement de la totalité des éléments et détails du contrat, peut être considérée comme exerçant le pouvoir de conclure des contrats.

32. L'*Inde* n'est pas d'accord avec l'interprétation donnée au paragraphe 118 ; elle estime que lorsqu'une société (entreprise) résidente d'un État fait partie d'un groupe multinational et qu'elle fabrique des biens ou rend des services au bénéfice ou pour le compte d'une autre société (entreprise) appartenant au même groupe et résidente de l'autre État, alors la première société peut constituer un établissement stable de la seconde si d'autres critères prévus à l'article 5 sont remplis.

33. L'*Inde* n'est pas d'accord avec l'interprétation donnée au paragraphe 123 ; elle est d'avis que le site web peut constituer un établissement stable lorsqu'il conduit à une présence économique significative d'une entreprise.

34. L'*Inde* n'est pas d'accord avec l'interprétation donnée au paragraphe 124 ; elle est d'avis que, en fonction des circonstances, une entreprise peut être considérée comme ayant acquis une installation d'affaires via un site web sur tout équipement, si l'ouverture du site web sur cet équipement inclut le téléchargement de logiciels automatisés, tels des cookies, qui utilise l'équipement pour collecter des données à partir de l'équipement, les traiter de toute manière ou les partager avec l'entreprise.

34.1 L'*Argentine* ne partage pas l'opinion exprimée au paragraphe 134 selon laquelle l'imposition par un État des bénéfices tirés de prestations de services exécutées sur son territoire n'est pas nécessairement la meilleure politique en matière de conventions fiscales.

35. L'*Inde* n'est pas d'accord avec l'interprétation donnée aux paragraphes 135 et 136 selon laquelle un établissement stable de services n'est créé que si les services sont rendus dans l'État de la source. Elle est d'avis que la fourniture des services suffit à créer un établissement stable de services.

36. L'*Inde* n'est pas d'accord avec l'interprétation donnée aux paragraphes 139 et 167 ; elle est d'avis que des droits d'imposition peuvent exister dans un État même lorsque les services sont fournis par les non-résidents en dehors de cet État. Elle est également d'avis que le principe d'imposition applicable aux profits de la vente de biens peut ne pas s'appliquer aux revenus de la fourniture de services.

37. L'*Inde* n'est pas d'accord avec l'interprétation donnée au paragraphe 140 selon laquelle seuls les profits tirés des services doivent être imposés et que les dispositions incluses dans les conventions bilatérales permettant à un État d'imposer le montant brut des honoraires payés au titre de certains services ne constituent pas une méthode adéquate pour imposer les services.

38. L'*Inde* n'est pas d'accord avec les conclusions du paragraphe 143 selon lesquelles l'imposition ne doit pas s'étendre aux services rendus hors du territoire d'un État, l'imposition ne doit s'appliquer qu'aux profits réalisés sur ces services et non aux paiements effectués à ce titre et un minimum de présence dans un État devrait être exigé avant que l'imposition ne soit autorisée.

38.1 L'*Argentine* ne partage pas entièrement les interprétations données aux paragraphes 139, 140 et 143.

39. L'*Inde* n'est pas d'accord avec l'interprétation donnée au paragraphe 152 ; elle est d'avis que la présence physique d'un particulier n'est pas essentielle pour fournir des services dans un État.

40. L'*Inde* n'est pas d'accord avec l'interprétation donnée aux paragraphes 161 et 164.

41. L'*Inde* n'est pas d'accord avec l'interprétation donnée dans l'exemple 3 du paragraphe 165 concernant le caractère imposable de ZCO.

42. Le *Brésil* n'est pas d'accord avec l'interprétation donnée aux paragraphes 132 à 169 des Commentaires sur l'imposition des services, en particulier compte tenu du principe d'imposition à la source des paiements contenu dans sa législation.

43. L'*Inde* ne partage pas l'interprétation, proposée au paragraphe 27 des Commentaires sur l'article 5, selon laquelle l'étendue du territoire d'un État dans lequel les signaux émis par un satellite peuvent être captés (l'empreinte du satellite) ne peut constituer un établissement stable. Selon l'Inde, dans un tel cas, l'État de la source fournit non seulement les clients potentiels mais aussi l'infrastructure nécessaire pour la réception des signaux du satellite ou du procédé de télécommunication. L'Inde considère également que l'empreinte d'un satellite fait partie du territoire national et international. Cette empreinte a un emplacement fixe ainsi qu'une certaine valeur et peut être utilisée à des fins commerciales. Elle peut donc être considérée comme une installation fixe d'affaires située sur le territoire de l'État de source.

44. L'*Inde* ne partage pas l'interprétation proposée au paragraphe 38 des Commentaires sur l'article 5 parce qu'elle considère qu'un appel auquel s'applique un accord d'itinérance est un procédé composite qui requiert l'utilisation combinée d'équipements situés dans les pays de source et de résidence et que la distinction proposée au paragraphe 38 n'était pas envisagée lors de la rédaction de l'article 5 et n'est pas logique.

45. L'*Inde* ne partage pas l'interprétation proposée dans les deux dernières phrases du paragraphe 64 des Commentaires sur l'article 5 selon laquelle même les câbles ou conduites tombant sous la juridiction territoriale d'un État de source ne peuvent être considérés comme constituant un établissement stable d'une entreprise.

46. En ce qui concerne le paragraphe 104, la *Colombie* estime que le principe de pleine concurrence doit aussi être considéré pour déterminer si un agent jouit d'un statut indépendant aux fins du paragraphe 6 de l'article et souhaite modifier la rédaction de ses conventions, lorsque nécessaire, afin de préciser que c'est ainsi que le paragraphe doit être interprété.

47. La *Malaisie* n'est pas d'accord avec le dernier exemple du paragraphe 89 concernant des représentants d'une entreprise pharmaceutique et considère qu'ils pourraient constituer un établissement stable, surtout si le représentant négocie aussi les éléments essentiels du contrat, et pas nécessairement tous les éléments et les détails du contrat, pour le compte d'un résident étranger.

48. Le *Brésil* ne souscrit pas à l'interprétation des paragraphes 51 et 52 concernant la période de douze mois.

49. L'*Inde* n'est pas d'accord avec l'interprétation donnée au paragraphe 55 parce qu'elle considère que les éventuels travaux entrepris sur un site juste après l'achèvement du chantier de construction, y compris les travaux de réparation entrepris en application d'une garantie, peuvent être pris en compte dans le cadre de la période de construction initiale pour déterminer si un établissement stable existe.

50. L'*Inde* n'est pas d'accord avec l'interprétation donnée au paragraphe 69 parce qu'elle considère que la collecte de données visant à déterminer ou à quantifier un risque, par une entreprise active dans le secteur de la gestion des risques, une compagnie d'assurance par exemple, n'est pas une activité de caractère préparatoire ou auxiliaire.

51. L'*Inde* n'est pas d'accord avec l'interprétation donnée au paragraphe 74 parce qu'elle considère que même si la disposition anti-fragmentation n'est pas applicable, une entreprise ne peut pas fragmenter un ensemble cohérent en plusieurs petites activités dans le but d'arguer du fait que chacune d'elles ne présente qu'un caractère préparatoire ou auxiliaire.

52. L'*Inde* n'est pas d'accord avec l'interprétation donnée au paragraphe 96 parce qu'elle considère que la distribution de biens appartenant à une entreprise par une entreprise associée ou étroitement liée, notamment dans le cas où les risques ne sont pas supportés par cette entreprise, comme l'exemple du « distributeur à faible risque », peut donner naissance à un établissement stable de l'entreprise dont les biens sont vendus.

53. L'*Inde* n'est pas d'accord avec l'interprétation donnée au paragraphe 5 des Commentaires sur l'article 5 selon laquelle en soi, le traitement TVA/TPS n'est pas pertinent aux fins de l'interprétation et de l'application de la définition d'établissement stable. L'Inde considère que le traitement TVA/TPS est un facteur pertinent pour cette fin.

54. L'*Inde* n'est pas d'accord avec l'interprétation donnée au paragraphe 12 des Commentaires sur l'article 5 selon laquelle lorsqu'une entreprise n'a pas le droit d'être présente dans un endroit et que, dans les faits, elle n'utilise pas l'endroit, cet endroit ne peut être considéré comme étant à la disposition de l'entreprise. L'Inde considère qu'un tel endroit peut, dans certaines circonstances, être considéré comme étant à la disposition de l'entreprise.

55. L'*Inde* n'est pas d'accord avec l'interprétation donnée au paragraphe 19 des Commentaires sur l'article 5 selon laquelle lorsqu'un travailleur frontalier exerce la

majorité de son travail à partir de sa résidence située dans un État plutôt qu'à partir de son bureau mis à sa disposition dans l'autre État, sa résidence ne devrait pas être considérée comme étant à la disposition de l'entreprise. L'Inde considère que dans ce cas, la résidence de l'employé peut être considérée comme étant à la disposition de l'entreprise, aux fins de l'application de l'article 5.

56. L'*Inde* n'est pas d'accord avec l'interprétation donnée aux deux dernières phrases du paragraphe 30 des Commentaires sur l'article 5. L'Inde considère que l'exploitation d'installation de restauration contenue à l'exemple présenté respecte l'exigence temporelle pour constituer un établissement stable.

POSITIONS SUR L'ARTICLE 6 (REVENUS IMMOBILIERS) ET LES COMMENTAIRES QUI S'Y RAPPORTENT

Positions sur l'article

Paragraphe 1

1. L'*Inde* et l'*Indonésie* souhaitent aborder la question de l'inclusion des mots « y compris les revenus des exploitations agricoles ou forestières » lors de négociations bilatérales.

1.1 Le *Costa Rica* se réserve le droit d'inclure dans le paragraphe 1, biens immobiliers, le revenu généré par des activités de sylviculture.

Paragraphe 2

2. Compte tenu du sens donné à l'expression « biens immobiliers » dans son droit interne, la *Biélorussie* se réserve le droit d'omettre la deuxième phrase de ce paragraphe.

2.1 La *Lituanie* se réserve le droit d'inclure dans la définition de l'expression « biens immobiliers » une option ou un droit semblable d'acquérir un bien immobilier.

2.2 La *Colombie* se réserve le droit d'inclure dans cet article les droits relatifs à toutes les ressources naturelles en vertu du présent article. La Colombie se réserve également le droit de modifier la définition de « biens immobiliers » afin d'y inclure expressément d'autres biens.

3. La *Lituanie* se réserve le droit de modifier la deuxième phrase de la définition de l'expression « biens immobiliers » afin de clarifier que cette phrase ne s'applique pas aux fins du droit interne.

3.1 Le *Maroc* souhaite se réserver la possibilité d'appliquer les dispositions de sa législation concernant l'imposition des revenus provenant d'actions, de droits ou de parts, qui sont traités comme des revenus de biens immobiliers selon sa législation.

3.2 Le *Costa Rica* se réserve le droit d'inclure dans le paragraphe 2 le droit d'exploration ou d'exploitation de biens immobiliers ainsi que tout droit permettant l'utilisation ou la jouissance de biens immobiliers dans un État contractant, lorsque cette utilisation ou cette jouissance se rattache à un accord de temps partagé parce qu'un tel droit ne constitue pas un bien immobilier selon son droit interne.

Paragraphe 3

4. La *Lituanie* se réserve le droit d'inclure dans les revenus visés au paragraphe 3 les revenus provenant de l'aliénation de biens immobiliers.

5. La *Lituanie* se réserve aussi le droit d'imposer les revenus d'actionnaires de sociétés résidantes provenant de l'utilisation directe, de la location ou de l'usage, sous toute autre forme, du droit de jouissance de biens immobiliers situés sur leur territoire et détenus par la société, lorsqu'un tel droit est fondé sur la propriété d'actions ou d'autres parts sociales de la société.

POSITIONS SUR L'ARTICLE 7 (BÉNÉFICES DES ENTREPRISES) ET LES COMMENTAIRES QUI S'Y RAPPORTENT

Positions sur l'article

1. L'*Afrique du Sud*, l'*Argentine*, l'*Azerbaïdjan*, le *Brésil*, la *Bulgarie*, le *Costa Rica*, l'*Indonésie*, la *Malaisie*, la *Roumanie*, la *Russie*, la *Serbie*, *Singapour* et la *Thaïlande* se réservent le droit d'utiliser la version précédente de l'article 7, soit la version incluse dans le Modèle de Convention fiscale avant la mise à jour 2010, sous réserve de leurs positions sur cette version précédente (voir l'annexe ci-dessous).

1.1 L'*Inde* se réserve le droit d'utiliser la version précédente de l'article 7, soit la version incluse dans le Modèle de Convention fiscale avant la mise à jour 2010, sous réserve de ses positions sur cette version précédente (voir l'annexe ci-dessous). Elle ne partage pas l'approche générale concernant l'attribution des bénéfices aux établissements stables qui est proposée dans le nouvel article, ses Commentaires et les modifications qui s'y rapportent apportées aux Commentaires sur d'autres articles (soit le paragraphe 21 des Commentaires sur l'article 8, les paragraphes 32.1 et 32.2 des Commentaires sur l'article 10, les paragraphes 25.1 et 25.2 des Commentaires sur l'article 11, les paragraphes 21.1 et 21.2 des Commentaires sur l'article 12, les paragraphes 27.1 et 27.2 des Commentaires sur l'article 13, le paragraphe 7.2 des Commentaires sur l'article 15, les paragraphes 5.1 et 5.2 des Commentaires sur l'article 21, les paragraphes 3.1 et 3.2 des Commentaires sur l'article 22 et l'alinéa 40 *a)* des Commentaires sur l'article 24).

1.2 L'*Argentine* et l'*Indonésie* se réservent le droit d'inclure une disposition particulière dans la Convention, qui leur permettrait d'appliquer leur droit interne en ce qui concerne l'imposition des bénéfices d'une entreprise d'assurance et de réassurance, même en l'absence d'un établissement stable.

1.3 Même si la *République populaire de Chine* comprend et respecte le principe de l'entreprise distincte et indépendante sur lequel se base la nouvelle version de l'article 7, compte tenu du stade de développement de son administration fiscale, elle se réserve le droit d'adopter la version précédente de l'article et, dans certains cas, d'avoir recours à des méthodes plus simples pour calculer les bénéfices attribuables à un établissement stable.

1.4 La *Colombie* se réserve le droit d'utiliser la version précédente de l'article 7, soit la version incluse dans le Modèle de Convention fiscale avant la mise à jour 2010, et d'ignorer les modifications apportées aux Commentaires sur cet article lors de cette mise à jour.

2. La *Malaisie*, la *Thaïlande* et l'*Ukraine* se réservent le droit d'introduire une disposition suivant laquelle, si les renseignements dont dispose l'autorité compétente d'un État contractant ne sont pas suffisants pour déterminer les bénéfices à imputer à l'établissement stable d'une entreprise, l'autorité compétente peut, à cet effet, appliquer à l'entreprise les dispositions de la législation fiscale de cet État, sous réserve que ces dispositions soient appliquées, dans la mesure où les renseignements à la disposition de l'autorité compétente le permettent, conformément aux principes édictés dans cet article.

2.1 L'*Albanie*, l'*Argentine*, l'*Azerbaïdjan*, le *Brésil*, le *Costa Rica*, la *Côte d'Ivoire*, la *Croatie*, le *Gabon*, l'*Indonésie*, la *Lituanie*, la *Malaisie*, le *Maroc*, la *République populaire de Chine*, la *Russie*, la *Serbie*, *Singapour*, la *Thaïlande*, la *Tunisie* et le *Viet Nam* se réservent le droit de maintenir dans leurs conventions un article spécifique relatif à l'imposition des « professions indépendantes ». Par conséquence, cette réserve s'applique également à toutes les modifications des articles et des Commentaires qui découlent de la suppression de l'article 14.

2.2 [Supprimé]

2.3 La *Tunisie* se réserve le droit de proposer l'ajout d'un critère d'imposition dans le pays de la source pour les professions indépendantes visées à l'ancien article 14 basé sur le montant (seuil à négocier) des rémunérations payées.

3. L'*Argentine*, le *Maroc* et la *Thaïlande* se réservent le droit d'imposer dans l'État où est situé l'établissement stable les bénéfices d'entreprise tirés de la vente de biens ou de marchandises identiques ou similaires à ceux qui sont vendus par l'intermédiaire d'un établissement stable situé dans cet État, ou tirés d'autres activités d'entreprise réalisées dans cet État qui sont identiques ou similaires à celles réalisées par l'intermédiaire de cet établissement stable. Ces pays n'appliqueront cette règle que pour prévenir les abus et non pas en vertu du principe de la « force attractive ». Ainsi, la règle ne sera pas applicable si l'entreprise démontre que les ventes ou les activités ont été réalisées pour des motifs autres que l'obtention d'un avantage par le biais de la Convention.

3.1 L'*Indonésie* se réserve le droit d'imposer, dans l'État où l'établissement stable est situé, les bénéfices d'entreprise provenant de ventes de biens et de marchandises identiques ou similaires à ceux qui sont vendus par l'intermédiaire d'un établissement stable situé dans cet État ou d'autres activités exercées dans cet État qui sont identiques ou similaires à celles exercées par l'intermédiaire d'un établissement stable.

4. L'*Albanie*, le *Costa Rica* et le *Viet Nam* se réservent le droit d'imposer dans l'État où est situé l'établissement stable les bénéfices d'entreprise tirés de la vente de biens ou de marchandises identiques ou similaires à ceux qui sont vendus par l'intermédiaire d'un établissement stable situé dans cet État, ou tirés d'autres activités d'entreprise réalisées dans cet État qui sont identiques ou similaires à celles réalisées par l'intermédiaire de cet établissement stable.

4.1 Le *Maroc* et les *Philippines* se réservent le droit d'appliquer les critères relatifs à la durée du séjour et à la base fixe afin de déterminer si une personne physique exerçant une profession indépendante est imposable.

4.2 Les *Émirats arabes unis* se réservent le droit d'inclure une disposition spécifique dans leurs conventions afin de permettre l'application de leur droit interne à toutes les activités liées à la prospection, l'extraction ou l'exploitation des ressources naturelles, incluant les activités pétrolières ainsi que les prestations de services liés à ces activités, lorsque ces activités sont exercées sur son territoire.

5. L'*Argentine* se réserve le droit de prévoir qu'un État contractant ne sera pas tenu d'admettre en déduction les dépenses exposées à l'étranger qui ne sont pas raisonnablement imputables à l'activité réalisée par l'établissement stable, compte tenu des principes généraux contenus dans sa législation nationale concernant les dépenses de direction et les frais généraux d'administration exposés dans le cadre de services d'assistance.

6. L'*Azerbaïdjan* et *Singapour* se réservent le droit d'ajouter un paragraphe pour préciser que les dépenses qui seront admises en déduction par un État contractant ne comprennent que les dépenses qui seraient déductibles si l'établissement stable était une entreprise distincte de cet État contractant.

7. L'*Arménie*, la *Lituanie* et la *Serbie* se réservent le droit de clarifier, au paragraphe 2, que les dépenses devant être admises en déduction par un État Contractant n'incluent que les dépenses dont la déduction est par ailleurs admise dans le droit interne de cet État.

8. La *Serbie* se réserve le droit de prévoir qu'un ajustement ne sera fait que s'il est considéré comme étant justifié.

9. La *Colombie* se réserve le droit de modifier l'article 7 afin de prévoir qu'aux fins des paragraphes 1 et 2 de l'article, les bénéfices qui sont attribuables à un établissement stable au cours de son existence peuvent être imposés par l'État contractant où est situé l'établissement stable même si des paiements sont différés jusqu'à ce que l'établissement stable ait cessé d'exister.

10. Le *Costa Rica* se réserve le droit d'ajouter une disposition concernant les dépenses admises en déduction.

11. [Supprimé]

Positions sur les Commentaires

12. L'*Afrique du Sud*, l'*Argentine*, le *Brésil*, la *Bulgarie*, l'*Indonésie*, la *Malaisie*, la *Roumanie*, la *Russie*, la *Serbie*, *Singapour et* la *Thaïlande* interpréteront l'article 7, tel qu'il se lisait avant la mise à jour 2010, en conformité avec les Commentaires applicables tels qu'ils se lisaient avant cette mise à jour.

13. L'*Argentine* estime que l'approche de l'entité distincte et le principe de pleine concurrence doivent être appliqués de façon symétrique aux opérations internes entre l'établissement stable et le siège — à la fois pour déterminer l'attribution correcte de bénéfices (déduction des dépenses) à l'établissement stable et l'imposition des bénéfices du siège provenant des opérations internes, en conformité avec la fiction selon laquelle l'établissement stable est une entreprise distincte et qu'une telle entreprise est indépendante du reste de l'entreprise dont l'établissement stable fait partie.

14. L'*Inde* ne partage pas l'interprétation donnée dans la dernière phrase du paragraphe 75.1 dans la mesure où le revenu provenant de l'émission et l'échange de permis/crédits d'émission ne sera pas couvert par l'article 8 même dans les circonstances décrites au paragraphe 14.1 des Commentaires sur l'article 8.

ANNEXE

POSITIONS SUR LA VERSION PRÉCÉDENTE DE L'ARTICLE 7 ET DES COMMENTAIRES SUR CET ARTICLE

Ce qui suit est la version des Positions sur l'article 7 et les Commentaires qui s'y rapportent tel qu'elle se lisait avant le 22 juillet 2010. Cette version antérieure des Positions sur l'article 7 et les Commentaires qui s'y rapportent est reproduite à titre de référence historique parce qu'elle continuera d'être pertinente pour l'application et l'interprétation des conventions bilatérales où l'on retrouve la version antérieure de l'article.

Positions sur l'article

1. L'*Argentine* et le *Chili* se réservent le droit d'inclure une disposition particulière dans la Convention, qui leur permettrait d'appliquer leur droit interne en ce qui concerne l'imposition des bénéfices d'une entreprise d'assurance et de réassurance.

2. La *Malaisie*, la *Thaïlande* et l'*Ukraine* se réservent le droit d'introduire une disposition suivant laquelle, si les renseignements dont dispose l'autorité compétente d'un État contractant ne sont pas suffisants pour déterminer les bénéfices à imputer à l'établissement stable d'une entreprise, l'autorité compétente peut, à cet effet, appliquer à l'entreprise les dispositions de la législation fiscale de cet État, sous réserve que ces dispositions soient appliquées, dans la mesure où les renseignements à la disposition de l'autorité compétente le permettent, conformément aux principes édictés dans cet article.

2.1 L'*Albanie*, l'*Argentine*, le *Brésil*, la *Côte d'Ivoire*, la *Croatie*, le *Gabon*, l'*Indonésie*, la *Malaisie*, le *Maroc*, la *République populaire de Chine*, la *Russie*, la *Serbie*, la *Thaïlande*, la *Tunisie* et le *Vietnam* se réservent le droit de maintenir dans leurs conventions un article spécifique relatif à l'imposition des « professions indépendantes ». Par conséquence, cette réserve s'applique également à toutes les modifications des articles et des Commentaires qui découlent de la suppression de l'article 14.

2.2 La *Bulgarie* se réserve le droit de proposer au cours des négociations bilatérales le remplacement, dans cet article, du terme « bénéfices » par l'expression « bénéfices d'entreprise », dans la mesure où elle est définie à l'article 3.

2.3 La *Tunisie* se réserve le droit de proposer l'ajout d'un critère d'imposition dans le pays de la source pour les professions indépendantes visées à l'ancien article 14 basé sur le montant (seuil à négocier) des rémunérations payées.

Paragraphes 1 et 2

3. L'*Argentine*, le *Maroc* et la *Thaïlande* se réservent le droit d'imposer dans l'État où est situé l'établissement stable les bénéfices d'entreprise tirés de la vente de biens ou de marchandises identiques ou similaires à ceux qui sont vendus par l'intermédiaire d'un établissement stable situé dans cet État, ou tirés d'autres activités d'entreprise réalisées dans cet État qui sont identiques ou similaires à celles réalisées par l'intermédiaire de cet établissement stable. Ces pays n'appliqueront cette règle que pour prévenir les abus et non pas en vertu du principe de la « force attractive ». Ainsi, la règle ne sera pas applicable si l'entreprise

démontre que les ventes ou les activités ont été réalisées pour des motifs autres que l'obtention d'un avantage par le biais de la Convention.

4. L'*Albanie* et le *Vietnam* se réservent le droit d'imposer dans l'État où est situé l'établissement stable les bénéfices d'entreprise tirés de la vente de biens ou de marchandises identiques ou similaires à ceux qui sont vendus par l'intermédiaire d'un établissement stable situé dans cet État, ou tirés d'autres activités d'entreprise réalisées dans cet État qui sont identiques ou similaires à celles réalisées par l'intermédiaire de cet établissement stable.

4.1 Le *Maroc* et les *Philippines* se réservent le droit d'appliquer les critères relatifs à la durée du séjour et à la base fixe afin de déterminer si une personne physique exerçant une profession indépendante est imposable.

4.2 Le *Chili* et l'*Inde* se réservent le droit de modifier l'article 7 pour disposer que, lors de l'application des paragraphes 1 et 2 de l'article, tout revenu ou gain attribuable à un établissement stable au cours de son existence pourra être imposé par l'État contractant dans lequel l'établissement stable existe, même si les paiements sont reportés à une date ultérieure à laquelle l'établissement stable aura cessé d'exister. En outre, l'Inde se réserve le droit d'appliquer cette règle aux articles 11, 12, 13 et 21.

Paragraphe 3

5. À l'égard du paragraphe 3, l'*Argentine* se réserve le droit de prévoir qu'un État contractant ne sera pas tenu d'admettre en déduction les dépenses exposées à l'étranger qui ne sont pas raisonnablement imputables à l'activité réalisée par l'établissement stable, compte tenu des principes généraux contenus dans sa législation nationale concernant les dépenses de direction et les frais généraux d'administration exposés dans le cadre de services d'assistance.

6. Le *Brésil* réserve sa position sur l'énoncé suivant : « soit dans l'État où est situé cet établissement stable, soit ailleurs » figurant au paragraphe 3.

7. L'*Arménie*, l'*Inde*, la *Lituanie* et la *Slovénie* se réservent le droit de clarifier, au paragraphe 3, que les dépenses devant être admises en déduction par un État Contractant n'incluent que les dépenses dont la déduction est par ailleurs admise dans le droit interne de cet État.

7.1 La *Lettonie* et l'*Estonie* se réservent le droit d'ajouter au paragraphe 3 une mention précisant que les dépenses dont la déduction sera autorisée par un État contractant incluront uniquement les dépenses qui seraient déductibles si l'établissement stable était une entreprise distincte de cet État contractant.

8. L'*Ukraine* et le *Vietnam* se réservent le droit d'ajouter au paragraphe 3 une disposition visant à préciser que ce paragraphe fait référence aux dépenses réelles encourues par l'entreprise (autres que les intérêts dans le cas d'une entreprise bancaire).

Paragraphe 4

9. Le *Brésil* se réserve le droit de ne pas adopter le paragraphe 4.

Paragraphe 5

10. Le *Vietnam* se réserve le droit de ne pas adopter le paragraphe 5.

Paragraphe 6

11. Le *Brésil* se réserve le droit de ne pas adopter le paragraphe 6.

Positions sur les Commentaires

12. L'*Inde* est en désaccord avec l'interprétation donnée au paragraphe 25.

13. En ce qui concerne les paragraphes 41-50 des Commentaires sur l'article 7, le *Chili* ne souscrit pas aux méthodes spécifiques qui y sont décrites concernant l'imputation de bénéfices à un établissement stable ; ces règles doivent être prévues par le droit interne (y compris les lois applicables au contrôle des changes) et être conformes à celui-ci.

POSITIONS SUR L'ARTICLE 8 (NAVIGATION MARITIME ET AÉRIENNE INTERNATIONALE) ET LES COMMENTAIRES QUI S'Y RAPPORTENT

Positions sur l'article

1. L'*Arménie* et la *Lituanie* se réservent le droit d'appliquer, dans des cas exceptionnels, le principe de l'établissement stable pour l'imposition des bénéfices provenant de l'exploitation de navires en trafic international.

Paragraphe 1

2. Les *Philippines* se réservent le droit de prévoir l'imposition des bénéfices tirés de la navigation maritime et aérienne en vertu de leur droit interne.

2.1 L'*Indonésie* se réserve le droit d'inclure une disposition permettant à l'État de source d'imposer les revenus provenant de l'exploitation de navires en trafic international dans la mesure où les activités de navigation maritime découlant de cette exploitation dans cet État sont plus qu'occasionnelles et sous réserve de certaines limites.

3. L'*Albanie*, l'*Argentine* et la *Bulgarie* se réservent le droit d'imposer les bénéfices provenant du transport de marchandises ou de passagers pris à bord en un endroit de ces pays et déchargés en un autre endroit du même pays.

4. L'*Afrique du Sud* se réserve le droit d'inclure dans le paragraphe 1 les bénéfices tirés de la location de conteneurs.

4.1 L'*Azerbaïdjan* se réserve le droit d'inclure une disposition selon laquelle les bénéfices provenant de la location de conteneurs seront imposés de la même manière que les bénéfices provenant du transport international lorsque ces bénéfices sont complémentaires ou accessoires au transport international.

5. La *Thaïlande* se réserve le droit de prévoir l'imposition des bénéfices tirés de la navigation maritime selon son droit interne.

5.1 L'*Inde* se réserve le droit d'appliquer l'article 12 et non l'article 8 aux profits tirés de la location d'affrètement à coque nue de navires ou d'aéronefs.

6. L'*Afrique du Sud* et l'*Ukraine* se réservent le droit d'inclure une disposition selon laquelle les bénéfices tirés de la location coque nue d'un navire ou d'un aéronef et, dans le cas de la *Lettonie* et de l'*Ukraine*, de la location de conteneurs, sont traités de la même façon que les bénéfices couverts par le paragraphe 1 lorsqu'ils sont accessoires au transport international.

6.1 L'*Afrique du Sud*, la *Bulgarie*, la *Croatie* et la *Russie* se réservent le droit d'étendre, dans des conventions bilatérales, le champ d'application de l'article aux transports routier et ferroviaire.

6.2 Le *Maroc* se réserve le droit de prévoir que les bénéfices qu'une entreprise de transports internationaux tire de la location de conteneurs lors d'une opération complémentaire ou accessoire à l'exploitation internationale, par cette entreprise, de navires ou d'aéronefs sont couverts par les dispositions du présent article.

6.3 La *Serbie* se réserve le droit de proposer, dans le cadre de ses négociations, que la location de conteneurs soit considérée comme une activité distincte de l'exploitation de navires et d'aéronefs en trafic international, et donc exclue du champ d'application de l'article, même lorsqu'il s'agit d'une activité directement liée ou accessoire à cette exploitation.

6.4 La *Serbie* se réserve le droit de proposer, dans le cadre de conventions bilatérales, d'étendre le champ d'application de l'article au transport routier.

6.5 Le *Viet Nam* se réserve le droit de disposer que le droit d'imposition des revenus tirés d'activités de transport international sera partagé à parts égales entre les deux États contractants.

6.6 Les *Émirats arabes unis* se réservent le droit d'inclure dans leurs conventions bilatérales une disposition visant à confirmer que les revenus provenant de la vente de billets pour le compte d'autres entreprises, de la vente de services techniques à un tiers, de comptes bancaires et d'autres investissements tels des actions ou obligations, tombent sous le champ d'application de l'article 8 dans la mesure où ces revenus sont accessoires à l'exploitation d'aéronefs en trafic international par des entreprises de transport aérien.

7. Le *Costa Rica* se réserve le droit d'inclure dans le champ des « bénéfices liés à l'exploitation de navires ou d'aéronefs en trafic international » les revenus provenant de *a*) la location temporaire de navires ou d'aéronefs à coque nue et *b*) l'utilisation ou la location de conteneurs (y compris les remorques et équipements auxiliaires utilisés pour le transport de conteneurs).

Positions sur les Commentaires

8. Le *Viet Nam* est en désaccord avec l'interprétation donnée au paragraphe 5 des Commentaires.

9. Le *Viet Nam* est en désaccord avec l'interprétation donnée au paragraphe 10 des Commentaires au sujet de la location de conteneurs dans le cadre d'une opération accessoire.

10. Le *Brésil*, l'*Inde* et la *Malaisie* réservent leur position quant à l'application de cet article aux revenus d'activités accessoires (voir les paragraphes 4 à 10.1).

11. *Singapour* réserve sa position sur l'application de cet article aux revenus d'activités accessoires. Il estime que l'article 8 ne couvre pas les activités accessoires qui ne sont pas expressément mentionnées dans ses conventions fiscales.

12. L'*Inde* ne partage pas l'interprétation selon laquelle l'article 8 s'appliquerait au revenu qu'une entreprise tirerait de l'échange de permis/crédits d'émission dans l'exemple donné au paragraphe 14.1.

POSITIONS SUR L'ARTICLE 9 (ENTREPRISES ASSOCIÉES) ET LES COMMENTAIRES QUI S'Y RAPPORTENT

Positions sur l'article

1. Le *Brésil*, la *Thaïlande* et le *Viet Nam* se réservent le droit de ne pas inclure le paragraphe 2 dans leurs conventions.

2. La *Bulgarie* et la *Russie* se réservent le droit de remplacer le mot « procède » par les mots « peut procéder » dans la première phrase du paragraphe 2 de leurs conventions.

3. L'*Azerbaïdjan*, la *Malaisie* et la *Serbie* se réservent le droit de spécifier dans le paragraphe 2 qu'un ajustement corrélatif ne sera effectué que dans la mesure où cet ajustement sera considéré comme justifié.

4. La *Côte d'Ivoire*, le *Maroc* et la *Tunisie* se réservent le droit de ne pas insérer le paragraphe 2 dans leurs conventions à moins que l'obligation de procéder à un ajustement ne soit pas applicable en cas de fraude, d'omission volontaire ou de négligence. Dans ce cas, la Tunisie entend également limiter l'ajustement aux périodes non prescrites en application de sa législation interne.

5. La *Russie* se réserve le droit de ne pas insérer le paragraphe 2 dans ses conventions mais, dans le cadre de négociations, est prête à accepter ce paragraphe dans la mesure où il est entendu que l'autre État contractant n'est tenu de procéder à un ajustement du montant de l'impôt que dans la mesure où il accepte, unilatéralement ou dans le cadre d'une procédure amiable, l'ajustement des bénéfices effectué par le premier État.

6. L'*Argentine* se réserve le droit d'insérer une disposition selon laquelle un ajustement approprié du montant de l'impôt perçu sur les bénéfices ne sera pas effectué en cas de fraude, d'omission volontaire ou de négligence.

Position sur les Commentaires

7. En ce qui concerne le paragraphe 1 des Commentaires sur l'article 9, le *Brésil* se réserve le droit de prévoir une approche dans son droit interne qui utilise des marges

fixes découlant de pratiques sectorielles, conformément au principe de pleine concurrence. En conséquence, il se réserve le droit de ne pas souscrire à l'application des Principes applicables en matière de prix de transfert à l'intention des entreprises multinationales et des administrations fiscales lorsqu'ils sont contraires à cette approche.

POSITIONS SUR L'ARTICLE 10 (DIVIDENDES) ET LES COMMENTAIRES QUI S'Y RAPPORTENT

Positions sur l'article

1. La *Thaïlande* se réserve le droit d'appliquer un taux de retenue à la source de 10 pour cent dans le cas visé à l'alinéa *a*).

2. *Singapour* réserve sa position sur la période de référence indiquée à l'alinéa 2 *a*).

3. La *Bulgarie*, l'*Inde*, la *Lituanie*, la *Malaisie*, la *Russie*, la *Serbie* et *Singapour* se réservent le droit de ne pas inclure l'obligation, pour les autorités compétentes, de régler d'un commun accord les modalités d'application du paragraphe 2.

3.1 L'*Azerbaïdjan* se réserve le droit de ne pas inclure dans ses conventions bilatérales la phrase selon laquelle les autorités compétentes règlent d'un commun accord les modalités d'application du paragraphe 2 parce qu'il utilise une réglementation uniforme pour la mise en œuvre de toutes ses conventions bilatérales.

4. [Supprimé]

5. L'*Azerbaïdjan* et la *Roumanie* se réservent le droit d'imposer à un taux uniforme devant être négocié tous les dividendes visés par le paragraphe.

6. L'*Afrique du Sud*, la *Côte d'Ivoire*, le *Gabon*, le *Maroc*, la *Russie* et la *Tunisie* réservent leur position sur les taux d'imposition visés au paragraphe 2 et sur le pourcentage minimum de participation mentionné à l'alinéa *a*).

7. La *Colombie*, la *Serbie* et le *Viet Nam* se réservent le droit d'imposer, à un taux uniforme d'au moins 10 pour cent, tous les dividendes visés au paragraphe 2.

7.1 L'*Argentine* se réserve le droit d'inclure dans ses conventions bilatérales une disposition selon laquelle le taux d'imposition prévu au paragraphe 2 n'est pas applicable lorsqu'une société résidente distribue des bénéfices excédant le montant total des bénéfices fiscaux cumulés à la fin du dernier exercice qui précède la date de distribution, puisqu'elle considère que l'impôt sur les dividendes qui dépassent les bénéfices cumulés est considéré comme une imposition de la société.

7.2 L'*Argentine*, l'*Inde* et l'*Indonésie* réservent le droit de fixer le taux d'imposition lors de négociations bilatérales.

7.3 Le *Costa Rica* se réserve le droit d'augmenter le taux d'imposition des dividendes dans ses conventions bilatérales.

Paragraphe 3

8. L'*Argentine*, la *Russie* et la *Tunisie* se réservent le droit d'inclure une disposition leur permettant d'appliquer les dispositions de leur droit interne en matière de sous-capitalisation, quelles que soient les dispositions de la Convention.

9. L'*Albanie*, l'*Arménie*, la *Biélorussie*, la *Bulgarie*, la *Malaisie* et la *Serbie* se réservent le droit d'omettre du paragraphe 3 les concepts d' « actions ou de bons de jouissance, parts de mines, parts de fondateur » puisque ceux-ci ne font pas partie de leur législation interne.

10. La *Bulgarie* se réserve le droit de remplacer, au paragraphe 3, l'expression « revenus d'autres parts sociales » par « revenus d'autres droits ».

10.1 Le *Maroc* entend amender le paragraphe 3 relatif à la définition du terme dividendes, en ajoutant les termes « ainsi que des autres revenus assimilés » à la suite des termes « ainsi que les revenus d'autres parts sociales » et avant les termes « soumis au même régime fiscal... ».

10.2 L'*Inde* se réserve le droit de modifier la définition du terme « dividendes ».

10.3 L'*Argentine* se réserve le droit d'élargir la définition des dividendes au paragraphe 3 de manière à couvrir certains paiements qui sont considérés comme distributions de dividendes au regard de son droit interne.

10.4 La *Bulgarie* se réserve le droit de proposer, lors de négociations bilatérales, l'inclusion d'une disposition selon laquelle un dividende qui est considéré comme une distribution cachée de bénéfices selon sa législation nationale reste imposable conformément à sa législation nonobstant le paragraphe 2 de l'article.

10.5 Le *Costa Rica* se réserve le droit d'étendre la définition des dividendes au paragraphe 3 de manière à englober tous les revenus soumis au régime fiscal des distributions par sa législation interne.

Paragraphe 5

11. L'*Argentine*, le *Kazakhstan*, le *Maroc*, la *Russie* et la *Tunisie* se réservent le droit d'appliquer un impôt sur les bénéfices des succursales.

12. Le *Brésil* se réserve le droit de prélever une retenue à la source sur les bénéfices d'un établissement stable au même taux d'imposition que celui prévu au paragraphe 2, comme le veut la règle dans le système d'imposition du revenu au Brésil.

13. La *Thaïlande* se réserve le droit d'assujettir un établissement stable à un impôt sur les remises de bénéfices à un taux identique à celui prévu à l'alinéa 2 *a*).

14. L'*Indonésie* se réserve le droit d'appliquer un impôt sur les bénéfices des succursales, mais cet impôt sur les bénéfices des succursales n'affectera pas les dispositions des accords de production partagée relatifs au pétrole et au gaz ainsi que des accords d'exploitation dans le secteur minier.

14.1 La *Colombie* se réserve le droit d'appliquer ses règles nationales concernant l'imposition des dividendes distribués à partir des bénéfices qui n'ont pas été soumis à l'impôt des sociétés et d'imposer son impôt sur le transfert des bénéfices attribuables aux établissements stables qui n'ont pas été imposés en Colombie.

Position sur les Commentaires

15. L'*Inde* n'est pas d'accord avec l'interprétation donnée au paragraphe 24. Selon la législation indienne, certains paiements sont considérés comme des distributions et entrent donc dans la définition des dividendes.

POSITIONS SUR L'ARTICLE 11 (INTÉRÊTS) ET LES COMMENTAIRES QUI S'Y RAPPORTENT

Positions sur l'article

1. La *Bulgarie* et l'*Ukraine* se réservent le droit d'exclure du champ d'application de l'article les intérêts afférents à un titre de créance lorsque l'objectif principal ou l'un des objectifs principaux de toute personne intéressée par la création ou la cession du titre de créance sur lequel les intérêts sont payés est de tirer avantage des dispositions de cet article et non d'agir pour des motifs commerciaux véritables.

Paragraphe 2

2. L'*Argentine*, le *Brésil*, le *Costa Rica*, la *Côte d'Ivoire*, l'*Inde*, les *Philippines*, la *Roumanie*, la *Thaïlande* et l'*Ukraine* réservent leur position sur le taux prévu au paragraphe 2.

3. Le *Brésil* se réserve le droit d'ajouter à ses conventions un paragraphe relatif aux intérêts versés au gouvernement d'un État contractant ou à l'une de ses subdivisions politiques ou de ses collectivités locales, qui en relèvent, ou encore à tout organisme (y compris une institution financière) entièrement détenu par ledit gouvernement, visant à préciser que ces intérêts sont imposables uniquement dans l'État de résidence du créancier. Toutefois, si les intérêts sont payés par le gouvernement d'un État contractant ou l'une de ses subdivisions politiques ou des collectivités locales qui en relèvent, ou encore par tout organisme (y compris une institution financière) entièrement détenu par ledit gouvernement, ces intérêts ne seront imposables que dans cet État contractant (à savoir l'État de la source).

4. La *Bulgarie*, l'*Inde*, la *Lituanie*, la *Malaisie*, la *Russie*, la *Serbie* et *Singapour* se réservent le droit de ne pas inclure l'obligation, pour les autorités compétentes, de régler d'un commun accord les modalités d'application du paragraphe 2.

4.1 L'*Azerbaïdjan* se réserve le droit de ne pas inclure dans ses conventions bilatérales la phrase selon laquelle les autorités compétentes règlent d'un commun accord les modalités d'application du paragraphe 2 parce qu'il utilise une réglementation uniforme pour la mise en œuvre de toutes ses conventions bilatérales.

Paragraphe 3

5. Le *Brésil*, la *Thaïlande* et *l'Ukraine* se réservent le droit de considérer les pénalités infligées au titre des retards de paiement comme des intérêts aux fins de cet article, conformément à leur droit interne.

6. La *Malaisie* se réserve le droit d'exclure de la définition des intérêts les primes et lots, conformément au régime appliqué à ces paiements aux termes de son droit interne.

7. Le *Brésil* et la *Thaïlande* se réservent le droit de considérer comme des intérêts tout autre produit assimilé aux revenus de sommes prêtées par la législation fiscale de l'État contractant d'où proviennent les revenus.

7.1 La *Bulgarie*, le *Maroc* et la *Tunisie* se réservent le droit de modifier la définition des intérêts de façon à clarifier que les paiements d'intérêts considérés comme des distributions de dividendes au regard de leur droit interne entrent dans le champ d'application de l'article 10.

7.2 Le *Costa Rica* se réserve le droit d'étendre la définition des intérêts de manière à englober d'autres types de revenus, comme ceux tirés de contrats d'affacturage et de crédit-bail.

Paragraphe 4

8. Le *Brésil* se réserve le droit de prévoir que lorsque des intérêts sont versés à un établissement stable d'un résident de l'autre État contractant situé dans un État tiers, la limitation visée au paragraphe 2 en matière de taux d'imposition des intérêts ne s'applique pas.

8.1 Le *Maroc* souhaite ajouter à ce paragraphe une référence aux activités d'entreprise de même nature que celles qui sont exercées par l'établissement stable, ou de nature analogue.

Positions sur les Commentaires

9. La *Malaisie* est en désaccord avec le paragraphe 20 des Commentaires, les primes ou lots n'étant pas imposables en vertu de la législation de ce pays.

10. L'*Inde* se réserve le droit de traiter comme des intérêts les éléments des ventes à crédit assimilables à des intérêts (décrits aux paragraphes 7.8 et 7.9).

11. L'*Inde* n'est pas d'accord avec l'interprétation donnée au paragraphe 20 ; elle se réserve le droit de traiter la différence entre la valeur de remboursement et le prix d'émission en se référant à sa propre législation.

POSITIONS SUR L'ARTICLE 12 (REDEVANCES) ET LES COMMENTAIRES QUI S'Y RAPPORTENT

Positions sur l'article

1. La *Bulgarie* et l'*Ukraine* se réservent le droit d'exclure du champ d'application de cet article les redevances liées à des titres de propriété ou à des droits établis ou cédés principalement dans le but de tirer avantage des dispositions de cet article et non pour des motifs commerciaux véritables.

2. [Supprimé]

Paragraphe 1

3. L'*Afrique du Sud*, l'*Albanie*, l'*Argentine*, l'*Arménie*, l'*Azerbaïdjan*, la *Biélorussie*, le *Brésil*, la *Bulgarie*, la *Colombie*, le *Costa Rica*, la *Côte d'Ivoire*, la *Croatie*, le *Gabon*, l'*Indonésie*, le *Kazakhstan*, la *Malaisie*, le *Maroc*, les *Philippines*, la *République démocratique du Congo*, la *République populaire de Chine*, la *Roumanie*, la *Russie*, la *Serbie*, *Singapour*, la *Thaïlande*, la *Tunisie*, l'*Ukraine*, le *Viet Nam* et *Hong Kong, Chine* se réservent le droit d'imposer les redevances à la source.

3.1 Le *Costa Rica* se réserve le droit de conserver un taux de 10 pour cent de prélèvement à la source dans ses conventions bilatérales.

4. L'*Arménie* se réserve le droit d'imposer les droits d'auteurs perçus au titre d'œuvres littéraires, scientifiques et artistiques à un taux réduit.

4.1 L'*Inde* se réserve de droit d'imposer à la source les redevances et les honoraires au titre de services techniques, de les définir en se référant à son droit interne, de définir la source de ces paiements, qui peut aller au-delà de la source définie au paragraphe 5 de l'article 11, et de modifier les paragraphes 3 et 4 conformément à ces positions.

Paragraphe 2

5. L'*Argentine*, le *Brésil*, la *Côte d'Ivoire*, le *Gabon*, le *Maroc*, la *Russie*, la *Thaïlande* et la *Tunisie* se réservent le droit de continuer d'inclure dans la définition des redevances les revenus tirés de la location d'équipement industriel, commercial ou scientifique ainsi que de conteneurs, conformément à la définition du terme « redevances » telle qu'elle figurait au paragraphe 2 de l'article 12 du Modèle de convention de double imposition de 1977.

6. Les *Philippines*, la *Thaïlande* et le *Viet Nam* se réservent le droit d'inclure dans la définition des redevances les rémunérations correspondant à des services techniques.

7. L'*Argentine*, le *Brésil*, la *Côte d'Ivoire*, le *Gabon* et la *Tunisie* se réservent le droit d'inclure dans la définition des redevances les rémunérations correspondant aux services et à l'assistance techniques.

7.1 Le *Maroc* se réserve le droit d'inclure dans la définition des redevances les rémunérations correspondant aux services ou à l'assistance techniques, aux études techniques et économiques, ainsi qu'aux prestations de services de toute nature.

7.2 La *Colombie* se réserve le droit d'inclure dans la définition de redevances les paiements reçus pour la fourniture d'une assistance technique, de services techniques et de services de consultant.

8. L'*Albanie*, l'*Arménie*, l'*Azerbaïdjan*, la *Biélorussie*, le *Brésil*, la *Bulgarie*, la *Colombie*, le *Costa Rica*, l'*Inde*, l'*Indonésie*, le *Kazakhstan*, la *Malaisie*, les *Philippines*, la *République populaire de Chine*, la *Roumanie*, la *Russie*, la *Serbie*, la *Thaïlande* et le *Viet Nam* se réservent le droit d'inclure dans la définition des redevances les paiements au titre de l'usage, ou de la concession de l'usage, d'un équipement industriel, commercial ou scientifique.

8.1 La *Serbie* se réserve le droit d'inclure dans la définition de redevances les revenus provenant de la location coque nue d'un navire ou d'un aéronef ainsi que des conteneurs.

8.2 La *Malaisie* se réserve le droit d'inclure dans la définition de redevances les revenus provenant de la location de conteneurs et de navires ou d'aéronefs, y compris de la location coque nue ou dans le cadre de contrats d'affrètement d'espace, à temps ou au voyage et sans égard au fait que le bien affrété soit armé, équipé ou ravitaillé ou ne le soit pas.

9. La *Biélorussie* se réserve le droit d'inclure une référence aux véhicules de transport dans la définition de redevances.

10. L'*Argentine*, le *Brésil*, le *Maroc* et la *Roumanie* se réservent le droit d'inclure dans la définition de redevances les paiements pour des transmissions par satellite, câble, fibre optique ou par une technologie semblable.

10.1 L'*Argentine* et le *Viet Nam* se réservent le droit d'inclure dans la définition des redevances les paiements effectués en contrepartie de l'utilisation ou du droit d'utilisation de « films, bandes ou supports numériques » utilisés pour les émissions de radio ou de télévision.

11. L'*Albanie*, la *Malaisie*, la *Serbie* et le *Viet Nam* se réservent le droit de traiter la question des rémunérations au titre des services techniques dans un article distinct, analogue à l'article 12.

12. L'*Afrique du Sud*, l'*Albanie*, l'*Argentine*, l'*Arménie*, l'*Azerbaïdjan*, la *Biélorussie*, le *Brésil*, la *Bulgarie*, la *Colombie*, la *Côte d'Ivoire*, la *Croatie*, le *Gabon*, l'*Indonésie*, le *Kazakhstan*, la *Lituanie*, la *Malaisie*, le *Maroc*, les *Philippines*, la *République populaire de Chine*, la *Roumanie*, la *Serbie*, *Singapour*, la *Thaïlande*, la *Tunisie*, l'*Ukraine*, le *Viet Nam* et *Hong Kong, Chine* se réservent le droit, en vue de combler ce qu'ils estiment être une lacune de l'article, de proposer l'insertion d'une disposition définissant la source des redevances par analogie avec les dispositions du paragraphe 5 de l'article 11, qui traitent de la même question s'agissant des intérêts.

12.1 Le *Maroc* se réserve le droit d'ajouter à ce paragraphe une référence aux activités d'entreprise de même nature que celles qui sont exercées par l'établissement stable, ou de nature analogue.

12.2 La *République démocratique du Congo* et la *Malaisie* réservent leur position concernant le traitement des logiciels.

12.3 Le *Kazakhstan* se réserve le droit d'inclure dans la définition de redevances les paiements pour l'usage ou la concession de l'usage de logiciels.

Positions sur les Commentaires

13. L'*Argentine*, le *Maroc*, la *Serbie* et la *Tunisie* sont en désaccord avec l'interprétation donnée dans les paragraphes 14 et 15 des Commentaires. Elles sont d'avis que les versements effectués au titre des logiciels relèvent du champ d'application de l'article dans le cas d'une aliénation partielle des droits afférents aux logiciels, que les paiements soient effectués en contrepartie du droit de faire usage d'un droit d'auteur sur les logiciels à des fins d'exploitation commerciale, ou qu'ils se rapportent à des logiciels acquis pour un usage personnel ou professionnel.

14. Le *Viet Nam* est en désaccord avec le paragraphe 9 des Commentaires. Même si la mention « pour l'usage ou la concession de l'usage d'un équipement industriel, commercial ou scientifique » n'est pas incluse dans le paragraphe 2 et si les revenus provenant de la location d'équipement relèvent de l'article 7, le fait qu'une entreprise d'un État contractant loue des équipements lourds à une personne résidant au Viet Nam détermine l'existence d'un établissement stable de cette entreprise au Viet Nam.

15. Le *Brésil* ne partage pas l'interprétation donnée aux paragraphes 17.1 à 17.4, particulièrement en raison de l'imposition à la source de ces paiements prévue dans sa législation.

16. La *Malaisie* ne peut pas adhérer à la nouvelle phrase ajoutée au paragraphe 11.2, c'est à dire « Les rémunérations versées à ce titre relèvent généralement de l'article 7. » La Malaisie traite, en application de sa législation interne, les paiements au titre de fournitures de services comme une catégorie particulière de revenu et non pas comme des bénéfices d'entreprise.

17. L'*Inde* réserve sa position sur l'interprétation donnée aux paragraphes 8.2, 10.1, 10.2, 14, 14.1, 14.2, 14.4, 15, 16 et 17.3 ; elle est d'avis que certains des paiements cités peuvent constituer des redevances.

17.1 La *Colombie* ne partage pas les interprétations données aux paragraphes 8.2, 13.1, 14, 14.1, 14.2, 14.4, 15, 16 et 17.3; en vertu de ses lois fiscales certains des paiements visés peuvent constituer des redevances.

18. L'*Inde* n'est pas d'accord avec l'interprétation selon laquelle les informations concernant une expérience industrielle, commerciale ou scientifique se limitent à une expérience antérieure.

19. La *Malaisie* n'est pas d'accord avec l'interprétation du paragraphe 14.2 car elle est plutôt d'avis que les honoraires de licence concernant les droits de distribution de logiciels constituent des redevances.

20. L'*Inde* ne partage pas l'interprétation proposée au paragraphe 9.1 des Commentaires sur l'article 12 selon laquelle les paiements pour la location de répéteurs ne constituent pas des redevances. Cette interprétation est contraire à l'interprétation indienne selon laquelle les paiements pour la location de répéteurs constituent des redevances d'équipement imposables selon les dispositions de son droit interne et celles de ses conventions avec plusieurs pays. Elle est aussi contraire à l'interprétation indienne selon laquelle les paiements pour l'usage de répéteurs sont des paiements pour l'usage d'un procédé et sont donc des redevances selon l'article 12. Par ailleurs, l'Inde est également en désaccord avec l'interprétation proposée dans ce paragraphe au sujet des câbles et conduites sous-marins parce qu'elle considère qu'il s'agit d'équipement industriel, commercial ou scientifique et que les paiements effectués pour leur usage constituent des redevances d'équipement.

21. L'*Inde* ne partage pas l'interprétation proposée au paragraphe 9.2 des Commentaires sur l'article 12. Elle considère qu'un appel effectué en vertu d'un accord d'itinérance constitue l'usage d'un procédé. Par conséquent, les paiements effectués pour l'usage de ce procédé constituent des redevances aux fins de l'article 12. L'Inde considère également que les paiements pour des appels effectués en vertu d'un accord d'itinérance constituent également des redevances parce qu'il s'agit de paiements pour l'usage d'équipement industriel, commercial ou scientifique.

22. L'*Inde* ne partage pas l'interprétation proposée au paragraphe 9.3 des Commentaires sur l'article 12. Elle considère qu'un paiement en vertu d'une « licence de spectre » constitue une redevance imposable selon les dispositions de son droit interne et celles de ses conventions avec plusieurs pays.

23. L'*Azerbaïdjan* et la *République populaire de Chine* ne sont pas d'accord avec l'interprétation du paragraphe 10.1 parce que ces pays d'avis que certains paiements au titre de droits exclusifs de distribution d'un produit ou d'un service sur un territoire donné peuvent être traités comme des redevances.

24. La *Bulgarie* ne partage pas l'interprétation donnée au paragraphe 14.4 des Commentaires sur l'article 12 et est d'avis qu'un intermédiaire chargé de la distribution de logiciels utilise les droit d'auteur dans ces logiciels lorsqu'elle demande au détenteur des droits d'auteur sur ces logiciels, ou à une autre personne autorisée à copier ces logiciels, de fournir des copies à des clients, que ce soit électroniquement ou sur un support matériel.

POSITIONS SUR L'ARTICLE 13 (GAINS EN CAPITAL) ET LES COMMENTAIRES QUI S'Y RAPPORTENT

Positions sur l'article

1. L'*Argentine* et le *Brésil* se réservent le droit d'imposer à la source les gains provenant de l'aliénation de biens situés dans un État contractant, autres que ceux visés aux paragraphes 1, 2, 3 et 4.

2. La *République populaire de Chine*, la *Serbie* et la *Thaïlande* se réservent le droit d'imposer les gains provenant de l'aliénation d'actions ou de droits faisant partie d'une participation substantielle dans le capital d'une société résidente.

3. *Singapour* réserve sa position sur la période de référence indiquée au paragraphe 4.

3.1 La *Lituanie* se réserve le droit d'insérer des dispositions spéciales concernant les gains en capital afférents aux activités se rattachant à l'exploration ou l'exploitation des ressources naturelles qui sont exercées dans un État contractant.

4. La *Lituanie* se réserve le droit de restreindre l'application du paragraphe 3 aux entreprises qui exploitent des navires et aéronefs en trafic international.

5. La *Colombie*, le *Costa Rica*, l'*Inde* et le *Viet Nam* se réservent le droit d'imposer les gains provenant de l'aliénation d'actions ou de droits détenus dans une société résidente.

6. La *Bulgarie* se réserve le droit d'imposer les gains provenant de l'aliénation de droits dans une société qui est résidente de Bulgarie autres que les titres cotés sur une bourse des valeurs réglementée.

7. La *Bulgarie* se réserve le droit d'étendre le champ d'application de la disposition afin de couvrir les gains provenant de l'aliénation de véhicules de transport ferroviaire ou routier.

8. Le *Viet Nam* se réserve le droit de modifier le paragraphe 4 de façon à ce que les biens immobiliers en question ne doivent représenter que 30 pour cent de la totalité des actifs détenus par la société.

9. La *Serbie* se réserve le droit d'étendre le champ d'application de cette disposition aux gains provenant de l'aliénation de véhicules servant au transport routier en trafic international.

Positions sur les Commentaires

10. L'*Inde* réserve sa position sur le paragraphe 4.

11. La *Lituanie* se réserve le droit de ne pas inclure le paragraphe 4 dans ses conventions.

POSITIONS SUR L'ARTICLE 14 (PROFESSIONS INDÉPENDANTES) ET LES COMMENTAIRES QUI S'Y RAPPORTENT

Positions sur l'article

[Toutes les positions sur l'article 14 ont été supprimées lorsque, le 29 avril 2000, l'article lui-même a été supprimé du Modèle de convention fiscale sur la base du rapport intitulé « Problèmes posés par l'article 14 du Modèle de Convention fiscale de l'OCDE », qui a été adopté par le Comité des affaires fiscales de l'OCDE le 27 janvier 2000.]

POSITIONS SUR L'ARTICLE 15 (REVENUS D'EMPLOI) ET LES COMMENTAIRES QUI S'Y RAPPORTENT

Positions sur l'article

1. [Supprimé]

2. [Supprimé]

3. La *Lituanie* se réserve le droit d'insérer des dispositions spéciales concernant les revenus d'emploi afférents aux activités exercées dans un État contractant qui se rattachent à l'exploration ou l'exploitation des ressources naturelles.

4. La *Serbie* se réserve le droit de proposer l'ajout d'un paragraphe distinct selon lequel la rémunération reçue par un résident d'un État contractant n'est imposable que dans cet État si la rémunération est payée au titre d'un emploi qui est exercé dans l'autre État contractant et qui se rapporte à un chantier de construction ou de montage durant une période convenue durant laquelle le chantier ne constitue pas un établissement stable dans l'autre État.

5. L'*Inde* se réserve le droit de déterminer la période de séjour visée dans ce paragraphe lors de négociations bilatérales.

5.1 Les *Émirats arabes unis* se réservent le droit de modifier le paragraphe 3 afin de prévoir que la rémunération reçue au titre d'un emploi salarié lié à l'opération d'un aéronef exploité en trafic international (y compris l'emploi de l'équipage de l'aéronef et du personnel au sol) est imposable exclusivement dans l'État de résidence de l'opérateur de cet aéronef.

5.2 L'*Azerbaïdjan* se réserve le droit de prévoir que les rémunérations reçues au titre d'un emploi salarié exercé à bord de navires ou aéronefs ne sont imposables que dans l'État de résidence de leur opérateur.

5.3 *Hong Kong, Chine* se réserve le droit de modifier le paragraphe 3 pour indiquer que la rémunération d'un salarié qui travaille à bord d'un navire ou d'un aéronef exploité en trafic international est imposable uniquement dans l'État de résidence de l'entreprise qui exploite ce navire ou cet aéronef.

Positions sur les Commentaires

6. L'*Inde* n'adhère par à l'interprétation du paragraphe 6.2 parce qu'elle ne reconnaît pas la notion d'associé traité comme un employeur dans le cas d'une société de personnes fiscalement transparente.

7. L'*Inde* et la *République populaire de Chine* ne partagent pas l'interprétation donnée au paragraphe 2.9 parce qu'elles estiment que le paiement qu'un employé reçoit en contrepartie d'une obligation de ne pas travailler pour un concurrent de son ex-employeur constitue une rémunération des activités exercées avant la fin de l'emploi et que ce paiement est imposable dans l'État contractant où l'emploi est exercé avant qu'il n'y soit mis fin.

POSITIONS SUR L'ARTICLE 16 (TANTIÈMES) ET LES COMMENTAIRES QUI S'Y RAPPORTENT

Positions sur l'article

1. L'*Albanie*, l'*Azerbaïdjan*, la *Bulgarie*, la *République démocratique du Congo*, l'*Indonésie*, la *Lituanie* et la *Serbie* se réservent le droit d'imposer conformément à l'article toute rémunération versée à un membre d'un conseil d'administration ou de quelque autre organe d'une société résidante.

2. [Supprimé]

3. Le *Maroc* se réserve le droit d'imposer conformément à l'article toute rémunération versée à un membre d'un conseil d'administration ou de quelque autre organe similaire d'une société résidante. Le Maroc se réserve également le droit d'étendre le champ d'application de l'article aux rémunérations versées aux cadres dirigeants de haut niveau.

4. L'*Indonésie*, la *Malaisie* et le *Viet Nam* se réservent le droit d'étendre les dispositions de l'article à la rémunération des dirigeants occupant des postes de direction de haut niveau.

POSITIONS SUR L'ARTICLE 17 (ARTISTES ET SPORTIFS) ET LES COMMENTAIRES QUI S'Y RAPPORTENT

Positions sur l'article

1. Les *Philippines* et la *Russie* se réservent le droit d'exclure du champ d'application du paragraphe 1 les artistes et les sportifs au service d'organismes subventionnés au moyen de fonds publics.

2. L'*Inde* se réserve le droit d'inclure sous le terme « artiste » (« entertainers » dans la version anglaise) les artistes qui offrent des prestations publiques et ceux qui n'en offrent pas.

Positions sur les Commentaires

3. L'*Argentine* et le *Brésil* ne partagent pas l'interprétation donnée au paragraphe 3 selon laquelle l'article 17 ne devrait pas s'appliquer à un modèle agissant en cette qualité et présentant des vêtements lors d'un défilé de mode. Ils considèrent que, dans certaines circonstances, un défilé de mode peut être considéré comme un divertissement. Ainsi, l'article 17 peut s'appliquer au revenu qu'un modèle tire de sa participation à un tel défilé de mode (par opposition aux revenus qu'un modèle tire d'autres activités, à savoir la séance photo, lorsque l'activité exercée n'est clairement pas de la nature d'un divertissement).

3.1 La *Malaisie* n'est pas d'accord avec l'interprétation du paragraphe 3, selon laquelle l'article 17 ne devrait pas être étendu à un modèle agissant en cette qualité et présentant des vêtements lors d'un défilé de mode.

4. Le *Brésil*, la *Malaisie* et la *République populaire de Chine* ne partagent pas l'interprétation donnée au paragraphe 3 parce qu'ils considèrent que les intervenants itinérants, y compris en particulier les anciens politiciens, peuvent tomber sous le champ d'application de l'article 17 lorsque le discours présenté possède un élément de divertissement.

5. L'*Argentine* ne partage pas l'interprétation donnée au paragraphe 9.1, car elle considère que, dans certains cas, les droits qu'un ancien sportif ou qu'un sportif victime d'une blessure perçoit parce qu'il commente la retransmission d'une manifestation sportive à laquelle il ne participe pas peuvent être reçus au titre d'activités personnelles que cette personne exerce en tant qu'artiste du spectacle. Dans un tel cas, la personne se voit offrir le poste (et le revenu qui s'y rattache) en raison de sa renommée en tant que sportif et non en raison de sa renommée en tant que commentateur et ce revenu est donc couvert par l'article 17.

6. L'*Inde* ne partage pas l'interprétation donnée au paragraphe 3, selon laquelle l'article 17 ne devrait pas s'appliquer à un modèle agissant en cette qualité et présentant des vêtements lors d'un défilé de mode. Elle considère que, dans certaines

circonstances, un défilé de mode peut être considéré comme un divertissement et que l'article 17 peut donc s'y appliquer.

7. L'*Inde* ne partage pas l'interprétation donnée au paragraphe 9 visant à limiter la portée de l'article 17 aux seules activités personnelles qui ont un lien étroit avec une prestation artistique ou sportive. L'Inde estime que la contrepartie reçue par un artiste du spectacle ou un sportif pour toute activité personnelle, y compris une apparition publique, est couverte par l'article 17.

8. L'*Inde* n'est pas d'accord avec le troisième exemple donné au paragraphe 9.1 concernant les activités d'une personne qui commente ou rend compte d'un spectacle ou d'une manifestation sportive car elle considère que ces activités sont couvertes par l'article 17.

9. Le *Brésil* et l'*Inde* ne partagent pas l'interprétation donnée au paragraphe 11.2. Ils considèrent que les prix en argent gagnés dans ces courses sont versés en contrepartie des activités personnelles du jockey et du pilote et sont donc couverts par l'article 17.

10. En ce qui concerne le paragraphe 14 des Commentaires, l'*Inde* considère que l'expression « activités personnelles exercées ... en tant qu'artiste ... ou en tant que sportif » au paragraphe 1 de l'article 17 n'inclut pas les activités financées par des fonds publics et que la disposition alternative figurant au paragraphe 14 confirme simplement ce point de vue.

POSITIONS SUR L'ARTICLE 18 (PENSIONS) ET LES COMMENTAIRES QUI S'Y RAPPORTENT

Position sur l'article

1. [Supprimé]

2. L'*Afrique du Sud*, le *Brésil*, la *Bulgarie*, la *Côte d'Ivoire* et l'*Ukraine* se réservent le droit d'insérer dans le paragraphe 1 une référence explicite aux rentes viagères.

POSITIONS SUR L'ARTICLE 19 (FONCTIONS PUBLIQUES) ET LES COMMENTAIRES QUI S'Y RAPPORTENT

Position sur l'article

1. L'*Argentine* se réserve le droit d'imposer à la source les pensions visées à l'alinéa 2 *b*).

Position sur les Commentaires

2. L'*Inde* n'est pas d'accord avec l'interprétation selon laquelle des organismes publics tels que les chemins de fer ou la poste exercent des activités commerciales.

POSITIONS SUR L'ARTICLE 20 (ÉTUDIANTS) ET LES COMMENTAIRES QUI S'Y RAPPORTENT

Positions sur l'article

1. L'*Albanie*, le *Brésil* et la *Serbie* se réservent le droit de proposer l'ajout d'un deuxième paragraphe prévoyant d'accorder aux étudiants séjournant dans le pays les mêmes exonérations, déductions ou réductions d'impôt que celles accordées aux résidents au titre de toutes subventions, aides et paiements au titre de services rendus à titre d'employé.

2. La *Lituanie* et le *Maroc* se réservent le droit d'étendre le champ d'application de cet article à tous les apprentis et stagiaires.

3. La *Géorgie* se réserve le droit de proposer un paragraphe distinct selon lequel les rémunérations qu'un étudiant ou un stagiaire qui est, ou qui était immédiatement avant de se rendre dans un État contractant, un résident de l'autre État contractant tire d'un emploi qu'il exerce dans le premier État pour une période ou des périodes n'excédant pas deux ans ne sont pas imposables dans le premier État si l'emploi est directement lié à ses études ou sa formation dans ce premier État.

4. Le *Viet Nam* se réserve le droit de proposer que la rémunération des services rendus par un étudiant ou un stagiaire dans un État contractant ne soit pas imposée dans cet État, sous réserve que ces services soient liés à ses études ou à son stage.

5. La *Thaïlande* se réserve le droit de proposer que la rémunération des services rendus par un étudiant ou un stagiaire dans un État contractant ne soit pas imposée dans cet État si cette rémunération n'excède pas un certain montant à négocier, sous réserve que ces services soient liés à ses études ou à son stage.

6. Le *Brésil*, la *Bulgarie*, le *Costa Rica*, la *Côte d'Ivoire*, l'*Inde*, le *Maroc*, les *Philippines*, la *République populaire de Chine*, la *Serbie*, la *Thaïlande*, la *Tunisie* et le *Viet Nam* se réservent le droit de proposer l'ajout d'un article qui permettrait de régler la situation des enseignants, des professeurs d'université et des chercheurs, sous réserve de conditions diverses, ainsi que le droit de proposer une modification similaire au paragraphe 1 de l'article 15.

7. La *Côte d'Ivoire*, le *Gabon* et la *Tunisie* se réservent le droit de proposer que la rémunération des services rendus par un étudiant ou un stagiaire dans un État contractant ne soit pas imposée dans cet État, sous réserve que ces services soient destinés à couvrir ses frais d'entretien, d'études ou de formation.

8. Le *Maroc* se réserve le droit d'ajouter un deuxième paragraphe précisant que les rémunérations d'emploi dans le pays d'accueil sont également exonérées sous certaines conditions ou, en cas d'imposition, que les titulaires de ces rémunérations bénéficient des mêmes avantages fiscaux (exemptions, déductions, réductions) que ceux accordés aux résidents.

9. L'*Inde* et *Hong Kong, Chine* se réservent le droit d'exclure les stagiaires du champ de cet article.

10. L'*Inde* se réserve le droit de disposer que la rémunération de services rendus par un étudiant dans un État contractant ne sera pas imposée dans cet État à condition que ces services soient directement liés à ses études ainsi que le droit de proposer une modification similaire au paragraphe 1 de l'article 15.

11. L'*Inde* se réserve le droit de limiter à une période de six ans l'exonération prévue dans cet article.

POSITIONS SUR L'ARTICLE 21 (AUTRES REVENUS) ET LES COMMENTAIRES QUI S'Y RAPPORTENT

Position sur l'article

1. L'*Afrique du Sud*, l'*Albanie*, l'*Argentine*, l'*Azerbaïdjan*, la *Biélorussie*, le *Brésil*, la *Colombie*, le *Costa Rica*, la *Côte d'Ivoire*, le *Gabon*, l'*Inde*, l'*Indonésie*, la *Malaisie*, le *Maroc*, la *Russie*, la *Serbie*, *Singapour*, la *Thaïlande* et le *Viet Nam* réservent leur position sur cet article, souhaitant conserver le droit d'imposer les revenus tirés de sources situées sur leur propre territoire.

POSITIONS SUR L'ARTICLE 22 (FORTUNE) ET LES COMMENTAIRES QUI S'Y RAPPORTENT

Positions sur l'article

1. L'*Argentine* se réserve le droit d'imposer la fortune, constituée de biens autres que ceux mentionnés au paragraphe 3, située sur son territoire.

2. Le *Brésil*, la *Bulgarie*, l'*Indonésie*, la *Malaisie*, la *République populaire de Chine*, *Singapour*, la *Thaïlande* et le *Viet Nam* réservent leur position sur cet article dans le cas où ils introduiraient un impôt sur la fortune.

3. L'*Inde* se réserve le droit de taxer le capital conformément à son droit interne.

POSITIONS SUR LES ARTICLES 23 A ET 23 B (MÉTHODE D'EXEMPTION ET MÉTHODE D'IMPUTATION) ET LES COMMENTAIRES QUI S'Y RAPPORTENT

Positions sur l'article

1. L'*Albanie*, l'*Argentine*, le *Brésil*, la *Côte d'Ivoire*, l'*Inde*, la *Malaisie*, le *Maroc*, la *République populaire de Chine*, la *Serbie*, la *Thaïlande*, la *Tunisie* et le *Viet Nam* se réservent le droit de proposer des clauses de déduction d'impôt fictif au regard des avantages fiscaux prévus aux termes de leur législation interne respective.

2. L'*Argentine* et le *Viet Nam* se réservent le droit de proposer un crédit d'impôt fictif pour une partie ou la totalité des revenus visés aux articles 10, 11 et 12, ce qui aura pour effet de considérer l'impôt comme ayant été acquitté, aux fins des dispositions de l'article sur l'élimination des doubles impositions, à raison d'un certain pourcentage, à négocier, des revenus bruts.

3. Le *Brésil* se réserve le droit de proposer un crédit d'impôt fictif pour une partie ou la totalité des revenus visés aux articles 11 et 12, ce qui aura pour effet de considérer l'impôt comme ayant été acquitté, aux fins des dispositions de l'article sur l'élimination des doubles impositions, à raison d'un certain pourcentage, à négocier, des revenus bruts.

4. Le *Brésil* et la *Tunisie* se réservent le droit de proposer que les revenus visés à l'article 10 soient exonérés ou ouvrent droit à un crédit d'impôt fictif dans l'autre État.

5. Le *Brésil* réserve sa position sur le paragraphe 4 de l'article 23 A.

POSITIONS SUR L'ARTICLE 24 (NON-DISCRIMINATION) ET LES COMMENTAIRES QUI S'Y RAPPORTENT

Positions sur l'article

Paragraphe 1

1. [Supprimé]

2. Le *Brésil*, la *Colombie*, la *Roumanie*, la *Russie*, *Singapour*, la *Thaïlande* et le *Viet Nam* réservent leur position sur la seconde phrase du paragraphe 1.

2.1 La *Bulgarie* se réserve le droit d'omettre les mots « autre ou » dans la première phrase du paragraphe 1.

2.2 L'*Indonésie*, la *Malaisie* et la *Tunisie* se réservent le droit de limiter le champ d'application de l'article aux seuls résidents des États contractants.

2.3 *Singapour* se réserve le droit d'ajouter une disposition selon laquelle l'octroi d'incitations fiscales à ses nationaux dans le but de promouvoir le développement économique ou social ne doit pas être interprété comme étant discriminatoire.

Paragraphe 2

3. [Supprimé]

4. L'*Albanie*, la *Bulgarie*, l'*Inde*, la *Malaisie*, les *Philippines*, la *Russie*, la *Serbie*, *Singapour* et le *Viet Nam* se réservent le droit de ne pas inclure le paragraphe 2 dans leurs conventions.

Paragraphe 3

5. L'*Argentine* se réserve le droit d'appliquer un impôt sur les bénéfices des succursales.

6. Le *Brésil* réserve sa position sur le paragraphe 3 parce qu'il n'admet pas la déduction des redevances payées par un établissement stable situé au Brésil à son siège situé à l'étranger.

7. La *Thaïlande* se réserve le droit d'appliquer un impôt sur le transfert des bénéfices et un régime d'imposition spécial en ce qui concerne les activités de production agricole.

7.1 Le *Maroc* se réserve le droit d'inclure un paragraphe spécifique visant à empêcher que les dispositions de l'article ne soient interprétées comme empêchant le prélèvement d'un impôt de succursale ou l'application de sa législation interne relative à la sous-capitalisation et aux prix de transfert.

7.2 L'*Argentine* se réserve le droit de prévoir au paragraphe 3 qu'aucune exemption ou concession prévue dans sa législation interne ne sera accordée dans la mesure où il en résulterait un transfert de recettes fiscales à des administrations fiscales étrangères.

7.3 La *Colombie* se réserve le droit d'imposer son impôt sur le transfert des bénéfices attribuables aux établissements stables.

Paragraphe 4

8. Le *Viet Nam* réserve sa position sur ce paragraphe dans le cas des intérêts versés à des non-résidents qui ne sont pas soumis à une retenue à la source.

8.1 La *Malaisie* réserve sa position sur ce paragraphe à l'égard des intérêts, redevances ou honoraires pour services techniques payés à des non-résidents lorsque la retenue à la source n'a pas été effectuée.

8.2 *Singapour* réserve sa position sur ce paragraphe en ce qui concerne les intérêts versés aux non-résidents dans les cas où la retenue à la source n'a pas été effectuée.

8.3 L'*Argentine* se réserve le droit de ne pas inclure le paragraphe 4 de l'article 24.

Paragraphe 5

9. Le *Brésil* se réserve le droit d'inclure, après l'expression « autres entreprises similaires du premier État », la mention « dont le capital est entièrement ou partiellement détenu ou contrôlé, directement ou indirectement, par un ou plusieurs résidents d'un État tiers ».

Paragraphe 6

10. L'*Albanie*, l'*Argentine*, le *Brésil*, la *Bulgarie*, la *Colombie*, la *Malaisie*, les *Philippines*, la *Roumanie*, la *Serbie*, *Singapour*, la *Thaïlande*, la *Tunisie*, l'*Ukraine* et le *Viet Nam* se réservent le droit de limiter le champ d'application de l'article aux impôts visés par la Convention.

Positions sur les Commentaires

11. L'*Inde*, la *Malaisie* et *Singapour* réservent leur position sur l'interprétation donnée au paragraphe 44.

11.1 L'*Argentine* ne partage pas l'interprétation donnée au paragraphe 44 parce qu'elle considère que le paragraphe 3 de l'article 24 n'empêche pas un État de mettre en place, pour quelque raison que ce soit, un régime fiscal préférentiel dont seuls ses résidents peuvent bénéficier.

12. L'*Inde* se réserve le droit d'ajouter un paragraphe afin de préciser que cette disposition ne peut pas être interprétée comme ayant pour effet d'empêcher un État contractant d'imposer les bénéfices d'un établissement stable qu'une société de l'autre État contractant posséderait sur son territoire à un taux supérieur à celui applicable aux bénéfices d'une société comparable établie sur son territoire, ni être interprétée comme étant en contradiction avec les dispositions du paragraphe 3 de l'article 7 (tel qu'il se lisait avant la mise à jour 2010 du Modèle de Convention fiscale).

POSITIONS SUR L'ARTICLE 25 (PROCÉDURE AMIABLE) ET LES COMMENTAIRES QUI S'Y RAPPORTENT

Positions sur l'article

Paragraphe 1

1. Les *Philippines* et la *Thaïlande* réservent leur position sur la dernière phrase du paragraphe 1.

1.1 Le *Kazakhstan* réserve sa position sur la deuxième phrase du paragraphe 1 et se réserve le droit d'ajouter la phrase suivante à ce paragraphe: « dans le cas de recours judiciaires, une décision d'un tribunal ne peut être remise en question par l'autorité compétente du Kazakhstan. »

Paragraphe 2

2. La *Bulgarie*, les *Philippines* et la *Thaïlande* réservent leur position sur la seconde phrase du paragraphe 2. Ces pays considèrent que la mise en œuvre de dégrèvements ou de restitutions d'impôt à la suite d'une procédure amiable doit rester liée aux délais prévus par leur législation interne respective.

Paragraphe 3

3. La *Thaïlande*, la *Tunisie* et l'*Ukraine* réservent leur position sur la seconde phrase du paragraphe 3 au motif qu'ils n'ont aucune autorité, en vertu de leur législation interne, pour éliminer la double imposition dans les cas non prévus par la Convention.

Paragraphe 4

4. Le *Brésil*, la *Malaisie*, les *Philippines*, la *République populaire de Chine*, *Singapour*, la *Thaïlande* et *l'Ukraine* se réservent le droit de ne pas inclure la mention « y compris au sein d'une commission mixte composée de ces autorités ou de leurs représentants ».

Paragraphe 5

4.1 L'*Afrique du Sud*, le *Brésil*, l'*Inde*, l'*Indonésie*, la *République populaire de Chine*, la *Serbie* et *Hong Kong, Chine*, se réservent le droit de ne pas inclure le paragraphe 5 dans leurs conventions.

4.2 *Singapour* se réserve le droit de modifier le paragraphe 5 dans ses conventions.

Positions sur les Commentaires

5. L'*Inde* n'est pas d'accord avec l'interprétation donnée au paragraphe 6.1 parce qu'elle considère qu'un terme non défini dans la convention peut uniquement avoir la signification qu'il a selon les lois de l'État qui applique la Convention et ne peut pas être défini par les autorités compétentes en vertu de l'article 25 lorsqu'elles s'efforcent, par voie d'accord amiable, de résoudre les difficultés ou de dissiper les doutes auxquels peuvent donner lieu l'interprétation ou l'application de la Convention.

6. L'*Argentine* estime que le paragraphe 1 de l'article n'oblige pas les autorités compétentes à initier ou accepter un cas de procédure amiable lorsque le contribuable fait valoir que l'imposition ne serait pas conforme à la Convention dans un cas hypothétique plutôt que dans un cas réel.

7. En ce qui concerne le paragraphe 25, l'*Inde* est d'avis que les autorités compétentes peuvent parvenir à un accord en vertu de l'article 25 alors même qu'une action en droit national est en instance. Toutefois, le contribuable a la possibilité d'accepter ou de rejeter l'avis de résolution. Si le contribuable l'accepte, il doit alors renoncer à son action en justice en droit national.

8. L'*Inde* n'est pas d'accord avec l'avis exprimé dans le paragraphe 42 selon lequel un contribuable peut être autorisé à repousser l'acceptation de la solution convenue à

l'issue de la procédure amiable jusqu'à ce que le tribunal ait rendu son jugement sur cette affaire.

9. S'agissant des paragraphes 86 et 87, étant donné que le *Brésil* applique des règles très strictes en matière de secret fiscal qui empêchent la communication d'informations relatives au cas à une tierce partie, il estime que les procédures d'accord amiable ne devraient pas être discutées et mises en œuvre par une autorité autre que les autorités compétentes des États contractants, qui devraient s'efforcer de parvenir à une solution bilatérale appropriée.

10. L'*Inde* n'est pas d'accord avec l'interprétation donnée au paragraphe 14 parce qu'elle n'est pas d'accord avec l'interprétation selon laquelle la procédure amiable peut être débutée lorsque l'imposition apparaît comme un risque qui est probable. L'Inde considère qu'elle peut être débutée seulement lorsque l'imposition apparaît comme un risque qui est certain.

11. L'*Inde* n'est pas d'accord avec l'interprétation donnée selon laquelle toutes les circonstances pour lesquelles un État refuserait l'accès à la procédure amiable doivent être clairement indiquées à la Convention. Elle considère que le texte de l'article 25 doit permettre qu'il soit refusé l'accès à la procédure amiable à l'égard de certains cas.

POSITIONS SUR L'ARTICLE 26 (ÉCHANGE DE RENSEIGNEMENTS) ET LES COMMENTAIRES QUI S'Y RAPPORTENT

Positions sur l'article

1. [Supprimé]

2. L'*Inde* se réserve le droit d'inclure des documents ou copies certifiées des documents dans le champ de cet article.

2.1 Le *Maroc* et la *Thaïlande* se réservent le droit de ne pas inclure la mention « L'échange de renseignements n'est pas restreint par les articles 1 et 2 » dans le paragraphe 1.

Position sur les Commentaires

3. En ce qui concerne le paragraphe 10.3 des Commentaires, *Hong Kong, Chine* désire clarifier sa position sur l'échange de renseignements qui existent avant l'entrée en vigueur d'un accord bilatéral. Compte tenu des exigences de son droit interne, Hong Kong, Chine n'échangera que les renseignements qui concernent des périodes fiscales subséquentes au moment où l'accord commence à s'appliquer.

POSITIONS SUR L'ARTICLE 28 (MEMBRES DES MISSIONS DIPLOMATIQUES ET POSTES CONSULAIRES) ET LES COMMENTAIRES QUI S'Y RAPPORTENT

Position sur l'article

1. Compte tenu du fait que *Hong Kong, Chine* n'est pas un État souverain mais plutôt une région administrative spéciale de la République populaire de Chine, Hong Kong, Chine se réserve le droit de remplacer les mots « missions diplomatiques » par « missions gouvernementales » dans cet article.

POSITIONS SUR L'ARTICLE 29 (CONCERNANT LE DROIT AUX AVANTAGES) ET LES COMMENTAIRES QUI S'Y RAPPORTENT

Positions sur l'article

1. L'*Inde* se réserve le droit de restreindre les avantages dérivés visés par le paragraphe 4 de l'article 29 aux bénéficiaires équivalents qui détiennent directement des participations dans le résident.

2. *Singapour* réserve sa position sur le paragraphe 8.

3. L'*Indonésie* se réserve le droit d'aborder l'article 29 par le biais de négociations bilatérales.

POSITIONS SUR L'ARTICLE 30 (EXTENSION TERRITORIALE) ET LES COMMENTAIRES QUI S'Y RAPPORTENT

Position sur l'article

1. L'*Indonésie*, la *Malaisie*, la *République populaire de Chine*, *Singapour* et la *Thaïlande* réservent leur position sur cet article.

ANNEXE

RECOMMANDATION DU CONSEIL DE L'OCDE RELATIVE AU MODÈLE DE CONVENTION FISCALE CONCERNANT LE REVENU ET LA FORTUNE

(Adoptée par le Conseil le 23 octobre 1997)

LE CONSEIL,

Vu l'Article 5(b) de la Convention relative à l'Organisation de Coopération et de Développement Économiques en date du 14 décembre 1960 ;

Vu la recommandation du Conseil en date du 31 mars 1994 concernant le Modèle de Convention fiscale concernant le revenu et la fortune [C(94)11/FINAL] et la recommandation du Conseil en date du 21 septembre 1995 modifiant l'appendice à cette dernière recommandation [C(95)132/FINAL] ;

Vu le rapport du Comité des affaires fiscales du 24 juin 1997 intitulé « La mise à jour 1997 du Modèle de Convention fiscale » [DAFFE/CFA/WP1(97)10/REV2] (ci-après dénommé « le rapport de 1997 ») ;

Considérant la nécessité de supprimer les obstacles que la double imposition juridique oppose au libre mouvement des biens, des services, des capitaux et de la main-d'oeuvre entre les pays grâce à la conclusion de conventions à cette fin ;

Considérant également la nécessité d'harmoniser les conventions bilatérales existantes sur la base de principes, de définitions, de règles et de méthodes uniformes et d'étendre le réseau actuel de ces conventions à tous les pays membres et lorsque cela est approprié aux pays non membres ;

Considérant de plus la nécessité d'encourager l'application et l'interprétation communes des dispositions des conventions fiscales qui sont basées sur les dispositions du Modèle de Convention fiscale concernant le revenu et la fortune (ci-après dénommé le « Modèle de Convention fiscale ») ;

Considérant que les efforts des pays membres en ce sens ont déjà produit des résultats importants et que les modifications proposées au Modèle de Convention fiscale permettront de confirmer et d'étendre la coopération internationale existant en matière fiscale ;

Prenant note du Modèle de Convention fiscale et des Commentaires s'y rapportant (tels qu'ils ont été modifiés la dernière fois par le rapport de 1997) susceptibles d'être modifiés périodiquement par la suite ;

I. RECOMMANDE aux gouvernements des pays membres :

1. de poursuivre leurs efforts pour la conclusion de conventions fiscales bilatérales en matière d'impôts sur le revenu et sur la fortune avec ceux des pays membres, et des pays non membres lorsque cela est approprié, avec lesquels ils ne sont pas encore liés par de telles conventions, et de

réviser les conventions existantes qui ne correspondraient plus aux nécessités actuelles ;

2. de se conformer, à l'occasion de la conclusion de nouvelles conventions bilatérales ou de la révision de conventions bilatérales existantes, au Modèle de Convention fiscale tel qu'il est interprété dans les Commentaires s'y rapportant ;

3. que leurs administrations fiscales suivent les Commentaires sur les articles du Modèle de Convention fiscale, tel que modifiés de temps à autre, lorsqu'elles sont appelées à appliquer et interpréter les dispositions de leurs conventions fiscales bilatérales qui sont basées sur ces articles ;

II. INVITE les gouvernements des pays membres à continuer à notifier au Comité des affaires fiscales leurs réserves sur les articles et leurs observations sur les Commentaires.

III. CHARGE le Comité des affaires fiscales de poursuivre son examen des situations dans lesquelles les dispositions figurant dans le Modèle de Convention fiscale ou les Commentaires s'y rapportant peuvent nécessiter des modifications à la lumière de l'expérience acquise par les pays membres et de faire toutes propositions utiles pour des mises à jour périodiques.

IV. DÉCIDE d'abroger les Recommandations du Conseil C(94)11/FINAL en date du 31 mars 1994 et du 21 septembre 1995 [C(94)11/FINAL et C(95)132/FINAL).

ORGANISATION DE COOPÉRATION ET DE DÉVELOPPEMENT ÉCONOMIQUES

L'OCDE est un forum unique en son genre où les gouvernements œuvrent ensemble pour relever les défis économiques, sociaux et environnementaux liés à la mondialisation. À l'avant-garde des efforts engagés pour comprendre les évolutions du monde actuel et les préoccupations qu'elles suscitent, l'OCDE aide les gouvernements à y faire face en menant une réflexion sur des thèmes tels que le gouvernement d'entreprise, l'économie de l'information et la problématique du vieillissement démographique. L'Organisation offre aux gouvernements un cadre leur permettant de confronter leurs expériences en matière d'action publique, de chercher des réponses à des problèmes communs, de recenser les bonnes pratiques et de travailler à la coordination des politiques nationales et internationales.

Les pays membres de l'OCDE sont : l'Allemagne, l'Australie, l'Autriche, la Belgique, le Canada, le Chili, la Corée, le Danemark, l'Espagne, l'Estonie, les États-Unis, la Finlande, la France, la Grèce, la Hongrie, l'Irlande, l'Islande, Israël, l'Italie, le Japon, la Lettonie, la Lituanie, le Luxembourg, le Mexique, la Norvège, la Nouvelle-Zélande, les Pays-Bas, la Pologne, le Portugal, la République slovaque, la République tchèque, le Royaume-Uni, la Slovénie, la Suède, la Suisse et la Turquie. L'Union européenne participe aux travaux de l'OCDE.

Les Éditions OCDE assurent une large diffusion aux travaux de l'Organisation. Ces derniers comprennent les résultats de l'activité de collecte de statistiques, les travaux de recherche menés sur des questions économiques, sociales et environnementales, ainsi que les conventions, les principes directeurs et les modèles développés par les pays membres.

ÉDITIONS OCDE, 2, rue André-Pascal, 75775 PARIS CEDEX 16
(23 2017 53 2 P) ISBN 978-92-64-30567-0 – 2018

www.ingramcontent.com/pod-product-compliance
Lightning Source LLC
LaVergne TN
LVHW072011300926
849160LV00003B/11
* 9 7 8 9 2 6 4 3 0 5 6 7 0 *